本书为“考古中国：海岱地区文明化进程研究（2021–2025）”成果

本书的出版得到
国家重点文物保护专项补助经费资助

安徽省文物考古研究所考古报告专刊

萧 县 金 寨

——皖北新石器时代遗址发掘报告

（上册）

安徽省文物考古研究所
萧　县　博　物　馆　编著

故宫出版社

图书在版编目（CIP）数据

萧县金寨：皖北新石器时代遗址发掘报告 / 安徽省文物考古研究所，萧县博物馆编著. -- 北京：故宫出版社，2024. 8. -- ISBN 978-7-5134-1655-9
Ⅰ. K878.05
中国国家版本馆CIP数据核字第2024JG9539号

萧县金寨——皖北新石器时代遗址发掘报告

编　　著：安徽省文物考古研究所
　　　　　萧县博物馆

出 版 人：章宏伟
责任编辑：刘　峰　顾从辉
特约编辑：秦　彧
责任印制：常晓辉
出版发行：故宫出版社
　　　　　地址：北京市东城区景山前街4号　邮编：100009
　　　　　电话：010-85007800　010-85007817　邮箱：ggcb@culturefc.cn
印　　刷：北京金彩印刷有限公司
开　　本：889mm × 1194mm　1/16
印　　张：64.5　插页：1
版　　次：2024年8月第1版
　　　　　2024年8月第1次印刷
书　　号：ISBN 978-7-5134-1655-9
定　　价：800.00元（全二册）

内容简介

金寨遗址位于安徽省宿州市萧县，总面积达50万平方米，是苏鲁豫皖交界地区面积最大的新石器时代晚期遗址之一，与花厅、岗上、焦家等遗址同为区域中心聚落。

20世纪50年代和80年代，金寨遗址曾经出土过大量玉器。1991年进行首次发掘，2016～2018年，安徽省文物考古研究所联合萧县博物馆对金寨遗址进行了主动发掘，发掘总面积1300余平方米，取得了许多重要的收获。

金寨遗址发现有新石器时代房址、墓葬、壕沟、大型红烧土坑等遗迹，出土遗物有陶器、石器、玉器等1000余件。

遗址东区有一处统一规划的公共墓地，位于一个土台上，已清理墓葬53座，均成排分布，多为单人葬，少数为二人葬、三人葬、七人葬。随葬品以陶器为主，另有少量玉器、石器、骨器。陶器组合以鼎、豆、壶、罐为主，另有杯、盆、背壶、尊、鬶、盉、钵等。玉器均为小型饰品，有玉璜、小玉环、小玉璧、玉坠、玉珠、玉管、三联璧、牙璧、绿松石坠等。

遗址西区和北区为生活区，发现成排房屋建筑基址、大型红烧土坑、壕沟等遗迹。

金寨遗址主体年代为大汶口文化中晚期和龙山文化早中期，距今5200～4200年，之后有少量周代、汉代遗存。金寨遗址文化面貌比较复杂，以大汶口文化为主，但同时又有较多的屈家岭文化因素、良渚文化因素、大河村文化因素等。

本报告刊发了金寨遗址这一阶段发掘的全部资料，并公布了多学科综合研究的成果，为完善苏鲁豫皖交界地区新石器时代晚期文化序列提供了珍贵材料，对研究距今5000年前后中国文明社会的形成和区域史前文化的交流具有重要意义。

Abstract

The Jinzhai site is located in Xiaoxian, Suzhou City, Anhui Province, covering a total area of 500,000 square meters. It is one of the largest late Neolithic sites in the border regions of Jiangsu, Shandong, Henan, and Anhui provinces. Like the Huating site, Gangshang site, and Jiaojia site, and serves as a central settlement of this region in the prehistoric times.

In the 1950s and 1980s, a large number of jade artifacts were unearthed at the Jinzhai site. The first excavation took place in 1991. Between 2016 and 2018, Anhui Provincial Institute of Cultural Relics and Archaeology and Xiaoxian Museum conducted a join excavation in an area of more than 1,300 square meters at the Jinzhai site, which yielded a considerable number of significant findings. Among them, there are Neolithic house remains, tombs, moats, and large burnt-earth pits, as well as over 1,000 artifacts including pottery, stone tools, and jade artifacts.

An earthen platform in the eastern section of the site was designated to be a public cemetery. The excavation of fifty-three tombs have been completed. The tombs are arranged in rows: most of them consist of single burials, only a few double, triple, and seven-person burials. Burial objects are mainly pottery, with a few jade, stone, and bone artifacts. The pottery assemblage primarily includes *ding*-tripod, *dou*-stemmed dish, *hu*-kettle, and *guan*-jar, as well as cups, basins, *beihu*-kettle, *zun*-Wine container, *gui*-rice container, *he*-box, and *bo*-bowl. The jade artifacts are all small ornaments, including *huang*, small rings, small *bi*, pendants, beads, tubes, three-linked *bi*, tooth-shaped *bi*, and turquoise pendants.

The western and northern sections of the site constitute living quarters, where remains of rows of house foundations, large burnt-earth pits, and moats were discovered.

The Jinzhai site lasted from the mid and late Dawenkou culture to the early to mid Longshan culture, 5200 to 4200 BPE, with a few remnants from the Zhou and Han dynasties.

The prehistoric Jinzhai site shows a diverse and complex cultural outlook, in which the Dawenkou culture predominates, and some significant elements of the Qujialing culture, Liangzhu culture, and Dahecun culture are also present.

This report reveals all the data from this excavation and the findings based on multidisciplinary research. It provides valuable materials which will help improve our understanding of the cultural sequence of the late Neolithic period in the border regions of Jiangsu, Shandong, Henan, and Anhui provinces. It is of importance for studying the formation of civilizations and settlements around 5000 years ago in China and the regional exchange of prehistoric cultures.

目 录

上 册

下　册

插图目录

插表目录

第一章 概述

第一节 遗址概述

一 自然环境

萧县位于安徽省淮北平原北部，黄淮海平原南端。东和北部与江苏省徐州市铜山区、丰县接壤，西与砀山县及河南省永城市毗邻，南同淮北市、濉溪县交界，东南与宿州市埇桥区相连。

县域南起北纬 33° 56′，北抵北纬 34° 29′，南北跨距 33′，约 60.4 千米，西从东经 116° 31′，东到东经 117° 12′，东西跨距 41′，约 56 千米。萧县县域面积 1861 平方千米。

由于黄泛冲积原因，萧县形成了西南平原、故黄河高地和东南浅山区三个不同自然区域的结合体，主属黄淮冲积平原。西南平原区面积约 1179 平方千米，地面高程由西北向东南缓倾，在 33～39 米，地面坡降约为七千分之一；故黄河高地面积约为 194 平方千米，地面高程在 39～42 米；东南浅山区面积约为 512 平方千米，属低山残丘，最高海拔为 395 米。金寨属东南浅山区。平原区土壤结构为淤土、砂土及沙淤两和土，以沙质土壤为主；故黄河高地有砂土和淤土；东南浅山区主要为山淤土和山红土等土壤结构。

萧县水系属淮河流域，属新汴河、故黄河、王引河 3 个水系，皆为雨源型、间歇性河流。萧县共有大小河道 20 条，分别是故黄河、闸河、东倒流河、西倒流河、洪河、碱河、洪碱河、大沙河、王引河、龙河、老岱河、新岱河、利民沟、湘西河、北湘西河、毛河、港河、申河、运河、萧濉新河。

萧县处于北亚热带和暖温带的过渡区，属温带季风气候，兼有北方和南方的气候特点。年平均气温 15.7℃，日照率 52%～57%，年均无霜期 200～220 天，年均降水量 800～930 毫米，雨季降水量占全年的 56%。气候资源较为优越，有利于农作物生长。主要气象灾害有旱、涝等。气候特点是四季分明，光照充足，雨量适中，雨热同期。四季之中春、秋季短，冬、夏季长，春季天气多变，夏季高温多雨，秋季天高气爽，冬季寒潮频袭。

截至 2016 年年底，萧县总人口 140 万人。

二 历史沿革

西周时，萧为宋邑。

东周，萧建国。“萧叔大心者，平宋乱立桓公。宋人以萧邑封叔为附庸”（《春秋》）。宋偃王四十七年（公元前286年），宋为齐国所灭，彭城属楚，谓之西楚，萧属楚。

秦（公元前221～前207年），置萧县，属泗水郡。

西汉（公元前202～公元8年），泗水郡改名沛郡，萧县属沛郡。更始元年（23年），封刘秀为萧王即此。

东汉（25～220年），改郡为国，萧县属豫州沛国。

三国魏文帝黄初二年（221年）追封曹熊为萧公。明帝太和三年（229年）又追封为王，称萧国。其子炳嗣，六年殁，无子，国除。青龙二年（234年）复为萧县，属豫州谯郡。

西晋（265～316年），属豫州沛国。武帝泰始元年（265年），封顺王丙于萧。

东晋（317～420年），属沛郡，郡治由相县徙于萧。大兴元年（318年），郡降石勒。大兴二年（319年），复归晋。明帝太宁初（323年），陷于赵。穆帝永和五年（349年），赵亡陷于前燕。废帝太和五年（370年），燕灭地入于秦。太元九年（384年），复徐州，地归晋。

南朝刘宋，属徐州沛郡，为郡治所在。北朝北魏文成帝和平六年（465年），占萧县，属徐州沛郡。梁武帝大通元年（527年），占萧县，旋复入魏。东魏属徐州沛郡，为郡治。北齐，废沛郡。大保七年（556年），改萧县为承高县，属徐州彭城郡。

隋（581～618年），承高县属彭城郡。开皇六年（586年），改承高县为龙城县。开皇十八年（598年），改龙城县为临沛县。大业初（605年），复改为萧县。

唐（618～907年），实行道、州、县三级制，属河南道徐州。

五代（907～960年），先后为后梁、后唐、后晋、后汉、后周分领，属徐州武宁军节度。

北宋（960～1127年），实行路、府（州、军、监）县三级制，属京东西路徐州武宁军节度。

金天会四年（1126年），灭北宋。次年占领萧县，属山东西路徐州武宁军节度。元光二年（1223年），升彭城厥固镇为永堌镇。属徐州。

蒙古至元二年（1265年），撤销萧县、永堌县建置，并入徐州。至元十二年（1275年），复立萧县，属河南省归德府徐州。

明洪武四年（1371年）二月，属中都临豪府。洪武十四年十一月，属南京（南直隶）徐州。

清顺治（1644～1661年），属江南省徐州。康熙六年（1667年），析江南省为江苏、安徽两省，属江苏省徐州，雍正十一年（1733年），徐州升为府，属江苏省徐州府。

民国初年，废府、州、厅。江苏置五道。属徐海道。1928年，废道，属江苏省。1932年，成立行政督察区，属铜山行政督察区。1938年11月13日，县域解放，属豫皖苏第三专署。1939年3月，属河南省商丘专区。

1949年10月，属皖北人民行政公署宿县专区。

1952年11月15日，中央人民政府委员会批准，将宿县专区的萧县、砀山县划入江苏省，将永城县划入河南省（安徽省人民政府于1953年1月20日决定，于2月1日正式划出）。

1955年2月21日国务院批准，3月25日实施，萧县由江苏省徐州专区划归安徽省宿县专区。1956年，宿县专区、滁县专区合并为蚌埠专区，萧县属蚌埠专区。

1961年，撤销蚌埠专区，重新设立宿县专区，萧县属宿县专区。

1971年，宿县专区更名为宿县地区，萧县属宿县地区管辖。

1998 年，宿县地区更名为宿州市，萧县属宿州市管辖。

截至 2019 年，萧县辖 18 个镇、5 个乡。

金寨属庄里乡。2021 年，庄里乡改为庄里镇。

三　遗址概况

金寨遗址位于安徽省宿州市萧县庄里乡勘沟行政村金寨自然村周边，向南延伸到宿州市埇桥区夹沟镇草厂村北部，西北距萧县县城 30 千米，西南距淮北市区 30 千米，东北距徐州市区 35 千米。遗址坐落于皖东北丘陵之中的山前平原，西、南、东三面环山，西、北、东南临小河（图 1-1；彩版一，1、2）。

图1-1　金寨遗址地理位置示意图

遗址西距独山（海拔 235.3 米）500 米，西南邻牛山（海拔 174.9 米），东南距爬头山（海拔 201.4 米）600 米，东距野鸡山（海拔 87.8 米）400 米，北距皇藏峪南麓 1100 米。遗址西南邻牛山，海拔从西南往东北递减，西南部海拔 70～73 米，东北部海拔 66～70 米。

遗址西、北邻小河，东南距小河 250 米，两条小河在遗址东 1.5 千米处与西北和东南方向的冲沟汇成东倒流河，东倒流河向东北流入奎河，奎河又向南流入濉河，濉河流入淮河。

金寨村占压遗址西部，占压面积10万平方米（2018年）。西邻王堂自然村，北400米为尚庄自然村，东北300米为尠沟村，东南400米为爬山自然村，南1千米为埇桥区夹沟镇草厂村。

金寨村周边交通不是特别发达。北1千米有020县道，往西4千米到庄里镇，往东北35千米到徐州。金寨村南有翻山公路往南7千米到埇桥区夹沟镇。庄里乡有通往县城的县道（2019年新修406省道通往县城）。2019年通车的符离大道位于金寨村东4千米，沿符离大道往南40千米到宿州市区，往北30千米到徐州市区，大大改善了金寨村与外界的沟通。庄里往西南20千米有乡道、县道到京台高速公路淮北出入口。

金寨村周边物产丰富。小麦、玉米为主要农作物。周边果树茂密，春有樱桃、黄桃，夏有葡萄。金寨村南山南侧有著名的夹沟香稻米，以泉水种植，香飘四溢。

第二节　发现与发掘经过

一　发现与调查

20世纪50年代，金寨村民在挖村南水塘时发现一些玉器，有玉环、玉瑗、玉管、玉球，该水塘遂被村民称为“玉石塘”[1]。

1986年，金寨村民卢正分在玉石塘南部东岸翻土时又发现一批玉器，萧县博物馆宋彦昭等进行了调查，在玉石塘周边36000平方米范围内采集到陶片，认为玉石塘周围似为居住区，南端（玉器出土处）为墓葬区。征集到167件玉石器、陶器，其中玉器134件、绿松石片27件、石器4件、陶器2件。玉器有玉璧1件、刀形器1件、玉锥形器4件（其中2件器身有浮雕）、纺轮状玉饰1件、玉璜7件、玉球6件、玉管56件、玉珠12件、穿孔玉片35件、玉坠13件、绿松石片27件，石器有石斧3件、有段石锛1件，陶器有陶盂1件[2]。认为玉器的年代为马家浜文化向良渚文化过渡阶段。调查简讯发表在《文物》1989年第4期。

1987年，根据国家文物局部署的“苏鲁豫皖先秦考古研究”课题任务，安徽省文物考古研究所组建淮北地区考古调查专题组，张敬国、贾庆元、何长风、胡欣民对萧县先秦遗址进行了调查，其中包括金寨遗址，认为遗址面积较大，约10万平方米，年代为龙山文化早期[3]。

从1988年开始，安徽省文物考古研究所对皖北地区的一些遗址进行了发掘。主要有濉溪石山子、怀远双古堆、宿州芦城孜、灵璧玉石山、蚌埠双墩等。

1988年安徽省文物考古研究所对濉溪石山子遗址进行第一次发掘，发掘面积100平方米[4]。

1989年秋，安徽省文物考古研究所对怀远双古堆遗址进行发掘，发掘面积375平方米[5]。

---

[1] 另据部分村民，该水塘并非玉石塘，玉石塘在该水塘东南50～100米处，原来是一处小河湾，目前已是平地。

[2] 安徽省萧县博物馆：《萧县金寨村发现一批新石器时代玉器》，《文物》1989年第4期。

[3] 张敬国、贾庆元、何长风、胡欣民：《安徽萧县先秦遗址考古调查》，《文物研究（第六辑）》，黄山书社，1990年。

[4] 安徽省文物考古研究所：《安徽濉溪石山子新石器时代遗址》，《考古》1992年第3期。

[5] 贾庆元、何长风：《怀远县双古堆新石器时代及商周遗址》，中国考古学会编：《中国考古学年鉴·1990》，文物出版社，1991年。

1990 年秋，安徽省文物考古研究所发掘宿州芦城子遗址，揭露面积 100 平方米[1]。1991 年春，安徽省文物考古研究所发掘灵璧玉石山遗址，揭露面积 325 平方米。

1991 年 5 月 28 日～6 月 2 日，国家文物局组织的苏鲁豫皖考古座谈会在合肥召开，许多专家发表了详细的研究意见，建议继续开展发掘研究工作[2]。

二　1991 年度发掘

1991 年 9～10 月，安徽省文物考古研究所对金寨遗址进行首次发掘。参加发掘的人员有张敬国（领队）、贾庆元、叶润清、刘锋、邓坚，安徽大学历史系文博专业 1988 级 20 名学生在周崇云老师的带领下参加了实习。发掘地点共分西、东、东北三区，以东区为重点。

东区位于玉石塘南部东侧，即 1986 年出土玉器附近，东区又分南北三小区，南区布 2 个 5 米 ×5 米探方，中区布 9 个 5 米 ×5 米探方，北区布 5 个 5 米 ×5 米探方。该区地层堆积上部近 2 米是挖塘时的堆土，加上多被破坏，发掘收获很小。

西区位于金寨小学北侧，共布 5 米 ×5 米探方 4 个，出土少量遗物，年代为大汶口文化晚期。

东北区位于村东冲沟东侧路北，共布 5 米 ×5 米探方 4 个，出土少量陶石器，年代为大汶口文化晚期。

1991 年度发掘收获不多，发掘资料没有公布，仅在《中国考古学年鉴》上有简要介绍。

令人痛惜的是，考古队撤离后，发掘区即遭到盗掘，据悉，挖到了大量玉器，其中许多已经流散，金寨玉器在收藏界有一定的知名度。

三　2016～2018 年度发掘缘起

2010 年前后，金寨遗址遭到多次小规模的盗掘，遗址的保护面临一定的压力。

2014 年，萧县人民政府为提高金寨遗址的影响力，进而对遗址开展展示利用工作，联系到安徽省文物考古研究所，希望能对金寨遗址进行发掘。安徽省文物考古研究所也想进一步了解金寨遗址详情，于是，金寨遗址新一轮的考古工作就此开始。

首先是进行勘探。2015 年 3 月 10 日～5 月 12 日，由时任安徽省文物考古研究所寿县工作站站长张钟云研究员负责，聘请洛阳瀍源钻探服务公司对金寨遗址进行了钻探，钻探面积 26.39 万平方米，钻探范围位于金寨村周边，北至小河、东至冲沟、南至水渠、西至村西小河，房屋占压区域未探，发现大量遗迹。钻探费用和青苗补偿费用由萧县政府承担（图 1-2）。

2015 年 8 月，鉴于考古一室张小雷正在山东大学攻读在职博士学位，且研究方向为淮河流域新石器时代考古，于是在安徽省文物考古研究所副所长宫希成研究员的安排下，由张小雷具体负责筹备金寨遗址的发掘计划。8 月 11 日，张小雷前往宿州，由老家是金寨村的本所任一龙开车带到金寨村，与萧县博物馆馆长会合，对遗址进行了简单调查，随后做好发掘申请。9 月 25 日，安

[1]　叶润清：《安徽省宿州市芦城子遗址发掘简报》，《文物研究（第九辑）》，黄山书社，1993年。

[2]　《文物研究》编辑部：《苏鲁豫皖考古座谈会纪要》，《文物研究（第七辑）》，黄山书社，1991年。

图1-2　金寨遗址范围及发掘区位置图

徽省文物局把发掘申请提交给国家文物局，由于2015年度主动性发掘申请早已确定，该项目又不是配合基本建设而进行的抢救性发掘，所以发掘申请未得到国家文物局的批准，国家文物局建议对遗址进行详细调查，制订长期工作计划。

2016年2月29日，张小雷到萧县，3月1～3日对遗址进行调查，重新调整了发掘计划，以编制遗址保护规划和考古学研究的名义再次申请，在萧县县委县政府的努力下，4月25日，发掘申请得到国家文物局的批准，发掘执照号为2016第300号，批准发掘面积500平方米，领队为叶润清研究员。

6月10日，张小雷随宫希成副所长去萧县，与县委书记会见，商谈金寨遗址发掘事宜。分管文物工作的副县长闫旭和县文化局局长朱雪峰、副局长胡传明、萧县金寨文化研究会单光荣会长、安徽省文物考古研究所任一龙会见时在座。6月11日，宫希成副所长、张小雷、任一龙到金寨村，看了任一龙的老家，5间瓦房、3间厢房，决定考古队就以此为驻地。又去遗址现场调研，拟选定20世纪80年代出玉器的地方作为发掘区域之一。

7月10日，张小雷到山东大学，向栾丰实老师请教金寨遗址发掘事宜。栾老师建议自己钻探，主要找有没有城墙和城壕；发掘选点方面生活区和墓葬区都要做。

8月15日，张小雷带领自己仅有的2名实习技工张铭峻、黄琦琦结束在阜南县高庄古城遗址的整理工作，进驻金寨村。由于时值盛夏，遗址上种植着即将成熟的玉米，加上张小雷正忙于筹备9月18日在宿州召开的“淮河中下游地区的龙山时代学术研讨会”，因此决定发掘工作待秋收后进行。

四　2016年度发掘

2016年9月20日下午，在宿州参加完“淮河中下游地区的龙山时代学术研讨会”后，张小雷陪同栾丰实先生、王芬教授到金寨遗址，两位老师认为金寨遗址的选址颇为讲究，建议玉石塘东侧作为主要发掘区，遗址中部再选一处地点进行发掘。

9月21日，从金寨村找到2位参加过考古钻探的村民在村东公路两侧钻探，村民说近年修公路时和南北两侧盗掘区都有玉器发现，路北侧钻探效果稍理想，于是决定先在此布方（彩版五，3）。

总的布方原则是对遗址进行统一虚拟布方，在遗址市级文物保护碑基座西北角往北1米为总基点，按四象限法布方，每10米×10米为一个探方，基点东北角第一个探方为TE01N01，东南角第一个探方为TE01S01，如发掘实际探方不能完整落入10米×10米探方，则分别注明位于10米×10米完整探方的某部位。

9月24日开始制作工地围栏、布方，布5米×10米探方5个。联系金寨自然村所属的勘沟行政村书记陈世武，请其联系民工、青苗补偿事宜，发掘区共占地3亩。工地实行24小时值班，值班人员为金寨村村民卢正分。

2016年9月25日下午，陈书记找来10多位民工，发掘工作正式启动。先期5个5米×10米探方编号及负责人分别为：TE15S1（东半部）由张铭峻（陕西文物保护专修学院学生）负责，TE16S1（西半部）由山东技师陈孔利负责，TE16N1（东半部）由山东大学历史文化学院考古系2016级博士研究生杨凡（导师靳桂云教授）负责，TE16N1（西半部）由2015级硕士研究生张强（导师王芬教授）负责，TE16N2（西半部）由金寨村技工任鹏负责。10月中下旬，在TE15S1内尤其是南部发现几座集中的墓葬，于是，11月8日，又向南布方TE15S2开始发掘，又发现了8座墓葬，出土了少量玉器，其中1座是七人葬，引起了一些关注。至12月20日，东区发掘结束。东区总发掘面积291平方米。

在发掘东区的同时，张小雷带领会钻探的金寨村民张瑞继续在玉石塘东岸钻探，选择发掘区域。经钻探，玉石塘东侧南部即1991年发掘区周边50米范围内，均被严重盗扰，已无发掘价值，中北部盗扰较少，尤其是在北部发现丰富的文化层堆积。10月10日，在玉石塘东岸中部先行布2个5米×5米探方，编号为TW22S3（西南部）、TW22S4（西北部），由陕西技师史少锋负责，发现2座汉墓。10月17日，在玉石塘东岸北侧钻探有较丰富堆积的区域布2个5米×10米探方，编号TW20N2（西半部）、TW21N2（东半部），由陕西文物保护专修学院学生黄琦琦负责，从11月5日开始，TW20N2（西半部）由杨凡负责，发现大型沟G6。11月1日，在玉石塘东岸中部偏南布 7 米 ×7 米探方 1 个，编号 TW23S6，由史少锋负责，已被严重盗扰。11 月 9 日，在玉石塘南岸钻探有大量红烧土堆积的区域布 10 米 ×10 米探方 1 个，编号 TW29S11，前期由萧县实习技工杜康负责，后期由史少锋负责，发现大型红烧土沟 G8。11 月 29 日，在玉石塘东坡中部紧邻水面钻探有青白泥处布 5 米 ×5 米探方 1 个，编号 TW24S5，由任鹏负责，仅发现半个汉代残墓。西区至 12 月 19 日发掘结束。西区总发掘面积为 250 平方米（彩版二，1、2）。

2016 年发掘期间，一些领导和专家先后到工地进行参观指导。

10 月 7 日，萧县副县长闫旭到工地参观。10 月 19 日，安徽省文化厅党组成员、省文物局局长何长风、张宏明调研员、王爱华调研员、宫希成副所长到工地参观指导，萧县县委书记和副县长闫旭陪同（彩版三，1、2）。下午上工时宫所长和闫副县长分别给民工讲话，尤其就工地纪律做了严格要求。再次确定青苗费、回填费、值班安防由县里负责。

11 月 16 日，宿州市纪委书记龙道金（原萧县县委书记，在任时对金寨遗址比较关注）到工地参观。

11 月 21 日，中国玉文化研究会在萧县召开金寨文化玉器专业委员会成立大会，参会人员到工地现场参观，包括国家文物局原副局长张柏。

12 月 1 日，安徽省地震局姚大全工程师、郑海刚到工地，就东区疑似地震遗迹进行现场考察（彩版四，1）。12 月 1 日，安徽建筑大学孙升讲师到工地进行航拍。

12 月 4 日，山东大学栾丰实教授来指导工作。对东区部分墓葬的关系进行分析，认为遗物年代从大汶口文化中期到晚期；建议对西区红烧土沟进行解剖发掘（彩版四，2）。

12 月 10 日，山东大学靳桂云教授来工地，考察遗址地貌，并对植物考古研究做出全面安排（彩版五，1）。

12 月 12 日，山东大学文化遗产研究院赵永生副教授到工地，现场鉴定墓葬人骨。

12 月 16 日，宫希成副所长到工地，重点考察了七人葬和大型红烧土沟，对发掘工作比较满意，认为该地点可遇不可求，建议以此为基地，先行做个 4 年规划，把遗址搞清楚，进而带动苏鲁豫皖考古重启新热潮（彩版五，2）。

通过 2016 年度的发掘（彩版六、七），基本了解了金寨遗址的文化堆积特点、年代和布局概况。大体上遗址西部是生活区，东区是墓地，尚待揭露墓地西部。遗址年代从大汶口文化中期到龙山文化中期，另有少量汉代遗存，以大汶口文化中晚期遗存为主。

2016 年度发掘费由国家文物局“国家重点文物保护专项补助资金”补助，萧县人民政府提供了青苗补偿费、安保费、回填费。

五　2017 年度发掘

由于 2016 年度东区墓地尚未找到其边界，该区面临被盗掘的风险，同时为进一步了解遗址的布局，2017 年 1 月，我们再次向国家文物局申请继续发掘，4 月 12 日，国家文物局同意，并要求制订长期工作计划，批准发掘面积 800 平方米，项目负责人为张小雷（彩版八、九）。

2017年2～5月，在等待国家文物局审批的同时，张小雷承担郑州—阜阳高铁的基建考古工作，安排山东技师陈孔利在金寨驻地进行修复，陕西文保专修学院学生孙芸芸绘图。5月底，宫希成副所长又安排张小雷到潜山县承担下浒山水库基建考古工地，发掘1处周代台墩型遗址和1处宋代小型墓地，至9月30日发掘才结束（彩版一〇～一二）。

10月9日，张小雷到金寨，开始准备2017年度发掘。实习技工韩启明同日抵达。

10月11日，宫希成副所长到萧县，参观了萧县金寨文化研究会，与县委书记、县政协主席杨洪军、县委宣传部部长丁勤华、金寨文化研究会会长单光荣会谈，商定2017年度发掘工作，做好宣传工作，与县里密切配合，县政府继续承担安保费。

为了最大限度地利用好这800平方米发掘指标，2017年度的发掘目的一是揭露墓地的完整形态，另一个是在遗址西北部选择堆积丰富的居址区进行发掘，以寻找是否存在大型排房类的建筑。

从10月13日开始继续钻探，并沿着一些沟渠的断崖每隔10米切一个20厘米宽的断面，以更清楚地了解地层堆积情况。在2016年度东区西侧钻探，以了解该墓地的西界，最后布方TE14S1、TE14N1、TE15N2共3个探方，希望能卡住该墓地的西界和北界，视发掘结果再决定是否发掘中间的TE15N1。生活区方面，最后选定村子东北角钻探文化堆积比较丰富的区域。

10月16日，山东大学历史文化学院考古系2016级硕士研究生贺亚炳到工地用全站仪进行布方。10月20日，陕西技师史少锋抵达。10月22日，发掘正式开始。北区共布3个10米×10米探方、1个5米×10米探方、1个5米×5米探方。由史少锋和韩启明负责。至11月上旬，发现大片红烧土堆积和房址基槽，得知是一片集中的房址区。11月19日，陈孔利到北区发掘。至12月下旬，房址基槽全部暴露，打破组合关系非常复杂。加上天气寒冷，至2018年1月23日，北区发掘结束。

10月28日，山东大学历史文化学院考古系2013级博士研究生王清刚到工地。10月30日，东区开始发掘，由王清刚负责。11月下旬，出露几座墓葬，找到了墓地的西南和西北边界，发现该墓地位于一处台地上，意识到墓地的重要性，重点了解该台地是否是人工堆筑，由于台地土很纯，墓葬填土与台地土非常接近，墓口很难发现，有个别墓葬是到墓坑下部甚至出露器物时才确定是墓葬。至12月22日，王清刚返校，加之天气较冷，对出土文物保护不利，发掘还没有到底，决定开春后再做。

11月10日，县里举办2017年度金寨遗址发掘开工仪式，县委常委常务副县长李芳茹、县委常委肖民、县委常委宣传部部长丁勤华，及县金寨遗址保护领导小组各成员单位及各主管部门领导悉数到场，领导小组副组长、金寨文化研究会会长单光荣主持，李芳茹副县长、张小雷、庄里乡党委书记陈继峰分别讲话。

11月13日，安徽省文物考古研究所邓峰所长、宫希成副所长陪同国家博物馆原副馆长董琦研究员到工地参观。

2018年1月3～4日，小规模的“萧县金寨遗址考古发掘与保护专家论证会”在萧县召开。山东大学栾丰实教授、南京博物院江苏省考古研究所周润垦副所长、甘恢元副研究员、安徽省文物考古研究所宫希成副所长、武汉大学考古系博士研究生余杰参加（彩版一三，1、2）。1月3

日下午，与会专家到现场参观指导，1 月 4 日，座谈会在萧县九龙国际大酒店召开。宫所长主持专家讨论，周润垦、甘恢元、余杰、栾老师、宫所长先后发言。栾老师建议可以到周边的山上找找看有没有防御设施，或者盆地东北方向有没有防御设施，或者有没有城壕或城墙。并认为大墓肯定还有。专家们对墓地土台也没有定性。认为北区这些基槽可能不是同一层位的，所以想把他们归到一起恐怕比较麻烦，不成规律的可以不考虑。

1 月 27 日，安徽省文物考古研究所吴卫红研究员到工地参观指导，建议继续做好测绘和钻探工作，把布局再搞清楚。

1 月，山东大学历史文化学院 2016 级硕士研究生乙海琳（导师宋艳波副教授）来工地做动物考古研究，拟作为毕业论文。

2 月 3 日（农历腊月十八），考古队撤离。考虑到开春后房东任一龙要翻盖房子，于是把已经修复好的 2016 年度墓葬出土器物带回合肥安徽省文物考古研究所。

通过 2017 年度的发掘（彩版一四，1、2），揭示了该墓地的北、西边界，发现墓葬 10 余座，得知该墓地位于一处原始高台地上。明确了居住区位于遗址西部。

2017 年度发掘费由国家文物局“国家重点文物保护专项补助资金”补助，萧县人民政府提供了青苗补偿费、安保费、回填费。

六　2018 年度发掘

2018 年 2 月 6 日，张小雷随宫希成副所长到江苏句容南京博物院茅山工作站，参加“考古中国”暨“长江下游区域文明模式研究”课题推进会，会上张小雷汇报了金寨遗址 2016～2017 年度发掘情况。

2018 年 3 月，张小雷和技师杨国帅、韩启明开始整理 2017 年度发掘资料，房东任一龙翻盖房屋，考古队住宿也成问题，张小雷同时要参加山东大学博士学位论文答辩，所以拟于春季复工的计划推迟。5 月，陕西文物保护专修学院 2016 级学生张亚波、赵波、王浩桢、石兰馨来工地修复 2017 年度墓葬出土器物。7～8 月，西北民族大学文物保护专业 2016 级学生龙莎莎、韦娟娟、黄帆、刘嘉兰等到工地，参加基础资料整理工作。

至 8 月下旬，开始筹备东区继续发掘事宜。8 月 30 日，山东大学 2016 级博士研究生袁波文、2016 级硕士研究生贺亚炳到工地。9 月 1 日正式开工（彩版一五，1、2）。9 月 5 日，西北民族大学 2016 级硕士研究生戴乐到工地。TE14S1 由张亚波负责，TE14N1 由王浩桢负责，后为了揭露该墓地的边界，发掘了 TE14N2 探方东南 6 米 ×5 米范围，TE14S2 发掘了东北 6 米 ×5 米范围，TE13S1 发掘了东北 5 米 ×5 米范围，并与 2016 年度发掘区连接，发掘了 TE15N1、TE15S1（西半部）。

9 月 22 日，宫希成副所长到工地指导。10 月下旬，山东大学历史文化学院研究生牛月明、肖雨妮到现场进行了人骨鉴定，杨凡进行了植物遗存采集和浮选。

至 10 月 23 日野外工作结束，历时 53 天。共清理墓葬 30 座，基本上将该墓地的西大部全部揭露，了解了该墓地的布局（彩版一六、一七）。

经过 3 个年度的发掘，对金寨遗址的年代、聚落布局等有了基本的认识，需要对发掘资料进行集中整理研究。因此，金寨遗址的发掘工作告一段落。

2019 年春，在宫希成副所长的安排下，张小雷接手固镇垓下遗址，准备开展垓下遗址新一轮的发掘工作，2 月向国家文物局提交发掘申请，3 月，发掘申请没有得到批准。张小雷全年在金寨进行整理工作，同时 8～12 月在长丰和肥东发掘汉代墓葬。2019 年年底，在叶润清所长的安排下，张小雷开始接手凌家滩遗址的考古工作。

第三节 资料整理与报告编写

金寨遗址的整理工作自 2016 年度发掘结束就一直在金寨村驻地进行。每一季度结束时，都对基础资料进行了整理。

1. 资料整理

2017 年春夏，由山东技师陈孔利、陕西文保专修学院学生郭芙荣、梁乐乐对 2016 年度墓葬出土器物进行修复，由孙芸芸进行绘图，张小雷进行器物摄影。

2018 年 4～9 月，由赵波、张亚波、石兰馨、王浩桢对 2016～2017 年度墓葬出土器物进行修复。由杨国帅绘图、张小雷摄影。7～8 月，西北民族大学历史文化学院 2017 级本科生龙莎莎、韦娟娟、黄帆、刘嘉兰参加绘图、照相工作。

2019 年 3～10 月，由赵波、张亚波、石兰馨对 2018 年度墓葬出土文物进行修复，陈孔利、智建荣参加了短期修复。由杨国帅绘图、韩启明摄影。8 月，山东大学考古系 2018 级硕士研究生张黛、2019 级硕士研究生田佳艳参加了绘图、器物核对工作。

至 2019 年年底，金寨遗址 2016～2018 年度出土小件器物的修复、绘图、照相等基础工作基本完成，由于墓葬出土陶器火候较低，修复难度较大，加上修复工作多由实习学生承担，修复效果不是很好。大部分的标本绘图、照相也已经完成。

2020 年上半年，张小雷团队同时承担肥东后头朱汉代墓地的发掘、固蚌高速公路蚌埠中杨等遗址的发掘工作、凌家滩遗址的发掘工作，已无暇金寨整理，4 月 9 日，撤离金寨驻地。发掘出土文物运至安徽省文物考古研究所。

2. 多学科研究

发掘期间注重并进行了多学科合作研究。

植物考古方面，由山东大学靳桂云教授负责植物考古研究。2016 年冬由杨凡对 2016 年度植物样品进行浮选研究，研究报告发表于《农业考古》2018 年第 4 期。2017 年冬由杨凡对 2017 年度植物样品进行浮选研究。

动物考古方面，与山东大学宋艳波副教授签订了动物考古合作协议，2017 年冬，由其研究生乙海琳到工地进行鉴定。

人骨研究方面，2016～2018 年度出土人骨均由山东大学赵永生副教授和其学生鉴定研究。

陶器研究方面，2019 年，山东大学博士后陆青玉对金寨遗址的陶器开展了科技分析研究。

2020年，山东大学历史文化学院2018级硕士研究生蒋成成对金寨遗址制陶工艺开展了研究，以此作为硕士学位论文。

玉器研究方面，2022年1月，复旦大学文博系王荣教授到合肥，对金寨遗址本轮发掘出土玉器进行鉴定研究。2024年1月，中国人民大学吴晓桐副教授到萧县博物馆对馆藏金寨玉器进行检测。

3. 考古成果宣传

为了让学界及时了解金寨遗址的发掘成果，2017年10月在山西太原召开的第七届黄淮七省考古论坛上，张小雷介绍了金寨遗址2016年度的发掘情况。2018年2月在江苏句容南京博物院茅山工作站召开的“考古中国”暨“长江下游区域文明模式研究”课题推进会上，张小雷汇报了金寨遗址2016～2017年度发掘情况。

2018年11月，在河南鹤壁召开的第八届黄淮七省考古论坛上，张小雷介绍了金寨遗址2016～2018年度发掘成果。2019年7月10日，在甘肃临洮召开的“早期文化交流：路径与社会”学术研讨会上，张小雷作“从金寨遗址看距今5000年前后中国史前文化的交流”报告。

2018年12月14日，金寨遗址三年发掘简讯发表在《中国文物报》上。2019年7月，《黄淮七省考古新发现（2011～2017年）》收录了金寨遗址2016～2017年度发掘成果。金寨遗址墓葬区发掘简报2019年4月投往《考古》杂志，2020年春收到杂志社回复，对简报内容提出了许多修改意见，主要是线图质量问题。张小雷忙于凌家滩发掘工作，也无优秀绘图技师绘图，简报的修改工作一度搁置，直至2023年重新投稿，经过编辑修改，终于发表在《考古》2023年第10期。2016年西区发掘简报、2017年北区发掘简报、动物遗存分析、2017年度植物遗存分析发表在《东南文化》2020年第3期。

2020年1月，由安徽省文化和旅游厅主办的“2018～2019年度安徽省重要考古新发现”评选活动举行，金寨遗址入选2018～2019年度安徽省重要考古新发现。

4. 报告编写

金寨遗址报告编写项目申报了2019年度国家社科基金，未能入选，后来入选2019年度安徽省社科规划一般项目（国家社科基金孵化项目）。后又再度申报2020、2021年度国家社科基金，均未能入选。

2020年开始，张小雷开始承接凌家滩遗址的发掘研究工作，同时承担大量的基建考古调查发掘工作，无暇顾及金寨遗址发掘报告编写工作。

2022年1月，张小雷向单位提出出版金寨遗址发掘报告申请，发掘报告初稿经过审核通过后，开始向安徽省文物局和国家文物局申请发掘报告出版经费的程序。同时，张小雷断续对发掘报告进行修改撰写。直至2024年3月20日，出版经费终于到账。于是继续对发掘报告进行修改、核对，并开始编辑过程。

关于本报告体例，有一点需要说明的是：器物介绍及线图排版秉持“资料卡片式”的原则，按顺序号进行介绍，器物线图下面直接写器物编号。这可能会被认为是不合格的资料堆砌。我们主要考虑一是从查阅资料方便角度，二是从文物管理角度出发，算是资料式的。相当于将文物清单全部公布，我们也认为公布文物清单应该是未来考古报告的第一作用，也便于研究者进一步研究；但同时也带来可能排版不是很美观的弊端。

5. 遗址保护

金寨遗址的发掘工作始终秉持保护、利用相统一的理念，力求首先提升其文物保护单位级别。2016 年发掘时金寨遗址仅为宿州市级文物保护单位。

2017 年 5 月，第八批安徽省文物保护单位申报工作启动，由张小雷编制金寨遗址省保单位申报书，2019 年 5 月，金寨遗址被公布为第八批安徽省文物保护单位。

2018 年冬，第八批全国重点文物保护单位申报工作启动，由张小雷编制金寨遗址国保单位申报书，2019 年 5 月 9 日上午，国家文物局文物保护与考古司考古处张凌处长和专家乔梁研究员、林留根研究员来金寨遗址现场复核，省文物局文保处杨益峰处长和刘奇中调研员陪同。专家对金寨遗址选址、发掘成果和保护现状比较满意。2019 年 10 月，金寨遗址被评为第八批全国重点文物保护单位，同时张凌处长再次强调，要制订长期的科学的系统的考古工作计划。之后金寨遗址得到了有效的保护，村庄房屋建设得到严格控制，农田区域继续耕作，金寨村也被列为美好乡村建设村。

第二章　东区

东区2016年共布1个4米×9米探方TE16N2（西半部）、2个4米×10米探方TE16N1（东）、TE16S1（西半部）、1个5米×9米探方TE16N1（西）、1个5米×10米探方TE15S1（东半部）、1个9米×10米探方TE15S2。总发掘面积291平方米。

2017年布3个10米×10米探方：TE14S1、TE14N1、TE15N2。实际发掘面积249平方米。

2018年发掘范围为：TE14N2探方东南6米×5米，TE14S2东北6米×5米，TE13S1东北5米×5米，TE15N1、TE15S1（西半部）。加上2017年2个探方隔梁，发掘面积275平方米。3个年度东区总发掘面积为815平方米（图2-1）。

经钻探和发掘，东区原始地貌为一处稍高台地，大汶口文化中期时开始作为集中墓地，有着统一的规划，并有少量灰坑（祭祀坑）。到大汶口文化晚期时，墓地继续沿用，并有较多的灰坑和少量房址。至龙山文化早中期时，已不作为墓地，仅有少量灰坑。之后逐渐废弃，至汉代以前这2000多年间，台地边缘逐渐被自然淤土填平。汉代时有少量灰坑、灰沟。

第一节　地层堆积

由于台地中部和边缘不是同一年度发掘，故没有统一地层编号。以下选取几个探方说明不同区域的地层堆积情况。

一　地层介绍

（一）中部南北向剖面

以TE15S2、TE15S1、TE15N1、TE15N2东壁剖面来说明东区南北向地层堆积。

1. TE15S2东壁

可分为5层（图2-2）。

第①层：现代耕土层。灰黑色土，土质较疏松，厚0.10～0.12米。分布全方。包含大量的砖瓦陶瓷碎片及近现代未腐烂的植物根系，堆积大致由南向北稍微倾斜。

第②层：近代耕土层。灰褐色，土质疏松，深0.10～0.12、厚0.10米。分布全方，大致水平。堆积包含少许红烧土粒、灰烬，夹杂少量的碎陶片。

第③层：黄褐色土，土质致密，深0.20～0.22、厚0.09～0.15米。分布全方，包含少量的红

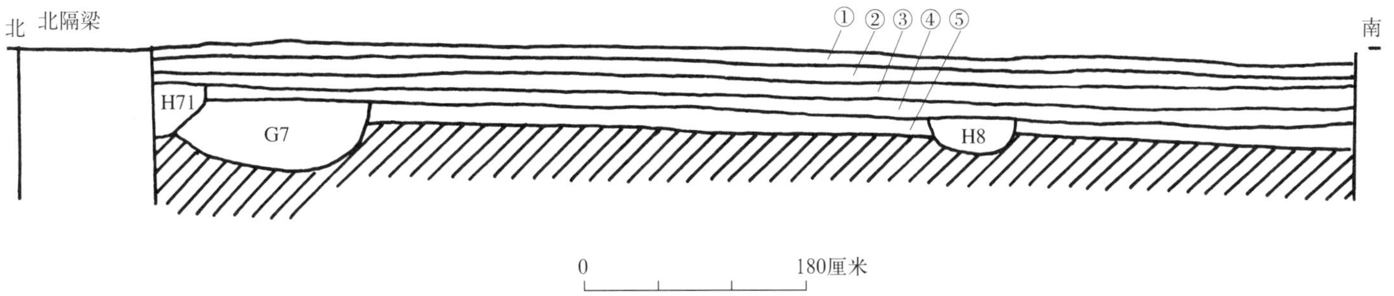

图2-2　TE15S2东壁剖面图

烧土粒、灰烬等，夹杂碎陶片。本层下开口 H70、H71、JC（基槽）等。本层为汉代层。

第④层：灰褐色锈斑土，土质硬，深 0.29～0.35、厚 0.20～0.25 米。分布全方，大致由西南向东北稍微倾斜。包含少量的红烧土粒、灰烬，夹杂少量的陶片、石块等。本层下开口 M29 等。本层为大汶口晚期文化层。

第⑤层：灰褐色锈斑土，土质硬，深 0.44～0.67、厚 0.10～0.20 米。大致水平，分布全方。包含少许红烧土粒、灰烬等。本层为大汶口中晚期文化层。

第⑤层以下为黄褐色生土。

绝大部分墓葬均开口于第④层下。

2. TE15S1东壁

可分为 5 层（图 2-3）。

第①层：现代耕土层。灰黑色砂土，颗粒较粗，孔隙较大，土质十分疏松，厚 0.05～0.10 米。本层布满全方，堆积呈水平状。

第②层：近现代扰土层。灰褐色砂土，土质疏松，厚 0.05～0.08 米。本层布满全方，堆积呈水平状。包含有近现代的陶瓷片、石块等。

第③层：汉代文化层。黄褐色细砂土，较疏松，夹杂红烧土粒，厚 0.05～0.14 米。本层布满全方，堆积呈水平状。包含较多陶片、石块，其中有较多汉代瓦片。本层下开口的遗迹有 H9、H24、H27、M2。

第④层：灰褐色细砂土，较致密，夹杂大量褐色水锈斑，厚 0.08～0.15 米。本层布满全方，堆积呈水平状。包含较多陶片、石块。该层为大汶口文化晚期堆积。

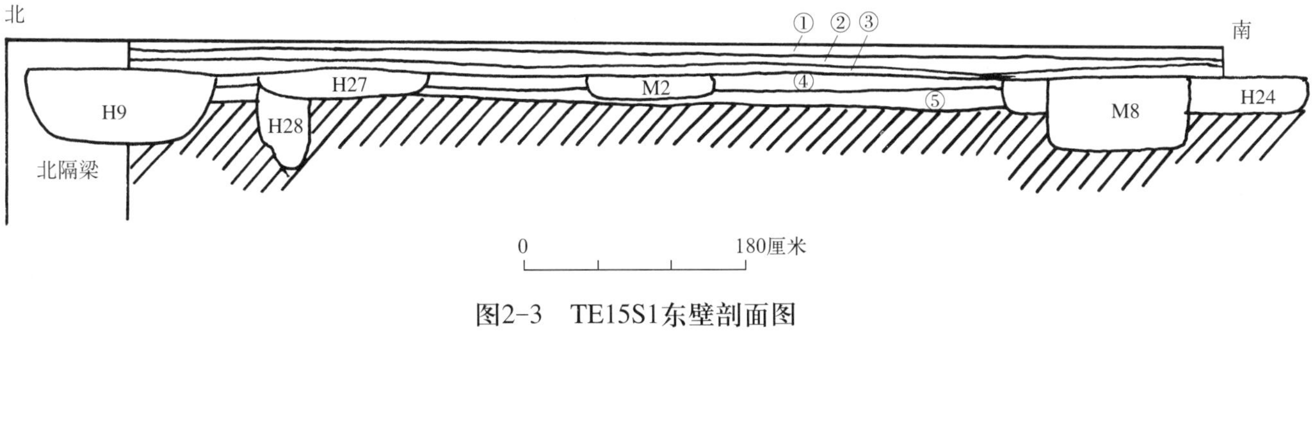

图2-3　TE15S1东壁剖面图

第⑤层：灰褐色黏土，土质致密，夹杂大量水锈斑，厚0.09～0.26米。本层布满全方，堆积呈水平状。包含少量的陶片。该层为大汶口文化中晚期堆积。

第⑤层下为生土层。

3. TE15N1东壁

可分为4层（与2017年度西侧TE14N1地层相统一，无第③、⑤～⑦层等）（图2-4）。

第①层：耕土层和近现代扰土层，灰褐色土，质地疏松，厚0.10～0.20米。遍布全方。包含少量砖瓦、陶瓷碎片。

第②层：灰褐色粉砂土，质地疏松，厚0.05～0.12米。除少数位置有断续外，几乎遍布全方。包含少量板瓦筒瓦碎片。本层下开口H1。本层为汉代堆积。

第④层：红褐色土，质地较硬，厚0.15～0.25米。遍布全方。包含较多陶片，可辨器形有鼎足、鬶、罐等。本层为龙山文化早中期堆积。

第⑧层：黄褐色土，质地较硬，包含有黑色铁锰结核，厚0.30～0.50米。遍布全方。本层为大汶口文化晚期堆积。

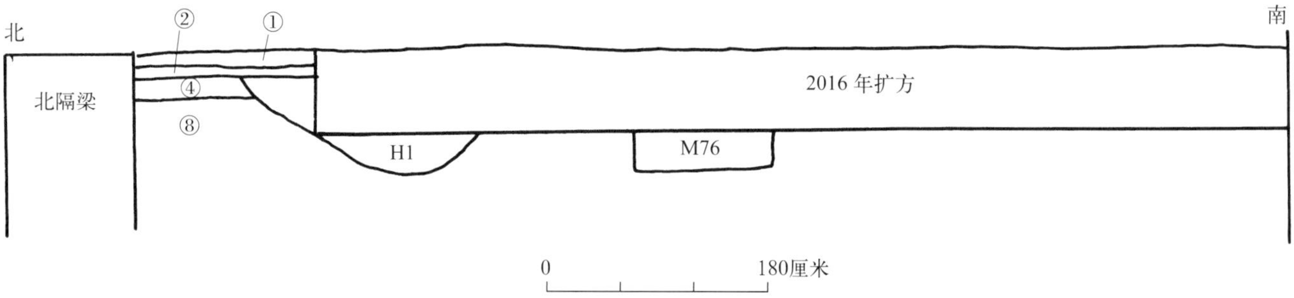

图2-4　TE15N1东壁剖面图

4. TE15N2东壁

TE15N2位于台地的西北边坡处，层位多于台地主体，可分为10层（图2-5）。

第①层：耕土层及近现代扰土层。灰褐色土，质地疏松，厚0.15～0.25米。包含瓦、瓷碗圈足、粗瓷片等。本层下开口G14。

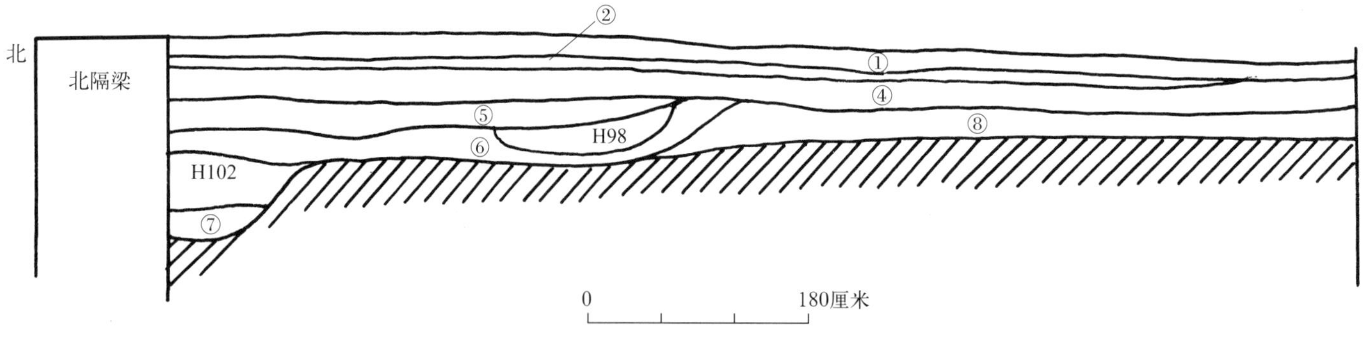

图2-5　TE15N2东壁剖面图

第②层：灰褐色略浅，土质细腻，断续分布，厚0.05～0.20米。包含罐、筒瓦、支钉等残片。本层为汉代堆积。

第③层：黑斑土，油亮发光，质硬，厚0～0.30米。分布于探方西半部。包含罐、鼎等残片。本层下开口M40。本层为龙山文化时期土台外侧斜坡的堆积，可能与沉积和丢弃生活垃圾有关。

第④层：暗褐色略发红，与③层土质土色接近，唯后者颜色更暗，厚0～0.30米。本层包含有陶罐、杯、盆、壶、鼎、豆等残片，本层下开口F15。本层为龙山文化堆积。

第⑤层：暗褐色发红，与③层亦在土质土色上有接近之处，厚0.20～0.55米。主要分布于探方西半部。出土物极少，可辨器形有鼎、器盖、罐、鬶等。本层下开口H98、H99。本层为龙山文化时期土台外侧的堆积，可能与沉积和丢弃生活垃圾有关。

第⑥层：灰褐色，质疏松，分布于探方西北部，厚0～0.30米。出土物较多，可辨器形有壶、鬶、罐、杯、豆、鼎等。本层下开口H100、H102、H123。本层为龙山文化时期土台外侧的堆积，可能与沉积和丢弃生活垃圾有关。

第⑦层：黄褐色水锈斑土，质略硬，厚0～0.45米。分布于探方西北部。出土物较多，可辨器形有罐、杯、豆、器盖、盆、鼎、缸、鬶等。本层为龙山文化时期土台外侧的堆积，可能与沉积和丢弃生活垃圾有关。

第⑧层：黄褐色土，质硬，厚0～0.25米。分布于探方东半、南半部。出土物极少。本层下开口H110。本层为大汶口文化中晚期人工堆筑用以埋葬的土台垫土。

第⑨层：黄褐色略暗，质硬，厚0～0.55米。此层仅在西部探沟处发现，其余部分未发掘。出土少量罐等残片，本层下开口H125。本层为大汶口文化中晚期人工堆筑用以埋葬的土台垫土。

第⑩层：青白色，砂质，厚0～0.55米。无出土物。本层为大汶口文化中晚期人工堆筑用以埋葬的土台垫土。

第⑩层下为红褐色生土。

（二）中部东西向剖面

以TE14N1、TE15N1、TE16N1北壁为例说明。

1. TE14N1北壁

位于台地西北部，覆盖台地西北边坡一角，地层略多于台地主体，可分9层（图2-6）。

第①层：耕土层及近现代扰土层。灰褐色质疏松，厚0.10～0.25米。包含罐、瓷片等。

第②层：灰褐色略浅，质细腻，厚0.05～0.20米。断续分布。出土板瓦、罐等残片。本层为汉代堆积。

第③层：黑色斑块土，质硬，厚0～0.25米。分布于探方西半部。出土罐、鼎、甗、杯、盆等残片。本层为龙山文化时期堆积。

第④层：暗褐色略红，与③层土质土色接近，唯后者泛黑色油亮光，厚0.15～0.25米。分布于探方东半部。出土罐、器盖、壶、甗、鼎等残片。本层下开口M35、M36、M38、M39、H83。

第⑤层：暗褐色发红，与③层土质土色上接近，厚0～0.30米。分布于探方西半部。出土物

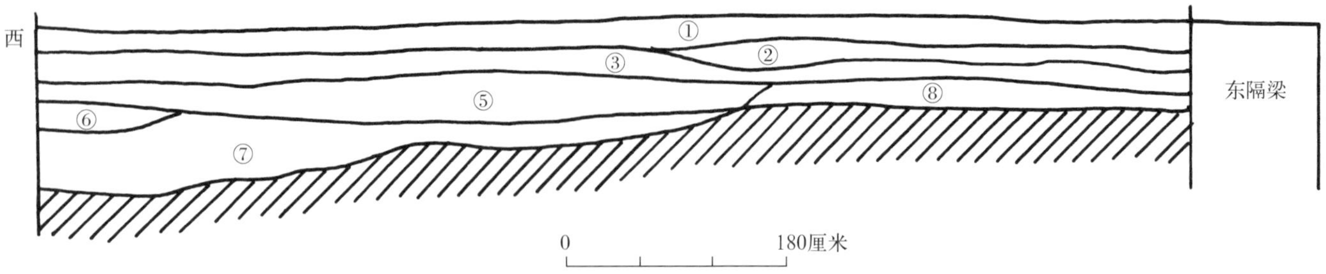

图2-6 TE14N1北壁剖面图

极少，仅有零星陶片渣。本层为龙山文化时期土台外侧的堆积，可能与沉积有关。

第⑥层：暗褐色发黄，质地极硬，细腻，厚0～0.25米。仅分布在探方西壁附近。未见出土物。本层为龙山文化时期土台外侧的堆积，可能与沉积有关。

第⑦层：暗褐色发灰，质地硬，厚0～0.60米。分布于探方西北部。出土有少量鼎等残片。本层为龙山文化时期土台外侧的堆积，可能与沉积有关。

第⑧层：黄褐色，质地硬，厚0～0.30米。分布于探方东部。出土有罐、鬶等残片。本层为大汶口文化中晚期人为堆筑用以埋葬的土台垫土。

第⑨层：黄褐色发红，未发掘。为大汶口文化中晚期人为堆筑用以埋葬的土台垫土。

第⑩层：青白色，砂质，厚0～0.55米。无出土物。为大汶口文化中晚期人为堆筑用以埋葬的土台垫土。

第⑩层以下为红褐色生土。

2. TE15N1北壁

可分为4层，与2017年度西侧TE14N1地层相统一，无第③、⑤～⑦层等（图2-7）。

第①层：耕土层和近现代扰土层。灰褐色土，质地疏松，厚0.10～0.20米。遍布全方。包含少量砖瓦陶瓷碎片。

第②层：灰褐色粉砂土，质地疏松，厚0.05～0.12米。除少数位置有断续外，几乎遍布全方。包含少量板瓦筒瓦碎片。本层为汉代堆积。本层下开口H140、H145。

第④层：红褐色土，质地较硬，厚0.15～0.25米。遍布全方。包含较多陶片，可辨器形有鼎足、鬶、罐等。本层为龙山文化早中期堆积。

第⑧层：黄褐色土，有黑色铁锰结核，质地较硬，厚0.30～0.50米。遍布全方。本层为大汶口文化晚期堆积。

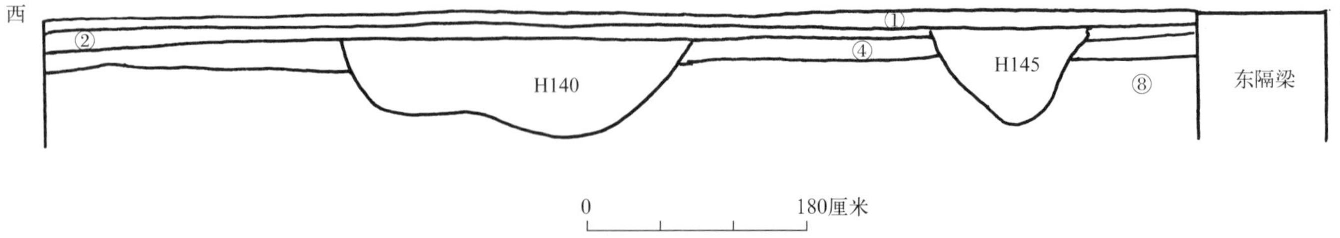

图2-7 TE15N1北壁剖面图

3. TE16N1北壁

TE16N1 位于台地的中部偏东，基本均呈水平分布，可分 5 层（图 2-8）。

第①层：现代耕土层。灰黑色砂土，颗粒较粗，孔隙较大，土质十分疏松，厚 0.06～0.105 米。

第②层：近现代扰土层。灰褐色砂土，土质疏松，厚 0.065～0.10 米。包含近现代的陶瓷片、石块等。本层下开口 JDG1、JDG2。

第③层：黄褐色细砂土，夹杂红烧土粒，较疏松，厚 0.10～0.18 米。包含较多陶瓦片、石块。本层下开口 H1、H7 等。本层为汉代堆积。

第④层：灰褐色细砂土，较致密，夹杂大量褐色水锈斑，厚 0.11～0.18 米。遍布整个探方。包含较多陶片、石块，陶片以泥质陶居多，纹饰有少量绳纹、凸棱、凹弦、凹槽、瓦棱纹，可辨器形有罐、器盖、鼎、豆等。本层下开口的遗迹有 H43、H48、ZD1～5。本层为大汶口文化晚期堆积。

第⑤层：灰褐色黏土，土质致密，夹杂大量水锈斑，厚 0.1～0.20 米。遍布全方。包含极少量的陶片。本层为大汶口文化晚期堆积。

第⑤层下为红褐色生土。

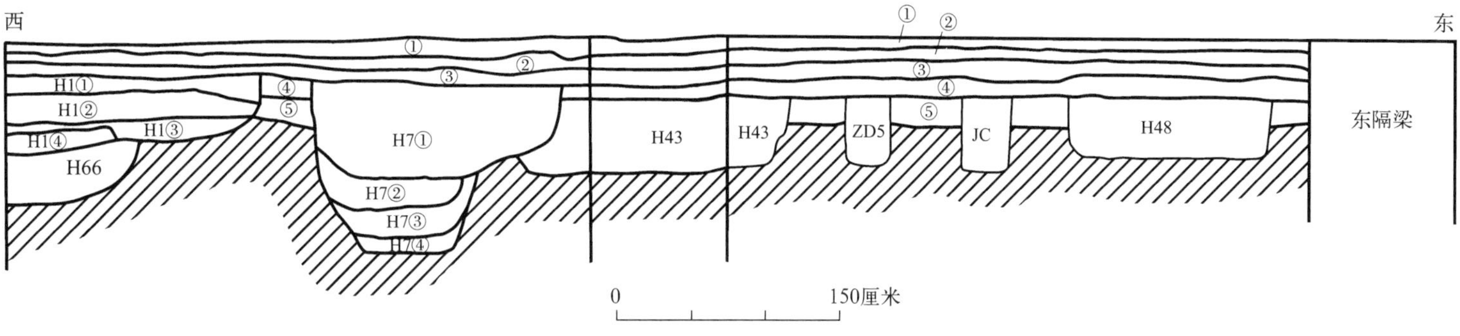

图2-8　TE16N1北壁剖面图

（三）西部南北向剖面

以 TE14S1、TE14N1、TE14N2 西壁来表示西部台地边缘地层堆积。

1. TE14S1西壁

探方文化堆积较厚，分为 10 层（图 2-9）。分别叙述如下。

第①层：耕土层及近现代扰乱层。灰褐色土，质地疏松，厚 0.15～0.25 米。包含大量的砖瓦陶瓷碎片及近现代未腐烂的植物根系。本层下开口 G14。

第②层：灰褐色粉砂土，土质疏松细腻，厚 0.05～0.10 米。断续分布。包含板瓦、罐口沿、盆口沿等。本层为汉代堆积。

第③层：黑斑土，油亮发光，质地较硬，夹杂均匀黑色铁锰结核颗粒，厚 0.15～0.30 米。分布在探方西部。包含零星的罐、鼎足等残片。本层为龙山文化时期土台外侧坡状堆积的第 1 层。

第④层：暗褐色发红，质地较硬，夹杂均匀黑色铁锰结核颗粒，厚 0.10～0.45 米。分布在探

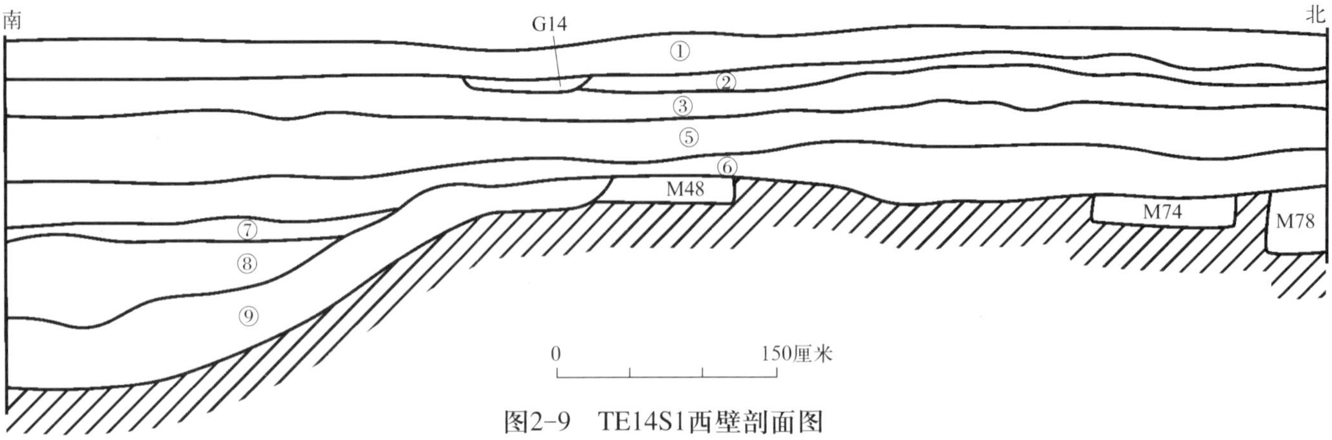

图2-9　TE14S1西壁剖面图

方东部。包含罐、豆、钵、鼎、鬶等残片。本层为土台上龙山文化堆积。

第⑤层：黄褐色发红，质地较硬，夹杂均匀黑色铁锰结核颗粒，厚0.20～0.45米。分布在探方西部。包含少量罐、鼎足等残片。本层为龙山文化时期土台外侧坡状堆积之第2层。

第⑥层：暗褐色发红，质地较硬，夹杂均匀黑色铁锰结核颗粒，厚0.10～0.40米。分布在探方西部。包含少量壶、罐、鼎足、豆等残片。本层下开口M48。本层为龙山文化时期土台外侧坡状堆积之第3层。

第⑦层：灰褐色，质地松软，夹杂均匀黑色铁锰结核颗粒，厚0.10～0.40米。分布在探方西部。包含少量罐、鼎、豆、尊等残片。本层为龙山文化时期土台外侧坡状堆积之第4层，为垃圾堆积。

第⑧层：灰褐色发黑，质地松软，夹杂均匀黑色铁锰结核颗粒，厚0.10～0.60米。分布在探方西南部。包含少量罐、鼎、豆、鬶、杯等残片和石块等。本层为龙山文化时期土台外侧坡状堆积之第5层，为垃圾堆积。

第⑨层：黑褐色，质地松软，夹杂均匀黑色铁锰结核颗粒，厚0.10～0.60米。分布在探方西南部。包含壶、罐、鼎、豆、鬶、器盖、缸等残片，石块等。本层为龙山文化时期土台外侧坡状堆积之第6层，为垃圾堆积。

第⑦～⑨层土质土色较为接近，有机物包含多，推测为龙山文化时期土台外侧斜坡垃圾堆积层。

第⑩层：黄褐色，质地较硬，夹杂黑色铁锰结核颗粒，厚0.15～0.20米。分布在探方东部。包含罐、盆、豆、鼎等残片。本层下开口M55。本层应为大汶口文化中期时营建墓地的垫土。

第⑩层以下为生土。

2. TE14N1西壁

TE14N1共分9层，西壁处可见5层（图2-10）。

第①层：耕土层及近现代扰土层。灰褐色质疏松，厚0.10～0.25米。包含罐、瓷片等。

第③层：黑色斑块土，质硬，厚0～0.25米。分布于探方西半部。出土罐、鼎、甗、杯、盆等残片。本层为龙山文化时期土台外侧的堆积，可能与沉积有关。

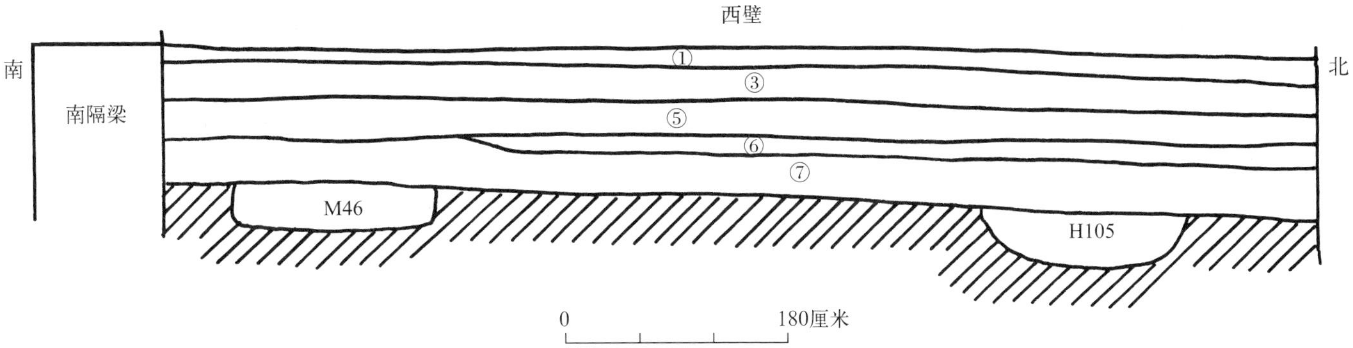

图2-10 TE14N1西壁剖面图

第⑤层：暗褐色发红，与③层土质土色较为接近，厚0～0.30米。主要分布于探方西半部。出土物极少，仅包含零星陶片渣。本层为龙山文化时期土台外侧的堆积，可能与沉积有关。

第⑥层：暗褐色发黄，质地极硬，细腻，厚0～0.25米。仅分布在探方西壁附近。未见出土物。本层为龙山文化时期土台外侧的堆积，可能与沉积有关。

第⑦层：暗褐色发灰，质地硬，厚0～0.60米。分布于探方西北部。出土有少量鼎等残片。本层为龙山文化时期土台外侧的堆积，可能与沉积有关。本层下开口H105、M46。

3. TE14N2西壁

TE14N2共分12层，西壁处可见9层（图2-11）。

第①层：耕土层。灰褐色，质疏松，厚0～0.20米。

第②层：灰褐色略浅，质地较疏松，厚0.10～0.15米。遍布全方。出土物极少。本层为汉代堆积。

第③层：黑色斑块土，质地坚硬，厚0.15～0.30米。包含有少量陶片。本层为龙山文化时期堆积。

第⑤层：暗褐色发黄略浅，土质较硬，厚0.05～0.20米。该层在探方广泛分布。包含有少量陶片。本层为龙山文化时期堆积。

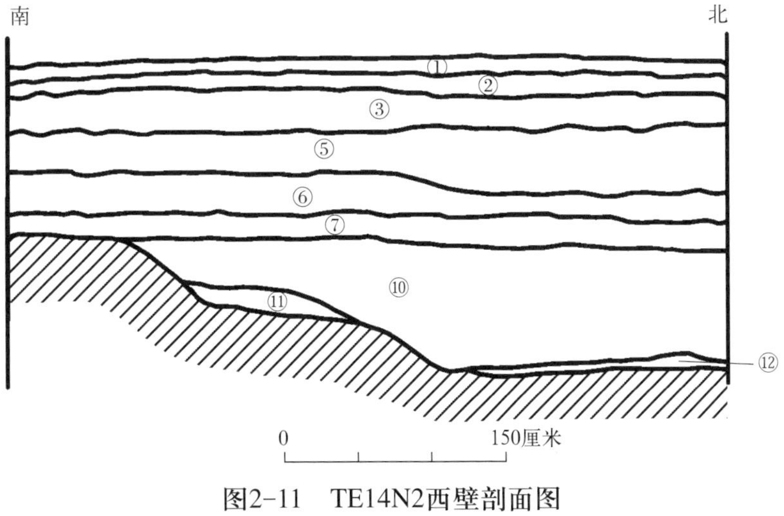

图2-11 TE14N2西壁剖面图

第⑥层：龙山层，暗褐色发黄，质地坚硬，厚0～0.35米。分布于探方西北部。包含极少量陶片。本层为龙山文化时期堆积。

第⑦层：暗褐色发灰，土质较硬，厚0～0.20米。分布于探方的西北部。包含有少量陶片。本层为龙山文化时期堆积。

第⑩层：灰褐色，土质较硬，厚0～0.50米。分布于探方西北部。包含有少量陶片。本层为龙山文化时期堆积。

第⑪层：黄褐色，质地硬，厚0～0.05米。少量分布于西北部。无包含物。本层为龙山文化时期土台墓地外侧的低洼地。本层下为红褐色生土。

第⑫层：黄褐色，质地硬，厚0～0.05米。少量分布于西北部。无包含物。本层为土台墓地外侧的低洼地。本层下为红褐色生土。

二　地层出土遗物

东区地层出土遗物不多，主要有陶器、石器和少量玉器。陶器多为残片，可辨器形有鼎、罐、壶、杯、盆、碗、缸、器盖、纺轮等。石器多为砺石，少量石锛、石斧、石锤等。

因所涉探方不多，本节在介绍地层出土遗物时没有按照遗物类别分型分式的方式，而是以按探方和层位的方式发表遗物，以方便查阅，探方顺序按从北向南、从东向西的顺序排列。

TE16N2④：1，陶半圆形器。夹砂黄褐陶。半圆形，底面平直。器物形制不明。宽8.5、高4.3、厚2.2厘米（图2-12，1；彩版一八，1、2）。

TE16N2④：2，石锛。黄白色，长条形，一面磨平。长12、宽4.5、厚2.7～3.1厘米（图2-12，2；彩版一八，3、4）。

TE16N1③：1，玉环。经检测为绢云母材质。红褐色，残，剖面为长方形，宽体，通体存有较多打磨痕。复原外径7.1、内径4、厚2.1厘米（图2-13，1；彩版一八，5、6）。

TE16N1④：2，石片。不规则形，一面磨平。残长9.1、残宽7.9、厚0.6厘米（图2-13，2）。

TE16N1④：3，砺石。黄褐色，不规则形，一面有细凹槽形磨痕。长8.6、宽7.6、最厚处3厘米（图2-13，3；彩版一八，7）。

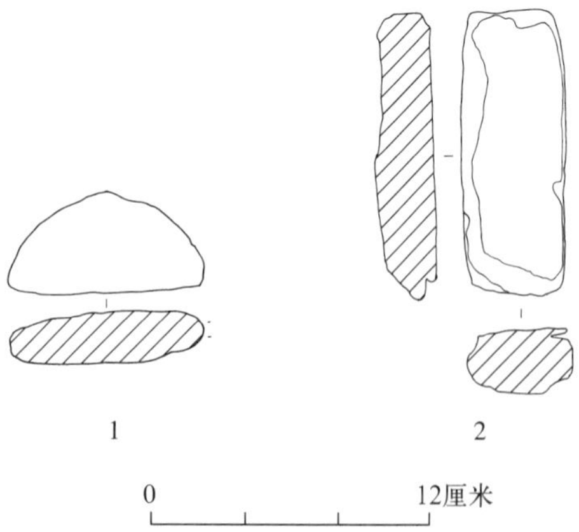

图2-12　TE16N2④层出土遗物

1. 陶半圆形器 TE16N2④：1　2. 石锛 TE16N2④：2

TE16N1④：4，陶纺轮。泥质红褐色。圆饼形，剖面为长方形，两面平直。直径4.1、孔径0.4、厚0.6厘米（图2-13，4）。

TE16N1④：5，砺石。黄褐色，长方形，两面经长期使用已略下凹。残长34.6、残宽14.3、厚5.7厘米（图2-13，5；彩版一八，8）。

TE16S1④：1，砺石。黄褐色，不规则形，一面磨平。长8.1、宽6.4、最厚处2.9厘米（图2-14，1）。

TE16S1④：2，砺石。黄褐色，不规则形，

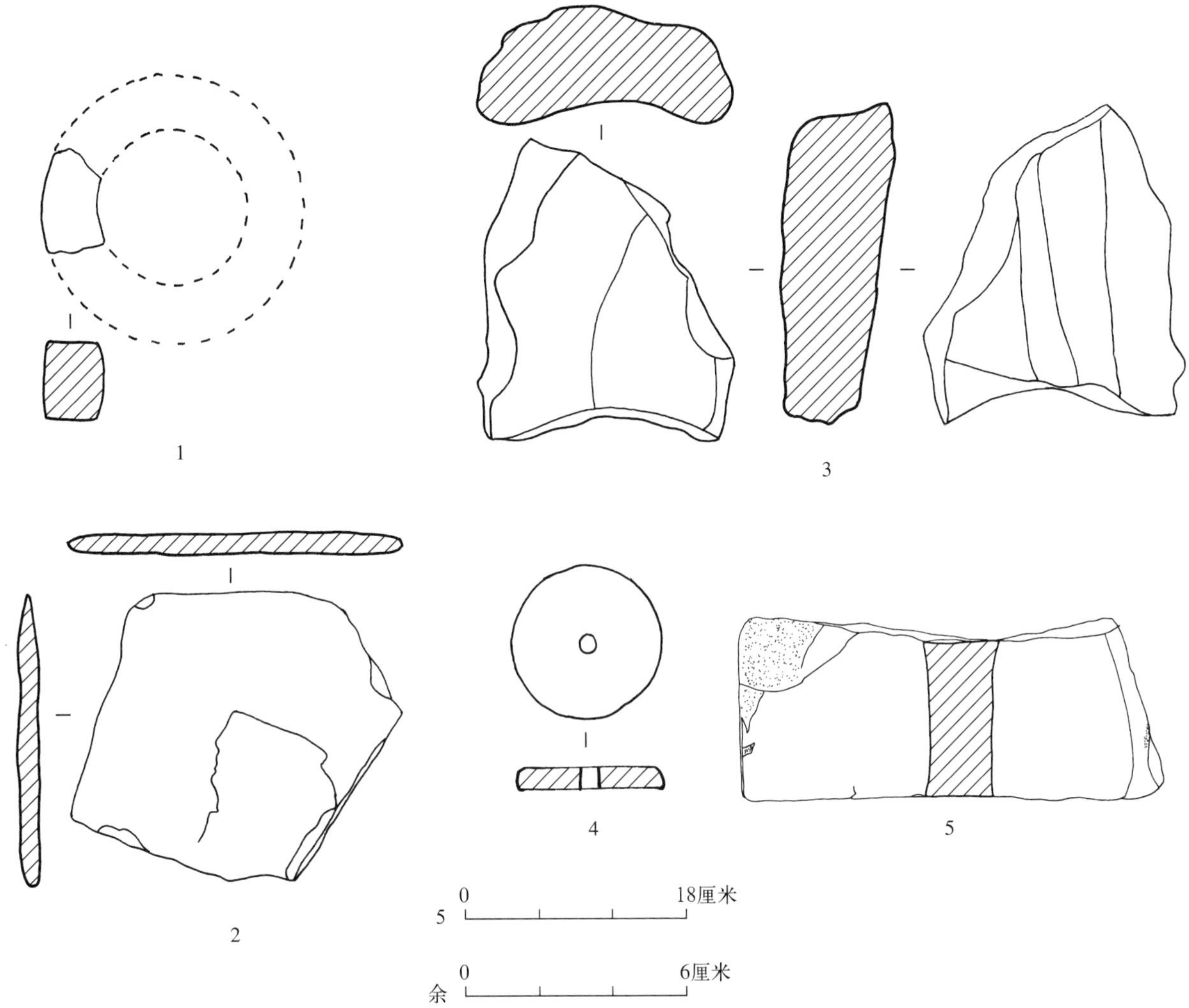

图2-13　TE16N1③、④层出土遗物

1. 玉环 TE16N1③：1　2. 石片 TE16N1④：2　3、5. 砺石 TE16N1④：3、TE16N1④：5　4. 陶纺轮 TE16N1④：4

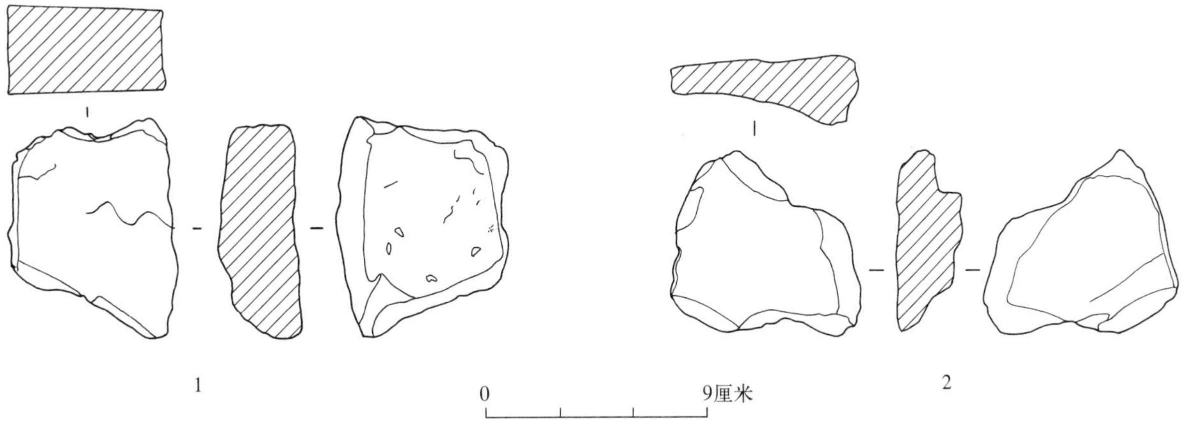

图2-14　TE16S1④层出土遗物

1、2. 砺石 TE16S1④：1、TE16S1④：2

一面磨平。长 8、宽 7.3、最厚处 2.8 厘米（图 2-14，2；彩版一九，1）。

TE15N2④：1，圆陶片。泥质灰褐陶。近圆形，两面平直。直径 3.5、厚 0.5 厘米（图 2-15，1；彩版一九，2）。

TE15N2④：2，陶三角形器。夹粗砂红陶。三角形，剖面近长方形。性质不明。长 8.4、宽

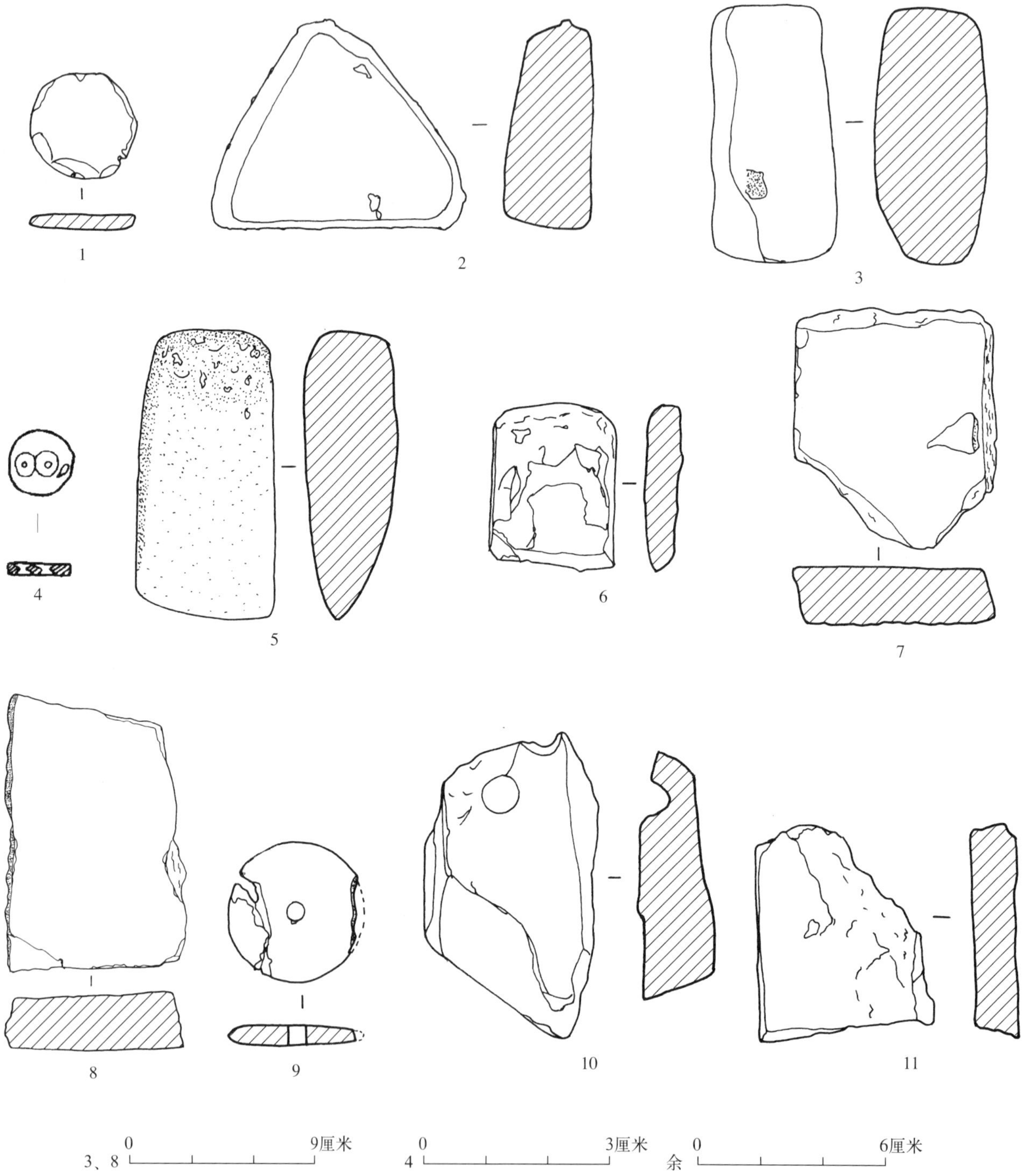

图2-15 TE15N2地层出土遗物

1. 圆陶片 TE15N2④：1 2. 陶三角形器 TE15N2④：2 3. 石斧 TE15N2④：3 4. 绿松石扣 TE15N2④：4 5. 石锤 TE15N2⑤：1 6. 石锛 TE15N2⑤：2 7、8、10、11. 砺石 TE15N2⑤：3、TE15N2⑥：1、TE15N2⑦：1、TE15N2⑦：2 9. 陶纺轮 TE15N2⑥：2

6.7、最厚处 2.9 厘米（图 2-15，2；彩版一九，3）。

TE15N2④：3，石斧。花白色，长条形，通体打磨，双面刃，一端倾斜。长 12.3、宽 6.2、最厚处 5.5 厘米（图 2-15，3；彩版一九，4）。

TE15N2④：4，绿松石扣。淡绿色，圆形，剖面为长方形，上有 2 个对钻而成的圆孔。直径 1.1、孔径 0.2～0.4、厚 0.2 厘米（图 2-15，4；彩版一九，5、6）。

TE15N2⑤：1，石锤。花色，长条形，剖面为弧形。长 9.2、宽 4.6、最厚处 3.1 厘米（图 2-15，5；彩版一九，7、8）。

TE15N2⑤：2，石锛。黄褐色，宽扁长方形，单面刃。长 5.4、宽 4.1、最厚处 1.3 厘米（图 2-15，6；彩版二〇，1）。

TE15N2⑤：3，砺石。黄褐色，不规则形，一面磨平。长 8、宽 6.9、厚 1.9 厘米（图 2-15，7；彩版二〇，2）。

TE15N2⑥：1，砺石。黄褐色，近长方体，一面磨平。长 13.1、宽 8.9、最厚处 2.8 厘米（图 2-15，8；彩版二〇，3）。

TE15N2⑥：2，陶纺轮。泥质黑褐陶。圆饼状，剖面为椭圆形。直径 4.5、孔径 0.6、最厚处 0.7 厘米（图 2-15，9；彩版二〇，4）。

TE15N2⑦：1，砺石。红褐色，不规则形，两面磨平，一面上有个钻孔，尚未钻透；上方有一对钻而成的圆孔，已残。长 9.7、宽 5.6、孔径 1.3、最厚处 2.3 厘米（图 2-15，10；彩版二〇，5）。

TE15N2⑦：2，砺石。灰色，不规则形，剖面近长方形，三面磨平。长 6.9、宽 5.7、厚 1.4 厘米（图 2-15，11；彩版二〇，6）。

TE15N1④：1，红陶杯。泥质红褐陶。直筒形，侈口，尖唇，斜腹，平底微内凹。口径 5.8、底径 2.6、高 6.6 厘米（图 2-16；彩版二〇，7、8）。

TE15S1（东）②：1，陶器盖。泥质灰陶。覆碟形，圆形捉手，盖面斜弧，口残。捉手 1.6、残高 1.3 厘米（图 2-17，1；彩版二一，1）。

TE15S1（东）③：2，砺石。黄褐色，近三角形，剖面为长方形，两面磨平。残长 10.1、残宽 6.8、厚 2.6 厘米（图 2-17，2；彩版二一，2）。

TE15S1（东）⑤：3，砺石，灰褐色，不规则形，一面磨平，正面有长条形磨痕。残长 25.7、

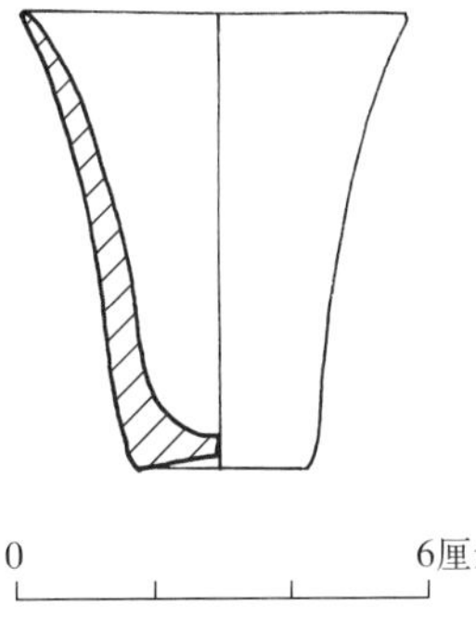

图2-16　TE15N1④层出土红陶杯TE15N1④：1

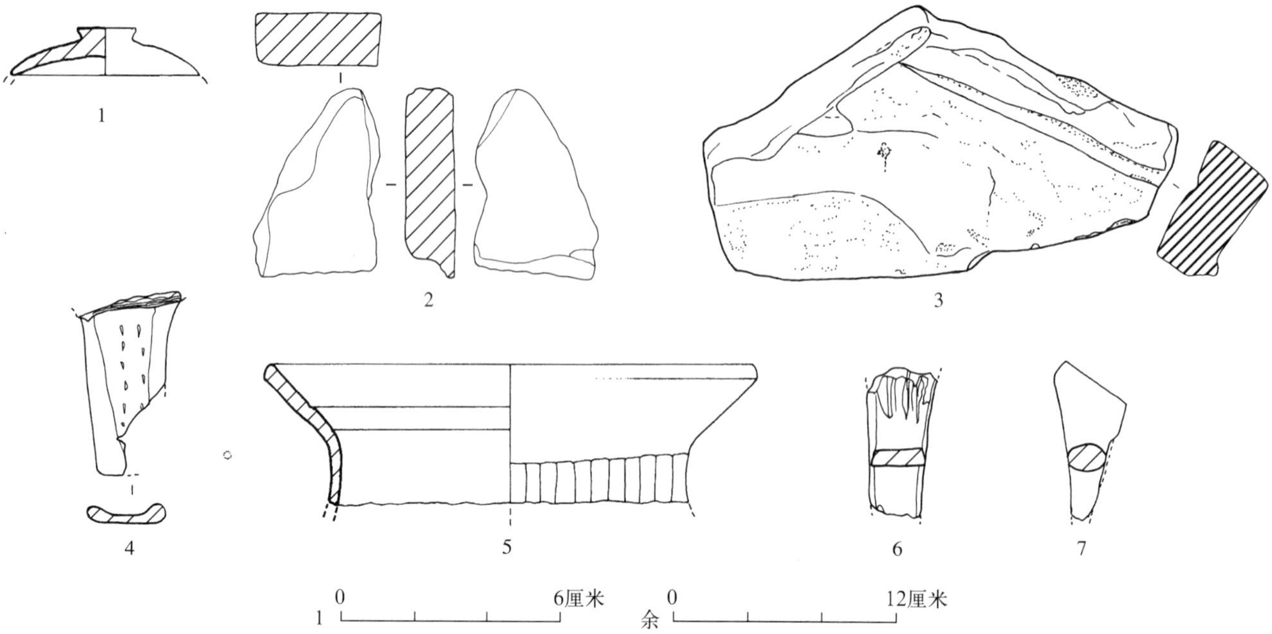

图2-17 TE15S1地层出土遗物

1.陶器盖TE15S1（东）②：1 2、3.砺石TE15S1（东）③：2、TE15S1（东）⑤：3 4、6、7.陶鼎足TE15S1（东）④：4、TE15S1（东）④：6、TE15S1（东）④：7 5.陶盆（鼎）TE15S1（东）④：5

残宽14.7、最厚处3.6厘米（图2-17，3；彩版二一，8）。

TE15S1（东）④：4，陶鼎足。泥质黑衣红褐陶。卷边瓦形，正面有2列竖向戳点纹。高9.7厘米（图2-17，4；彩版二一，4）。

TE15S1（东）④：5，陶盆（鼎）。夹石英红陶。口沿残片，大敞口，圆唇，上腹斜直，肩部有竖向绳纹。口径26、残高7.2厘米（图2-17，5；彩版二一，5）。

TE15S1（东）④：6，陶鼎足。夹石英红陶。正装长条铲形，足根正面有3道刻槽。残高7.9厘米（图2-17，6；彩版二一，6）。

TE15S1（东）④：7，陶鼎足。夹石英红陶。侧装凿形。残高8.5厘米（图2-17，7；彩版二一，7）。

TE15S2④：2，陶罐。泥质灰黑陶。口沿残片，侈口，尖圆唇，折沿，弧腹。口径16、残高5厘米（图2-18，1）。

TE15S2④：3，陶杯。细泥灰陶。口沿残片，侈口，尖唇，折沿，弧腹。口径13、残高4厘米（图2-18，2）。

TE15S2④：4，陶罐。夹砂红陶。罐底残片，平底。底径16、残高5.5厘米（图2-18，3）。

TE14N2④：1，石锛。灰白色，梯形，平顶，有段，单面刃。长3.6、宽2.1、厚0.4～0.8厘米（图2-19；彩版二二，1、2）。

TE14N1③：1，陶鼎口沿。夹细砂红陶。敞口，尖圆唇，沿腹部有1周凹槽。口径24、残高6.4厘米（图2-20，1）。

TE14N1④：1，砺石。灰褐色，不规则形，两面磨平。残长3.1、残宽2.4、最厚处1.4厘米

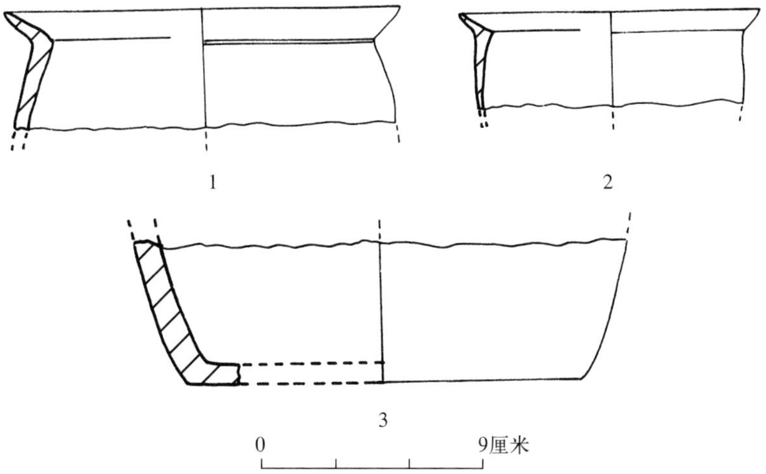

图2-18 TE15S2④层出土遗物

1、3. 陶罐 TE15S2④：2、TE15S2④：4 2. 陶杯 TE15S2④：3

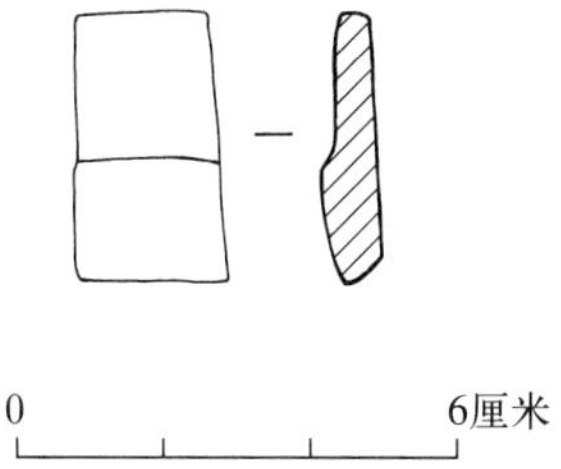

图2-19 TE14N2④层出土石锛TE14N2④：1

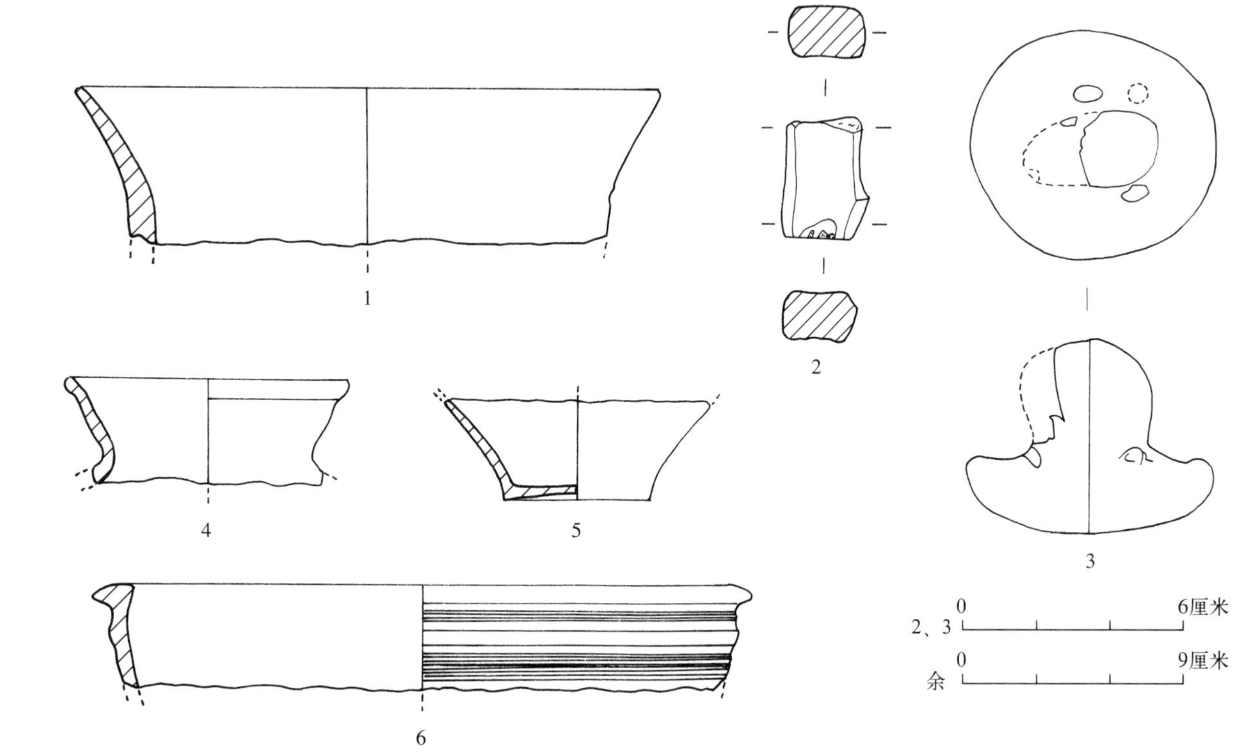

图2-20 TE14N1地层出土遗物

1. 陶鼎口沿 TE14N1③：1 2. 砺石 TE14N1④：1 3. 陶拍 TE14N1④：2 4. 陶壶 TE14N1④：3 5. 陶碗 TE14N1④：4 6. 陶盆 TE14N1④：5

（图 2-20，2；彩版二二，3）。

TE14N1④：2，陶拍。蘑菇形，扁圆形捉手，拍面为椭圆形，两端微上翘，捉手与拍体相交处有 3 个戳孔，拍面为素面。高 5.2 厘米（图 2-20，3；彩版二二，4、5）。

TE14N1④：3，陶壶。泥质黑衣褐陶。口沿残片，侈口，圆唇，折沿，束颈。口径 12、残高 4.4 厘米（图 2-20，4）。

TE14N1④：4，陶碗。泥质褐陶。残存碗底，平底内凹。底径6、残高4.1厘米（图2-20，5）。

TE14N1④：5，陶盆。泥质褐陶。口沿残片，敛口，尖唇，宽折沿，弧腹，腹部有一周凸棱。口径28、残高4.4厘米（图2-20，6）。

TE14S1④：1，砺石。黄褐色，近长方形，一面磨平。长21.8、宽10.3、厚3.4厘米（图2-21，1；彩版二二，6）。

TE14S1④：2，砺石。灰褐色，不规则形，一面磨平。长5.3、宽4.8、厚1.2厘米（图2-21，2；彩版二二，7、8）。

TE14S1④：3，砺石。红褐色，不规则形，一面磨平。长4.4、宽3.1、最厚处1.4厘米（图2-21，3；彩版二三，1）。

TE14S1④：4，砺石。红褐色，不规则形，两面磨平。长3.3、残宽2.9、厚0.7厘米（图2-21，4；彩版二三，2）。

TE14S1⑤：1，砺石。黄褐色，不规则形，一面磨平。残长4.2、残宽2.7、厚0.4～0.6厘米（图2-21，5；彩版二三，3）。

TE14S1⑥：1，石锛。黑色，器形较小，扁方形，单面刃，通体磨光。高2、宽1.9、最厚处0.6厘米（图2-21，6；彩版二三，4）。

TE14S1⑥：2，砺石。黄褐色，不规则形，一面磨平。残长5.7、残宽4.5、最厚处0.9厘米（图2-21，7；彩版二三，5）。

TE14S1⑦：1，石环。灰褐色，残，环形，剖面近长方形，环内未打磨，其余磨光。复原外径6.3、内径5.5、厚0.8厘米（图2-22，1；彩版二三，6）。

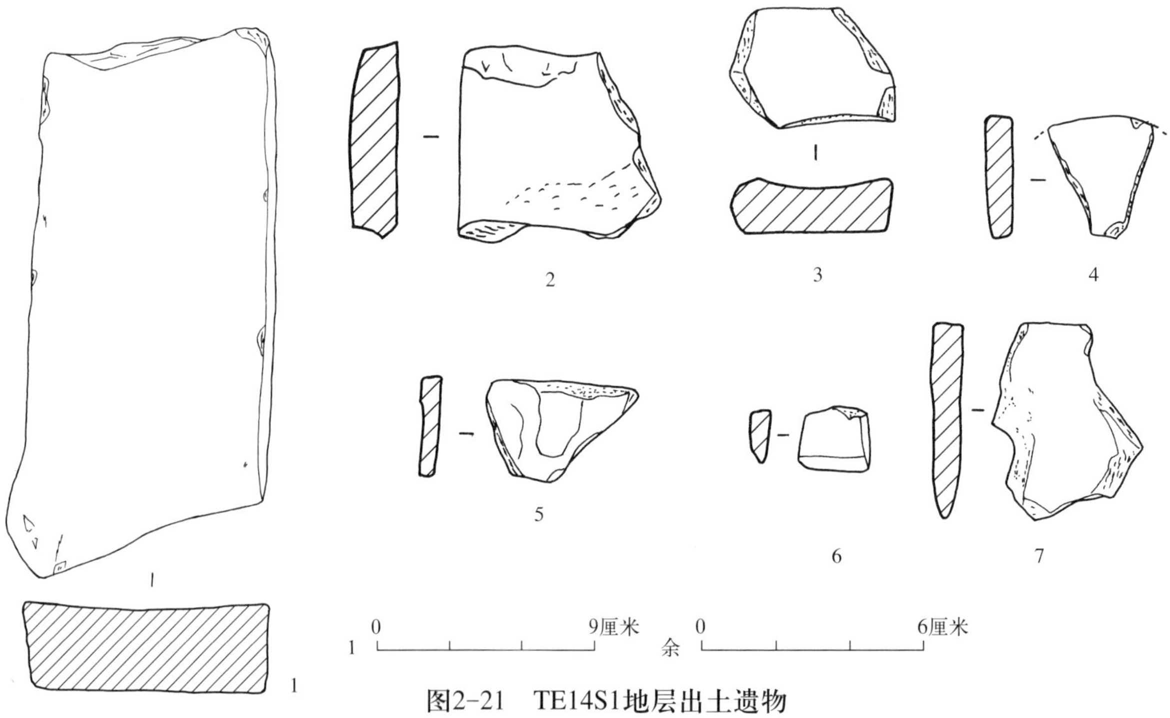

图2-21 TE14S1地层出土遗物

1～5、7.砺石 TE14S1④：1、TE14S1④：2、TE14S1④：3、TE14S1④：4、TE14S1⑤：1、TE14S1⑥：2 6.石锛 TE14S1⑥：1

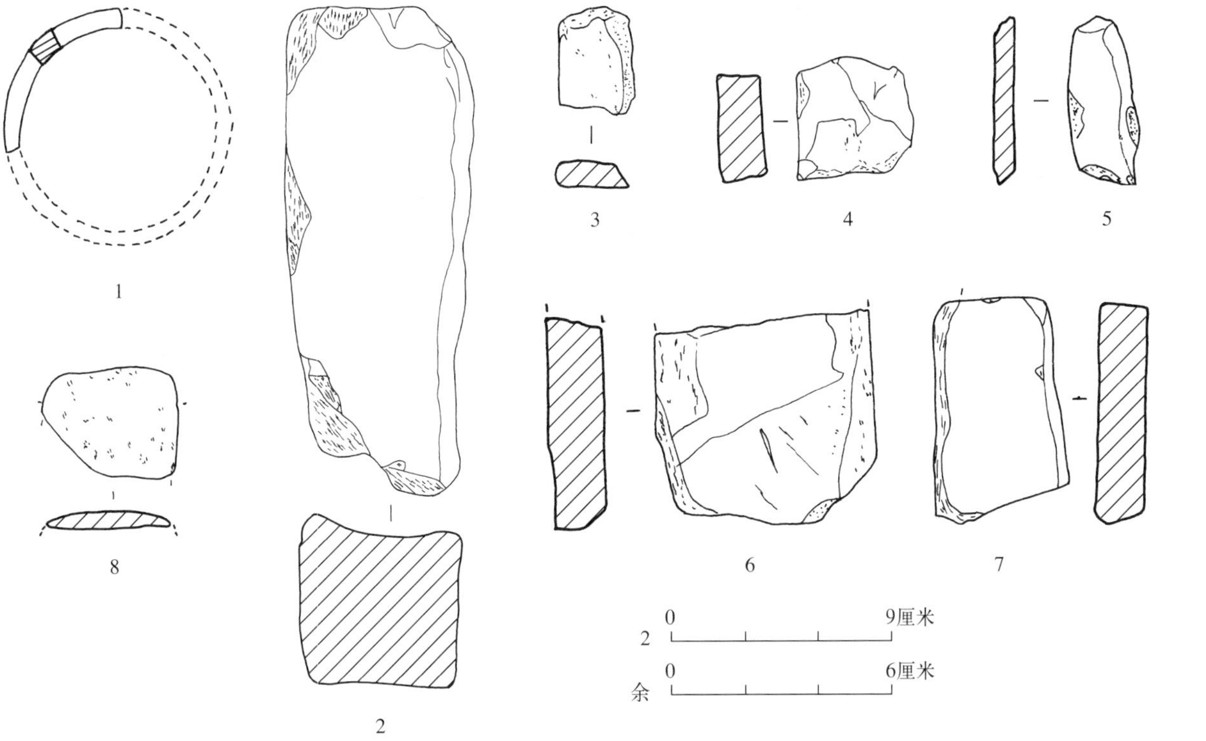

图2-22　TE14S1⑦层出土遗物

1. 石环 TE14S1⑦：1　2～7. 砺石 TE14S1⑦：2、TE14S1⑦：3、TE14S1⑦：4、TE14S1⑦：5、TE14S1⑦：6、TE14S1⑦：7　8. 石器 TE14S1⑦：8

TE14S1⑦：2，砺石。黄褐色，不规则长方体，器形较大，一面磨致略下凹。残长 19.5、残宽 7.7、最厚处 6.9 厘米（图 2-22，2；彩版二三，7、8）。

TE14S1⑦：3，砺石。黄褐色，长方形，一面磨平。残长 2.9、残宽 2.2、最厚处 0.7 厘米（图 2-22，3；彩版二四，1）。

TE14S1⑦：4，砺石。黄褐色，近方形，一面磨平。残长 3.4、残宽 3.1、最厚处 1.4 厘米（图 2-22，4；彩版二四，2）。

TE14S1⑦：5，砺石。灰褐色，不规则形，两面磨平。长 4.5、宽 2、厚 0.55 厘米（图 2-22，5；彩版二四，3）。

TE14S1⑦：6，砺石。灰褐色，不规则形，一面磨致略下凹。残长 6、宽 6.3、最厚处 1.7 厘米（图 2-22，6；彩版二四，4、5）。

TE14S1⑦：7，砺石。红褐色，长条形，两面磨平。长 6.7、宽 4.1、厚 1.5 厘米（图 2-22，7；彩版二四，6）。

TE14S1⑦：8，石器。灰白花色，不规则形，可能为石斧或石锤上部残片，表面磨光。残长 4.4、宽 3.7、最厚处 0.5 厘米（图 2-22，8；彩版二四，7、8）。

TE14S1⑧：1，陶丸。泥质黑褐陶。残存半圆。直径 2、厚 1.3 厘米（图 2-23，1；彩版二五，1）。

TE14S1⑧：2，动物陶塑。泥质黄褐陶。整体似羊形，造型生动逼真。圆头前倾，上有 2 道刻划纹作眼睛，两侧有 2 个突起作耳，身形瘦长，腹下有四足，尾残。残长 4.7、残高 1.1 厘米

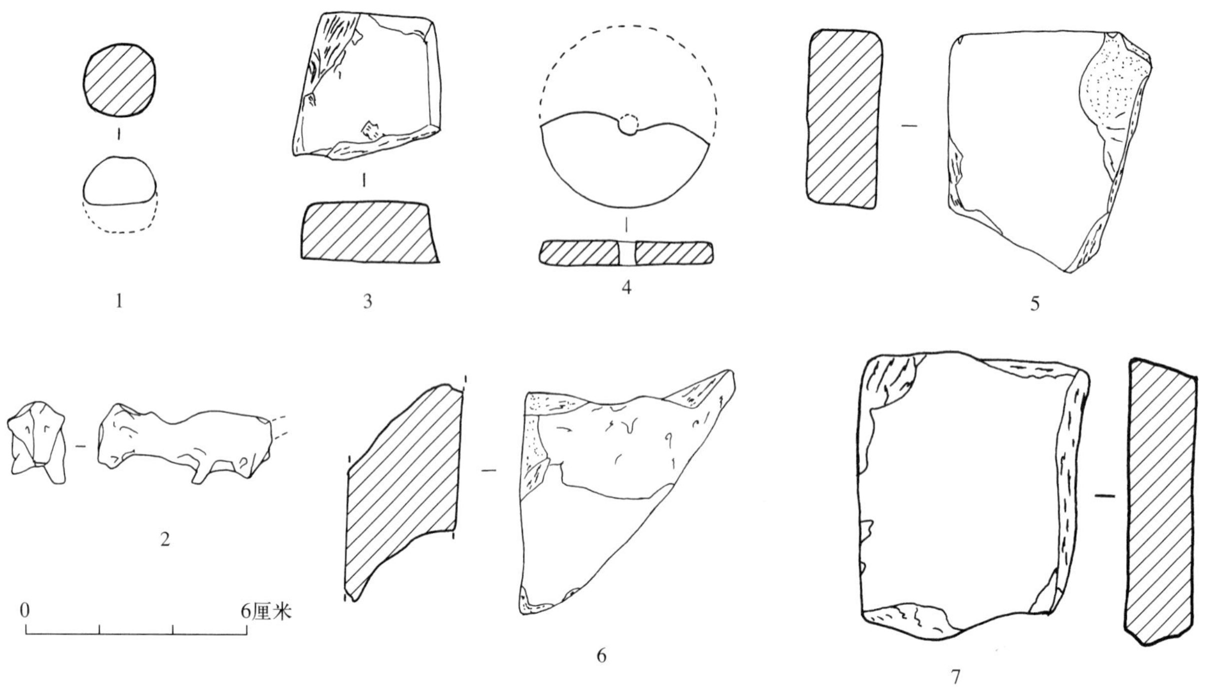

图2-23 TE14S1⑧层出土遗物

1. 陶丸 TE14S1⑧：1 2. 动物陶塑 TE14S1⑧：2 3. 石锛 TE14S1⑧：3 4. 陶纺轮 TE14S1⑧：4 5～7. 砺石 TE14S1⑧：5、TE14S1⑧：6、TE14S1⑧：7

（图 2-23，2；彩版二五，2、3）。

TE14S1⑧：3，石锛。灰白色，残存上半部，平顶，表面磨平。残长 3.8、宽 3.9、厚 1.7 厘米（图 2-23，3；彩版二五，4）。

TE14S1⑧：4，陶纺轮。泥质黑衣黄褐陶。圆饼状，剖面为长方形，两面平直。直径 4.8、孔径 0.5、厚 0.7 厘米（图 2-23，4；彩版二五，5）。

TE14S1⑧：5，砺石。黄褐色，不规则形，两面磨平。长 6.5、宽 5.5、厚 2.1 厘米（图 2-23，5；彩版二五，6）。

TE14S1⑧：6，砺石。黄褐色，不规则形，两面磨平。长 6.2、宽 6、最厚处 3.3 厘米（图 2-23，6；彩版二五，7、8）。

TE14S1⑧：7，砺石。黄褐色，近方形，两面磨平。残长 7.8、残宽 6.2、厚 2 厘米（图 2-23，7；彩版二六，1）。

TE14S1⑨：1，砺石。灰褐色，不规则形，四面磨平。残长 6.9、宽 4.8、厚 1.5 厘米（图 2-24，1；彩版二六，2、3）。

TE14S1⑨：2，砺石。灰褐色，不规则形，一面磨平，另一面不平。长 11.6、宽 10.3、厚 2.6 厘米（图 2-24，2；彩版二六，4、5）。

TE14S1⑨：3，砺石。灰褐色，近长方形，正面及三侧面磨平。残长 6.3、宽 4.1、最厚处 1.4 厘米（图 2-24，3；彩版二六，6）。

TE14S1⑨：4，砺石。黄褐色，不规则形，两面磨平。长 5.8、宽 4.1、厚 1.4 厘米（图 2-24，4；彩版二六，7）。

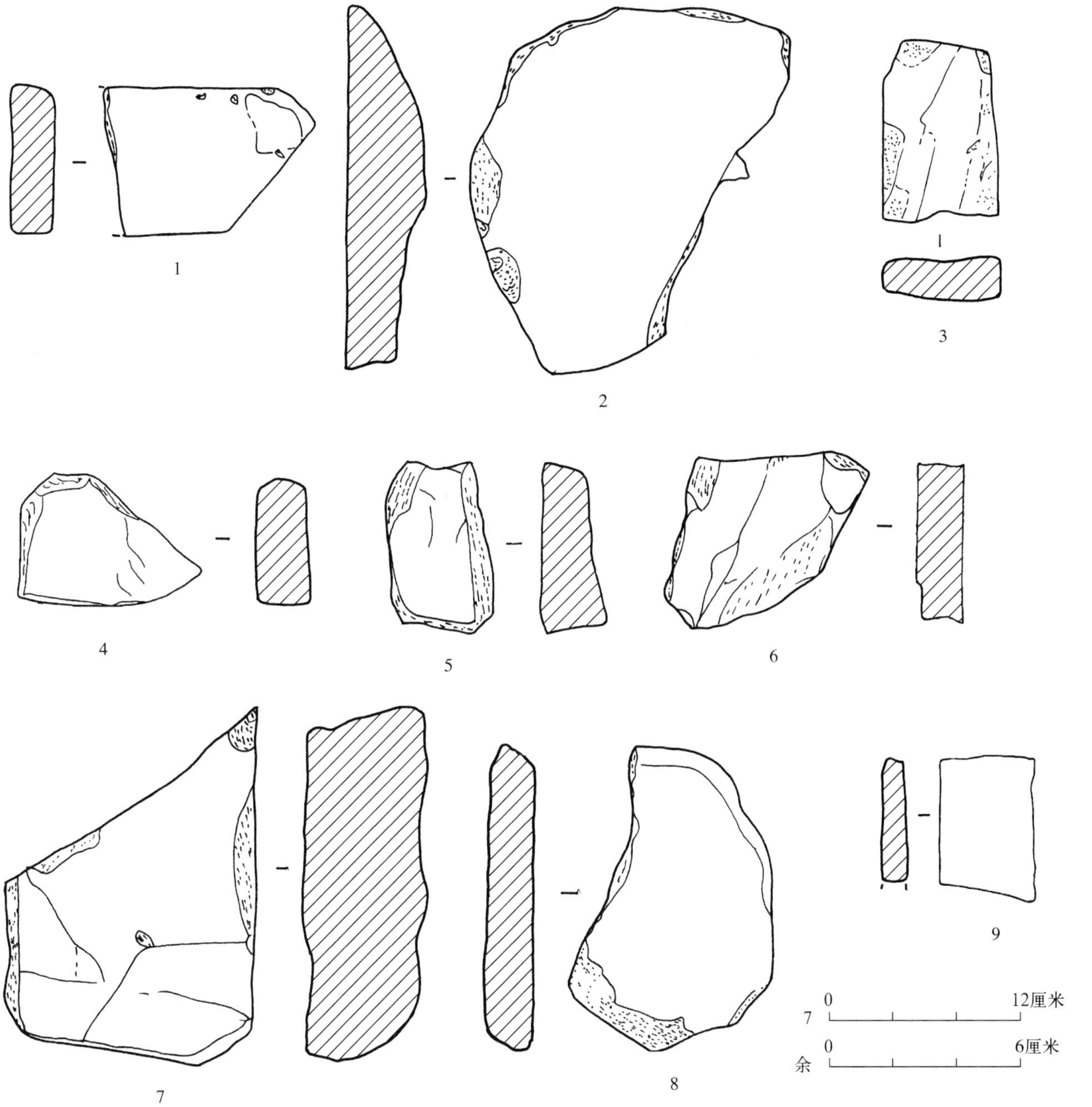

图2-24　TE14S1⑨、⑩层出土遗物

1～9. 砺石 TE14S1⑨：1、TE14S1⑨：2、TE14S1⑨：3、TE14S1⑨：4、TE14S1⑨：5、TE14S1⑨：6、TE14S1⑩：1、TE14S1⑩：2、TE14S1⑩：3

TE14S1⑨：5，砺石。黄褐色，长条形，两面磨平。长5.4、宽3.5、最厚处2.1厘米（图2-24，5；彩版二六，8）。

TE14S1⑨：6，砺石。红褐色，不规则形，一面磨平。长6.5、宽5.5、厚1.4厘米（图2-24，6；彩版二七，1）。

TE14S1⑩：1，砺石。黄褐色，不规则形，两面磨平。长21.8、宽15.5、最厚处7.8厘米（图2-24，7；彩版二七，2）。

TE14S1⑩：2，砺石。黄褐色，不规则形，一面磨平。长 9.3、宽 6.4、厚 1.6 厘米（图 2-24，8；彩版二七，3）。

TE14S1⑩：3，砺石。黄褐色，近长方形，四面有磨痕。残长 4.9、宽 3.3、厚 0.9 厘米（图 2-24，9；彩版二七，4）。

TE14S2⑧：1，砺石。黄褐色，不规则形，较厚，一面有磨痕。长 13.4、宽 12.8、厚 5.2～5.7 厘米（图 2-25，1；彩版二七，5）。

TE14S2⑧：2，砺石。灰褐色，不规则形，剖面近长方形，一面磨平。长 10、宽 8.6、厚 3.3 厘米（图 2-25，2；彩版二七，6）。

TE14S2⑧：3，砺石。黄褐色，不规则形，一面有磨痕。长 6.9、宽 5.7、最厚处 3.8 厘米（图 2-25，3；彩版二七，7）。

TE14S2⑧：4，石片。灰白色石英石，不规则形。长 1.7、宽 1.5、厚 0.8 厘米（图 2-25，4；彩版二七，8）。

TE14S2⑧：5，砺石。灰褐色，不规则形，剖面近长方形，两面磨平。长 18.1、宽 11、厚 4.2 厘米（图 2-25，5；彩版二八，1）。

TE14S2⑧：6，石锛。灰白色，器形较小，扁方体，平顶，单面刃，通体磨光，局部有疤痕。长 3.7、宽 3.1、厚 0.95 厘米（图 2-25，6；彩版二八，2）。

TE14S2⑧：7，陶纺轮。泥质红陶。圆饼状，一面平直一面弧起。直径 4.6、孔径 0.5、最厚

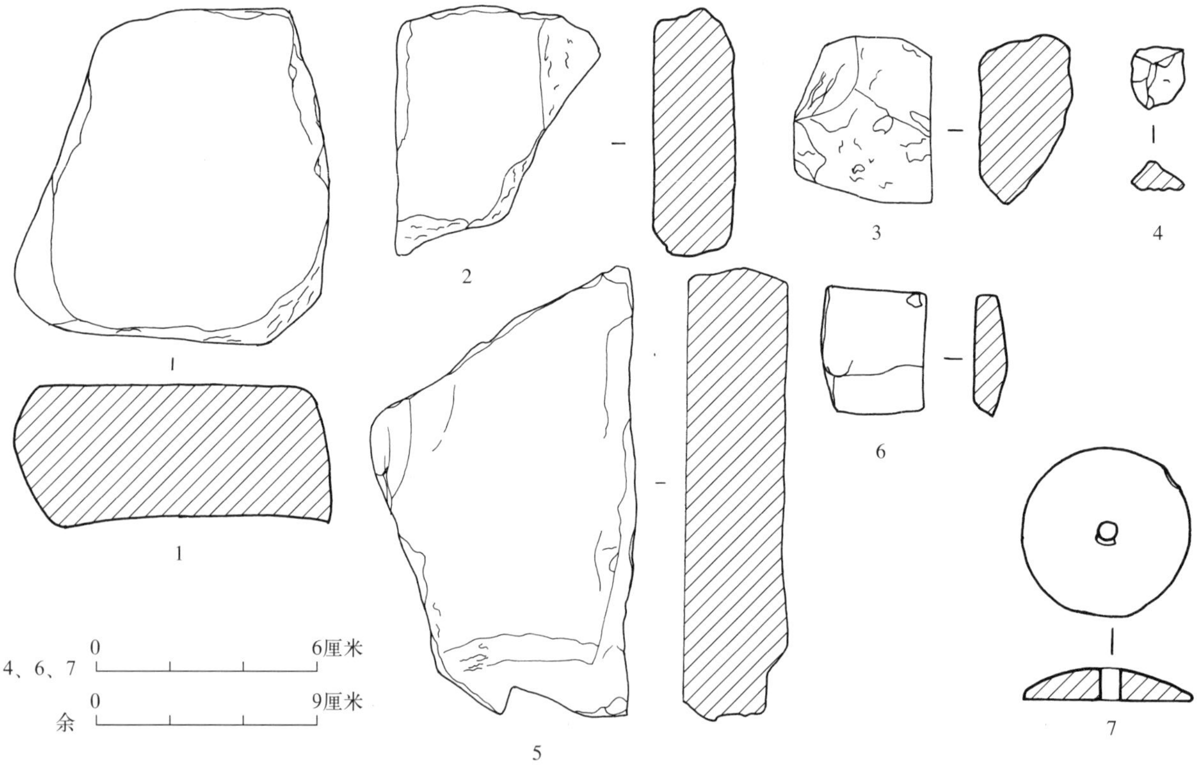

图2-25　TE14S2⑧层出土遗物

1～3、5. 砺石 TE14S2⑧：1、TE14S2⑧：2、TE14S2⑧：3、TE14S2⑧：5　4. 石片 TE14S2⑧：4　6. 石锛 TE14S2⑧：6　7. 陶纺轮 TE14S2⑧：7

处 0.8 厘米（图 2-25，7；彩版二八，3）。

TE14S2⑧：8，砺石。灰褐色，近长方形，四面磨平。长 8.5、宽 3.6、厚 1.2 厘米（图 2-26，1；彩版二八，4）。

TE14S2⑧：9，砺石。青灰色，近长方形，一面有磨痕。长 9.2、宽 4.4、最厚处 0.9 厘米（图 2-26，2；彩版二八，5）。

TE14S2⑧：10，圆陶片。泥质灰褐陶。圆形，剖面呈弧形。直径 2.3～2.4、厚 0.3 厘米（图 2-26，3；彩版二八，6）。

TE14S2⑧：11，砺石。褐色，不规则形，一面有磨痕。长 6.7、宽 5.6、最厚处 2.1 厘米（图 2-26，4；彩版二八，7）。

TE14S2⑧：12，带孔砺石。褐色，不规则形，一面磨平，另一面有 3 个钻孔，深 1 厘米。长 11.2、宽 5.4、厚 4.4 厘米（图 2-26，5；彩版二八，8）。

TE14S2⑧：13，砺石。灰褐色，不规则形，一面磨平。长 7.7、宽 5、厚 1.5～1.8 厘米（图 2-26，6）。

TE14S2⑧：14，砺石。褐色，不规则形，一面有磨痕。长 6.3、宽 4.7、厚 1.5 厘米（图 2-26，7）。

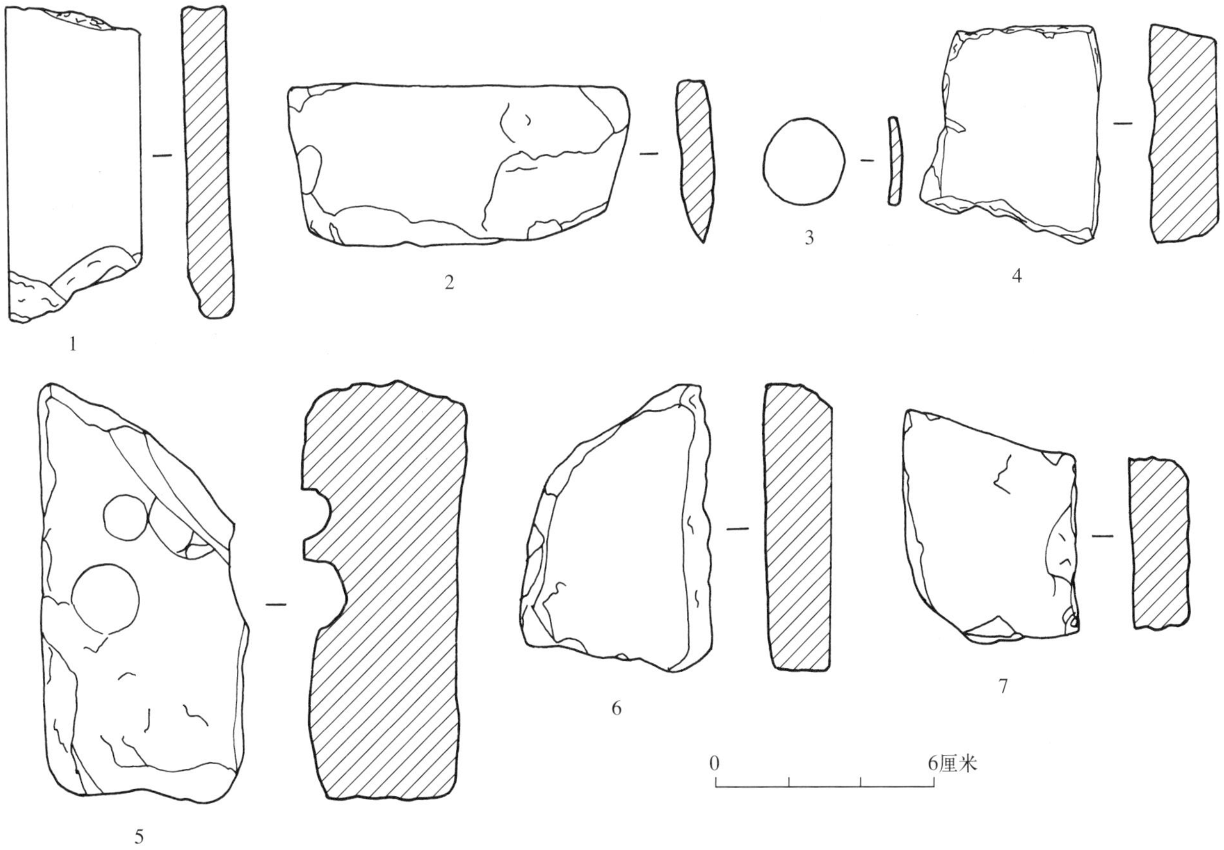

图2-26　TE14S2⑧层出土遗物

1、2、4、6、7. 砺石 TE14S2⑧：8、TE14S2⑧：9、TE14S2⑧：11、TE14S2⑧：13、TE14S2⑧：14　3. 圆陶片 TE14S2⑧：10　5. 带孔砺石 TE14S2⑧：12

第二节 墓葬

一 墓地总述

发掘揭示了土台的北、西、西南部边界（彩版二九、三〇），东部虽未揭露到土台边界，但发掘区东部已无墓葬分布。

发掘区内共编号墓葬74座[1]，其中明确的有人骨的墓葬53座，这些墓葬均成排分布，尤其是在台地西部边缘处，墓葬呈弧形顺台地地势向心分布，墓坑之间排列有序，显系事先规划而成。这些墓葬大部分开口于大汶口晚期地层之下，在台地中南部墓葬密集处有少量打破关系。如M6→M31，M8→M30，M18→M30，M28→M32、M33、M34。

这些墓葬均为长方形或近长方形竖穴土坑墓，个别有二层台。墓壁多近垂直，墓底平整。多打破底部的三种质色的自然生土（铁锈斑褐土、细白黏土、黄褐色土），墓葬填土也呈这三种土的混合土。墓坑长度多在2.1～2.5米，宽度视人骨数量不等，最大的墓葬M28墓口长3.45、宽2.62米，埋有7具人骨。

墓坑绝大部分为西北—东南向，方向多在90°～130°，仅有2座为北向稍偏东（M68、M72）。人骨头向也为东稍偏南。人骨保存较差，以仰身直肢和侧身屈肢为主，少量双腿交叉。多为单人葬，少数为双人葬和三人葬，另有四人葬和七人葬各1座。合葬墓性别不一，既有同性合葬也有异性合葬，多为壮年个体。

葬具大多无存，仅1座（M7）人骨底部有木棺炭化痕。

绝大部分墓葬都有随葬品，仅有2座（M31、M65）没有。随葬品多位于人骨左侧，成排分布，随葬品多的脚端和墓内其他位置也有分布。随葬品多寡不一，多在5～30余件不等，最多的七人葬随葬品多达110余件。随葬品以陶器为主，另有少量玉器、石器、骨器。陶器组合以鼎、豆、壶、罐为主，另有杯、盆、背壶、尊、鬶、盉、钵、纺轮等。代表性器物有泥质黑陶瓦形足折腹盆形鼎、夹砂红陶壶形鼎、夹砂红陶折腹盂形鼎、高圈足镂孔豆、盂形杯、背壶、鸭形实足鬶、盉、双鼻壶、圈足尊、盅、长筒形器、喇叭形罐等。玉器均为小型饰品，有玉璜、小玉环、小玉璧、玉坠、玉珠、玉管、三联璧、牙璧、绿松石坠等，主要位于人骨的头颈部。石器有石锛、石凿、石斧、石钺、砺石、石环等。

单人葬：共41座，分别是M6、M7、M8、M18、M21、M24、M26、M29、M30、M31、M33、M34、M47、M52、M54、M58、M59、M60、M61、M63、M64、M65、M66、M67、M68、M70、M71、M72、M73、M74、M75、M76、M78、M79、M80、M81、M82、M83、M84、M86、M87。

双人葬：共6座，分别是M32、M48、M57、M69、M77、M85。

三人葬：共4座，分别是M27、M53、M55、M62。

[1] 其中21座“墓葬”不见人骨，仅有1～2件陶器，或者人骨陶器均不见，不排除这些不是墓葬的可能性。在此作为墓葬介绍，但不作为墓地主体墓葬分析。

四人葬：共 1 座，M46。

七人葬：共 1 座，M28。

二　墓葬分述

以下按墓号顺序分述这 53 座墓葬，器物号也按照流水号的顺序介绍，以方便查阅。

1. M6

位于 TE15S1 南部，向南延伸到 TE15S2。2016 年 10 月 30 日在发掘 TE15S1（东半部）西南部时发现，10 月 30 日～11 月 2 日扩方找出墓口范围，11 月 3 日清理完成。开口于③层（汉代层）下，其下东部叠压 M31。

墓坑呈圆角长方形，墓向 122°（图 2-27；彩版三一，1）。墓口长 2.06、宽 1.14 米。墓口距地表深 0.24 米，墓底距墓口 0.20 米。填土呈灰褐色，较疏松，包含少量红烧土颗粒、陶片和石块，陶片有凿形鼎足。为单人葬，人骨保存极差，经鉴定为成年个体，性别不可鉴定。

共有随葬品 20 件。在人骨的左侧随葬 9 件陶器，脚端随葬 11 件小型石器（彩版三一，2）。陶器有陶罐 3 件、陶壶 2 件、杯形尊 3 件、圈足杯 1 件。石器有石锛 5 件、石凿 3 件、红石块 2 件、石锥 1 件。

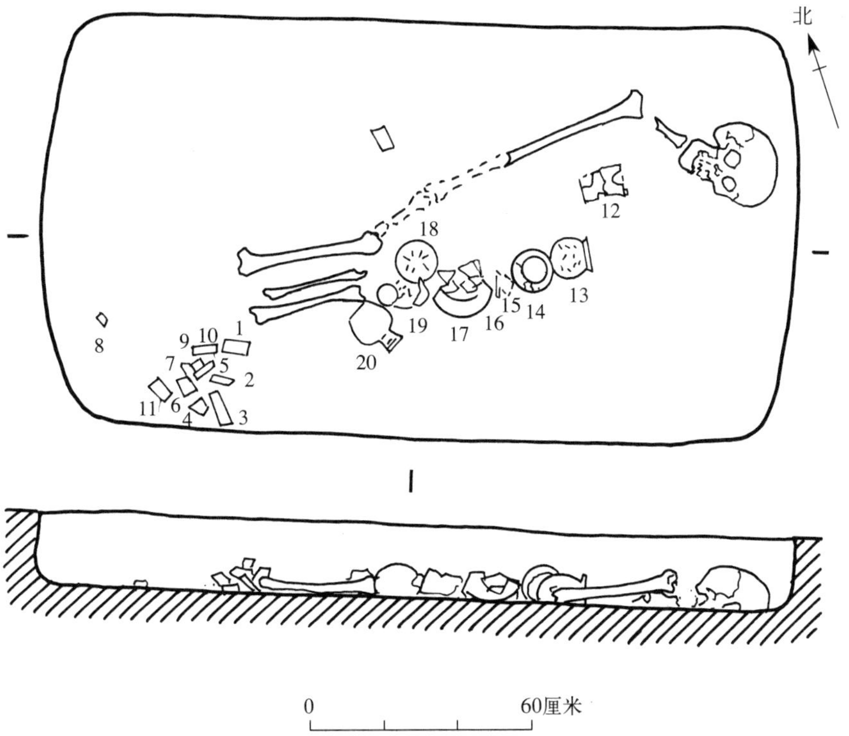

图2-27　M6平、剖面图

1、3、6、7、11. 石锛　2、9、10. 石凿　4、8. 红石块　5. 石锥　12. 圈足杯　13、17、19. 陶罐　14～16. 陶杯形尊　18、20. 陶壶

M6：1，石锛。灰白色，长方形，两侧平直，平顶，平刃略残，器形规整，通体磨光，局部有疤痕。长4.1、宽2.5、最厚处0.85厘米（图2–28，1；彩版三一，3）。

M6：2，石凿。黑色，窄条形，双面刃，平顶，通体磨光。长4.6、宽1.7、最厚处1.3厘米（图2–28，2；彩版三一，4）。

M6：3，石锛。灰白色，长方形，两侧平直，平顶，平刃，通体磨光，局部有疤痕。长8.6、宽3.8、最厚处0.7厘米（图2–28，3；彩版三二，1）。

M6：4，红石块。红色，近三角形。残长3.8、残宽4.2厘米（图2–28，4；彩版三二，2）。

M6：5，石锥。灰色砂岩，尖锥形，器形扁平，通体磨光。长3、宽0.7、最厚处0.5厘米（图2–28，5；彩版三二，3）。

M6：6，石锛。灰白色，扁方形，平顶，两侧平面，平刃，通体磨光，局部有疤痕。长3.7、宽3.6、最厚处1.2厘米（图2–28，6；彩版三二，4）。

M6：7，石锛。灰白色，长方形，平顶，两侧平直，平刃，刃部较高，通体磨光，局部有疤痕。长4.5、宽3.1、最厚处1厘米（图2–28，7；彩版三二，5）。

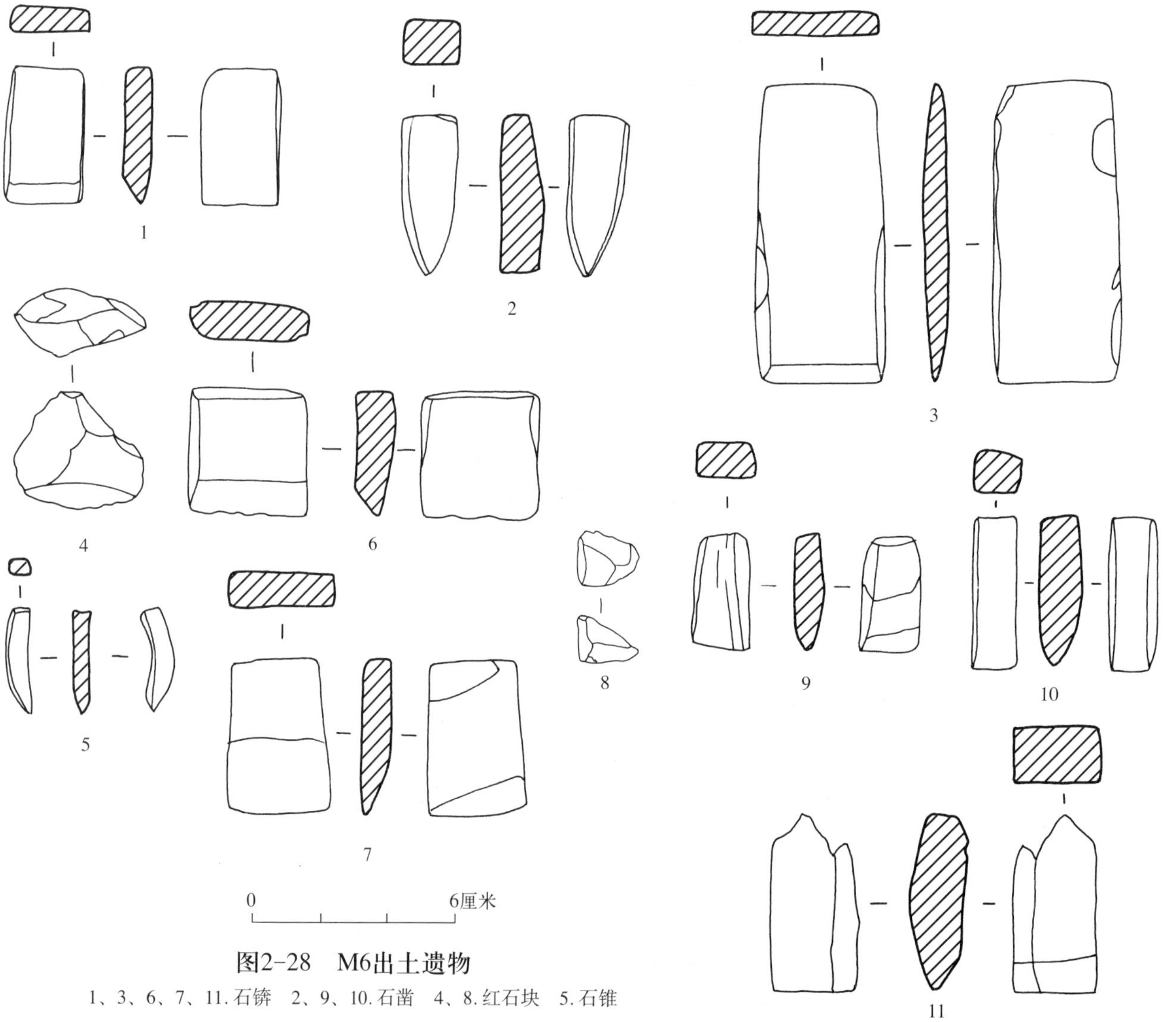

图2–28　M6出土遗物

1、3、6、7、11. 石锛　2、9、10. 石凿　4、8. 红石块　5. 石锥

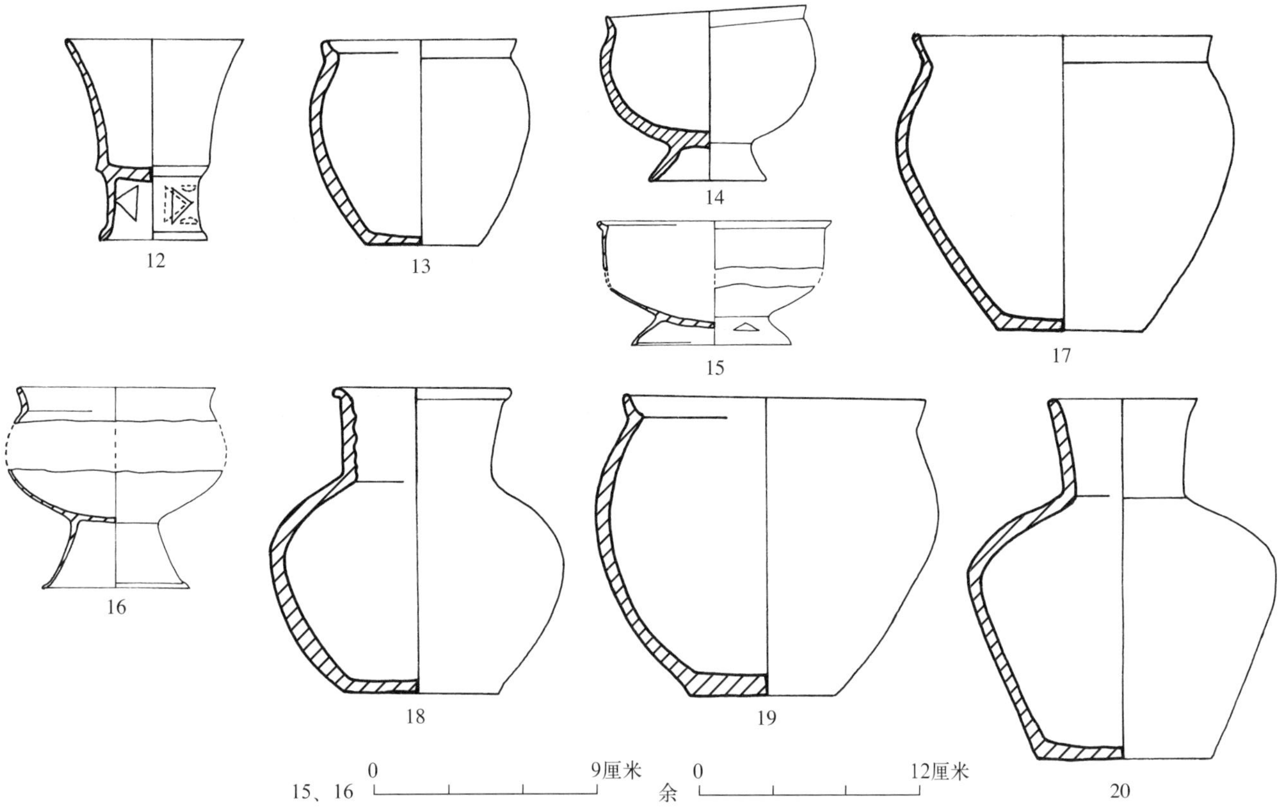

图2-29　M6出土遗物

12.圈足杯　13、17、19.陶罐　14～16.陶杯形尊　18、20.陶壶

M6：8，红石块。红色，近三角形。残长 1.8、残宽 2.4 厘米（图 2-28，8；彩版三二，6）。

M6：9，石凿。灰白色，长方形，单面刃，平顶，通体磨光。长 3.4、宽 1.8、最厚处 1 厘米（图 2-28，9；彩版三二，7）。

M6：10，石凿。灰色，窄条形，平顶，通体磨光。长 4.4、宽 1.4、最厚处 1.2 厘米（图 2-28，10；彩版三二，8）。

M6：11，石锛。灰色，长方形，顶残，平刃，通体磨光。残长 5.1、宽 2.5、最厚处 1.6 厘米（图 2-28，11）。

M6：12，圈足杯。泥质黑陶。敞口，圆唇，斜弧腹，喇叭形矮圈足，足上有两组三角形和半圆形镂孔，每组各有三角形和半圆形镂孔各 2 个。口径 9.9、底径 6.4、高 10.8 厘米（图 2-29，12；彩版三三，1）。

M6：13，陶罐。夹砂褐陶，含砂量较多。侈口，圆唇，短沿，沿面有凹槽，斜弧深腹，平底。口径 10.4、最大腹径 12、底径 6.4、高 10.8 厘米（图 2-29，13）。

M6：14，陶杯形尊。泥质灰陶。侈口，圆唇，短折沿，弧鼓腹，矮喇叭形圈足。口径 10.8、最大腹径 12、底径 6.2、高 8.5～9.2 厘米（图 2-29，14；彩版三三，2）。

M6：15，陶杯形尊。未复原。泥质灰胎红陶。侈口，圆唇，折沿，沿面内凹，圆腹，矮圈足，圈足上有三角形镂孔，薄胎，器表有少量黑彩。口径 9.4、底径 6.5、残高 4.3 厘米（图 2-29，15）。

M6∶16，陶杯形尊。未复原。泥质灰陶。侈口，圆唇，折沿，圆腹，喇叭形圈足。口径 8、底径 6、复原高 8 厘米（图 2-29，16）。

M6∶17，陶罐。泥质灰陶。侈口，圆唇，折沿，圆鼓腹，平底。口径 13.8、最大腹径 18.4、底径 6.8、高 13.3 厘米（图 2-29，17；彩版三三，3）。

M6∶18，陶壶。泥质灰陶，残存少量黑衣。直口微侈，叠唇，直颈，圆鼓腹，平底，颈内壁有凹弦纹。口径 9.4、最大腹径 16、底径 8.1、高 15.9～16.3 厘米（图 2-29，18；彩版三三，4）。

M6∶19，陶罐。泥质黑衣红褐陶。侈口，圆唇，折沿，斜弧腹，平底。口径 16.4、最大腹径 18.7、底径 8.4、高 15.4～16.1 厘米（图 2-29，19；彩版三三，5）。

M6∶20，陶壶。泥质灰陶，残存少量黑衣。侈口，圆唇，直颈微侈，圆肩，斜直腹，平底。口径 8.2、最大腹径 17.2、底径 9.6、高 19.3 厘米（图 2-29，20；彩版三三，6）。

2. M7

位于 TE15S1 南部，开口于④层下。2016 年 11 月 3 日在清理④层时发现，11 月 6 日开始清理，11 月 11 日清理完毕。

墓葬形制为土坑竖穴，圆角长方形，墓向 122°（图 2-30；彩版三四，1）。墓坑长 2.26、宽 0.82～0.98 米。墓口距地表深 0.45 米，墓底距墓口深 0.60 米。为单人侧身直肢葬，面向南，人骨

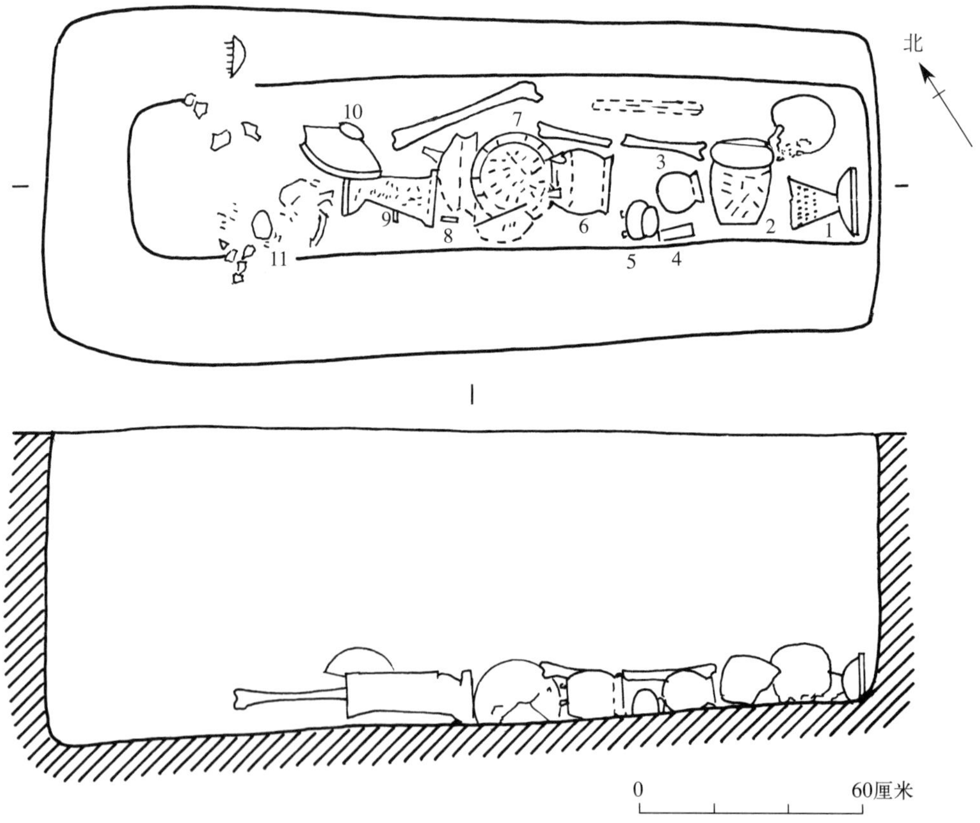

图2-30　M7平、剖面图

1、9、11. 陶豆　2、3. 陶罐　4. 砺石　5、6、8. 陶鼎　7、10. 陶器盖

保存较差，经鉴定为成年个体，性别不可鉴定。人骨底部有一层木炭痕（彩版三四，2）。

在人骨左侧共有随葬品 11 件，其中陶器 10 件（彩版三四，3）、石器 1 件，墓坑西端上部有猪牙 1 件。

M7∶1，陶豆。泥质黑陶。微敛口，圆唇，斜弧腹，浅盘，高喇叭形圈足，圈足上部呈台阶状，有 1 横排 4 个圆形镂孔，下部有 6 排圆形镂孔。口径 17.5、底径 15.6、高 21.1 厘米（图 2-31，1；彩版三五，1）。

M7∶2，陶罐。未复原。泥质红胎灰陶。口沿残，侈口，折沿，弧腹，大平底微内凹。内口

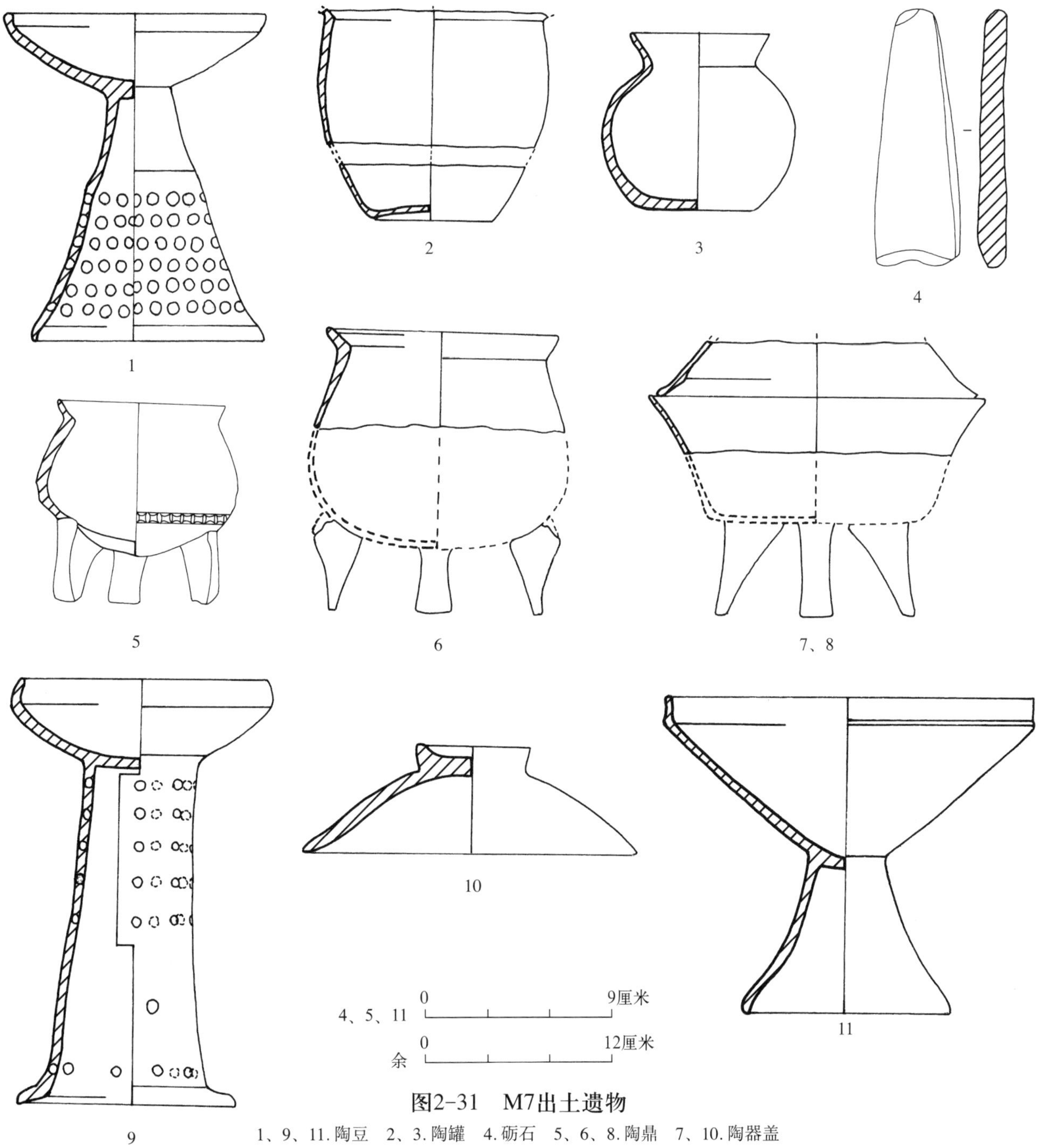

图2-31　M7出土遗物

1、9、11. 陶豆　2、3. 陶罐　4. 砺石　5、6、8. 陶鼎　7、10. 陶器盖

径 13、底径 8、复原高约 13.5 厘米（图 2-31，2）。

M7：3，陶罐。含少量细砂灰陶。侈口，尖唇，圆鼓腹，大平底。口径 8.8、最大腹径 12.8、底径 8.3、高 11.4 厘米（图 2-31，3；彩版三五，2）。

M7：4，砺石。灰褐色，长条梯形，一端不甚规整，通体磨光。长 12.4、宽 4.3、厚 1.4 厘米（图 2-31，4；彩版三五，3）。

M7：5，陶鼎。夹石英褐陶，鼎足为红色。侈口，圆唇，折沿，圆鼓腹，下腹部有一周链式附加堆纹，圜底，三个凿形足，足根有 1 个按窝。口径 8.6、最大腹径 10.3、高 9.9～10.1 厘米（图 2-31，5；彩版三五，4）。

M7：6，陶鼎。未复原。夹石英褐陶，颜色斑驳不均，鼎足为红色。侈口，圆唇，折沿，沿内部有凹槽，鼓腹，凿形足，腹底残。口径 15、复原高约 18 厘米（图 2-31，6）。

M7：7，陶器盖。未复原。细泥黑陶。覆盆形，盖面斜弧，顶残，短平沿，圆唇（图 2-31，7）。

M7：8，陶鼎。未复原。细泥黑陶。盆形，敞口，折腹，凿形足。口径 22、复原高约 14 厘米（图 2-31，8）。

M7：9，陶豆。泥质黑衣红褐陶。直口微敛，圆唇，折腹，浅盘，高直筒形圈足，圈足中上部有 5 周圆形镂孔，底部有 1 周圆形镂孔。口径 15.8、底径 13.6、高 26.4～26.7 厘米（图 2-31，9；彩版三五，5）。

M7：10，陶器盖。泥质灰陶。覆碗形，圆形捉手，盖面斜弧，宽平沿，圆唇。捉手径 7.4、口径 21.7、高 6.8 厘米（图 2-31，10；彩版三五，6）。

M7：11，陶豆。未复原。泥质黑陶。子口，尖圆唇，斜弧腹，深盘，喇叭形圈足。口径 18、底径 10.8、复原高约 15 厘米（图 2-31，11）。

3. M8

位于 TE15S1 东南角，开口于④层下，被 H24 打破，打破 M30。2016 年 11 月 2 日在清理 H24 底部时发现一件盆形鼎，遂刮地面确定墓葬，划出范围，11 月 12 日清理完毕。

墓葬形制为土坑竖穴，圆角长方形，墓向 125°（图 2-32；彩版三六，1、2）。墓坑长 2.34、宽 1.04～1.24 米。墓口距地表深 0.45 米，墓底距墓口深 0.60 米。为单人侧身屈肢葬，面向南，人骨保存极差，经鉴定为青年个体，性别不可鉴定。

在人骨左侧上部共有随葬品 10 件，皆为陶器（彩版三七，1、2）。

M8：1，陶豆。泥质黑衣灰褐陶。直口微敛，圆唇，浅盘，喇叭形圈足，足上有 2 排圆形镂孔。口径 22.4、最大腹径 22.8、底径 11.2、高 15.2～15.9 厘米（图 2-33，1；彩版三八，1）。

M8：2，陶罐。泥质褐陶，残存少量黑衣。侈口，圆唇，折沿，弧腹，平底，近底部有 1 个圆形镂孔。口径 10.3、最大腹径 13.3、底径 4.9、高 13.5～13.8 厘米（图 2-33，2；彩版三七，3、4）。

M8：3，陶豆。细泥黑陶。短直口，浅盘，喇叭形圈足，圈足上有圆形镂孔。未复原。

M8：4，陶豆。泥质黑衣褐陶。火候较低，颜色斑驳。短直口，圆唇。不可修复。

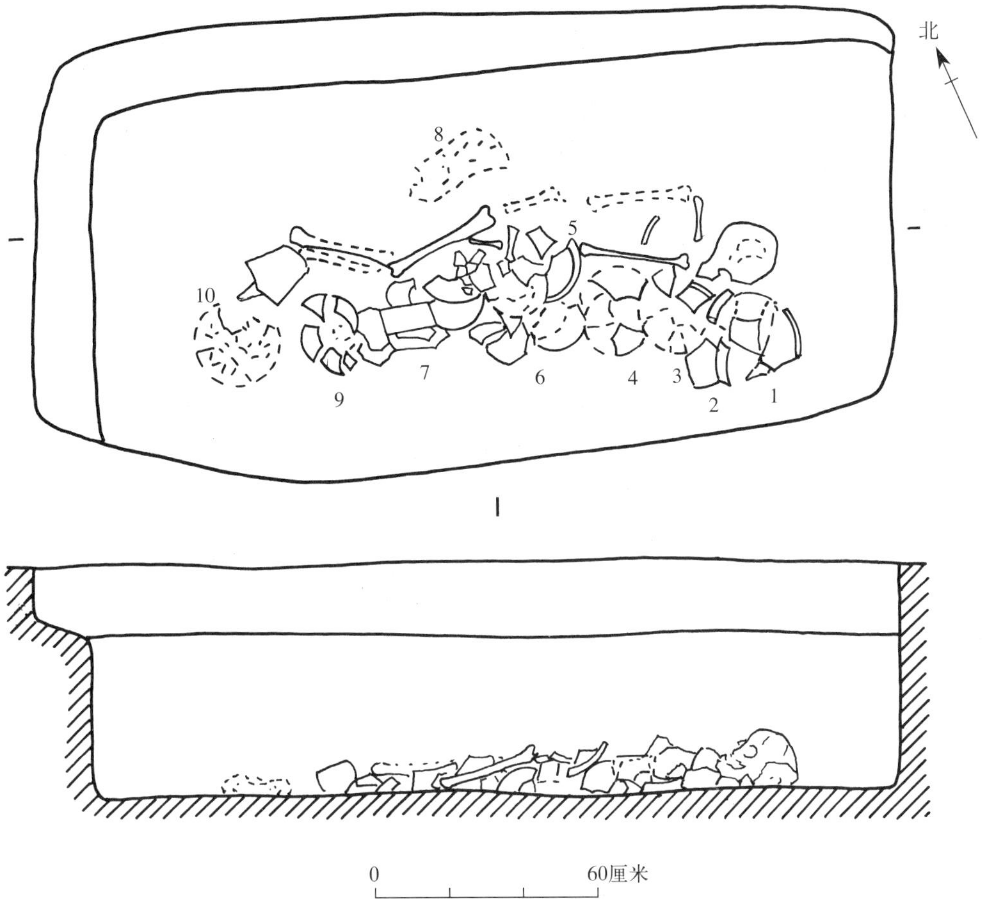

图2-32　M8平、剖面图

1、3～5. 陶豆　2、6. 陶罐　7. 陶背壶　8. 陶鼎　9. 陶钵　10. 陶鼎

M8：5，陶豆。泥质黑陶。直口微敛，圆唇，折腹，浅盘，矮喇叭形圈足，圈足上有2横排圆形镂孔。口径20.4、圈足径10.8、高11.5～12.2厘米（图2-33，5；彩版三八，2）。

M8：6，陶罐。泥质褐陶，残存少量黑衣。侈口，圆唇，折沿，斜腹，平底。口径15、最大腹径15.7、底径8.2、高16.1～16.4厘米（图2-33，6；彩版三八，3）。

M8：7，陶背壶。火候较低。不可修复。泥质红陶，器表残存少量红衣。直口微侈，圆唇，短颈，深腹，肩部一侧有半环形耳，另一侧有鸟喙状突纽，耳和纽上均有凹点纹。口径10、底径10、复原高约30厘米（图2-33，7）。

M8：8，陶鼎。位于人骨右侧墓坑上部。火候较低，不可修复。泥质黑衣褐陶。盆形，大敞口，折腹。

M8：9，陶钵。泥质红陶，内壁为灰色。敞口，圆唇，斜腹内收，小平底。口径17.8、底径6.7、高5.6～6.7厘米（图2-33，9；彩版三八，4）。

M8：10，陶鼎。夹细砂褐陶，颜色斑驳不一。罐形。侈口，圆唇，折沿，圆腹，圜底，三个凿形足，下腹部有1周凸棱。口径17.8、高20.6～22.3厘米（图2-33，10；彩版三八，5）。

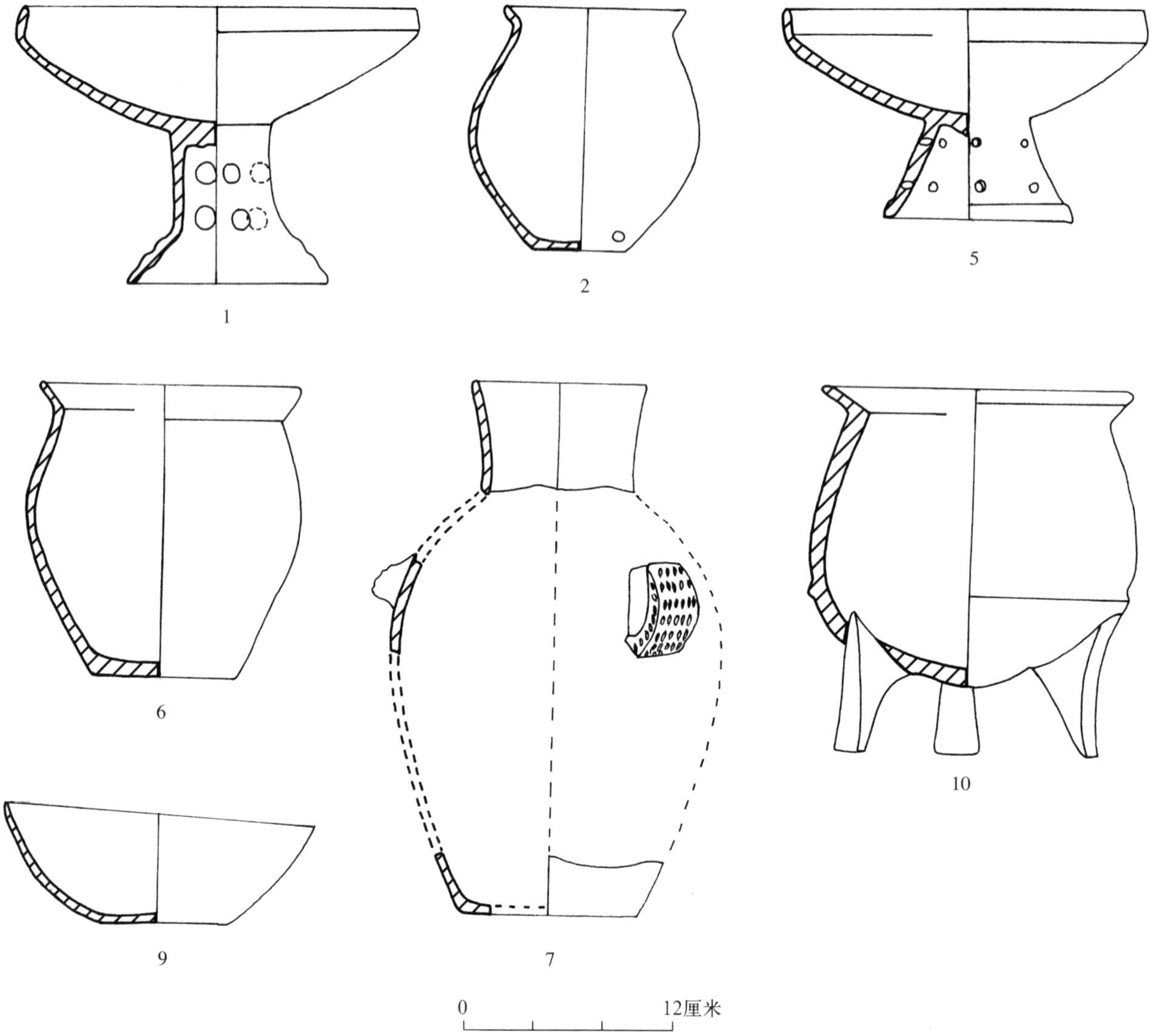

图2-33　M8出土遗物

1、5. 陶豆　2、6. 陶罐　7. 陶背壶　9. 陶钵　10. 陶鼎

4. M18

位于 TE15S1 东南部，开口于④层下，打破 M30 西北角。2016 年 11 月 3 日在刮面时发现，11 月 3 日确定范围开始清理，11 月 10 日清理完毕。

墓葬形制为土坑竖穴，圆角长方形，墓向 125°（图 2-34；彩版三九，1）。墓坑长 2.70、宽 1.00～1.06 米。墓口距地表深 0.48 米，墓底距墓口深 0.54 米。为单人侧身直肢葬，面向南，人骨保存极差，经鉴定为成年个体，性别不可鉴定。

在人骨上肢左侧和脚部以下共有陶器 11 件（彩版三九，2、3）。

M18∶1，陶豆。火候较低，未复原。位于人头骨东南侧墓坑一角。泥质黑衣褐陶。直口微敛，浅盘，口腹相折处有一周凸棱，高喇叭形圈足，圈足上有成组方形镂孔，之间有弦纹。口径 16.4、圈足径 10、残高约 11.8 厘米（图 2-35，1）。

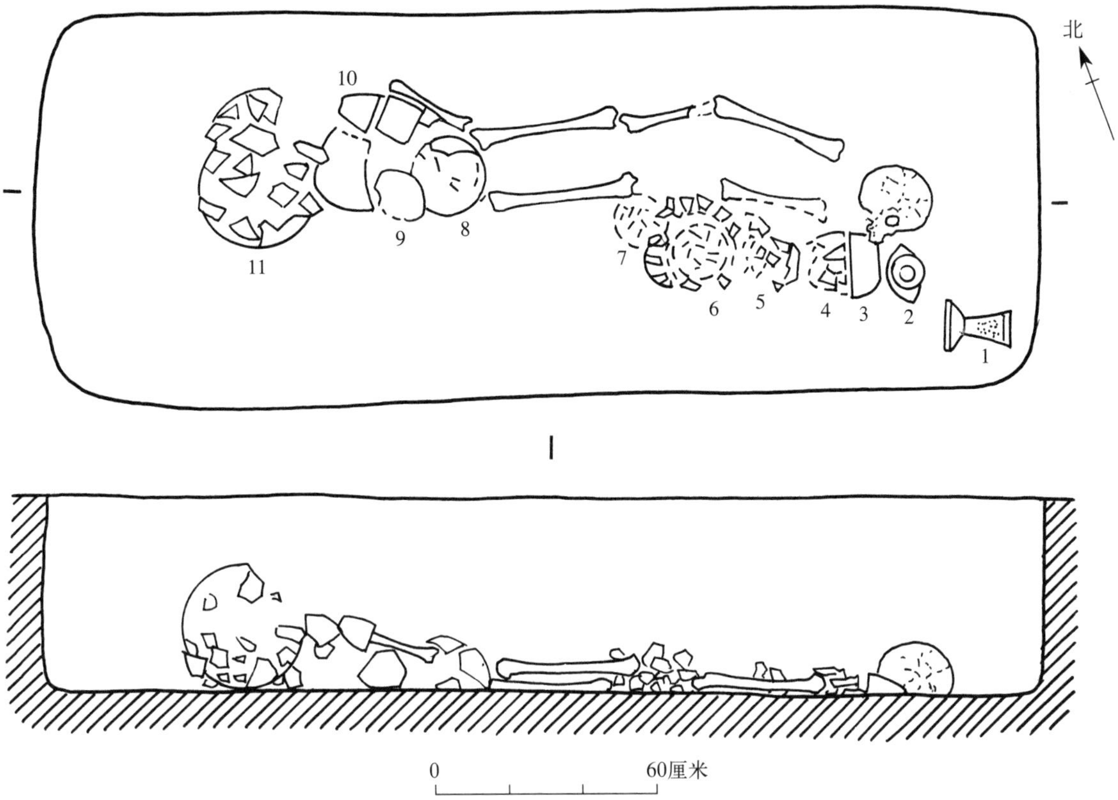

图2-34　M18平、剖面图

1. 陶豆　2、4、11. 陶罐　3、9. 陶钵　5. 陶器盖　6. 陶盆　7、8、10. 陶鼎

M18：2，陶罐。泥质褐陶，残存少量灰黑衣。直口，圆唇，短颈，圆腹，矮假圈足。口径8.2、底径7.5、最大腹径12.8、高9.6～10.1厘米（图2-35，2；彩版四〇，1）。

M18：3，陶钵。泥质红衣灰褐陶。敞口，尖圆唇，弧腹，平底。口径16.5、底径6.6、高6～6.7厘米（图2-35，3；彩版四〇，2）。

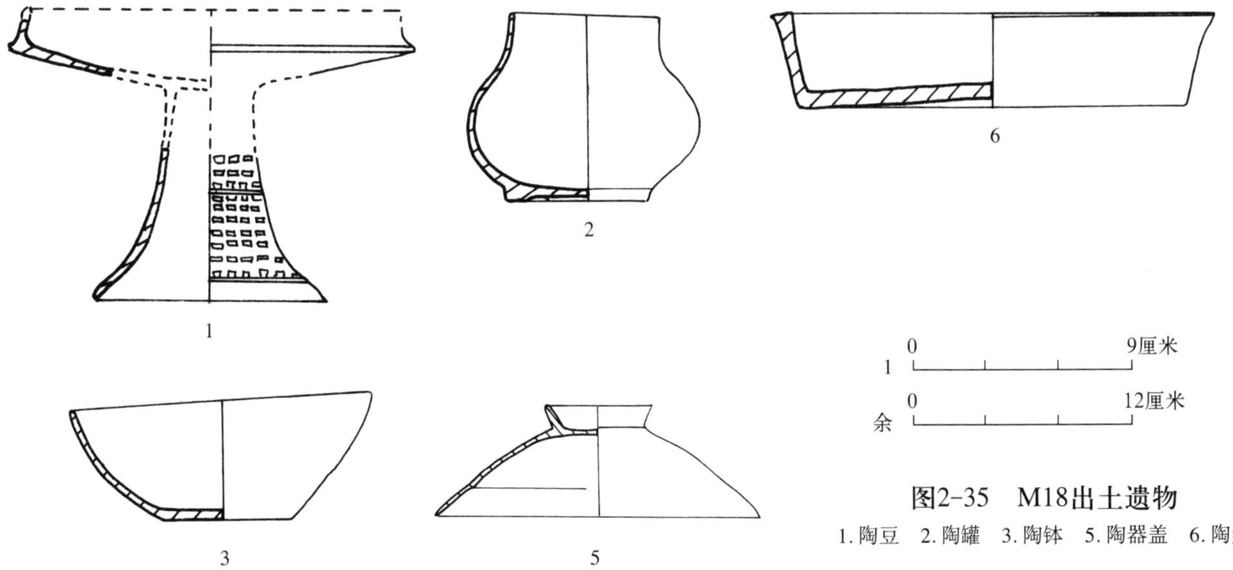

图2-35　M18出土遗物

1. 陶豆　2. 陶罐　3. 陶钵　5. 陶器盖　6. 陶盆

M18：4，陶罐。火候较低，不可修复。细泥黑陶。侈口，折沿，圆唇，大平底，肩部有两周凹弦纹。

M18：5，陶器盖。泥质黑衣褐陶。覆碗形，喇叭形捉手，盖壁斜弧，折沿，尖圆唇。捉手径5.8、口径17.6、高6厘米（图2-35，5）。

M18：6，陶盆。泥质黑陶。短平沿，尖唇，斜直腹，浅盘，大平底微内凹。口径24.8、底径22.6、高5.2厘米（图2-35，6）。

M18：7，陶鼎。泥质黑陶。盆形，敞口，尖圆唇，宽折沿，折腹，圜底，下腹部有5周凸弦纹，3个瓦形足，足面有3竖排戳印纹，足两侧向内卷起。口径20.8、高15.6厘米（图2-36，7；彩版四〇，3）。

M18：8，陶鼎。泥质黑褐陶。侈口，尖圆唇，折沿，鼓腹，圜底，3个凿形足。口径9.4、高8.8厘米（图2-36，8；彩版四〇，4）。

M18：9，陶钵。泥质红灰陶。敞口，圆唇，弧腹，小平底。口径17.1、底径5.8、高6.15～6.5厘米（图2-36，9；彩版四〇，5）。

M18：10，陶鼎。未复原。夹植物红褐陶。侈口，圆唇，折沿，弧腹，圜底，3个凿形足，足根有2个按窝，腹底残。口径30、复原高约26厘米（图2-36，10）。

M18：11，陶罐。泥质黑皮灰陶。侈口，方唇，短平沿，短颈，圆肩，深腹，小平底，肩部施细弦纹，腹部有一对鸡冠状鋬手。口径12.8、最大腹径36、底径11.6、高35.6～36.2厘米（图2-36，11；彩版四〇，6）。

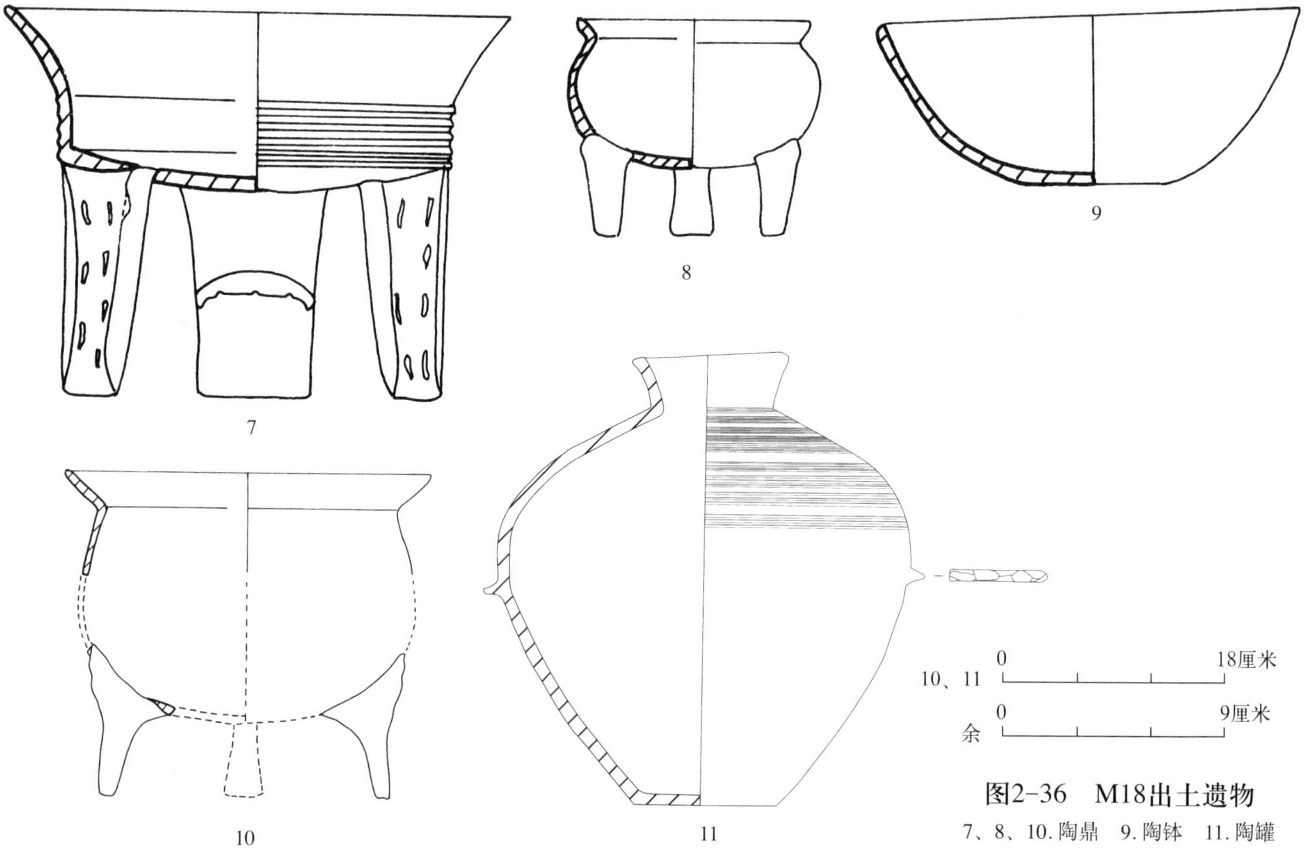

图2-36　M18出土遗物

7、8、10. 陶鼎　9. 陶钵　11. 陶罐

5. M21

位于 TE15S1 东北部，开口于④层下。2016 年 11 月 13 日在清理探方北部④层时发现，11 月 14 日确定范围开始清理，11 月 16 日清理完毕。

墓葬形制为土坑竖穴，圆角长方形，墓向 94°（图 2-37；彩版四一，1）。墓坑长 2.30、宽 1.08～1.22 米。墓口距地表深 0.45 米，墓底距墓口深 0.42 米。为单人侧身直肢葬，面向北，人骨保存极差，头骨残破，保存右侧部分小腿骨骼，性别年龄均不可鉴定。

在人骨左侧有随葬品 12 件，其中陶器 11 件、石器 1 件。

M21：1，陶豆。泥质黑衣褐陶。敞口，尖圆唇，折腹，深盘，高柄，喇叭形圈足，圈足上有 2 个圆形镂孔。口径 22.2、圈足径 14.2、高 18.7～21.4 厘米（图 2-38，1；彩版四二，1）。

M21：2，陶豆。泥质黑皮灰褐陶。敞口，圆唇，卷沿，浅盘，高柄，高喇叭形圈足，圈足上有圆形和三角形镂孔。口径 20.6、圈足径 13.6、高 17.8～18 厘米（图 2-38，2；彩版四二，2）。

M21：3，陶豆。泥质黑衣灰陶。子口，方圆唇，浅盘，粗高柄，喇叭形圈足，圈足上部有三圈凹弦纹，下部有圆形和半椭圆形组成的镂孔。口径 23.3、圈足径 16、高 16.9 厘米（图 2-38，3；彩版四二，3）。

M21：4，陶罐。泥质灰陶。侈口，圆唇，短折沿，弧腹，平底。口径 13、最大腹径 14.1、底径 7.4、高 12.3～13.1 厘米（图 2-38，4；彩版四二，4）。

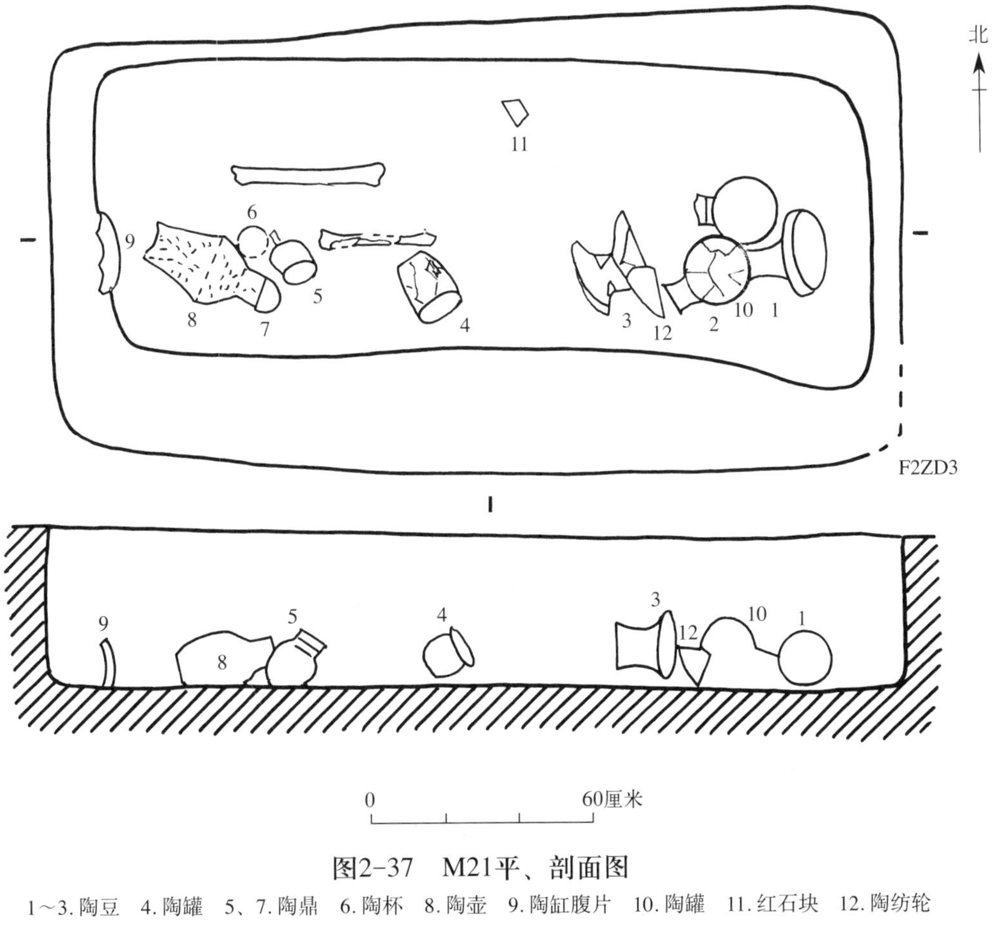

图2-37　M21平、剖面图

1～3. 陶豆　4. 陶罐　5、7. 陶鼎　6. 陶杯　8. 陶壶　9. 陶缸腹片　10. 陶罐　11. 红石块　12. 陶纺轮

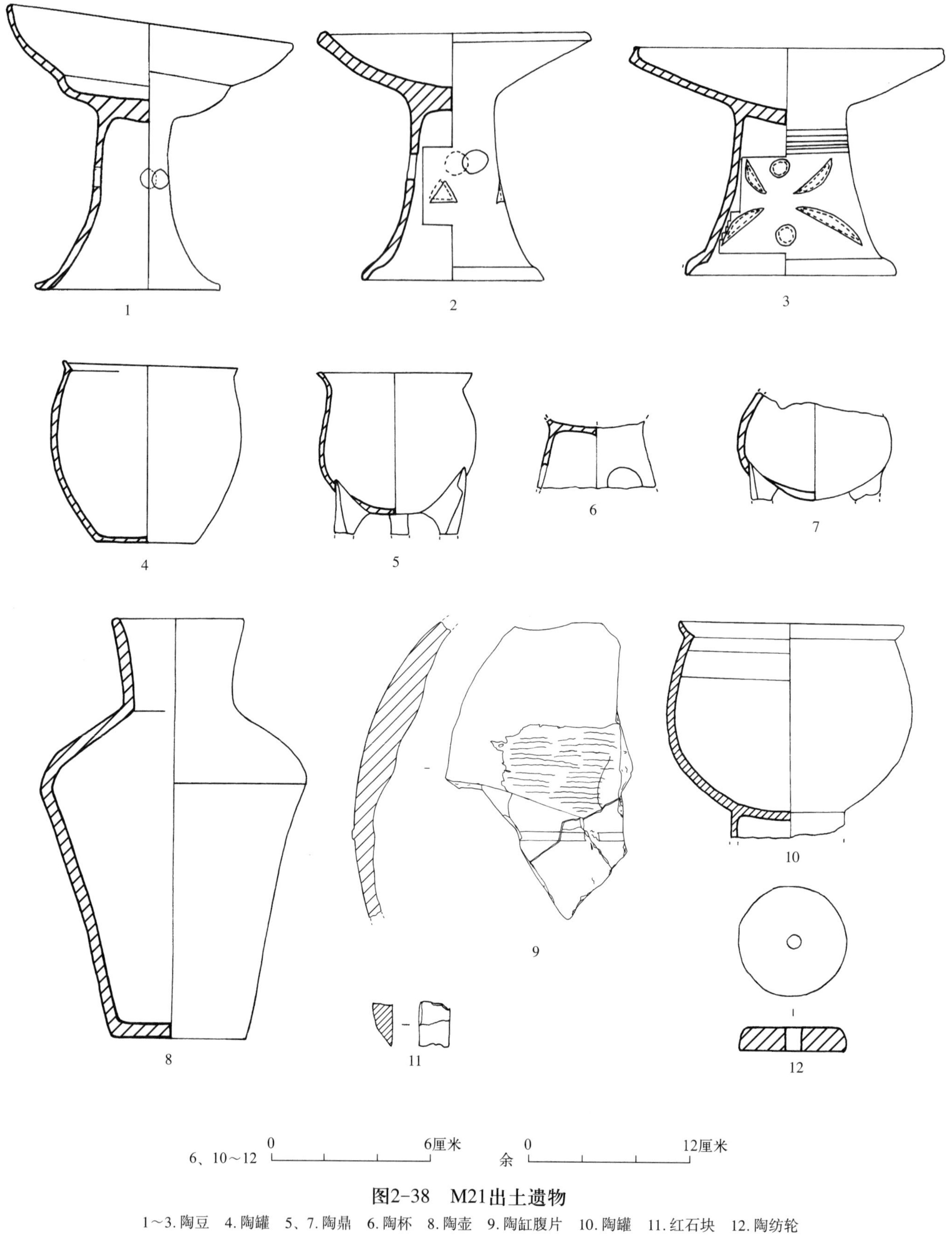

图2-38 M21出土遗物

1～3. 陶豆 4. 陶罐 5、7. 陶鼎 6. 陶杯 8. 陶壶 9. 陶缸腹片 10. 陶罐 11. 红石块 12. 陶纺轮

M21：5，陶鼎。夹砂红褐陶。侈口，圆唇，短平沿，弧鼓腹，圜底近平，三个凿形足，足根有2个按窝，足尖残。口径11.8、残高11.7～12厘米（图2-38，5；彩版四二，5）。

M21：6，陶杯。未复原。泥质黑陶。残存喇叭形圈足，圈足上有一直径为1.3厘米的镂孔。圈足顶径3.6、残高2.65厘米（图2-38，6）。

M21：7，陶鼎。夹细砂黑衣褐陶。口残，圆唇，鼓腹，圜底，三个凿形足，足尖残。最大腹径11.6、残高6.1～7.9厘米（图2-38，7）。

M21：8，陶壶。泥质黑衣褐陶。侈口，圆唇，短颈，圆肩，折斜直腹，平底。口径9.8、最大腹径18.8、底径9.6、高30.6～30.8厘米（图2-38，8；彩版四二，6）。

M21：9，陶缸腹片。泥质褐陶。弧腹，腹部饰篮纹，下有一周凸棱。残高21.7、残宽14厘米（图2-38，9）。

M21：10，陶罐。泥质黑灰陶。侈口，圆唇，折沿，圆腹，矮圈足残。口径8.2、残高7.7厘米（图2-38，10）。

M21：11，红石块。器形较小，不规则。长1.5、宽1、厚0.7厘米（图2-38，11）。

M21：12，陶纺轮。泥质红陶。圆饼形。直径4、孔径0.5、厚1厘米（图2-38，12）。

6. M24

位于TE16N1西北角，挂西壁，向西延伸至TE15N1。开口于第④层下，打破第⑤层和生土。2016年11月19日在清理TE16N1西北角第⑤层时露出器物及头骨，刮面后发现该墓开口于第④层下，被H1打破，于是向西扩方，11月20日扩方至第③层结束，开始清理H1在扩方区内的部分。11月27日H1清理完成，刮面后画出墓葬的范围，编号为M24，拍照后开始清理，12月1日清理完成。

墓葬形制为土坑竖穴，墓向为108°（图2-39；彩版四一，2）。墓室平面呈近长方形，直壁，平底。墓口长2.50、头端宽1.20、脚端宽1.00米。墓口距地表深0.40米，墓底距墓口深0.60米。为单人仰身直肢葬，面向上。保存较差，仅余颅骨、四肢、部分脊椎、盆骨、少量肋骨，其余部位人骨均已腐朽。经鉴定为中年个体，性别无法鉴定。未发现葬具痕迹。

墓内共有随葬品24件，其中陶器17件、石器（块）6件、猪牙1件。人骨左侧器物较为残碎，或为打碎之后放入墓中。

M24：1，陶豆。泥质黑衣褐陶。敞口，圆唇，折腹，浅盘，矮喇叭形圈足，圈足上有2个圆形镂孔。口径25.4、圈足径14.6、高12厘米（图2-40，1；彩版四二，7）。

M24：2，陶豆。出土时较为残碎，未复原。泥质黑衣褐陶。敞口，圆唇，折腹，浅盘，喇叭形圈足，圈足上有圆形镂孔。口径25、圈足径12、复原高约16厘米（图2-40，2）。

M24：3，石块。紫褐色。不规则条形。未见磨痕。残长11、残宽6.8、最厚处3.15厘米（图2-41，3）。

M24：4，陶腹片。泥质黑衣灰陶。腹部有三周凸弦纹。复原最大腹径约31.4、残高6.6厘米（图2-40，4）。

M24：5，石块。不规则椭圆形。紫褐色。长6.9、宽5.1、最厚处3.9厘米（图2-41，5）。

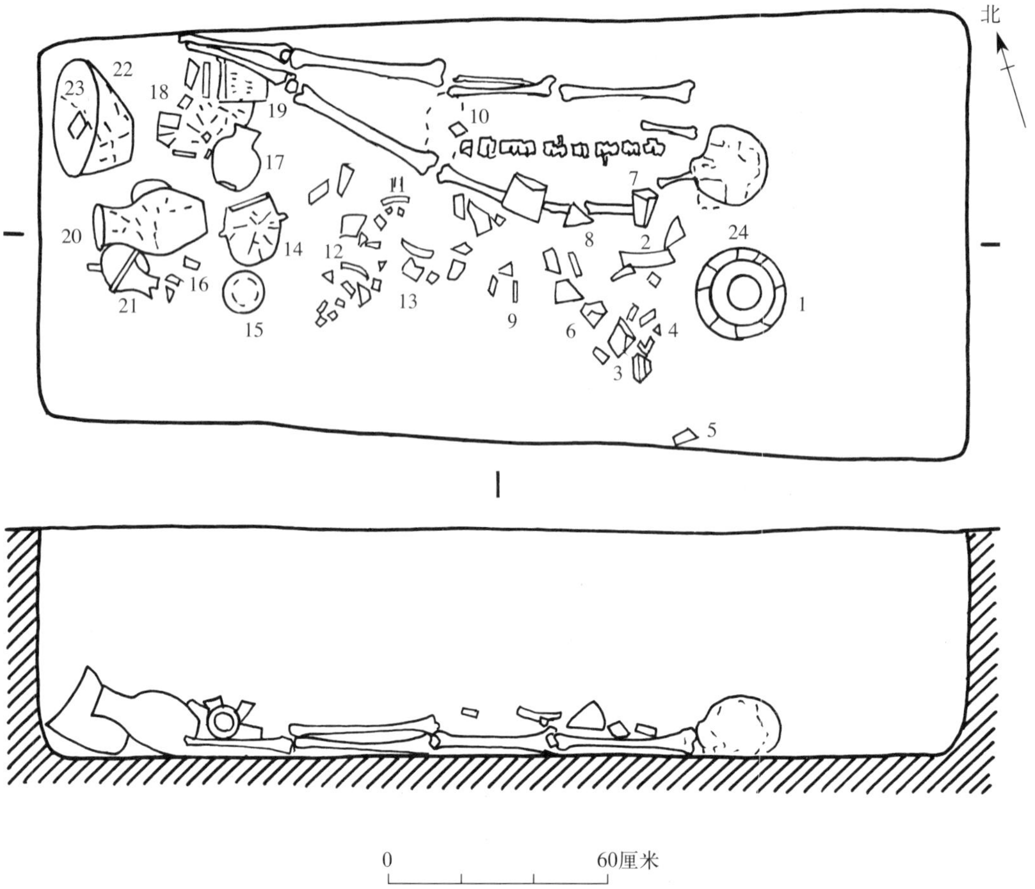

图2-39 M24平、剖面图

1、2、13. 陶豆 3、5、6. 石块 4. 陶腹片 7、10. 砺石 8. 陶豆 9. 陶罐残片 11. 陶杯形尊 12. 陶背壶 14、18. 陶罐 15. 陶鼎 16. 猪牙 17、20. 陶壶 19、23. 陶杯 21. 陶鬶 22. 陶盆 24. 石钺

M24∶6，石块。不规则椭圆形。灰白色。长 5.2、宽 6.2、最厚处 7.6 厘米（图 2-41，6）。

M24∶7，砺石。不规则近三角形。长 7.8、宽 7.4、厚 3.5 厘米（图 2-41，7）。

M24∶8，陶豆。出土时较为残碎。泥质褐陶，残存少量灰黑衣。敞口，圆唇，折腹，矮喇叭形圈足，圈足上有圆形镂孔。口径 26.7、圈足径 13.6、高 11.7 厘米（图 2-40，8；彩版四二，8）。

M24∶9，陶罐残片。泥质灰陶，出土时仅为几片残片。

M24∶10，砺石。不规则近三角形。灰褐色。长 4.2、宽 4.15、厚 2.7 厘米（图 2-41，10）。

M24∶11，陶杯形尊。细泥灰陶。侈口，尖唇，折沿，沿面微凹，深弧腹，圜底，圈足残。口径 9.2、残高 7.6 厘米（图 2-40，11；彩版四三，1）。

M24∶12，陶背壶。出土时较为残碎，不可复原。细泥灰陶。侈口，圆唇，直颈内收，圆肩。口径 11、残高 6.6 厘米（图 2-40，12）。

M24∶13，陶豆。出土时较为残碎，不可复原。泥质黑衣褐陶。

M24∶14，陶罐。泥质灰陶。侈口，尖唇，折沿，弧腹，平底。口径 12.4、最大腹径 13.7、底径 6.6、高 12.5～12.8 厘米（图 2-40，14；彩版四三，2）。

M24∶15，陶鼎。泥质褐陶。侈口，方唇，折沿，弧腹，圜底近平，凿形足，足根有两个按

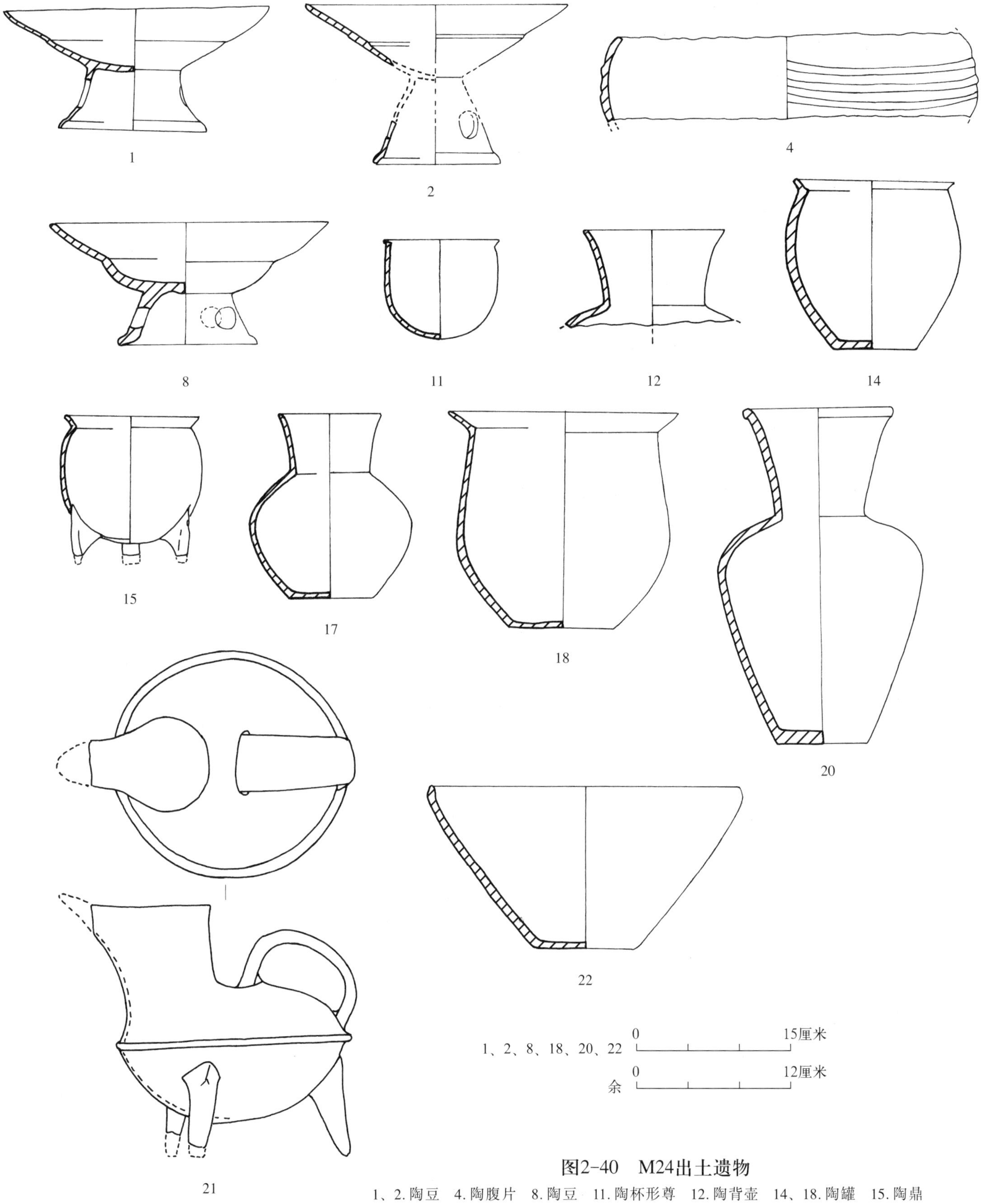

图2-40　M24出土遗物

1、2. 陶豆　4. 陶腹片　8. 陶豆　11. 陶杯形尊　12. 陶背壶　14、18. 陶罐　15. 陶鼎　17、20. 陶壶　21. 陶鬶　22. 陶盆

窝。口径 10.4、高 10.6 厘米（图 2-40，15；彩版四三，3）。

M24：16，猪牙。位于墓坑西端中上部。

M24：17，陶壶。泥质灰陶。侈口，圆唇，直颈，圆肩，鼓腹，平底。口径 7.9、底径 5.9、高 14 厘米（图 2-40，17；彩版四三，4）。

M24：18，陶罐。泥质灰陶。侈口，尖唇，折沿，上腹斜直，下腹微鼓，平底。口径 22、底径 10、高 20.3 厘米（图 2-40，18；彩版四三，5）。

M24：19，陶杯。出土时较为残碎，不可修复。泥质灰陶。

M24：20，陶壶。泥质黑衣褐陶。侈口，圆唇，卷沿，高颈，圆肩，深腹，平底。口径 14.6、最大腹径 19.8、底径 8.8、高 31.7 厘米（图 2-40，20；彩版四三，6）。

M24：21，陶鬶。夹石英褐陶。短流，流口残，粗直颈，扁球形腹，凿形足，背腹上装一宽带状环形把手，腹中部有一周凸棱。最大腹径 18、残高 17.2、厚 0.2～0.6 厘米（图 2-40，21；彩版四三，7）。

M24：22，陶盆。泥质黑陶。敛口，圆唇，弧腹内收，小平底。口径 30、底径 9.6、高 15.2 厘米（图 2-40，22）。

M24：23，陶杯。出土时较为残碎，不可修复。出土时位于 22 号陶盆内。

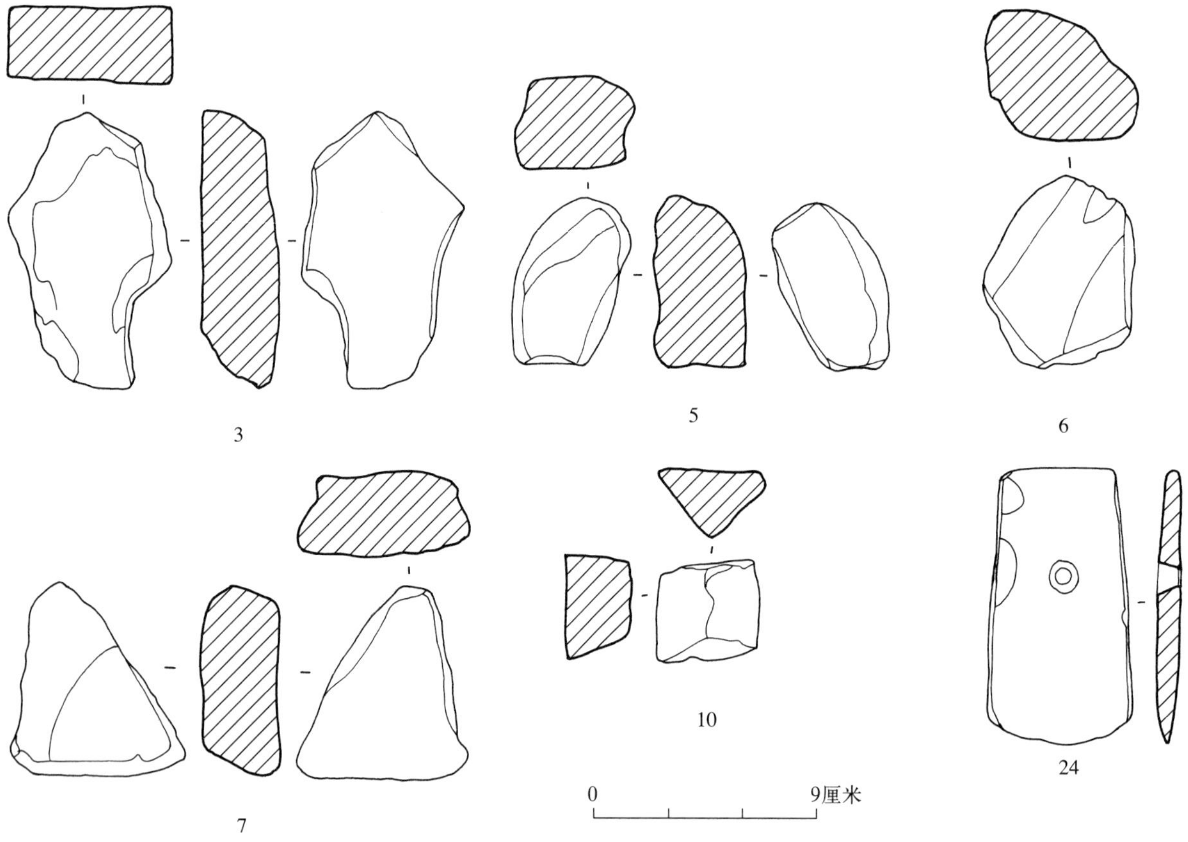

图2-41 M24出土遗物

3、5、6. 石块 7、10. 砺石 24. 石钺

M24∶24，石钺。灰黑色，长方形，顶端平直，刃部略宽，双面刃，刃部部分崩裂，中上部有一单面钻成的圆孔。长 11.1、宽 6、孔径 0.65～1.3、最厚处 1 厘米（图 2-41，24；彩版四三，8）。

7. M26

位于 TE15S2 中部，开口于 H65 之下，被 H69、M28 打破。2016 年 12 月 2 日在二分之一清理 H65①层南半部时，出露人骨和器物，清理掉 H65①层北半部后，划出墓葬范围，12 月 4 日清理完毕。发现墓葬西北角被 H69 和 M28 打破。

墓葬形制为土坑竖穴，方向为 122°（图 2-42；彩版四四，1、2）。墓室平面呈近长方形，直壁，平底。墓口长 2.26、宽 0.92 米。墓口距地表深 0.68 米，墓底距墓口深 0.37 米。为单人仰身直肢葬，面向南侧。人骨保存较好，下部被 H69 打破，残缺胫骨、腓骨。经鉴定为女性，年龄 25～30 岁。未发现葬具痕迹。

在人骨左侧随葬 5 件陶器，其中陶豆 2 件、陶纺轮 2 件、残陶罐口沿 1 件。

M26∶1，陶罐。泥质灰陶。仅存口沿。侈口，圆唇，短颈内收，广肩，肩部有 4 周凹弦纹。口径 13、残高 6.7 厘米（图 2-43，1）。

M26∶2，陶豆。泥质灰陶。直口微侈，圆唇，折腹，浅盘，高喇叭形圈足，圈足上部呈台阶状，有圆形镂孔，下部有三角形和戳点组成的镂孔。口径 22.2、最大腹径 23.2、圈足径 12.5、高

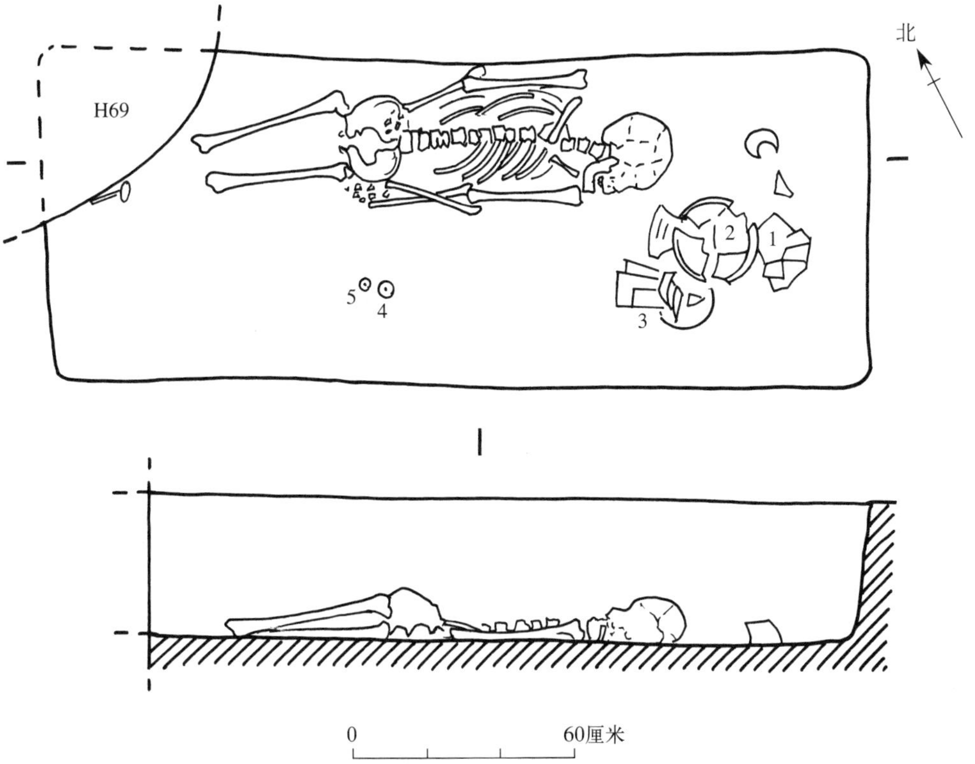

图2-42　M26平、剖面图
1. 陶罐　2、3. 陶豆　4、5. 陶纺轮

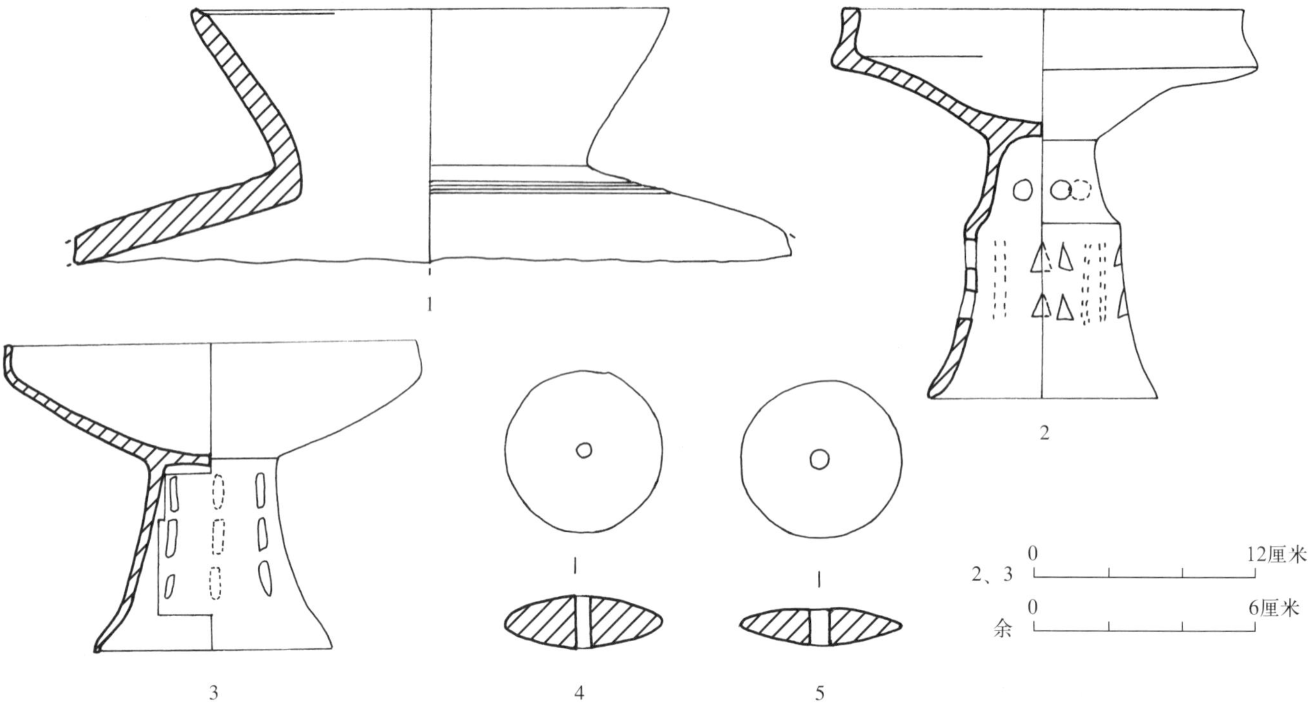

图2-43 M26出土遗物

1. 陶罐 2、3. 陶豆 4、5. 陶纺轮

20.7 厘米（图 2-43，2；彩版四四，3）。

M26：3，陶豆。泥质灰陶。直口微敛，圆唇，斜腹，浅盘、喇叭形圈足，圈足上有条形镂孔。口径 22.6、最大腹径 23.2、圈足径 13.4、高 16.6 厘米（图 2-43，3；彩版四四，4）。

M26：4，陶纺轮。泥质红陶。圆饼形，剖面呈椭圆形，两端斜弧。直径 4.35、孔径 0.36、最厚处 1.4 厘米（图 2-43，4）。

M26：5，陶纺轮。泥质红褐陶。圆饼形，剖面呈椭圆形，两端斜弧。直径 4.6、孔径 0.4、最厚处 1 厘米（图 2-43，5）。

8. M27

位于 TE15S2 西部，向西延伸到 TE14S2 东隔梁，开口于④层下，被 H61 打破。2016 年 11 月 30 日清理完 H61 后出露器物，12 月 3 日划出墓坑范围（宽 0.85 米），向西扩方，12 月 5 日开始清理，12 月 6 日清理至底部时发现墓坑北部没有到边，于是再次划出准确范围（宽 1.74 米），12 月 11 日清理完成。

墓葬形制为土坑竖穴，方向为 103°（图 2-44；彩版四五，1～3）。墓室平面呈近长方形，斜壁，平底。墓口长 2.52、宽 1.74 米，墓底长 2.42、宽 1.65 米。墓口距地表深 0.50～0.84 米，墓底距墓口深 0.56 米。为三人葬。南侧人骨为侧身直肢，面向左侧，保存较差，经鉴定为壮年个体，性别不可鉴定。中间人骨为侧身屈肢，面向左侧，保存极差，为壮年个体，性别不可鉴定。北侧人骨为侧身，腿部微曲，面向左侧，保存较差，为 20～25 岁男性。未发现葬具痕迹。随葬品主要位于南侧人骨左侧和三人骨脚端。

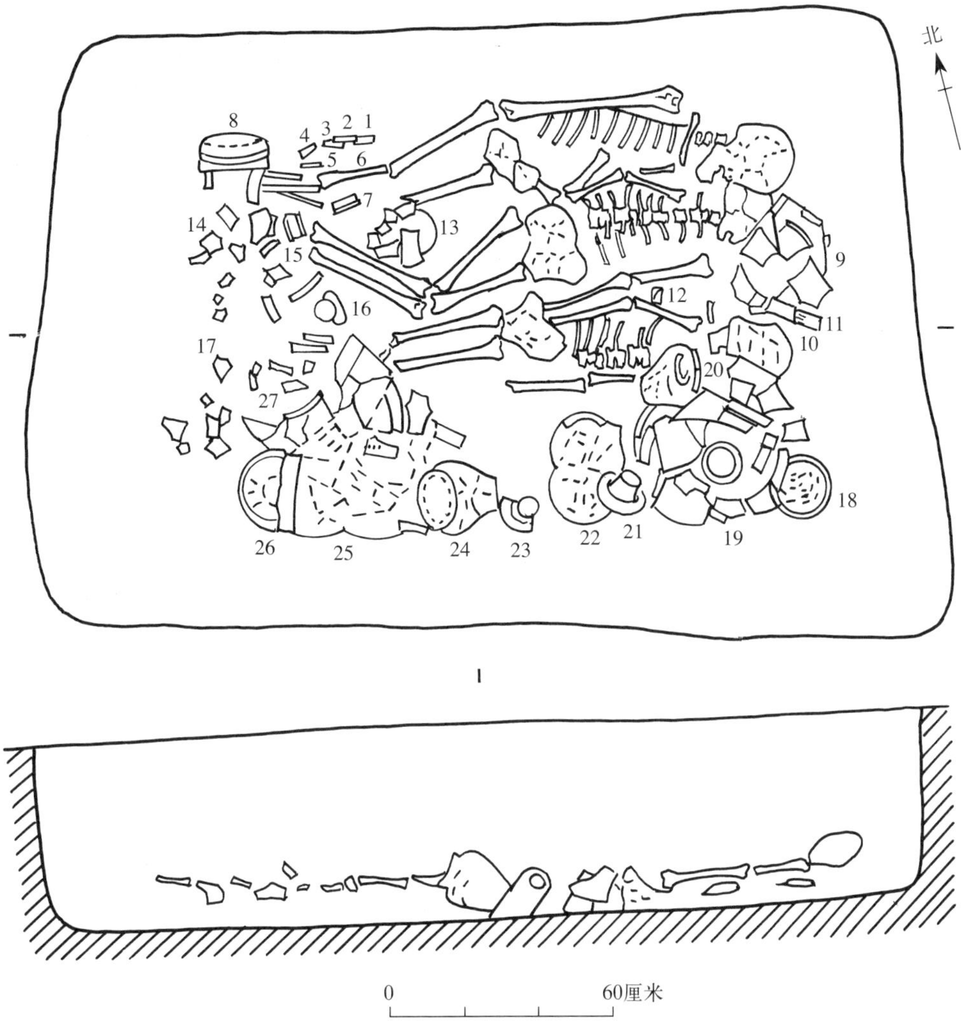

图2-44　M27平、剖面图

1～3、5、6、11、12. 砺石　4、7. 石锛　8、15、25. 陶鼎　9、19、20、22～24、27. 陶罐　10. 猪牙　13、16、21. 陶壶　14、17、18、26. 陶豆

共有随葬品27件，其中陶器17件、石器9件、猪牙1件（彩版四六，1～3）。

M27∶1，砺石。青灰色，长条形，两端残。长8.8、宽3.2、最厚处0.9厘米（图2-45，1；彩版四七，1）。

M27∶2，砺石。灰褐色，长条形，一端斜平。长14.1、宽3.8、最厚处1.4厘米（图2-45，2；彩版四七，2）。

M27∶3，砺石。青灰色，长条形，一端略残。长13.3、宽2.7、厚1～1.4厘米（图2-45，3；彩版四七，3）。

M27∶4，石锛。灰白色，长条近梯形，平顶，短斜刃。长7、宽3.4、最厚处1.6厘米（图2-45，4；彩版四七，4）。

M27∶5，砺石。灰褐色，长条近梯形，两端略残。长7.1、宽3.2、最厚处1.2厘米（图2-45，5；彩版四七，5）。

M27∶6，砺石。灰褐色，长条形，两端略残。长21.8、宽4.4、最厚处1.4厘米（图2-45，6；

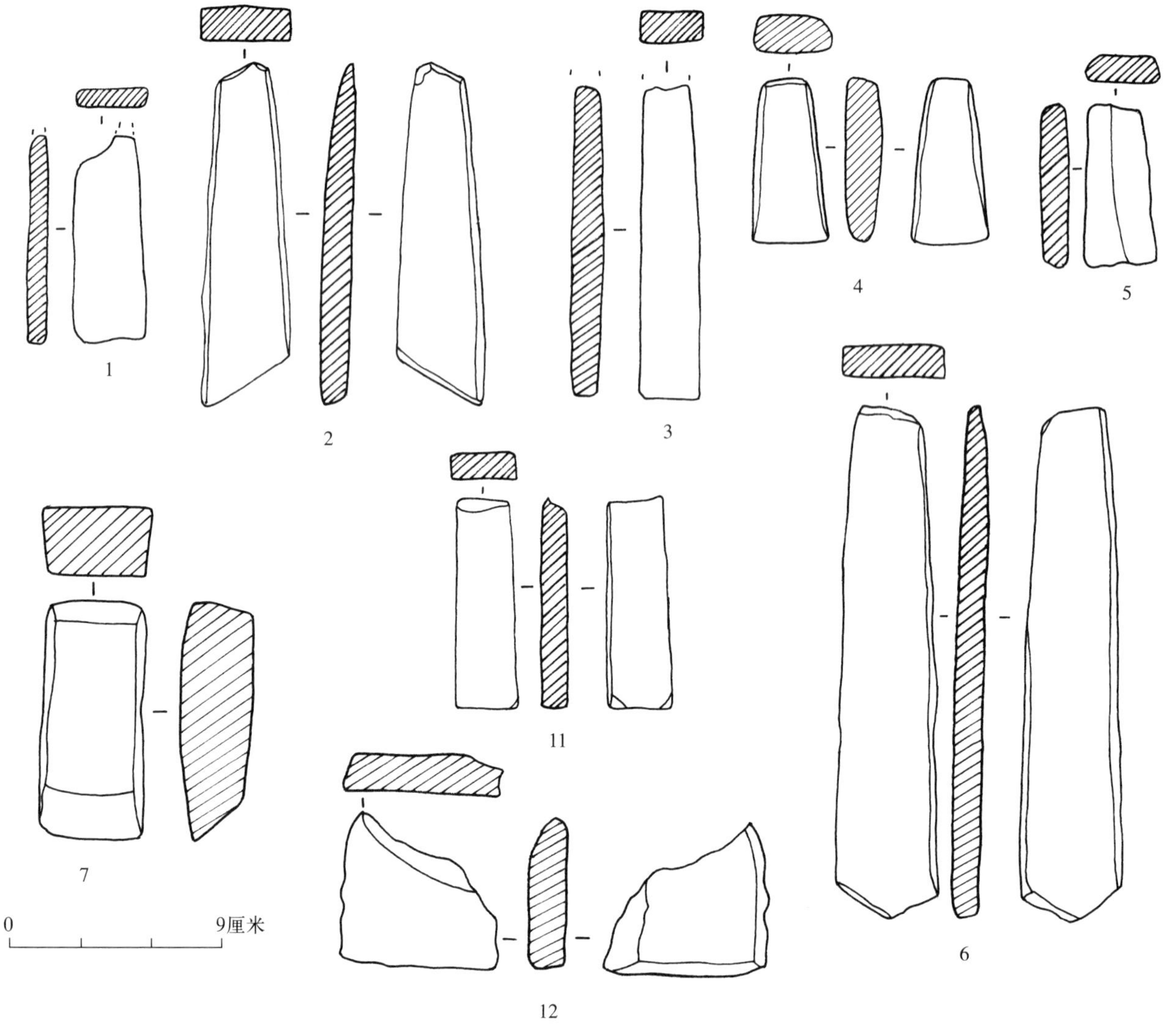

图2-45 M27出土遗物

1～3、5、6、11、12. 砺石 4、7. 石锛

彩版四七，6）。

M27∶7，石锛。青灰色，长方形，平顶，刃部平直，通体磨光，局部有疤痕。长10、宽4.5、最厚处2.9厘米（图2-45，7；彩版四七，7）。

M27∶8，陶鼎。泥质黑陶。盆形。敞口，尖圆唇，折腹，平底略垂，下腹部有弦纹，瓦形足，足面有3竖排戳点纹，两侧微向内卷。口径22、高16.8厘米（图2-46，8；彩版四八，1）。

M27∶9，陶罐。泥质灰陶。侈口，圆唇，折沿，深弧腹，小平底。口径21、最大腹径22.2、底径9.8、高25.2～26.2厘米（图2-47，9；彩版四八，2）。

M27∶10，猪牙。

M27∶11，砺石。灰色，长条形，两侧平直，一端略残。长9.2、宽2.9、最厚处1.2厘米（图2-45，11；彩版四七，8）。

M27∶12，砺石。灰褐色，扁平状，两面残，未见磨痕。长6.2、宽6.8、最厚处1.6厘米（图

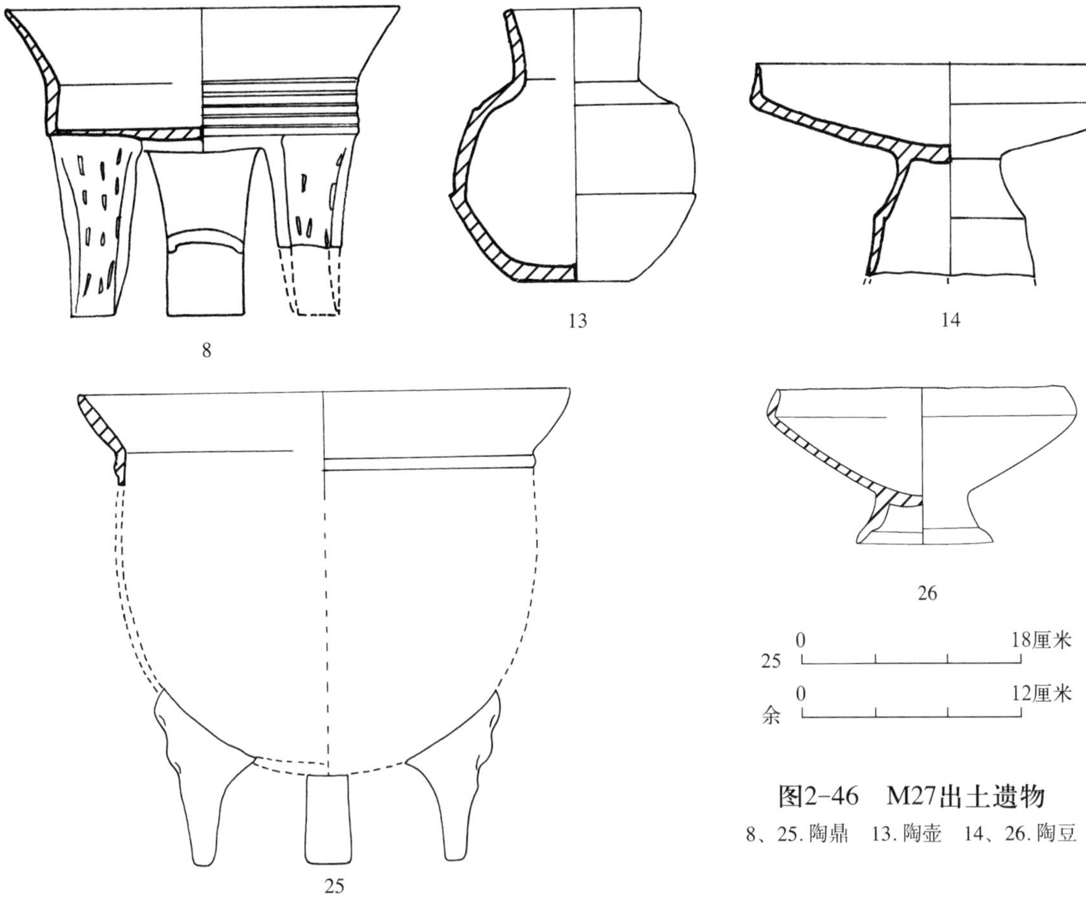

图2-46　M27出土遗物

8、25. 陶鼎　13. 陶壶　14、26. 陶豆

2-45，12）。

M27：13，陶壶。泥质黑衣红褐陶。侈口，圆唇，直颈，圆肩，圆鼓腹，平底，肩部与下腹部各有一周凸棱。口径7.2、最大腹径13.8、底径6.6、高14.6厘米（图2-46，13；彩版四八，3）。

M27：14，陶豆。泥质黑衣红褐陶。直口微敛，尖唇，折腹，浅盘，喇叭形圈足残。口径21、残高11.4厘米（图2-46，14）。

M27：15，陶鼎。火候较低，不可修复。泥质黑衣褐陶。盆形，侈口，方唇，折沿，斜直腹，近平底，瓦形足。

M27：16，陶壶。泥质黑衣褐陶。直口，圆唇，直颈，扁鼓腹，矮假圈足。口径8、最大腹径12.1、底径4.8、高9.7～9.9厘米（图2-47，16；彩版四八，4）。

M27：17，陶豆。不可修复。泥质黑陶。残存圈足。圈足顶径5、残高4厘米。

M27：18，陶豆。火候较低，不可修复。泥质黑衣褐陶。直口，浅盘。

M27：19，陶罐。火候较低，未能复原。泥质黑衣褐陶。侈口，短平沿，方圆唇，矮颈，深腹，平底。口径8.5、底径13、复原高约30厘米（图2-47，19）。

M27：20，陶罐。火候较低，不可修复。泥质黑陶。侈口，圆唇，折沿，弧腹。口径20厘米。

M27：21，陶壶。火候较低，未能复原。细泥红陶。直口，尖唇，直颈，矮假圈足。底径8厘米。

M27：22，陶罐。泥质黑衣灰陶。侈口，圆唇，折沿，弧腹，平底。口径19、底径6、高18.5厘米（图2-47，22；彩版四八，5）。

M27：23，陶罐。泥质黑陶。侈口，圆唇，扁鼓腹，平底。口径8、最大腹径12.3、底径5.6、高9厘米（图2-47，23；彩版四八，6）。

M27：24，陶罐。泥质灰陶。侈口，圆唇，折沿，弧腹，平底。口径18、最大腹径20、底径7.9、高18.3～18.9厘米（图2-47，24；彩版四八，7）。

M27：25，陶鼎。火候较低。不可修复。夹植物红陶，口沿及内壁为黑色。侈口，圆唇，斜折沿，圆鼓腹，圜底，凿形足，足根有2个按窝，颈部有一周凸棱。口径40、复原高约38厘米（图2-46，25）。

M27：26，陶豆。泥质灰陶。敛口，圆唇，折腹，深盘，矮圈足。口径20.4、最大腹径21.9、圈足径9.8、高10.5厘米（图2-46，26；彩版四八，8）。

M27：27，陶罐。泥质灰陶。侈口，圆唇，折沿，弧腹，平底。口径16.6～17.2、最大腹径17.4、底径7.8、高18.3厘米（图2-47，27）。

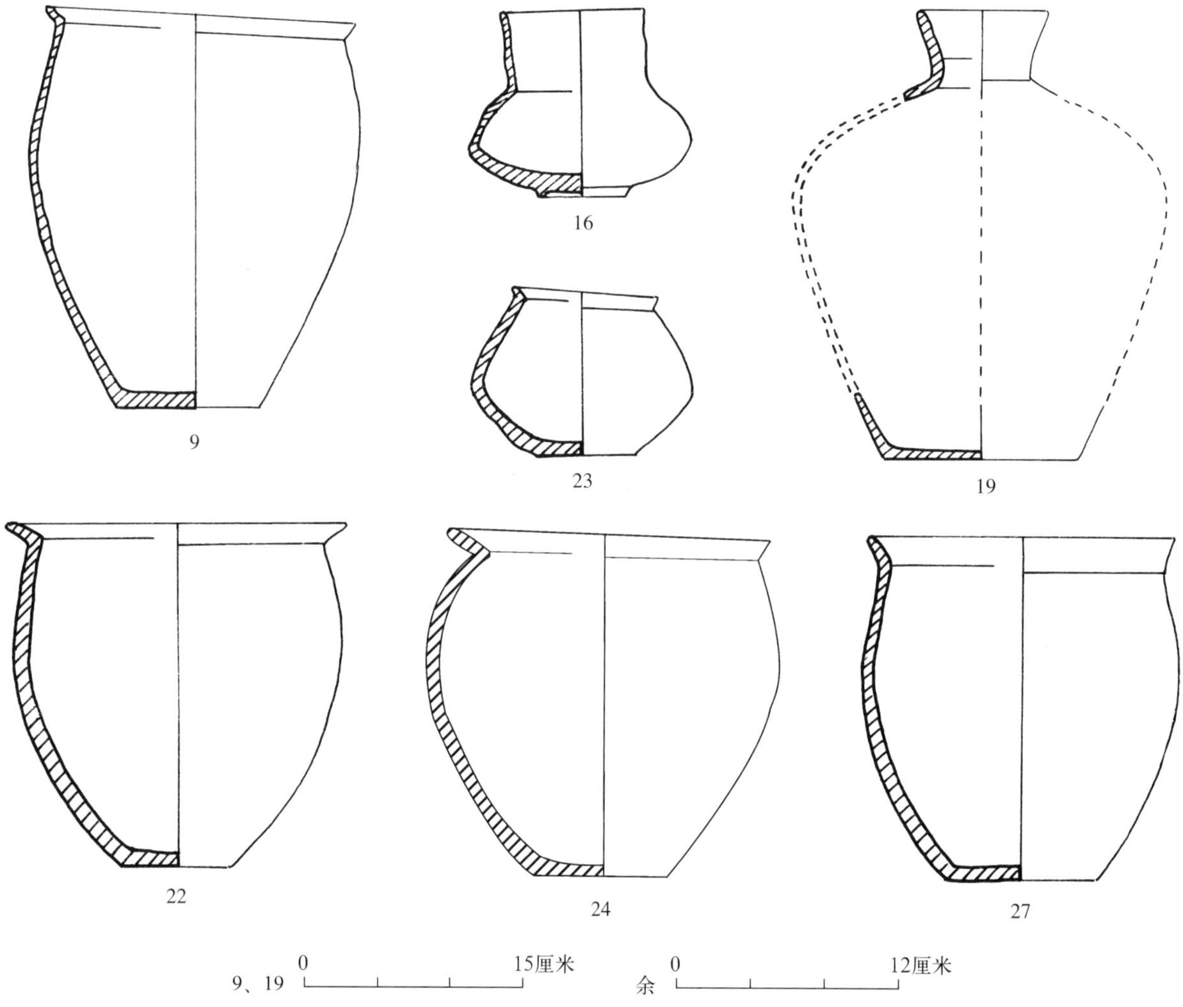

图2-47 M27出土遗物

9、19、22～24、27. 陶罐 16. 陶壶

9. M28

位于 TE15S2 北部偏西，开口于④层下，被 H65 打破，打破 H73、M26、M32、M33、M34。2016 年 12 月 5 日在二分之一清理完 H69 南半部时，出露器物和人骨。遂刮面确定墓坑范围，先清理南部，至 12 月 12 日填土清理完毕。

墓葬形制为土坑竖穴，方向为 95°（图 2-48；彩版四九、五〇）。墓室平面呈近正方形，直壁，平底。墓口长 3.45、宽 2.62 米。墓口距地表深 0.60 米，墓底距墓口深 0.60～0.68 米。为七人葬。从人骨和随葬品摆放位置看可以分为五组：最北侧一具为一组，侧身，下肢微曲，面向南，骨骼保存较差，为壮年女性。其南侧有一排随葬品，主要是陶器，有 2 件玉锥形器。其南侧三具人骨紧密相连，为一组，其中北侧一具为侧身屈肢，面向南，为壮年女性。中间一具为仰身直肢，面向上，为壮年个体，性别不可鉴定。南侧一具为侧身，下肢微曲，为壮年男性。三具人骨脚下部有一堆随葬品。再南侧有一人骨，为一组，仰身直肢，面向南，为壮年男性，头部有一陶罐。最南侧为两具人骨，为一组，其中北侧侧身屈肢，面向南，为壮年男性。最南侧为侧身直肢，面向上，为 40 岁左右男性。南侧一组头端和脚端有一排随葬品。

整座墓葬共有随葬品 117 件（彩版五一～五三），其中陶器 100 件、玉器 12 件、绿松石器 3 件、石器 1 件、骨器 1 件。

M28：1，陶器盖。火候较低，出土时较为残碎，不能复原。泥质褐陶，残存少量黑衣。覆碗形，捉手残，盖面圆弧，折沿，尖圆唇。残高 4.8、口径 22 厘米（图 2-49，1）。

M28：2，陶豆。泥质红褐陶，残存少量黑衣。侈口，圆唇，折沿，沿面内凹，弧腹，矮喇叭形圈足，圈足上有 3 个圆形镂孔。口径 21.2、圈足径 12、高 9.6 厘米（图 2-50，2；彩版五四，1）。

M28：3，陶尊。泥质灰陶。直筒形，短平沿，沿面有凹槽，大平底，口沿下有 3 个对称的泥突。口径 16.8、底径 14.6、高 15.3 厘米（图 2-51，3；彩版五四，2）。

M28：4，陶豆。火候较低，出土时较为残碎，不能复原。泥质黑衣褐陶。微敛口，圆唇，圈足上部有圆形镂孔。

M28：5，陶豆。泥质黑皮褐陶。未能复原。圆唇，卷沿，浅盘，高圈足，圈足上部有圆形镂孔。口径 26、底径 14、复原高约 18 厘米（图 2-50，5）。

M28：6，陶豆。火候较低，未能复原。泥质黑衣褐陶。直口，浅盘，喇叭形圈足。

M28：7，陶圈足杯。出土时较为残碎，未能复原。细泥黑陶。薄胎。敞口，尖唇，腹内弧，喇叭形圈足，圈足上有三角形和圆形镂孔。口径 8、圈足径 5、复原高约 9、厚 0.1 厘米（图 2-52，7）。

M28：8，陶豆。出土时较为残碎，不能修复。泥质黑衣褐陶。火候较低，

M28：9，陶杯。火候较低，出土时较为残碎，不能修复。泥质灰陶。

M28：10，陶豆。泥质红褐陶，残存少量黑皮。敛口，圆唇，内勾沿，弧腹，浅盘，高喇叭形圈足，圈足中部有 3 个圆形镂孔。口径 21、圈足径 13.8、高 18.8 厘米（图 2-50，10；彩版五四，3）。

M28：11，陶纺轮。泥质红褐陶。圆饼形，剖面近半圆形，一面平一面弧形。直径 4.7～4.9、

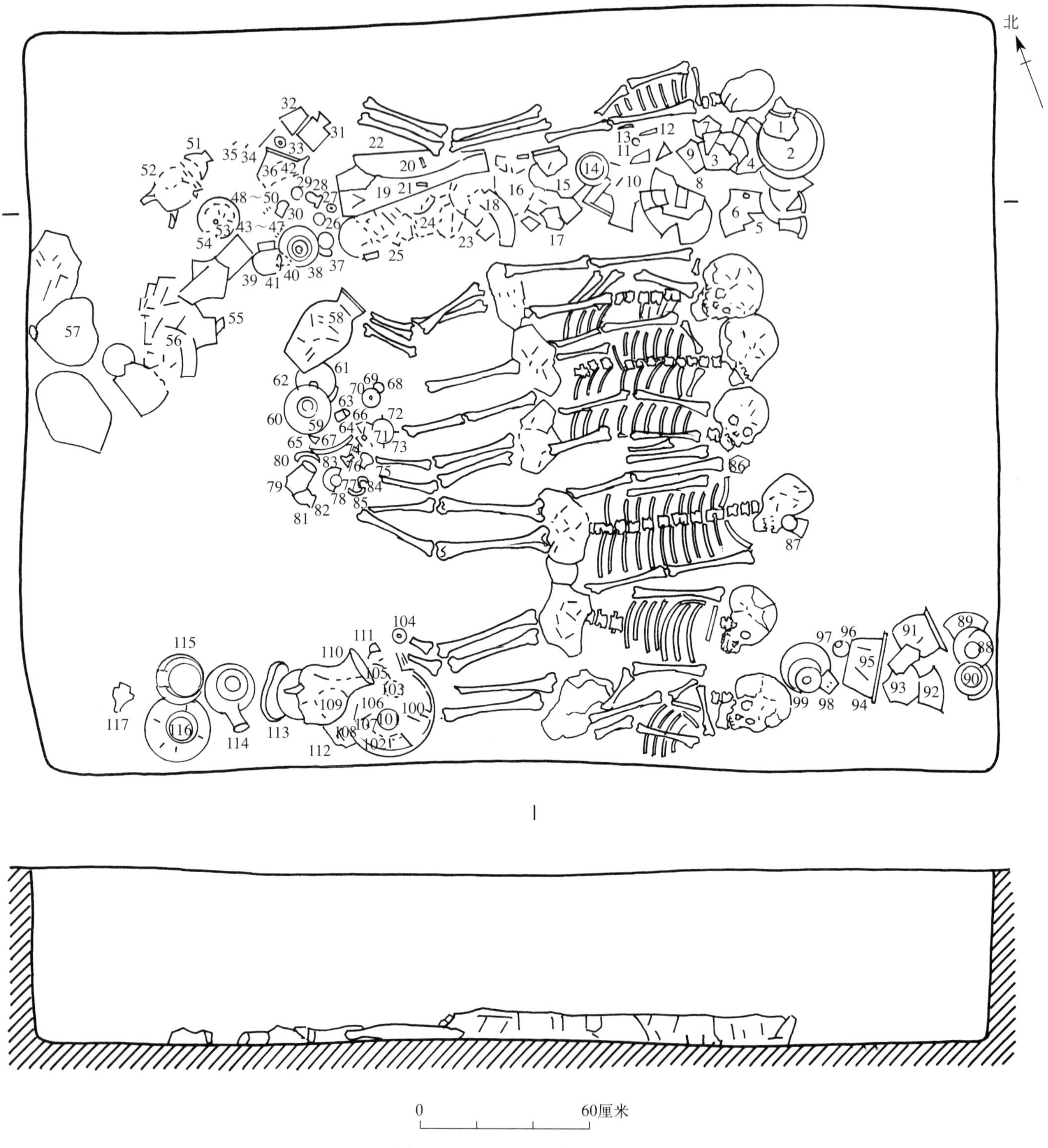

图2-48　M28平、剖面图

1、23-2、51、53、55、59、61、66、69、71、73、76、84、88、90、92-2、93-2、94、96、101、103、105、108.陶器盖　2、4～6、8、10、24.陶豆　3、67、70、72.陶尊　7、23-1、31、40、77、80、87、97、104.陶圈足杯　9、65、98、110.陶杯　11.陶纺轮　12、13、20、21.玉锥形器　14、16、107、111.陶杯形尊　15、37、74、78、85、91.陶罐　17、39、54、56、58、89、92-1、93-1、99.陶壶　18、25、52、57、102.陶鼎　19.陶筒形罐　22.石粒　26～30、63、64、68、75、81、83、86.小陶罐　32、79.陶筒形杯　33.陶环　34～36.绿松石粒　38、41、114.陶盉　42.陶喇叭形罐　43～47.玉月牙形饰　48～50.玉圆形饰　60、62、82.陶盂形杯　95、100、112.陶盆　106.陶罐形鼎　109、116.陶壶形鼎　113.陶钵　115.陶单耳盆　117.陶鬶

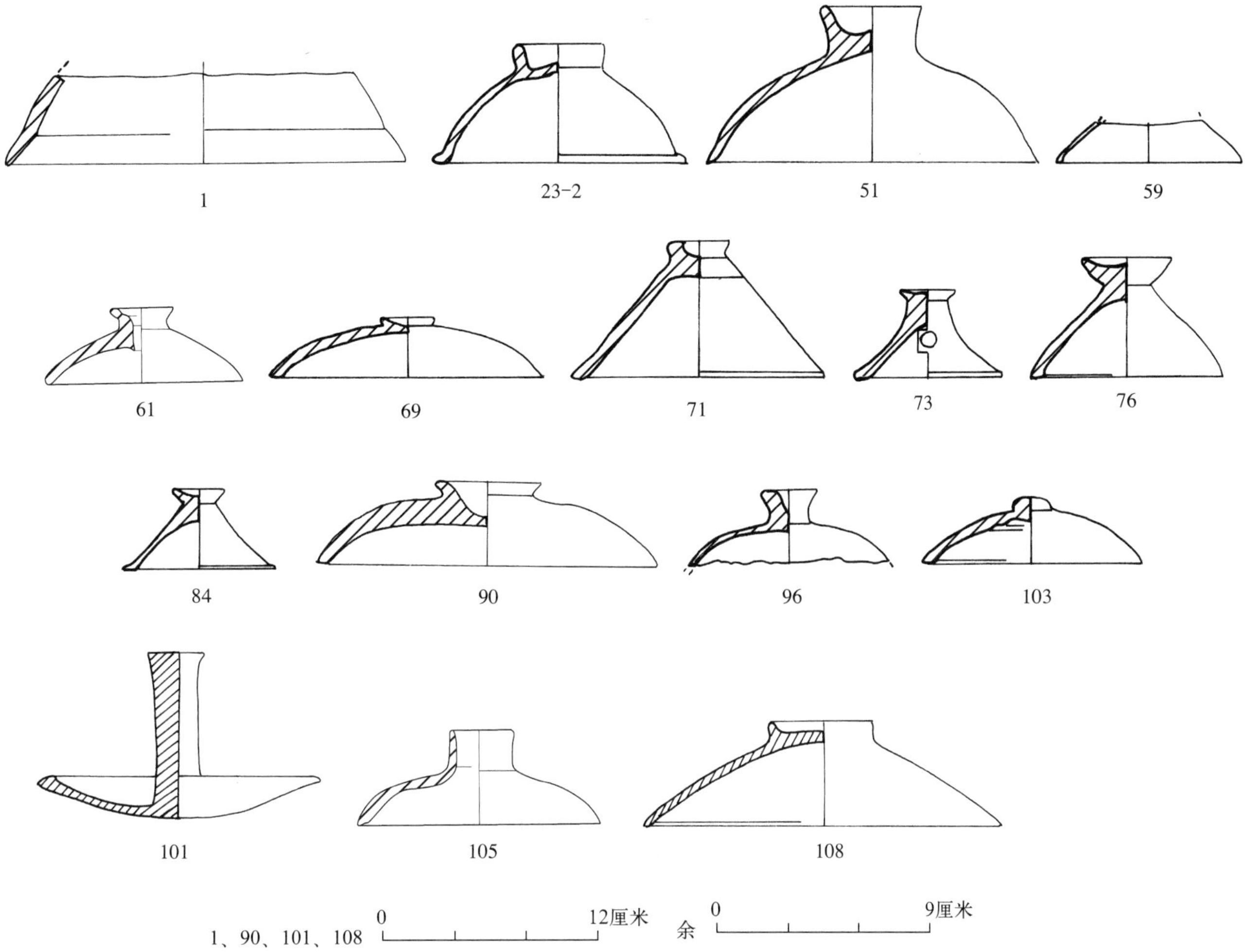

图2-49　M28出土陶器盖

1、23-2、51、59、61、69、71、73、76、84、90、96、101、103、105、108.陶器盖

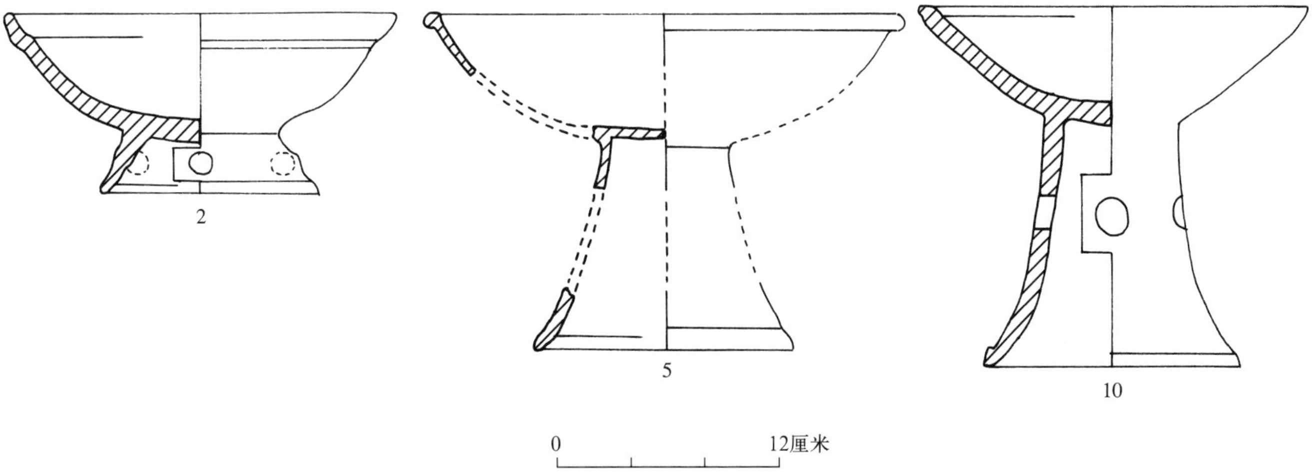

图2-50　M28出土陶豆

2、5、10.陶豆

孔径 0.73～0.8、厚 0.2～0.8 厘米（图 2-54，11）。

M28：12，玉锥形器。经检测为透闪石料。黄白色，长条圆锥形，短榫，榫部有穿孔，穿孔为对钻而成，榫顶端被磨平，头端呈尖锥状，通体磨光。长 5、直径 0.6～0.75、孔径 0.1～0.24 厘米（图 2-53，12；彩版五四，4 左 1）。

M28：13，玉锥形器。经检测为透闪石料。碧绿色，上半部偏白色。细长条圆柱形，短榫，榫部有穿孔，穿孔为对钻而成，榫顶端有残痕，头端磨平，不呈锥状，通体磨光。长 5.4、直径 0.4～0.5、孔径 0.05～0.22 厘米（图 2-53，13；彩版五四，4 左 2）。

M28：14，陶杯形尊。细泥白陶。侈口，圆唇，短折沿，圆弧腹，矮喇叭形圈足。口径 12.3、最大腹径 12.4、圈足径 6.2、高 9.2 厘米（图 2-52，14；彩版五四，5）。

M28：15，陶罐。泥质灰陶。侈口，圆唇，短折沿，弧腹，平底。口径 16.4～16.6、最大腹径 18、底径 7、高 14.3 厘米（图 2-54，15；彩版五四，6）。

M28：16，陶杯形尊。未能复原。泥质灰陶。薄胎，侈口，尖唇，短折沿，圆鼓腹，喇叭形圈足。口径 9.6、圈足径 6.4、复原高约 8、厚 0.1～0.25 厘米（图 2-52，16）。

M28：17，陶壶。火候较低，出土时较为残碎，未能复原。泥质黑衣褐陶。侈口，圆唇，短颈，圆弧腹，平底微内凹。口径 8、底径 8、复原高约 18.5 厘米（图 2-55，17）。

M28：18，陶鼎。火候较低，出土时较为残碎，未能复原。夹植物红陶，内壁为黑色。侈口，圆唇，折沿，沿部有凹槽，弧腹，下腹部有一周凸棱，圜底，凿形足，足根有 2 个按窝。口径

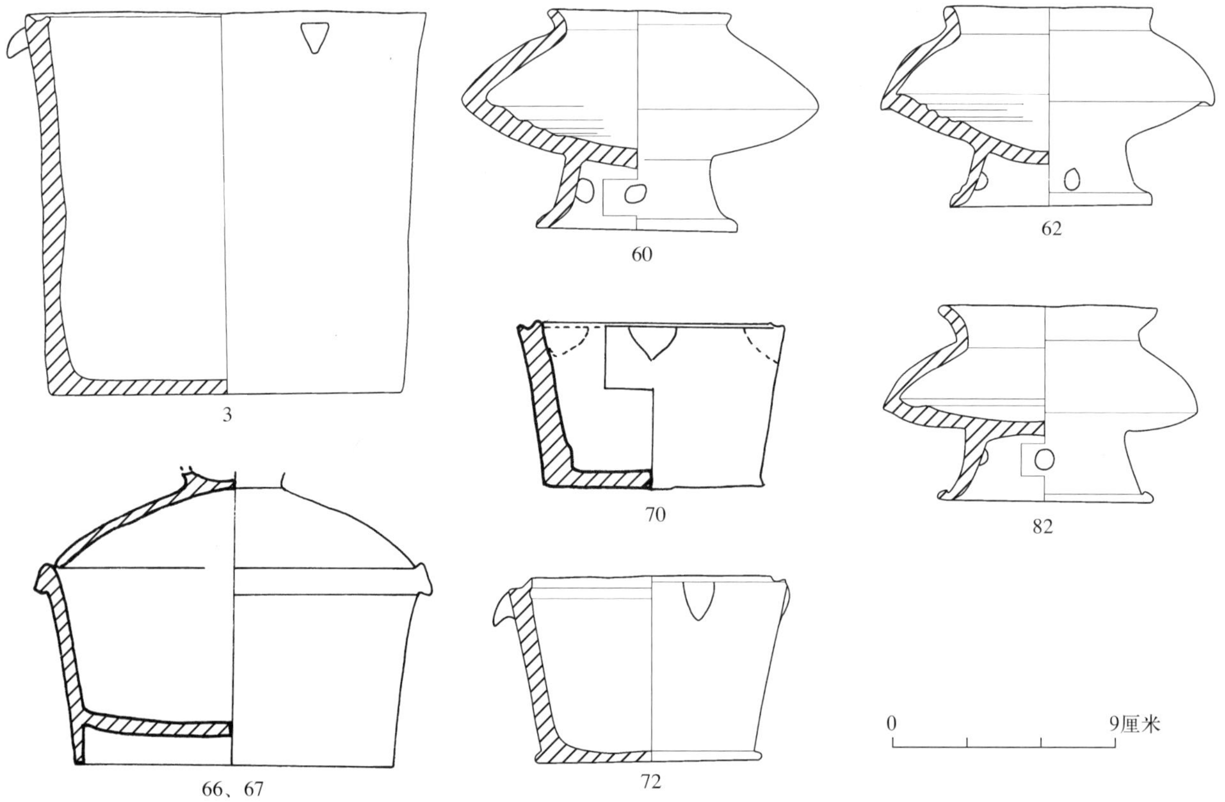

图2-51　M28出土遗物

3、67、70、72. 陶尊　60、62、82. 陶盂形杯　66. 陶器盖

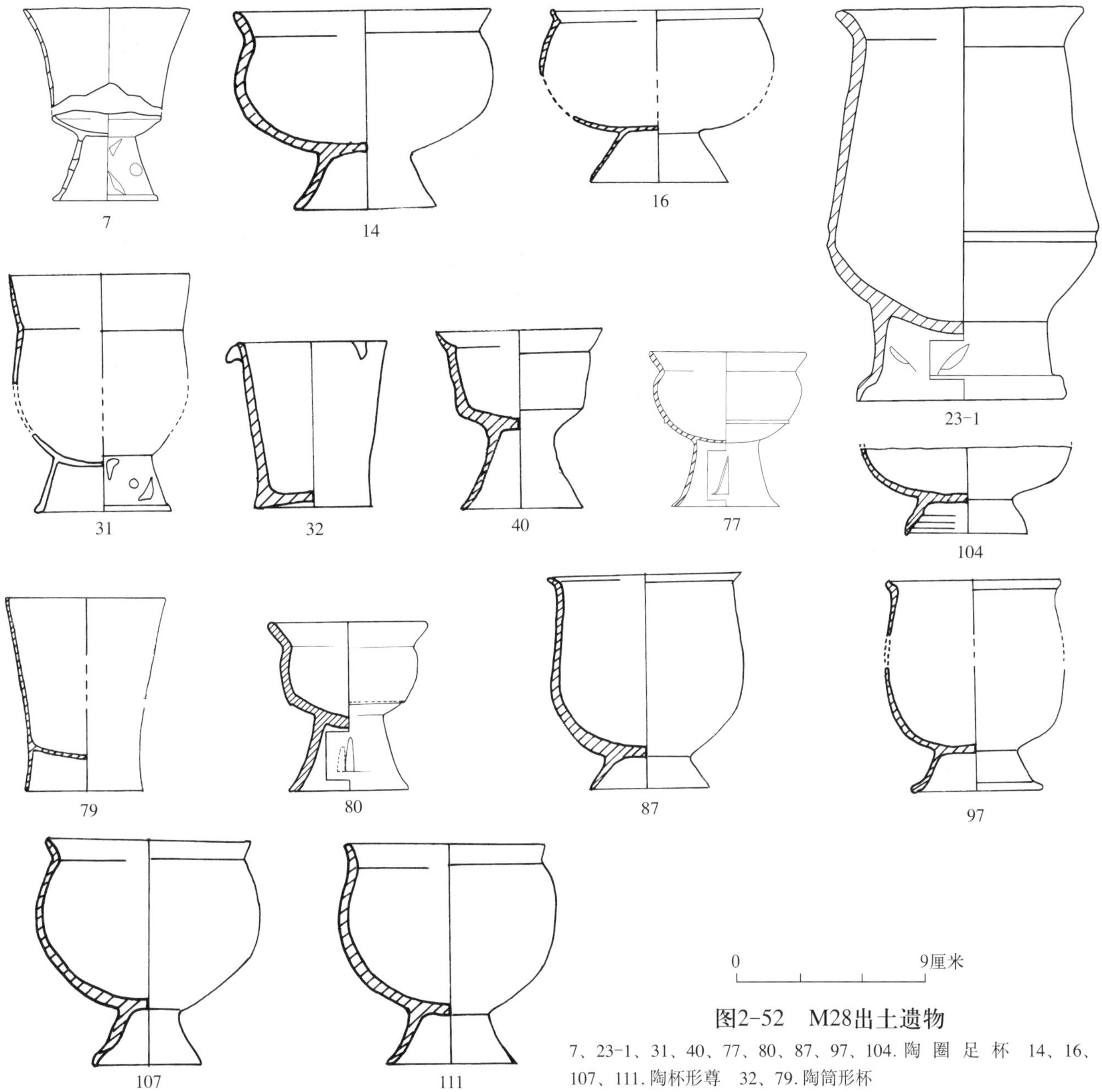

图2-52　M28出土遗物

7、23-1、31、40、77、80、87、97、104. 陶圈足杯　14、16、107、111. 陶杯形尊　32、79. 陶筒形杯

16、复原高约 22 厘米（图 2-56，18）。

M28：19，陶筒形罐。泥质灰陶。长筒形，口微侈，圆唇，直腹，下腹微鼓，平底。口径 9.6、最大腹径 15、底径 8.8、高 53～54 厘米（图 2-54，19；彩版五四，7）。

M28：20，玉锥形器。经检测为蛇纹石料。大部分风化，未风化部分为橙黄色，风化部分为白色。粗短圆锥形，短榫，无孔，头端呈矮圆锥形，通体磨光，局部有疤痕。长 3.85、直径 0.8～1.2 厘米（图 2-53，20；彩版五四，4 右 2）。

M28：21，玉锥形器。完全风化呈象牙白色，粗短圆锥形，短榫，无孔，头端呈圆钝状锥形，通体磨光。长 4.05、直径 1.1～1.2 厘米（图 2-53，21；彩版五四，4 右 1）。

M28：22，石粒。经检测为绿片岩。深绿色，近椭圆形，一面平整，一面为弧形。长 0.7、宽

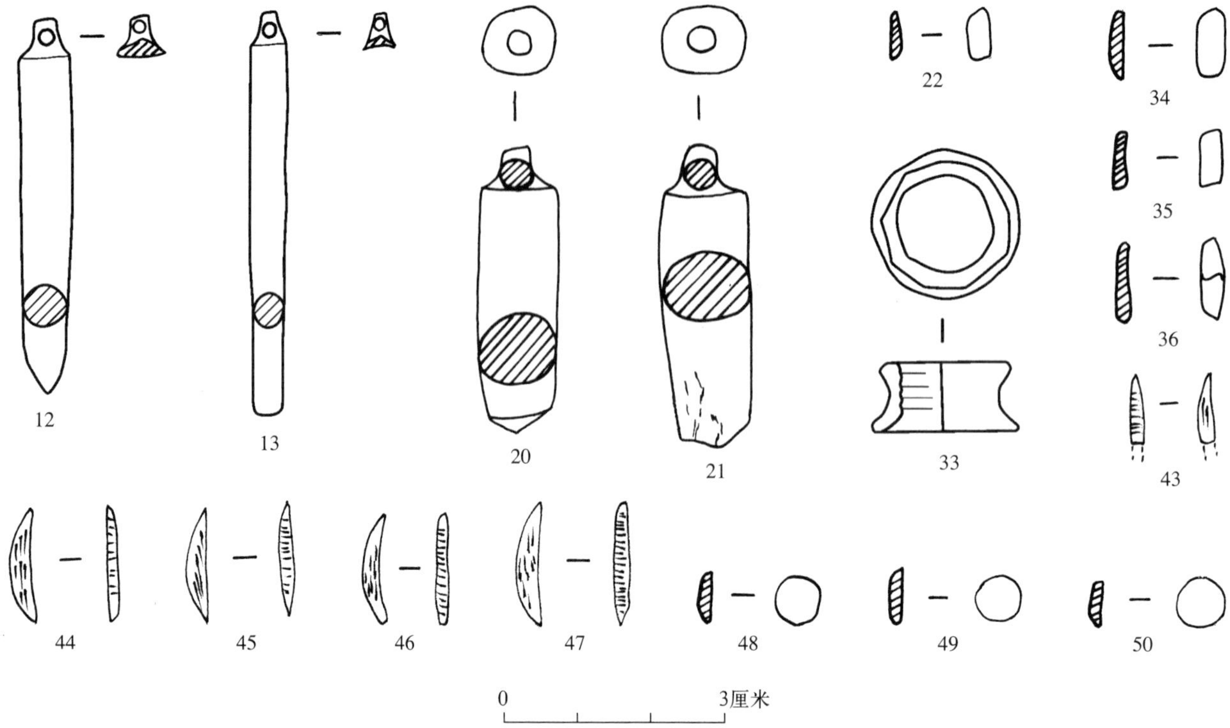

图2-53　M28出土遗物

12、13、20、21.玉锥形器　22.石粒　33.陶环　34～36.绿松石粒　43～47.玉月牙形饰　48～50.玉圆形饰

0.3、厚0.1～0.15厘米（图2-53，22）。

M28：23-1，陶圈足杯。泥质灰陶。侈口，圆唇，折沿，上腹斜直，下腹折内收，矮喇叭形圈足，圈足上有花瓣形镂孔。口径11.7、最大腹径13.2、圈足径9.9、高17.9厘米（图2-52，23-1；彩版五四，8）。

M28：23-2，陶器盖。泥质灰陶，残存少量黑衣。覆碗形，矮捉手，盖面圆弧，短平沿，圆唇。捉手径3.6、口径10、高4.6厘米（图2-49，23-2）。

M28：24，陶豆。火候较低，出土时较为残碎，不能修复。泥质黑衣褐陶。圆唇，浅盘。

M28：25，陶鼎。火候较低，出土时较为残碎，未能复原。泥质黑衣红陶。口残，圆唇，弧腹，圜底近平，凿形足，器表施细绳纹。最大腹径17.2、残高约14厘米（图2-56，25）。

M28：26，小陶罐。细泥黑陶。侈口，尖唇，短折沿，圆弧腹，平底。口径3.3、底径2.2、高5厘米（图2-57，26；彩版五五，1）。

M28：27，小陶罐。细泥黑陶。侈口，圆唇，短折沿，弧腹，下腹微鼓，平底。口径3.4、底径2.6、残高5.2厘米（图2-57，27）。

M28：28，小陶罐。细泥黑陶。侈口，圆唇，短折沿，鼓腹，平底。口径4、底径2.5、残高6.6厘米（图2-57，28）。

M28：29，小陶罐。细泥黑陶。侈口，圆唇，短折沿，弧腹，下腹微鼓，平底。口径3.7、底径2.5、高5.4厘米（图2-57，29；彩版五五，2）。

M28：30，小陶罐。细泥黑陶。侈口，圆唇，短折沿，弧腹，下腹微鼓，平底。口径3.8、底

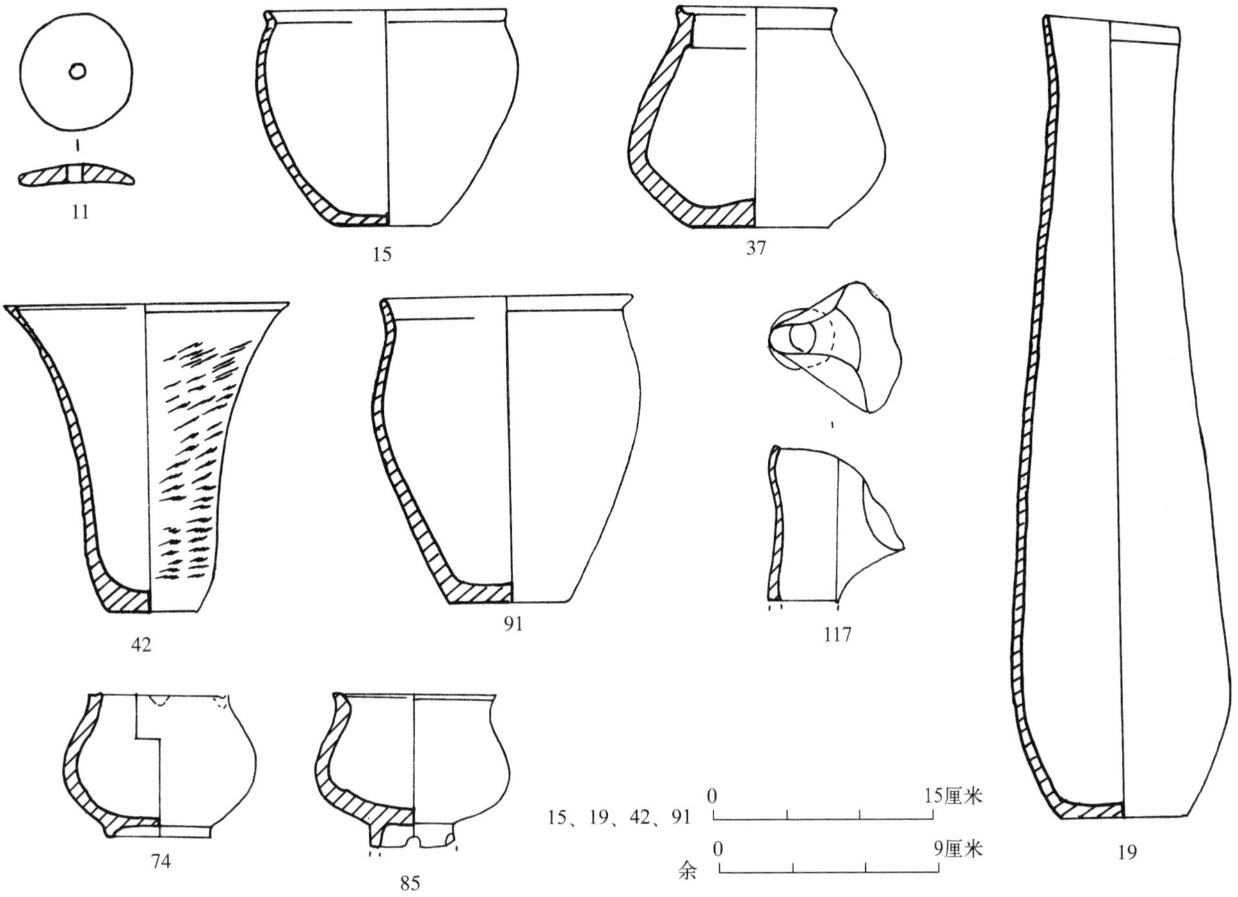

图2-54　M28出土遗物

11.陶纺轮　15、37、74、85、91.陶罐　19.陶筒形罐　42.陶喇叭形罐　117.陶鬶

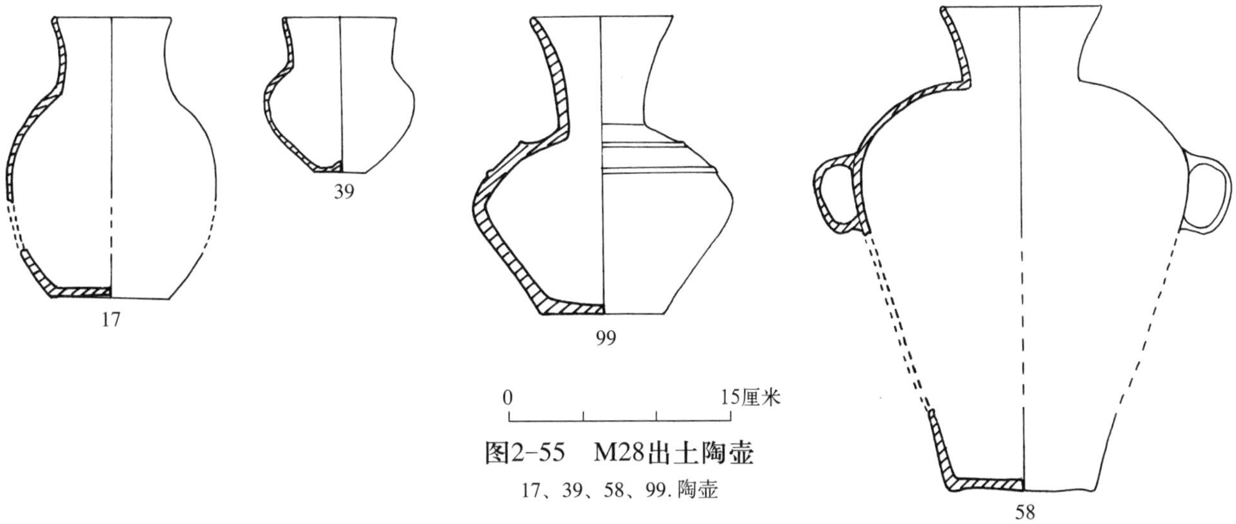

图2-55　M28出土陶壶

17、39、58、99.陶壶

径 2.5、残高 5.1 厘米（图 2-57，30）。

M28：31，陶圈足杯。火候较低，未能复原。细泥黑陶。侈口，尖唇，直折沿，弧腹，矮圈足，圈足上有圆形和三角形镂孔。口径 8.5、圈足径 6.5、复原高约 11 厘米（图 2-52，31）。

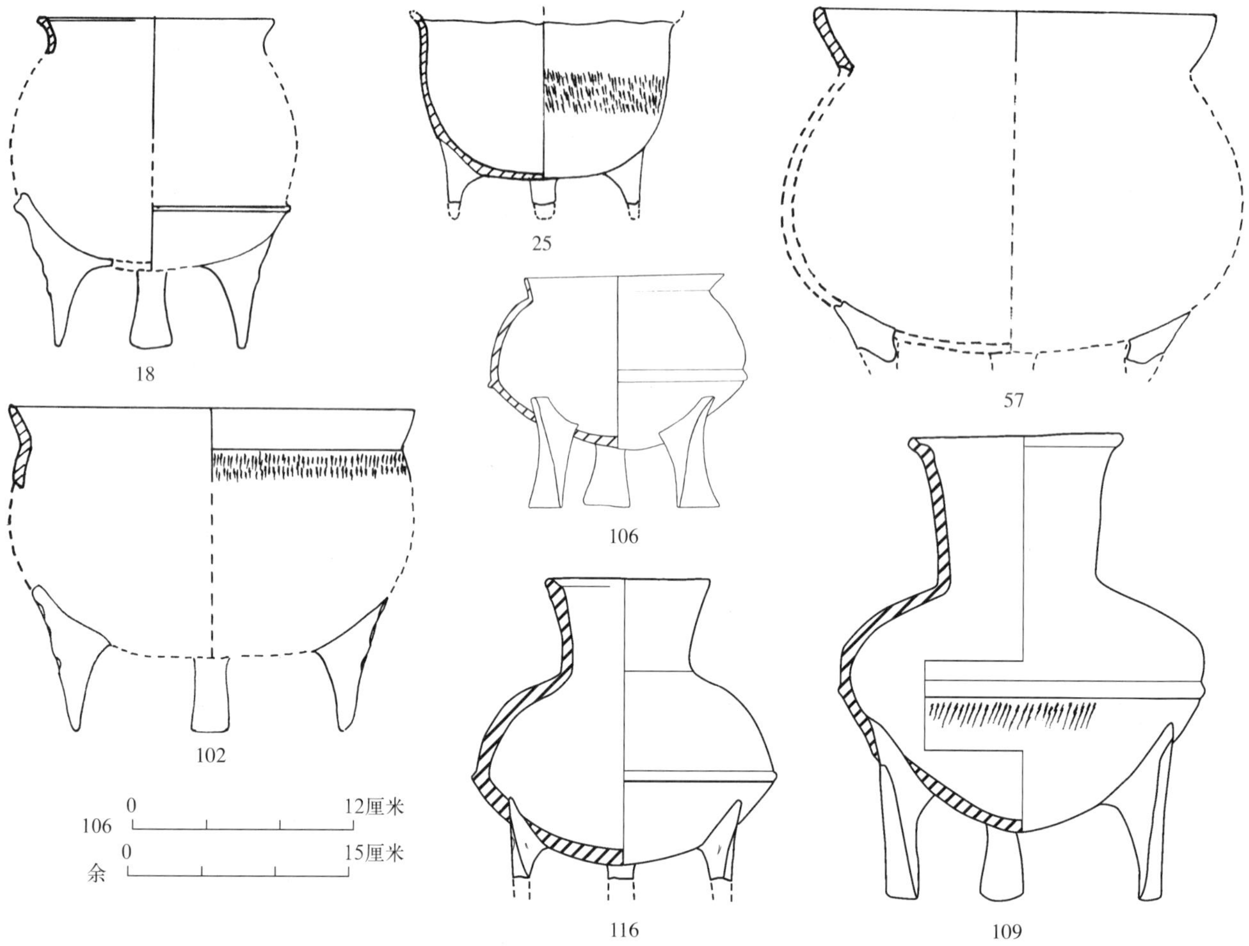

图2-56　M28出土遗物

18、25、57、102. 陶鼎　106、陶罐形鼎　109、116. 陶壶形鼎

M28：32，陶筒形杯。泥质灰陶。直口，短平沿，沿面有凹槽，沿外有 3 个对称的泥突，斜直腹，平底微内凹。口径 7.2、底径 5.6、高 7.8 厘米（图 2-52，32；彩版五五，3）。

M28：33，陶环。细泥黑陶。亚腰形，器身窄于孔径，内壁有凹弦纹，通体磨光。外径 2、内径 1.3、高 0.9、厚 0.1～0.35 厘米（图 2-53，33；彩版五五，4）。

M28：34，绿松石粒。蓝绿色，近椭圆形，一面平一面弧形。长 0.9、宽 0.4、厚 0.2 厘米（图 2-53，34；彩版五五，5 左）。

M28：35，绿松石粒。蓝绿色，近长方形，一面平一面呈弧形。长 0.8、宽 0.3、厚 0.2 厘米（图 2-53，35；彩版五五，5 中）。

M28：36，绿松石粒。蓝绿色，近椭圆形，一面平一面呈弧形。长 1.1、宽 0.3、厚 0.1～0.2 厘米（图 2-53，36；彩版五五，5 右）。

M28：37，陶罐。夹石英灰黑陶。侈口，短平沿，沿面有凹槽，下腹鼓，平底。口径 6.6、底径 5.6、高 9 厘米（图 2-54，37；彩版五五，6）。

M28：38，陶盉。泥质褐陶。侈口，圆唇，短颈，鼓腹，平底，肩部有一个管状流，流口微上翘。口径 9.8、最大腹径 15.6、底径 5.8、高 9.4、流口径 3.4、厚 0.2～0.3 厘米（图 2-58，38；

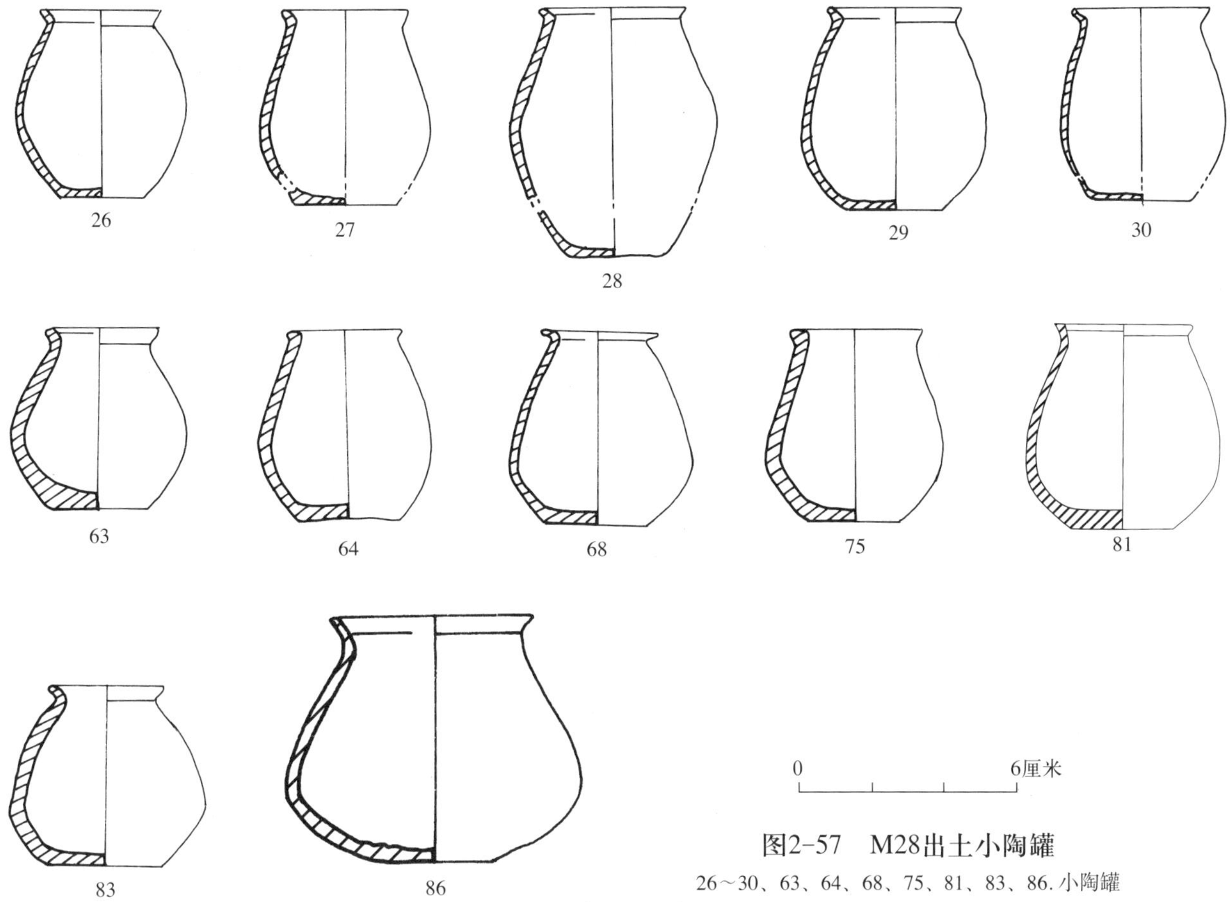

图2-57　M28出土小陶罐

26～30、63、64、68、75、81、83、86. 小陶罐

彩版五五，7）。

M28：39，陶壶。泥质黑衣褐陶。侈口，圆唇，直颈微内收，圆鼓腹，平底。口径 8.2、底径 3.7、高 11 厘米（图 2-55，39；彩版五五，8）。

M28：40，陶圈足杯。泥质黑衣红褐陶。侈口，尖唇，斜直腹，喇叭形圈足。口径 7.6、圈足径 5.6、高 8 厘米（图 2-52，40；彩版五六，1）。

M28：41，陶盉。泥质灰陶。侈口，尖圆唇，束颈，圆鼓腹，平底，肩部有一个管状流，流口上翘。口径 8、底径 5.4、高 10、流口径 2.7、厚 0.1～0.3 厘米（图 2-58，41）。

M28：42，陶喇叭形罐。夹砂灰褐陶。大敞口，尖唇，短平沿，沿面有三周凹槽，上腹斜直，下腹内收，平底，外表施横向粗篮纹。口径 19.6、底径 6.4、高 20.6 厘米（图 2-54，42；彩版五六，2）。

M28：43，玉月牙形饰。经检测为滑石材质。灰色，残半，月牙形，较小，正面和背面均有纵向的打磨条纹，内侧有横向打磨条纹。应为嵌饰用。长 0.95、宽 0.25、厚 0.15 厘米（图 2-53，43；彩版五六，3 上左）。

M28：44，玉月牙形饰。经检测为滑石材质。灰色，月牙形，较小，正面和背面均有纵向的打磨条纹，内侧有横向打磨条纹。应为嵌饰。长 1.6、宽 0.3、厚 0.15 厘米（图 2-53，44；彩版五六，3 上右）。

M28：45，玉月牙形饰。经检测为滑石材质。灰色，月牙形，较小，正面和背面均有纵向的

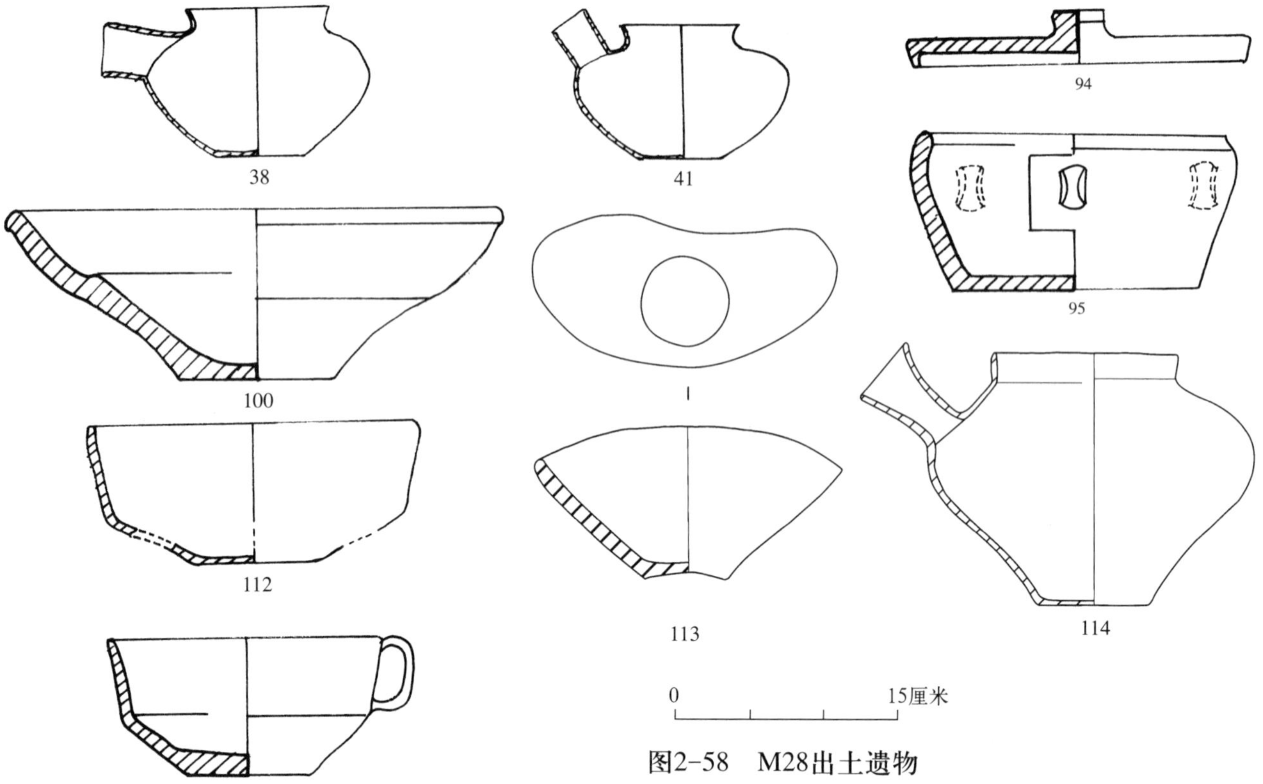

图2-58　M28出土遗物

38、41、114.陶盉　94.陶器盖　95、100、112.陶盆　113.陶钵　115.陶单耳盆

打磨条纹，内侧有横向打磨条纹。应为嵌饰。长1.6、宽0.25、厚0.2厘米（图2-53，45；彩版五六，3中左）。

M28：46，玉月牙形饰。经检测为滑石材质。灰色，月牙形，较小，正面和背面均有纵向的打磨条纹，内侧有横向打磨条纹。应为嵌饰。长1.5、宽0.3、厚0.2厘米（图2-53，46；彩版五六，3中右）。

M28：47，玉月牙形饰。经检测为滑石材质。灰色，月牙形，较小，正面和背面均有纵向的打磨条纹，内侧有横向打磨条纹。应为嵌饰。长1.7、宽0.35、厚0.2厘米（图2-53，47；彩版五六，3下）。

M28：48，玉圆形饰。经检测为滑石材质。褐色，圆形，较小，正面弧凸，打磨光滑。背面平直，有磨痕。应为嵌饰。长0.7、宽0.6、厚0.1～0.15厘米（图2-53，48；彩版五六，4上）。

M28：49，玉圆形饰。经检测为滑石材质。褐色，圆形，较小，正面弧凸，打磨光滑。背面平直，有磨痕。应为嵌饰。长0.7、宽0.6、厚0.1～0.2厘米（图2-53，49；彩版五六，4下左）。

M28：50，玉圆形饰。经检测为滑石材质。褐色，圆形，较小，正面弧凸，打磨光滑。背面平直，有磨痕。应为嵌饰。直径0.7、厚0.1～0.175厘米（图2-53，50；彩版五六，4下右）。

M28：51，陶器盖。夹植物红陶。覆碗形，矮捉手，盖面圆弧，短平沿，尖圆唇。与陶鼎M28：52相配。顶径4、口径14、高6厘米（图2-49，51；彩版五六，5）。

M28：52，陶鼎。夹植物红陶。火候较低，未能复原。圆腹，罐形，凿形足，足根有2个按窝。与陶器盖M28：51相配。鼎足高8.1、宽0.8～1.3厘米。

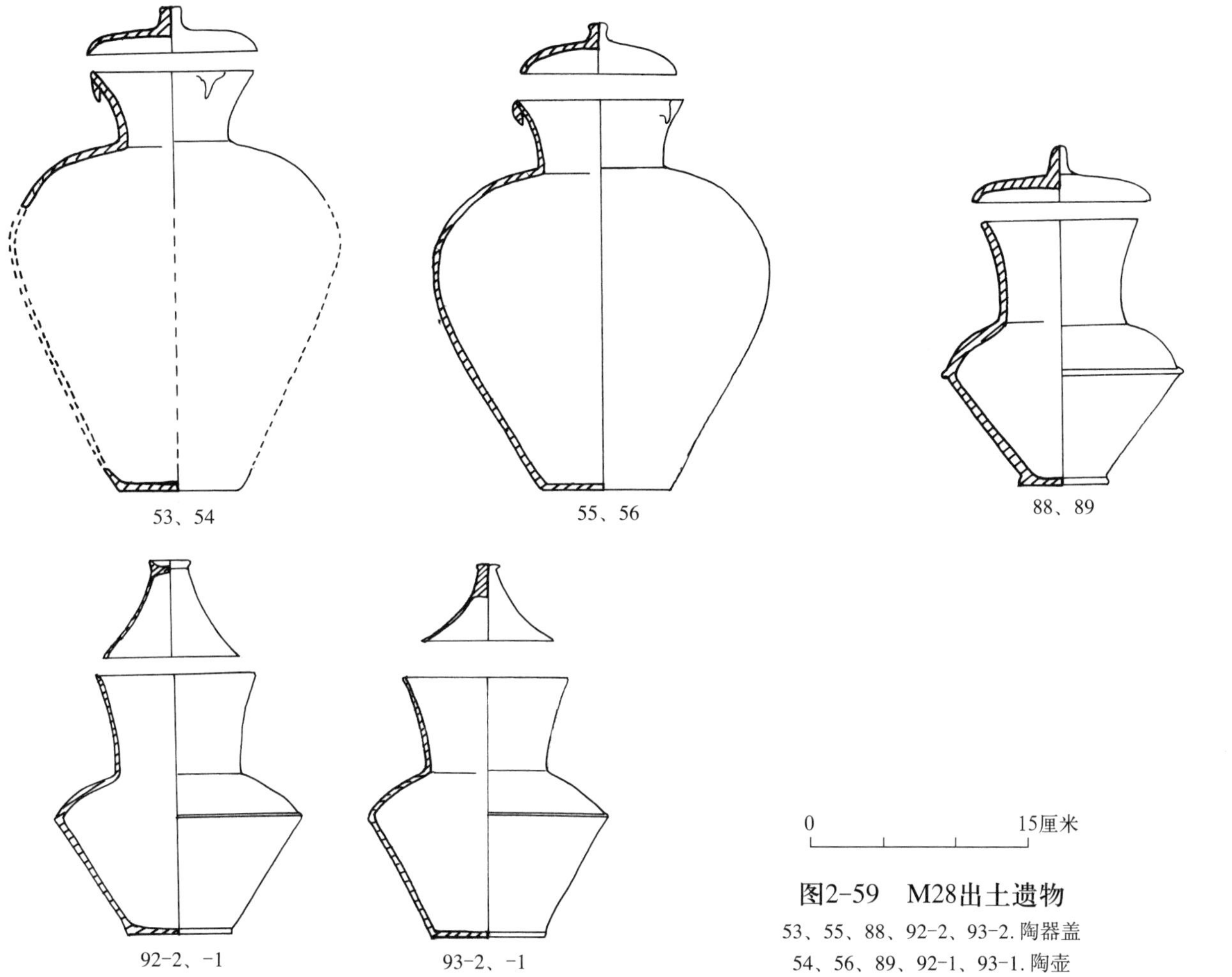

图2-59　M28出土遗物
53、55、88、92-2、93-2. 陶器盖
54、56、89、92-1、93-1. 陶壶

M28：53，陶器盖。泥质灰陶。覆盘形，短柱状捉手，盖面近平，尖唇。与陶壶 M28：54 相配。捉手径 1.5、盖口径 12.6、高 3.4 厘米（图 2-59，53）。

M28：54，陶壶。未能复原。泥质灰陶。敞口，尖圆唇，口沿下有 3 个鸟喙状泥突，短颈内收，圆肩，深腹，平底。与陶器盖 M28：53 相配。口径 12、底径 9、复原高 28 厘米（图 2-59，54）。

M28：55，陶器盖。泥质灰陶。覆盘形，短柱状捉手，盖面近平，圆唇。与陶壶 M28：56 相配。捉手径 1.25、口径 10.5、高 3.5 厘米（图 2-59，55；彩版五六，6）。

M28：56，陶壶。泥质灰陶。敞口，尖唇，口沿下有 3 个鸟喙状泥突，直颈微内收，圆肩，深腹，平底。口径 11.5、底径 9、高 26 厘米（图 2-59，56；彩版五六，7）。

M28：57，陶鼎。火候较低，不能修复。夹植物褐陶。侈口，方唇，折沿，鼓腹，凿形足，底残。口径 28、复原高约 25 厘米（图 2-56，57）。

M28：58，陶壶。泥质灰陶。敞口，圆唇，直颈内收，圆肩，肩部有 2 个半环形耳，深腹，平底。口径 11、底径 10、复原高约 32 厘米（图 2-55，58）。

M28：59，陶器盖。泥质黑陶。盖面斜弧，圆唇。口径 7.4、残高 1.6 厘米（图 2-49，59）。

M28：60，陶盂形杯。泥质灰黑陶。侈口，圆唇，束颈，圆肩，下腹急折内收近平，矮喇叭形圈足，圈足上有3个圆形镂孔。口径7、最大腹径14、圈足径8、高8.4厘米（图2-51，60；彩版五六，8）。

M28：61，陶器盖。泥质黑衣褐陶。覆碗形，矮捉手，盖面斜弧，圆唇，捉手中部有一圆孔。捉手径2.4、口径7.9、高2.8厘米（图2-49，61）。

M28：62，陶盂形杯。泥质灰陶，残存少量黑衣。侈口，圆唇，束颈，圆肩，下腹急内收近平，腹内壁有三周凹弦纹，矮圈足，圈足上有3个圆形镂孔。口径8.7、最大腹径14、圈足径8.4、高8厘米（图2-51，62；彩版五七，1）。

M28：63，小陶罐。泥质黑陶。侈口，圆唇，短沿，圆鼓腹，平底。口径3.3、最大腹径4.9、底径2.7、高4.8厘米（图2-57，63；彩版五七，2）。

M28：64，小陶罐。泥质黑陶。侈口，圆唇，短沿，弧腹，下腹微鼓，平底。口径3.1、最大腹径4.9、底径2.8、高5厘米（图2-57，64；彩版五七，3）。

M28：65，陶杯。出土时较为残碎，不能复原。泥质黑衣灰陶。折腹。最大腹径7、残高2.7厘米。

M28：66，陶器盖。与陶尊M28：67相配。泥质黑衣褐陶。覆盘形，矮捉手，盖面斜弧，圆唇，捉手残。口径15、残高4厘米（图2-51，66）。

M28：67，陶尊。与陶器盖M28：66相配。泥质黑衣褐陶。直筒形，短平沿，沿面有凹槽，口沿外有泥突，直腹，底近平，假圈足。口径15、底径13.2、高12厘米（图2-51，67）。

M28：68，小陶罐。泥质黑陶。侈口，尖唇，短平沿，弧腹，下腹微鼓，平底。口径3.2、最大腹径5.2、底径3.2、高5.1厘米（图2-57，68；彩版五七，4）。

M28：69，陶器盖。与陶尊M28：70相配。泥质灰陶。覆盘形，圆形捉手，盖面斜弧，圆唇。捉手径2、口径10.7、高2.7厘米（图2-49，69；彩版五七，5上）。

M28：70，陶尊。与陶器盖M28：69相配。泥质灰陶。直筒形，短平沿，沿面有凹槽，斜直腹，大平底，口沿下有3个对称的泥突。口径11、底径9.2、高6.6厘米（图2-51，70；彩版五七，5下）。

M28：71，陶器盖。泥质黑陶。覆塔形，矮捉手，盖面斜直，短平沿，圆唇。捉手径2.4、口径10.5、高5.2厘米（图2-49，71；彩版五七，6）。

M28：72，陶尊。泥质灰陶。直筒形，侈口，短平沿，沿面有凹槽，直腹微内收，平底，口沿下有3个对称的泥突。口径11.4、底径8.9、高7.2厘米（图2-51，72；彩版五七，7）。

M28：73，陶器盖。细泥黄陶，器表残存少量黑衣。覆塔形，矮捉手，盖面斜直，斜方唇，盖面有一圆孔。捉手径2.2、口径5.6、高3.2厘米（图2-49，73；彩版五七，8）。

M28：74，陶罐。泥质灰陶。侈口，短平沿，沿面有凹槽，圆鼓腹，矮假圈足，口沿外有3个鸟喙状泥突。口径5.8、最大腹径7.9、底径4.5、高5.8厘米（图2-54，74；彩版五八，1）。

M28：75，小陶罐。泥质黑陶。侈口，尖圆唇，短沿，弧腹，下腹微鼓，平底。口径3.65、最大腹径4.9、底径3.1、高5厘米（图2-57，75）。

M28：76，陶器盖。泥质黑陶。覆塔形，矮喇叭形捉手，盖面斜直，短平沿，沿面有凹槽。捉手径3.6、口径7.7、高4.6厘米（图2-49，76）。

M28：77，陶圈足杯。泥质黑衣褐陶。侈口，折沿，圆腹，下腹部有一周凸棱，喇叭形圈足，圈足上有三角形镂孔。口径 7.5、圈足径 5.2、高 7 厘米（图 2–52，77；彩版五八，2）。

M28：78，陶罐。火候较低，不能复原。泥质黑陶。侈口，折沿，圆唇，弧腹。口径 10、残高 2.9 厘米。

M28：79，陶筒形杯。未能复原。细泥黑陶。薄胎，直口微敞，尖唇，底近平，假圈足较高。口径 7.5、底径 5.5、残高 9 厘米（图 2–52，79）。

M28：80，陶圈足杯。泥质红褐陶。侈口，圆唇，折沿，弧腹，喇叭形圈足，圈足上有三角条形镂孔。口径 7.5、最大腹径 6.4、圈足底径 5.5、高 7.8 厘米（图 2–52，80；彩版五八，3）。

M28：81，小陶罐。泥质黑陶。侈口，圆唇，短沿，弧腹，下腹微鼓，平底。口径 3.7、最大腹径 5.2、底径 2.75、高 5.3 厘米（图 2–57，81；彩版五八，4）。

M28：82，陶盂形杯。泥质灰陶。侈口，圆唇，束颈，圆肩，下腹急内收近平，矮喇叭形圈足，圈足上有 3 个圆形镂孔。口径 8.4、最大腹径 13.2、圈足径 7.6、高 7.4 厘米（图 2–51，82；彩版五八，5）。

M28：83，小陶罐。泥质黑陶。侈口，短沿，弧腹，下腹微鼓，平底。口径 3.15、最大腹径 5.3、底径 3.23、高 4.7 厘米（图 2–57，83；彩版五八，6）。

M28：84，陶器盖。泥质红陶。覆碗形，矮喇叭形捉手，盖面斜直，短平沿，尖唇。捉手径 2.1、口径 6.1、高 3 厘米（图 2–49，84；彩版五八，7）。

M28：85，陶罐。细泥灰胎黄陶，器表施黑彩。侈口，圆唇，短平沿，沿部内凹，鼓腹，最大径在下腹部，圈足残，圈足上有三角形镂孔。口径 6.6、最大腹径 8.1、圈足径 3.6、残高 6.3 厘米（图 2–54，85；彩版五八，8）。

M28：86，小陶罐。泥质灰陶。侈口，圆唇，垂腹，小平底。口径 6、底径 3、高 7 厘米（图 2–57，86；彩版五九，1）。

M28：87，陶圈足杯。泥质灰褐陶。侈口，圆唇，折沿，弧腹，矮圈足。口径 8.7～9.25、最大腹径 9.05、圈足径 5.9、高 9.8～10 厘米（图 2–52，87；彩版五九，2）。

M28：88，陶器盖。泥质灰陶。覆盘形，短纽状捉手，盖面近平，圆唇。捉手径 1.4、口径 12.9、高 4 厘米（图 2–59，88）。

M28：89，陶壶。泥质黑陶。敞口，圆唇，粗长颈，折肩，下腹斜直内收，饼底，肩腹交接处有一周凸棱。口径 10.6、最大腹径 16.5、底径 6、高 17.5 厘米（图 2–59，89；彩版五九，3）。

M28：90，陶器盖。与陶罐 M28：91 相配。泥质灰陶。覆盘形，矮喇叭形捉手，盖面圆弧，圆唇。捉手径 5.9、口径 18.6、高 4.4 厘米（图 2–49，90；彩版五九，4 上）。

M28：91，陶罐。与陶器盖 M28：90 相配。泥质灰陶。侈口，圆唇，折沿，深弧腹，平底。口径 17.1、最大腹径 18.3、底径 8.5、高 20.3 厘米（图 2–54，91；彩版五九，4 下）。

M28：92–1，陶壶。与陶器盖 M28：92–2 相配。泥质黑陶。敞口，尖唇，粗颈，折肩，下腹斜直内收，饼底，肩腹交接处有一周凸棱。口径 11、底径 7、高 17.5 厘米（图 2–59，92–1）。

M28：92–2，陶器盖。与陶壶 M28：92–1 相配。泥质黑陶。覆塔状，矮捉手，盖面斜直内弧，圆唇。顶径 3、口径 9、高 6.6 厘米（图 2–59，92–2）。

M28：93-1，陶壶。与陶器盖M28：93-2相配。泥质黑陶。敞口，尖唇，粗颈，折肩，下腹斜直微内收，饼底，肩腹交接处有一周凸棱。口径11、底径7.9、高17.5厘米（图2-59，93-1）。

M28：93-2，陶器盖。与陶壶M28：93-1相配。泥质黑陶。覆喇叭形，圆形捉手，盖面斜弧略内收，宽沿，尖圆唇。捉手径1.5、口径9、高5厘米（图2-59，93-2）。

M28：94，陶器盖。与陶盆M28：95相配。泥质红陶。覆盘形，短柱状捉手，盖面平直，直口。捉手径3.4、口径22、高3.5厘米（图2-58，94；彩版五九，5上）。

M28：95，陶盆。与陶器盖M28：94相配。泥质红陶。敛口，圆唇，斜直腹，大平底，上腹部有3个环形耳。口径21、最大腹径22.6、底径16.8、高10.2～10.6厘米（图2-58，95；彩版五九，5下）。

M28：96，陶器盖。细泥白陶，泛黄色。覆碟形，矮喇叭形捉手，盖面圆弧，口残。捉手径2.2、残口径8、残高2.8厘米（图2-49，96；彩版五九，6）。

M28：97，陶圈足杯。泥质黑衣褐陶。侈口，圆唇，折沿，沿面有凹槽，弧腹，短圈足。口径8.5、圈足径6.5、复原高约10厘米（图2-52，97）。

M28：98，陶杯。火候较低，出土时较为残碎，不能复原。泥质黑衣褐陶。

M28：99，陶壶。泥质灰陶。敞口，圆唇，长颈微内收，圆肩，圆鼓腹，平底，肩部有两周凸棱，底部有一个X形刻划纹。口径9.5、最大腹径17.5、底径9.3、高20厘米（图2-55，99；彩版六〇，1）。

M28：100，陶盆。泥质褐陶，残存少量黑衣。敞口，圆唇，卷沿，弧腹，下腹折内曲，小平底。口径31.9、最大腹径34.3、底径10.8、高11.4厘米（图2-58，100；彩版六〇，2）。

M28：101，陶器盖。泥质红陶。长柱形捉手，盖面呈圆弧形。捉手径2.9、口径15、高8.6厘米（图2-49，101；彩版六〇，3）。

M28：102，陶鼎。火候较低，未能复原。夹植物红褐陶。罐形，侈口，圆唇，折沿，凿形足，足根有3个按窝，肩部有竖向细绳纹。口径28、复原高约22厘米（图2-56，102）。

M28：103，陶器盖。泥质灰陶。覆碟形，短柱状纽，盖面斜弧，圆唇，内壁有几周凹弦纹。捉手径1.1、口径8.8、高2.5厘米（图2-49，103）。

M28：104，陶圈足杯。出土时较为残碎，未能复原。泥质黑陶。圆弧腹，矮喇叭形圈足，圈足内壁有三周弦纹。圈足径6、残高4厘米（图2-52，104）。

M28：105，陶器盖。泥质黑陶。覆碟形，矮捉手，盖面斜弧，圆唇，捉手中部与盖中通。捉手径2.55、盖口径9.4、高3.5厘米（图2-49，105）。

M28：106，陶罐形鼎。泥质黑衣褐陶。侈口，圆唇，宽折沿，圆鼓腹，腹部有一周凸棱，圜底，3个凿形足。口径10.5、高12厘米（图2-56，106；彩版六〇，4）。

M28：107，陶杯形尊。泥质灰陶。侈口，圆唇，折沿，圆弧腹，矮喇叭形圈足。口径9.6～9.9、最大腹径10.8、圈足径5.9～6.2、高10.4厘米（图2-52，107；彩版六〇，5）。

M28：108，陶器盖。夹植物红褐陶，颜色斑驳。覆碗形，圆形捉手，盖面斜弧，圆唇。顶径6.2、口径21.2、高6厘米（图2-49，108）。

M28：109，陶壶形鼎。夹细砂红陶，残存少量红衣。侈口，圆唇，沿微卷，沿部内凹，粗长颈，圆肩，圆腹，圜底，凿形足，腹部有一周凸棱，下腹部施竖向细绳纹。口径14.6、最大腹径25、高30.8～31.2厘米（图2-56，109；彩版六一，1）。

M28：110，陶杯。出土时较为残碎，未能复原。泥质黑陶。侈口，圆唇，短沿，沿面有凹槽。口径9厘米。

M28：111，陶杯形尊。泥质灰陶。侈口，圆唇，短折沿，圆鼓腹，矮喇叭形圈足。口径9.2、最大腹径10.5、圈足径6.4、高10.4厘米（图2-52，111；彩版六一，2）。

M28：112，陶盆。火候较低，未能复原。泥质黑衣红褐陶。直口微敛，圆唇，上腹较直，下腹折内收，小平底。口径22、底径8、复原高约10厘米（图2-58，112）。

M28：113，陶钵。因烧制时变形，上部内曲扁形。泥质灰陶。微敛口，圆唇，斜弧腹，平底。口径21～8.1、底径6、高10.2厘米（图2-58，113；彩版六〇，6）。

M28：114，陶盉。泥质灰陶。直口微侈，尖圆唇，圆鼓腹，下腹内收，小平底，肩部有一上翘管状流，流口高大。口径12.8、底径7.4、高17、流口径5厘米（图2-58，114；彩版六一，3）。

M28：115，陶单耳盆。泥质红褐陶，残存少量黑衣。直口微敞，尖圆唇，下腹折内收，平底，一侧存一宽扁环形耳。口径18.6、最大腹径17.2、底径8.1、高9.1厘米（图2-58，115；彩版六一，4）。

M28：116，陶壶形鼎。夹植物红褐陶，残存少量红衣。侈口，尖圆唇，沿面微凹，短直颈，圆肩，圆腹，圜底，下腹部有一周凸棱，凿形足，足根有2个按窝，足根侧面有条形刻槽，足尖残。口径11.4、残高20.4厘米（图2-56，116；彩版六一，5）。

M28：117，陶鬶。出土时仅存鬶流，泥质褐陶。高7.4、口径6.5厘米（图2-54，117；彩版六一，6）。

10. M29

位于TE15S2北隔梁中部，向北延伸到TE15S1，开口于④层下，打破M31、M33。2016年12月9日在清理完TE15S2北隔梁④层后刮面发现，12月11日清理完毕。

墓葬形制为土坑竖穴，方向为105°（图2-60）。墓室平面呈长方形，直壁，平底。墓口长2.45、宽1.16米。墓口距地表深0.45米，墓底距墓口深0.38米。单人仰身屈肢，面向南，人骨保存较差，为20～25岁女性。

在人骨颈部有一件玉三联璧（彩版六二，1，2），在人骨南侧及脚下有陶器随葬品26件（彩版六二，3）。

M29：1，玉三联璧。白色，长方扁平形，上有3个两面对钻的圆孔，两侧各有2个缺口、3道刻划。长5.4、宽2.1～2.45、孔径由上而下分别为0.44～0.65、0.59～0.88、0.59～0.85、厚0.1～0.25厘米（图2-61，1；彩版六三，1）。

M29：2，陶豆。泥质黑陶。圆唇，卷沿，浅盘，喇叭形圈足，圈足上有圆形镂孔。口径21.8、圈足径13.2、高17.6厘米（图2-61，2）。

M29：3，陶杯。出土时较为残碎，未能复原。泥质黑陶。薄胎，矮圈足，上有三角形镂孔。

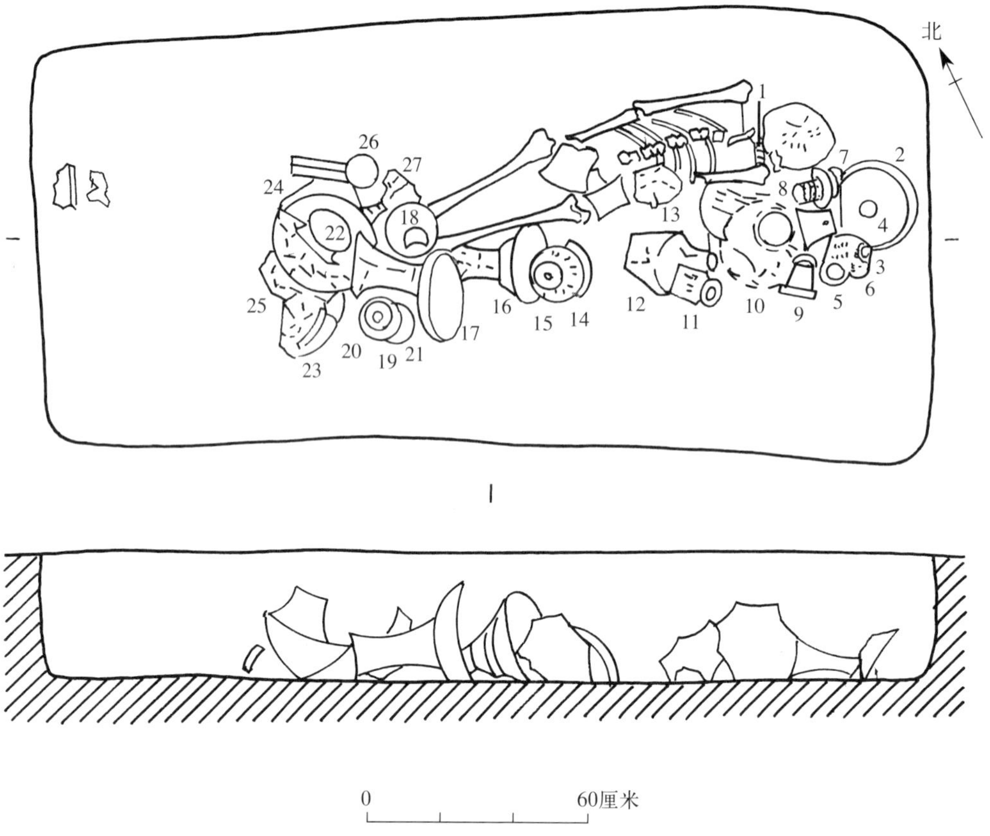

图2-60　M29平、剖面图

1.玉三联璧　2、16、17.陶豆　3、4、13.陶杯　5.陶豆形壶　6、14、25.陶罐　7、18、20、26.陶器盖　8.陶盂形杯　9、11.陶杯形尊　10、12、21.陶壶　15.陶纺轮　19、22、27.陶鼎　23.陶鬶　24.陶盆

圈足径5.4、残高2、厚0.1厘米（图2-61，3）。

M29∶4，陶杯。火候较低，出土时较为残碎，不能修复。泥质黑衣褐陶。

M29∶5，陶豆形壶。泥质灰陶。侈口，圆唇，短颈，扁鼓腹，喇叭形圈足，圈足上有2排圆形镂孔。口径3.8、最大腹径7.6、底径7.2、高10.7厘米（图2-61，5；彩版六三，2）。

M29∶6，陶罐。火候较低，出土时较为残碎，不能修复。泥质黑衣红褐陶。

M29∶7，陶器盖。与盂形杯M29∶8相配。泥质黑衣褐陶。短捉手，盖面斜弧，短沿，子口，圆唇，捉手中部有一圆孔与盖中通。捉手径2.6、口径5.2、孔径0.9、高2.9厘米（图2-61，7；彩版六三，3上）。

M29∶8，陶盂形杯。与陶器盖M29∶7相配。泥质黑衣褐陶。侈口，尖唇，短斜沿，圆肩，下腹急内收近平，高筒形圈足，圈足上有3排圆形和三角形镂孔，每排有5个圆形镂孔。口径6.2、最大腹径10.8、圈足径7.7、高11.5厘米（图2-61，8；彩版六三，3下）。

M29∶9，陶杯形尊。出土时较为残碎，未能复原。泥质灰陶。薄胎。侈口，圆唇，折沿，圆腹，矮喇叭形圈足。口径5、圈足径5.8、复原高约9厘米（图2-61，9）。

M29∶10，陶壶。泥质红陶。侈口，圆唇，短颈，圆肩，深弧腹，平底。口径12、最大腹径25.7、底径10.8、高28.4～28.9厘米（图2-62，10；彩版六三，4）。

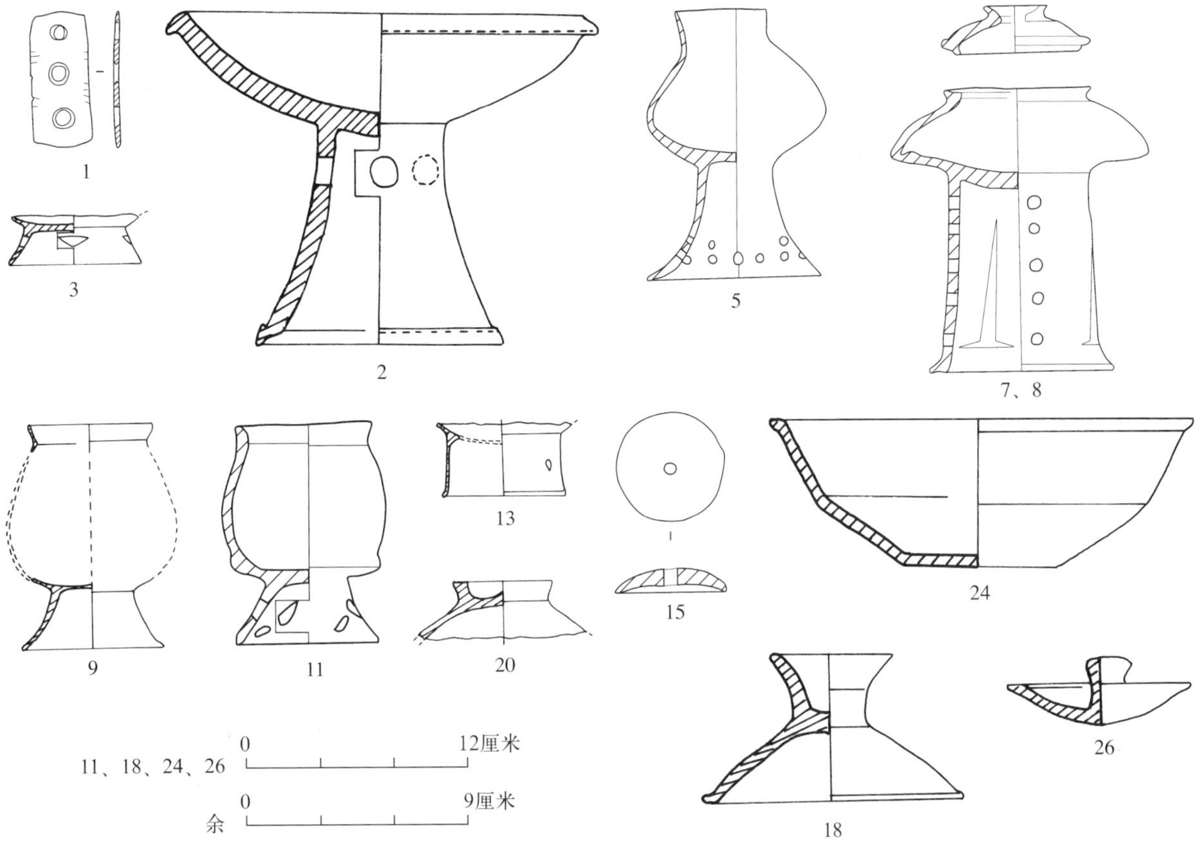

图2-61　M29出土遗物

1.玉三联璧　2.陶豆　3、13.陶杯　5.陶豆形壶　7、18、20、26.陶器盖　8.陶盂形杯　9、11.陶杯形尊　15.陶纺轮　24.陶盆

M29∶11，陶杯形尊。泥质黑衣灰褐陶。侈口，圆唇，折沿，弧腹，矮喇叭形圈足，下腹有一周凸棱，圈足上有花瓣形镂孔。口径7.6、最大腹径8.8、圈足径8、高11.5～11.6厘米（图2-61，11；彩版六三，5）。

M29∶12，陶壶。泥质黑衣灰陶。侈口，圆唇，长颈，圆肩，圆鼓腹，平底。口径11.4、最大腹径18.4、底径7.5、高20.2厘米（图2-62，12；彩版六三，6）。

M29∶13，陶杯。出土时较为残碎，不能复原。泥质黑陶。薄胎。矮圈足，上有一圆形镂孔。圈足径5、残高2.9厘米（图2-61，13）。

M29∶14，陶罐。泥质红陶。侈口，圆唇，束颈，圆弧腹，平底，颈部有3周凹弦纹。口径14.8、最大腹径18.3、底径7.4、高14.8厘米（图2-62，14；彩版六四，1）。

M29∶15，陶纺轮。泥质红陶。圆饼状，剖面呈弧形，一面向外凸，一面向内凹。直径4.5、孔径0.35、厚0.3～1.0厘米（图2-61，15）。

M29∶16，陶豆。火候较低，出土时较为残碎，不能复原。泥质黑衣褐陶。圆唇，浅盘，高喇叭形圈足。

M29∶17，陶豆。泥质灰陶。大敞口，尖唇，折腹，高喇叭形圈足，圈足上部有3个圆形镂孔，下部有3个圆形镂孔。口径25.7、圈足径15.1、高25.8厘米（图2-63，17；彩版六四，2）。

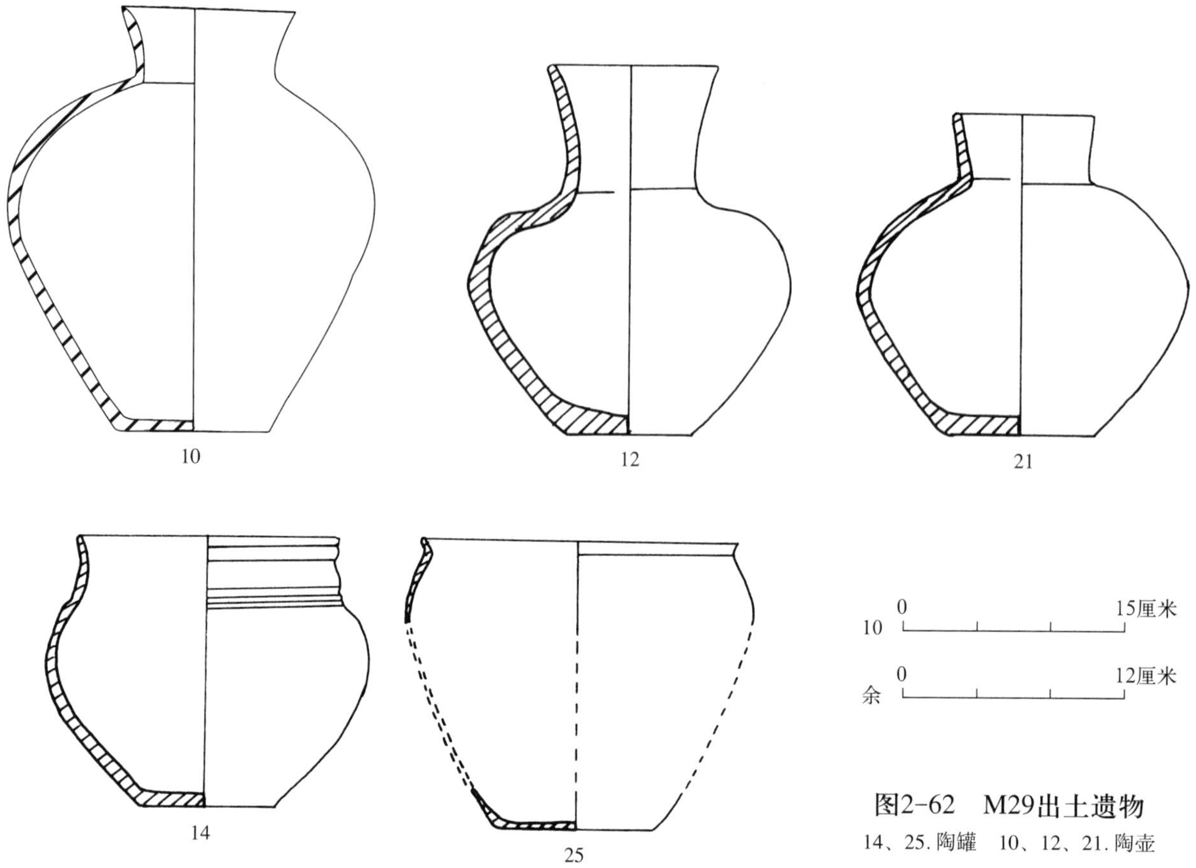

图2-62　M29出土遗物

14、25.陶罐　10、12、21.陶壶

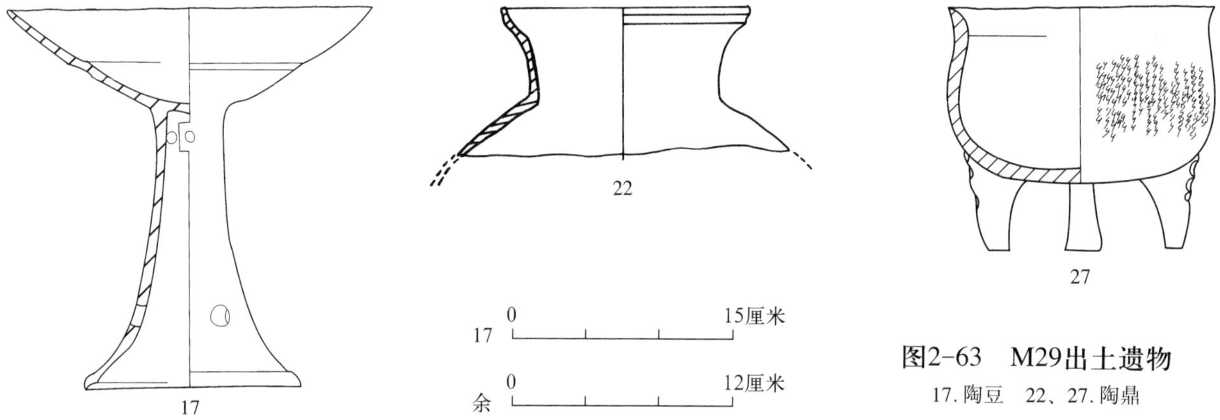

图2-63　M29出土遗物

17.陶豆　22、27.陶鼎

M29：18，陶器盖。泥质灰陶。覆碟形，高喇叭形捉手，盖面斜直，短折沿，圆唇。捉手径6.9、口径13.3、高7.8厘米（图2-61，18；彩版六四，3）。

M29：19，陶鼎。火候较低，出土时较为残碎，不能修复。泥质黑衣红褐陶。罐形，侈口，圆唇，凿形足。

M29：20，陶器盖。泥质红陶。残存上部。矮捉手，斜弧腹。捉手径4、残高2.3厘米（图2-61，20）。

M29：21，陶壶。泥质黄陶，残存少量红衣。直口微敞，圆唇，短颈，圆鼓腹，平底。口径7.6、最大腹径18、底径8.1、高17.7厘米（图2-62，21；彩版六四，4）。

M29：22，陶鼎。火候较低，未能复原。夹植物褐陶，残存少量红衣，内壁为黑色。壶形，直口微侈，圆唇，短颈，圆肩，凿形足。口径14、残高7.8厘米（图2-63，22）。

M29：23，陶鬶。火候较低，出土时较为残碎，未能复原。泥质黑衣红褐陶。鸭形，扁腹，短流，环形把手，凿形足。

M29：24，陶盆。泥质黑皮灰陶。敞口，圆唇，短平沿，上腹斜直，下腹折内曲，平底。口径23.2、底径8.6、高7.8厘米（图2-61，24；彩版六四，5）。

M29：25，陶罐。泥质灰陶。未能复原。侈口，尖圆唇，短折沿，弧肩，大平底。口径17.2、底径8.4、残高16厘米（图2-62，25）。

M29：26，陶器盖。夹植物红褐陶。盘形，扁柱状捉手，盖面内凹，短平沿，圆唇。直径10、高3.6厘米（图2-61，26）。

M29：27，陶鼎。夹植物红褐陶。侈口，圆唇，弧腹，圜底，凿形足，足根有按窝，腹部有浅绳纹。口径14.6、高13.1厘米（图2-63，27；彩版六四，6）。

11. M30

位于TE15S1东南部，开口于④层下，被M8、M18打破。2016年12月15日在TE15S1南部⑤层刮面时发现，通过M8、M18墓坑底部和坑壁确定M30墓坑范围。

墓葬形制为土坑竖穴，方向为113°（图2-64；彩版六五，1、2）。墓室平面呈长方形，直壁，平底。墓口长1.97、宽0.54～0.58米。墓口距地表深0.45米，墓底距墓口深0.64米。单人仰身

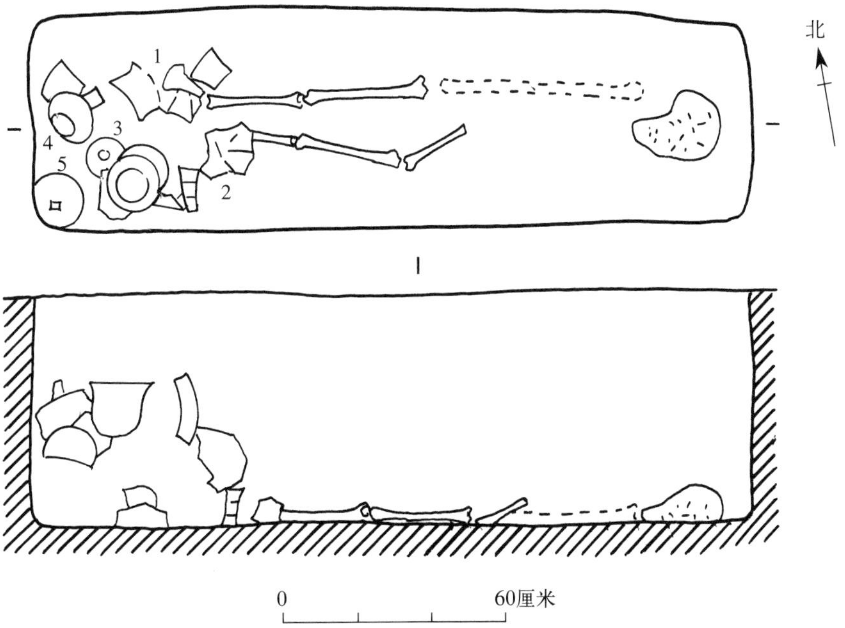

图2-64　M30平、剖面图
1、2. 陶鼎　3. 陶罐　4. 陶豆　5. 陶器盖

直肢，面向上，人骨保存较差，性别年龄不可鉴定。

随葬品位于人骨脚部，分两层，共有 5 件陶器。

M30：1，陶鼎。夹细砂红褐陶，残存少量红衣。微敛口，圆唇，短平沿，圆腹，圜底，凿形足，足根有一突纽，肩部有一对短横耳。口径 16.3、高 18.6 厘米（图 2-65，1；彩版六五，3）。

M30：2，陶鼎。与陶器盖 M30：5 相配。夹细砂红陶。微敛口，尖圆唇，短平沿，弧腹，下腹微鼓，圜底，凿形足，足根有一突纽。口径 16、最大腹径 17.4、高 17 厘米（图 2-65，2；彩版六五，4 下）。

M30：3，陶罐。泥质灰陶。敛口，圆唇，鼓腹，平底略内凹。口径 9.2、最大腹径 13.2、底径 5.2、高 10 厘米（图 2-65，3；彩版六五，5）。

M30：4，陶豆。火候较低，未能复原。泥质黑衣褐陶。直口微敛，深腹碗形，喇叭形圈足，圈足上有三角形和圆形镂孔。口径约 7.6、圈足顶径 3.6、残高 10.4 厘米（图 2-65，4）。

M30：5，陶器盖。与陶鼎 M30：2 相配。泥质红陶。覆碟形，高环状捉手，盖面斜弧，圆唇。口径 15.4、高 8.5 厘米（图 2-65，5；彩版六五，4 上）。

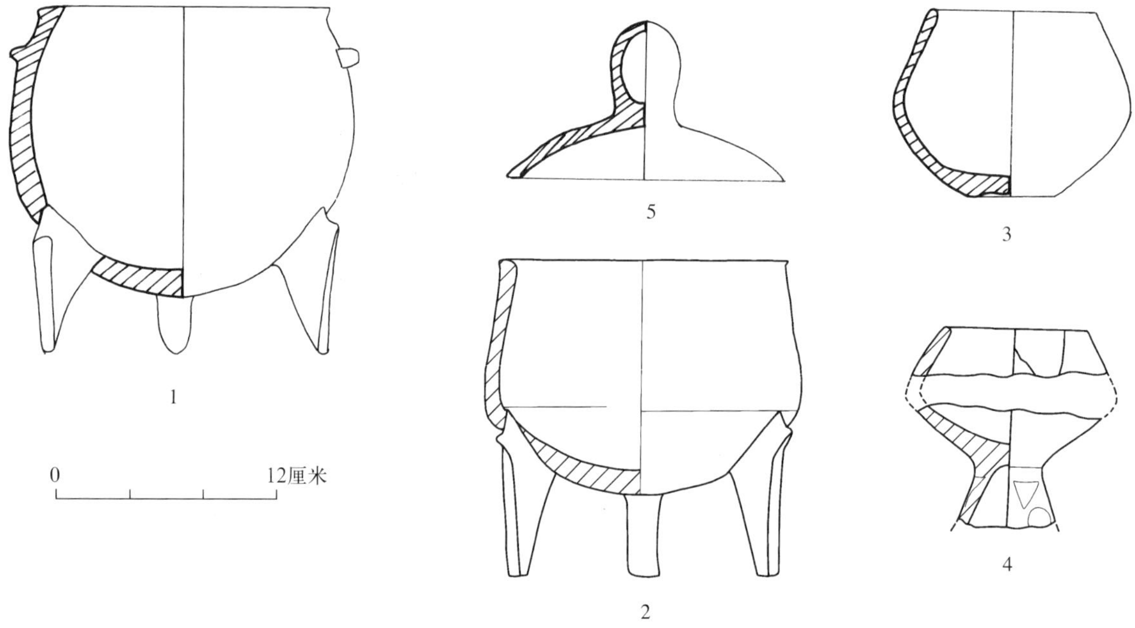

图2-65　M30出土遗物

1、2. 陶鼎　3. 陶罐　4. 陶豆　5. 陶器盖

12. M31

位于 TE15S2 北隔梁中部，向北延伸到 TE15S1。2016 年 12 月 15 日在清理完 M29 底部刮面时确定，当日清理完毕。开口于④层下，被 M29 打破。

墓葬形制为土坑竖穴，方向为 110°（图 2-66；彩版六六，1）。墓室平面呈长方形，直壁，平底。墓口长 2.10、宽 0.65 米。墓口距地表深 0.45 米，墓坑较浅，墓底距墓口深 0.28 米。单人侧身屈肢，面向南，人骨保存较差，性别年龄不可鉴定。

无随葬品。

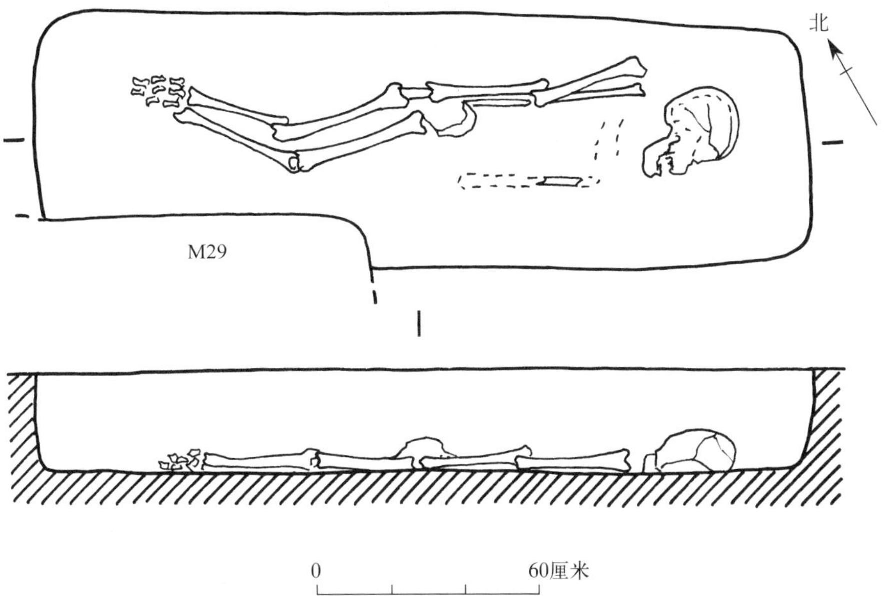

图2-66　M31平、剖面图

13. M32

位于 TE15S2 中部偏北。开口于④层下，被 H65、M28 打破，打破 H73。2016 年 12 月 18 日在清理完 M28 后刮面时出露，很明显的灰黑土墓坑范围。当日清理完毕。

墓葬形制为土坑竖穴，方向为 108º（图 2-67；彩版六六，2、3）。墓室平面呈长方形，直壁，浅坑，平底。墓口长 2.00、宽 0.76 米。墓口距地表深 1.15 米，墓底距墓口深 0.10～0.15 米。双人葬，均为仰身，下肢微曲，面向南，南侧人骨右上肢压于左侧人骨之上，人骨保存较差，性别

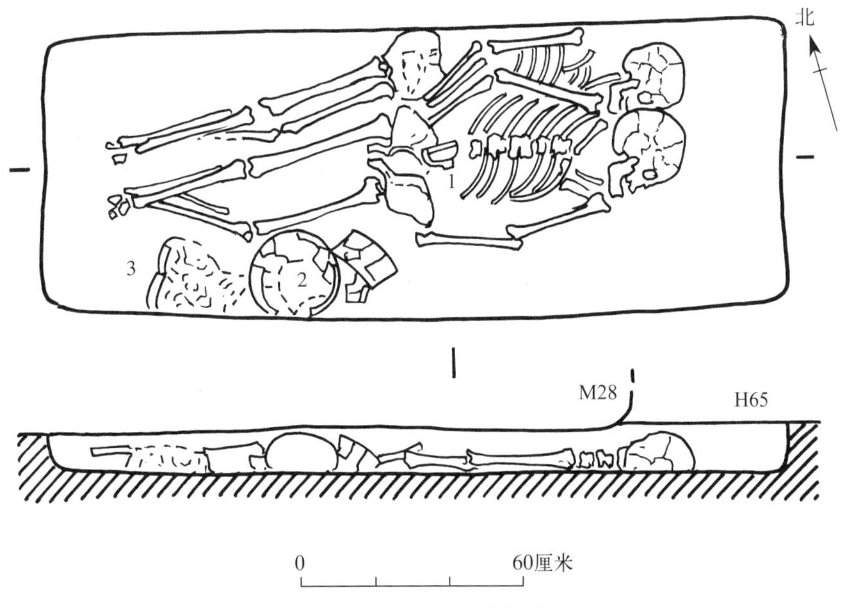

图2-67　M32平、剖面图

1. 骨器　2、3. 陶豆

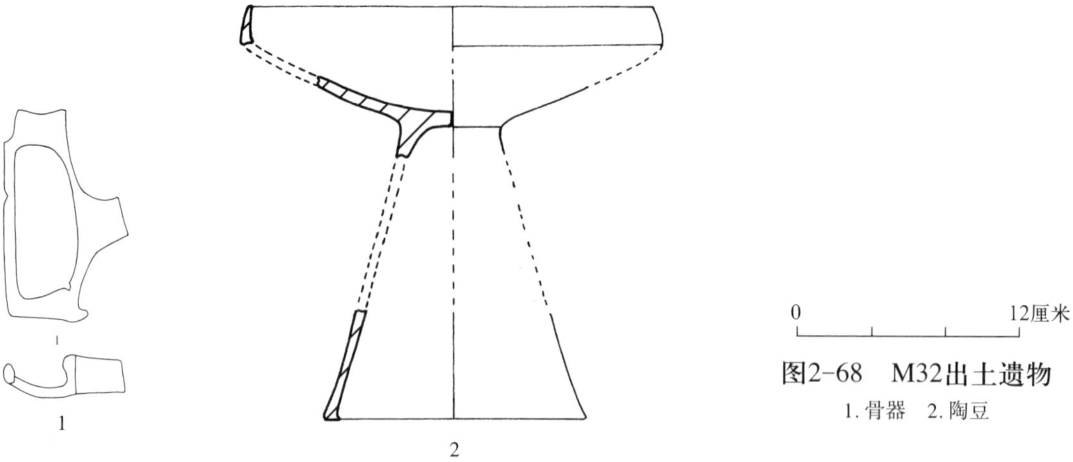

图2-68　M32出土遗物
1. 骨器　2. 陶豆

年龄不可鉴定。

在南侧人骨手腹部有一骨质握手，南侧有 2 件陶豆（彩版六七，1、2）。

M32：1，骨器。环形，右端有一圆柱形突起，通体磨光。长 10.8、宽 6.5 厘米（图 2-68，1；彩版六七，3～5）。

M32：2，陶豆。火候较低，未能复原。泥质黑衣褐陶。直口微敛，圆唇，折腹，浅盘，高喇叭形圈足，圈足上部有弦纹和圆形镂孔。口径 22、圈足径 15、复原高 22 厘米（图 2-68，2）。

M32：3，陶豆。火候较低，出土时较为残碎，不能复原。泥质黑衣褐陶。直口，浅盘，高喇叭形圈足，圈足上部有弦纹和齿状刻纹。

14. M33

位于 TE15S2 北部。开口于④层下，被 H73、M28、M29 打破。2016 年 12 月 18 日在清理完 M28 后刮面时出露，填土为较为明显的黄褐色五花土。

墓葬形制为土坑竖穴，方向为 112°（图 2-69；彩版六八，1）。墓室平面呈长方形，斜壁，平底。墓口长 2.20、宽 1.40 米，墓底长 2.10、宽 1.30 米。墓口距地表深 0.50 米，墓底距墓口深 0.88 米。单人仰身直肢，面向南，左侧下肢错位，人骨保存较差，性别年龄不可鉴定。

颈部有一件绿松石坠，左侧和脚部有一排陶器（彩版六八，2、3），共计 19 件。

M33：1，绿松石坠。翠绿色，长条形，下端残，顶部有一孔，两面钻未穿透。残长 4.2、宽 1.1～1.4、厚 0.4～0.6 厘米（图 2-70，1；彩版六九，1）。

M33：2，陶豆。泥质黑陶。直口微敛，圆唇，折腹，浅盘，高喇叭形圈足，圈足中部有一排圆形和半圆形镂孔，下部有细密戳点纹。口径 21、最大腹径 21.4、底径 12、高 19.9 厘米（图 2-71，2；彩版六九，2）。

M33：3，陶双鼻壶。器壁较薄，未能复原。泥质灰陶。直口微侈，圆唇，高颈，扁弧腹，矮圈足，口沿外有一对环耳，内底部有 5 周凹弦纹。口径 7、底径 8、复原高约 17.9 厘米（图 2-71，3）。

M33：4，陶钵。泥质黑衣褐陶。直口微敞，尖唇，弧腹，平底。口径 12、底径 6、高 4.6 厘

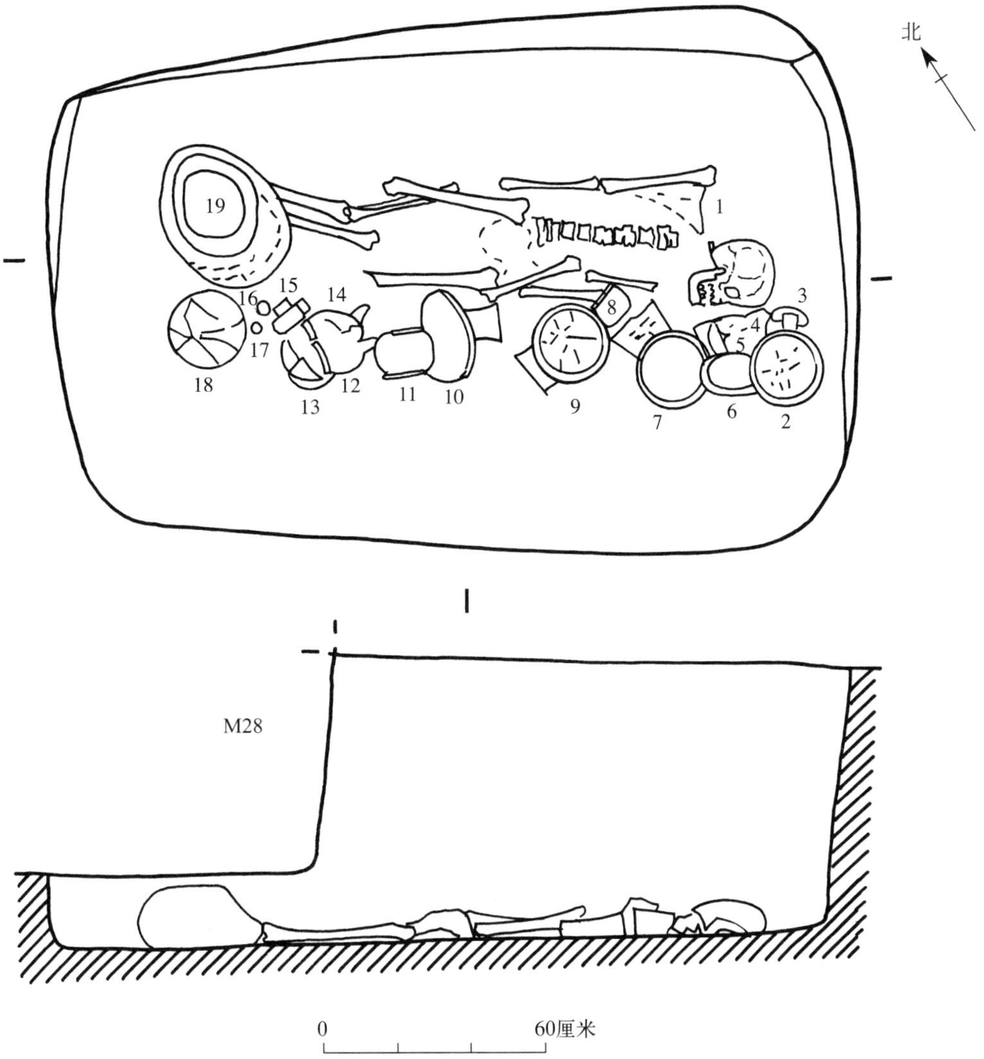

图2-69　M33平、剖面图

1.绿松石坠　2、6、7、9、10.陶豆　3、15.陶双鼻壶　4、13.陶钵　5.陶背壶　8.陶杯　11、19.陶罐　12.陶鼎　14、17.陶纺轮　16、18.陶器盖

米（图 2-71，4）。

M33∶5，陶背壶。火候较低，出土时较为残碎，不能复原。泥质黑衣褐陶。器形较小，直口，短颈，有环形耳和泥突。

M33∶6，陶豆。火候较低，未能复原。泥质黑陶。子口，圆唇，弧腹，浅盘，柄上部较细，上有弦纹和小孔。口径 19.5、残高 6.4 厘米（图 2-71，6）。

M33∶7，陶豆。火候较低，不能复原。泥质黑衣褐陶。直口，浅盘，喇叭形圈足。

M33∶8，陶杯。泥质黑陶。侈口，圆唇略方，短平沿，沿部内凹，弧腹，矮假圈足。口径 8.8、最大腹径 11.2、底径 7.3、高 10 厘米（图 2-71，8；彩版六九，3）。

M33∶9，陶豆。泥质灰陶，残存少量黑衣。直口微侈，圆唇，折腹，浅盘，圈足上细下粗，圈足中部有三角形和长条形镂孔。口径 20.4、最大腹径 21、圈足径 12.6、高 18.2 厘米（图 2-71，9；彩版六九，4）。

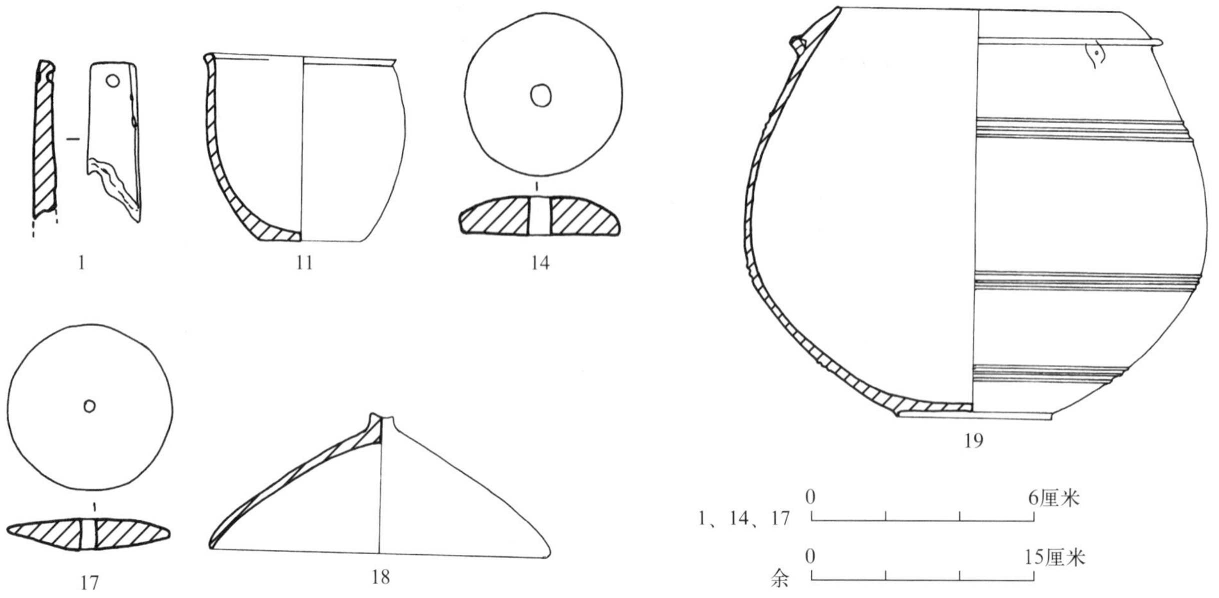

图2-70　M33出土遗物

1. 绿松石坠　11、19. 陶罐　14、17. 陶纺轮　18. 陶器盖

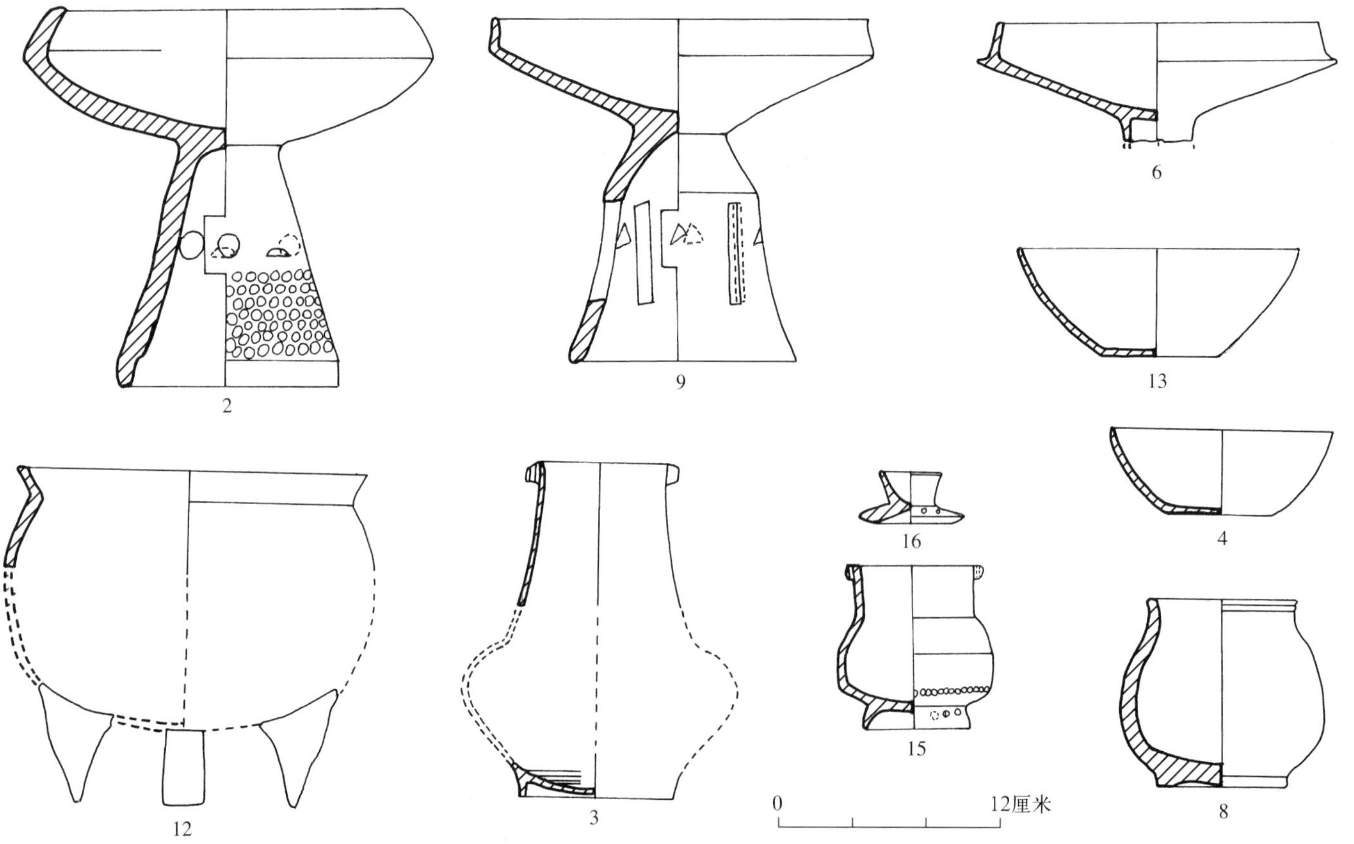

图2-71　M33出土遗物

2、6、9. 陶豆　3、15. 陶双鼻壶　4、13. 陶钵　8. 陶杯　12. 陶鼎　16. 陶器盖

M33：10，陶豆。火候较低，不能复原。泥质黑陶。直口，浅盘，喇叭形圈足。

M33：11，陶罐。泥质灰陶。侈口，圆唇，短斜折沿，弧腹，平底。口径 12.2～13、最大腹径 13.7、底径 7、高 12～12.4 厘米（图 2-70，11；彩版六九，5）。

M33：12，陶鼎。火候较低，未能复原。夹石英红褐陶。侈口，尖唇，折沿，圆鼓腹，凿形足，足根有 1 个按窝。口径 19、复原高约 18 厘米（图 2-71，12）。

M33：13，陶钵。泥质灰陶。敞口，圆唇，弧腹，平底。口径 15.5、底径 6.1、高 5.7 厘米（图 2-71，13）。

M33：14，陶纺轮。泥质灰陶。圆饼形，剖面呈半圆形，一面平一面弧形。直径 4.1～4.3、孔径 0.65、厚 0.5～1.0 厘米（图 2-70，14）。

M33：15，陶双鼻壶。与陶器盖 M33：16 相配。泥质黑衣灰褐陶。直口，圆唇，粗颈，斜肩，直腹，下腹内收，矮圈足，口沿外有对称双鼻，圈足上有圆形镂孔。口径 6、最大腹径 8.5、底径 6.2～6.5、高 8.8 厘米（图 2-71，15；彩版六九，6 下）。

M33：16，陶器盖。与陶双鼻壶 M33：15 相配。泥质黑衣褐陶。矮喇叭形捉手，盖面平直微弧，短平沿，盖面上有 2 个穿孔。捉手径 3.1、口径 5.9、高 2.7～2.8 厘米（图 2-71，16；彩版六九，6 上、7）。

M33：17，陶纺轮。泥质灰陶。圆饼状，剖面呈扁椭圆形，两面均为弧面。直径 4.4～4.6、孔径 0.4、厚 0.2～0.8 厘米（图 2-70，17）。

M33：18，陶器盖。泥质灰陶。覆钵形，短纽状捉手，盖面斜弧，圆唇。口径 23.4、高 9 厘米（图 2-70，18；彩版六九，8）。

M33：19，陶罐。泥质黑衣灰陶。敛口，溜肩，圆鼓腹，矮假圈足，口沿下有一周凸棱，下附对称的三个盲鼻，肩腹部各有三周细凸弦纹。口径 18.6、最大腹径 31、底径 10.6、高 27.2 厘米（图 2-70，19）。

15. M34

位于 TE15S2 西北部。开口于④层下，被 H72、M28 打破。2016 年 12 月 18 日在清理完 M28 后刮面时出露，填土为较为明显的黄褐色五花土。

墓葬形制为土坑竖穴，方向为 103°（图 2-72；彩版七〇，1、2）。墓室平面呈长方形，直壁，平底。墓口长 2.18、宽 1.00 米。墓口距地表深 0.50 米，墓底距墓口深 0.58 米。单人仰身直肢，面向南，人骨保存较差，性别年龄不可鉴定。

随葬品主要位于下肢骨左侧，共有陶器 8 件，在右侧上肢处随葬砺石 2 件（彩版七〇，3）。

M34：1，砺石。青灰色，长条形，一端略残。长 16.2、宽 6、厚 0.8 厘米（图 2-73，1；彩版七〇，4）。

M34：2，砺石。青灰色，长条形，两端略残。长 14.2、宽 5、厚 1.3 厘米（图 2-73，2；彩版七〇，5）。

M34：3，陶器盖。出土时置于 M34：4 陶罐之上。泥质黑衣褐陶。覆碗形，平顶，盖面斜弧略内凹，平沿，圆唇，捉手边缘按压成花边状。口径 16、顶径 7.6、高 5.6 厘米（图 2-73，3；彩

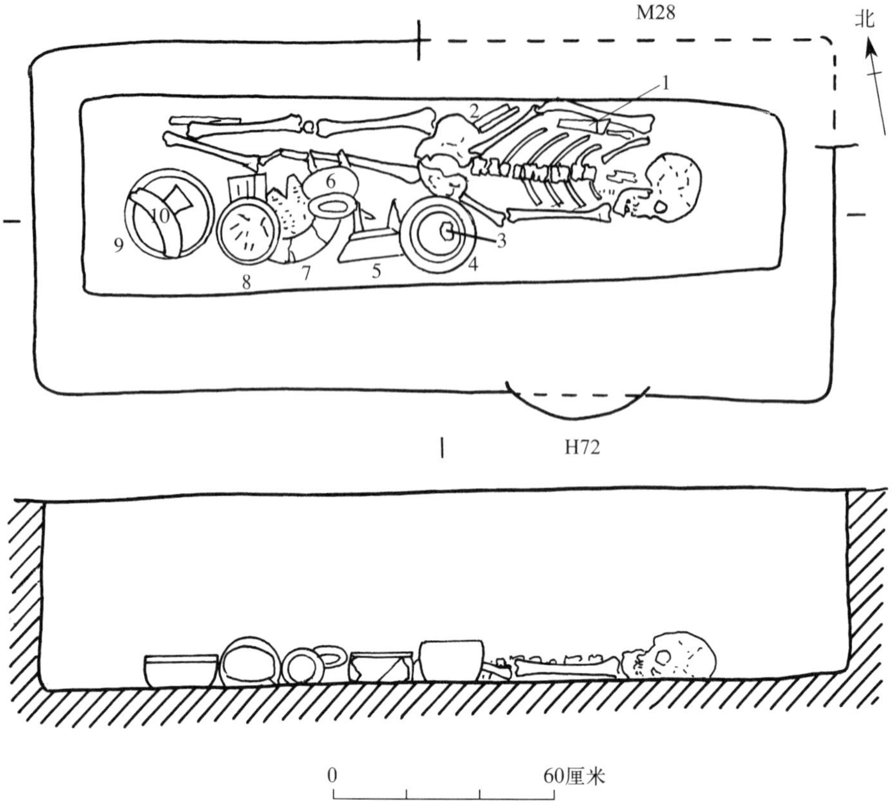

图2-72　M34平、剖面图

1、2. 砺石　3. 陶器盖　4. 陶罐　5、6. 陶鼎　7～10. 陶豆

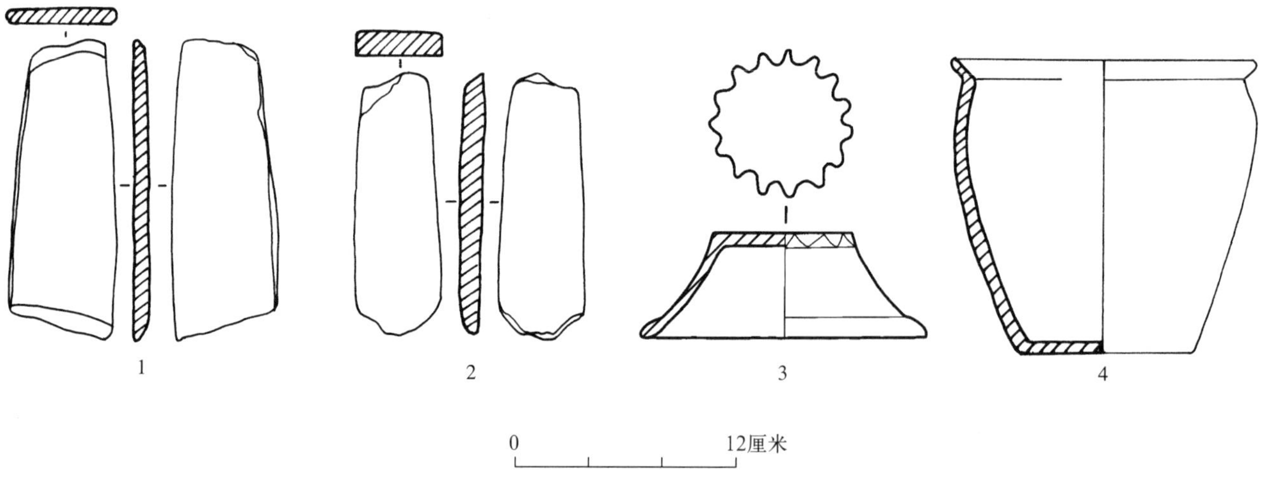

图2-73　M34出土遗物

1、2. 砺石　3. 陶器盖　4. 陶罐

版七〇，6）。

M34：4，陶罐。泥质黑陶。侈口，圆唇，折沿，深腹，平底。口径16.9、底径9.8、高15.8厘米（图2-73，4；彩版七一，1）。

M34：5，陶鼎。泥质黑衣红褐陶。盆形，大敞口，圆唇，斜折沿，上腹近直，下腹折内收，

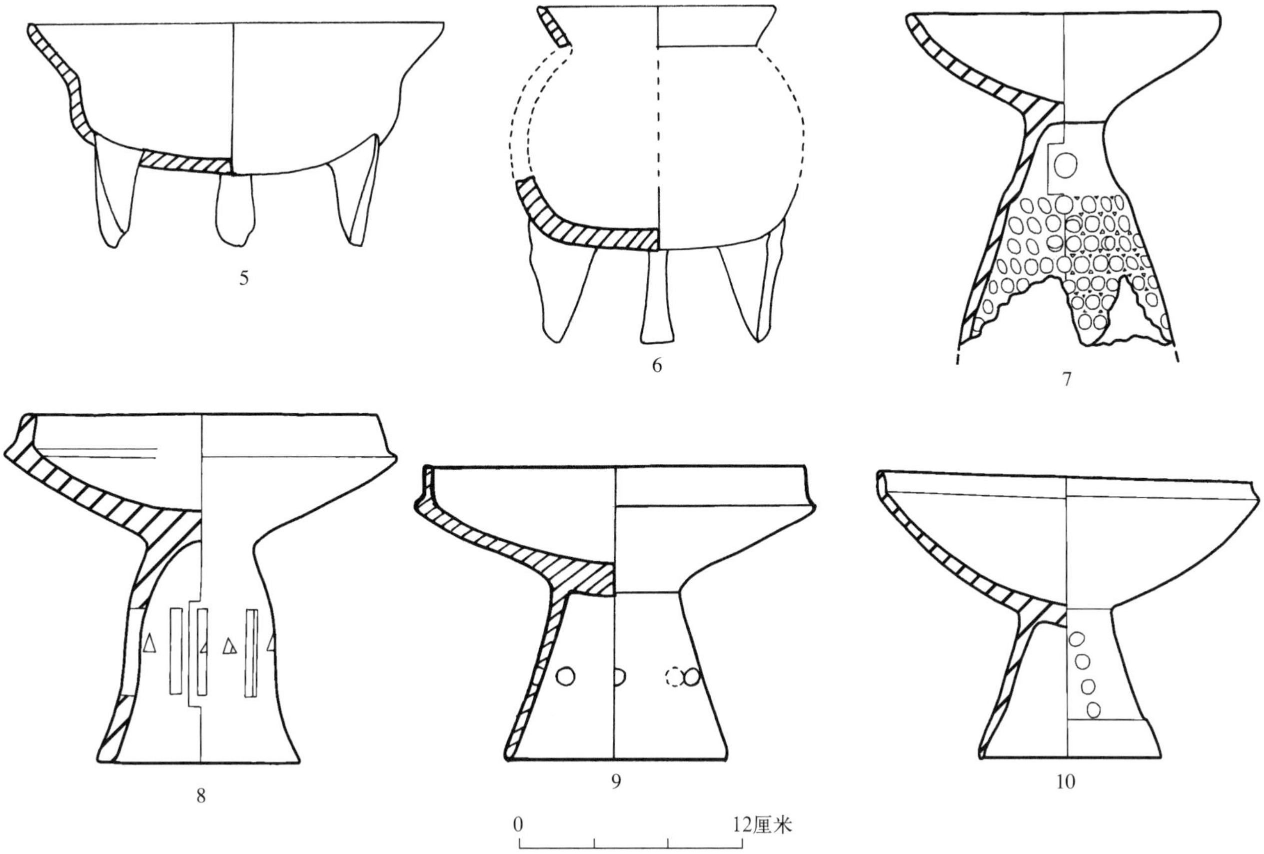

图2-74　M34出土遗物

5、6. 陶鼎　7～10. 陶豆

圜底近平，凿形足。口径 22.8、高 11.8 厘米（图 2-74，5；彩版七一，2）。

M34：6，陶鼎。火候较低，未能复原。泥质黑衣褐陶，鼎足为红色。侈口，圆唇，折沿，鼓腹，平底，凿形足，足根有 1 个按窝。口径 13、残高 18 厘米（图 2-74，6）。

M34：7，陶豆。泥质黑陶。微敛口，圆唇，浅盘，高喇叭形圈足，圈足上部有一周大的圆形镂孔，下部满布较小的圆形镂孔。口径 17.2、残高 18 厘米（图 2-74，7；彩版七一，3）。

M34：8，陶豆。泥质黑衣灰陶。直口，圆唇，折腹，浅盘，喇叭形圈足，圈足上有长条形和三角形镂孔。口径 21、圈足径 11.4、高 18.9 厘米（图 2-74，8；彩版七一，4）。

M34：9，陶豆。泥质黑衣灰陶。子口，圆唇，浅盘，喇叭形圈足，圈足中部有 4 个圆形镂孔。口径 21、圈足径 12.2、高 15.8 厘米（图 2-74，9；彩版七一，5）。

M34：10，陶豆。泥质黑陶。子口，圆唇，深盘，喇叭形圈足，圈足上对称分布三竖排圆形镂孔，每排有 4 个。口径 20.4、圈足径 10、高 15.2 厘米（图 2-74，10；彩版七一，6）。

16. M46

位于 TE14N1 西南部，向西延伸到探方外。开口于⑦层下。2017 年 11 月 25 日发掘探方西部暗褐土（第⑦层）时发现 4 件残破器物，依次南北排开，27 日再次出现残破陶器，怀疑为墓葬头端随葬品，11 月 30 日正式确认为墓葬，编号 M46。12 月 1 日往西扩 2.5 米，往北扩 3.5 米。12

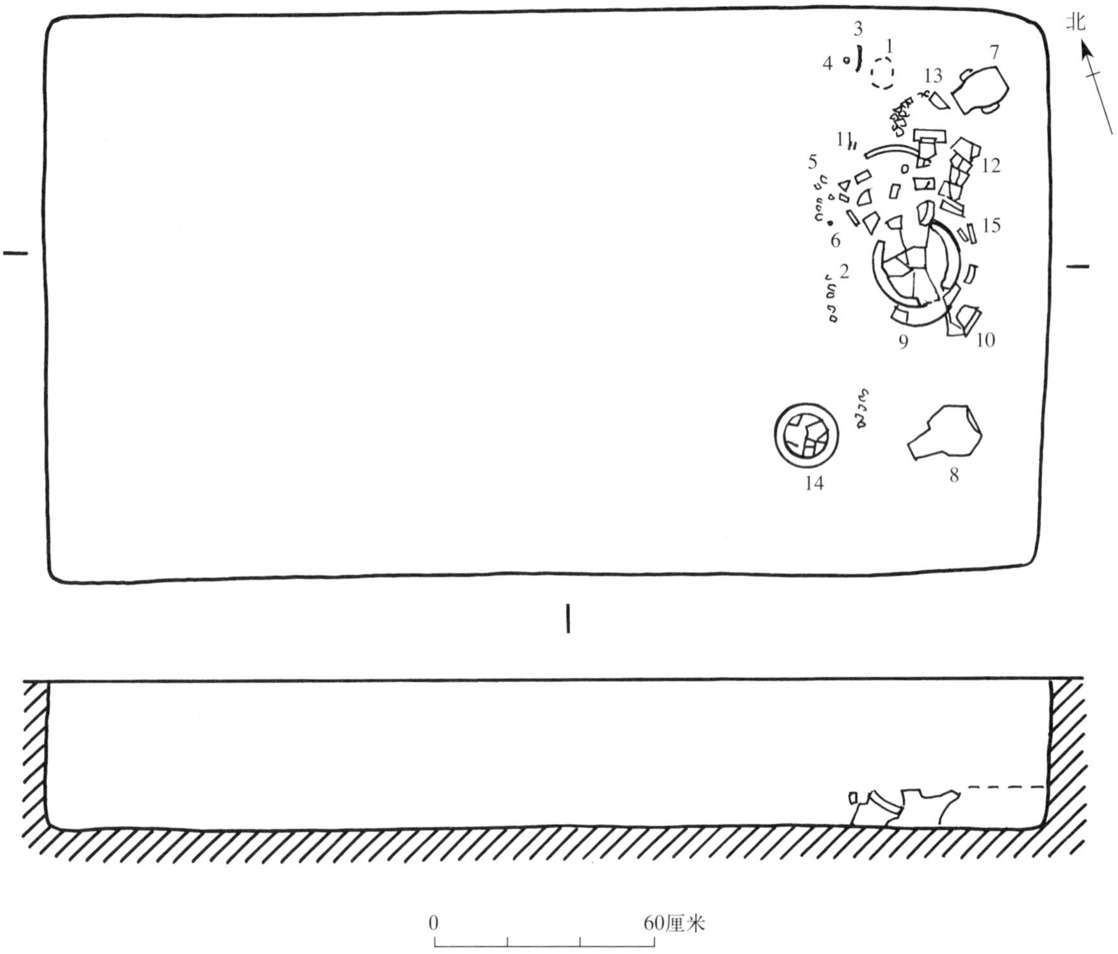

图2-75 M46平、剖面图

1.绿松石坠 2、6.陶耳珰 3、5.玉璜 4.小玉璧 7.陶背壶 8.陶壶 9～11、15.陶豆 12、14.陶罐 13.陶鼎

月6日扩方完成，8日清理完毕。

墓坑呈圆角长方形[1]，墓向108°（图2-75；彩版七二，1、2）。墓口长2.74、宽1.52米，墓底长1.80、宽1.52米。墓口距地表深0.97米，墓底距墓口深0.55米。仅存牙齿，在东端，有4处。

随葬品也位于东端（彩版七二，3）。在最北侧人牙下部有1件玉璜（彩版七二，4），下侧1件小玉璧，人牙左部有1件绿松石坠。在北部第二处人牙下部有1件玉璜，南侧有1件陶耳珰（彩版七二，5）；在南部第二处人牙左侧有1件陶耳珰。在四处人牙东端有陶器9件。

M46：1，绿松石坠。翠绿色，梯形，两端平直，近顶端中部有一小圆孔，圆孔为对钻而成。长2、宽0.5～0.95、厚0.15～0.2厘米（图2-76，1；彩版七三，1）。

M46：2，陶耳珰。细泥黑陶。亚腰形，器身与孔径相当，通体有刮削打磨痕，底端有5周细弦纹。外径1.65、内径0.7～0.9、高0.7厘米（图2-76，2；彩版七三，2、3）。

[1] 由于该墓坑填土与周围土基本一样，故墓坑范围不易划定，且墓坑内西部无人骨和随葬品，故该墓坑的范围仅是根据东部器物排列划出，墓坑长度也是根据比例大致划定。这也从一个侧面反映墓地土台边缘的墓葬特点，可能是后期冲积破坏所致。

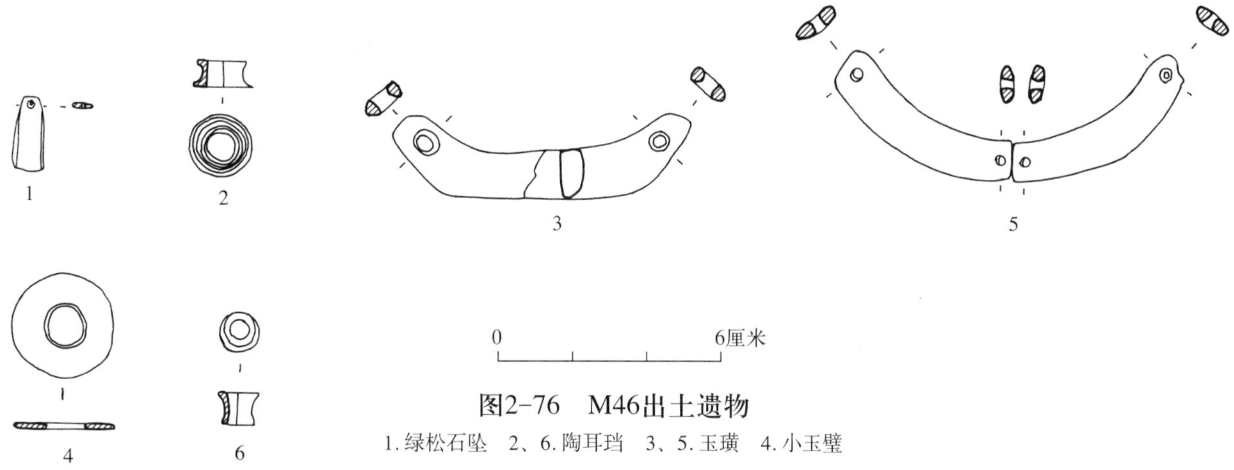

图2-76　M46出土遗物

1. 绿松石坠　2、6. 陶耳珰　3、5. 玉璜　4. 小玉璧

M46：3，玉璜。经检测为绢云母材质。翡翠绿，桥形，中间平直，两端上翘，两端各有1个圆孔，圆孔为对钻而成，通体磨光，有刮削痕。中间断裂。长8.1、宽0.9～1.4、厚0.5～0.6厘米（图2-76，3；彩版七三，4、5）。

M46：4，小玉璧。经检测为透闪石材质。黄褐色，局部泛白。圆饼形，内环边缘被打磨过，厚且平，外缘较薄。圆孔应为单面钻而成。外径2.8、内径0.95～1.15、厚0.1～0.2厘米（图2-76，4；彩版七三，6、7）。

M46：5，玉璜。经检测为绢云母材质。黄绿色，由两段组合而成，整体呈半圆近桥形，两端各有一个小圆孔，两段结合处磨平，通体磨光，局部有刮削痕。长9.5、宽1.05～1.3、厚0.1～0.4厘米（图2-76，5；彩版七四，1、2）。

M46：6，陶耳珰。细泥黑陶。亚腰形，器身与孔径相当。外径1.1、内径0.5、高0.85、厚0.1～0.32厘米（图2-76，6；彩版七三，8）。

M46：7，陶背壶。泥质灰陶。直口微侈，尖唇，矮颈，腹上部有一对半环形耳，两耳间腹壁平直，另一侧腹壁弧鼓，上有一鸟喙状突纽，平底微内凹。口径6.6、底径6、高14厘米（图2-77，7；彩版七四，3、4）。

M46：8，陶壶。未能复原。泥质灰褐陶。高直口微敛，圆肩，弧腹，小平底。口径5.4、底径7.2、复原高22.4厘米（图2-77，8）。

M46：9，陶豆。泥质黑陶。微敛口，尖唇，折腹，浅盘，喇叭形圈足，圈足上有3竖排对称分布的圆形小镂孔，每排2个。口径26.2、圈足径11.8、高13.6厘米（图2-77，9；彩版七四，5）。

M46：10，陶豆。泥质灰褐陶。微敛口，尖唇，折腹，浅盘，喇叭形圈足，圈足上有4竖排圆形小镂孔，每排6个。口径22.4、圈足径11.8、高14.8厘米（图2-77，10；彩版七四，6）。

M46：11，陶豆。火候较低，未能复原。泥质黑衣褐陶。直口微侈，尖唇，折腹，浅盘，喇叭形圈足，圈足上有3竖排圆形镂孔，每排3个。口径22、圈足径9.8、复原高约15厘米（图2-77，11）。

M46：12，陶罐。出土时较为残碎，未能复原。夹石英红褐陶。侈口，圆唇，短平沿，弧腹，平底。口径14、底径5.8、复原高13.6厘米（图2-77，12）。

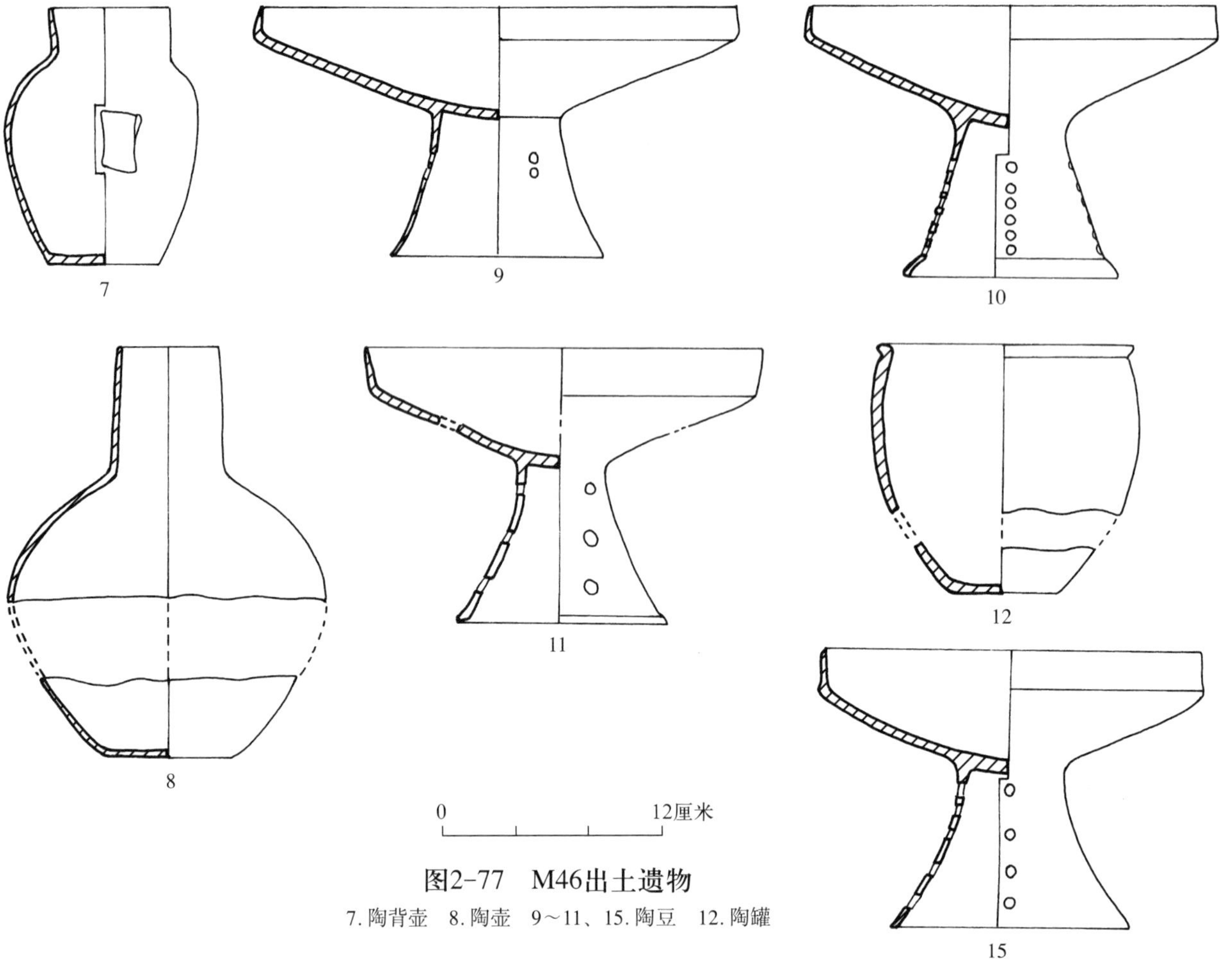

图2-77　M46出土遗物

7. 陶背壶　8. 陶壶　9～11、15. 陶豆　12. 陶罐

M46：13，陶鼎。火候较低，出土时较为残碎，不能复原。夹细砂黑陶。侈口，圆唇，折沿，平底，凿形足。

M46：14，陶罐。火候较低，出土时较为残碎，不能复原。泥质灰褐陶。

M46：15，陶豆。泥质灰陶，残存少量黑衣。直口，尖唇，折腹，浅盘，高喇叭形圈足，圈足上有两竖排圆形镂孔，每排4个。口径20、圈足径12.6、高14.8厘米（图2-77，15；彩版七四，7）。

17. M47

位于TE14N1中北部。开口于⑤层下。2017年11月24日在清理⑤层暗褐土时发现器物，11月30日确定为墓葬，次日清理完毕。

墓坑呈圆角长方形，墓向124°（图2-78；彩版七五，1）。墓口长1.80、宽0.82米。墓口距地表深0.55米，墓底距墓口深0.20米。单人葬，仅存少量骨痕。

随葬品位于人骨之上，一排11件陶器。

M47：1，陶豆。火候较低，不能复原。泥质黑陶。直口，折腹，浅盘，高喇叭形圈足，圈足上有圆形镂孔。

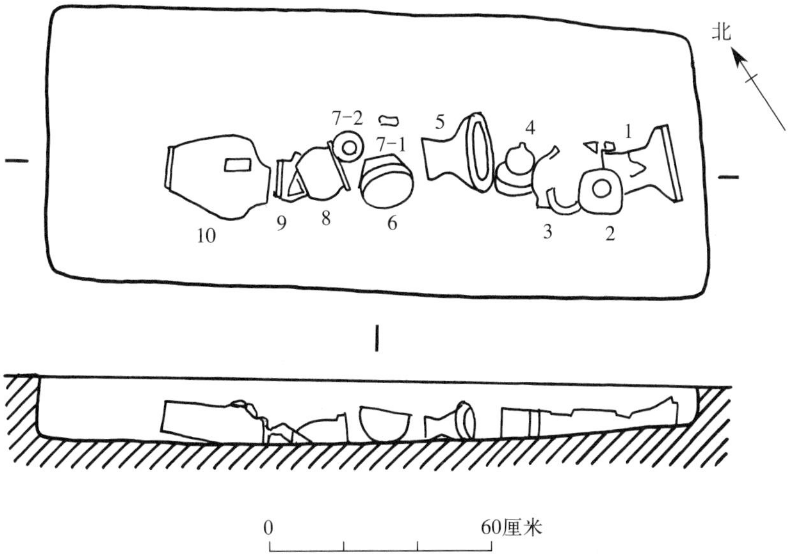

图2-78　M47平、剖面图

1、5. 陶豆　2. 陶器盖　3、8. 陶罐　4、9. 陶双鼻壶　6. 陶钵　7-1. 陶碟　7-2. 陶圈足杯　10. 陶背壶

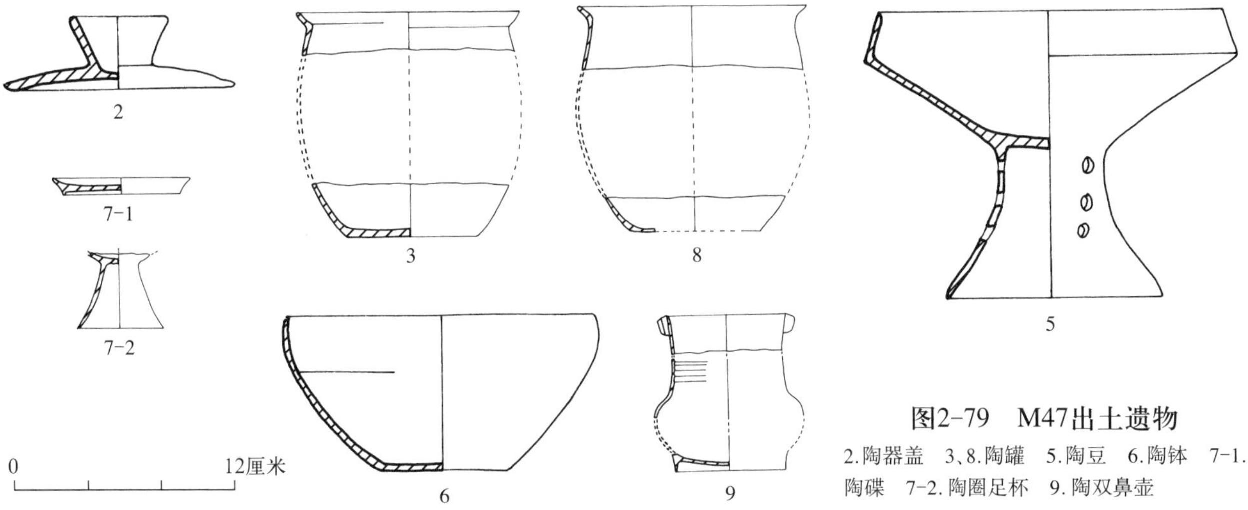

图2-79　M47出土遗物

2. 陶器盖　3、8. 陶罐　5. 陶豆　6. 陶钵　7-1. 陶碟　7-2. 陶圈足杯　9. 陶双鼻壶

M47：2，陶器盖。泥质黑衣褐陶。覆碟形，喇叭形捉手，盖面平直微弧，短平沿，尖圆唇。捉手径 5.5、口径 13、高 4 厘米（图 2-79，2）。

M47：3，陶罐。火候较低，不能复原。泥质褐陶。侈口，圆唇，折沿，弧腹，大平底。复原口径 12、底径 6.2、复原高约 12 厘米（图 2-79，3）。

M47：4，陶双鼻壶。泥质黑陶。火候较低，不能复原。

M47：5，陶豆。泥质黑衣灰陶。敛口，尖圆唇，折腹，喇叭形圈足，圈足上有 3 排竖向圆形小镂孔，每排 3 个。口径 19.2、圈足径 12.2、高 15.6 厘米（图 2-79，5；彩版七五，2）。

M47：6，陶钵。泥质灰褐陶。直口微敛，深腹，平底，器腹中部内壁有一凹槽。口径 17.4、底径 7.2、高 8.4 厘米（图 2-79，6；彩版七五，3）。

M47：7-1，陶碟。泥质黑衣褐陶。尖唇，弧腹，浅盘，矮假圈足，外底有细网格纹。口径

7.6、底径 6.4、高 0.9 厘米（图 2-79，7-1）。

M47：7-2，陶圈足杯。出土时较为残碎，不能复原。细泥黑陶。残存喇叭形圈足，圈足径 4.8、残高 4 厘米（图 2-79，7-2）。

M47：8，陶罐。火候较低，器壁较薄，未能复原。泥质红陶。侈口，圆唇，折沿，弧腹内收，平底。复原口径 12.4、底径 7、复原高约 12 厘米（图 2-79，8）。

M47：9，陶双鼻壶。火候较低，器壁较薄，未能复原。泥质灰陶。直口微侈，尖圆唇，口沿外有对称双耳，高领，颈部内壁有凹弦纹，扁弧腹，平底下凹，矮圈足。口径 5.9、底径 5.85、复原高约 8.7 厘米（图 2-79，9）。

M47：10，陶背壶。火候较低，出土时较为残碎，未能复原。泥质红陶。直口，圆唇，短粗颈，深腹，肩部有环耳，平底。

18. M48

位于 TE14S1 西部，向西延伸到探方外。开口于⑥层下。2017 年 12 月 6 日在清理完⑥层后，露出牙齿，确定为墓葬，虽经仔细刮面，墓坑范围仍不清楚，因保存状况较差，所以没有向西扩方。

墓坑呈圆角长方形，墓向 100°（图 2-80；彩版七五，4）。墓口在探方内长 0.90、宽 1.12 米。墓口距地表深 0.95 米，墓底距墓口深 0.15 米。双人葬，北侧仅存少量牙齿和头骨痕，南侧仅存零星牙齿。

在北侧人骨颈部有 2 件玉坠和 1 件玉珠（彩版七五，5）。

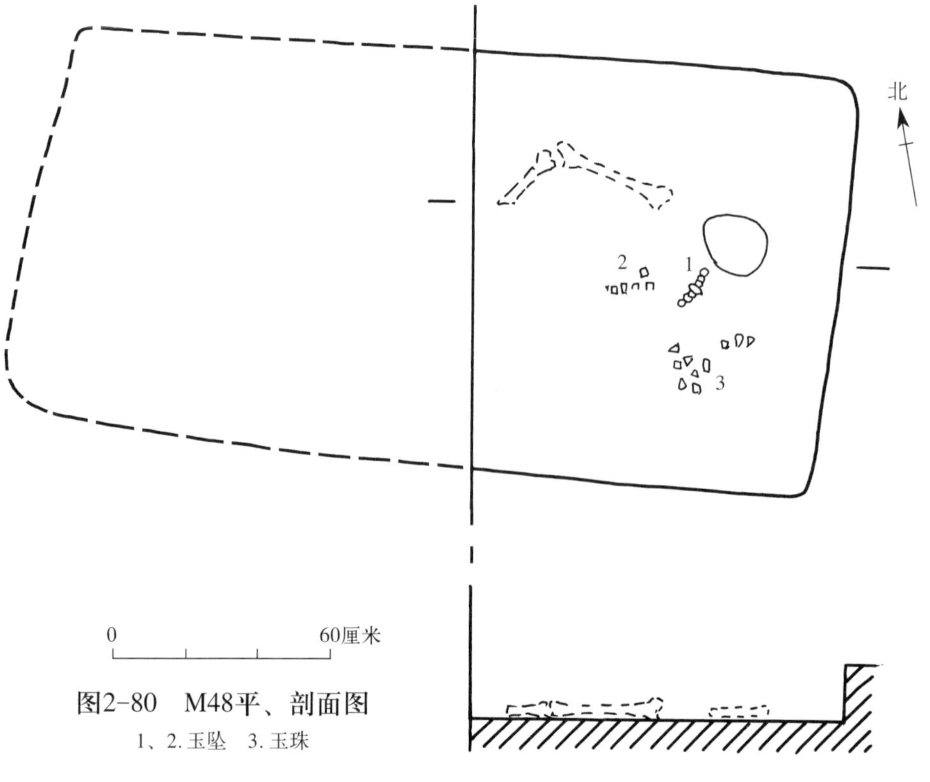

图2-80 M48平、剖面图

1、2. 玉坠 3. 玉珠

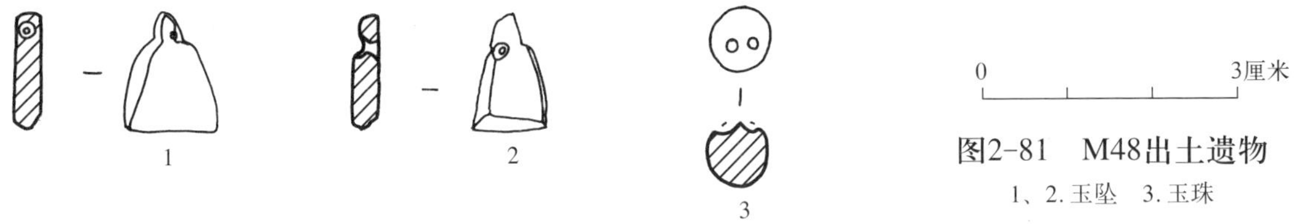

图2-81　M48出土遗物
1、2. 玉坠　3. 玉珠

M48：1，玉坠。经检测为绢云母材质。青灰色，三角形，顶端对削出榫，上有一对钻小孔，通体磨光，有刮削痕。长 1.35、宽 1.1、厚 0.3 厘米（图 2-81，1；彩版七五，6）。

M48：2，玉坠。经检测为绢云母材质。青灰色，三角形，顶端对削出榫，上有一对钻小孔，通体磨光，有刮削痕。长 1.35、宽 0.9、厚 0.2～0.3 厘米（图 2-81，2；彩版七五，7）。

M48：3，玉珠。经检测为蛇纹石材质。乳白色，圆球形，一端对钻出小隧孔，孔残，制作精巧。直径 0.75、孔径 0.15 厘米（图 2-81，3；彩版七五，8）。

19. M52

位于 TE14N1 东北部。开口于⑧层下，被现代盗坑、H83 打破。2017 年 12 月 9 日发掘第⑧层刮面时出露器物，开始编为灰坑，后确定为墓葬，12 月 10 日对表层器物初步清理，编号 M52，12 月 11 日探方内清理完毕，露出部分人骨，据趋势推测头部当在东隔梁下。12 日开始扩方，盗坑几乎将 M52 头端完全破坏，墓主头骨恰好幸存，17 日拍照绘图，18 日提取器物及人骨。

墓坑呈圆角长方形，墓向 93°（图 2-82；彩版七六，1、2）。墓口长 2.32、宽 1.40 米。墓口距地表深 0.59 米，墓底距墓口深 0.54 米。单人葬，仰身直肢，右腿（胫骨）压在左腿之上，骨骼保存较差。

胸部有 1 件玉牙璧（彩版七六，3），陶器从头至脚压在人骨之上及南侧，脚端也有一横排陶器，共有 15 件（彩版七七，1～4）。

M52：1，陶豆。火候较低，不能复原。泥质黑衣褐陶。直口，浅盘，高喇叭形圈足。

M52：2，陶豆。火候较低，未能复原。泥质黑陶。子口，尖唇，浅盘，高喇叭形圈足，圈足上有细密条形镂孔。豆盘口径 20、残高 3.6 厘米（图 2-83，2）。

M52：3，陶罐。火候较低，出土时较为残碎，不能复原。泥质黑衣褐陶。圆唇，短平沿，弧腹，平底微内凹。口径约 24、底径 12、复原高约 17 厘米（图 2-83，3）。

M52：4，陶豆。火候较低，出土时较为残碎，不能复原。泥质黑陶。直口微敛，折腹，喇叭形圈足。豆盘口径 24、圈足底径 12、复原高约 16 厘米（图 2-83，4）。

M52：5，陶杯形尊。未能复原。泥质灰陶。薄胎，侈口，圆唇，折沿，圆鼓腹，矮圈足。口径 11.6、底径 7.4、最大腹径 13.6、厚 0.1～0.25 厘米（图 2-83，5）。

M52：6，陶罐。火候较低，出土时较为残碎，不能复原。泥质黑陶。侈口，圆唇，短折沿，弧腹，平底微内凹。口径 7.6、底径 4.7、复原高约 7.6 厘米（图 2-83，6）。

M52：7，陶壶。泥质灰陶。直口微侈，短颈，圆肩，圆弧腹，平底，肩部有数周细凸弦纹，上有一个乳丁。口径 11、底径 10.8、高 23.6、厚 0.3～0.4 厘米（图 2-84，7；彩版七八，1）。

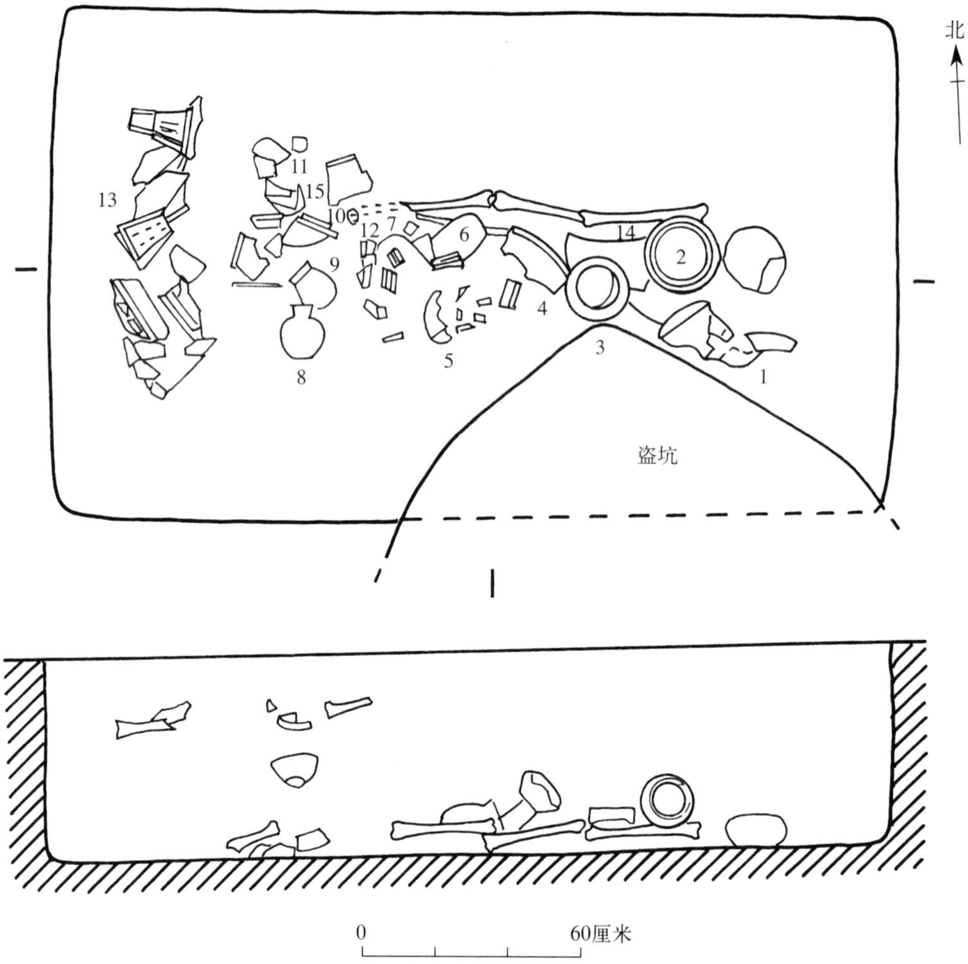

图2-82 M52平、剖面图

1、2、4. 陶豆 3、6、9、10、12. 陶罐 5. 陶杯形尊 7、8. 陶壶 11. 陶盆 13. 陶鼎 14. 牙璧 15. 陶器盖

M52：8，陶壶。泥质红陶。侈口，圆唇，短颈，圆鼓腹，平底。口径 8、底径 5.2、高 15 厘米（图 2-84，8；彩版七八，2）。

M52：9，陶罐。泥质灰褐陶。侈口，尖圆唇，短折沿，沿面内凹，深弧腹，大平底。口径 9、最大腹径 10.8、底径 6.6、高 9.4 厘米（图 2-84，9；彩版七八，3）。

M52：10，陶罐。器壁较薄，未能复原。泥质灰陶。侈口，尖唇，斜折沿，弧腹，平底。口径 16、底径 8.8、高 16、厚 0.1～0.3 厘米（图 2-84，10）。

M52：11，陶盆。火候较低，出土时较为残碎，不能复原。泥质黑衣褐陶。卷沿，弧腹。

M52：12，陶罐。泥质黑陶。侈口，圆唇，折沿，弧腹，平底。口径 8、最大腹径 8.8、底径 4.4、高 9、厚 0.2 厘米（图 2-84，12）。

M52：13，陶鼎。火候较低，出土时较为残碎，不能复原。位于墓坑西端靠上位置。夹植物红陶。带盖。侈口，弧腹，瓦形足，足背微拱。覆盘形盖，仅剩口沿。短平沿，圆唇，沿面有 3 周凹弦纹。鼎足高 13、宽 7、厚 1.8 厘米，器盖口径 32.4、残高 5 厘米（图 2-84，13）。

M52：14，牙璧[1]。经检测为蛇纹石材质。风化成象牙白色，残存极少量绿色斑点，或为其原色。圆形近方，中间有一圆孔，四角切割成四个突起。外径2～2.2、孔径0.9、厚0.25～0.35

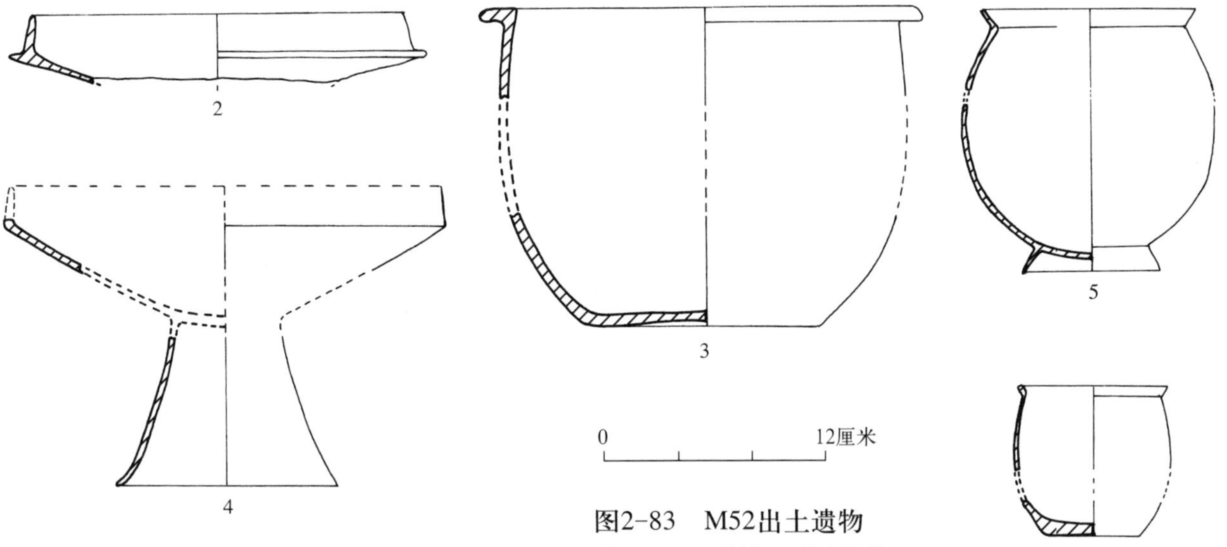

图2-83　M52出土遗物

2、4.陶豆　3、6.陶罐　5.陶杯形尊

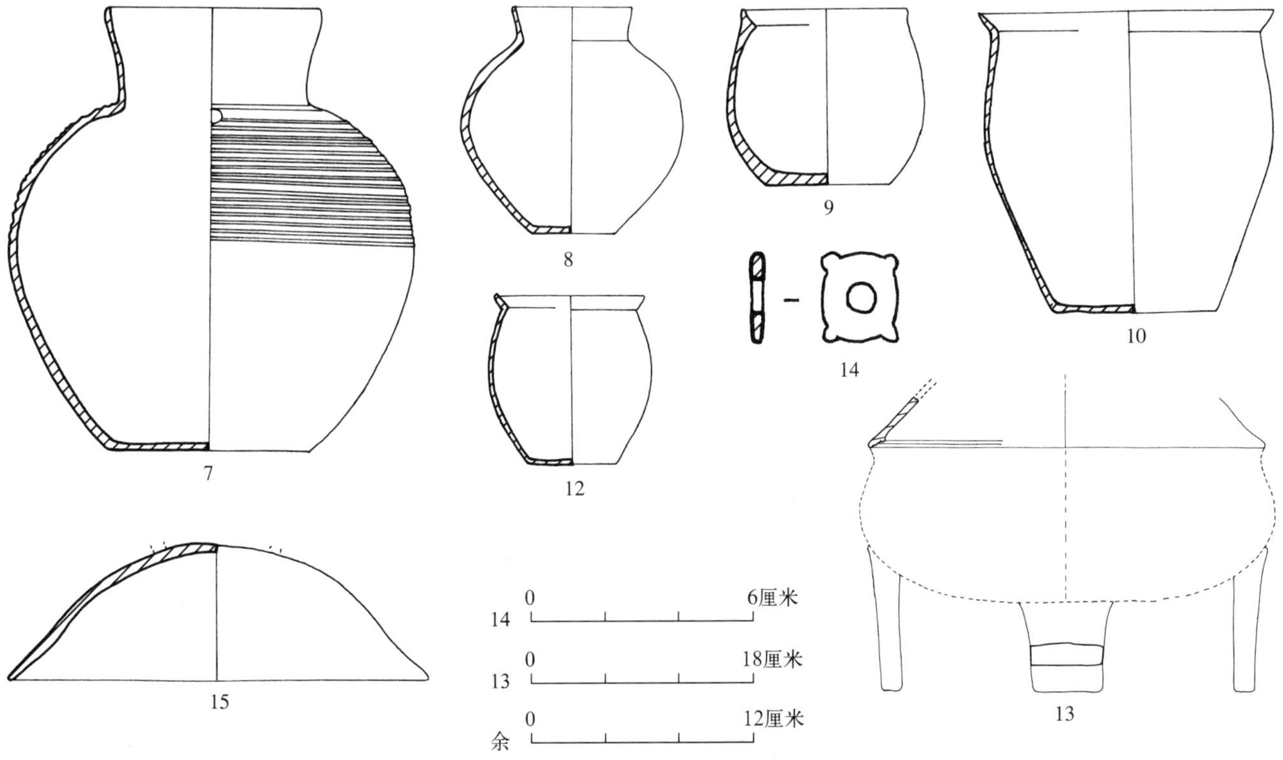

图2-84　M52出土遗物

7、8.陶壶　9、10、12.陶罐　13.陶鼎　14.牙璧　15.陶器盖

[1]　关于该件玉器的定名尚未定论，姑且以牙璧命名。其与龙山商周时期的牙璧不同，而是在小型玉璧的四角切割出四个突起，可能是将三联璧改制而成，反映出玉工的创新。

厘米（图 2-84，14；彩版七八，4、5）。

M52：15，陶器盖。夹植物红陶。覆盆形，捉手残，盖面圆弧，圆唇。口径 22.8、高 7.2 厘米（图 2-84，15；彩版七八，6）。

20. M53

位于 TE14N1 南部。开口于⑧层下。2017 年 12 月 9 日在清理完⑧层后刮面时发现，土色微微斑驳不均，与周围致密的黄褐土有不明显的不同，初步确定为墓葬。10 日正式编号 M53。开始发掘，采用二分之一发掘，先发掘南侧，墓口下 0.30 米处在头端发现陶器，终于确定为墓葬。13 日清理至约 0.37 米深时，发掘北半部，挖至同一平面时未见器物，但仍为花土，南侧有器物的区域土色发青灰，北部土色发红褐推测下葬时有一定的时间差。19 日拍照绘图，21 日清理完毕。

墓坑呈圆角长方形，墓向 105°（图 2-85；彩版七九，1～3）。墓口长 2.86、宽 2.14 米。墓口距地表深 0.61 米，墓底距墓口深 0.58 米。填土为花土，以黄褐色土为主，掺杂灰色黏土，黑色铁锰颗粒多，含少量红烧土颗粒、碎陶片渣。三人葬，骨骼位于墓坑北部，保存较差，仰身直肢，面向南，最南侧人骨仅存少量肢骨。性别不可鉴定，年龄为成年。

人骨南侧和脚部堆放有随葬品，再南侧较宽区域有三组陶器随葬品。最北侧人骨前臂上套有 2 件石环（彩版七九，4），最北侧人骨头部有 2 件玉耳珰（彩版七九，5），中间人骨颈部有 3 件小玉珠。共有陶器 34 件、石器 4 件、玉器 5 件（彩版八〇，1～3）。

M53：1，玉耳珰。经检测为蛇纹石材质。白色，腰鼓形，两端平直，中间圆孔，圆孔边缘圆钝，为管钻而成，通体磨光，局部残。上部外径 2.8、内径 1.5、下部外径 4.7、内径 1.7、高 1.4 厘米（图 2-86，1；彩版八一，1）。

M53：2，玉管。经检测为滑石和蛇纹石材质。白色，筒形，中间穿孔，为对钻而成。长 1.05、宽 0.7～0.85、孔径 0.2～0.34、高 0.75 厘米（图 2-86，2；彩版八一，2）。

M53：3，玉珠。经检测为蛇纹石材质。白色，圆球形，一端对钻出小隧孔，制作精巧。直径 0.6、孔径 0.2 厘米（图 2-86，3）。

M53：4，陶环。泥质黑陶。腰鼓形。出土时位于中间人骨口部，当为口琀。外径 1.1、孔径 0.6、厚 0.6 厘米（图 2-86，4；彩版七九，6）。

M53：5，石环。经检测为长石岩（钾长石）。褐色泛白，环形，剖面一端圆滑一端平直，表面光滑，通体磨光。外径 9.5、内径 6.1～6.2、厚 0.7 厘米（图 2-86，5；彩版八一，3）。

M53：6，石环。经检测为绿片岩。深绿色，环形，剖面一端圆滑一端平直，表面光滑，通体磨光。外径 9.1、内径 6.0、厚 0.5 厘米（图 2-86，6；彩版八一，4）。

M53：7，砺石。经检测为粉砂岩。灰褐色，长条形近梯形，局部有疤痕。长 9.5、宽 1.45～2.9、最厚处 1 厘米（图 2-86，7；彩版八一，5）。

M53：8，陶罐。火候较低，未能复原。泥质红褐陶。侈口，尖唇，折沿，弧腹，平底。口径 19、底径 9.5、复原高约 18 厘米（图 2-87，8）。

M53：9，陶豆。火候较低，出土时较为残碎，不能复原。泥质黑衣褐陶。

M53：10，陶罐。火候较低，出土时较为残碎，不能复原。泥质黑衣褐陶。

图2-85　M53平、剖面图

1、40. 玉耳珰　2. 玉管　3、41. 玉珠　4. 陶环　5、6. 石环　7. 砺石　8、10、18、22、31、35、36. 陶罐　9、11、15、16、19-1、19-2、20、21、26、27、32. 陶豆　12、17、23、29. 陶器盖　13、24、25、30、37. 陶鼎　14、38. 陶背壶　18-1、34. 陶壶　28. 陶高领罐　33. 陶盆　39. 石粒

M53：11，陶豆。未能复原。泥质黑衣褐陶。直口，斜弧腹，深盘，喇叭形圈足，圈足上有圆形镂孔。残高13.2、厚0.3～0.6厘米（图2-88，11）。

M53：12，陶器盖。与陶鼎M53：13相配。火候较低，不能复原。泥质黑衣褐陶。覆盆形。

M53：13，陶鼎。与陶器盖M53：12相配。盆形，泥质红褐陶。敞口，尖唇，大斜折沿，上腹近直，下腹折内收，圜底近平，卷边瓦形足。口径23、高19.6厘米（图2-89，13）。

M53：14，陶背壶。泥质红陶。直口，圆唇，短颈，圆弧腹，大平底，腹部有2个半环形耳，

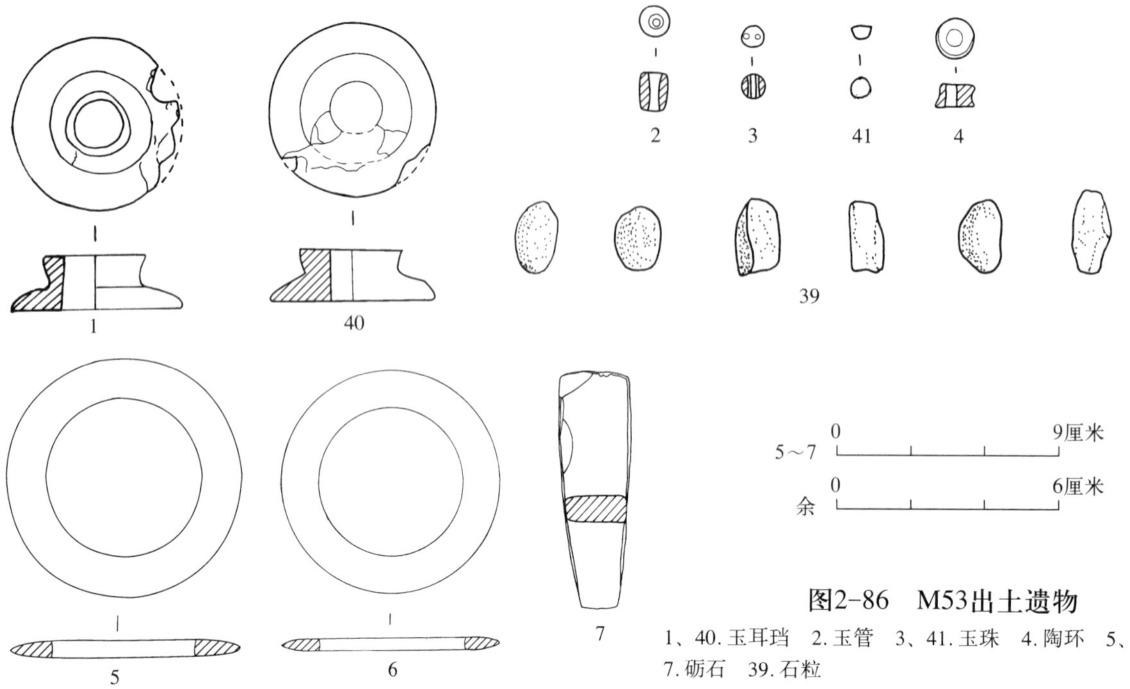

图2-86　M53出土遗物

1、40. 玉耳珰　2. 玉管　3、41. 玉珠　4. 陶环　5、6. 石环　7. 砺石　39. 石粒

另一侧有一鸡冠耳。口径 8.4、底径 12.4、高 30 厘米（图 2-87，14）。

M53：15，陶豆。火候较低，出土时较为残碎，不能复原。泥质黑衣褐陶。

M53：16，陶豆。火候较低，出土时较为残碎，不能复原。泥质黑衣褐陶。直口，折腹，浅盘，高喇叭形圈足，圈足上有弦纹。

M53：17，陶器盖。泥质黑陶。覆碟形，矮喇叭形捉手，盖面斜弧，短平沿，尖圆唇。顶径 3.2、口径 9.4、高 2.9 厘米（图 2-87，17）。

M53：18，陶罐。未能复原。泥质褐陶。侈口，尖圆唇，折沿，弧腹内收，平底微内凹。口径 19.4、底径 9.8、复原高约 18.4 厘米（图 2-90，18）。

M53：18-1，陶壶。泥质黑衣褐陶。直口微敛，圆唇，高直领，圆鼓腹，矮圈足，器表残存少量红彩。口径 9.8、最大腹径 15.5、圈足径 10、高 18.4 厘米（图 2-90，18-1）。

M53：19-1，陶豆。出土时较为残碎，不能复原。泥质黑陶。直口，圆唇，折腹，浅盘，喇叭形圈足。口径 17、圈足径 13、残高 16 厘米（图 2-88，19-1）。

M53：19-2，陶豆。出土时较为残碎，不能复原。泥质黑衣陶。口残，弧腹，喇叭形圈足，圈足上有三角形镂孔。圈足径 12.4、残高 17.2 厘米（图 2-88，19-2）。

M53：20，陶豆。出土时较为残碎，不能复原。泥质褐陶。薄胎。弧腹，残盘，高圈足。圈足顶径 4.6、高 6.4 厘米（图 2-88，20）。

M53：21，陶豆。泥质黑陶。直口，圆唇，折腹，深盘，高喇叭形圈足。口径 21.5、圈足径 11.5、复原高约 15.8 厘米（图 2-88，21）。

M53：22，陶罐。火候较低，出土时坍塌碎成一大片，不能复原。泥质黑衣褐陶。器形较大。

M53：23，陶器盖。火候较低，未能复原。泥质黑陶。覆碗形，矮喇叭形捉手，盖面圆弧，

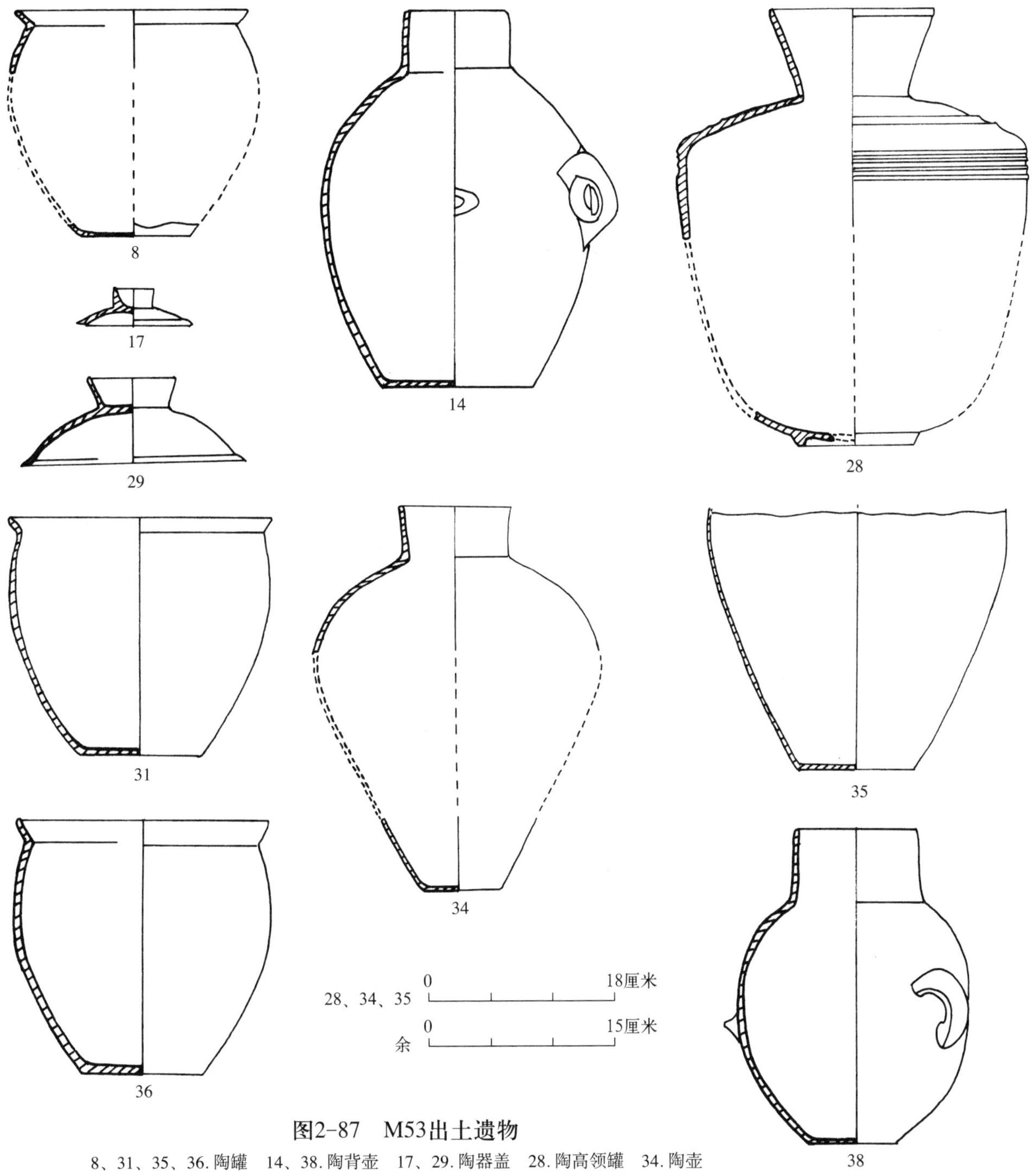

图2-87　M53出土遗物

8、31、35、36.陶罐　14、38.陶背壶　17、29.陶器盖　28.陶高领罐　34.陶壶

圆唇。

M53：24，陶鼎。与陶器盖M53：23相配。盆形，泥质褐陶，残存少量黑衣。敞口，尖圆唇，大斜折沿，折腹，圜底近平，瓦形足。口径27、高20厘米（图2-89，24）。

M53：25，陶鼎。火候较低，出土时较为残碎，不能复原。泥质黑陶。凿形足。

M53：26，陶豆。出土时较为残碎，未能复原。泥质黑陶。子口，尖唇，浅盘，残存上部圈足，圈足上有三角形和圆形镂孔，并有成排戳点纹。口径21.2、底径12、复原高24.8厘米（图2-88，26）。

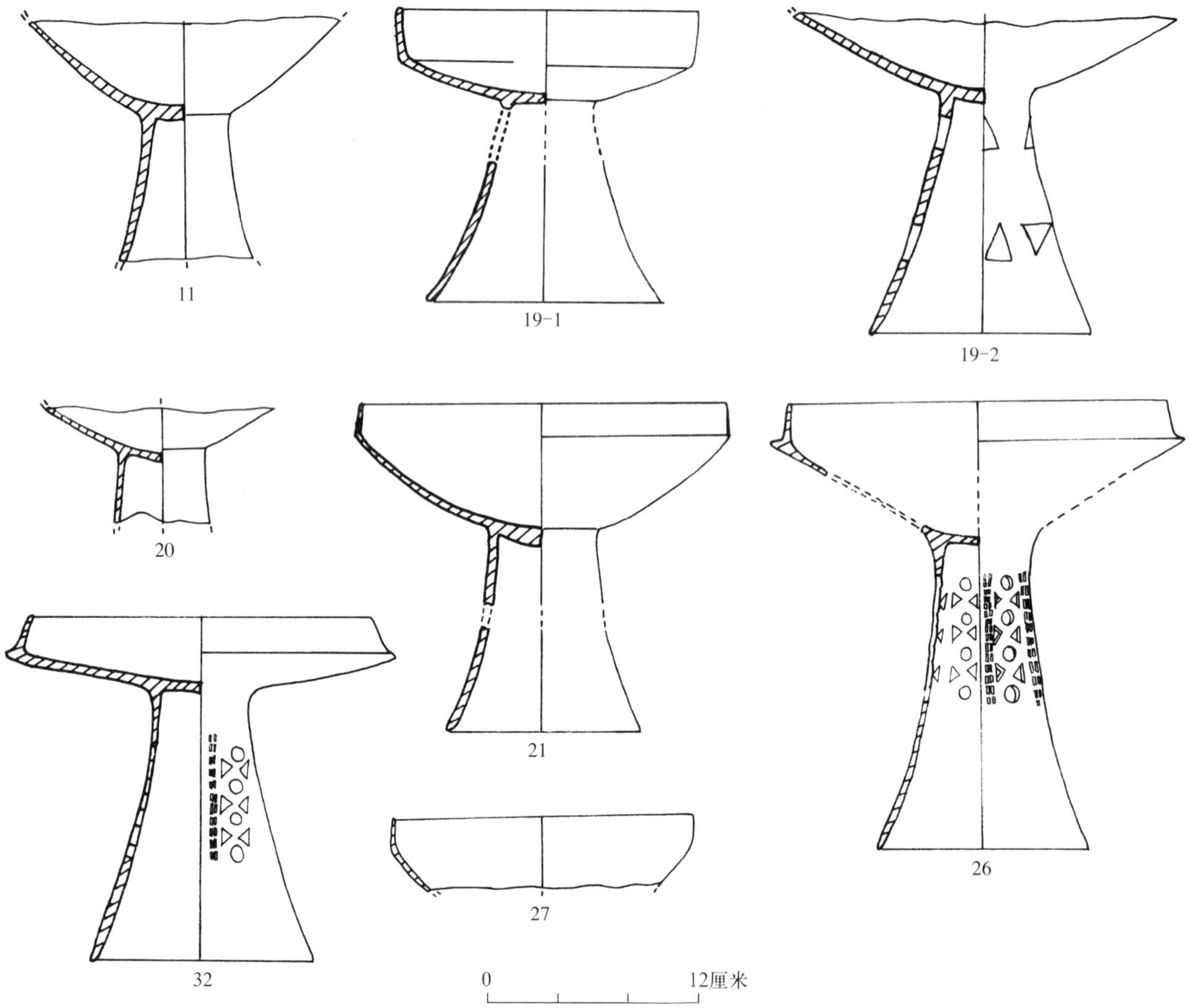

图2-88　M53出土遗物

11、19-1、19-2、20、21、26、27、32.陶豆

M53：27，陶豆。出土时较为残碎，未能复原。泥质褐陶。直口微敛，尖唇，折腹。口径17、残高4厘米（图2-88，27）。

M53：28，陶高领罐。出土时较为残碎，未能复原。泥质褐胎黑皮陶。侈口，圆唇，高颈斜内收，折肩，深腹，假圈足，肩部上有一周圆形按窝纹饰，肩部下有4周凸棱。口径16、腹径34、底径11.4、复原高约40.8厘米（图2-87，28）。

M53：29，陶器盖。与陶鼎M53：30相配。泥质黑衣褐陶。覆碗形，矮喇叭形捉手，盖面圆弧，短斜折沿，尖唇。捉手径7.4、口径18.6、高6.9厘米（图2-87，29）。

M53：30，陶鼎。出土时M53：29陶器盖置于其上。夹细砂红褐陶、残存少量红衣。侈口，尖唇，短平沿，上腹近直，下腹折内收成圜底，三凿形足，足根有一突纽，上腹部有2个鸡冠耳。口径19.2、高15.2～15.6厘米（图2-89，30；彩版八一，6）。

M53：31，陶罐。泥质灰褐陶。侈口，圆唇，折沿，弧腹内收，平底。口径21.6、底径10、高19厘米（图2-87，31；彩版八一，7）。

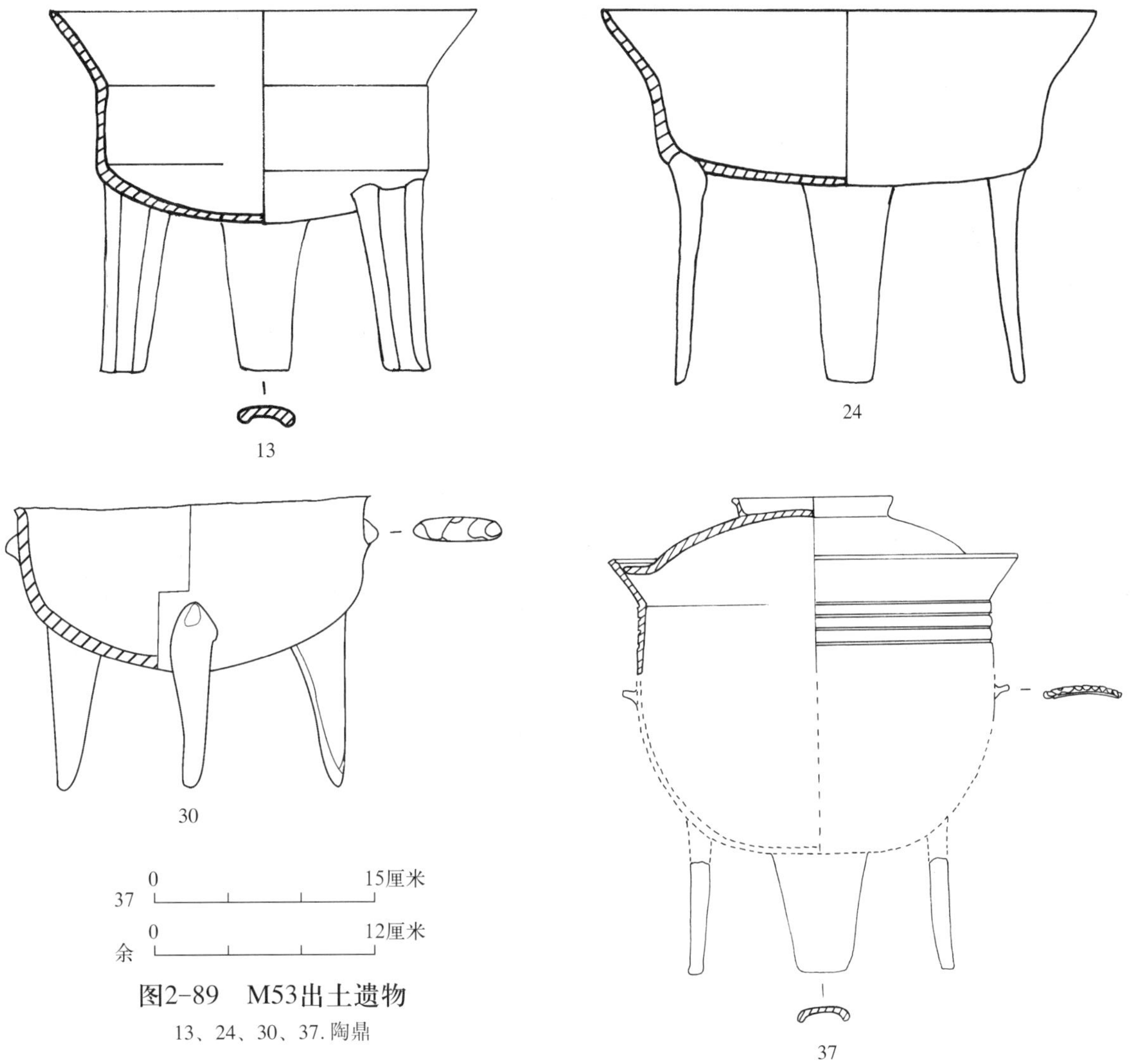

图2-89　M53出土遗物

13、24、30、37.陶鼎

M53：32，陶豆。出土时较为残碎。泥质黑衣灰陶。子口，尖唇，浅盘，高喇叭形圈足，圈足上有成组圆形和三角形镂孔，间以成排戳点纹。口径 19、底径 12.4、高 18.8 厘米（图 2-88，32）。

M53：33，陶盆。泥质黑衣褐陶。敞口，圆唇，短平沿，弧腹内收，平底微内凹，腹部有两周凸棱。口径 54、底径 27、高 22 厘米（图 2-90，33）。

M53：34，陶壶。出土时较为残碎，不能复原。泥质黑衣褐陶。直口微侈，圆唇，短直颈，圆肩，弧腹内收，平底。口径 11、最大腹径 28.2、底径 7.6、复原高约 34.8 厘米（图 2-87，34）。

M53：35，陶罐。出土时较为残碎，不能复原。泥质黑衣褐陶。残存下半部。弧腹内收，平底微内凹。底径 11.2、残高 24.8、厚 0.3 厘米（图 2-87，35）。

M53：36，陶罐。泥质黑衣褐陶。侈口，圆唇，折沿，弧腹，平底。口径 20.4、最大腹径 20.8、底径 9.6、高 20.2 厘米（图 2-87，36；彩版八一，8）。

M53：37，陶鼎。火候较低，出土时较为残碎，未能复原。夹植物红陶。带盖。侈口，方圆

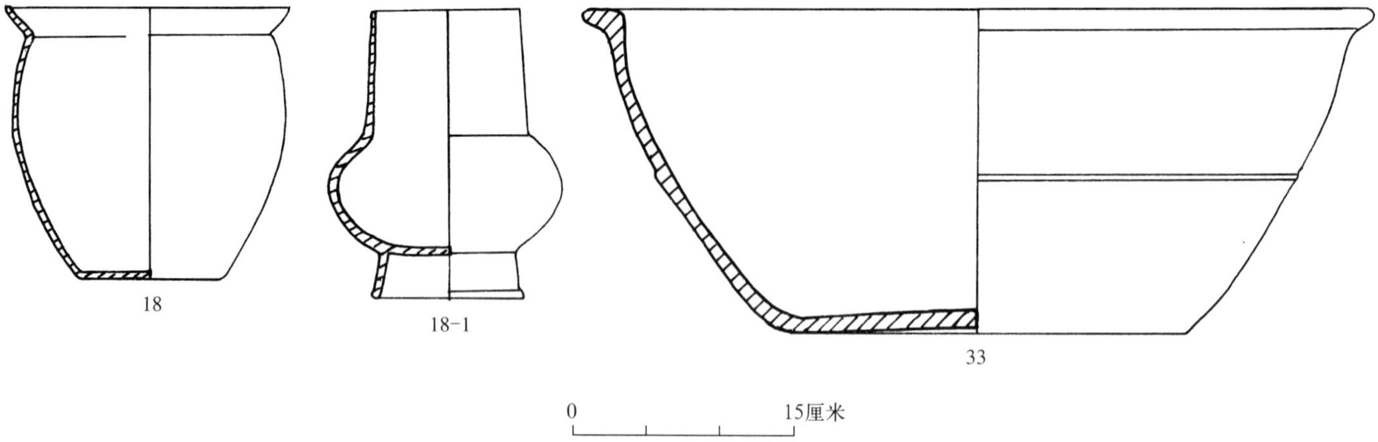

图2-90 M53出土遗物

18. 陶罐 18-1. 陶壶 33. 陶盆

唇，折沿，沿面有一周凹槽，肩部有四周凹槽，弧腹，腹部两侧有两个把手，鸡冠耳，圜底，瓦形足。口径 28.5、复原高约 27.75 厘米。盖为覆盘形，短捉手，盖面斜弧，短平沿。器盖捉手径 12.9、口径 29.6、高 5.6 厘米（图 2-89，37）。

M53：38，陶背壶。出土时较为残碎，泥质黑衣褐陶。直口微敛，尖圆唇，短颈，圆弧腹，平底。腹部有一个半环形耳，另一侧有一个鸟喙形突纽。口径 10、底径 9.5、高 25.2 厘米（图 2-87，38）。

M53：39，石粒。自然小石块，共 6 粒。

M53：39-1，近椭圆形。长 2、宽 1.15 厘米（图 2-86，39-1）。

M53：39-2，椭圆形。长 1.8、宽 1.3 厘米（图 2-86，39-2）。

M53：39-3，多边形。长 2、宽 1.2 厘米（图 2-86，39-3）。

M53：39-4，近长边形。长 1.9、宽 1 厘米（图 2-86，39-4）。

M53：39-5，卵形。长 1.9、宽 1.15 厘米（图 2-86，39-5）。

M53：39-6，不规则形。长 1.2、宽 1.1 厘米（图 2-86，39-6）。

M53：40，玉耳珰。经鉴定为蛇纹石材质。白色，腰鼓形，两端平直，中间圆孔，圆孔边缘圆钝，为管钻而成，通体磨光，局部残。一面直径 4、另一面直径 3.2、孔径 0.82～0.95、高 0.9 厘米（图 2-86，40；彩版八一，9）。

M53：41，玉珠。经鉴定为蛇纹石材质。残，白色，圆球形。直径 0.5 厘米（图 2-86，41）。

21. M54

位于 TE14S1 南部。开口于⑨层下，被 H79、H101 打破。H79 做到底之后即发现头盖骨残痕，遂仔细刮面寻找墓葬范围，2017 年 12 月 11 日确定墓葬范围。因器物主要集中在南侧，北侧有单独 1 件器物，一开始划作 2 座具有打破关系的墓葬，后清理确定为 1 座，编号 M54，17 日清理完毕。

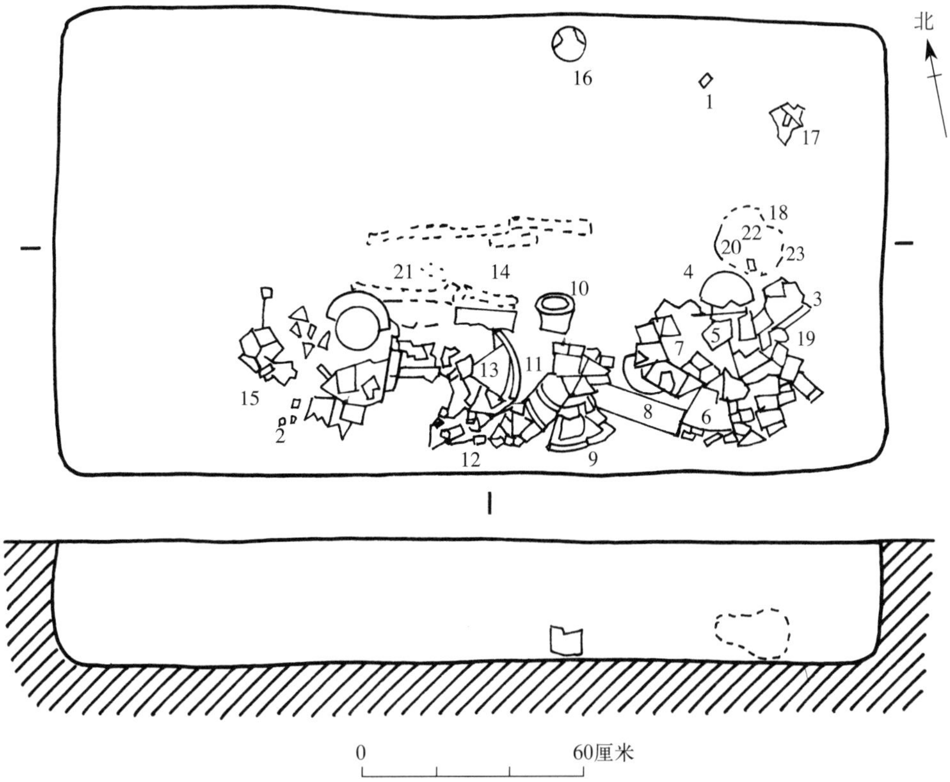

图2-91　M54平、剖面图

1. 石锛　2. 玉管　3、7、16、17. 陶罐　4、9～13、15、19. 陶豆　5. 陶背壶　6. 陶壶　8、14. 砺石　18. 绿松石坠　20、22、23. 玉珠　21. 石粒

墓坑呈圆角长方形，墓向 97°（图 2-91；彩版八二，1）。墓口长 2.20、宽 1.22 米。墓口距地表深 0.77 米，墓底距墓口深 0.34 米。填土为深灰褐土夹杂较多杂乱炭屑、红烧土颗粒、黄褐色生土块。单人葬，保存较差，仅存少量骨骼残痕。

随葬品主要位于人骨南侧一排和头部横排，多残碎，共有随葬品 23 件（彩版八二，2～5），其中陶器 14 件、石器 4 件、玉器 4 件、绿松石 1 件。

M54∶1，石锛。灰白色，扁方形，有段，通体磨光，刃部有崩痕。长 4、宽 3.2、最厚处 0.9 厘米（图 2-92，1；彩版八二，6）。

M54∶2，玉管。青白色，管形，中间穿孔，穿孔为对钻而成。长 1、外径 1、孔径 0.15～0.4、厚 0.15～0.4 厘米（图 2-92，2；彩版八三，1）。

M54∶3，陶罐。泥质黑陶。敞口，圆唇，折沿，弧腹内收，平底。口径 13、底径 6.4、高 11.1 厘米（图 2-93，3；彩版八三，2）。

M54∶4，陶豆。火候较低，出土时较为残碎，不能复原。泥质黑陶。直口，浅盘。

M54∶5，陶背壶。出土时即残缺不全，不能复原。泥质红陶。口残，弧腹内收，平底，腹部有 1 个半环形耳。底径 9.6、残高 18 厘米（图 2-93，5）。

M54∶6，陶壶。出土时即残缺不全，不能复原。泥质黑衣灰陶。口残，直腹内收，平底，腹部有 1 个泥突。底径 8、残高 18 厘米（图 2-93，6）。

M54∶7，陶罐。出土时较为残碎，不能复原。泥质灰陶。敛口，尖唇，折沿，弧腹内收，底

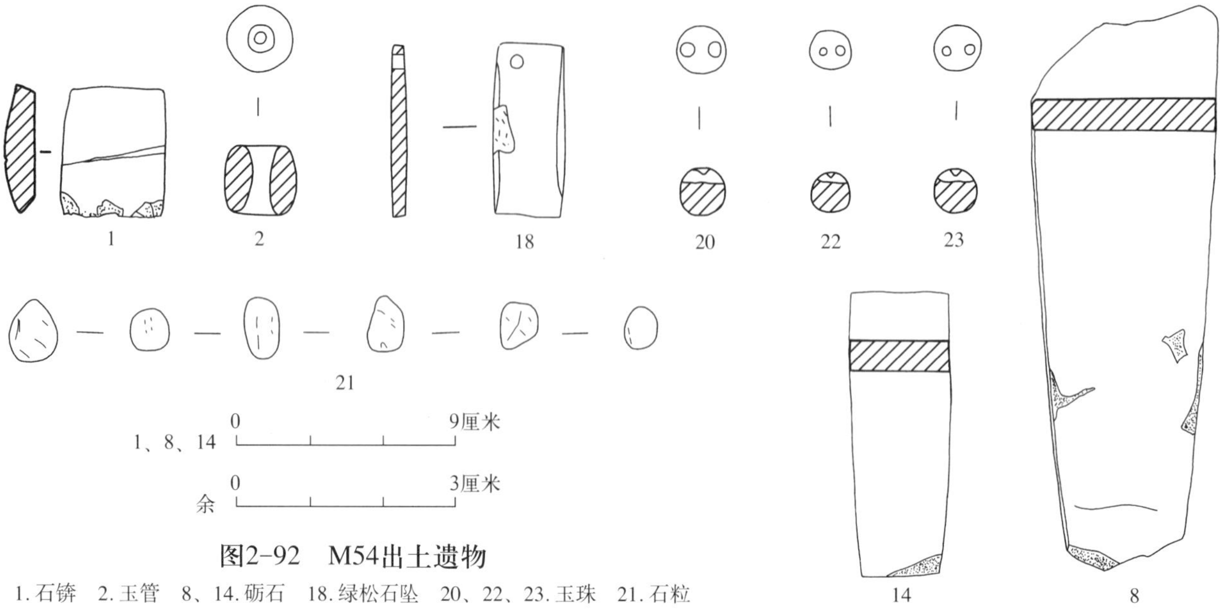

图2-92　M54出土遗物

1. 石锛　2. 玉管　8、14. 砺石　18. 绿松石坠　20、22、23. 玉珠　21. 石粒

残。口径16、残高13.6厘米（图2-93，7）。

M54：8，砺石。灰色，近长条形，通体磨平，局部有疤。长22.4、宽4.8～7.5、厚0.7～1.4厘米（图2-92，8；彩版八三，3）。

M54：9，陶豆。泥质黑陶。直口，尖圆唇，折腹，浅盘，高喇叭形圈足，圈足上有圆形和三角形镂孔。口径21.8、圈足径12、高19.4厘米（图2-93，9；彩版八三，4）。

M54：10，陶豆。泥质红陶。直口微侈，尖唇，折腹，深盘，矮喇叭形圈足。口径20、圈足径10.3、高12.4厘米（图2-93，10；彩版八三，5）。

M54：11，陶豆。火候较低，出土时较为残碎，不能复原。泥质黑衣褐陶。直口，浅盘，高喇叭形圈足，圈足上部有凸棱，中间有镂孔。

M54：12，陶豆。火候较低，出土时较为残碎，不能复原。泥质黑衣褐陶。直口，尖唇，折沿，浅盘，高圈足。口径19、残高7厘米（图2-93，12）。

M54：13，陶豆。火候较低，出土时较为残碎，不能复原。泥质黑陶。直口，浅盘，高喇叭形圈足，圈足上有三角和菱形镂孔。圈足径14.6、残高10厘米（图2-93，13）。

M54：14，砺石。灰绿色砂岩，近长方形，上宽下窄，通体磨平。长11.5、宽3.1～4、厚1.2厘米（图2-92，14；彩版八三，6）。

M54：15，陶豆。火候较低，出土时较为残碎，不能复原。泥质黑陶。子口，尖圆唇，浅盘，高喇叭形圈足。豆盘口径22.4、圈足底径13.2、复原高约18厘米（图2-93，15）。

M54：16，陶罐。出土时即为几片碎片，单独位于墓坑北侧，不能复原。夹植物红褐陶。

M54：17，陶罐。出土时即为几片碎片，不能复原。泥质黑衣灰陶。侈口，圆唇，折沿，弧腹，腹底残。口径13、残高4.9厘米（图2-93，17）。

M54：18，绿松石坠。翠绿色，近长方形，两端平直，上端中部有一对钻小孔，通体磨光，有疤痕。长2.45、宽1、厚0.25～0.3厘米（图2-92，18；彩版八三，7）。

图2-93　M54出土遗物
3、7、16、17.陶罐　9、10、12、13、15、19.陶豆　5.陶背壶　6.陶壶

M54：19，陶豆。出土时较为残碎，不能复原。泥质黑陶。子口，尖唇，折沿，浅盘，高圈足，足残。口径19、残高8.6厘米（图2-93，19）。

M54：20，玉珠。经检测为蛇纹石材质。白色，圆球形，牛鼻耳孔，一端对钻出小隧孔，制作精巧。直径0.7、孔径0.2～0.3厘米（图2-92，20；彩版八三，9右）。

M54：21，石粒。白色，共有6粒（图2-92，21；彩版八三，8）。

M54：21-1，近椭圆形。长0.9、宽0.7厘米（图2-92，21-1）。

M54：21-2，近圆形。长0.6、宽0.6厘米（图2-92，21-2）。

M54：21-3，近椭圆形。长0.85、宽0.55厘米（图2-92，21-3）。

M54：21-4，不规则形。长 0.8、宽 0.6 厘米（图 2-92，21-4）。

M54：21-5，不规则形。长 0.7、宽 0.6 厘米（图 2-92，21-5）。

M54：21-6，近椭圆形。长 0.6、宽 0.45 厘米（图 2-92，21-6）。

M54：22，玉珠。经检测为透闪石材质。青绿色，球形，牛鼻耳孔，一端对钻出小隧孔，制作精巧。直径 0.6、孔径 0.15～0.2 厘米（图 2-92，22；彩版八三，9 中）。

M54：23，玉珠。经检测为透闪石材质。红褐色，球形，牛鼻耳孔，一端对钻出小隧孔，制作精巧。直径 0.65、孔径 0.2 厘米（图 2-92，23；彩版八三，9 左）。

22. M55

位于TE14S1中东部。开口于⑩层下。2017年12月16日发掘⑩层后刮面，发现有一圆形灰土，划成灰坑，后出土大量密集完整碎陶器，疑为墓葬，重新刮面，勉强划出墓葬范围，发掘过程不断校正，终于验证正确，次日编号 M55。18 日，西北角又出一组器物，继而出现人骨，头端随葬品据高度判断在人骨之上 0.20 米，最南侧人骨南侧有黑灰木炭似为板灰。12 月 19 日清理完毕。

墓坑呈圆角长方形，墓向 106° （图 2-94；彩版八四，1）。墓口长 2.82、宽 1.40 米。墓口

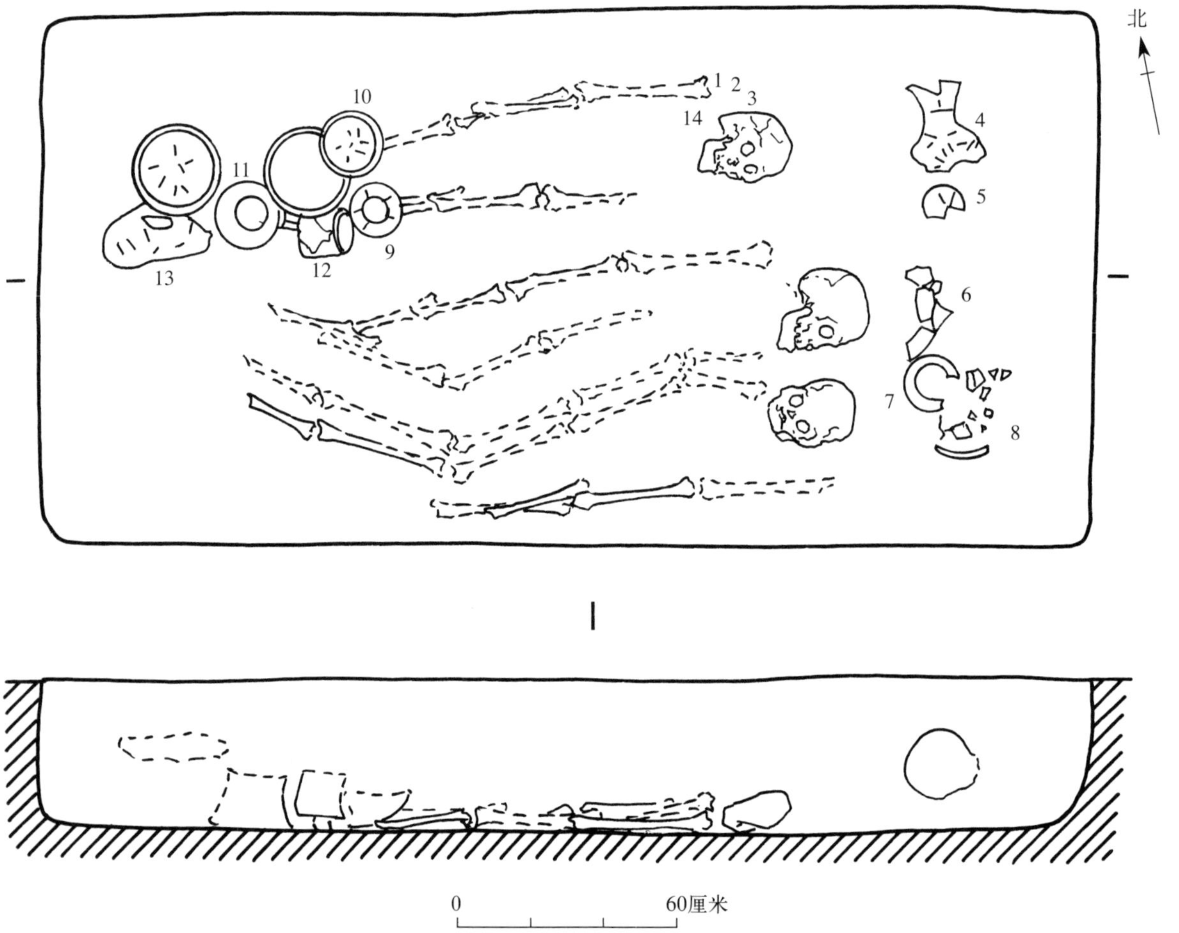

图2-94　M55平、剖面图

1～3. 绿松石坠　4、10、11、13. 陶豆　5、7～9. 陶罐　6、12. 陶鼎　14. 陶耳珰

距地表深 0.62 米，墓底距墓口深 0.40 米。填土为黄褐色，微发暗，夹杂均匀黑褐色铁锰结核颗粒与灰色粉质黏土混杂，较硬。三人葬，骨骼保存极差。北侧人骨仰身直肢，南侧两具人骨侧身屈肢。

随葬品有两组，一组位于北侧人骨脚部，一组位于三具人骨东部呈南北一排。共有陶器 11 件。北侧人头骨右耳处有 3 件绿松石坠（彩版八四，2～4）。

M55：1，绿松石坠。浅绿色，梯形，两端微弧，顶端有一对钻小孔，通体磨光。长 1.5、宽 1、厚 0.2 厘米（图 2-95，1；彩版八五，1 左）。

M55：2，绿松石坠。浅绿色，梯形，两端微弧，顶端有一对钻小孔，通体磨光。长 1.4、宽 0.9、厚 0.15 厘米（图 2-95，2；彩版八五，1 中）。

M55：3，绿松石坠。浅绿色，梯形，两端微弧，顶端有一对钻小孔，通体磨光。长 1.25、宽 0.9、厚 0.15 厘米（图 2-95，3；彩版八五，1 右）。

M55：4，陶豆。泥质黑陶。敛口，圆唇，短沿，折腹，深盘，高喇叭形圈足，圈足中上部有数周凹弦纹，上有 4 竖排圆形镂孔，每排 4 个。口径 23、圈足径 14、高 21 厘米（图 2-95，4；彩版八五，2）。

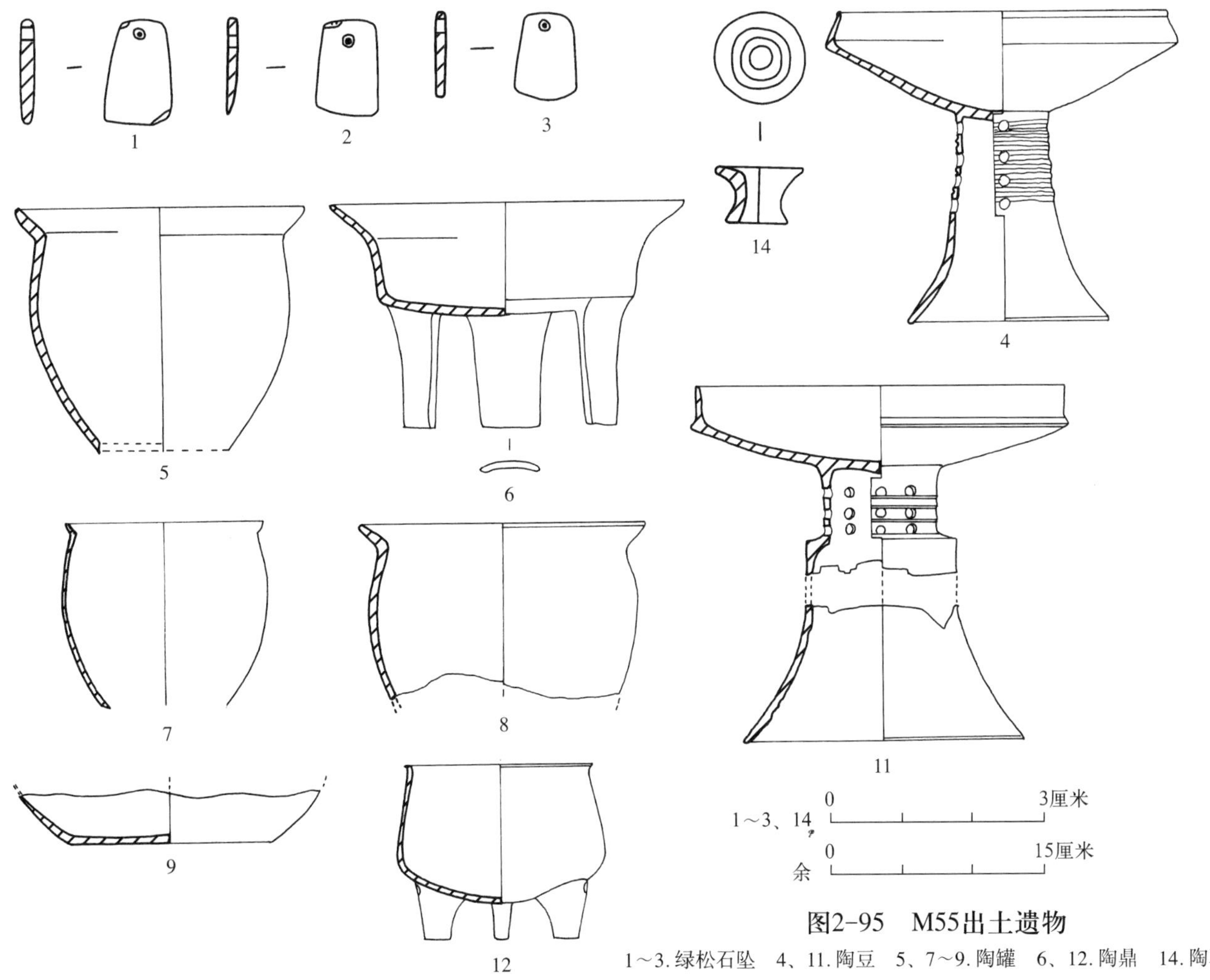

图2-95　M55出土遗物

1～3. 绿松石坠　4、11. 陶豆　5、7～9. 陶罐　6、12. 陶鼎　14. 陶耳珰

M55：5，陶罐。出土时即残缺不全，不能复原。泥质黑皮灰褐陶。侈口，圆唇，折沿，弧腹，底残。口径20、残高17厘米（图2-95，5）。

M55：6，陶鼎。盆形鼎。出土时即残缺不全。泥质灰陶。敞口，圆唇，折沿，斜腹内收，平底微弧，瓦形足。口径24.4、高15.4厘米（图2-95，6；彩版八五，3）。

M55：7，陶罐。出土时即残缺不全。泥质灰陶。侈口，尖圆唇，折沿，弧腹，平底。口径13.6、残高12厘米（图2-95，7）。

M55：8，陶罐。出土时即残缺不全。泥质黑衣褐陶。侈口，圆唇，折沿，弧腹，底残。口径21、残高12厘米（图2-95，8）。

M55：9，陶罐。出土时较为残碎，不能复原。泥质灰陶，薄胎，残存下部。斜腹，平底。底径15、残高3.8厘米（图2-95，9）。

M55：10，陶豆。火候较低，出土时较为残碎，不能复原。泥质黑陶。直口，浅盘。

M55：11，陶豆。泥质黑陶。子口，尖唇，浅盘，高喇叭形圈足，圈足上部有数道凹弦纹，有4竖排圆形镂孔，每排3个，圈足中部有台阶。口径26、圈足径20、复原高25厘米（图2-95，11）。

M55：12，陶鼎。夹细砂红褐陶。敛口，尖唇，短平沿，上腹斜直，下腹折内收，圜底，凿形足，足根突起，下有一按窝，足尖残。口径13、残高12厘米（图2-95，12；彩版八五，4）。

M55：13，陶豆。火候较低，出土时较为残碎，不能复原。泥质黑衣褐陶。子口，浅盘，喇叭形圈足。

M55：14，陶耳珰。泥质黑陶。亚腰形，孔径大于器身。出土时位于北侧人骨耳部。外径1.3、内径0.35、高0.8厘米（图2-95，14；彩版八五，5、6）。

23. M57

位于TE14N1东南部。开口于④层下，被M56打破。

墓坑呈长方形，墓向93°（图2-96；彩版八六，1、2）。墓口长2.17、宽0.98米。墓口距地表深0.67米，墓底距墓口深0.29米。双人葬，骨骼保存极差。北侧人骨侧身屈肢，面向南，南侧人骨仰身直肢。性别难辨，年龄为成年。

两具人骨颈部均有1件绿松石片，其他随葬品位于头端和脚端，共有14件陶器（彩版八六，3）。

M57：1，绿松石片。翠绿色，呈窄梯形，顶部有一钻孔。长1.2、宽1.2、厚0.25、孔径0.2厘米（图2-97，1；彩版八六，4）。

M57：2，绿松石片。浅绿色，整体呈长方梯形，顶部有一钻孔。长2.1、宽1.3、厚0.3、孔径0.2厘米（图2-97，2；彩版八六，5）。

M57：3，陶杯。泥质黑衣褐陶。直口，圆唇，溜肩，下腹微鼓，矮圈足。口径6、底径6.8、高9厘米（图2-97，3；彩版八七，1）。

M57：4，陶豆。泥质灰褐陶。直口微敛，尖唇，浅盘，喇叭形圈足，圈足上有三列圆形镂孔，每列3个。口径21、圈足径11.2、高14厘米（图2-98，4；彩版八六，6）。

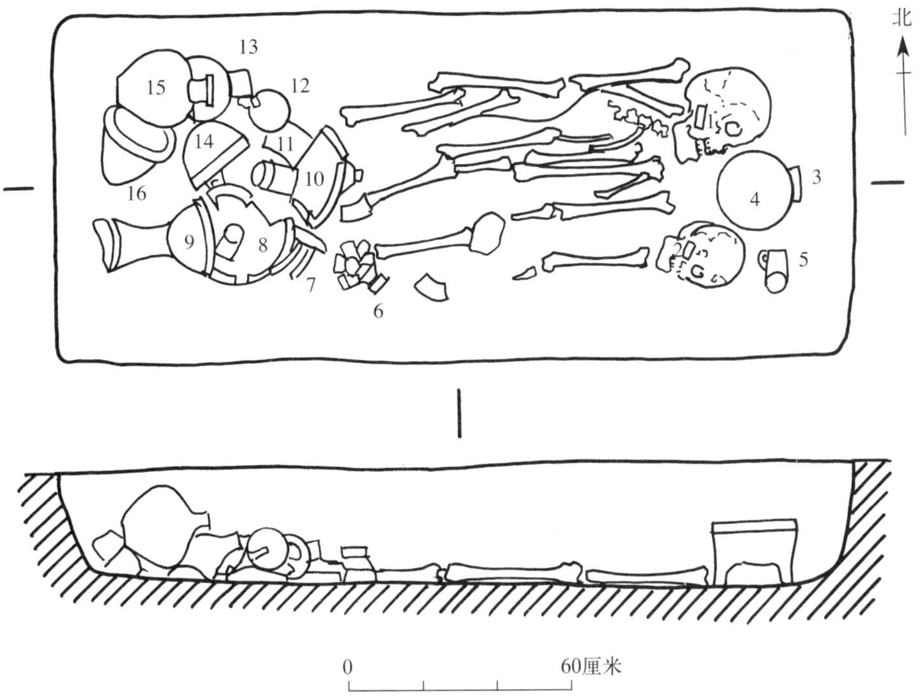

图2-96　M57平、剖面图

1、2. 绿松石片　3. 陶杯　4、7～10、14. 陶豆　5、12. 陶鼎　6. 陶纺轮　11、16. 陶罐　13、15. 陶壶

M57：5，陶鼎。器形较小。夹细砂红褐陶。侈口，圆唇，折沿，弧腹内收，圜底，三凿形足，足根有一个按窝。口径 8、高 9.4 厘米（图 2-97，5；彩版八七，2）。

M57：6，陶纺轮。泥质黑衣褐陶。圆饼状，剖面呈梯形，两面较平整，两侧略弧。直径 3.5～4.1、孔径 0.7～0.8、厚 1.5 厘米（图 2-97，6）。

M57：7，陶豆。泥质黑衣褐陶。敛口，尖唇，折沿，深盘，下腹外壁有一凸棱，矮喇叭形圈足，圈足上有三个圆形镂孔。口径 19.6、圈足径 11、高 13.2 厘米（图 2-98，7；彩版八七，3）。

M57：8，陶豆。泥质黑衣褐陶。直口微敛，方圆唇，折沿，浅盘，高喇叭形圈足，圈足上有 4 排三角形镂孔，第一排 8 个，第二排 9 个，第三四排 10 个。口径 24.4、圈足径 13.6、高 21 厘米（图 2-98，8；彩版八七，4）。

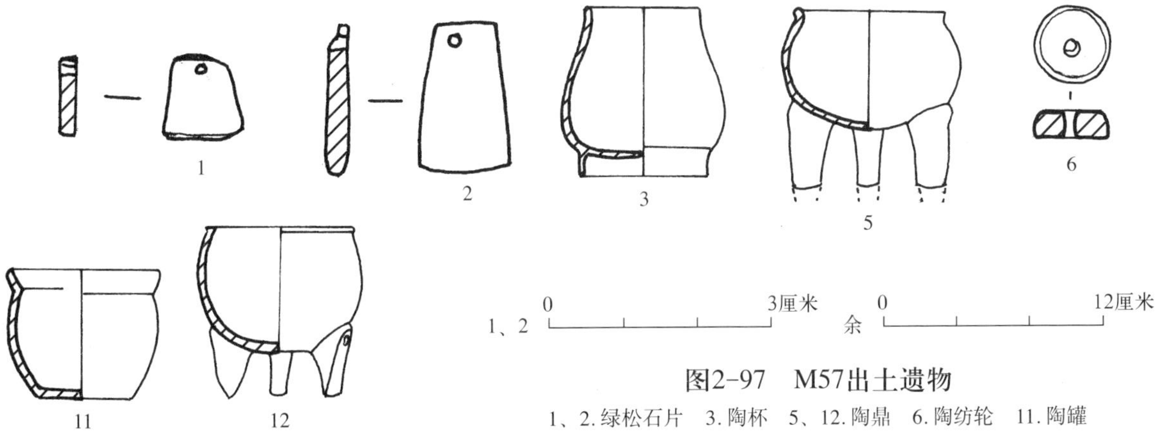

图2-97　M57出土遗物

1、2. 绿松石片　3. 陶杯　5、12. 陶鼎　6. 陶纺轮　11. 陶罐

M57：9，陶豆。火候较低，未能复原。泥质黑衣红褐陶。敛口，尖圆唇，浅盘，高直筒形柄，喇叭形圈足，柄部饰有凹弦纹。口径20.8、圈足径14.4、复原高约24厘米（图2-98，9）。

M57：10，陶豆。泥质黑衣褐陶。敛口，圆唇，深盘，矮喇叭形圈足，圈足有四列对称的圆形镂孔，每列有两个。口径19.6、圈足径11.2、高15.6厘米（图2-98，10）。

M57：11，陶罐。夹石英灰褐陶。微敛口，圆唇，折沿，弧腹，平底。口径8.2、底径5、高6.8厘米（图2-97，11）。

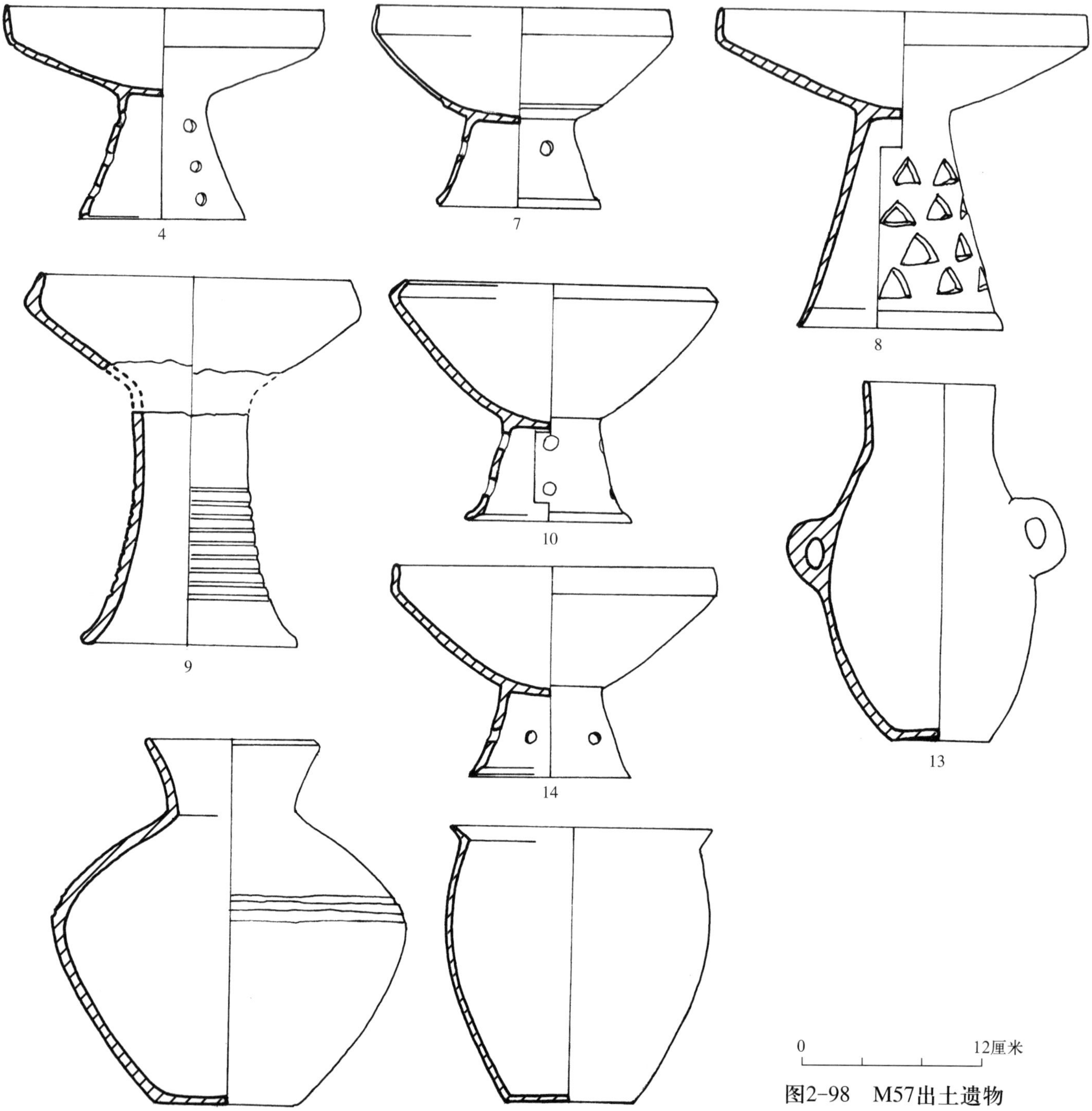

图2-98　M57出土遗物

4、7～10、14. 陶豆　13、15. 陶壶　16. 陶罐

M57：12，陶鼎。器形较小。夹砂红褐陶。侈口，尖唇，折沿，弧腹，平底，凿形足，足根有一凸起和按窝。口径 8、高 9 厘米（图 2-97，12；彩版八七，5）。

M57：13，陶壶。泥质黑衣褐陶。直口微敛，圆唇，短颈，弧腹，平底微内凹，腹部有两个器耳。口径 8.6、底径 6.6、高 22.6 厘米（图 2-98，13；彩版八七，6）。

M57：14，陶豆。泥质黑衣灰陶。直口微敛，圆唇，折腹，深盘，喇叭形圈足，圈足上有一横排五个圆形镂孔。口径 21.4、圈足径 11、高 13.8 厘米（图 2-98，14；彩版八七，7）。

M57：15，陶壶。泥质灰褐陶。侈口，方唇，短颈，溜肩，鼓腹内收，平底。口径 11.6、最大腹径 23.6、底径 9.4、高 23.8 厘米（图 2-98，15；彩版八七，8）。

M57：16，陶罐。泥质红陶。侈口，尖唇，折沿，溜肩，弧腹内收，平底。口径 17.4、底径 8、高 18 厘米（图 2-98，16；彩版八七，9）。

24. M58

位于 TE14N1 东北部。开口于④层下。

墓坑呈长方形，墓向 125°（图 2-99；彩版八八，1）。墓口长 2.01、宽 0.97 米。墓口距地表深 0.75 米，墓底距墓口深 0.31 米。单人葬，仰身直肢，骨骼保存极差。性别难辨，年龄为成年。

随葬品主要位于南侧，共有 27 件（彩版八八，2、3），其中陶器 20 件、石器 5 件、玉器 2

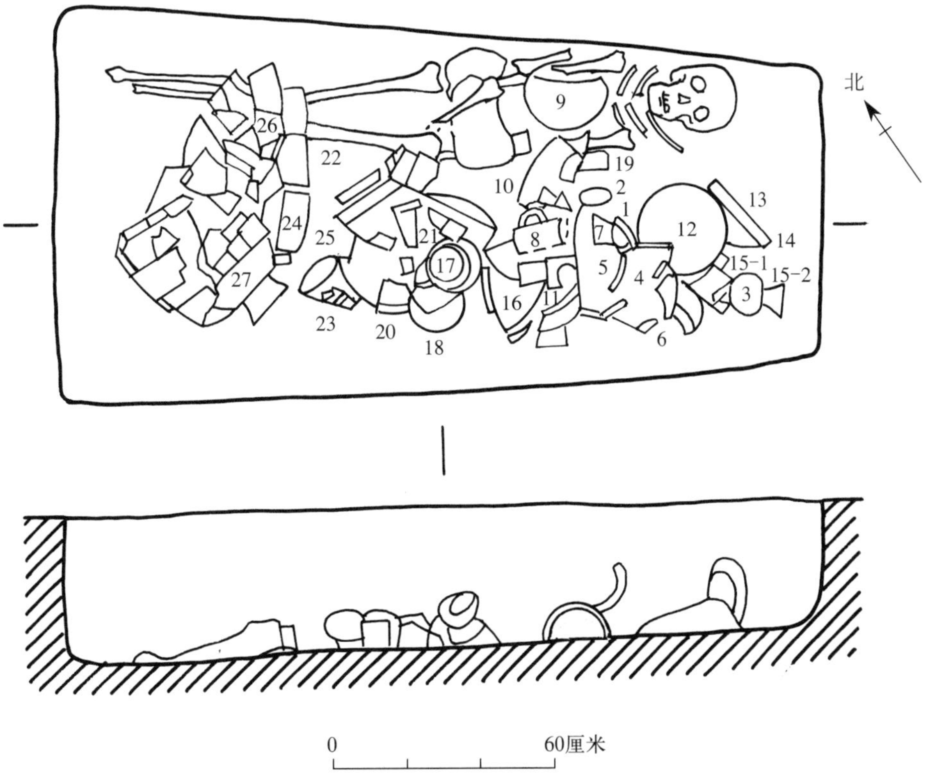

图2-99　M58平、剖面图

1. 玉璜　2. 玉指环　3、23、27. 陶壶　4～6、9、18、20. 陶罐　7. 陶杯形尊　8. 陶杯　10. 陶背壶　11～13、16、21. 陶豆　14. 石凿　15-1、-2. 石锛　17. 陶双鼻壶　19. 石锛　22. 陶鼎　24、25. 砺石　26. 陶盆

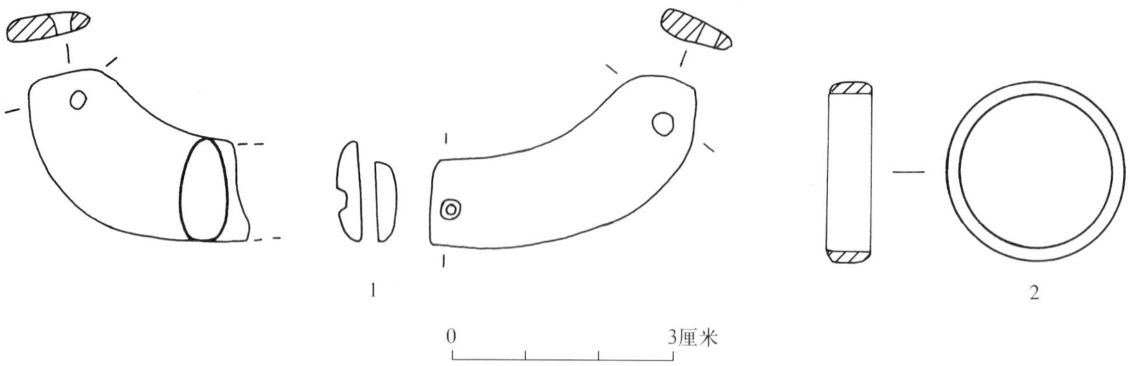

图2-100　M58出土遗物

1. 玉璜　2. 玉指环

件（彩版八九，1、2）。

M58：1，玉璜。经检测为玉髓材质。分体式璜，白色，琢磨光滑润亮，器扁圆弧形，中间分开两面平齐，并有一暗槽相连，两端各有一个对钻孔，组合处有一钻孔未穿透。左半连接处残，左残长3、厚0.65、孔径0.2～0.5厘米，右长3.6、厚0.7、孔径0.3厘米（图2-100，1；彩版八九，3）。

M58：2，玉指环。经检测为蛇纹石材质。乳白色，环形，剖面呈圆角长方形，外径2.4、内径2.1、宽0.6厘米（图2-100，2；彩版八九，4）。

M58：3，陶壶。泥质黑衣褐陶。敞口，尖唇，长颈内收，圆鼓腹，平底。口径8.4、最大腹径14.4、底径6、高18厘米（图2-101，3；彩版九〇，1）。

M58：4，陶罐。出土时较为残碎，不能复原。泥质黑陶。侈口，圆唇，折沿，弧腹。口径17、残高8厘米（图2-102，4）。

M58：5，陶罐。泥质黑陶。侈口，圆唇，折沿，弧腹内收，平底。口径10.4、底径5.2、高9.5厘米（图2-102，5；彩版八九，5）。

M58：6，陶罐。未能复原。泥质褐陶。侈口，尖唇，折沿，弧腹内收，平底，器壁较薄。口径12、底径6.7、复原高13厘米（图2-102，6）。

M58：7，陶杯形尊。泥质黑衣褐陶。侈口，尖唇，短折沿，弧腹略直内收，矮圈足。口径10.2、底径5.4、高8.2厘米（图2-102，7；彩版九〇，2）。

M58：8，陶杯。泥质黑陶。侈口，尖圆唇，折沿，弧腹，假圈足，腹部有一宽带状把手，把手上有4道细凹槽。口径7、底径7.2、高12.8厘米（图2-101，8；彩版九〇，3）。

M58：9，陶罐。未能复原。泥质灰陶。侈口，尖唇，折沿，弧腹内收，平底，器壁较薄。口径17、底径6.8、复原高14厘米（图2-102，9）。

M58：10，陶背壶。泥质黑衣灰陶。直口微侈，方唇，矮颈，弧腹内收，平底微内凹，肩腹部两侧有一对半环形耳，两耳间较扁平，正对两耳的腹另一侧有一鸟喙状突纽。口径9.8、底径7、高27.6厘米（图2-101，10；彩版九〇，4）。

M58：11，陶豆。火候较低，出土时即为几片碎片。泥质黑衣褐陶。

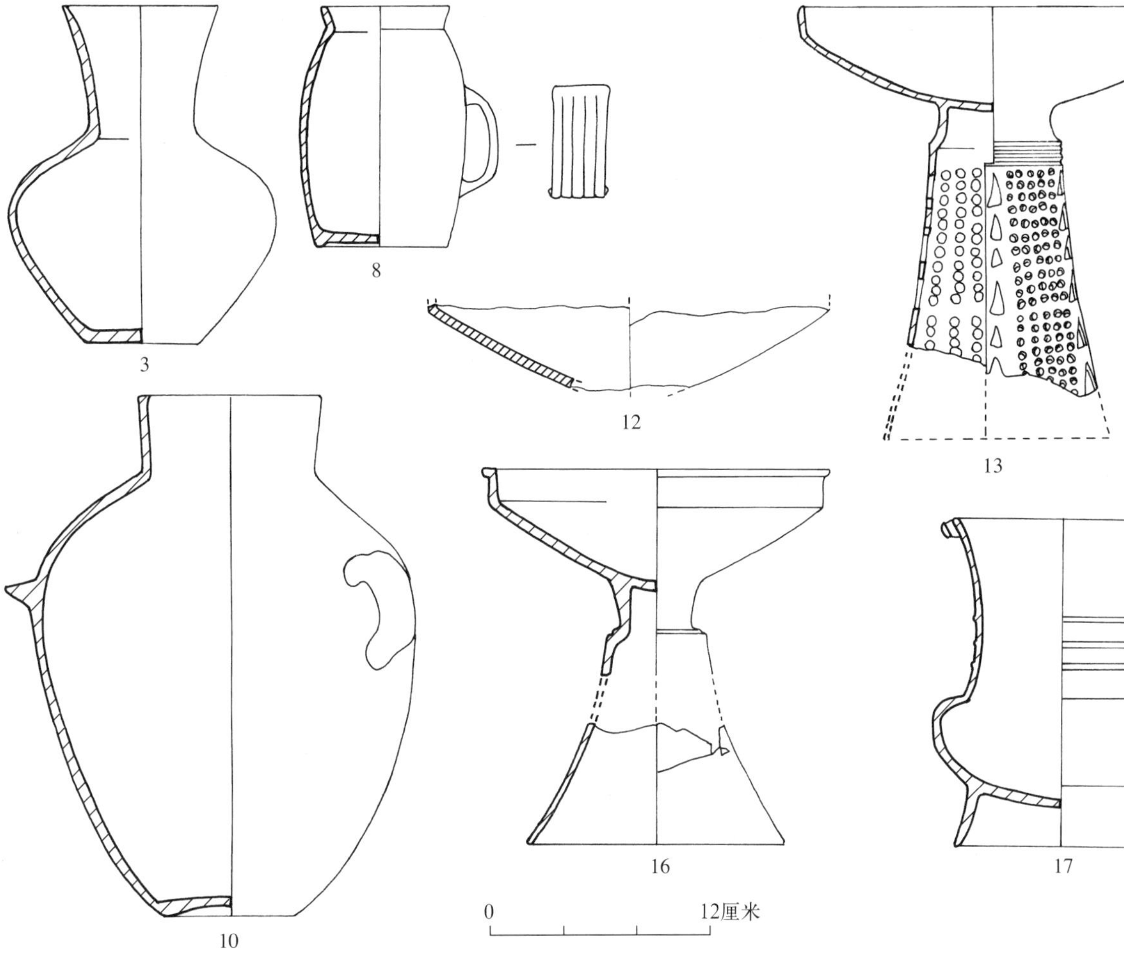

图2-101　M58出土遗物

3.陶壶　8.陶杯　10.陶背壶　12、13、16.陶豆　17.陶双鼻壶

M58：12，陶豆。火候较低，不能复原。泥质黑陶。直口微侈，圆唇，浅盘。口径22、残高7.4厘米（图2-101，12）。

M58：13，陶豆。器壁较薄，未能复原。泥质灰褐陶。直口，圆唇，折腹，浅盘，高喇叭形圈足，圈足顶部有三周凹槽，下为三角形和圆形镂孔，三角形镂孔有5列，每列有6个，圆形镂孔有四边4列，一边5列，每列有20个不等。口径21、残圈足底径约12.2、残高约23厘米（图2-101，13）。

M58：14，石凿。青灰色，整体略呈长方形，平顶，单面直刃，刃部锋利，磨制光滑，表面有崩疤。上宽2、刃宽1.7、长6.9、最厚处1.5厘米（图2-103，14）。

M58：15-1，石锛。断面呈黑色，磨面呈青灰色。呈不规则形，一侧平直，一侧折弧，平顶，斜弧刃。长5.6、宽1.25、最厚处5.5厘米（图2-103，15-1）。

M58：15-2，石锛。断面呈黑色，磨面呈青灰色。不规则形，一侧平直，一侧斜弧，平顶，双面刃。长4.5、宽1.35、最厚处1.3厘米（图2-103，15-2）。

M58：16，陶豆。火候较低，未能复原。泥质黑衣褐陶。侈口，方唇，折腹，浅盘，高喇叭形圈足，圈足上部起台阶。口径18.8、圈足径14、复原高20厘米（图2-101，16）。

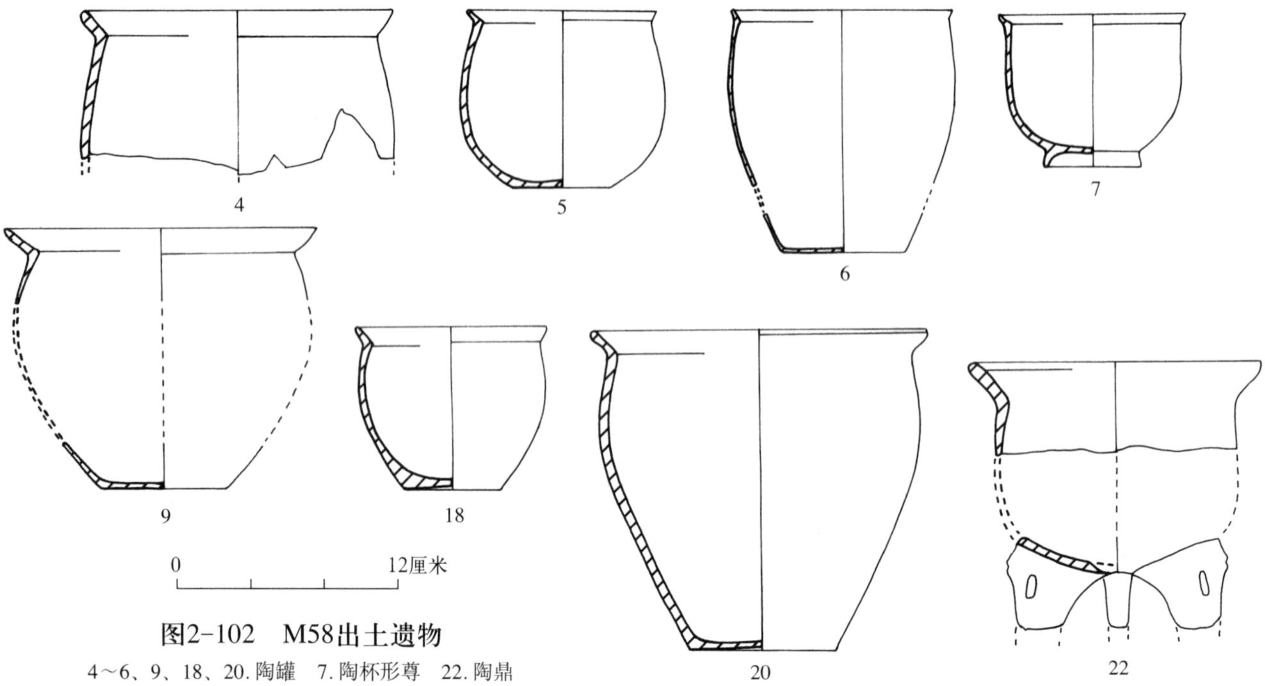

图2-102　M58出土遗物

4～6、9、18、20. 陶罐　7. 陶杯形尊　22. 陶鼎

M58：17，陶双鼻壶。泥质红陶。直口微敞，圆唇，沿下有双鼻，长颈，鼓腹内收，矮喇叭形圈足，颈部有3周凸棱。口径11.8、底径11.6、高17.4厘米（图2-101，17；彩版九〇，5）。

M58：18，陶罐。泥质红褐陶。侈口，圆唇，折沿，弧腹内收，平底微内凹。口径10.4、底径5.2、高8.8厘米（图2-102，18）。

M58：19，石锛。青灰色，整体呈梯形，平顶，有段，单面直刃，刃部锋利，磨制光滑。长3.7、宽2.2厘米（图2-103，19）。

M58：20，陶罐。泥质黑陶。侈口，方圆唇，折沿，深弧腹内收，平底微内凹。口径18.4、底径8、高17.2厘米（图2-102，20；彩版九〇，6）。

M58：21，陶豆。火候较低，出土时较为残碎，不能复原。泥质黑衣褐陶。直口，浅盘。

M58：22，陶鼎。火候较低，出土时较为残碎，不能复原。夹植物褐陶，口沿及内壁为黑色。侈口，圆唇，折沿，弧腹，三个凿形足，足根突起，足侧面有长条镂孔。口径16、复原高14.4厘米（图2-102，22）。

M58：23，陶壶。火候较低，出土时较为残碎，不能复原。泥质黑衣红褐陶。长颈，圆鼓腹，矮圈足。

M58：24，砺石。灰色，近长方形，两端斜平。长13.3、宽5、最厚处1.1厘米（图2-103，24；彩版九〇，7）。

M58：25，砺石。暗灰色，不规则梯形，未见磨痕。长6.5、宽5、最厚处1.1厘米（图2-103，25）。

M58：26，陶盆。泥质黑衣灰陶。敞口，短平沿，斜深腹内收，腹部有一对鸡冠耳，上有按窝，小平底。口径37、底径12.2、高18.5厘米（图2-103，26；彩版九〇，8）。

M58：27，陶壶。泥质红陶。侈口，尖圆唇，短颈，深弧腹内收，平底微内凹。口径11.4、

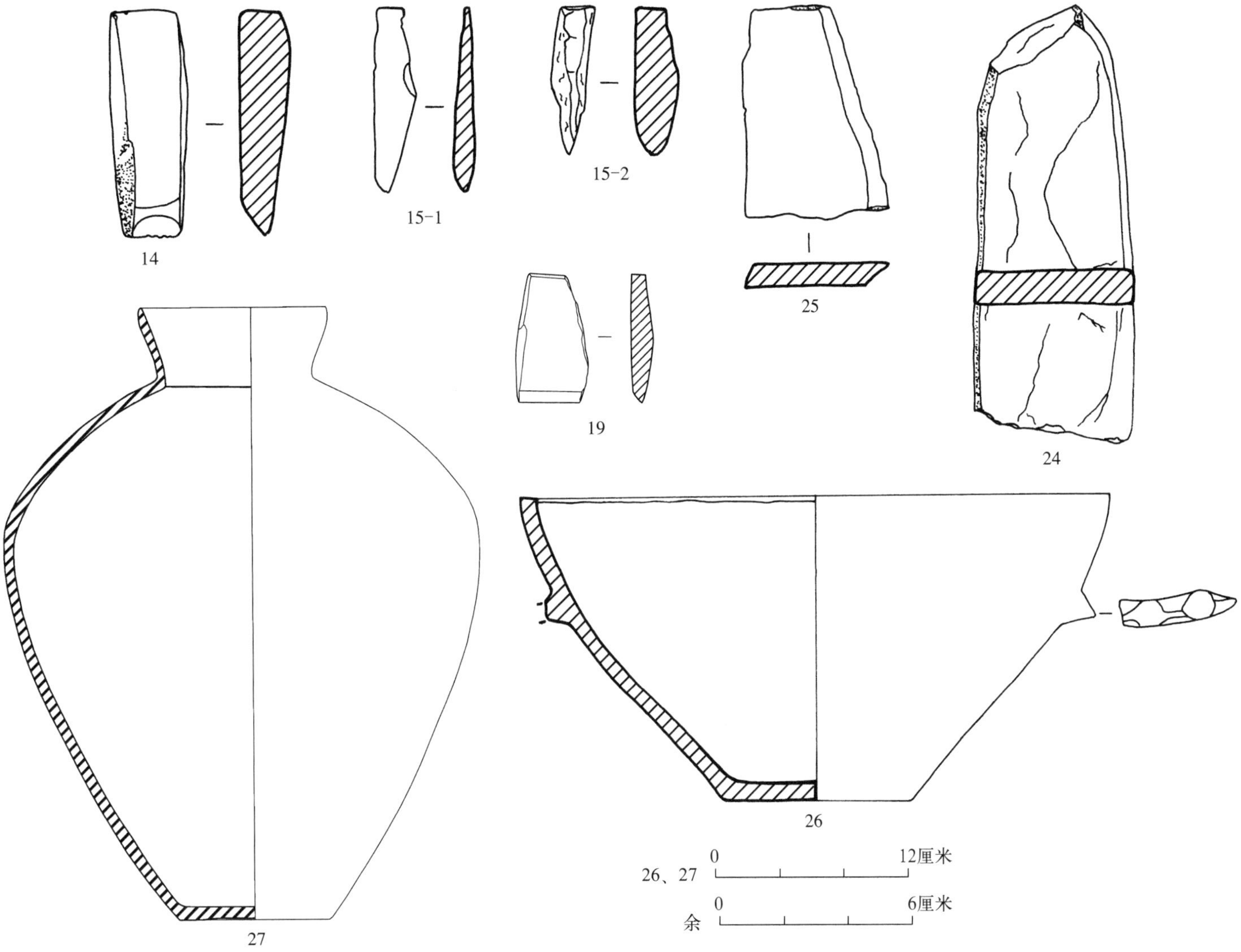

图2-103　M58出土遗物

14. 石凿　15-1、-2、19. 石锛　24、25. 砺石　26. 陶盆　27. 陶壶

最大腹径 29.2、底径 9.2、高 36.8 厘米（图 2-103，27；彩版九〇，9）。

25. M59

位于 TE14N1 东南部，向东延伸到 TE15N1。开口于④层下，被 M61 打破。

墓坑呈长方形，墓向 95°（图 2-104；彩版九一，1）。墓口长 2.23、宽 1.22 米。墓口距地表深 0.56 米，墓底距墓口深 0.41 米。单人葬，骨骼保存极差，且比较零乱。性别难辨，年龄为成年。

随葬品主要位于脚端，共有 14 件，其中陶器 9 件、石器 4 件、玉器 1 件（彩版九一，2）。

M59：1，玉璜（左半）。与 M59：2 组成一件完整半圆形璜。经检测为绢云母材质。褐色，分体式璜，中间分开两面平齐，器扁圆弧形，琢磨光滑，两端各有一钻孔。长 4.1、厚 0.15～0.3、孔径 0.2～0.3 厘米（图 2-105，1；彩版九一，3 左）。

图2-104　M59平、剖面图

1、2.玉璜　3、7-1、-2.石锛　4.陶钵　5.砺石　6.陶背壶　8、9、11-1、-2.陶豆　10、11-3.陶罐　12.陶鼎

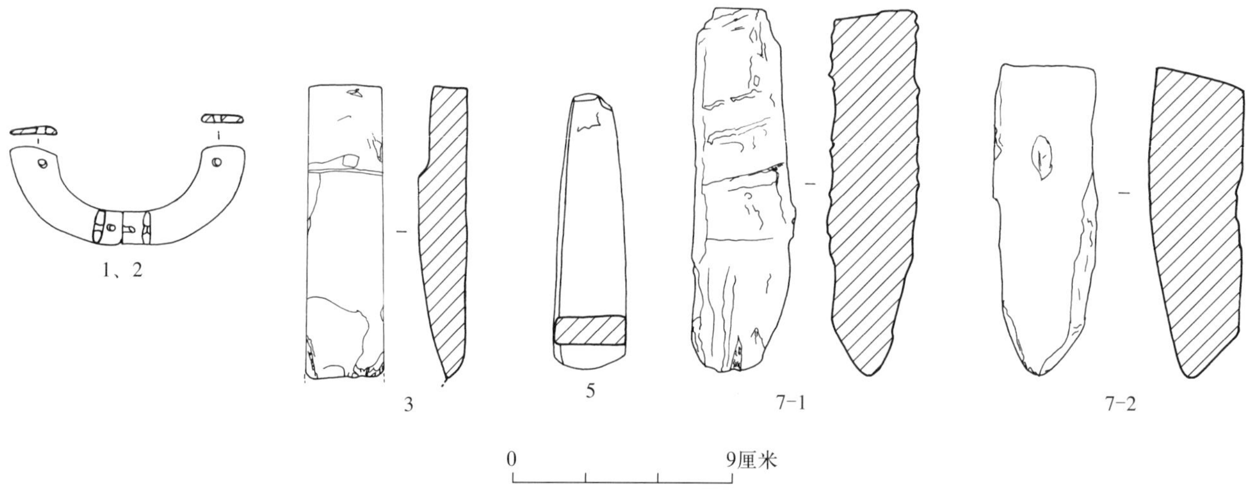

图2-105　M59出土遗物

1、2.玉璜　3、7-1、-2.石锛　5.砺石

M59：2，玉璜（右半）。褐色，分体式璜，中间分开两面平齐，器扁圆弧形，琢磨光滑，两端各有一钻孔经检测为绢云母材质。长4.5、厚0.2～0.3、孔径0.2～0.3厘米（图2-105，2；彩版九一，3右）。

M59：3，石锛。青灰色，长条形，有段，两侧平直，顶部平直，单面刃，刃部残，表面有崩疤。长11.7、宽3.2、最厚处2厘米（图2-105，3；彩版九一，4）。

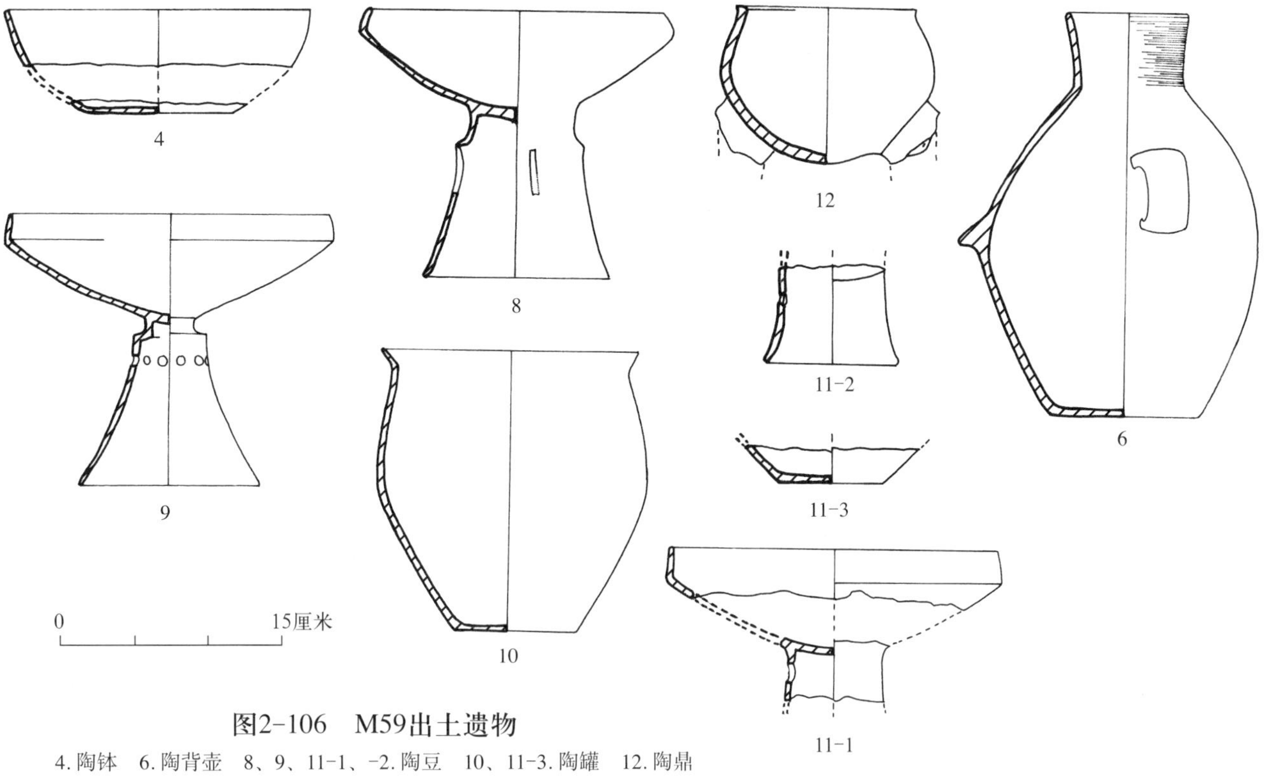

图2-106　M59出土遗物

4. 陶钵　6. 陶背壶　8、9、11-1、-2. 陶豆　10、11-3. 陶罐　12. 陶鼎

M59：4，陶钵。出土时较为残碎，不能复原。泥质灰陶。敞口，圆唇，弧腹，平底。口径20.5、复原高约8厘米（图2-106，4）。

M59：5，砺石。青灰色，长条形，两侧平直。长11、宽1～3、厚1.1～1.2厘米（图2-105，5；彩版九一，5）。

M59：6，陶背壶。未能复原。泥质黑衣灰陶。侈口，圆唇，短颈，弧腹内收，平底，肩部两侧有一对宽带状耳，两耳间较扁平，正对两耳的腹另一侧有一鸟喙状突纽。口径8.4、底径10、复原高27厘米（图2-106，6）。

M59：7-1，石锛。黑色，长条形，两侧斜弧，单面刃。为坯料，尚未打磨，表面凹凸不平。长14.6、宽4.2、最厚处3.6厘米（图2-105，7-1）。

M59：7-2，石锛。青色，长条形，两侧斜弧，单面刃。半成品，仅一面打磨。长12.4、宽4.2、最厚处3.8厘米（图2-105，7-2）。

M59：8，陶豆。未能复原。泥质黑衣灰陶。直口微敛，折腹，浅盘，高喇叭形圈足，圈足上部呈台阶状，圈足中部有长条形镂孔。口径20.2、圈足径12.6、高18厘米（图2-106，8）。

M59：9，陶豆。泥质灰陶。直口微敛，尖圆唇，折沿，浅盘，高喇叭形圈足，圈足上部呈台阶状，中部有一周十个圆形镂孔。复原口径22、复原圈足径12、复原高18厘米（图2-106，9）。

M59：10，陶罐。泥质灰陶，陶色偏白。侈口，尖唇，折沿，弧腹内收，平底。口径16.8、底径7.8、高18.3厘米（图2-106，10；彩版九一，6）。

M59：11-1，陶豆。火候较低，出土时较为残碎，未能复原。泥质黑衣褐陶。直口微敛，圆唇，折腹，浅盘，圈足上有圆形镂孔，足残。口径22.5、残高11厘米（图2-106，11-1）。

M59：11-2，陶豆。火候较低，出土时较为残碎，未能复原。泥质黑衣灰胎褐陶。仅存圈足。圈足上有两个对称的圆形镂孔。圈足径 9、残高 6.5 厘米（图 2-106，11-2）。

M59：11-3，陶罐。火候较低，出土时较为残碎，不能复原。泥质黑衣灰陶。仅存底部，平底。底径 7、残高 2.1 厘米（图 2-106，11-3）。

M59：12，陶鼎。夹石英红褐陶。侈口，尖唇，短折沿，鼓腹，圜底，凿形足，足根突起有一个按窝，足尖残。器形较小。口径 12、最大腹径 14.5、残高 10.4 厘米（图 2-106，12；彩版九一，7）。

26. M60

位于 TE15N1 东南部。开口于④层下。

墓坑呈长方形，墓向 110°（图 2-107；彩版九二，1）。墓口长 2.40、宽 1.10 米，墓底长 2.35、宽 1.05 米。墓口距地表深 0.42 米，墓底距墓口深 0.32 米。填土为灰褐色花土。单人葬，仰身直肢，骨骼保存极差。

随葬品主要位于南侧（彩版九二，2、3），共有 19 件，其中陶器 18 件、石器 1 件。

M60：1，陶鬶。火候较低，出土时较为残碎，不能复原。泥质黑衣褐陶。鸭形，环形把手，凿形足。

M60：2，陶杯形尊。未能复原。泥质灰陶。侈口，尖唇，短折沿，弧腹内收，矮圈足。口径

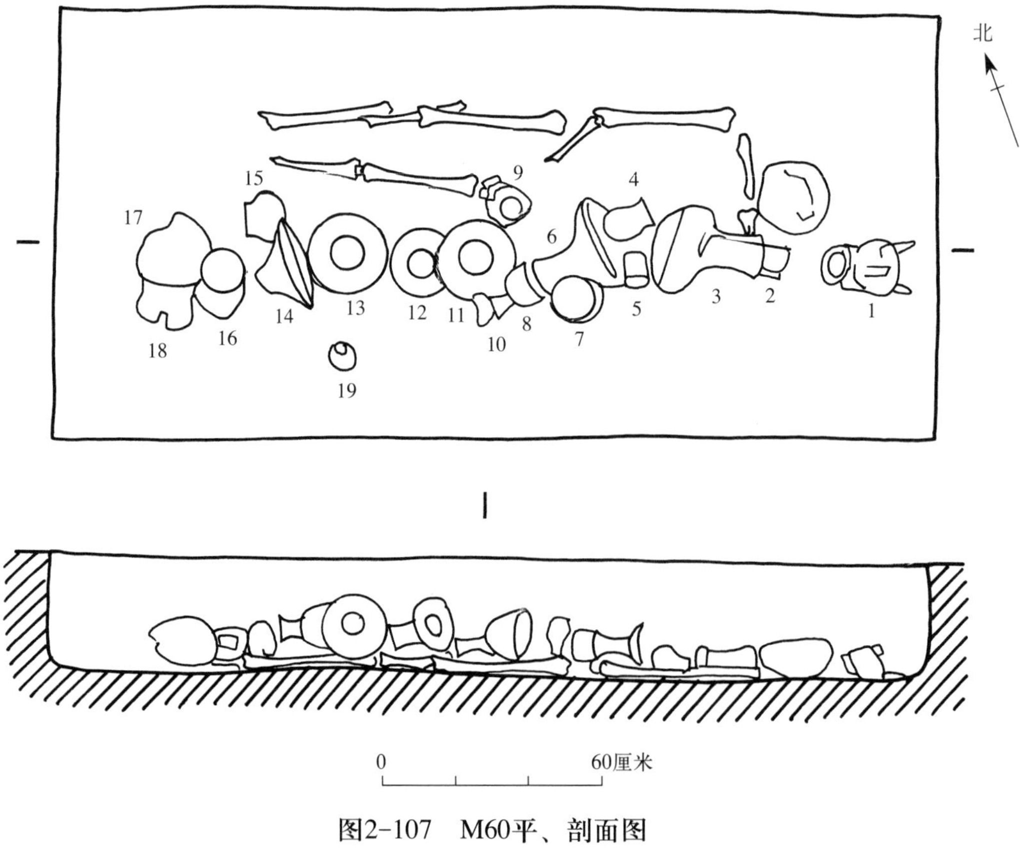

图2-107　M60平、剖面图

1. 陶鬶　2、7、8. 陶杯形尊　3. 陶长颈壶　4. 陶圈足杯　5、15、16. 陶罐　6、11～14. 陶豆　9. 陶壶　10. 砺石　17、18. 陶鼎　19. 陶杯

8.2、底径 5、高 9 厘米（图 2-108，2）。

M60：3，陶长颈壶。泥质黑衣红褐陶。侈口，尖圆唇，短折沿，长直颈，扁腹内收，平底。口径 9.9、底径 8.6、高 24.6 厘米（图 2-108，3；彩版九三，1）。

M60：4，陶圈足杯。泥质黑衣褐陶。侈口，尖圆唇，折沿，上腹略直，下腹弧内收，矮圈足。口径 7.8、底径 5.8、高 9 厘米（图 2-108，4）。

M60：5，陶罐。夹细砂黑衣褐陶。侈口，圆唇，束颈，溜肩，圆鼓腹，平底微内凹。腹部有 3 周浅凹弦纹。口径 7、底径 5.4、高 12 厘米（图 2-108，5；彩版九三，2）。

M60：6，陶豆。泥质灰陶。敞口，圆唇，卷沿，浅盘，高圈足，圈足上有两排圆形镂孔，每排有三个。口径 24、圈足径 14.4、高 20.3 厘米（图 2-109，6；彩版九三，3）。

M60：7，陶杯形尊。细泥白陶。侈口，圆唇，折沿，沿面微弧，弧腹内收，矮喇叭形圈足。口径 11、圈足径 5.8、高 9.7 厘米（图 2-108，7；彩版九三，4）。

M60：8，陶杯形尊。细泥白陶。侈口，尖圆唇，折沿，鼓腹内收，喇叭形圈足。口径 10.6、

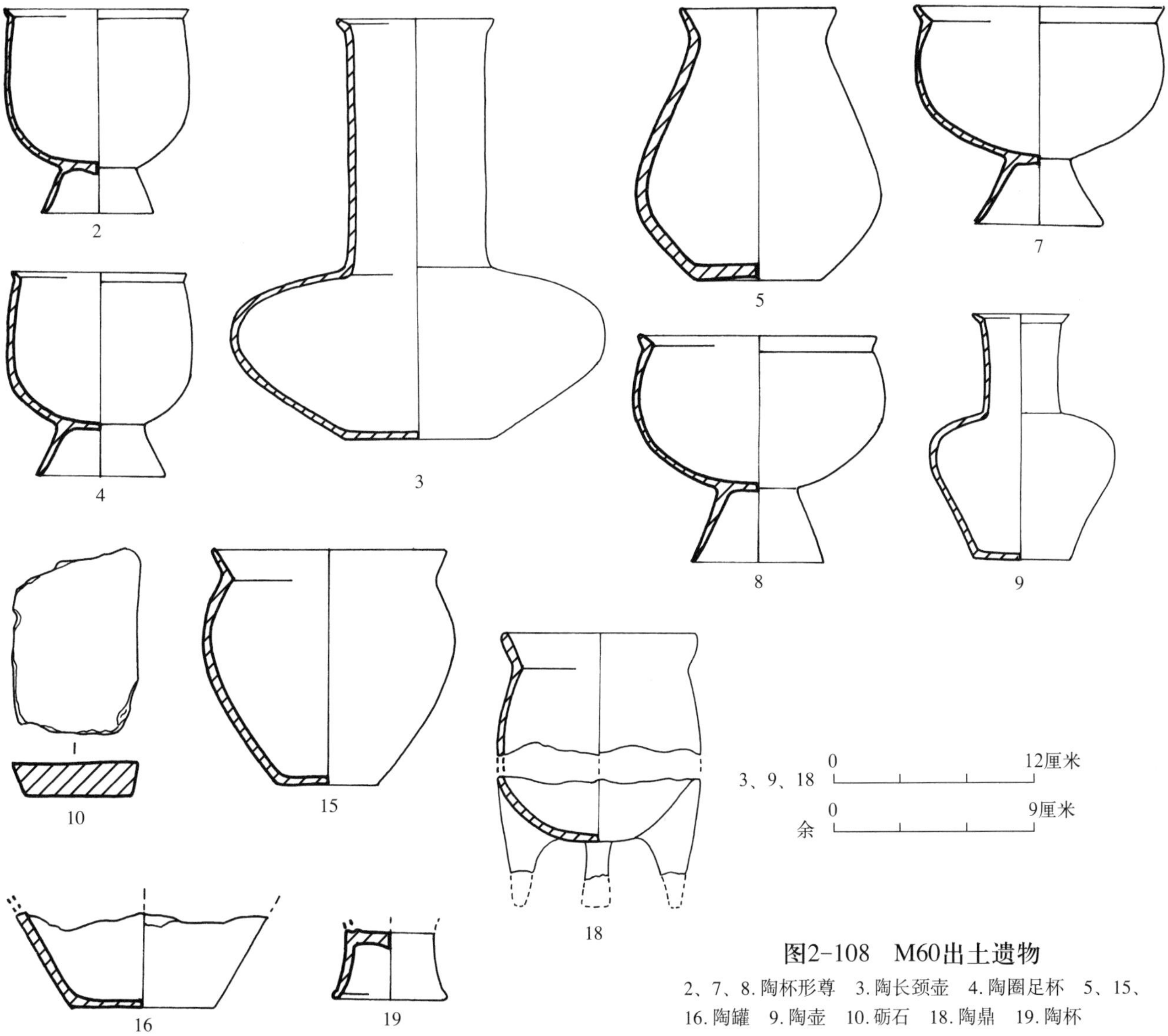

图2-108　M60出土遗物

2、7、8. 陶杯形尊　3. 陶长颈壶　4. 陶圈足杯　5、15、16. 陶罐　9. 陶壶　10. 砺石　18. 陶鼎　19. 陶杯

圈足径 6、高 10 厘米（图 2-108，8）。

M60：9，陶壶。泥质黑衣红褐陶。侈口，尖唇，折沿，长直颈，鼓腹内收，平底。口径 5.6、底径 5.6、高 14.4 厘米（图 2-108，9；彩版九三，5）。

M60：10，砺石。灰褐色，近长方形。长 8.2、宽 5.6、厚 1.5 厘米（图 2-108，10）。

M60：11，陶豆。泥质红褐陶，残存少量黑衣。敞口，尖唇，大斜折沿，深盘，矮喇叭形圈足，圈足上有三个圆形镂孔。口径 24.6、圈足径 11.4、高 10.4 厘米（图 2-109，11；彩版九三，6）。

M60：12，陶豆。泥质黑衣红褐陶。敞口，圆唇，大斜折沿，深盘，矮喇叭形圈足，圈足上有三个圆形镂孔。口径 24.2、圈足径 11.8、高 12.4 厘米（图 2-109，12；彩版九三，7）。

M60：13，陶豆。泥质黑衣红褐陶。敞口，尖唇，大斜折沿，深盘，矮喇叭形圈足，圈足上有三个圆形镂孔。口径 22、圈足径 11、高 10.3 厘米（图 2-109，13；彩版九三，8）。

M60：14，陶豆。火候较低，未能复原。泥质黑衣红褐陶。敞口，圆唇，大斜折沿，深盘，矮喇叭形圈足，圈足上有圆形镂孔。口径 24、圈足径 12、复原高 12 厘米（图 2-109，14）。

M60：15，陶罐。泥质黑衣红褐陶。侈口，尖圆唇，折沿，弧腹内收，平底微内凹。口径 10.4、底径 4.4、高 10.4 厘米（图 2-108，15；彩版九三，9）。

M60：16，陶罐。火候较低，出土时较为残碎，不能复原。泥质黑衣褐陶。平底。底径 6.4、残高 4 厘米（图 2-108，16）。

M60：17，陶鼎。火候较低，出土时较为残碎，不能复原。夹植物褐陶。凿形足。

M60：18，陶鼎。火候较低，未能复原。夹植物红褐陶，鼎足为红色。侈口，圆唇，折沿，弧腹，圜底，三个凿形足。口径 11.6、复原高约 16 厘米（图 2-108，18）。

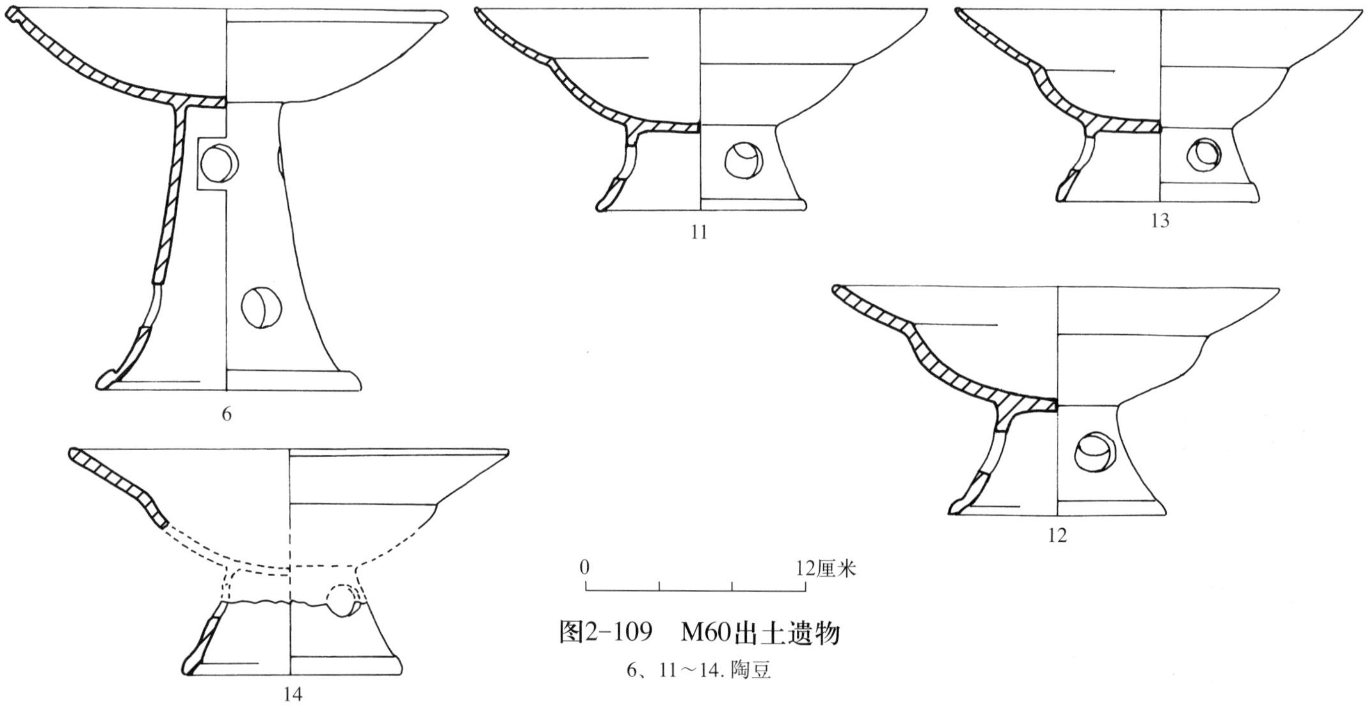

图2-109 M60出土遗物

6、11～14. 陶豆

M60：19，陶杯。泥质黑陶。出土时即为圈足，矮喇叭形。圈足底径 6、残高 3.5 厘米（图 2–108，19）。

27. M61

位于 TE15N1 西南部。开口于④层下，打破 M59。

墓坑呈长方形，墓向 95°（图 2–110；彩版九四，1、2）。墓口长 2.00、宽 1.00 米，墓底长 1.90、宽 1.00 米。墓口距地表深 0.55 米，墓底距墓口深 0.31 米。填土为灰褐色花土。单人葬，仰身直肢，骨骼保存极差，仅存痕迹。性别年龄难辨。

随葬品主要位于南侧和头端，共有 15 件，均为陶器（彩版九四，3、4）。

M61：1，陶圈足杯。泥质黑陶。侈口，尖唇，短折沿，深直腹内收，矮圈足。口径 10.5、圈足径 5.4、高 11.7 厘米（图 2–111，1；彩版九四，5）。

M61：2，陶豆。泥质黑衣灰褐陶。敞口，圆唇，折壁，深盘，矮喇叭形圈足。口径 24、圈足径 11.4、高 11.8 厘米（图 2–111，2）。

M61：3，陶豆。火候较低，未能复原。泥质黑衣灰陶。敞口，圆唇，折壁，深盘，矮喇叭形圈足。口径 26.4、残高约 10 厘米（图 2–111，3）。

M61：4，陶圈足杯。器壁较薄，出土时较为残碎，未能复原。泥质黑陶。敞口，圆唇，曲腹，下腹折内收，喇叭形圈足。口径约 10.2、圈足径约 5.4、高约 11 厘米（图 2–111，4）。

M61：5，陶圈足杯。器壁较薄，出土时较为残碎，未能复原。泥质黑陶。敞口，圆唇，弧

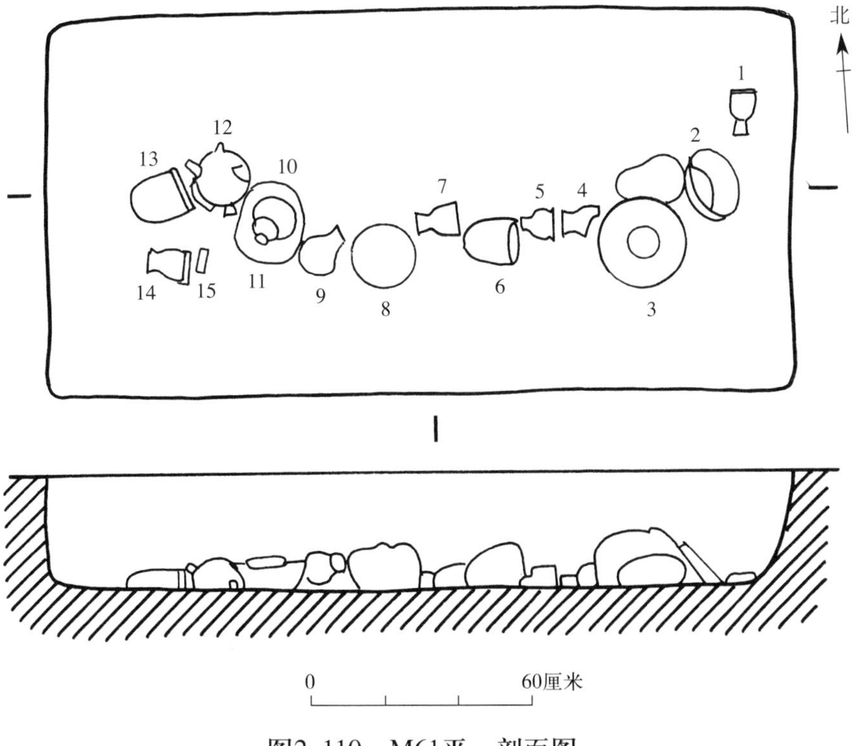

图2–110　M61平、剖面图

1、4、5、7. 陶圈足杯　2、3、10. 陶豆　6、8. 陶罐　9. 陶壶　11. 小陶罐　12. 陶鬶　13. 陶罐（鼎）　14. 陶杯　15. 陶纺轮

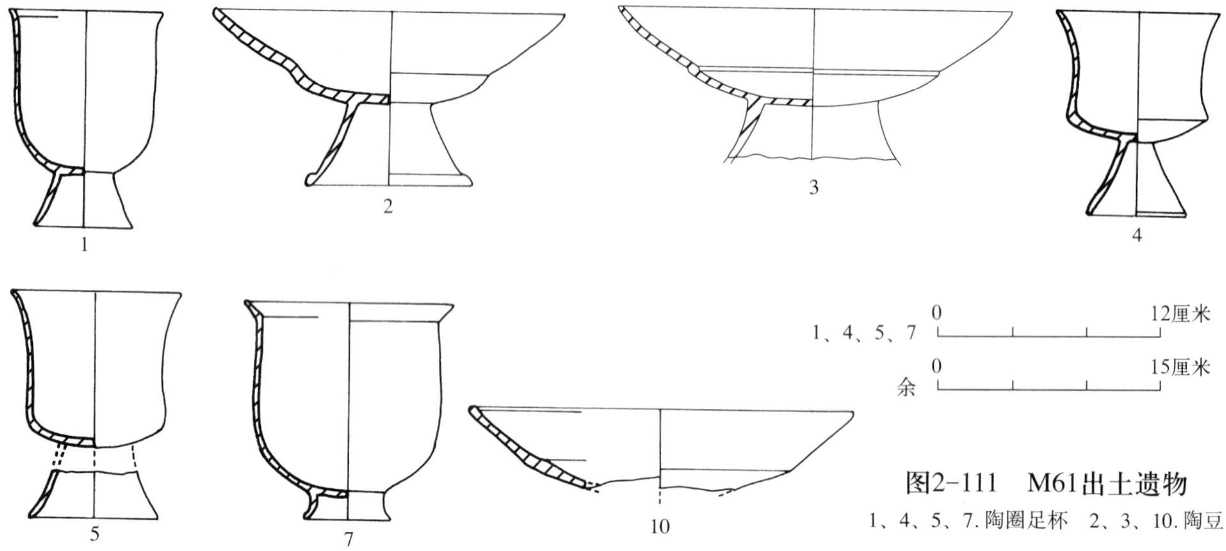

图2-111　M61出土遗物

1、4、5、7. 陶圈足杯　2、3、10. 陶豆

腹，喇叭形圈足。口径约 9.2、圈足径约 7、高约 12.3 厘米（图 2-111，5）。

M61：6，陶罐。薄胎，火候较低，未能复原。泥质灰陶。侈口，折沿，弧腹内收，平底。复原口径 11.6、底径 8、复原高约 14 厘米（图 2-112，6）。

M61：7，陶圈足杯。泥质红褐陶。侈口，尖唇，折沿，直腹内收，矮圈足。口径 11.6、圈足径 5.5、高 11.8 厘米（图 2-111，7）。

M61：8，陶罐。火候较低，出土时即为残片，不能复原。夹植物红褐陶。

M61：9，陶壶。泥质黑衣褐陶。直口微侈，圆唇，短颈，鼓腹内收，平底。口径 6.6、最大

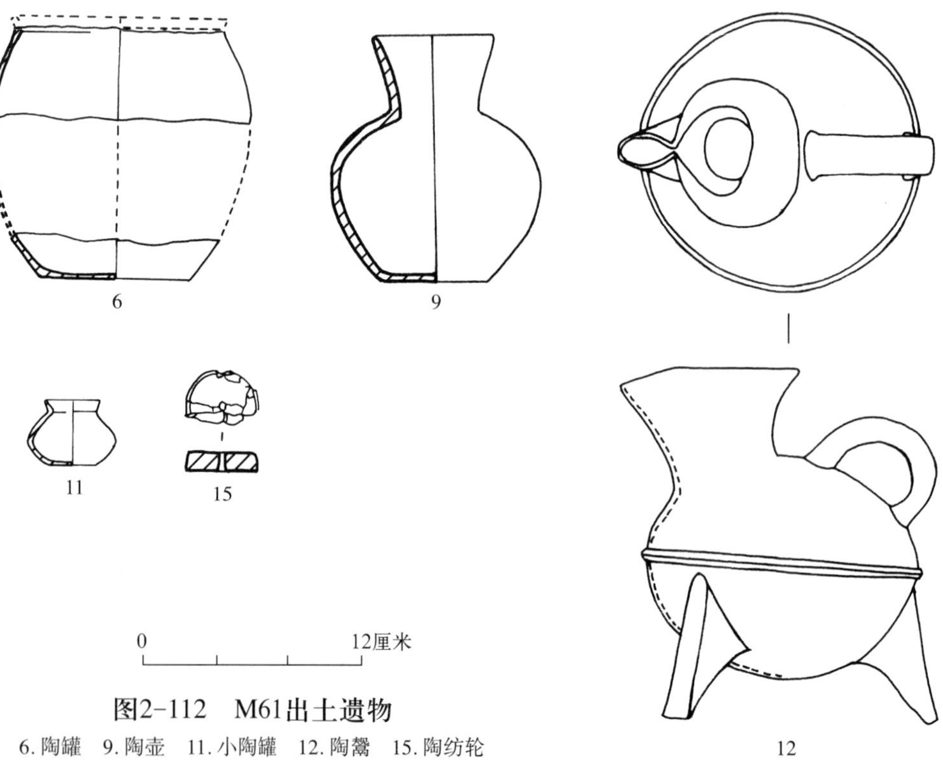

图2-112　M61出土遗物

6. 陶罐　9. 陶壶　11. 小陶罐　12. 陶鬶　15. 陶纺轮

腹径 11.4、底径 5.4、高 13.2 厘米（图 2-112，9；彩版九四，6）。

M61：10，陶豆。火候较低，出土时较为残碎，不能复原。泥质黑衣褐陶。敞口，圆唇，折腹，浅盘，喇叭形圈足。口径 26、残高 5.4 厘米（图 2-111，10）。

M61：11，小陶罐。出土时置于 M61：10 陶豆豆盘内。泥质黑陶。侈口，尖圆唇，折沿，鼓腹内收，平底。口径 2.9、底径 2.3、高 3.5 厘米（图 2-112，11；彩版九四，7）。

M61：12，陶鬶。泥质黑衣灰陶。斜流前倾略向下斜，喇叭形矮颈，圆球形腹，腹部有一周突棱，圜底，三凿形足，上腹部有一环带状把手。最大腹径 15.1、高 19.6 厘米（图 2-112，12；彩版九四，8）。

M61：13，陶罐（鼎）。火候较低，出土时较为残碎，不能复原。夹植物褐陶，内壁为黑色。

M61：14，陶杯。火候较低，出土时较为残碎，不能复原。泥质灰褐陶。

M61：15，陶纺轮。泥质黑衣褐陶。整体呈圆饼状，剖面为梯形，两面平直。直径 4、孔径 0.5、厚 1 厘米（图 2-112，15）。

28. M62

位于 TE14N1 西部，向西延伸到探方外。开口于⑦层下，被 H105 打破。

墓坑呈长方形，墓向 104°（图 2-113；彩版九五，1、2）。墓口长 2.01、宽 0.97 米。墓口距地表深 0.92 米，墓底距墓口深 0.38 米。三人葬，均为侧身屈肢，北侧一具双腿交叉，骨骼保存极差。性别年龄难辨，北侧和中间人骨枕骨变形。

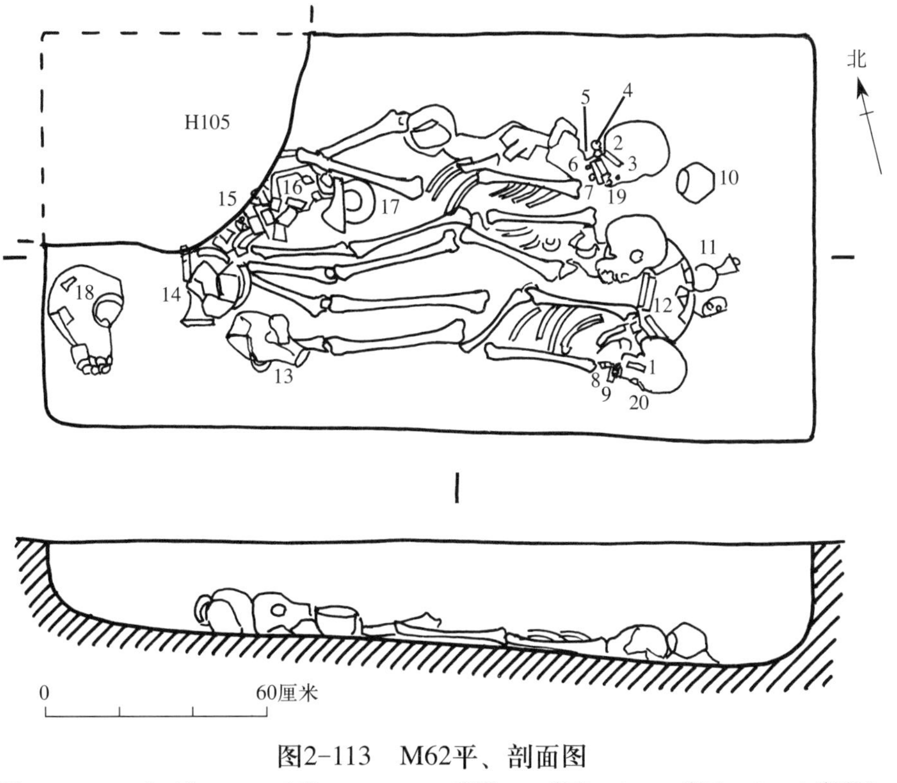

图2-113　M62平、剖面图

1～3、20. 绿松石坠　4～7、19. 小玉片　8、9. 玉璜　10、14、17. 陶罐　11. 陶壶　12、15. 陶豆　13、16. 陶背壶　18. 陶双鼻壶

北侧人骨颈部有玉串饰（彩版九五，4），包括2件绿松石坠、5件小玉片，南侧人骨颈部有2件绿松石坠、1件玉璜。其他随葬品主要位于头端和脚端（彩版九五，3），共有9件，均为陶器。

M62：1，绿松石坠。翠绿色，梯形，剖面呈圆角长方形，顶部有一单面钻孔。长2.5、宽0.5～0.9、厚0.25、孔径0.1～0.25厘米（图2-114，1）。

M62：2，绿松石坠。翠绿色，长方形，剖面长方形，顶部有一个对钻孔。长4.8、宽0.9、厚0.4、孔径0.1～0.3厘米（图2-114，2；彩版九六，1）。

M62：3，绿松石坠。翠绿色，圆角长方形，剖面呈长方形，顶部有一个对钻孔。长4.6、宽0.9、厚0.25～0.35、孔径0.1～0.2厘米（图2-114，3；彩版九六，2）。

M62：4，小玉片。经检测为蛇纹石材质。严重粉化，小环形，剖面呈椭圆形。直径1.7、厚0.2、孔径0.5～0.6厘米（图2-114，4）。

M62：5，小玉片。经检测为蛇纹石材质。严重粉化，小环形，剖面呈椭圆形。直径1.5、厚0.15、孔径0.6厘米（图2-114，5）。

M62：6，小玉片。经检测为蛇纹石材质。风化呈白色，小环形，内壁略厚，外缘稍薄。直径1.2～1.3、内径0.3、厚0.2厘米（图2-114，6；彩版九六，3）。

M62：7，小玉片。经检测为蛇纹石材质。风化呈白色，小环形，剖面一端圆滑，一端平直。直径1.1～1.2、内径0.25、厚0.2厘米（图2-114，7；彩版九六，4）。

M62：8，玉璜（左）。经检测为绢云母材质。分体式璜，褐色，琢磨光滑，器扁圆弧形，中间分开两面平齐，两端各有一个对钻孔，中间连接处在内侧有一个对钻孔。长4.2、厚0.6、孔径0.2～0.45厘米（图2-114，8；彩版九六，5左）。

M62：9，玉璜（右）。经检测为绢云母材质。分体式璜，褐色，琢磨光滑，器扁圆弧形，中间分开两面平齐，两端各有一个对钻孔，中间连接处在内侧有一个对钻孔。长3.9、厚0.5、孔径0.2～0.3厘米（图2-114，9；彩版九六，5右）。

M62：10，陶罐。泥质黑衣红陶。敛口，圆唇，弧腹内收，平底微内凹。口径7.2、最大腹径12、底径5.6、高11厘米（图2-115，10；彩版九六，6）。

M62：11，陶壶。泥质灰陶。侈口，尖唇，长直颈，鼓腹内收，腹下部有一周凸棱，平底。口径6.8、底径4.4、高13.8厘米（图2-115，11；彩版九六，7）。

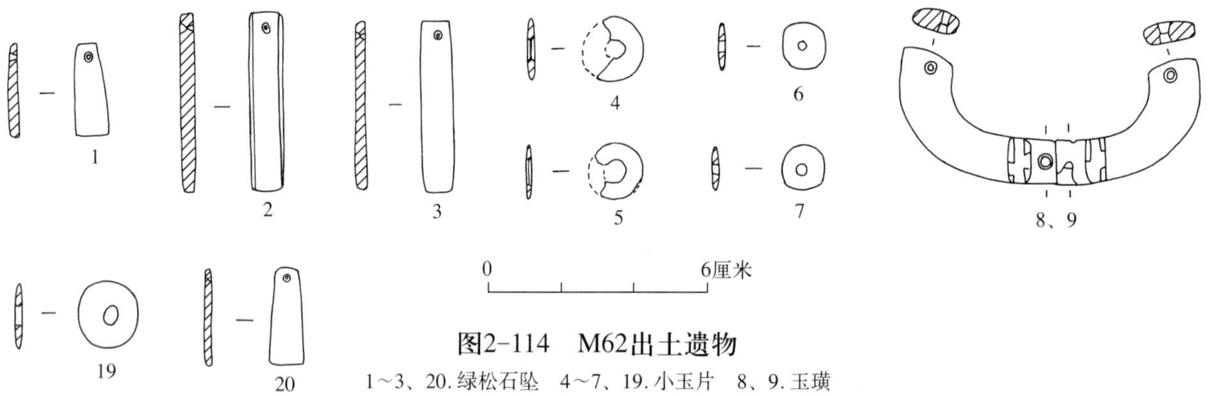

图2-114　M62出土遗物

1～3、20.绿松石坠　4～7、19.小玉片　8、9.玉璜

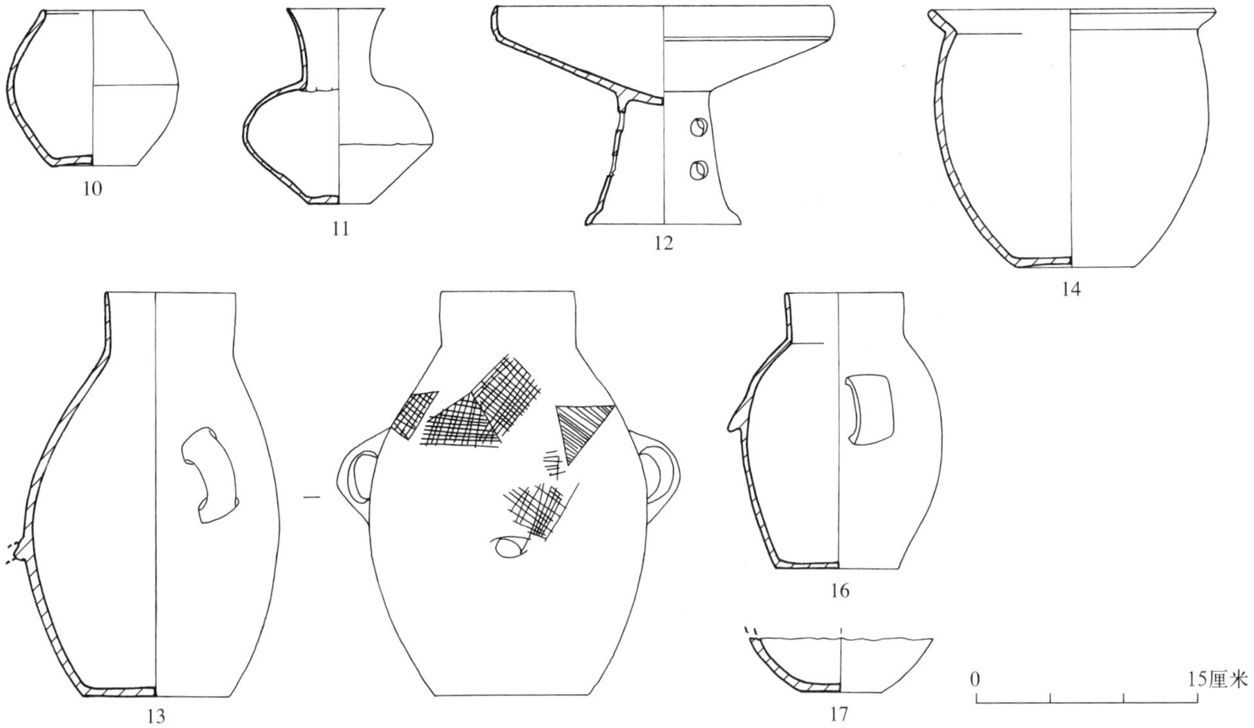

图2-115　M62出土遗物

10、14、17. 陶罐　11. 陶壶　12. 陶豆　13、16. 陶背壶

M62：12，陶豆。泥质黑衣灰陶。微敛口，尖圆唇，折腹，深盘，高圈足，圈足上有三列圆形镂孔，每列有两个。口径 23.4、圈足径 11、高 14.5 厘米（图 2-115，12；彩版九六，8）。

M62：13，陶背壶。泥质褐陶，器表残存少量黑皮。直口微侈，圆唇，短颈，溜肩，弧腹内收，平底，腹部左侧比较弧，下部有一泥突，右侧比较平直，腹部有两个环形耳，肩腹部有交错状刻划纹。口径 9.2、底径 11.2、高 27.5～27.8 厘米（图 2-115，13；彩版九七，1～3）。

M62：14，陶罐。泥质红陶，残存少量红衣。侈口，方圆唇，折沿，弧腹内收，平底微内凹。口径 20、底径 8、高 17.8 厘米（图 2-115，14；彩版九七，4）。

M62：15，陶豆。火候较低，出土时较为残碎，不能复原。泥质黑陶。直口浅盘。

M62：16，陶背壶。泥质红褐陶。直口微侈，圆唇，矮颈，弧腹内收，肩腹部两侧有一对半环形耳，两耳间肩部较扁平，正对两耳的腹另一侧有鸟喙状突纽，平底。口径 8.2、底径 8.6、高 18.8 厘米（图 2-115，16；彩版九七，5）。

M62：17，陶罐。出土时极为残碎，不能复原。泥质黑衣褐陶。平底。底径 5、残高 3.8 厘米（图 2-115，17）。

M62：18，陶双鼻壶。火候较低，出土时极为残碎，不能复原。泥质黑陶（彩版九五，3）。

M62：19，小玉片。经检测为透闪石材质。黄褐色，小环形，方形近圆。外径 1.8、孔径 0.45～0.5、厚 0.2 厘米（图 2-114，19；彩版九七，6）。

M62：20，绿松石坠。翠绿色，长条形，顶部有一个对钻孔。长 2.6、宽 1.0、厚 0.2、孔径 0.05～0.15 厘米（图 2-114，20）。

29. M63

位于 TE15N1 南部。开口于④层下。

墓坑呈长方形，墓向 115°（图 2-116；彩版九八，1）。墓口长 1.80、宽 0.65 米，墓底长 1.75、宽 0.60 米。墓口距地表深 0.40 米，墓底距墓口深 0.23 米。填土为灰褐色花土。单人葬，骨骼保存极差，仅存痕迹。性别年龄难辨。

随葬品主要位于南侧（彩版九八，2），共有 5 件，均为陶器。

M63：1，陶罐。火候较低，未能复原。泥质黑衣褐陶。侈口，圆唇，弧腹内收，平底。口径 12、底径 6.8、高 12 厘米（图 2-117，1）。

M63：2，陶豆。泥质红褐陶。敞口，圆唇，大斜折沿，深盘，矮喇叭形圈足，圈足上有两个圆形镂孔。口径 22.4、圈足径 9.6、高 11.2 厘米（图 2-117，2；彩版九八，3）。

M63：3，陶豆。火候较低，不能复原。泥质黑衣红褐陶。敞口，圆唇，大斜折沿，弧腹内

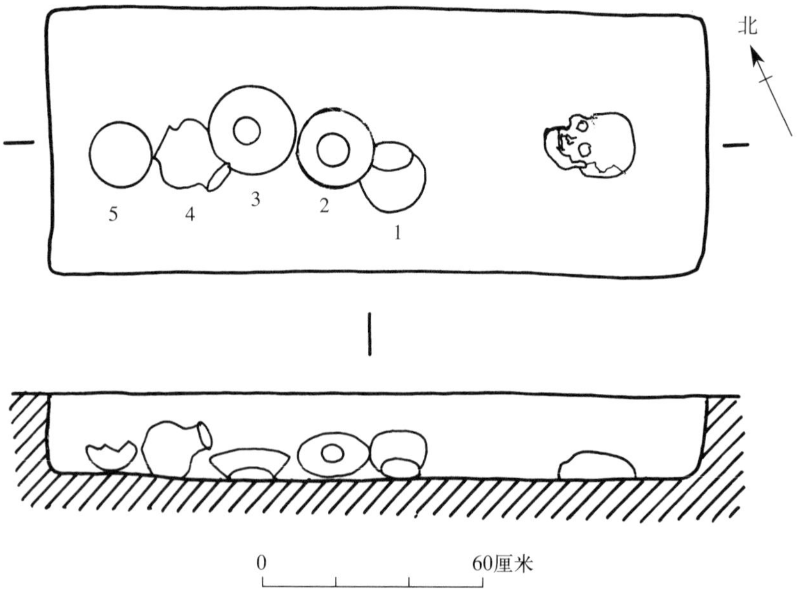

图2-116　M63平、剖面图
1. 陶罐　2、3. 陶豆　4. 陶壶　5. 陶鼎

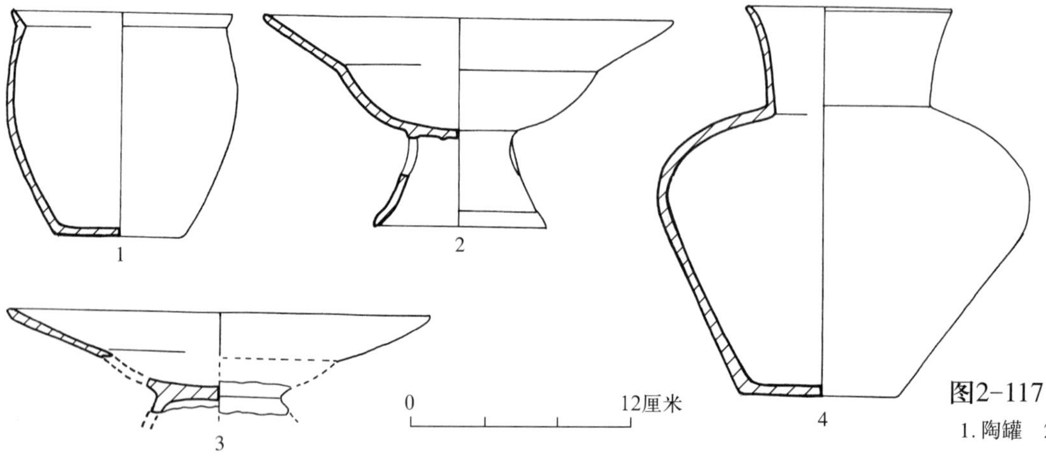

图2-117　M63出土遗物
1. 陶罐　2、3. 陶豆　4. 陶壶

收。口径 24、圈足顶径 6.8、残高 5.6 厘米（图 2-117，3）。

M63：4，陶壶。泥质红褐陶。侈口，圆唇，短颈，鼓腹内收，平底。口径 11.2、底径 8.6、高 20.8 厘米（图 2-117，4；彩版九八，4）。

M63：5，陶鼎。火候较低，出土时较为残碎，不能复原。夹植物褐陶，口沿及内壁为黑色。罐形，凿形足。

30. M64

位于 TE14S1 南部。开口于⑤层下，被 M54 打破。

墓坑呈长方形，墓向 115°（图 2-118；彩版九九，1、2）。墓口长 3.05、宽 1.74 米。墓口距地表深 0.60 米，墓底距墓口深 0.46 米。单人葬，骨骼保存极差。性别年龄难辨，枕骨变形（彩

图2-118　M64平、剖面图

1、4、10、46. 玉环　2、3、41. 绿松石坠　5、9. 玉珠　6. 陶耳珰　7、8、27、36、52. 玉管　11、12、51. 陶纺轮　13、29～31、33、34、38、40、42、45、49. 陶豆　14～16、18、25、26、35、43、50、55. 陶罐　17、21、32、37、53-1. 陶鼎　19-1、-3、53-2、54、57. 陶器盖　19-2、-4、48. 陶双鼻壶　20. 陶缸　22、23、56. 陶盆　24. 陶高领罐　28. 玉锥　39. 陶背壶　44. 陶盘　47. 玉璜　53. 带盖盆形鼎

版九九，5）。

随葬品大体分为两排，人骨南侧一排多为陶豆、壶类，北侧一排多为大型瓮罐类。在人骨颈部有一些小型玉串饰（彩版九九，3、4），共有玉环4件、玉珠7件、玉管7件、玉璜1件、绿松石坠2件。耳部有1件陶质耳珰。在腿部散落玉管2件、残玉锥1件、绿松石坠1件。其余为40件陶器（彩版一〇〇，1～3）。

M64：1，玉环。经鉴定为蛇纹石材质。出土时位于人骨牙齿部。风化成白色，环形，中间略厚，周缘略薄。外径4.2、内径1.9、厚0.3厘米（图2-119，1；彩版一〇一，1）。

M64：2，绿松石坠。出土时位于人骨颈部。淡青色，整体呈长条梯形，剖面呈长方形，顶部有一个对面钻孔。长3.1、宽0.8～1.3、厚0.25、孔径0.05～0.25厘米（图2-119，2；彩版一〇一，2）。

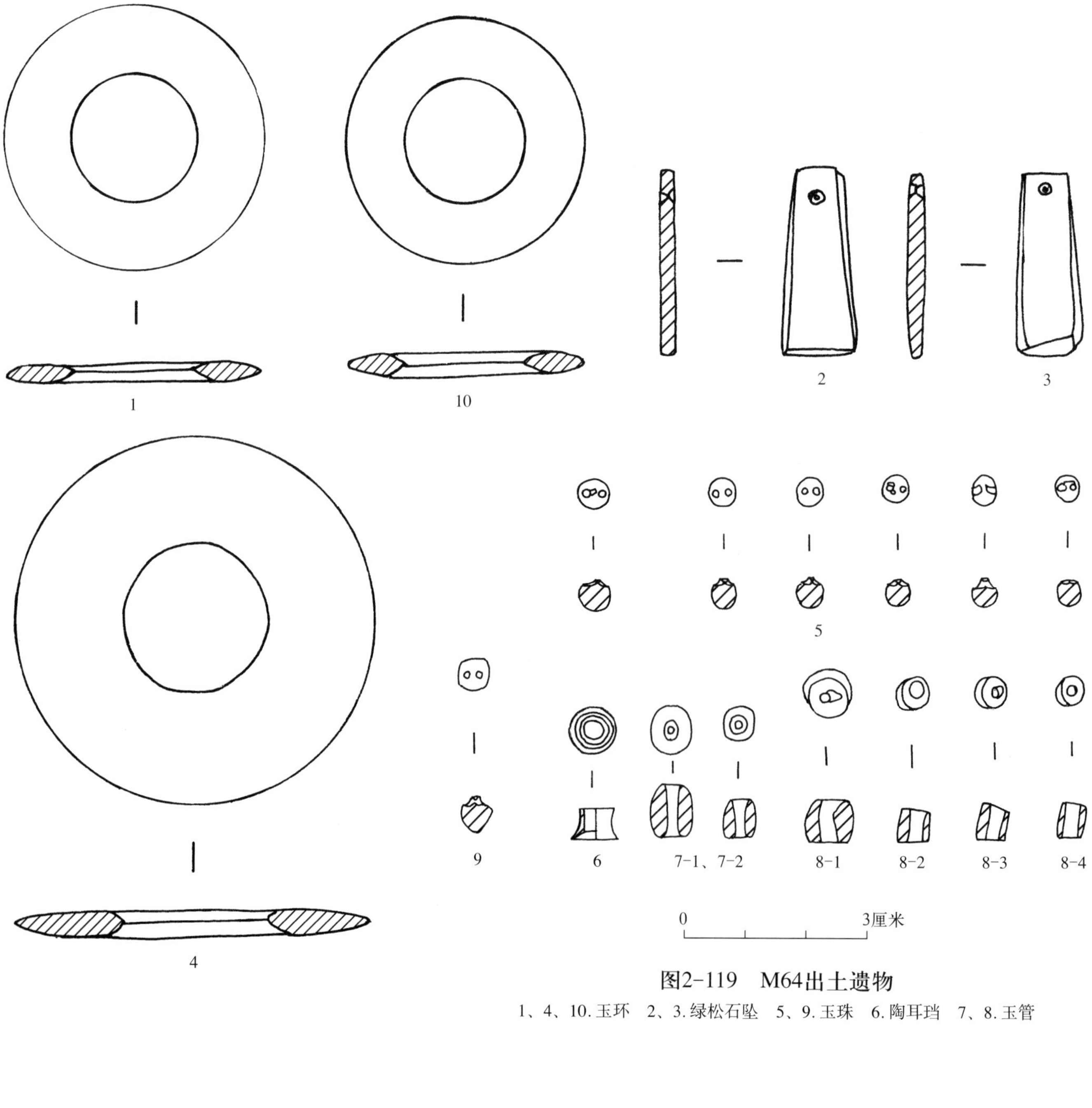

图2-119 M64出土遗物

1、4、10.玉环 2、3.绿松石坠 5、9.玉珠 6.陶耳珰 7、8.玉管

M64∶3，绿松石坠。出土时位于人骨颈部。淡青色，整体呈长条梯形，顶部有一个对面钻孔。长 3.0、宽 0.8～1.1、厚 0.2～0.3、孔径 0.05～0.2 厘米（图 2-119，3；彩版一〇一，3）。

M64∶4，玉环。经鉴定为蛇纹石材质。风化成白色，环形，中间略厚，周缘略薄。内圆为圆形，双面钻，外缘的圆形不甚规整。外径 5.9、内径 2.4、厚 0.4 厘米（图 2-119，4；彩版一〇一，4）。

M64∶5，玉珠（6 个）。出土时位于人骨牙齿处。经鉴定为蛇纹石材质。风化成白色，球形，牛鼻形对钻孔，制作精巧。直径 0.6～0.7、孔径 0.15～0.25 厘米（图 2-119，5；彩版一〇一，5）。

M64∶6，陶耳珰。出土时位于人头骨耳部。细泥黑陶。亚腰形，通体打磨光滑，有切削痕。外径 0.8、内径 0.5、高 0.4 厘米（图 2-119，6；彩版一〇一，6）。

M64∶7，玉管。2 件。风化成白色，管形，两端为对钻孔，腰部圆鼓。

M64∶7-1，直径 1.0～1.1、孔径 0.2～0.45、高 0.65～0.7 厘米（图 2-119，7-1；彩版一〇一，7 左）。

M64∶7-2，出土时位于人骨胸部。经检测为蛇纹石材质。直径 0.8、孔径 0.2～0.4、高 0.9 厘米（图 2-119，7-2；彩版一〇一，7 右）。

M64∶8，玉管。4 件。

M64∶8-1，经检测为透闪石材质。乳白色泛黄褐，管形，为对钻孔腰部圆鼓。直径 0.9、高 0.9、孔径 0.3～0.4 厘米（图 2-119，8-1；彩版一〇一，8 左 1）。

M64∶8-2，经检测为绢云母材质。褐色，管形，腰部斜直。直径 0.65～0.8、高 0.7～0.8、孔径 0.35 厘米（图 2-119，8-2；彩版一〇一，8 左 2）。

M64∶8-3，经检测为绢云母材质。褐色半透明，管形，腰部斜直，外侧略圆滑。直径 0.6～0.7、高 0.7～0.9、孔径 0.3 厘米（图 2-119，8-3；彩版一〇一，8 右 2）。

M64∶8-4，经检测为绢云母材质。出土时位于人骨胸部。褐色半透明，管形，腰部斜直。直径 0.55～0.6、高 0.7～0.85、孔径 0.35 厘米（图 2-119，8-4；彩版一〇一，8 右 1）。

M64∶9，玉珠。经检测为蛇纹石材质。风化成白色，球形，牛鼻形对钻孔，制作精巧。直径 0.75～0.85、孔径 0.15 厘米（图 2-119，9；彩版一〇二，1）。

M64∶10，玉环。经检测为蛇纹石材质。风化成白色，环形，剖面呈椭圆形，两端略尖。外径 4.0、内径 2.0、厚 0.4 厘米（图 2-119，10；彩版一〇二，2）。

M64∶11，陶纺轮。泥质黑衣褐陶。平面呈圆形，剖面近长方形，两面平直，两侧圆弧。外径 4.5、孔径 0.5、厚 0.45～0.6 厘米（图 2-120，11）。

M64∶12，陶纺轮。泥质黑陶。平面呈圆形，剖面近长方形，两面平直，两侧略圆弧。外径 4.2、孔径 0.4、厚 0.5～0.6 厘米（图 2-120，12）。

M64∶13，陶豆。泥质灰陶，残存少量黑衣。直口微敛，圆唇，浅盘，高喇叭形圈足，圈足上有 5 列圆形镂孔，每列为 3 个小镂孔，一个大镂孔，5 列中间夹着一个大圆形镂孔。口径 19、圈足径 13.6、高 15.7 厘米（图 2-121，13；彩版一〇三，1）。

M64∶14，陶罐。泥质黑衣灰陶，腹部残存少量红衣。侈口，圆唇，短颈，圆肩，圆鼓腹，

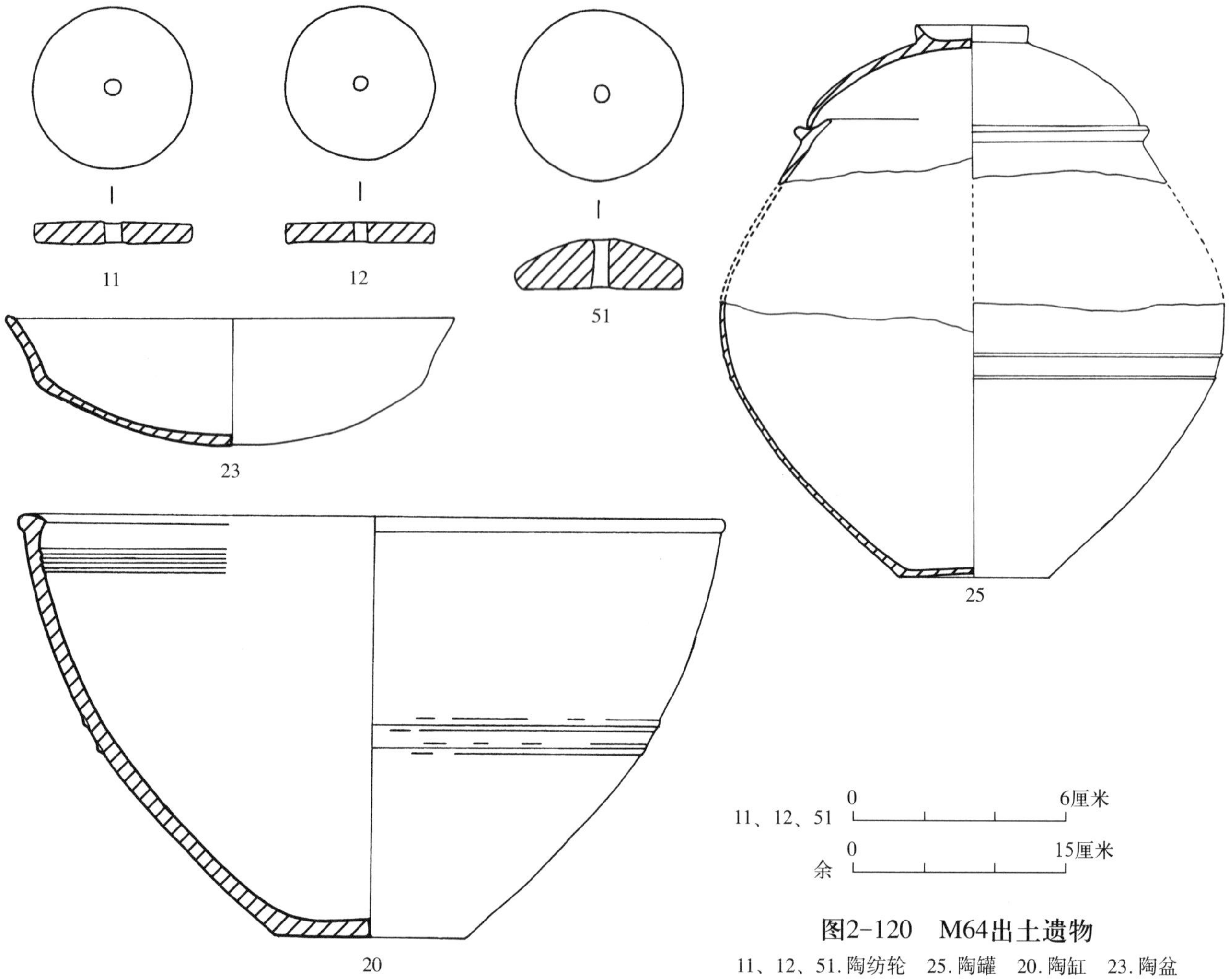

图2-120 M64出土遗物

11、12、51.陶纺轮 25.陶罐 20.陶缸 23.陶盆

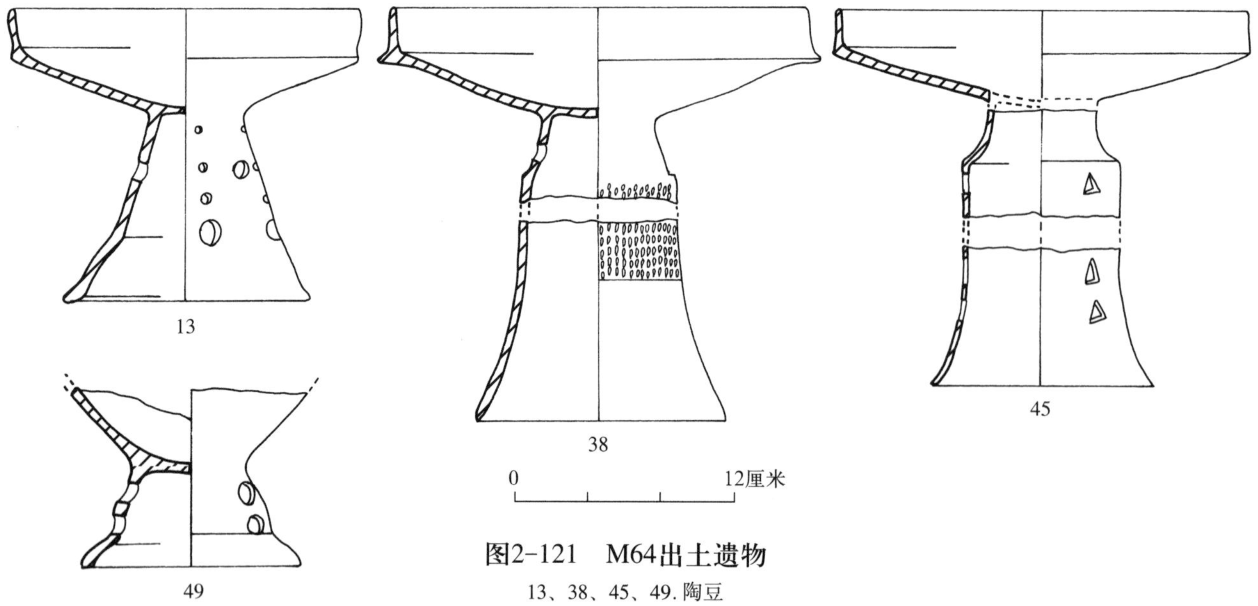

图2-121 M64出土遗物

13、38、45、49.陶豆

下腹斜内收，平底，肩部有 4 周凸棱，凸棱上有分布较均匀对称的 4 段按窝，腹中部有一周扁凸棱，凸棱上也分布比较均匀对称的按窝，与肩部按窝交错分布。口径 14.2、底径 14.2、高 33.4 厘米（图 2-122，14；彩版一〇三，2）。

M64：15，陶罐。火候较低，出土时较为残碎，不可修复。泥质灰陶。仅存底部，平底。底径 10、残高 5.2 厘米。

M64：16，陶罐。出土时较为残碎，未能复原。泥质灰褐陶。圆肩，弧腹，平底，肩腹部饰多周细凸棱。器形较大。底径 13、最大腹径约 34 厘米（图 2-123，16）。

M64：17，陶鼎。与陶器盖 M64：54 相配。盆形鼎。泥质黑衣灰陶。敞口，圆唇，大斜折沿，折腹，平底微凸，瓦形足。口径 21、高 14 厘米（图 2-124，17；彩版一〇三，3）。

M64：18，陶罐。泥质黑衣灰褐陶。侈口，斜肩，圆腹，下腹折内收，矮喇叭形圈足，圈足上有三个圆形镂孔。复原口径 12.5、圈足径 10、复原高 16 厘米（图 2-122，18；彩版一〇三，4）。

M64：19，带盖双鼻壶，共 2 组。出土时较为残碎。

M64：19-1，陶器盖。泥质黑陶。覆碟形，喇叭形捉手，盖面斜弧，圆唇。捉手径 3.8、盖口径 9、高 3.6 厘米（图 2-123，19-1）。

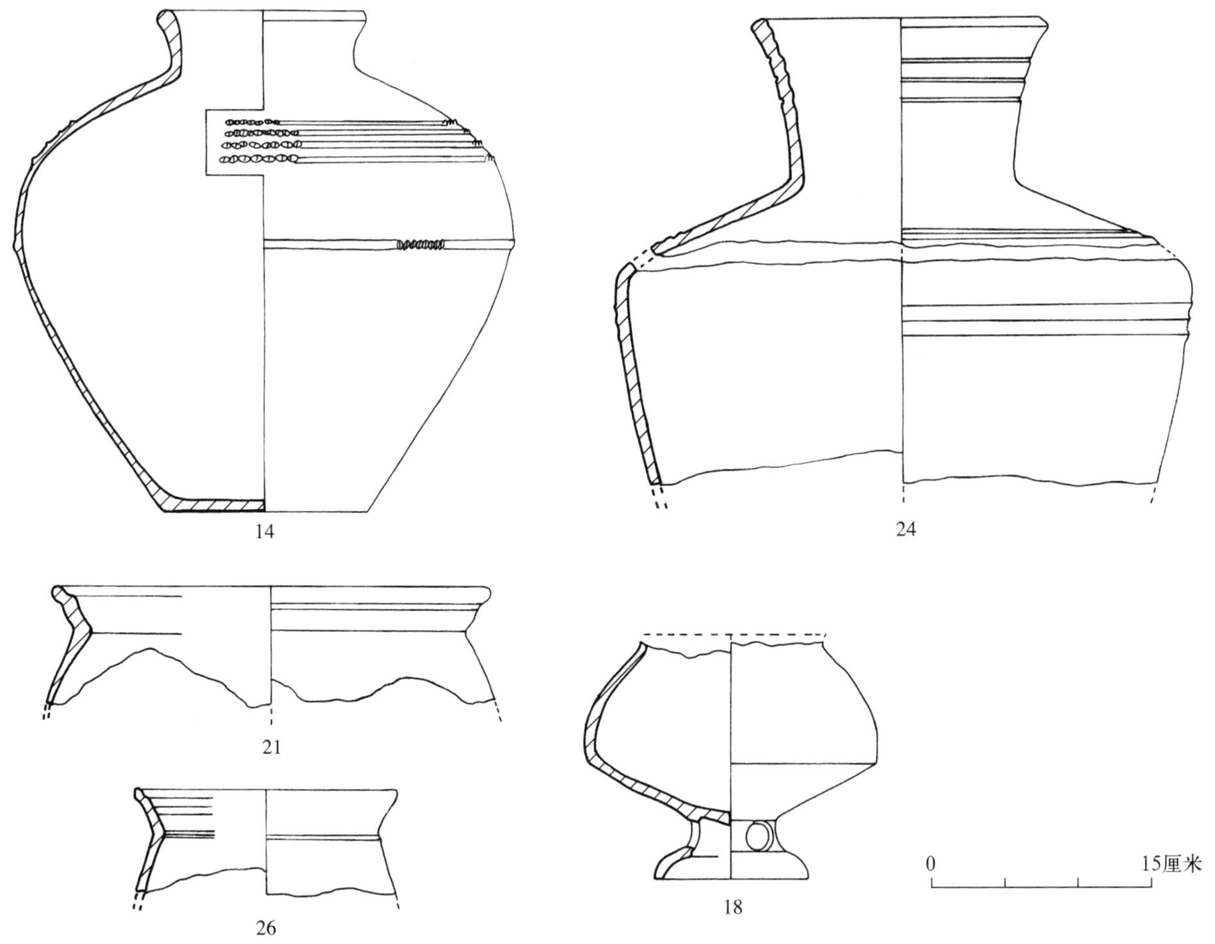

图2-122　M64出土遗物

14、18、26. 陶罐　21. 陶鼎　24. 陶高领罐

M64：19-2，陶双鼻壶。泥质黑陶。直口，圆唇，鼓腹，矮圈足。口径 8.8、底径 9、复原高 14 厘米（图 2-123，19-2）。

M64：19-3，陶器盖。泥质黑陶。盖面斜直，圆唇，捉手残。盖口径 7、复原高 2.8 厘米（图 2-123，19-3）。

M64：19-4，陶双鼻壶。泥质黑衣灰陶。直口，圆唇，口沿外侧有一对双鼻，鼓腹，圈足残。口径 7、复原高 13.4 厘米（图 2-123，19-4）。

M64：20，陶缸。出土时斜置，残碎，似被某物从上部压碎。泥质红褐衣红陶。器形较大。直口微敛，圆唇，卷沿，沿下内壁有 3 周细凹槽，弧腹内收，深腹，平底，腹部有 2 周凸棱。口径 50、底径 13.6、高 29.4 厘米（图 2-120，20；彩版一〇三，5）。

M64：21，陶鼎。夹植物红陶。侈口，圆唇，折沿，圆弧腹。火候较低，出土时较为残碎，不能复原。口径 30、残高 8 厘米（图 2-122，21）。

M64：22，陶盆。器形较大。泥质红褐衣红陶。敛口，圆唇，口沿下内壁有 4 周凸棱，弧腹

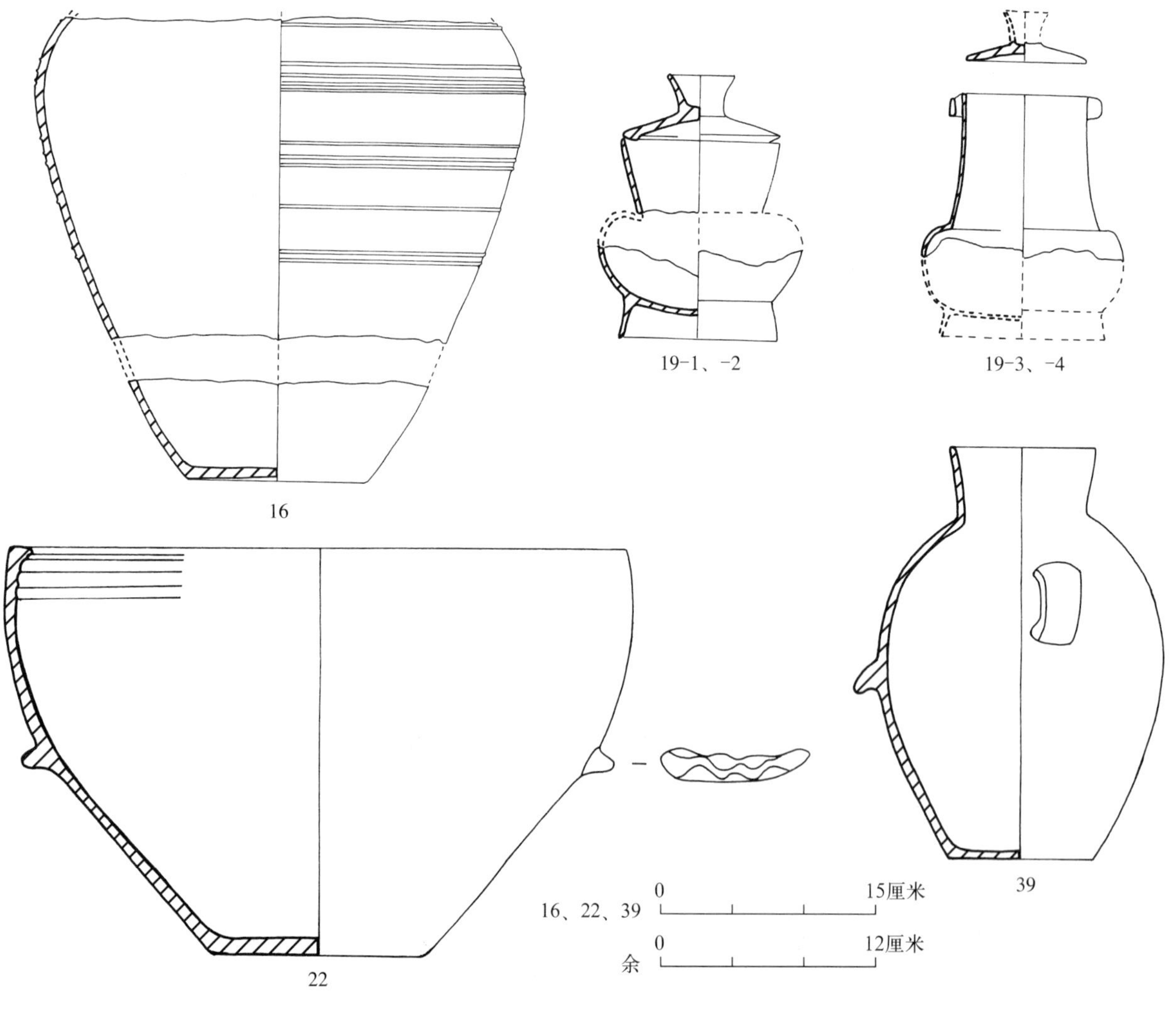

图2-123　M64出土遗物

16. 陶罐　19-1、-3. 陶器盖　19-2、-4. 陶双鼻壶　22. 陶盆　39. 陶背壶

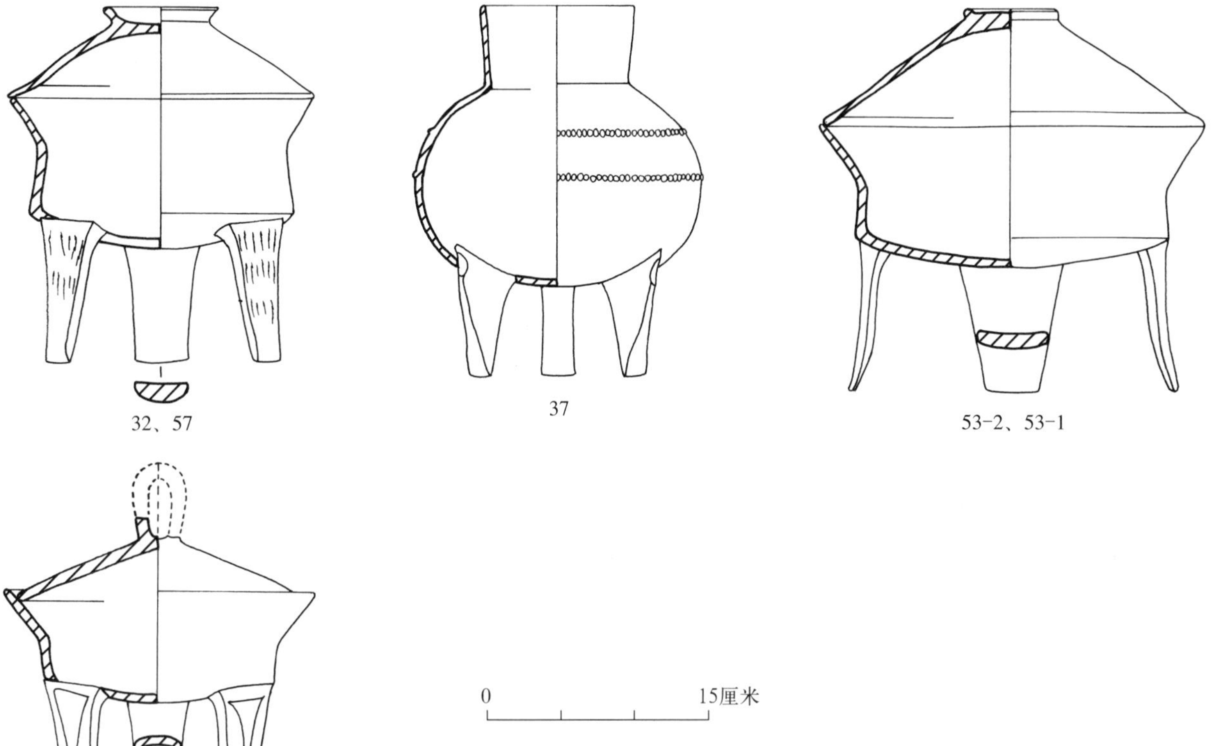

图2-124　M64出土遗物
17、32、37、53-1.陶鼎　53-2、54、57.陶器盖

内收，深腹，平底，腹部有一对鸡冠耳。口径 41.2、底径 14、高 26.8 厘米（图 2-123，22；彩版一〇三，6）。

M64：23，陶盆。出土时倒扣于 M64：22 陶盆内。泥质红褐衣红陶。侈口，圆唇，折腹，浅盘，圜底。口径 32、高 9 厘米（图 2-120，23；彩版一〇四，1）。

M64：24，陶高领罐。未复原。泥质黑衣褐陶。侈口，圆唇，高领，折肩，深腹。口沿内壁有几周凹弦纹，颈部有 3 周细凹槽，肩下有 3 周凸棱。口径 20、残高 30.8 厘米（图 2-122，24）。

M64：25，陶罐。出土时盖置于口沿上，器形较大，器壁较薄，未能复原。泥质红褐陶，残存少量黑衣，带盖。子口微敛，圆唇，圆弧腹内收，平底微内凹，下腹部有 2 周凸棱。覆碗形器盖，红褐陶残存少量黑衣。圆形捉手，盖面略弧，尖圆唇。罐内口径 23、底径 11、复原高 32.4 厘米；器盖捉手径 8.2、口径 24.4、高 7.4 厘米（图 2-120，25）。

M64：26，陶罐。火候较低，出土时较为残碎，不能复原。夹植物黑衣褐胎。侈口，圆唇，折沿，弧腹，沿内部有三周凸棱。口径 18、残高 7 厘米（图 2-122，26）。

M64：27，玉管。出土时位于人骨下部陶器间隙中。经检测为绢云母材质。浅绿色，管形，腰略鼓。直径 0.85、孔径 0.35、高 1.0 厘米（图 2-125，27；彩版一〇二，3）。

M64：28，玉锥。出土时位于人骨下部陶器间隙中。经鉴定为蛇纹石材质。残，粉质，风化成白色，残长 2.7、直径 0.8 厘米（图 2-125，28）。

M64：29，陶豆。火候较低，出土时较为残碎，不能复原。泥质黑衣褐陶。子口，浅盘，高

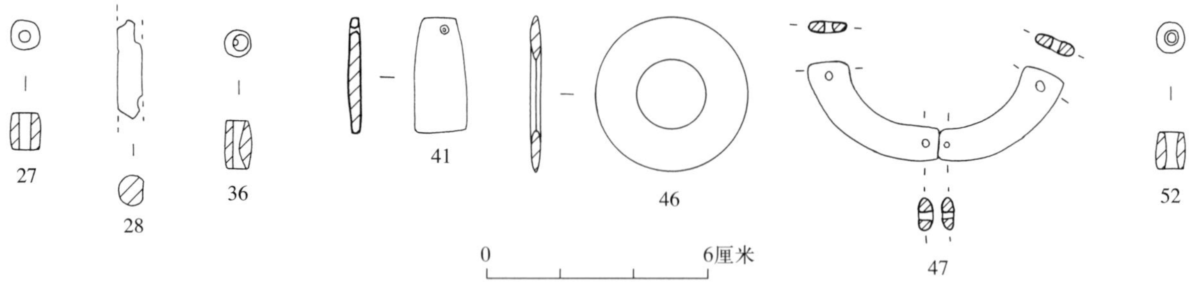

图2-125　M64出土遗物

27、36、52. 玉管　28. 玉锥　41. 绿松石坠　46. 玉环　47. 玉璜

喇叭形圈足，圈足上有镂孔。

M64：30，陶豆。火候较低，出土时较为残碎，不能复原。泥质黑衣褐陶。

M64：31，陶豆。火候较低，出土时较为残碎，不能复原。泥质黑陶。子口，浅盘，高喇叭形圈足。

M64：32，陶鼎。与陶器盖 M64：57 相配。盆形鼎。泥质黑衣褐陶。敞口，圆唇，宽折沿，折腹，平底微凸，三个凿形足，足面上有竖向刻槽。口径 21、高 18 厘米（图 2-124，32）。

M64：33，陶豆。火候较低，出土时较为残碎，不能复原。泥质黑衣褐陶。子口，浅盘。

M64：34，陶豆。火候较低，出土时较为残碎，不能复原。泥质黑衣褐陶。子口，浅盘。

M64：35，陶罐。火候较低，出土时较为残碎，不能复原。泥质黑衣褐陶。侈口，折沿，圆唇，深腹。

M64：36，玉管。经检测为绢云母材质。浅青色，有银色反光点。管形，腰微鼓，对面钻孔。直径 0.4～0.75、孔径 0.15～0.35、高 1.3 厘米（图 2-125，36）。

M64：37，陶鼎，壶形。夹细砂灰褐陶。直口微侈，圆唇，矮颈，圆鼓腹，圜底近平，三凿形足，足根有一个按窝，肩部有 2 周凸棱，上有细密按窝。口径 10.4、高 24.6 厘米（图 2-124，37；彩版一〇四，2）。

M64：38，陶豆。泥质黑陶。子口，尖圆唇，浅盘，台阶状高喇叭形圈足，圈足下部饰有数周戳印纹，圈足上部饰有一周 2 个戳印纹和一个圆形镂孔相间的纹饰。口径 22.6、圈足径 13.6、残高约 22 厘米（图 2-121，38）。

M64：39，陶背壶。泥质黑衣褐陶。直口微侈，圆唇，矮颈，弧腹内收，平底，肩腹部有一对半环形耳，两耳间较扁平，相对的另一边有一鸟喙形突纽。口径 9.6、底径 9.2、高 28 厘米（图 2-123，39；彩版一〇四，3）。

M64：40，陶豆。火候较低，出土时较为残碎，未能复原。泥质黑衣褐陶。碗形豆盘，高喇叭形圈足。

M64：41，绿松石坠。翠绿色，整体呈梯形，剖面呈长方形，两边略鼓，顶部有一个对钻孔。长 3.1、宽 1.5、厚 0.35、孔径 0.1～0.25 厘米（图 2-125，41；彩版一〇二，4）。

M64：42，陶豆。火候较低，出土时较为残碎，未能复原。泥质黑衣褐陶。直口，浅盘，高喇叭形圈足，圈足上有镂孔。

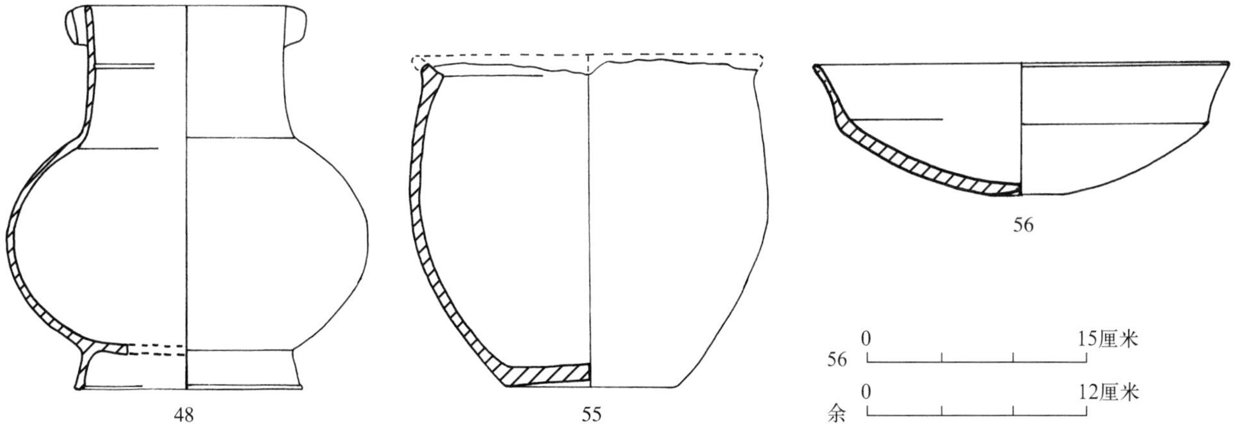

图2-126　M64出土遗物

48. 陶双鼻壶　55. 陶罐　56. 陶盆

M64：43，陶罐。火候较低，出土时较为残碎，不能复原。泥质黑衣褐陶。

M64：44，陶盘。火候较低，出土时较为残碎，不能复原。泥质黑衣褐陶。

M64：45，陶豆。泥质褐陶。直口，尖圆唇，浅盘，台阶状高喇叭形圈足，圈足上有三角形镂孔。口径22、圈足径12、残高约20厘米（图2-121，45）。

M64：46，玉环。经检测为蛇纹石材质。风化成白色，环形，剖面呈椭圆形。直径4.2、内径1.85～1.9、厚0.3厘米（图2-125，46；彩版一〇二，5）。

M64：47，玉璜。经检测为绢云母材质。淡绿色，黏土矿物伊利石，分体式璜，中间分开两面平齐，器扁圆弧形，琢磨光滑，两端各有一钻孔。长7.0、厚0.25～0.4、孔径0.15～0.25厘米（图2-125，47；彩版一〇二，6）。

M64：48，陶双鼻壶。泥质黑陶。直口，圆唇，双鼻，圆鼓腹，矮圈足。口径10.8、圈足径12.4、高20.4厘米（图2-126，48；彩版一〇四，4）。

M64：49，陶豆。出土时较为残碎，不能复原。泥质黑衣红褐陶。浅盘，矮圈足，圈足上有圆形镂孔。圈足径12、残高9.4厘米（图2-121，49）。

M64：50，陶罐。火候较低，出土时较为残碎，不能复原。泥质黑陶。

M64：51，陶纺轮。泥质褐陶。平面呈圆形，剖面呈半圆形，一面平直，一面圆弧，两侧略圆弧。外径4.6、孔径0.4～0.5、厚0.5～1.3厘米（图2-120，51）。

M64：52，玉管。经检测为绢云母材质。浅绿色泛白，管形，腰鼓，对钻孔。直径0.85、孔径0.3～0.4、高1.0厘米（图2-125，52；彩版一〇二，7）。

M64：53，带盖盆形鼎。

M64：53-1，陶鼎。泥质黑衣灰陶。敞口，圆唇，大斜折沿，折腹，平底微凸，三个瓦形足。口径27、高18.2厘米（图2-124，53-1）。

M64：53-2，陶器盖。泥质黑衣灰陶。覆碗形器盖，圆形捉手，弧壁，敞口，圆唇。捉手径6.6、口径26.8、高8厘米（图2-124，53-2）。

M64：54，陶器盖。泥质红陶。环形捉手，盖面斜直，圆唇。与陶鼎M64：17相配。口径

19.2、复原高约9.2厘米（图2-124，54）。

M64：55，陶罐。泥质红陶，残存少量黑彩。口残，侈口，折沿，弧腹内收，平底微内凹。底径9.2、复原口径19、高17.8厘米（图2-126，55；彩版一〇四，5）。

M64：56，陶盆。泥质红陶。敞口，尖圆唇，折腹，斜腹内收，平底内凹。口径28.8、底径5.6、高9厘米（图2-126，56；彩版一〇四，6）。

M64：57，陶器盖。与陶鼎M64：32相配。泥质黑衣褐陶。覆碗形器盖，矮喇叭形捉手，盖面斜弧，短平沿，圆唇。捉手径8.2、口径21.2、高6.2厘米（图2-124，57）。

31. M65

位于TE15S1西南部。开口于④层下。打破M85。

墓坑呈长方形，墓向89°（图2-127；彩版一〇五，1）。墓口长2.20、宽1.10米。墓口距地表深0.42米，墓底距墓口深0.77米。单人葬，仰身直肢，骨骼保存极差。

无随葬品。

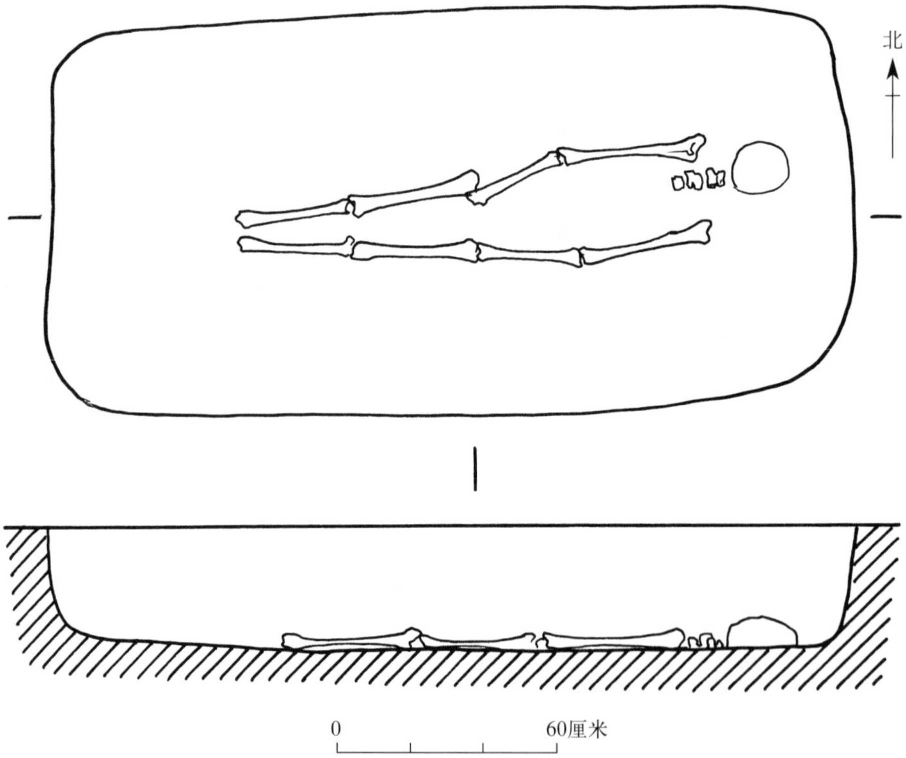

图2-127　M65平、剖面图

32. M66

位于TE15N1南部。开口于④层下。

墓坑呈长方形，墓向110°（图2-128；彩版一〇五，2、3）。墓口长1.90、宽0.48米，墓底长1.85、宽0.45米。墓口距地表深0.50米，墓底距墓口深0.24米。单人葬，骨骼保存极差，仅存痕迹。性别年龄难辨。

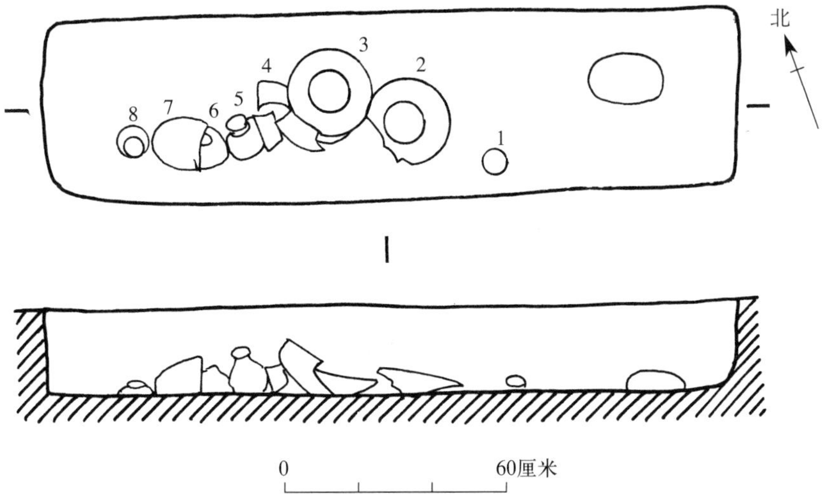

图2-128　M66平、剖面图

1. 陶纺轮　2～4. 陶豆　5. 陶壶　6. 陶鼎　7. 陶罐　8. 陶杯形尊

随葬品主要位于南侧，共有 8 件，均为陶器。

M66：1，陶纺轮。泥质褐陶。平面整体呈圆形，剖面为半圆形，一面弧形，一面平直，两端斜弧。外径 4.2、孔径 0.3～0.4、厚 0.7 厘米（图 2-129，1）。

M66：2，陶豆。火候较低，出土时较为残碎，不能复原。泥质黑衣红褐陶。敞口，圆唇，宽折沿，弧腹，浅盘。圈足上有圆形镂孔。口径 26、残高 7.4 厘米（图 2-129，2）。

M66：3，陶豆。泥质红褐陶，残存少量黑衣。敞口，圆唇，宽折沿，弧腹，浅盘，喇叭形矮圈足。口径 24、圈足径 9.6、高 10 厘米（图 2-129，3；彩版一〇五，4）。

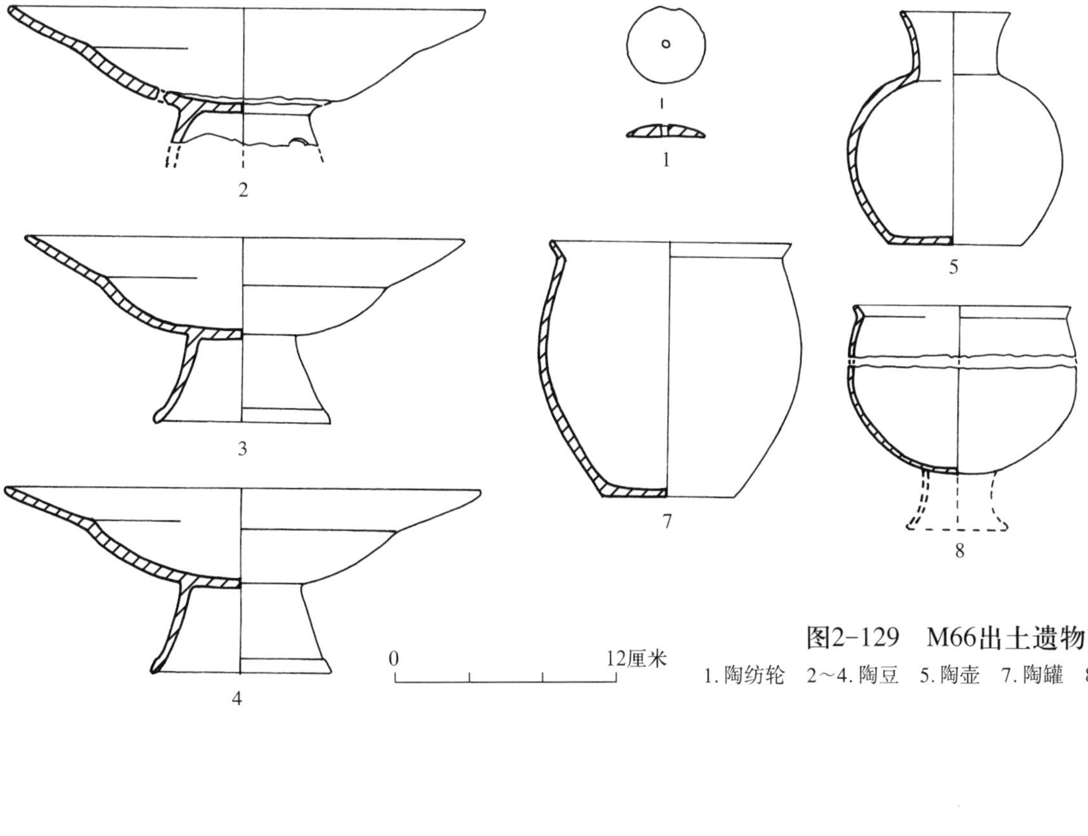

图2-129　M66出土遗物

1. 陶纺轮　2～4. 陶豆　5. 陶壶　7. 陶罐　8. 陶杯形尊

M66：4，陶豆。泥质红褐陶，残存少量黑衣。敞口，圆唇，宽折沿，弧腹，浅盘，喇叭形矮圈足。口径 26、圈足径 10、高 10 厘米（图 2-129，4）。

M66：5，陶壶。泥质褐衣灰陶。侈口，圆唇，短颈，球形腹，大平底。口径 6.2、最大腹径 12、底径 7.2、高 12.6 厘米（图 2-129，5；彩版一〇五，5）。

M66：6，陶鼎。火候较低，出土时较为残碎，不能复原。夹植物褐陶。罐形。

M66：7，陶罐。泥质黑衣灰陶。侈口，圆唇，折沿，弧腹内收，平底。口径 13.2、底径 7.2、高 13.8 厘米（图 2-129，7）。

M66：8，陶杯形尊。薄胎，未能复原。泥质灰陶。侈口，尖唇，折沿，弧腹，圜底，圈足残。口径 12、残高约 10.2 厘米（图 2-129，8）。

33. M67

位于 TE14S2 北部，土台西南缘斜坡处。开口于⑧层下。被上层打破较为严重，墓坑较浅，随葬品较为残碎。

墓坑呈长方形，墓向 110°（图 2-130；彩版一〇六，1）。墓口长 2.00、宽 0.80 米。墓口距地表深 0.85 米，墓底距墓口深 0.15 米。单人葬，骨骼保存极差，仅存痕迹。性别难辨，年龄为成年，枕骨有一定变形。

随葬品主要位于南侧，共有 19 件，其中陶器 14 件、小型玉饰 5 件（彩版一〇六，2、3）。

M67：1，绿松石坠。翠绿色，较小，呈不规则六边形，顶部有一个对钻孔。长 0.65、宽 0.65、厚 0.1～0.2、孔径 0.1～0.15 厘米（图 2-131，1；彩版一〇六，4）。

M67：2，玉坠。经检测为蛇纹石材质。风化成白色，小长方形，顶部有一个对钻孔。长 1.0、宽 0.3～0.6、厚 0.2～0.35、孔径 0.05～0.2 厘米（图 2-131，2；彩版一〇六，5）。

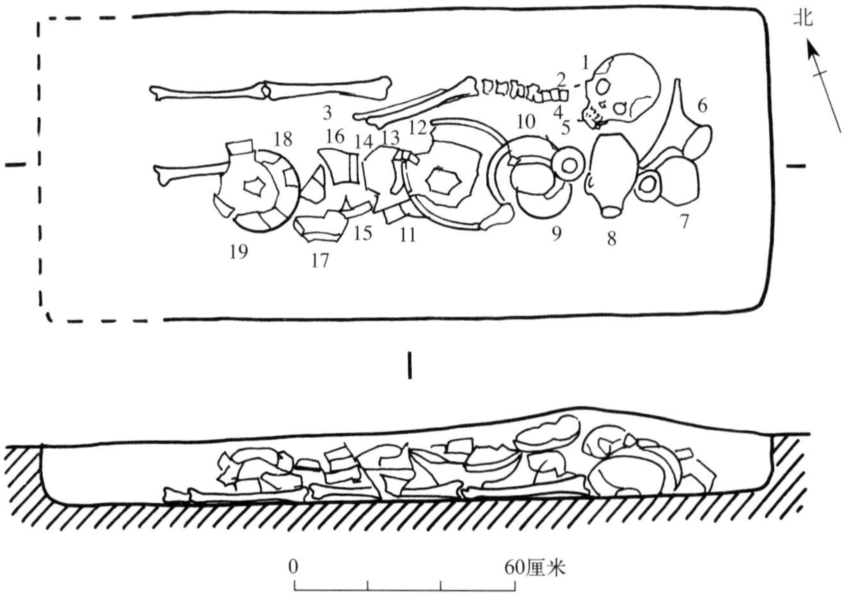

图2-130 M67平、剖面图

1. 绿松石坠 2、3. 玉坠 4、5. 玉珠 6、10～12、18. 陶豆 7. 陶壶 8、19. 陶背壶 9、14、16、17. 陶罐 13. 陶鼎 15. 陶器盖

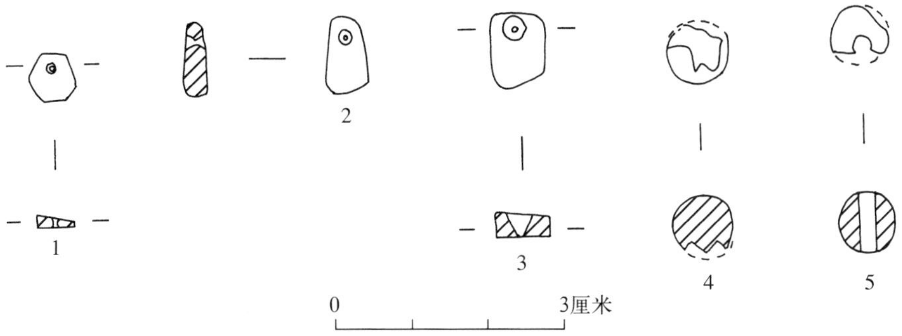

图2-131 M67出土遗物

1.绿松石坠 2、3.玉坠 4、5.玉珠

M67：3，玉坠。经检测为透闪石材质。黄褐色，小方形，顶部有一个双面钻孔，其中一面深钻，另一面较浅。长1.0、宽0.75、厚0.25～0.35、孔径0.05～0.35厘米（图2-131，3；彩版一〇六，6）。

M67：4，玉珠。经检测为蛇纹石材质。风化成白色，球形，牛鼻穿孔，残。直径0.85厘米（图2-131，4）。

M67：5，玉珠。经检测为蛇纹石材质。风化成白色，球形，牛鼻穿孔，残。直径0.8、孔径0.25厘米（图2-131，5）。

M67：6，陶豆。火候较低，出土时较为残碎，未能复原。泥质黑陶。直口，浅盘，喇叭形圈足，圈足上有圆形镂孔。圈足径12、残高4厘米（图2-132，6）。

M67：7，陶壶。火候较低，出土时较为残碎，未能复原。泥质红褐陶。直颈，弧肩，鼓腹，矮圈足。腹径11.8、圈足径8.6、残高约12.4厘米（图2-132，7）。

M67：8，陶背壶。泥质红陶，局部存有少量黑皮。直口微侈，尖圆唇，短颈，弧腹，平底，肩部一侧有两个环状器耳，另一侧有一鸟喙形突纽。口径7、底径8.6、高22.8厘米（图2-132，8；彩版一〇七，1）。

M67：9，陶罐。泥质灰褐陶。侈口，尖唇，折沿，弧腹内收，平底微内凹。口径16.4、最大腹径17.6、底径8、高16.2厘米（图2-132，9；彩版一〇七，2）。

M67：10，陶豆。火候较低，出土时极为残碎，不能复原。泥质黑陶。子口，浅盘，圈足，上有圆形镂孔。残高约10.8厘米（图2-132，10）。

M67：11，陶豆。火候较低，出土时极为残碎，不能复原。泥质褐陶。直口，尖圆唇，弧腹，浅盘，喇叭形圈足。口径26、圈足顶径6.6、残高8厘米（图2-132，11）。

M67：12，陶豆。泥质黑陶。子口，圆唇，弧腹，深盘，高圈足，圈足顶部有圆形镂孔5个，下腹呈台阶，有长条形镂孔8个，中间为三角形镂孔7组，每组两个。口径22.8、圈足径12、高19厘米（图2-132，12；彩版一〇七，3）。

M67：13，陶鼎。出土时极为残碎，不可复原。泥质褐陶。凿形足。

M67：14，陶罐。泥质黑衣褐陶。侈口，圆唇，折沿，弧腹内收，平底。肩部有一周凸棱。口径12、底径7.4、高12.6厘米（图2-132，14；彩版一〇七，4）。

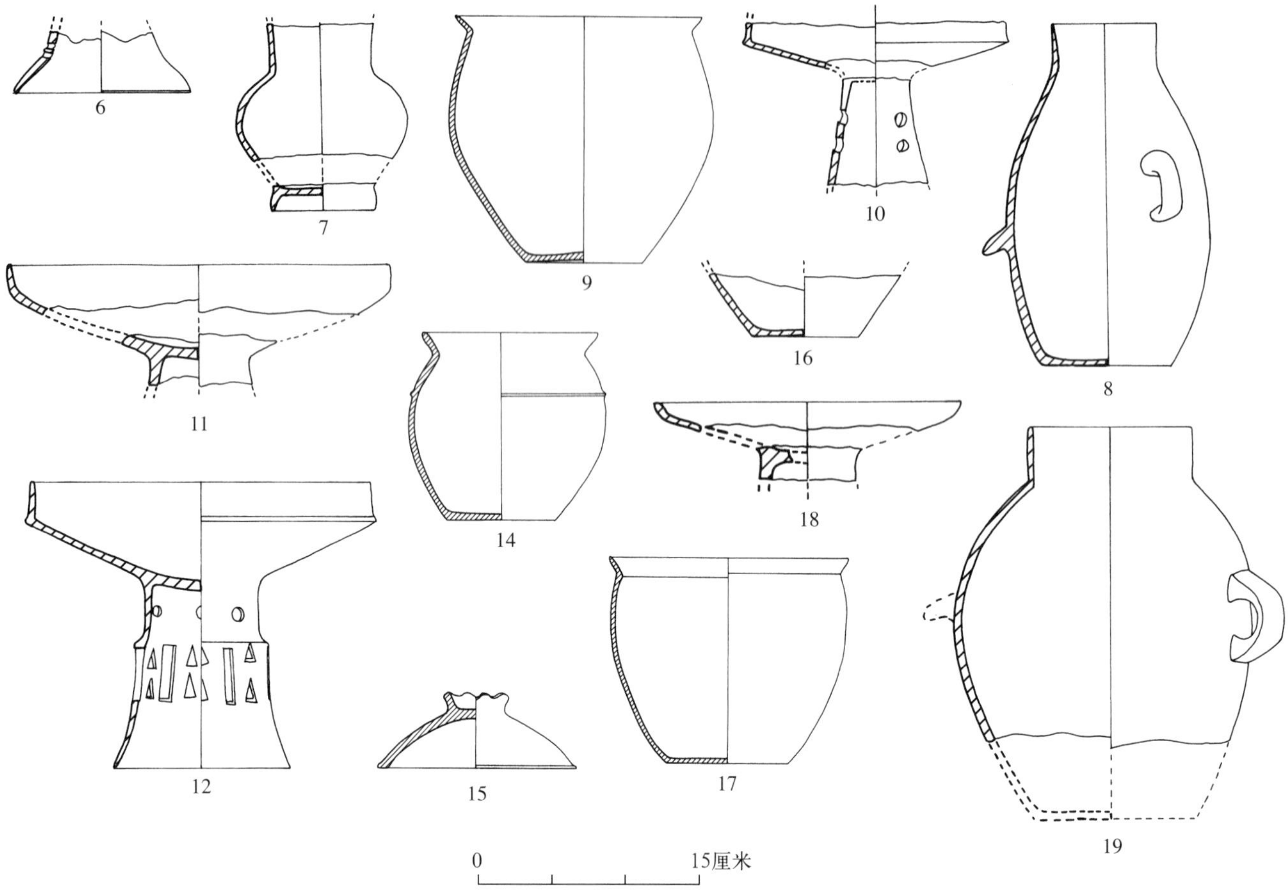

图2-132　M67出土遗物

6、10～12、18.陶豆　7.陶壶　8、19.陶背壶　9、14、16、17.陶罐　15.陶器盖

M67：15，陶器盖。夹砂灰陶。覆碗形，矮喇叭形捉手，盖面略弧，短平沿，方圆唇，捉手边缘修成花边状。捉手径4.4、口径13.6、高5厘米（图2-132，15；彩版一〇七，5）。

M67：16，陶罐。出土时极为残碎。泥质黑衣褐陶。弧腹，平底微内凹。底径7、残高5厘米（图2-132，16）。

M67：17，陶罐。泥质黑衣褐陶。侈口，圆唇，折沿，弧腹内收，平底。口径16、底径8、高13.6厘米（图2-132，17；彩版一〇七，6）。

M67：18，陶豆。泥质红褐陶。敛口，圆唇，浅盘，折腹，喇叭形圈足。口径20、残高5厘米（图2-132，18）。

M67：19，陶背壶。出土时较为残碎，未能复原。泥质灰胎红褐陶，残存少量红衣。直口微侈，圆唇，短颈，弧腹内收，肩部一侧有两个宽带状耳，两耳间较扁平，另一侧有一鸟喙形突纽。口径11、残高25.4厘米（图2-132，19）。

34. M68

位于TE15S1北部。开口于④层下。

墓坑呈长方形，头向东北，墓向25°（图2-133；彩版一〇八，1）。墓口长2.10、宽1.16米。

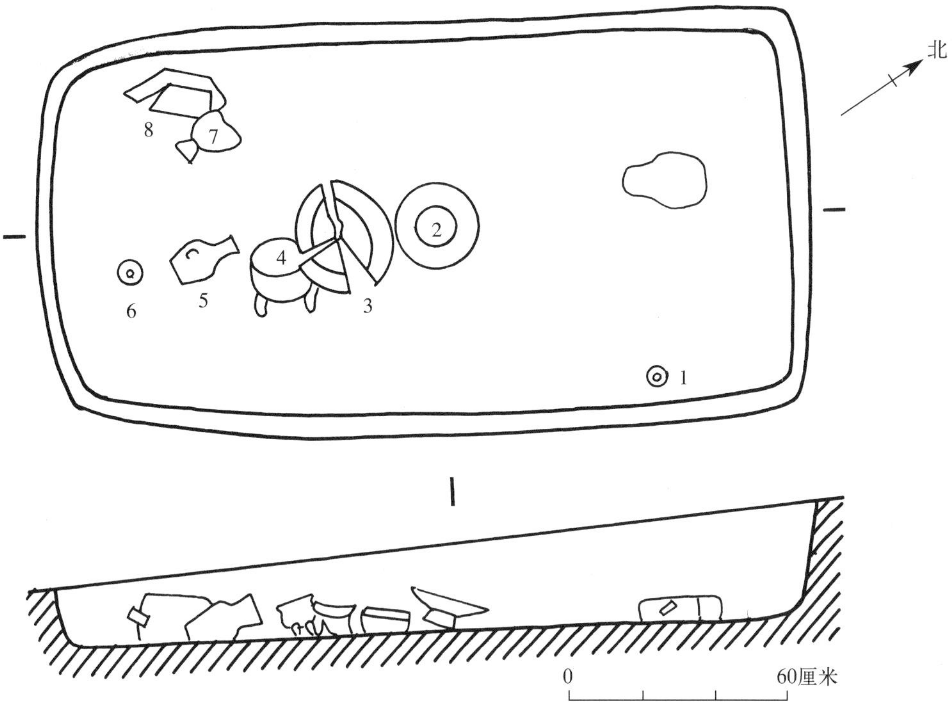

图2-133　M68平、剖面图

1、6. 陶纺轮　2、3. 陶豆　4. 陶鼎　5. 陶背壶　7. 陶圈足杯　8. 陶钵

墓口距地表深 0.32 米，墓底距墓口深 0.56 米。单人葬，骨骼保存极差，仅存痕迹。

随葬品位于人骨左侧和脚端，共有 8 件，均为陶器（彩版一〇八，2）。

M68：1，陶纺轮。泥质灰陶。平面呈圆形，剖面近长方形，两面平直，两端微凸。直径 3.5、孔径 2.5、厚 0.7 厘米（图 2-134，1）。

M68：2，陶豆。泥质黑衣褐陶。敞口，圆唇，宽折沿，弧腹，浅盘，矮喇叭形圈足，圈足上有半圆形和三角形镂孔各 3 个。口径 24.8、圈足径 13.4、高 11.4 厘米（图 2-134，2）。

M68：3，陶豆。泥质黑衣褐陶。敞口，圆唇，宽折沿，弧腹，浅盘，矮喇叭形圈足，圈足上有半圆形和三角形镂孔各 3 个。口径 26.2、圈足径 13.6、高 12.2 厘米（图 2-134，3）。

M68：4，陶鼎。夹石英黑衣褐陶。侈口，圆唇，折沿，鼓腹，圜底，凿形足。口径 11.2、最大腹径 12.6、高 13.6 厘米（图 2-134，4；彩版一〇八，3）。

M68：5，陶背壶。泥质灰陶。侈口，圆唇，短颈，圆肩，肩部有一鸟喙形突纽，另一侧肩部较扁平，两个宽状带器耳，弧腹内收，平底。口径 8.2、底径 8.2、高 20.4 厘米（图 2-134，5；彩版一〇八，4）。

M68：6，陶纺轮。夹细砂灰褐陶。整体呈圆形，剖面为半圆形，一面平直，一面弧形。直径 4.9、孔径 0.45～0.6、厚 0.3～0.8 厘米（图 2-134，6）。

M68：7，陶圈足杯。火候较低，出土时较为残碎，不能复原。泥质黑衣褐陶。侈口，圆腹，直腹，矮圈足。

M68：8，陶钵。火候较低，未能复原。泥质黑衣褐陶。敛口，圆唇，浅腹，平底微内凹。口径 19、底径 9、高 7.9 厘米（图 2-134，8）。

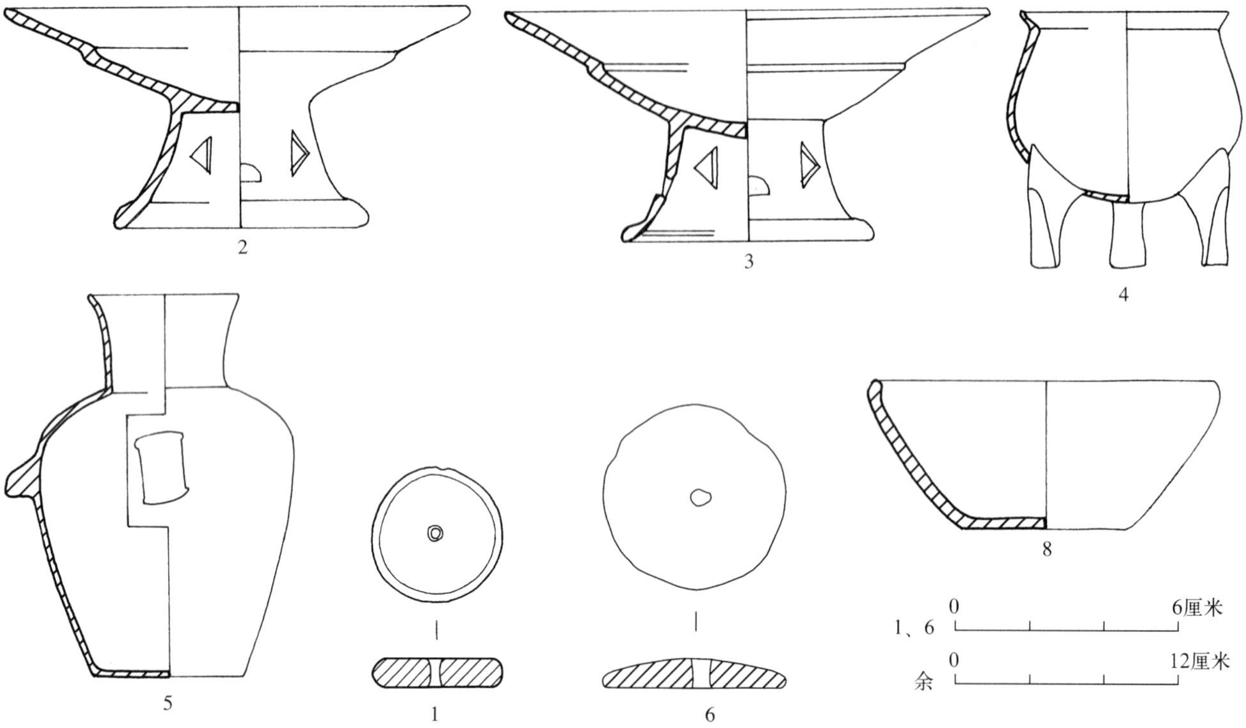

图2-134　M68出土遗物

1、6. 陶纺轮　2、3. 陶豆　4. 陶鼎　5. 陶背壶　8. 陶钵

35. M69

位于 TE14S1 中部偏西。开口于⑤层下。

墓坑呈长方形，墓向 93°（图 2-135；彩版一〇九，1、2）。墓口长 2.7、宽 2.00 米。墓口距地表深 0.86 米，墓底距墓口深 0.62 米。墓坑南部有生土二层台。双人葬，骨骼保存极差，仅存痕迹。性别难辨，年龄为成年。

随葬品主要位于南部，分为两排，共有陶器 33 件（彩版一〇九，3、一一〇，1～3）。北侧人骨颈部有 2 件绿松石坠，下肢处有 1 件石钺（彩版一一〇，4、5）、1 件砺石。

M69：1，绿松石坠。翠绿色，平面呈圆角梯形，顶部有一个对钻孔。长 1.15、宽 0.9～1.0、厚 0.25、孔径 0.05～0.2 厘米（图 2-136，1；彩版一一一，1）。

M69：2，石钺。青灰色，器表残存少量朱砂。宽扁形，两面平整，刃部残，中上部有一对钻孔。长 14.2、宽 11.2～12.4、孔径 1.1、最厚处 1.5 厘米（图 2-136，2；彩版一一一，3）。

M69：3，绿松石坠。翠绿色，不规则形，顶部有一个对钻孔。长 1.7、宽 0.95、厚 0.2～0.3、孔径 0.05～0.2 厘米（图 2-136，3；彩版一一一，2）。

M69：4，陶壶。泥质灰褐陶。侈口，圆唇，短颈，圆腹，平底。口径 6.4、底径 6、高 9.5 厘米（图 2-137，4；彩版一一一，4）。

M69：5，陶罐。火候较低，器壁较薄，未能复原。泥质红陶。侈口，尖唇，折沿，弧腹内收，平底。口径 12、底径 4.4、高 11.4 厘米。

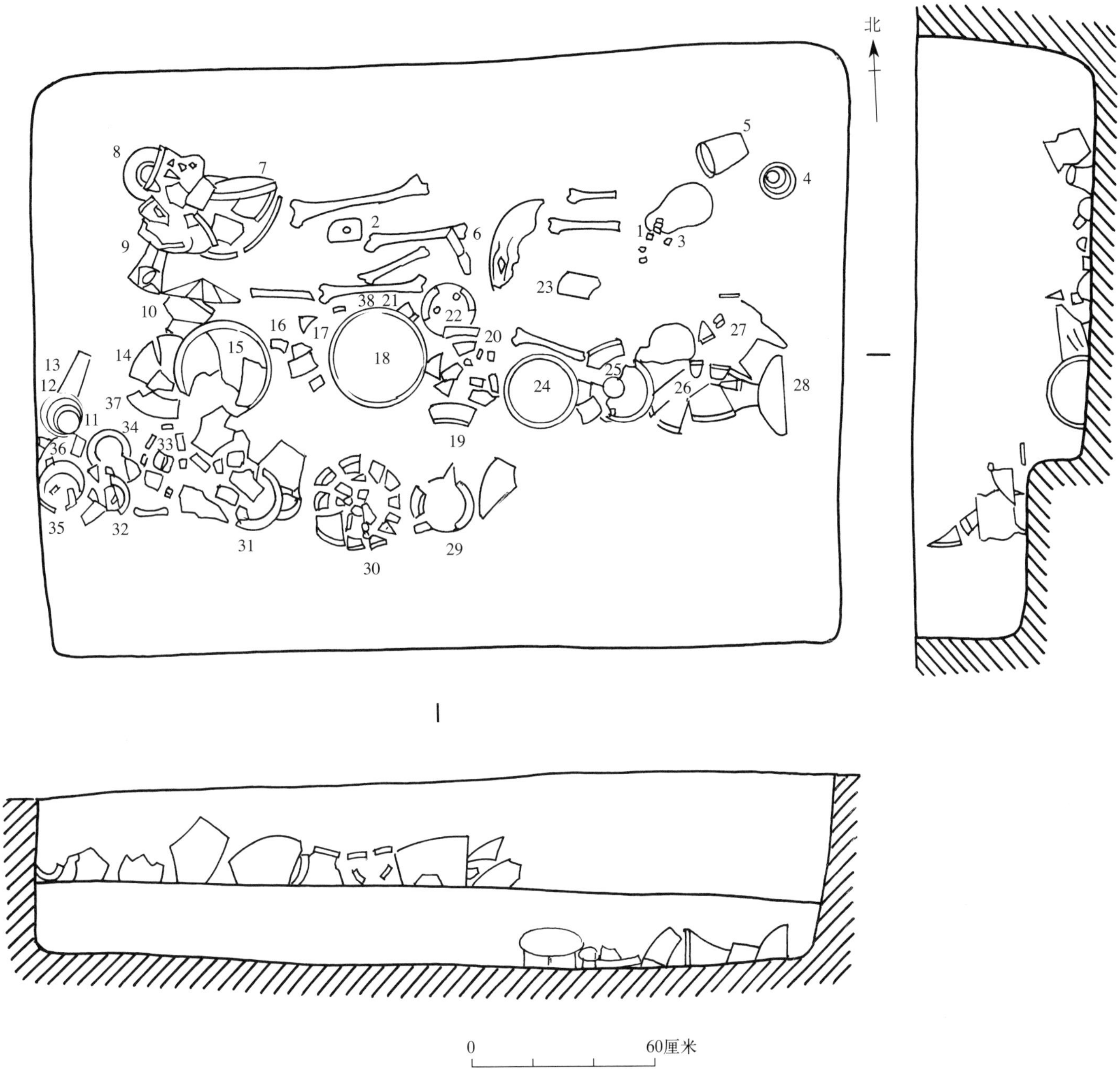

图2-135　M69平、剖面图

1、3.绿松石坠　2.石钺　4、13.陶壶　5、16、19、21、31、34、36.陶罐　6.砺石　7～10、14、15、18、23～25、28、30.陶豆　11.陶钵　12.陶碗　17、20.陶背壶　22、27、29、32、33、35.陶鼎　26.陶圈足杯　37.陶器盖　38.陶圈足杯

M69：6，砺石。青灰色，长条状，一端残，两面磨平。长 11.3、宽 2.7、厚 1.3 厘米（图 2-136，6）。

M69：7，陶豆。火候较低，出土时极为残碎，不能复原。泥质黑衣褐陶。

M69：8，陶豆。火候较低，出土时极为残碎，不能复原。泥质黑衣褐陶。

M69：9，陶豆。火候较低，出土时极为残碎，不能复原。泥质黑陶。

M69：10，陶豆。泥质黑陶。直口微敛，圆唇，弧腹，深盘，高喇叭形圈足，圈足上有圆形

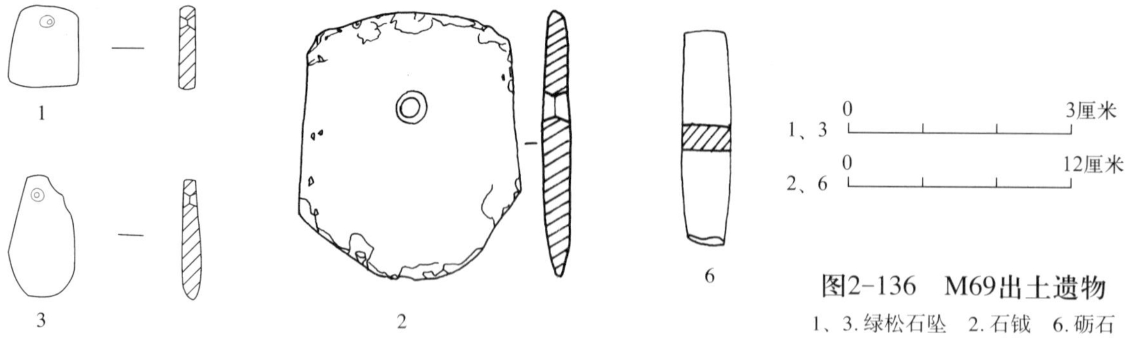

图2-136　M69出土遗物
1、3. 绿松石坠　2. 石钺　6. 砺石

镂孔，圈足底部内壁有凹槽。口径 21、圈足径 11.2、高 13.4 厘米（图 2-138，10）。

M69：11，陶钵。泥质红陶。敛口，圆唇，弧腹内收，平底微内凹。口径 14.6、底径 7、高 6 厘米（图 2-137，11；彩版一一一，5）。

M69：12，陶碗。泥质红陶，残存少量红衣。敛口，圆唇，深折腹内收，圈足残。口径 7.2、残高 8.6 厘米（图 2-137，12）。

M69：13，陶壶。泥质黑衣灰褐陶。侈口，尖圆唇，长直颈，颈部有 2 个对称小孔，圆鼓腹，平底。口径 6、腹径 10.4、高 12.8 厘米（图 2-137，13；彩版一一一，6）。

M69：14，陶豆。出土时较为残碎，未能复原。泥质黑衣褐陶。敛口，圆唇，弧腹，深盘，柄上部较细，有圆形镂孔。口径 20、残高 11 厘米（图 2-138，14）。

M69：15，陶豆。出土时较为残碎，不能复原。泥质黑衣褐陶。敛口，圆唇，折腹，浅盘，圈足上有大三角形镂孔。口径 19.2、残高 8 厘米（图 2-138，15）。

M69：16，陶罐。泥质黑衣灰陶。侈口，圆唇，折沿，弧腹内收，平底。口径 18.2、底径 9.4、高 18 厘米（图 2-137，16）。

M69：17，陶背壶。泥质红陶。直口微侈，圆唇，短平沿，沿内凹，短颈，溜肩，肩腹部两侧有一对半环形耳，两耳间相对的另一侧有一鸟喙形突纽，深腹，平底。口径 8.7、底径 10、高 34.4 厘米（图 2-139，17；彩版一一二，1）。

M69：18，陶豆。未能复原。泥质黑衣褐陶。直口微敛，尖圆唇，折腹，浅盘。口径 27.4、残高 10 厘米（图 2-138，18）。

M69：19，陶罐。泥质黑陶。火候较低，出土时极为残碎，不能复原。

M69：20，陶背壶。泥质红陶。直口微侈，尖圆唇，矮颈，弧腹内收，腹部两侧有一对半环形耳，两耳间腹部较扁平，正对两耳的腹另一侧有一鸟喙状突纽，平底。口径 9、底径 9.6、高 31～31.6 厘米（图 2-139，20；彩版一一二，2）。

M69：21，陶罐。泥质褐陶。侈口，圆唇，折沿，弧腹内收，平底。口径 11.8、底径 7.4、高 6.6 厘米（图 2-137，21）。

M69：22，陶鼎。未能复原。泥质红陶。带盖。侈口，圆唇，折腹，圜底，三个凿形足，足根有一按窝。覆碟形器盖，环形捉手，弧壁近直，圆唇。鼎口径 14、复原高 14 厘米；器盖口径 14、高 9.4 厘米（图 2-140，22）。

M69：23，陶豆。出土时极为残碎，不能复原。泥质黑陶。

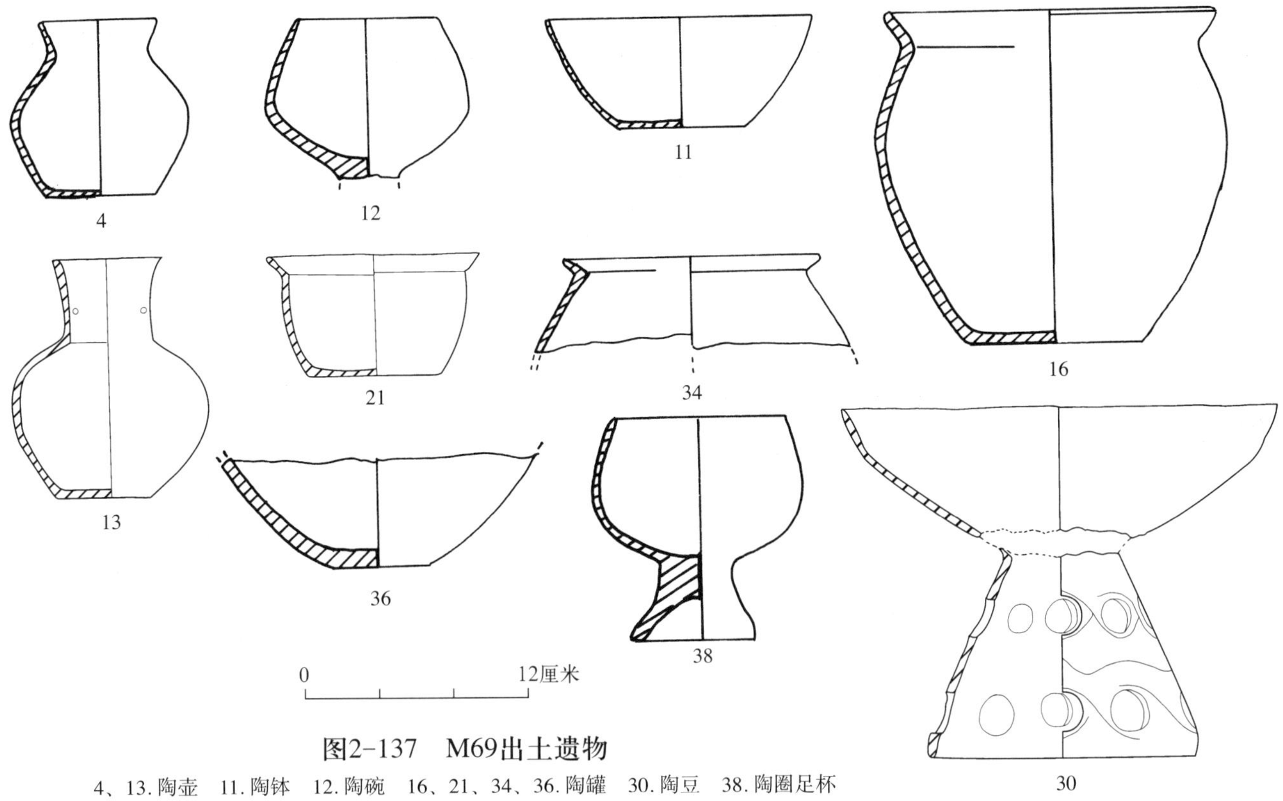

图2-137　M69出土遗物

4、13.陶壶　11.陶钵　12.陶碗　16、21、34、36.陶罐　30.陶豆　38.陶圈足杯

M69：24，陶豆。泥质褐陶，残存少量黑衣。直口，尖唇，弧腹，浅盘，喇叭形圈足，圈足上有 3 个圆形镂孔。口径 20.8、圈足径 11.8、高 15.4 厘米（图 2-138，24；彩版一一二，3）。

M69：25，陶豆。未能复原。泥质黑衣灰陶。子口，圆唇，弧腹，深盘，高喇叭形圈足，圈足上有 3 组圆形镂孔，每组 2 个。口径 22、圈足径 12.4、高 19.2 厘米（图 2-138，25）。

M69：26，陶圈足杯。泥质黑衣红褐陶。口残，侈口，尖圆唇，折腹，近平底，矮喇叭形圈足，圈足上有 3 个圆形镂孔。口径 13.4、圈足径 9.4、复原高 13 厘米（图 2-139，26；彩版一一二，4）。

M69：27，陶鼎。出土时较为残碎，未能复原。泥质红陶。侈口，圆唇，折腹，三凿形足，足根有 2 个按窝。覆碟形器盖，环形捉手，弧壁近直，圆唇。鼎口径 14.4、高约 15.2 厘米；器盖口径 14.4、复原高 9.2 厘米（图 2-140，27）。

M69：28，陶豆。火候较低，出土时较为残碎，未能复原。泥质黑衣褐陶。敛口，圆唇，折腹，浅盘，高喇叭形圈足，圈足上有圆形镂孔和 7 周细凹弦纹。口径 19.6、圈足径 10、残高 16.2 厘米（图 2-138，28）。

M69：29，陶鼎。未能复原。盂形鼎。泥质红陶。侈口，折腹，三凿形足，足根有按窝。覆碟形器盖，环形捉手残，弧壁近直，圆唇。盖口径 16、残高 4.8 厘米（图 2-140，29）。

M69：30，陶豆。泥质黑衣灰褐陶。敞口，圆唇，深盘，矮粗圈足，圈足上有 2 横排大圆形镂孔，间以波浪纹。口径 24、圈足径 15、高 19 厘米（图 2-137，30；彩版一一二，5）。

M69：31，陶罐。器形较大，器壁较薄，未能复原。泥质灰褐陶。侈口，圆唇，矮颈，鼓腹内收，平底。口径 12.4、底径 12.8、高约 34 厘米（图 2-139，31）。

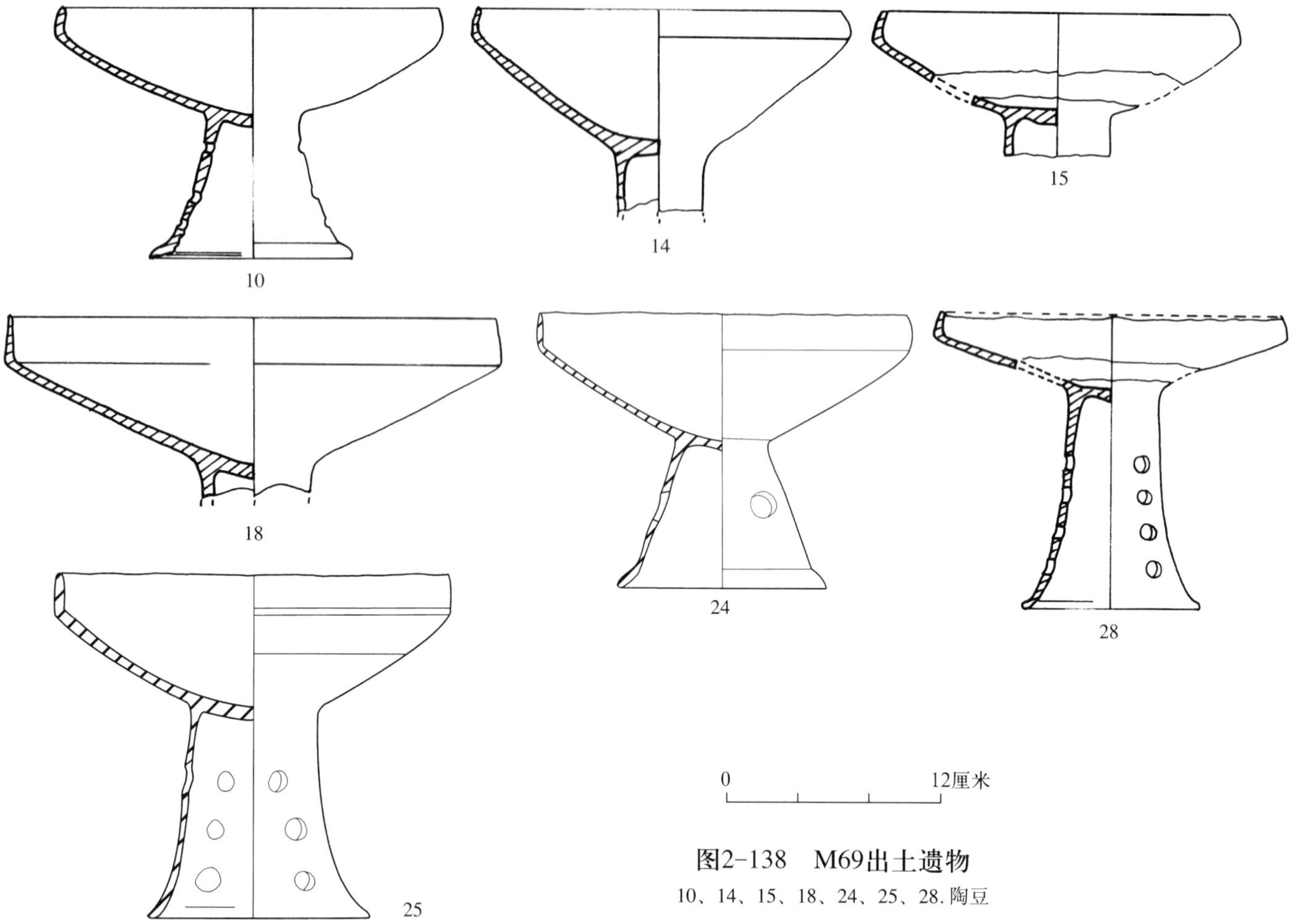

图2-138　M69出土遗物

10、14、15、18、24、25、28.陶豆

M69∶32，陶鼎。出土时较为残碎，不能复原。泥质红陶。盂形鼎，凿形足。

M69∶33，陶鼎。泥质红陶。带盖。侈口，圆唇，折腹，平底微凸，三凿形足，足根有一个按窝。覆碟形器盖，环形捉手，弧壁近直，圆唇。鼎口径20、高19.5厘米，盖口径22、复原高16厘米（图2-140，33）。

M69∶34，陶罐。出土时较为残碎，不能复原。泥质黑陶。侈口，圆唇，折沿，弧腹。口径14、残高5厘米（图2-137，34）。

M69∶35，陶鼎。盂形鼎。泥质红陶。直口微侈，尖圆唇，短平沿，折腹，腹上部有2个对称的泥突，平底微凸，3个凿形足，足根有一个按窝。口径21.4、高15.8厘米（图2-139，35；彩版一一二，6）。

M69∶36，陶罐。泥质红陶。平底。底径5.0、残高5.8厘米（图2-137，36）。

M69∶37，陶器盖。夹石英红陶。覆碟形，环形捉手，盖面略弧近直，圆唇。盖口径14.1、复原高10厘米（图2-140，37）。

M69∶38，陶圈足杯。泥质黑衣灰褐陶。敛口，圆唇，鼓腹，矮喇叭形圈足。口径9.6、圈足径7、高12厘米（图2-137，38）。

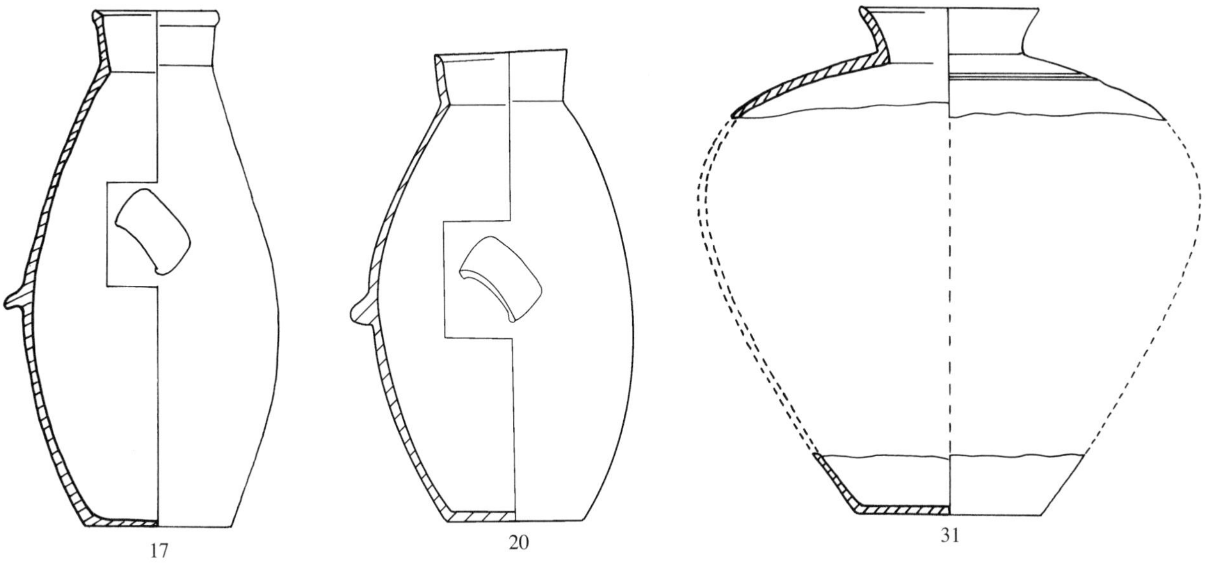

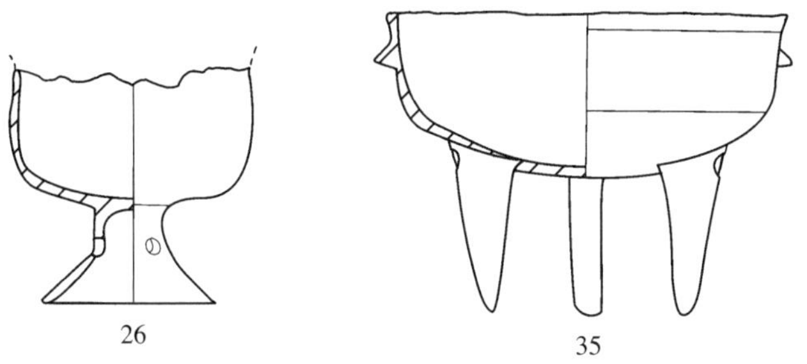

图2-139　M69出土遗物

17、20.陶背壶　26.陶圈足杯　31.陶罐　35.陶鼎

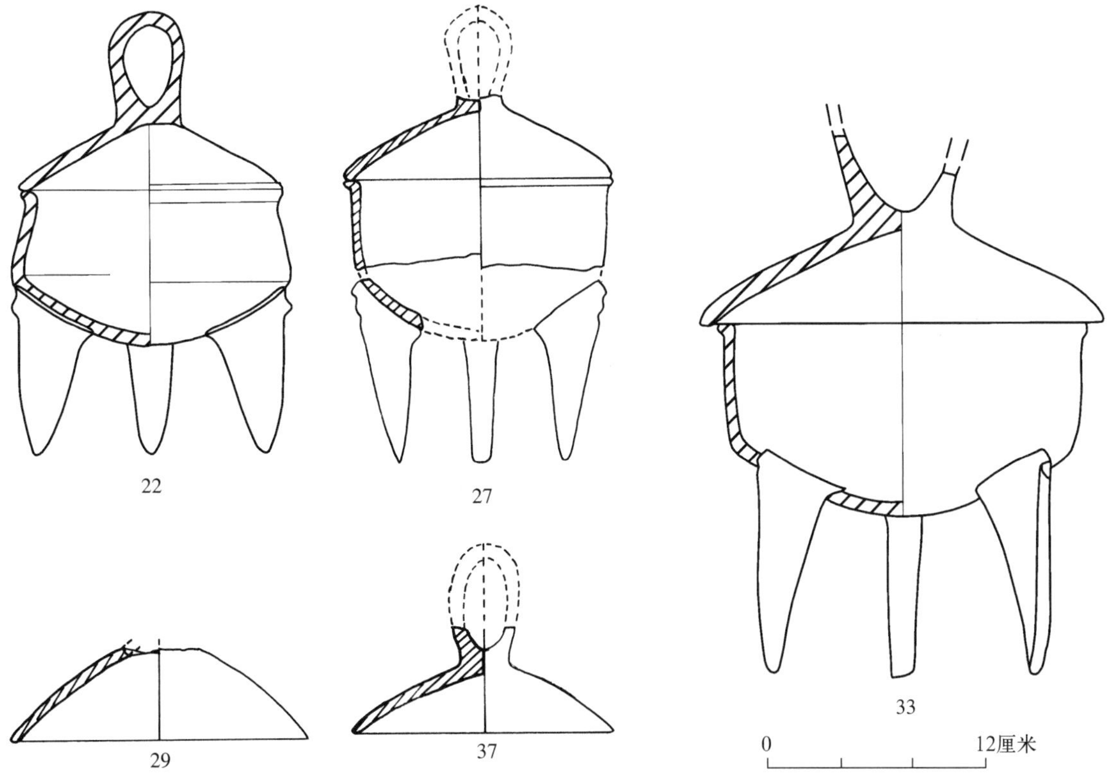

图2-140　M69出土遗物

22、27、29、33.陶鼎　37.陶器盖

36. M70

位于 TE15S1 东北部，向北延伸到 TE15N1。开口于④层下。

墓坑呈长方形，墓向 110°（图 2-141；彩版一一三，1）。墓口长 2.20、宽 1.20 米，墓底长 2.10、宽 1.17 米。墓口距地表深 0.50 米，墓底距墓口深 0.45 米。单人葬，骨骼保存极差，仅存痕迹。性别难辨，年龄为成年。

人骨颈部有 1 件小玉环（彩版一一三，4）。其他随葬品位于人骨南侧和脚端，共有 15 件陶器（彩版一一三，2、3）。

M70：1，玉环。经检测为蛇纹石材质。风化成白色，内环两边向内收，边缘被打磨呈尖，外缘圆润。中间略厚。孔为两面对钻。外径 5.2、内径 2.15、厚 0.3 厘米（图 2-142，1；彩版一一四，1）。

M70：2，陶豆。泥质黑衣褐陶。微敛口，圆唇，斜弧腹，深盘，喇叭形圈足，圈足上有 2 个圆形镂孔和半圆形镂孔分别对称。口径 29、圈足径 14.2、高 16.4 厘米（图 2-142，2；彩版一一四，2）。

M70：3，陶豆。未复原。泥质黑衣红褐陶。敞口，圆唇，大斜折沿，深盘，喇叭形圈足。口径 25、圈足顶径 7.6、残高 8 厘米（图 2-142，3）。

M70：4，陶豆。火候较低，未能复原。泥质黑衣红褐陶。敞口，浅盘。

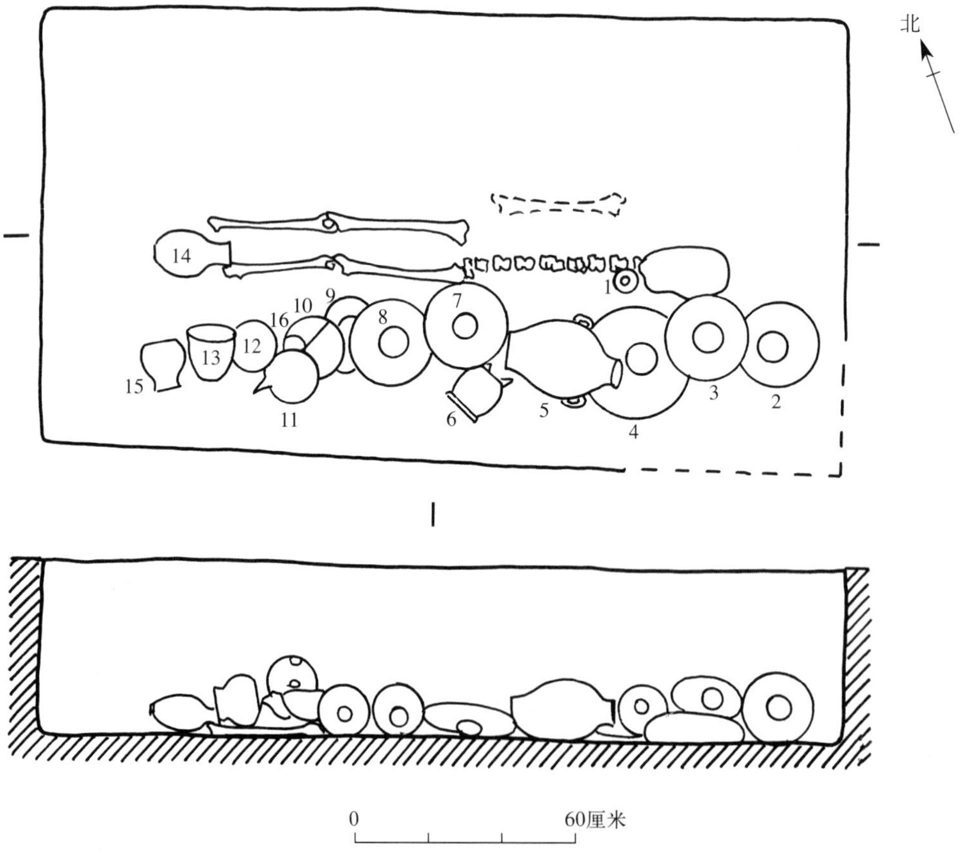

图2-141 M70平、剖面图

1. 玉环 2～4、7～9. 陶豆 5. 陶背壶 6、10、12. 陶鼎 11. 陶鬶 13. 陶罐 14. 陶壶 15. 陶杯 16. 陶纺轮

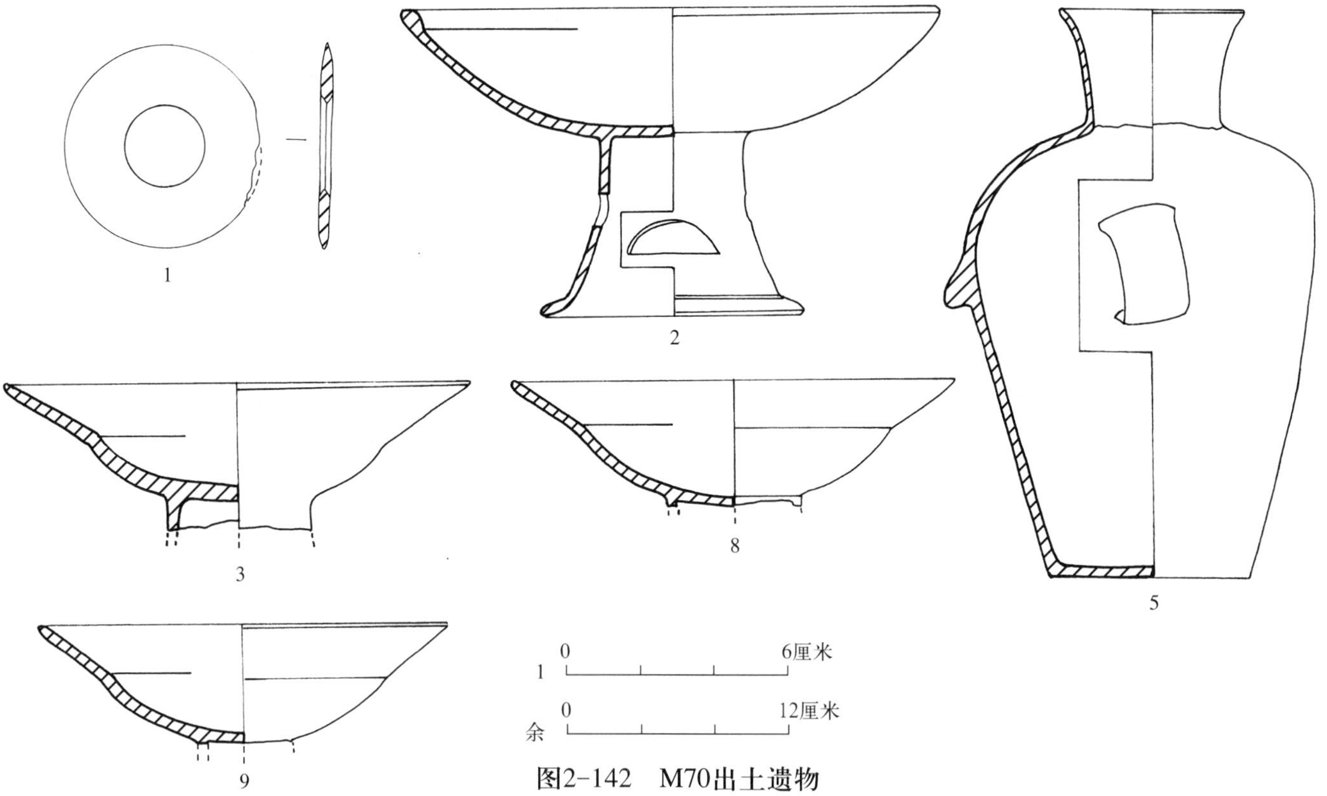

图2-142　M70出土遗物

1. 玉环　2、3、8、9. 陶豆　5. 陶背壶

M70：5，陶背壶。泥质灰陶。侈口，圆唇，矮颈，弧腹内收，肩腹部两侧有一对半环形耳，两耳间较扁平，正对两耳的腹另一侧有一鸟喙状突纽，平底。口径10、底径10.8、高30厘米（图2-142，5）。

M70：6，陶鼎。火候较低，出土时较为残碎，不能复原。泥质褐陶。罐形，侈口，折沿，弧腹，圜底，凿形足。

M70：7，陶豆。火候较低，出土时较为残碎，不能复原。泥质黑衣褐陶。敞口，圆唇，大斜折沿。

M70：8，陶豆。火候较低，出土时较为残碎，不能复原。泥质黑衣褐陶。敞口，圆唇，大斜折沿，深盘。口径24、残高6.8厘米（图2-142，8）。

M70：9，陶豆。火候较低，出土时较为残碎，不能复原。泥质黑衣褐陶。敞口，圆唇，大斜折沿，深盘。口径22、残高6.4厘米（图2-142，9）。

M70：10，陶鼎。火候较低，出土时较为残碎，不能复原。泥质黑衣褐陶。折腹盆形，凿形足。

M70：11，陶鬶。未能复原。泥质红褐陶。斜流前倾略向下斜，喇叭形矮颈，宽带状把，下腹残。最大腹径15、残高11.2厘米（图2-143，11；彩版一一四，3）。

M70：12，陶鼎。火候较低，出土时较为残碎，不能复原。夹植物红褐陶。罐形，凿形足，腹部有横篮纹。

M70：13，陶罐。泥质灰陶。侈口，尖唇，折沿，弧腹内收，平底。口径13.5、底径7、高

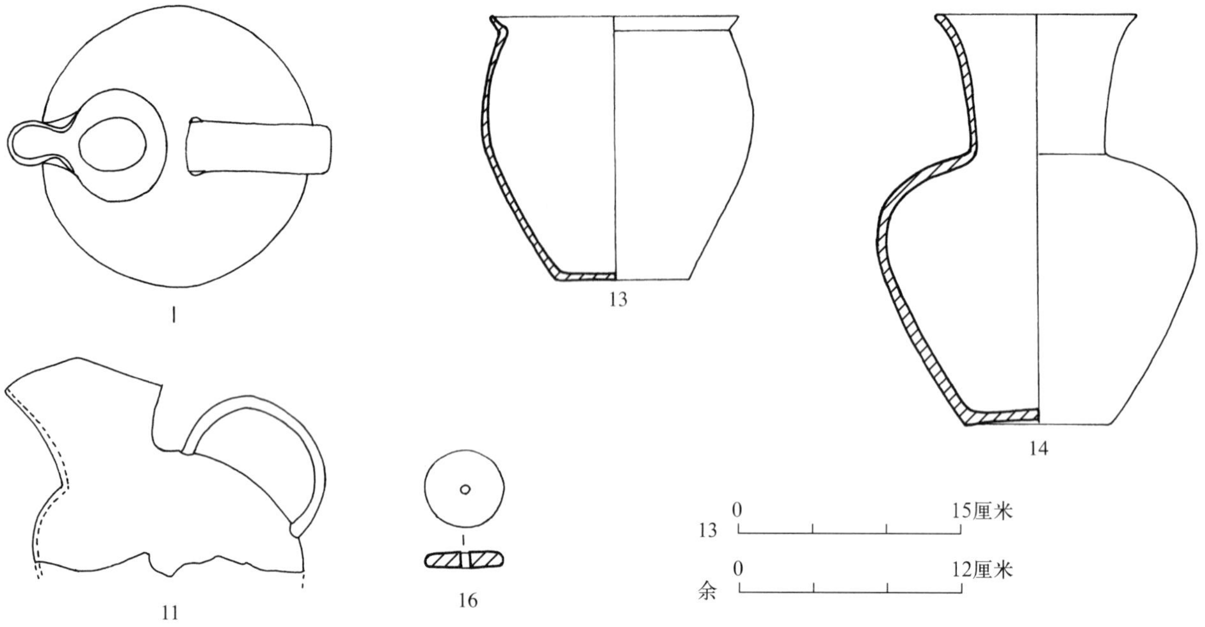

图2-143　M70出土遗物

11.陶鬶　13.陶罐　14.陶壶　16.陶纺轮

16.8厘米（图2-143，13；彩版一一四，4）。

M70：14，陶壶。泥质灰褐陶。喇叭形口，圆唇，长颈，鼓腹内收，平底微内凹。口径10.8、底径7.6、高21.8厘米（图2-143，14；彩版一一四，5）。

M70：15，陶杯。火候较低，出土时较为残碎，不能复原。泥质黑陶。

M70：16，陶纺轮。泥质褐陶。整体呈圆形，剖面近长方形，一面平直，一面微弧，两端平直微弧。直径4、孔径0.6、厚0.8～1.0厘米（图2-143，16）。

37. M71

位于TE14N2东部。开口于⑤层下，被H144打破。

墓坑不甚明显，随葬品也较残碎。墓向95°（图2-144；彩版一一四，6、7）。墓口长2.00、宽0.80米。墓口距地表深1.18米，墓底距墓口深0.30米。单人葬，骨骼保存较差，面向南，仰身，下肢交叉。性别难辨，年龄为成年。疑似有拔牙和枕骨变形。

南侧随葬2件陶器。

M71：1，陶纺轮。泥质褐陶。圆饼状，一面较平整。直径4、孔径0.3～0.4、厚0.8～1厘米（图2-145，1）。

M71：2，陶豆。出土时较为残碎，不能复原。泥质黑衣褐陶。残存豆盘，侈口，尖唇，短折沿，折腹浅盘。口径26.4、残高5.4厘米（图2-145，2）。

38. M72

位于TE15S1西北部。开口于④层下。

墓坑呈长方形，头向东北，墓向25°（图2-146；彩版一一五，1）。墓口长2.99、宽1.20米，

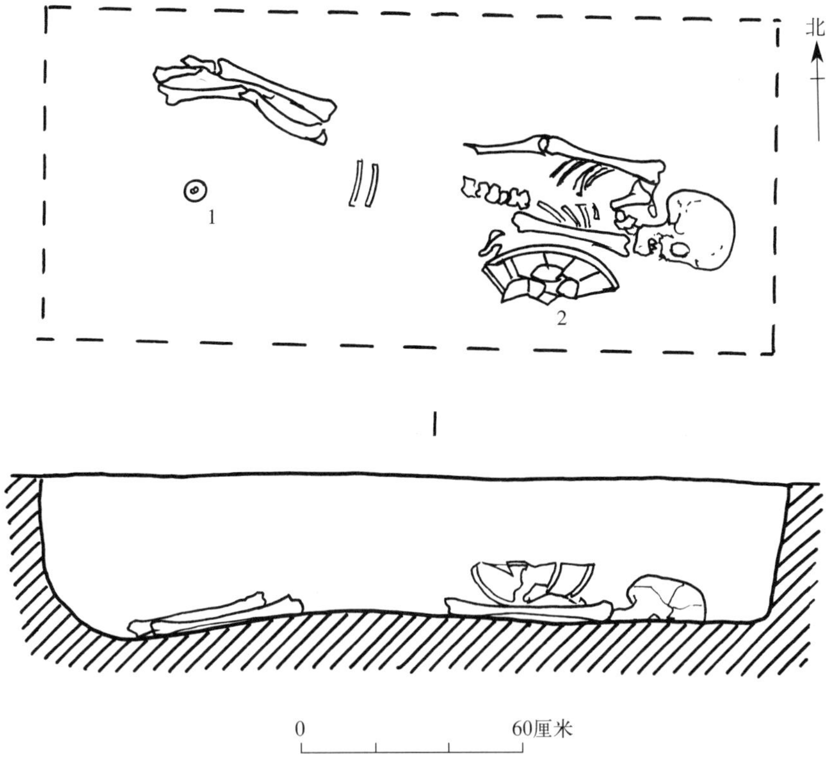

图2-144　M71平、剖面图

1. 陶纺轮　2. 陶豆

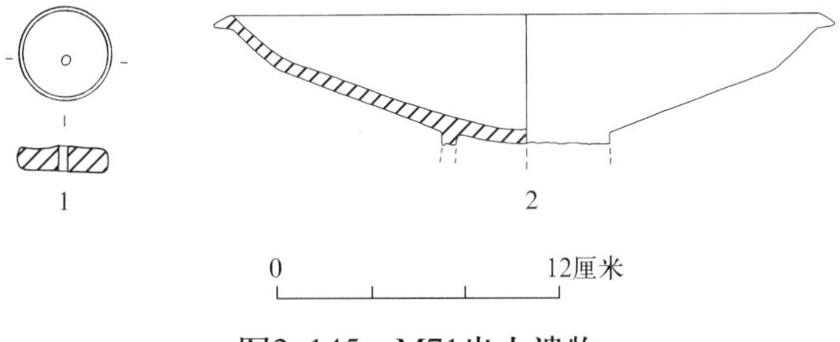

图2-145　M71出土遗物

1. 陶纺轮　2. 陶豆

墓底长 2.66、宽 1.00 米。墓口距地表深 0.67 米，墓底距墓口深 0.40 米。单人葬，侧身直肢，骨骼保存极差。性别难辨，年龄为成年。

随葬品位于人骨左侧，共有 12 件，均为陶器（彩版一一五，2～4）。

M72：1，陶豆。火候较低，未能复原。泥质黑陶。敞口，圆唇，浅盘，折腹，高喇叭形圈足。

M72：2，陶豆。泥质黑衣褐陶，残存少量黑衣。敞口，圆唇，折腹，浅盘，高喇叭形圈足，圈足上有三个圆形镂孔。口径 22.8、圈足径 12、高 16.5 厘米（图 2-147，2；彩版一一六，1）。

M72：3，陶豆。泥质黑皮灰褐陶。敞口，尖圆唇，卷沿，浅盘，弧腹，高喇叭形圈足，圈足上有 3 个圆形镂孔。口径 20.6、圈足径 12.2、高 15.4 厘米（图 2-147，3；彩版一一六，2）。

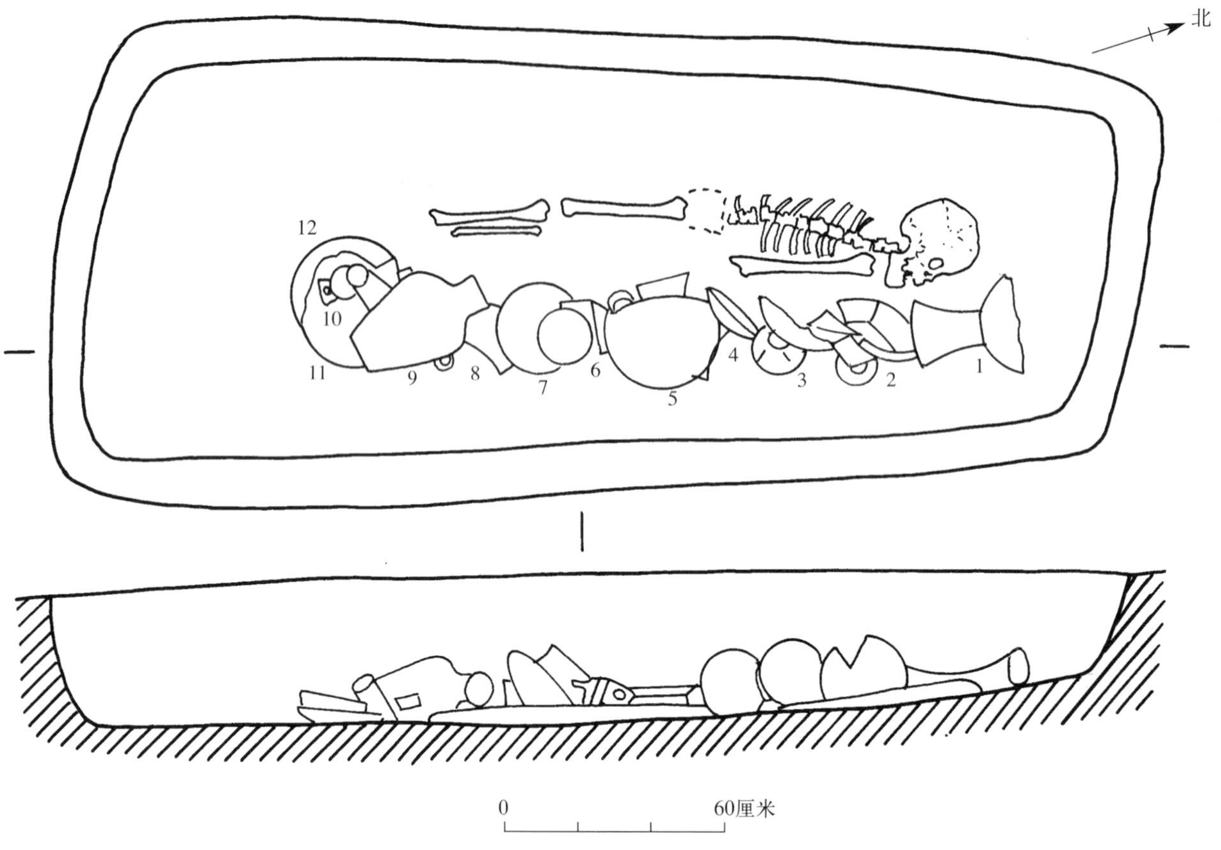

图2-146　M72平、剖面图

1～5、11、12. 陶豆　6. 陶鬶　7. 陶罐　8. 陶瓶　9. 陶背壶　10. 陶杯

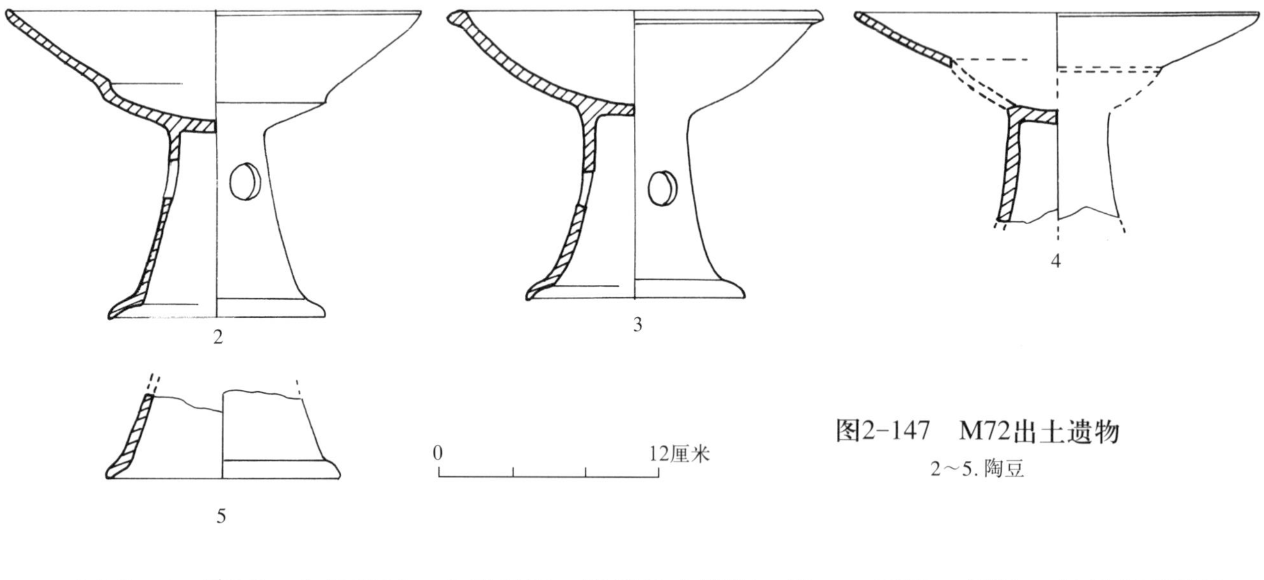

图2-147　M72出土遗物

2～5. 陶豆

M72：4，陶豆。火候较低，未能复原。泥质黑衣褐陶。敞口，圆唇，折腹，高喇叭形圈足。口径 22、圈足顶径 5.6、残高约 11.3 厘米（图 2-147，4）。

M72：5，陶豆。火候较低，未能复原。泥质黑衣褐陶。敞口，圆唇，浅盘，折腹，圈足上有圆形镂孔。圈足径 12.8、残高 4.6 厘米（图 2-147，5）。

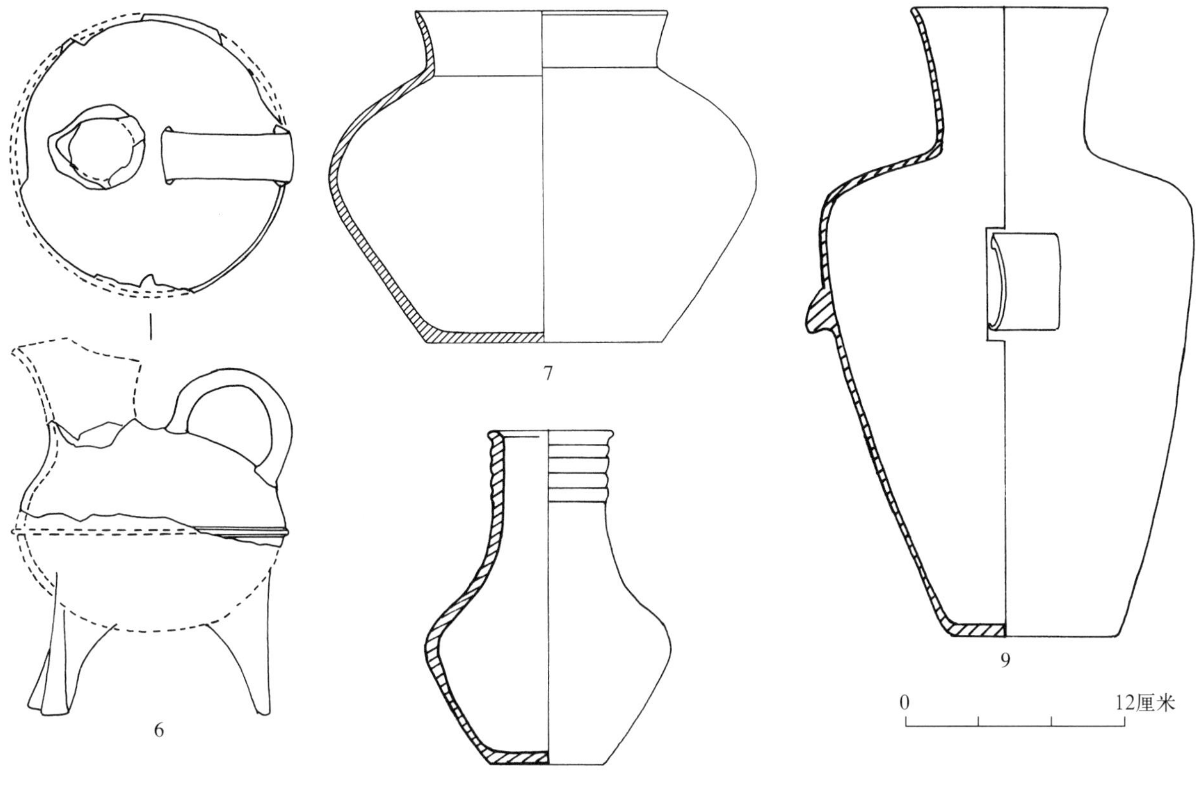

图2-148　M72出土遗物

6.陶鬶　7.陶罐　8.陶瓶　9.陶背壶

M72：6，陶鬶。火候较低，未能复原。泥质黑衣红褐陶。斜流前倾略向下斜，喇叭形矮颈，扁圆腹，腹部有一周凸棱，圜底，三凿形足，腹部有一环形把。最大腹径15、复原高20厘米（图2-148，6；彩版一一六，3）。

M72：7，陶罐。泥质灰陶。侈口，圆唇，短颈，扁鼓腹，平底。口径13.6、底径12.8、高17.6厘米（图2-148，7；彩版一一六，4）。

M72：8，陶瓶。泥质褐陶，残存少量黑衣。直口，圆唇，长颈，鼓腹内收，平底微内凹，颈部有5周凹弦纹。口径6.8、底径6.2、复原高17.8厘米（图2-148，8）。

M72：9，陶背壶。泥质灰陶。侈口，尖圆唇，长颈，深弧腹内收，平底。肩腹部有两个半环形耳，两耳间较扁平，相对的另一侧腹部有一鸟喙形突纽，突纽较扁。口径10.8、底径9、最大腹径20.7、高33.7厘米（图2-148，9；彩版一一六，5）。

M72：10，陶杯。出土时极为残碎，不能复原。可能不是陶杯。泥质黑陶。圈足上有圆形镂孔。

M72：11，陶豆。火候较低，出土时较为残碎，不能复原。泥质黑衣褐陶。敞口，圆唇，折腹，浅盘。

M72：12，陶豆。火候较低，出土时较为残碎，不能复原。置于11号陶豆之下。泥质黑衣褐陶。敞口，圆唇，折腹，浅盘。

39. M73

位于 TE14S2 东北部。开口于⑧层下。

墓坑呈长方形，墓向 127°（图 2-149；彩版一一七，1、2）。墓口长 2.25、宽 1.04 米。墓口距地表深 0.85 米，墓底距墓口深 0.20 米。单人葬，侧身，下肢交叉，面向南，骨骼保存较差。性别难辨，年龄为成年，枕骨变形。

随葬品位于人骨南侧，共有 30 件，其中陶器 27 件、石器 2 件、兽牙 1 件（彩版一一七，3、4）。

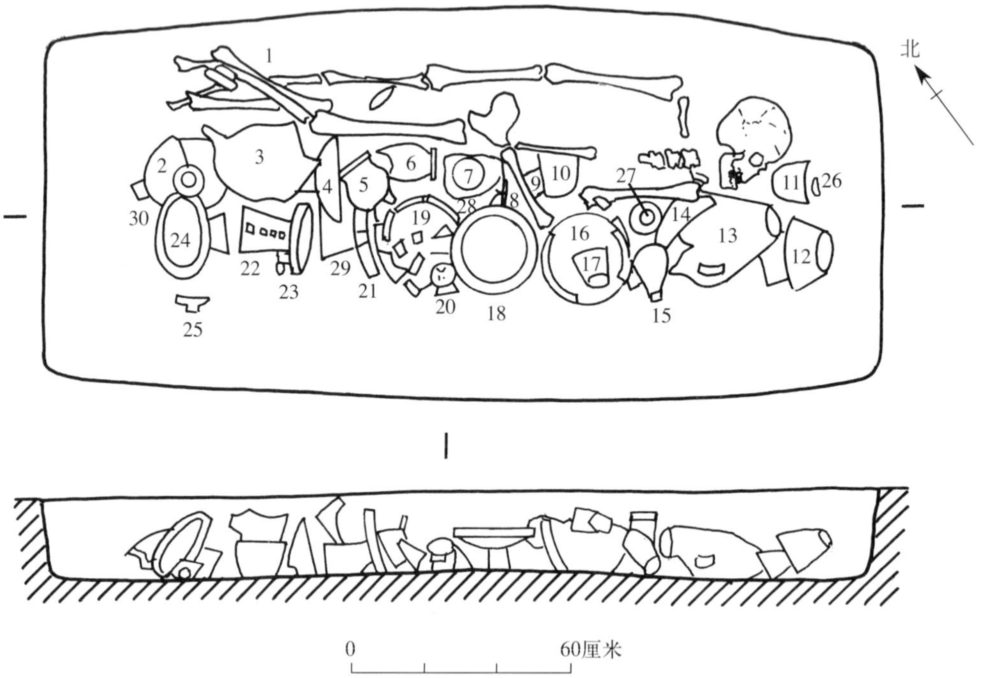

图2-149　M73平、剖面图

1. 石锛　2、4、8、14、17～19、21、22、24、27、28. 陶豆　3、5、6. 陶鼎　7、9、20、29. 陶钵　10、11、16. 陶罐　12. 陶圈足罐　13、15. 陶背壶　23. 砺石　25. 陶器盖　26. 兽骨牙齿　30. 陶圈足杯

M73：1，石锛。灰色，长方形，平顶，单面直刃，刃部锋利，磨制光滑，表面有崩疤。长 9、宽 3.4、刃宽 3.9、最厚处 2.2 厘米（图 2-150，1；彩版一一八，1）。

M73：2，陶豆。火候较低，未能复原。泥质黑衣褐陶。

M73：3，陶鼎。火候较低，出土时较为残碎，不能复原。壶形鼎。夹植物红褐陶。圆腹，腹部有一周凸棱，凿形足，足两侧有两个小刻槽。

M73：4，陶豆。火候较低，未能复原。泥质黑陶。直口，浅盘，高喇叭形圈足。

M73：5，陶鼎。夹砂褐陶，鼎足为红色。侈口，尖圆唇，折沿，弧腹内收，圜底，三凿形足，足根有 3 个按窝。口径 10.4、高 12 厘米（图 2-151，5；彩版一一八，2）。

M73：6，陶鼎。未能复原。泥质黑褐陶，鼎足为红色。侈口，圆唇，折沿，弧腹，三凿形足。口径 16、残高约 17 厘米（图 2-151，6）。

M73：7，陶钵。泥质灰陶。敞口，圆唇，弧腹内收，平底。口径 17、底径 5、高 6.2 厘米

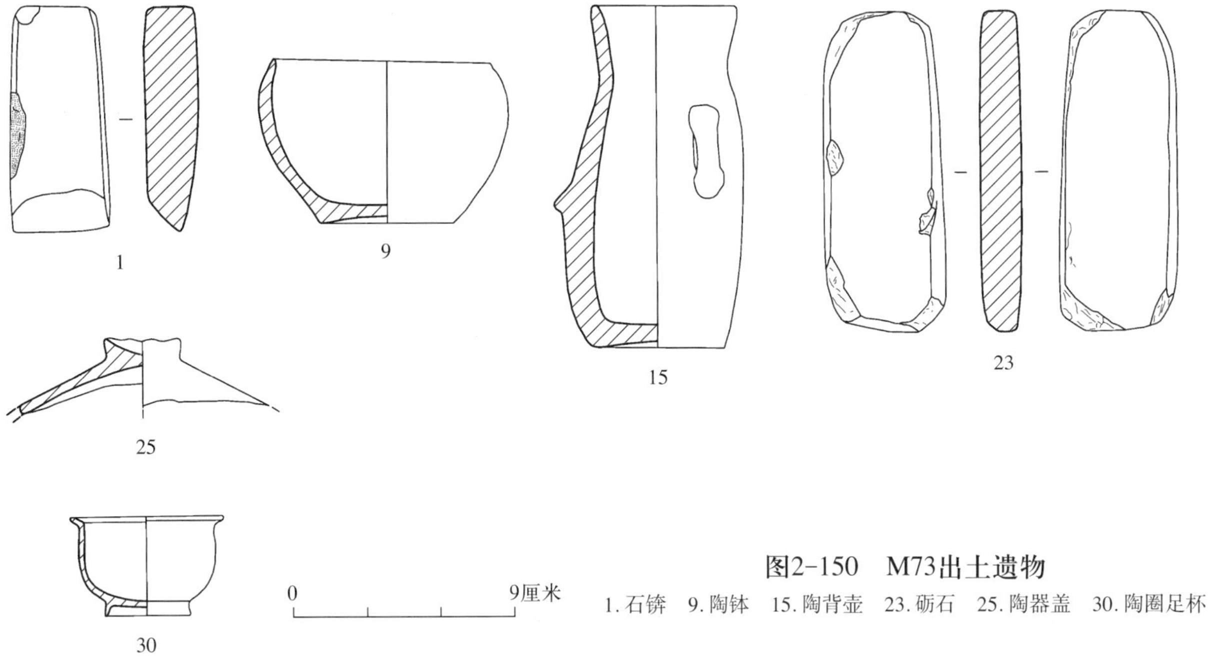

图2-150　M73出土遗物

1. 石锛　9. 陶钵　15. 陶背壶　23. 砺石　25. 陶器盖　30. 陶圈足杯

（图 2-151，7；彩版一一八，3）。

M73：8，陶豆。火候较低，未能复原。泥质黑衣红褐陶。敛口，圆唇，折腹，深盘。口径 19.2、圈足顶径 5.2、残高 9 厘米（图 2-152，8）。

M73：9，陶钵。泥质黑衣灰陶。敛口，尖圆唇，弧腹内收，平底微内凹。口径 9、底径 5.2、高 6.4～6.6 厘米（图 2-150，9；彩版一一八，4）。

M73：10，陶罐。泥质黑衣褐陶。侈口，尖唇，折沿，弧腹内收，平底，器表施竖向绳纹，制作不甚规整。口径 13.8、底径 7.2、高 11.6～12.2 厘米（图 2-151，10；彩版一一八，5）。

M73：11，陶罐。泥质褐陶。敛口，尖圆唇，弧腹内收，平底微内凹。口径 8.4、底径 5.6、高 8.8 厘米（图 2-151，11）。

M73：12，陶圈足罐。火候较低，不能复原。泥质褐陶。敛口，上腹斜直，下腹折内收，矮喇叭形圈足。

M73：13，陶背壶。出土时较为残碎，未能复原。夹石英黑衣褐陶。直口，圆唇，矮颈，深弧腹，腹部有环耳，耳残，两耳相对的一侧有一鸟喙形突纽，弧腹内收，平底微内凹。口径 8.4、底径 9.8、残高 32.0 厘米。

M73：14，陶豆，泥质黑衣褐陶。直口微敛，尖唇，折腹，浅盘，高喇叭形圈足，圈足上有 4 列圆形镂孔互相对称，每列有 5 个镂孔。口径 19、圈足径 12.6、高 20 厘米（图 2-152，14；彩版一一八，6）。

M73：15，陶背壶。泥质黑衣灰陶。器形较小，制作不甚规整。直口微侈，圆唇，肩部有两个环状器耳，两耳间较扁平，相对的腹部有一鸟喙形突纽，平底微内凹。口径 6、底径 5.4、高 13.8 厘米（图 2-150，15；彩版一一八，7）。

M73：16，陶罐。出土时较为残碎，未能复原。泥质黑衣灰褐陶。侈口，圆唇，折沿，深弧

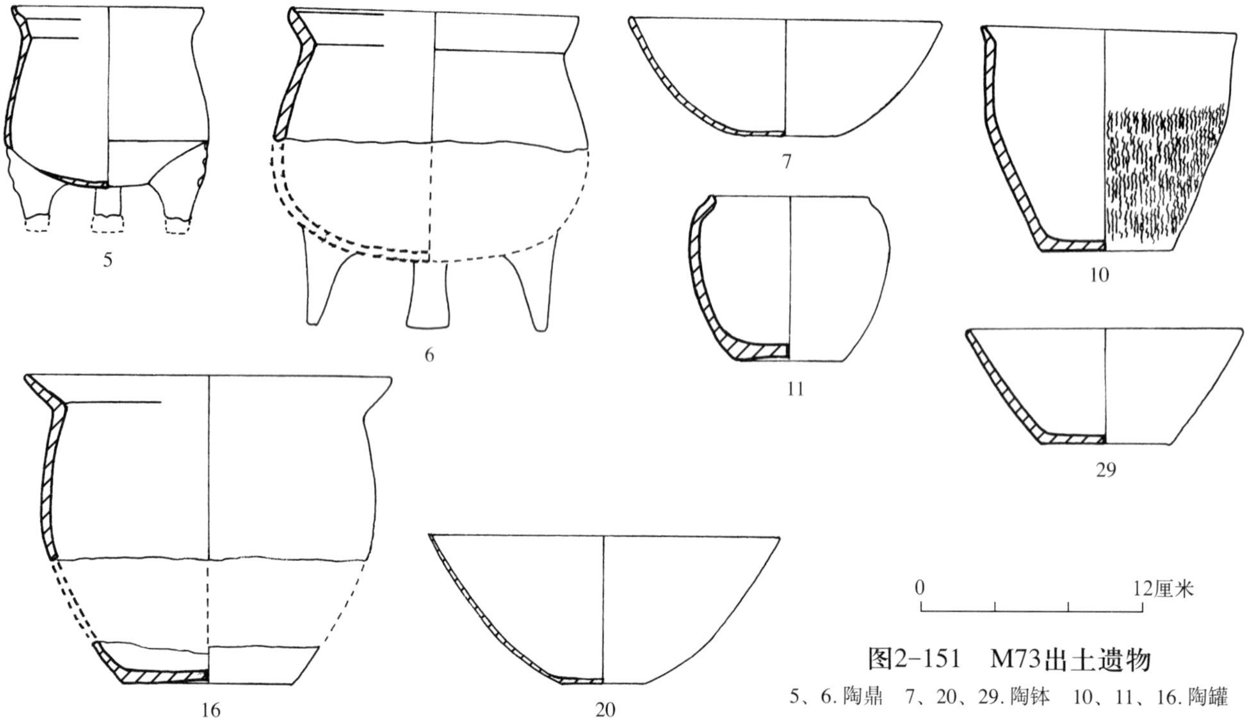

图2-151　M73出土遗物

5、6. 陶鼎　7、20、29. 陶钵　10、11、16. 陶罐

腹内收，平底微内凹。口径 20、底径 9.2、复原高约 16.6 厘米（图 2-151，16）。

M73：17，陶豆。火候较低，不能复原。出土时置于 16 号陶罐内。泥质黑陶。高喇叭形圈足。

M73：18，陶豆。火候较低，未能复原。泥质黑衣褐陶。直口微侈，尖圆唇，折腹，浅盘，喇叭形圈足，圈足残。口径 19、残高 13.5 厘米（图 2-152，18）。

M73：19，陶豆。火候较低，未能复原。泥质黑衣红褐陶。直口微敛，圆唇，折腹，浅盘。口径 23、圈足顶径 4.8、残高 8.6 厘米（图 2-152，19）。

M73：20，陶钵。出土时倒置于 M73：19 陶豆之上。泥质红陶。敞口，圆唇，弧腹内收，平底。口径 19.6、底径 4.8、高 8.2 厘米（图 2-151，20；彩版一一八，9）。

M73：21，陶豆。泥质黑衣褐陶。直口微侈，圆唇，折腹，浅盘，喇叭形圈足，圈足上有一竖排 3 个圆形镂孔。口径 19.8、圈足径 11.4、高 15.6 厘米（图 2-152，21）。

M73：22，陶豆。泥质黑衣褐陶。直口，圆唇，折腹，浅盘，高喇叭形圈足，圈足上有 2 列圆形镂孔，1 列 5 个，1 列 6 个。圈足下部有 4 周凹槽。口径 19.6、圈足径 12.4、高 19 厘米（图 2-152，22；彩版一一八，8）。

M73：23，砺石。灰褐色，长方形，四角磨圆，正侧面均有磨痕。长 12.9、宽 5、厚 1.6 厘米（图 2-150，23）。

M73：24，陶豆。泥质褐陶。直口微敛，圆唇，折腹，浅盘，矮喇叭形圈足，圈足上有 3 列圆形镂孔，每列有 2 个。口径 19.6、圈足径 10.6、高 11.4 厘米（图 2-152，24；彩版一一八，10）。

M73：25，陶器盖。夹石英灰胎褐陶。矮喇叭形捉手，盖面斜弧，口残。捉手径 3.2、残高 3.1 厘米（图 2-150，25）。

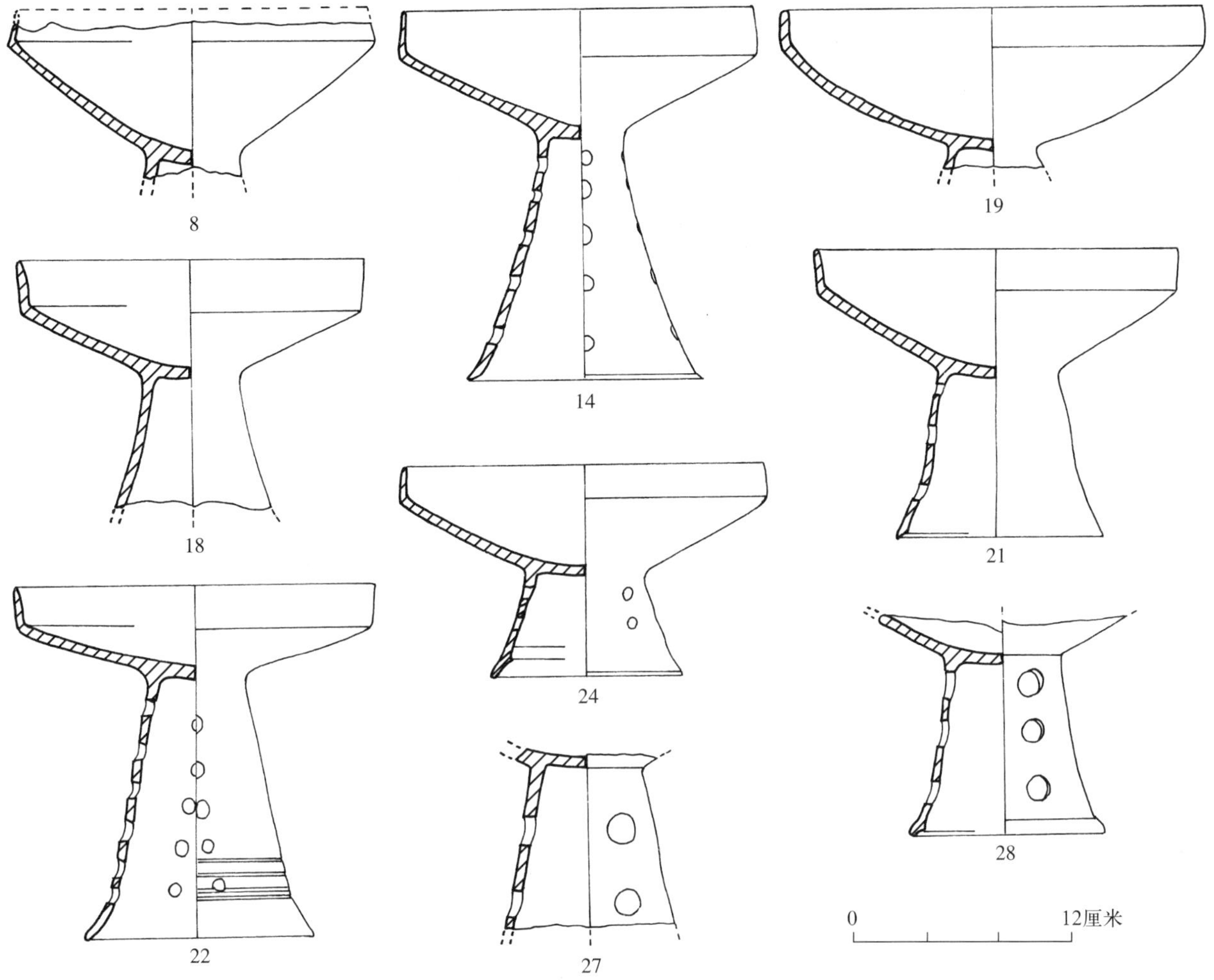

图2-152　M73出土遗物

8、14、18、19、21、22、24、27、28. 陶豆

M73：26，兽骨牙齿。

M73：27，陶豆。出土时较为残碎，不能复原。泥质黑衣褐陶。圈足上有3列圆形镂孔，每列2个。圈足顶径6、残高9.6厘米（图2-152，27）。

M73：28，陶豆。出土时较为残碎，不能复原。泥质黑衣红褐陶。喇叭形圈足，圈足上有3列圆形镂孔，每列3个。圈足径10.8、残高11.8厘米（图2-152，28）。

M73：29，陶钵。泥质黑衣褐陶。敞口，圆唇，斜直腹，平底微内凹。口径15、底径6.8、高6.2厘米（图2-151，29）。

M73：30，陶圈足杯。泥质褐陶。器形较小。侈口，圆唇，折沿，弧腹内收，矮圈足。口径6.3、圈足径3.5、高4厘米（图2-150，30）。

40. M74

位于TE14S1西北部，向西延伸到TE13S1。开口于⑥层下。

墓坑呈长方形，墓向102°（图2-153；彩版一一九，1、2）。墓口长2.20、宽0.92米。墓

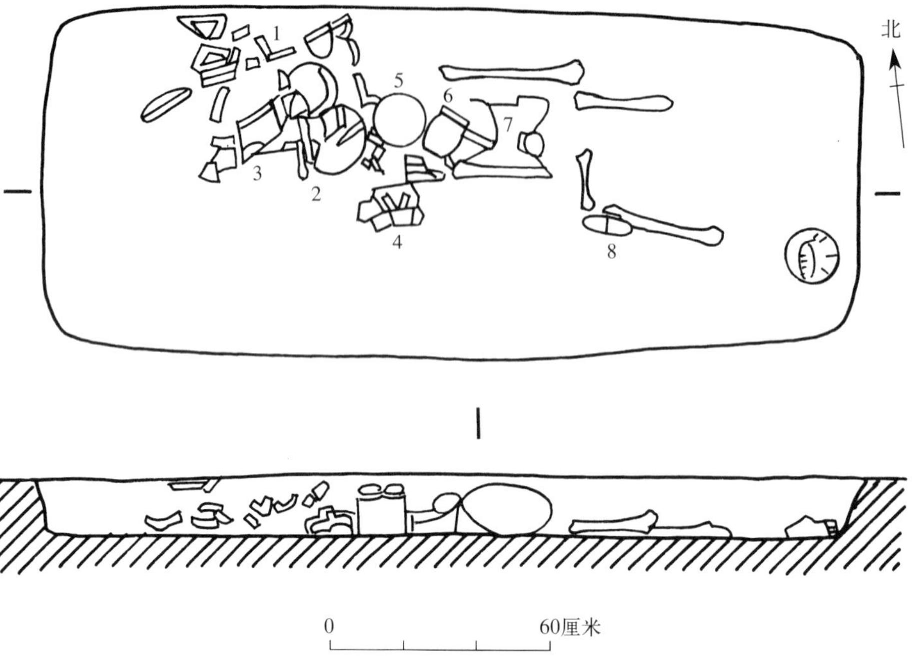

图2-153　M74平、剖面图

1、4、6. 陶鼎　2、3. 陶罐　5. 陶器盖　7. 陶豆　8. 砺石

口距地表深 1.10 米，墓底距墓口深 0.16 米。单人葬，骨骼保存极差，仅存痕迹，较为凌乱。性别不可鉴定，年龄为成年。墓坑填土较干硬。

随葬品多残碎，共有 7 件陶器、1 件石器。

M74：1，陶鼎。出土时较为残碎，不能复原。夹砂红陶。折腹凿形足，足根有 3 个按窝。残高 10.6 厘米（图 2-154，1）。

M74：2，陶罐。出土时较为残碎，未能复原。泥质红陶。侈口，圆唇，折沿，弧腹内收，平底。口径 17.2、底径 8、复原高 16 厘米（图 2-154，2）。

M74：3，陶罐。出土时较为残碎，未能复原。泥质红陶。侈口，圆唇，折沿，弧腹内收，平底微内凹。口径 17、底径 8.2、复原高 18 厘米（图 2-154，3）。

M74：4，陶鼎。出土时较为残碎，未能复原。盂形鼎。夹细砂红陶。微敛口，尖圆唇，短平沿，弧腹，圜底，锥形足，足根有一按窝。口径 12、高约 15.8 厘米（图 2-154，4）。

M74：5，陶器盖。泥质红褐陶。覆碗形器盖，圆形捉手，盖壁近直，圆唇。捉手径 5.4、口径 12.6、高 4.2 厘米（图 2-154，5；彩版一一九，3）。

M74：6，陶鼎。出土时较为残碎，未能复原。夹石英红陶。微敛口，尖圆唇，短平沿，折腹，近平底，三锥形足，足根有 2 个按窝。口径 12.8、高约 14.2 厘米（图 2-154，6）。

M74：7，陶豆。火候较低，出土时较为残碎，未能复原。泥质黑衣褐陶。微敛口，浅盘，高喇叭形圈足。

M74：8，砺石。黄褐色，长条形，通体磨制光滑，有崩疤。长 13.6、宽 2～3.3、厚 1.2～1.3 厘米（图 2-154，8；彩版一一九，4）。

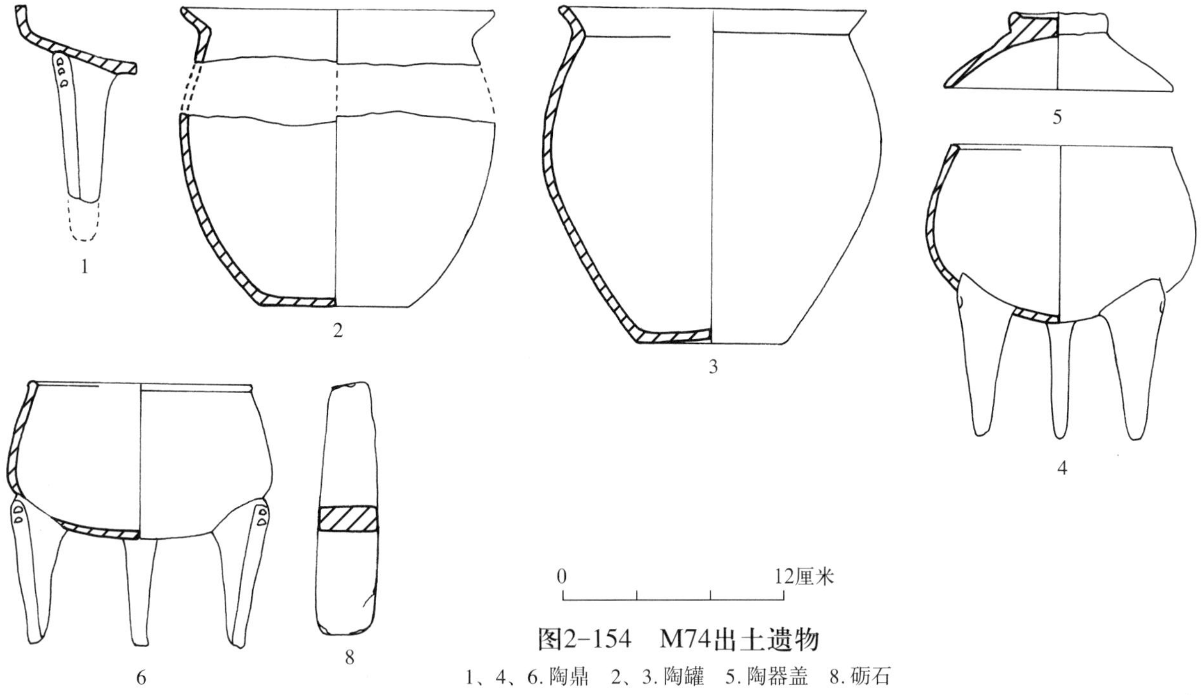

图2-154　M74出土遗物
1、4、6. 陶鼎　2、3. 陶罐　5. 陶器盖　8. 砺石

41. M75

位于 TE14S1 北部。开口于⑤层下。

墓坑呈长方形，墓向 96°（图 2-155；彩版一二〇，1、2）。墓口长 2.45、宽 1.50 米。墓口距地表深 0.80 米，墓底距墓口深 0.40 米。墓坑内南部有生土二层台。单人葬，骨骼保存极差，仅存痕迹，较为凌乱。性别不可鉴定，年龄为成年。

随葬品位于人骨南侧，共有 15 件（彩版一二〇，3～5），其中陶器 14 件、石器 1 件。

M75：1，陶鼎，带盖。夹砂红陶。直口微敛，方圆唇，短平沿，折腹，小平底，三个凿形足，足根突起下有 3 个按窝。覆碟形器盖，环形捉手，盖面斜直，圆唇。鼎口径 15、鼎高 16.6 厘米；盖口径 14.6、盖高 10 厘米（图 2-156，1；彩版一二一，1）。

M75：2，陶豆。出土时极为残碎，不能复原。泥质黑陶。直筒形圈足，圈足上有数周凹弦纹。

M75：3，陶鼎。出土时极为残碎，不能复原。夹砂红陶。直口微敛，短平沿，折腹，三个凿形足。

M75：4，陶罐。出土时较为残碎，不能复原。泥质灰褐陶。侈口，尖唇，折沿，弧腹内收，平底。口径 17、底径 7、高约 16 厘米（图 2-156，4）。

M75：5，陶圈足罐。泥质褐陶。侈口，尖圆唇，折沿，深弧腹内收，喇叭形圈足。口径 15.6、圈足径 9.2、高 18.6 厘米（图 2-156，5；彩版一二一，2）。

M75：6，陶罐。火候极低，出土时较为残碎，不能复原。夹植物黑褐陶。大敞口，宽折沿。

M75：7，陶豆柄。出土时即为残碎豆柄。泥质灰褐陶。柄部起台阶，圈足上有一周圆形镂孔，共 7 个。圈足顶径 6.6、残高 9 厘米（图 2-157，7）。

M75：8，砺石。青灰色，长条状。四面均磨至光滑。长 11.4、宽 2.1～3、厚 1.4 厘米（图

图2-155　M75平、剖面图

1、3、10. 陶鼎　2、9、11～13. 陶豆　4、6. 陶罐　5. 陶圈足罐　7. 陶豆柄　8. 砺石　14、15. 陶器盖

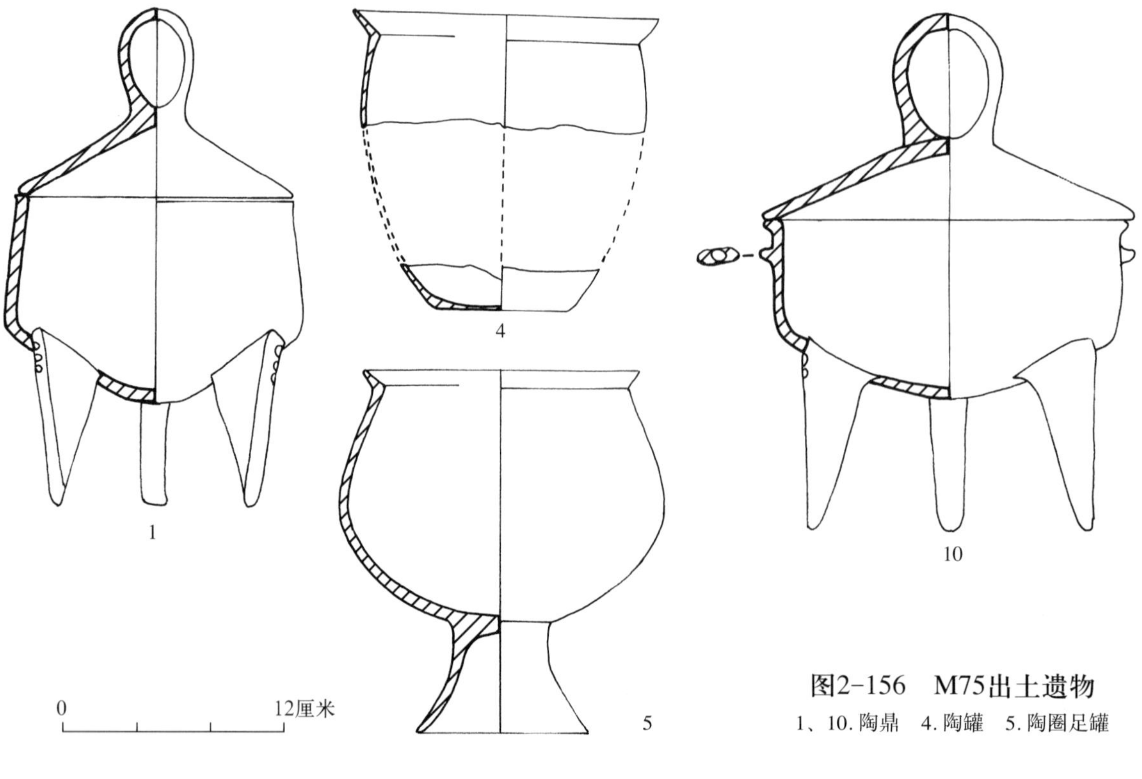

图2-156　M75出土遗物

1、10. 陶鼎　4. 陶罐　5. 陶圈足罐

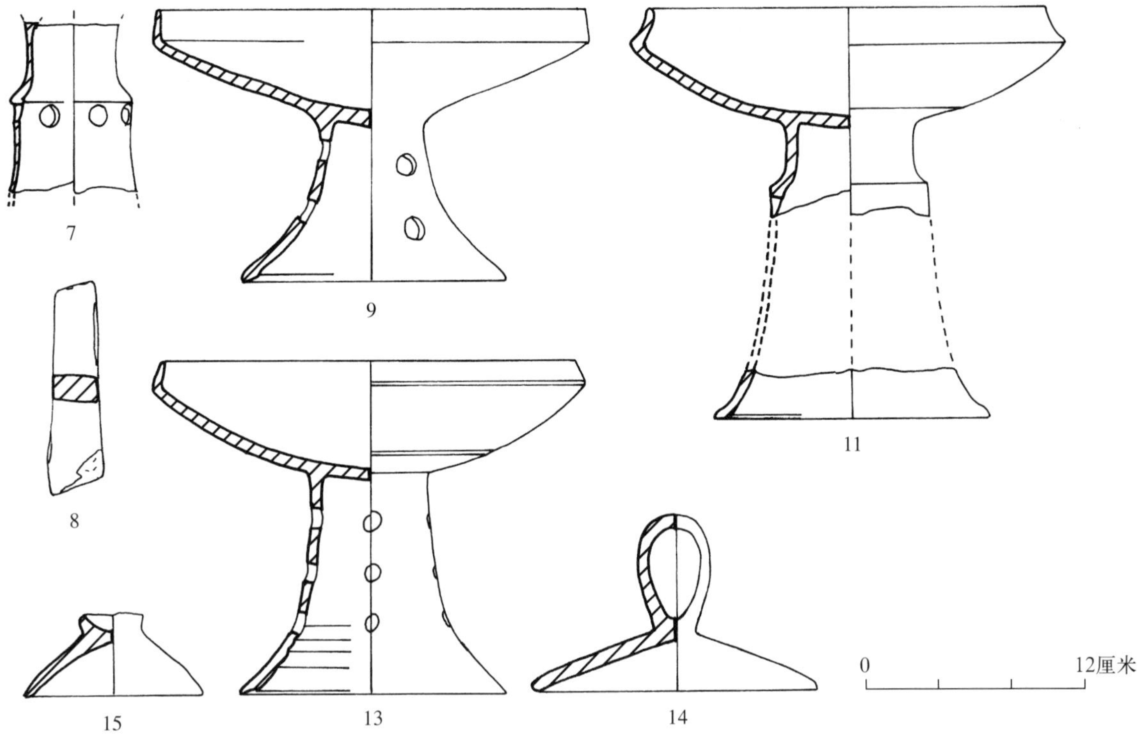

图2-157　M75出土遗物

7.陶豆柄　8.砺石　9、11、13.陶豆　14、15.陶器盖

2-157，8）。

M75：9，陶豆。泥质黑衣灰褐陶。直口微敛，方圆唇，弧腹，浅盘，喇叭形圈足，柄部有3列圆形镂孔，每列2个。口径23、圈足径14.2、高14.5厘米（图2-157，9；彩版一二一，3）。

M75：10，陶鼎，带盖。夹砂红陶。直口，圆唇，短平沿，折腹，圜底，3个凿形足，足根有2个按窝。覆碟形器盖，环形捉手，盖面斜直，圆唇。鼎口径19.4、高16.5厘米，盖口径19.8、高11厘米（图2-156，10；彩版一二一，4）。

M75：11，陶豆。火候较低，未能复原。泥质黑衣褐陶。敛口，尖圆唇，弧腹，浅盘，下腹部有一周凸棱，喇叭形圈足，柄部呈台阶，圈足上有圆形镂孔。口径21.6、圈足径15、高约22厘米（图2-157，11）。

M75：12，陶豆。火候较低，出土时极为残碎，不能复原。泥质红褐陶。喇叭形圈足。

M75：13，陶豆。泥质黑衣褐陶。敛口，尖唇，弧腹，浅盘，上腹部有一周凹槽，下腹部有一周凸棱，高圈足，圈足上有3排圆形镂孔，每排4个。口径22.4、圈足径14.4、高17.8厘米（图2-157，13；彩版一二一，5）。

M75：14，陶器盖。泥质红陶。环形捉手，盖面近直，圆唇。口径15.4、高9.2厘米（图2-157，14；彩版一二一，6）。

M75：15，陶器盖。泥质红陶。矮喇叭形捉手，盖面略弧，圆唇。捉手径3.4、口径9.6、高4.2厘米（图2-157，15；彩版一二一，7）。

42. M76

位于 TE15N1 东北部，向东延伸到 TE16N1。开口于④层下。

墓坑呈长方形，墓向 110°（图 2-158；彩版一二二，1、2）。墓口长 2.20、宽 1.20 米，墓底长 2.10、宽 1.10 米。墓口距地表深 0.80 米，墓底距墓口深 0.30 米。单人葬，骨骼保存极差，仅存痕迹。

随葬品位于人骨南侧和脚端（彩版一二二，3、4），共有 24 件，均为陶器。

M76：1，陶豆。泥质黑衣灰陶。敞口，圆唇，卷沿，弧腹，浅盘，高喇叭形圈足，柄部有 8 对两两相对的三角形镂孔。口径 27.8、圈足径 16.2、高 24 厘米（图 2-159，1；彩版一二二，5）。

M76：2，陶杯形尊。器壁较薄，出土时较为残碎，不能复原。泥质灰陶。侈口，尖唇，折沿，弧腹内收，喇叭形圈足，器壁极薄。口径 8.6、圈足径 6、复原高约 8.6 厘米（图 2-159，2）。

M76：3，陶豆。火候较低，出土时较为残碎，不能复原。泥质黑衣红褐陶。

M76：4，陶杯。泥质灰陶。细筒形。喇叭形口，方唇，深腹，假圈足，口沿下有 3 个鸟喙形泥突。口径 5.3、底径 4.7、高 8.3～8.5 厘米（图 2-159，4；彩版一二二，6）。

M76：5，陶豆。泥质黑陶。敞口，圆唇，卷沿，浅盘，高喇叭形圈足，圈足上部有 6 周凹弦纹，4 个圆形镂孔，3 个三角形镂孔。口径 25、圈足径 15.8、高 19.4 厘米（图 2-159，5）。

M76：6，陶鼎。夹石英褐陶。侈口，尖圆唇，折沿，弧腹内收，圜底，三个凿形足，足尖残。口径 10.8、残高 11 厘米（图 2-160，6）。

图2-158　M76平、剖面图

1、3、5、17、22. 陶豆　2、9. 陶杯形尊　4、13、21、23. 陶杯　6、11、15、16. 陶鼎　7、19. 陶壶　8、18. 陶罐　10. 陶鬶　12、24. 陶器盖　14. 陶背壶　20. 陶盆

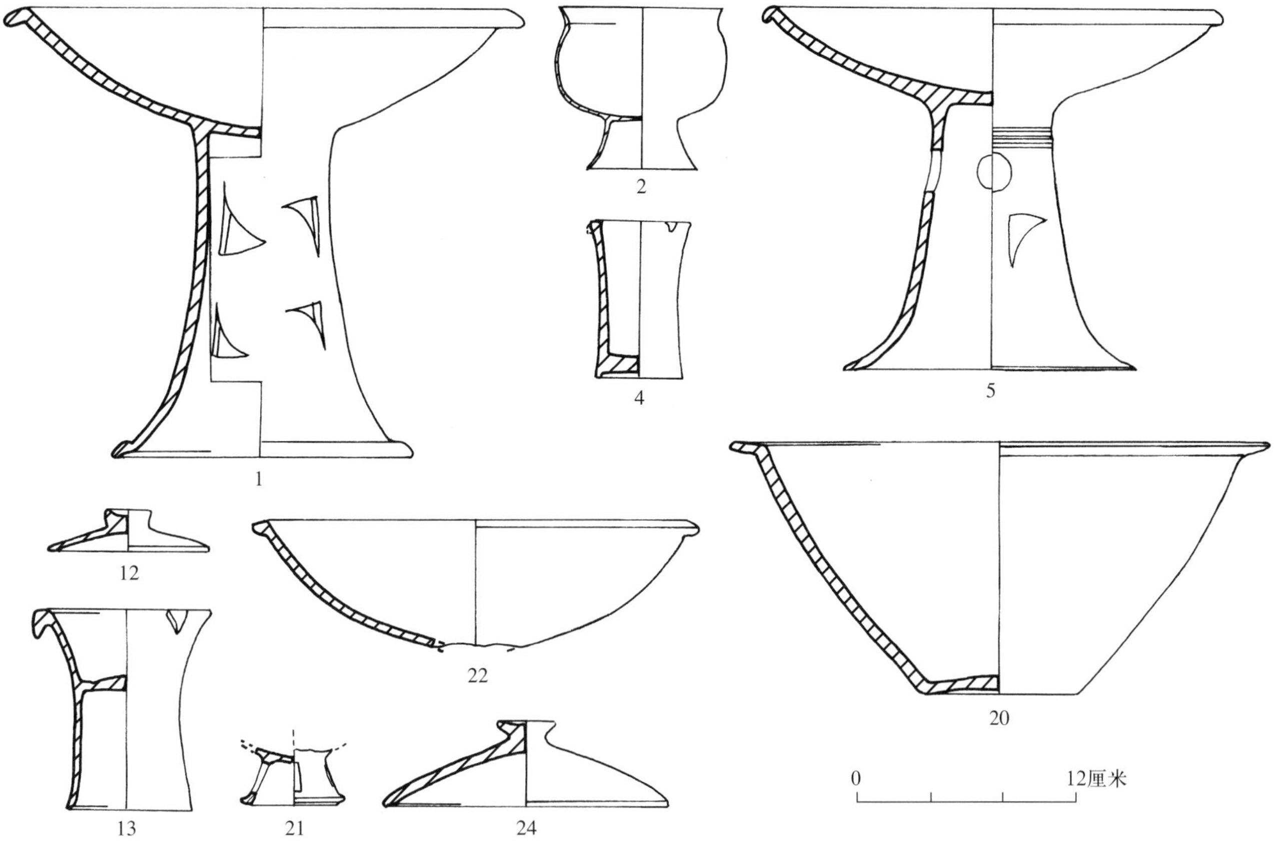

图2-159　M76出土遗物

1、5、22. 陶豆　2. 陶杯形尊　4、13、21. 陶杯　12、24. 陶器盖　20. 陶盆

M76∶7，陶壶。泥质黑衣褐陶。直口微侈，圆唇，矮颈，鼓腹内收，平底微内凹。口径5、底径5.2、高13.5厘米（图2-160，7；彩版一二二，7）。

M76∶8，陶罐。泥质黑陶。侈口，圆唇，短折沿，弧腹内收，平底。口径8、底径6、复原高约12厘米（图2-160，8）。

M76∶9，陶杯形尊。出土时较为残碎，不能复原。细泥白陶。折沿，尖唇，圆弧腹，喇叭形圈足。器壁较薄，厚0.1厘米。

M76∶10，陶鬶。泥质黑衣红褐陶。斜流前倾下斜，喇叭形矮颈，球形腹，腹部有一周凸棱，上有齿状刻纹，圜底，腹部有一绞丝状把手，足残。最大腹径14、残高15厘米（图2-161，10；彩版一二三，1）。

M76∶11，陶鼎。火候较低，未能复原。夹石英褐陶，颜色斑驳。侈口，圆唇，短折沿，弧腹，圜底，凿形足。口径16、残高12厘米（图2-160，11）。

M76∶12，陶器盖。泥质黑衣褐陶。覆碟形器盖，圆形捉手，盖壁较直，圆唇。捉手径2.4、口径8.7、高2.2厘米（图2-159，12）。

M76∶13，陶杯。泥质灰陶。喇叭形口，尖唇，短平沿，浅腹，高假圈足，口沿下有3个泥突。口径9.4、圈足径6.8、高10.7厘米（图2-159，13；彩版一二三，2）。

M76∶14，陶背壶。泥质灰陶。侈口，圆唇，矮颈，肩腹部处有2个对称的环形器耳，两

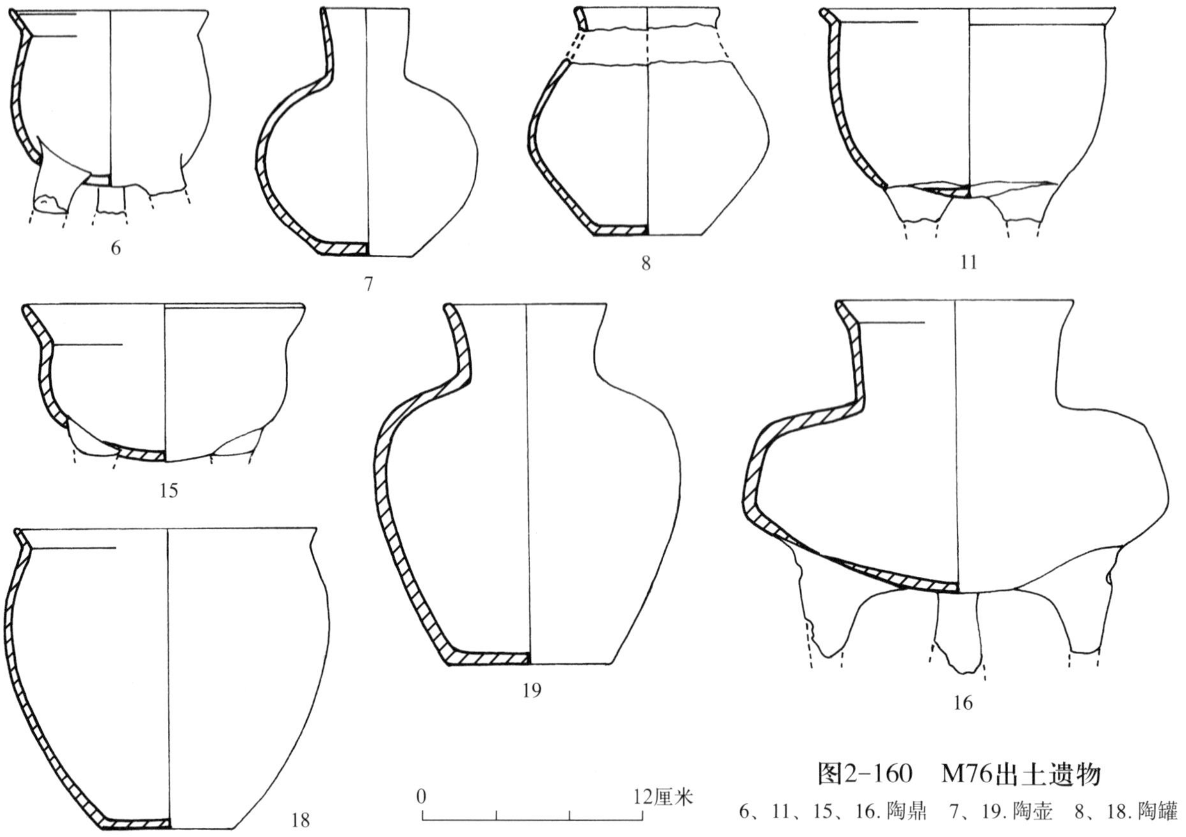

图2-160 M76出土遗物
6、11、15、16.陶鼎 7、19.陶壶 8、18.陶罐

器耳间一侧较鼓，有一鸟喙形突纽，另一侧较扁平，弧腹内收，平底。口径10.6、底径9.4、高29～29.8厘米（图2-161，14；彩版一二三，3）。

M76：15，陶鼎。夹植物灰褐陶。侈口，圆唇，折沿，圜底，矮凿形足，足残。口径15.6、残高8.6厘米（图2-160，15）。

M76：16，陶鼎。夹植物红衣褐陶，口沿内壁为黑色。壶形，侈口，圆唇，矮颈，扁鼓腹，圜底，三个凿形足，足根有一个按窝。口径13、最大腹径23.4、高约20.2厘米（图2-160，16）。

M76：17，陶豆。泥质黑衣红褐陶。圆唇，浅盘，斜弧腹，高喇叭形圈足，圈足上有3竖排圆形镂孔，每排3个，有3竖排三角形镂孔，每排2个。圈足径17.2、残高19.6厘米（图2-161，17）。

M76：18，陶罐。泥质褐陶。侈口，圆唇，折沿，弧腹内收，平底。口径16.4、底径7.2、高16.2厘米（图2-160，18；彩版一二三，4）。

M76：19，陶壶。泥质灰陶。侈口，圆唇，矮颈，鼓腹内收，平底。口径9、底径9、高19.6厘米（图2-160，19；彩版一二三，5）。

M76：20，陶盆。泥质灰陶，残存少量黑衣。敞口，圆唇，宽折沿，深弧腹略直，小平底微内凹。口径29.2、底径8.4、高13.4厘米（图2-159，20；彩版一二三，6）。

M76：21，陶杯。泥质黑陶。残存圈足，矮喇叭形圈足，圈足上有对称的4个长条镂孔。圈足径5.8、残高3厘米（图2-159，21）。

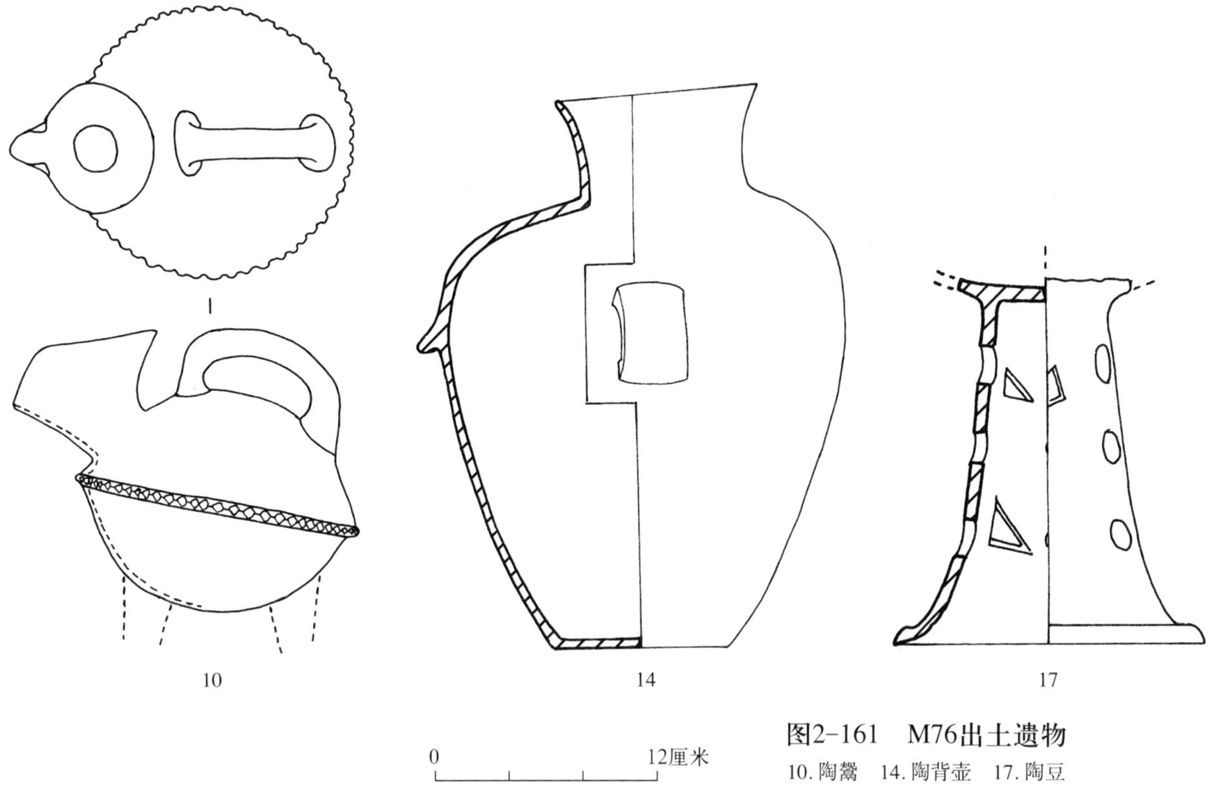

图2-161　M76出土遗物
10. 陶鬶　14. 陶背壶　17. 陶豆

M76：22，陶豆。泥质黑衣褐陶。残存豆盘，敞口，圆唇，卷沿，弧腹。口径 24、残高 6.8 厘米（图 2-159，22）。

M76：23，陶杯。火候较低，出土时较为残碎，不能复原。泥质黑陶。直口，深弧腹，矮圈足。

M76：24，陶器盖。泥质红陶。覆碟形，圆形捉手，盖壁较直，圆唇。捉手径 3.3、口径 15.3、高 4.5 厘米（图 2-159，24）。

43. M77

位于 TE14S2 东北部，向东延伸到 TE15S2。开口于⑧层下。

墓坑呈长方形，墓向 107°（图 2-162；彩版一二四，1、2）。墓口长 2.15、宽 1.05 米。墓口距地表深 0.90 米，墓底距墓口深 0.10 米。双人葬，均仰身直肢，面向南，南侧人骨矮于北侧，骨骼保存较差。性别难辨，年龄为成年。

随葬品位于人骨头端和南侧人骨上（彩版一二四，3～5），共有 9 件，均为陶器。

M77：1，陶豆。泥质黑衣红褐陶。直口，尖圆唇，斜弧腹，喇叭形圈足。火候较低，未能复原。

M77：2，陶罐。泥质灰褐陶，残存少量黑衣。侈口，尖圆唇，折沿，沿面微凹，弧腹内收，平底微内凹。口径 19.4、底径 9.8、高 19.8 厘米（图 2-163，2；彩版一二四，6）。

M77：3，陶豆。泥质黑陶。子口，尖圆唇，浅盘，喇叭形圈足，圈足上有三竖排圆形镂孔，每排有四个。口径 20.4、圈足径 11、复原高约 19 厘米（图 2-163，3）。

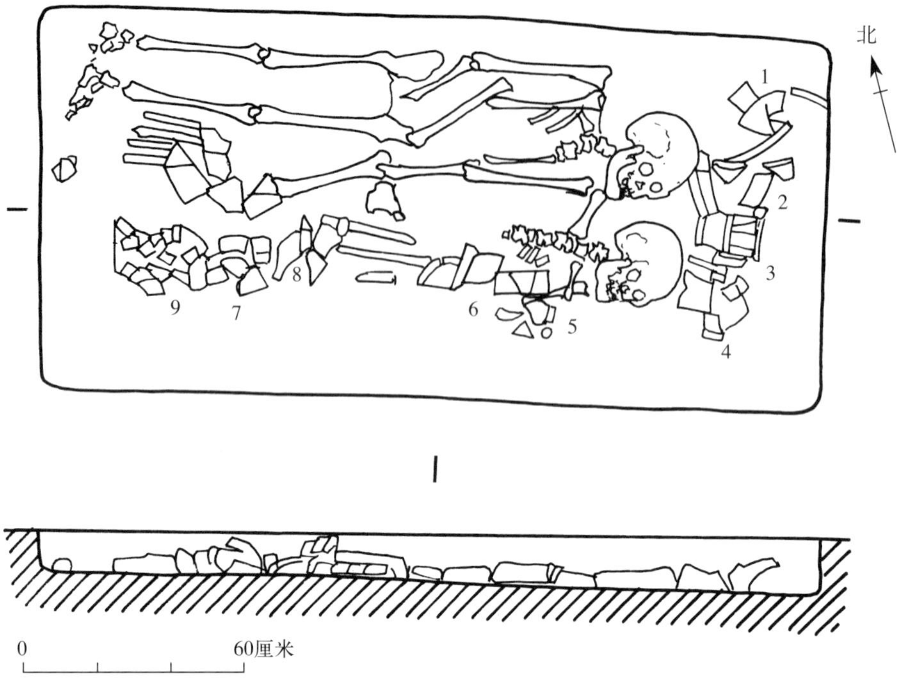

图2-162　M77平、剖面图

1、3、4、6. 陶豆　2、9. 陶罐　5. 陶杯　7. 陶壶　8. 小陶罐

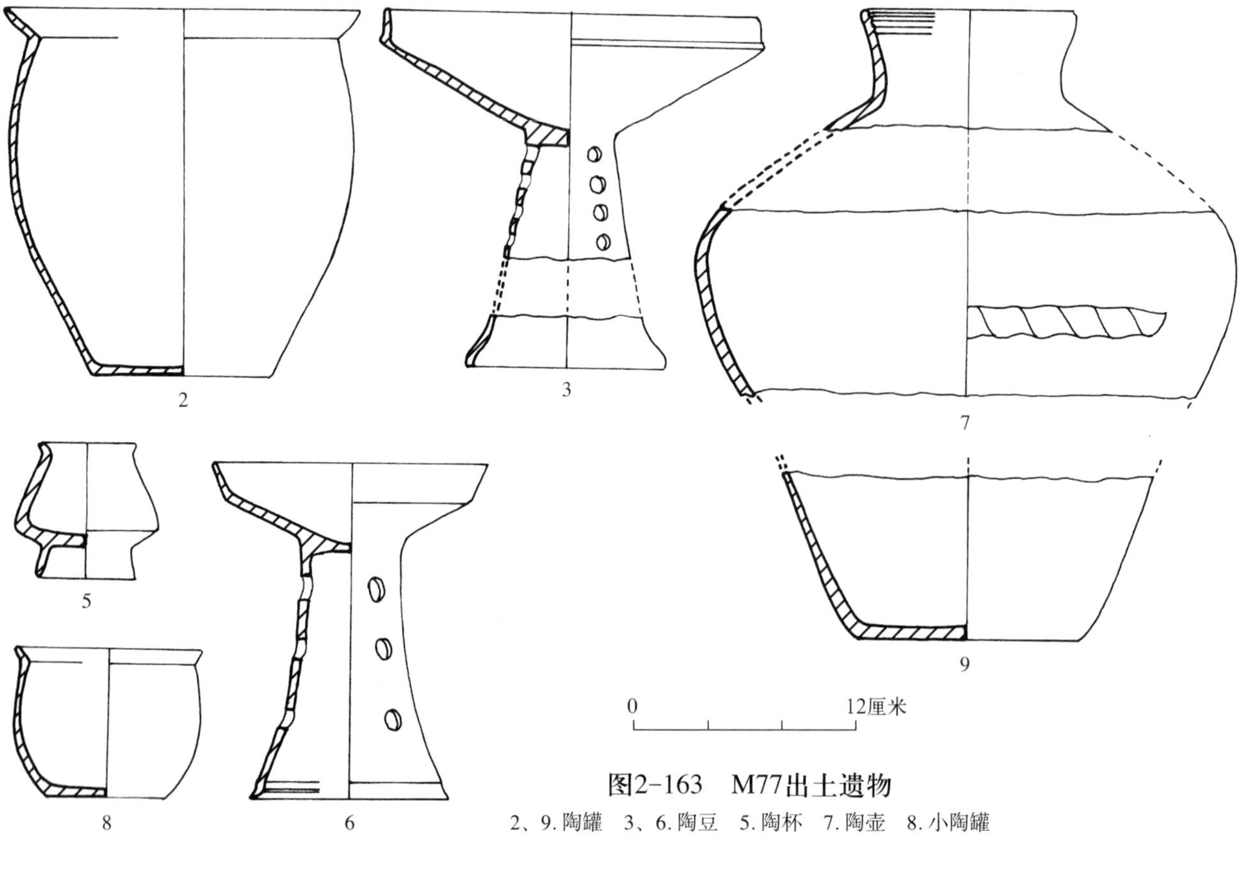

图2-163　M77出土遗物

2、9. 陶罐　3、6. 陶豆　5. 陶杯　7. 陶壶　8. 小陶罐

M77：4，陶豆。火候较低，出土时较为残碎，不能复原。泥质黑陶。

M77：5，陶杯。泥质黑衣灰褐陶。侈口，圆唇，短折沿，斜直肩，折腹，近平底，矮圈足。口径5.2、圈足径5.4、高7.3厘米（图2-163，5；彩版一二四，7）。

M77：6，陶豆。泥质黑衣灰褐陶。直口微侈，尖圆唇，浅盘，高喇叭形圈足，圈足上有3竖排圆形镂孔，每排3个。口径15、圈足径11、高18厘米（图2-163，6；彩版一二四，8）。

M77：7，陶壶。出土时较为残碎，未能复原。器形较大。泥质灰陶。侈口，圆唇，短颈，弧腹，腹有一对錾手，沿内壁有3周细凹弦纹。口径11.6、腹径29.2、残高20.8厘米（图2-163，7）。

M77：8，小陶罐。泥质灰褐陶。侈口，圆唇，短折沿，弧腹内收，平底。口径10.2、底径6.2、高8厘米（图2-163，8；彩版一二四，9）。

M77：9，陶罐。泥质黑衣灰陶。残存罐底，弧腹内收，平底。底径12、残高8.8厘米（图2-163，9）。

44. M78

位于TE14S1西北部，向西延伸到TE13S1。开口于⑥层下。

墓坑呈长方形，墓向112°（图2-164；彩版一二五，1）。墓口长2.40、宽1.10米。墓口距

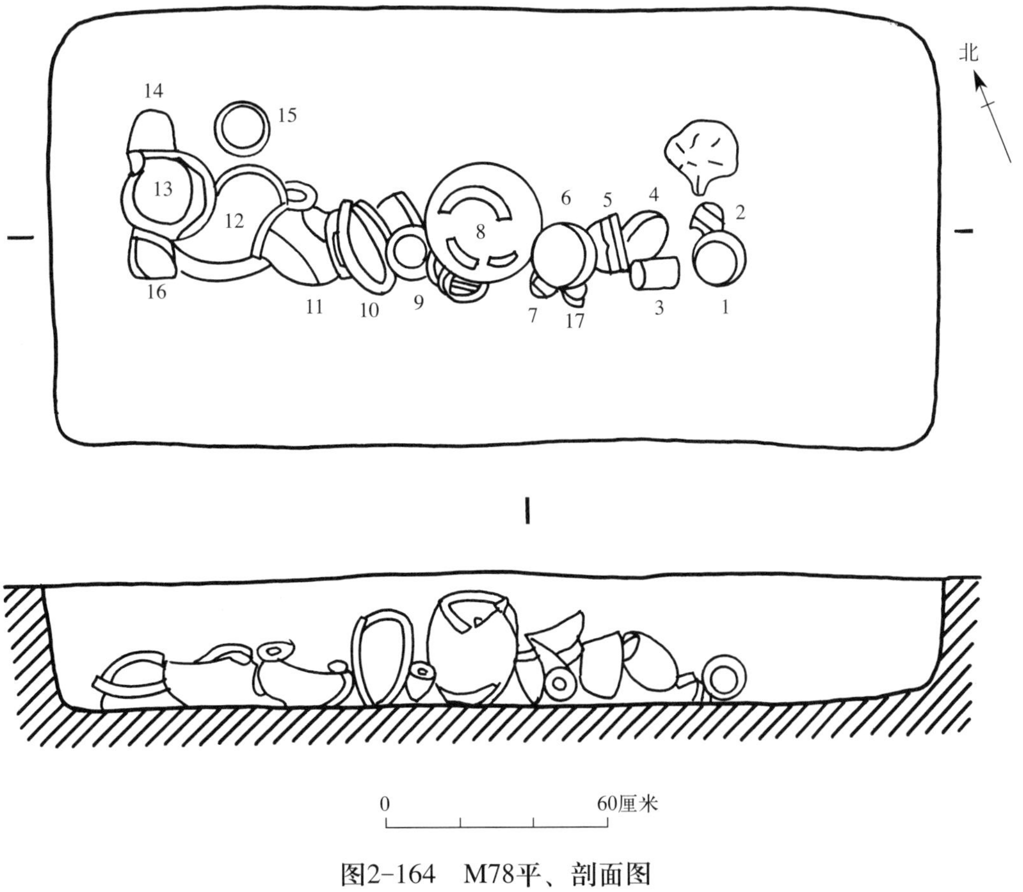

图2-164 M78平、剖面图

1、9、12、13.陶鼎 2、5、8、14.陶罐 3.陶杯 4.陶钵 6、15、17.陶器盖 7.陶壶 10、11.陶豆 16.陶器

地表深1.00米，墓底距墓口深0.35米。单人葬，骨骼保存极差，仅存痕迹。性别不可鉴定，年龄为成年。

随葬品位于人骨南侧和脚端（彩版一二五，2、3），共有17件，均为陶器。

M78：1，陶鼎。泥质红褐陶。侈口，尖圆唇，短折沿，鼓腹，圜底，三个凿形足。口径8、最大腹径11.8、残高11.4厘米（图2-165，1）。

M78：2，陶罐。器形较小。泥质褐陶。出土时较为残碎，不能复原。

M78：3，陶杯。火候较低，出土时较为残碎，未能复原。泥质黑陶。微敛口，圆唇，直筒形。

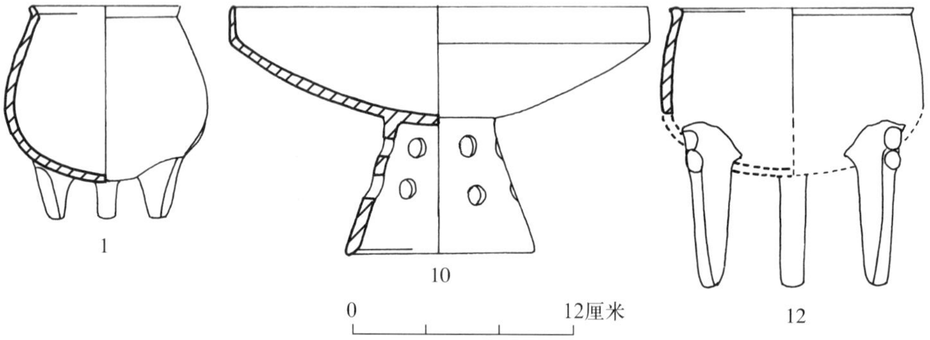

图2-165 M78出土遗物

1、12. 陶鼎 10. 陶豆

M78：4，陶钵。泥质黑衣褐陶。敛口，圆唇，深弧腹内收，小平底。口径10.8、底径4、高8.7厘米（图2-166，4）。

M78：5，陶罐。泥质褐陶，颜色斑驳。侈口，圆唇，短折沿，弧腹内收，平底。口径14、底径6、高11.8厘米（图2-166，5；彩版一二五，4）。

M78：6，陶器盖。泥质黑衣褐陶。覆碗形，喇叭形捉手，捉手上有两周凹槽，盖壁微弧，圆唇。捉手径5、口径17.8、高9厘米（图2-166，6；彩版一二五，5）。

M78：7，陶壶。泥质灰褐陶。直口微侈，长颈，鼓腹内收，平底。口沿下疑有双鼻，可能为双鼻壶。复原口径5.2、底径5.2、高13.6厘米（图2-166，7；彩版一二五，6）。

M78：8，陶罐。火候较低，未能复原。泥质褐陶。盘形口，圆唇，宽平沿，沿面有凹槽，鼓腹内收，平底。口径18.2、底径9、复原高约24厘米（图2-166，8）。

M78：9，陶鼎。火候较低，出土时较为残碎，不能复原。夹砂褐陶。器形较小，罐形，凿形足。

M78：10，陶豆。泥质黑衣褐陶。直口微敛，圆唇，浅盘，矮喇叭形圈足，圈足上有两排圆形镂孔，每排6个。口径22.6、圈足径10.2、高13.2厘米（图2-165，10；彩版一二五，7）。

M78：11，陶豆。火候较低，出土时较为残碎，不能复原。泥质红陶。

M78：12，陶鼎。出土时较为残碎，不能复原。夹砂红陶。直口微侈，圆唇，短平沿，折腹，圜底，三个凿形足，足根有2个按窝。环形耳器盖。口径13、复原高约15厘米（图2-165，

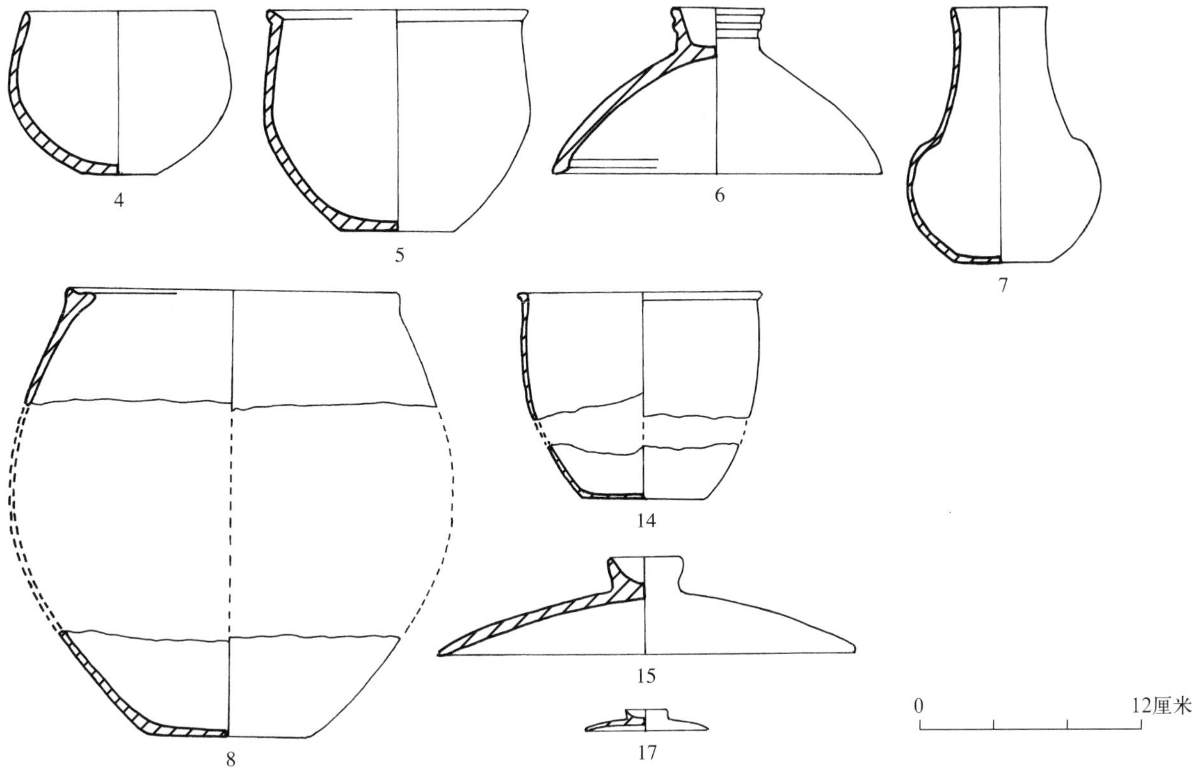

图2-166　M78出土遗物

4. 陶钵　5、8、14. 陶罐　6、15、17. 陶器盖　7. 陶壶

12）。

M78：13，陶鼎。火候较低，出土时较为残碎，不能复原。夹砂红褐陶。盂形，凿形足。

M78：14，陶罐。未能复原。泥质褐陶。侈口，尖圆唇，短折沿，弧腹内收，平底。口径13.2、底径6.6、复原高约11厘米（图2-166，14）。

M78：15，陶器盖。泥质红陶。覆盘形，矮喇叭形捉手，盖面微弧，圆唇。捉手径4、口径22.6、高5.2厘米（图2-166，15）。

M78：16，陶器。火候较低，出土时较为残碎，不能复原。泥质红褐陶。

M78：17，陶器盖。泥质黑陶。覆碟形，圆形捉手，盖面略弧，尖圆唇。捉手径2.3、口径6.6、高1.1厘米（图2-166，17）。

45. M79

位于TE14S2北部，向北延伸到TE14S1。开口于⑧层下，被H79、H101打破。

墓坑呈长方形，墓向93°（图2-167；彩版一二六，1、2）。墓口长2.16、宽1.76米。墓口距地表深1.10米，墓底距墓口深0.10米。骨骼保存较差且较为凌乱，仅存少量肢骨。性别难辨，年龄为成年。

随葬品也仅为零散的碎片，共有2件陶器、2件石器。

M79：1-1，陶豆。泥质黑陶。残存豆盘。直口微敛，圆唇，折腹。口径22、残高5厘米（图

2-168，1-1）。

M79：1-2，陶罐。泥质黑灰陶。口残，弧腹，平底微内凹。底径10、残高12.7厘米（图2-168，1-2）。

M79：2，石锛。青灰色，长条形，上部有段，通体磨光，刃部较锋利，有崩痕。长8.7、宽

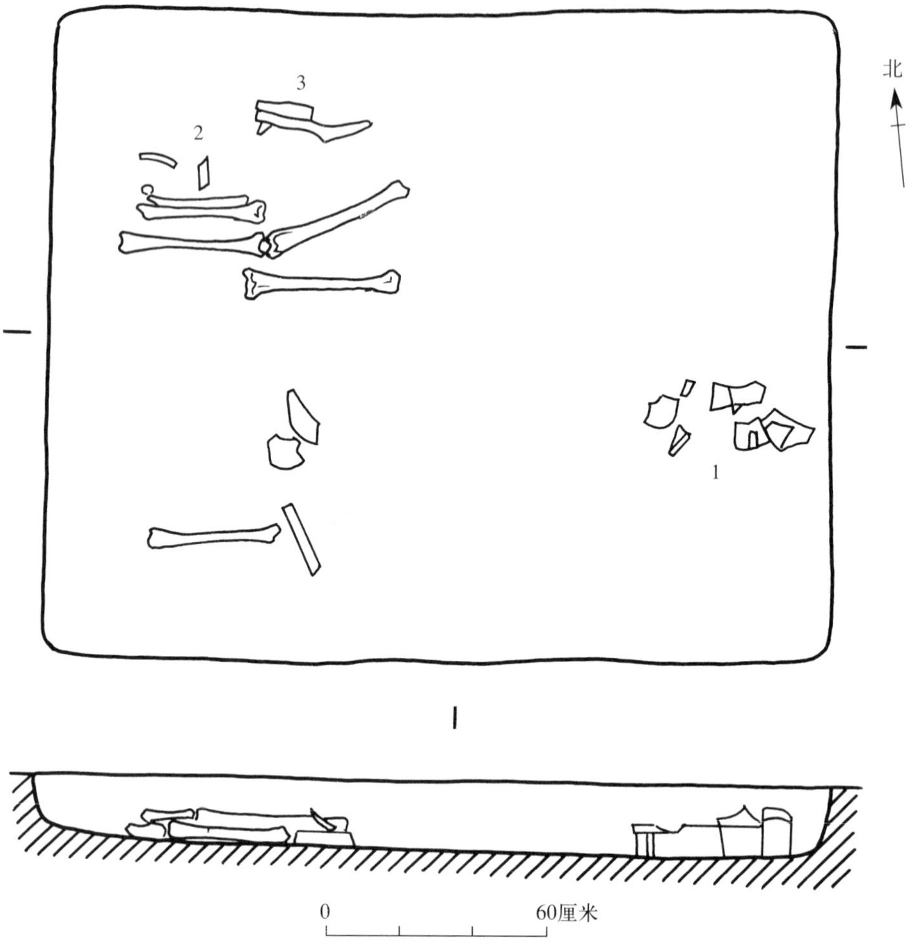

图2-167　M79平、剖面图

1-1. 陶豆　1-2. 陶罐　2. 石锛　3. 砺石

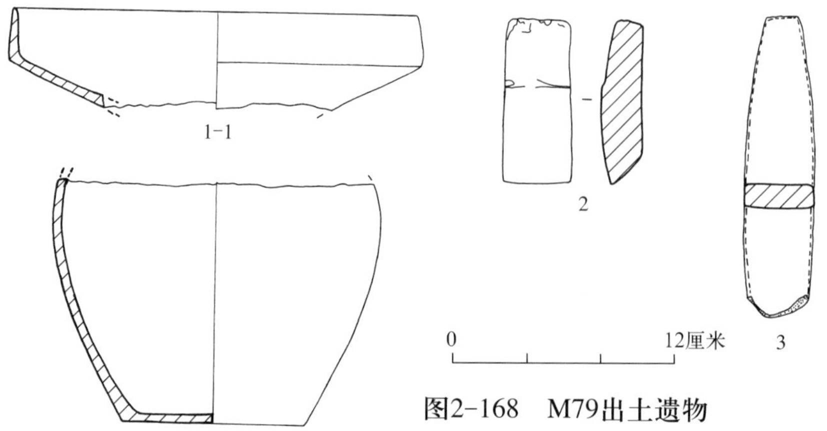

图2-168　M79出土遗物

1-1. 陶豆　1-2. 陶罐　2. 石锛　3. 砺石

3.7、厚 2～2.3 厘米（图 2-168，2；彩版一二六，3）。

M79：3，砺石。灰褐色，长条状，四面均磨光。长 16、宽 1.8～3.8、厚 0.85～1.2 厘米（图 2-168，3；彩版一二六，4）。

46. M80

位于 TE14S1 中部，北紧邻 M69，东紧邻 M55。开口于⑤层下。

墓坑呈长方形，墓向 86°（图 2-169；彩版一二七，1）。墓口长 2.50、宽 1.10 米。墓口距地表深 0.86 米，墓底距墓口深 0.32 米。单人葬，骨骼保存较差，性别难辨。

随葬品位于人骨南侧和脚端（彩版一二七，2），共有 12 件陶器。

M80：1，陶钵。泥质黑衣灰陶。敞口，圆唇，弧腹内收，平底微内凹。口径 19.4、底径 8.6、高 6 厘米（图 2-170，1；彩版一二七，3）。

M80：2，陶钵。泥质黄褐陶。敞口，圆唇，弧腹内收，平底。口径 18.6、底径 7.8、高 7.6 厘米（图 2-170，2；彩版一二七，4）。

M80：3，陶罐。泥质红陶。侈口，尖唇，折沿，弧腹内收，小平底。口径 16.4、最大腹径 17.2、底径 6.8、高 16.6 厘米（图 2-170，3）。

M80：4，陶豆。泥质灰褐陶，残存少量黑衣。直口微敛，圆唇，深盘，矮喇叭形圈足，圈足上有 4 列较对称的圆形镂孔，每列 2 个。口径 20.4、圈足径 10.6、高 12.9 厘米（图 2-170，4；彩版一二七，5）。

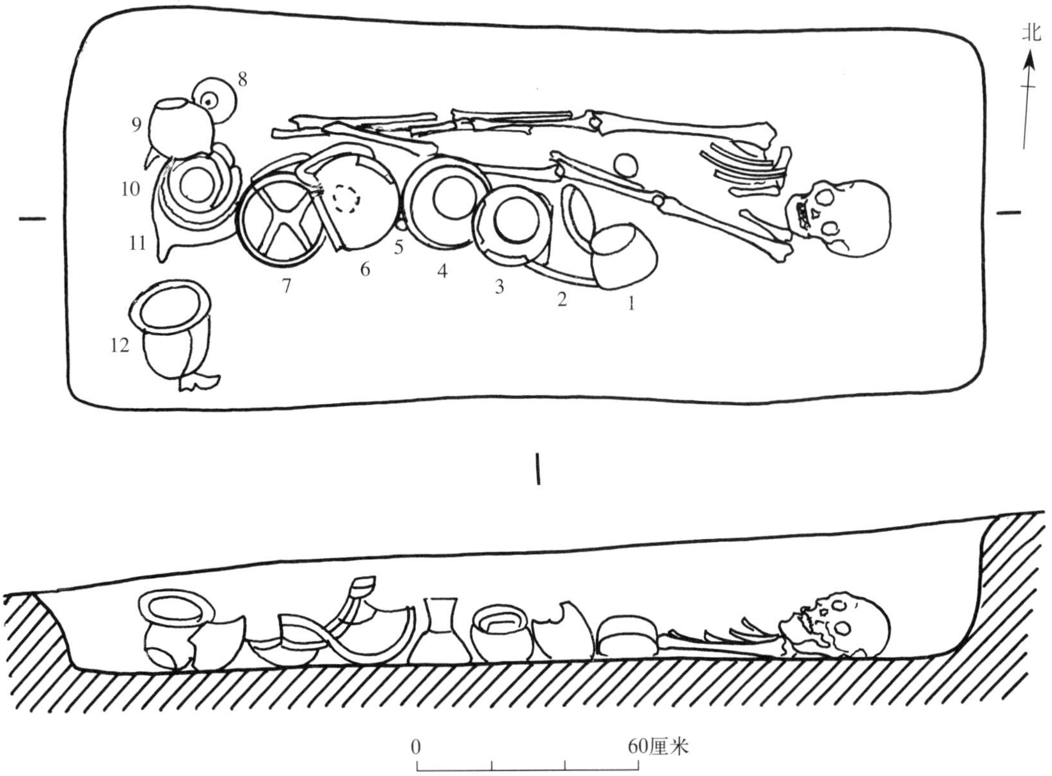

图2-169　M80平、剖面图

1、2. 陶钵　3. 陶罐　4、6、7、12. 陶豆　5、8、10. 陶器盖　9、11. 陶鼎

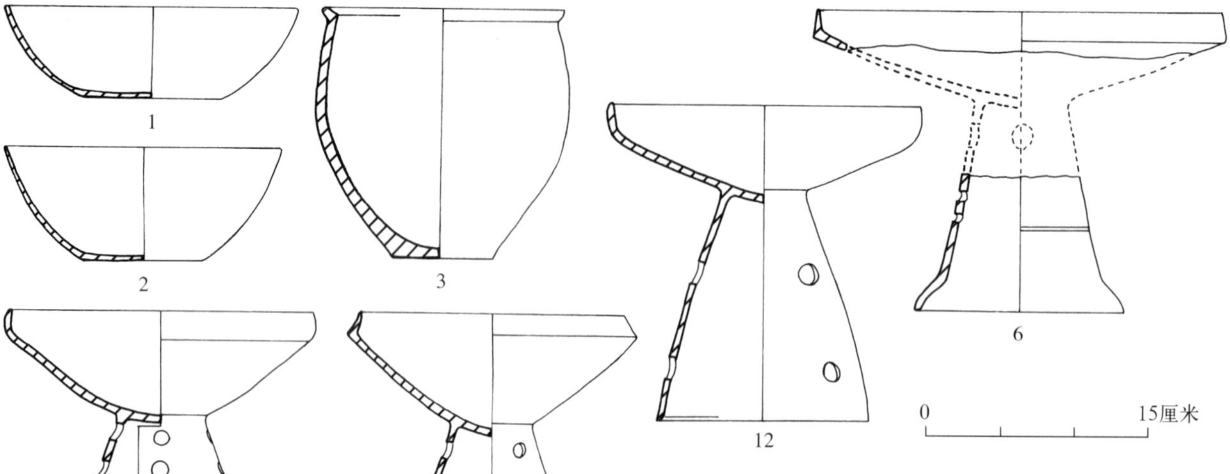

图2-170 M80出土遗物

1、2. 陶钵 3. 陶罐 4、6、7、12. 陶豆

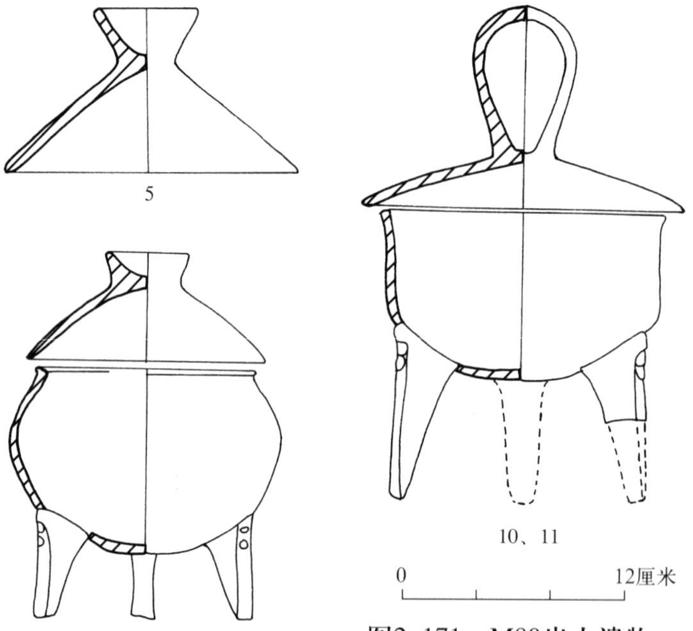

图2-171 M80出土遗物

5、8、10. 陶器盖 9、11. 陶鼎

M80：5，陶器盖。泥质红褐陶。覆碗形，喇叭形捉手，盖面斜直，圆唇。捉手径6、口径16.4、高9厘米（图2-171，5）。

M80：6，陶豆。火候较低，出土时较为残碎，未能复原。泥质黑陶。直口微敛，尖圆唇，浅盘，高喇叭形圈足，柄部上方饰有较对称的4个圆形镂孔，下有两排小圆形镂孔，小圆形镂孔下有两周凹弦纹。口径28、圈足径14、高约20厘米（图2-170，6）。

M80：7，陶豆。泥质黑衣褐陶。敛口，尖圆唇，深盘，喇叭形圈足，圈足上有3竖排圆形镂孔，每排两个。口径18、圈足径11.6、高13.8厘米（图2-170，7）。

M80：8，陶器盖。与陶鼎 M80：9 相配。泥质红陶。覆碗形，矮喇叭形捉手，盖面略弧，圆唇。捉手径 4.8、口径 13.6、高 6 厘米（图 2-171，8）。

M80：9，陶鼎。泥质红陶，残存少量红衣。侈口，圆唇，短平沿，鼓腹内收，小平底，三个凿形足，足根突起下有 2 个按窝。口径 12.6、底径 3.8、高 13.8 厘米（图 2-171，9）。

M80：10，陶器盖。出土时置于陶鼎 M80：11 之上。夹细砂红褐陶。环形捉手，盖面斜直，圆唇。口径 18、高 11.2 厘米（图 2-171，10；彩版一二七，6）。

M80：11，陶鼎。夹细砂红陶。直口微侈，尖唇，短平沿，折腹内收，小平底，三个凿形足，足根突起，下有 2 个按窝，足尖残。口径 16、残高 16 厘米（图 2-171，11；彩版一二七，7）。

M80：12，陶豆。泥质黑陶。直口微敛，圆唇，浅盘，高圈足，圈足上有圆形镂孔。口径 21、圈足径 14.4、高 21.6 厘米（图 2-170，12）。

47. M81

位于 TE14S1 北部，向北延伸到 TE14N1。南紧邻 M75，北邻 M53。开口于④层下。

墓坑呈长方形，墓向 100°（图 2-172；彩版一二八，1、2）。墓口长 2.90、宽 1.30 米。墓口距地表深 0.77 米，墓底距墓口深 0.36 米。单人葬，仰身直肢，骨骼保存较差。

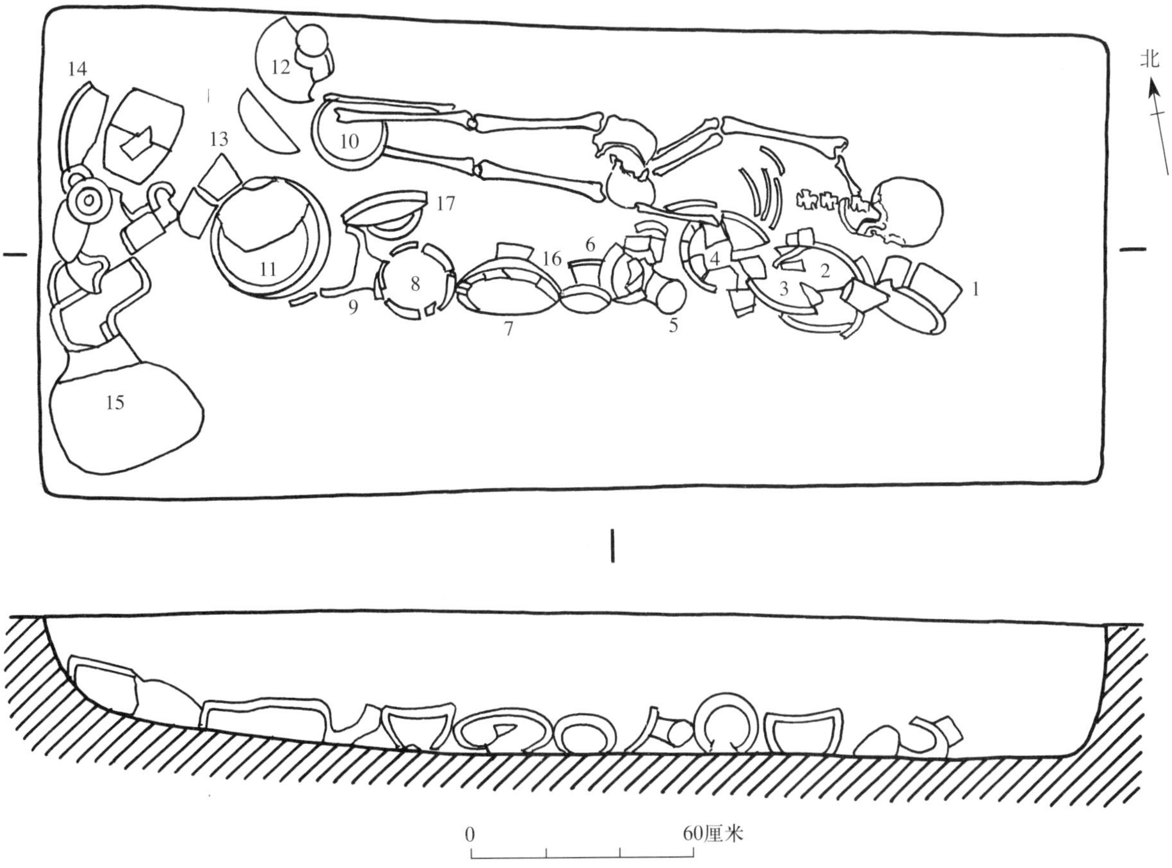

图2-172　M81平、剖面图

1. 陶圈足盘　2、8、14、15. 陶罐　3. 陶器盖　4～7. 陶豆　9、10. 陶钵　11、13. 陶背壶　12. 陶盆　16. 兽形小罐

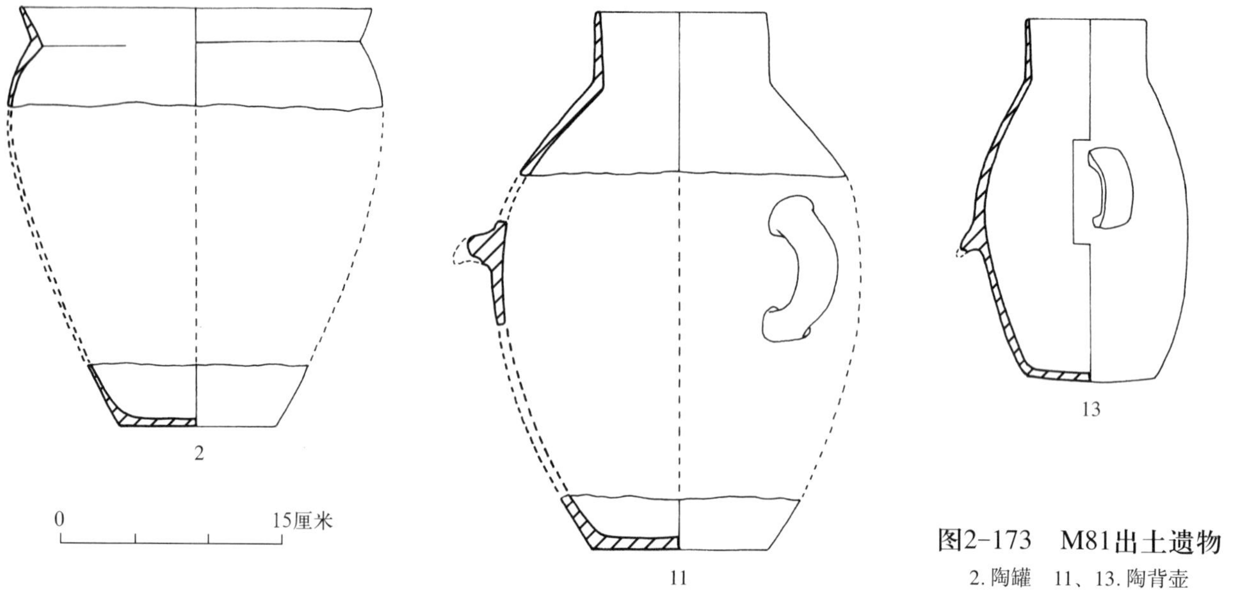

图2-173　M81出土遗物

2. 陶罐　11、13. 陶背壶

随葬品位于人骨南侧一排、脚端一排和墓坑西部（彩版一二八，3、4），共有16件陶器。

M81∶1，陶圈足盘。火候较低，出土时较为残碎，不能复原。泥质黑陶。直口，浅盘，高直圈足。

M81∶2，陶罐。器壁较薄，出土时较为残碎，不能复原。泥质灰陶。侈口，尖唇，短折沿，圆鼓肩，平底。口径24.0、底径10.8、复原高约28厘米（图2-173，2）。

M81∶3，陶器盖。泥质黑陶。覆碗形，侈口，圆唇，宽折沿，盖面斜弧，矮喇叭形捉手。口径22、捉手径8.6、高6.5厘米（图2-174，3）。

M81∶4，陶豆。火候较低，未能复原。泥质黑衣褐陶。直口，浅盘。

M81∶5，陶豆。泥质黑衣褐陶。直口微敛，尖唇，折腹，浅盘，高喇叭形圈足，圈足上有2周凸棱，一周圆形和三角形镂孔，中部有11周凸棱，8竖排小圆孔。口径22.2、圈足径12.8、高22.8厘米（图2-174，5；彩版一二九，1）。

M81∶6，陶豆。泥质灰褐陶。直口微敛，尖唇，折腹，浅盘，喇叭形粗圈足，圈足上有3竖排圆形镂孔，每排有3个。口径16.4、圈足径12.7、高14.4～14.7厘米（图2-174，6；彩版一二九，2）。

M81∶7，陶豆。火候较低，未能复原。泥质黑衣褐陶。尖唇，微敛口。矮喇叭形圈足。

M81∶8，陶罐。泥质黄褐陶。侈口，尖圆唇，折沿，弧腹内收，平底，下腹部有交错刻划纹。口径18、底径8.4、高16厘米（图2-174，8；彩版一二九，3）。

M81∶9，陶钵。泥质褐陶。敞口，圆唇，弧腹，平底。口径19.6、底径7.6、高6厘米（图2-174，9；彩版一二九，4）。

M81∶10，陶钵。泥质褐陶。敞口，方唇，弧腹，平底。口径16、底径7.2、高6.8厘米（图2-174，10；彩版一二九，5）。

M81∶11，陶背壶。出土时较为残碎，未能复原。泥质黑衣褐陶。直口，圆唇，溜肩，深腹，腹部有2个环形耳，两耳间较平，两耳相对的另一侧有一个鸟喙形突纽，平底。口径11.8、底径

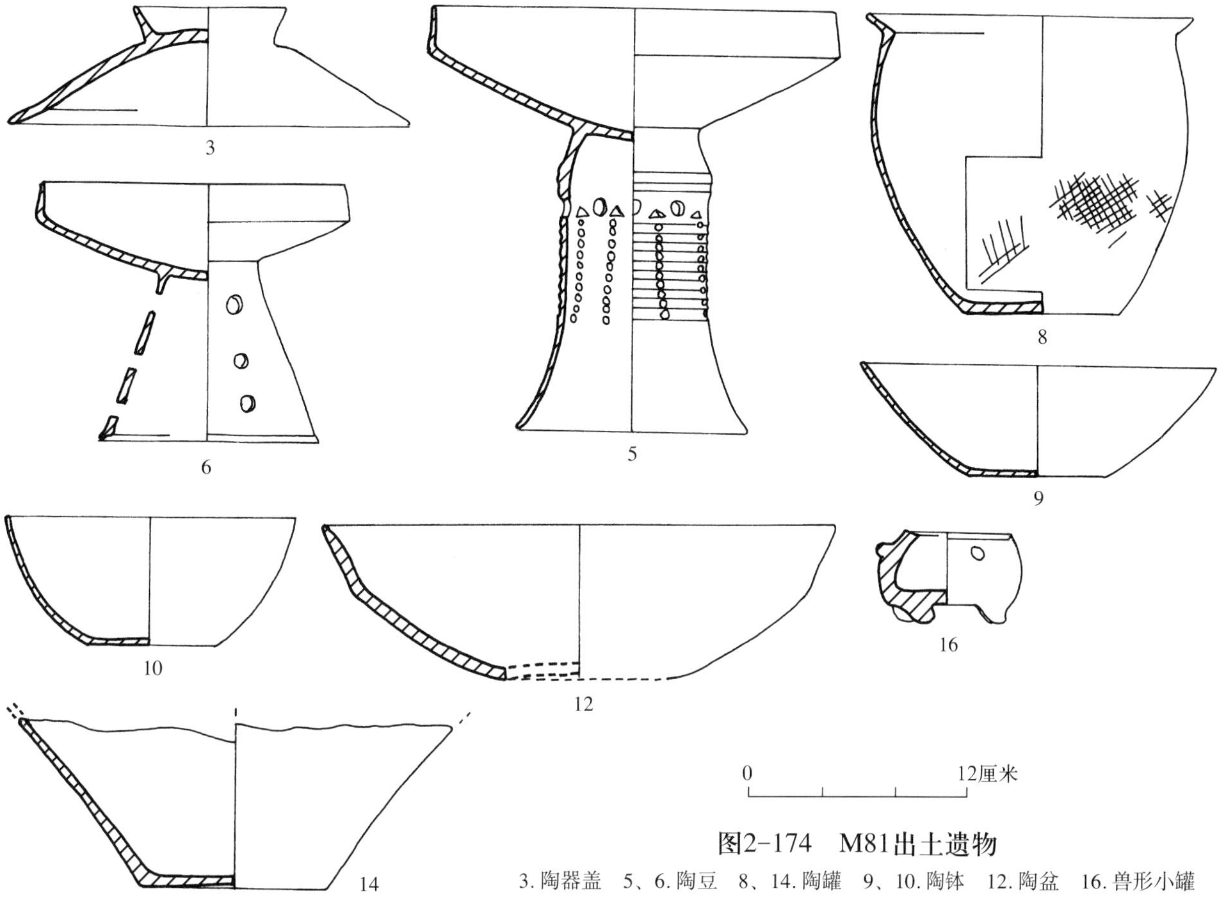

图2-174　M81出土遗物

3. 陶器盖　5、6. 陶豆　8、14. 陶罐　9、10. 陶钵　12. 陶盆　16. 兽形小罐

12.0、复原高约36厘米（图2-173，11）。

M81：12，陶盆。出土时较为残碎，未能复原。泥质红陶。敞口，圆唇，折腹。口径28.0、复原底径约9.6、复原高约8.2厘米（图2-174，12）。

M81：13，陶背壶。泥质黄褐陶。直口，尖唇，短颈，弧腹内收，肩腹部有两个环形器耳，两耳间较扁平，相对的另一侧有一鸟喙形突纽，平底微内凹。口径8.2、底径8.8、高24.3厘米（图2-173，13；彩版一二九，6）。

M81：14，陶罐。出土时较为残碎，不能复原。泥质灰陶。平底微内凹。底径10.2、残高8.8厘米（图2-174，14）。

M81：15，陶罐。器形较大，较为残碎，出土时平铺于墓坑西部。不能复原。泥质红褐陶。

M81：16，兽形小罐。泥质黑衣褐陶。敛口，方唇，鼓腹，两侧有2个泥突作耳，背部有一突纽作尾，平底，兽蹄状四足，整体呈动物状，造型生动逼真。口径6、最大腹径8、高4.7～4.9厘米（图2-174，16；彩版一二九，7、8）。

48. M82

位于TE14N2南部，与M84紧邻并略打破M84。开口于⑧层下。

墓坑呈长方形，墓向105°（图2-175；彩版一三〇，1）。墓口长1.90、宽0.80米。墓口

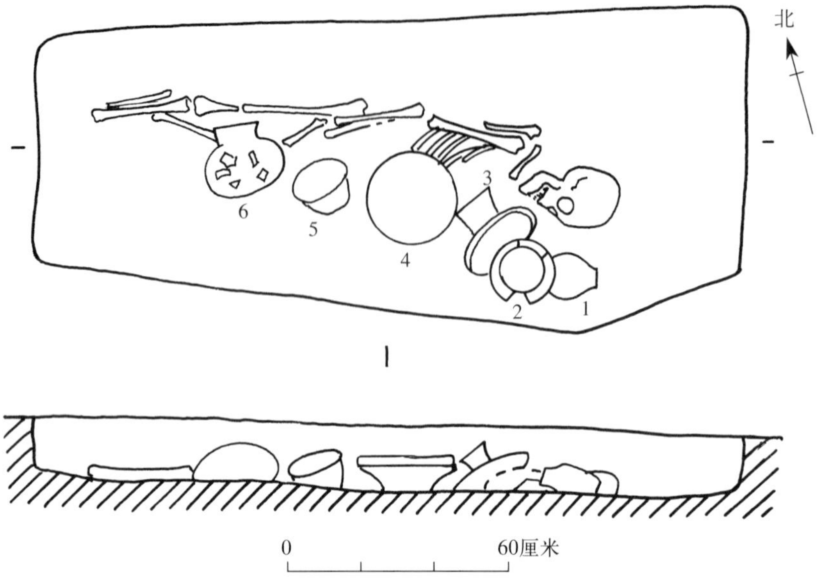

图2-175　M82平、剖面图

1、2. 陶圈足杯　3、4、6. 陶豆　5. 陶鼎

距地表深 1.21 米，墓底距墓口深 0.12 米。单人葬，仰身，双腿交叉，骨骼保存一般。性别难辨，年龄为成年，头骨右侧有小孔（彩版一三〇，2），未拔牙。

随葬品位于人骨南侧，共有 6 件陶器。

M82：1，陶圈足杯。泥质灰褐陶。直口微敛，尖圆唇，深弧腹，圜底，矮圈足。口径 8.2、圈足径 4.9、高 10.2 厘米（图 2-176，1；彩版一三〇，3）。

M82：2，陶圈足杯。泥质灰陶。侈口，尖圆唇，短折沿，弧腹内收，平底，矮圈足，器壁较

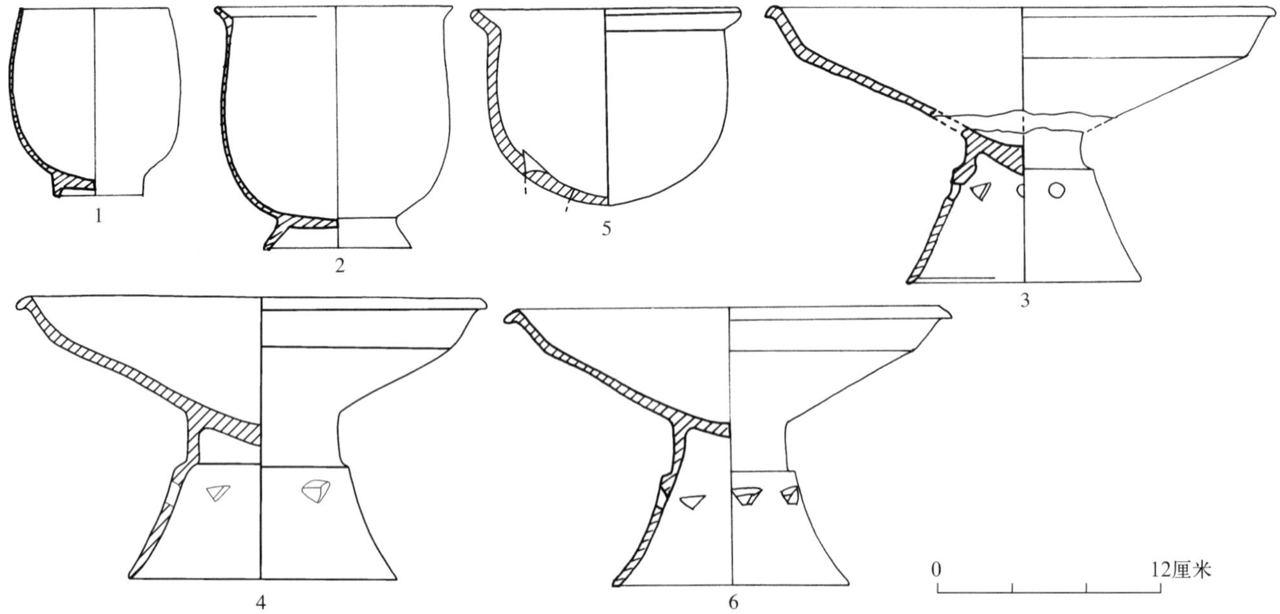

图2-176　M82出土遗物

1、2. 陶圈足杯　3、4、6. 陶豆　5. 陶鼎

薄。口径 13、圈足径 8.2、高 13 厘米（图 2-176，2；彩版一三〇，4）。

M82：3，陶豆。泥质黑衣褐陶。侈口，圆唇，卷沿，折腹，浅盘，矮喇叭形圈足，柄上部呈台阶，圈足中部饰有一排三角形和圆形镂孔。口径 28、圈足径 12.8、高 15 厘米（图 2-176，3）。

M82：4，陶豆。泥质黑衣褐陶。侈口，尖圆唇，卷沿，折腹，浅盘，矮喇叭形圈足，柄上部呈台阶，圈足中部饰有一排三角形镂孔，共有 6 个。口径 25.6、圈足径 14.4、高 14.8 厘米（图 2-176，4；彩版一三〇，5）。

M82：5，陶鼎。夹石英黑衣褐陶。侈口，方唇，折沿，弧腹内收，圜底，足残。口径 15.2、最大腹径 13.2、残高 10.8 厘米（图 2-176，5）。

M82：6，陶豆。泥质灰陶。侈口，圆唇，卷沿，折腹，深盘，矮喇叭形圈足，柄上部呈台阶，圈足中部饰有一排 7 个梯形镂孔。口径 24.8、圈足径 13.2、高 15.1 厘米（图 2-176，6；彩版一三〇，6）。

49. M83

位于 TE14N2 中部。开口于⑥层下。

墓坑呈长方形，墓向 130°（图 2-177；彩版一三一，1）。墓口长 1.60、宽 0.60 米。墓口距地表深 1.32 米，墓底距墓口深 0.15 米。单人葬，面向下，双腿交叉，骨骼保存较差，性别年龄难辨。

随葬品位于人骨南侧和上部（彩版一三一，2），共有 7 件陶器。

M83：1，陶罐。泥质黑陶。敛口，方唇，折腹内收，深腹，平底。口径 8.2、底径 5.4、高 11.2 厘米（图 2-178，1；彩版一三一，3）。

M83：2，陶豆。出土时较为残碎，未能复原。泥质黑陶。敞口，折腹，浅盘，矮圈足。

M83：3，陶豆。泥质黑衣褐陶。侈口，尖唇，卷沿，折腹，浅盘，盘底下凸，圈足残。口径 28.4、残高 8 厘米（图 2-178，3；彩版一三一，4）。

M83：4，陶圈足杯。泥质灰陶。侈口，圆唇，折沿，弧腹略直内收，圜底，矮圈足。口径

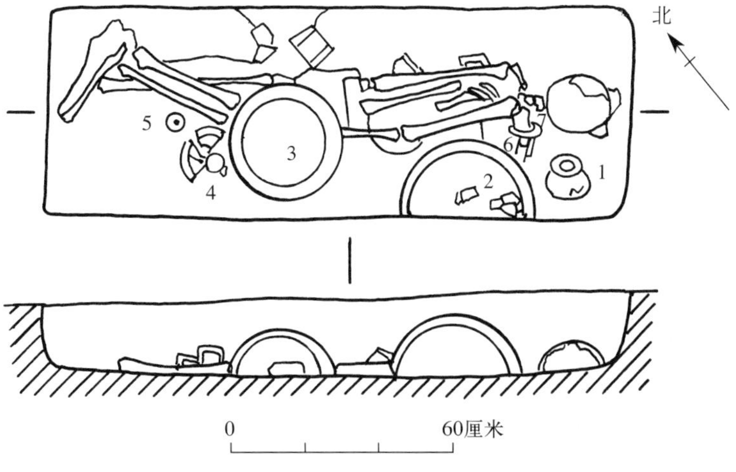

图2-177　M83平、剖面图
1. 陶罐　2、3. 陶豆　4. 陶圈足杯　5. 陶纺轮　6、7. 陶杯

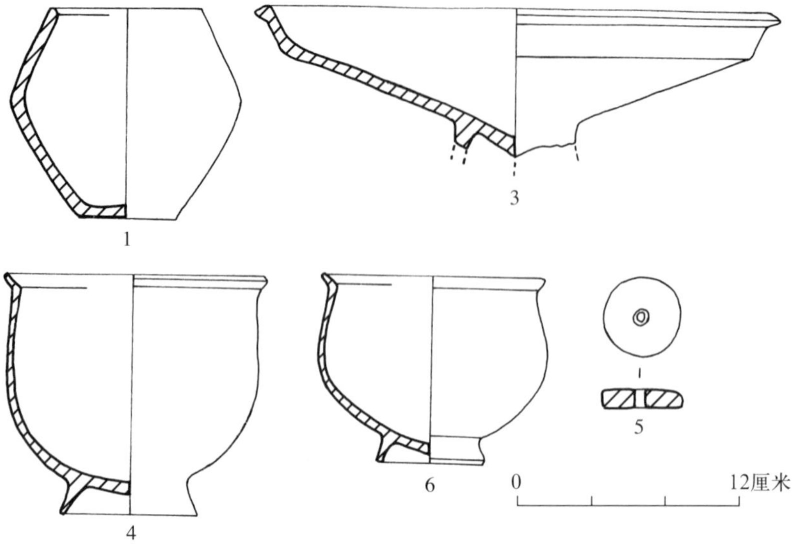

图2-178　M83出土遗物

1. 陶罐　3. 陶豆　4. 陶圈足杯　5. 陶纺轮　6. 陶杯

14.4、圈足径7.6、高12.8厘米（图2-178，4；彩版一三一，5）。

M83：5，陶纺轮。泥质黑陶。近圆形，剖面近长方形，一面平直，一面略弧，两端平直。直径4.3、孔径0.5～0.8、厚0.7～1.0厘米（图2-178，5）。

M83：6，陶杯。泥质黑衣褐陶。侈口，圆唇，折沿，弧腹内收，圜底，矮圈足。口径12、圈足径6、高10厘米（图2-178，6；彩版一三一，6）。

M83：7，陶杯。出土时较为残碎，不能复原。泥质黑陶。

50. M84

位于TE14N2南部，被M82打破。开口于⑦层下。

墓坑呈长方形，墓向120°（图2-179；彩版一三二，1、2）。墓口长2.20、宽0.64米。墓口距地表深1.35米，墓底距墓口深0.29米。单人葬，侧身直肢，骨骼保存较好。

随葬品位于人骨南侧一排，共有19件陶器（彩版一三二，3）。

M84：1，陶壶。泥质黑衣灰褐陶。侈口，圆唇，短颈，颈部有两个圆形镂孔。圆肩，弧腹内收，平底微内凹。口径8.8、底径7.2、高13.6厘米（图2-180，1；彩版一三三，1）。

M84：2，陶豆。泥质黑陶。敞口，圆唇，沿近平，弧腹，高喇叭形圈足，圈足上饰3个近花朵形图案镂孔。口径26.8、圈足径16、高19.9厘米（图2-180，2；彩版一三三，2）。

M84：3，陶豆。泥质灰褐陶，残存少量黑皮。敞口，圆唇，卷沿，折腹，浅盘，喇叭形圈足，圈足中上部呈台阶，圈足上有一周三角形镂孔共5个。口径26、圈足径12、高13.6厘米（图2-180，3；彩版一三三，3）。

M84：4，陶豆。泥质黑陶。侈口，方圆唇，短折沿，折腹，喇叭形圈足，上有圆形镂孔。口径27.2、复原高约17、底径14.4厘米（图2-180，4）。

M84：5，陶豆。火候较低，不能复原。泥质黑衣褐陶。

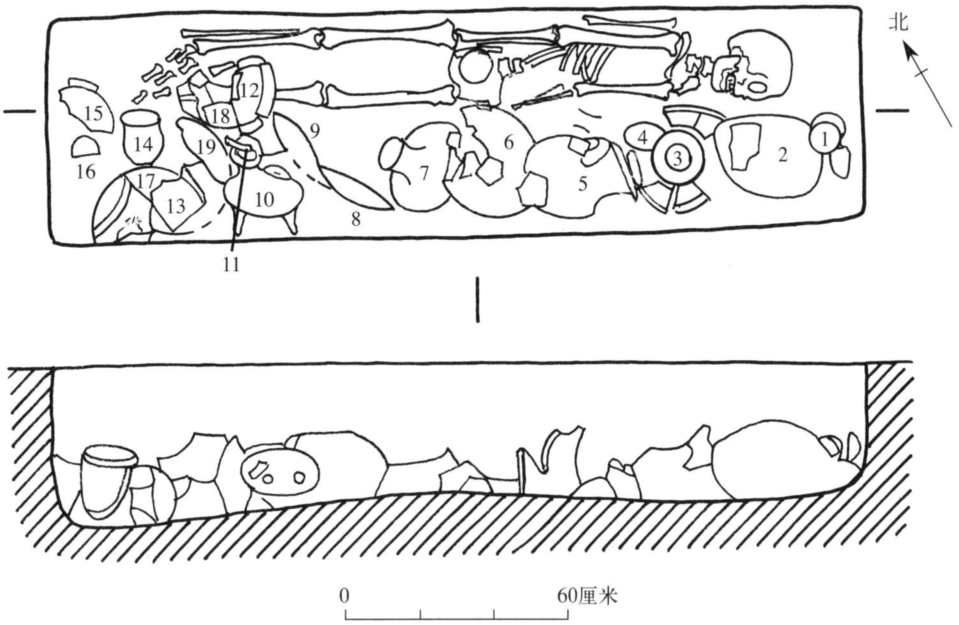

图2-179　M84平、剖面图

1、16. 陶壶　2～8、15. 陶豆　9. 陶器盖　10. 陶鬶　11、14. 陶鼎　12、13. 陶罐　17. 小陶罐　18. 小陶壶　19. 陶杯

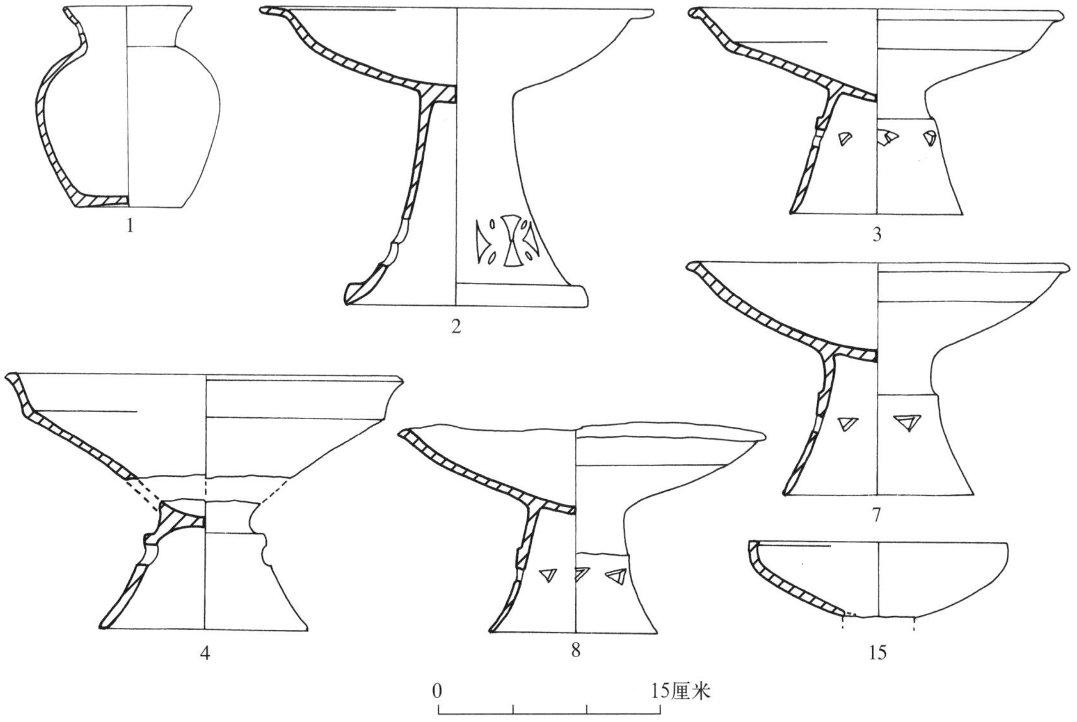

图2-180　M84出土遗物

1. 陶壶　2～4、7、8、15. 陶豆

M84：6，陶豆。火候较低，不能复原。泥质黑陶。敞口，折腹，浅盘。

M84：7，陶豆。泥质黑衣灰陶。侈口，尖唇，卷沿，折腹，深盘，喇叭形圈足，柄上部呈台阶，圈足中部饰有一排 6 个三角形镂孔。口径 26.6、圈足径 13、高 15.6 厘米（图 2-180，7；彩

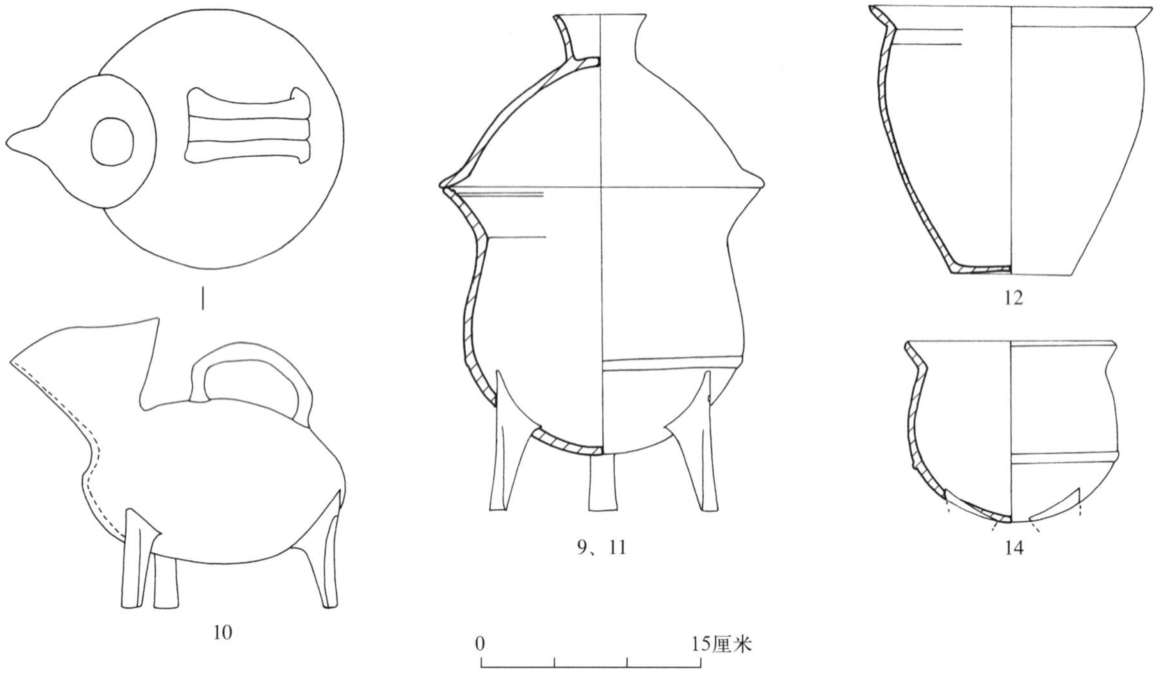

图2-181 M84出土遗物

9. 陶器盖 10. 陶鬶 11. 陶鼎 12. 陶罐 14. 陶鼎

版一三三，4）。

M84：8，陶豆。泥质灰陶。侈口，尖圆唇，卷沿，折腹，深盘，喇叭形圈足，柄上部呈台阶，圈足中部饰有7个三角形镂孔。烧制有所变形。口径24、圈足径11.6、高13.6～14.2厘米（图2-180，8；彩版一三三，5）。

M84：9，陶器盖。与陶鼎M84：11相配。夹植物红褐陶。覆碗形，喇叭形捉手，弧腹，短平沿，方圆唇。捉手径6.4、口径22.0、高11.5厘米（图2-181，9；彩版一三三，6上）。

M84：10，陶鬶。夹石英黑衣褐陶。斜流前倾略向下斜，喇叭形矮颈，扁腹，环带状把，圜底，三凿形足。最大腹径17.4～18.0、高19.4厘米（图2-181，10；彩版一三四，1、2）。

M84：11，陶鼎。夹植物红褐陶，口沿内壁为黑色。敞口，圆唇，折沿，沿面有一周凹槽，鼓腹，下腹有一周凸棱，圜底，三个凿形足，足根有一个按窝。与陶器盖M84：9相配。口径21.6、高21.6厘米（图2-181，11；彩版一三三，6下）。

M84：12，陶罐。未复原。泥质灰褐陶。侈口，尖圆唇，折沿，弧腹内收，平底微内凹。口径19.4、底径8.2、高18厘米（图2-181，12）。

M84：13，陶罐。未复原。泥质红褐陶。直口微侈，圆唇，短颈，肩部有13周凸棱，腹部有两个鸡冠耳，鼓腹内收，平底微内凹。口径10.6、底径11.0、高约26.8厘米（图2-182，13）。

M84：14，陶鼎。泥质黑衣褐陶。侈口，方唇，折沿，圆腹，腹下部有一周凸棱，圜底，足残。口径14.6、残高12.2厘米（图2-181，14；彩版一三四，3）。

M84：15，陶豆。泥质黑陶。残存少量豆盘。直口，方唇，浅盘。口径18.0、残高5.0厘米（图2-180，15）。

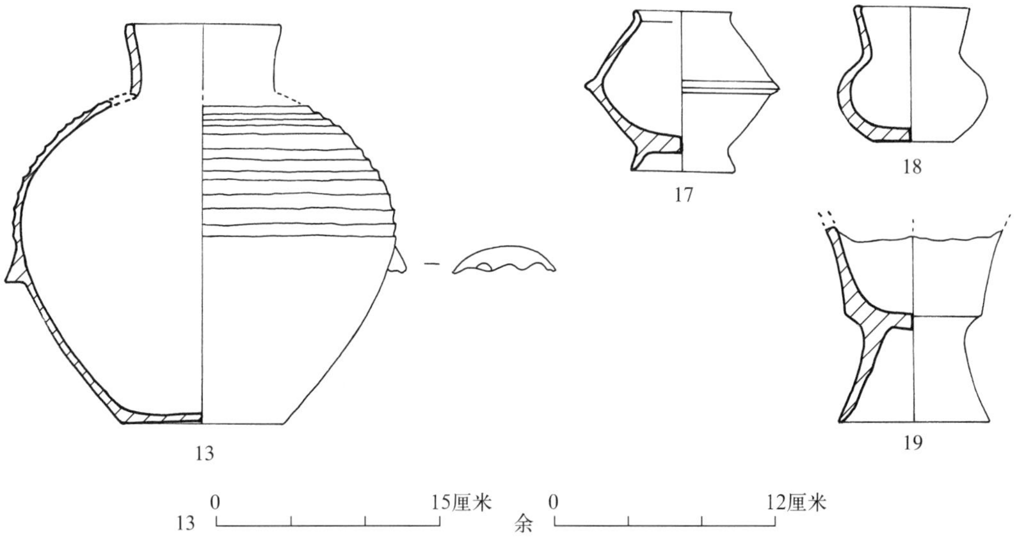

图2-182　M84出土遗物

13.陶罐　17.小陶罐　18.小陶壶　19.陶杯

M84：16，陶壶。出土时为碎片，不能复原。泥质黑陶。

M84：17，小陶罐。泥质黑衣灰褐陶。侈口，圆唇，短折沿，折腹，腹部有一凸棱，矮圈足。口径5.4、圈足径5.8、高8.6厘米（图2-182，17；彩版一三四，4）。

M84：18，小陶壶。泥质黑衣灰陶。敞口，方唇，矮颈，扁鼓腹，平底。口径约6.2、底径4.2、高7.2厘米（图2-182，18；彩版一三四，6）。

M84：19，陶杯。泥质红褐陶。口残，折腹，喇叭形圈足，胎壁较厚。圈足径8.5、残高10.5厘米（图2-182，19；彩版一三四，5）。

51. M85

位于TE15S1南部。开口于⑤层下。西南角被M65打破。

墓坑呈长方形，墓向115°（图2-183；彩版一三五，1、2）。墓口长2.32、宽1.12米。墓口距地表深0.78米，墓底距墓口深0.26米。双人葬，侧身直肢，面向南，骨骼保存较差。

随葬品共有5件陶器（彩版一三五，3），散放于头端和脚端。

M85：1，陶壶。泥质黑衣黄褐陶。直口微侈，圆唇，短颈，颈部有2个对称的圆形镂孔，鼓腹内收，平底微内凹。口径6、底径5.2、高10厘米（图2-184，1；彩版一三五，4）。

M85：2，陶豆。火候较低，未能复原。泥质黑陶。子口，尖圆唇，弧腹，浅盘，喇叭形圈足，圈足上饰有4排圆形镂孔，每排3个。口径20.6、圈足径11.4、高14.4厘米（图2-184，2）。

M85：3，陶罐。泥质灰衣褐陶。侈口，圆唇，折沿，弧腹内收，平底微内凹。口径14.8、底径6、高16.6厘米（图2-184，3；彩版一三五，5）。

M85：4，陶鼎。火候较低，出土时较为残碎，不能复原。泥质红陶。小型罐形鼎，凿形足。

M85：5，陶豆。火候较低，未能复原。泥质黑陶。直口，方圆唇，浅盘，喇叭形圈足，圈足上有圆形镂孔。口径18、圈足径10、复原高约16厘米（图2-184，5）。

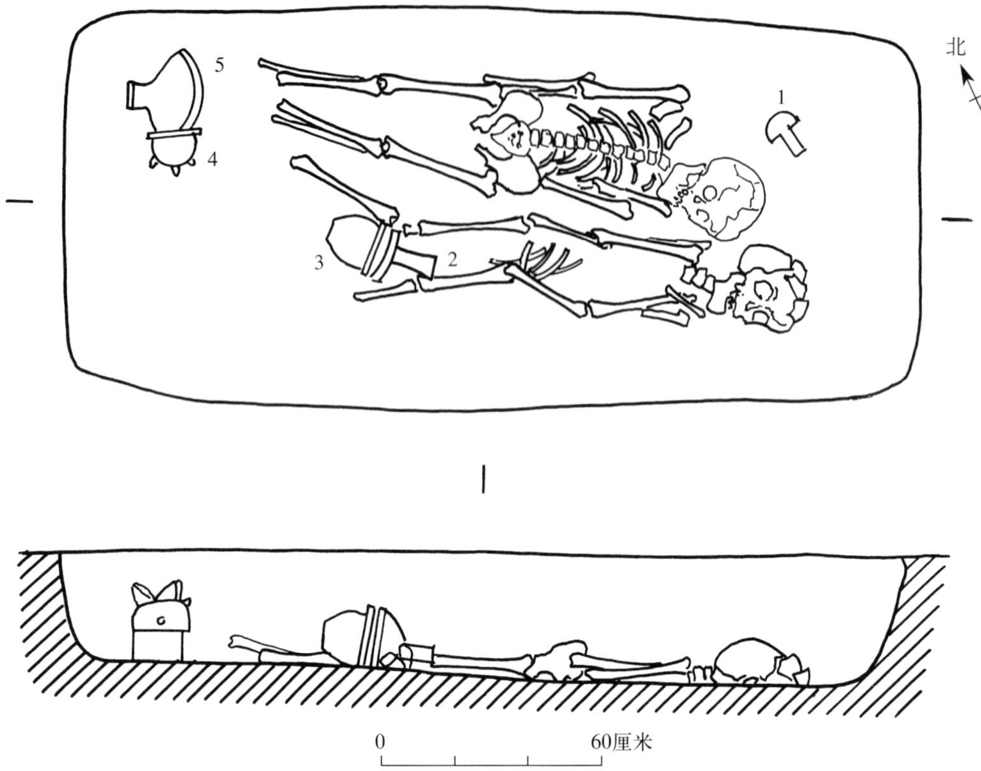

图2-183 M85平、剖面图

1.陶壶 2、5.陶豆 3.陶罐 4.陶鼎

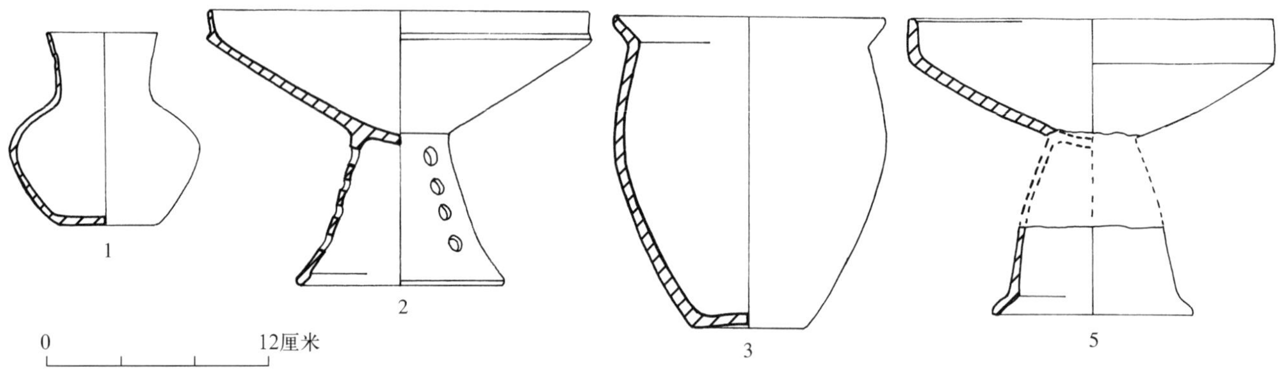

图2-184 M85出土遗物

1.陶壶 2、5.陶豆 3.陶罐

52. M86

位于 TE14S1 东部。开口于⑤层下。

墓坑呈长方形，墓向 125°（图 2-185；彩版一三六，1）。墓口长 2.30、宽 1.00 米。墓口距地表深 0.62 米，墓底距墓口深 0.22 米。单人葬，侧身，双腿交叉，骨骼保存较差。

人骨颈部有 2 件玉管（彩版一三六,3、5），其他随葬品位于人骨腿部和脚端（彩版一三六,2、4），共有 8 件陶器。

M86：1，玉管。2 件。浅褐色偏白，管形，两面钻孔，孔中间有台面。

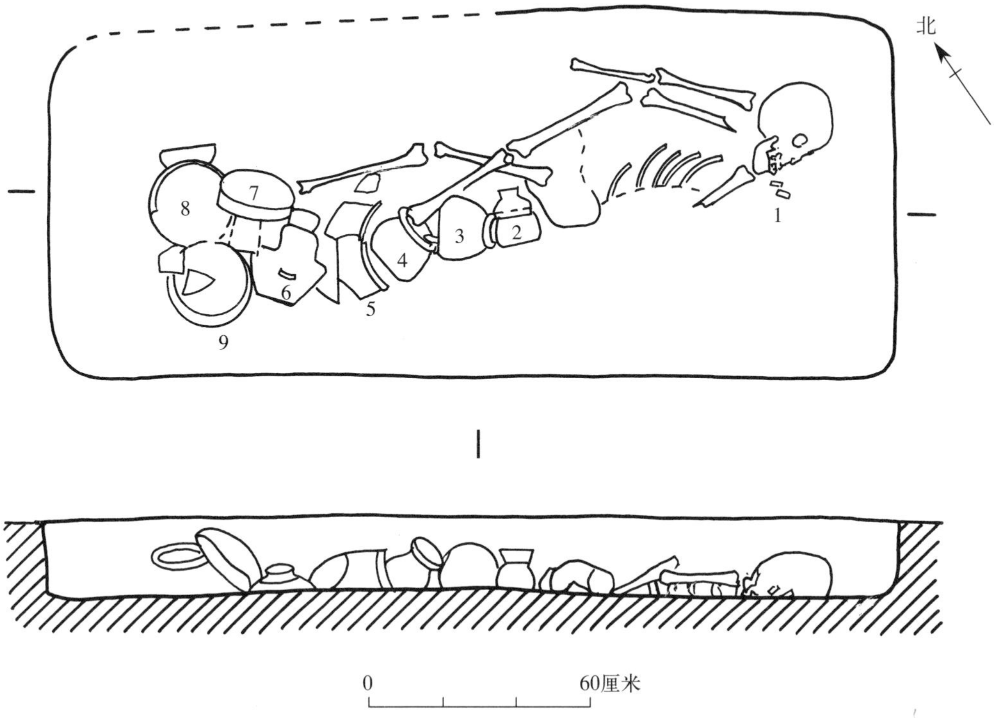

图2-185　M86平、剖面图

1.玉管　2.带盖陶鼎　3、5.陶罐　4.陶鼎　6.陶船形壶　7～9.陶豆

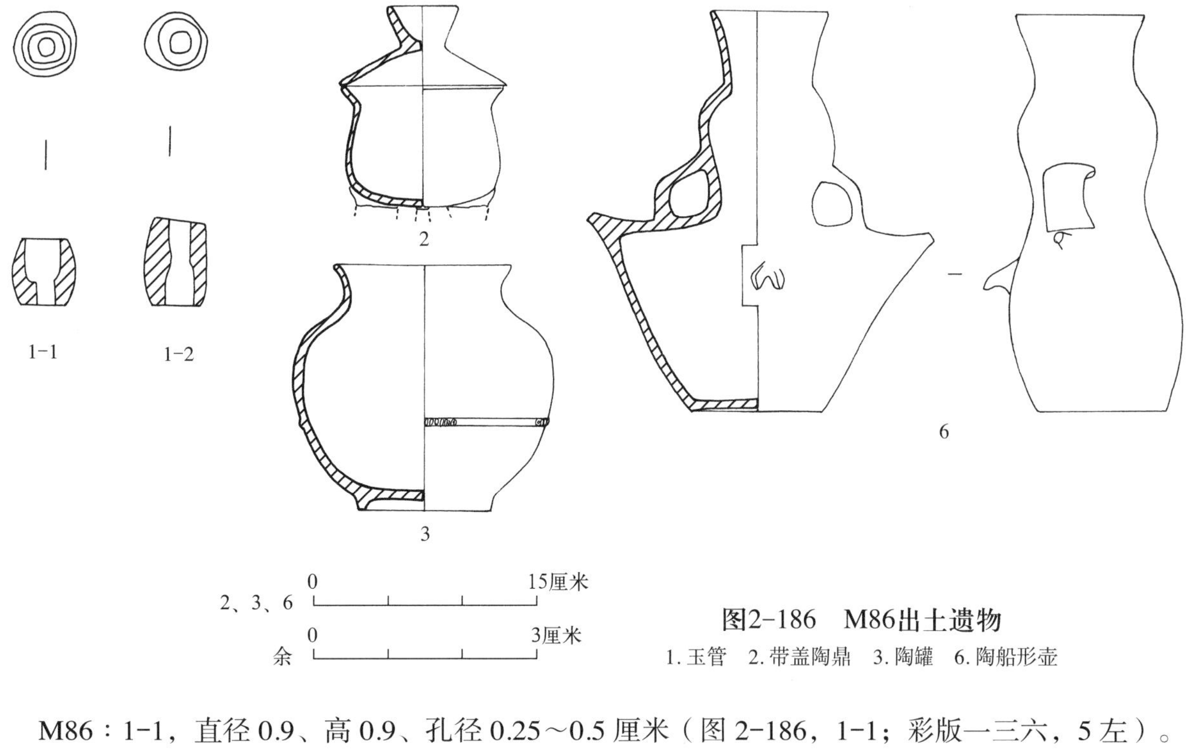

图2-186　M86出土遗物

1.玉管　2.带盖陶鼎　3.陶罐　6.陶船形壶

M86：1-1，直径0.9、高0.9、孔径0.25～0.5厘米（图2-186，1-1；彩版一三六，5左）。

M86：1-2，直径0.8～0.9、高1.1～1.2、孔径0.3～0.35厘米（图2-186，1-2；彩版一三六，5右）。

M86：2，带盖陶鼎。泥质黑衣红褐陶。器形较小，侈口，圆唇，折沿，弧腹内收，圜底近

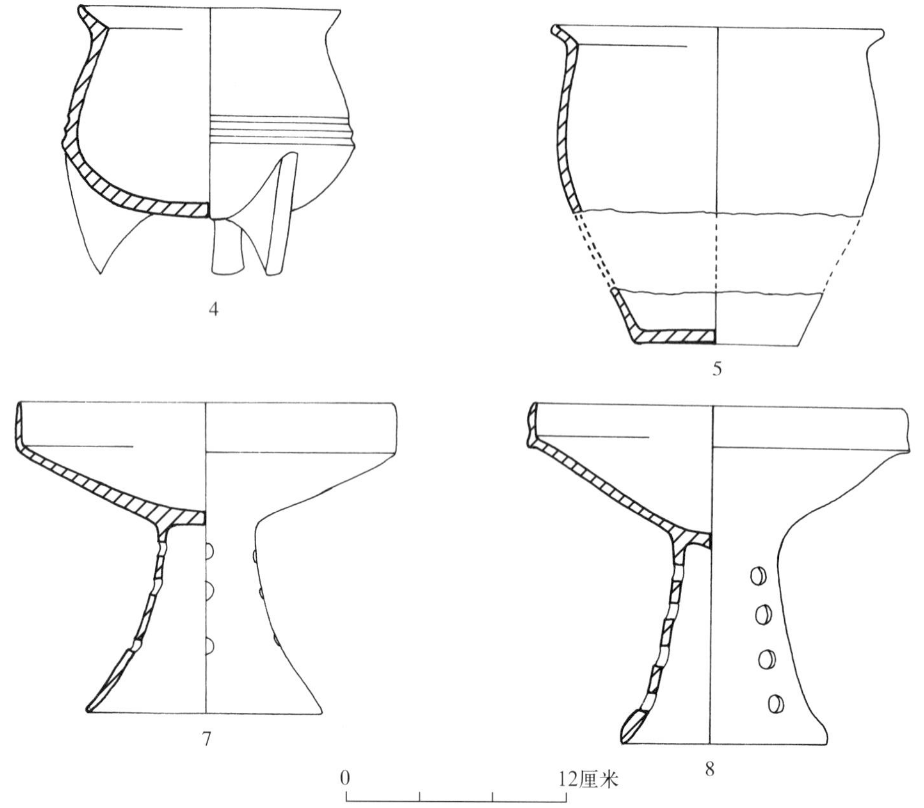

图2-187　M86出土遗物

4. 陶鼎　5. 陶罐　7、8. 陶豆

平，三凿形足，足根有一个按窝，足尖残。覆碟形器盖，喇叭形捉手，盖面平直，圆唇。鼎口径11、残高9厘米，盖捉手径4.3、口径10、高4.6厘米（图2-186，2）。

M86：3，陶罐。泥质黑衣红褐陶，颜色斑驳。侈口，圆唇，短颈，鼓腹，下腹部有一周凸棱，凸棱上有4段小按窝纹饰，假圈足。口径12、圈足径9、高16.5厘米（图2-186，3；彩版一三七，1）。

M86：4，陶鼎。夹粗砂红褐陶，颜色斑驳。侈口，圆唇，折沿，弧腹，腹部有2周凹弦纹，圜底近平，三个凿形足。口径14.4、最大腹径16.2、高14.3厘米（图2-187，4；彩版一三七，2）。

M86：5，陶罐。泥质红陶，残存少量红衣。侈口，圆唇，折沿，弧腹内收，平底微内凹。口径18、底径9、复原高17厘米（图2-187，5）。

M86：6，陶船形壶。泥质灰褐陶，残存少量黑衣。侈口，圆唇，长颈，颈中部圆鼓，颈肩交接处有一对环耳，壶体呈深腹船形，肩部耸起，平底微内凹。腹一侧中部有两齿状突纽。口径8.1～8.8、底径9、最大腹径8.5、高26～26.6厘米（图2-186，6；彩版一三七，3、4）。

M86：7，陶豆。泥质黑衣灰褐陶。直口，尖唇，深盘，喇叭形圈足，圈足上有4竖排较对称的圆形镂孔。口径20.4、圈足径13、高16.4厘米（图2-187，7；彩版一三七，5）。

M86：8，陶豆。泥质黑陶。直口微敛，尖唇，折腹，浅盘，喇叭形圈足，上有3列圆形镂孔，一列4个。口径19.8、圈足径11、高17.6厘米（图2-187，8；彩版一三七，6）。

M86：9，陶豆。火候较低，出土时较为残碎，不能复原。泥质黑陶。直口，浅盘。

53. M87

位于 TE15N1 东北角，向东延伸到 TE16N1。开口于④层下，被 H1、M24 打破。

墓坑呈长方形，墓向 120°（图 2-188；彩版一三八，1、2）。墓口长 2.10、宽 1.37 米。墓口距地表深 0.80 米，墓底距墓口深 0.32 米。单人葬，侧身，骨骼保存较差。

随葬品遍布整个墓坑（彩版一三九，1、2），共计 56 件，其中陶器 55 件、兽骨 1 件。

M87：1，陶罐。泥质红陶。侈口，尖唇，折沿，弧腹内收，平底微内凹。口径 17.8、底径 8.6、复原高 17.4 厘米（图 2-189，1）。

M87：2，陶圈足盆。火候较低，未能复原。泥质黑衣褐陶。侈口，圆唇，宽折沿，弧腹，腹部有数周凸弦纹，矮喇叭形圈足，圈足上有圆形镂孔。口径 34.6、复原高约 26.6、圈足径 17.2 厘米（图 2-190，2）。

M87：3，陶杯。泥质黄褐陶。厚胎。侈口，圆唇，高颈，扁鼓腹，平底。口径 6.6、底径 4.8、高 7.5 厘米（图 2-191，3；彩版一四〇，1）。

M87：4，陶圈足杯。细泥黑陶。侈口，尖唇，短折沿，扁鼓腹，喇叭形圈足，圈足上饰有 4 组较对称的小圆形镂孔，每组 3 个。口径 4.4、圈足径 7、高 8.2 厘米（图 2-192，4；彩版

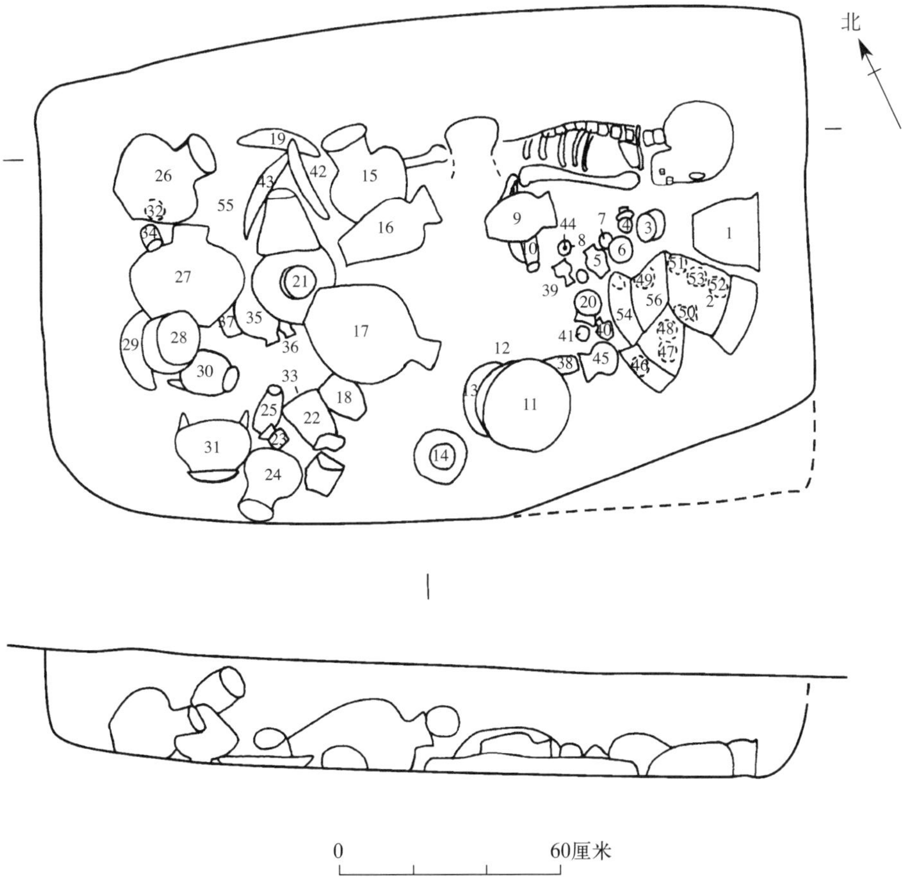

图2-188　M87平、剖面图

1、28. 陶罐　2. 陶圈足盆　3、20、36、41、52. 陶杯　4～8、18、34、45～49、51、53、56. 陶圈足杯　9、21、26、27、29、32、35、37. 陶壶　10、15、19、24、42、43、55. 陶豆　11、12、25. 陶壶形鼎　13、23、40. 陶杯形尊　14、39、50. 小陶杯　16、33. 陶背壶　17、30、31. 带盖陶罐　22. 陶盆　38. 兽骨　44. 陶纺轮　54. 薄胎彩陶杯

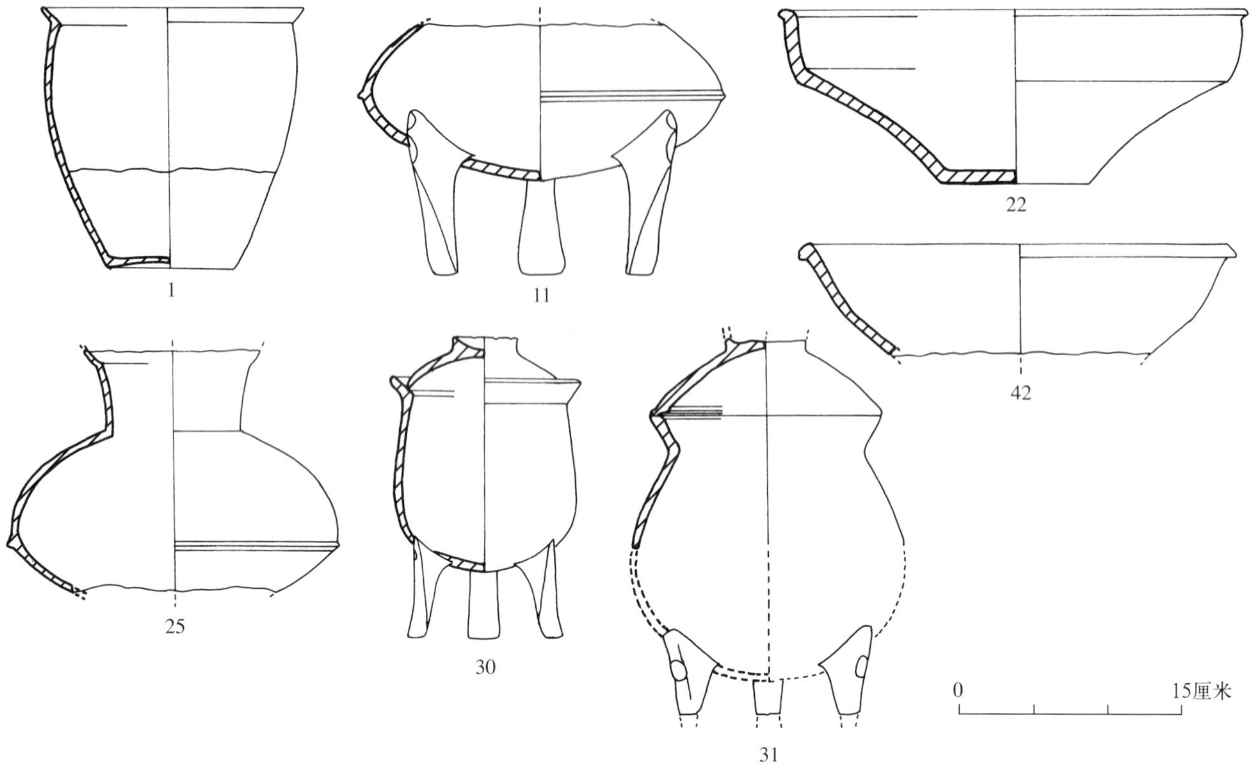

图2-189 M87出土遗物

1.陶罐 11、25.陶壶形鼎 22.陶盆 30、31.带盖陶鼎 42.陶豆

一四〇，2）。

M87：5，陶圈足杯。未能复原。细泥黑陶。薄胎。残存圈足，喇叭形圈足，圈足上饰有六排小圆形镂孔，16条凹槽或凹弦纹。圈足径8、残高4.6厘米。

M87：6，陶圈足杯。细泥黑陶。口沿残，扁鼓腹，矮喇叭形圈足，圈足上有3排较对称的圆形镂孔。最大腹径8.4、圈足径8、残高8厘米（图2-192，6；彩版一四〇，3）。

M87：7，陶圈足杯。细泥黑陶。侈口，尖唇，折沿，扁鼓腹，喇叭形圈足，圈足上饰有4组较对称的圆形镂孔，每组4个。口径6、圈足径8、高8.4厘米（图2-192，7）。

M87：8，陶圈足杯。细泥黑陶。侈口，尖唇，折沿，扁鼓腹，喇叭形圈足，圈足残。口径4.2、圈足径5.6、残高6.7厘米（图2-192，8）。

M87：9，陶壶。泥质灰陶。侈口，尖唇，高颈，圆腹，平底。口径9.4、底径8、高19.8厘米（图2-193，9；彩版一四〇，4）。

M87：10，陶豆。出土时较为残碎，不能复原。侈口，圆唇，短平沿，弧腹，浅盘。

M87：11，陶壶形鼎。上半部分为泥质红陶，下半部分为夹云母红陶。口、颈、腹上部残。上下两半分别制作拼接而成，拼接处外侧腹部有一周凸棱。扁鼓腹，圜底，三个凿形足，足根有两个按窝。最大腹径24、残高15.9厘米（图2-189，11；彩版一四〇，5）。

M87：12，与M87：11为一件。

M87：13，陶杯形尊。泥质灰陶。侈口，尖唇，折沿，扁鼓腹，圜底，矮喇叭形圈足，圈足

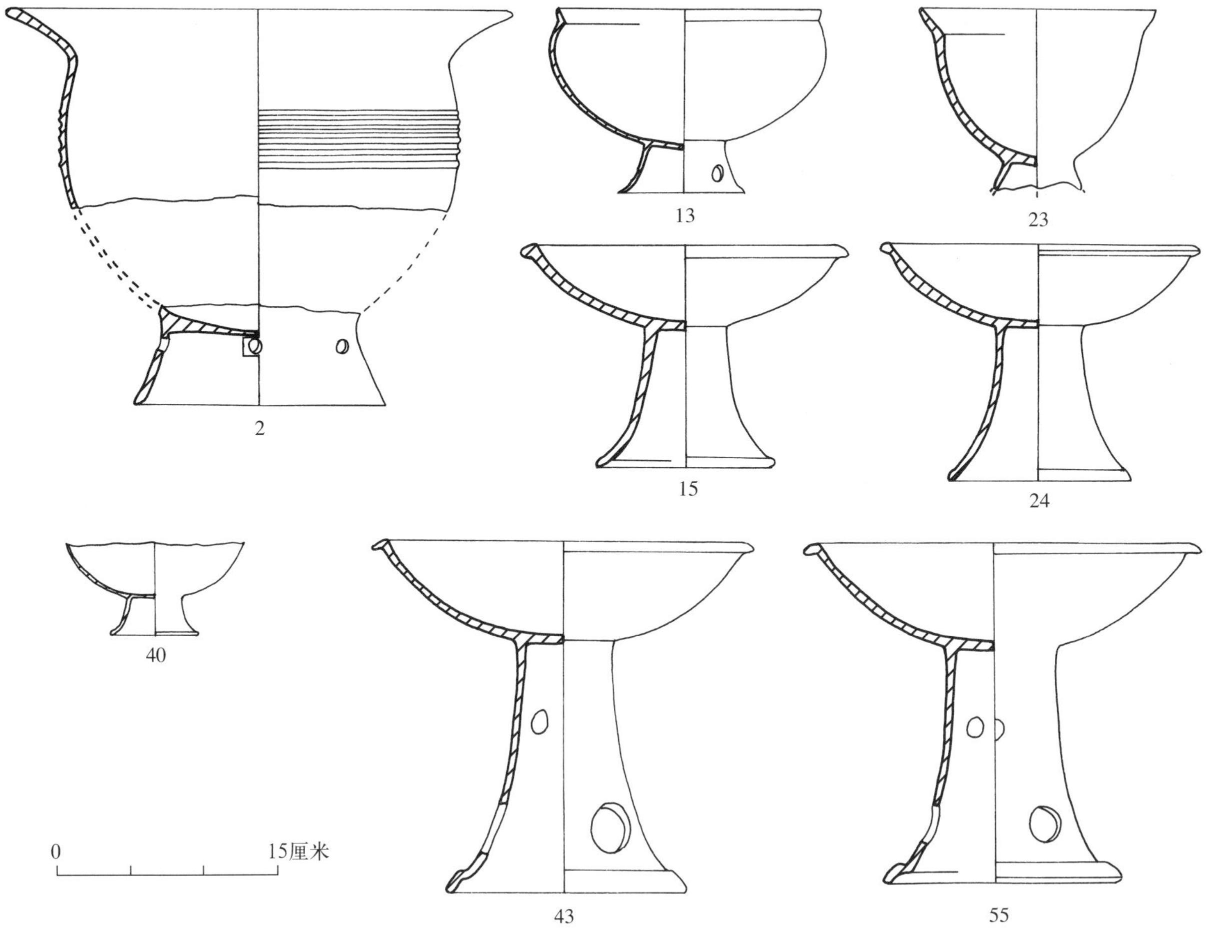

图2-190　M87出土遗物

2.陶圈足盆　13、23、40.陶杯形尊　15、24、43、55.陶豆

上有3个圆形镂孔。口径18、圈足径8.6、高12.3厘米（图2-190，13；彩版一四〇，6）。

M87：14，小陶杯。出土时较为残碎，不能复原。泥质黑陶。

M87：15，陶豆。泥质黑衣红褐陶。侈口，尖唇，卷沿，弧腹，浅盘，高喇叭形圈足。口径23、圈足径12.6、高15.2厘米（图2-190，15；彩版一四一，1）。

M87：16，陶背壶。细泥灰陶。敞口，圆唇，长颈，肩腹部有两个较对称的环形器耳，两耳间腹部较扁平，相对的一面有一鸟喙形突纽，弧腹内收，平底。口径10、底径10、高28.8厘米（图2-194，16；彩版一四一，2）。

M87：17，带盖陶罐。泥质红陶。侈口，圆唇，折沿，深弧腹内收，平底微内凹。覆碗形器盖，圆形捉手，盖面斜直，方唇。罐口径15.8、最大腹径26.2、底径12.6、高28.4厘米，盖捉手径5.4、盖口径16.2、高7.2厘米（图2-194，17；彩版一四一，3）。

M87：18，陶圈足杯。泥质黑衣灰褐陶。侈口，尖唇，折沿，弧腹内收，圜底，矮喇叭形圈足。口径10、最大腹径10.6、圈足径6.6、高10.5厘米（图2-191，18；彩版一四一，4）。

M87：19，陶豆。出土时较为残碎，不能复原。泥质黑衣褐陶。微敛口，卷沿，浅盘，斜弧腹。

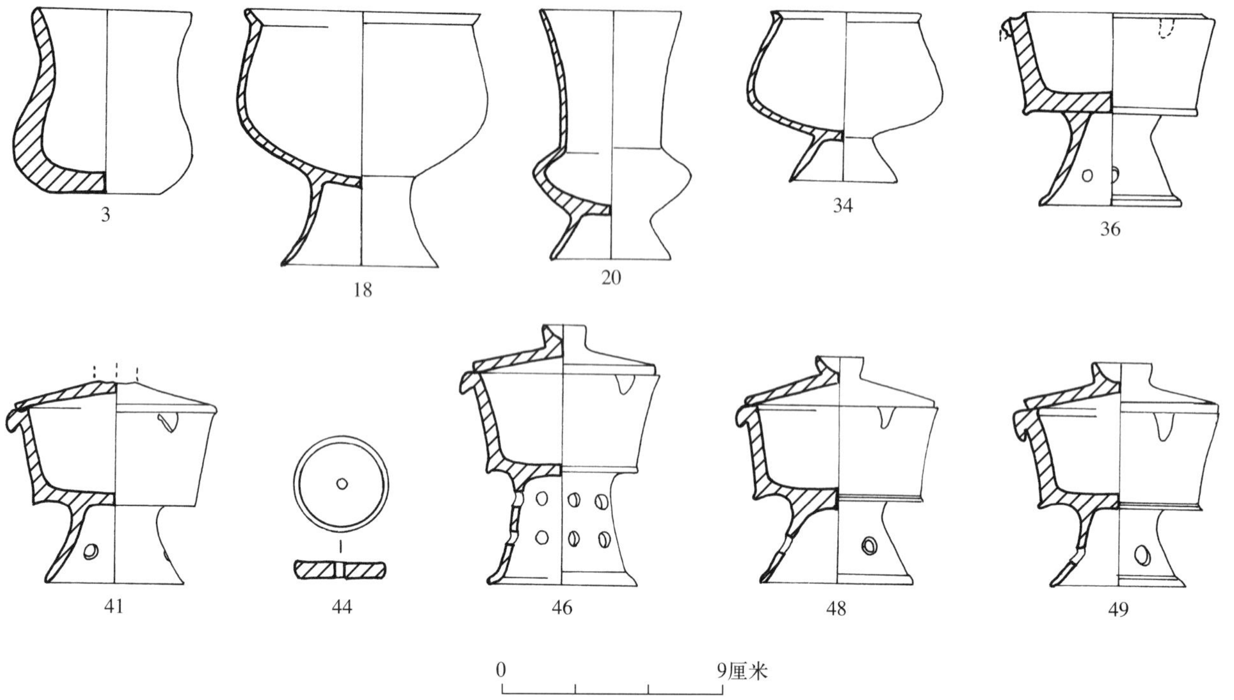

图2-191　M87出土遗物

3、20. 陶杯　18、34、36、41、46、48、49. 陶圈足杯　44. 陶纺轮

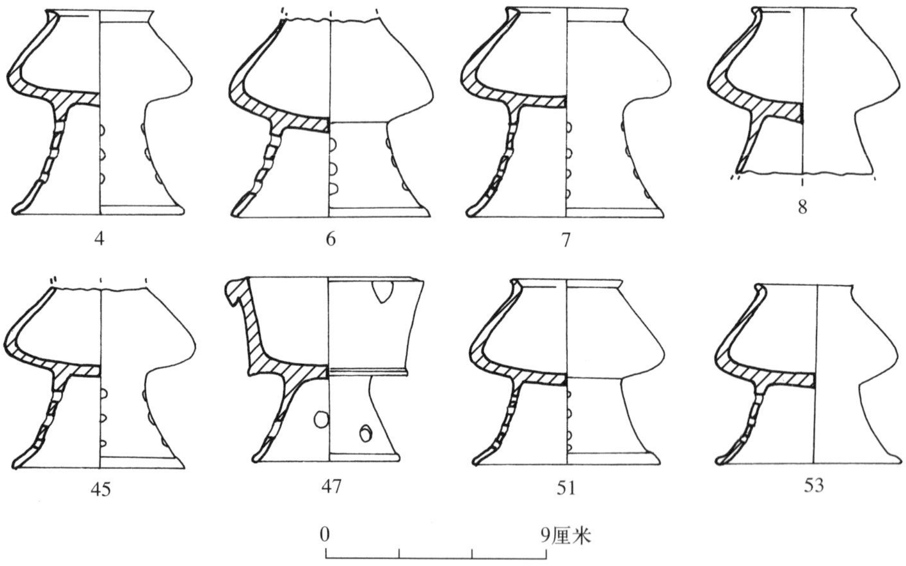

图2-192　M87出土遗物

4、6～8、45、47、51、53. 陶圈足杯

M87：20，陶杯。泥质灰陶。敞口，圆唇，粗长颈，扁鼓腹，喇叭形圈足。口径5.8、圈足径5、高10.3厘米（图2-191，20；彩版一四一，5）。

M87：21，陶壶。泥质红陶。侈口，尖圆唇，短颈，圆鼓腹内收，平底。口径10.4、最大腹径26.2、底径10.2、高21.6厘米（图2-193，21；彩版一四一，6）。

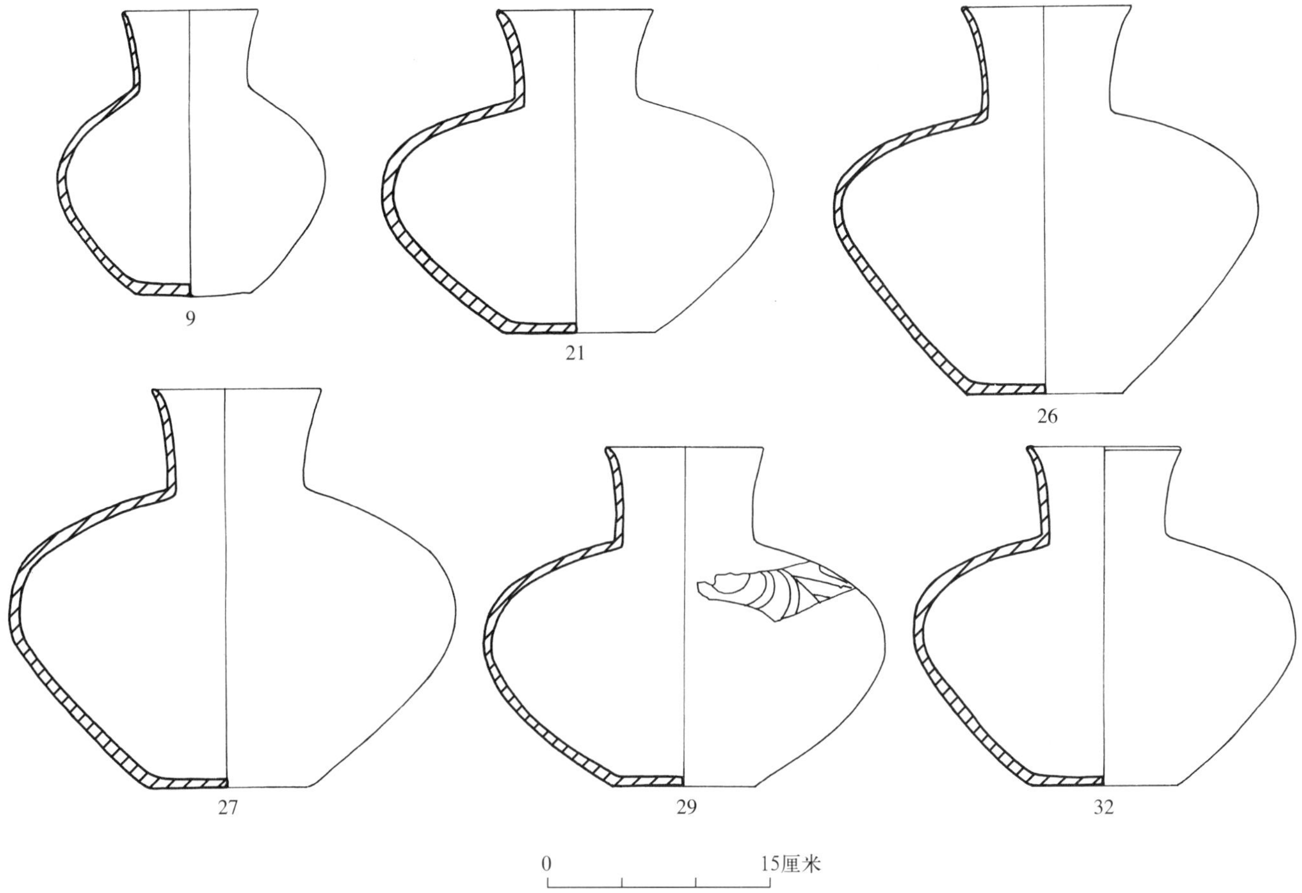

图2-193　M87出土遗物

9、21、26、27、29、32. 陶壶

M87：22，陶盆。泥质黑衣红褐陶。直口微侈，圆唇，微卷沿，上腹近直，下腹折收内曲，小平底。口径 30.4、底径 9.6、高 11 厘米（图 2-189，22；彩版一四二，1）。

M87：23，陶杯形尊。泥质灰陶。厚胎，侈口，尖唇，折沿，弧腹内收，圜底，矮喇叭形圈足，圈足底残。口径 16.2、圈足径 6、残高 12.1 厘米（图 2-190，23）。

M87：24，陶豆。泥质黑衣红褐陶。敞口，尖唇，短平沿，弧腹，浅盘，高喇叭形圈足。口径 22.2、圈足径 12.6、高 15.8 厘米（图 2-190，24；彩版一四二，2）。

M87：25，陶壶形鼎。夹植物红衣褐陶，残存少量红衣，口沿内壁为黑色。口残，矮颈，扁鼓腹，腹部有一周凸棱，底残。残口径 11.4、最大腹径 21.6、残高 15.4 厘米（图 2-189，25）。

M87：26，陶壶。泥质红陶。侈口，圆唇，短颈，圆鼓腹内收，平底。口径 11.6、最大腹径 28.8、底径 10.8、高 25.8 厘米（图 2-193，26；彩版一四二，3）。

M87：27，陶壶。泥质红陶。侈口，圆唇，短颈，圆鼓腹内收，平底。口径 11.1、最大腹径 30.1、高 26.7 厘米（图 2-193，27；彩版一四二，4）。

M87：28，陶罐。细泥灰陶近白。口沿残，弧腹内收，平底微内凹。最大腹径 15.4、底径 7、残高 13.8 厘米（图 2-194，28；彩版一四二，5）。

M87：29，陶壶。泥质红陶。侈口，尖圆唇，短颈，圆鼓腹内收，平底，肩部残存少量黑色弧线彩绘。口径 10.6、最大腹径 27.2、底径 9.6、高 22.6 厘米（图 2-193，29；彩版一四二，6）。

M87：30，带盖陶鼎。夹植物红褐陶，口沿内壁为黑色。侈口，方唇，折沿，深腹，圜底，三个凿形足，足根有一个按窝。器腹残存少量细绳纹。覆碗形器盖，圆形捉手，盖面斜直，尖圆唇，捉手上修成花边形。鼎口径 12.8、高 16.6 厘米，盖捉手径 4.2、口径 10.4、高 3.4 厘米（图 2-189，30；彩版一四三，1）。

M87：31，带盖陶鼎。夹植物红褐陶，口沿内壁为黑色。侈口，方唇，折沿，弧腹，底残，3 个凿形足，足根有 1 个按窝。覆碗形器盖，圆形捉手，盖面略弧近直，短平沿，尖圆唇。鼎口径 15、残高 8.3 厘米，盖残捉手径 5.4、口径 15、盖残高 4.8 厘米（图 2-189，31）。

M87：32，陶壶。泥质红陶。侈口，方唇，短颈，扁鼓腹内收，平底。口径 10.4、最大腹径 26、底径 10、高 22.6 厘米（图 2-193，32；彩版一四三，2）。

M87：33，陶背壶。泥质灰褐陶。口沿残，肩部有两个环状形耳，两耳间较扁平，相对的另一侧有突纽，弧腹内收，平底微内凹。底径 9.6、残高 19.4 厘米（图 2-194，33）。

M87：34，陶圈足杯。泥质灰陶。侈口，尖唇，折沿，扁腹，喇叭形圈足。口径 6.2、圈足径 4.4、高 7 厘米（图 2-191，34；彩版一四三，3）。

M87：35，陶壶。出土时较为残碎，不能复原。泥质红陶。侈口，圆唇，短颈，腹残。口径 11、残高 6.2 厘米（图 2-194，35）。

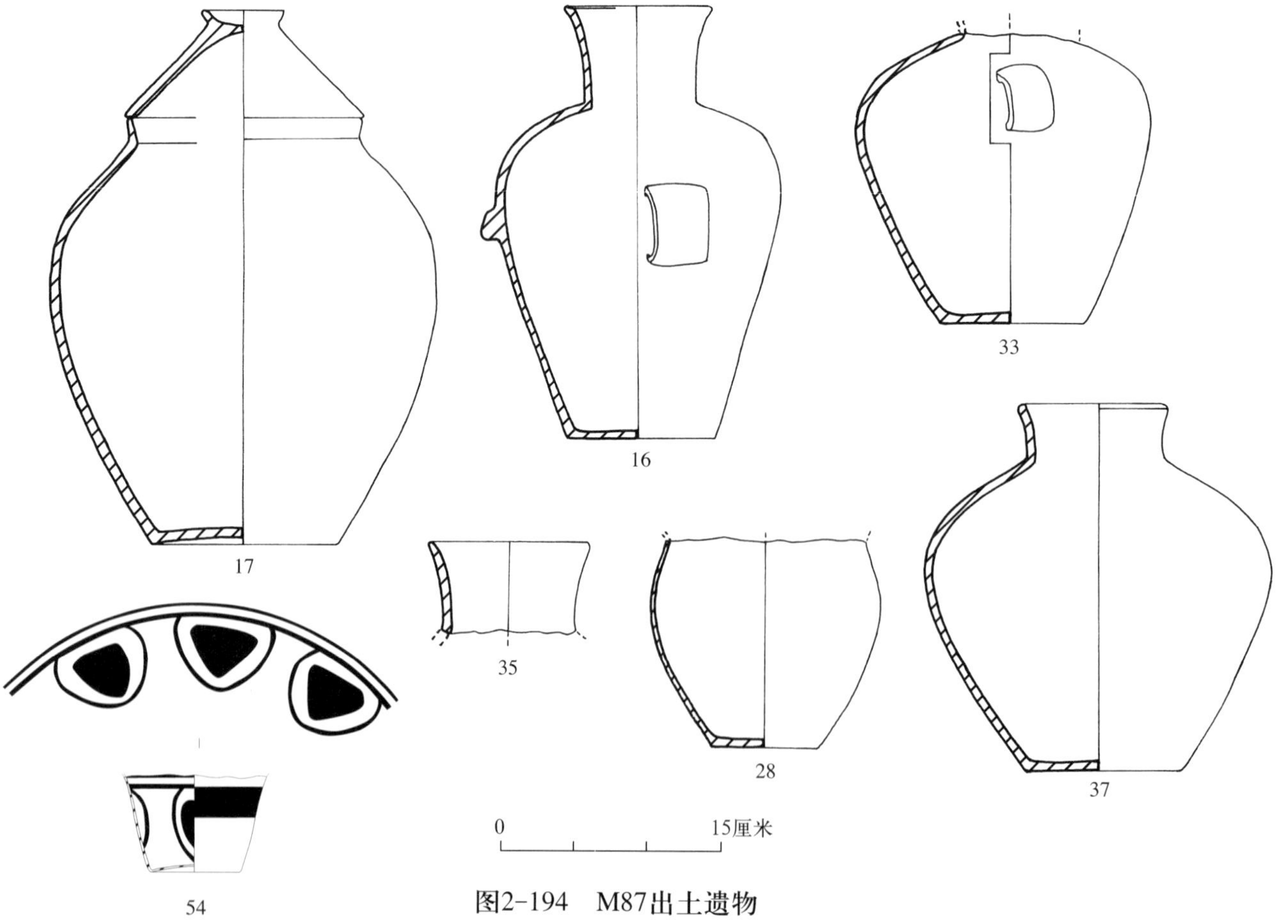

图2-194　M87出土遗物

16、33. 陶背壶　17. 带盖陶罐　28. 陶罐　35、37. 陶壶　54. 薄胎彩陶杯

M87：36，陶圈足杯。直口，方唇，唇面有一周凹槽，唇下有3个鸟喙形突纽残痕，折腹，腹部有一周凹槽，平底，喇叭形圈足，圈足上饰有3个圆形镂孔。口径8.4、圈足径5.8、高7.8厘米（图2-191，36）。

M87：37，陶壶。夹细砂红褐陶。侈口，圆唇，短颈，弧腹内收，平底。口径10、最大腹径23.2、底径10.2、高24.2厘米（图2-194，37；彩版一四三，4）。

M87：38，兽骨。

M87：39，小陶杯。泥质灰陶。薄胎。出土时较为残碎，不能复原。

M87：40，陶杯形尊。泥质灰陶。口残，弧腹内收，平底，喇叭形圈足，器壁极薄，腹部厚不足0.1厘米，最大腹径12.1、圈足径6.1、残高6.1厘米（图2-190，40）。

M87：41，陶圈足杯。泥质灰陶。带盖。直口微侈，短平沿，沿面有一周凹槽。沿下有3个鸟喙形突纽，折腹，腹部有一周凹弦纹，平底，喇叭形圈足，圈足饰有3个圆形镂孔。覆碟形器盖，捉手残，盖面斜直，方唇。杯口径8.4、圈足径5.8、高7.2厘米，盖口径8.6、残高2.1厘米（图2-191，41；彩版一四三，5）。

M87：42，陶豆。泥质黑衣褐陶。侈口，圆唇，卷沿，微折腹，圈足残。口径28.4、残高7厘米（图2-189，42）。

M87：43，陶豆。泥质灰衣红褐陶。敞口，圆唇，卷沿，浅盘，高喇叭形圈足，圈足上有圆形镂孔。口径26、圈足径16.4、高22厘米（图2-190，43；彩版一四三，6）。

M87：44，陶纺轮。泥质褐陶。平面呈圆形，剖面呈长方形，两侧圆弧，两端凸起。直径3.8、孔径0.4、厚0.6～0.7厘米（图2-191，44）。

M87：45，陶圈足杯。泥质黑陶。口残，扁腹，喇叭形圈足，圈足上饰有4组圆形镂孔，每组3个。残口径3.8、圈足径7、残高7.2厘米（图2-192，45）。

M87：46，陶圈足杯。泥质灰陶。带盖。直口微侈，短平沿，沿面有一周凹槽。沿下有3个鸟喙形突纽，折腹，腹部有一周凹弦纹，平底，喇叭形圈足，圈足饰有两排圆形镂孔，每排7个。覆碟形器盖，圆形捉手，盖面斜直，方唇。杯口径8、圈足径6.2、高8.7厘米，盖捉手径1.8、口径7.6、高2.1厘米（图2-191，46；彩版一四四，1）。

M87：47，陶圈足杯。泥质灰陶。直口微侈，短平沿，沿面上有一周凹槽，下有3个鸟喙形突纽，折腹，腹部有一周凹槽，喇叭形圈足，圈足上饰有5个圆形镂孔。口径7.8、圈足径6.1、高7.3厘米（图2-192，47；彩版一四四，2）。

M87：48，陶圈足杯。泥质灰衣褐陶。带盖。直口，短平沿，沿面有一周凹槽，下有3个鸟喙形突纽，折腹，腹部有一周凹槽，平底，喇叭形圈足，圈足上饰有3个圆形镂孔。圆形捉手，盖面斜直，方唇。杯口径8.2、圈足径6.4、高7.4厘米，捉手径2、盖口径8、盖高2厘米（图2-191，48；彩版一四四，3）。

M87：49，陶圈足杯。泥质黑陶。带盖。圈足部和盖捉手内残存少量红色颜料。直口微侈，短平沿，沿面上有一周凹槽，沿下有3个鸟喙形突纽，折腹，腹部有一周凹槽，平底，喇叭形圈足，圈足上有3个圆形镂孔，下有一周凹槽。圆形捉手，盖面斜直，方唇。杯口径8.2、圈足径5.6、高7.3厘米，盖捉手径2.4、口径7.5、高2厘米（图2-191，49；彩版一四四，4）。

M87∶50，小陶杯。泥质黑陶。器壁较薄。出土时较为残碎，未能复原。

M87∶51，陶圈足杯。泥质黑衣灰陶。侈口，尖唇，扁鼓腹，喇叭形圈足，圈足上4竖排圆形镂孔，两竖排有4个，两竖排有3个。口径4.5、圈足径7.6、高7.4厘米（图2-192，51；彩版一四四，5）。

M87∶52，陶杯。泥质黑陶。直筒形。出土时较为残碎，未能复原。

M87∶53，陶圈足杯。泥质黑陶。侈口，尖唇，扁鼓腹，喇叭形圈足，圈足上有4竖排圆形镂孔，每竖排3个。口径4、圈足径7.5、高7.2厘米（图2-192，53；彩版一四四，6）。

M87∶54，薄胎彩陶杯。细泥灰陶，内壁为灰胎红衣黑彩。敞口，尖唇，斜直腹，平底内凹。外壁残存少量黑彩；内壁口沿下为一周细条带纹黑彩，腹部为凹弧形，内为三角形。黑彩脱落后为灰色印痕。口径10、底径6、高6.5、厚0.1厘米（图2-194，54；彩版一四四，7、8）。

M87∶55，陶豆。泥质黑衣红褐陶。敞口，圆唇，卷沿，深盘，高喇叭形圈足，圈足上有2排圆形镂孔，上排小，下排大，每排3个。口径27、圈足径17、高22.2厘米（图2-190，55）。

M87∶56，陶圈足杯。泥质黑陶。侈口，尖唇，折沿，扁腹，喇叭形圈足，圈足上有4竖排较对称的圆形镂孔，每竖排3个。口径4.8、圈足径7.2、高7.7、厚0.1厘米。

三　其他墓葬

除了上述明确的有人骨的墓葬外，在发掘初期，在第2、3层下，经常发现一些少量的完整器，多编为墓葬，但没有人骨，墓坑也不是特别明确，不排除有些不是墓葬的可能。从地层关系、墓葬形制等方面与墓地主体不属于同一范畴，在统计墓地墓葬数量时未包含这些墓葬，在讨论墓地结构时均未将这些墓葬列入讨论范围。为尊重原始记录，反映田野考古工作的真实情况，仍保留这些墓号，现将这些墓葬介绍如下。

1. M1

位于TE15S1东南部。开口于③层下。

在发掘③层时露出一组器物，为2件釜形鼎和1件背壶，呈东南—西北向，墓向140°（图2-195；彩版一四五，1）。器物组长0.60、宽0.40米。于是决定将其编为M1，勉强画出墓坑，长1.76、宽1.00米。

M1∶1，陶釜形鼎。火候较低，出土时较为残碎，不能复原。夹植物红褐陶，内壁为黑色。侈口，折沿，凿形足，足侧面有刻槽。

M1∶2，陶背壶。泥质灰陶。直口微敞，圆肩，深腹，平底，肩部有2个半环形耳，腹部有一面扁平，另一面残，推测有鸟喙形突纽。口径8、底径6、高18厘米（图2-196）。

M1∶3，陶釜形鼎。火候较低，出土时较为残碎，不能复原。夹植物红褐陶，内壁为黑色。侈口，折沿，凿形足，足侧面有刻槽，腹部有凸棱。

M1∶4，陶鼎。火候较低，出土时较为残碎，不能复原。夹植物红褐陶。器形较小，凿形足。

图2-195　M1平、剖面图

1、3. 陶釜形鼎　2. 陶背壶　4. 陶鼎

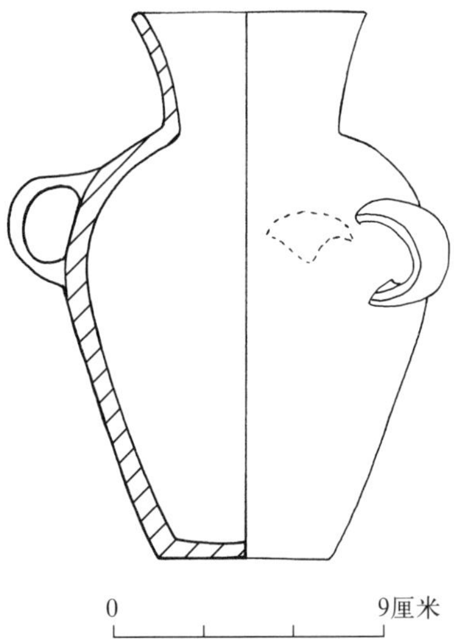

图2-196　M1出土陶背壶M1：2

2. M2

位于 TE15S1 东部偏中，向东延伸到 TE16S1。开口于③层下，被 F2、Z1 打破。

在发掘③层时，出露一组器物，有罐形鼎和釜形鼎，勉强划出墓坑范围，呈圆角长方形，西北—东南向，125°（图 2-197；彩版一四五，2）。长 2.00、宽 0.96～1.06、深 0.16 米。

随葬品为 3 件陶器、1 件石器。

M2：1，陶釜形鼎。夹植物褐陶。腹部有一周凸棱，器表施竖向细绳纹，凿形足，足尖宽扁、足侧面有刻槽。鼎足高 10.7 厘米（图 2-198，1）。

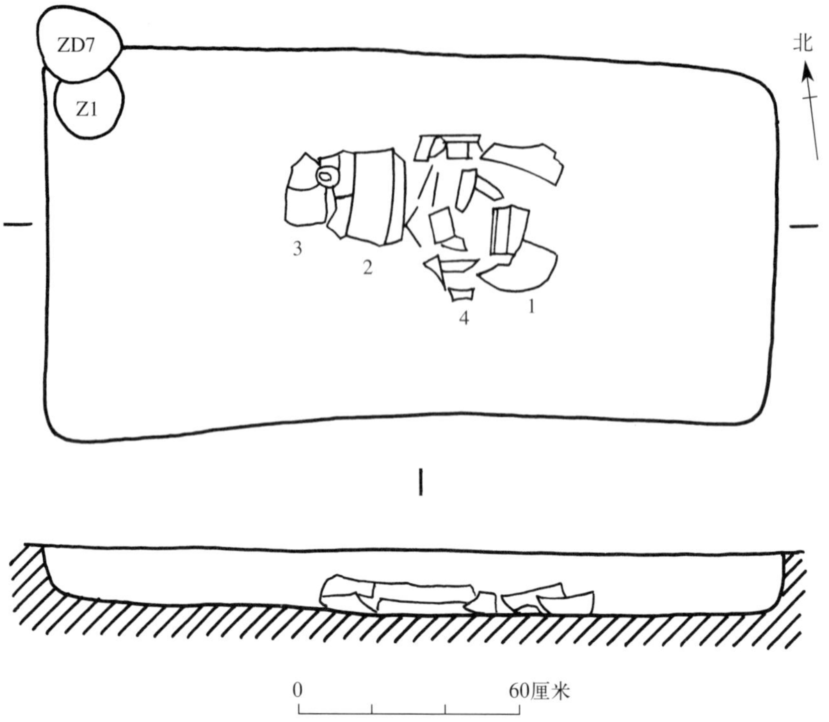

图2-197 M2平、剖面图

1. 陶釜形鼎 2. 陶罐形鼎 3. 陶罐 4. 红石块

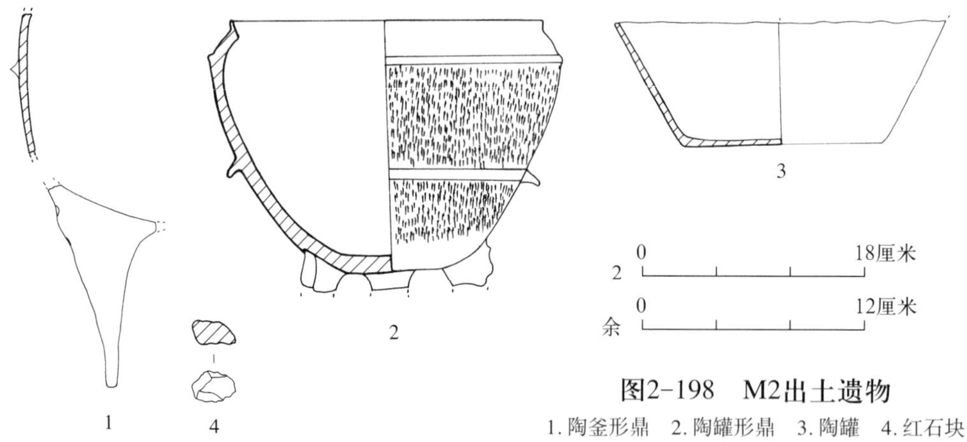

图2-198 M2出土遗物

1. 陶釜形鼎 2. 陶罐形鼎 3. 陶罐 4. 红石块

M2：2，陶罐形鼎。夹石英灰褐陶。短直口，折肩，深斜腹，小平底，凿形足，足尖残，折肩处和下腹部有一周凸棱，下腹部有一对鋬手，器表面施浅细绳纹。口径 25.9、最大腹径 29.2、高 20.8～21.9 厘米（图 2-198，2；彩版一四五，3）。

M2：3，陶罐。泥质灰陶。残存底部，斜腹内收，大平底。底径 11、残高 6.5 厘米（图 2-198，3）。

M2：4，红石块。红色，平面呈不规则形。长 1.6、宽 2.3 厘米（图 2-198，4）。

3. M5

位于 TE15S2 北隔梁中部，向北延伸到 TE15S1。开口于②层下。

发掘第③层时出露器物，经仔细刮面勉强划出墓葬范围。墓葬形制为土坑竖穴，圆角长方形，西北—东南向，119°（图 2-199；彩版一四六，1）。墓坑长 2.06、宽 0.84～1.06、深 0.26 米。

墓坑西南部有 1 件陶罐，保存极差。

M5：1，陶罐。火候较低，出土时较为残碎，不能复原。泥质黑衣褐陶。

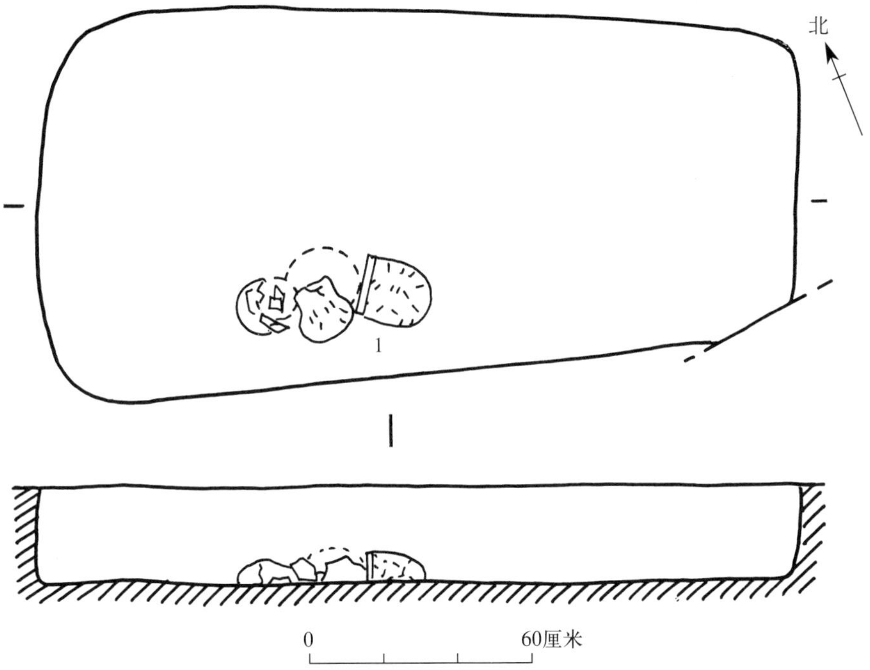

图2-199　M5平、剖面图

1. 陶罐

4. M9

位于 TE16N1 南部偏西。开口于④层下。

在发掘④层时出露器物口沿，遂仔细刮面，勉强划出墓葬范围。墓葬形制为土坑竖穴，圆角长方形，东南—西北向，墓向 109°（图 2-200；彩版一四六，2）。墓坑长 2.35、宽 0.65、深 0.28 米。填土为灰色，较疏松，包含少量陶片。

东部有 1 件陶鼎。

M9：1，陶鼎。夹细砂红褐陶。侈口，尖唇，折沿，深腹，小平底，凿形足，足根突起，下有 2 按窝，足尖残。口径 23.2、最大腹径 24、底径 4.6、残高约 20 厘米（图 2-201；彩版一四六，3）。

5. M10

位于 TE16N1 东南部。开口于④层下，被 H39 打破。

墓葬形制为土坑竖穴，圆角长方形，东南—西北向，墓向 114°（图 2-202；彩版一四七，1）。

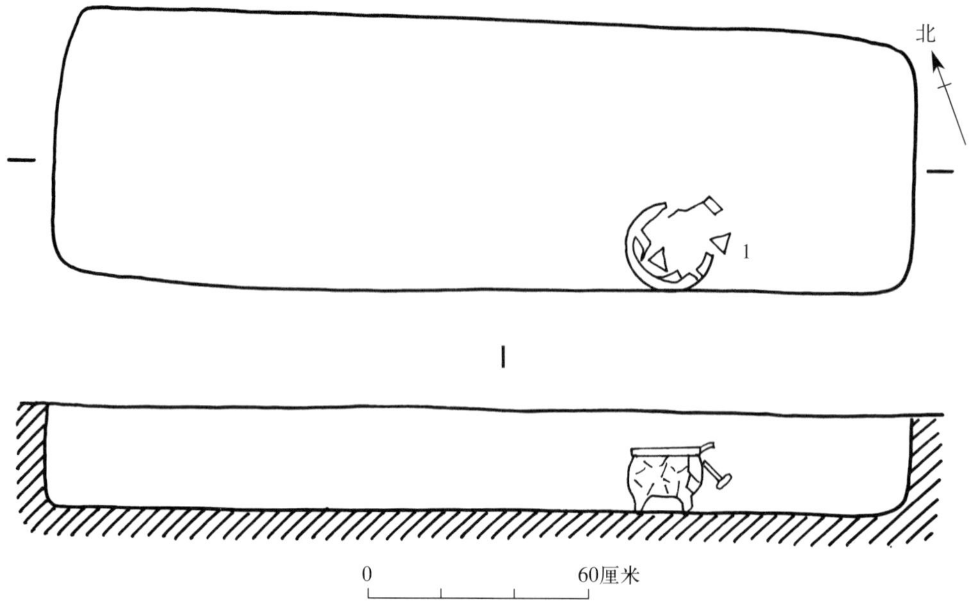

图2-200 M9平、剖面图

1. 陶鼎

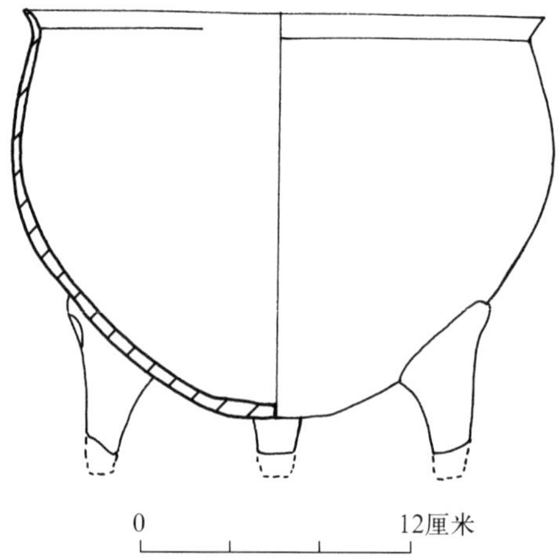

图2-201 M9出土陶鼎M9：1

墓坑长 2.36、宽 1.04、深 0.18 米。填土为灰褐色，较疏松，包含少量陶片。

中部有 1 件陶鼎。

M10：1，陶鼎。夹细砂褐陶。残存下部。圜底、凿形足，足根有一个按窝。未复原。

6. M11

位于 TE16N1 南部偏西，向南延伸至 TE16S1 北隔梁。开口于③层下。

墓葬形制为土坑竖穴，圆角长方形，东南—西北向，墓向 102°（图 2-203；彩版一四七，2）。墓坑长 1.90、宽 0.80～0.90、深 0.30 米。填土为灰褐色，较疏松，包含少量陶片。

中部有 1 件陶鼎、1 件陶杯，保存差。

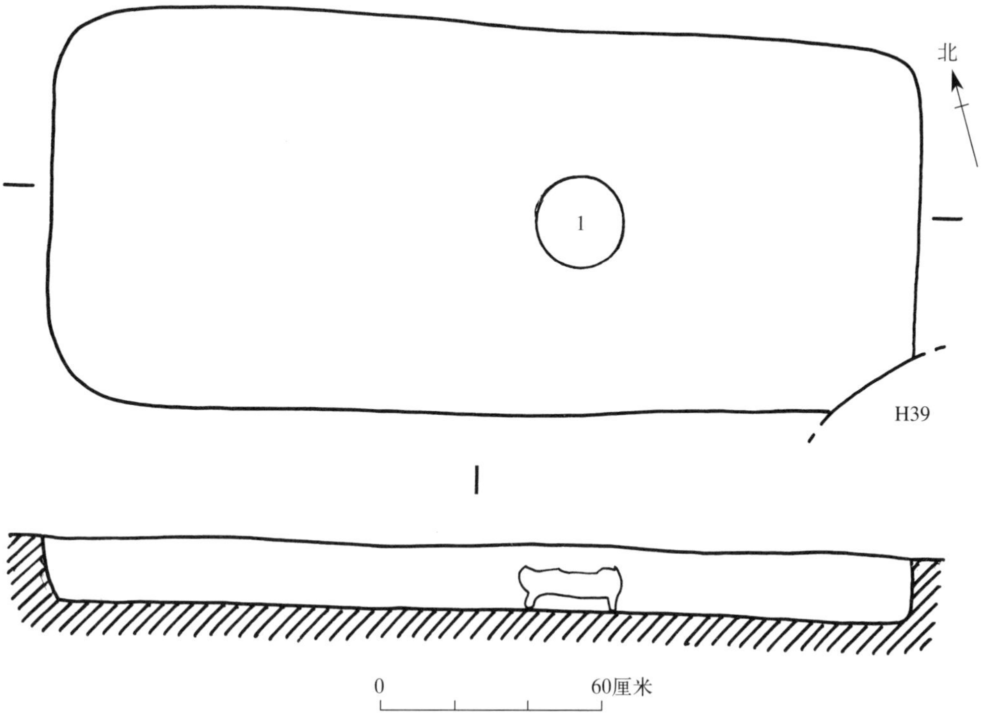

图2-202　M10平、剖面图
1. 陶鼎

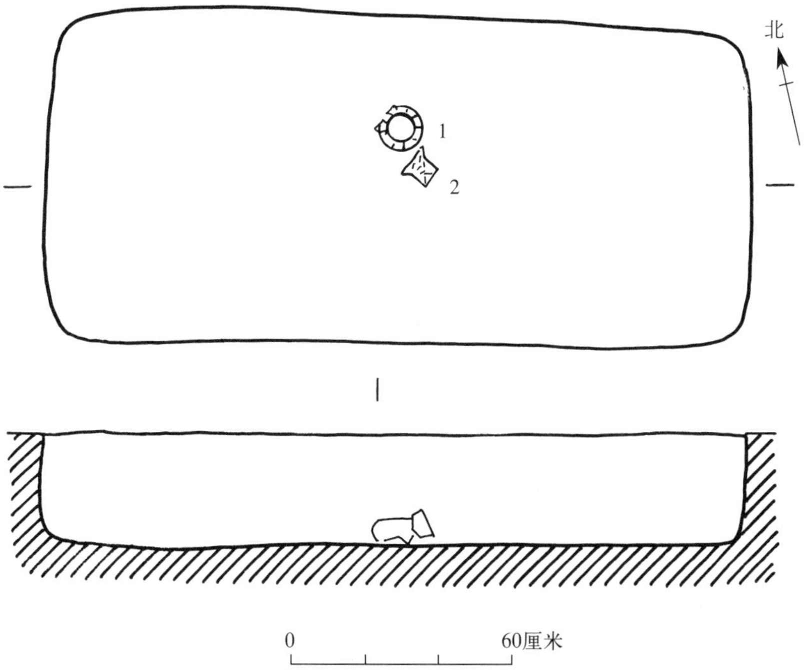

图2-203　M11平、剖面图
1. 陶鼎　2. 陶杯

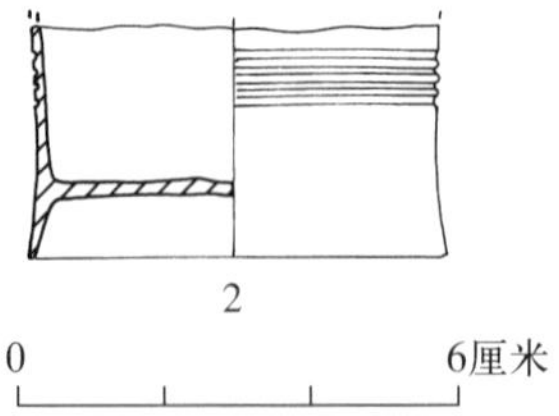

图2-204 M11出土陶杯M11：2

M11：1，陶鼎。出土时较为残碎，未能复原。夹细砂褐陶，颜色斑驳，罐形，圆腹，凿形足。鼎足残高7厘米。

M11：2，陶杯。泥质灰黑陶。薄胎，敞口，下腹近直，假圈足，下腹有4周细凹弦纹。底径5.7、残高3.1、厚0.1厘米（图2-204）。

7. M12

位于TE16N1东部偏中。开口于④层下，被H34打破。

墓葬形制为土坑竖穴，圆角长方形，东南—西北向，墓向113°（图2-205；彩版一四八，1、2）。墓坑长2.56、宽1.34、深0.18米。填土为灰褐色，较疏松，包含少量陶片。

中部有2件陶器（彩版一四八，3）。

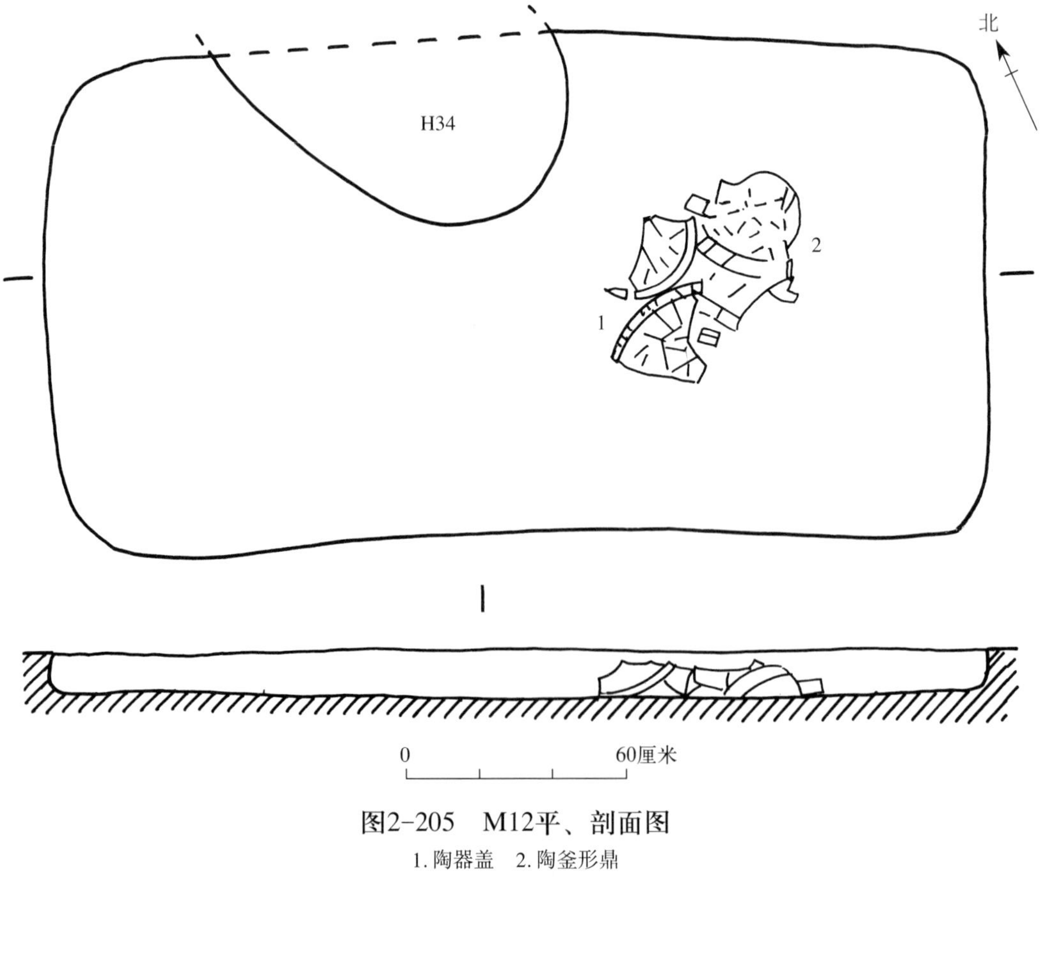

图2-205 M12平、剖面图
1. 陶器盖 2. 陶釜形鼎

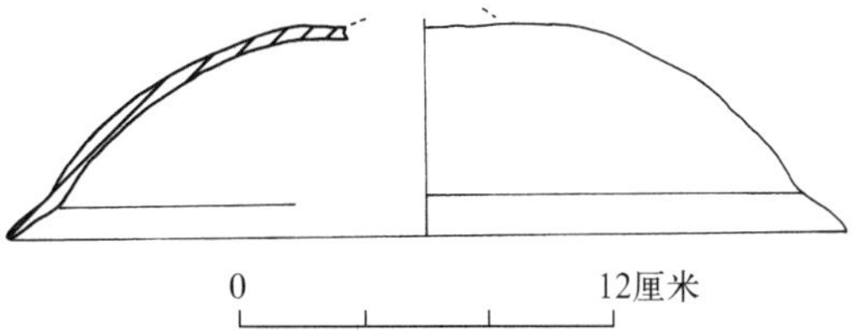

图2-206　M12出土陶器盖M12：1

M12：1，陶器盖。泥质灰陶。覆盘形，捉手残，盖面圆弧，斜折沿，尖圆唇。口径27、残高6.6厘米（图2-206）。

M12：2，陶釜形鼎。火候较低，出土时较为残碎，不能复原。夹植物红褐陶，口沿及内壁为黑色。侈口，折沿，凿形足，足尖宽扁。

8. M13

位于TE16N1东北部。开口于④层下，被H29、H30打破。

墓葬形制为土坑竖穴，圆角长方形，东南—西北向，墓向114°（图2-207；彩版一四九，1）。墓坑长2.36、宽1.12、深0.15米。填土为灰褐色，较疏松，包含少量陶片。

东、西部各有陶鼎1件（彩版一四九，2、3），保存极差。

M13：1，陶鼎。不能复原。泥质红陶。残存下部，凿形足，足根有1个按窝，足侧面有刻

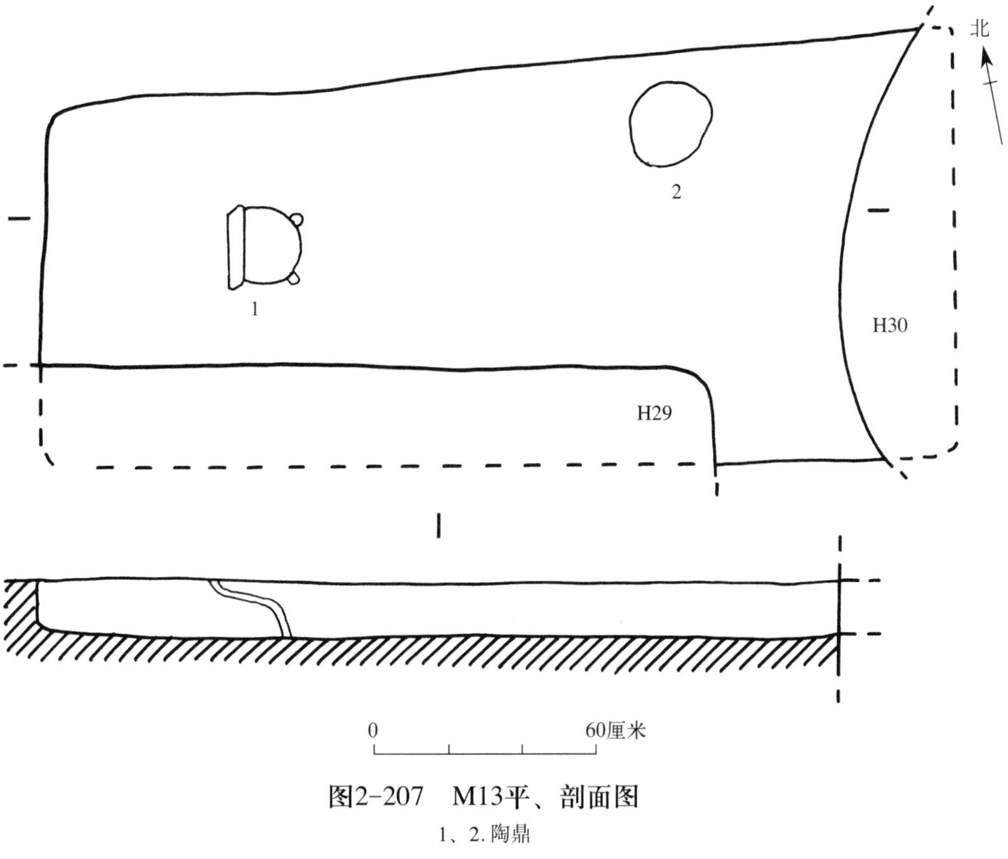

图2-207　M13平、剖面图

1、2. 陶鼎

槽。鼎足残高 8.9 厘米。

M13：2，陶鼎。不能复原。泥质红陶。残存下部，凿形足。

9. M14

位于 TE16N1 西南部，向西延伸至 TE15N1 东隔梁。开口于③层下，被 H47 打破。

墓葬形制为土坑竖穴，圆角长方形，东南—西北向，107°（图 2-208；彩版一五〇，1、2）。长 1.50、宽 0.50～0.60、深 0.48 米。填土为灰褐色，疏松。

无随葬品。

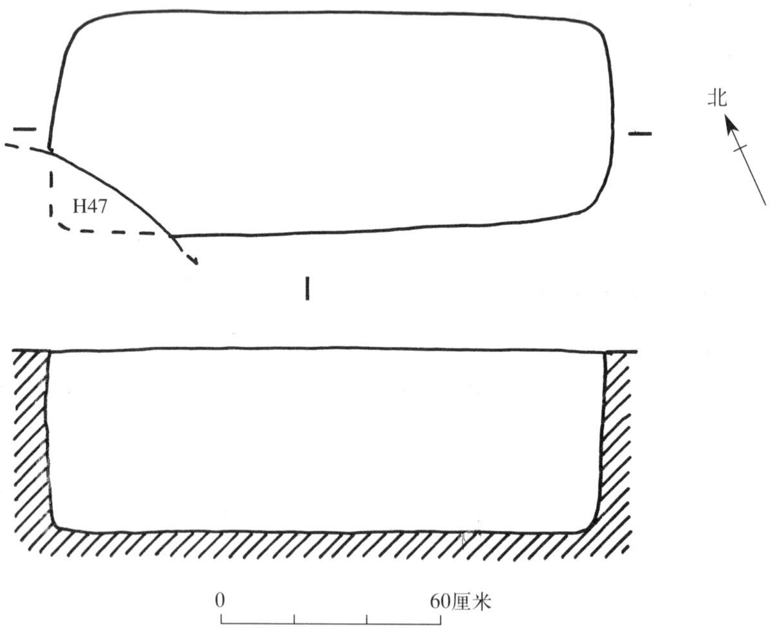

图2-208 M14平、剖面图

10. M15

位于 TE16N1 西部偏中，向西延伸至 TE15N1 东隔梁。开口于③层下。

墓葬形制为土坑竖穴，圆角长方形，东南—西北向，94°（图 2-209；彩版一五〇，3）。长 1.65、宽 0.55～0.65、深 0.44 米。填土为灰褐色，疏松，包含少量陶片。

无随葬品。

11. M16

位于 TE16N1 西部偏中，向西延伸至 TE15N1 东隔梁。开口于③层下。

墓葬形制为土坑竖穴，近圆角长方形，东南—西北向，94°（图 2-210；彩版一五〇，4）。长 1.84、宽 1.02～1.08、深 0.46 米。填土为灰黑色，疏松，包含少量陶片和 1 件陶纺轮（图 2-211）。

无随葬品。

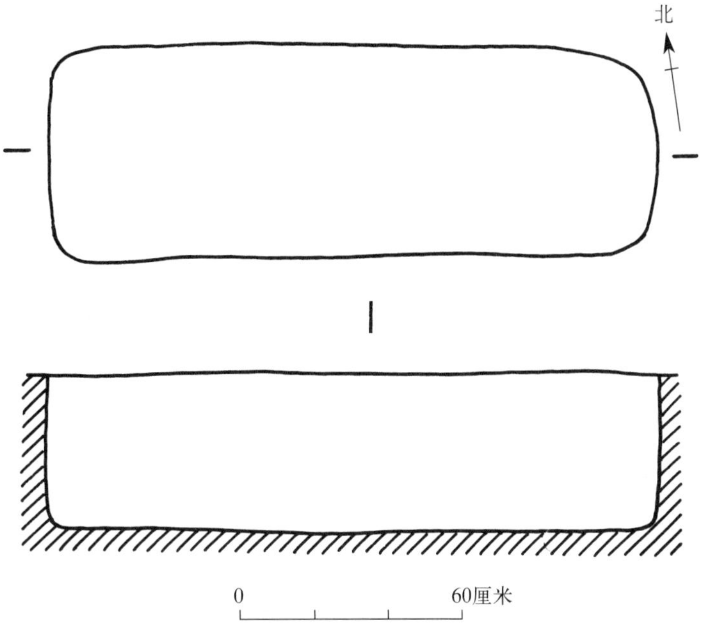

图2-209　M15平、剖面图

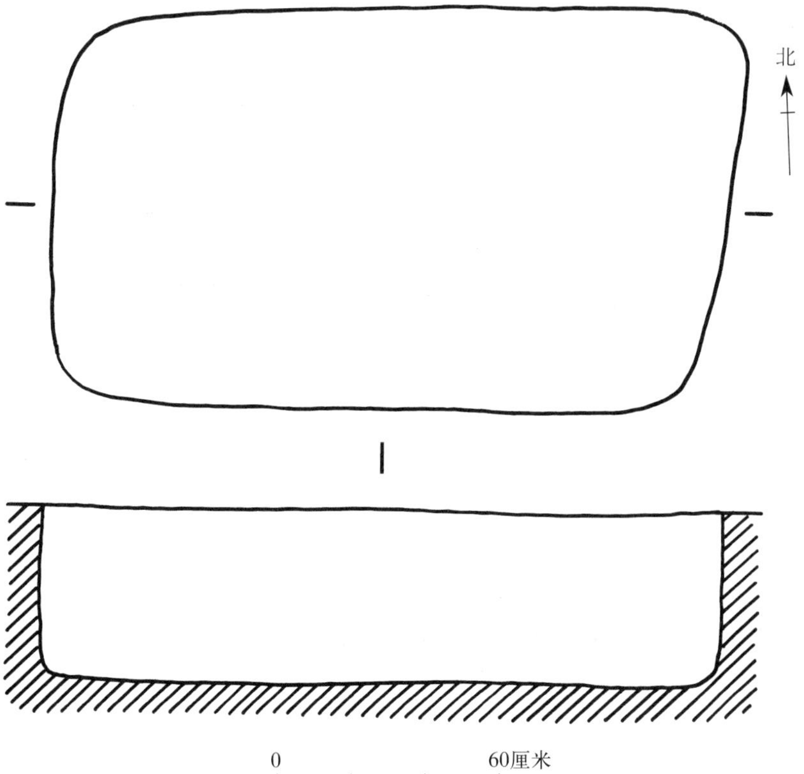

图2-210　M16平、剖面图

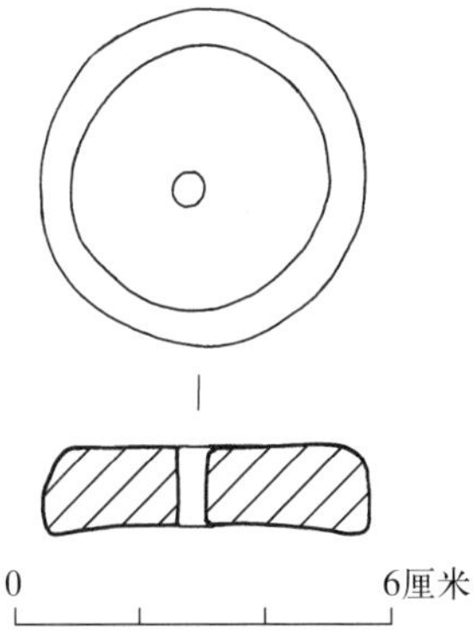

图2-211　M16出土陶纺轮M16：01

M16：01，陶纺轮。泥质红陶。平面为圆形，剖面近长方形，一面平直，一面微弧，两端斜弧。直径 5.2、孔径 0.5、厚 1.4 厘米（图 2-211）。

12. M17

位于 TE16N1 西南角，延伸至 TE15N1 东隔梁、TE15S1 及 TE16S1 北隔梁。开口于③层下，被 H9 打破。

墓葬形制为土坑竖穴，圆角长方形，东南—西北向，102°（图 2-212；彩版一五一，1）。长 1.75、宽 0.55～0.65、深 0.38 米。填土为灰褐色，疏松，包含少量陶片。

中部有 1 件陶鼎。

M17：1，陶鼎。出土时较为残碎，不能复原。夹砂灰褐陶。侈口，折沿，沿面微内凹，圆鼓腹，圜底，凿形足，足根有 2 个按窝。口径 18、复原高 16.6 厘米（图 2-213）。

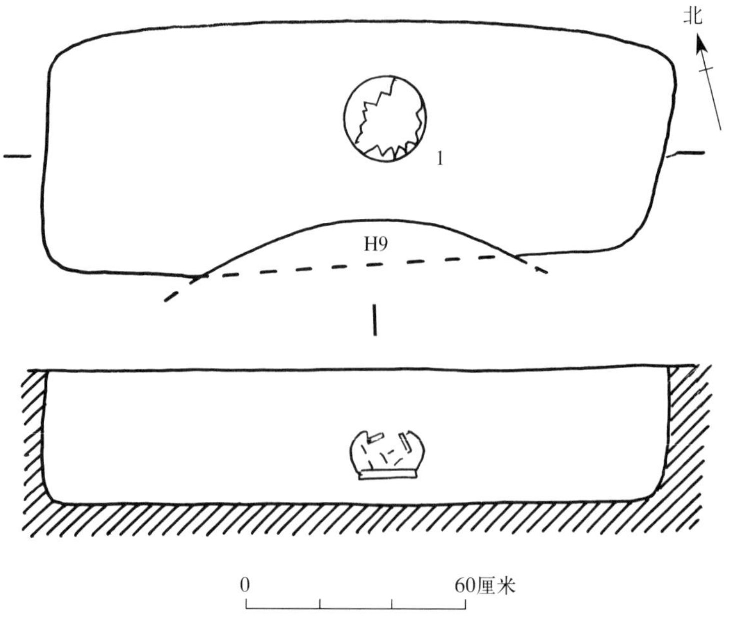

图2-212　M17平、剖面图
1. 陶鼎

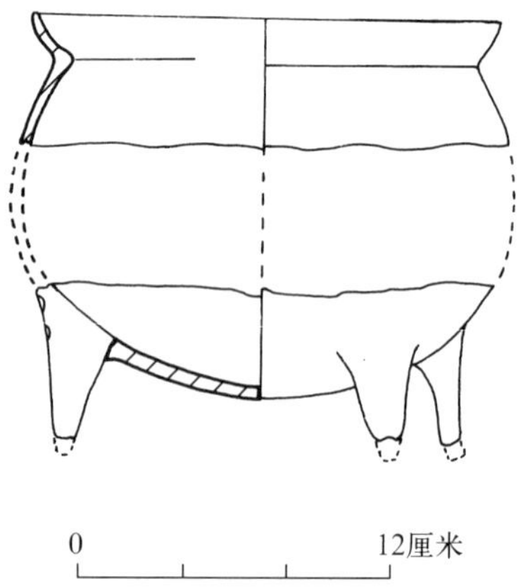

图2-213　M17出土陶鼎M17：1

13. M19

位于 TE16S1（西）北隔梁。开口于③层下，被 M11 打破。

墓葬形制为土坑竖穴，近圆角长方形，东南—西北向，102°（图 2-214；彩版一五一，2）。长 2.20、宽 0.64～0.88、深 0.30 米。填土为灰褐色，较疏松，包含少量陶片。

中部有 1 件陶鼎。

M19：1，陶鼎。出土时较为残碎，不能复原。夹植物和蚌末红陶。罐形，凿形足。

14. M20

位于 TE16N1 东北部。开口于④层下，被 H33 打破。

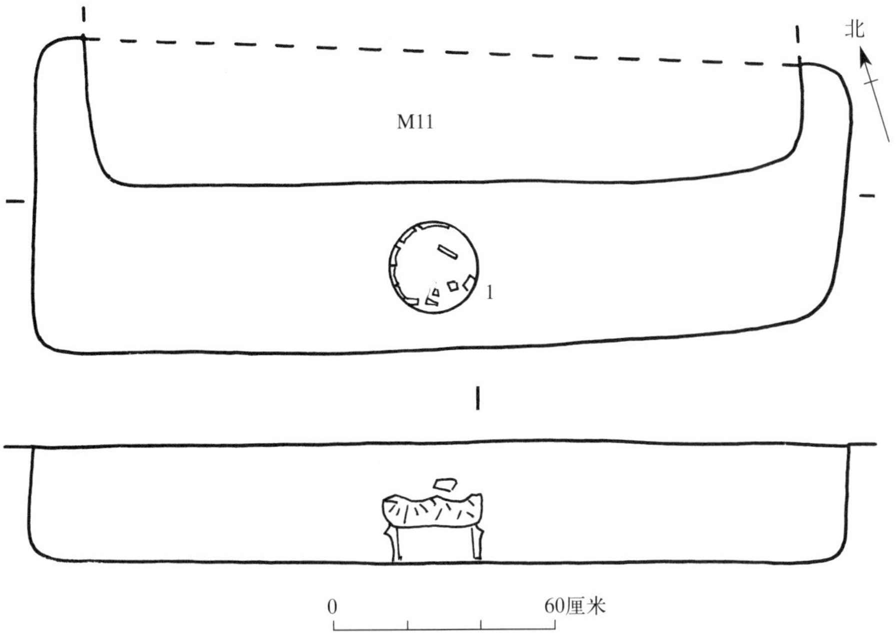

图2-214　M19平、剖面图

1. 陶鼎

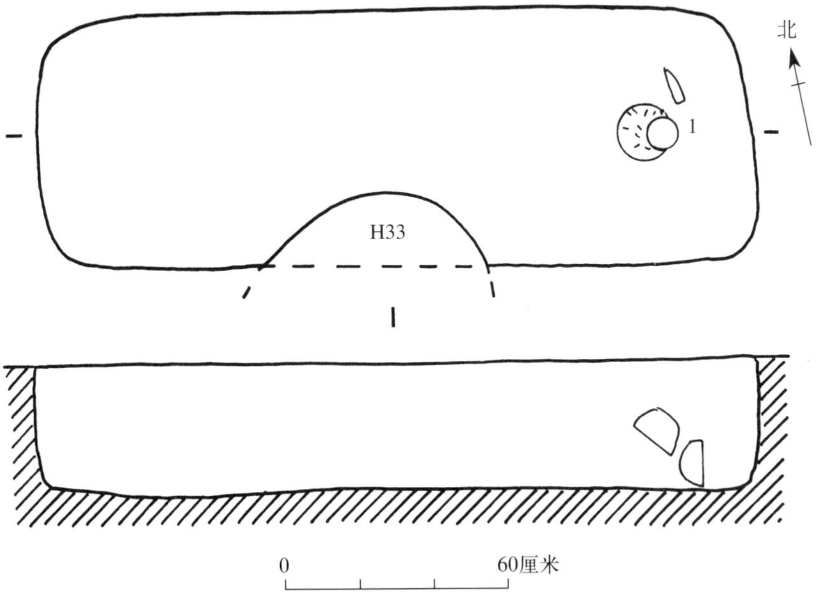

图2-215　M20平、剖面图

1. 陶钵

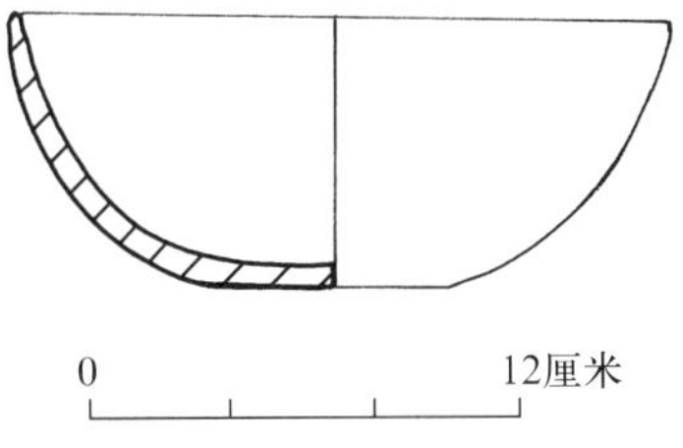

图2-216　M20出土陶钵M20：1

墓葬形制为土坑竖穴，圆角长方形，东南—西北向，99°（图 2-215；彩版一五二，1、2）。长 1.95、宽 0.65、深 0.34 米。

东部有 1 件陶钵。

M20：1，陶钵。泥质红褐陶。敞口，圆唇，弧腹，平底。口径 18.5、底径 6.9、高 6.9～7.4 厘米（图 2-216，彩版一五二，3）。

15. M23

位于 TE15S2 北部，开口于③层下，打破 H65、H69。在发掘第④层时出露陶器口沿，后划出墓坑范围。

墓葬形制为土坑竖穴，长方形，墓向 94°（图 2-217；彩版一五三，1、2）。墓坑长 2.30、宽 1.13 米。墓口距地表深 0.38 米，墓底距墓口深 0.25 米。

西端有 1 件陶鼎。

M23：1，陶鼎。火候较低，未能复原。罐形，泥质黑衣红陶。侈口，折沿，圆腹，腹施横向篮纹，凿形足（彩版一五三，3）。

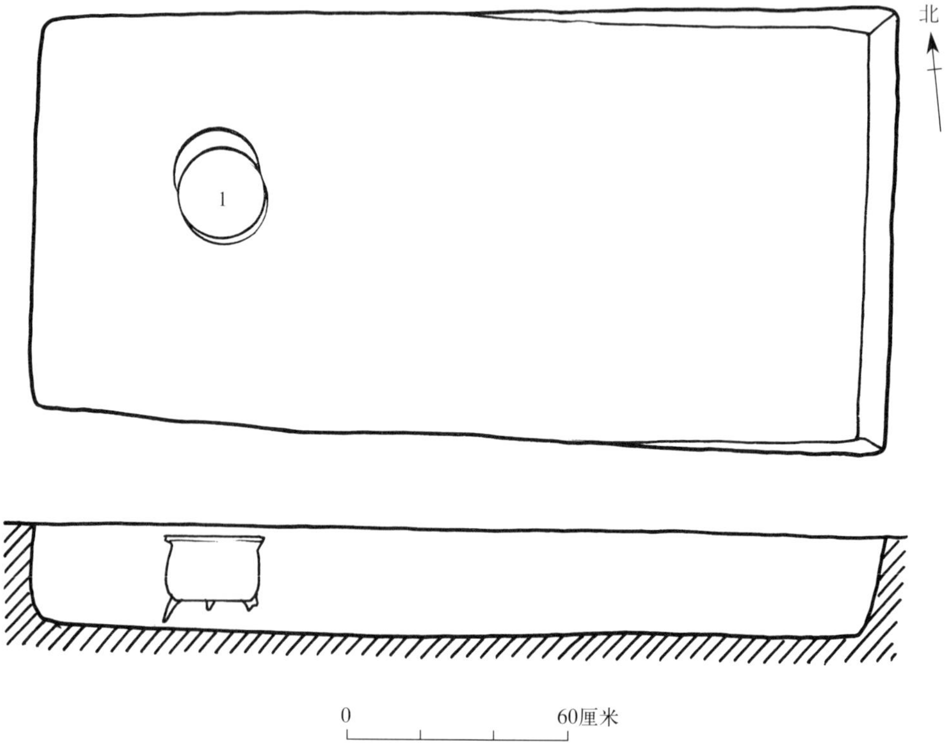

图2-217　M23平、剖面图

1. 陶鼎

16. M35

位于 TE14N1 东南角，开口于②层下。在发掘④层时出露 2 件残陶器，划为墓葬。

墓葬形制为土坑竖穴，长方形，墓向 110°（图 2-218；彩版一五四，1）。墓坑长 2.28、宽 0.88 米。墓口距地表深 0.36 米，墓底距墓口深 0.22 米。

中部和东部有 1 件陶鼎和陶罐，均保存极差。

17. M36

位于 TE14N1 东南部，开口于②层下。

墓葬形制为土坑竖穴，长方形，墓向 117°（图 2-219；彩版一五四，2）。墓坑长 1.88、宽

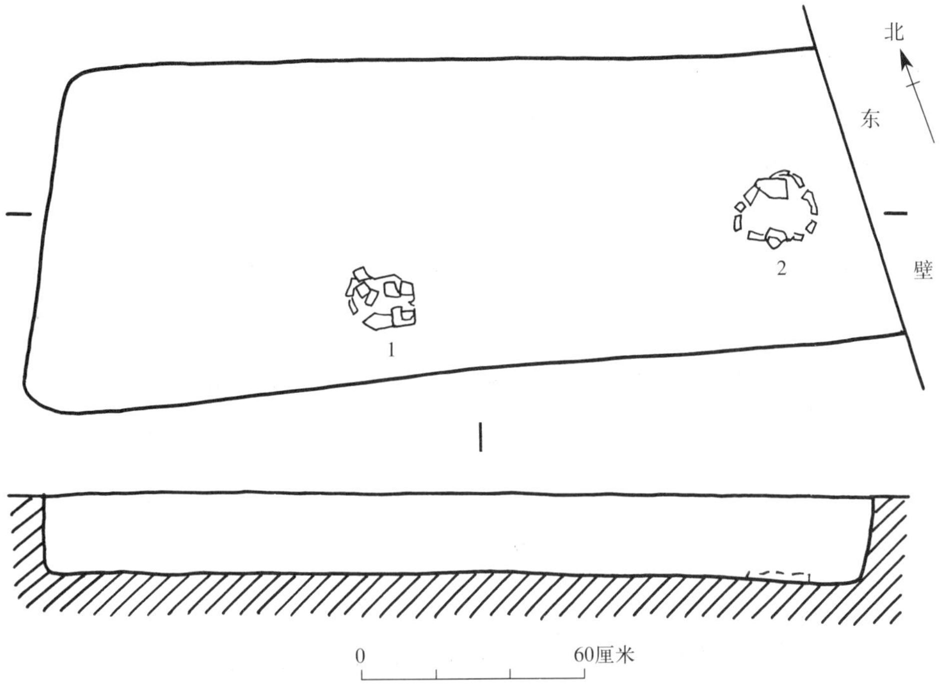

图2-218　M35平、剖面图
1. 陶鼎　2. 陶罐

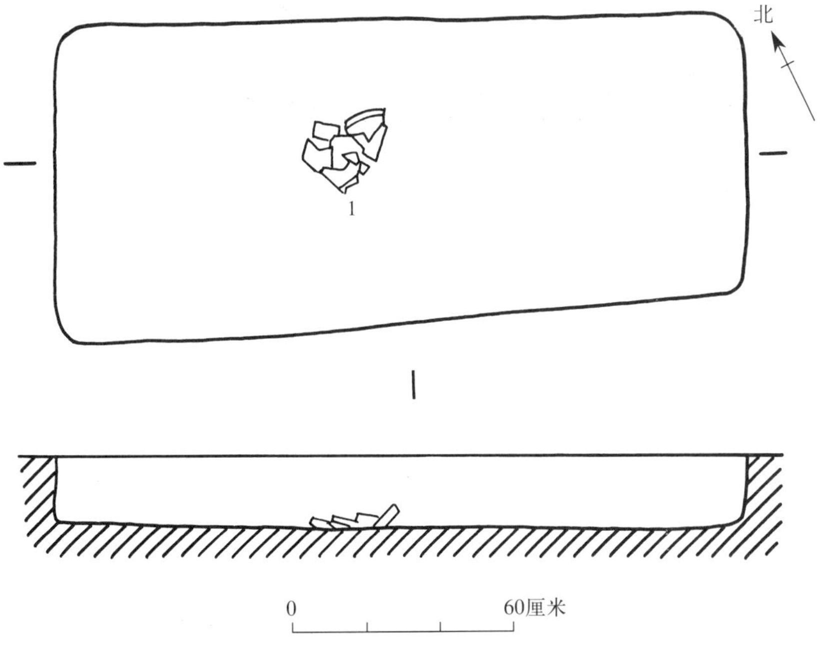

图2-219　M36平、剖面图
1. 陶罐

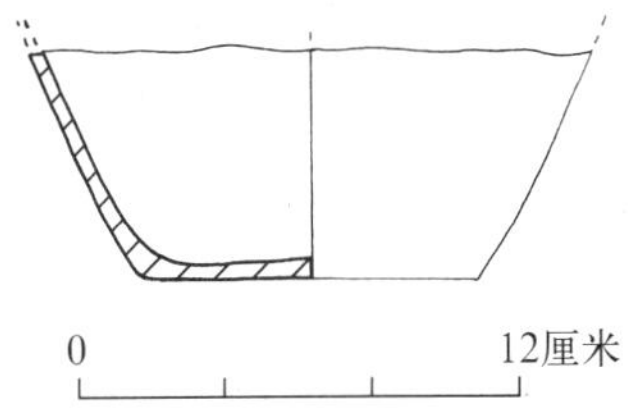

图2-220　M36出土陶罐M36：1

0.86米。墓口距地表深0.41米，墓底距墓口深0.18米。

中部有1件残碎陶罐底部。

M36：1，陶罐。夹石英褐陶。残存底部，斜腹，平底。底径9.8、残高6.4厘米（图2-220）。

18. M38

位于 TE14N1 中部，开口于④层下。

墓葬形制为土坑竖穴，长方形，墓向124°（图2-221；彩版一五四，3）。墓坑长1.78、宽0.74米。墓口距地表深0.42米，墓底距墓口深0.26米。

西部有1件陶鼎。

M38：1，陶鼎。火候较低，未能复原。夹砂褐陶，口沿内壁呈黑色。侈口，折沿，圜底，凿形足（彩版一五四，4）。

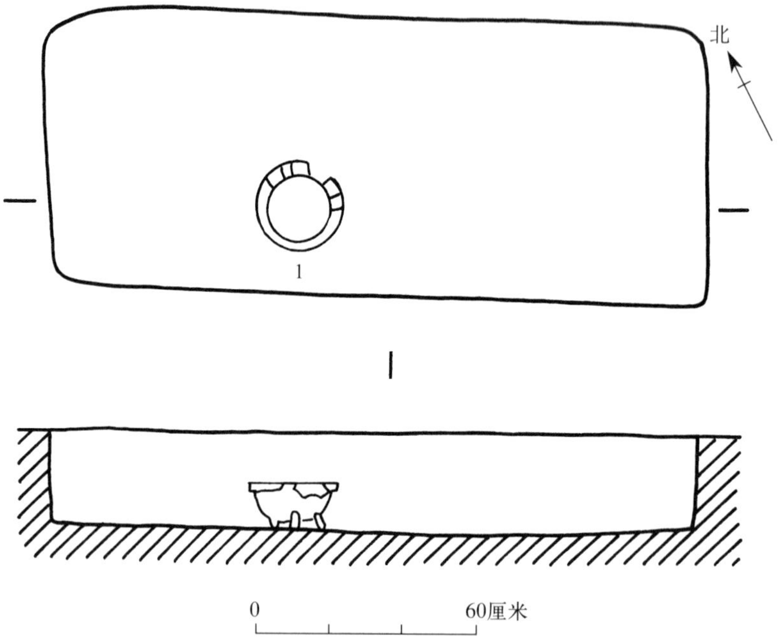

图2-221 M38平、剖面图
1. 陶鼎

19. M39

位于 TE14N1 中部偏东北，开口于④层下。

墓葬形制为土坑竖穴，长方形，墓向116°（图2-222；彩版一五五，1）。墓坑长2.10、宽0.72米。墓口距地表深0.43米，墓底距墓口深0.4米。

东部有1件倒置的陶鼎和陶盆残片。

M39：1，陶鼎。夹植物红陶。侈口，折沿，沿面有2周凹弦纹，圜底，凿形足。未能复原。口径26、残高5.4厘米（图2-223，1；彩版一五五，2）。

M39：2，陶盆。泥质黑陶。出土时仅为几片碎片，侈口，圆唇，折沿，弧腹。口径30、残高8.6厘米（图2-223，2）。

20. M40

位于 TE15N2 西南角，向西延伸到 TE14N2 东隔梁，开口于③层下。

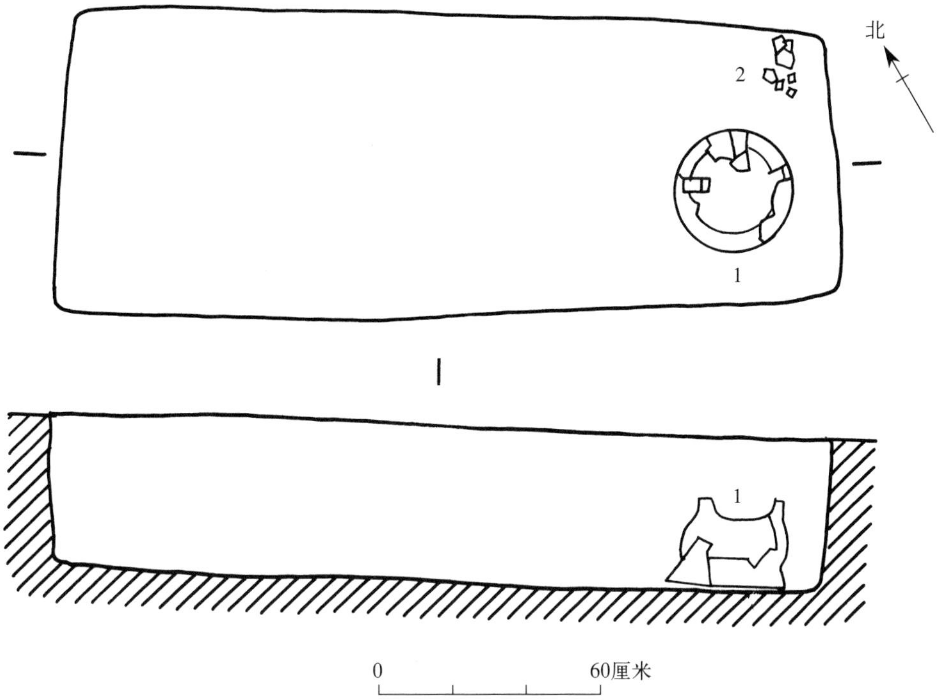

图2-222　M39平、剖面图

1. 陶鼎　2. 陶盆

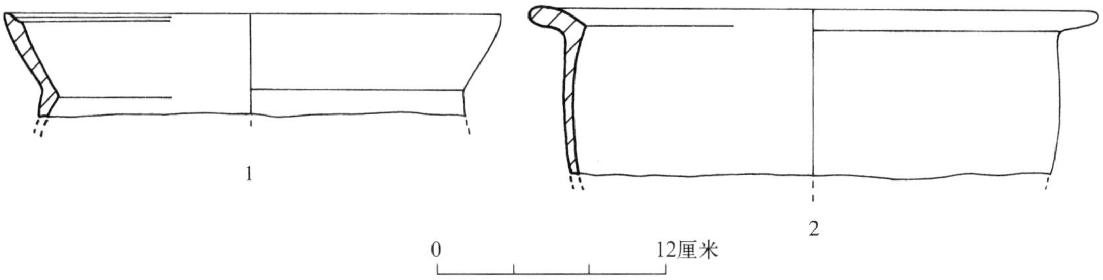

图2-223　M39出土遗物

1. 陶鼎　2. 陶盆

墓葬形制为土坑竖穴，长方形，墓向 110°（图 2-224；彩版一五五，3）。墓坑长 1.74、宽 0.86 米。墓口距地表深 0.50 米，墓底距墓口深 0.24 米。

东部有 1 件陶鼎。

M40：1，陶鼎。火候较低，出土时较为残碎，不能复原。夹砂红褐陶，口沿内壁黑色。侈口，折沿、浅腹。

21. M56

位于 TE14N1 东南隔梁处，向东延伸到 TE15N1，开口于⑧层下，打破 M57。

墓葬形制为土坑竖穴，长椭圆形，墓向 91°（图 2-225；彩版一五六，1、2）。墓坑长 1.40、宽 0.53 米。墓口距地表深 0.50 米，墓底距墓口深 0.21 米。

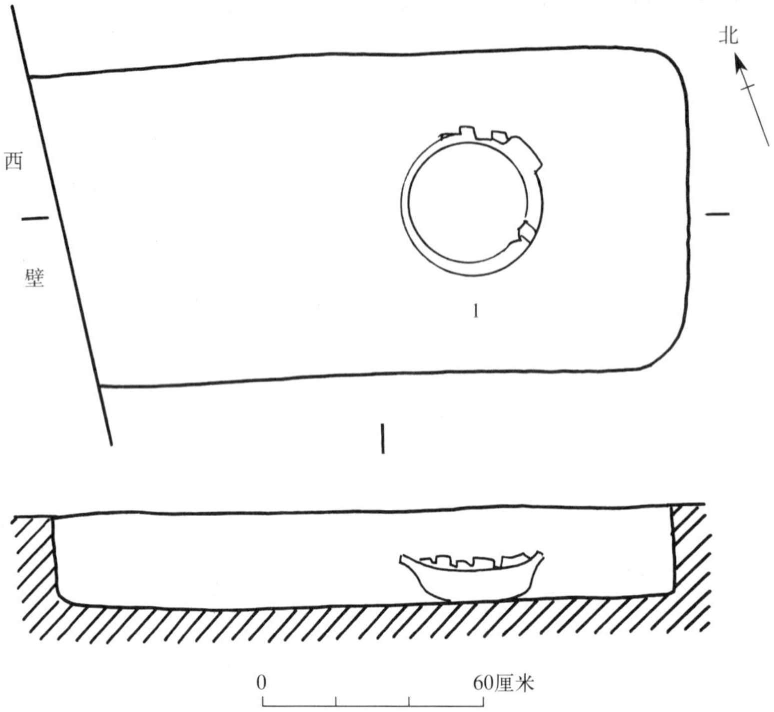

图2-224　M40平、剖面图

1. 陶鼎

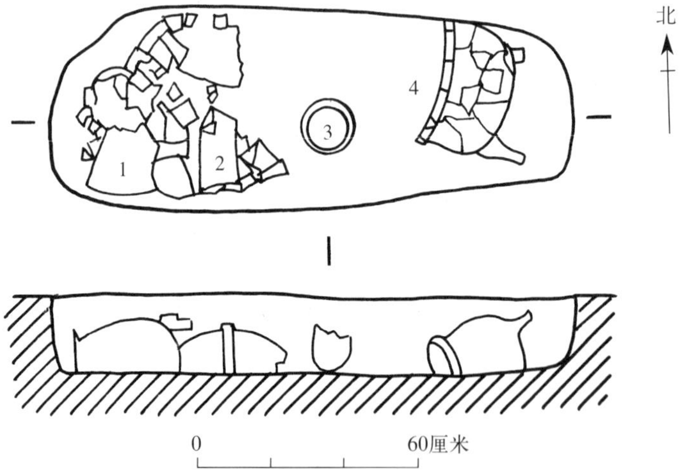

图2-225　M56平、剖面图

1、2、4. 陶鼎　3. 陶罐

墓坑内有3件陶鼎、1件陶罐。

M56：1，陶鼎。夹石英红褐陶，口沿内壁黑色。侈口，折沿、圜底、凿形足。口径25.4、最大腹径26.4、高29.1厘米（图2-226，1；彩版一五六，3）。

M56：2，陶鼎。火候较低，未能复原。夹植物褐陶。侈口，折沿，圆唇，弧腹，腹下有一凸棱。口径26、残高20厘米（图2-226，2）。

M56：3，陶罐。未能复原。泥质灰陶。侈口，尖唇，折沿，弧腹，腹底残，器壁较薄。口径

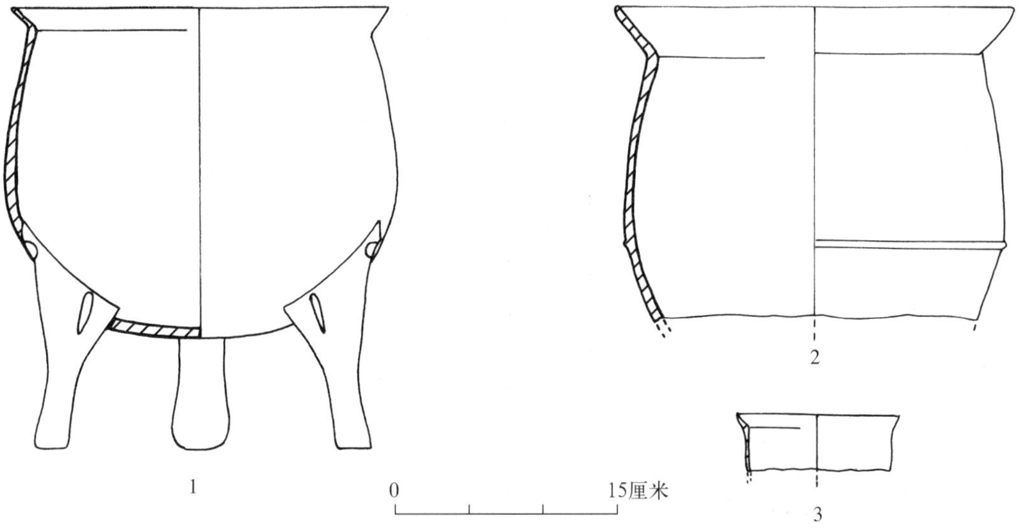

图2-226　M56出土遗物

1、2. 陶鼎　3. 陶罐

11、残高 3.8 厘米（图 2-226，3）。

M56：4，陶鼎。未能复原。夹砂红褐陶，侈口，折沿、圆腹，圜底、凿形足。

第三节　房址

东区共编号房址 5 座，均开口于③层下，均为地面式建筑，仅残存基槽和柱洞。另有零星的基槽和柱洞，未编为房址。

1. F1

位于 TE16N1 中部偏东，开口于③层下，被 H18、G2 打破。

大致呈长方形，西北—东南方向。约 110°（图 2-227；彩版一五七，1、2）。从探方内残留的范围来看，原应为圆角方形地面式连间房屋。残存东西最长约 6.9、南北最长 4.6 米，向东延伸到探方外，在探方内残余 2 间。西间完整，呈正方形，房内东西长 3.2、南北宽 2.8 米，面积 9 平方米。有较明显的基槽，无门道。东间与西间共用一道隔墙，南北宽 2.4、东西长 3 米，向东延伸到探方外。

基槽宽 0.20～0.50、深约 0.06 米。基槽内包含较多红烧土粒及少量陶片，可辨器形有罐、鼎、器盖。共有 31 个柱洞，较均匀地分布于基槽中。房址内部没有明显的活动面。房址内部堆积不分层，土色呈灰黄色，质地较致密，包含少量陶片及红烧土粒，可辨器形有罐、鼎。没有发现烧烤和明显的踩踏面，也没发现灶和门道。

F1：1，石刀。残，呈不规则长方形，残存一孔边缘。残长 7.7、残宽 10.3、厚 1.15 厘米（图 2-228；彩版一五七，3）。

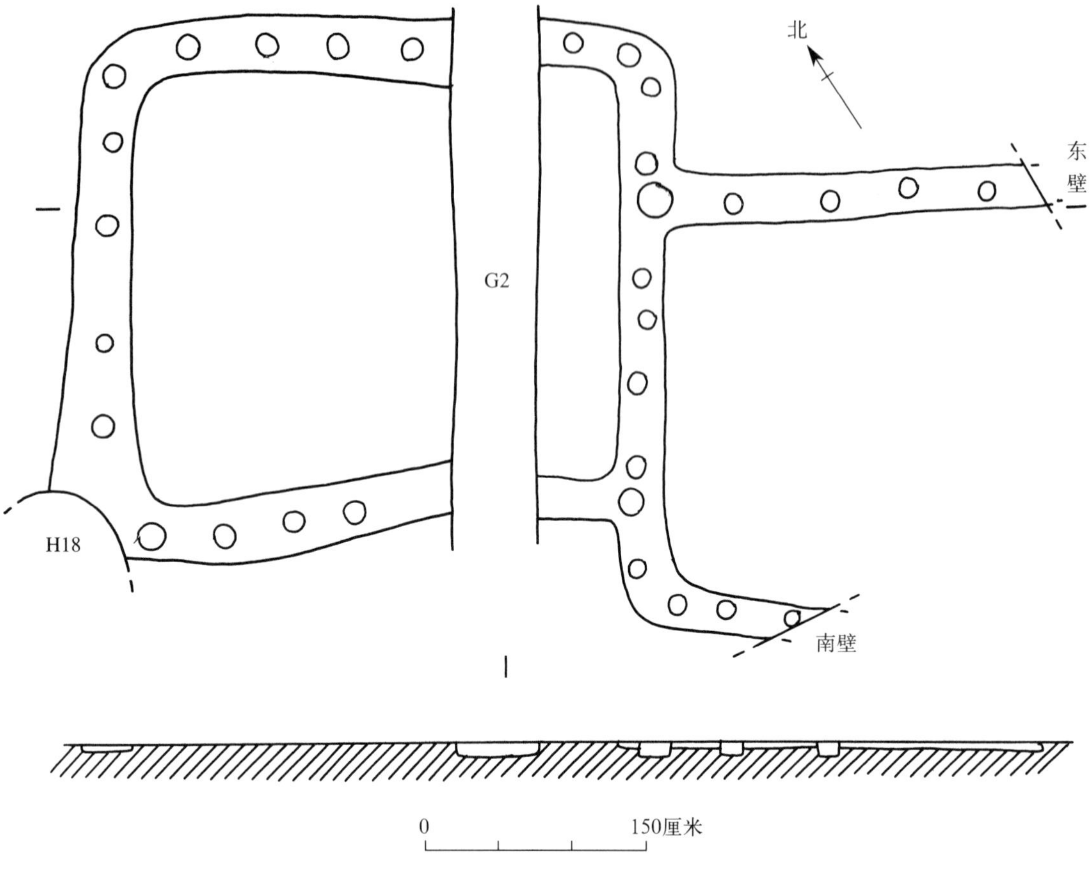

图2-227 F1平、剖面图

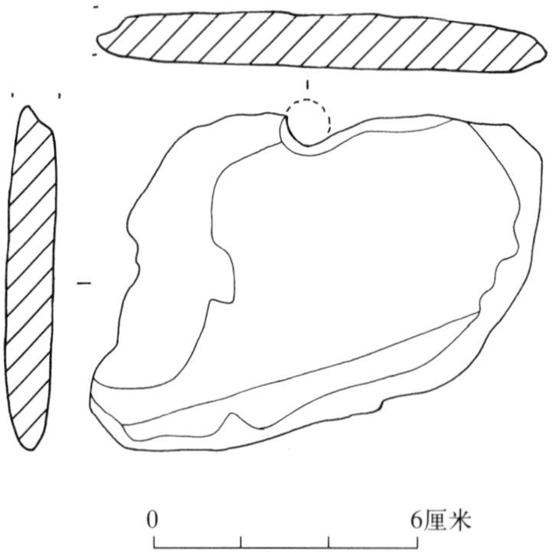

图2-228 F1出土石刀F1：1

2. F2

位于TE15S1北部，开口于③层下，被近代沟和盗坑打破。

大致呈圆形，面积约25平方米（图2-229；彩版一五八，1、2）。仅存11个柱洞，排列成半圆形。柱洞平面均呈圆形或椭圆形，多比较规整，口径0.2～0.5、深0.2～0.5米，剖面呈圆

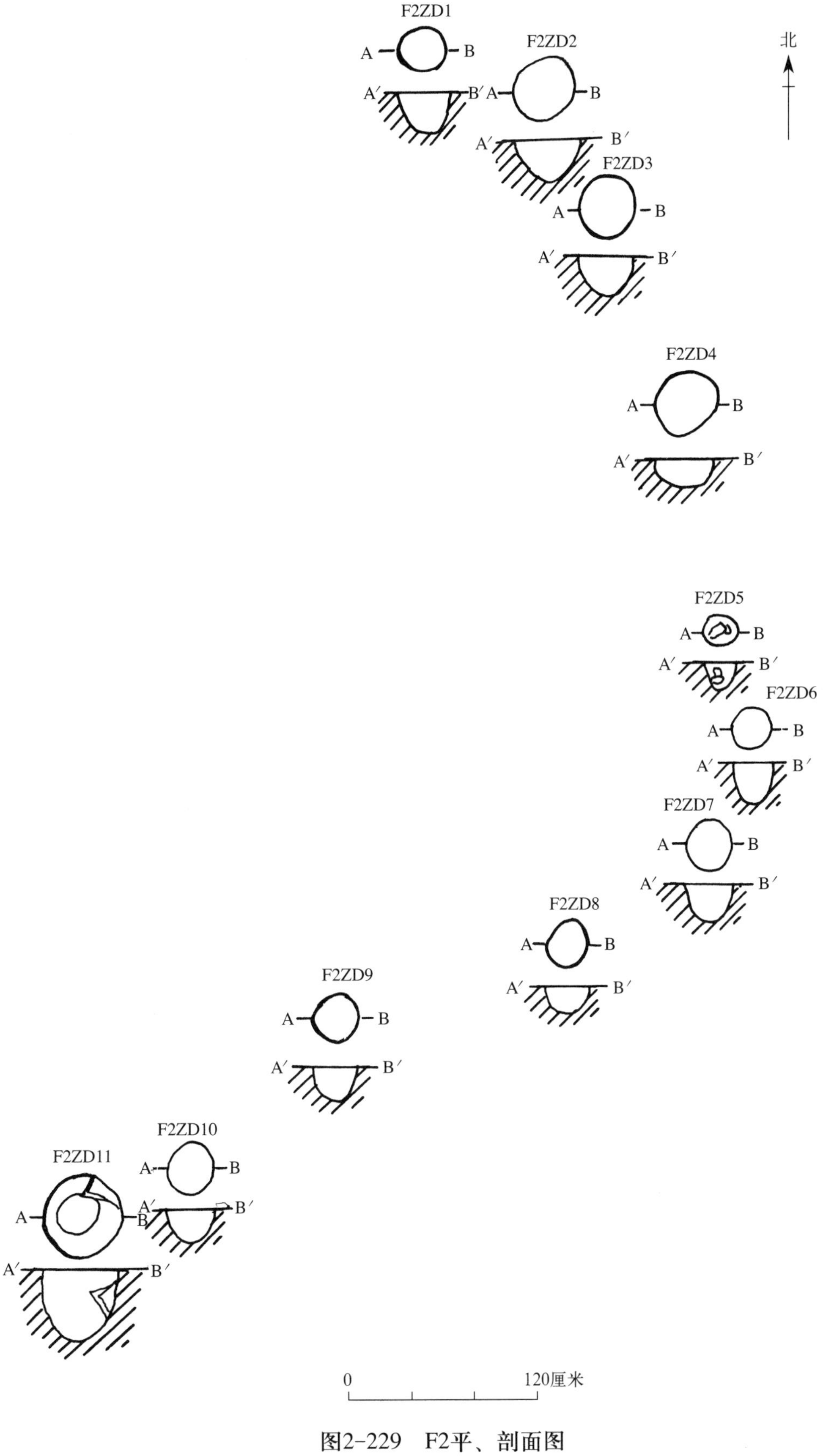

图2-229　F2平、剖面图

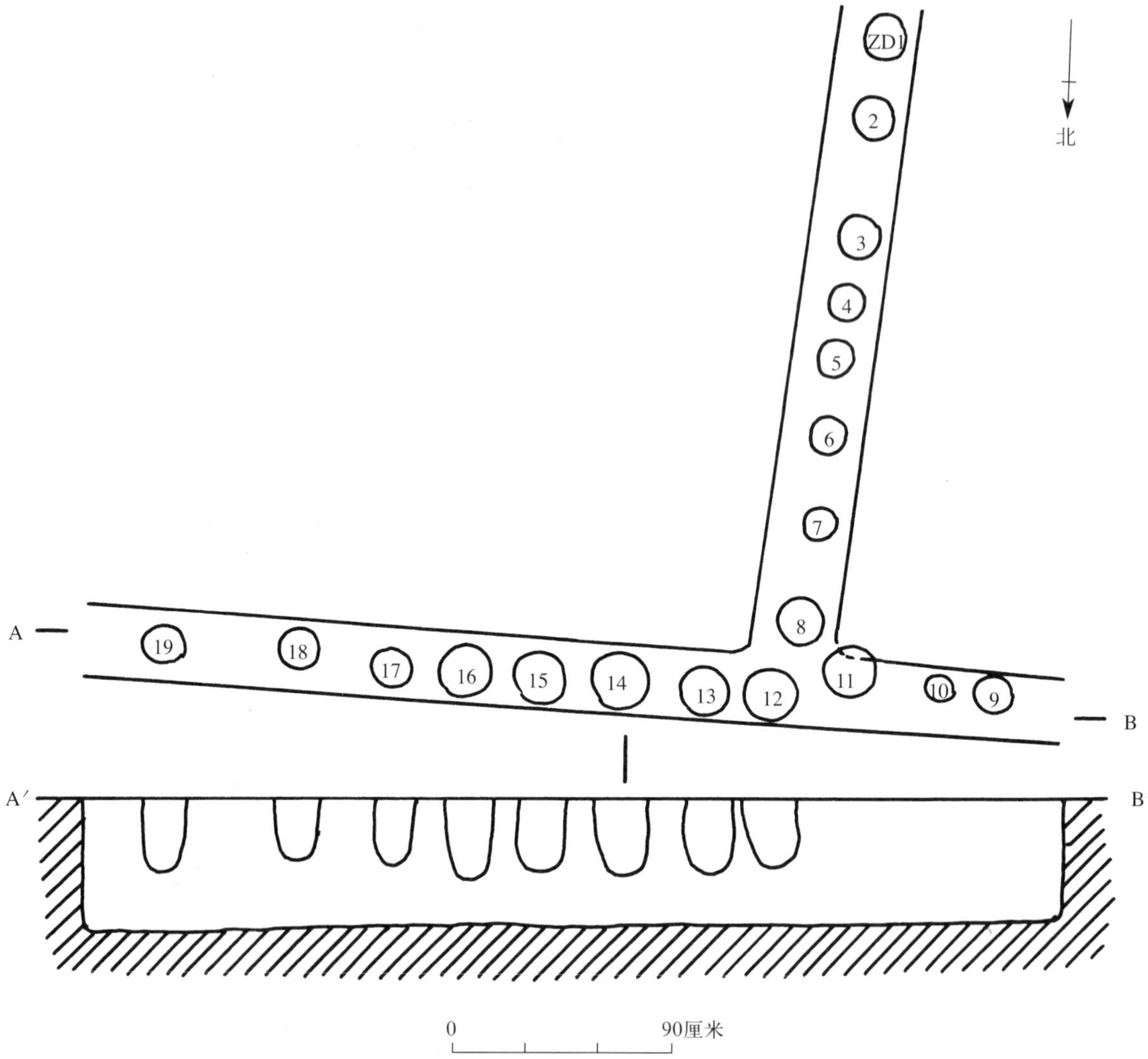

图2-230 F3平、剖面图

柱状。柱洞内填土多呈灰褐色，个别柱洞内有少量陶片，其中 ZD5 内有 1 件倒置的陶鼎（彩版一五八，3），ZD11 内有 1 件砺石。没有发现烧烤和明显的踩踏面，也没有发现灶和门道。

3. F3

位于 TE16N2（东）南半部，开口于③层下，被 ZD1 打破。

探方内大致呈长方形，东、西及南部均延伸到探方外（图 2-230；彩版一五九，1、2）。仅存 2 条基槽和 19 个柱洞，东西向基槽位于探方南部，长 4 米，南北向基槽位于探方西南部，与东西向基槽相垂直，长 2.6 米。基槽宽 0.30 米。东西向基槽内有 11 个柱洞，南北向基槽内有 8 个柱洞，较均匀地直壁向下分布于基槽中。基槽及柱洞填土为灰褐色，土质疏松，含有少量的红烧土颗粒，偶见草木灰。房址内部没有明显的活动面，没有发现烧烤和明显的踩踏面，也没有发现灶和门道。

4. F4

位于 TE16S1（西）中南部，开口于③层下，被 G1、H3、H10、H11、H12、H25 打破，打破 H42。

房址大致呈长方形，面积约 20 平方米，仅存 9 个柱洞及柱坑，排列有序，柱洞及柱坑平面均呈圆形或椭圆形，多比较规整（图 2-231；彩版一六〇，1～3）。柱洞直径多在 0.40～0.50、深 0.20～0.60 米，ZD7 较小，直径 0.20、深 0.10 米。柱洞剖面多为圆柱状，柱坑剖面多近长方形。柱洞填土均为灰褐色土，土质松，包含少许红烧土粒。房址内部没有明显的活动面，垫土厚 0.15 米，没有发现烧烤和明显的踩踏面，也没发现灶和门道。

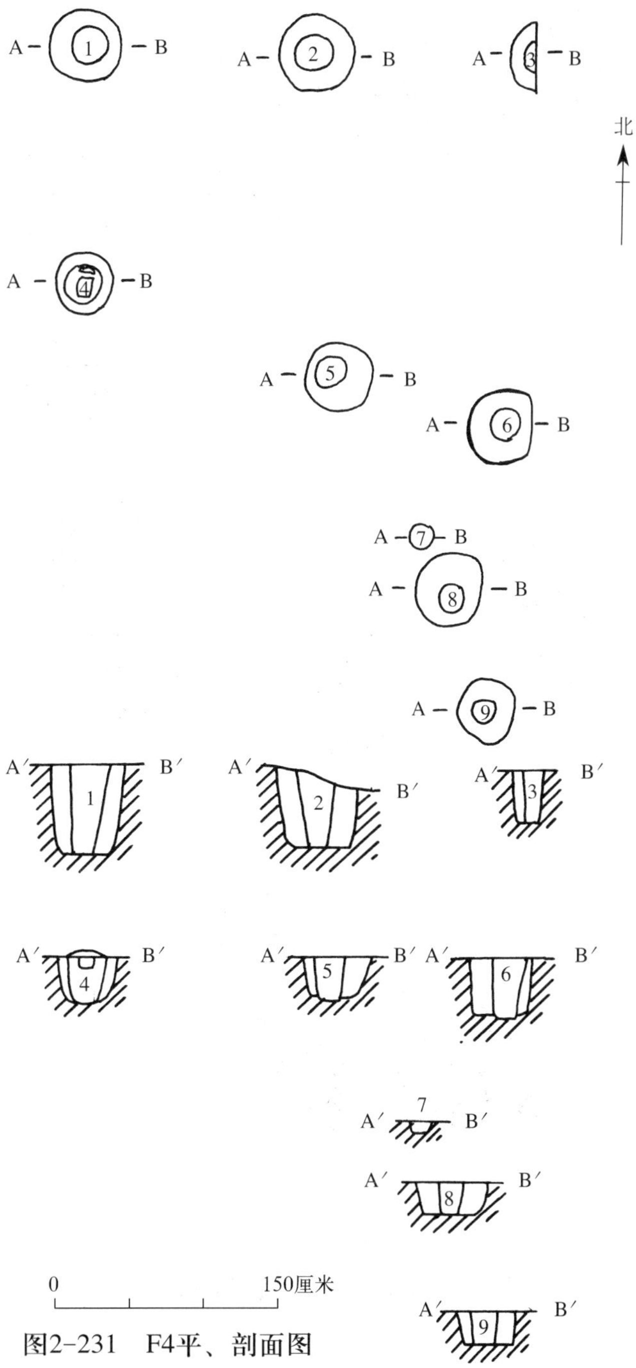

图2-231　F4平、剖面图

5. F5

位于 TE16N2（东）中部偏东延伸至东隔梁下，开口于④层下，被 H43 打破。

仅存 14 个柱洞，柱洞均匀分布，平面大致呈长方形，南北长 4.1、东西宽 2.5 米，面积约 10 平方米（图 2-232；彩版一六一，1、2）。中间偏北处有 2 个柱洞将房址分为南北两部分。柱洞直径 0.25～0.35、深 0.20～0.30 米。柱洞填土为灰褐色，疏松，含有红烧土颗粒。房址内部没有明显的活动面，没有发现烧烤和明显的踩踏面，也没有发现灶和门道。

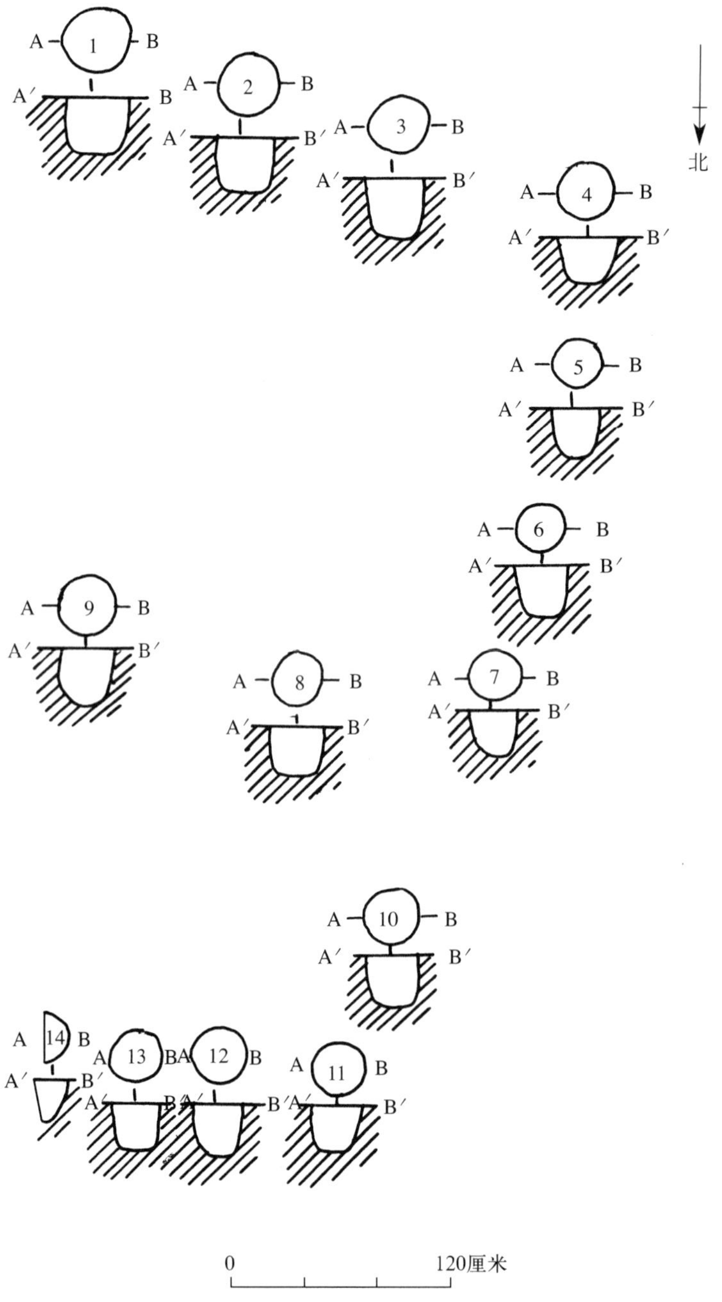

图2-232　F5平、剖面图

第四节　灰坑

东区共发现灰坑117座，其中，汉代灰坑1座，龙山文化时期10座，大汶口文化时期106座。多开口于③层下，少数开口于②层下和④层下。开口于②、③层下的多数灰坑填土为灰黑色，出土稍多陶片，为典型的垃圾坑，少数为普通小坑，填土较纯净，年代为龙山文化早中期。开口于④层下的大部分灰坑为普通小坑，填土纯净，少数灰坑形状规整，包含物丰富，与墓葬相邻，可能是祭祀坑。

1. H1

位于TE16N1西北角和TE15N1东北角，开口于③层下，打破H6、H26、H66、H135、H145、M24、M76、M87和生土。

平面呈不规则形（图2-233；彩版一六二，1、2）。南北最长5.6、东西最宽3.1、深0.1～0.6米。斜壁，台阶状底部。坑内堆积分四层：第1层，厚0.04～0.16米，灰褐色，包含陶片、石块等，可辨器形有鬶、鼎、石凿等。第2层，厚0.1～0.28米，黑色，土质较黏，夹杂水锈斑，包含较多红烧土块、陶片、石块、炭粒等，可辨器形有杯、鼎、罐、盆、鬶、器盖等。第3层，厚0.05～0.2米，灰黄色，土质较硬，包含陶片、石块、兽骨、烧土，可辨器形有鬶、罐、鼎、器盖等。第4层，厚0.04～0.18米，黑色，土质较黏，包含较多陶片、红烧土块，可辨器形有盆、鬶、鼎、罐、钵、箅等。

H1①：1，石凿。灰黑色砂岩，短条形，顶端平，单面刃锋利，通体磨光。高2.25、宽1、最厚处0.8厘米（图2-234，1；彩版一六三，1）。

H1①：2，砺石。灰黄色砂岩，近方形，较厚，边缘不整齐，一面局部有磨痕。长4.9、宽4.9、最厚处2.5厘米（图2-234，2；彩版一六三，2）。

H1②：3，砺石。灰黄色砂岩，不规则形，边缘不整齐，两面均有磨痕。长8.1、宽5.8、最厚处3.7厘米（图2-234，3；彩版一六三，3）。

H1②：4，砺石。灰黄色砂岩，近梯形，边缘不整齐，两面均有磨痕。长6.2、宽4.2、最厚处2.4厘米（图2-234，4；彩版一六三，4）。

H1②：5，砺石。灰黄色砂岩，近方形，不规整，一面有磨痕。长4.4、宽4.8、最厚处2.1厘米（图2-234，5；彩版一六三，5）。

H1②：6，砺石。灰黄色砂岩，长条近梯形，宽端残。通体磨平。残长6.1、宽4.2、最厚处1.6厘米（图2-234，6；彩版一六三，6）。

H1②：7，陶罐口沿。夹砂红陶。残存口沿。直口，圆唇，口沿下有附加堆纹，上有按窝。残长5.3、残宽3.2、最厚处0.5厘米（彩版一六三，7）。

H1③：8，陶鼎足。夹植物红陶。铲形足，足端宽扁。残高8.2厘米（图2-235，8；彩版一六三，8）。

H1③：9，陶鬶把手。泥质黑衣红陶。残存把手，绞丝状。残高1.5、最厚处1.8厘米（图

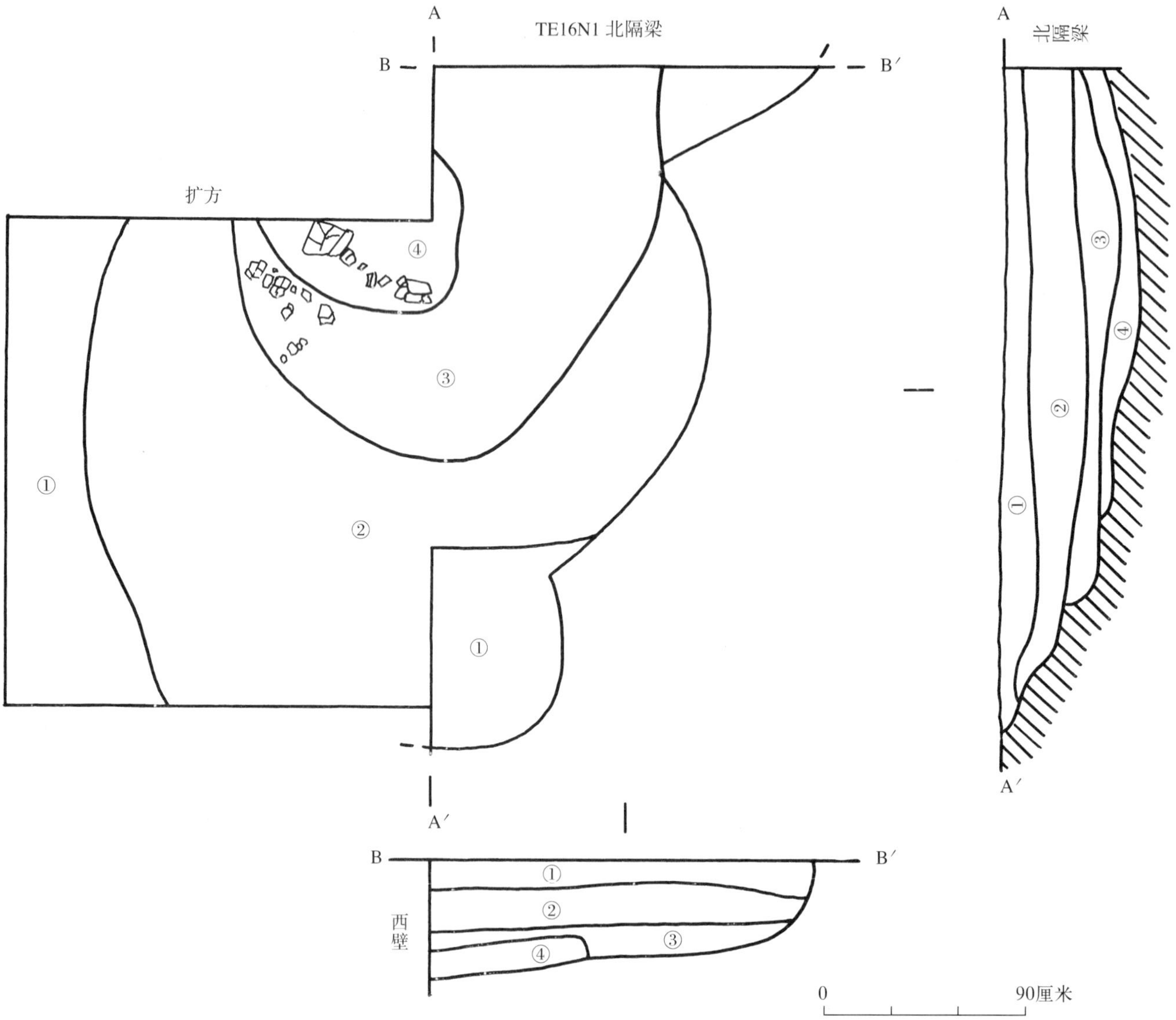

图2-233 H1平、剖面图

2-235，9）。

H1④：10，陶箅。泥质褐陶。残存底部，上有5个箅孔（彩版一六四，1）。

H1：11，陶纺轮。夹石英灰褐陶。圆饼状，剖面近长方形，一面圆弧一面平直。直径4.4、孔径0.5、最厚处0.9厘米（图2-235，11；彩版一六四，2）。

H1：12，砺石。黄褐色砂岩，不规则形，不规整，一面有磨痕。长9、宽6.8、最厚处2.8厘米（图2-236，12；彩版一六四，3）。

H1：13，砺石。黄褐色砂岩，不规则形，两面有磨痕。长10.2、宽7.7、最厚处2.7厘米（图2-236，13；彩版一六四，4）。

H1：14，砺石。灰黑色砂岩，近三角形，无磨痕。长7.9、宽7.2、厚0.6厘米（图2-236，14；彩版一六四，5）。

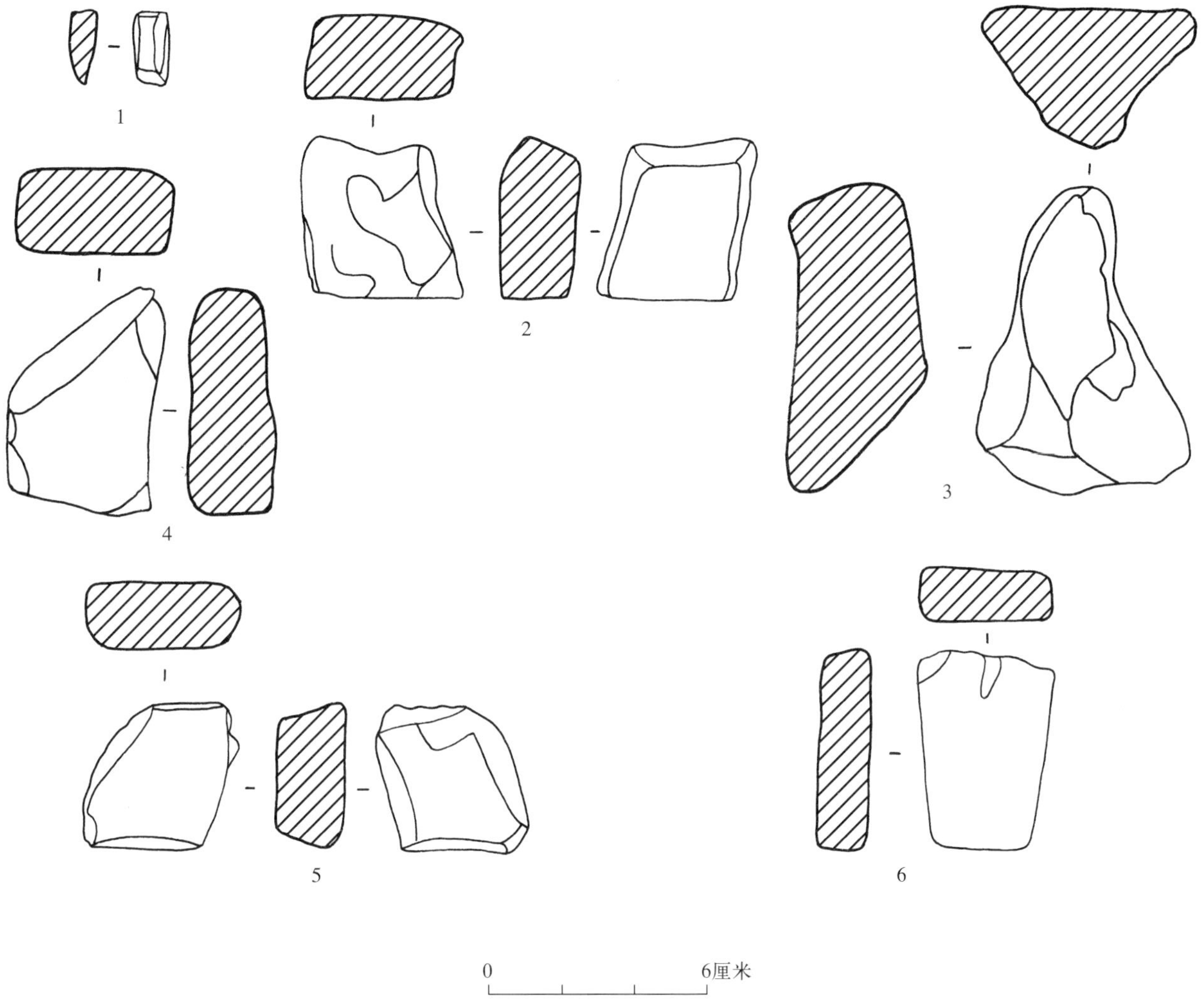

图2-234　H1出土遗物

1. 石凿 H1①：1　2. 砺石 H1①：2　3～6. 砺石 H1②：3～6

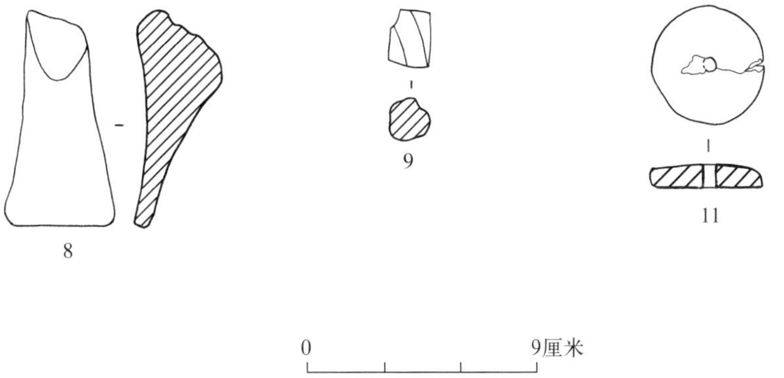

图2-235　H1出土遗物

8. 陶鼎足 H13 ：8　9. 陶鬶把手 H13 ：9　11. 陶纺轮

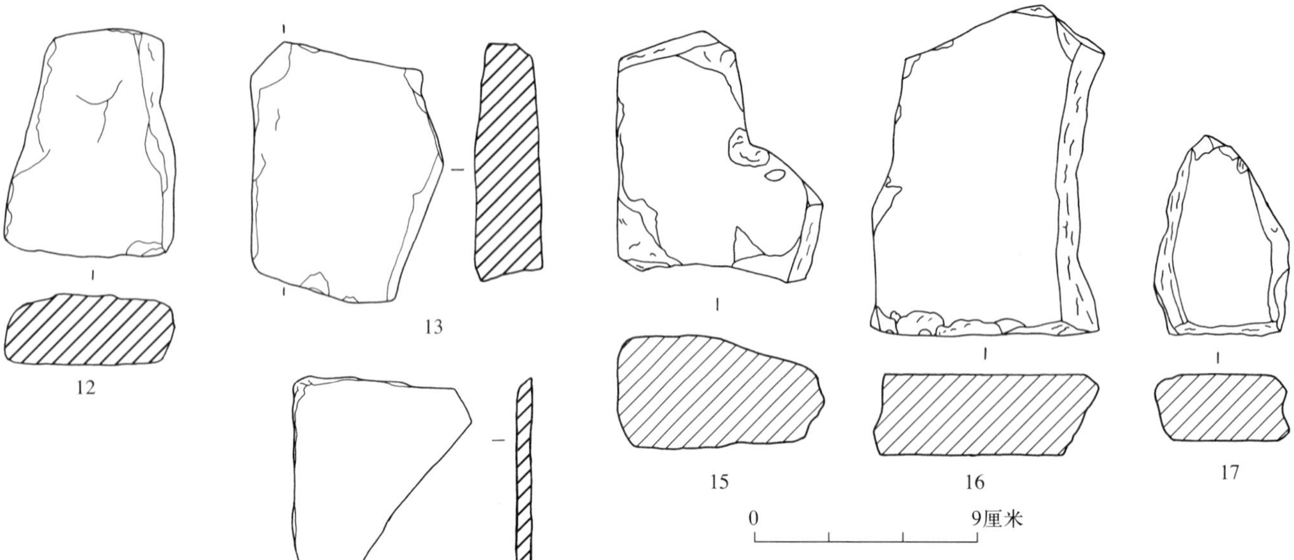

图2-236　H1出土遗物

12～17. 砺石

H1：15，砺石。红褐色砂岩，不规则形，一面有磨痕。长10、宽8.3、厚3～4.5厘米（图2-236，15；彩版一六四，6）。

H1：16，砺石。灰褐色砂岩，不规则形，两面均有磨痕。长13、宽9.3、最厚处3.2厘米（图2-236，16；彩版一六四，7）。

H1：17，砺石。红褐色砂岩，不规则形，一面有磨痕。长7.9、宽5.4、最厚处2.6厘米（图2-236，17；彩版一六四，8）。

2. H2

位于TE16N1东南部，向东延伸到探方外。开口于③层下。

平面呈半圆形（图2-237；彩版一六五，1）。长径1.9、短径1.1、深0.15米。直壁，平底。坑内堆积呈黄褐色，土质较疏松，夹杂较多褐色锈斑，包含大量红烧土颗粒及少量陶片，可辨器形有罐、鼎、鬶。

3. H3

位于TE16S1（西半部）西部。开口于③层下。

平面呈长方形（图2-238；彩版一六五，2）。长径1.7、短径0.8～1.1、深0.12米。直壁，平底。坑内堆积黄褐色锈斑土，夹杂褐色粉砂土，土质疏松，包含少量的红烧土颗粒。坑内有两块板瓦相互扣合，中间无遗物。汉代。

4. H4

位于TE16N1中部偏北。开口于③层下，被G2打破。

平面呈椭圆形（图2-239；彩版一六六，1）。长径1.6、短径0.9、深0.12米。直壁，平底。坑内堆积为黄褐色土，土质疏松，包含极少量陶片和红烧土颗粒。

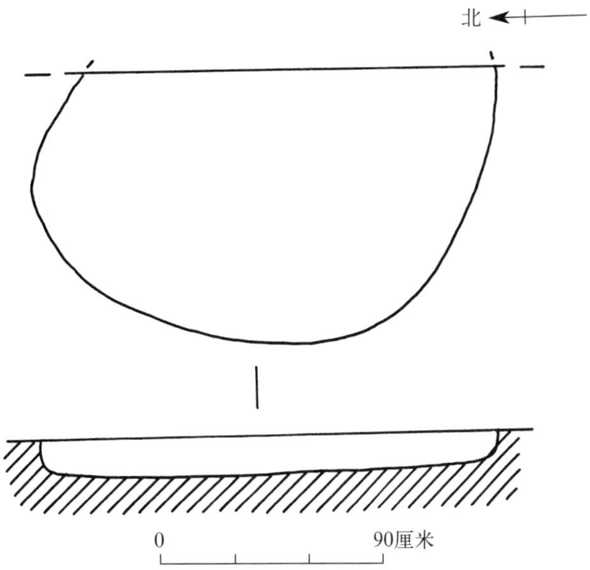

图2-237　H2平、剖面图

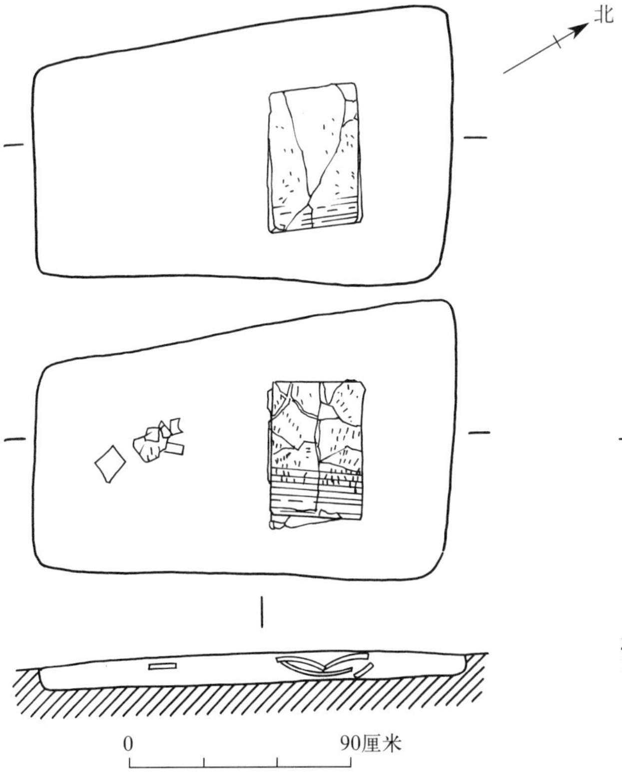

图2-238　H3平、剖面图

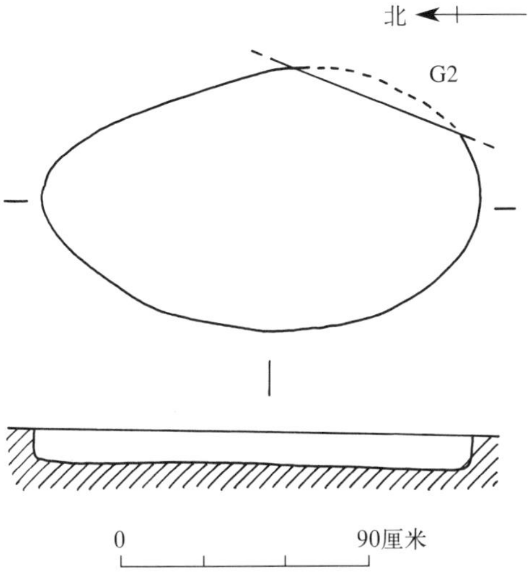

图2-239　H4平、剖面图

5. H5

位于 TE16N1 东北部。开口于③层下，被 G2 打破。

平面呈椭圆形（图 2-240；彩版一六六，2）。长径 2、短径 1.9、深 0.16 米。直壁，平底。坑内堆积为浅灰黑色土，较疏松，包含大量陶片、少量炭屑及红烧土颗粒，可辨器形有罐、鼎、

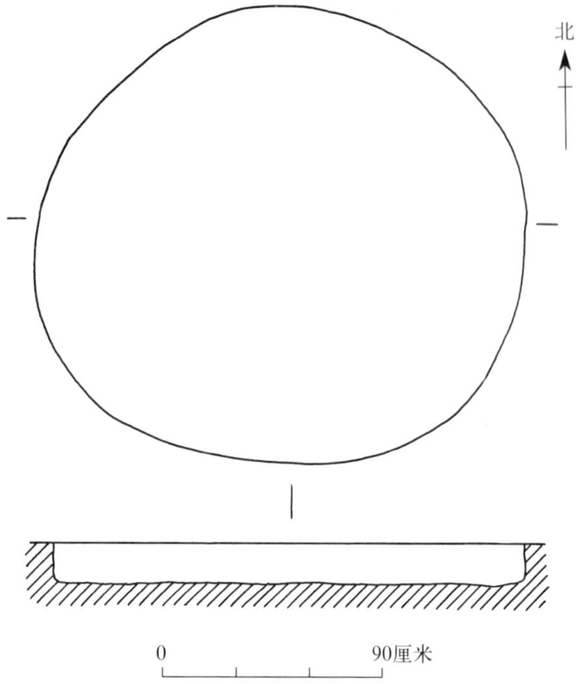

图2-240 H5平、剖面图

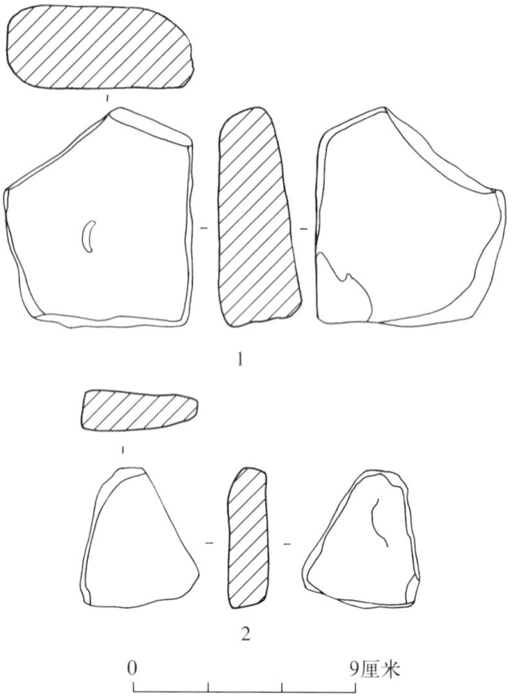

图2-241 H5出土遗物
1、2. 砺石

盆、大口尊。出土砺石2件。

H5：1，砺石。青灰色，不规则形，一面磨平。长8.8、宽7.8、最厚处3.4厘米（图2-241，1；彩版一六六，3）。

H5：2，砺石。青灰色，近三角形，边缘不整齐，一面磨平。长5.5、宽4.8、最厚处1.6厘米（图2-241，2；彩版一六六，4）。

6. H6

位于TE16N1西北角。开口于③层下，被H1打破，打破H7、H15、H26、生土。

平面近圆形（图2-242；彩版一六七，1、2）。口部长径2.6、短径2.4米，底部长径1.9、短径1.6、深0.76米。斜壁，平底。坑内堆积分三层：第1层，厚0.24～0.3米，灰黑色土，土质疏松，夹杂水锈斑，包含较多陶片、石块、烧土块等，可辨器形有鼎、罐、器盖、高柄杯、豆，鼎足有扁凿形足。第2层，厚0.33～0.36米，灰色土，土质较致密，包含较多陶片、石块、烧土块等，可辨器形有罐、鼎、器盖、豆、盆等。第3层，厚0.12米，灰白色淤土，包含少量陶片，可辨器形有罐、盆。

H6①：1，砺石。灰褐色，长方形，边缘不规整，一面磨平。长13.4、宽9、最厚处2.7厘米（图2-243，1；彩版一六七，3）。

H6②：2，陶豆。泥质黑陶。残存豆盘。敞口，圆唇，大斜折沿，浅盘，底残。口径25.2、残高5.2厘米（图2-243，2）。

H6①：3，陶鼎足。夹砂红陶。扁条形，正面有浅竖向凹槽，足尖对捏。残高8厘米（图

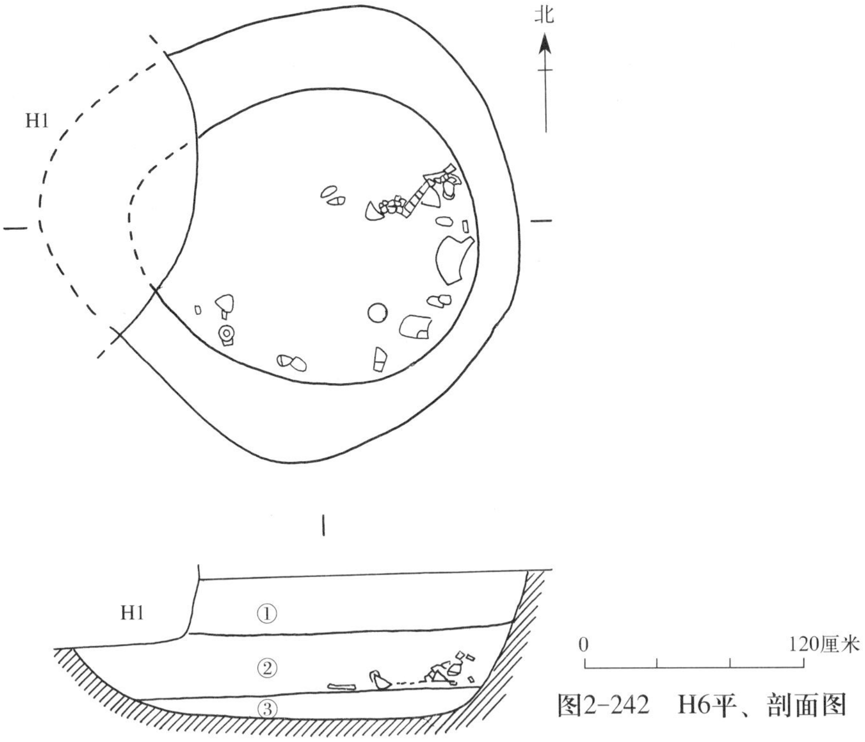

图2-242　H6平、剖面图

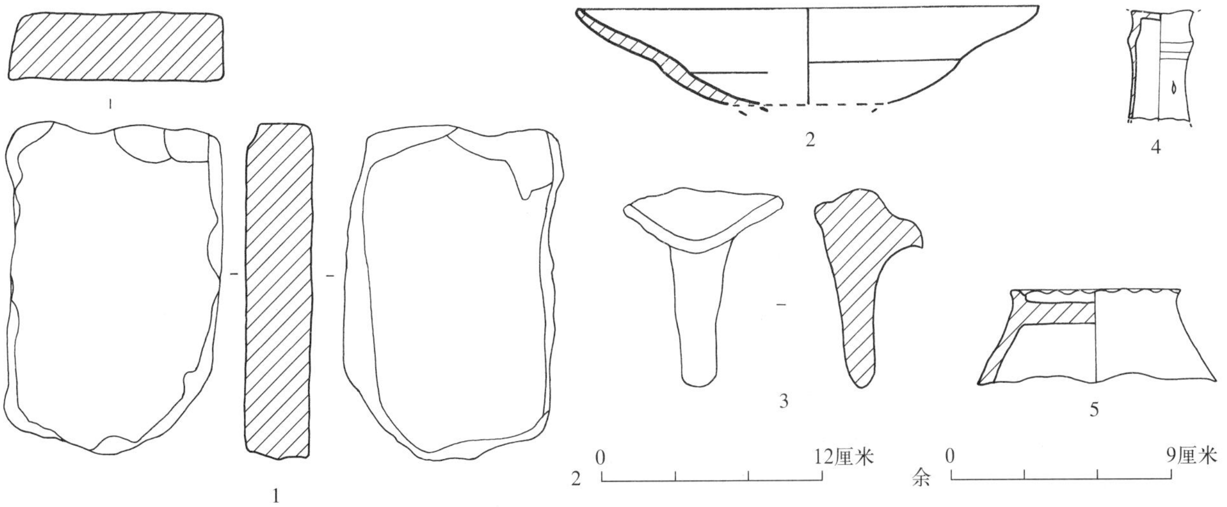

图2-243　H6出土遗物

1. 砺石 H6①：1　2. 陶豆 H6②：2　3. 陶鼎足 H6①：3　4. 陶豆柄 H6①：4　5. 陶器盖 H6②：5

2-243，3；彩版一六七，4）。

H6①：4，陶豆柄。泥质灰陶。长筒形，上部凸起，有弦纹。残高 4.4、顶径 2.5 厘米（图 2-243，4）。

H6②：5，陶器盖。夹砂红陶。覆碗形，花边形矮捉手，盖面斜弧，以下残。顶径 7.1、残高 3.8 厘米（图 2-243，5）。

7. H7

位于 TE16N1 西北角，向北延伸到探方外。开口于③层下，被 H6 打破，打破 H15、生土。

平面近半圆形（图 2-244；彩版一六八，1、2）。口部东西最长 1.9、南北最宽 1.1 米，底部东西最长 0.7、南北最宽 0.65、深 1.1 米。坑内堆积分四层：第 1 层，厚 0.66～0.7 米，灰黑色土，土质疏松，包含陶片、石块、烧土块、炭粒等，可辨器形有罐、盆、鼎、鬶。第 2 层，厚 0.15～0.22 米，灰黄色土，土质较致密，包含零星陶片。第 3 层，厚 0.16～0.2 米，灰色土，土质较疏松，包含极少量陶片。第 4 层，厚 0.12～0.24 米，灰黄色土，土质较致密，无陶片。

H7①：1，石镞。黑色，残存尖部，三角形，通体磨光。残长 1.5、宽 0.95、最厚处 0.55 厘米（图 2-245，1；彩版一六八，3）。

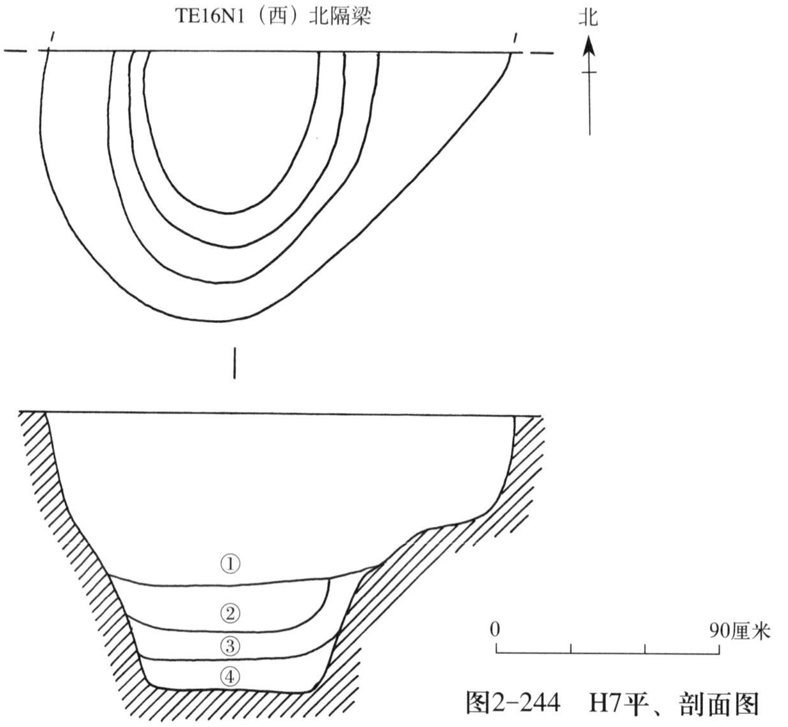

图2-244 H7平、剖面图

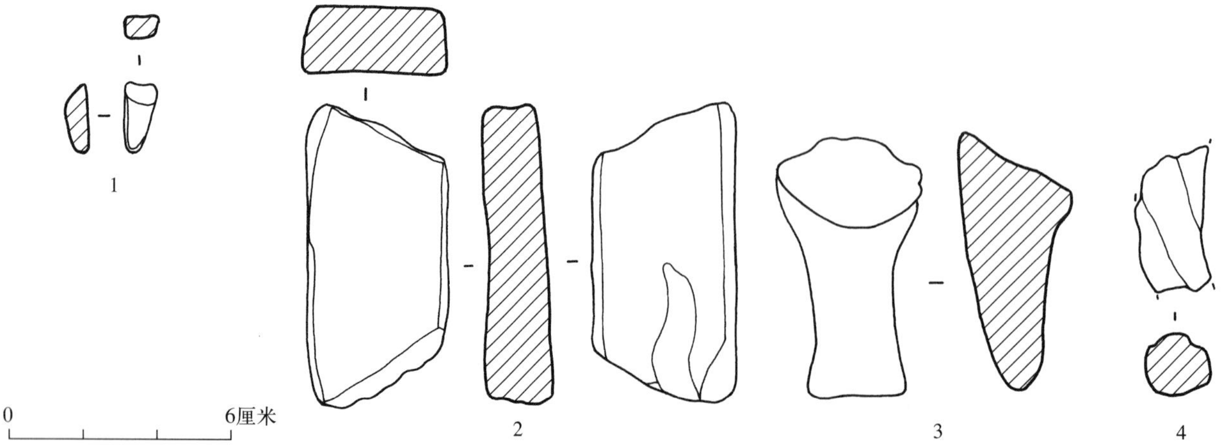

图2-245 H7出土遗物

1. 石镞 H7①：1 2. 砺石 H7①：2 3. 陶鼎足 H7①：3 4. 陶鬶把手 H7①：4

H7①：2，砺石。青灰色，近长方形，三面磨平。残长 8.2、宽 4、厚 1.7～1.9 厘米（图 2-245，2）。

H7①：3，陶鼎足。泥质灰陶。扁铲形。高 6.9 厘米（图 2-245，3；彩版一六八，4）。

H7①：4，陶鬶把手。泥质灰胎黑皮陶。绞丝状。残长 3.9、宽 2、最厚处 1.7 厘米（图 2-245，4）。

8. H8

位于 TE16N1 北部。开口于③层下。

平面呈椭圆形（图 2-246；彩版一六九，1）。口部长 1.6、宽 1.3 米，底部长 1.6、宽 1.2、深 0.5 米。直壁，圜底。坑内堆积为灰黄色土，包含较多陶片和少量红烧土块及木炭、石块，可辨器形有罐、鼎、盆、豆、盒、杯（彩版一六九，2）。

9. H9

位于 TE15S1 东北角。开口于③层下。被 ZD2 打破。

平面呈近椭圆形（图 2-247；彩版一六九，3）。口部长 1.6、宽 1.4、深 0.5 米。直壁，平底。坑内堆积为灰黑土，夹杂草木灰，包含少量陶片和石块，可辨器形有罐、鼎等（彩版一六九，4）。

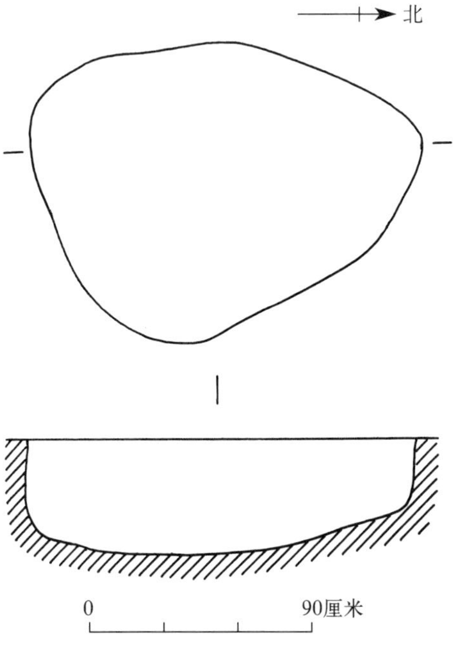

图2-246　H8平、剖面图

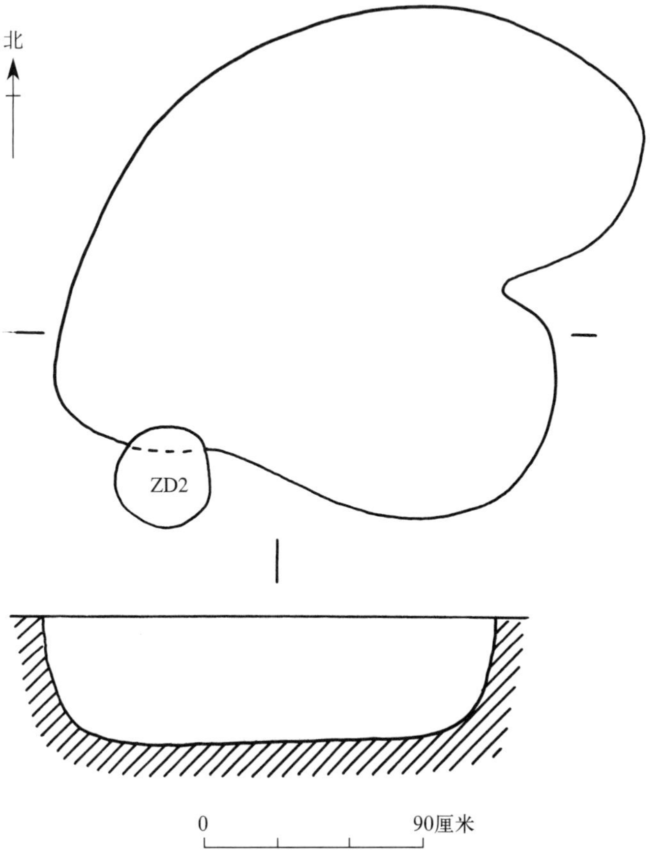

图2-247　H9平、剖面图

10. H10

位于 TE16S1（西半部）中部偏西北。开口于③层下。

平面近椭圆形（图 2-248；彩版一七〇，1）。长径 2、短径 1.5、深 0.18 米。直壁，平底。坑内堆积灰褐色粉土，土质硬，包含少量的红烧土块、石块、陶片。

11. H11

位于 TE16S1（西半部）东部，向东延伸到探方外。开口于③层下，打破 H42、H50。

平面呈长方形（图 2-249；彩版一七〇，2）。长径 1.5、短径 1.4、深 0.2 米。直壁，平底。坑内堆积褐色锈斑土，土质硬，包含少量的红烧土块、石块、陶片。

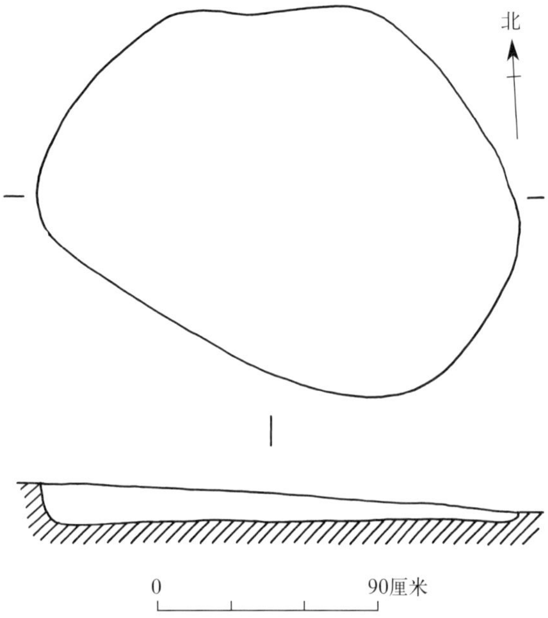

图2-248　H10平、剖面图

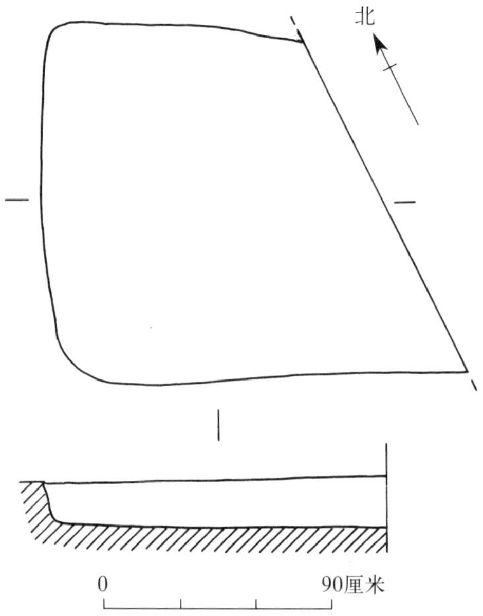

图2-249　H11平、剖面图

12. H12

位于 TE16S1（西半部）南部。开口于③层下。

平面呈椭圆形（图 2-250；彩版一七〇，3）。长径 1.0、短径 0.8、深 0.3 米。斜壁，圜底。坑内堆积褐色锈斑土，土质硬，包含较多的红烧土粒、零星陶片等。

13. H13

位于 TE15S1 南部。开口于③层下。

平面近圆形（图 2-251；彩版一七一，1）。东西最长 0.85、南北最宽 0.9、深 0.26 米。直壁、平底。坑内堆积不分层，填土为褐色，土质较硬，较纯净，包含极少量的陶片、红烧土颗粒。

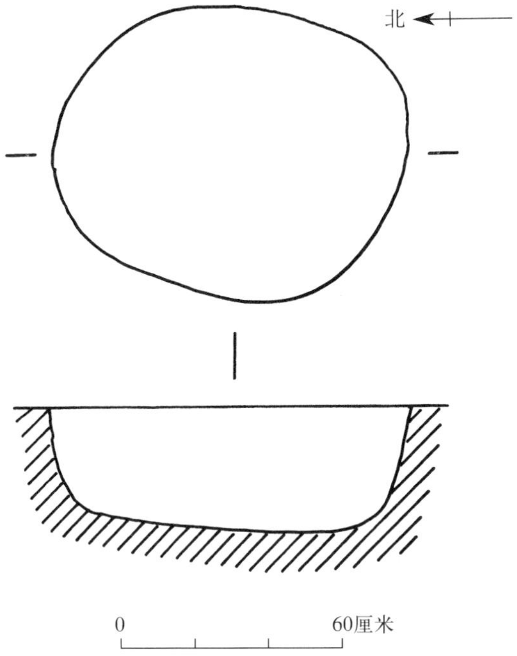

图2-250　H12平、剖面图

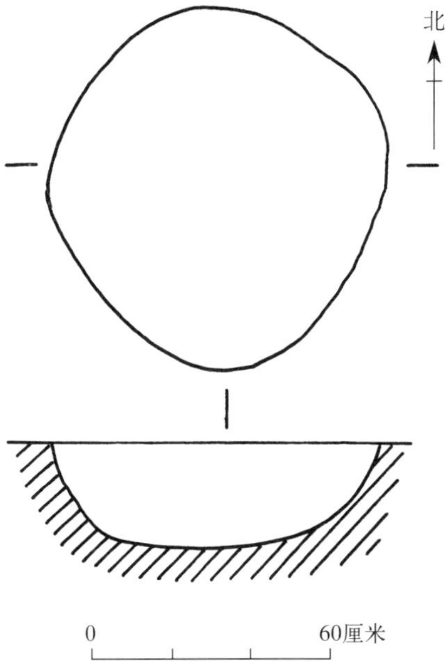

图2-251　H13平、剖面图

14. H14

已销号。

15. H15

位于 TE16N1 西北部。开口于④层下，被 H6、H7、H8 打破，打破 H26、H41、H43。

平面近半圆形（图 2-252；彩版一七一，2、3）。南北最长 2.9、东西最宽 1.7、深 0.8 米。近直壁，平底。坑内堆积分五层：第 1 层，厚 0.16～0.34 米，灰黄色土，夹杂黑色土块，土质疏松，包含较多陶片、石块、烧土块等，可辨器形有罐、刻槽盆、纺轮、豆、器盖、鼎、鬶（彩版一七二，1）。第 2 层，厚 0.12～0.2 米，灰褐色土，土质疏松，包含较多陶片、石块、烧土块等，可辨器形有罐、豆、盆、器盖、钵、鼎，另有少量兽骨（彩版一七二，2）。第 3 层，厚 0.08～0.4 米，灰黑色土，土质疏松，包含较多陶片、石块、烧土块、炭屑及少量兽骨、兽牙，可辨器形有罐、高柄杯、器盖、豆、鼎、盆（彩版一七二，3）。第 4 层，厚 0.08～0.18 米，灰褐色土，土质较致密，夹杂红色生土粒，包含陶片、烧土块、兽骨等，可辨器形有罐、豆、高柄杯、器盖、鼎、盆，石块较多（彩版一七二，4）。第 5 层，厚 0.08～0.22 米，灰烬层，包含较多陶片、石块、烧土块，可辨器形有罐、鼎、盆，另有少量兽骨、兽牙（彩版一七二，5）。

H15④：1，陶纺轮。泥质红陶。圆饼形，剖面弧形，一面微内凹，一面弧起。直径 4.6、孔径 0.6、最厚处 0.8 厘米（图 2-253，1）。

H15⑤：2，砺石。黄褐色，不规则长方体，一面有磨痕。长 13.6、宽 9.4、最厚处 9.2 厘米（图 2-253，2；彩版一七二，6）。

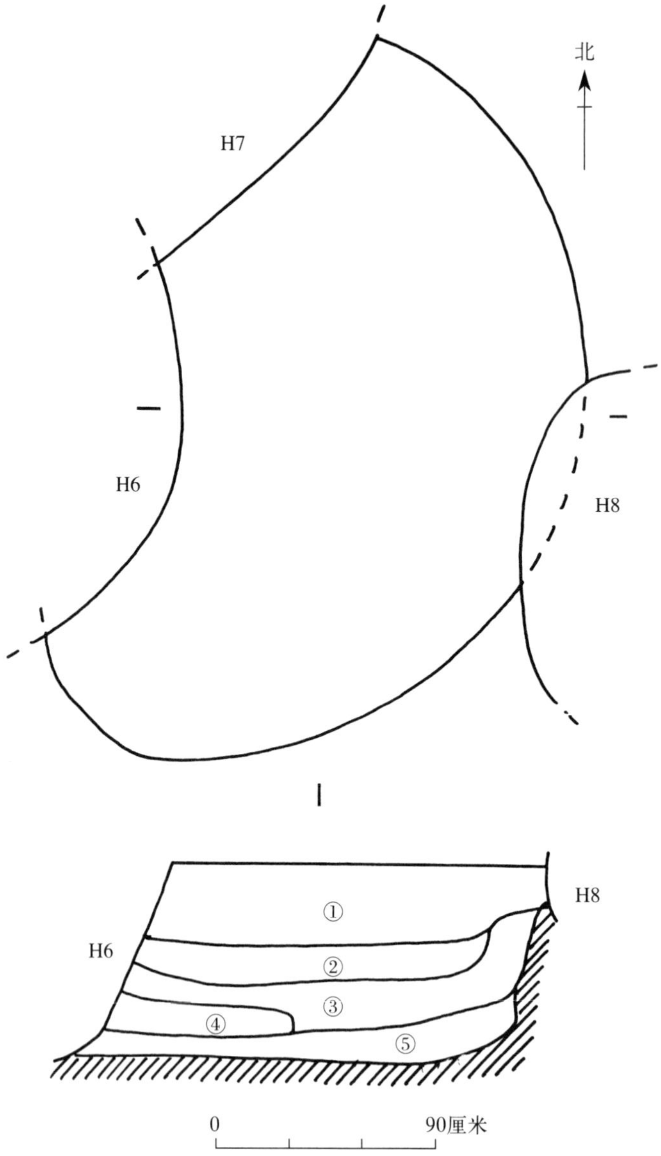

图2-252　H15平、剖面图

H15④：3，陶罐。夹砂黑衣褐陶。侈口，尖圆唇，斜肩，下腹鼓出，小平底。口径 6.3、最大腹径 12、底径 5.7、高 10.2 厘米（图 2-253，3；彩版一七二，7）。

H15①：4，陶纺轮。泥质红褐陶。圆饼形，剖面呈椭圆形，两面均弧起。直径 5.4、孔径 0.5、最厚处 0.8 厘米（图 2-253，4；彩版一七二，8）。

H15①：5，刻槽盆。泥质红衣黄褐陶。残存口沿。敛口，圆唇，内壁口沿下有交错刻槽。残长 11.1、残宽 6.9 厘米（图 2-253，5）。

H15①：6，陶鬶足。夹砂红陶。圆锥形，上端突起。残高 5.2 厘米（图 2-254，6）。

H15①：7，陶鼎足。夹砂红褐陶。近凿形。残高 4 厘米（图 2-254，7）。

H15③：8，陶腹片。泥质黑衣灰褐陶。肩部残片，上有数周凸弦纹和泥饼。残长 10.5、残宽 7.8 厘米（图 2-253，8）。

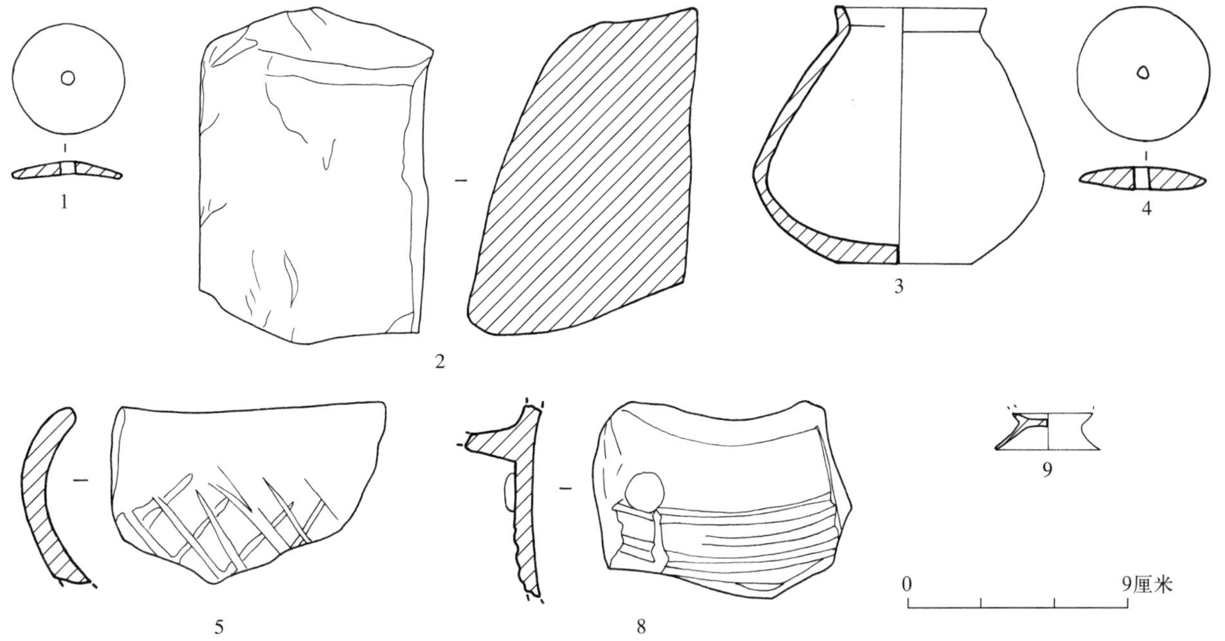

图2-253　H15出土遗物

1.陶纺轮 H15④：1　2.砺石 H15⑤：2　3.陶罐 H15④：3　4.陶纺轮 H15①：4　5.刻槽盆 H15①：5　8.陶腹片 H15③：8　9.陶圈足 H15③：9

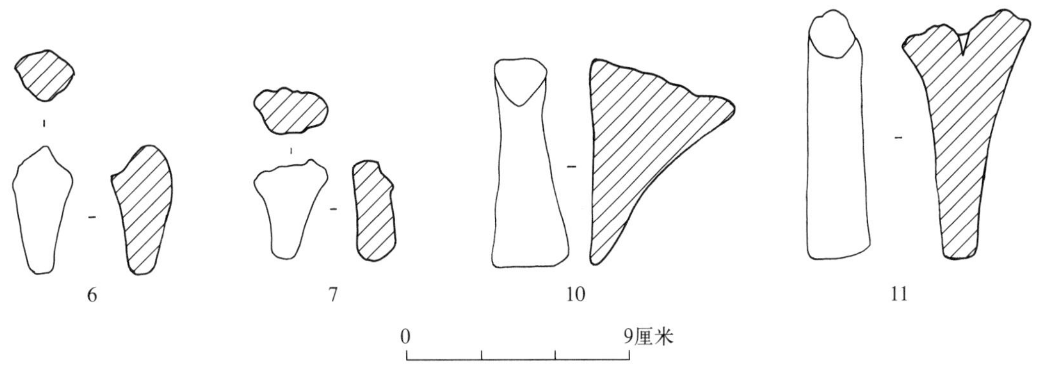

图2-254　H15出土遗物

6.陶鬶足 H15①：6　7、10、11.陶鼎足 H15①：7、H15⑤：10、11

H15③：9，陶圈足。泥质灰陶。矮喇叭形，应为圈足杯之圈足。底径4.2、残高1.5厘米（图2-253，9）。

H15⑤：10，陶鼎足。泥质黑衣灰陶。凿形，足端宽扁。残高8.4厘米（图2-254，10）。

H15⑤：11，陶鼎足。夹植物夹蚌红陶。凿形，两侧面有刻槽。残高10厘米（图2-254，11）。

16. H16

位于TE16N2（东）中部。开口于③层下。

平面近方形（彩版一七三，1）。坑口长径 1.7、短径 1.6 米，坑底长 1.2、宽 0.8、深 0.4 米。直壁，底部中间有一小浅坑。坑内堆积不分层，填土呈黄褐色，土质较硬，夹杂零星红烧土颗粒，包含极少量陶片。

17. H17

位于 TE16N2（东）西部，挂西壁。开口于③层下。

平面近椭圆形（图 2-255；彩版一七三，2）。坑口长径 1.6、短径 1.3 米，坑底长 1.1、宽 0.9、深 0.5 米。斜壁，平底。坑内堆积为灰褐色土，土质较硬，夹杂零星红烧土颗粒，包含极少量陶片。

18. H18

位于 TE16N1 西南部。开口于③层下，打破 F1。

平面呈椭圆形（图 2-256；彩版一七三，3）。长径 1.1、短径 0.85、深 0.16 米。直壁，平底。坑内堆积不分层，填土呈灰褐色，土质较疏松，包含极少量陶片，可辨器形有鼎。

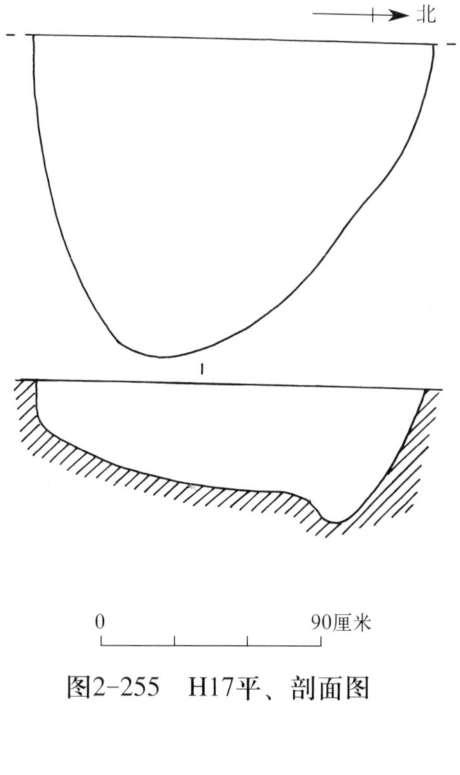

图2-255　H17平、剖面图

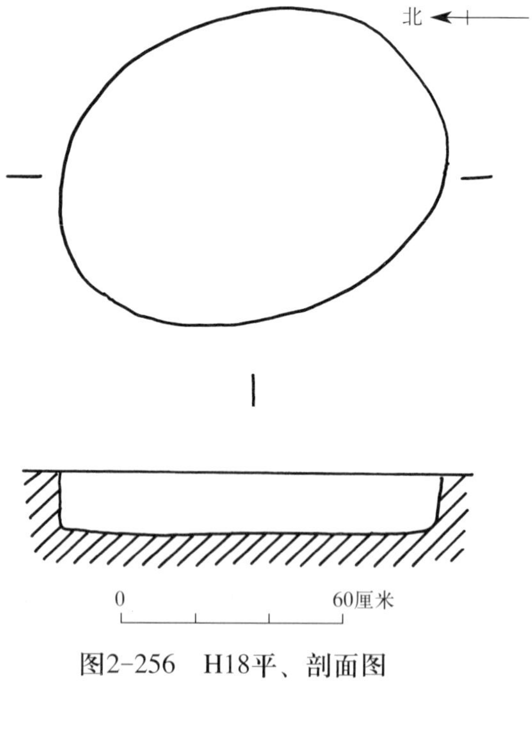

图2-256　H18平、剖面图

19. H19

位于 TE16N2（东）东北部，挂东壁。开口于③层下，打破 H35。

平面近椭圆形（图 2-257；彩版一七四，1）。坑口长径 1.2、短径 0.76、深 0.4 米。直壁，平底。坑内堆积为黄褐色土，土质较硬，夹杂零星红烧土颗粒，包含极少量陶片。

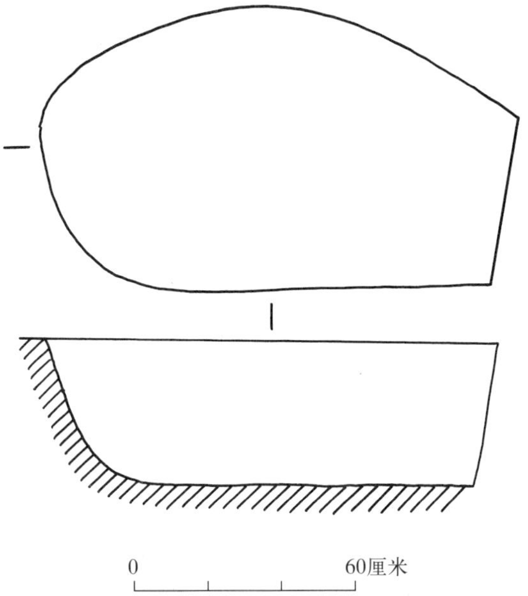

图2-257　H19平、剖面图

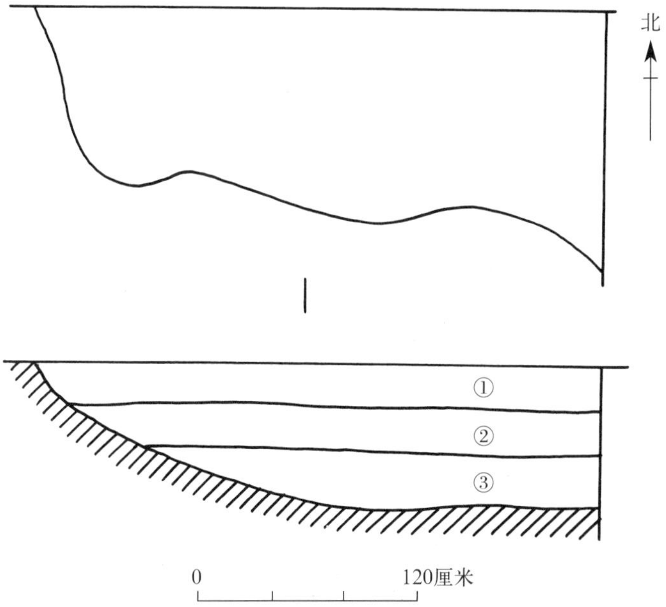

图2-258　H20平、剖面图

20. H20

位于 TE16N2（东）北部，挂北壁和东壁。开口于③层下。

平面呈不规则形（图 2-258；彩版一七四，2）。坑口长径 3.3、短径 1.5 米，坑底长 1.5、宽 0.7、深 0.8 米。斜壁，底部南高北低。坑内堆积分为三层：第 1 层，浅黄褐色土，夹杂零星红烧土颗粒，土质较硬，较纯净，包含极少量陶片，厚 0.25 米。第 2 层，深黄褐色土，夹锈斑，土质较硬，较纯净，厚 0.25 米。第 3 层，深褐色土，夹大量锈斑，土质黏软，包含较多的陶片和少量石块、红烧土块，厚 0.3 米。

H20：1，砺石。灰褐色，近方形，正面和一侧面磨平。长 12.4、宽 7.8、最厚处 5.4 厘米（图 2-259；彩版一七四，4）。

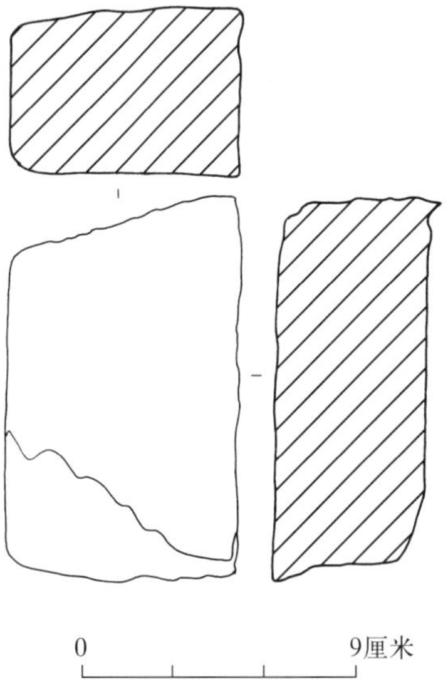

图2-259　H20出土砺石H20：1

21. H21

位于 TE16S1（西半部）西南部。开口于③层下，打破 H42。

平面呈椭圆形（图 2-260；彩版一七四，3）。长径 1.1、短径 0.7、深 0.3 米。斜壁，平底。坑内堆积灰褐色细砂土，土质硬，包含少量的红烧土块、陶片等。

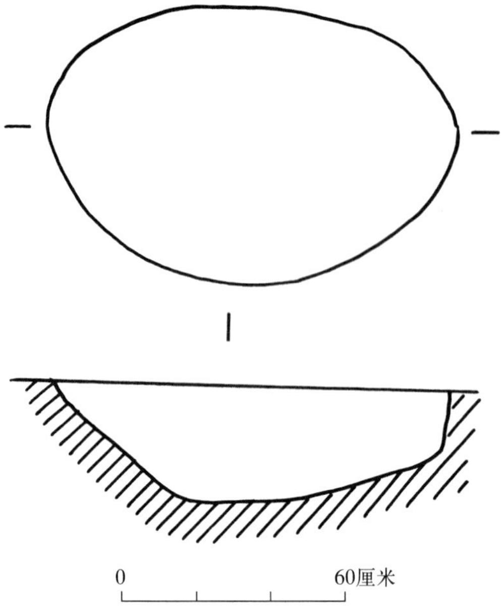

图2-260　H21平、剖面图

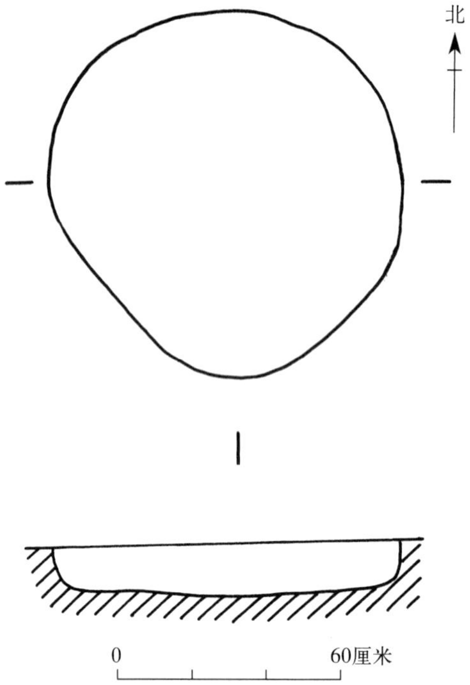

图2-261　H22平、剖面图

22. H22

位于 TE16S1（西半部）西南角、TE15S1 东隔梁。开口于③层下。

平面呈椭圆形（图 2-261；彩版一七五，1）。长径 1、短径 0.9、深 0.12 米。斜壁，平底。坑内堆积黄褐色黏土，土质硬，填土较纯。

23. H23

位于 TE16S1（西半部）西南部，挂南壁。开口于③层下，打破 H45。

平面呈半圆形（图 2-262；彩版一七五，2）。长径 1.4、短径 0.4、深 0.4 米。斜壁，平底。坑内堆积黄褐色锈斑土，土质硬，包含少量的红烧土粒，夹杂少量的陶片、石块等。

24. H24

位于 TE15S1 东南角，向南至 TE15S2 东北隔梁。开口于③层下，打破 M8，被 H22 打破。

平面呈椭圆形（图 2-263；彩版一七五，3）。东西最长 2.6、南北最宽 3.2、深 0.3 米。斜壁，平底。坑内堆积不分层，填土呈红褐色，土质较硬，包含极少量陶片。

H24：1，砺石。青灰色砂岩，长方形，通体打磨。残长 11.9、宽 5.5、最厚处 1.1 厘米（图 2-264；彩版一七五，4）。

25. H25

位于 TE16S1（西半部）中部偏西南。开口于③层下，打破 H42。

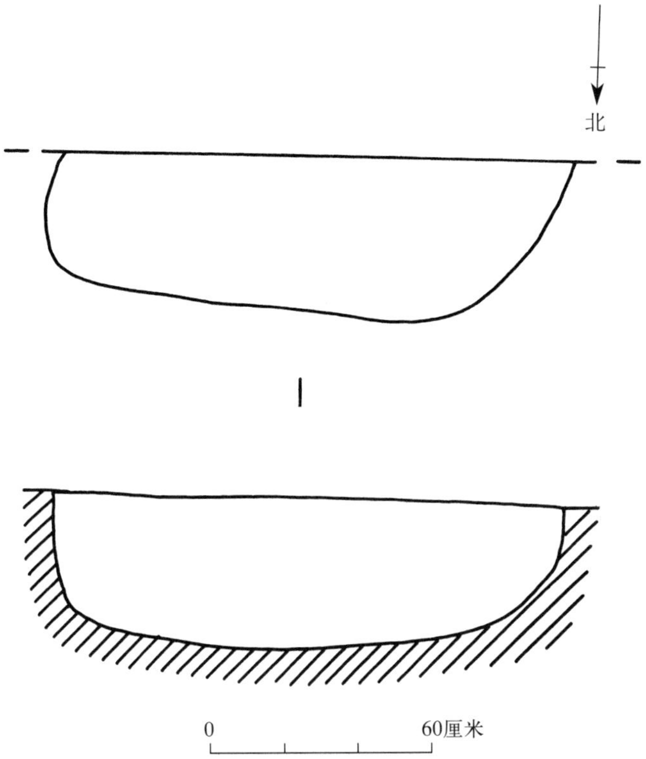

图2-262　H23平、剖面图

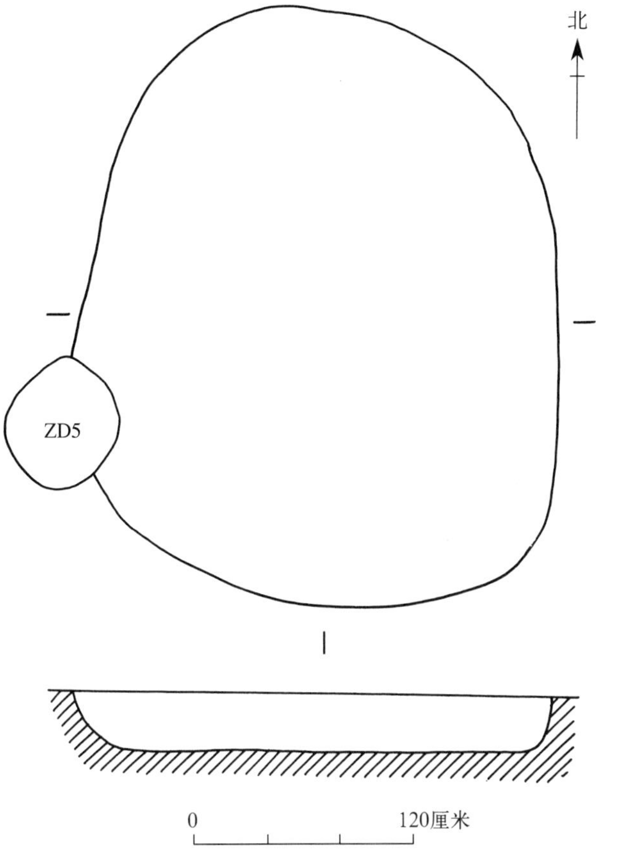

图2-263　H24平、剖面图

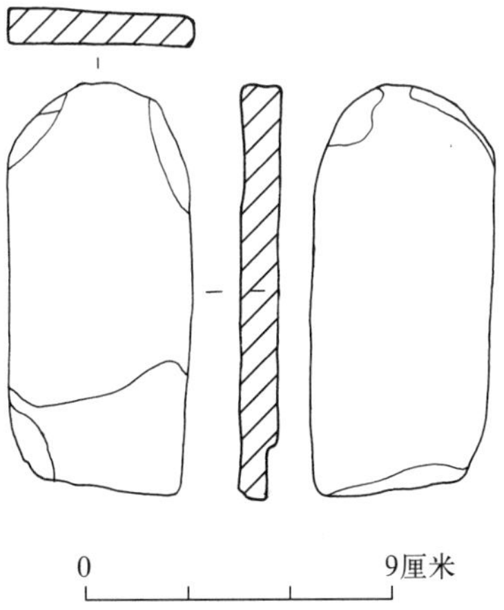

图2-264　H24出土砺石H24：1

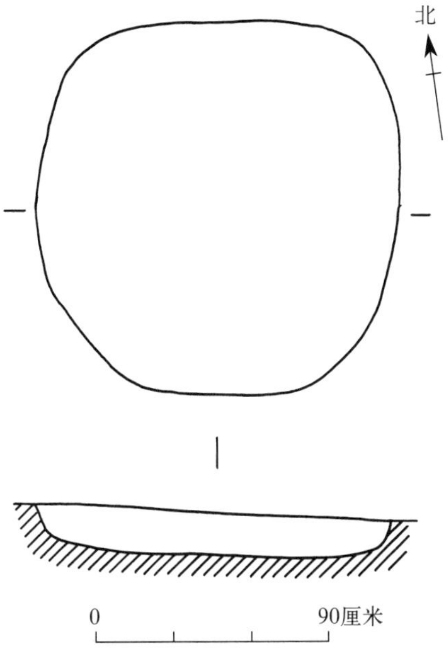

图2-265　H25平、剖面图

平面近圆形（图 2-265；彩版一七六，1）。直径 1.4、深 0.18 米。直壁，平底。坑内堆积灰褐色土，土质硬，包含少量的红烧土粒，夹杂少量的陶片、石块等（彩版一七六，2）。

26. H26

位于 TE16N1 西北部。开口于④层下，被 H1、H6、H15 打破。

平面呈半椭圆形（图 2-266；彩版一七六，3）。东西最长 2.35、南北最宽 1.2、深 0.27 米。直壁，平底。坑内堆积不分层，填土呈灰褐色，土质较疏松，包含少量陶片、石块，可辨器形有罐、鼎。

H26∶1，陶鼎足。泥质红陶。侧装凿形足，足根有按窝。高 9.4 厘米（图 2-266，1；彩版一七六，4）。

27. H27

位于 TE15S1 东北部隔梁。开口于③层下，打破 H28。

平面呈椭圆形（图 2-267；彩版一七七，1）。东西最长 1.6、南北最宽 1.45、深 0.2 米。直壁、平底。坑内堆积不分层，土色为红褐色，较疏松，包含少量陶片、石块。

28. H28

位于 TE15S1 东北部隔梁。开口于③层下。被 H27 打破。

平面呈椭圆形（图 2-268；彩版一七七，2）。东西最长 1.5、南北最宽 0.75、深 0.8 米。直壁，圜底。坑内堆积为灰褐色土，包含少量陶片和石块。

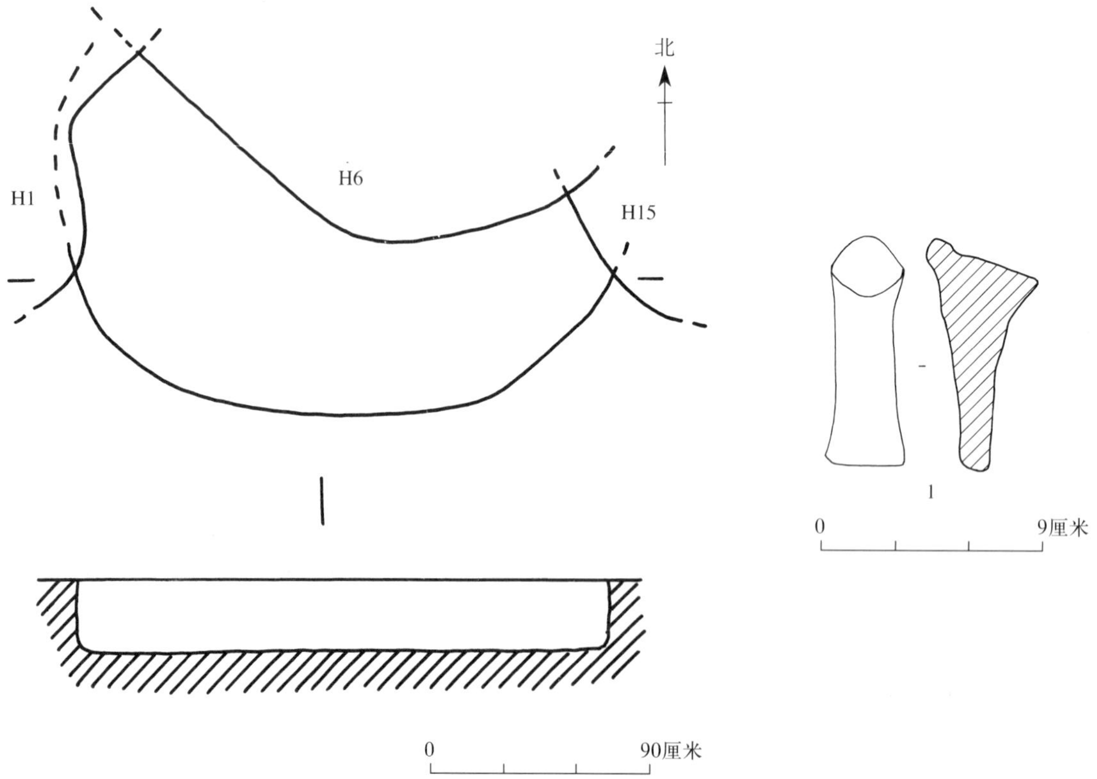

图2-266　H26平、剖面图及出土遗物

1. 陶鼎足

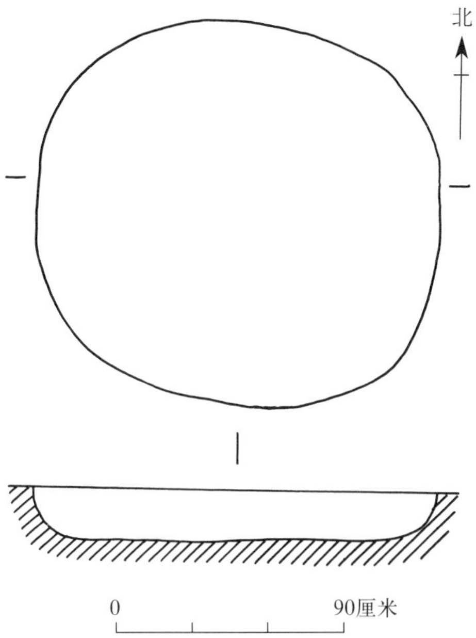

图2-267　H27平、剖面图

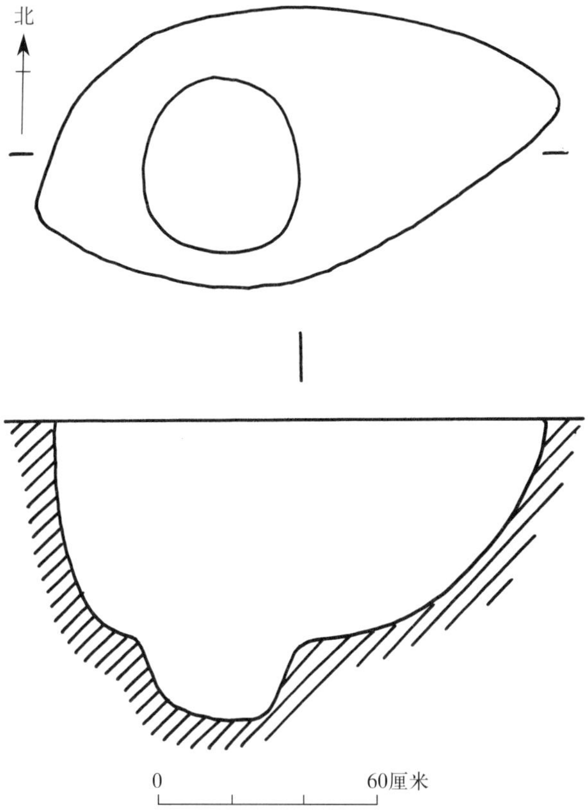

图2-268　H28平、剖面图

29. H29

位于 TE16N1 东北部。开口于③层下，被 H5、H8 打破，打破 M13。

平面呈圆角长方形（图 2-269；彩版一七七，3）。长 2.01、宽 0.56、深 0.24 米。直壁，平底。坑内堆积不分层，土色为灰褐色，土质疏松，包含少量陶片及红烧土粒。

30. H30

位于 TE16N1 东北部。开口于③层下，打破 M13。

平面呈椭圆形（图 2-270；彩版一七八，1）。长径 1.6、短径 0.9、深 0.2 米。坑内堆积不分层，土色为黄褐色，土质较疏松，夹杂较多红烧土粒，包含极少量陶片，可辨器形有罐、鼎。

31. H31

位于 TE16N1 东北部，挂东壁。开口于④层下。

平面呈半圆形（图 2-271；彩版一七八，2）。长径 0.9、短径 0.4、深 0.3 米。直壁，平底。坑内堆积不分层，土色为灰褐色，土质较疏松，包含极少量陶片。

32. H32

位于 TE16N1 东北部，挂东壁。开口于④层下。

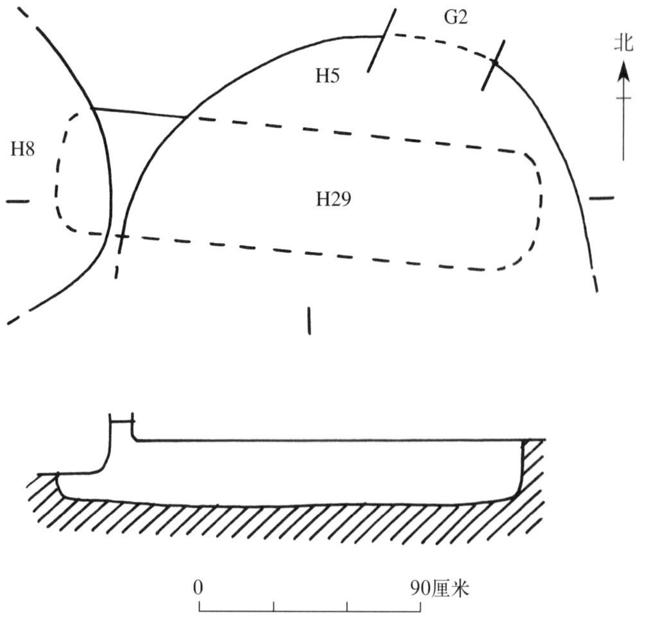

图2-269　H29平、剖面图

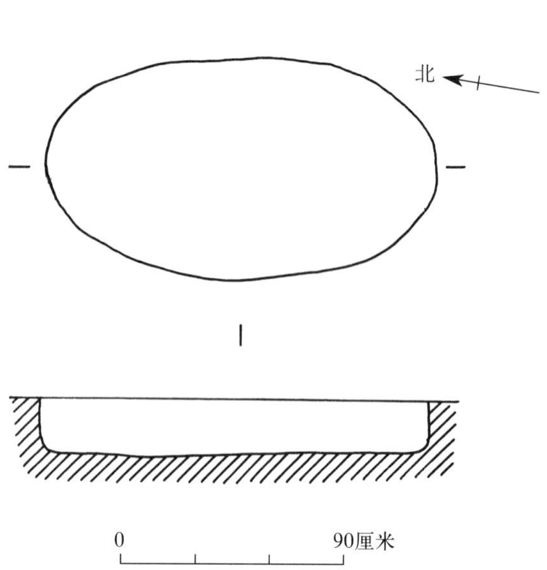

图2-270　H30平、剖面图

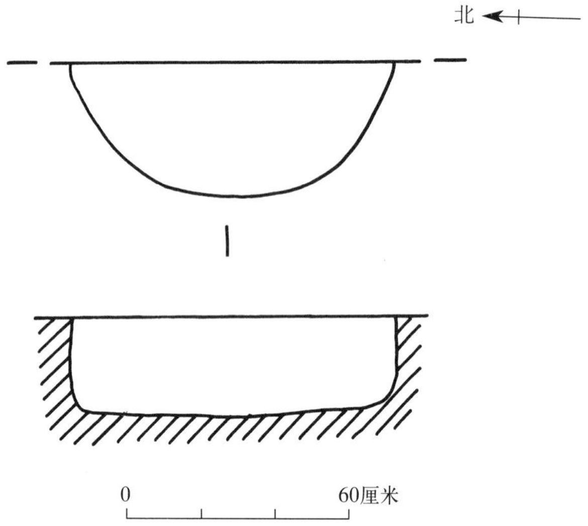

图2-271　H31平、剖面图

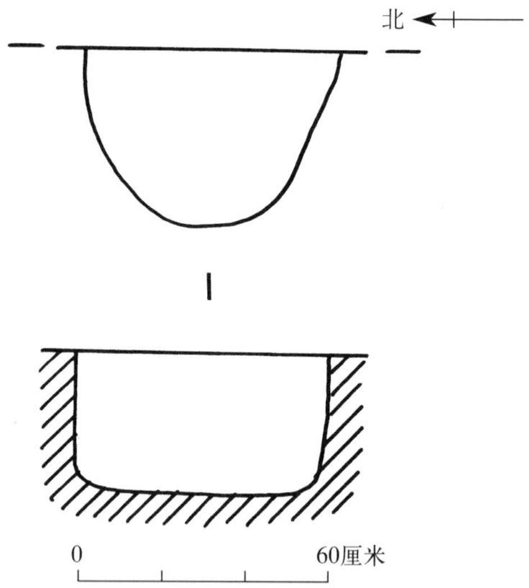

图2-272　H32平、剖面图

平面呈半圆形（图 2-272；彩版一七八，3）。长 0.6、宽 0.4、深 0.3 米。直壁，平底。坑内堆积不分层，土色为灰黄褐色，土质较疏松，包含极少量陶片。

33. H33

位于 TE16N1 东北部。开口于④层下，打破 M20。

平面呈椭圆形（图 2-273；彩版一七九，1）。长径 0.9、短径 0.7、深 0.25 米。直壁，平底。坑内堆积不分层，土色为灰黄色，土质较疏松，包含极少量陶片。

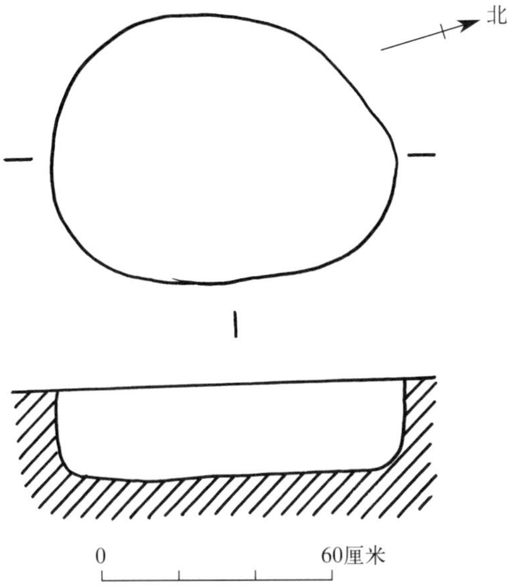

图2-273　H33平、剖面图

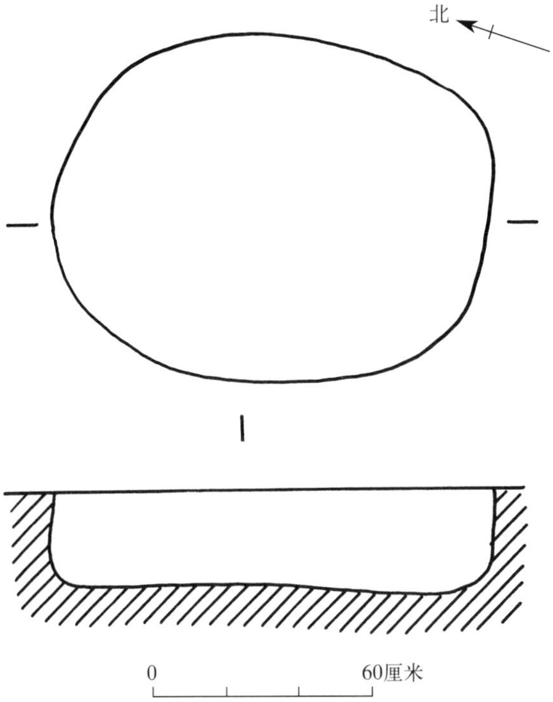

图2-274　H34平、剖面图

34. H34

位于 TE16N1 东部。开口于④层下，打破 M12。

平面呈椭圆形（图 2-274；彩版一七九，2）。长径 1.2、短径 0.9、深 0.3 米。直壁，平底。坑内堆积不分层，土色为灰黑色，土质较疏松，包含极少量陶片。

35. H35

位于 TE16N2（东）东北部。开口于④层下，被 H19 打破。

平面近椭圆形（图 2-275；彩版一七九，3）。坑口长径 1.1、短径 0.9、深 0.3 米。斜壁，平底。坑内堆积为黄褐色土，夹杂零星红烧土颗粒，土质较硬，包含少量陶片。

36. H36

位于 TE16N2（东）西北部，挂西壁。开口于④层下，打破 H40。

平面近不规则椭圆形（图 2-276；彩版一八〇，1）。坑口长径 1.9、短径 1.5、深 0.6 米。斜壁，底不平，南高中部低。坑内堆积为浅灰褐色土，夹杂少量红烧土颗块，土质黏软，出土少量陶片。

37. H37

位于 TE15S1 西南部。开口于③层下。

平面呈椭圆形（图 2-277；彩版一八〇，2）。东西最长 1.2、南北最宽 0.8、深 0.3 米。直壁，平底。坑内堆积不分层，填土较黑，土质较疏松，包含少量陶片、石块。可辨器形有罐、鼎、器盖、盆。

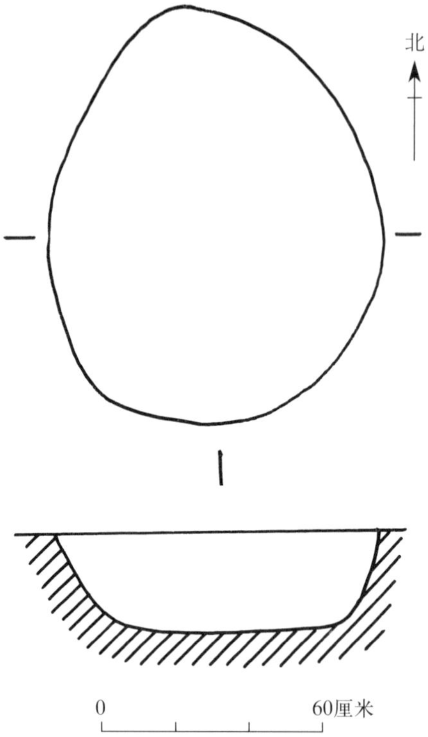

图2-275 H35平、剖面图

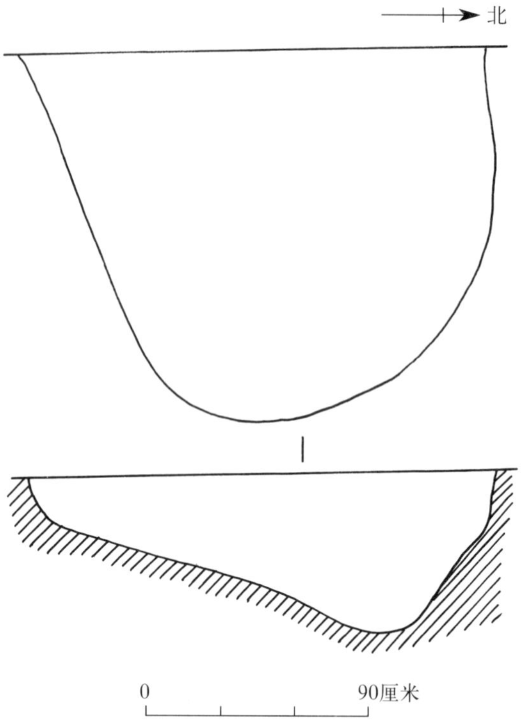

图2-276 H36平、剖面图

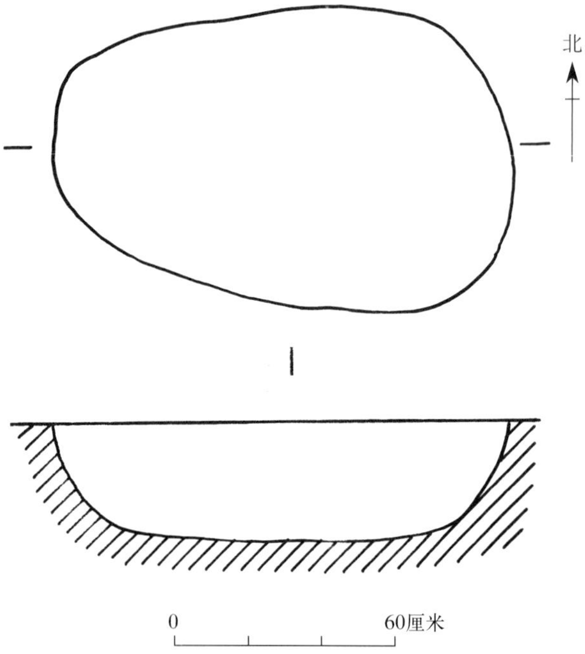

图2-277 H37平、剖面图

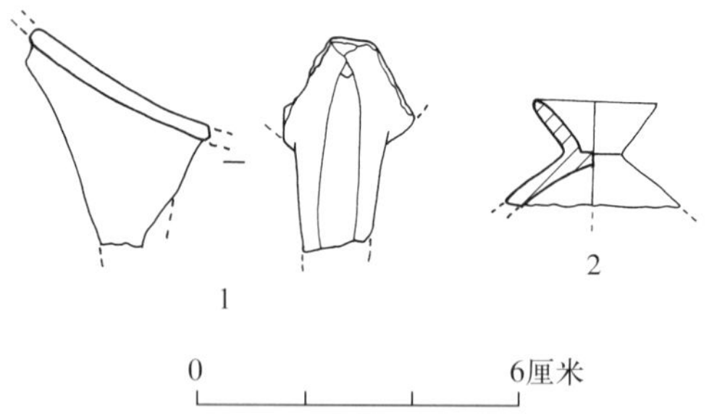

图2-278 H37出土遗物
1. 陶鼎足 2. 陶器盖

H37：1，陶鼎足。夹石英灰陶。凿形。残高4.2厘米（图2-278，1；彩版一八〇，4）。

H37：2，陶器盖。泥质灰陶。残存矮喇叭形捉手。捉手径2.5、残高2厘米（图2-278，2）。

38. H38

位于 TE16N1 东南角，向南延伸到探方外。开口于④层下。

平面呈半圆形（图 2-279；彩版一八〇，3）。长径 1.8、短径 0.8、深 0.4 米。斜壁，平底。坑内堆积不分层，土色为灰黑色，土质疏松，包含少量红烧土颗粒、炭屑及较多陶片，可辨器形有罐、鼎、豆、盆，鼎足为夹植物陶的凿形足。

39. H39

位于 TE16N1 东南角。开口于④层下，打破 M10。

平面呈椭圆形（图 2-280；彩版一八一，1）。长径 1.4、短径 1.2、深 0.16 米。直壁，平底。坑内堆积不分层，土色为黄褐色，土质较疏松，包含极少量陶片。

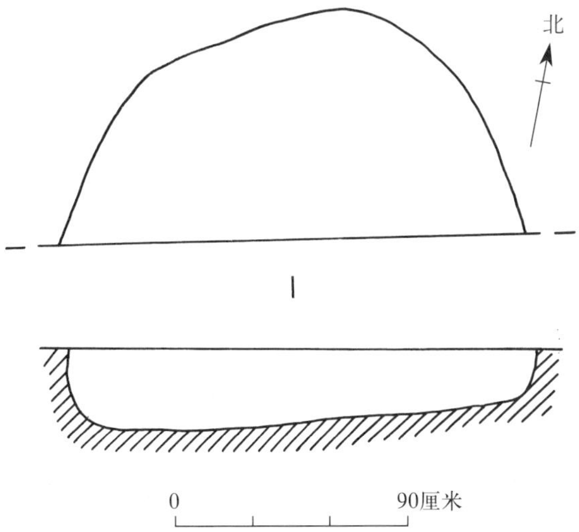

图2-279 H38平、剖面图

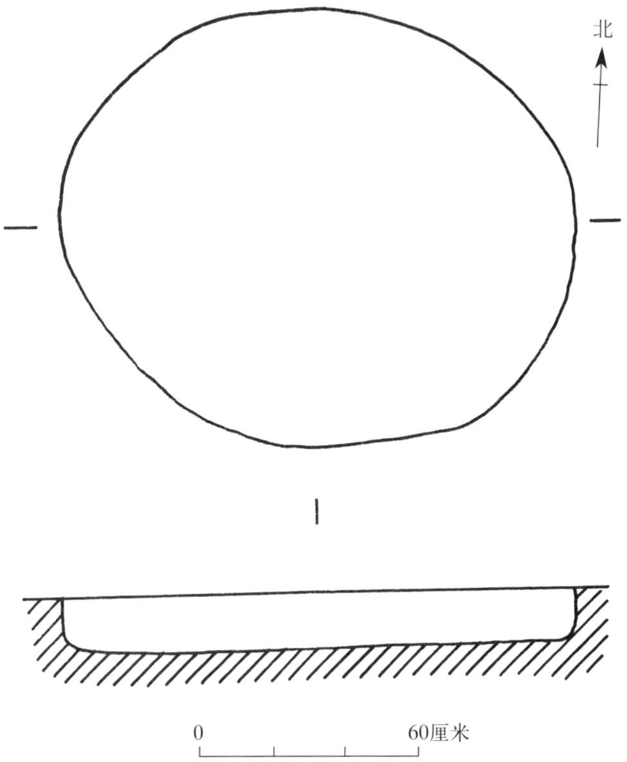

图2-280 H39平、剖面图

40. H40

位于 TE16N2（东）北部。开口于④层下，被 H36 打破。

平面近椭圆形（图 2-281；彩版一八一，2）。坑口长径 1.4、短径 0.6、深 0.6 米。斜壁，平底。坑内堆积为浅灰褐色土，夹杂少量红烧土颗粒，土质黏软，出土少量陶片。

41. H41

位于 TE16N1 北部。开口于④层下，被 H8、H15 打破。

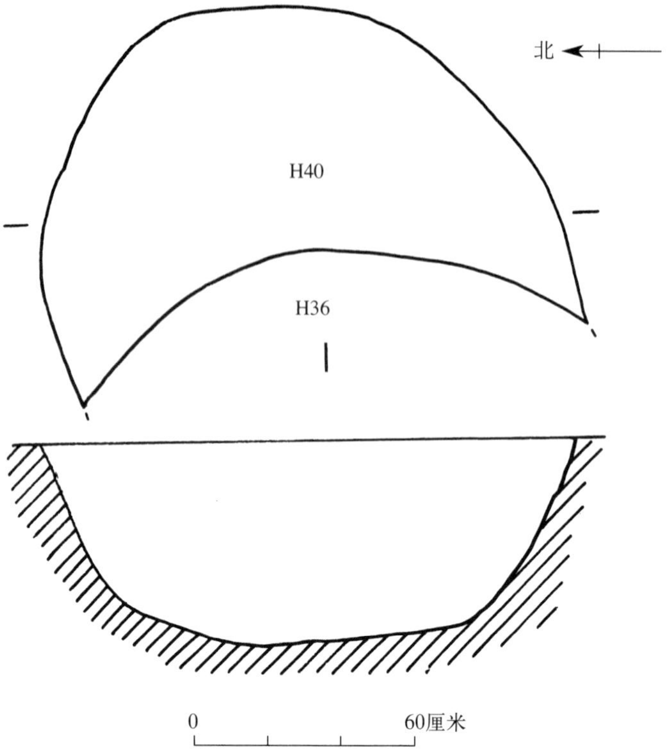

图2-281　H40平、剖面图

平面呈不规则形，近椭圆（图 2-282；彩版一八一，3）。南北最长 1.14、东西最宽 0.5、深 0.4 米。坑内堆积不分层，填土呈灰褐色，土质较疏松，包含少量陶片，可辨器形有鼎。

H41：1，陶鼎足。泥质红陶。侧装凿形足，足尖近锥状。残高 11.4 厘米（图 2-282，1）。

42. H42

位于 TE16S1（西半部）西部，向西至 TE15S1 东隔梁。开口于③层下，被 M2、H3、H10、H11、H21、H25、H49 打破。

平面呈椭圆形（图 2-283；彩版一八二、一八三）。长径 3.9、短径 3.6、深 0.8～1.1 米。直壁，平底，西部有台阶，坑底中北部有一柱洞。坑内堆积共分八层。第 1 层，黄褐色，含少量红烧土块，土质较硬，出土少量陶片、石块，厚 0.2 米。第 2 层，灰褐色，含少量红烧土块，土质较硬，出土少量陶片、石块，厚 0.12～0.2 米。第 3 层，深灰褐色，含草木灰，土质黏软，出土少量陶片、石块、红烧土块，厚 0.1～0.18 米。第 4 层，灰黄色粉砂土，稍纯净，出土少量陶片、石块，厚 0.1～0.25 米。第 5 层，黑灰色土夹杂黄色条带，土质黏软，出土较多的陶片，少量石块，厚 0.1～0.2 米。第 6 层，灰黄色，稍纯净，土质较硬，出土少量陶片、石块、红烧土块，厚 0.1～0.2 米。第 7 层，黑灰色，含大量草木灰，土质黏软，出土较多的陶片，少量石块，厚 0.05～0.15 米。第 8 层，黄褐色粉砂土，纯净，厚 0.08～0.12 米。

H42：1，砺石。黄褐色，长方形，一面磨平。长 6.2、残宽 6、最厚处 1.5 厘米（图 2-284，1）。

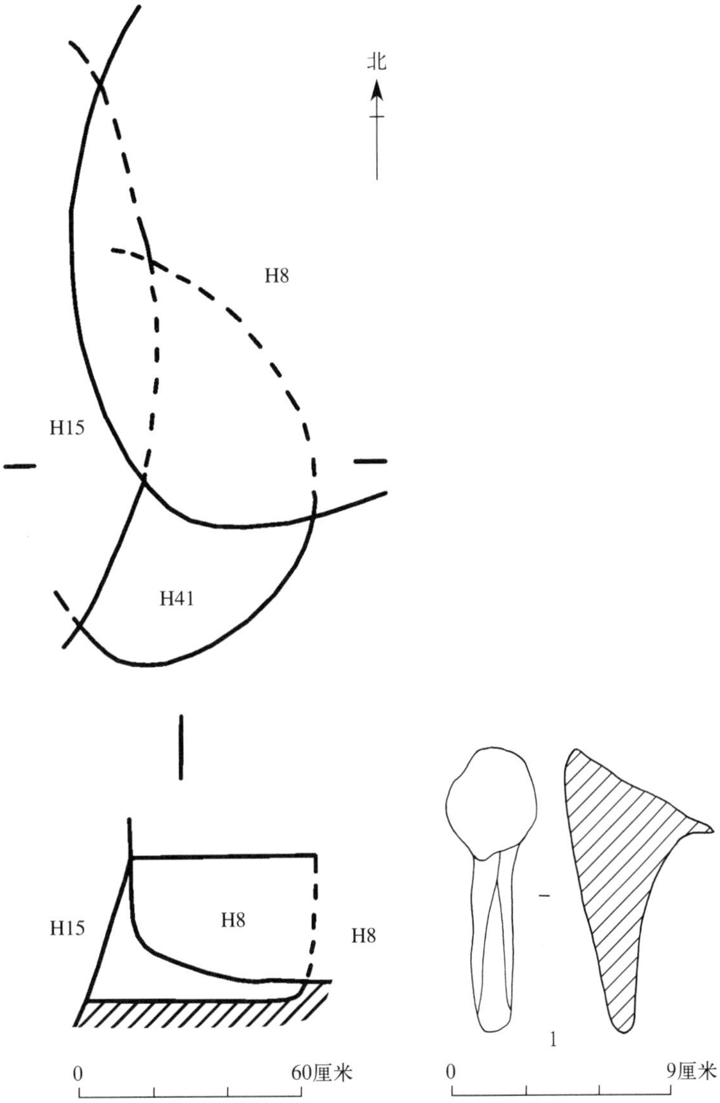

图2-282　H41平、剖面图及陶鼎足H41∶1

H42∶2，石环。青灰色，残，环形，通体磨光。复原内径 5.8、外径 8.8、厚 0.6 厘米（彩版一八四，1）。

H42⑤∶3，骨锥形器。白色，残，锥形，剖面呈圆形，通体磨光有切削痕。直径 0.4～0.7、残长 1.5 厘米（图 2-285，3；彩版一八四，2）。

H42∶4，陶支座。夹植物红陶。残，锥体，底平，中间有穿孔。长 4.6、宽 4.9、最厚处 2.4 厘米（图 2-285，4；彩版一八四，3）。

H42⑤∶5，陶鼎。夹细砂红褐陶。器表残存少量红衣。直口微侈，尖圆唇，短卷沿，折腹，上腹部有一对鸡冠耳，圜底近平，凿形足，足根突起，下有 2 个按窝。口径 20、残高 12.5 厘米（图 2-285，5；彩版一八四，5）。

H42∶6，陶纺轮。泥质黄褐陶。圆饼形，剖面近长方形，两面平直。直径 3.3、孔径 0.6、厚

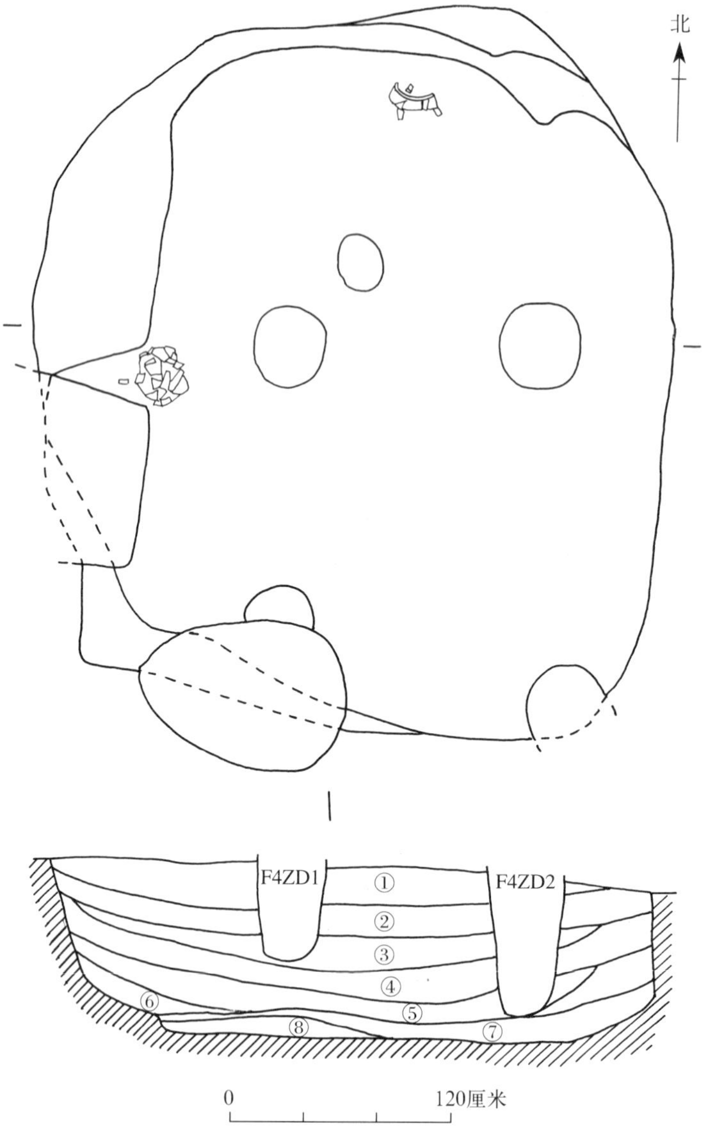

图2-283 H42平、剖面图

0.8 厘米（图 2-285，6；彩版一八四，4）。

H42：7，石镞。灰黑色，柳叶形，剖面近三角形，尾部有铤。长 5.6、宽 1.5、厚 0.5 厘米（图 2-284，7）。

H42：8，陶纺轮。泥质黑衣褐陶。圆饼形，剖面呈椭圆形，两面弧起。直径 4.5、孔径 0.5、最厚处 0.8 厘米（图 2-285，8）。

H42：9，陶罐。泥质黑衣灰陶。口残，圆腹，下腹斜内收，平底微内凹。最大腹径 30、底径 10、残高 23 厘米（图 2-285，9）。

H42：10，陶罐形鼎。已销号。

H42：11，砺石。黄褐色，长条形，通体磨平。残长 9.8、宽 2.8、最厚处 1.4 厘米（图 2-284，11；彩版一八四，6）。

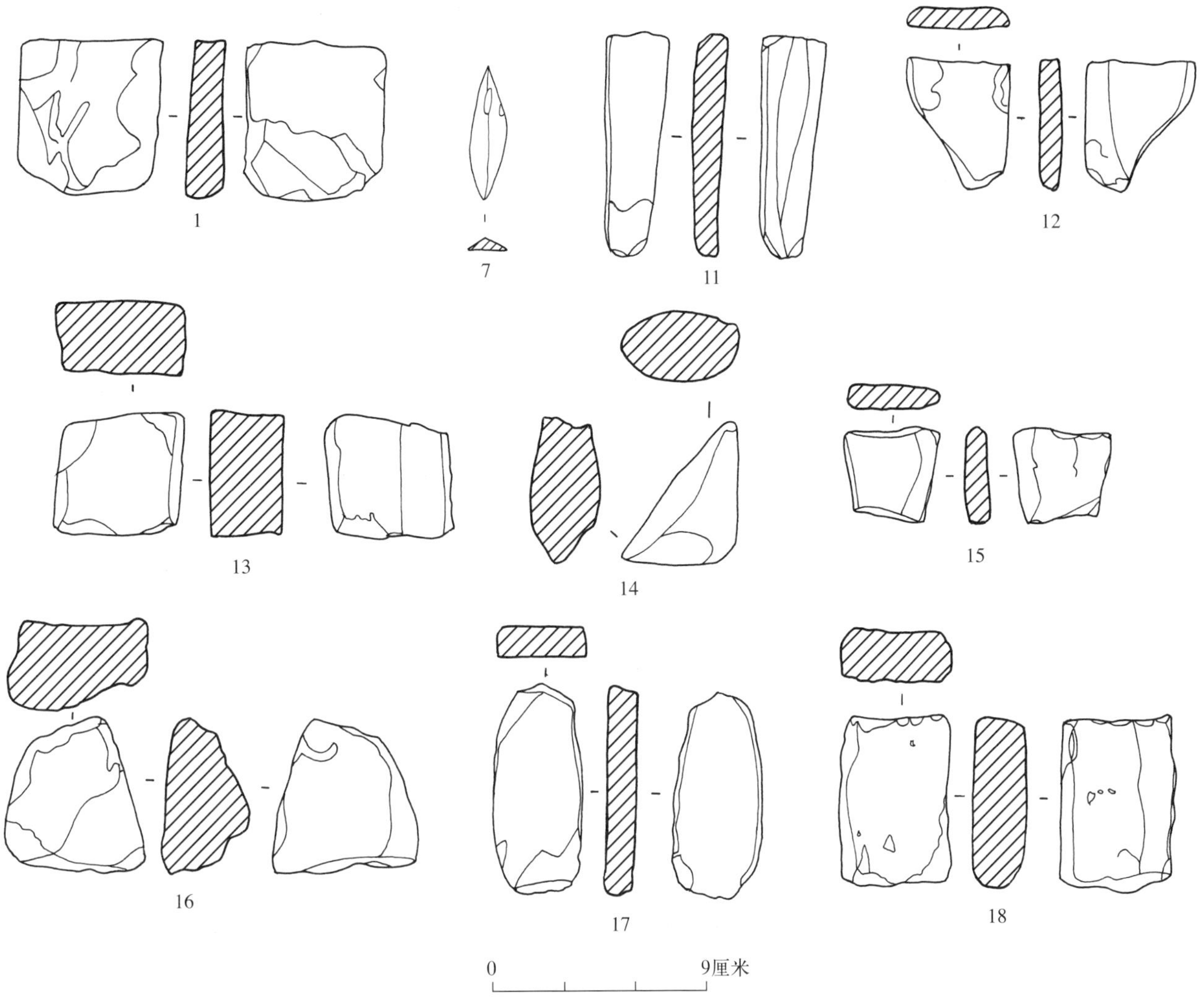

图2-284　H42出土遗物

7.石镞　11～13、15～18.砺石　14.石斧

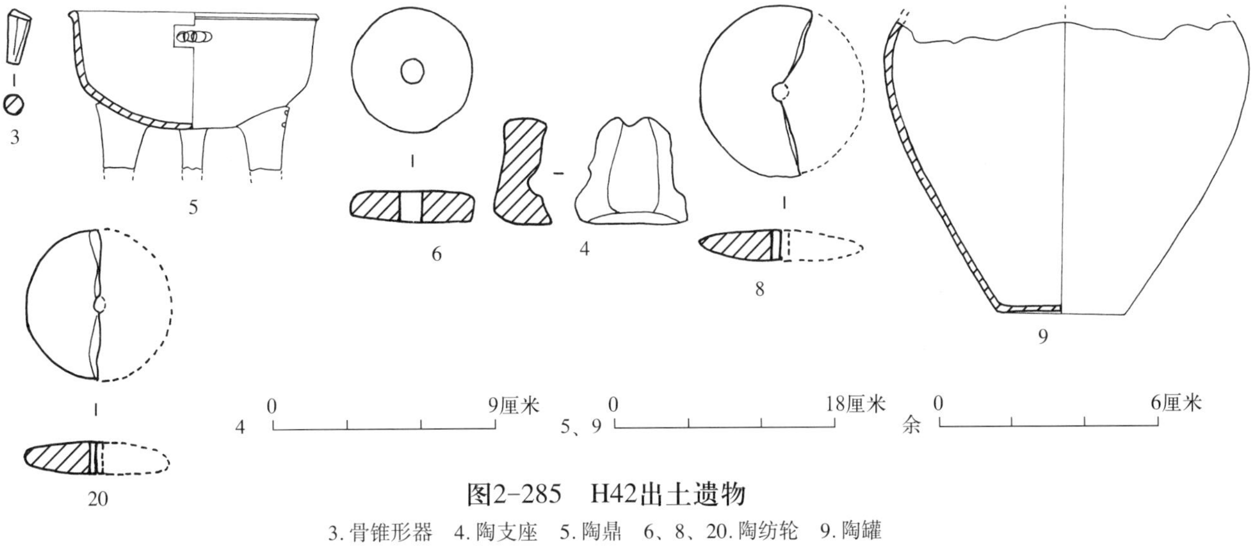

图2-285　H42出土遗物

3.骨锥形器　4.陶支座　5.陶鼎　6、8、20.陶纺轮　9.陶罐

H42：12，砺石。灰黑色，不规则形，通体磨平。残长5.8、残宽4.7、最厚处1厘米（图2-284，12；彩版一八四，7）。

H42：13，砺石。黄褐色，近方形，一面磨平。残长5.4、宽5.8、厚3.2厘米（图2-284，13）。

H42：14，石斧。墨绿色，残存刃部一角，刃部有崩痕。残长6.4、残宽3.2、最厚处3.1厘米（图2-284，14）。

H42：15，砺石。灰绿色，近方形，一面有磨痕。残长4.3、宽4.3、最厚处1.1厘米（图2-284，15）。

H42：16，砺石。黄褐色，不规则形，无磨痕。残长6.8、残宽6.4、厚3～4厘米（图2-284，16）。

H42：17，砺石。黄褐色，长椭圆形，一面有磨痕。残长9.2、宽4、厚1.3厘米（图2-284，17）。

H42：18，砺石。黄褐色，长方形，一面磨平。残长7.4、宽4.7、最厚处2.4厘米（图2-284，18）。

H42：19，砺石。黄褐色，近方形，一面磨平。残长6.9、残宽7.2、厚3厘米（图2-286，19）。

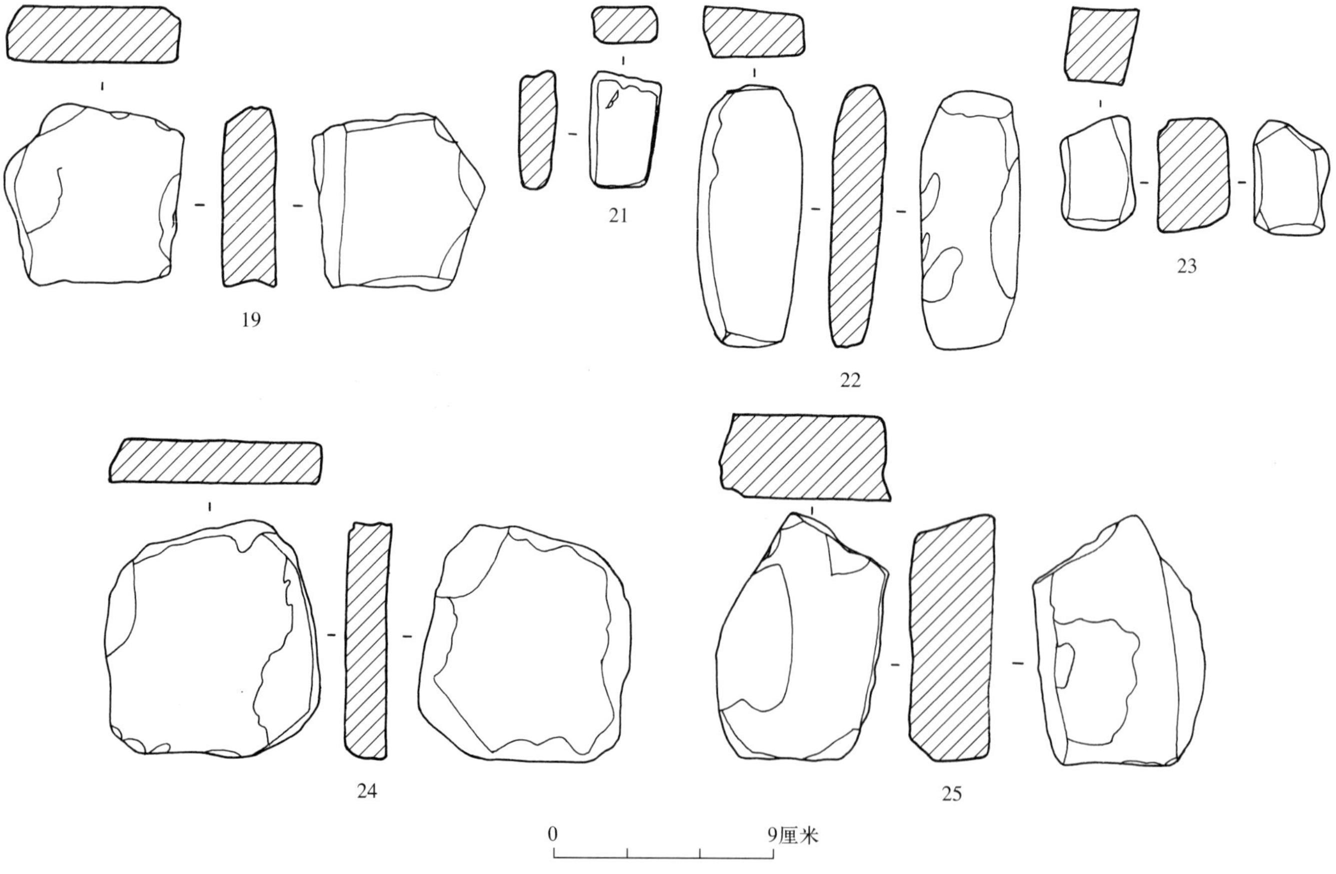

图2-286　H42出土遗物

19、21、22、24、25.砺石　23.石斧

H42：20，陶纺轮。泥质黑陶。圆饼形，剖面呈椭圆形，两面弧起。直径4、孔径0.4、厚0.8厘米（图2-285，20）。

H42：21，砺石。黄褐色砂质岩，长方形，一端残，表面磨平。残长4.8、宽2.8、最厚处1.5厘米（图2-286，21；彩版一八四，8）。

H42：22，砺石。黄褐色，长方形，正反两面磨平。长10.5、宽4.2、最厚处2.1厘米（图2-286，22）。

H42：23，石斧。灰黑色，残存上部，表面磨光。残长4.7、残宽3.1、最厚处3厘米（图2-286，23）。

H42：24，砺石。黄褐色，近方形，一面磨平。残长9.5、残宽8.9、厚1.8厘米（图2-286，24）。

H42：25，砺石。黄褐色，不规则形，一面磨平。残长10、残宽7.1、最厚处3.4厘米（图2-286，25）。

H42①：26，陶罐。已销号。

H42①：27，陶罐。夹石英黑衣灰陶。残存口沿。侈口，尖圆唇，折沿，弧腹。口径10.2、残高3.8厘米（图2-287，27）。

H42①：28，陶盆。泥质红衣灰陶。残存口沿。敞口，尖唇，卷沿，折腹。口径20.7、残高5厘米（图2-287，28）。

H42①：29，陶盆。泥质黑衣褐陶。残存口沿。敞口，尖圆唇，宽平沿，沿面有周凹槽，弧腹内收，肩部有数周凹弦纹。残宽4.2、残高4.5、厚0.3～0.5厘米（图2-287，29）。

H42②：30，陶盆。泥质褐陶。残存口沿。敛口，圆唇，弧腹内收，器表有三周凹弦纹。残宽4、残高4.6、厚0.4～0.7厘米（图2-288，30）。

H42②：31，陶鼎足。夹石英黑陶。凿形，鼎足内外都有按窝。残高5.2厘米（图2-288，31）。

H42②：32，陶鼎足。泥质褐陶。卷边瓦形足，鼎足根部正面有六道竖刻划纹。残高4.2厘

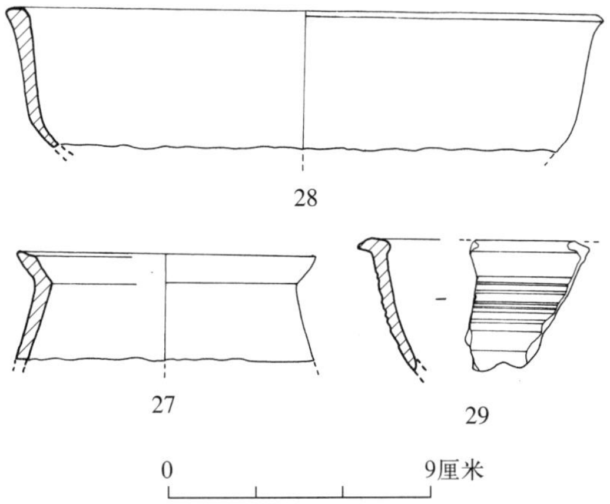

图2-287 H42①层出土遗物

27.陶罐 28、29.陶盆

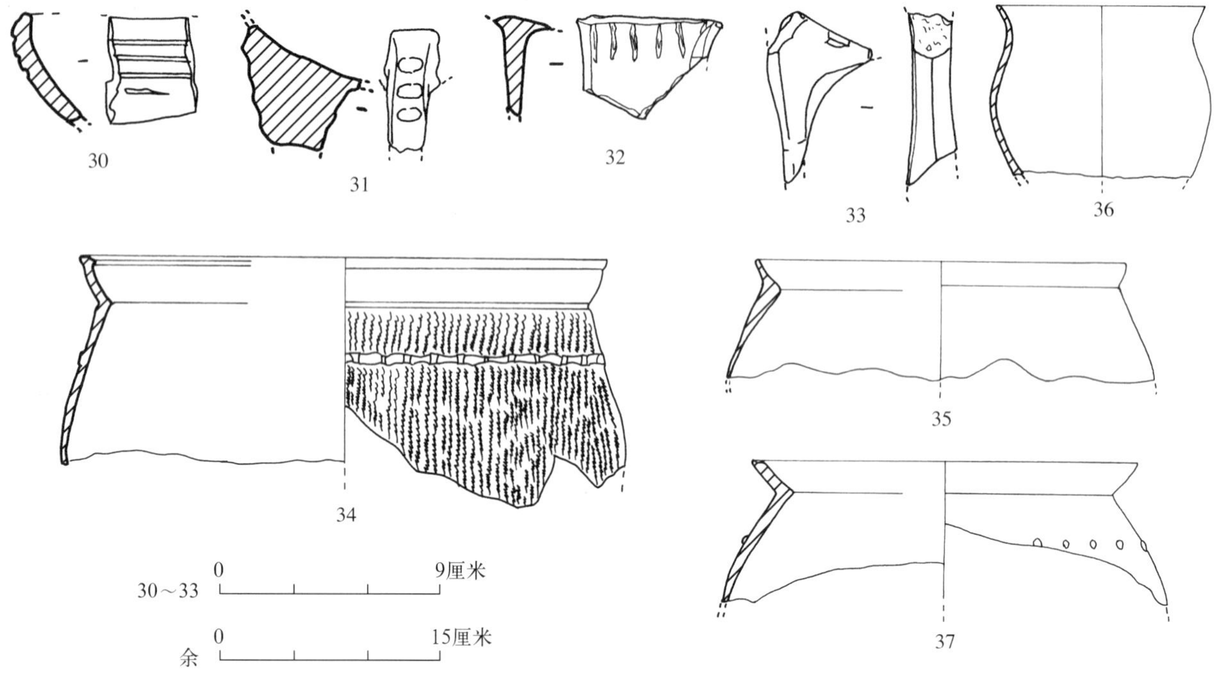

图2-288　H42出土遗物

30. 陶盆　31～33. 陶鼎足　34～37. 陶罐

米（图 2-288，32；彩版一八五，1）。

H42②：33，陶鼎足。夹石英红陶。侧装凿形足。残高 7.3 厘米（图 2-288，33；彩版一八五，6）。

H42③：34，陶罐。夹石英灰褐陶。侈口，尖唇，折沿，弧腹内收，肩部有一周索状附加堆纹，肩腹部满布竖向绳纹。口径 36、残高 14 厘米（图 2-288，34；彩版一八五，2）。

H42③：35，陶罐。泥质红衣灰陶。残存口沿。侈口，尖圆唇，折沿，弧腹。口径 25、残高 8 厘米（图 2-288，35）。

H42③：36，陶罐。泥质红衣灰陶。侈口，圆唇，宽折沿，弧腹内收。口径 14、残高 11.5 厘米（图 2-288，36；彩版一八五，3）。

H42③：37，陶罐。夹石英褐衣灰陶。口沿残片，侈口，方唇，折沿，弧腹，肩部有一周小乳丁。口径 26、残高 9.6 厘米（图 2-288，37）。

H42④：38，陶罐。泥质灰陶。口沿残片，侈口，尖唇，短沿，广肩。口沿 13.6、残高 6.6 厘米（图 2-289，38）。

H42④：39，陶杯。泥质黑衣灰陶。残存喇叭形圈足，平底，内壁有一凹槽。底径 9、残高 5.2 厘米（图 2-289，39；彩版一八五，4）。

H42④：40，陶罐。夹石英褐陶。口沿残片，侈口，圆唇，折沿，沿部有一道凹槽，弧腹内收，腹部有一周凸棱，上有不规则按窝。口径 14、残高 7.2 厘米（图 2-289，40）。

H42④：41，陶罐。泥质黑衣灰陶。口沿残片，侈口，方唇，折沿。口径 12、残高 5 厘米（图 2-289，41）。

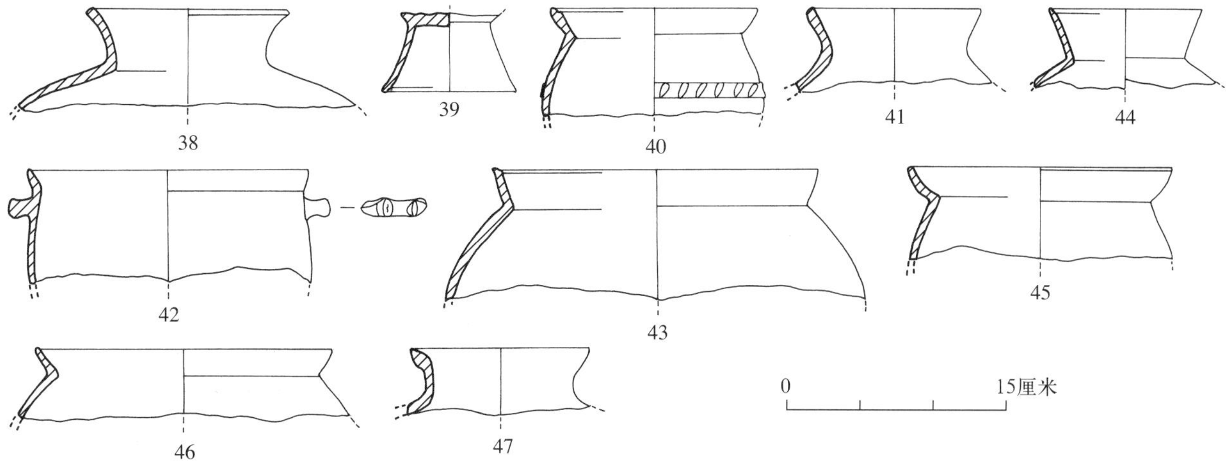

图2-289　H42④～⑦出土遗物

38、40～43、45～47. 陶罐　39. 陶杯　44. 陶壶

H42⑤：42，陶罐。夹砂红陶。口沿残片，侈口，圆唇，口沿下有鸡冠耳，弧腹内收。口径19、残高7.7厘米（图2-289，42；彩版一八五，5）。

H42⑤：43，陶罐。夹石英黑陶。口沿残片，侈口，方唇，折沿，弧腹。口径22、残高8.8厘米（图2-289，43）。

H42⑥：44，陶壶。泥质灰陶。口沿残片，侈口，尖圆唇，短颈，广肩。口径10.4、残高4.9厘米（图2-289，44）。

H42⑦：45，陶罐。夹植物灰陶。口沿残片，侈口，圆唇，折沿，弧腹。口径18、残高6.4厘米（图2-289，45）。

H42⑦：46，陶罐。夹砂灰陶。口沿残片，侈口，尖圆唇，折沿，弧腹。口径20、残高4.5厘米（图2-289，46）。

H42⑦：47，陶罐。泥质灰陶。口沿残片，侈口，尖唇，折沿。口径12、残高4.4厘米（图2-289，47）。

43. H43

位于TE16N1北部，向北延伸到探方外。开口于④层下，被H8、H15打破。

平面呈不规则形（图2-290）。东西最长1.5、南北最宽1.2、深0.5米。填土呈灰褐色，土质疏松，夹杂水锈斑，包含少量陶片、石块、烧土块，可辨器形有罐、盆、鼎、豆，鼎足为凿形足。

H43：1，砺石。黄褐色，近方形。残长6.9、宽5.5、最厚处1.3厘米（图2-290，1）。

44. H44

位于TE16N1东南部，向南延伸到探方外。开口于④层下，被H38打破。

平面呈长条形（图2-291；彩版一八六，1）。长径2.9、短径0.7、深0.4米。直壁，平底。填土呈灰黄色，土质较疏松，包含极少量陶片和炭屑，可辨器形有罐。

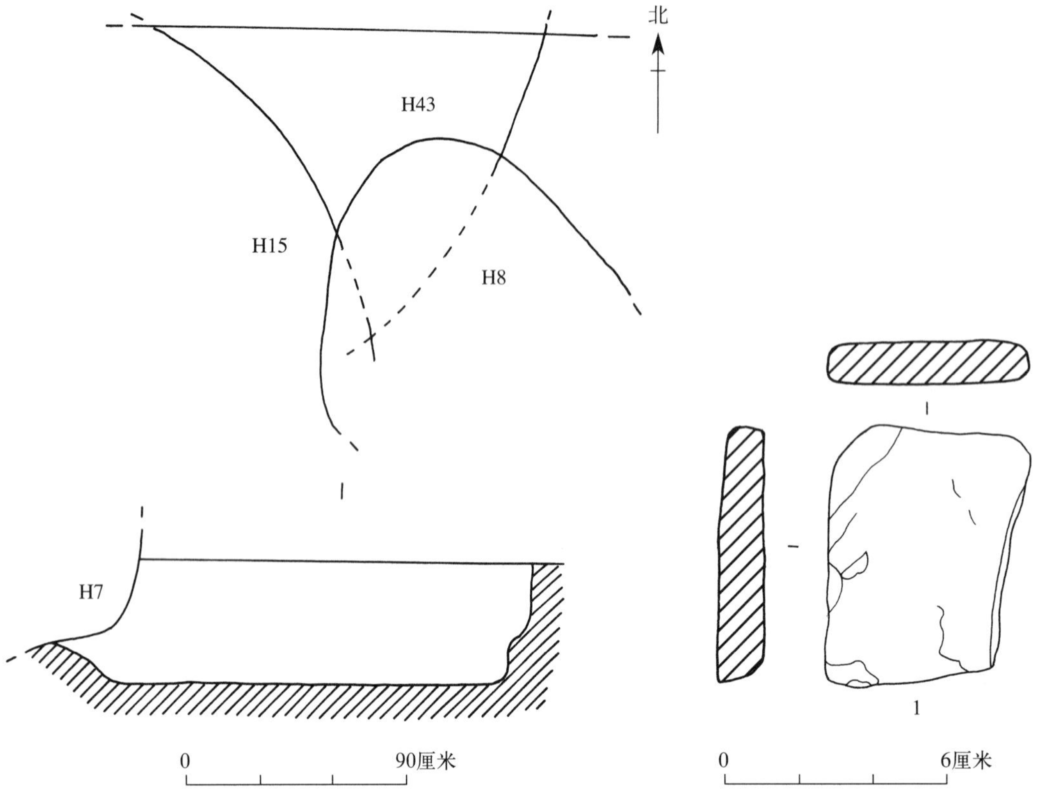

图2-290　H43平、剖面图及出土砺石H43：1

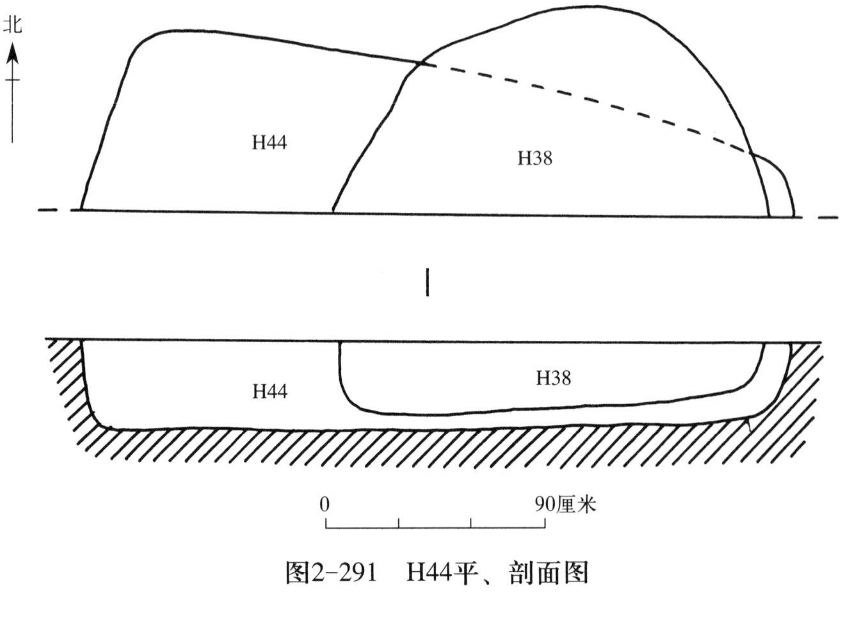

图2-291　H44平、剖面图

45. H45

位于TE16S1（西半部）西南部，挂南壁。开口于③层下，被H23打破。

平面呈长方形（图2-292；彩版一八六，2）。长径1.8、短径0.8、深0.35米。斜壁，平底。坑内堆积为褐色锈斑土，土质硬，包含红烧土粒，夹杂少许陶片、石块等。

H45∶1，砺石。黄褐色砂岩，近长方形，一面磨平。残长7.2、宽4.1、厚1.3厘米（图2-293，1；彩版一八六，3）。

H45∶2，石钻。黄褐色砂岩，整体略呈三角形，钻头呈锥状，头端中部有一刻槽。长7、宽5.8厘米（图2-293，2；彩版一八六，4）。

H45∶3，陶器盖。夹细砂黑衣褐陶。覆碗形，矮喇叭形捉手，盖面斜弧。捉手径3.5～3.8、残高2.5厘米（图2-293，3）。

H45∶4，陶鼎足。夹砂红陶。凿形。高10.5厘米（图2-293，4；彩版一八六，5）。

H45∶5，陶鼎足。夹石英红陶。凿形，鼎足外侧有4个按窝，内侧有3个按窝。高10.5厘米（图2-293，5；彩版一八六，6）。

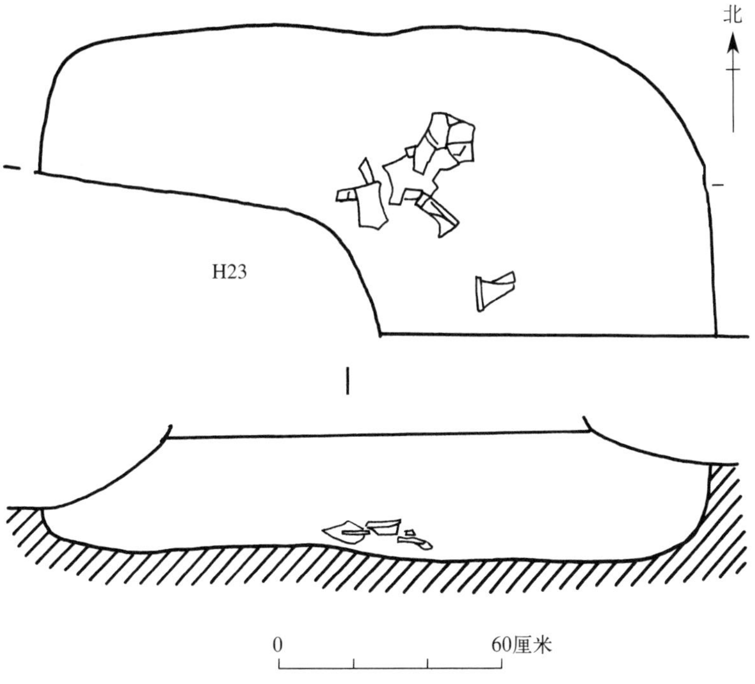

图2-292　H45平、剖面图

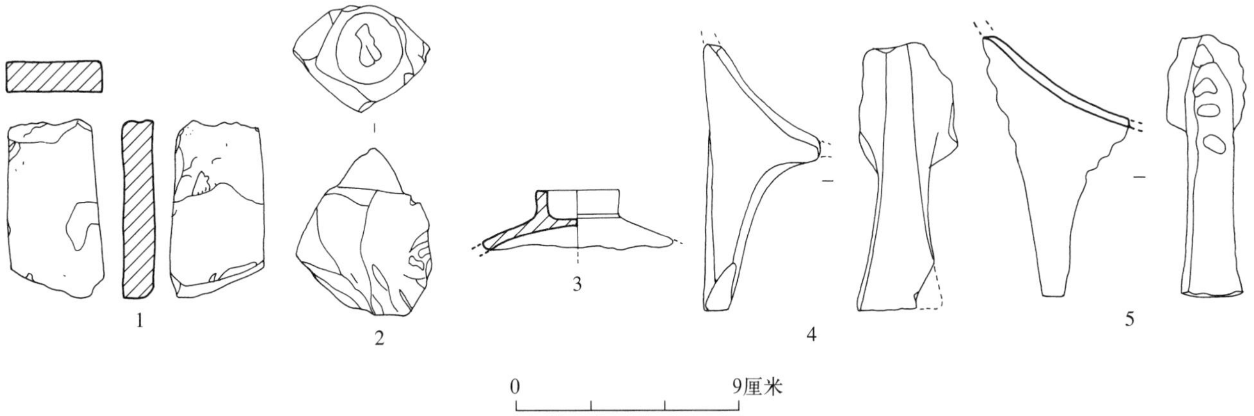

图2-293　H45出土遗物

1. 砺石　2. 石钻　3. 陶器盖　4、5. 陶鼎足

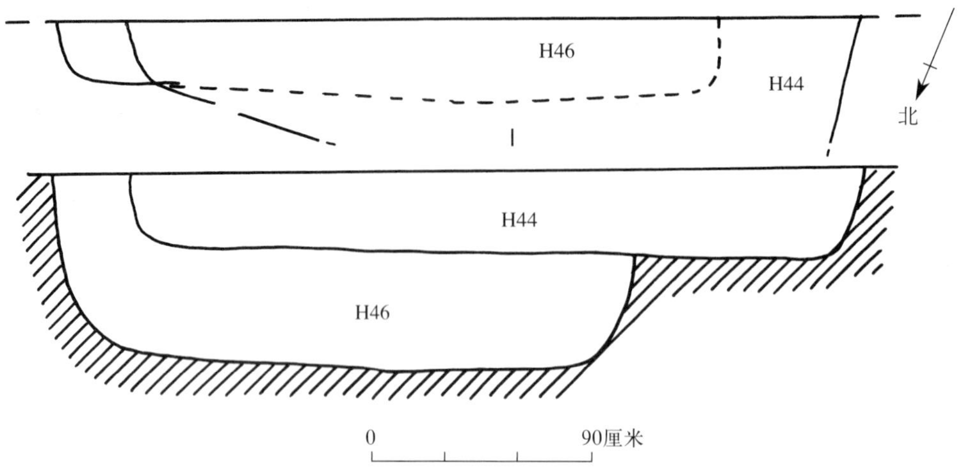

图2-294　H46平、剖面图

46. H46

位于 TE16N1 东南部，挂南壁。开口于④层下，被 H38、H44 打破。

平面呈长条形（图 2-294；彩版一八七，1）。长径 2.7、短径 0.3、深 0.8 米。斜壁圜底，底部西部略低。坑内填土呈灰黑色，土质较疏松，包含极少量陶片和炭屑。

47. H47

位于 TE15N1 东隔梁南部。开口于③层下，打破 M14。

平面呈半圆形（图 2-295；彩版一八七，2、3）。南北最长 1.6、东西最宽 1、深 0.3～0.5 米。直壁，底部呈台阶状，西半部比东半部深。其上叠压 2 片汉代板瓦和少量汉代陶片。坑内填土不分层，土色为灰黑色，土质疏松，夹杂红烧土粒，包含较多陶片，可辨器形有盆、豆、罐、鼎。

H47：1，陶圈足杯。细泥灰陶。薄胎，残存喇叭形圈足。圈足径 5、残高 5 厘米（图 2-296，1）。

H47：2，石锛。黄白色，扁体形，平顶，双面刃。长 5.2、宽 4.6、最厚处 1 厘米（图 2-296，2；彩版一八七，4）。

48. H48

位于 TE16N1 东北角。开口于④层下。

平面近圆形（图 2-297；彩版一八八，1）。直径 1.5、深 0.4 米。直壁，平底。坑内堆积不分层，土色为灰黑色，土质疏松，夹杂水锈斑、红烧土粒，包含大量陶片、红烧土块、石块及少量兽牙，可辨器形有罐、鼎、盆、器盖、豆等（彩版一八八，2）。

H48：1，陶鋬手。泥质黑衣褐陶。鸡冠形鋬手。残长 7.7、残宽 2.9、最厚处 1.8 厘米（图 2-298，1）。

H48：2，陶器耳。泥质红陶。残余一半，宽带桥形耳。残长 7.4、宽 3.9、厚 0.9～1.8 厘米（图 2-298，2）。

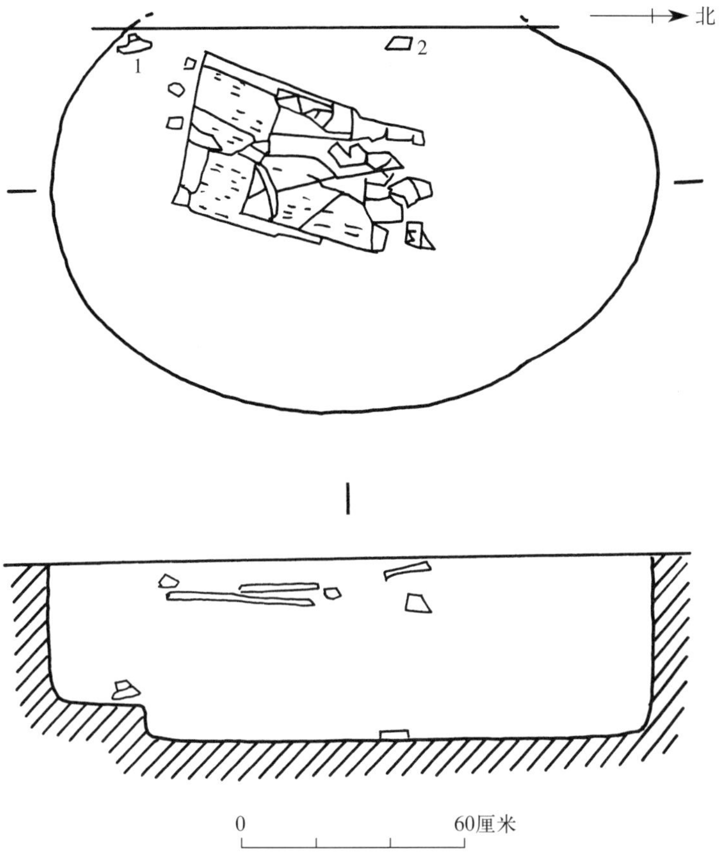

图2-295　H47平、剖面图

1. 陶圈足杯　2. 石锛

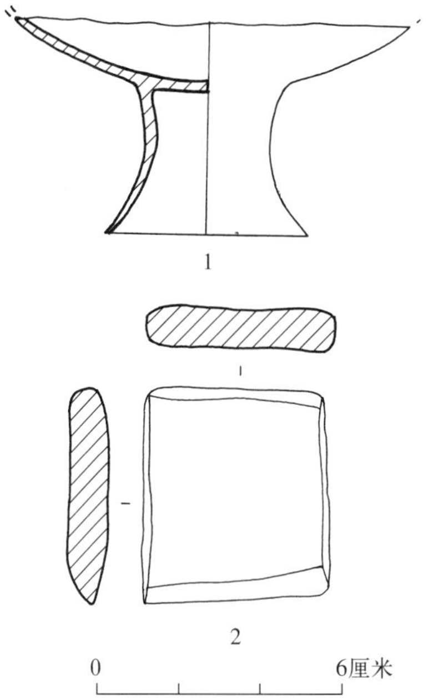

图2-296　H47出土遗物

1. 陶圈足杯　2. 石锛

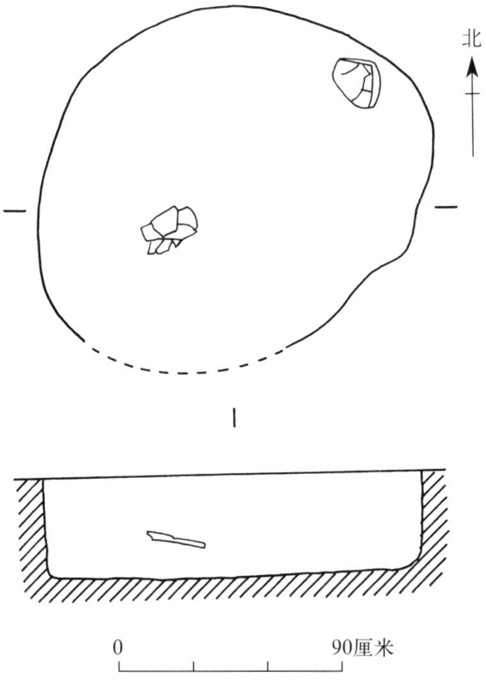

图2-297　H48平、剖面图

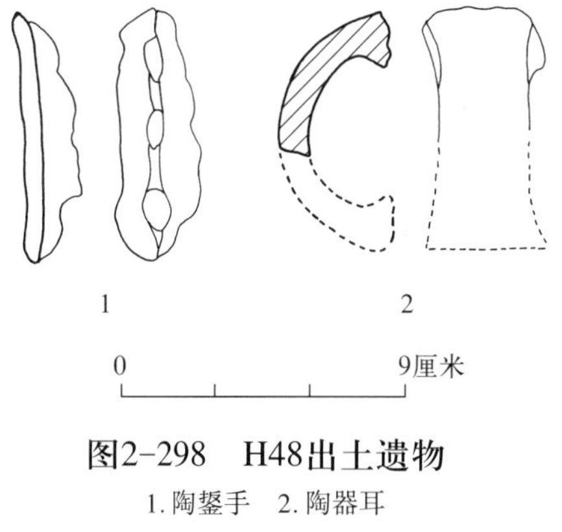

图2-298　H48出土遗物

1. 陶鋬手　2. 陶器耳

49. H49

位于TE16S1（西半部）西南部。开口于③层下，被H42打破。

平面呈椭圆形（图2-299；彩版一八八，3）。长径1.1、短径0.3、深0.3米。斜壁，平底。坑内堆积为褐色锈斑土，土质硬，较纯净。

50. H50

位于TE16S1（西半部）中部。开口于⑤层下，被H42打破。

平面呈不规则椭圆形（图2-300；彩版一八九，1）。长径2.0、短径0.8、深0.25～0.4米。斜壁，平底。坑内堆积为褐色锈斑土，土质硬，较纯净。出土1件砺石、3片陶片。

H50：1，砺石。黄灰色砂岩，不规则形，一正面和侧面磨平。长6.1、宽5.9、最厚处1.4厘米（图2-301，1）。

H50：2，陶罐。泥质红陶。口沿残片，侈口，圆唇，折沿。口径26、残高5.8厘米（图2-301，2）。

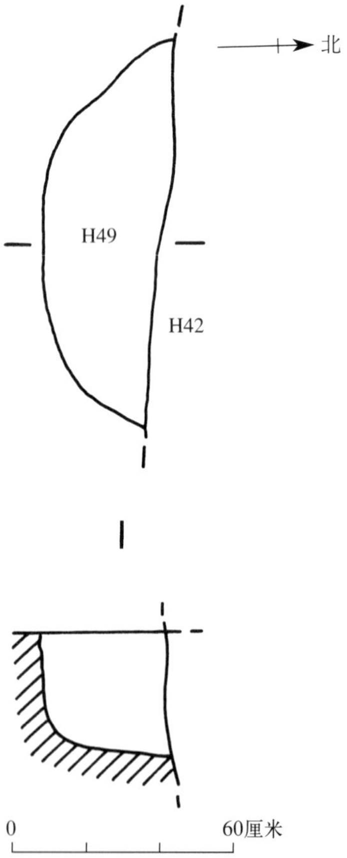

图2-299　H49平、剖面图

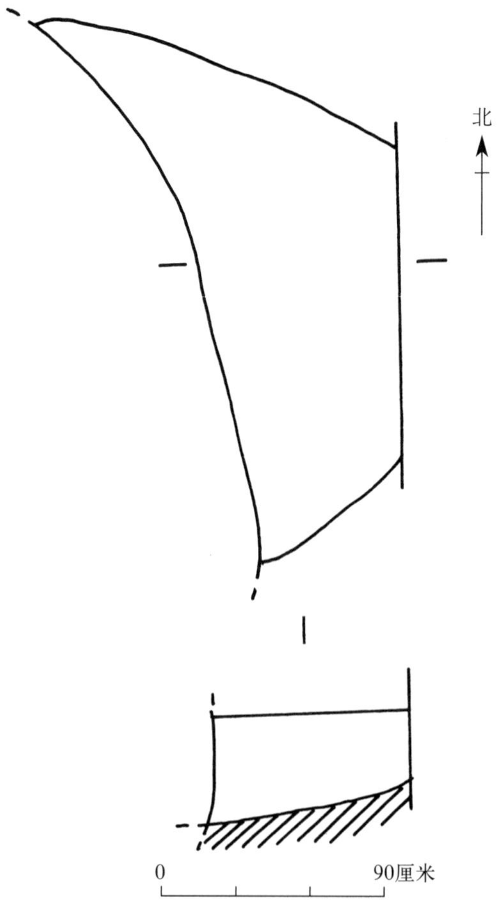

图2-300　H50平、剖面图

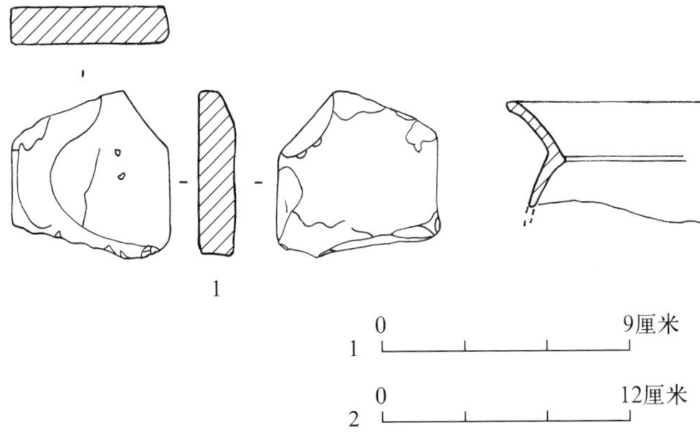

图2-301　H50出土遗物

1. 砺石　2. 陶罐

51. H51

位于TE16N1西南部。开口于④层下。

平面呈椭圆形（图2-302；彩版一八九，2）。长径1.1、短径0.8、深0.4～0.7米。直壁，底部呈台阶状，东半部比西半部深。坑内堆积不分层，土色为灰色，土质疏松，包含极少量陶片，出土一砺石，体型较大，可能为柱础。

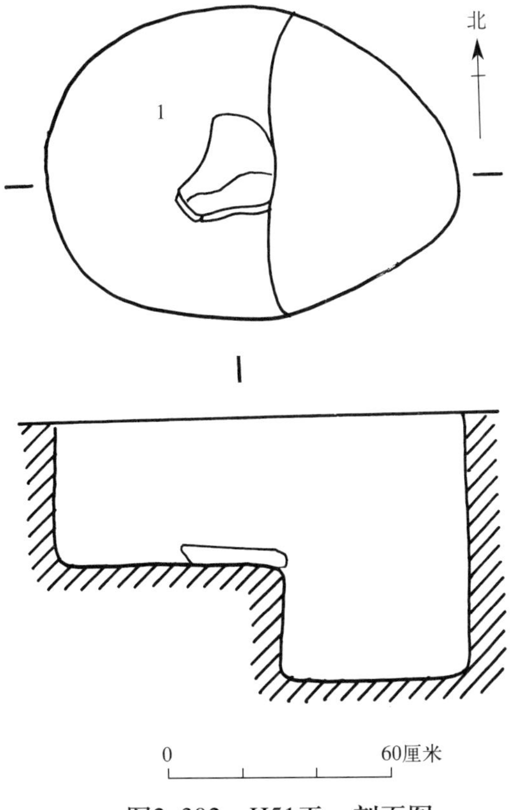

图2-302　H51平、剖面图

1. 砺石

52. H53

位于 TE16N1 西南部。开口于④层下，被 M14 打破。

平面呈椭圆形（图 2-303；彩版一八九，3）。口部长径 1、短径 0.8 米，底部长径 0.6、短径 0.5、深 1 米。坑内堆积不分层，土色为灰色，土质疏松，包含少量陶片，可辨器形有罐、鼎。

53. H55

位于 TE15S2 西南部，开口于③层下，打破 H58、H61。

平面呈椭圆形（图 2-304；彩版一八九，4），弧壁，平底。坑口长 1.4～1.6、深 0.15 米。坑内堆积灰褐色土夹杂大量的红烧土粒（块）灰烬，土质较硬。出土陶片 30 余片，以泥质灰陶为主，器类有罐、器盖等。

H55：1，陶器盖。泥质黑陶。顶残，盖面斜直，短沿，圆唇。口径 17、残高 3.4 厘米（图 2-305，1）。

H55：2，陶罐。泥质褐陶。口沿残片，敛口，圆唇，沿微卷，折腹。口径 10、残高 3 厘米（图 2-305，2）。

H55：3，陶罐。夹石英灰褐陶。口沿残片，侈口，圆唇，折沿。口径 16、残高 3.6 厘米（图 2-305，3）。

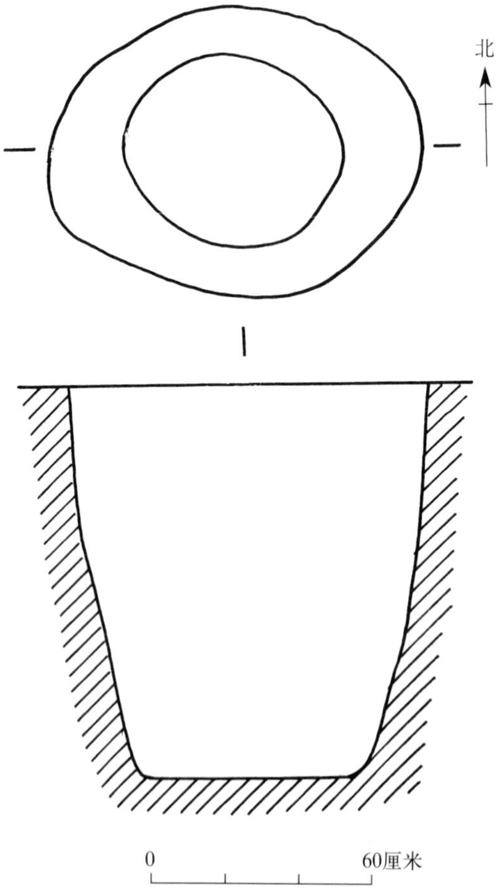

图2-303 H53平、剖面图

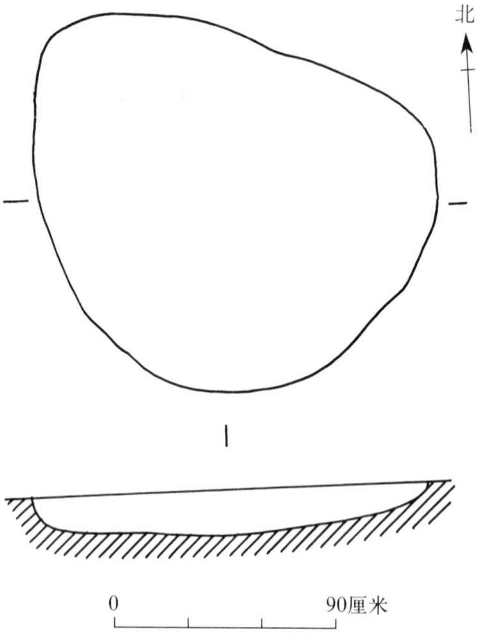

图2-304 H55平、剖面图

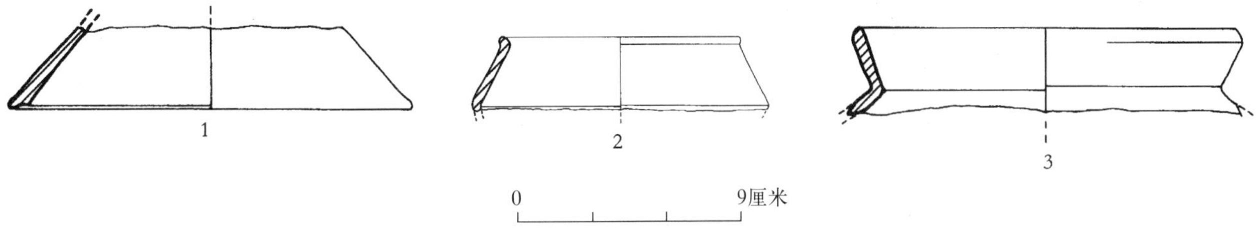

图2-305　H55出土遗物

1. 陶器盖　2、3. 陶罐

54. H56

位于 TE15S2 东北部，开口于③层下，打破 H64、H65。

平面呈圆角长方形（图 2-306；彩版一九〇，1），弧壁，平底。坑口长 2.3、宽 0.95 米，坑底长 1.6、宽 0.8、深 0.2 米。坑内堆积黄褐色土，底部有较多的陶片和灰烬。出土陶片 90 余片，以夹砂褐陶、泥质黑灰陶为主，器类有鬶、鼎、罐等，鼎足有鬼脸足（彩版一九〇，2）。

H56 : 1，陶罐。已销号。

H56 : 2，石球。浅黄色，近圆形。长 7.7、宽 6.5、厚 5.4 厘米（图 2-307，2；彩版一九〇，3）。

H56 : 3，陶纺轮。泥质黑陶。圆饼状，剖面近椭圆形，两面弧起。直径 2.24、孔径 0.2、最厚处 0.1 厘米（图 2-307，3）。

H56 : 4，陶罐。泥质红衣灰陶。残存罐底。弧腹内收，平底。底径 13.6、残高 18.4 厘米（图 2-307，4）。

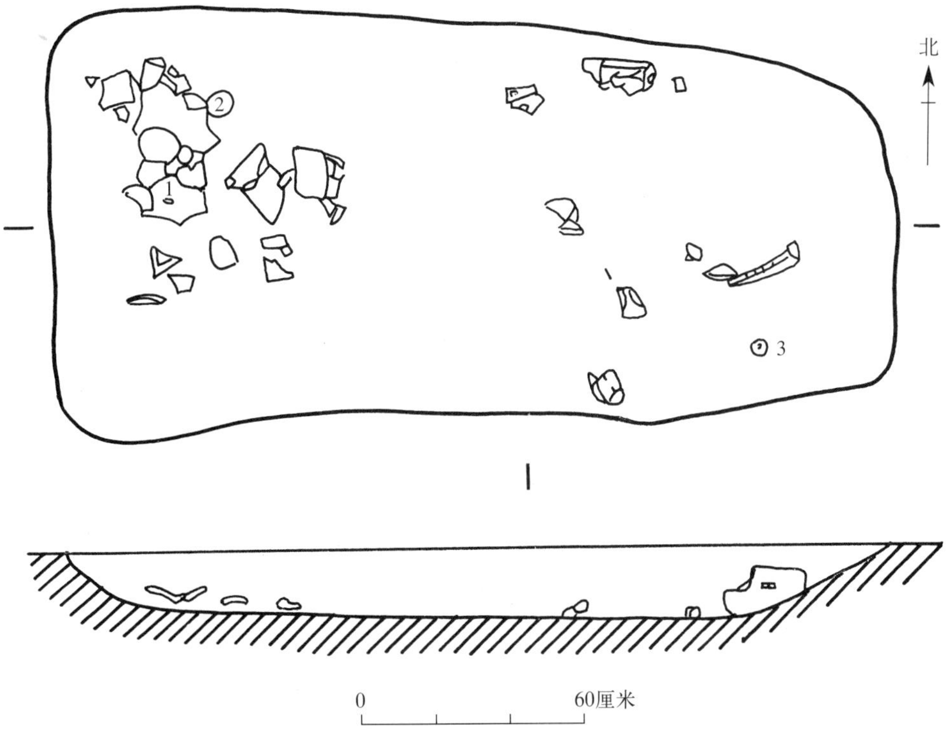

图2-306　H56平、剖面图

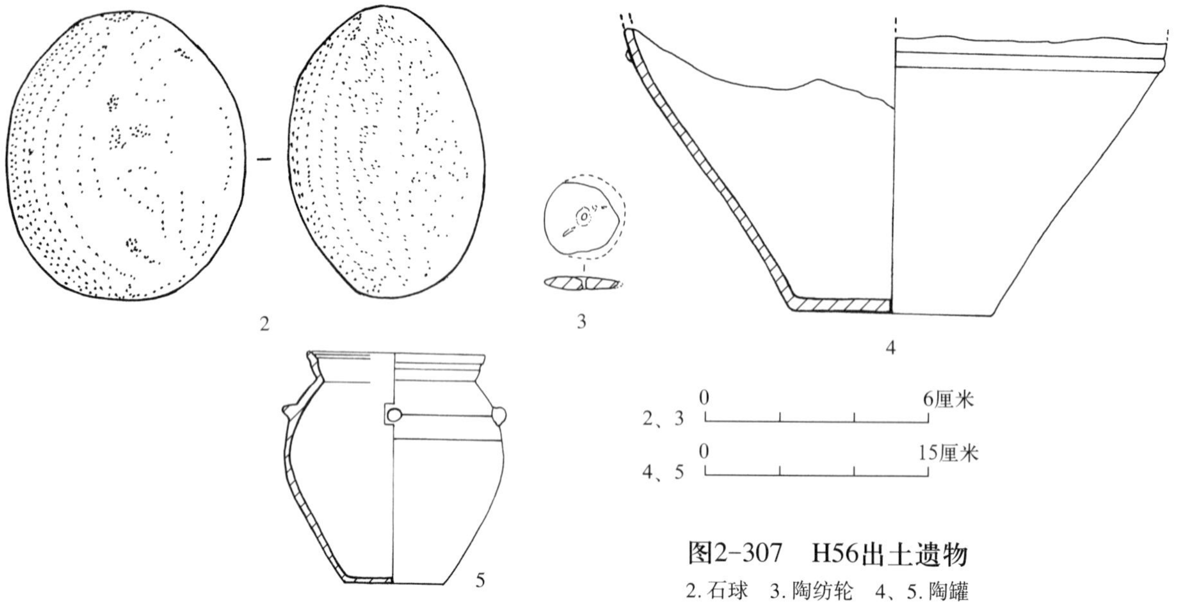

图2-307　H56出土遗物

2. 石球　3. 陶纺轮　4、5. 陶罐

H56：5，陶罐。夹砂褐陶。侈口，圆唇，折沿，弧腹内收，平底，口沿内外各有一凹槽，肩部有盲鼻和乳丁。口径12.2、底径7、高15.4厘米（图2-307，5；彩版一九〇，4）。

55. H57

位于TE15S2中部，开口于③层下，打破H65、H69。

平面近圆形（图2-308；彩版一九〇，5），弧壁，平底。坑口长0.9～1米，坑底长0.85～0.95、深0.2米。坑内堆积灰褐色土，土质较硬，包含较多的红烧土颗粒。出土陶片20片，以夹砂褐陶、泥质灰陶为主，器类有鼎、罐等。

H57：1，陶鼎足。夹石英红陶。凿形，足根面有一个按窝和突起。高8.7厘米（图2-309，1

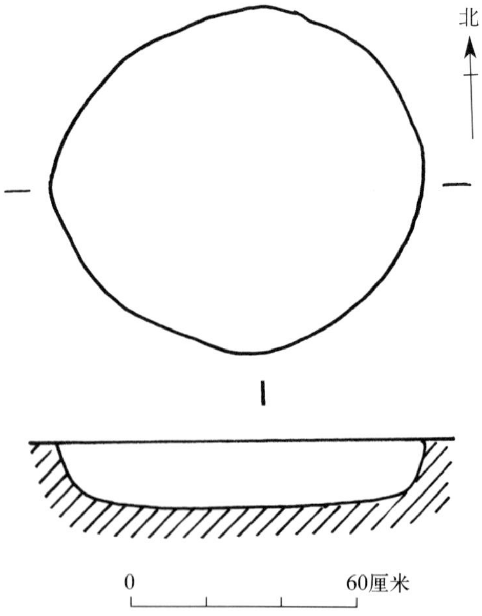

图2-308　H57平、剖面图

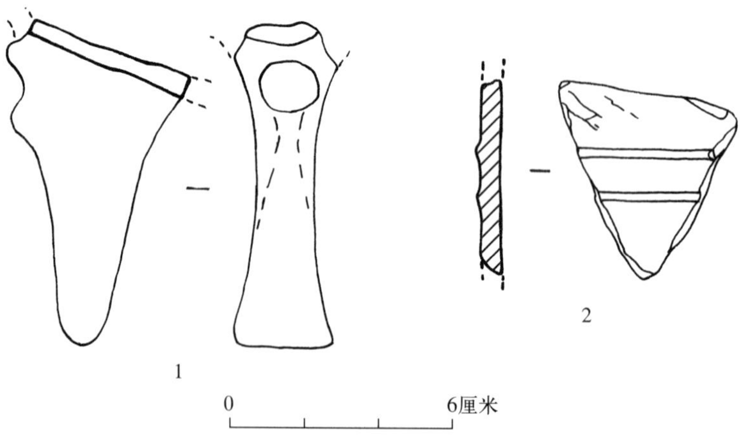

图2-309　H57出土遗物

1. 陶鼎足　2. 陶片

彩版一九〇，6）。

H57：2，陶片。夹石英红陶。表面有两周凸棱。残长 5.3、残宽 4.9、最厚处 0.6 厘米（图 2-309，2）。

56. H58

位于 TE15S2 西南角，开口于③层下，被 H55 打破。

平面近圆角长方形（图 2-310；彩版一九一，1），弧壁，平底。坑口长 1.5、宽 1.2、深 0.2 米。坑内堆积黑灰色土，包含较多的红烧土颗粒、砺石和碎石块。出土陶片 30 余片，以泥质黑灰陶为主，器类有鼎、罐等。

H58：1，砺石。黄褐色，不规则形，一面磨平。残长 9.8、残宽 9.5、厚 2 厘米（图 2-311，1；彩版一九一，4）。

H58：2，砺石。黄褐色，不规则形，一面磨平。残长 6.1、残宽 5.9、厚 1.5 厘米（图 2-311，2；彩版一九一，5）。

H58：3，陶器盖。夹植物黑陶。覆碗形，捉手残，盖面斜弧，宽折沿，圆唇，唇面内凹。口径 16、残高 2.7 厘米（图 2-311，3）。

H58：4，陶片。夹石英褐陶。陶片上有鸡冠耳。残长 5.6、宽 4、厚 0.3 厘米（图 2-311，4）。

H58：5，陶片。泥质黑陶。陶片上有一周凸棱。残长 7、残宽 4.7、最厚处 0.3 厘米（图 2-311，5）。

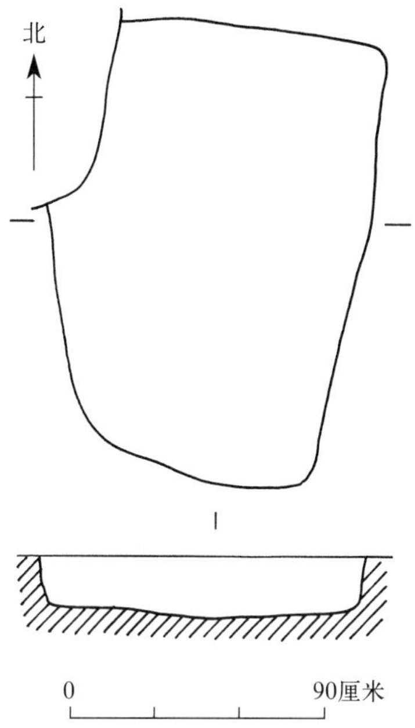

图2-310　H58平、剖面图

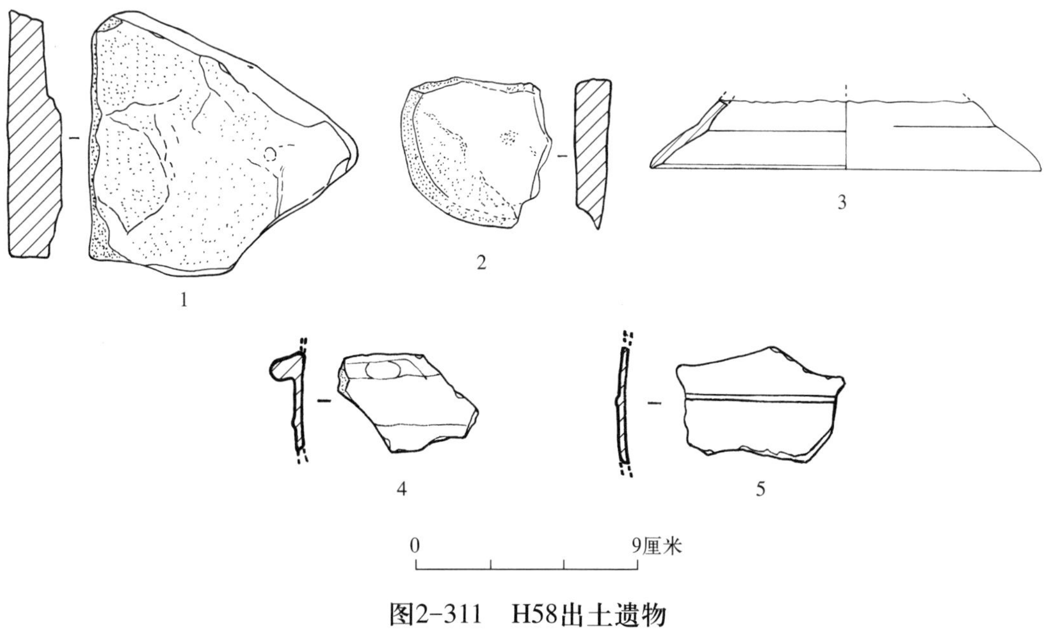

图2-311　H58出土遗物

1、2. 砺石　3. 陶器盖　4、5. 陶片

57. H59

位于 TE15S2 南部，开口于③层下。

平面近圆形（图 2-312；彩版一九一，2），直壁，平底。坑口距地表深 0.4 米，长 0.85、深 0.14 米。坑内堆积浅灰褐色土，包含较多的红烧土颗粒。出土陶片 4 片，夹砂褐陶和泥质黑灰陶腹片。

58. H60

位于 TE15S2 南部，开口于③层下。

平面近圆形（图 2-313；彩版一九一，3），直壁，平底。坑口距地表深 0.4 米，长 0.8～0.9、深 0.2 米。坑内堆积浅灰褐色土，土质较硬。出土陶片 20 片，以夹细砂红褐陶为主，器类有鼎，鼎足为正装铲形，足根正面有一道竖向浅凹槽。

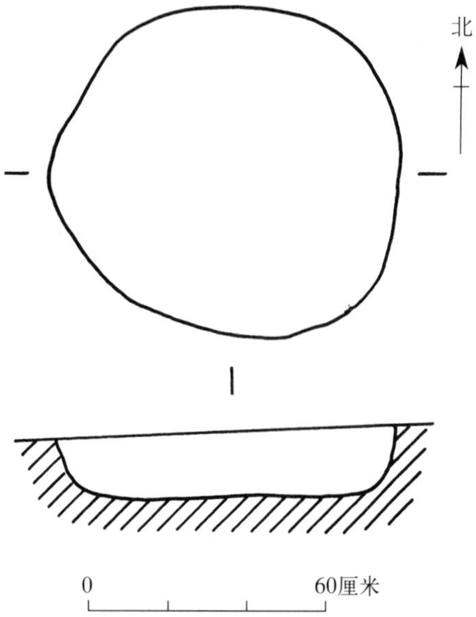

图2-312 H59平、剖面图

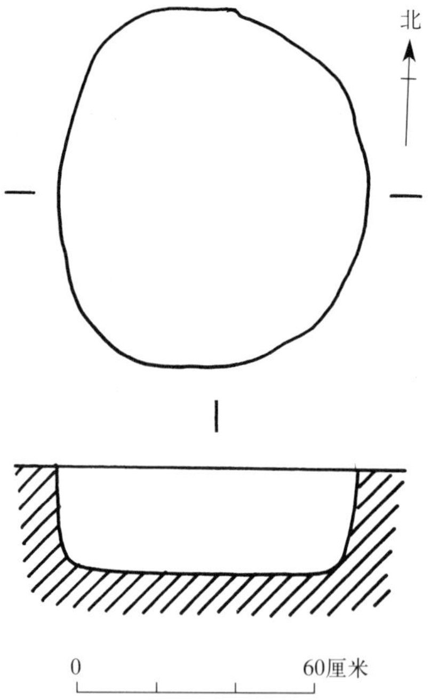

图2-313 H60平、剖面图

59. H61

位于 TE15S2 西南部，延伸到探方外。

平面呈不规则长方形（图 2-314；彩版一九二，1、2），斜壁，平底。坑口距地表深 0.4 米，长 3.8、宽 1.2～1.5 米，坑底长 2、宽 0.6～0.8、深 0.7～1.3 米。坑内堆积分为三层：第 1 层，为灰褐色锈斑土，包含少量的红烧土粒、灰烬、陶片等，厚 0.25～0.3 米，由北至南倾斜，出土陶片 110 余片，夹砂褐陶、泥质红褐陶、泥质灰陶、泥质黑陶比例相当，器类有鼎、罐、盆、鬶等。第 2 层，灰黑土夹大量红烧土块层，包含少量的灰烬，厚 0.1～0.2 米，由北向南倾斜。第 3 层，黑灰色土，包含大量的灰烬，红烧土粒（块）、陶片、少量的石块等，厚 0.1～0.3 米。出土陶片

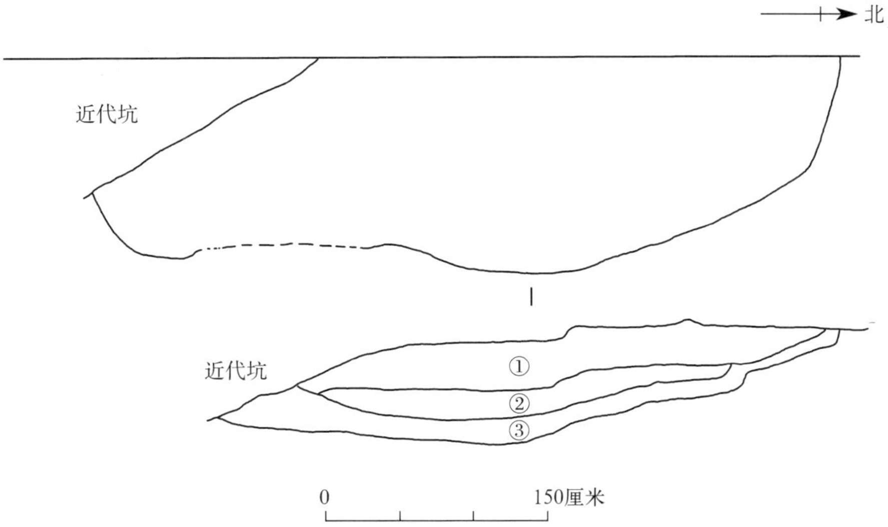

图2-314　H61平、剖面图

110余片，夹砂褐陶、泥质红褐陶、泥质灰陶、泥质黑陶比例相当，器类有鼎、罐、盆、豆等。

H61①：1，砺石。灰色，近方形，一面磨平。残长7.3、残宽8.1、最厚处2厘米（图2-315，1；彩版一九二，3）。

H61①：2，砺石。青灰色，近梯形。长10.3、宽5.4、厚1.9厘米（图2-315，2；彩版一九二，4）。

H61③：3，砺石。青灰色，长条形，一面磨平。长18.7、宽7.1、厚2厘米（图2-315，3；彩版一九二，5）。

H61③：4，砺石。青灰色，近长方形，一面磨平。长8.5、宽5.7、最厚处1厘米（图2-315，4；彩版一九二，6）。

H61③：5，砺石。青灰色，近长方形。长7、宽6.3、最厚处2.7厘米（图2-315，5；彩版

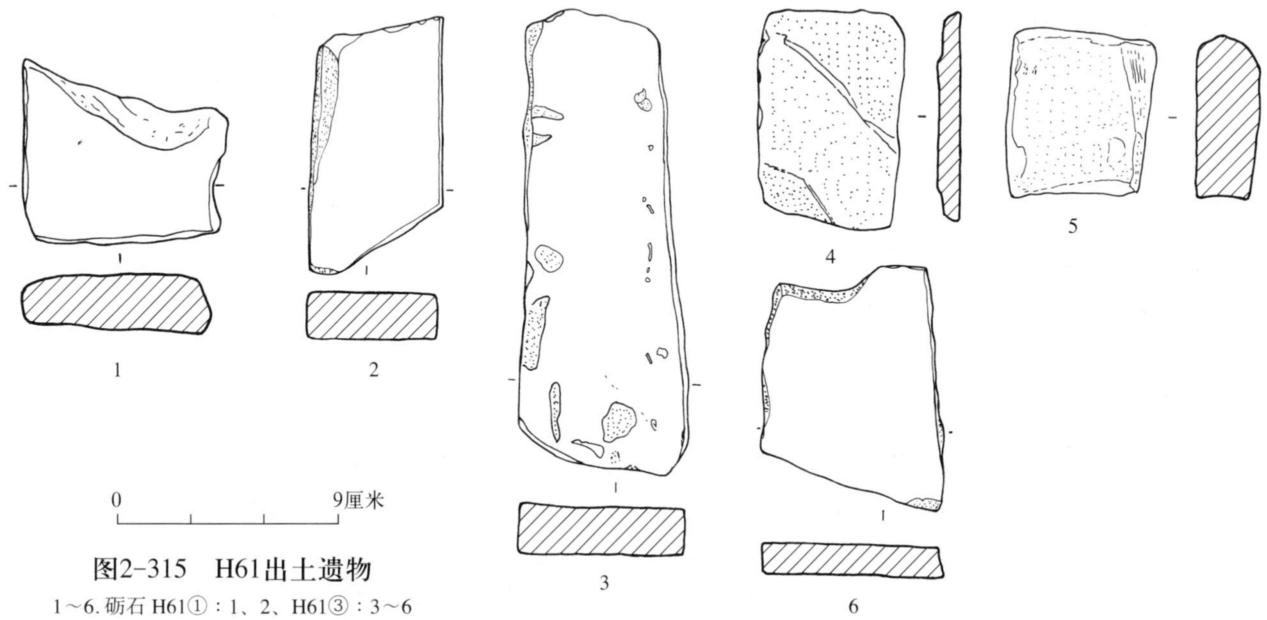

图2-315　H61出土遗物

1～6. 砺石 H61①：1、2、H61③：3～6

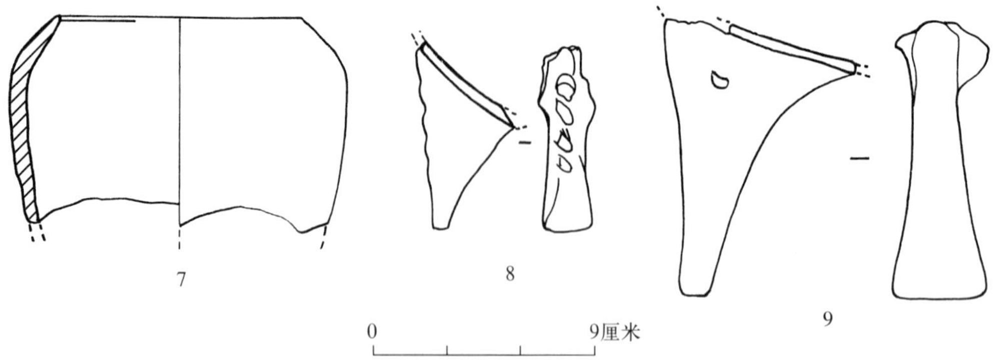

图2-316 H61出土遗物

7. 陶罐 8、9. 陶鼎足

一九二，7）。

H61③：6，砺石。青灰色，不规则形，一面磨平。长9.6、宽7.5、厚1.2厘米（图2-315，6；彩版一九二，8）。

H61①：7，陶罐。泥质灰胎褐陶。残存口沿。敛口，尖圆唇，折肩，直腹内收。口径10、残高8.4厘米（图2-316，7）。

H61①：8，陶鼎足。夹砂红陶。凿形，鼎足正面有四个按窝。高7.5厘米（图2-316，8）。

H61①：9，陶鼎足。夹蚌末红陶。铲形，鼎足两侧各有一个不规则条形镂孔。高11厘米（图2-316，9）。

60. H62

位于TE15S2南部，开口于③层下，打破H65，被③层下ZD7打破。

平面近圆形（图2-317；彩版一九三，1），斜壁，平底。坑口距地表深0.35米，长1.25～1.3、深0.3米。坑内堆积灰褐色土，土质较硬。出土陶片10余片，以夹细砂红褐陶为主，器类有罐。

H62：1，陶罐底。泥质灰陶。斜腹，平底。底径10、残高4.4厘米（图2-317，1）。

61. H63

位于TE15S2南部，向南延伸到探方外，开口于③层下，打破G7。

平面近椭圆形（图2-318；彩版一九三，2），斜壁，平底。坑口距地表深0.35米，长2.4米，坑底长1.4、深0.5米。坑内堆积灰褐色粉砂土，土质较硬，包含少量红烧土颗粒，近底部有灰烬。出土陶片20余片，以泥质灰黑陶为主，器类有豆、盆、罐等。

62. H64

位于TE15S2东北部，开口于③层下，被H56打破，打破H65、H68、H73、G7。

平面呈长方形（图2-319；彩版一九三，3），直壁，平底。坑口距地表深0.35米，长3.1、宽1.2、深0.3米。坑内堆积灰褐色土，土质较硬，包含少量灰烬、砺石和碎石块。出土陶片150余片，以夹砂红褐陶为主，另有泥质灰黑陶。器类有鼎、鬶、罐等，鼎足为正装扁铲形，足根有

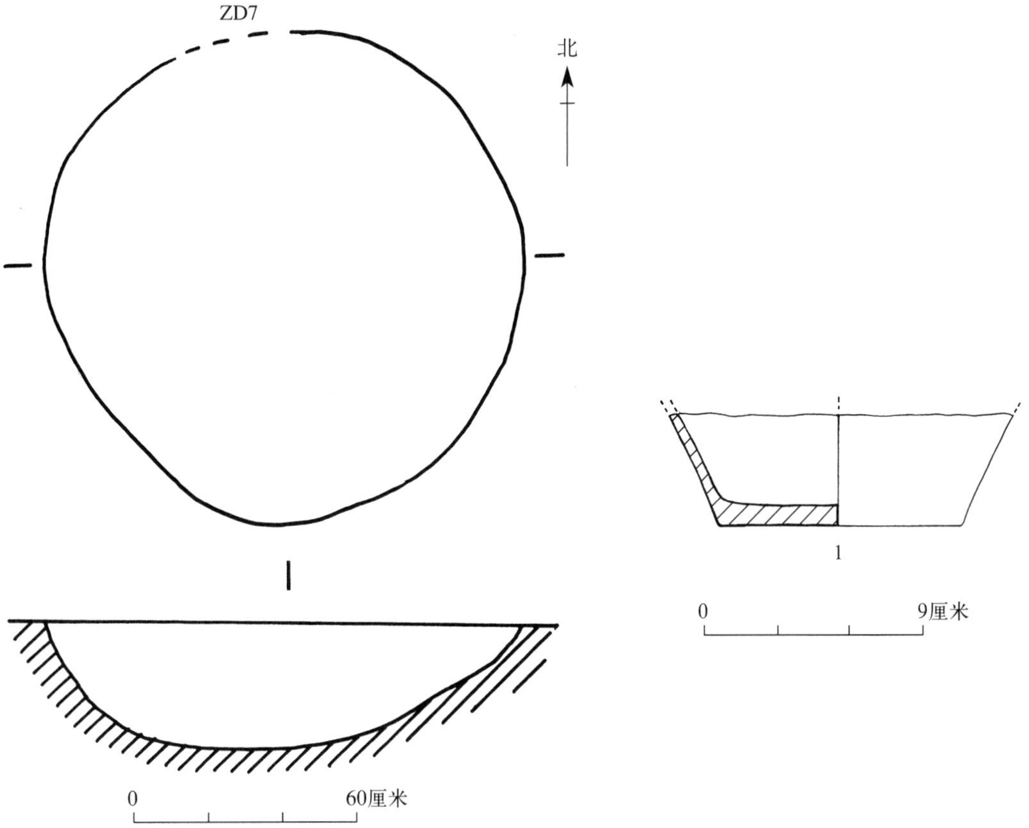

图2-317　H62平、剖面图及出土陶罐底H62：1

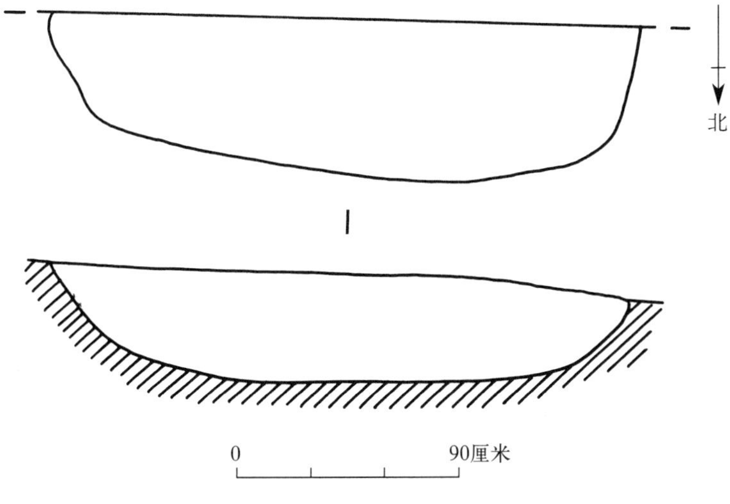

图2-318　H63平、剖面图

刻槽，足尖较扁平。

H64：1，陶器盖。夹砂黑陶。覆碗形，平顶捉手，盖面斜弧，短折沿，口沿内壁有凹槽，圆唇。顶径2.6、口径12、高5厘米（图2-320，1）。

H64：2，石镞。灰白色，柳叶形，剖面为菱形，铤稍残。残长6.4、宽1.8、厚0.8厘米（图2-320，2；彩版一九三，4）。

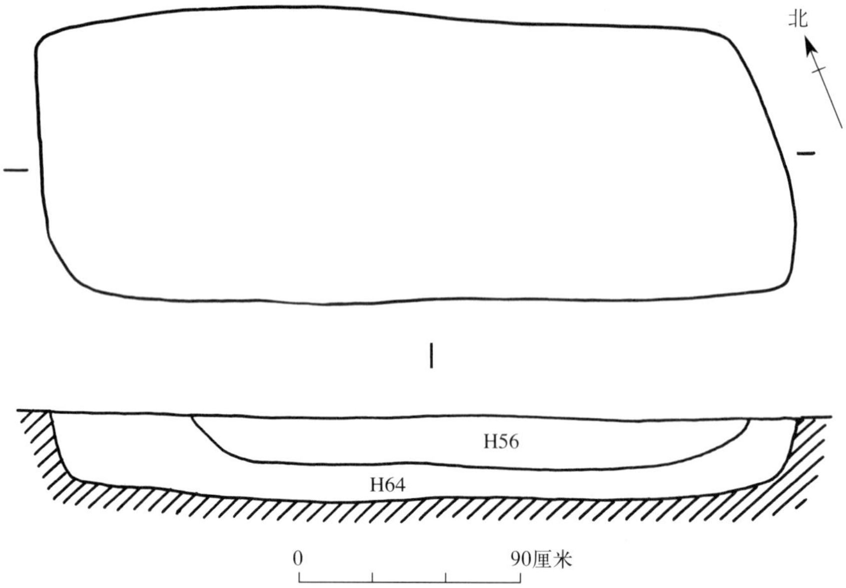

图2-319 H64平、剖面图

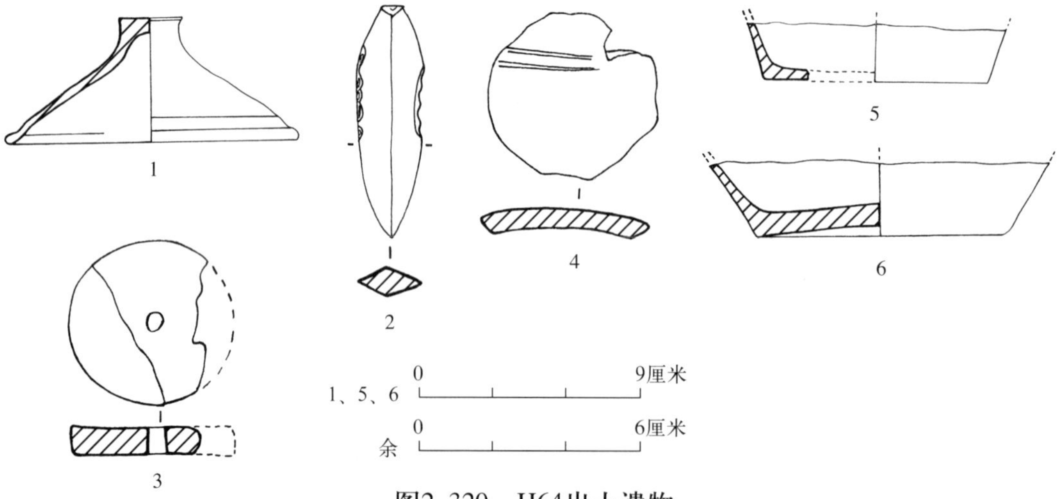

图2-320 H64出土遗物

1. 陶器盖 2. 石镞 3. 陶纺轮 4. 圆陶片 5、6. 陶罐

H64：3，陶纺轮。泥质黑衣褐陶。圆饼形，剖面近长方形，两面平直。直径4.4、孔径0.25、厚0.8厘米（图2-320，3；彩版一九三，5）。

H64：4，圆陶片。泥质黑陶。平面近圆形，剖面微弧，陶片表面有两条刻划纹。直径4.6、最厚处0.5厘米（图2-320，4）。

H64：5，陶罐。泥质灰陶。残存罐底，平底。底径9、残高2.2厘米（图2-320，5）。

H64：6，陶罐。泥质灰陶。残存罐底，平底微内凹。底径10、残高2.9厘米（图2-320，6）。

63. H65

位于 TE15S2 中部，开口于③层下，范围较大，被 M23、H56、H60、H62、H64 打破，打破 H68、H69、H73、G7。

平面呈不规则椭圆形（图 2-321；彩版一九四，1），斜壁，平底。坑口距地表深 0.45 米，长 5.2、宽 3.8 米，坑底长 2.8、宽 1.8、深 0.65 米。坑内堆积分为两层，第 1 层为灰褐色土，土质硬，夹杂少量红烧土粒、石块等，厚 0.3 米。出土陶片 150 余片，以夹砂红褐陶为主，另有泥质灰黑陶，器类有鼎、罐、盆等（彩版一九四，2）。第 2 层为黑灰色土，土质疏松，包含大量的灰烬、少量的红烧土粒（块）、陶片等，厚 0.3 米。出土陶片 110 余片，以夹砂红褐陶为主，另有泥质灰黑陶，器类有鼎、罐、盆、豆等（彩版一九四，3）。

H65：1，骨器。褐色，长条形，剖面近三角形，下端残。残长 5.2、残宽 1、厚 0.9 厘米（图 2-322，1；彩版一九五，1）。

H65①：2，砺石。红褐色，不规则形，一面磨平。长 11.2、宽 8.8、最厚 4.1 厘米（图 2-322，2；彩版一九五，2）。

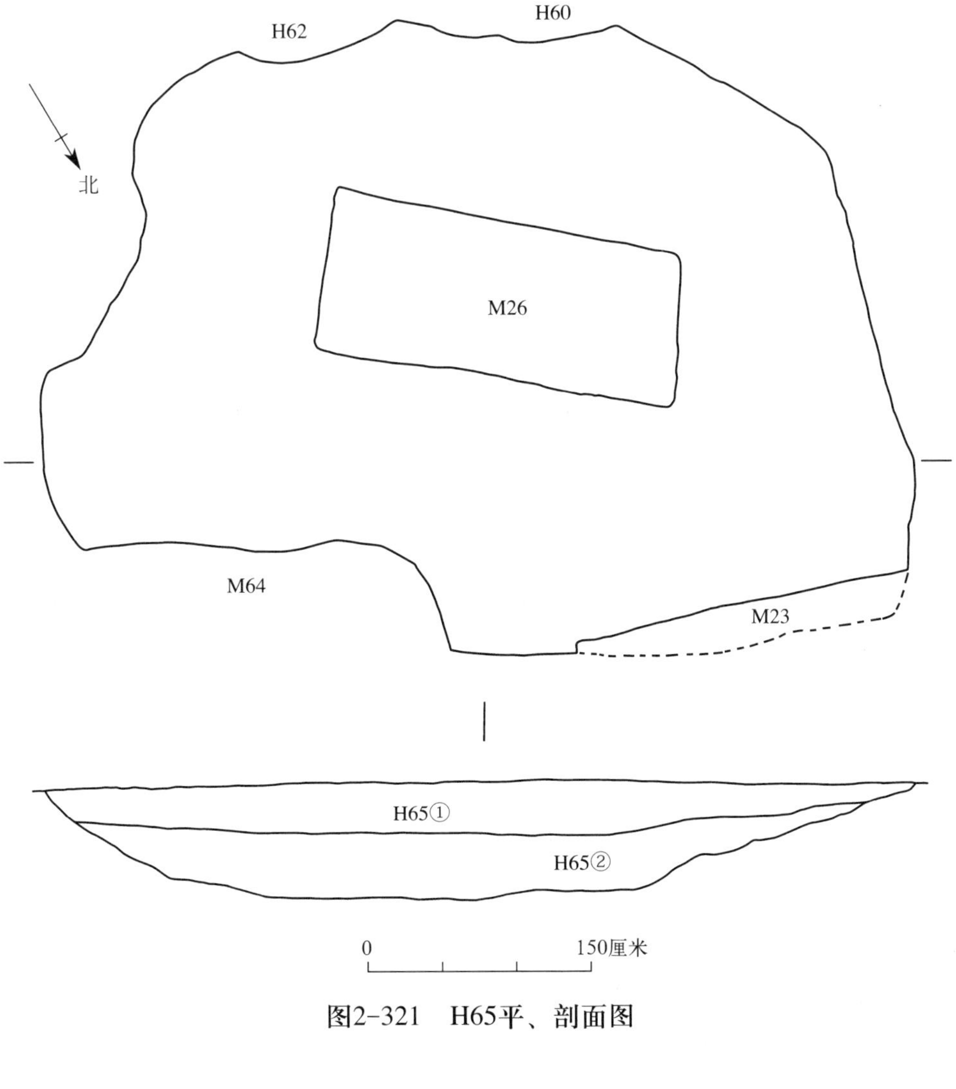

图2-321　H65平、剖面图

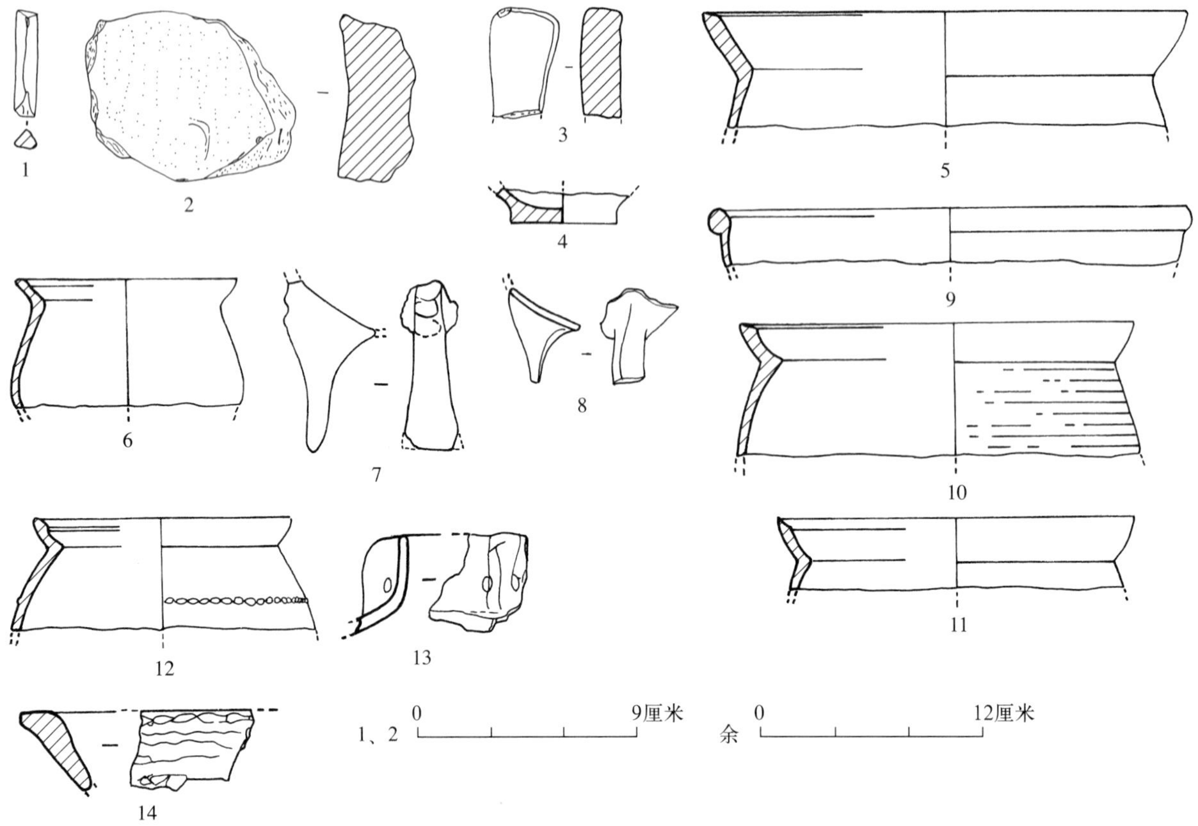

图2-322 H65出土遗物

1. 骨器 2、3. 砺石 4. 陶碗底 5、6. 陶罐 7、8. 陶鼎足 9. 陶盆 10～13. 陶罐 14. 陶盆

H65①：3，砺石。褐色，近长方形，一面磨平。残长4.6、宽3、厚1.8厘米（图2-322，3；彩版一九五，3）。

H65①：4，陶碗底。泥质黑衣灰陶。假圈足平底。底径5.9、残高1.5厘米（图2-322，4；彩版一九五，4）。

H65①：5，陶罐。夹石英灰陶。口沿残片，侈口，方唇，折沿，沿面内凹。口径26、残高6厘米（图2-322，5）。

H65①：6，陶罐。夹石英黑皮灰陶。口沿残片，侈口，尖圆唇，内勾沿弧腹内收。口径12、残高6.8厘米（图2-322，6）。

H65①：7，陶鼎足。夹植物红陶。足面有3个按窝。高9厘米（图2-322，7；彩版一九五，5）。

H65①：8，陶鼎足。泥质红陶。侧状凿形足。残高5厘米（图2-322，8）。

H65②：9，陶盆。泥质红陶。口沿残片，敞口，圆唇，卷沿。口径26、残高3厘米（图2-322，9；彩版一九五，6）。

H65②：10，陶罐。夹石英灰陶。口沿残片，侈口，尖唇，折沿，弧腹，器表有浅弦纹。口径21、残高7.2厘米（图2-322，10；彩版一九五，7）。

H65②：11，陶罐。夹砂灰陶。口沿残片，侈口，尖唇，折沿。口径19、残高3.8厘米（图

2-322，11）。

H65②：12，陶罐。夹砂灰褐陶。口沿残片，侈口，尖圆唇，折沿，沿面内凹，弧腹，腹部有一周附加堆纹，上有按窝。口径 14、残高 5.9 厘米（图 2-322，12）。

H65②：13，陶罐。泥质灰衣黑陶。口沿残片，直口，圆唇，口沿下与肩部交接处有环形耳。高 4.4、宽 4.6 厘米（图 2-322，13；彩版一九五，8）。

H65②：14，陶盆。夹石英红陶。口沿残片，敞口，圆唇，短折沿，口沿外有一周按窝，下有 3 道泥条拼接的印痕。残宽 5.8、残高 3.7 厘米（图 2-322，14）。

64. H66

位于 TE16N1 西北角，向西延伸至 TE15N1。开口于 H1 下。

平面呈近半圆形（图 2-323；彩版一九六，1）。南北最长 1.1、东西最长 1.3、深 0.3 米。斜壁，圜底。坑内堆积不分层，土色为灰色，土质疏松，夹杂红烧土粒，包含少量陶片，可辨器形有罐、鼎、豆。

H66：1，砺石。黄灰色，近长方形，正面磨平。残长 9.3、残宽 6.4、厚 1.7～1.9 厘米（图 2-324，1；彩版一九六，2）。

H66：2，陶鼎足。夹砂红陶。侧状凿形足，足面有 2 个按窝，足尖残。残高 5.6 厘米（图 2-324，2）。

H66：3，陶罐。夹石英红陶。口沿残片，侈口，圆唇，折沿。口径 18、残高 4.4 厘米（图

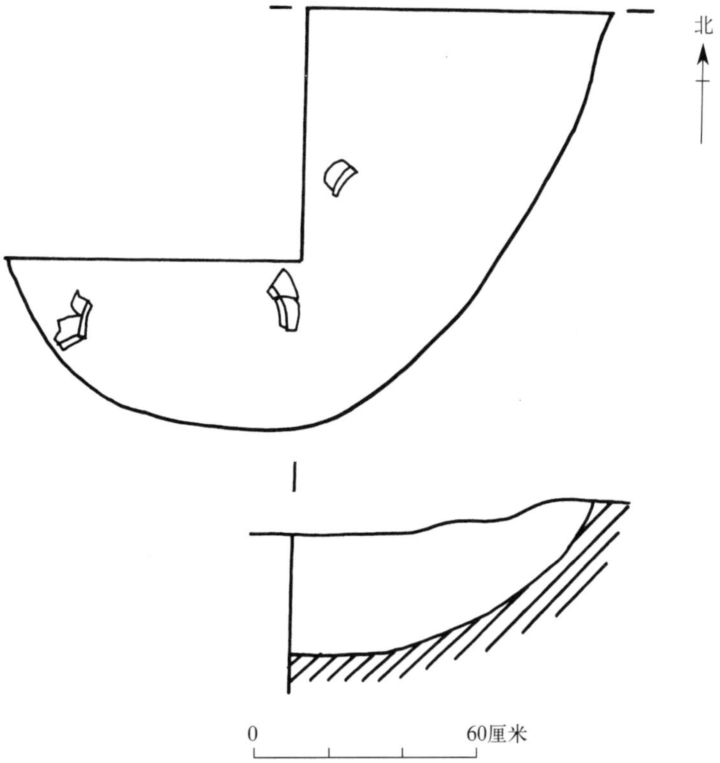

图2-323　H66平、剖面图

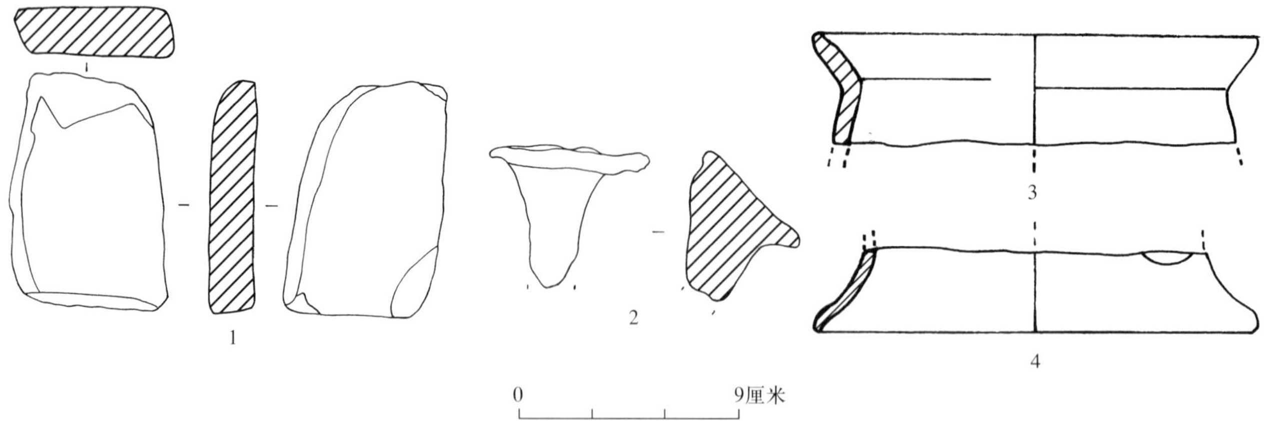

图2-324　H66出土遗物

1. 砺石　2. 陶鼎足　3. 陶罐　4. 陶豆

2-324，3）。

H66：4，陶豆。泥质灰陶。圈足残片，喇叭形圈足。复原底径 18、残高 3.2 厘米（图 2-324，4）。

65. H68

位于 TE15S2 东部，开口于④层下，被 H64、H65 打破。

平面呈椭圆形（图 2-325；彩版一九六，3），直壁，平底。坑口距地表深 0.7 米，长 1.8、宽 1.3、深 0.2 米。坑内堆积灰黑色土，土质疏松，包含大量灰烬和少量碎石块。出土陶片 30 余片，以夹砂红褐陶为主，另有泥质灰陶，器类有鼎、罐、器盖等（彩版一九六，4）。

H68：1，陶罐。夹砂褐陶。口沿残片，侈口，圆唇，折沿，弧腹，肩部有一凸棱。口径 22、

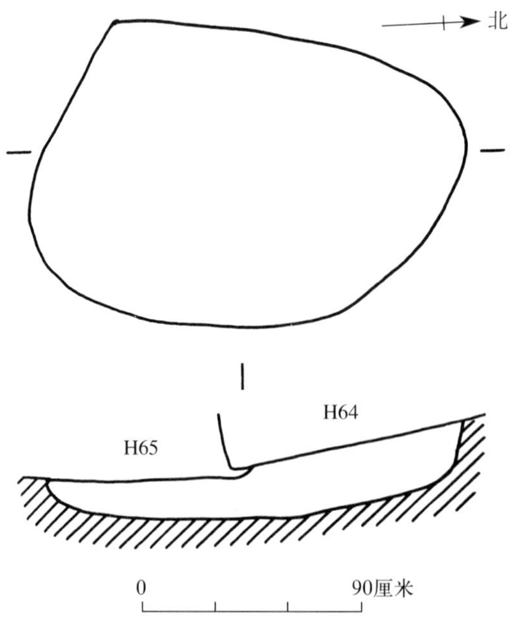

图2-325　H68平、剖面图

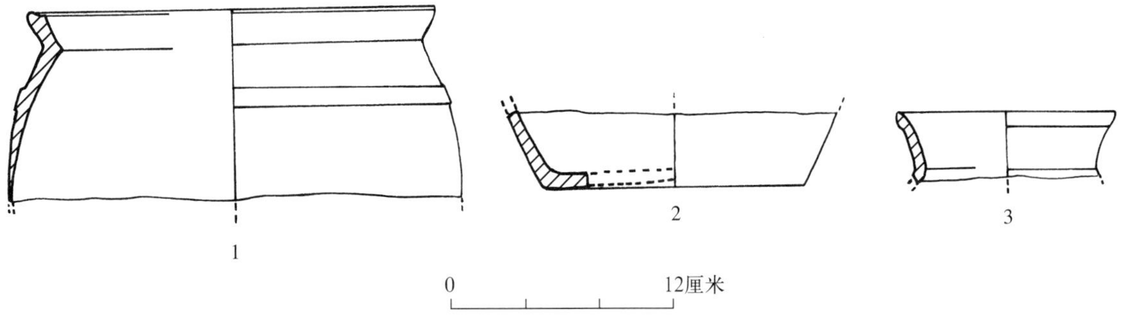

图2-326　H68出土遗物
1～3. 陶罐

最大腹径 24.4、残高 10 厘米（图 2-326，1）。

H68：2，陶罐。夹石英红褐陶。罐底残片，平底微内凹。底径 14、残高 3.8 厘米（图 2-326，2）。

H68：3，陶罐。泥质褐陶。口沿残片，侈口，圆唇、短颈。口径 12、残高 3.4 厘米（图 2-326，3）。

66. H69

位于 TE15S2 中偏北部，开口于③层下，被 H65①打破，打破 M26、M28。

平面呈椭圆形（图 2-327；彩版一九七，1），壁内斜，平底。坑口距地表深 0.7 米，长 2.05、宽 1.85 米，坑底长 1.9、宽 1.7、深 0.3 米。坑内堆积灰褐色花土，土质硬，包含少量的陶片、红烧土颗粒等。

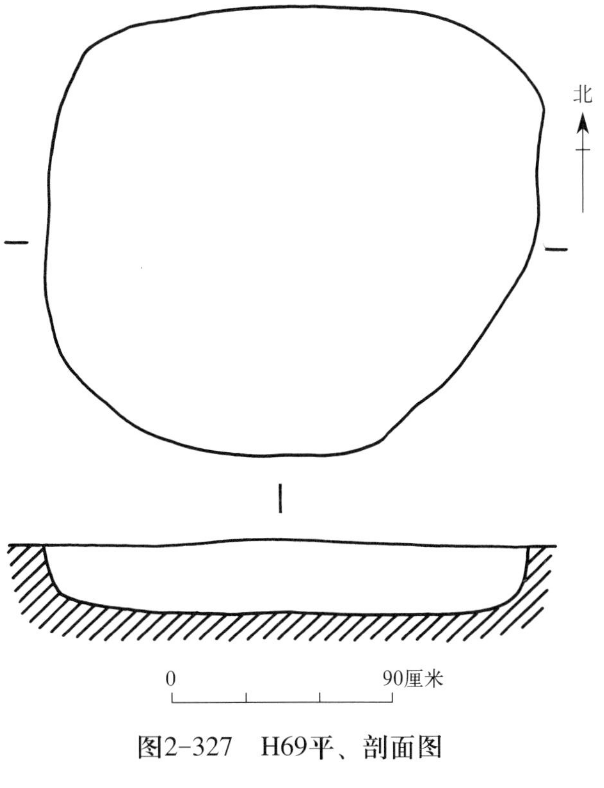

图2-327　H69平、剖面图

67. H70

位于TE15S2西北角延伸到北隔梁，开口于③层下，打破④层。

平面呈三角形（图2-328；彩版一九七，2），弧边，壁内斜，平底。坑口距地表深0.3米，长0.9、宽0.45米，坑底长0.65、宽0.3、深0.45米。坑内堆积黑灰色土，土质松，包含大量的灰烬，少量的红烧土粒等，夹杂少量的陶片。

68. H71

位于TE15S2东北角延伸到关键柱，开口于③层下，打破G7。

平面呈弧边三角形（图2-329；彩版一九七，3），直壁，平底。坑口距地表深0.25～0.3米，长0.4、宽0.45、深0.4米。坑内堆积灰褐色土，土质硬，包含少量的红烧土粒，夹杂少许碎陶片。

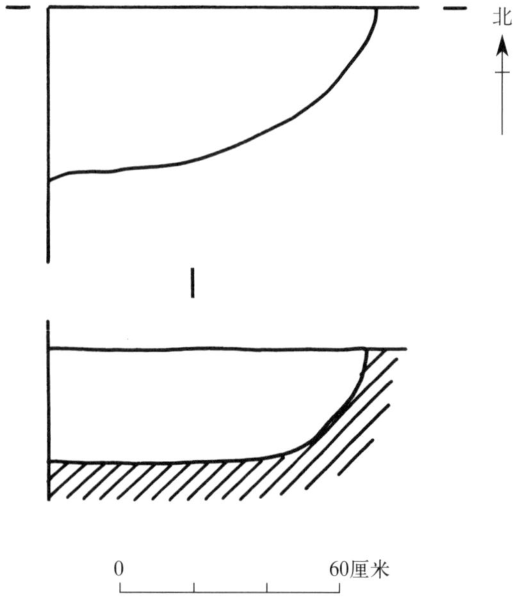

图2-328　H70平、剖面图

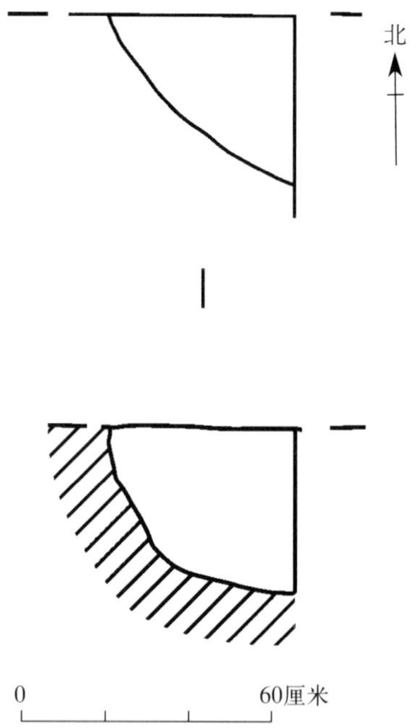

图2-329　H71平、剖面图

69. H72

位于TE15S2西部，开口于④层下，打破M34。

平面呈圆形（图2-330；彩版一九八，1），斜壁，平底。坑口距地表深0.5米，直径长0.7、深0.3米。坑内堆积灰黑色土，土质硬。出土陶片5片，有夹砂红褐陶凿形鼎足。

70. H73

位于TE15S2中部偏东北，开口于④层下，被M28、M32、H64、H65打破，打破M33。

平面呈圆角方形（图 2-331；彩版一九八，2），斜壁，平底。坑口距地表深 0.6 米，长 1.4、深 0.3 米。坑内堆积为黑灰色土，土质疏松，包含少量的红烧土粒、石块、陶片。出土陶片 50 余片，以夹砂红褐陶为主，另有泥质黑陶、泥质灰陶。器类有鼎、器盖、罐等。

H73：1，陶罐。夹蚌末黑陶。残存罐底，平底。底径 6.4、残高 6.8 厘米（图 2-332，1）。

H73：2，陶罐。泥质黑陶。口沿残片，侈口，尖圆唇，折沿。口径 18、残高 4 厘米（图 2-332，2）。

H73：3，陶壶。泥质灰陶。口沿残片，侈口，尖圆唇，短颈。口径 12、残高 5 厘米（图 2-332，3）。

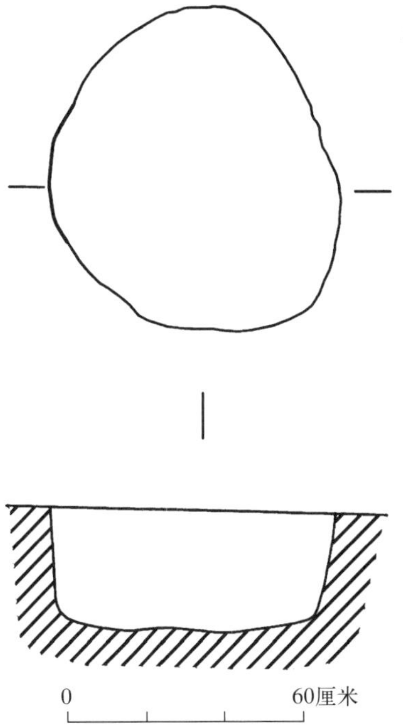

图2-330　H72平、剖面图

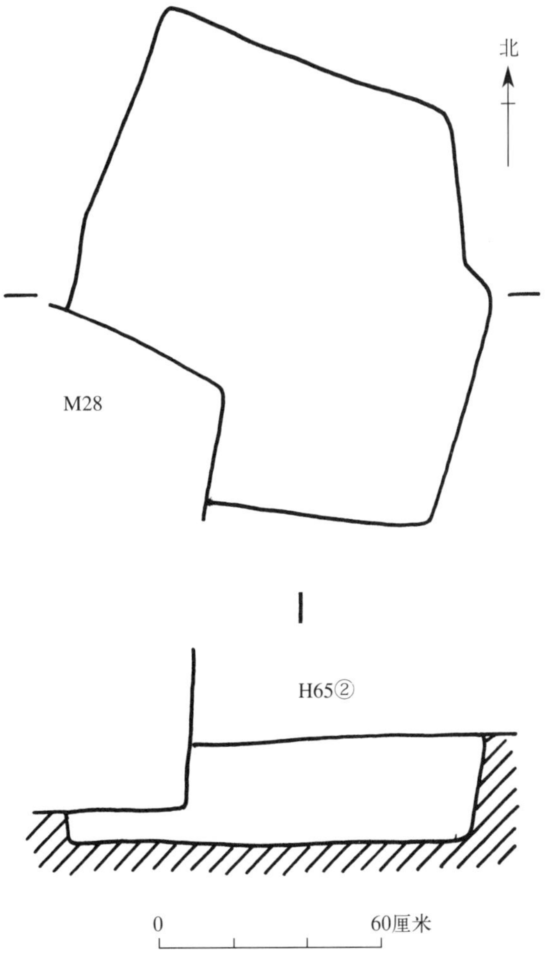

图2-331　H73平、剖面图

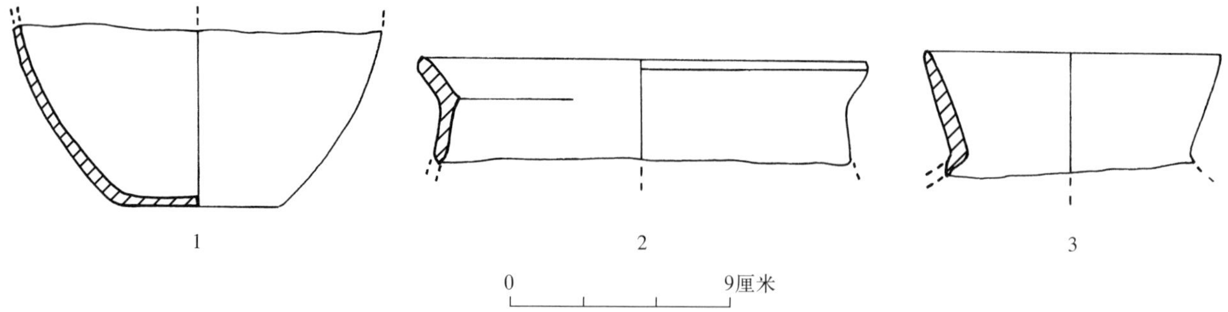

图2-332　H73出土遗物

1、2. 陶罐　3. 陶壶

71. H77

位于 TE14S1 东部，开口于④层下，打破 H78、M55。

平面呈椭圆形（图 2-333；彩版一九八，3），斜壁，平底。坑口距地表深 0.3 米，长 1.4、宽 0.8、深 0.4 米。坑内堆积分两层：第 1 层，褐色土，夹较多黑褐色铁锰结核颗粒，质略硬，包含少量陶片。第 2 层，黑灰色土，土质疏松，包含少量的红烧土粒、石块、陶片。

H77：1，砺石。青褐色，不规则形，正面磨平，边缘因长期使用磨出一道细长条形凹槽。长 6.9、宽 4.8、最厚处 1.5 厘米（图 2-334，1；彩版一九八，4）。

H77：2，砺石。青褐色，不规则形，正面磨平。长 9.4、宽 8.3、最厚处 1.5 厘米（图 2-334，2；彩版一九八，5）。

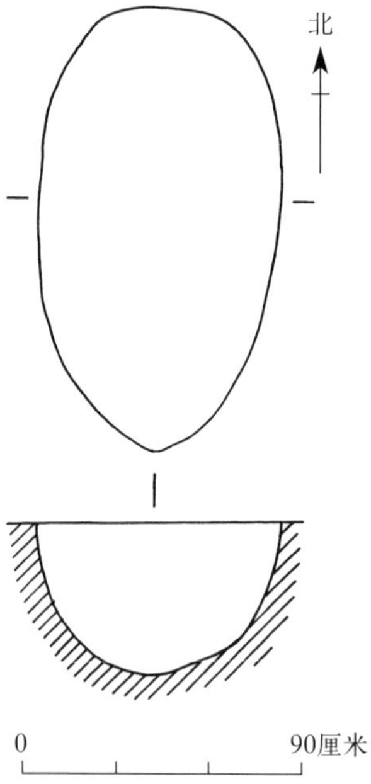

图2-333　H77平、剖面图

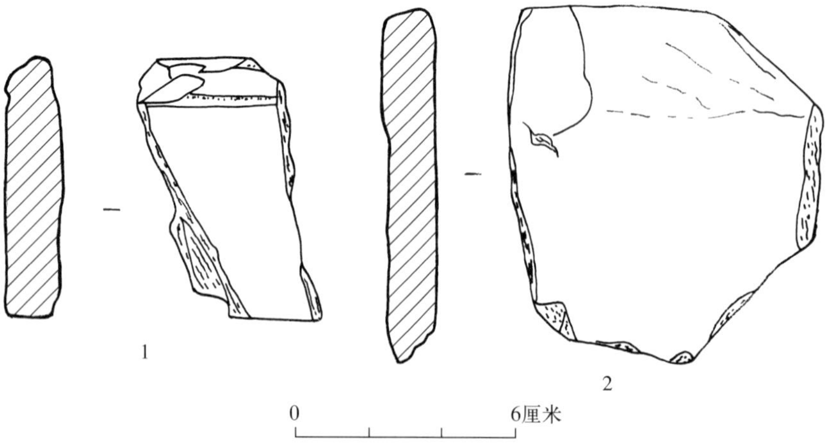

图2-334　H77出土遗物

1、2. 砺石

72. H78

位于 TE14S1 东部，开口于④层下，被 XDK、H77 打破。

平面呈椭圆形（图 2-335；彩版一九九，1），斜壁，平底。坑口距地表深 0.3 米，长 1.9、宽 1.2、深 0.5 米。坑内堆积为黑灰色土，土质疏松，包含少量的红烧土粒、石块、陶片。

H78：1，砺石。青褐色，近方形板状，正面磨平。长 6.2、宽 6.7、最厚处 1.3 厘米（图 2-336，1；彩版一九九，2）。

H78：2，陶纺轮。泥质红陶。圆饼形，剖面为椭圆形，两面弧起，中穿一孔。直径 4.4、孔径 0.5、最厚处 0.65 厘米（图 2-336，2；彩版一九九，3）。

H78：3，砺石。青褐色，近方形板状，正面磨凹。残长 5.8、残宽 5.3、最厚处 1.2 厘米（图 2-336，3；彩版一九九，4）。

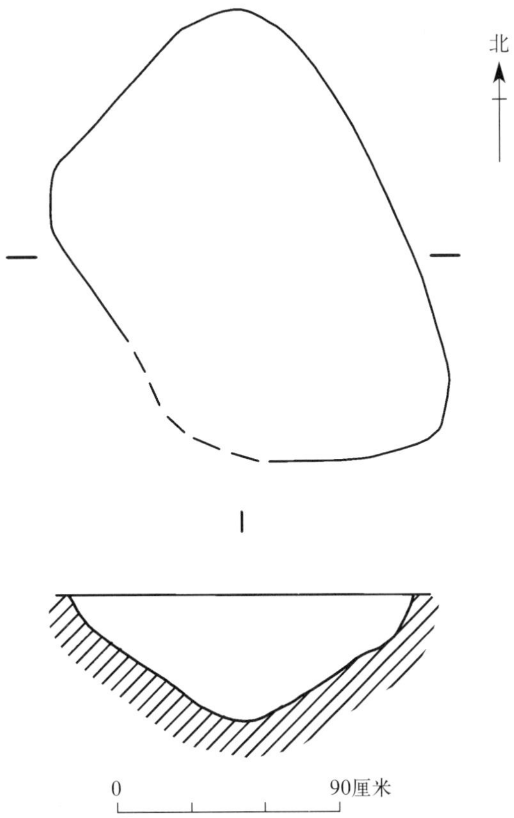

图2-335　H78平、剖面图

H78：4，砺石。灰褐色，不规则形，一面有磨痕。长 10.2、宽 7.2、最厚处 1.6 厘米（图 2-336，4；彩版一九九，5）。

H78：5，砺石。黄褐色，长条形，一面有磨痕。长 12、宽 4.5、厚 2.6 厘米（图 2-336，5）。

H78：6，砺石。浅红褐色，近方形，一面有磨痕。长 6.2、宽 6.2、最厚 1.4 厘米（图 2-336，6；彩版一九九，6）。

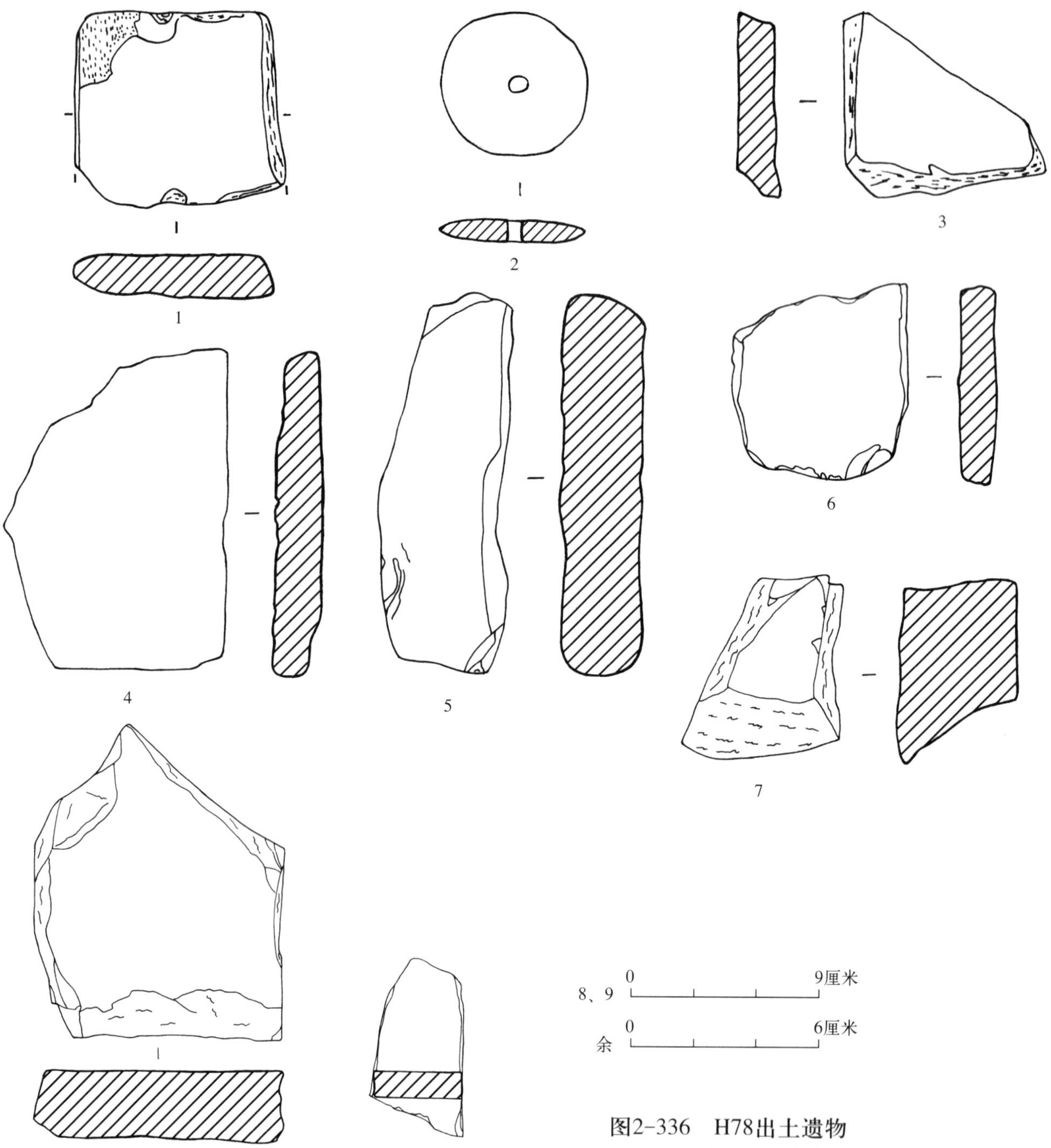

图2-336　H78出土遗物
1、3～9. 砺石　2. 陶纺轮

H78：7，砺石。灰褐色，不规则形，正面有磨痕。长5.8、宽6.2、最厚处4.5厘米（图2-336，7；彩版一九九，7）。

H78：8，砺石。浅青灰色，不规则形，一面有磨痕。长14、宽12、最厚处3厘米（图2-336，8；彩版一九九，8）。

H78：9，砺石。灰色，不规则形，一面有磨痕。长8.5、宽4.5、最厚处1.2厘米（图2-336，9；彩版一九九，9）。

73. H79

位于 TE14S1 东南角、TE15S1 西南角。开口于③层下，被 H133 打破，打破 M54、M64、M65。

平面呈椭圆形（图 2-337；彩版二〇〇，1），长 5.1、宽 2.5、深 0.4 米。斜壁，圜底，坑内堆积为黄褐色灰土，土质疏松，包含较多的陶片和砺石、石块等。

H79：1，砺石。黄褐色，不规则形。长 5.6、宽 5.1、最厚处 1.5 厘米（图 2-338，1；彩版二〇〇，2）。

H79：2，有孔砺石。青灰色砂岩，不规则形。边缘被磨成一道凹槽，中部有 3 个钻孔，最中间一个已钻通，另外 2 个只钻成浅窝状。长 8.6、宽 3.9、最厚处 2.1 厘米，中间钻孔口部 1.5、底部 0.5 厘米（图 2-338，2；彩版二〇〇，3）。

H79：3，砺石。青灰色砂岩，近长方形，正面磨光。长 3.9、宽 2.4、最厚处 1.4 厘米（图 2-338，3；彩版二〇〇，4）。

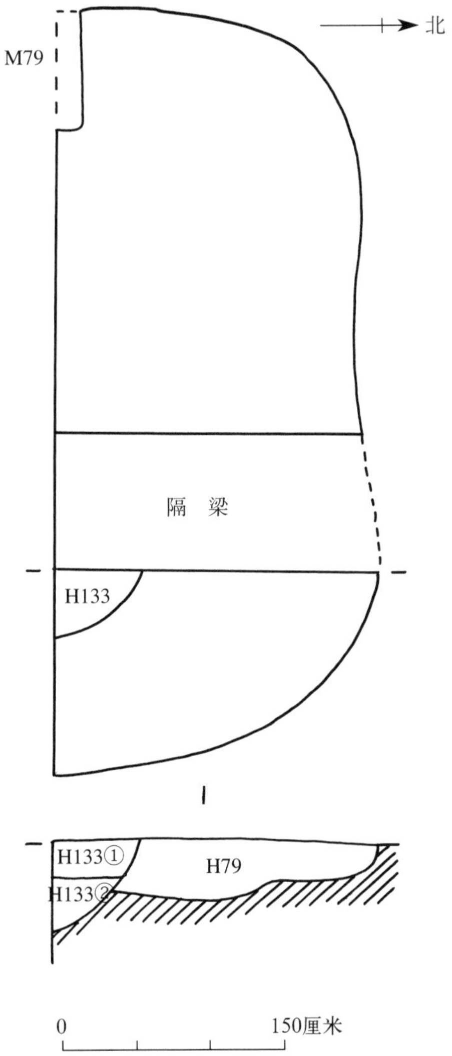

图2-337　H79平、剖面图

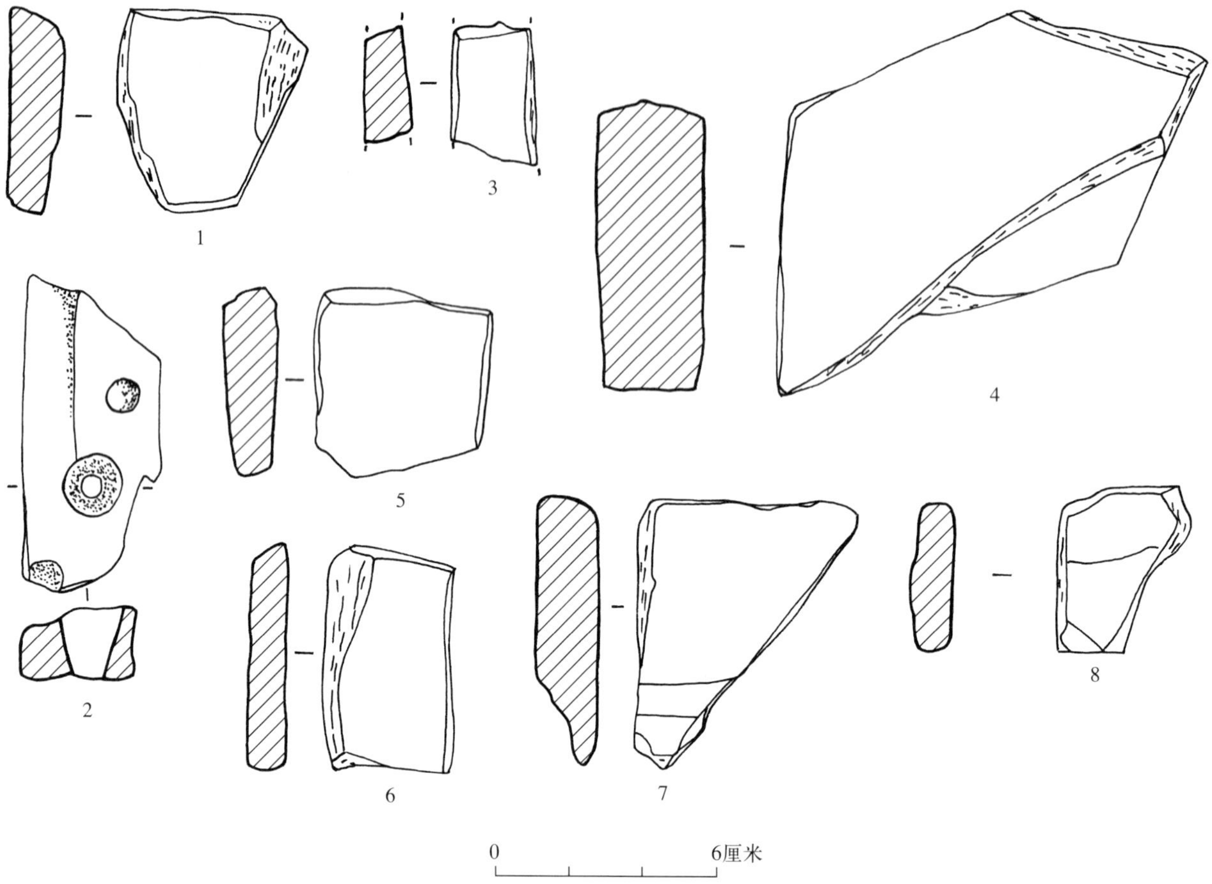

图2-338　H79出土遗物

1～8. 砺石

H79：4，砺石。灰色砂岩，不规则形，正面磨光。长11.7、宽8、最厚处3厘米（图2-338，4；彩版二〇〇，5）。

H79：5，砺石。黄褐色，近方形，正面磨光。长5、宽5.2、最厚处1.5厘米（图2-338，5；彩版二〇〇，6）。

H79：6，砺石。灰褐色，近长方形，板状，正面磨光。长6.2、宽3.7、厚1厘米（图2-338，6）。

H79：7，砺石。灰褐色，近三角形，底面磨光。长7.3、宽6、最厚处1.8厘米（图2-338，7）。

H79：8，砺石。黄褐色，不规则形。长4.6、宽3.7、最厚处1.2厘米（图2-338，8）。

H79：9，砺石。灰褐色砂岩，近三角形，正面磨光。长8.1、宽6.4、厚2.9厘米（图2-339，9）。

H79：10，砺石。青灰色砂岩，不规则近三角形。长8.2、宽7.7、最厚处3.6厘米（图2-339，10）。

H79：11，石斧。灰白色，残存一侧边缘，器表磨光。长11.1、宽3.5、最厚处3.5厘米（图2-339，11；彩版二〇〇，7）。

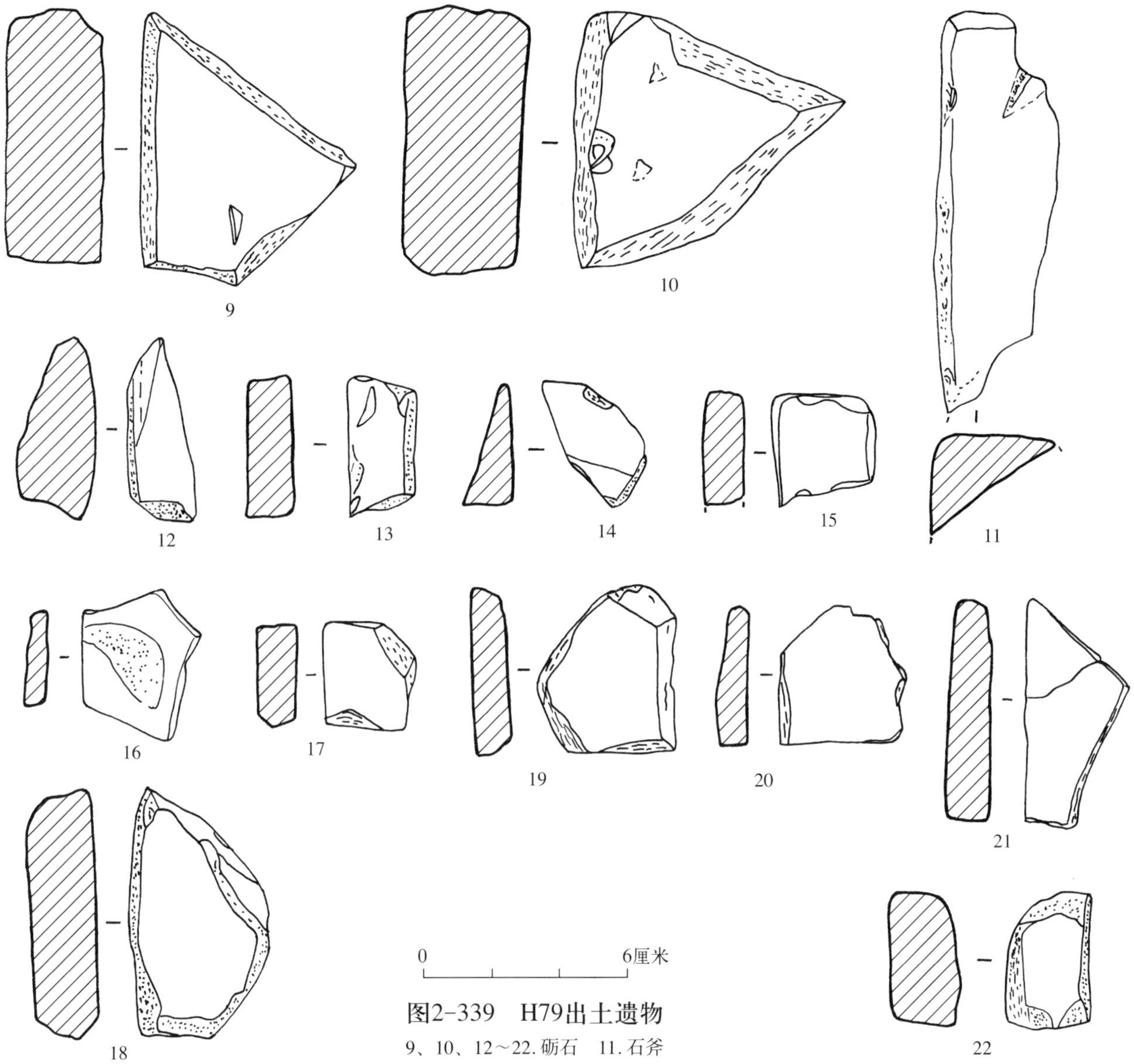

图2-339　H79出土遗物

9、10、12～22. 砺石　11. 石斧

H79：12，砺石。黄褐色砂岩，不规则形。长 5.4、宽 2.1、最厚处 2.4 厘米（图 2-339，12）。

H79：13，砺石。黄褐色砂岩，不规则形。两面磨光。长 4.2、宽 2、厚 1.4 厘米（图 2-339，13）。

H79：14，砺石。灰褐色，不规则形。长 3.7、宽 2、最厚处 1.4 厘米（图 2-339，14）。

H79：15，砺石。黄褐色，近方形。残长 3.3、宽 3.2、厚 1.3 厘米（图 2-339，15）。

H79：16，砺石。黄褐色，不规则形板状，中部磨凹。长 4.5、宽 3.6、最厚处 0.7 厘米（图 2-339，16）。

H79：17，砺石。黄褐色，近方形。长 3.3、宽 2.7、厚 1.2 厘米（图 2-339，17）。

H79：18，砺石。灰褐色砂岩，不规则形板状，正面磨光。长 7.4、宽 4.2、最厚处 2 厘米（图 2-339，18）。

H79：19，砺石。灰褐色砂岩，不规则形，正面磨光。长 5、宽 4.1、最厚处 1.1 厘米（图 2-339，19）。

H79：20，砺石。灰褐色砂岩，不规则形板状，正面磨光。长 4.2、宽 3.8、最厚处 1 厘米（图 2-339，20）。

H79：21，砺石。灰白色，不规则形，正面磨光。长 6.8、宽 3.1、厚 1.4 厘米（图 2-339，21；彩版二〇〇，8）。

H79：22，砺石。黄褐色砂岩，近长方体。长 4、宽 2.5、最厚处 2.1 厘米（图 2-339，22）。

H79：23，砺石。灰褐色，近长方体，一面有磨痕。长 5、宽 4、厚 1.5～2.2 厘米（图 2-340，23；彩版二〇〇，9）。

H79：24，砺石。灰褐色，不规则形，两面有磨痕。长 10.5、宽 8.3、厚 4.2 厘米（图 2-340，24；彩版二〇〇，10）。

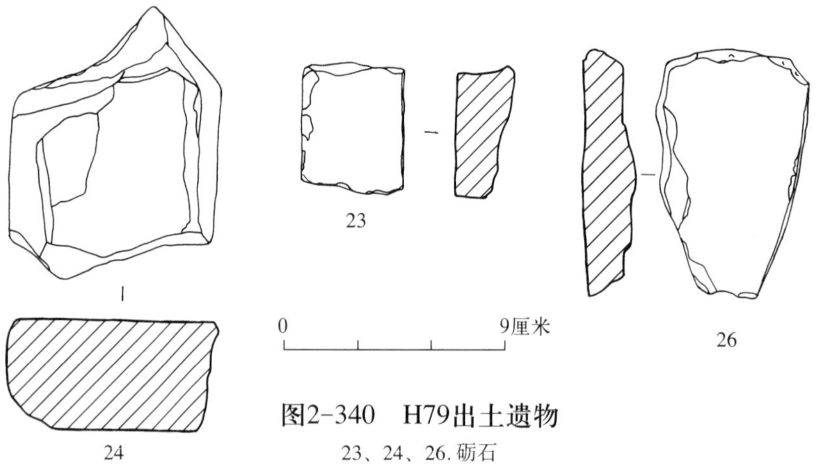

图2-340　H79出土遗物

23、24、26. 砺石

H79：25，陶盆口沿。泥质灰陶。直口，圆唇，弧腹内收，腹内壁有 3 周凹槽。宽 7.4、残高 4.5 厘米（图 2-341，25）。

H79：26，砺石。不规则形，灰褐色，一面有磨痕。长 9.9、宽 6.1、厚 2.1 厘米（图 2-340，26）。

H79：27，陶鼎足。夹植物黑胎褐陶。鬼脸足。残高 6.9 厘米（图 2-341，27）。

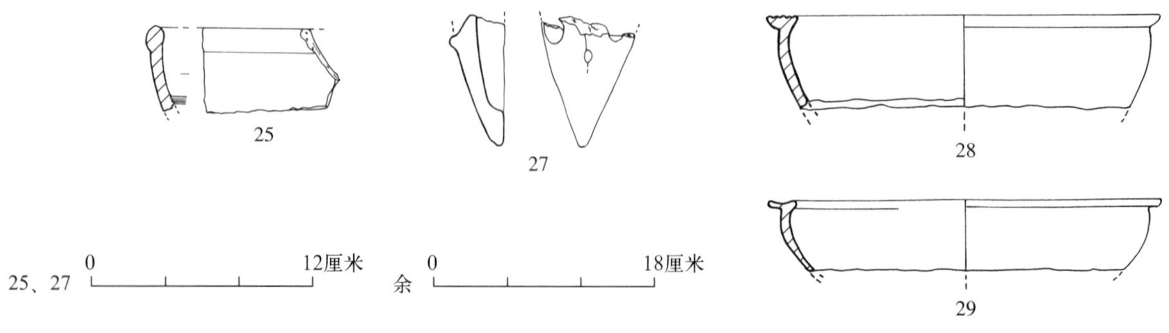

图2-341　H79出土遗物

25、28、29. 陶盆口沿　27. 陶鼎足

H79：28，陶盆口沿。泥质灰胎黑陶。侈口，圆唇，宽折沿，沿面有4周凹槽，弧腹内收。口径32、残高7.5厘米（图2-341，28）。

H79：29，陶盆口沿。夹砂灰胎褐陶。侈口，圆唇，宽折沿，沿面内凹，弧腹内收。口径32、残高5.6厘米（图2-341，29）。

74. H82

位于TE15N2南部，挂南壁，开口于④层下。

平面呈椭圆形（图2-342；彩版二〇一，1），长0.5、深0.5米，斜壁，圜底。坑内堆积为褐色锈斑土，包含较多的红烧土颗粒，土质疏松，包含少量陶片。

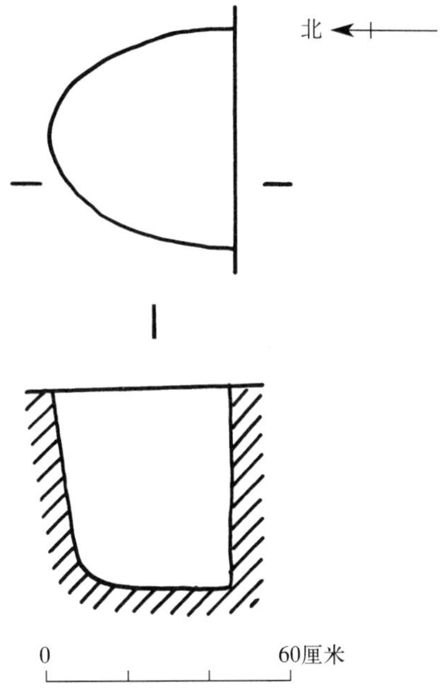

图2-342　H82平、剖面图

75. H83

位于TE14N1东北角，开口于④层下，被现代坑打破，打破M52。

平面呈不规则椭圆形（图2-343；彩版二〇一，2、3）。长1.9、宽0.9、深0.4米。坑内堆积为灰黑土，疏松，包含少量陶片。鼎足有正装扁铲形，足面有两道细刻槽。鬶足为夹砂白陶。

76. H84

位于TE15N2南部，开口于④层下。

平面呈椭圆形（图2-344），长1.0、宽0.8、深0.4米，斜壁，圜底。坑内堆积为褐色锈斑土，包含较多的红烧土颗粒，土质疏松，包含少量陶片。

77. H98

位于TE15N2东北部，向东延伸到探方外，开口于⑤层下，打破H99。

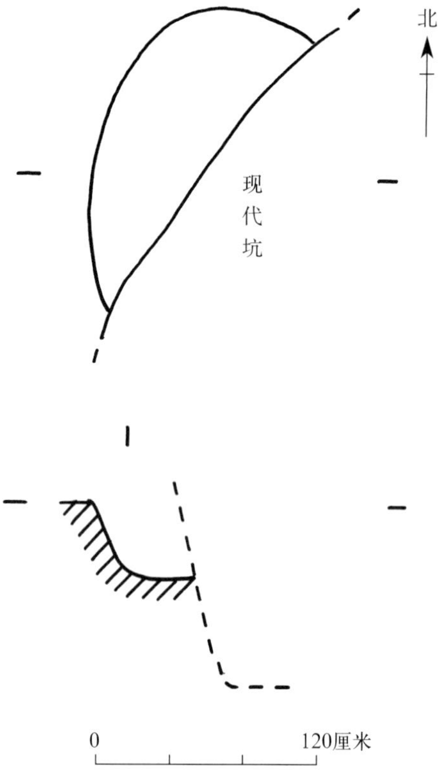

图2-343　H83平、剖面图

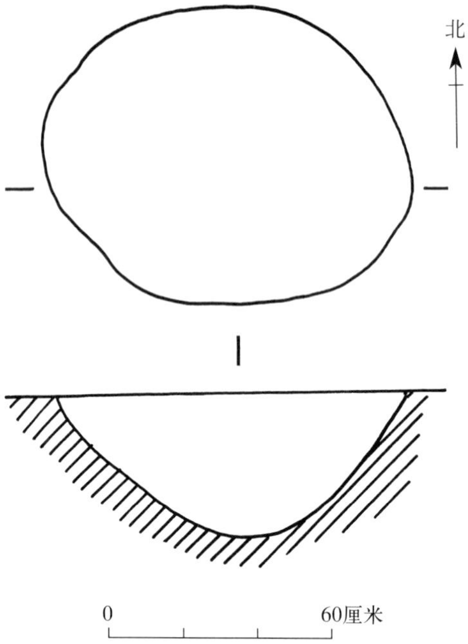

图2-344　H84平、剖面图

平面呈不规则长椭圆形（图2-345；彩版二〇二，1），坑口距地表深0.5米，长1.9、宽0.9、深0.15米，直壁，平底。坑内堆积为深灰褐色锈斑土，包含较多的红烧土颗粒，土质疏松，包含大量陶片。

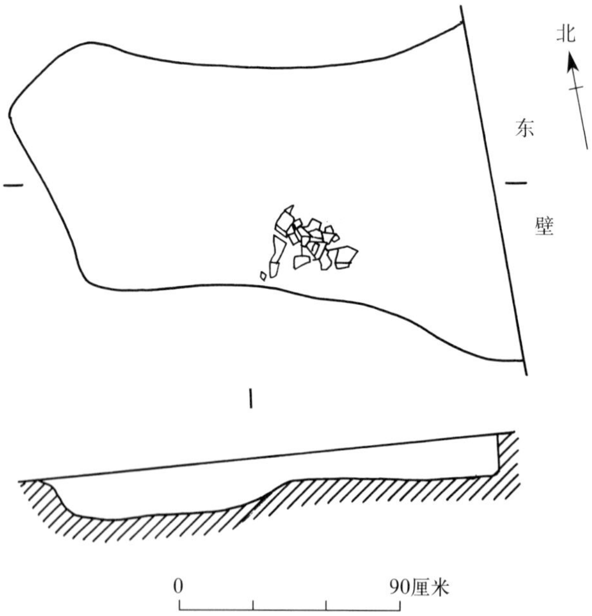

图2-345　H98平、剖面图

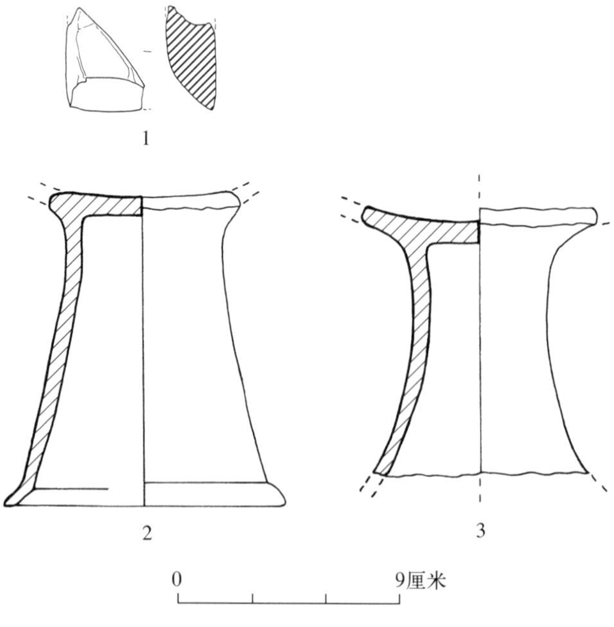

图2-346　H98出土遗物
1.石锛　2、3.陶豆圈足

H98：1，石锛。灰色，含白斑，残存刃部一角，单面刃，通体磨光。残长 4.1、残宽 2.8、最厚处 1.9 厘米（图 2-346，1；彩版二〇二，2）。

H98：2，陶豆圈足。泥质灰陶。喇叭形圈足。圈足径 11.4、残高 12.5 厘米（图 2-346，2；彩版二〇二，3）。

H98：3，陶豆圈足。泥质黑陶。喇叭形圈足。圈足顶径 6.0、残高 10.7 厘米（图 2-346，3；彩版二〇二，4）。

78. H99

位于 TE15N2 东北部，开口于⑤层下，打破 H123，被 H98 打破。

平面呈不规则长椭圆形（图 2-347；彩版二〇二，5），坑口距地表深 0.6 米，长 2.6、宽 1.5、深 0.25 米，直壁，平底。坑内堆积为深灰褐色土，夹大块黄褐色土块，土质较硬，包含大量陶片和少量石块。鼎足有正装扁铲形，足面有两道细刻槽。

79. H100

位于 TE15N2 东北部，开口于⑥层下。

平面呈长方形（图 2-348；彩版二〇三，1），坑口距地表深 1.0 米，长 1.5、宽 0.7、深 0.2 米，直壁，平底。坑内堆积为深灰褐色土，夹大块黄褐色土块，土质疏松，包含少量陶片和石块。

80. H101

位于 TE14S1 南部，挂南壁。开口于④层下，被 H79 打破，打破 M54。

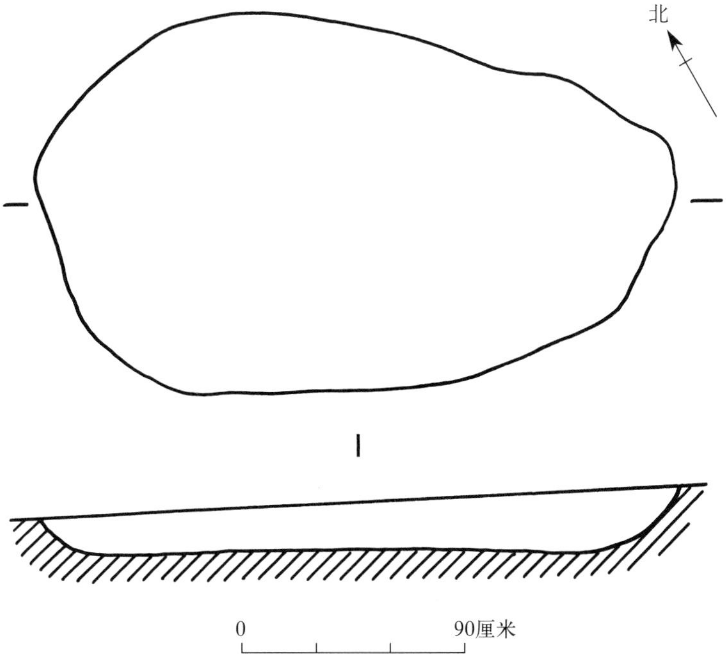

图2-347　H99平、剖面图

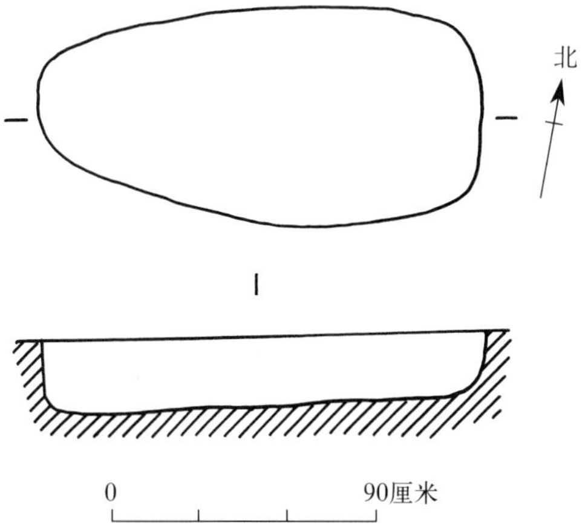

图2-348　H100平、剖面图

平面呈椭圆形（图 2–349；彩版二〇三，2）。长 2.2、宽 1.2、深 0.4 米，斜壁，平底。坑内堆积为灰黑褐色土，包含较多的陶片和少量石块、红烧土颗粒。

H101∶1，玉锥形器。经检测为透闪石材质。青绿色，局部有黑斑，锥体为四方体，残存尖部，头端为圆锥状，通体磨光。残长 2、宽 0.6 厘米（图 2–350，1；彩版二〇三，3）。

H101∶2，砺石。灰褐色，不规则形。长 5.9、宽 4.9、厚 0.9 厘米（图 2–350，2；彩版二〇三，4）。

H101∶3，砺石。灰褐色，不规则形。长 6.8、宽 5.9、最厚处 1.3 厘米（图 2–350，3；彩版二〇三，5）。

H101∶4，砺石。灰白色，近方锥体。长 8.3、宽 4.2、最厚处 3.7 厘米（图 2–350，4；彩版二〇三，6）。

H101∶5，砺石。浅褐色，不规则形，正面磨平。长 8.5、宽 6.6、最厚处 2.4 厘米（图 2–350，5）。

H101∶6，陶罐口沿。夹砂黑衣褐陶。侈口，圆唇，宽折沿，沿面有 3 周凹槽，溜肩，腹部有凹槽，腹残。口

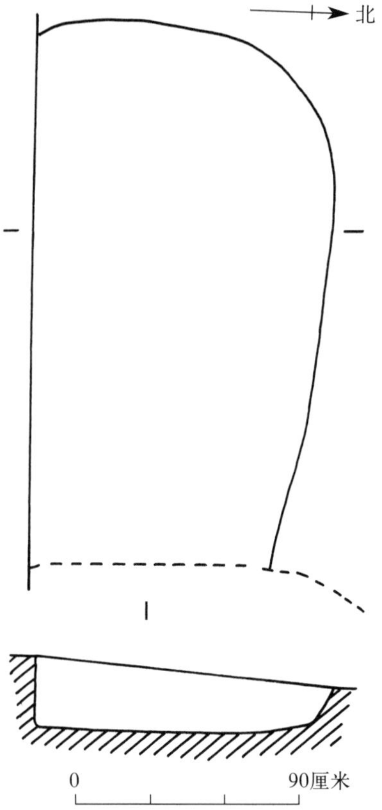

图2–349　H101平、剖面图

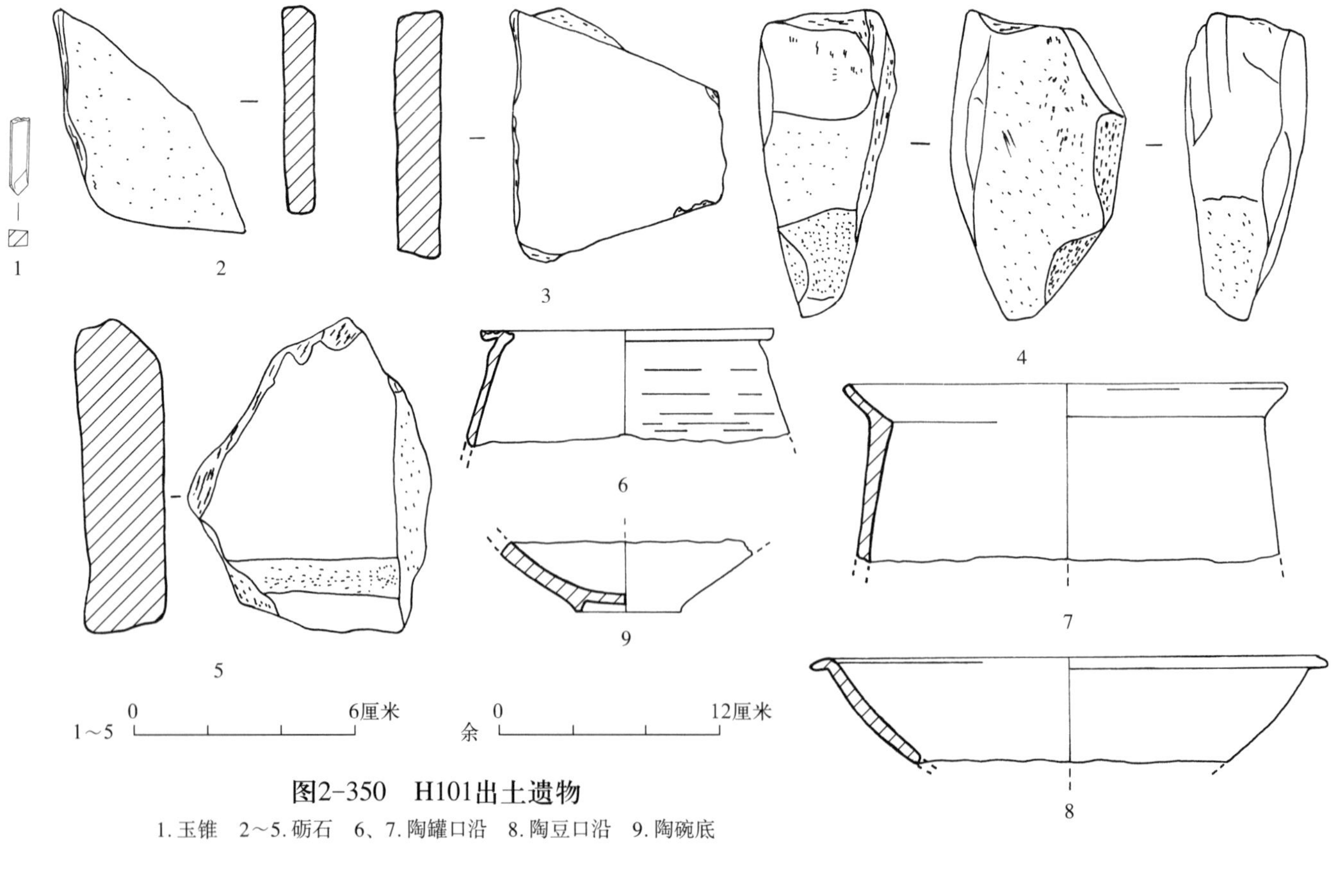

图2–350　H101出土遗物

1. 玉锥　2～5. 砺石　6、7. 陶罐口沿　8. 陶豆口沿　9. 陶碗底

径 16.0、残高 6.2 厘米（图 2-350，6）。

H101：7，陶罐口沿。泥质灰胎褐陶。侈口，方圆唇，折沿，斜直肩，腹残。口径 24.0、残高 9.4 厘米（图 2-350，7）。

H101：8，陶豆口沿。泥质黑衣灰陶。敞口，尖圆唇，宽折沿。口径 28.0、残高 5.6 厘米（图 2-350，8）。

H101：9，陶碗底。夹砂褐陶。残存碗底，弧腹内收，矮圈足。圈足径 6.0、残高 4.0 厘米（图 2-350，9）。

81. H102

位于 TE15N2 东北角，向东、北延伸到探方外，开口于⑥层下，打破 H104。

平面呈长方形（图 2-351；彩版二〇四，1），坑口距地表深 1.0 米，长 3.3、宽 1.2、深 0.5 米，斜直壁，底不平，西高东低、南高北低。坑内堆积为灰黑色土，夹均匀黄褐色铁锰结核颗粒，炭屑较多，还有动物牙齿和大量陶片，石块等，有成堆分布的陶片，可辨器形有鬶、豆、盆等。

H102：1，陶纺轮。泥质黑陶。饼形。直径 4.5、孔径 0.4、厚 0.9 厘米（图 2-352，1）。

H102：2，砺石。灰褐色，不规则形，两面有磨痕。长 5.8、宽 5.6、厚 1.7～1.9 厘米（图 2-352，2）。

H102：3，陶器盖。残，夹砂黑陶。覆碗形，圆形捉手，盖面斜直，口残。捉手径 5.8、残高 2.8 厘米（图 2-352，3）。

H102：4，陶豆盘。残，泥质黑衣褐陶。敞口，尖唇，折腹，浅盘。口径 26.0、残高 5.0 厘米（图 2-352，4）。

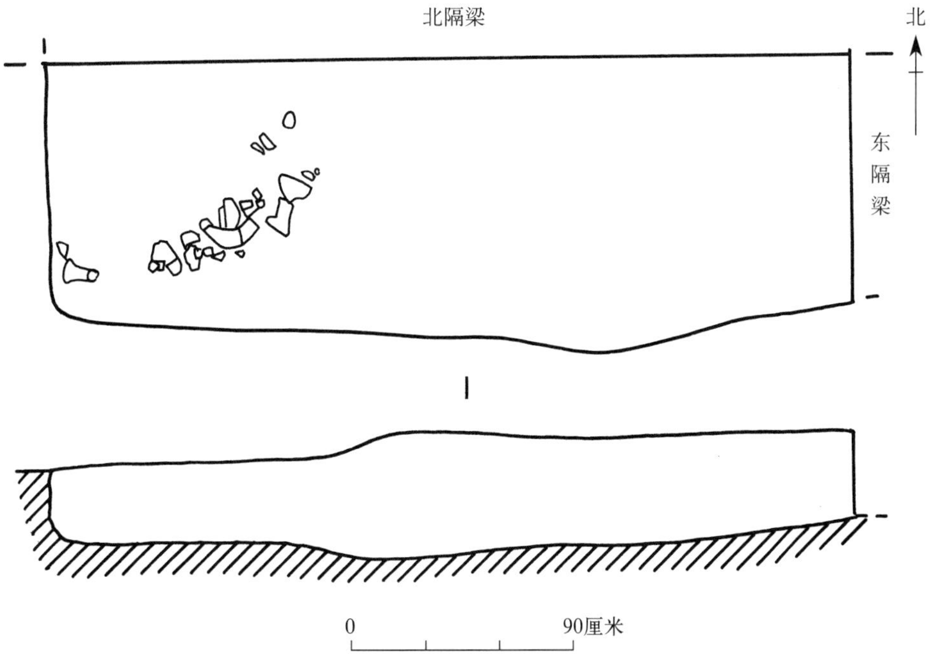

图2-351　H102平、剖面图

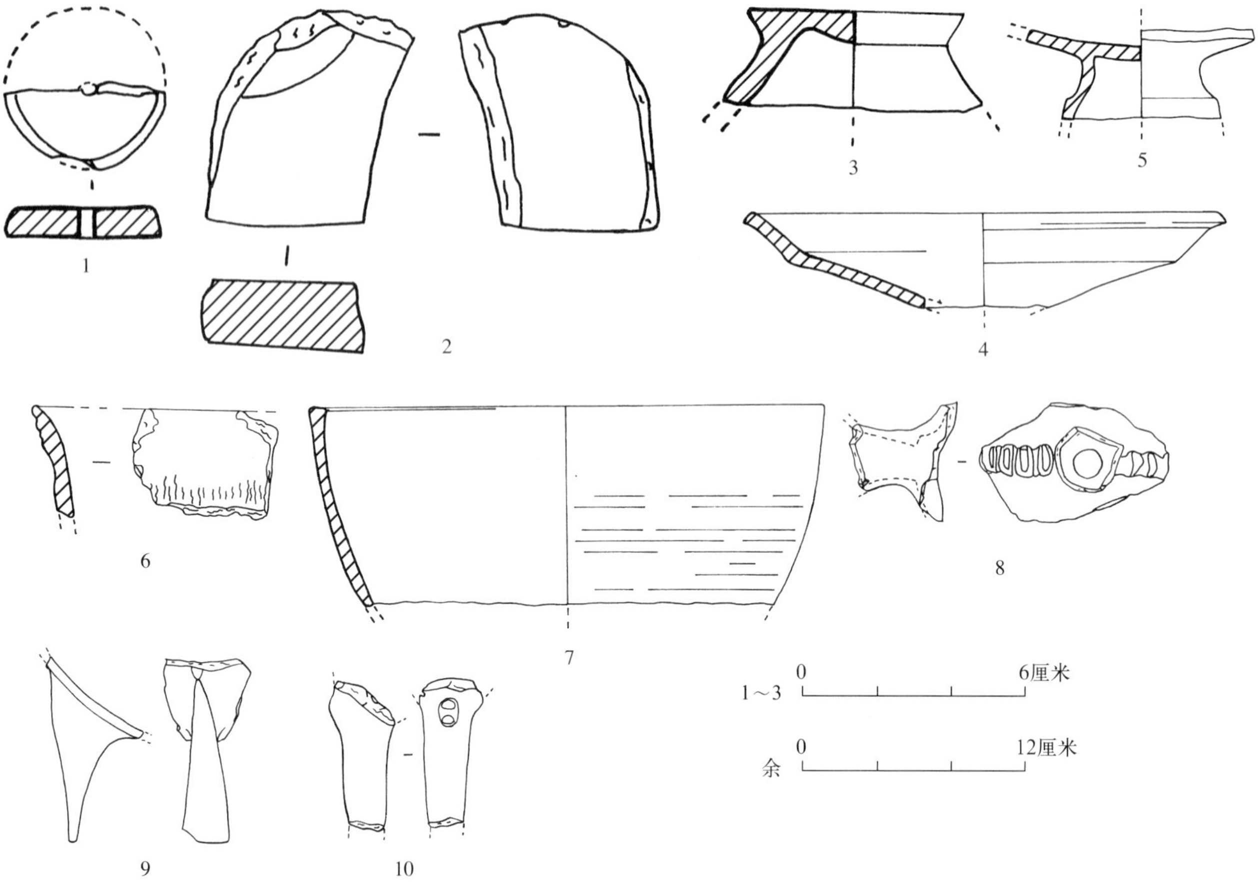

图2-352　H102出土遗物

1. 陶纺轮　2. 砺石　3. 陶器盖　4. 陶豆盘　5. 陶豆柄　6、7. 陶盆口沿　8. 陶带流器　9、10. 陶鼎足

H102：5，陶豆柄。泥质灰胎黑陶。圈足顶呈台阶。圈足顶径 6.8、残高 5.0 厘米（图 2-352，5；彩版二〇四，2）。

H102：6，陶盆口沿。泥质褐陶。侈口，圆唇，唇下外壁有 3 周凹槽，凹槽下有篮纹。宽 7.9、残高 6.0 厘米（图 2-352，6；彩版二〇四，3）。

H102：7，陶盆口沿。夹石英红陶。直口，方圆唇，弧腹内收，腹部有凹槽。口径 28.0、残高 10.5 厘米（图 2-352，7；彩版二〇四，4）。

H102：8，陶带流器。夹植物黑陶。残存肩腹部，扁腹，肩腹部有一流口，流口残，肩腹部有一周索状附加堆纹。宽 10.5、残高 6.5 厘米（图 2-352，8；彩版二〇四，5、6）。

H102：9，陶鼎足。夹石英褐陶。凿形足，足根有一个按窝。高 10.5 厘米（图 2-352，9）。

H102：10，陶鼎足。夹砂褐陶。锥形足，足根有一个按窝。残高 8.0 厘米（图 2-352，10；彩版二〇四，7）。

82. H103

位于 TE14S1 南部。开口于④层下，打破 M64。

平面呈椭圆形（图 2-353；彩版二〇五，1），长 1.2、宽 1.0、深 0.2 米，直壁，平底。坑内堆积为灰褐色土，质硬，包含少量陶片。

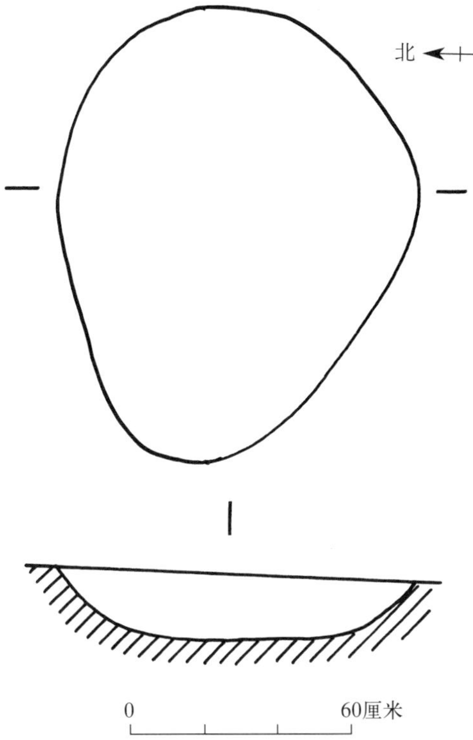

图2-353　H103平、剖面图

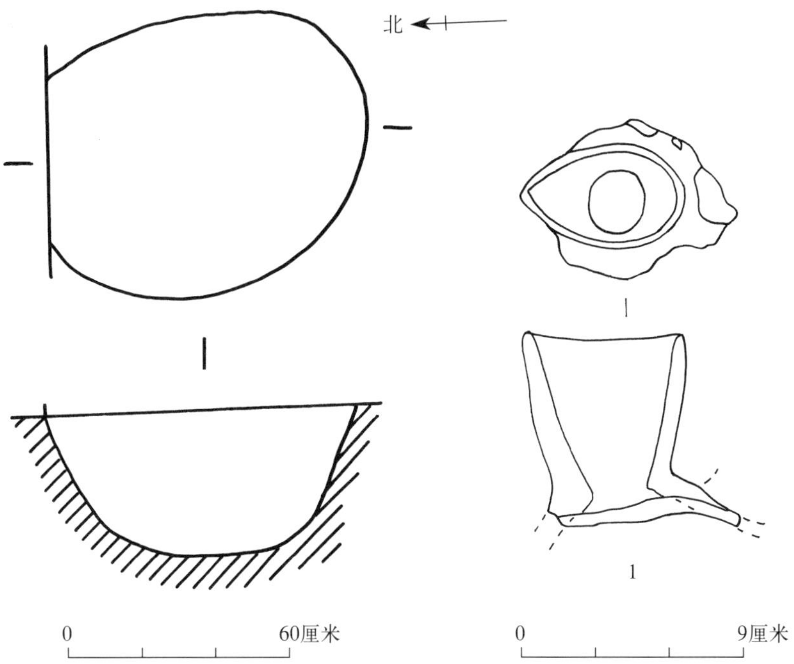

图2-354　H104平、剖面图及出土陶流口H104：1

83. H104

位于 TE15N2 北部，开口于 H102 下。

平面近圆形（图 2-354；彩版二〇五，2），坑口距地表深 1.3 米，直径 0.88、深 0.4 米，斜壁，平底。坑内堆积为深灰褐色，质硬，较黏，出土较多陶片。

H104：1，陶流口。夹植物黑衣灰褐陶。流口，圆唇，束颈。宽 8.6、残高 7.8 厘米（图 2-354，1；彩版二〇五，3）。

84. H105

位于 TE14N1 西北部，挂西壁，开口于⑦层下，打破 M62。

平面呈椭圆形（图 2-355；彩版二〇五，4），长 1.6、宽 0.6、深 0.4 米，直壁，平底。坑内堆积为灰褐色锈斑土，较致密，包含少量陶片。

H105：1，砺石。黄褐色，不规则形，正面磨平。残长 7.5、残宽 5.4、最厚处 1.9 厘米（图 2-355，1；彩版二〇五，5）。

85. H106

位于 TE14S1 西南部。开口于⑦层下。

平面呈椭圆形（图 2-356；彩版二〇五，6）。坑口距地表深 1.3 米，长 0.7、宽 0.6、深 0.4 米，斜壁，圜底。坑内堆积为灰黑土，夹炭屑和零星红烧土块，土质疏松，出土较多陶片。

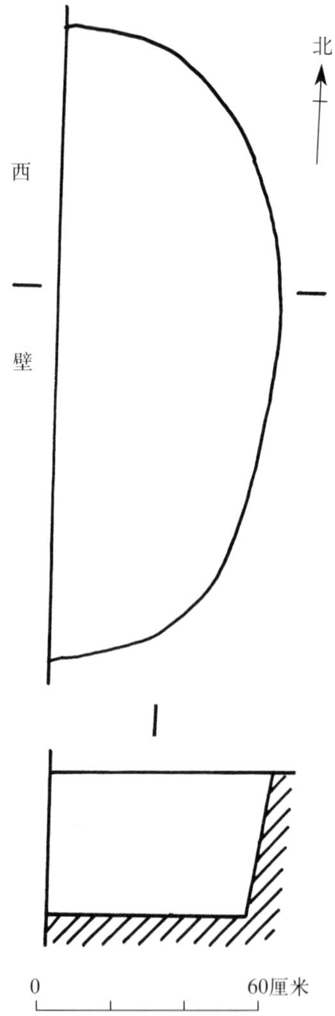

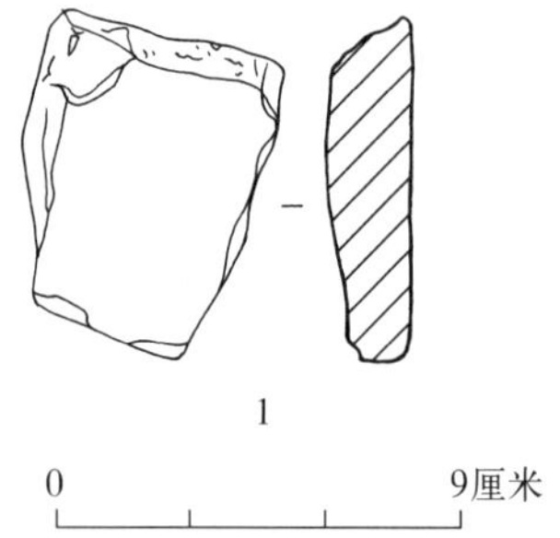

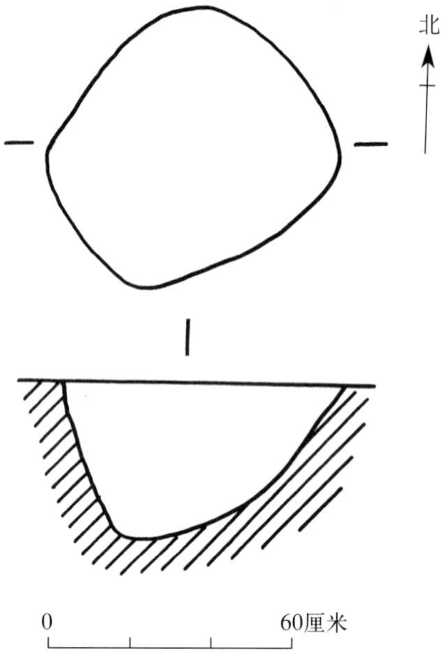

图2-356　H106平、剖面图

1. 陶鼎足　2. 陶杯

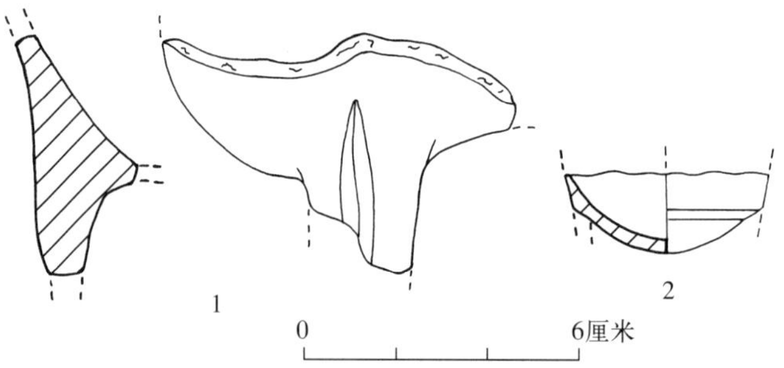

图2-355　H105平、剖面图及出土砺石H105：1

图2-357　H106出土遗物

1. 陶鼎足　2. 陶杯

H106：1，陶鼎足。夹砂红陶。正装铲形足，足根正面有1道凹槽。残高5.2厘米（图2-357，1；彩版二〇五，7）。

H106：2，陶杯。细泥黑陶。残存腹中部。残高1.75、杯腹径4.2厘米（图2-357，2）。

86. H107

位于TE14N1西北部，开口于⑦层下。

平面呈椭圆形（图2-358），长0.8、宽0.7、深0.3米，直壁，平底。坑内堆积为灰褐色土，包含褐色结核及红烧土粒，较致密，包含较多陶片和少量石块。

87. H108

位于TE14S1中部。开口于④层下，打破M55。

平面呈圆形（图2-359；彩版二〇五，8），坑口距地表深0.6米，直径0.6、深0.4米，直壁，平底。坑内堆积为褐色土，夹零星红烧土颗粒，土质较硬，出土零星陶片。

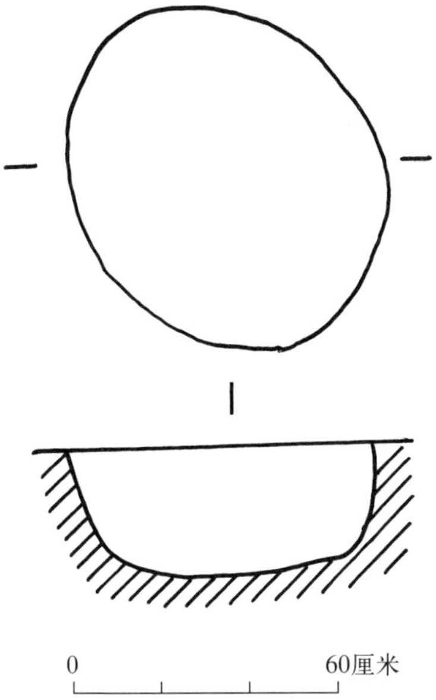

图2-358　H107平、剖面图

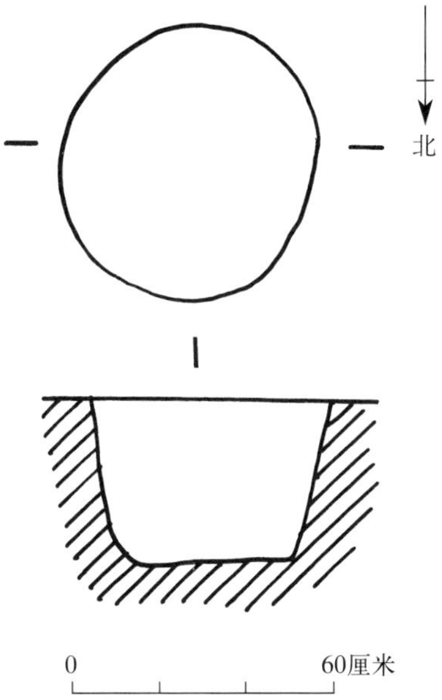

图2-359　H108平、剖面图

88. H109

位于 TE14N1 中部偏西，开口于⑤层下。

平面呈椭圆形，呈口小底大的袋形（图 2-360；彩版二〇六，1～4），坑口直径 1.1、坑底直径 1.4、深 0.6 米，平底。坑内堆积为灰褐色土，包含大量的红烧土块、烧骨、陶片。器类有罐、豆、鼎等。该坑临近 M53、M62，可能是祭祀坑。

H109：1，陶鼎。夹石英褐陶。侈口，圆唇，折沿，圆鼓腹，圜底，3 个凿形足。口径 17.4、高 19.4～20 厘米（图 2-361，1；彩版二〇六，5）。

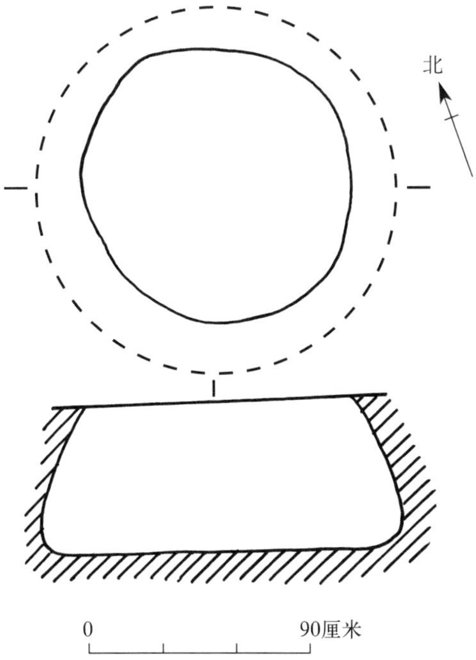

图2-360　H109平、剖面图

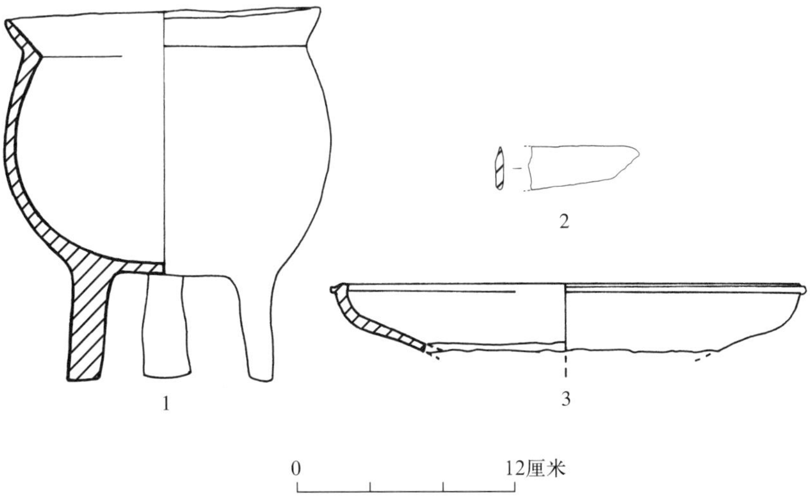

图2-361　H109出土遗物

1. 陶鼎　2. 石刀　3. 陶豆口沿

H109：2，石刀。黑色，不规则形，双面刃，一端残。残长6、宽2、最厚处0.5厘米（图2-361，2；彩版二〇六，6）。

H109：3，陶豆口沿。泥质黑衣褐陶。敞口，尖圆唇，宽折沿，沿面有一周凸棱，折腹。口径26.0、残高3.6厘米（图2-361，3）。

89. H110

位于TE15N2东南部，开口于⑧层下。

平面近圆形（图2-362；彩版二〇七，1～4），坑口距地表深0.6米，直径1.1、深0.8米，斜壁，平底。坑内堆积为灰褐色土，夹杂少量红烧土颗粒，质地松软，近底部有一层草木灰，出土较多陶片。

90. H121

位于TE14S1东南角，向东、南延伸到探方外。开口于H79下。

平面呈不规则椭圆形（图2-363；彩版二〇八，1），坑口距地表深0.7米，直径2.1、深0.6米，斜壁，平底。坑内堆积为灰黑土，夹较多炭屑，土质疏松，出土较多陶片。

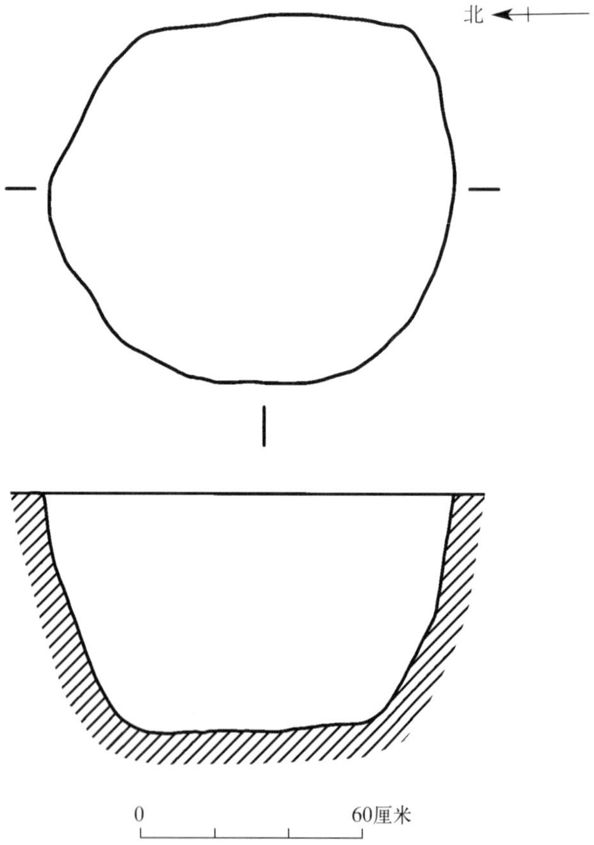

图2-362　H110平、剖面图

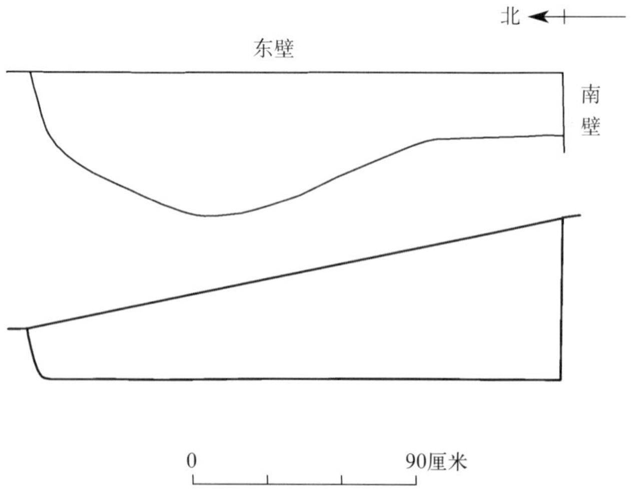

图2-363　H121平、剖面图

91. H123

位于 TE15N2 东部，开口于⑥层下，被 H99 打破。

平面近不规则椭圆形（图 2-364；彩版二〇八，2），坑口距地表深 0.6 米，长径 1.2、短径 0.84、深 0.4 米，斜壁，平底。坑内堆积为灰褐色，夹杂较多炭屑和红烧土颗粒，质地松软，出土少量陶片。

92. H125

位于 TE15N2 西南部，开口于⑨层下。

平面呈半圆形（图 2-365；彩版二〇八，3），坑口距地表深 1.3 米，直径 1.2、深 0.4 米，斜壁，平底。坑内堆积为灰褐色，有条带状炭屑层，质地松软，出土少量陶片。

93. H132

位于 TE15N1 东南角，开口于③层下。

平面呈椭圆形（图 2-366；彩版二〇九，1、2），长 1.8、宽 1.3、深 0.3 米，直壁，平底。坑内堆积为黄褐色锈斑土，包含少量红烧土颗粒，出土少量陶片，以夹砂红褐陶和泥质灰黑陶

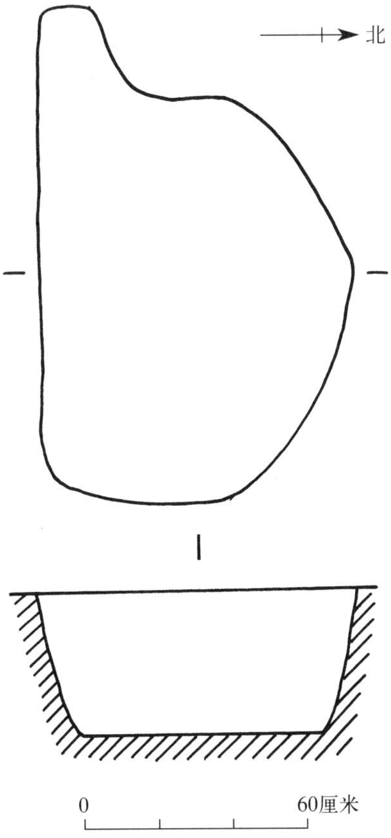

图2-364　H123平、剖面图

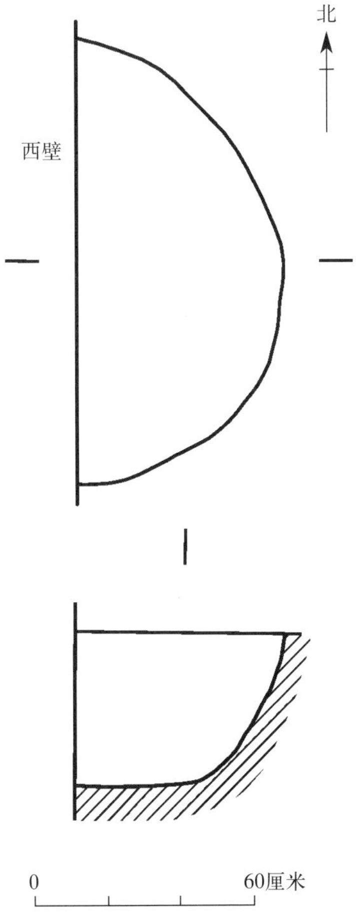

图2-365　H125平、剖面图

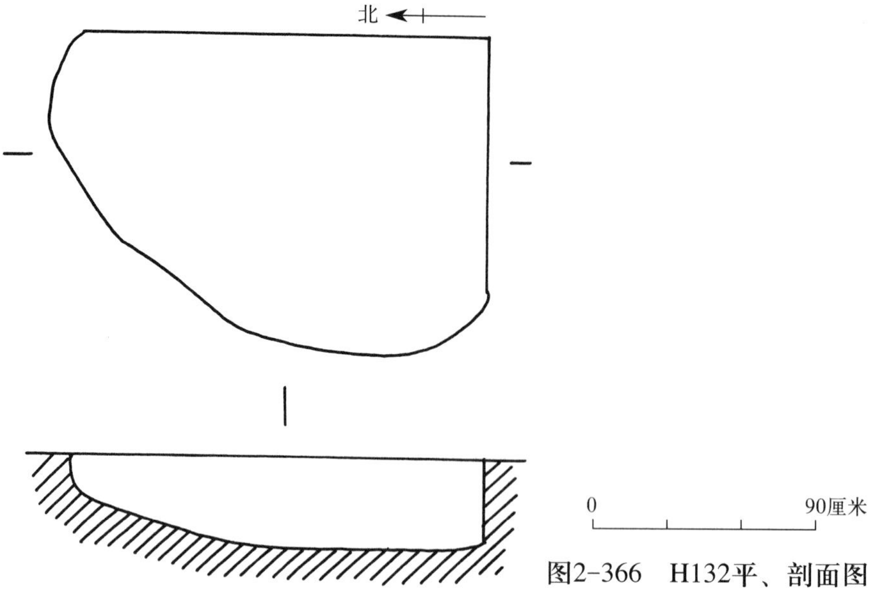

图2-366　H132平、剖面图

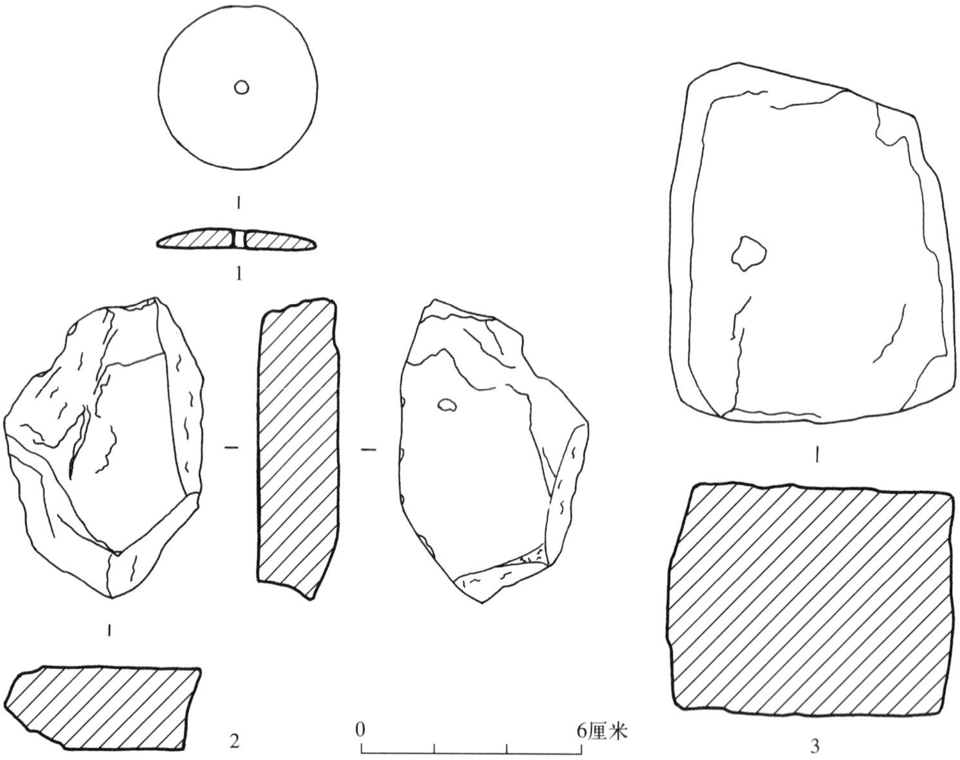

图2-367　H132出土遗物

1. 陶纺轮　2、3. 砺石

为主。

H132：1，陶纺轮。泥质红褐陶。圆饼状，剖面呈弧形，一面弧起，一面平直略内凹。直径4.4、孔径0.4、最厚处0.5厘米（图2-367，1；彩版二〇九，3）。

H132：2，砺石。青灰色砂岩上有银白色亮点，不规则形，正面磨平。残长8.1、残宽5.4、厚2.2～2.3厘米（图2-367，2；彩版二〇九，4）。

H132∶3，砺石。灰褐色，近方体，正面磨平。长 9.6、宽 7.8、厚 5.8～6.3 厘米（图 2-367，3；彩版二〇九，5）。

94. H133

位于 TE15S1 西南角，开口于③层下，打破 H79。

平面呈椭圆形（图 2-368；彩版二一〇，1），长 1.5、宽 0.5、深 0.2 米，斜壁，平底。坑内堆积分为两层：第 1 层，土色呈灰褐色，与层表的黄斑土明显不同，质地比较松软，包含物较少。第 2 层，土色为黑褐色，质地十分疏松，包含较多的红烧土颗粒、陶片。器类有鬶、罐、盆等。

H133∶1，陶器耳。泥质黑陶。桥形。残长 6.4、残宽 6.4 厘米（图 2-369，1）。

H133∶2，陶盆口沿。夹砂黑衣红褐陶。口沿残片，敛口，方圆唇，短平沿，弧腹。残长 7、残宽 5.9 厘米（图 2-369，2）。

H133∶3，陶鼎足。泥质黑衣红褐陶。凿形。残高 7.9 厘米（图 2-369，3）。

H133∶4，陶圈足。细泥灰陶。矮圈足。底径 6、残高 2.2 厘米（图 2-369，4）。

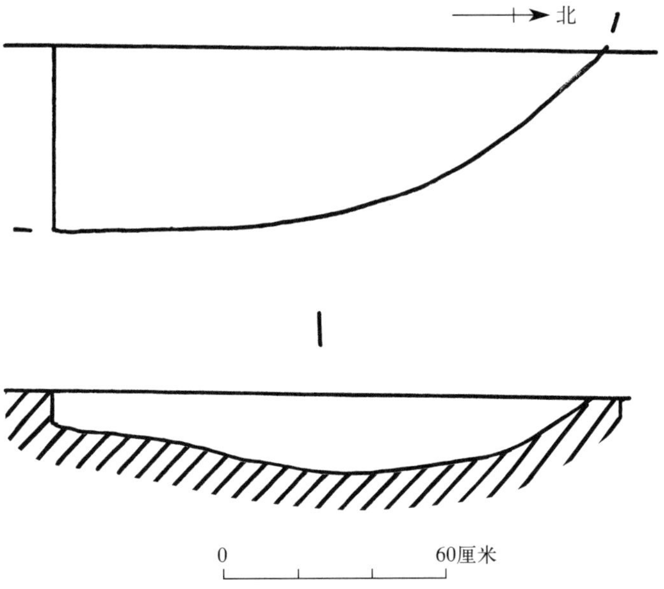

图2-368　H133平、剖面图

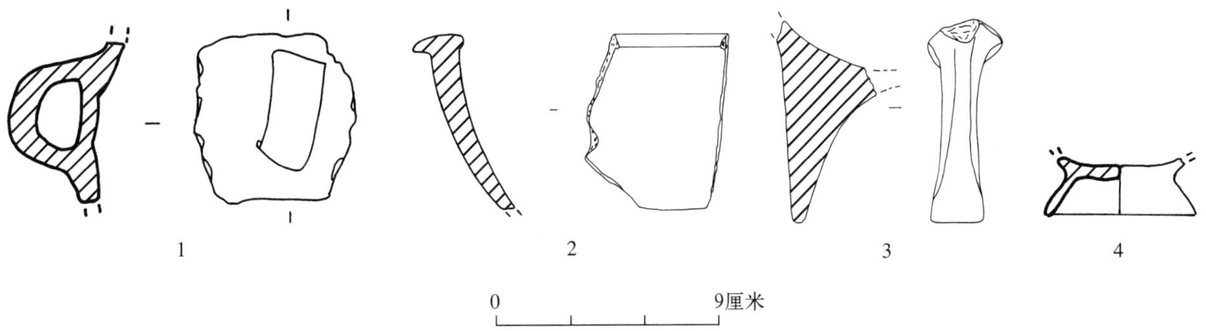

图2-369　H133出土遗物

1. 陶器耳　2. 陶盆口沿　3. 陶鼎足　4. 陶圈足

95. H134

位于TE15S1西南部，开口于③层下，被H37打破。

平面呈椭圆形（图2-370；彩版二一〇，2、3），长1.1、宽0.8、深0.1米，斜壁，平底。坑内堆积为灰褐锈斑土，质地比较致密，包含少量陶片。

96. H135

位于TE15N1西北部，开口于③层下，被H1打破。

平面呈椭圆形（图2-371；彩版二一一，1、2），大型浅坑，长6.8、宽4.6、深0.1米，直壁，平底。坑内堆积为灰黑土，局部夹杂黄褐土块，包含少量红烧土颗粒，出土较多的陶片，以泥质红褐陶和泥质灰黑陶为主，另有少量白陶鬶残片。

H135∶1，石镞。黑色有褐色条纹，柳叶形镞身，镞尖残，圆锥形短铤。残长4.3、宽1.6、厚0.85厘米（图2-372，1；彩版二一一，3）。

H135∶2，砺石。黄褐色，不规则近方体，正面磨平。长7.5、宽6.3、厚3.2厘米（图2-372，2；彩版二一一，4）。

H135∶3，砺石。灰绿色，近长方体。长8、宽6.7、最厚处2.7厘米（图2-372，3；彩版二一一，5）。

H135∶4，砺石。灰褐色，近长方形板状，一面有磨痕。长8.3、宽5.6、厚2.1厘米（图

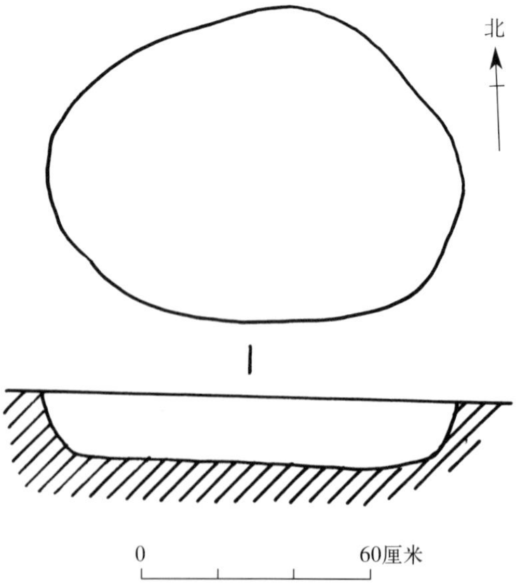

图2-370　H134平、剖面图

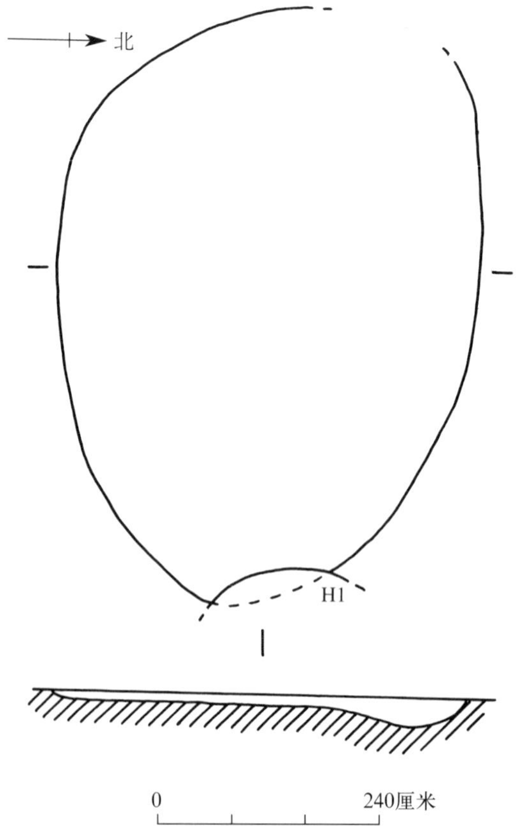

图2-371　H135平、剖面图

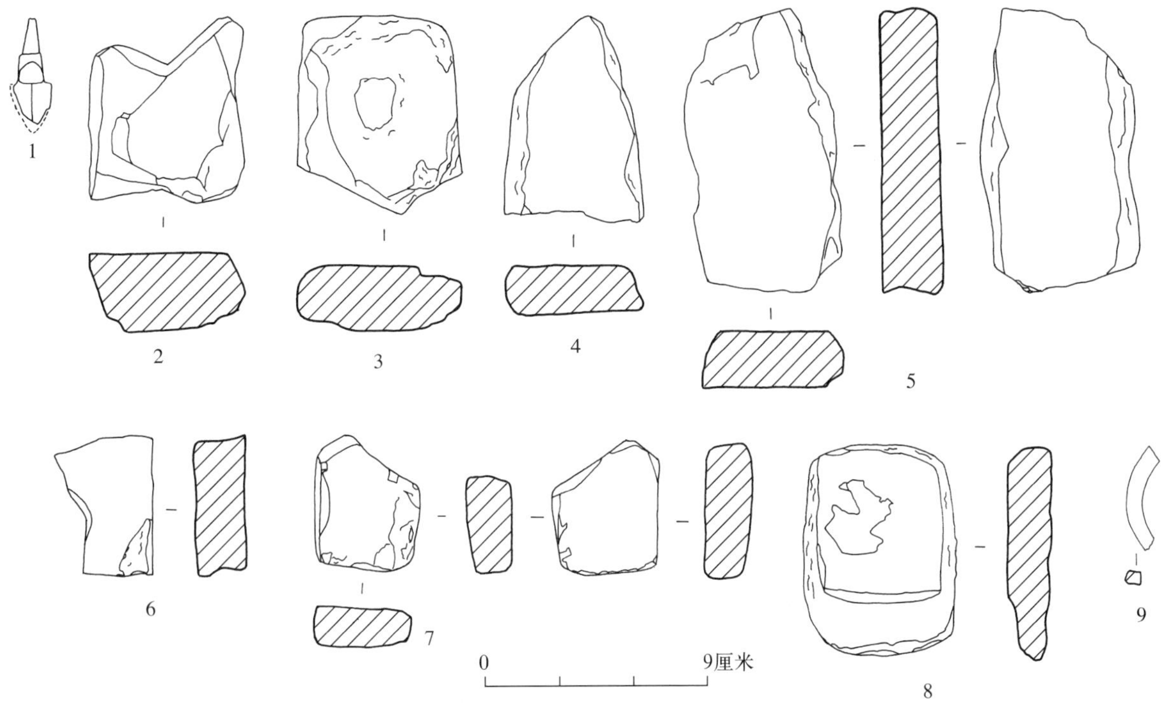

图2-372　H135出土遗物

1. 石镞　2～6、8. 砺石　7. 石锛　9. 石环

2-372，4；彩版二一一，6）。

H135：5，砺石。灰褐色，不规则形，正反两面磨平。长 11.4、宽 6.5、厚 2.3～2.5 厘米（图 2-372，5）。

H135：6，砺石。黄褐色砂岩，不规则形，正面磨平。长 5.7、宽 4、厚 2.1 厘米（图 2-372，6）。

H135：7，石锛。灰白色夹杂黑色斑点，不规则形，平顶，刃残，正面磨光。残长 5.5、宽 4.3、最厚处 1.6 厘米（图 2-372，7）。

H135：8，砺石。灰绿色，近长方形板状，侵蚀比较严重，边缘已软化。残长 8.4、宽 6.3、最厚处 1.8 厘米（图 2-372，8）。

H135：9，石环。浅绿色泛白，残存半环状，剖面呈梯形，通体磨光。宽 0.75、厚 0.6 厘米（图 2-372，9；彩版二一一，7）。

97. H136

位于 TE14S2 东北部，挂北壁。开口于④层下，打破 M73、M77。

平面呈椭圆形（图 2-373；彩版二一二，1、2），长 2.1、宽 1.7、深 0.7 米，斜壁，圜底。坑内堆积分为两层：第 1 层，灰褐色，较硬，出土有少量陶片，厚 0.5 米。第 2 层，黑土层，包含大量草木灰和炭屑，出土较多的陶片，以夹砂灰黑陶和泥质红褐陶为主，可辨器形有鼎、鬶、器盖、罐等，鼎足有鸟首形足。

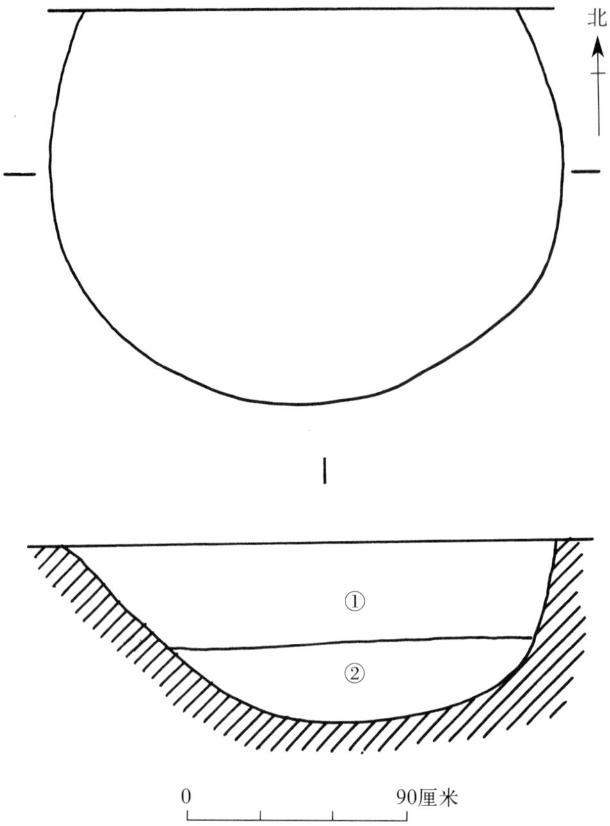

图2-373 H136平、剖面图

H136：1，石斧。青灰色，残存刃部，双面刃，通体磨光，局部有疤痕。残长7.2、宽6.4、最厚处2.8厘米（图2-374，1；彩版二一三，1）。

H136：2，砺石。黄褐色，不规则形，一面有磨痕。长5.9、宽5.2、最厚处1.3厘米（图2-374，2）。

H136：3，砺石。灰色，不规则形，一面有磨痕。长8、宽6.1、厚1.2厘米（图2-374，3；彩版二一三，2）。

H136：4，陶器盖。泥质黑陶。覆碗形，圆形捉手，盖面斜弧。捉手径3.9、口径9.6、高4.1厘米（图2-374，4；彩版二一三，3）。

H136：5，砺石。黄褐色，长方形，三面有磨痕。残长4、宽3.3、厚1.8～2.1厘米（图2-374，5）。

H136：6，陶器盖。覆碗形，夹植物褐陶。圆形捉手，鼓腹内收。捉手径3.4、最大腹径8.6、残高3.2厘米（图2-374，6）。

H136：7，陶鬶足。锥形足，泥质褐陶。残高6.9厘米（图2-374，7；彩版二一三，4）。

H136：8，陶罐口沿。泥质黑胎褐陶。侈口，尖唇，折沿，溜肩，腹残。口径20.0、残高4.3厘米（图2-374，8）。

H136：9，陶鼎足。泥质红陶。似鬼脸形，无“眼”，足背面微内凹。残高4厘米（图2-374，9；彩版二一三，5）。

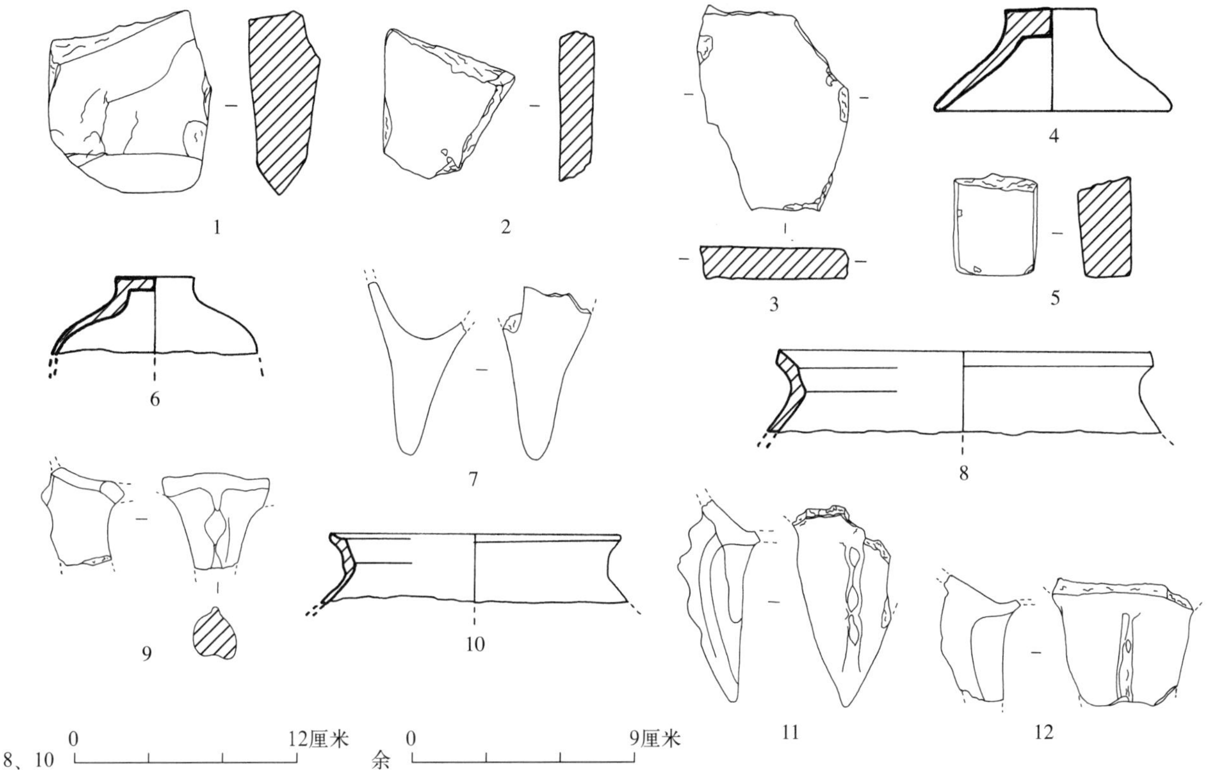

图2-374　H136出土遗物

1. 石斧　2、3、5. 砺石　4、6. 陶器盖　7. 陶鬶足　8、10. 陶罐口沿　9、11、12. 陶鼎足

H136：10，陶罐口沿。泥质红褐陶。侈口，圆唇，折沿，溜肩。口径15.6、残高3.6厘米（图2-374，10；彩版二一三，6）。

H136：11，陶鼎足。夹砂红陶。鬼脸形，无“眼”，足背面内凹。残高8.0厘米（图2-374，11；彩版二一三，7）。

H136：12，陶鼎足。泥质红陶。鬼脸形，无“眼”，足背面内凹。残高5厘米（图2-374，12；彩版二一三，8）。

98. H137

位于TE15N1中部，开口于③层下，叠压于H135之下。

平面呈椭圆形（图2-375；彩版二一四，1），长2.1、宽1.7、深0.6米，直壁，平底。坑内堆积为灰黑土，包含少量红烧土颗粒，出土较多的陶片，以泥质红褐陶和泥质灰黑陶为主，另有少量白陶鬶残片。

H137：1，陶罐底。夹砂灰陶。平底微内凹。底径9.2、残高4.4厘米（图2-376，1）。

H137：2，陶盆口沿。夹砂黑陶。敞口，圆唇，折沿，弧腹，腹部饰篮纹。残高7.6厘米（图2-376，2）。

H137：3，陶罐底。夹砂灰陶。平底微内凹。底径12、残高10.3厘米（图2-376，3；彩版二一四，2）。

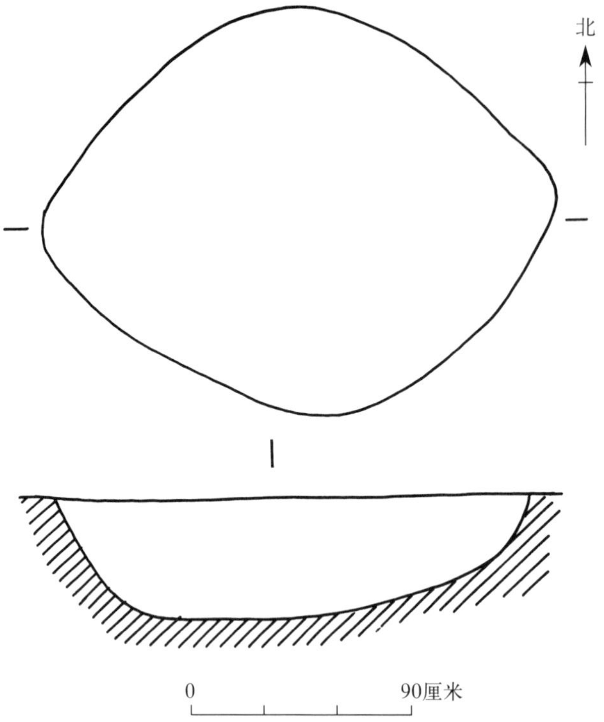

图2-375 H137平、剖面图

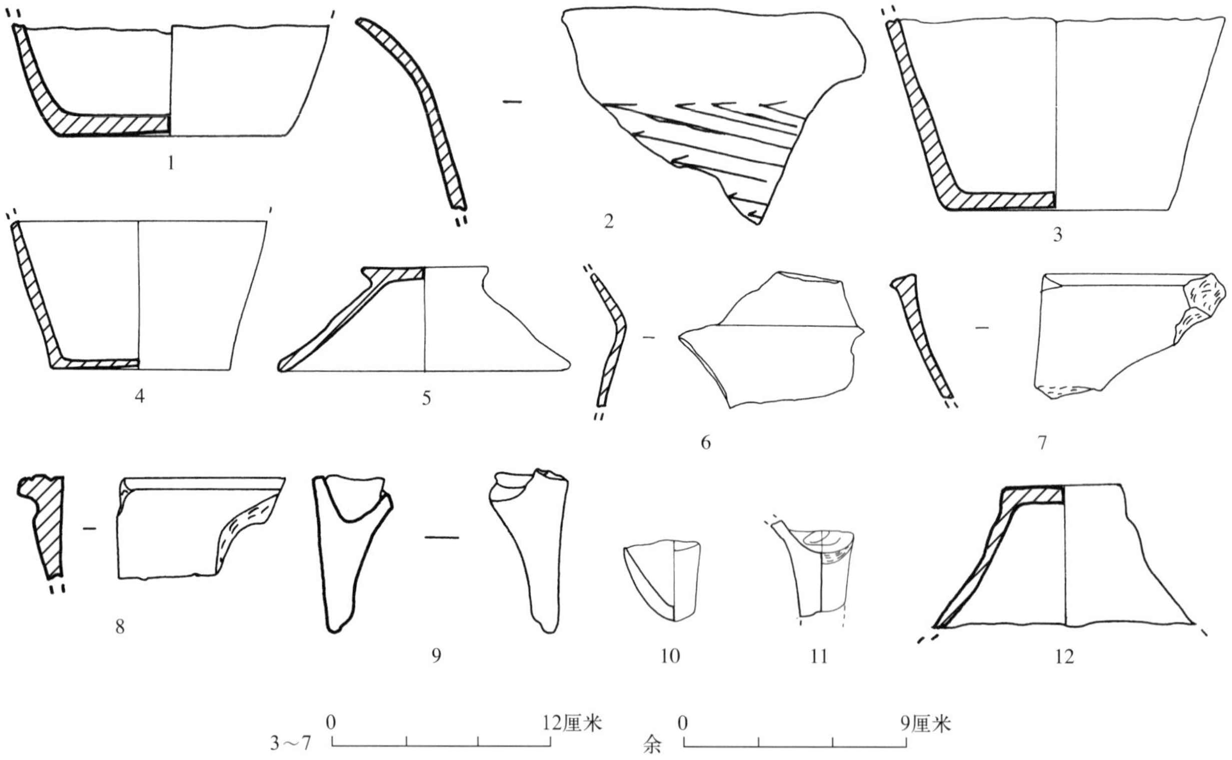

图2-376 H137出土遗物

1、3、4.陶罐底 2、7.陶盆口沿 5、12.陶器盖 6、8.陶罐口沿 9～11.陶鬶足

H137：4，陶罐底。夹砂灰陶。弧腹微内收，平底微内凹。底径 9.6、残高 8 厘米（图 2-376，4）。

H137：5，陶器盖。泥质黑陶。覆碗形，平顶，盖面微弧，短沿，方圆唇。口径 16、高 5.5 厘米（图 2-376，5；彩版二一四，3）。

H137：6，陶罐口沿。夹砂灰陶。口残，折沿，弧腹，以下残。残长 10、残宽 7.6 厘米（图 2-376，6）。

H137：7，陶盆口沿。泥质灰陶。敞口微敛，尖圆唇，短折沿，弧腹。残长 10.5、残宽 7 厘米（图 2-376，7）。

H137：8，陶罐口沿。夹砂灰黑陶。直口，圆唇，短平沿，沿下有一道凹槽。残长 7、残宽 4 厘米（图 2-376，8）。

H137：9，陶鬶足。夹砂白陶。柱状。残高 6.7 厘米（图 2-376，9；彩版二一四，4）。

H137：10，陶鬶足。夹砂白胎红陶。柱状。残高 3.2 厘米（图 2-376，10）。

H137：11，陶鬶足。夹砂灰白陶。柱状。残高 4 厘米（图 2-376，11）。

H137：12，陶器盖。夹砂灰陶。覆碗形，圆形捉手，平顶，盖面微弧，口沿残。顶径 5、残高 5.7 厘米（图 2-376，12）。

99. H138

位于 TE15N1 西北部，开口于③层下，被 H135 叠压，被 H141 打破。

平面呈椭圆形（图 2-377；彩版二一四，5），长 1.5、宽 1.1、深 0.1 米，直壁，平底。坑内堆积为灰褐色土，出土少量陶片。

100. H139

位于 TE14S2 东南部，向南延伸到探方外。开口于⑦层下，被现代坑打破。

平面呈椭圆形（图 2-378；彩版二一四，6），长 1.8、宽 0.6、深 0.7 米。坑内堆积为灰黑土，较黏软，出土较多的陶片，以夹砂灰黑陶和泥质红褐陶为主，可辨器形有鼎、鬶、器盖、罐等，鼎足有鸟首形足。

H139：1，陶器盖。泥质灰黑陶。覆碗形，圆形捉手，盖面斜弧，折沿，沿面有凹槽，圆唇。捉手径 4.2、口径 18、高 9.2 厘米（图 2-379，1；彩版二一五，1）。

H139：2，砺石。灰褐色。不规则形板状。长 6.9、宽 4.7、厚 0.9 厘米（图 2-379，2；彩版二一五，2）。

H139：3，砺石。红褐色，不规则形板状。长 11.7、宽 8.4、厚 0.5 厘米（图 2-379，3；彩版二一五，3）。

H139：4，陶鼎足。泥质红陶。鬼脸形。高 8.5 厘米（图 2-379，4；彩版二一五，4）。

H139：5，陶鼎足。泥质褐陶。鬼脸形。残高 4.5 厘米（图 2-379，5；彩版二一五，5）。

H139：6，陶鼎足。夹植物红褐陶。鬼脸形。残高 4.8 厘米（图 2-379，6；彩版二一五，6）。

H139：7，陶鼎足。泥质褐陶。凿形足，足面有刻槽，足尖对捏。高 8.2 厘米（图 2-379，7；

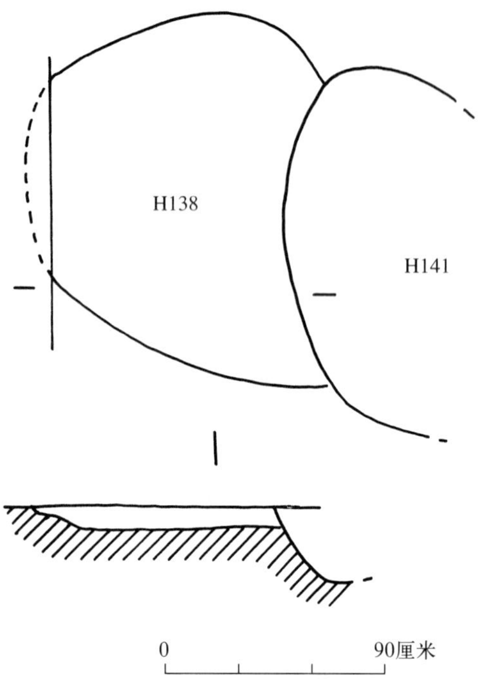

图2-377　H138平、剖面图

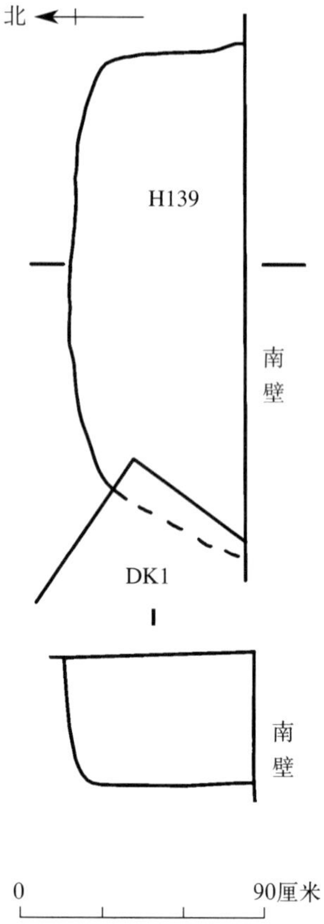

图2-378　H139平、剖面图

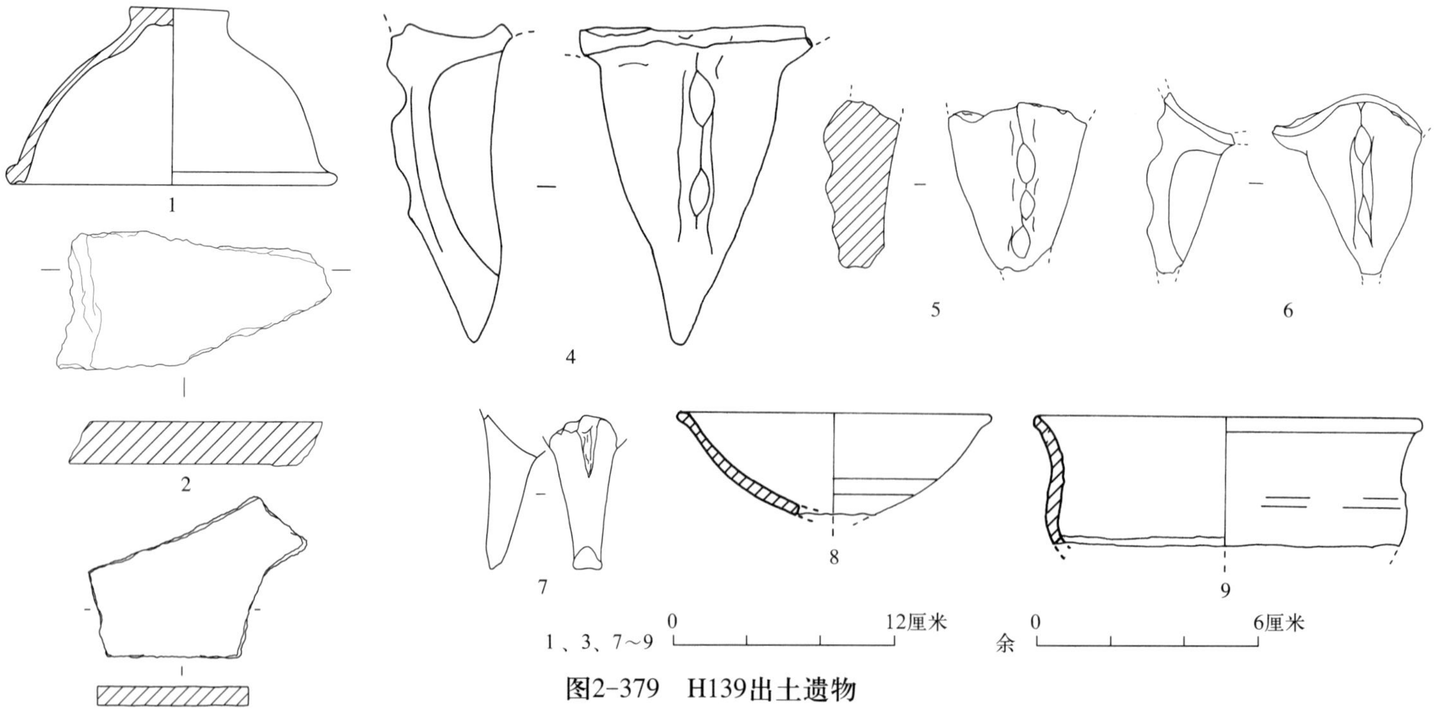

图2-379　H139出土遗物

1. 陶器盖　2、3. 砺石　4～7. 陶鼎足　8. 陶盆　9. 陶罐口沿

彩版二一五，7）。

H139：8，陶盆。泥质黑陶。侈口，圆唇，斜弧腹内收，底残，下腹部有两周细弦纹。口径17、残高6厘米（图2-379，8）。

H139：9，陶罐口沿。泥质黑陶。侈口，圆唇，束颈，鼓腹，肩部和内壁有凹槽。口径21.0、残高6.8厘米（图2-379，9；彩版二一五，8）。

101. H140

位于TE15N1西北部，开口于③层下，被H135叠压，被H141打破。

平面呈不规则椭圆形（图2-380；彩版二一六，1），长2.5、宽1.6、深0.2米，斜壁，平底。坑内堆积为灰黑色土，较疏松，出土少量陶片。

H140：1，砺石。灰褐色砂岩，不规则方形，两面磨平。长14.7、宽11.3、最厚处5.5厘米（图2-381，1；彩版二一六，2）。

H140：2，砺石。黄褐色砂岩，不规则方形，正面磨平。长13.5、宽10.3、厚0.5～2.8厘米（图2-381，2；彩版二一六，3）。

102. H141

位于TE15N1西北部，开口于③层下，被H135叠压，打破H138、H140。

平面呈椭圆形（图2-382；彩版二一六，4），长2.1、宽1.3、深0.3米，斜壁，平底。坑内堆积为浅黄褐色土，中间夹杂一薄层草木灰，较疏松，出土少量陶片。

103. H142

位于TE14S1东北部，开口于④层下。

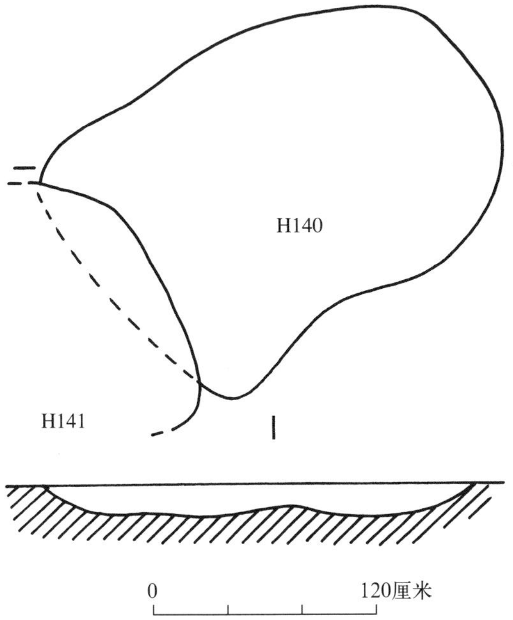

图2-380　H140平、剖面图

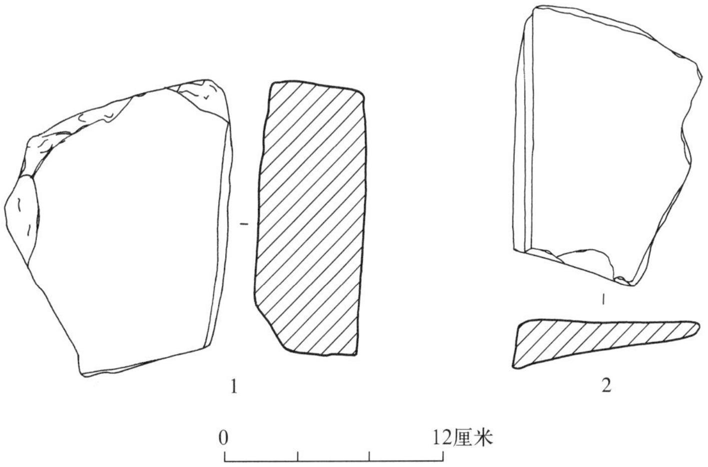

图2-381　H140出土遗物

1、2. 砺石

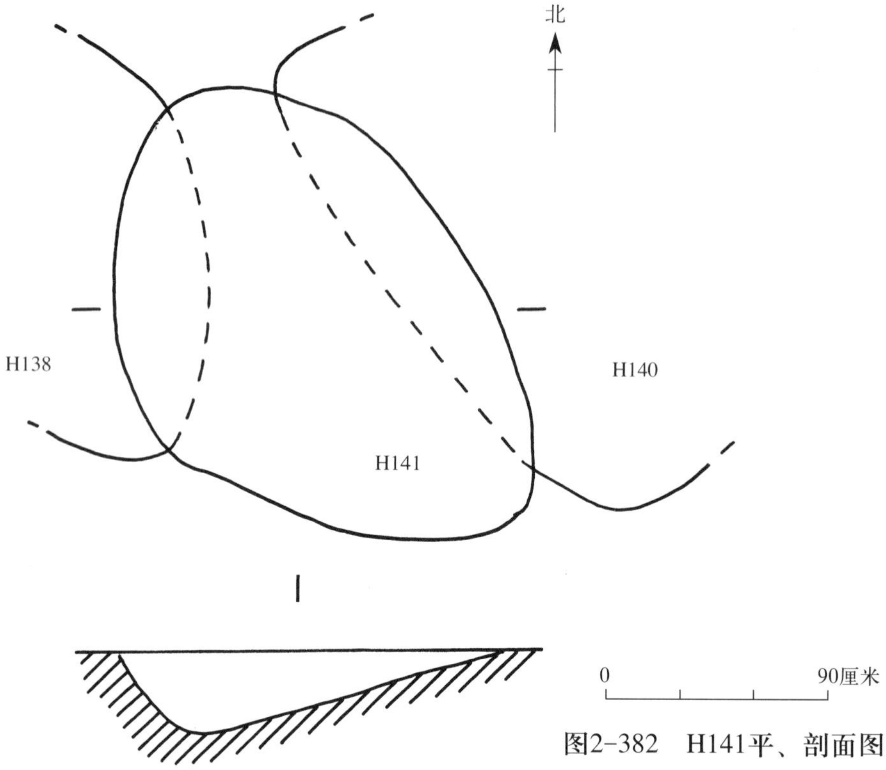

图2-382 H141平、剖面图

平面呈圆形（图 2-383；彩版二一六，5），斜直壁，平底。坑口距地表深 0.5 米，直径 0.8、深 0.25 米。坑内堆积填土呈暗灰褐色，质地较硬，夹零星红烧土块颗粒，细碎木炭块与碎陶片。

104. H143

位于 TE14S1 东北部，开口于④层下。

平面呈圆形（图 2-384；彩版二一六，5），斜直壁，平底。坑口距地表深 0.9 米，直径 0.6、深 0.14 米。坑内堆积填土呈浅黄褐色，夹杂灰褐色斑土。质地较硬，夹零星红烧土块、陶片。

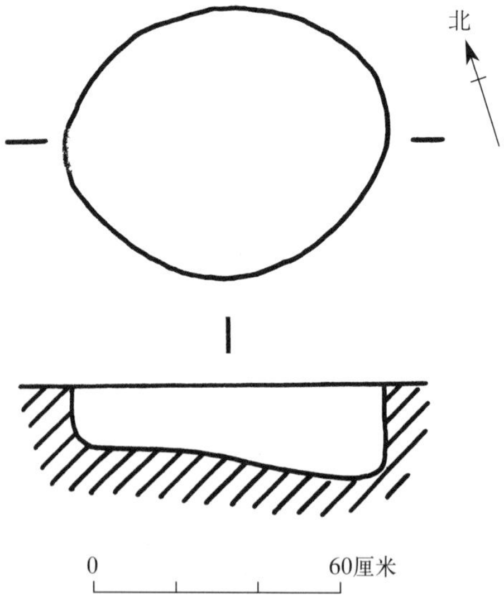

图2-383 H142平、剖面图

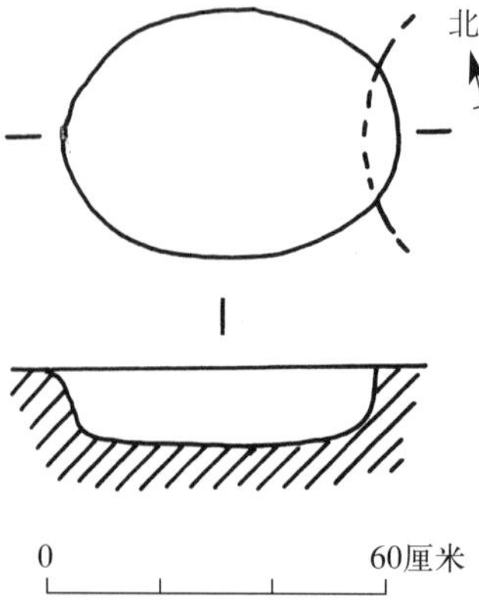

图2-384 H143平、剖面图

105. H144

位于 TE14N2 东半部，向东、北延伸到探方外。开口于⑤层下，打破 M71。

平面呈不规则形（图 2-385；彩版二一七，1），坑口长 4、宽 3.1、深 0.6 米，斜壁，底不甚平。坑内堆积为灰褐色土，局部夹杂黄褐色土块，包含少量炭屑和红烧土颗粒，出土较多的陶片和少量石块。陶片以夹砂红褐陶和泥质灰黑陶为主，可辨器形有鼎、鬶、罐、豆、盆等。

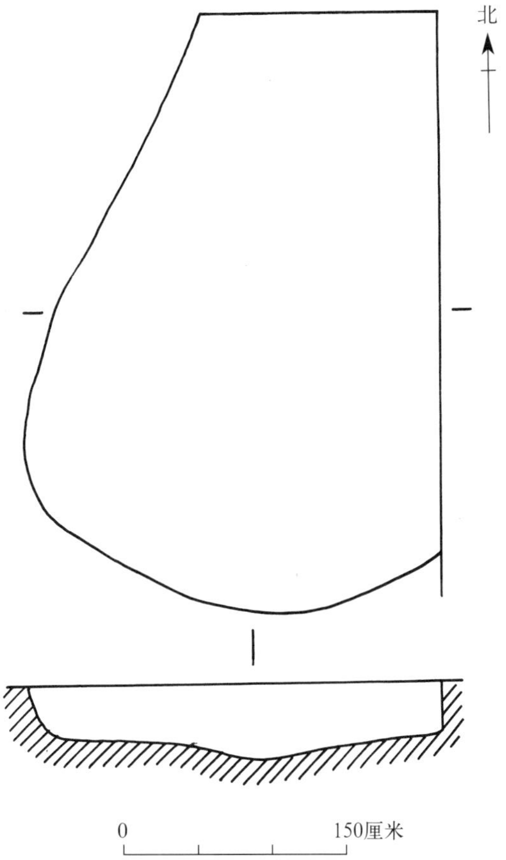

图2-385　H144平、剖面图

H144：1，砺石。灰褐色砂岩，不规则形板状，四面均磨平。长 10.4、宽 8.7、厚 2 厘米（图 2-386，1；彩版二一七，2）。

H144：2，陶盆口沿。夹砂灰陶。敞口微收，圆唇，短沿，弧腹。口径 18.2、残高 5.4 厘米（图 2-386，2）。

H144：3，陶盆口沿。黑衣泥质灰褐陶。直口微敛，方圆唇，宽折沿，沿面有 1 周凹槽，弧腹。口径 27、残高 3.2 厘米（图 2-386，3）。

H144：4，陶罐口沿。夹砂黑衣红陶。敛口，尖圆唇，折沿，沿面内凹。口径 26、残高 6.6 厘米（图 2-386，4）。

H144：5，陶杯圈足。泥质灰陶。残存矮喇叭形圈足。底径 6.4、残高 3.3 厘米（图 2-386，5）。

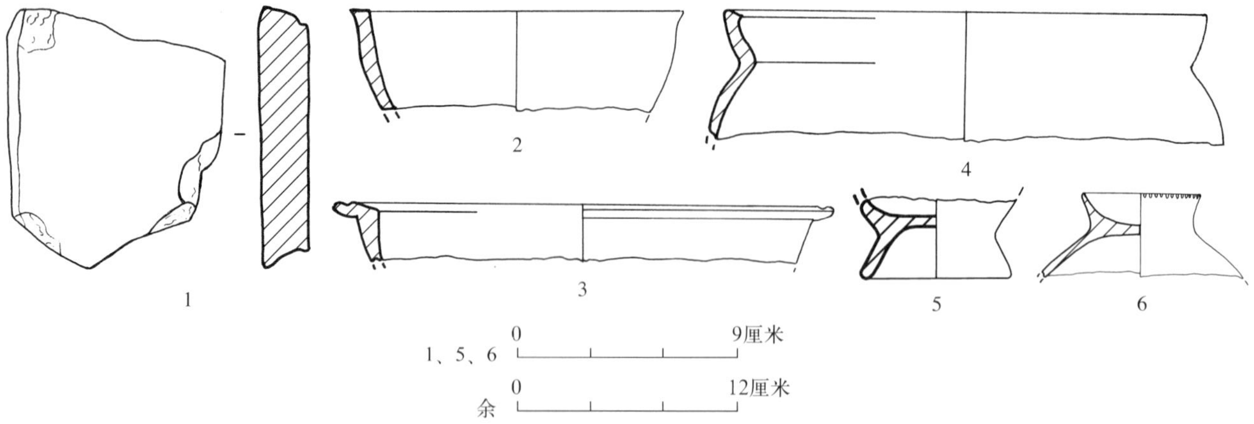

图2-386 H144出土遗物

1. 砺石 2、3. 陶盆口沿 4. 陶罐口沿 5. 陶杯圈足 6. 陶器盖

H144：6，陶器盖。夹砂红褐陶。覆碗形，矮喇叭形捉手，边缘修成花边状，盖面斜弧，口沿残。捉手径4.8、残高3.4厘米（图2-386，6；彩版二一七，3）。

106. H145

位于TE15N1东北部，开口于③层下，被H1打破。

平面呈椭圆形（图2-387；彩版二一七，4），长1.7、宽0.7、深0.5米，斜壁，平底。坑内堆积为浅黄褐色土，夹杂较多的红烧土颗粒，较致密，出土少量陶片、石块。

107. H146

位于TE14N2（东南）西部。开口于⑥层下，打破H150。

平面呈不规则条形（图2-388；彩版二一七，5），坑口长2.1、宽0.9、深0.3米，直壁，平底。坑内堆积为灰黑色土，包含少量炭屑和红烧土颗粒，出土少量陶片。

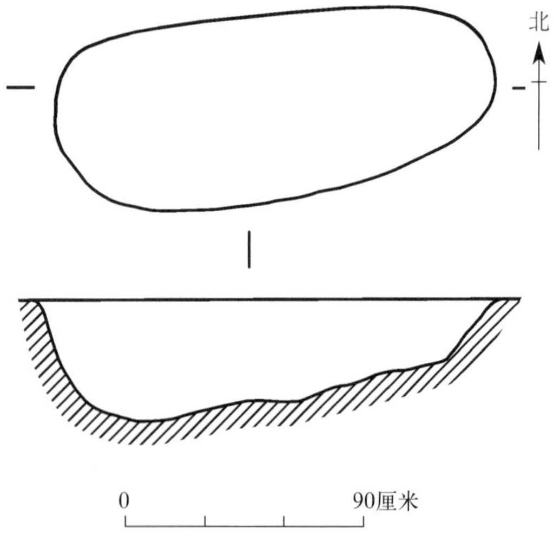

图2-387 H145平、剖面图

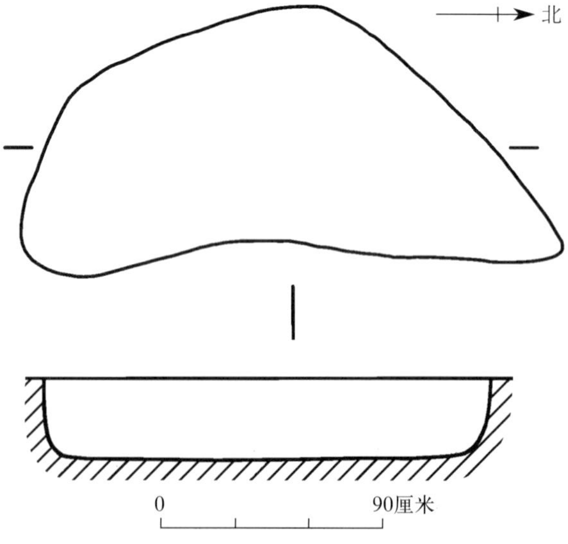

图2-388 H146平、剖面图

108. H147

位于 TE15N2 南部，开口于⑧层下。

平面呈近椭圆形（图 2-389；彩版二一七，6），斜弧壁，圜底。坑口距地表深 0.8 米，坑口长 0.71、宽 0.68、深 0.22 米。坑内堆积填土土质较软、疏松，土色呈黄褐色，包含物有红烧土颗粒。

109. H148

位于 TE15S1 中部，开口于④层下。

平面呈圆形（图 2-390；彩版二一七，7），直径 0.8、深 0.25 米，斜壁，圜底。坑内堆积为灰褐色花土，包含较多的草木灰，土质疏松。

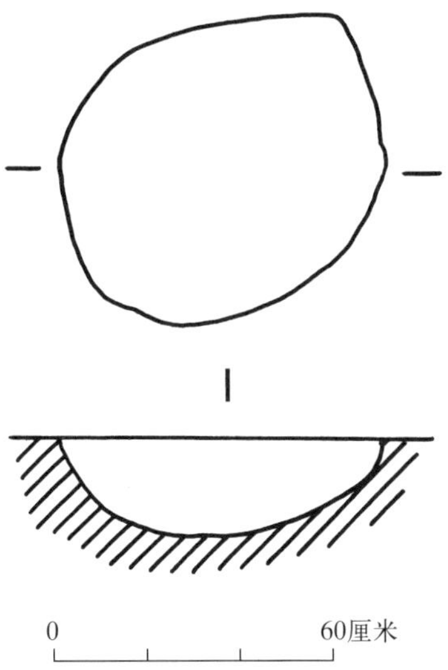

图2-389　H147平、剖面图

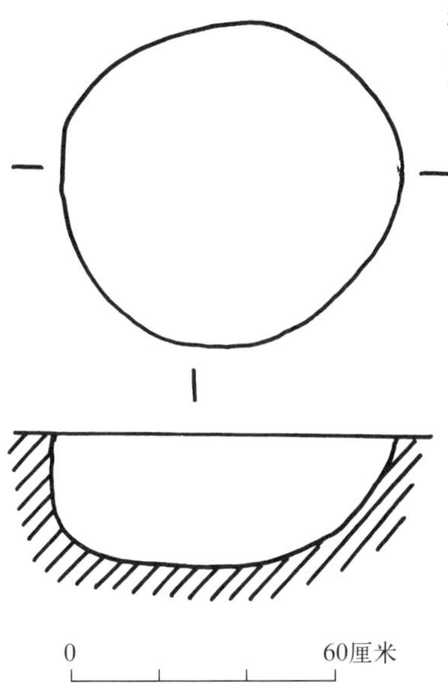

图2-390　H148平、剖面图

110. H149

位于 TE15S1 北部，开口于④层下，被 M68、ZD1 打破。

平面近圆形（图 2-391；彩版二一八，1），直径 0.8、深 0.3 米，直壁，平底。坑内堆积为灰褐色花土，土质疏松细腻。包含少量木炭、砺石、陶片等。

H149：1，砺石。黑褐色，近三角形，一面有磨痕。长 6.5、宽 4.8、最厚处 1.2 厘米（图 2-391，2；彩版二一八，2）。

111. H150

位于 TE14N2（东南）中部。开口于⑥层下。

平面近圆形（图 2-392；彩版二一八，3），坑口距地表深 1.3 米，长 0.8、深 0.2 米，斜壁，平底。坑内堆积为灰褐色土，包含少量炭屑和红烧土颗粒，出土少量陶片。

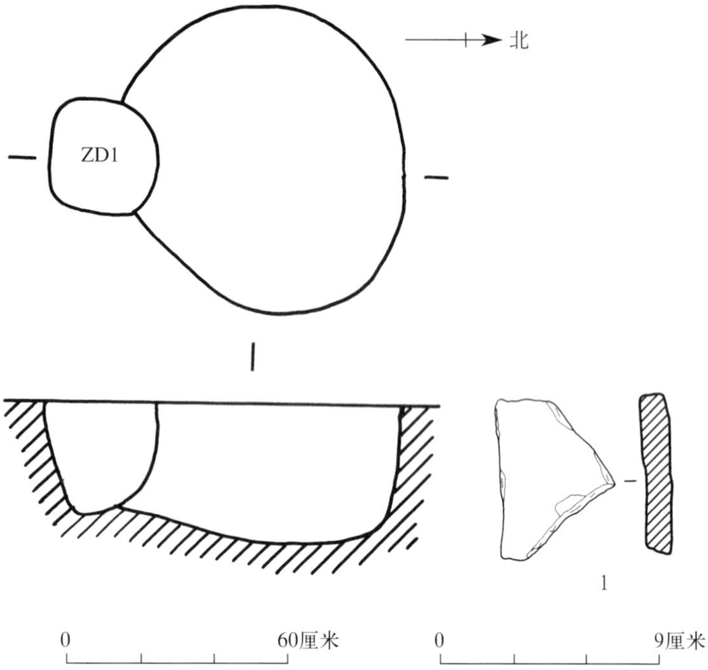

图2-391　H149及出土砺石H149：1

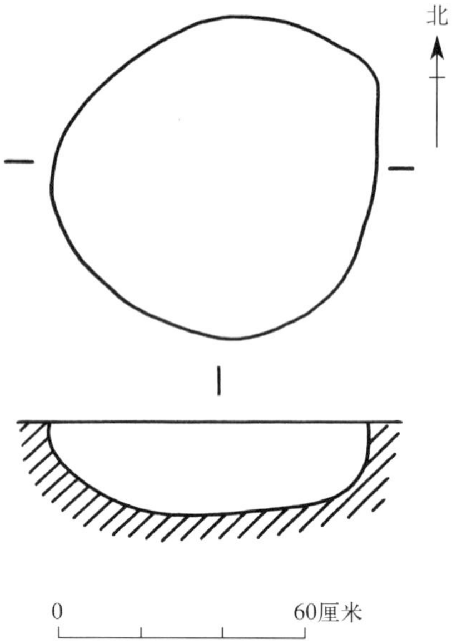

图2-392　H150平、剖面图

112. H151

位于 TE15S1 西南角，挂南壁，开口于④层下。

平面呈方形（图 2-393；彩版二一八，4），长 0.6、深 0.4 米。直壁，平底。土色呈灰褐色，质地较为疏松。包含物有红烧土，陶片。其中陶片以灰陶和黑陶为主。

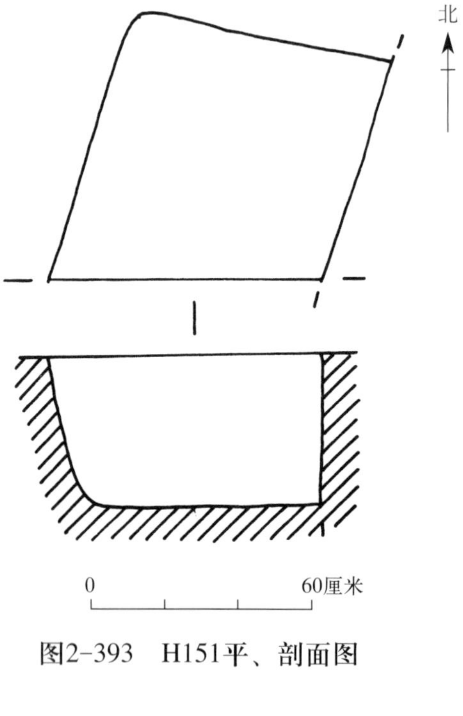

图2-393　H151平、剖面图

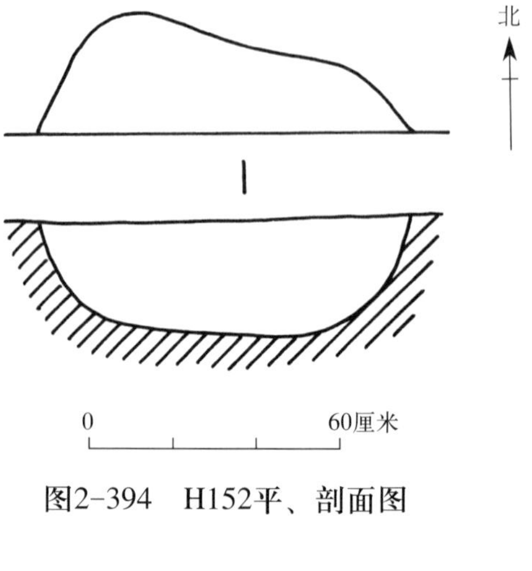

图2-394　H152平、剖面图

113. H152

位于 TE15S1 西南角，挂南壁，开口于④层下，被 H79 打破。

平面呈椭圆形（图 2-394；彩版二一八，5），长 0.9、宽 0.3、深 0.3 米。土色呈灰褐色，质地较为疏松。包含物有红烧土颗粒、陶片。其中陶片以灰陶为主。

114. H153

位于 TE15N2 西南部。开口于⑤层下。

平面呈半圆形（图 2-395；彩版二一八，6），斜直壁，平底。坑口距地表深 1 米，口部直径 1.2、底部直径 0.9、深 0.5 米。坑内堆积填土土质较疏松，土色呈灰褐色花斑土，包含零星陶片。

115. H154

位于 TE15N2 西北部，开口于⑥层下。

平面呈近椭圆形（另一半挂北壁），斜直壁，圜底（图 2-396；彩版二一九，1）。坑口距地表深 1.6 米，直径 2.9、深 0.5 米。坑内堆积填土土质较黏软，土色灰黑土，包含物较多陶片、石块。

116. H155

位于 TE15N2 北部，开口于⑥层下。

平面呈近圆形（图 2-397），斜直壁，平底。坑口距地表深 1.6 米，口部直径 1.28、底部直径 0.87、深 0.28 米。坑内堆积填土土质黏软，土色呈浅灰黑色，包含较多陶片。

H155：1，陶杯。夹砂灰胎褐陶。敞口，尖唇，斜直腹，平底。器形较小。口径 6.6、底

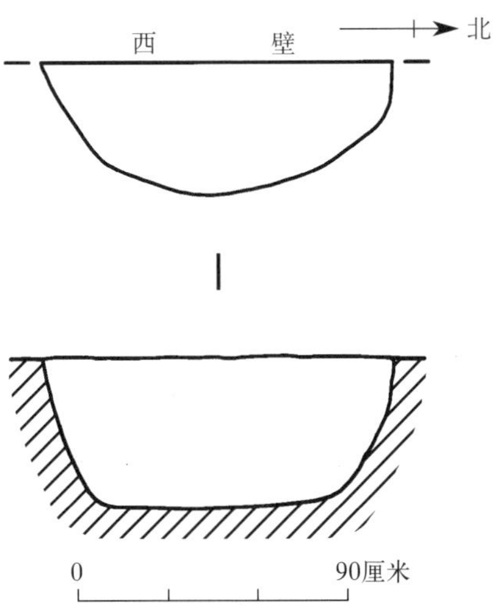

图2-395　H153平、剖面图

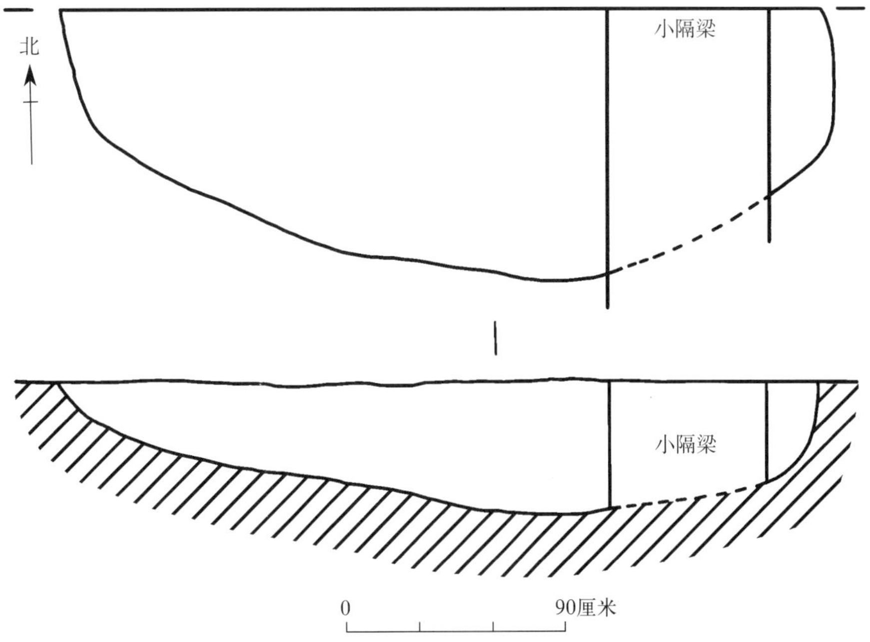

图2-396　H154平、剖面图

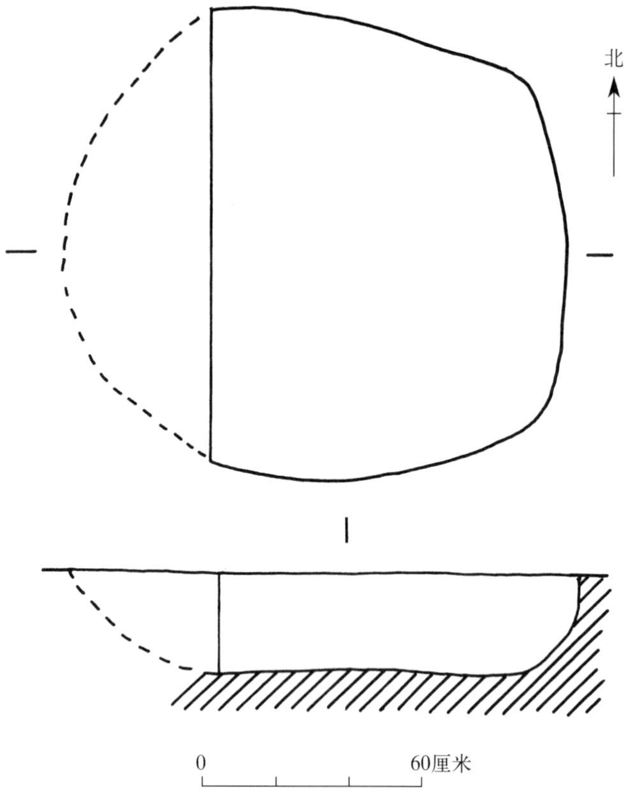

图2-397　H155平、剖面图

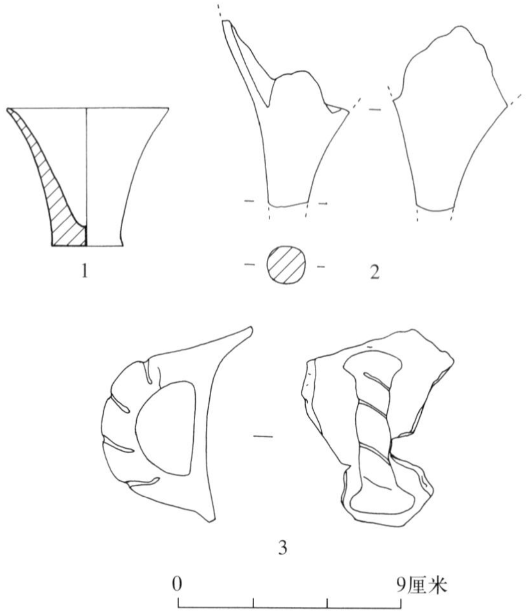

图2-398　H155出土遗物

1. 陶杯　2. 陶鬶足　3. 陶鬶把手

径 3.0、高 5.6 厘米（图 2-398，1；彩版二一九，3）。

H155：2，陶鬶足。泥质灰胎红陶。锥形足。高 7.4 厘米（图 2-398，2；彩版二一九，4）。

H155：3，陶鬶把手。泥质灰胎红陶。麻花状。宽 6.0、高 7.8 厘米（图 2-398，3；彩版二一九，5）。

117. H156

位于 TE14S1（东）东壁下，开口于⑤层下。

平面呈不规则圆形（图 2-399；彩版二一九，2），斜直壁，平底。坑口距地表深 0.77 米，直径 2.04、深 0.38 米。坑内填土呈浅黄褐色并夹杂灰褐色斑土，填土上半部分较硬，下半部分较软，有零星红烧土颗粒。

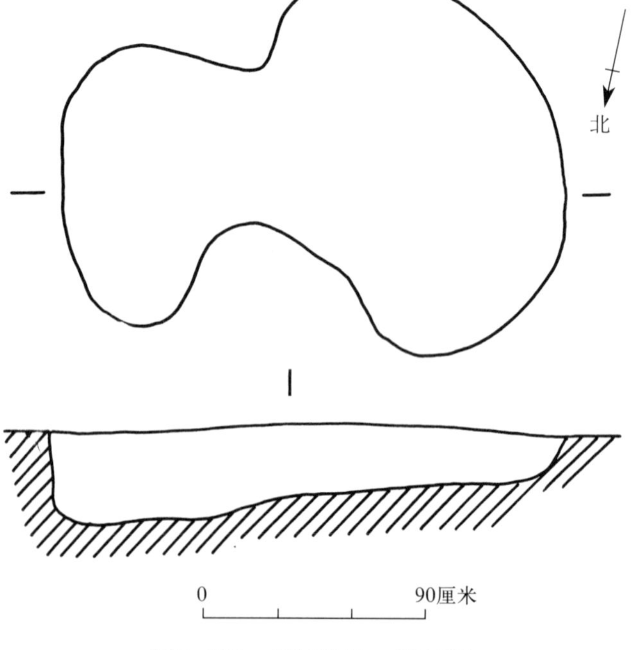

图2-399　H156平、剖面图

第五节　灰沟

东区共清理灰沟 9 条，均为小型长条形窄浅沟。

1. G1

位于 TE16S1（西）中部，西南—东北向，开口于③层下，被 H3 打破，打破 H10、H21、H22、H49、F4。

平面呈长条形，壁内斜，平底。坑口距地表深 0.3～0.32 米，长 8.5、宽 0.3～0.4 米，坑底长 8.45、宽 0.25～0.3、深 0.12 米。坑内堆积为一次性堆积，未见分层，坑内烧土呈浅黄褐色，土质松、粉砂土，填土夹杂少量的板瓦陶片、红烧土粒，年代为汉代。

2. G2

位于 TE16N1 中部，开口于③层下。

平面呈长条形（图 2-400；彩版二二〇，1、2），直壁，平底。坑口距地表深 0.4 米，长 8.4、宽 0.5～0.62、深 0.1 米。坑内堆积为一次性堆积，未见分层，坑内土色呈黄褐色，较松软，包含少量陶片，残石器 1 件、砺石 1 件。

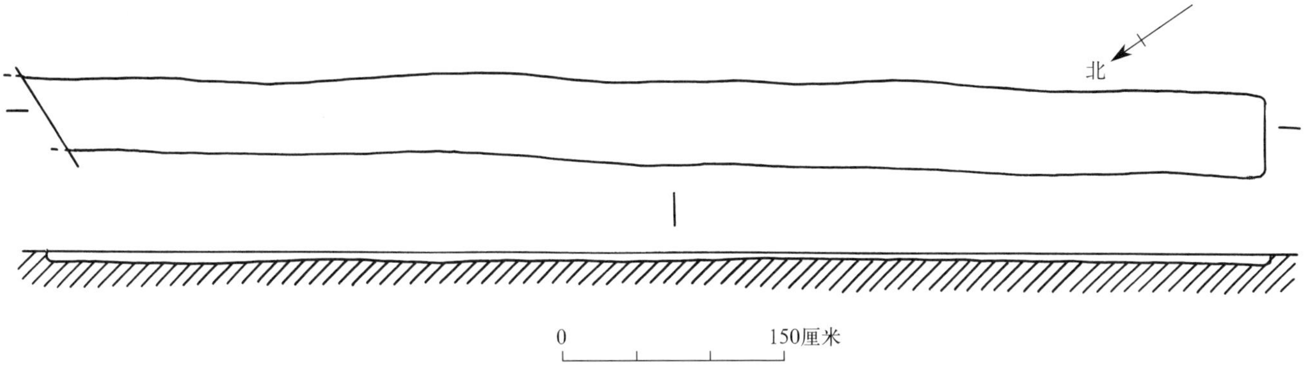

图2-400　G2平、剖面图

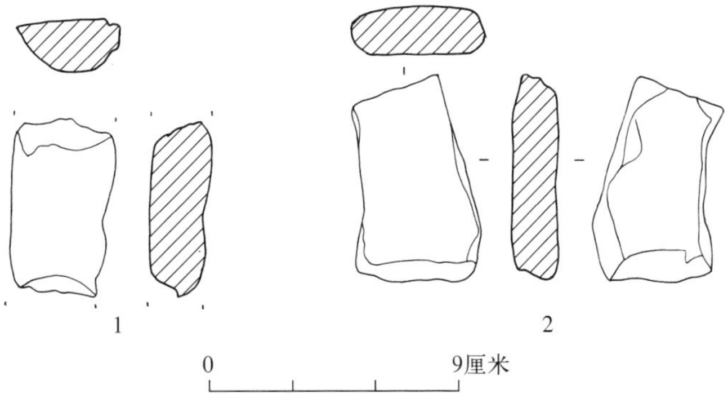

图2-401　G2出土遗物

1. 残石器　2. 砺石

G2：1，残石器。黑色，近长方形。残长6.3、宽3.7、最厚处2.1厘米（图2-401，1；彩版二二〇，3）。

G2：2，砺石。灰褐色，不规则形，一面磨平。长7.4、宽4.6、最厚处1.8厘米（图2-401，2；彩版二二〇，4）。

3. G3

位于TE16N1中部偏东，开口于③层下。

平面呈长条形（图2-402；彩版二二一，1），直壁，平底。坑口距地表深0.39米，长5.16、宽0.5、深0.12米。坑内堆积为一次性堆积，未见分层，坑内土色呈浅灰色，较松软，包含少量陶片。

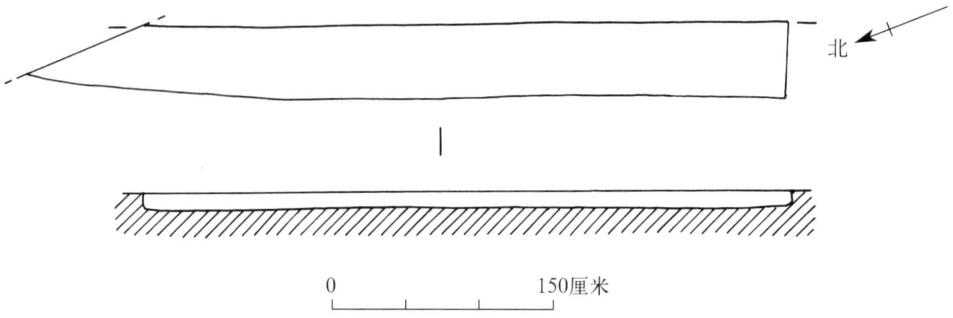

图2-402　G3平、剖面图

4. G4

位于TE16S1（西）南部，开口于③层下，被H23、F4打破。

平面呈长条形（彩版二二一，2、3），直壁，平底。坑口距地表深0.4米，长1.6、宽0.16～0.2、深0.05～0.12米。坑内堆积为一次性堆积，未见分层，坑内土色呈灰褐色，土质硬，包含少许陶片、红烧土颗粒。

5. G5

位于TE16N1北部偏中，开口于④层下，被H43、H41、H15、H8打破。

平面呈长条形（彩版二二二，1、2），直壁，平底。坑口距地表深0.4米，长2.22、宽0.4～1.05、深0.18米。坑内堆积为一次性堆积，未见分层，坑内土色呈灰褐色土，土质疏松，夹杂水锈斑，包含少量陶片。

6. G7

位于TE15S2中东部，西南—东北向，开口于③层之下，被H62、H64、H65、H63打破。

平面呈长条形（图2-403；彩版二二三，1、2），壁内斜，弧底。坑口距地表深0.45～0.5米，长9.5、宽0.75～1米，沟底长9.5、宽0.5～0.7、深0.25～0.4米。沟内堆积为一次性堆积，未见

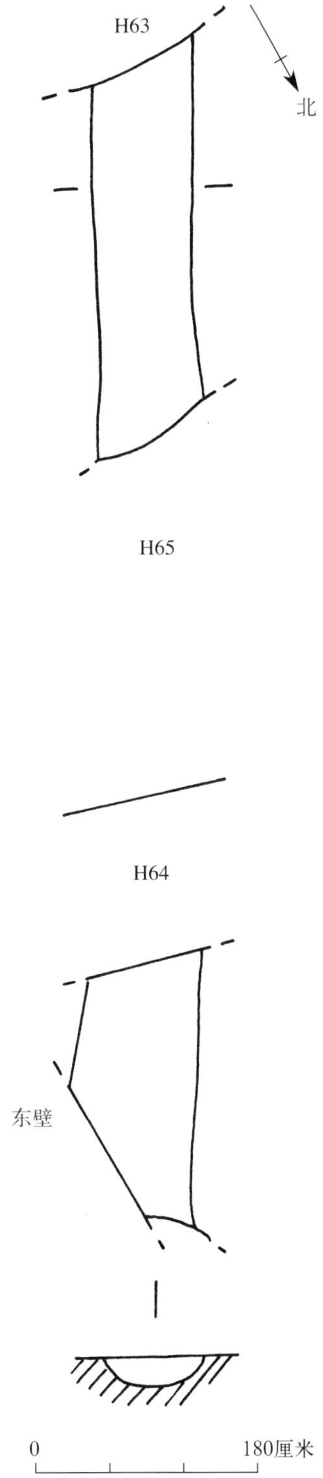

图2-403　G7平、剖面图

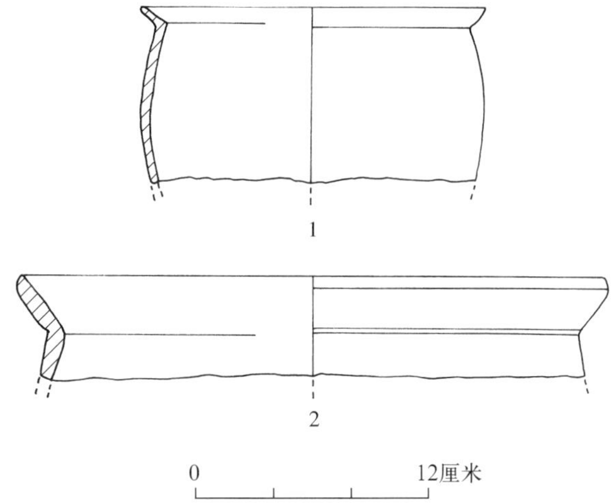

图2-404　G7出土遗物
1、2. 陶罐

分层，沟内土色呈灰褐色土，土质硬，堆积包含少量的红烧土粒，包含少量陶片。

G7∶1，陶罐。泥质红陶。口沿残片，侈口，圆唇，折沿，弧腹。口径18、残高8.8厘米（图2-404，1）。

G7∶2，陶罐。夹石英灰胎褐陶。口沿残片，侈口，方唇，折沿。口径30、残高5厘米（图2-404，2）。

7. G14

位于TE14S1、TE15N2西部，TE14N1中部，开口于②层下，被H62、H64、H65、H63打破。

平面呈长条形（彩版二二四，1），直壁，平底。坑口距地表深0.4米，长25.2、宽0.45～1.75、深0.26米。坑内堆积为一次性堆积，未见分层，坑内填土黄褐色略发白，土质松软，细腻，包含少量陶片。部分沟段底部下凹，近底部有水流淤积痕迹。为汉代堆积。

8. G16

位于TE15N1中部，开口于②层下。

平面呈长方形（图2-405；彩版二二四，2），斜直壁，平底。坑口距地表深0.5米，长9、宽0.55米，坑底长8.8、宽0.5、深0.2米。坑内堆积为一次性堆积，未见分层，坑内填土灰褐色，包含物较少，有少量陶片。

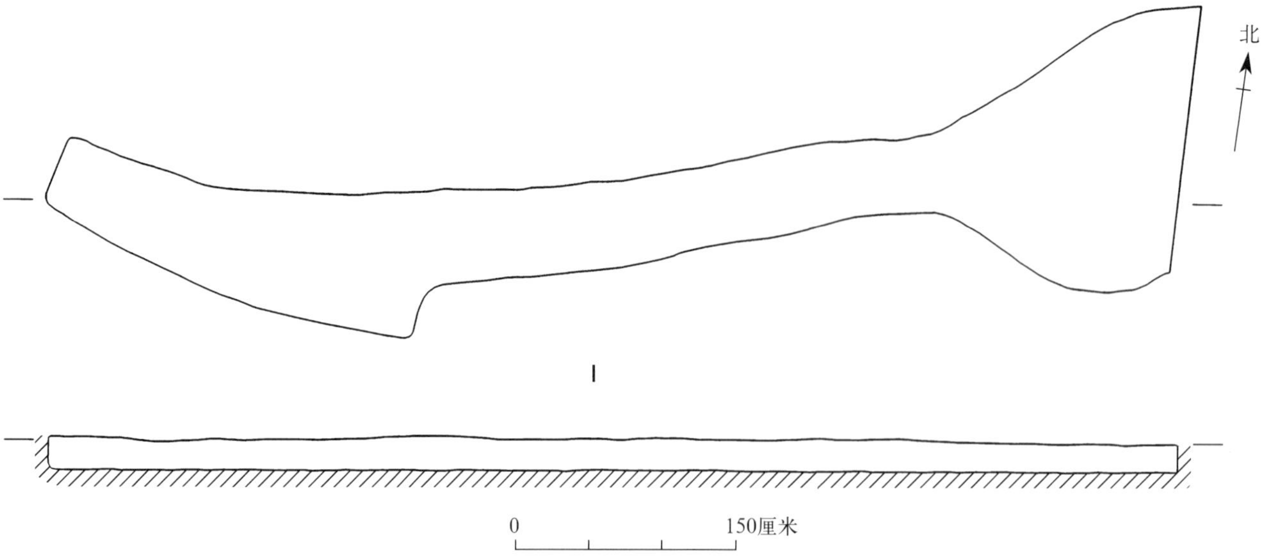

图2-405　G16平、剖面图

9. G17

位于 TE13S1，向南延伸至 TE13S2，开口于⑧层下。

平面呈长方形（彩版二二四，3），直壁，平底。坑口距地表深 1.15 米，长 3.25、宽 1、深 1.3 米。沟内堆积分层明显，从土质土色以及包含物的不同，可以分为 3 层：

第①层：黑褐色，厚 0.10～0.30 米，分布在南，西，北壁，质地松软，含壶、罐、鼎、豆、鬶、杯等残片。

第②层：黑褐色，厚 0.10～0.30 米，分布在探方南、西、北壁。质地松软，夹杂白色斑点，包含罐、壶、鼎、豆、鬶等残片。

第③层：黄褐色发暗，厚 0.10～0.20 米，分布全方，质地较硬，夹杂黑色铁锰颗粒，包含罐、鼎等残。

G17：1，陶垫。泥质红褐陶。亚腰形，两面呈圆形。底径 5.0、高 5.3 厘米（图 2-406；彩版二二四，4）。

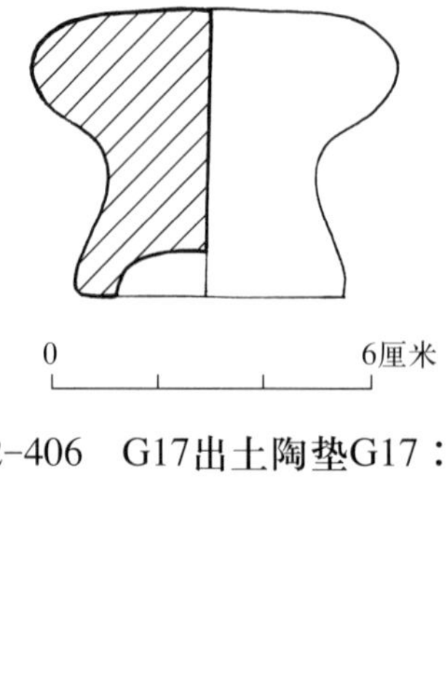

图2-406　G17出土陶垫G17：1

第三章　北区

北区位于遗址内西部偏北，2017年秋冬发掘，共布10米×10米探方3个（TE4N26、TE5N27、TE5N28）、5米×10米探方1个（TE4N27东半部）、5米×5米探方1个（TE5N26西北部）（图3-1）。发掘面积330平方米（彩版二二五，1）。

发掘结果显示，北区是居址区，发现集中的互有叠压打破关系的房址群，另有少量的小型墓葬和灰坑散布于房址周边。

第一节　地层堆积

一　地层介绍

北区地层较为统一，大致呈水平层分布。下面以发掘区中部TE5N27东壁剖面为例对遗址地层堆积进行说明（图3-2；彩版二二五，2））。

第①层：现代耕土层，灰褐色土。厚0.10～0.15米。大致呈水平状分布于整个探方，土质较硬，包含较多的砖瓦陶瓷碎片及近现代未腐烂的植物根茎。

第②层：近现代耕土层，灰黄色土。深0.10～0.15、厚0.10～0.15米。大致呈水平状分布于整个探方，土质较疏松，包含大量的近现代陶瓷碎片等。

第③层：灰褐色土。深0.20～0.30、厚0.10～0.20米。大致呈波状分布于整个探方，土质较疏松，包含少量的近代陶片和石块等，为近代堆积层。本层下开口遗迹有G9、G10、G11、G12、H74、H94。

第④层：灰黄色土。深0.30～0.50、厚0.05～0.35米。分布于探方东南部，由西北向东南稍微倾斜。土质致密，包含较多的红烧土颗粒和陶片。陶片以泥质灰陶为主，另有少量泥质黑陶、泥质褐陶、夹砂褐陶和夹砂灰陶。可辨器形有盆、豆、鼎等。本层下开口遗迹有H81、H86、H92、H93、H95、H97、H111、H112、H115、H120、M43、M50、M51。该层时代为大汶口文化晚期。

第⑤层：灰褐色土。深0.45～0.75、厚0.10～0.35米。大致呈波状分布全方，土质致密，包含少量的烧土粒、动物骨骼和陶片等。陶片以泥质灰陶、泥质红褐陶、夹砂红陶居多，夹砂灰陶、泥质黑陶次之，另有少量泥质白陶。可辨器形有鼎、盆、豆、杯、罐等。该层时代为大汶口文化晚期。本层下开口遗迹有H122。

第⑥A层：黄褐色土。深0.60～0.90、厚0.15～0.60米。分布于探方东北部，高低不平，大

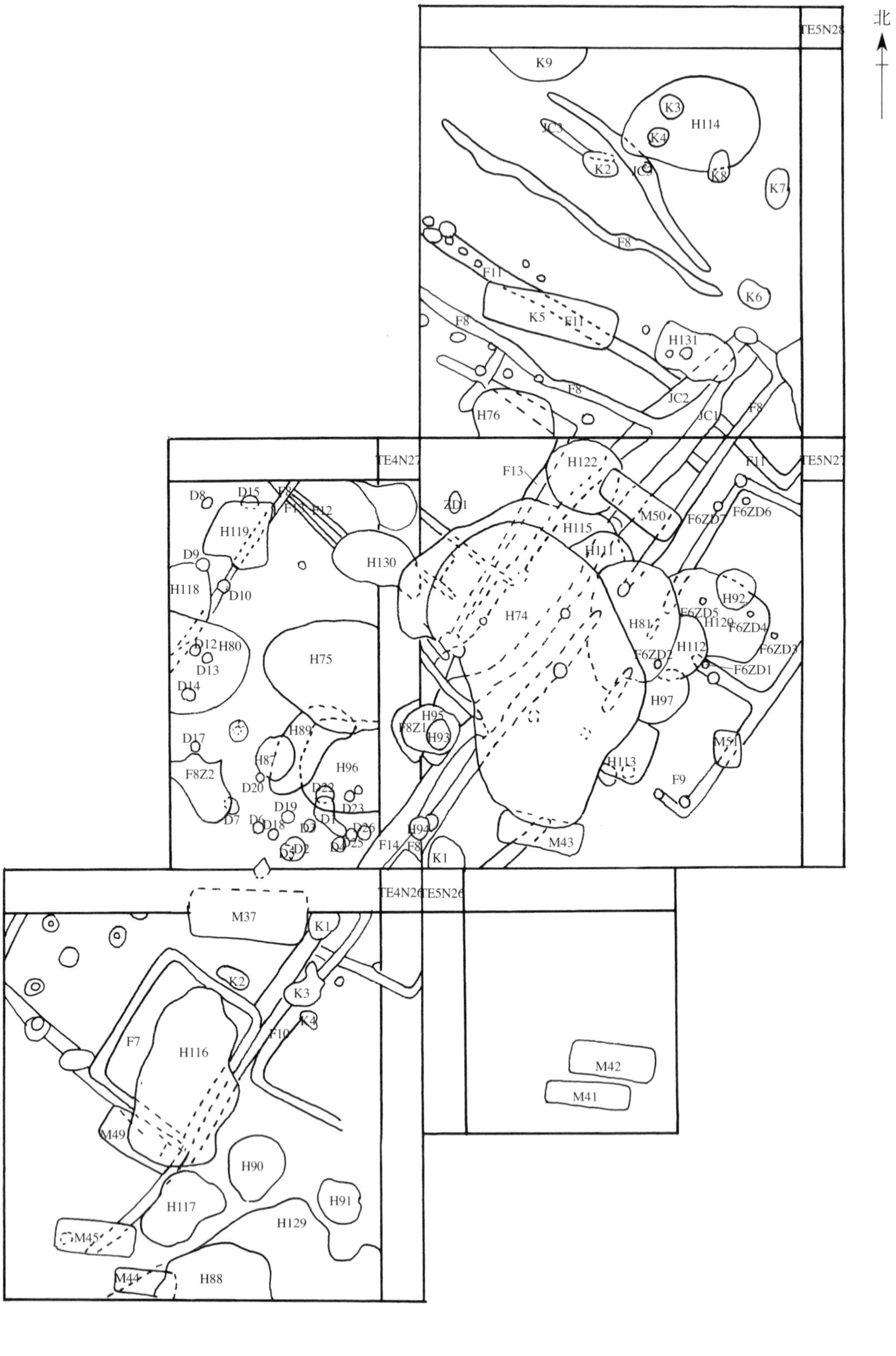

图3-1　北区遗迹分布平面图

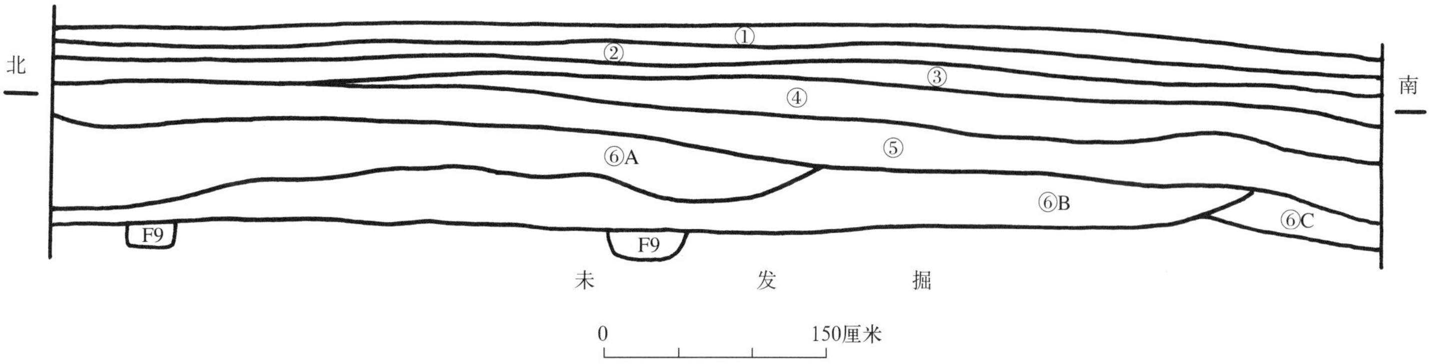

图3-2　TE5N27东壁剖面图

致向东南稍微倾斜，土质致密，包含少量的红烧土粒、陶片。陶片以泥质灰陶、泥质红褐陶、夹砂红褐陶、夹砂灰陶为主，另有少量泥质白陶。可辨器形有鼎、盆、豆、杯、罐等。该层时代为大汶口文化晚期。

第⑥B层：黄色锈斑土。深0.90～1.25、厚0～0.50米。分布于探方东北部，土质致密，高低不平，包含较多的红烧土粒和少量的陶片。陶片以泥质灰陶、泥质红褐陶、夹砂红褐陶、夹砂灰陶为主。该层时代为大汶口文化晚期。

第⑥C层：黄色黏土。深1.00～1.10、厚0.05米。分布全方，土质致密，高低不平，包含大量的红烧土粒和少量的陶片。陶片以泥质灰陶、泥质褐陶居多，夹砂褐陶、夹砂灰陶次之。可辨器形有鼎、盆、豆、罐等。本层下开口遗迹有F8、F9、F12、F13。该层时代为大汶口文化晚期。

此外，在房址区外侧的TE4N26东西壁、TE5N26东壁进行了解剖，解剖沟内有第⑦、⑧层。

第⑦层：红烧土层，含较多的草木灰。深1.70～2.25、厚0.20～0.55米。出土有少量的陶片。陶片以泥质灰陶、泥质褐陶、泥质黑陶居多，夹砂灰陶次之。可辨器形有鼎、盆、豆、罐等。

第⑧层：青褐色黏土，夹大量黑锈斑点。深1.40～2.40、厚0～0.45米。出土有少量陶片。陶片以泥质褐陶、泥质黑陶居多，泥质灰陶次之。可辨器形有鼎、盆、豆、罐等。

第⑧层以下为黄褐色生土。

二　地层出土遗物

北区地层出土遗物不多，主要有陶器、石器和少量玉器、骨器。陶器以泥质灰陶、泥质红褐陶居多，泥质黑陶、夹砂灰陶次之，另有少量夹植物红褐陶和泥质白陶。泥质陶陶胎细腻，多施有陶衣。器表装饰以素面为主，纹饰有附加堆纹、弦纹、绳纹、篮纹、刻划纹、镂孔等。器形有鼎、罐、盆、豆、杯、壶、大口尊、纺轮等。石器多为砺石，少量石锛、石斧、石锤等。

因所涉探方不多，本节以按探方和层位的方式发表地层出土遗物，以方便查阅，探方顺序按从北向南、从东向西的顺序排列。

TE5N28②：1，石锛。灰白色，长方形，两侧平直，平顶，平刃，通体磨光，局部有疤痕。长7.0、宽4.0、最厚处1.9厘米（图3-3，1；彩版二二五，3）。

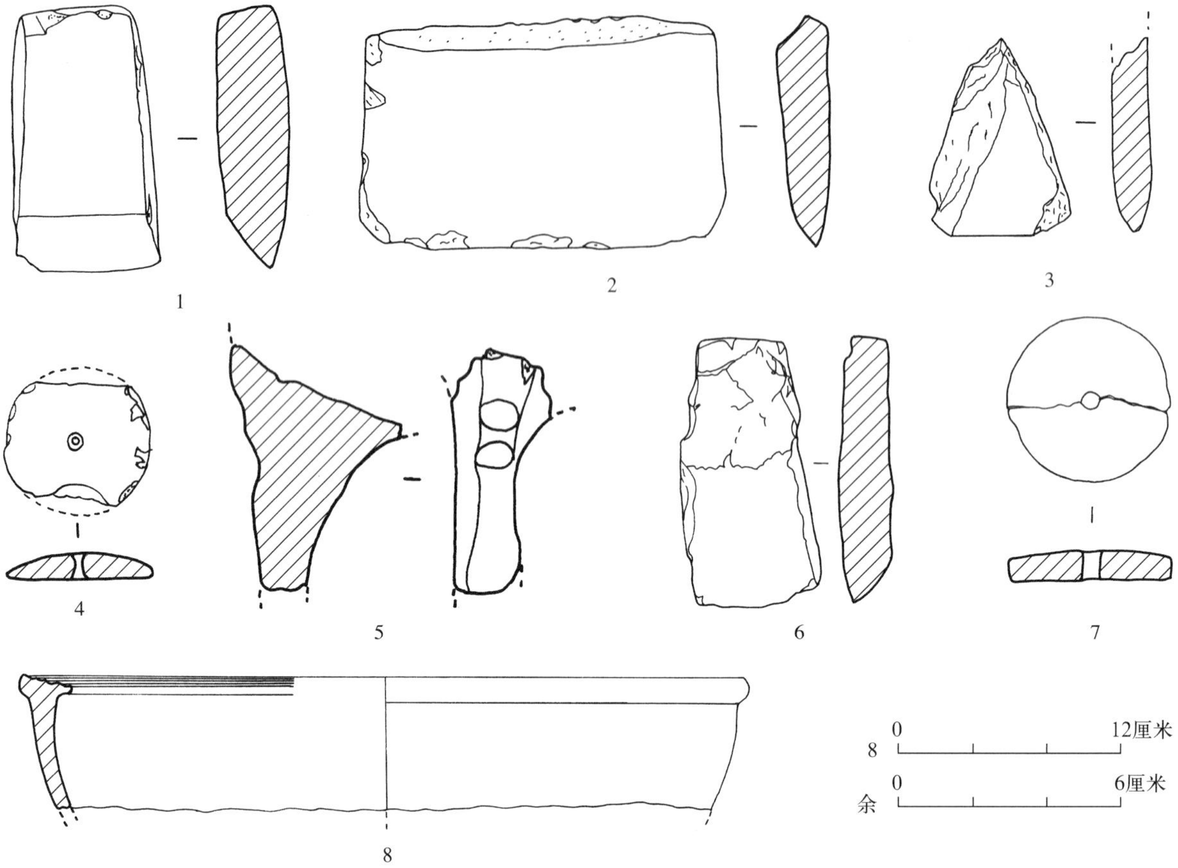

图3-3　TE5N28地层出土遗物

1. 石锛 TE5N28②：1　2. 石刀 TE5N28③：1　3. 石刀 TE5N28③：2　4. 陶纺轮 TE5N28④：1　5. 陶鼎足 TE5N28④：2　6. 石锛 TE5N28⑤：1　7. 陶纺轮 TE5N28⑤：2　8. 陶盆 TE5N28⑤：3

TE5N28③：1，石刀。灰色，长方形，顶残，单面刃，刃部有疤痕，器表未磨光。长 10.0、宽 6.1、厚 1.4 厘米（图 3-3，2；彩版二二五，4）。

TE5N28③：2，石刀。残，深灰色，不规则形，平刃，通体磨光。残长 5.2、残宽 3.8、厚 1.0 厘米（图 3-3，3；彩版二二五，5）。

TE5N28④：1，陶纺轮。泥质灰黑陶。圆饼状，剖面为半圆形，一面平直一面弧起。直径 3.9、孔径 0.3～0.4、最厚处 0.7 厘米（图 3-3，4；彩版二二五，6）。

TE5N28④：2，陶鼎足。夹石英红陶。侧装凿形，足根有 2 个按窝。残高 6.6 厘米（图 3-3，5；彩版二二五，7）。

TE5N28⑤：1，石锛。深灰色，梯形，平顶，单面刃，通体有崩裂疤，刃部磨光。长 7.3、宽 3.6、最厚处 1.5 厘米（图 3-3，6；彩版二二六，1）。

TE5N28⑤：2，陶纺轮。夹细砂黑褐陶。圆饼状，两端微弧，剖面平直。直径 4.4、孔径 0.5、厚 0.6～0.8 厘米（图 3-3，7；彩版二二六，2）。

TE5N28⑤：3，陶盆。夹细砂黑衣褐陶。口沿残片，敛口，圆唇，宽折沿，沿面上有凹槽，弧腹。口径 40、残高 7.2、厚 0.7～1.2 厘米（图 3-3，8）。

TE5N28⑥a：1，陶鼎足。泥质黄褐陶。侧装凿形。高 7 厘米（图 3-4，1；彩版二二六，3）。

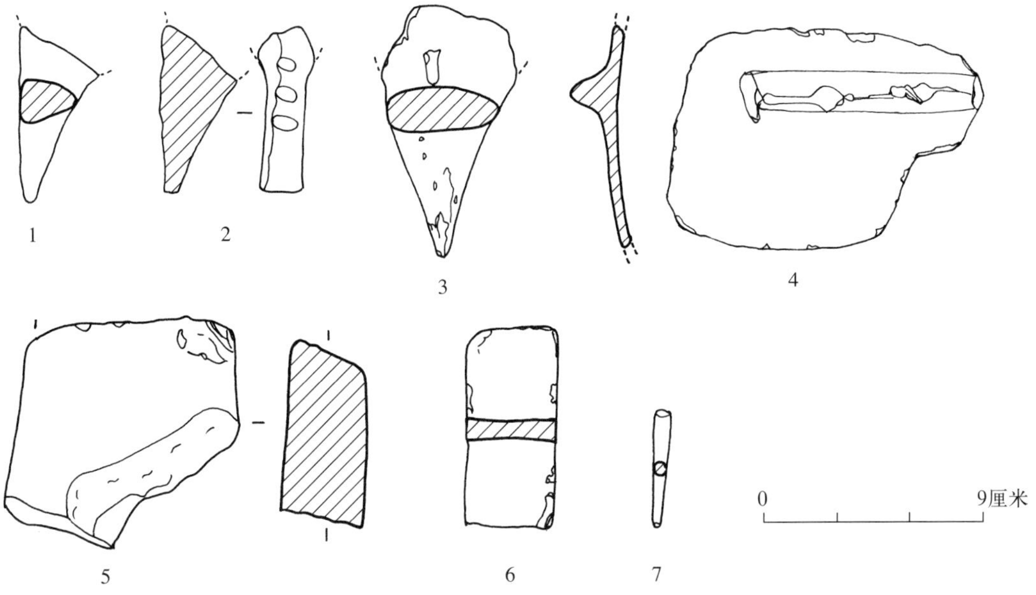

图3-4 TE5N28⑥层出土遗物

1.陶鼎足 TE5N28⑥a：1 2.陶鼎足 TE5N28⑥a：2 3.陶鼎足 TE5N28⑥a：3 4.陶腹片 TE5N28⑥a：4 5.石斧 TE5N28⑥b：1 6.砺石 TE5N28⑥b：2 7.骨锥 TE5N28⑥c：1

TE5N28⑥a：2，陶鼎足。夹砂红陶。侧装凿形，足根有3个按窝。高6.6厘米（图3-4，2；彩版二二六，4）。

TE5N28⑥a：3，陶鼎足。夹植物蚌末红陶。侧装凿形，足两侧各有1道刻槽。高10厘米（图3-4，3；彩版二二六，5）。

TE5N28⑥a：4，陶腹片。泥质红陶。腹部有鸡冠耳。残长12.9、残宽8.8、厚0.4～0.5厘米（图3-4，4）。

TE5N28⑥b：1，石斧。灰黑色，长方形，残存上半部，平顶，剖面近长方形，通体琢制，未磨光。残长9、宽9.5、最厚处3.5厘米（图3-4，5；彩版二二六，6）。

TE5N28⑥b：2，砺石。紫褐色，长方形，通体磨平。长8.3、宽3.9、厚0.8厘米（图3-4，6；彩版二二七，1）。

TE5N28⑥c：1，骨锥。灰黑色，圆锥形，顶残，通体磨光。直径0.5、高5厘米（图3-4，7；彩版二二七，2）。

TE5N27③：1，石纺轮。灰黑色，圆饼状，通体磨光，局部有疤痕，不甚规整。直径4.1、孔径0.7、最厚处0.5厘米（图3-5，1；彩版二二七，3）。

TE5N27④：1，陶纺轮。泥质红衣灰陶。一面平直一面弧起。直径4.2、孔径0.3～0.7、厚0.6厘米（图3-5，2；彩版二二七，4）。

TE5N27④：2，陶罐。泥质灰陶。罐底残片，平底。底径9、残高2.4、厚0.8厘米（图3-5，3）。

TE5N27④：3，陶盆。泥质灰胎红陶。器表刷浆并残存黑皮，口沿残片，敛口，圆唇，短平沿，弧腹。残长6.8、残宽5.6、厚0.3～0.6厘米（图3-5，4；彩版二二七，5）。

TE5N27④：4，陶盆。夹砂灰陶。口沿残片，敛口，圆唇，内勾沿，沿面有凹槽，弧腹。残

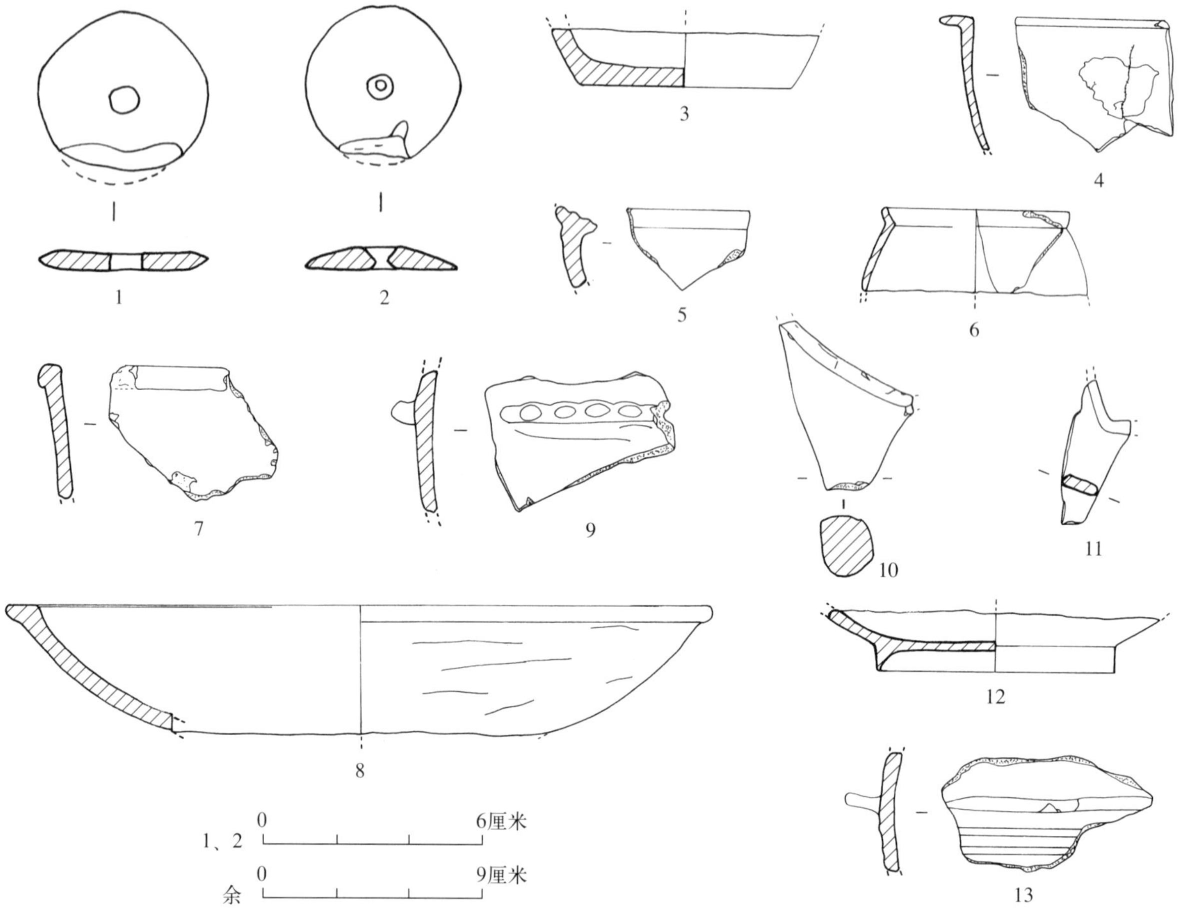

图3-5 TE5N27地层出土遗物

1. 石纺轮 TE5N27③：1 2. 陶纺轮 TE5N27④：1 3. 陶罐 TE5N27④：2 4、5、7、8. 陶盆 TE5N27④：3、4、6、7 6. 陶杯 TE5N27④：5 9、13. 陶片 TE5N27④：8、12 10、11. 陶鼎足 TE5N27④：9、10 12. 陶碗 TE5N27④：11

长 5.3、残宽 3.4、厚 0.7～1 厘米（图 3-5，5；彩版二二七，6）。

TE5N27④：5，陶杯。细泥白陶。口沿残片，侈口，圆唇，折沿，弧腹。口径 8、残高 3.5 厘米（图 3-5，6；彩版二二八，1）。

TE5N27④：6，陶盆。夹石英红陶。口沿残片，敞口，尖圆唇，卷沿，斜腹。残长 7.3、残宽 5.6、厚 0.6 厘米（图 3-5，7；彩版二二八，2）。

TE5N27④：7，陶盆。夹细砂灰陶。口沿残片，侈口，圆唇，短平沿，沿面有凹槽，弧腹，外壁有刮削痕。口径 30、残高 5.3 厘米（图 3-5，8；彩版二二八，3）。

TE5N27④：8，陶片。泥质黑衣灰陶。陶片上有鸡冠耳。残长 8.1、残宽 5.9、厚 0.6 厘米（图 3-5，9；彩版二二八，4）。

TE5N27④：9，陶鼎足。夹石英红陶。侧装凿形，足尖残。残高 7.1 厘米（图 3-5，10；彩版二二八，5）。

TE5N27④：10，陶鼎足。泥质褐陶。侧状条形，足根、足尖有按窝，器底内凹。残高 6 厘米（图 3-5，11；彩版二二八，6）。该鼎足年代应为龙山文化晚期。

TE5N27④：11，陶碗。泥质灰陶。残存圈足。底径 10、残高 2.5 厘米（图 3-5，12）。

TE5N27④：12，陶片。泥质褐陶。器表刷浆并残存黑皮，上有鋬，鋬下有一周凹槽。残长 9、残宽 5、厚 0.6 厘米（图 3-5，13；彩版二二九，1）。

TE5N27⑤：1，陶纺轮。泥质红陶。圆饼状。直径 3.8、孔径 0.5、厚 0.6 厘米（图 3-6，1；彩版二二九，2）。

TE5N27⑤：2，陶纺轮。泥质红陶。一面平直一面弧起。直径 3.8、孔径 0.3、厚 0.55 厘米（图 3-6，2）。

TE5N27⑥a：1，陶罐。泥质黑衣灰陶。罐底残片，平底。底径 21、残高 3.5、厚 0.6 厘米（图 3-7，1；彩版二二九，3）。

TE5N27⑥a：2，陶罐。泥质灰黑陶。罐底残片，假圈足。底径 3.8、残高 0.8、厚 0.3～0.35 厘米（图 3-7，2）。

TE5N27⑥a：3，陶罐。泥质灰胎红陶。罐底残片，平底。底径 9、残高 8、厚 0.5～0.6 厘米（图 3-7，3）。

TE5N27⑥a：4，陶罐。泥质黑衣灰陶。罐底残片，平底。底径 11、残高 4.3、厚 0.5～0.8 厘米（图 3-7，4）。

TE5N27⑥a：5，陶壶。泥质红陶。口沿残片，敞口，圆唇，卷沿，长颈。残长 6.5、残宽 5.3、厚 0.4～0.7 厘米（图 3-8，1）。

TE5N27⑥a：6，陶盆。夹砂灰陶。口沿残片，敛口，圆唇，内勾沿，沿面有凹槽，弧腹。残长 5.6、残宽 5.5、厚 0.3～0.9 厘米（图 3-8，2；彩版二二九，4）。

TE5N27⑥a：7，陶罐。夹石英红陶。肩部残片，口残，弧腹，表面施竖向绳纹。残长 6.4、残宽 5、厚 0.4～0.9 厘米（图 3-8，3）。

TE5N27⑥a：8，陶鼎足。泥质红陶。侧状凿形，整体器形稍矮，足根有 2 个按窝，足两侧各有 1 道条状刻槽，足尖残。残高 8.7 厘米（图 3-8，4；彩版二二九，5、6）。

TE5N27⑥a：9，陶鼎足。夹石英红陶。侧装铲形，残存下半部。残高 6.6 厘米（图 3-8，5；彩版二三〇，1）。

TE5N27⑥a：10，陶鼎足。泥质红陶。宽扁板形。高 7.6 厘米（图 3-8，6；彩版二三〇，

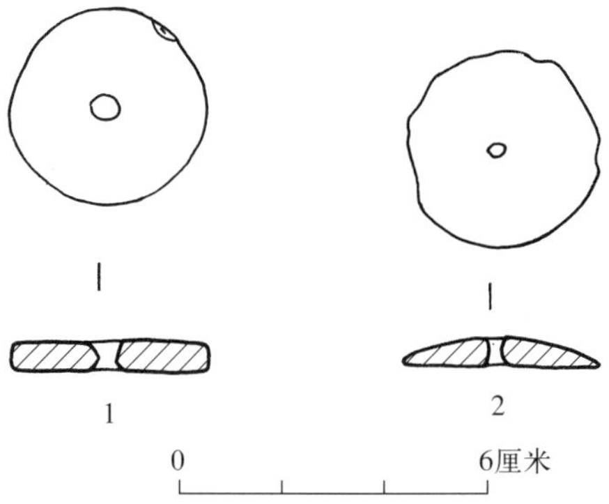

图3-6　TE5N27⑤层出土遗物

1、2. 陶纺轮 TE5N27⑤：1、2

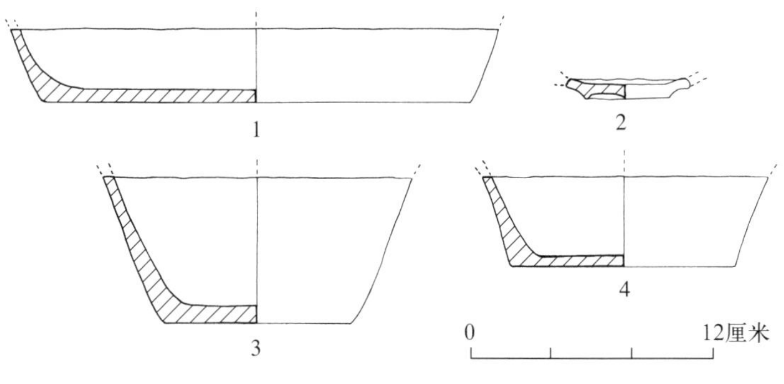

图3-7　TE5N27⑥a层出土遗物

1～4. 陶罐 TE5N27⑥a：1～4

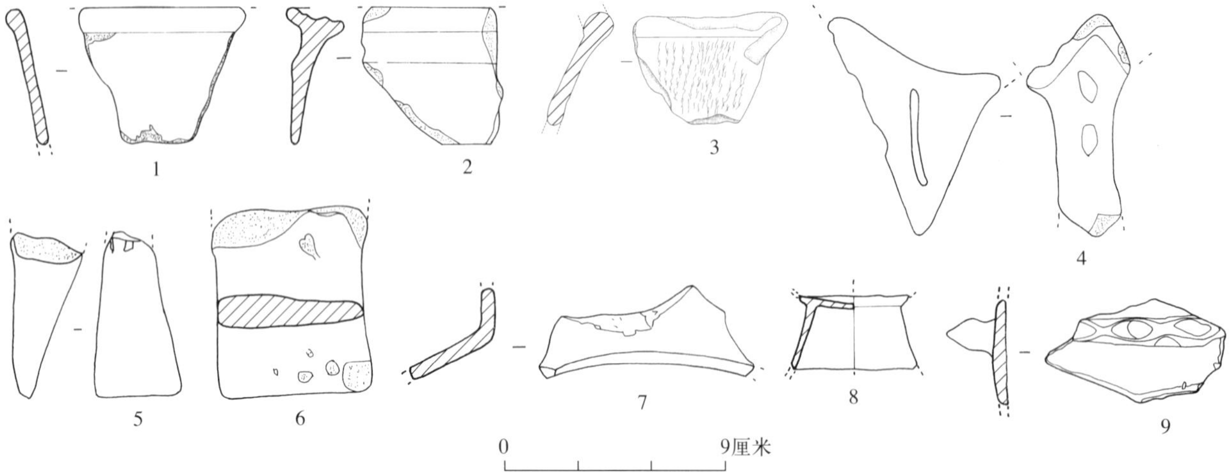

图3-8 TE5N27⑥a层出土遗物

1、7. 陶壶 TE5N27⑥a：5、11 2. 陶盆 TE5N27⑥a：6 3. 陶罐 TE5N27⑥a：7 4～6. 陶鼎足 TE5N27⑥a：8～10
8. 陶杯 TE5N27⑥a：12 9. 陶腹片 TE5N27⑥a：13

2、3）。

TE5N27⑥a：11，陶壶。泥质灰胎红陶。颈肩部残片，直颈，溜肩。残长 8.3、残宽 3.5、厚 0.6 厘米（图 3-8，7）。

TE5N27⑥a：12，陶杯。泥质白陶。残存矮喇叭形圈足。残高 2.8、厚 0.2～0.3 厘米（图 3-8，8；彩版二三〇，4）。

TE5N27⑥a：13，陶腹片。泥质灰陶。腹片上有鸡冠耳。残长 7、残宽 4、厚 0.5 厘米（图 3-8，9；彩版二三〇，5）。

TE5N27⑥b：1，陶盆。泥质红衣灰陶。口沿残片，侈口，圆唇，宽折沿，弧腹。口径 30、残高 6.2、厚 0.6～0.8 厘米（图 3-9，1；彩版二三〇，6）。

TE5N27⑥b：2，陶盆。夹粗砂灰褐陶。口沿残片，敛口，圆唇，短平内勾沿，沿面有凹槽，弧腹内收。残长 6.3、残宽 5.7、厚 0.3～0.7 厘米（图 3-9，2；彩版二三一，1）。

TE5N27⑥b：3，陶盆。泥质灰陶。口沿残片，敞口，圆唇，短平沿，弧腹。口径 26、残高 5.6、厚 0.4～0.6 厘米（图 3-9，3；彩版二三一，2）。

TE5N27⑥b：4，陶盆。泥质红褐陶。口沿残片，敛口，圆唇，卷沿，弧腹内收。残长 8.4、残宽 4.5、厚 0.3～1.2 厘米（图 3-9，4）。

TE5N27⑥b：5，陶鼎足。夹细砂红褐陶。侧装凿形，足根有突起，足尖残。残高 6.4 厘米（图 3-10，1；彩版二三一，3、4）。

TE5N27⑥b：6，陶鼎足。泥质红陶。卷边瓦形，足尖残。残高 5 厘米（图 3-10，2；彩版二三一，5）。

TE5N27⑥b：7，陶鼎足。夹植物褐陶。侧装凿形，足根有 1 个按窝。残高 7.8 厘米（图 3-10，3；彩版二三一，6）。

TE5N27⑥b：8，陶鼎足。夹植物蚌末褐陶。侧装凿形，足根有 1 个按窝。高 9.4 厘米（图

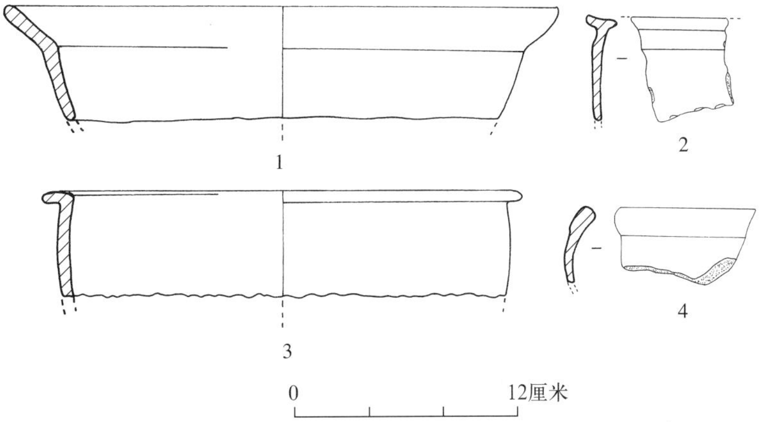

图3-9　TE5N27⑥b层出土遗物

1～4. 陶盆 TE5N27⑥b：1～4

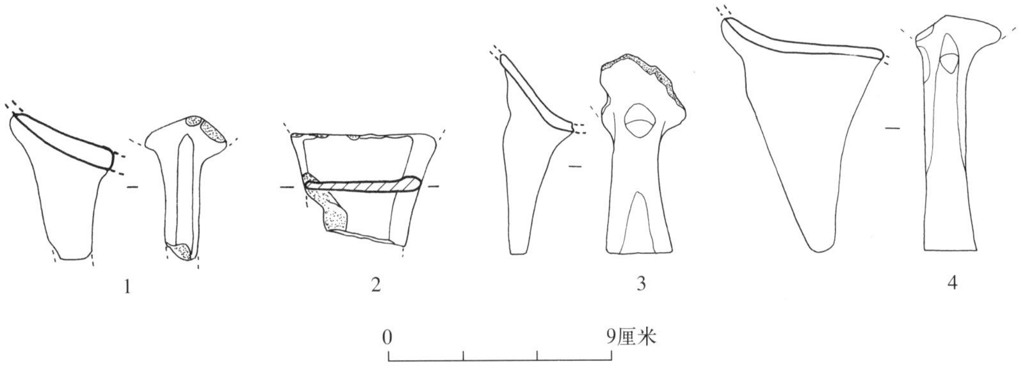

图3-10　TE5N27⑥b层出土遗物

1～4. 陶鼎足 TE5N27⑥b：5～8

3-10，4；彩版二三一，7、8）。

TE5N27⑥c：1，陶罐。泥质黑衣褐陶。罐底残片，平底。底径 13、残高 2.3、厚 0.6～1.2 厘米（图 3-11，1；彩版二三二，1）。

TE5N27⑥c：2，陶鼎。泥质红衣黑陶。口沿残片，侈口，尖圆唇，折沿，弧腹。口径 24.8、残高 4、厚 0.4～0.9 厘米（图 3-11，2）。

TE5N27⑥c：3，陶腹片。泥质灰胎红陶。器表有 3 周弦纹，中间的弦纹上有戳点。残长 6.8、残宽 5.9、厚 0.3～1 厘米（图 3-11，3；彩版二三二，2）。

TE5N27⑥c：4，陶鼎足。夹砂红陶。足根突起，下有 2 个按窝，足尖残。残高 4.8 厘米（图 3-11，4；彩版二三二，3）。

TE5N27⑥c：5，陶罐。泥质黑胎灰白陶。罐底残片，平底。底径 11、残高 2.1、厚 0.3～0.5 厘米（图 3-12，1）。

TE5N27⑥c：6，陶罐。泥质黑胎灰白陶。口沿残片，侈口，尖唇，折沿，弧腹。口径 27、残高 4.6、厚 0.3～0.9 厘米（图 3-12，2；彩版二三二，4）。

TE5N27⑥c：7，陶罐，泥质灰胎红陶。口沿残片，侈口，尖唇，折沿，弧腹。口径 23.2、残

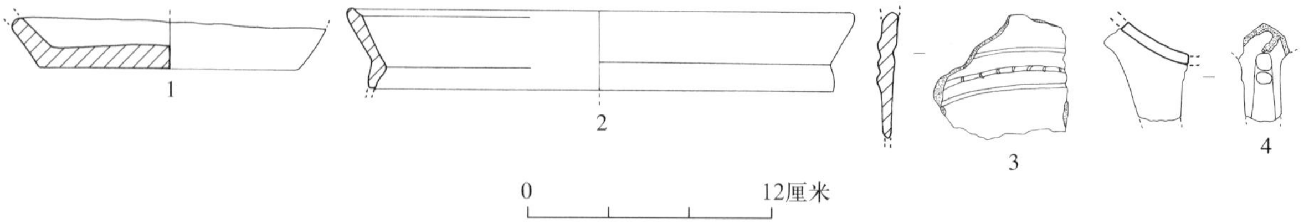

图3-11　TE5N27⑥c层出土遗物

1. 陶罐 TE5N27⑥c：1　2. 陶鼎 TE5N27⑥c：2　3. 陶腹片 TE5N27⑥c：3　4. 陶鼎足 TE5N27⑥c：4

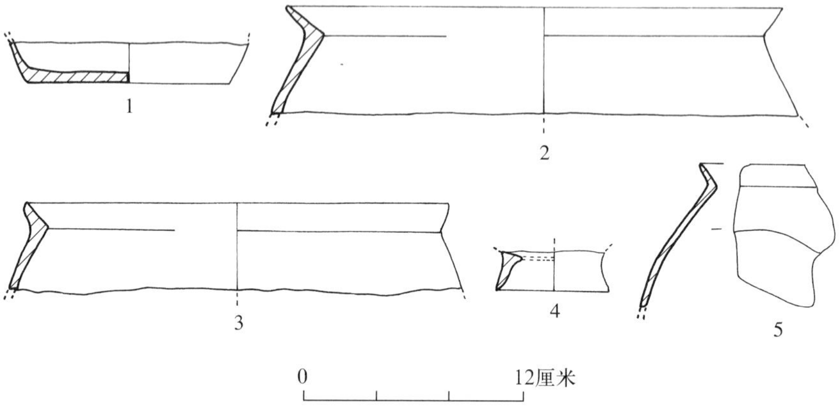

图3-12　TE5N27⑥c层出土遗物

1～3、5. 陶罐 TE5N27⑥c：5～7、9　4. 陶圈足 TE5N27⑥c：8

高 4.6、厚 0.3～0.9 厘米（图 3-12，3；彩版二三二，5）。

TE5N27⑥c：8，陶圈足。泥质黑胎红陶。矮喇叭形圈足。圈足底径 6、残高 2、厚 0.4 厘米（图 3-12，4；彩版二三二，6）。

TE5N27⑥c：9，陶罐。泥质红陶。口沿残片，侈口，尖唇，折沿，弧腹。残长 7.6、残宽 5.5、厚 0.3 厘米（图 3-12，5；彩版二三二，7）。

TE4N27②：1，石锛。黄褐色，近长方形，平顶，单面刃，通体打磨。长 7、宽 3.5、最厚处 2.3 厘米（图 3-13，1；彩版二三二，8）。

TE4N27③：1，石斧。灰黑色，长条形，剖面为弧形，平顶，双面刃，通体磨光，局部有疤痕。长 13.5、宽 4.9、最厚处 4 厘米（图 3-13，2；彩版二三二，9）。

TE4N27⑤：1，陶纺轮。泥质红陶。圆饼状。直径 3.7、孔径 0.44、最厚处 0.5 厘米（图 3-13，3）。

TE5N26④：1，陶纺轮。泥质褐陶。圆饼状。直径 3.7、孔径 0.25、厚 0.5 厘米（图 3-14，1；彩版二三三，1）。

TE5N26④：2，石斧。深绿色，近长方形，通体磨光，双面刃，刃略残。高 12.3、宽 6.0、厚 3.6 厘米（图 3-14，2；彩版二三三，2）。

TE5N26④：3，石斧。浅黑色泛灰，长方形，通体磨光，双面刃。高 10.0、宽 5.7、厚 3.1 厘米（图 3-14，3；彩版二三三，3）。

TE5N26⑤：1，玉管。经检测为蛇纹石材质。白色，圆筒形，中有一对钻而成的圆孔，中间

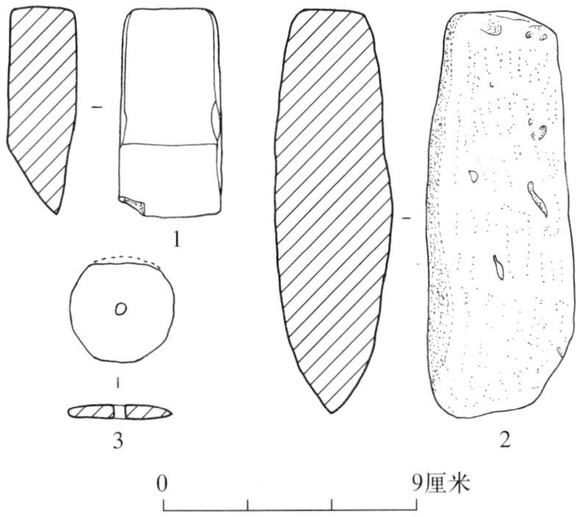

图3-13　TE4N27地层出土遗物

1. 石锛 TE4N27②：1　2. 石斧 TE4N27③：1　3. 陶纺轮 TE4N27⑤：1

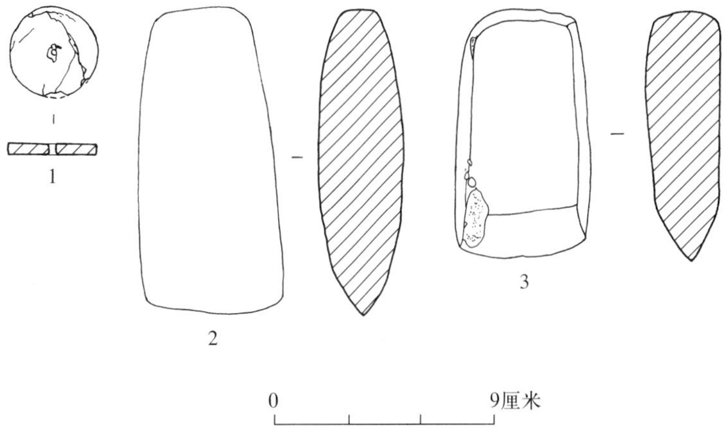

图3-14　TE5N26④层出土遗物

1. 陶纺轮 TE5N26④：1　2、3. 石斧 TE5N26④：2、3

较两端略厚。直径 0.9、孔径 0.7、最厚处 0.1～0.4 厘米（图 3-15，1；彩版二三三，4）。

TE5N26⑥：1，陶纺轮。夹植物红陶。圆饼状。直径 3.2、孔径 0.4、厚 0.4 厘米（图 3-15，2；彩版二三三，5）。

TE5N26⑥：2，陶豆。泥质褐陶，残存少量黑衣。口沿残片，直口，尖圆唇，折腹，口沿下有一周凸棱。残宽 11.8、残高 5 厘米（图 3-16，1；彩版二三三，6）。

TE5N26⑦：1，陶罐。泥质红褐陶。口沿残片，敛口，圆唇，圆鼓肩。残宽 7.6、残高 3.3 厘米（图 3-16，2；彩版二三三，7）。

TE5N26⑦：2，陶鼎。夹细砂红褐陶。口沿残片，微敛口，短平沿，尖圆唇，口沿下戳印三角纹。残宽 6.4、残高 4.4 厘米（图 3-16，3；彩版二三三，8）。

TE4N26②：1，骨锥。黑褐色，圆锥形，剖面为椭圆形，尾部残。残长 3.2、残宽 0.8、最厚处约 0.65 厘米（图 3-17，1；彩版二三四，1）。

TE4N26④：1，石斧。灰黑色，长条形，剖面为弧形，平顶，双面刃，通体磨光。长 20.2、宽 8、最厚处 5.3 厘米（图 3-17，2；彩版二三四，2）。

TE4N26④：2，石斧。青灰色，长方形，剖面为弧形，平顶，双面刃，通体打磨。长 10.1、宽 5.1、最厚处 2.8 厘米（图 3-17，3；彩版二三四，3）。

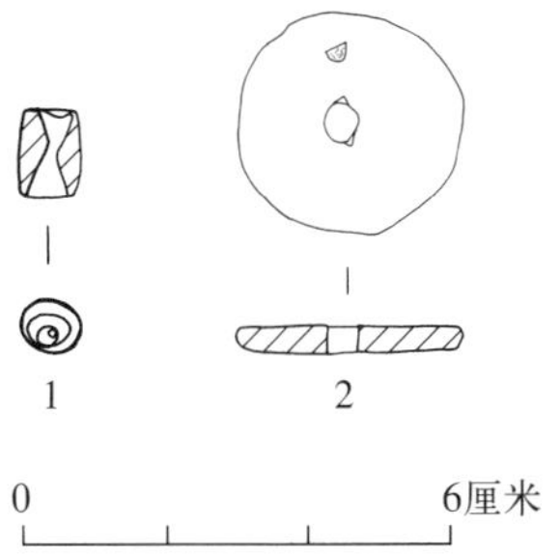

图3-15　TE5N26地层出土遗物

1. 玉管 TE5N26⑤：1　2. 陶纺轮 TE5N26⑥：1

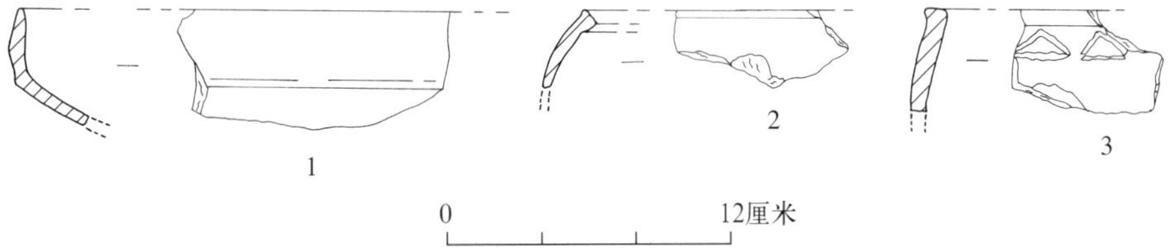

图3-16　TE5N26地层出土遗物

1. 陶豆 TE5N26⑥：2　2. 陶罐 TE5N26⑦：1　3. 陶鼎 TE5N26⑦：2

TE4N26④：3，陶纺轮。泥质红陶。圆饼状。直径3.7、孔径0.6、厚0.3厘米（图3-17，4；彩版二三四，4）。

TE4N26④：4，石斧。黄褐色，长条形，剖面为弧形，弧顶，双面刃，通体打磨。长20.1、宽6.6、最厚处4.7厘米（图3-17，5；彩版二三四，5）。

TE4N26④：5，陶大口尊。夹砂褐陶。口沿残片，敞口，圆方唇，沿面有凹槽，上腹斜内收。残宽13、残高5.3厘米（图3-18，1）。

TE4N26④：6，陶鼎足。夹细砂红陶。侧装凿形，足侧面有两道条状细刻槽。高12厘米（图3-18，2；彩版二三四，6）。

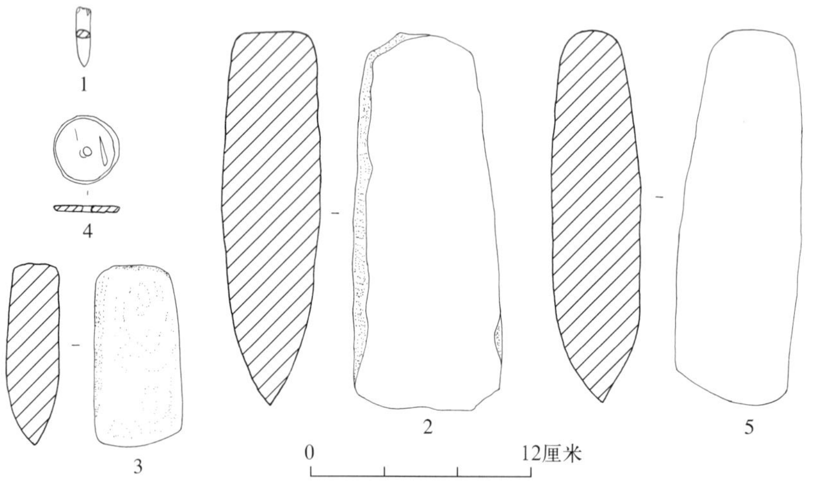

图3-17　TE4N26地层出土遗物

1. 骨锥 TE4N26②：1　2、3、5. 石斧 TE4N26④：1、2、4　4. 陶纺轮 TE4N26④：3

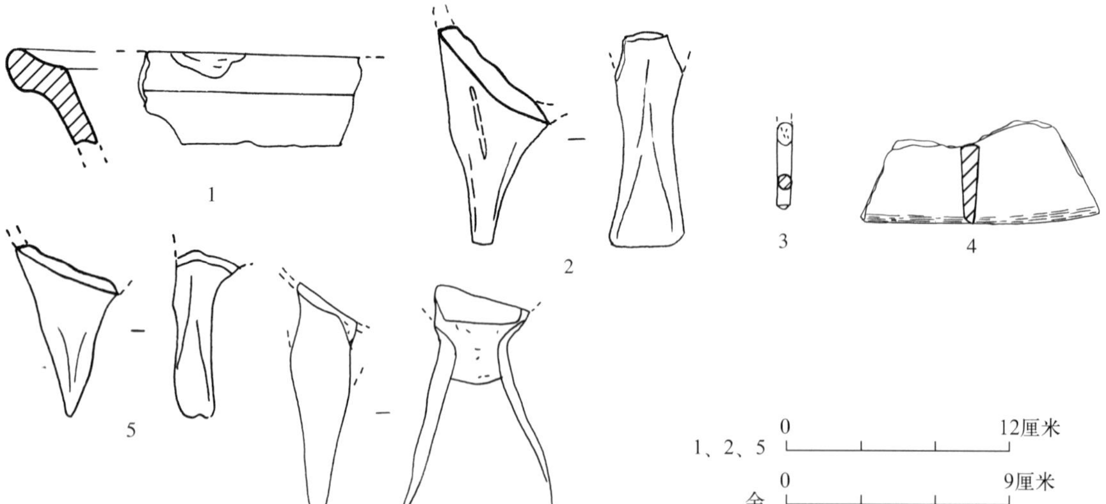

图3-18　TE4N26地层出土遗物

1. 陶大口尊 TE4N26④：5　2、5、6. 陶鼎足 TE4N26④：6、TE4N26⑤：3、TE4N26⑤：4　3. 玉锥 TE4N26⑤：1　4. 砺石 TE4N26⑤：2

TE4N26⑤：1，玉锥。经检测为透闪石材质。白色，圆锥形，剖面为圆形，尾部残，头部圆钝，通体打磨，中部有凹痕。直径 0.5、残高 2.3 厘米（图 3-18，3；彩版二三四，7）。

TE4N26⑤：2，砺石。紫褐色，不规则形，两面磨平，刃部也磨平。残长 9.5、残宽 4、最厚处 0.7 厘米（图 3-18，4；彩版二三四，8）。

TE4N26⑤：3，陶鼎足。泥质褐陶。侧装凿形，侧面有短刻槽。高 9.8 厘米（图 3-18，5；彩版二三五，1）。

TE4N26⑤：4，陶鼎足。泥质褐陶。侧装扁铲形，足尖宽扁。高 9.6、足尖宽 5.5 厘米（图 3-18，6；彩版二三五，2）。

TE4N26⑥：1，砺石。黄白色，不规则形，剖面为弧形，两面磨平。长 10.7、宽 4.9、最厚处 1.8 厘米（图 3-19，1；彩版二三五，3）。

TE4N26⑥：2，石网坠。红紫色，亚腰形，亚腰处有琢制痕，剖面为弧形。长 5.6、宽 3.3～4.4、厚 1.2 厘米（图 3-19，2；彩版二三五，4）。

TE4N26⑥c：3，陶鼎足。夹植物红陶。侧装凿形，足根有两个小按窝。高 8.7 厘米（图 3-19，3；彩版二三五，5）。

TE4N26⑦：1，石钺。灰白色，残存上半部，对钻孔，通体打磨，顶部有疤痕。残长 7.5、残宽 5、最厚处 1.5 厘米（图 3-20，1；彩版二三五，6）。

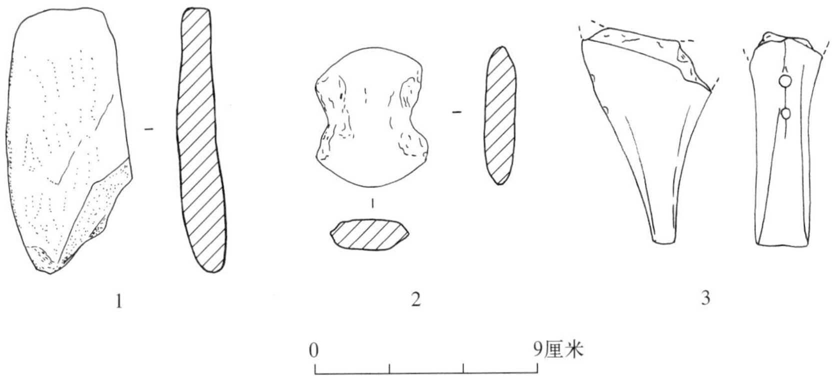

图3-19　TE4N26⑥层出土遗物

1. 砺石 TE4N26⑥：1　2. 石网坠 TE4N26⑥：2　3. 陶鼎足 TE4N26⑥c：3

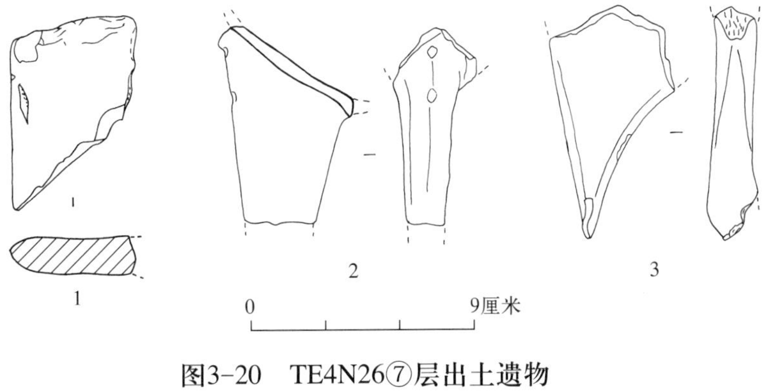

图3-20　TE4N26⑦层出土遗物

1. 石钺 TE4N26⑦：1　2、3. 陶鼎足 TE4N26⑦：2、3

TE4N26⑦：2，陶鼎足。夹砂红褐陶。侧装条形，足根突起，下有两个小按窝，剖面呈扁椭圆形，足尖残。残高7.8、厚2厘米（图3-20，2；彩版二三五，7）。

TE4N26⑦：3，陶鼎足。夹植物蚌末红陶。侧装凿形，足上部宽扁。残高9.1厘米（图3-20，3；彩版二三五，8）。

第二节 墓葬

北区共发现墓葬9座，编号为：M37、M41、M42、M43、M44、M45、M49、M50、M51。

1. M37

位于TE4N26北部。开口于③层下，打破④、⑤层。

长方形竖穴土坑，有二层台，墓口长2.8、宽1.2～1.3米，墓底长2.4、宽0.8米，墓深0.6米。墓向为东稍偏南95°（图3-21；彩版二三六，1、2）。填土为含红烧土颗粒的黄褐花土。单人葬，仅存部分头骨痕迹，人骨保存极差，年龄、性别不可鉴定。

随葬品多残碎凌乱分布于墓坑中部和北部二层台上（彩版二三七，1～3），共有10件，全

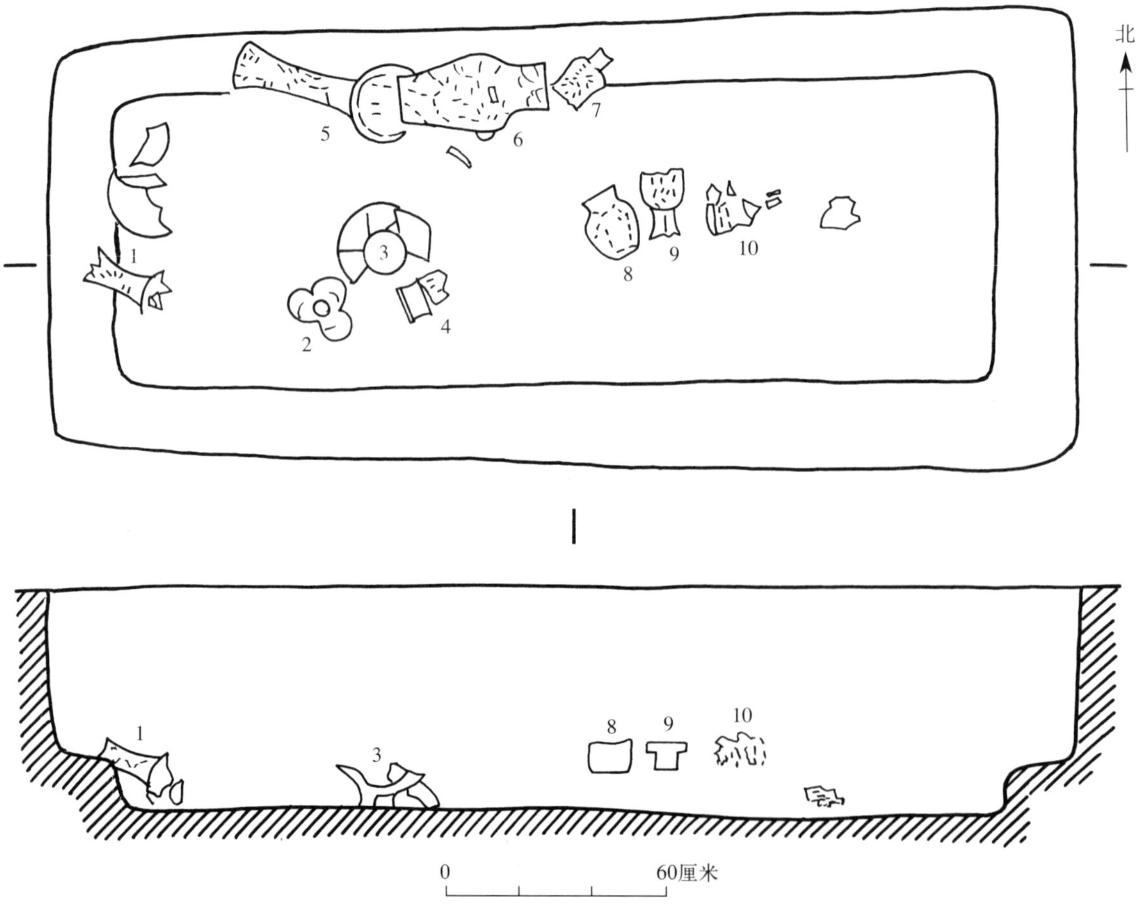

图3-21 M37平、剖面图

1、3、5、10. 陶豆 2. 陶鬶 4. 陶罐 6、8. 陶背壶 7、9. 陶高柄杯

为陶器。

M37：1，陶豆。泥质黑衣红陶。大敞口，圆唇，宽折沿，浅盘，喇叭形圈足，圈足上有两竖排圆形镂孔，每排三个，两个长条形镂孔。口径 26、圈足底径 14、复原高约 18 厘米（图 3-22，1）。

M37：2，陶鬶。泥质红陶。短粗颈，流残，三分裆乳状袋足，足尖尖细，裆的间隔较大，后袋足与颈相连处有一半环形宽鋬，鋬下方袋足的两侧贴短弧状泥条。宽 16.6、残高约 22 厘米（图 3-22，2；彩版二三八，1、2）。

M37：3，陶豆。泥质黑衣红陶。敞口，圆唇，大斜折沿，浅盘，豆柄残。口径 24.4、残高 8.6、厚 0.6 厘米（图 3-22，3；彩版二三七，4）。

M37：4，陶罐。泥质黑衣灰陶。残存上半部。侈口，尖圆唇，折沿，弧腹。口径 19、残高 6 厘米（图 3-22，4）。

M37：5，陶豆。泥质红陶。敞口，圆唇，折沿，浅盘，喇叭形圈足，平底，圈足上有对称的

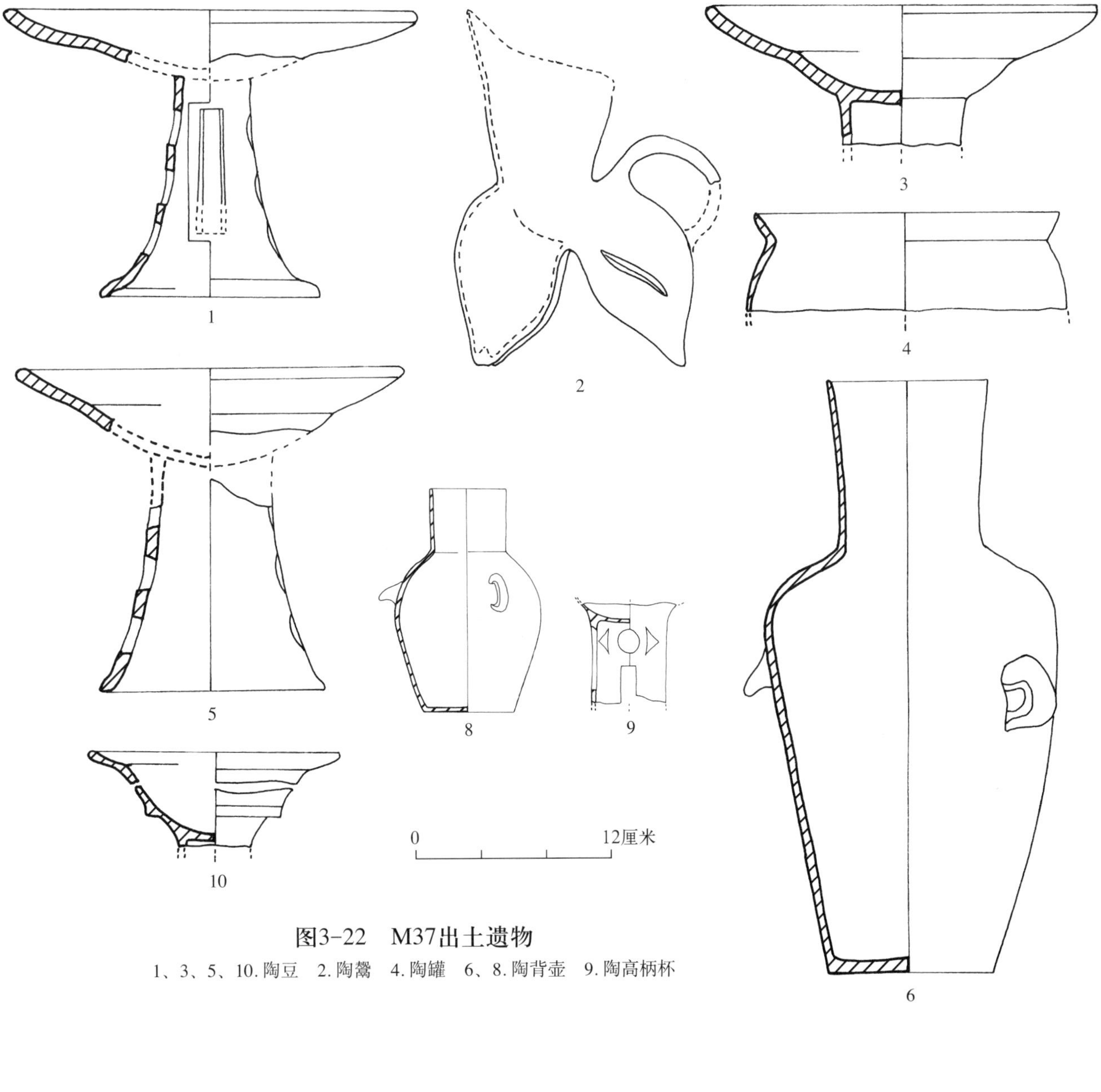

图3-22　M37出土遗物

1、3、5、10. 陶豆　2. 陶鬶　4. 陶罐　6、8. 陶背壶　9. 陶高柄杯

两竖排镂孔，每排三个。口径 24、足径 14.2、复原高约 20 厘米（图 3-22，5）。

M37：6，陶背壶。泥质黑陶。直口微侈，圆唇，长颈，圆肩，斜腹，平底，肩部有 2 个半环形耳，另一侧有鸟喙状突纽。口径 10、底径 10.2、高 35.8 厘米（图 3-22，6）。

M37：7，陶高柄杯。泥质黑衣灰胎，出土时较为残碎。

M37：8，陶背壶。泥质褐陶。直口，方圆唇，弧腹内收，平底，肩部有 2 个半环耳，另一侧有一鸟喙状突纽。口径 4.6、最大腹径 9、底径 5.6、高 13.7、厚 0.2～0.3 厘米（图 3-22，8；彩版二三七，5）。

M37：9，陶高柄杯。泥质黑灰陶。残存圈足，直筒形，上有 2 个长条形镂孔，间以圆形、弧边三角和长条形镂孔。残高 6.2 厘米（图 3-22，9）。

M37：10，陶豆。泥质黑衣褐陶。器形较小，敞口，折沿，圆唇，弧腹，下腹部有一周凸棱，圈足残。口径 15.6、残高 5.8 厘米（图 3-22，10）。

2. M41

位于 TE5N26 发掘部分东南部，开口于④层下。未见人骨，墓坑形状也是勉强划出。

墓坑呈长方形，墓向 269°（图 3-23；彩版二三八，3）。墓口长 2.00、宽 0.62～0.64 米。墓口距地表深 0.60 米，墓底距墓口深 0.26～0.30 米。填土呈灰褐色花土，土质硬，包含少量的红烧土粒等。

仅有 2 件残碎陶器。

M41：1，陶鼎。出土时极为残碎。夹石英红陶。

M41：2，陶罐。出土时极为残碎。泥质黑褐陶。

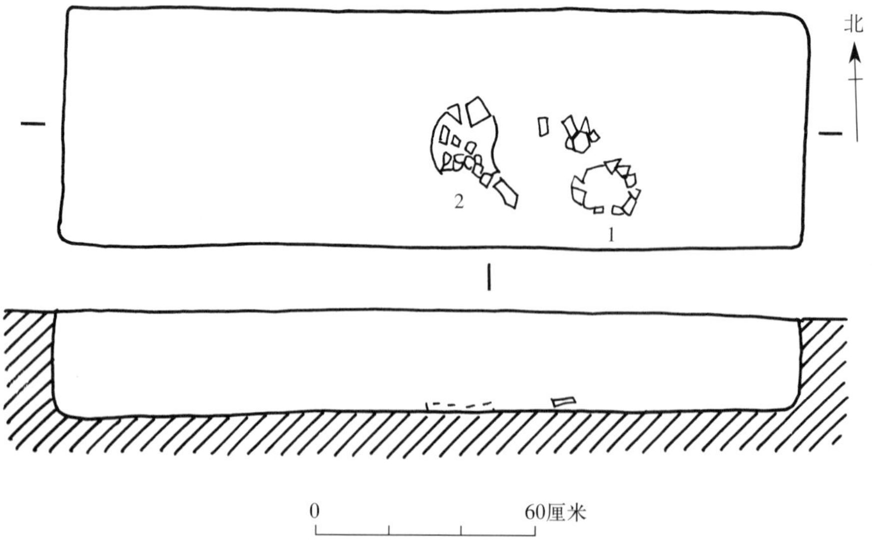

图3-23 M41平、剖面图

1. 陶鼎 2. 陶罐

3. M42

位于 TE5N26 发掘部分东南部，开口于④层下。2017 年 11 月 21 日经刮面清理，发现 1 件较大型的陶釜，横置，仅残存下半部，上部有 1 件残碎的陶钵，其旁有 1 件圈足杯。推测应为墓葬，陶釜应为葬具，但内部未见人骨。勉强划出墓坑。

墓坑呈长方形，墓向 276°（图 3-24；彩版二三八，3）。墓口长 2.00、宽 0.75～0.80 米。墓口距地表深 0.60 米，墓底距墓口深 0.32 米。填土呈灰褐色花土，土质略硬，包含零星红烧土粒（块）等。

M42：1，陶圈足杯。泥质灰陶。侈口，尖唇，折沿，弧腹，矮喇叭形圈足。口径 6、圈足径 4.6、高约 7 厘米（图 3-25，1）。

M42：2，陶釜。应为瓮棺葬具。泥质红褐陶，外红内灰。侈口，折沿，深弧腹。高约 60、腹径约 30 厘米。

M42：3，陶钵。泥质黑褐陶。口微敞，圆唇，折腹，下腹残。口径 16、残高 4 厘米（图 3-25，3）。

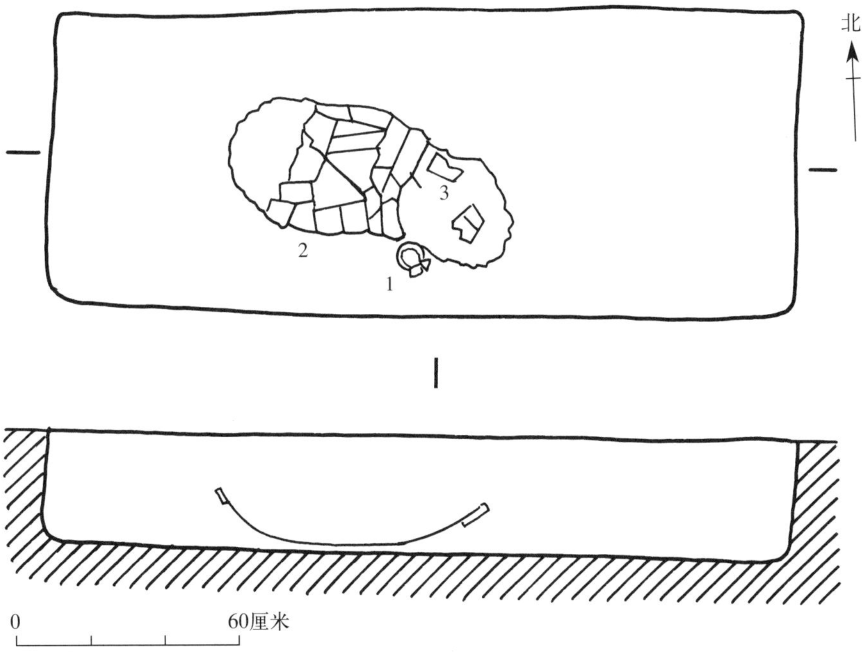

图3-24　M42平、剖面图

1. 陶圈足杯　2. 陶釜　3. 陶钵

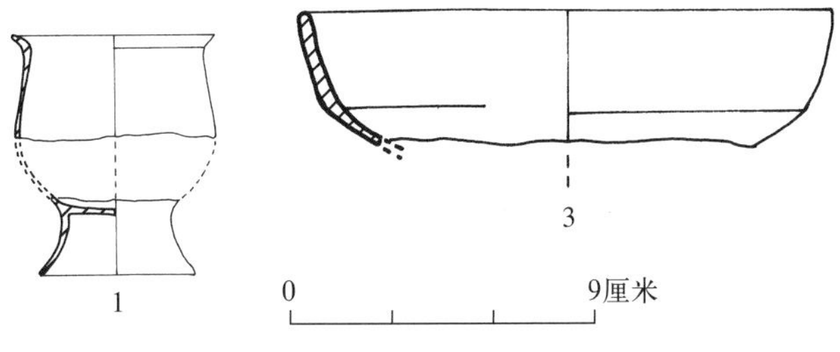

图3-25　M42出土遗物

1. 陶圈足杯　3. 陶钵

4. M43

位于 TE5N27 南部，开口于④层下，被 H74 打破。

墓坑呈长方形，墓向东偏南，102°（图 3-26；彩版二三九，1、2）。墓口长 2.00、宽 0.75～0.85 米，墓底长 2.06、宽 0.75～0.85 米。墓口距地表深 0.74 米，墓底距墓口深 0.10～0.18 米。填土呈灰褐色，土质硬，包含大量的红烧土粒（块）、少量陶片等。为单人葬，人骨保存极差，年龄、性别不可鉴定。

有 15 件随葬品，均为陶器，随葬品 2～14 号陶器置于人骨上和南侧，1 号陶鼎置于头骨下方，15 号陶鼎置于脚趾骨下方。

M43：1，陶鼎。出土时极为残碎，不能复原。泥质红陶。

M43：2，陶圈足杯。泥质黑衣红褐陶。敞口，圆唇，弧腹，高喇叭形圈足，下腹部有一凸棱，圈足上有 2 排对称的圆形镂孔。口径 12.8、圈足径 11.2、高 16.4 厘米（图 3-27，2；彩版二三九，3）。

M43：3，陶鼎。夹石英黑褐陶。侈口，圆唇，短折沿，斜弧腹，圜底微下凸，凿形小足。口径 13、高 8.9 厘米（图 3-27，3；彩版二三九，4）。

M43：4，陶器盖。泥质红陶，残存少量黑衣。覆碟形，矮喇叭形捉手，盖壁弧内折，圆唇。捉手径 8.6、口径 16.4、高 6.6 厘米（图 3-27，4；彩版二三九，5）。

M43：5，陶圈足杯。出土时极为残碎，不能复原。泥质灰褐陶。

M43：6，陶圈足杯。出土时极为残碎，不能复原。泥质黑衣褐陶。

M43：7，陶器盖。出土时极为残碎，不能复原。泥质黑衣红褐陶。

M43：8，陶高柄杯。泥质黑衣褐陶。口残，折腹，腹部有一周凸棱，直筒形高圈足，圈足上有 3 个圆形镂孔。杯腹径 8.2、圈足顶径 4.6、残高 11.3 厘米（图 3-27，8）。

M43：9，陶豆。泥质黑衣红褐陶。敞口，圆唇，大斜折沿，浅腹，圈足残。口径 25、残高

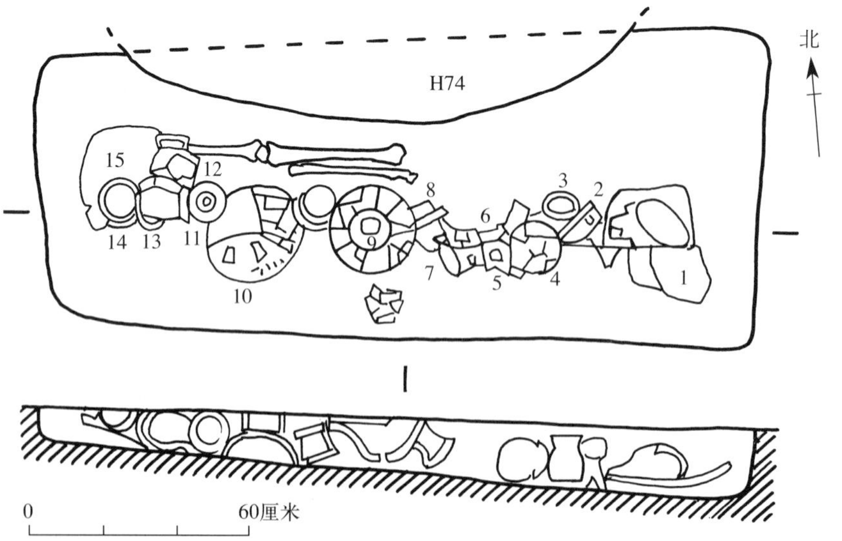

图3-26　M43平、剖面图

1、3、15. 陶鼎　2、5、6. 陶圈足杯　4、7. 陶器盖　8. 陶高柄杯　9、10. 陶豆　11. 小陶罐　12～14. 陶罐

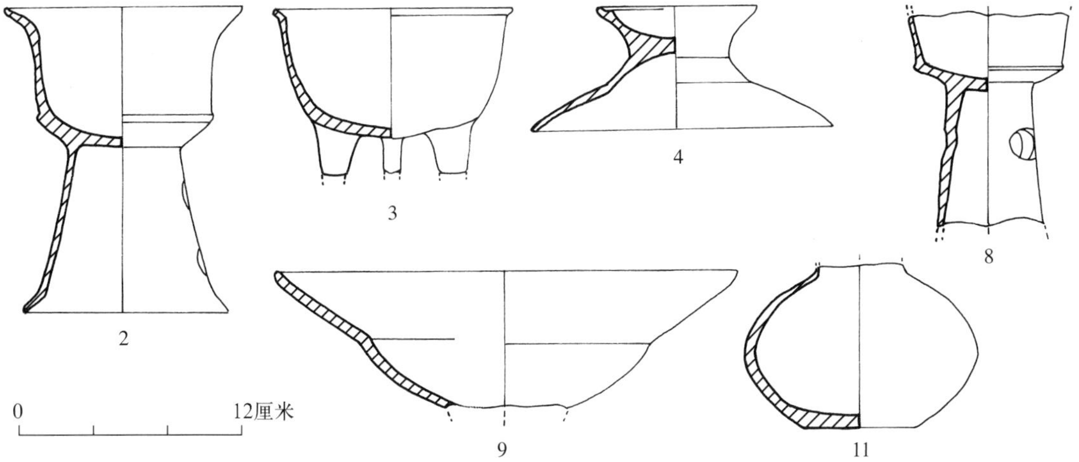

图3-27 M43出土遗物

2.陶圈足杯 3.陶鼎 4.陶器盖 8.陶高柄杯 9.陶豆 11.小陶罐

7.4 厘米（图 3-27，9；彩版二三九，6）。

M43∶10，陶豆。火候较低，出土时极为残碎，不能复原。泥质黑衣红陶。敞口，圆唇，弧腹，浅盘。口径 27、残高 3.6 厘米。

M43∶11，小陶罐。泥质红褐陶。口残，鼓腹，平底。口径 4.8、最大腹径 12.8、底径 6、高 8.8 厘米（图 3-27，11；彩版二三九，7）。

M43∶12，陶罐。火候较低，出土时极为残碎，不能复原。夹砂红褐陶。

M43∶13，陶罐。火候较低，出土时极为残碎，不能复原。泥质黑衣红褐陶。

M43∶14，陶罐。火候较低，出土时极为残碎，不能复原。泥质黑衣红褐陶。

M43∶15，陶鼎。火候较低，出土时极为残碎，不能复原。泥质黑衣红陶。

5. M44

位于 TE4N26 西南部，开口于④层下。2017 年 11 月 27 日在刮面时出露 1 件陶鼎口沿，勉强划出墓坑。

墓坑呈长方形，墓向 101°（图 3-28；彩版二四〇，1、2）。墓口长 1.00～1.25、宽 0.68 米。墓口距地表深 0.54 米，墓底距墓口深 0.30 米。填土呈灰黄褐色花土，包含夹零星红烧土颗粒。无人骨。

M44∶1，陶鼎。泥质褐陶。侈口，折沿，圆腹，圜底，凿形足，腹施横篮纹。残高 9 厘米（彩版二四〇，3）。

6. M45

位于 TE4N26 西南角，开口于④层下。2017 年 11 月 27 日在刮面时出露 1 件陶鼎口沿，勉强划出墓坑。

墓坑呈长方形，墓向 102°（图 3-29；彩版二四一，1、2）。墓口长 2.05、宽 0.75～0.80 米。

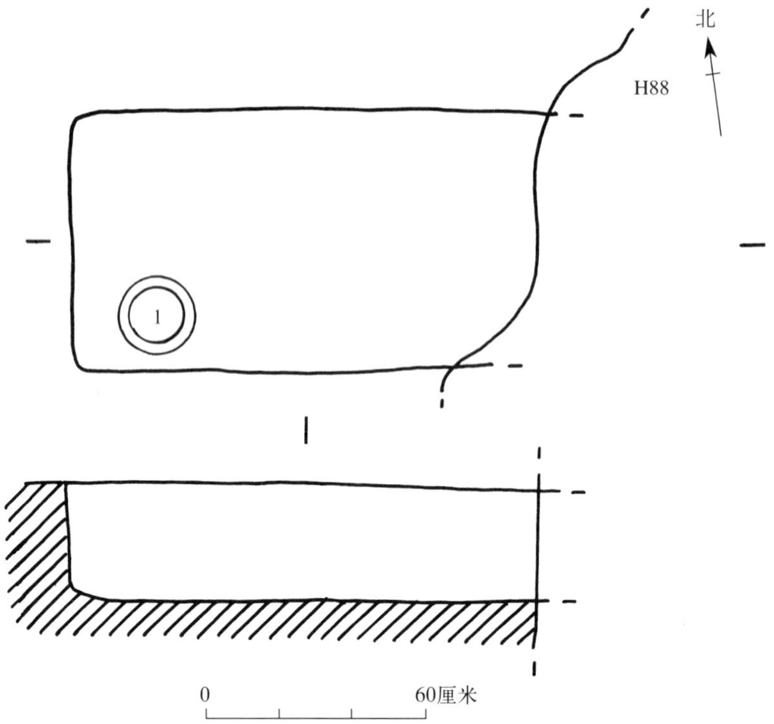

图3-28　M44平、剖面图

1. 陶鼎

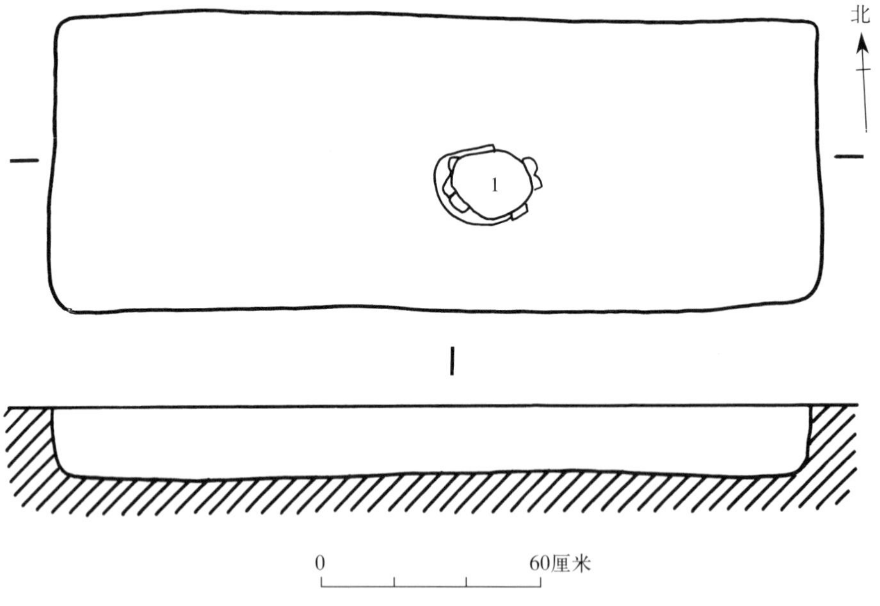

图3-29　M45平、剖面图

1. 陶鼎

墓口距地表深0.65米，墓底距墓口深0.20米。填土呈灰褐色花土，包含灰褐色夹红烧土颗粒。

M45：1，陶鼎。泥质红陶。圆腹，圜底，凿形足，足根有1个按窝。残高15.2厘米（彩版二四一，3）。

7. M49

位于 TE4N26 偏西南部，开口于④层下。

墓坑呈长方形，墓向 282°（图 3-30；彩版二四二，1）。墓口长 2.00、宽 0.80～0.84 米。墓口距地表深 0.48 米，墓底距墓口深 0.30 米。填土呈灰褐色花土，包含红烧土颗粒。无人骨。

M49：1，陶鼎。火候较低，出土时较为残碎，不能复原。夹植物灰褐陶。侈口，折沿，罐形，圜底，凿形足，足侧面有刻槽。

M49：2，陶鼎。火候较低，出土时较为残碎，不能复原。夹砂红褐陶。侈口，折沿，罐形，圜底，凿形足。

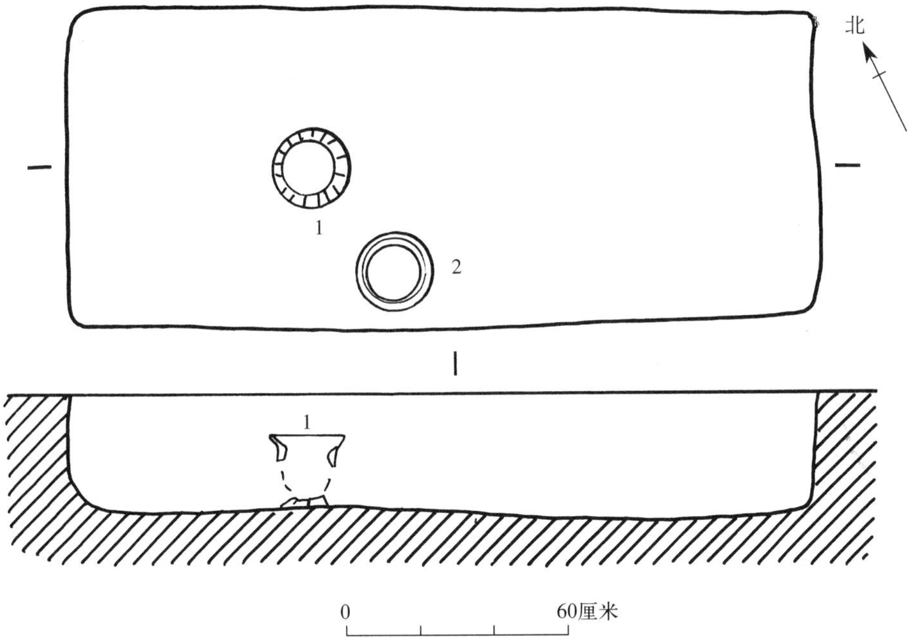

图3-30　M49平、剖面图
1、2. 陶鼎

8. M50

位于 TE5N27 北部，延伸至北隔梁下，开口于④层下，打破 H122。

墓坑呈长方形，墓向 122°（图 3-31；彩版二四二，2）。墓口长 2.10、宽 0.76 米，墓底长 2.16、宽 0.72 米。墓口距地表深 0.60 米，墓底距墓口深 0.28 米。填土呈灰褐色花黏土，土质硬，包含少量的红烧土粒，灰烬，夹杂少许陶片。为单人葬，仰身直肢葬，经鉴定为女性个体，年龄不可鉴定。残存棺痕，棺残长 1.74、残宽 0.45、残高 0.08 米。

无随葬品。

9. M51

位于 TE5N27 东南部，开口于④层下。2017 年 12 月 7 日刮面出露陶器残片，划定为东西向长方形墓坑，清理后共有 2 件陶鼎口对口横放，意识到这应该是座瓮棺葬，于是将墓坑划定为南

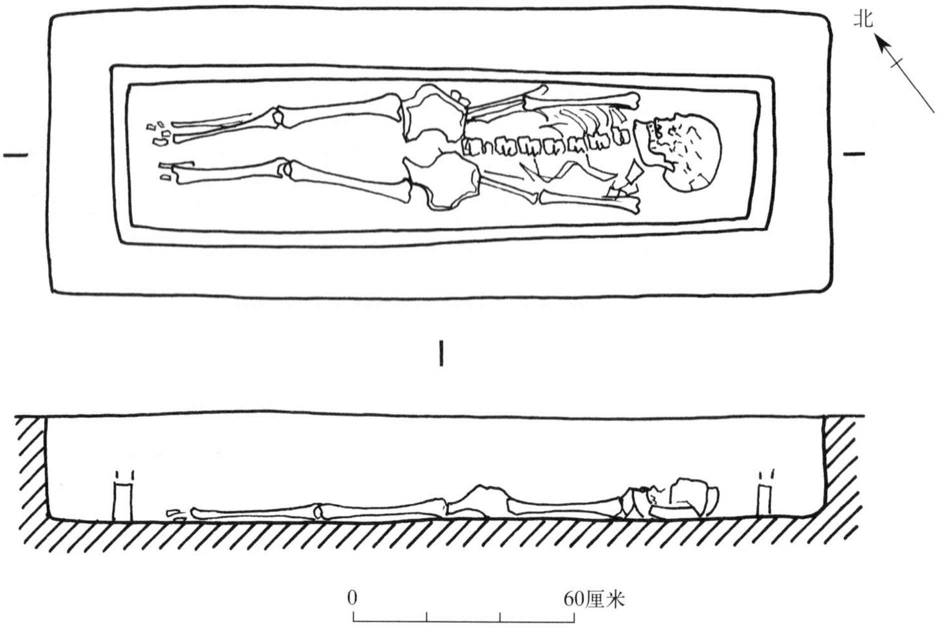

图3-31　M50平、剖面图

北向小型墓坑。

墓坑呈长方形，墓向 4°（图 3-32；彩版二四三，1～4）。墓口长 0.90、宽 0.70 米。墓口距地表深 0.80 米，墓底距墓口深 0.18 米。填土呈灰褐色花黏土，土质硬，包含少量的红烧土粒，灰烬等。

2 件陶鼎口对口横放，内部未见儿童骨骼痕迹。

M51：1，陶鼎。火候较低，出土时较为残碎，不能复原。泥质红褐陶。

M51：2，陶鼎。泥质红陶。侈口，圆唇，折沿，弧腹内收，凿形足，足根有 1 个按窝，足两侧各有一刻槽。口径 24、残高约 18.2 厘米（图 3-32，1）。

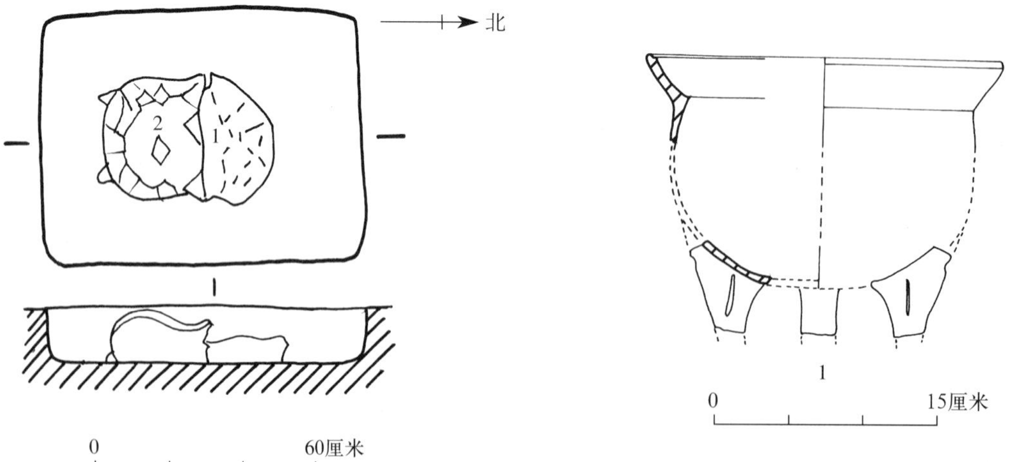

图3-32　M51平、剖面图及出土遗物

1、2. 陶鼎

第三节　房址

房址位于发掘区底部，由红烧土废弃堆积、活动面、灶址、基槽组成。基槽打破组合关系复杂，应是不同时期房屋补建扩建新建所遗留之基槽，最后根据基槽走向和结构分别组合编为F6～F13共8座房址（彩版二四四，1、2），另外还有几条无法归入房址的基槽。其中F8较大，贯穿发掘区全部，南北残长28、宽7.8米，仅存基槽和部分柱洞、灶址。其余房址有的仅存部分基槽，有的延伸出发掘区外，房屋结构全貌不得而知。

1. F6

位于TE5N27东北部（图3-33；彩版二四五，1），开口于④层下，打破H81、H120⑤层。2017年11月27日刮平面，发现并开始清理，28日清理完成。

F6仅残存柱洞部分，共有7个柱洞。分布不呈规律，总面积约12平方米。

ZD1：平面近圆形，直径0.16、深0.12米，壁内斜，平底，填土为灰褐色，较硬，包含少量灰色陶片。

ZD2：平面近圆形，直径0.16、深0.14米，壁内斜，平底，填土为灰褐色，较硬，包含少量红色陶片。

ZD3：平面近圆形，直径0.20、深0.08米，壁内斜，平底，填土为深灰褐色，较硬，包含少量黑色陶片。

ZD4：平面椭圆形，直径0.22、深0.10米，壁内斜，平底，填土为灰褐色黏土。

ZD5：平面近圆形，直径0.21、深0.10米，壁内斜，平底，填土为灰褐色黏土。

ZD6：平面椭圆形，直径0.16、深0.10米，壁内斜，平底，填土为灰褐色黏土。

ZD7：平面椭圆形，直径0.26、深0.10米，壁内斜，平底，填土为灰褐色黏土。

2. F7

位于TE4N26中部，开口于⑥c层下，打破⑦层。2018年1月15日刮面后确认，22日解剖部分基槽。

仅存基槽，平面呈方形（彩版二四五，2），南北长3.65、宽2.95米，面积约11平方米。基槽宽0.15～0.30、深0.25米，斜壁，平底，填土为含红烧土颗粒的青灰褐土。

3. F8

南北贯穿整个发掘区四个探方，从TE4N26中北部向东北至TE4N27东半部、TE5N27西大部，至TE5N28中南大部，西北部和西南部延伸到探方外。

F8开口于⑥层下，西南东北走向，呈45°（彩版二四六，1、2）。南北残长28、宽7.8米，仅存基槽和部分柱洞、灶址。根据基槽形状，大体判断为残存两间，北间残长7.25、宽7.75米，南间残长20.75、宽6米。基槽宽0.25～0.45、深0.15～0.30米，基槽壁内收，底略平，东部基槽

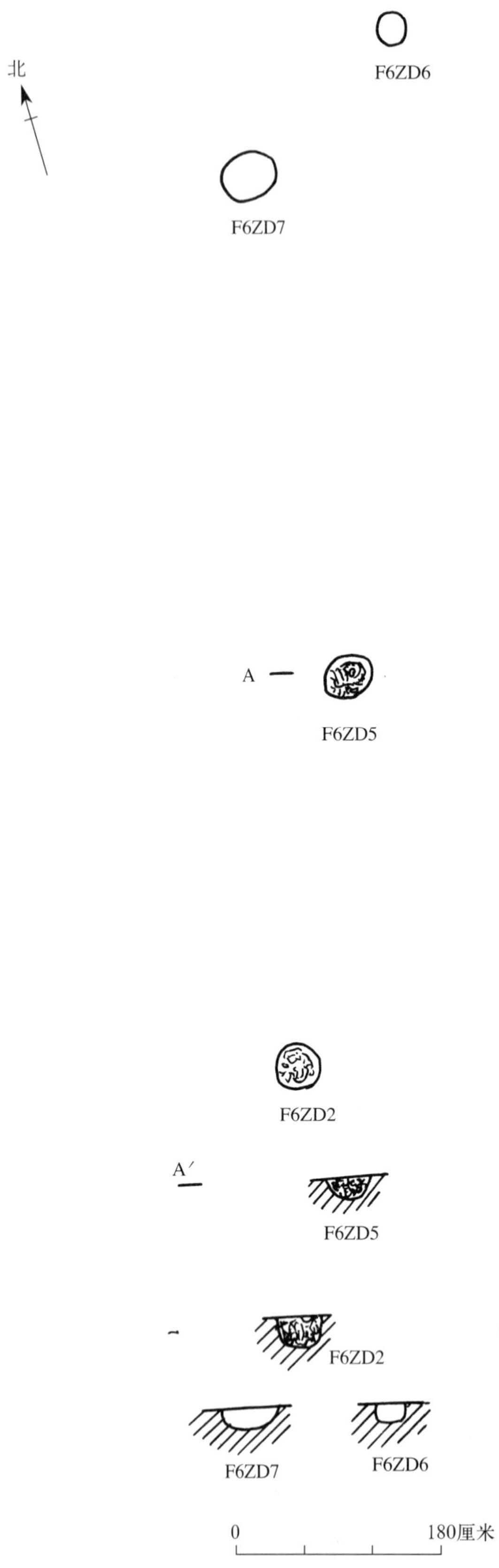

北
F6ZD6
F6ZD7
A
B
F6ZD5
F6ZD4
F6ZD3
F6ZD2
F6ZD1
A′
B′
F6ZD5
F6ZD4
F6ZD3
F6ZD2
F6ZD1
F6ZD7
F6ZD6
0
180厘米

图3-33 F6平、剖面图

填土为含较多红烧土颗粒的灰褐土，西部基槽填土为较纯净的黄褐土（彩版二四七，1～4）。基槽内不同地方发现柱洞4个，直径分别为0.25～0.30、深0.20～0.30米。

在南间中部发现2个坑，定为灶址（彩版二四八，1～3）。

ZK1：位于TE4N27东隔梁南部，向东延伸到TE5N27（彩版二四八，1）。被H95打破。平面呈不规则椭圆形，近直壁，阶梯状底。坑口东西长1.78、南北宽1.22米，坑底直径0.60米，坑底距坑口深0.26～0.70米。坑内堆积可分为两大层：第1层为大量草木灰和中小块红烧土颗粒，厚0.10～0.20米，红烧土颗粒主要分布于草木灰上部两侧近坑壁处，草木灰又可分为薄薄3～5层。第2层为黄褐黏土，较致密纯净，厚0.15～0.45米。

ZK2：位于TE4N27西南部，向西延伸到探方外（彩版二四八，2、3）。平面呈不规则椭圆形，斜壁，平底。坑口东西长2.10、南北宽1.50～1.90米，坑底直径1.00～1.05米，坑底距坑口深0.20～0.48米。坑内堆积共分四层：第1层深灰褐土，夹大量木炭及红烧土块，较疏松。第2层浅灰褐土，夹零星红烧土颗粒及草木灰，较疏松。第3层青灰褐土，夹零星红烧土和草木灰屑，较疏松。第4层青褐色淤土，紧密较硬，无包含物。

房基内地面为废弃堆积，局部残留有较多的红烧土块颗粒，局部有少量草木灰烬和木炭屑。

4. F9

位于TE5N27东部，东北部延伸到探方外。开口于⑥C层下，打破⑦层，被H74、H81打破。

F9呈西南—东北走向（图3-34；彩版二四九、二五〇），由两小间组成，墙体不存，仅存基槽和柱洞。总长7.8、宽3.6米。南间长2.8米，北间长3.8米。南间基槽西段有缺口，中间有柱洞，缺口各宽0.8米和1.1米，或为门道。南北间隔墙西段有缺口，宽1米，或为门道。西墙两间相接处有缺口，中间有条形柱洞。基槽宽0.25米，经解剖，基槽斜壁平底，填土为含红烧土颗粒和炭屑的灰褐花土，深0.1～0.2米。存有柱洞7个，分布于南墙与东、西墙拐角处，西墙与北墙拐角处，南墙中部和隔墙中部。柱洞直径0.2米，填土为含大量红烧土颗粒的灰褐花土，深0.3米。房内地面有较多的炭屑，北间有大量红烧土块。

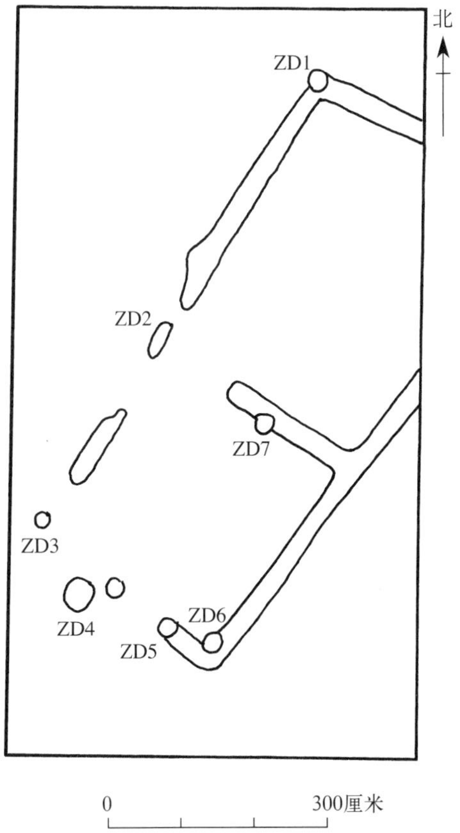

图3-34　F9平面图

5. F10

位于TE4N26东北部（彩版二五一，1），开口于⑥c层下，打破⑥D、⑦层。

F10开口距地表深1.1米。仅残存部分南部和西部基槽，不能闭合，南北长2.75、东西宽2.5米，基槽宽0.25～0.35、深0.20～0.30米，填土为含红烧土颗粒的黄褐土。房内地面残存少量陶片和木炭屑。

6. F11

位于 TE5N27 东北角、TE5N28 中南部（彩版二五一，2），开口于⑥c 层下，打破生土，被 F8、JC1、JC2 打破。

F11 仅残存部分南部和小段东部基槽，不能闭合，南基槽长 11 米，东基槽长 0.4 米，基槽宽 0.30～0.45、深 0.10 米，填土为含少量红烧土颗粒的黄褐土。南基槽西端内有 5 个柱洞，边缘有 2 个柱洞，柱洞直径 0.08～0.40 米。

7. F12

位于 TE4N27 东北角、TE5N27 西北部（彩版二五二，1、2），开口于⑥c 层下，被 H130 打破，打破 F13。

F12 开口距地表 1.20～1.25 米。仅存部分南段、东段基槽，南段基槽长 4.5 米，东段基槽长 1.2 米。基槽填土为灰褐色黏土，包含少量红烧土颗粒、草木灰，土质稍硬。基槽宽 0.10、深 0.10 米。

8. F13

位于 TE5N27 西北部，延伸至 TE5N28 西南角、TE4N27 东北角（彩版二五二，3）。

F13 开口于⑥c 层下。残存部分北段、东段、南段基槽。北段长 3.5 米，东段长 6 米，南段长 5 米，基槽宽 0.15～0.40、深 0.10 米，填土为含红烧土颗粒的黄褐土。

第四节　灰坑

北区共发现新石器时代灰坑 26 个，平面大部分为近圆形或椭圆形，多为斜壁，圜底近平。填土以含红烧土颗粒的褐色土为主。主要出土陶片等遗物。

1. H74

位于 TE5N27 中西部，开口于③层下，打破 H81、F8。

坑口平面呈不规则椭圆形（图 3-35；彩版二五三，1、2），体量较大，斜弧壁，底北高南低。坑口距地表深 0.35～0.4 米，长 6.8、宽 2.25～4.35 米，坑底长 5.5、宽 2～4、深 0.85～1 米。坑内堆积分为三层：第 1 层，灰褐土，质松，厚 0.20～0.30 米，夹大量红烧土颗粒，出土有零星泥质红陶、灰陶、黑陶。第 2 层，红烧土堆积，疏松，厚 0.20～0.35 米，含零星木炭、草木灰，出土有大量泥质红陶和零星泥质灰、黑陶和夹砂红、灰陶片，及少量动物骨骼等。第 3 层，灰黑土，疏松，厚 0.25～0.45 米，夹大量红烧土块，零星草木灰，出土大量的泥质红、灰和夹砂红、灰陶片，及少量的动物骨骼。

H74：1，石斧。灰黑色，近长方形，顶残，双面刃，通体磨光。残长 12.4、宽 7、最厚处 2.5 厘米（图 3-36，1；彩版二五四，1）。

H74：2，陶纺轮。泥质黑褐陶。近圆形，剖面呈椭圆形，两面弧起。直径 4.3～4.6、孔径

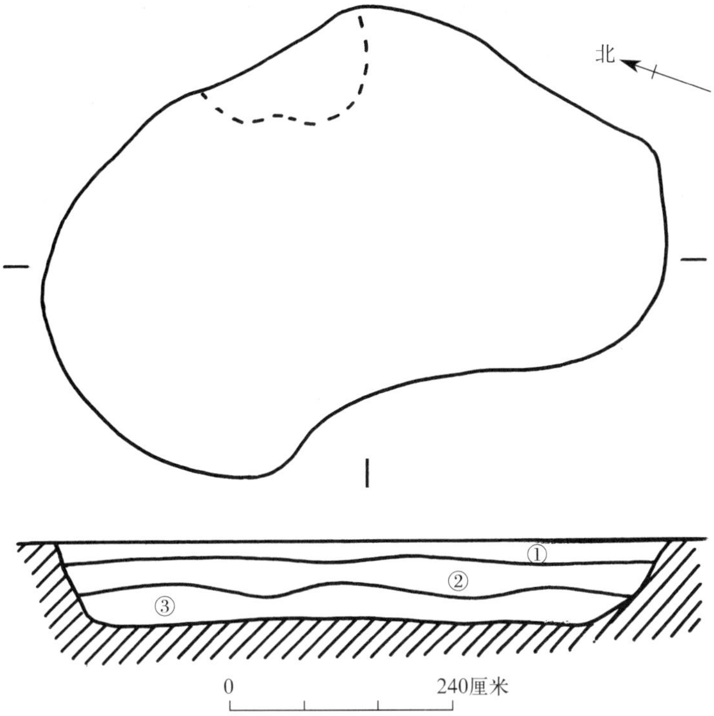

图3-35　H74平、剖面图

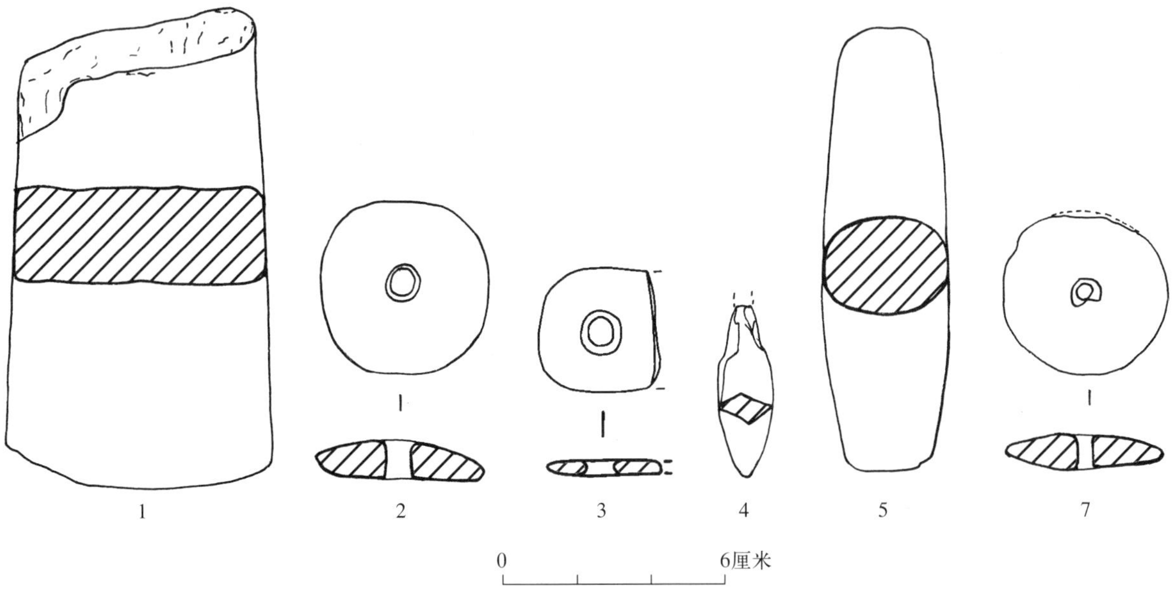

图3-36　H74出土遗物

1、5. 石斧　2、7. 陶纺轮　3. 玉饰　4. 石镞

0.6～0.7、厚 0.2～0.8 厘米（图 3-36，2；彩版二五四，2）。

H74：3，玉饰。经检测为蛇纹石材质。黄白色，整体近半圆形，可能为残联璧的改制，中间有一对钻的小孔，通体磨光。残长 3.2、宽 3.1、孔径 0.4～0.5、厚 0.2～0.25 厘米（图 3-36，3；彩版二五四，3）。

H74：4，石镞。灰黑色，柳叶形，剖面为菱形，尾部有铤，略残。残长 4.6、宽 1.7、厚 0.9 厘米（图 3-36，4；彩版二五四，4）。

H74：5，石斧。黄白色，长条形，剖面近椭圆形，弧顶，双面刃，通体磨光。长 11.8、宽 3.5、最厚处 2.7 厘米（图 3-36，5；彩版二五四，5～7）。

H74：6，陶壶。泥质灰陶。侈口，圆唇，折沿，沿部有 3 个鸟喙形泥突，长颈，圆肩，弧腹，底残。口径 13、残高 27 厘米（图 3-37，6）。

H74：7，陶纺轮。泥质黑褐陶。近圆形，剖面呈椭圆形，两面弧起。直径 4.5、孔径 0.3～0.5、厚 0.4～1 厘米（图 3-36，7；彩版二五四，8）。

H74：8，陶豆。泥质红陶。残存豆盘，敞口，圆唇，大斜折沿，下腹圆弧。口径 26、残高 6.4 厘米（图 3-38，8）。

H74：9，陶杯。泥质灰陶。厚胎。喇叭形口，尖唇，斜直腹，小平底。口径 7.8、底径 5、高 9.6 厘米（图 3-38，9；彩版二五五，1）。

H74：10，陶罐。泥质褐陶。子口，圆唇，沿下有穿孔，残存 3 个。上腹斜直，鼓腹，下

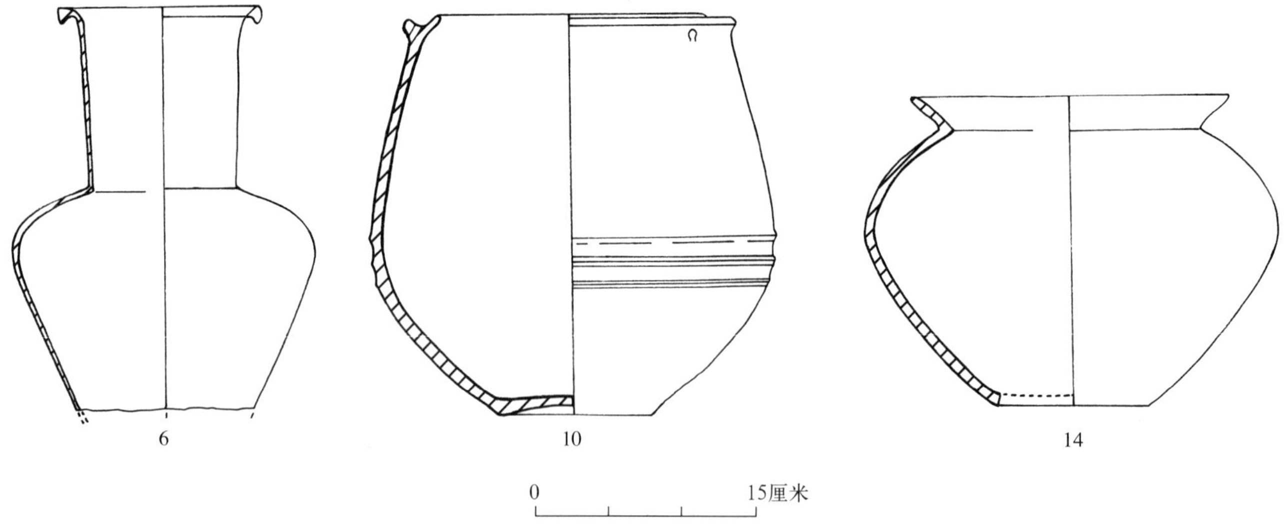

图3-37　H74出土遗物

6. 陶壶　10、14. 陶罐

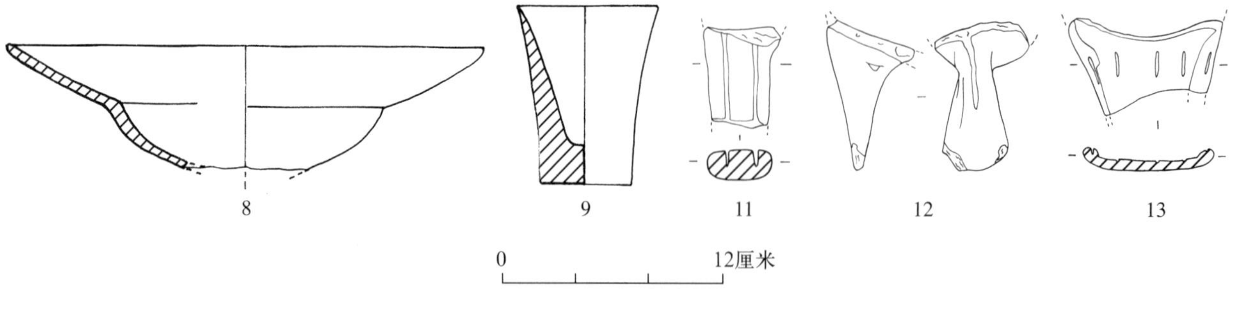

图3-38　H74出土遗物

8. 陶豆　9. 陶杯　11～13. 陶鼎足

腹内收，腹部有 3 条弦纹，平底内凹。口径 18.1、底径 10.6、高 26.8 厘米（图 3-37，10；彩版二五五，5）。

H74：11，陶鼎足。夹石英褐陶。正装扁铲形，足面有两道竖向深刻槽。残高 5.4、宽 3.5 厘米（图 3-38，11；彩版二五五，2）。

H74：12，陶鼎足。夹石英褐陶。侧装凿形，足尖宽扁，足根上部有一道刻槽。高 8、宽 2～3.5 厘米（图 3-38，12；彩版二五五，3）。

H74：13，陶鼎足。泥质红陶。正装瓦形足。残存上部。足面内凹，两边微卷，足面上部有 5 道竖向细刻槽。残高 5.2、宽 6～8.8 厘米（图 3-38，13；彩版二五五，4）。

H74：14，陶罐。泥质红陶，器表残存红衣。侈口，圆唇，扁折沿，圆腹，大平底。口径 21.6、腹径 28、底径 9.6、高 20.8 厘米（图 3-37，14；彩版二五五，6）。

2. H75

位于 TE4N27 东部，开口于③层下。

坑口平面呈半圆形（图 3-39；彩版二五六，1），斜壁，平底。坑口距地表深 0.45 米，长 2.7、宽 2.4 米，坑底长 2.5、宽 2.35、深 0.66 米。坑内堆积分两层：第 1 层，黄褐土，土质松软，包含大量红烧土块，出土少量泥质红陶、灰陶。第 2 层，褐土，含大量红烧土块。

H75：1，陶纺轮。泥质灰陶。残存一半，圆饼状，剖面近半圆形，一面弧起，一面平直略内凹。直径 4.7、厚 0.3～0.7 厘米（图 3-40）。

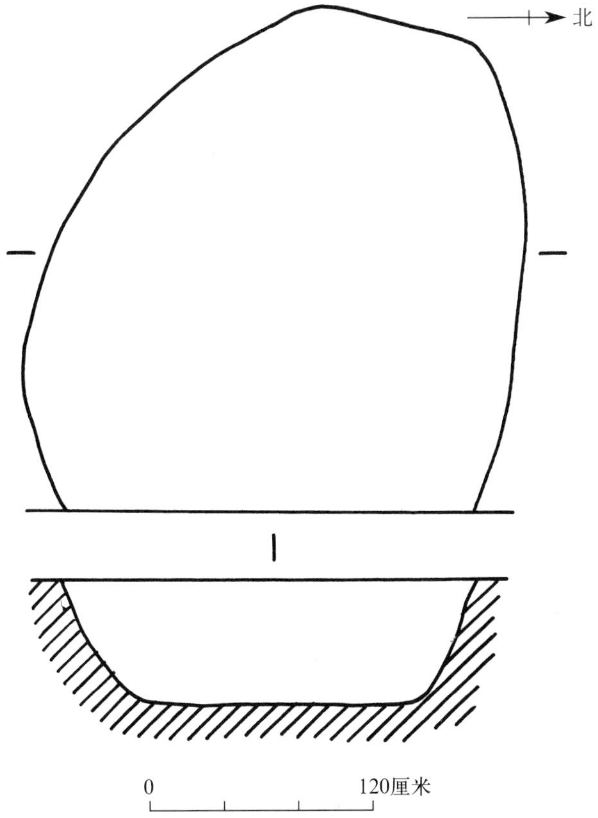

图3-39　H75平、剖面图

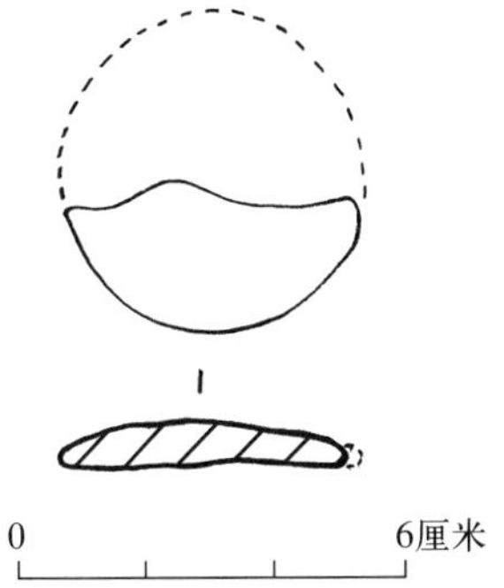

图3-40　H75出土陶纺轮H75：1

3. H76

位于 TE5N28 西南部，开口于④层下。

坑口平面呈不规则形（图 3-41），斜壁，平底。坑口距地表深 0.42 米，长 1.8、宽 1.1 米，坑底长 1、宽 0.6、深 0.9 米。填土为灰褐色土，包含少量红烧土块和少量陶片。

4. H80

位于 TE4N27 西部，开口于③层下。

坑口平面呈半圆形（图 3-42；彩版二五六，2），斜壁，底凹凸不平。坑口距地表深 0.35 米，长 2.8、宽 1.9 米，坑底长 2.1、宽 1.8、深 0.6 米。坑内堆积黄褐土，土质较硬，夹有少量红烧土块、少量陶片。

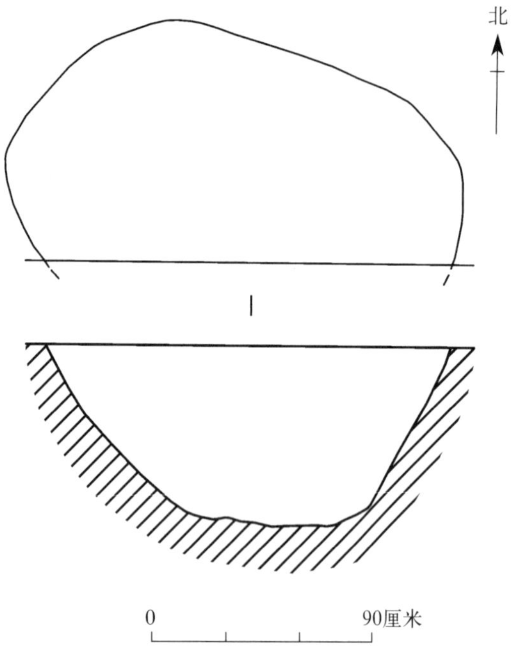

图3-41　H76平、剖面图

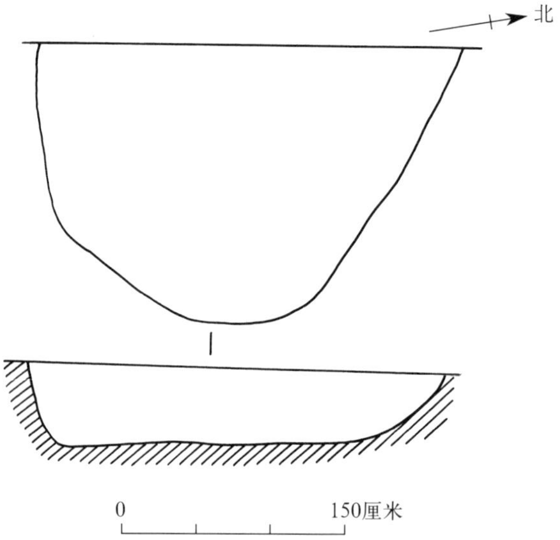

图3-42　H80平、剖面图

5. H81

位于 TE5N27 中部偏北，开口于④层下，被 H74 打破，打破 H97、H111、H112、H115、H120 和 F8。

坑口平面近圆形（图 3-43；彩版二五七，1～3），斜壁，平底。坑口直径长 2.1～2.7 米，底径长 1.8～2、深 0.86 米。坑内堆积共分为七层：第 1 层，灰黄土，坚硬，分布于坑中部，厚 0.08 米，出土少量陶片。第 2 层，灰褐色土，包含少量红烧土颗粒，坚硬，分布于坑中部，厚 0.10 米，出土少量陶片。浮选出 3 粒粟、2 粒残水稻。第 3 层，灰黑土，包含少量红烧土颗粒，较疏松，厚 0.10～0.30 米，出土少量陶片和 1 件石镞。浮选出 2 粒粟、4 粒水稻。第 4 层，灰褐色土，包含少量红烧土颗粒和炭屑，较疏松，厚 0.05～0.18 米，出土少量陶片。第 5 层，黄褐色土，坚硬，位于坑北部边缘，厚 0.20 米。第 6 层，黑土层，包含大量的灰烬和红烧土颗粒，疏松，水平状分

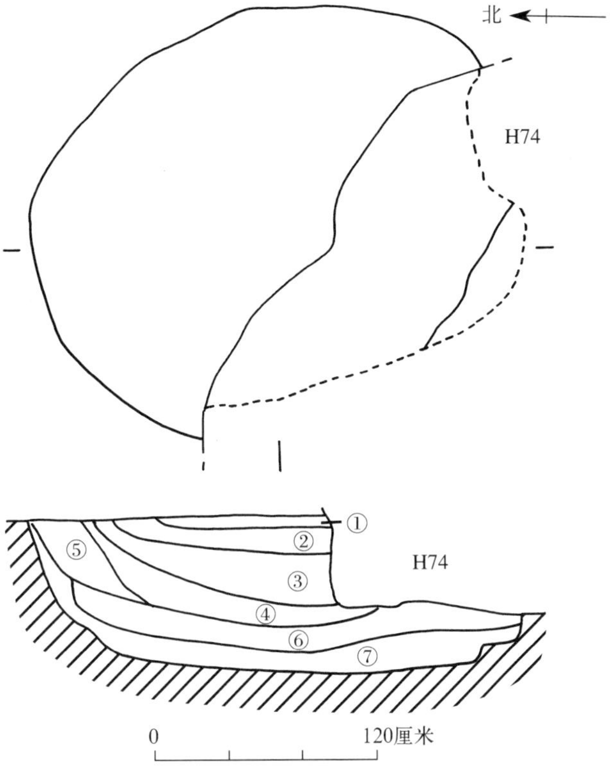

图3-43　H81平、剖面图

布于全坑，厚0.10～0.18米，出土少量陶片、石块和动物骨骼。浮选出20粒粟、22粒水稻、86粒残水稻。第7层，黄灰色土，包含大量的红烧土块，水平状分布于坑底，厚0.10～0.20米，出土少量陶片和动物骨骼。

H81∶1，陶管。泥质红陶。中有一小圆孔。外径1.2、孔径0.3～0.6、高1.5厘米（图3-44，1；彩版二五八，1）。

H81∶2，石镞。灰色，柳叶形，剖面为三角形，尖部略残，尾部有铤，铤略残。残长5.4、

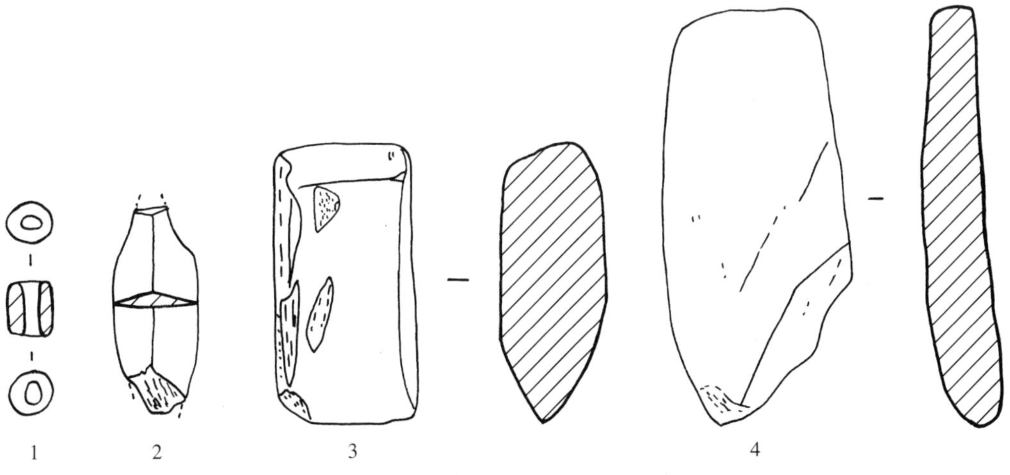

图3-44　H81出土遗物

1.陶管　2.石镞　3.石锛　4.石斧

宽 2.3、厚 0.5 厘米（图 3-44，2；彩版二五八，2）。

H81：3，石锛。灰色，近长方形，斜顶，单面刃，通体磨光，局部有疤痕。高 7.3、宽 3.8、最厚处 2.8 厘米（图 3-44，3；彩版二五八，3）。

H81：4，石斧。黑灰色，长条形，平底，双面刃，刃部残，表面磨光。长 10.9、宽 5.1、厚 2.1 厘米（图 3-44，4；彩版二五八，4）。

H81①：5，陶罐底。泥质灰褐陶。残存罐底，平底。底径 14、残高 3.8、厚 0.5～0.6 厘米（图 3-45，5）。

H81①：6，陶豆圈足。泥质灰陶。残宽 4.5、残高 5、厚 0.3～0.7 厘米（图 3-45，6）。

H81①：7，陶盆口沿。泥质红衣褐陶。敛口，圆唇，短沿，弧腹内收。残宽 8.3、残高 3.7、厚 0.3～0.9 厘米（图 3-45，7）。

H81①：8，陶缸。夹石英灰陶。腹部残片，有凸弦纹。残宽 7.6、残高 6.7、厚 0.7～0.8 厘米（图 3-45，8；彩版二五八，5）。

H81①：9，陶杯圈足。泥质黑衣灰陶。残存喇叭形圈足。底径 5、残高 3.4、厚 0.2～0.5 厘米（图 3-45，9；彩版二五八，6）。

H81②：10，陶缸。夹粗砂褐陶。口沿残片，敛口，方唇，折沿，沿外部有一道凹槽，弧腹微内收。复原口径 38、残高 8、厚 1～2.6 厘米（图 3-46，10）。

H81②：11，陶盆。泥质黑衣灰胎红陶。口沿残片，侈口，尖圆唇，折沿，沿面微内凹。口径 36.8、残高 4.2、厚 0.6～1 厘米（图 3-46，11）。

H81②：12，陶缸。夹石英褐胎灰陶。腹部残片，腹片上有四道凹弦纹。残长 7.6、残宽 5.6、厚 1.3 厘米（图 3-46，12；彩版二五八，7）。

H81②：13，陶盆。泥黑衣灰陶。口沿残片，直口微侈，尖圆唇，卷沿，折腹。口径 30、残高 4.4 厘米（图 3-46，13）。

H81③：14，陶罐。泥质褐陶。罐底残片，平底。底径 9、残高 3.3、厚 0.5～0.6 厘米（图 3-47，14）。

H81③：15，陶罐。泥质灰胎红陶。罐底残片，平底。底径 9、残高 2.3、厚 0.4 厘米（图 3-47，15）。

H81③：16，陶鼎足。夹植物红陶。凿形。残高 4 厘米（图 3-47，16；彩版二五八，8）。

H81③：17，陶杯。泥质黑衣灰陶。喇叭形圈足残片，圈足顶径 2.4、残高 3、厚 0.3 厘米（图 3-47，17）。

H81③：18，陶盆。夹石英黑衣黑胎褐陶。口沿残片，敛口，圆唇，短沿，沿部内凹，弧腹内收。口径 30、残高 3.6、厚 0.2～1 厘米（图 3-47，18）。

H81③：19，陶盆。夹细砂褐陶。口沿残片，敛口，圆唇，宽平沿，沿面有凹槽，弧腹内收。口径 40、残高 3.6、厚 1～2.2 厘米（图 3-47，19；彩版二五九，1）。

H81③：20，陶鼎足。夹植物红陶。凿形，足尖残。残高 5.1 厘米（图 3-47，20；彩版二五九，2）。

H81③：21，陶鼎足。泥质红陶。凿形。残高 5.4 厘米（图 3-47，21；彩版二五九，3）。

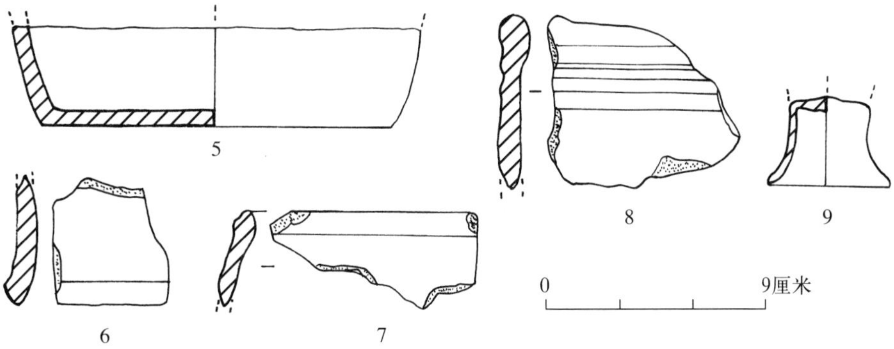

图3-45　H81①层出土遗物

5.陶罐底　6.陶豆圈足　7.陶盆口沿　8.陶缸　9.陶杯圈足

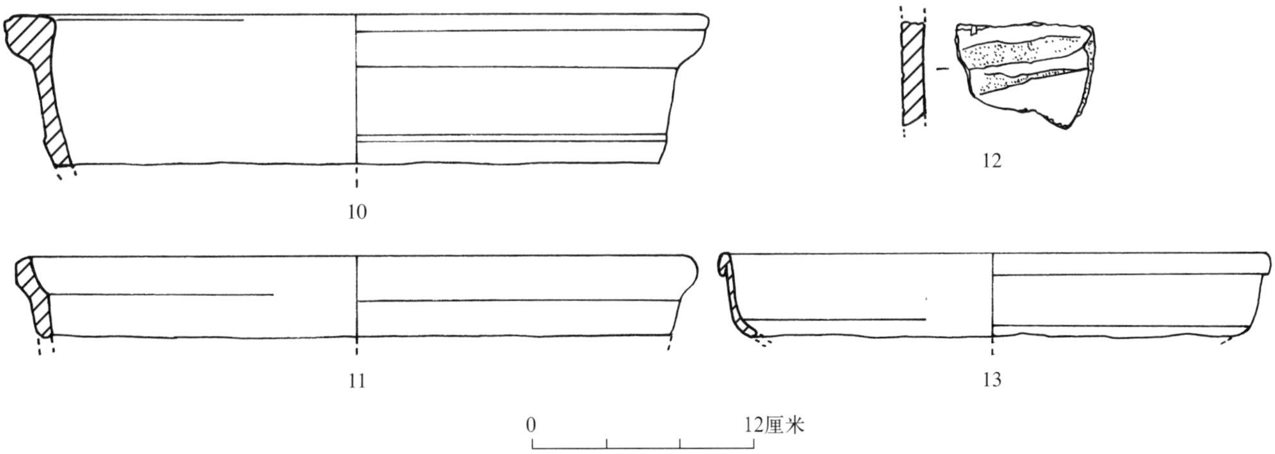

图3-46　H81②层出土遗物

10、12.陶缸　11、13.陶盆

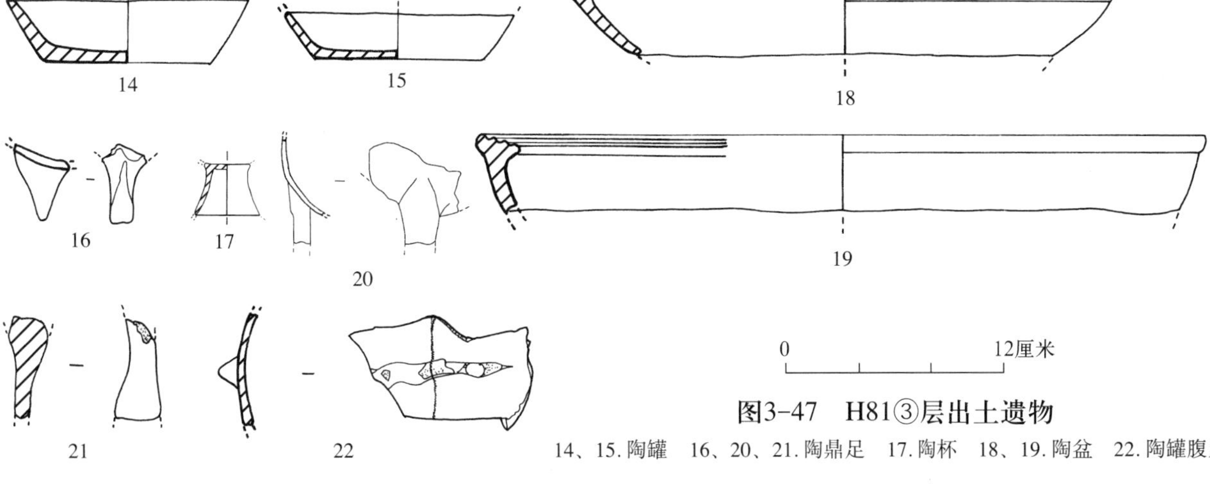

图3-47　H81③层出土遗物

14、15.陶罐　16、20、21.陶鼎足　17.陶杯　18、19.陶盆　22.陶罐腹片

H81③：22，陶罐腹片。泥质黑衣灰胎褐陶。腹部残片，上有按窝纹饰。残长9.9、残宽5.9、厚0.5厘米（图3-47，22；彩版二五九，4）。

H81④：23，陶盆。夹砂红褐胎黑陶。口沿残片，直口微侈，尖圆唇，卷沿。口径24、残高3、厚0.4～0.8厘米（图3-48，23；彩版二五九，5）。

H81④：24，陶杯。泥质黑衣灰陶。喇叭形圈足残片。底径4、残高2、厚0.3厘米（图3-48，24；彩版二五九，6）。

H81④：25，陶豆。泥质黑陶。喇叭形圈足残片，上有镂孔。顶径3.2、残高2.2、厚0.2厘米（图3-48，25）。

H81④：26，陶鼎足。夹植物红陶。凿形。残高5.7厘米（图3-48，26；彩版二五九，7）。

H81④：27，陶鼎足。夹石英红陶。铲形，足尖残。残高6.5厘米（图3-48，27；彩版二五九，8）。

H81④：28，陶鼎足。夹植物红陶。铲形。残高7.8厘米（图3-48，28；彩版二六〇，1）。

H81⑤：29，陶腹片。泥质黑衣灰陶。腹片上满布不规则凹弦纹。残长7.3、残宽4.7、厚0.6～0.8厘米（图3-49，29）。

H81⑤：30，陶鼎足。泥质灰陶。侧装凿形，足根突起，足尖残。残高4.4厘米（图3-49，

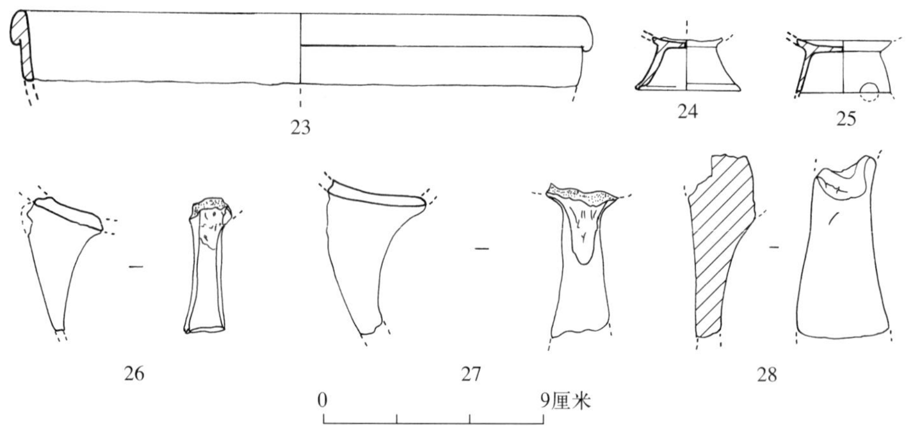

图3-48　H81④层出土遗物

23.陶盆　24.陶杯　25.陶豆　26～28.陶鼎足

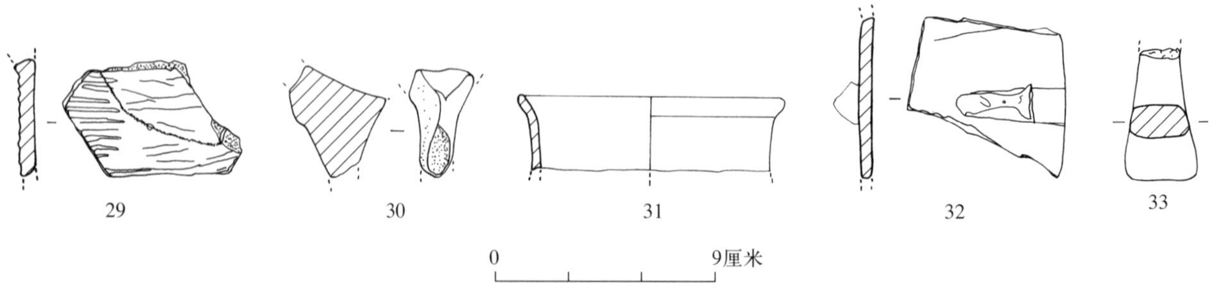

图3-49　H81⑤层出土遗物

29、32.陶腹片　30、33.陶鼎足　31.陶罐

30；彩版二六〇，2）。

H81⑤：31，陶罐。泥质灰胎褐陶。口沿残片，侈口，圆唇，折沿。口径11、残高3、厚0.35厘米（图3-49，31）。

H81⑤：32，陶腹片。泥质褐陶。腹片上有附加堆纹。残长6.5、残宽6.5、厚0.45厘米（图3-49，32；彩版二六〇，3）。

H81⑤：33，陶鼎足。夹石英红陶。侧装铲形。残高5.3厘米（图3-49，33；彩版二六〇，4、5）。

H81⑥：34，陶罐。泥质褐陶。罐底残片，平底。底径11、残高4.6、厚0.6～0.8厘米（图3-50，34）。

H81⑥：35，陶罐。泥质褐陶。罐底残片，平底。底径14、残高2.8、厚0.4～0.8厘米（图3-50，35）。

H81⑥：36，陶罐。泥质褐陶。罐底残片，平底。底径10、残高6.1、厚0.6～1.1厘米（图3-50，36）。

H81⑥：37，陶豆。泥质褐陶。喇叭形圈足残片，上有圆形镂孔。底径10、残高3.1、厚0.4～0.7厘米（图3-50，37）。

H81⑥：38，陶盆。泥质红褐陶。口沿残片，侈口，尖圆唇，折沿，弧腹。残长5.1、残高3.4、厚0.7厘米（图3-50，38）。

H81⑥：39，陶盆。泥质褐陶。口沿残片，直口微侈，圆唇，卷沿。长5.2、残高3.4、厚

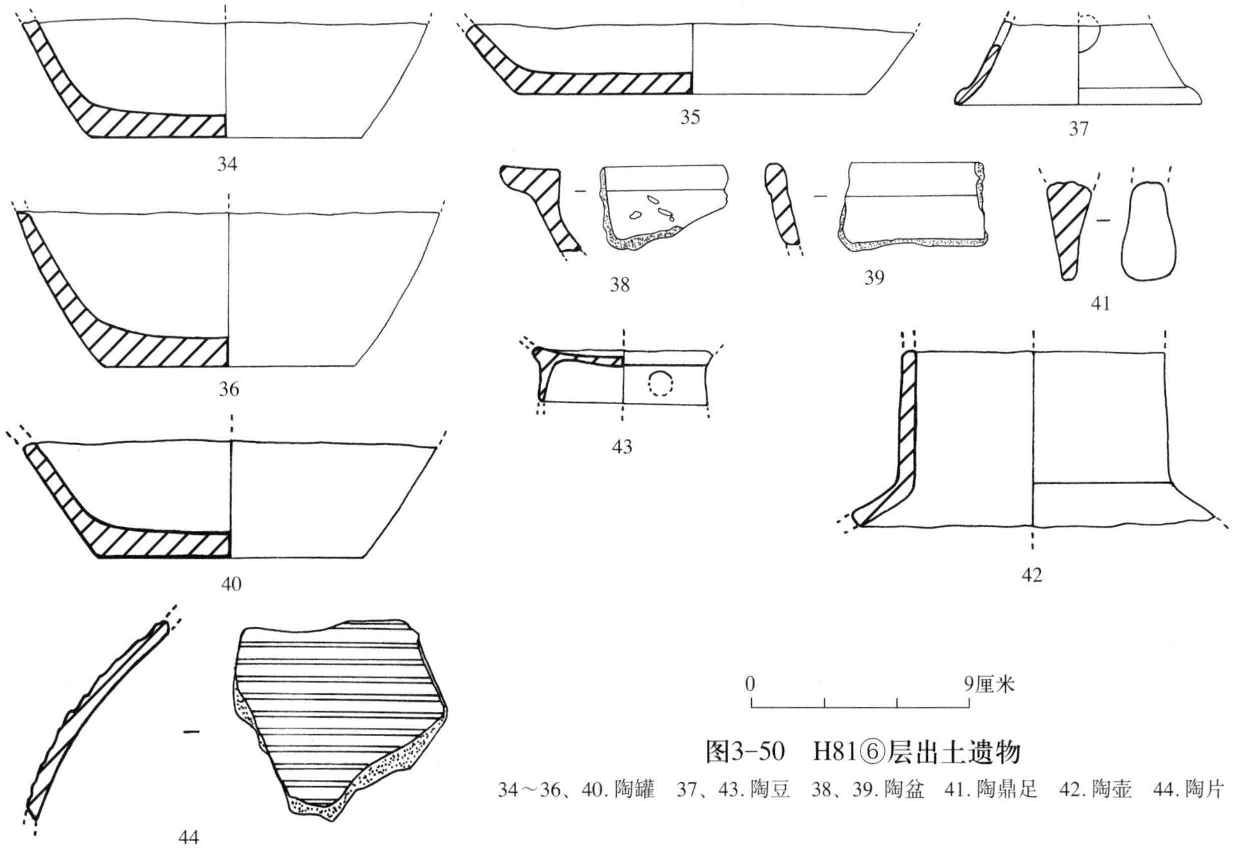

图3-50　H81⑥层出土遗物

34～36、40.陶罐　37、43.陶豆　38、39.陶盆　41.陶鼎足　42.陶壶　44.陶片

0.7～0.9 厘米（图 3-50，39）。

H81⑥：40，陶罐。泥质褐陶。罐底残片，平底。底径 11、残高 4.6、厚 0.9 厘米（图 3-50，40）。

H81⑥：41，陶鼎足。夹植物褐陶。凿形。残高 4 厘米（图 3-50，41；彩版二六〇，6）。

H81⑥：42，陶壶。泥质黑衣灰陶。壶颈残片，直颈，圆腹。颈底径 11.2、残高 7、厚 0.6 厘米（图 3-50，42）。

H81⑥：43，陶豆。泥质灰陶。圈足残片，上有圆形镂孔。顶径 7、残高 2.1、厚 0.5 厘米（图 3-50，43）。

H81⑥：44，陶片。泥质黑衣灰陶。上有数周凸弦纹。残长 8.7、残宽 8、厚 0.6 厘米（图 3-50，44）。

6. H86

位于 TE5N27 东中部，开口于④层下。

平面近圆形（图 3-51），直壁，底略平。坑口距地表深 0.4 米，长 0.74、宽 0.7、深 0.38 米。坑内为一次性堆积而成，黑灰褐土，致密，夹零星红烧土颗粒和草木灰，出土有少量泥质红陶片。

H86：1，陶鼎足。夹植物红褐陶。侧装凿形，两侧面各有一道细刻槽，正面足根有一个按窝。残高 5.7 厘米（图 3-51，1）。

7. H87

位于 TE4N27 中部，开口于⑤层下。

坑口平面近圆形（图 3-52），口大底小，斜壁，底凹凸不平。坑口距地表深 0.7 米，长 1.6、

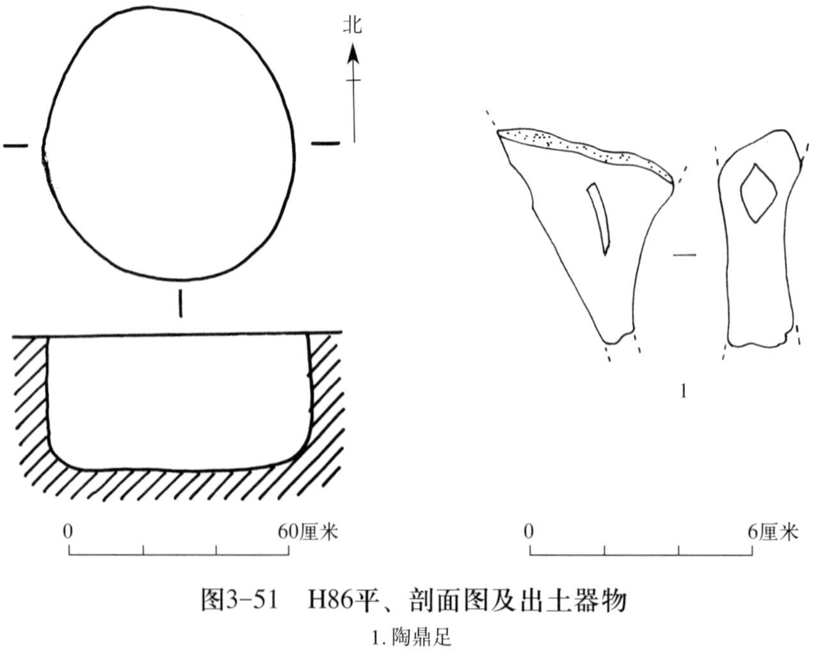

图3-51　H86平、剖面图及出土器物

1. 陶鼎足

宽 1.1 米，坑底长 0.6、宽 0.6、深 0.62 米。坑内填土有少量红烧土颗粒，土质灰褐色，较疏松，包括少量灰色和红色陶片，器形有杯、罐等。

8. H88

位于 TE4N26 南部，向南延伸到探方外，开口于④层下。

坑口平面呈不规则椭圆形（图 3-53；彩版二六〇，7），斜壁，底凹凸不平。坑口距地表深 0.45 米，长 2.48、宽 0.9～1.38 米，坑底长 2.3、宽 0.8～1.28、深 0.2～3.6 米。坑内填土为灰褐色，夹大量红烧土及少量草木灰，出土有少量的泥质灰、红陶片和石块，器形有盆、罐等，纹饰以素面为主。

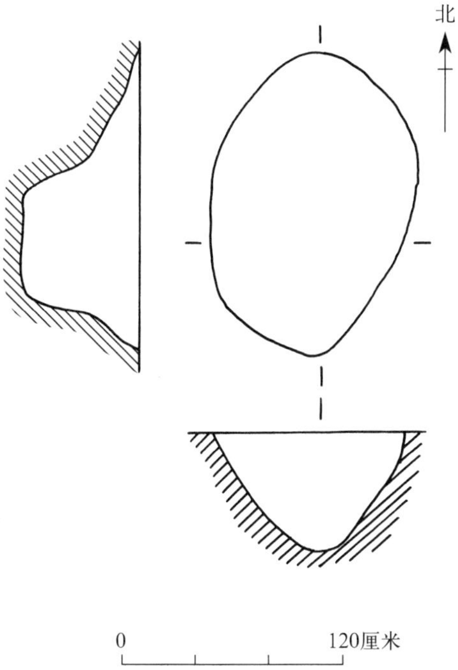

图3-52 H87平、剖面图

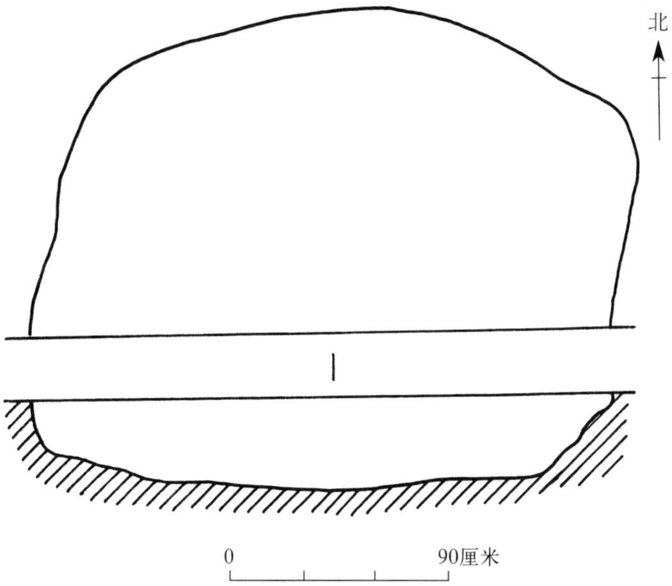

图3-53 H88平、剖面图

9. H89

位于 TE4N27 中部，开口于⑤层下。

坑口平面呈不规则形（图 3-54；彩版二六一，1），口大底小，斜壁，平底。坑口距地表深 0.75 米，长 2.2、宽 1.4 米，坑底长 2.2、宽 1.3、深 0.26 米。坑内填土黄褐土，土质疏松，夹有少量红烧土颗粒，出土少量泥质红、灰陶片，器形有罐、鼎、盆等。

10. H90

位于 TE4N26 中部偏东南，开口于④层下，打破⑤层。

平面近圆形（图 3-55；彩版二六一，2），直壁，平底。坑口直径长 1.1～1.6 米，坑底直径长 0.9～1.4、深 0.4～0.6 米。填土为灰褐色土，包含大量红烧土颗粒，坑底有少量木炭屑，土质

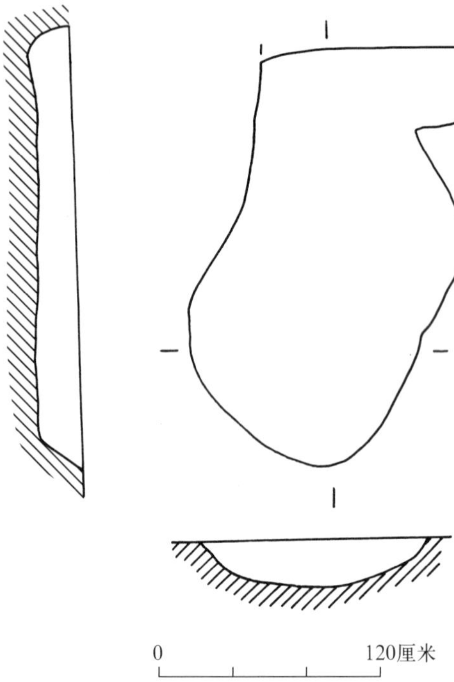

图3-54 H89平、剖面图

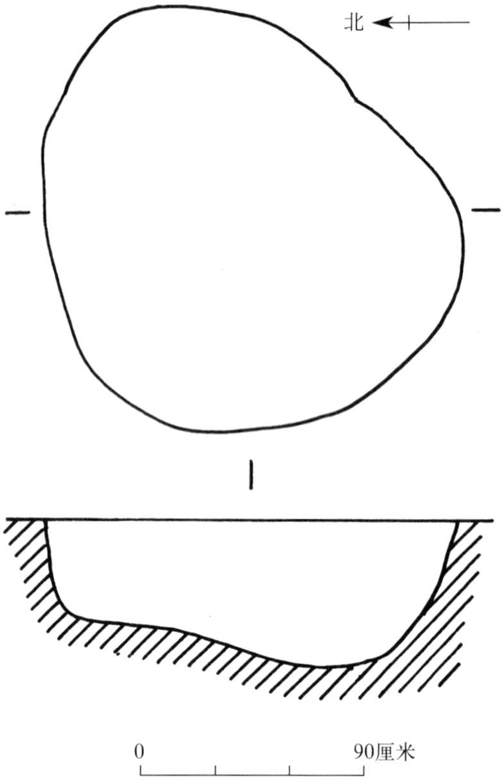

图3-55 H90平、剖面图

较硬，出土少量陶片，以泥质灰、黑、红陶为主，器形有盆、罐、壶等，纹饰以素面为主。

11. H91

位于TE4N26东南角，开口于④层下。

坑口平面呈不规则椭圆形（图3-56；彩版二六一，3），口大底略小，斜壁，近平底。坑口距地表深0.4～0.45米，长1.08、宽0.98米，坑底长1、宽0.9、深0.2～0.26米。坑内填土为灰褐色土，质硬，包含少量红烧土颗粒，出土少量泥质红陶片、石块。

12. H92

位于TE5N27东北部，开口于④层下，被G9打破。

坑口平面近圆形（图3-57；彩版二六二，1、2），壁内斜，平底。坑口距地表深0.64米，长0.92米，坑底径长0.7、深0.3米。坑内堆积黄褐色黏土，土质硬，坑底有大量的草木灰，出土少量的陶片、石块，可辨器形有罐、器盖等。

H92：1，石钻。黄褐色砂岩，不规则形，一端有一上翘的磨制钻头。残长4.4、高3.7厘米，钻头直径1、长1.8厘米（图3-58，1；彩版二六二，3～5）。

H92：2，陶罐。泥质黑衣灰陶。罐底残片，平底。底径10、残高4、厚0.4～0.7厘米（图3-58，2）。

H92：3，陶壶。泥质灰陶。口沿残片，直口，尖圆唇，卷沿。口径26、残长6、厚0.2～0.6

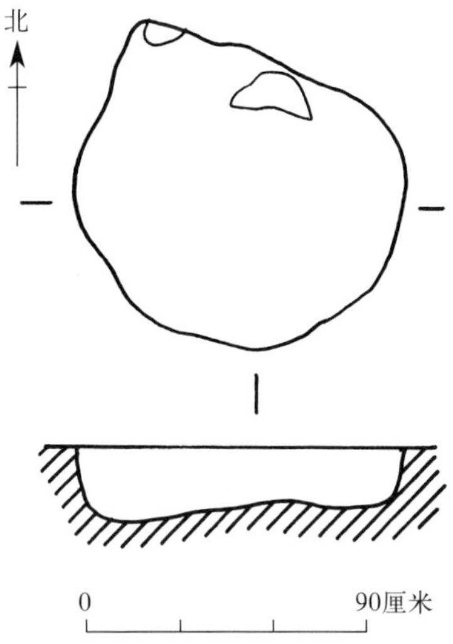

图3-56　H91平、剖面图

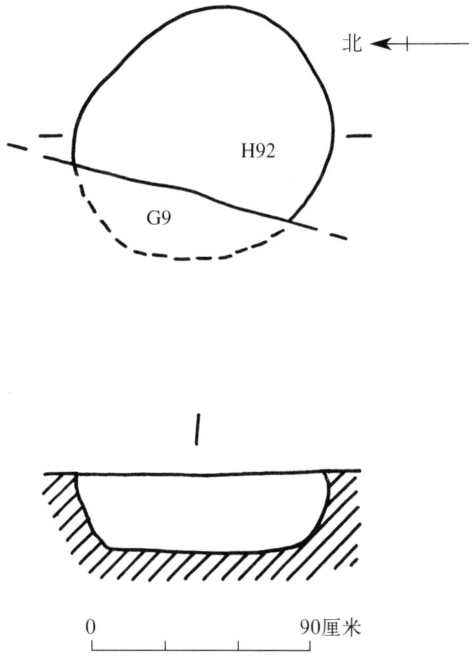

图3-57　H92平、剖面图

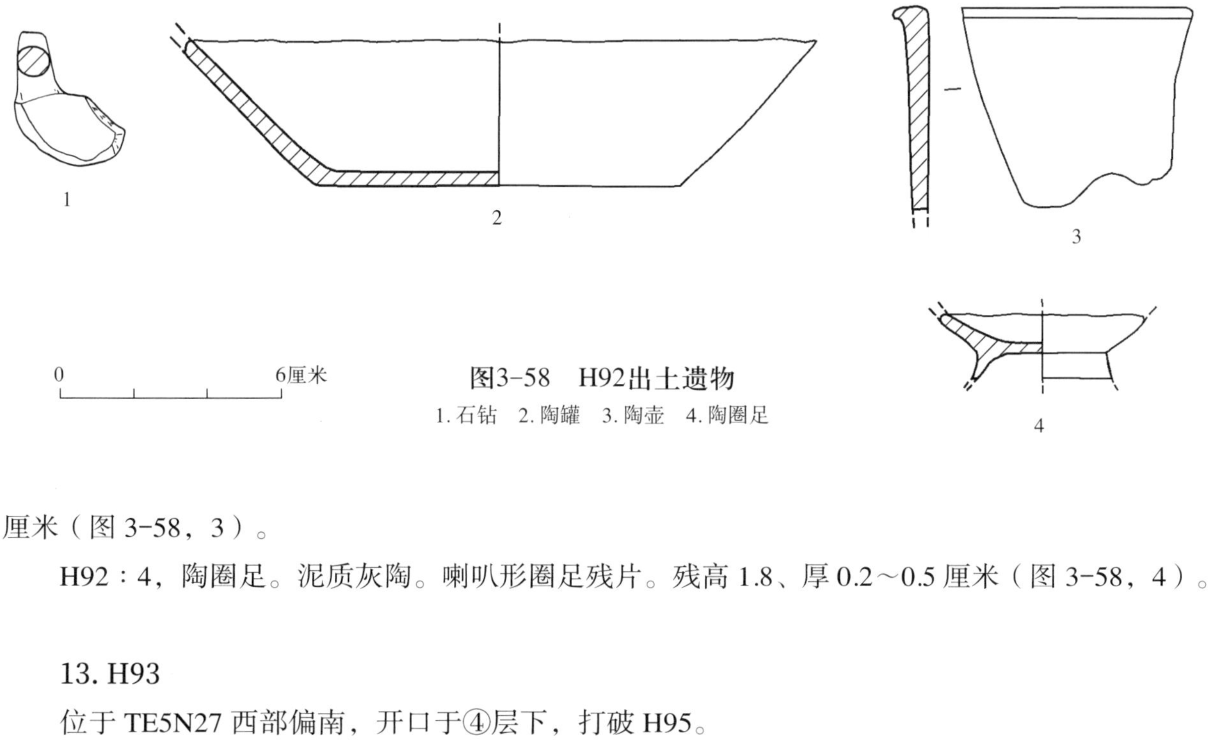

图3-58　H92出土遗物

1.石钻　2.陶罐　3.陶壶　4.陶圈足

厘米（图 3-58，3）。

H92：4，陶圈足。泥质灰陶。喇叭形圈足残片。残高 1.8、厚 0.2～0.5 厘米（图 3-58，4）。

13. H93

位于 TE5N27 西部偏南，开口于④层下，打破 H95。

坑口平面近圆形（图 3-59；彩版二六三，1、2），壁内斜，平底。坑口距地表深 0.72 米，径长 0.68～0.7 米，坑底径长 0.58～0.6、深 0.42 米。坑内填土呈黑灰色土，土质硬，包含大量的灰烬、红烧土粒，出土少量陶片，可辨器形有缸、罐、鼎、器盖等。

H93：1，陶纺轮。泥质黑褐陶。圆饼状，剖面呈半圆形，一面弧起，一面平直。直径 3.9、孔径 0.5、最厚处 0.9 厘米（图 3-60，1；彩版二六三，3）。

H93：2，陶鼎足。夹砂红陶。侧装凿形，足根有一按窝。残高 8.8 厘米（图 3-60，2；彩版二六三，4）。

H93：3，陶罐。泥质红陶。罐底残片，平底。底径 18、残高 3、厚 0.6 厘米（图 3-60，3）。

H93：4，陶盆。夹砂黑陶。口沿残片，敛口，尖圆唇，宽平沿，沿面有凹槽。口径 40、残高 8.4、厚 0.6 厘米（图 3-60，4；彩版二六三，5）。

H93：5，陶碗。泥质灰陶。残存碗底，假圈足。底径 4、残高 1.1 厘米（图 3-60，5）。

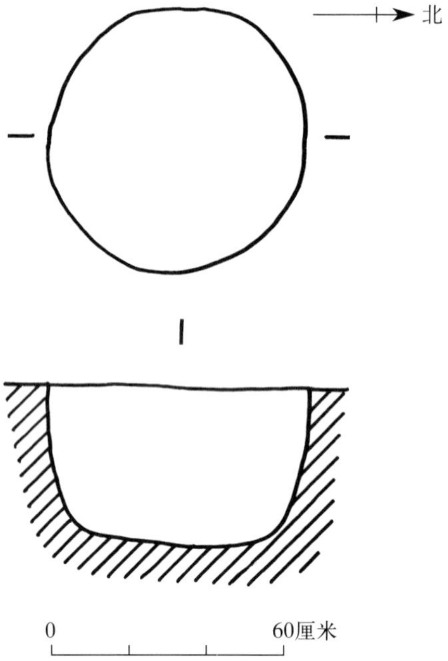

图3-59　H93平、剖面图

14. H94

位于 TE5N27 西壁南端，延伸至 TE4N27 东隔梁下，开口于③层下，被近代 G10 打破。

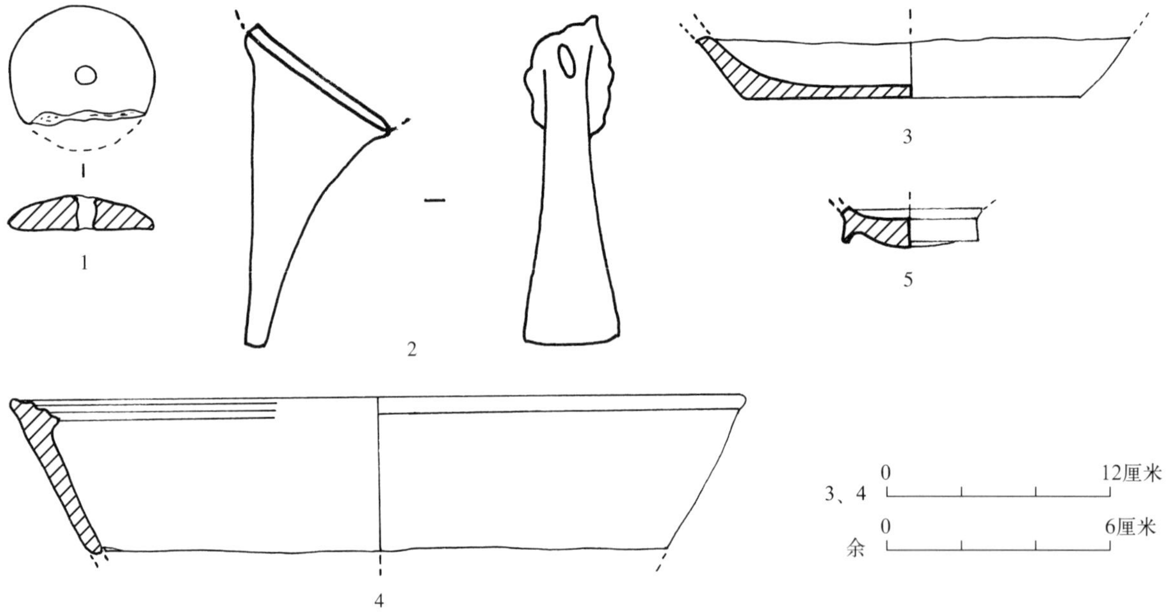

图3-60　H93出土遗物

1. 陶纺轮　2. 陶鼎足　3. 陶罐　4. 陶盆　5. 陶碗

坑口平面呈椭圆形（图 3-61；彩版二六四，1、2），壁内斜，平底。坑口距地表深 0.4 米，径长 0.6 米，坑底径长 0.4、深 0.4 米。坑内堆积呈灰褐色黏土，土质硬，包含少许红烧土粒、灰烬等，夹杂少量的碎陶片。

H94：1，陶罐。泥质红陶。侈口，折沿，斜肩，折腹，平底，器表施竖向浅绳纹。残高 9.1 厘米。

H94：2，陶鬲。夹砂灰陶。侈口，折沿，圆鼓腹，矮锥状足。残高 7.3 厘米。

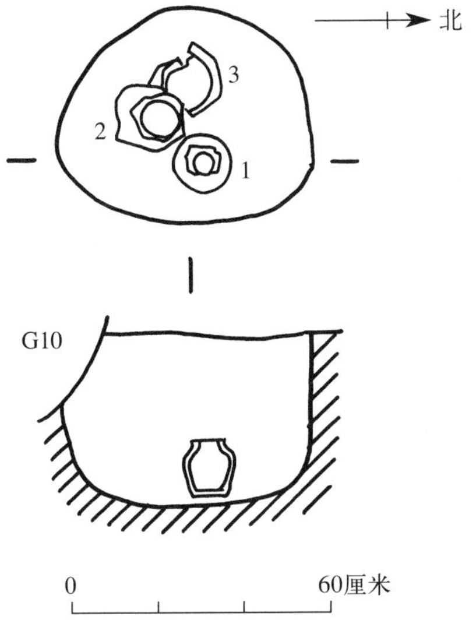

图3-61　H94平、剖面图

1. 陶罐　2. 陶鬲　3. 陶钵

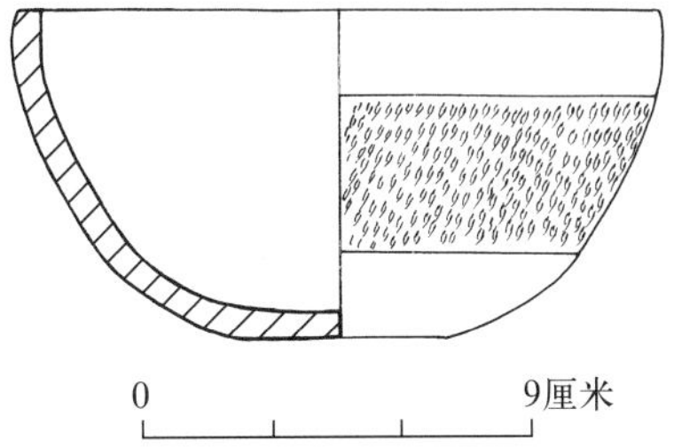

图3-62　H94出土陶钵H94：3

H94：3，陶钵。泥质红陶。敛口，短平沿，弧腹，平底，腹中部施竖向浅粗绳纹。口径14.8、底径4.7、高7.4厘米（图3-62；彩版二六四，3）。

15. H95

位于TE5N27西壁中偏南部，延伸至TE4N27东隔梁下，开口于④层下，被H93打破。

坑口平面呈不规则椭圆形（图3-63；彩版二六五，1），壁内斜，平底。坑口距地表深0.88米，长1.38、宽1.12米，坑底长1.28、宽1.02、深0.4米。坑内堆积填土呈黄灰色黏土，土质硬，包含少量的草木灰烬，少许红烧土粒，出土少量的陶片。

H95：1，陶罐。泥质黑陶。罐底残片，弧腹，平底。底径10、残高3.1、厚0.3～1厘米（图3-64，1）。

H95：2，陶鼎足。夹石英红陶。凿形。残高4.9厘米（图3-64，2；彩版二六五，2）。

H95：3，陶罐。泥质褐胎红陶，残存少量红衣。口沿残片，侈口，圆唇，折沿，弧

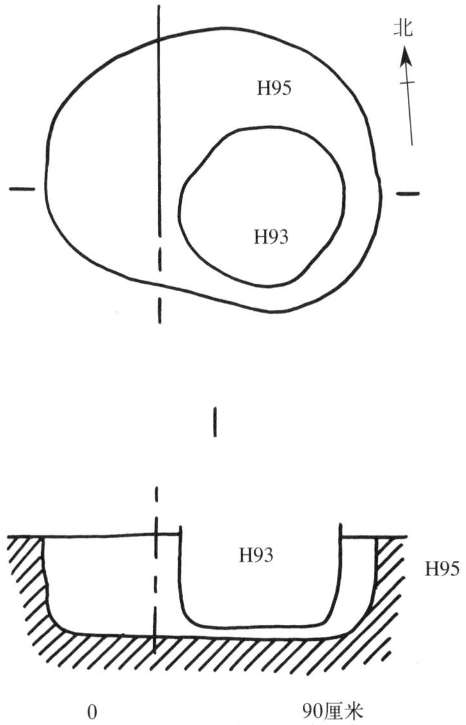

图3-63　H95平、剖面图

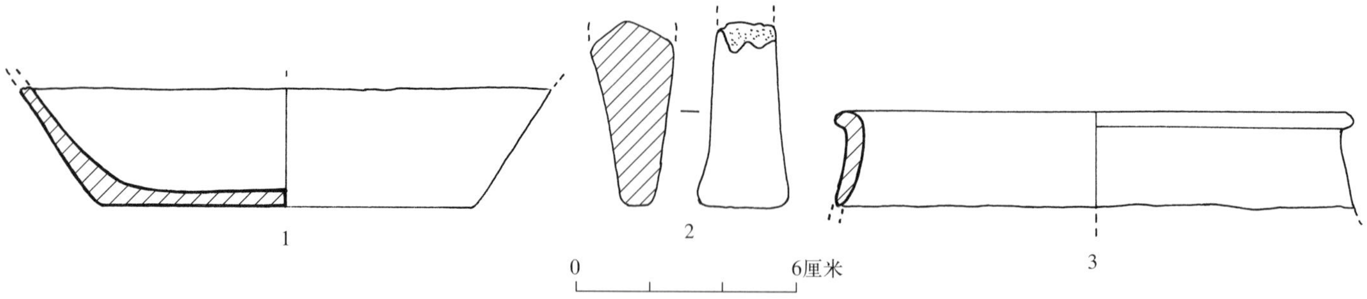

图3-64 H95出土遗物

1、3. 陶罐 2. 陶鼎足

腹。口径 14、残高 3.5、厚 3～4 厘米（图 3-64，3）。

16. H96

位于 TE4N27 东部，开口于⑤层下。

坑口平面呈半圆形（图 3-65；彩版二六五，3），斜壁，底近平。坑口距地表深 0.55 米，长 2.1、宽 1.9 米，坑底长 2.1、宽 2、深 0.26 米。坑内填土为黄灰褐黑土，土质疏松，包含较多的红烧土颗粒和陶片。

17. H97

位于探方 TE5N27 中部，开口于④层下，被 H74、H81 打破，打破 H112。

坑口平面呈椭圆形（图 3-66；彩版二六六，1），壁内斜，平底。坑口距地表深 0.7 米，径

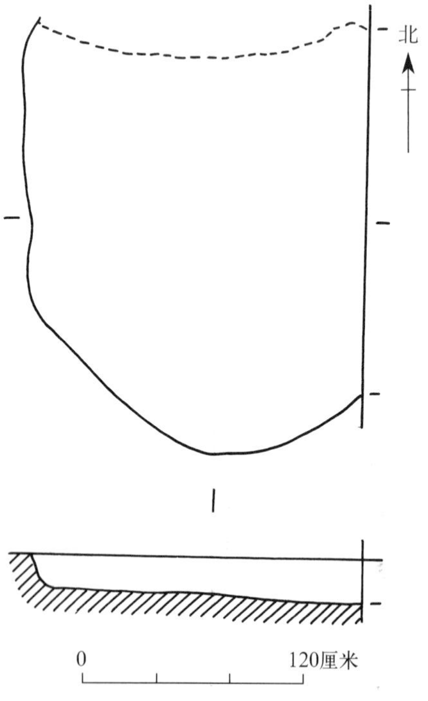

图3-65 H96平、剖面图

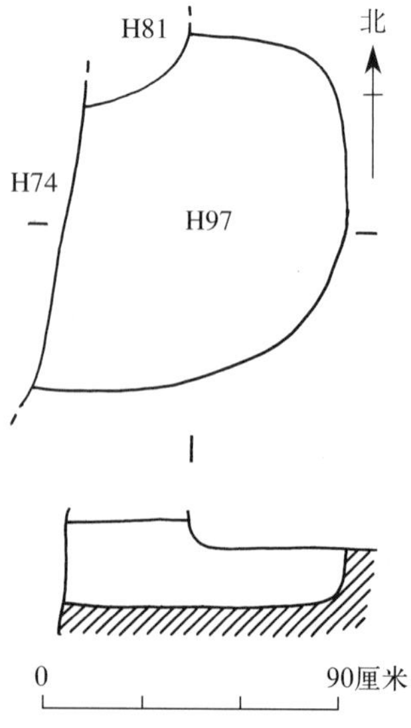

图3-66 H97平、剖面图

长 1.08 米，坑底径长 1.06、深 0.2～0.3 米。坑内填土为灰黑色黏土夹黄土块，土质硬，包含大量的草木灰，少量的红烧土粒，出土少量陶片。

H97∶1，陶杯。细泥白陶。口沿残片，侈口，尖圆唇，折沿，弧腹。残宽 3.8、残高 2.9、厚 0.1～0.3 厘米（图 3-67，1）。

H97∶2，陶鼎足。泥质褐陶。侧装凿形，足尖残。残高 3.6 厘米（图 3-67，2；彩版二六六，2）。

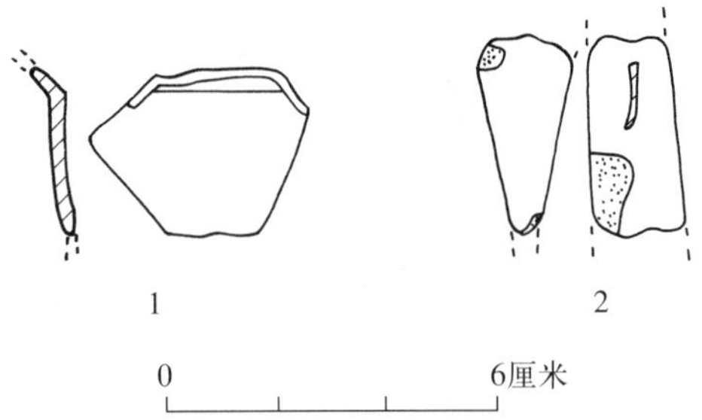

图3-67　H97出土遗物
1. 陶杯　2. 陶鼎足

18. H111

位于 TE5N27 中偏北部，开口于④层下，被 H74、H81 打破。

坑口平面近弧方形（图 3-68；彩版二六六，3），壁内斜，平底。坑口距地表深 0.6 米，径长 1.25 米，坑底径长 1.2、深 0.3～0.38 米。坑内堆积呈黄灰色黏土，土质致密，堆积包含少量的草木灰、大量的红烧土粒，出土少量的陶片，可辨器形有罐、鼎等。

H111∶1，陶罐。泥质黑衣灰褐陶。罐底残片，平底。底径 14、残高 4.2、厚 0.4～0.8 厘米（图 3-69，1）。

H111∶2，陶圈足。泥质灰褐陶。圈足顶径 4.6、残高 2.1、厚 0.6 厘米（图 3-69，2）。

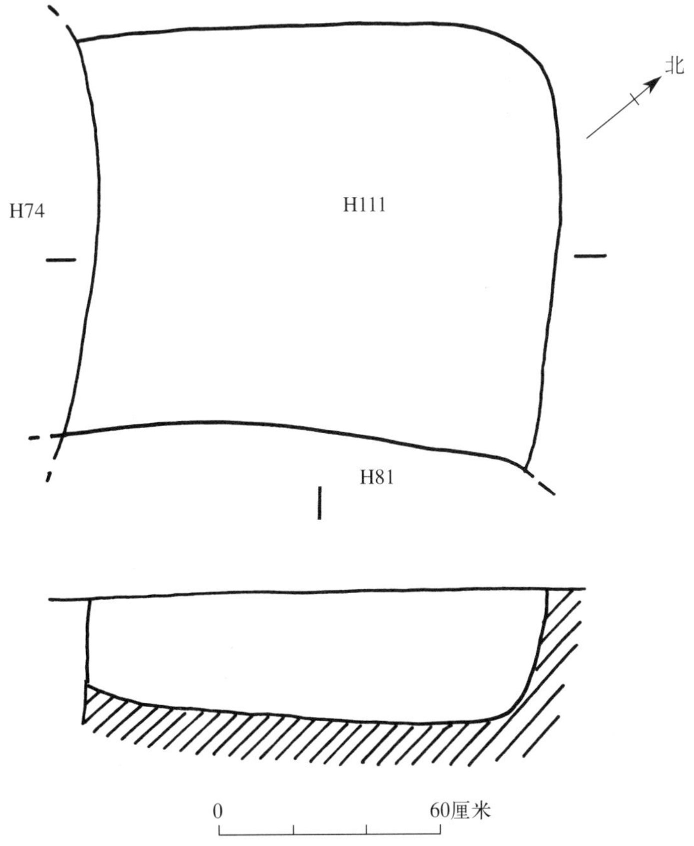

图3-68　H111平、剖面图

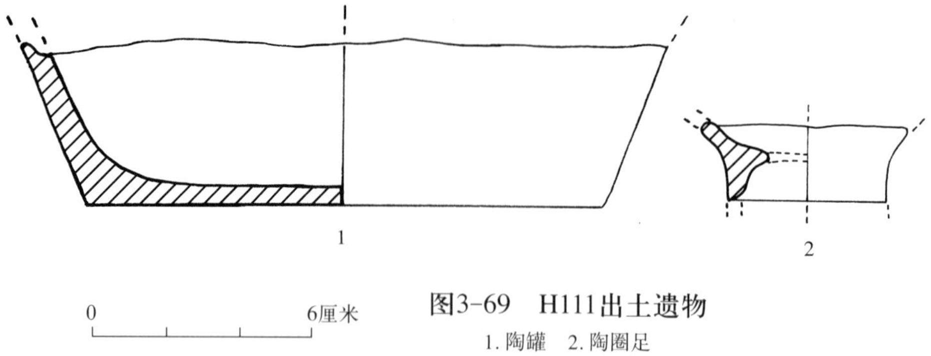

图3-69　H111出土遗物
1. 陶罐　2. 陶圈足

19. H112

位于 TE5N27 东部，开口于④层下，被 H81、H97 打破。

坑口平面呈半弧形（图 3-70；彩版二六七，1），壁内斜，平底。坑口距地表深 0.65 米，长 1.4、宽 0.72 米，坑底长 1.35、宽 0.35、深 0.3 米。坑内填土黄灰色黏土，土质较硬，包含少量的红烧土粒、草木灰等，出土少量陶片，可辨别器形有鼎、盆、豆、罐等。

H112：1，陶缸。夹粗砂黑陶。口沿残片，敛口，圆唇，宽平沿，沿面有凹槽。残长 7.7、残宽 3.7、厚 0.4～1.1 厘米（图 3-71，1；彩版二六七，2）。

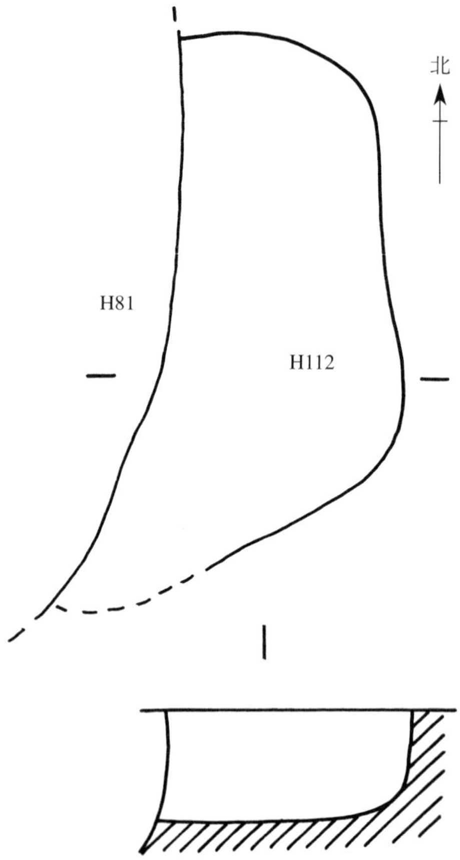

图3-70　H112平、剖面图

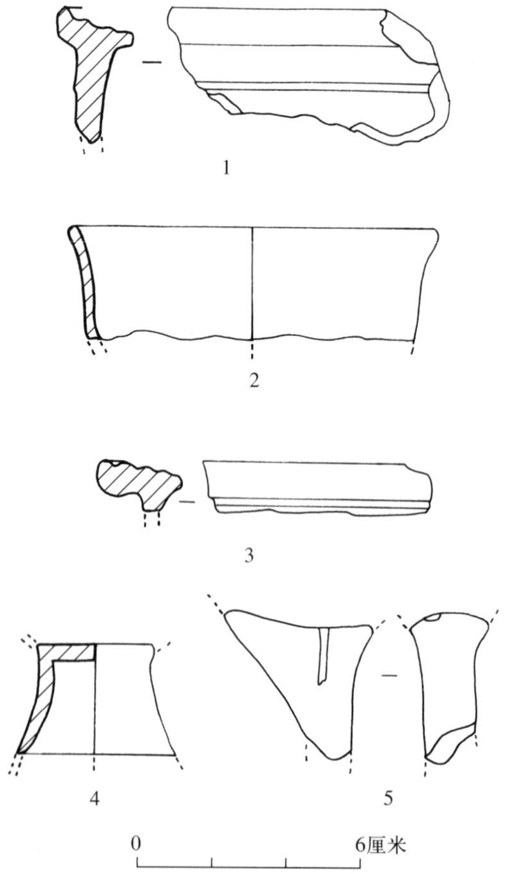

图3-71　H112出土遗物
1. 陶缸　2. 陶罐　3. 陶盆　4. 陶杯　5. 陶鼎足

H112：2，陶罐。泥质灰陶。口沿残片，侈口，尖圆唇。口径 10、残高 3、厚 0.3 厘米（图 3-71，2）。

H112：3，陶盆。泥质黑衣灰胎红陶。口沿残片，敛口，圆唇，宽折沿，沿内有三道凸棱呈台阶状。残长 6.3、残宽 2.5、厚 0.8～1.2 厘米（图 3-71，3）。

H112：4，陶杯。泥质灰白陶。残存喇叭形圈足。圈足顶径 3、残高 3、厚 0.2～0.5 厘米（图 3-71，4）。

H112：5，陶鼎足。夹植物褐陶。侧装凿形，两侧面各有一道刻槽，足尖残。残高 4 厘米（图 3-71，5；彩版二六七，3）。

20. H113

位于 TE5N27 中偏南部，开口于⑤层下。

坑口平面呈不规则形（图 3-72；彩版二六七，4），口大底小，壁内斜，平底。坑口距地表深 0.45 米，长 1.5、宽 0.8 米，坑底长 1.2、宽 0.7、深 0.2 米。坑内填土黑灰色土，土质硬，包含少量的红烧土粒、灰烬等，出土 3 个大石块和少量陶片。

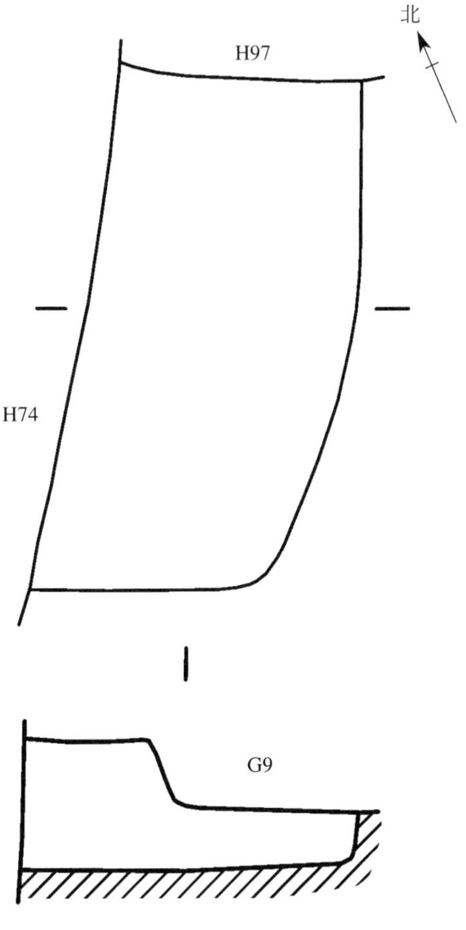

图3-72　H113平、剖面图

H113：1，陶罐。夹植物黑陶。口沿残片，侈口，方唇，折沿，弧腹。残长5.5、残宽2.7、厚0.3～1厘米（图3-73，1）。

H113：2，陶壶。泥质红陶。口沿残片，侈口，圆唇，卷沿，长颈。口径11、残高5.5、厚0.4～0.6厘米（图3-73，2）。

21. H114

位于TE5N28东北部，开口于④层下。

坑口平面近长方形（图3-74；彩版二六八，1），壁内斜，平底。坑口距地表深0.67米，长3.4、宽2.2米，坑底长1.4、宽0.78、深0.2米。坑内填土黑灰土，夹杂少量红烧土土块，出土少量陶片。

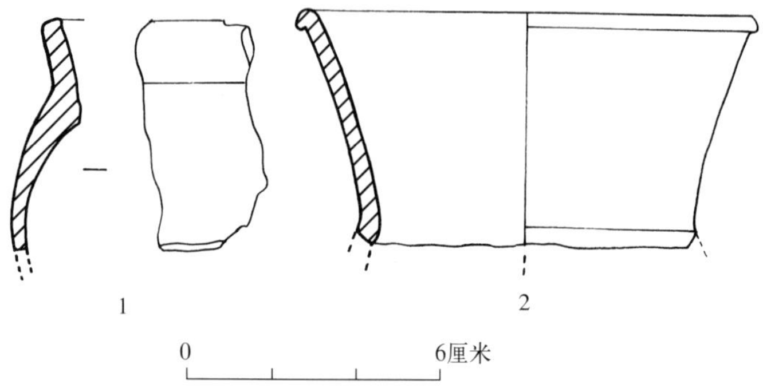

图3-73　H113出土遗物
1. 陶罐　2. 陶壶

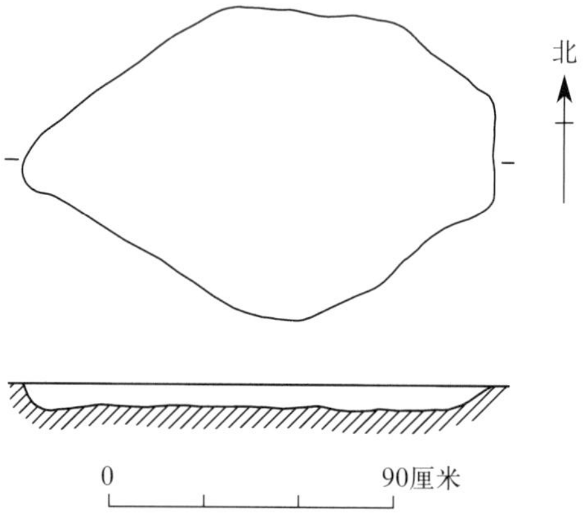

图3-74　H114平、剖面图

H114：1，石镞。灰色，柳叶形，剖面为菱形，有铤，铤残。残长3.9、宽1.4、厚0.8厘米（图3-75，1；彩版二六八，2）。

H114：2，陶纺轮。泥质红褐陶。圆饼形，剖面为半圆形，一面平直，一面弧起。直径4.7、孔径0.5、最厚处0.7厘米（图3-75，2）。

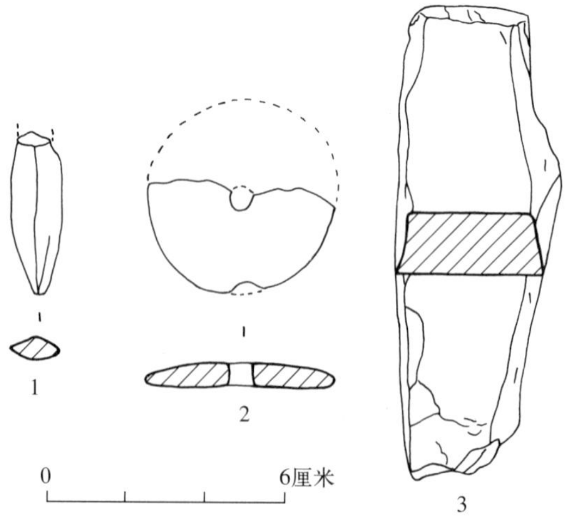

图3-75　H114出土遗物
1. 石镞　2. 陶纺轮　3. 砺石

H114：3，砺石。青灰色，长条形。残长 11.7、残宽 3.8、最厚处 1.7 厘米（图 3-75，3；彩版二六八，3）。

22. H115

位于 TE5N27 西北部，开口于④层下，被 H74、H81、H111 打破，打破 H122。

坑口平面呈不规则形（图 3-76；彩版二六八，4），壁内斜，平底。坑口距地表深 0.68～0.72 米，长 5.2、宽 0.78 米，坑底长 5.1、宽 0.75、深 0.52 米。坑内堆积灰褐色黏土，土质硬，包含大量的红烧土粒、灰烬等，夹杂少量的动物骨骼、陶片等。

H115：1，陶罐。泥质灰胎红陶。罐底残片，平底。底径 14、残高 4、厚 0.6 厘米（图 3-77，1）。

H115：2，陶罐。泥质黑陶。罐底残片，平底，腹底交接处内壁贴泥片。底径 8、残高 5.6、厚 0.6～0.8 厘米（图 3-77，2）。

H115：3，陶壶。泥质红陶。口沿残片，直口微侈，圆唇，卷沿，长颈。口径 12、残高 5、厚 0.4～0.5 厘米（图 3-77，3）。

H115：4，陶壶。泥质灰陶。口沿残片，敛口，尖唇，内勾沿。口径 13、残高 4.3、厚 0.4 厘米（图 3-77，4）。

H115：5，陶器耳。泥质黑胎灰陶。拱桥形耳。宽 6.4、残高 4.5 厘米（图 3-77，5）。

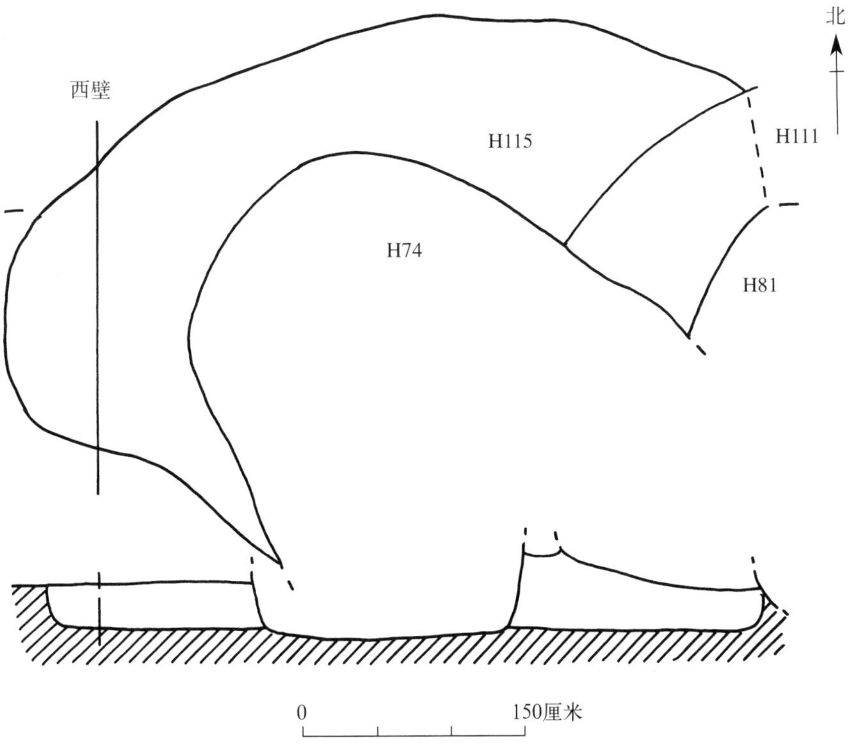

图3-76　H115平、剖面图

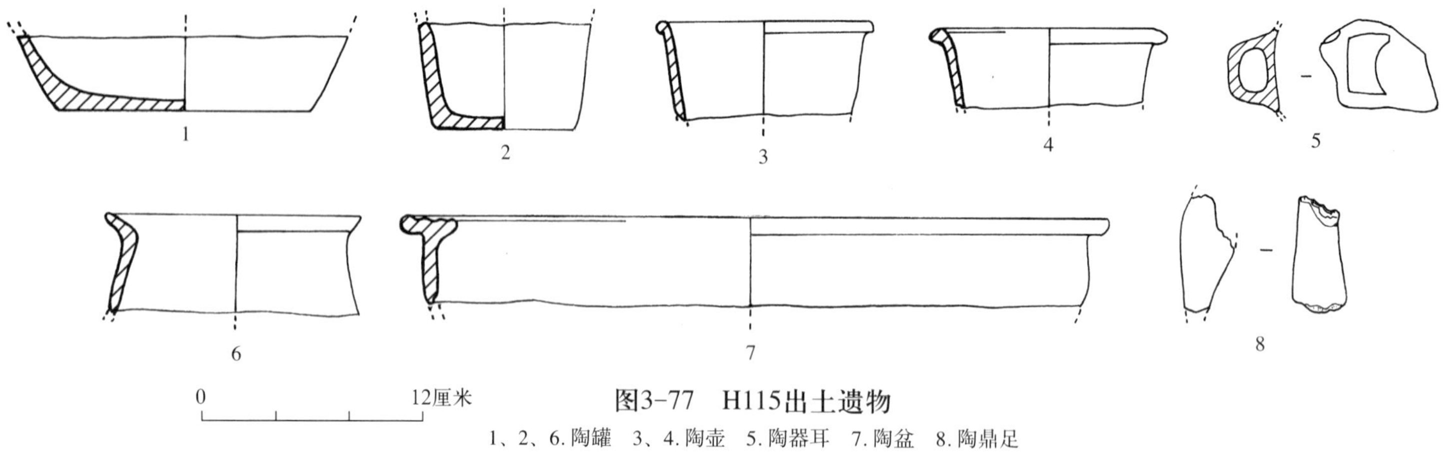

图3-77　H115出土遗物

1、2、6. 陶罐　3、4. 陶壶　5. 陶器耳　7. 陶盆　8. 陶鼎足

H115：6，陶罐。泥质褐陶。口沿残片，侈口，尖唇，宽折沿。口径14、残高5.3、厚0.4～0.9厘米（图3-77，6；彩版二六八，5）。

H115：7，陶盆。夹砂红胎黑陶。口沿残片，敛口，圆唇，宽平沿，沿上有凹槽。口径38.4、残高4.8、厚0.6厘米（图3-77，7）。

H115：8，陶鼎足。夹植物红陶。侧装凿形。残高6.4厘米（图3-77，8）。

23. H116

位于TE4N26中部，开口于⑤层下。

坑口平面呈不规则形（图3-78），口大底略小，壁内斜，平底。坑口距地表深0.65米，长4.45、宽1～2.35米，坑底长4.35、宽0.9～2.2、深0.3～0.36米。坑内填土为灰褐色土，较疏松，夹零星红烧土块及木炭屑，出土少量陶片，器形有罐、壶、鼎。

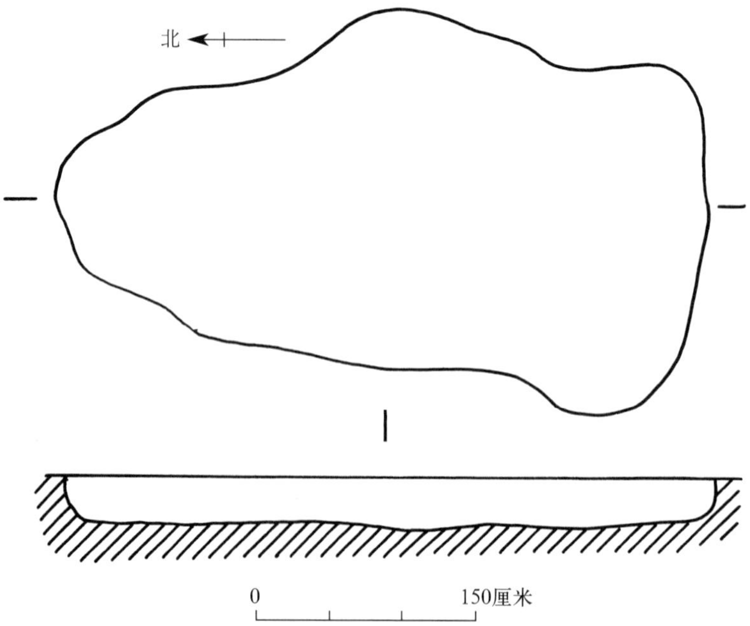

图3-78　H116平、剖面图

24. H117

位于 TE4N26 中南部，开口于⑤层下。

坑口平面呈不规则椭圆形（图 3-79；彩版二六九，1），口大底略小，壁内斜，平底。坑口距地表深 0.65 米，长 1.44、宽 0.6～1.6 米，坑底长 1.4、宽 1.5、深 0.3～0.32 米。坑内填土为灰褐色土，较疏松，含少量红烧土块及木炭屑，出土有少量的陶片和石块，器形有鼎、壶等。

25. H118

位于 TE4N27 西北部，开口于⑤层下。

坑口平面呈不规则形（图 3-80；彩版二六九，2），口大底小，壁内斜，平底。坑口距地表深 0.8 米，长 1.9、宽 1.1 米，坑底长 1.8、宽 0.9、深 0.3 米。坑内填土黄褐土，土质较硬，夹有少量红烧土颗粒，出土少量陶片。

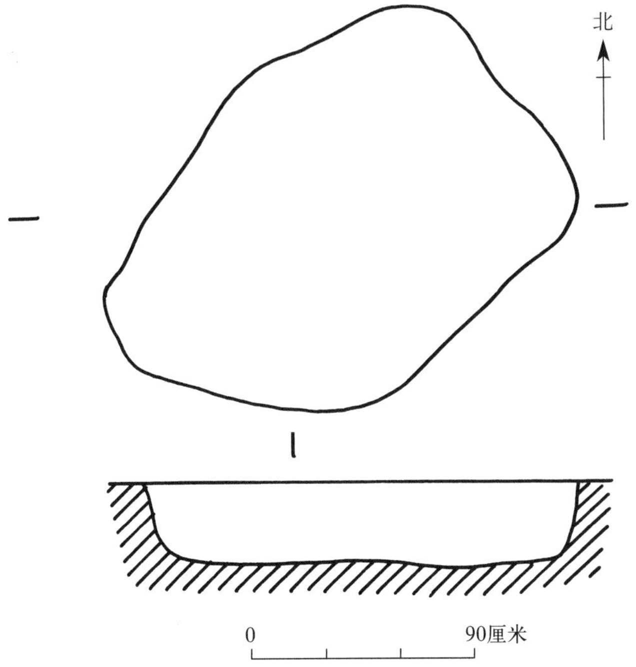

图3-79　H117平、剖面图

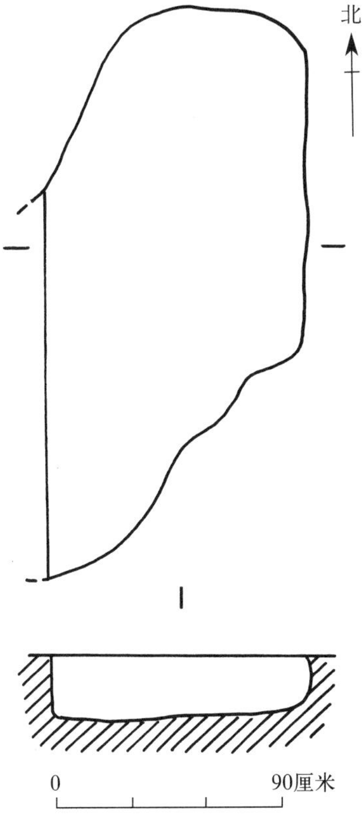

图3-80　H118平、剖面图

26. H119

位于 TE4N27 北部，开口于⑤层下。

平面呈半圆形（图 3-81；彩版二六九，3），坑口距地表深 0.82 米，长 1.6、宽 1.4、深 0.15 米，口小底大，斜壁，平底。坑内填土黄褐土，土质较硬，夹有少量红烧土颗粒，出土少量陶片。

27. H120

位于 TE5N27 中偏东部，开口于④层下，被 H81、H92、H112 打破。

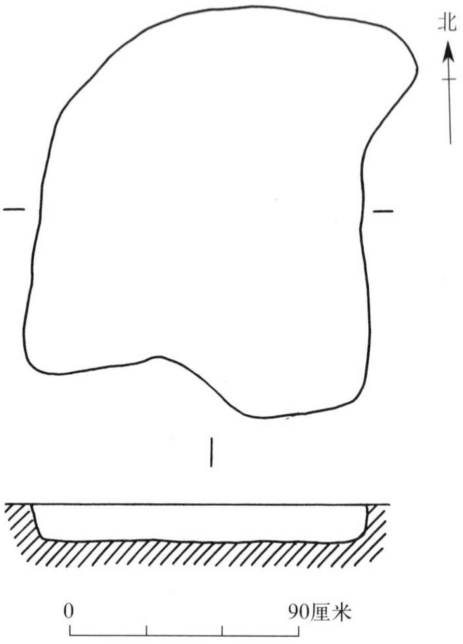

图3-81　H119平、剖面图

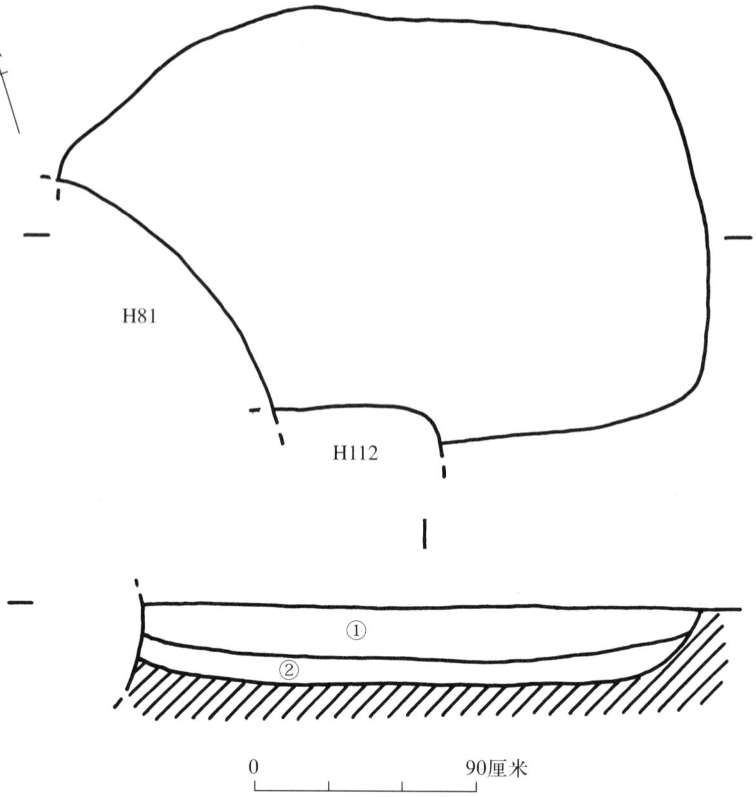

图3-82　H120平、剖面图

坑口平面呈弧角长方形（图3-82；彩版二七〇，1），壁内斜，平底。坑口距地表深0.7米，长2.7、宽1.66米，坑底长1.9、宽1.56、深0.3米。坑内堆积共分两层：第1层，灰黄色土，厚0.10～0.20米，土质硬，包含较多的红烧土颗粒和木炭屑。第2层，黑灰色土，厚0.10米，土质软，包含大量的草木灰烬和红烧土粒，出土少量动物骨骼和较多的陶片等。

H120：1，砺石。灰褐色，不规则形，正面磨至略下凹，背面不平。长23.2、宽17.2、最厚处3.6厘米（图3-83，1；彩版二七〇，2、3）。

H120：2，陶罐。泥质黑衣灰陶。器形较小，侈口，圆唇，折沿，垂腹，平底。口径7、底径5.6、高6.4厘米（图3-83，2；彩版二七〇，4）。

H120①：3，陶罐。泥质灰黑陶。口沿残片，侈口，圆唇，折沿，弧腹内收。口径16、残高6.4厘米（图3-83，3）。

H120①：4，陶盆。泥质红陶。盆底残片，平底。底径11、残高2.8厘米（图3-83，4）。

H120①：5，陶盆。夹粗砂黑灰陶。口沿残片，敛口，圆唇，宽折沿，沿面有凹槽。口径20、残高2.4厘米（图3-83，5）。

H120①：6，陶腹片。泥质褐陶。腹片上有附加堆纹，上有按窝。残长9.3、残宽7、厚0.5～0.6厘米（图3-83，6）。

H120①：7，陶器盖。泥质灰陶。覆盘形，圆形捉手，盖面斜弧，口残。顶径2.6、口径8、残高1.5、厚0.2厘米（图3-83，7）。

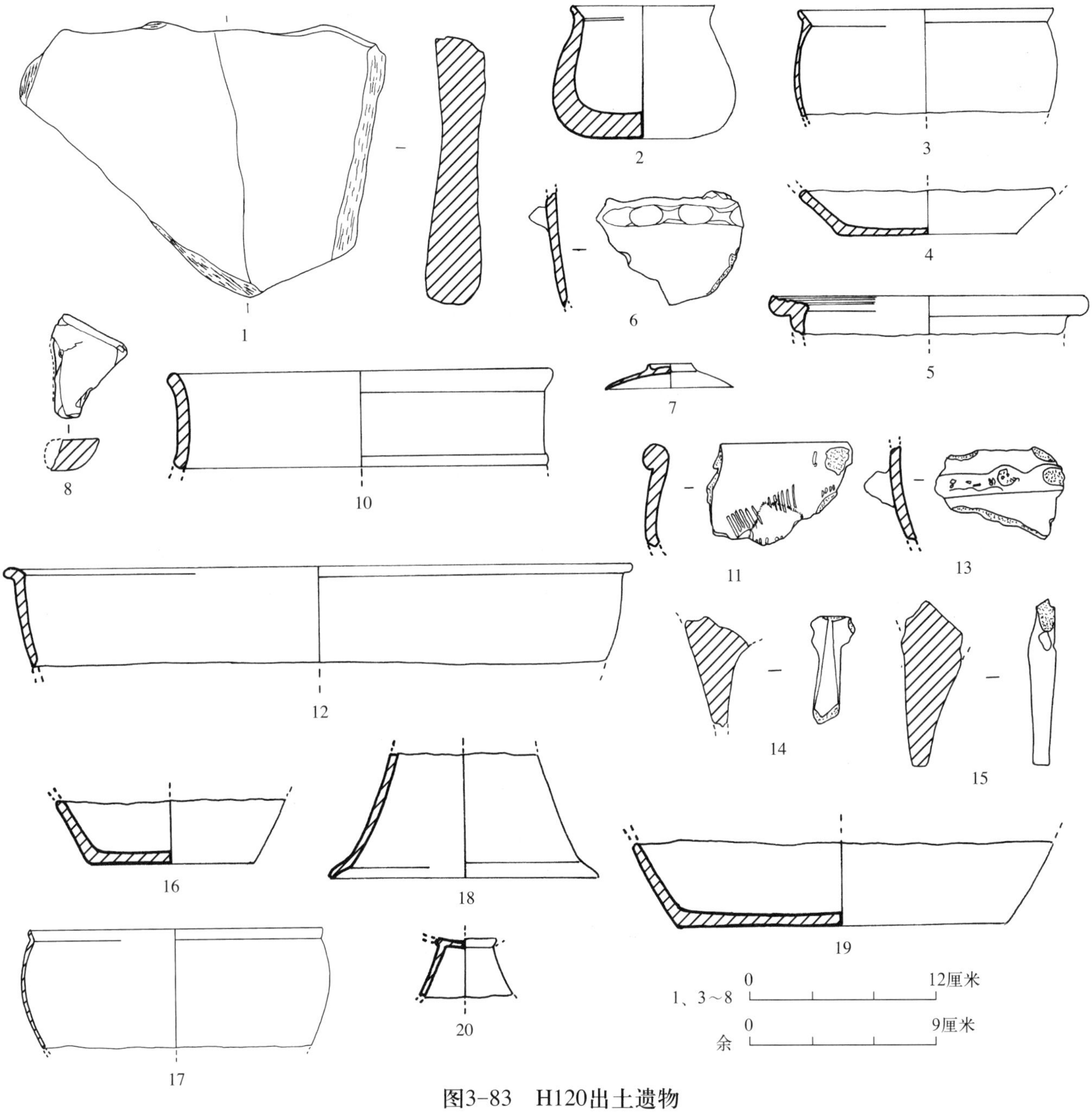

图3-83　H120出土遗物

1. 砺石　2、3、16、17、19. 陶罐　4、5. 陶盆　6、13. 陶腹片　7. 陶器盖　8、14、15. 陶鼎足　10. 陶壶　11. 刻槽盆　12、18. 陶豆　20. 陶杯

H120①：8，陶鼎足。夹植物褐陶。侧装凿形，两侧面有条状刻槽，足尖残。残高 6.4 厘米（图 3-83，8；彩版二七〇，5）。

H120①：9，已销号。

H120①：10，陶壶。泥质灰陶。口沿残片，侈口，圆唇，短直颈。口径 18、残高 4.5、厚 0.7 厘米（图 3-83，10）。

H120①：11，刻槽盆。泥质灰胎红陶。口沿残片，敛口，圆唇，卷沿，内壁有条状刻槽。长 7、残高 4.8、厚 0.6 厘米（图 3-83，11）。

H120①：12，陶豆。泥质红褐陶。口沿残片，侈口，圆唇，折沿，弧腹内收。口径 30、残高 4.6、厚 0.4 厘米（图 3-83，12）。

H120①：13，陶腹片。夹植物红陶。腹片上有附加堆纹。长 6.2、残高 4.4、厚 0.5 厘米（图 3-83，13）。

H120①：14，陶鼎足。夹植物红褐陶。侧装凿形。残高 5.1 厘米（图 3-83，14）。

H120①：15，陶鼎足。夹植物红褐陶。侧装凿形，足根有一个按窝。残高 7.8 厘米（图 3-83，15）。

H120②：16，陶罐。泥质红陶。罐底残片，平底。底径 8、残高 2.9、厚 0.4 厘米（图 3-83，16）。

H120②：17，陶罐。泥质黑衣灰陶。口沿残片，侈口，圆唇，折沿，弧腹内收。口径 14、残高 6.6、厚 0.3 厘米（图 3-83，17）。

H120②：18，陶豆。泥质灰黑陶。圈足残片，喇叭形。圈足径 13、残高 5.8 厘米（图 3-83，18）。

H120②：19，陶罐。泥质红陶。罐底残片，平底。底径 16、残高 4 厘米（图 3-83，19）。

H120②：20，陶杯。泥质灰陶。圈足残片。残高 2.8 厘米（图 3-83，20）。

28. H122

位于 TE5N27 北部，延伸至北隔梁下。开口于⑤层下，打破⑥A 层。

平面近圆形（图 3-84；彩版二七一，1、2），斜壁，圜底近平。坑口直径长 1.6 米，坑底直径长 0.5、深 0.4 米。填土为黑灰色土，土质较硬，包含大量的灰烬，少量的红烧土粒，夹杂少量的陶片和动物骨骼。陶片可辨器形有鼎、罐、壶、器盖等。

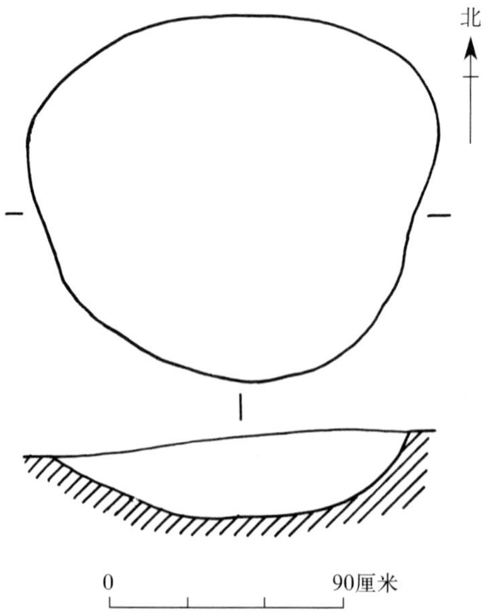

图3-84 H122平、剖面图

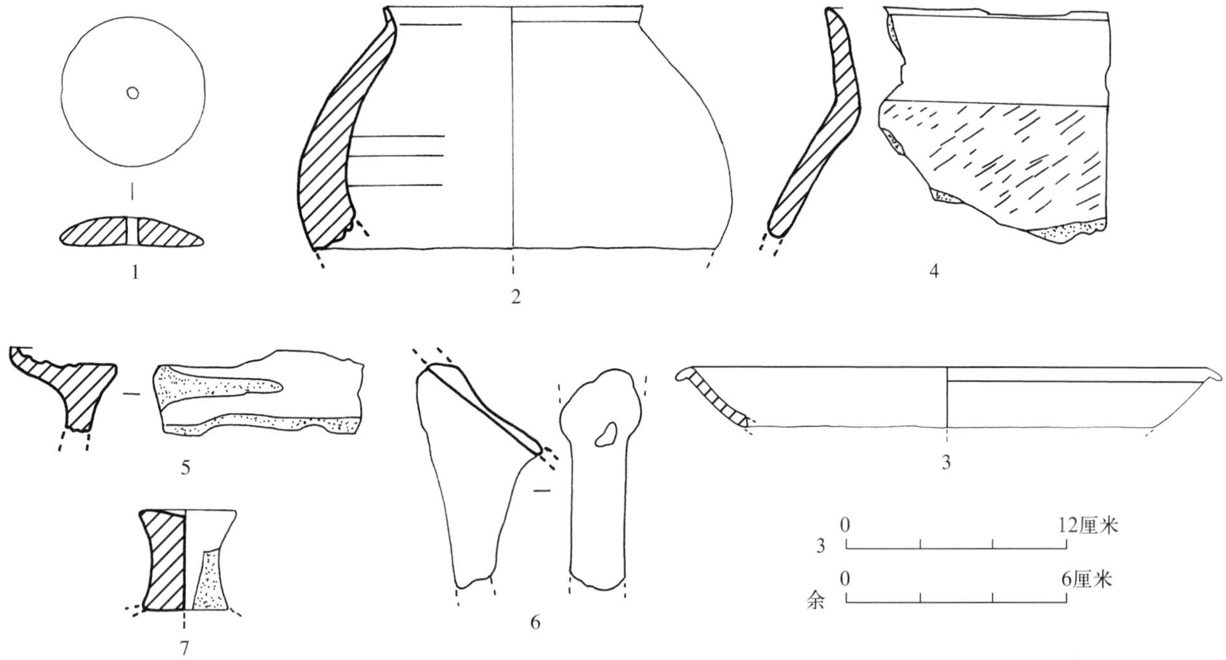

图3-85 H122出土遗物

1. 陶纺轮 2. 陶罐 3. 陶豆 4. 陶鼎 5. 陶盆 6. 陶鼎足 7. 陶器盖

H122：1，陶纺轮。泥质黑陶。圆饼状，剖面半圆形，一面弧起，一面平直略内凹。直径4、孔径0.3、最厚处0.8厘米（图3-85，1；彩版二七一，3、4）。

H122：2，陶罐。夹粗砂黑灰陶。口沿残片，侈口，尖圆唇，短折沿，鼓腹。口径7、残高6.5、厚0.2～1.5厘米（图3-85，2；彩版二七一，5）。

H122：3，陶豆。泥质灰陶。口沿残片，敞口，尖圆唇，折沿，弧腹。口径28、残高3、厚0.3～0.6厘米（图3-85，3；彩版二七二，1）。

H122：4，陶鼎。夹植物灰胎红陶。口沿残片，侈口，尖圆唇，折沿，弧腹，腹部施斜向细篮纹。残长6.4、残宽6.2、厚0.2～1厘米（图3-85，4；彩版二七二，2）。

H122：5，陶盆。夹砂红褐陶。口沿残片，敛口，尖圆唇，宽折沿，沿面有凹槽，弧腹。残长5.7、残宽2.3、厚0.2～1.2厘米（图3-85，5；彩版二七二，3）。

H122：6，陶鼎足。夹细砂红陶。侧装凿形。残高5.9厘米（图3-85，6；彩版二七二，4）。

H122：7，陶器盖。泥质红褐陶。残存柱形捉手。顶径2.6、残高2.7厘米（图3-85，7）。

H122：8，陶鼎足。夹植物红陶。侧装凿形，足根有按窝。残高6.5厘米（图3-86，8；彩版二七二，5）。

H122：9，陶鼎足。夹植物红陶。侧装铲形，足面内侧有条状刻槽，足尖残。残高5.8厘米（图3-86，9；彩版二七二，6）。

H122：10，陶鼎足。夹砂红陶。侧装铲形，残存下半部。残高6.2厘米（图3-86，10；彩版二七二，7）。

H122：11，陶杯。泥质灰陶。残存圈足。圈足顶径3.3、残高1.7、厚0.1～0.3厘米（图3-86，11）。

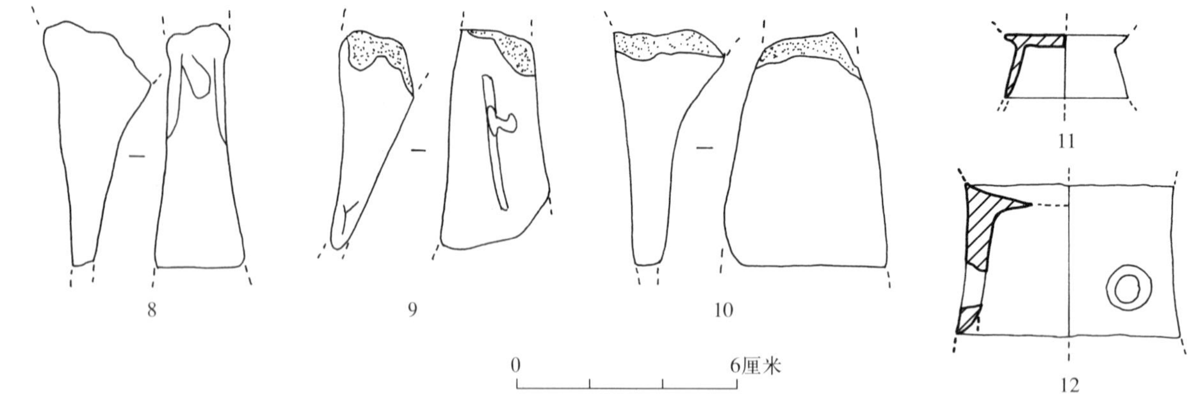

图3-86　H122出土遗物

8～10.陶鼎足　11.陶杯　12.陶豆

H122：12，陶豆。泥质黑衣灰褐陶。残存豆柄，上有圆形镂孔。圈足顶径5.6、残高4、厚0.5～0.7厘米（图3-86，12；彩版二七二，8）。

29. H129

位于TE4N26中南部，向南延伸到探方外，开口于⑤层下。

坑口平面呈不规则椭圆形（图3-87；彩版二七三，1、2），东、南延伸到探方外，口大底小，斜弧壁，圜底。坑口距地表深0.98米，长6.25、宽0～2.4米，坑底长5.8、深0～1.1米。坑内堆积可分为四层：第1层，灰褐色土，致密略硬，厚0～0.70米，斜坡状堆积，夹零星红烧土块及木炭屑，出土有较多的陶片，器形有壶、罐、盆、豆、器耳等。第2层，黄褐色黏土，致密较硬。第3层，深灰褐土，致密，厚0～0.3米，含少量草木灰，出土有少量泥质红陶残片。第4层，灰黄色黏土，致密，厚0～0.80米，该层由东向西及由西向东，两个不同方向倾斜堆积而成，出土有少量的泥质灰、红和黑陶片。

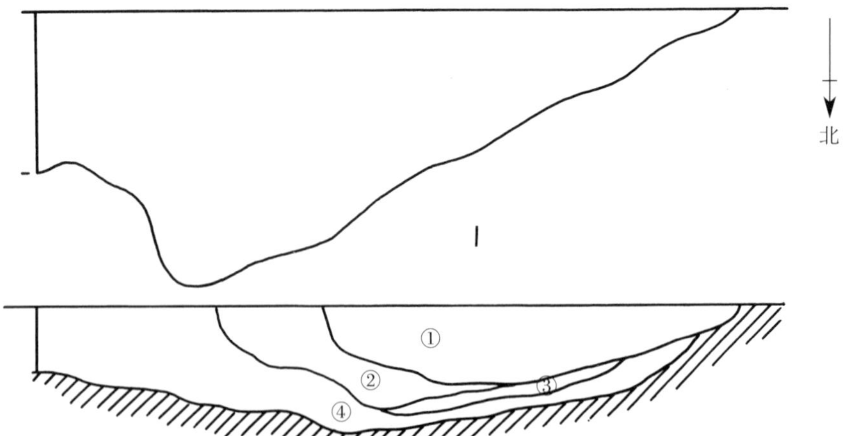

图3-87　H129平、剖面图

30. H130

位于 TE4N27 东部，开口于⑤层下。

坑口平面呈半圆形（图 3-88；彩版二七三，3），口小底大，斜壁，底近平。坑口距地表深 0.55 米，长 2.1、宽 1.2 米，坑底长 2.1、宽 1.04、深 0.6 米。坑内填土黑色掺杂黄土，土质疏松，包含少量红烧土颗粒和少量陶片。

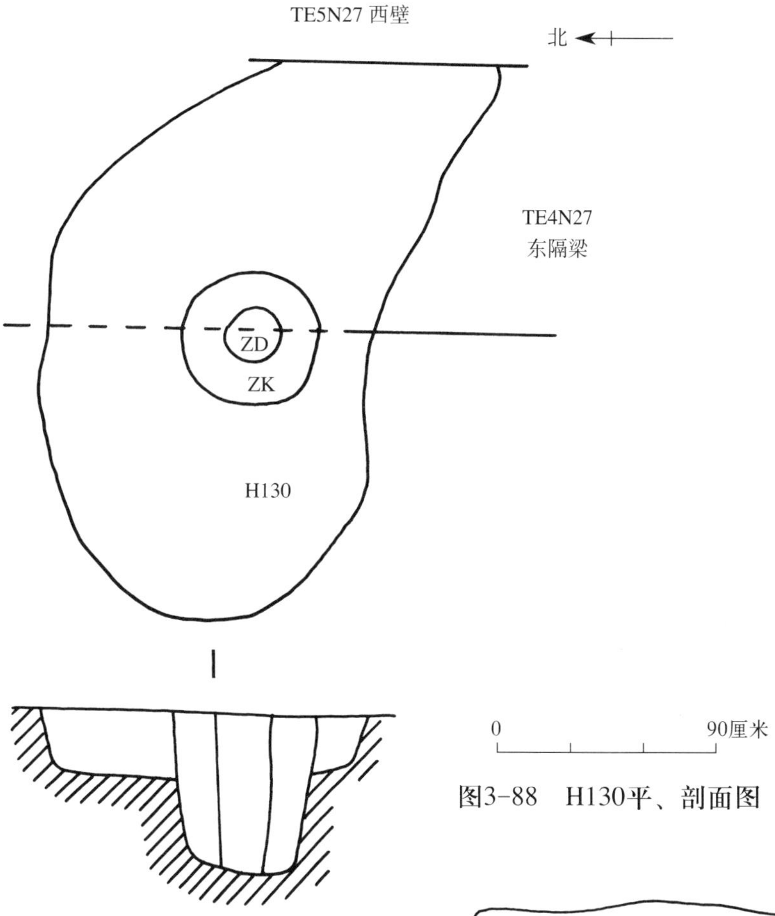

图3-88　H130平、剖面图

31. H131

位于 TE5N28 东南部，开口于④层下。

坑口平面呈不规则形状（图 3-89），直壁，平底。坑口距地表深 0.5 米，长 2、宽 1 米，坑底长 2、宽 0.95、深 0.32 米。坑内填土灰褐土，疏松，包含少量红烧土土块，出土少量陶片。

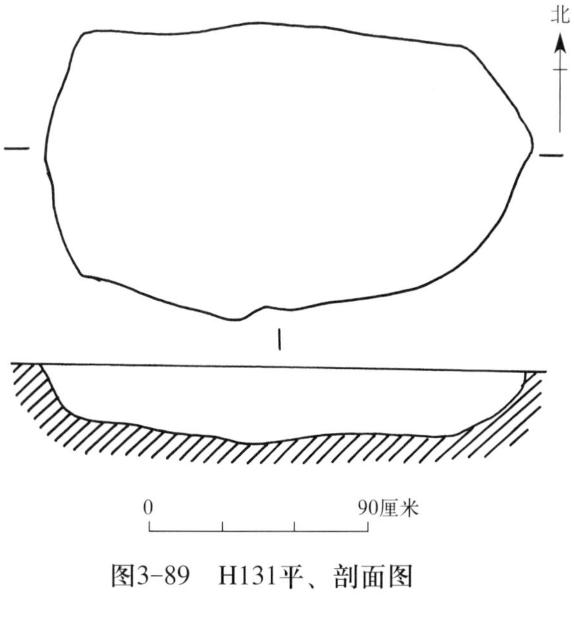

图3-89　H131平、剖面图

第五节 灰沟

北区在第③层下发现5条小沟，均为近代沟。第④层下发现1条小沟，为汉代沟。

1. G9

位于TE5N26中部、TE5N27中东部，向南、北均延伸到探方外，开口于③层下。

平面呈长条形（图3-90），弧壁，底略平。沟口距地表深0.4米，长5、宽0.5～0.6米，坑底长5、宽0.36、深0.5米。沟内填土为灰黄色淤土，较纯净，无包含物。

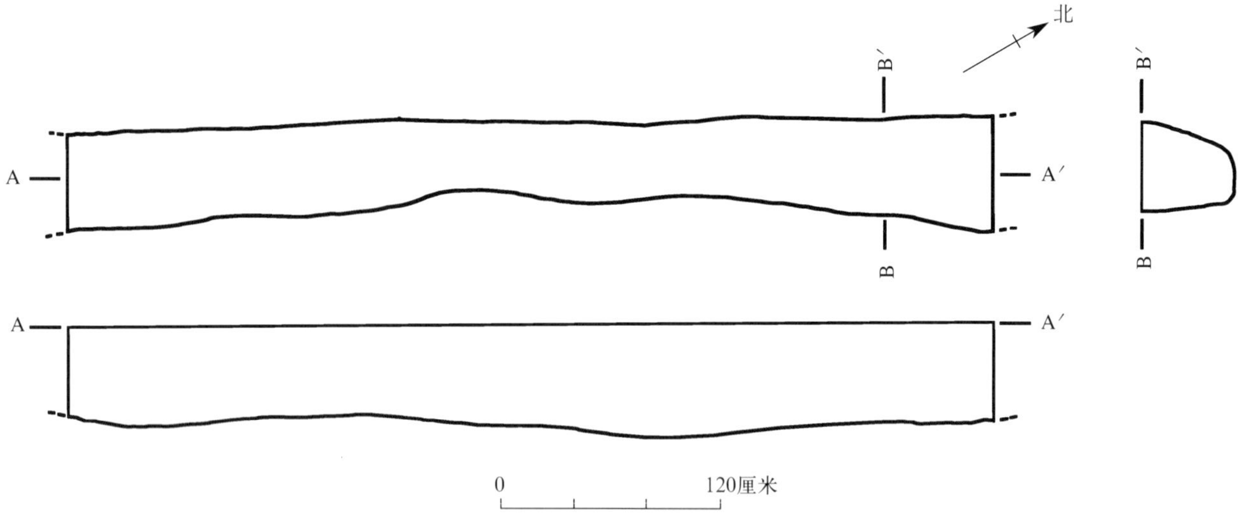

图3-90 17XJTE5N26 G9平剖面图

2. G10

位于TE4N26东北部、TE5N27西北部、TE5N28中东部，开口于③层下。

平面呈长条形，口大底小，弧壁，沟底略平。沟口距地表深0.35～0.4米，长9.1、宽0.1～0.6米，沟底长9.1、宽0.06～0.2、深0.3米。沟内填土为灰黄色淤土，较纯净，无包含物。

3. G11

位于TE5N27西北部，开口于③层下。

沟口平面呈长条形，口大底小，斜壁、平底。沟口距地表深0.34米，长9、宽0.45～0.72米，沟底长9、宽0.2～0.72、深0.36米。沟内填土为灰黄色淤土，较纯净，无包含物。

4. G12

位于TE4N27东南部、TE5N27东北角、TE5N28中西部，开口于③层下。

沟口平面呈长条形，口大底小，斜壁，底不平。沟口距地表深0.33～0.4米，长15.5、宽

0.08～0.4 米，沟底长 15.5、宽 0.05～0.35、深 0.32～0.36 米。沟内填土为灰黄色淤土，较纯净，无包含物。

5. G13

位于 TE4N26 西北部、TE4N27 中部、TE5N28 西北部，开口于③层下。

沟口平面呈长条形，口大底小，斜壁，底不平。沟口距地表深 0.3～0.35 米，长 18、宽 0.1～0.65 米，沟底长 18、宽 0.06～0.6、深 0.32～0.34 米。沟内填土为灰黄色淤土，较纯净，无包含物。

6. G15

位于 TE5N28 中部，开口于④层下。

沟口平面呈长条形，口大底小，斜壁，底不平。沟口距地表深 0.5 米，长 7.5、宽 0.08～0.1 米，沟底长 6.5、宽 0.06～0.15、深 0.2 米。沟内填土为灰黄色淤土，较纯净，无包含物。

第四章　西区

西区位于“玉石塘”的东侧和南侧。玉石塘东侧南部是20世纪80年代玉器集中出土地，1991年在此发掘350平方米，收获甚微，随后便遭遇疯狂盗掘，该区周边50米范围内被严重盗掘破坏。

因此，经过勘探，本次布方主要在破坏不严重的玉石塘东侧北部、中部和南岸零散分别布方（彩版二七四，1、2）。东侧北部布5米×10米探方2个（编号TW20N2、TW21N2），由于发现壕沟遗迹，为揭露壕沟的完整形态，TW20N2向北扩6米，该区总发掘面积为120平方米（彩版二七五，1）。玉石塘东侧中部布2个5米×5米探方（编号TW22S3、TW22S4）、1个7米×7米探方（编号TW23S6）（彩版二七五，2），发现2座汉墓。玉石塘南侧布10米×10米探方1个（编号TW29S11），主要发现一座大型红烧土沟G8。

以下按从北至南的顺序进行介绍。

第一节　西一区

西一区位于玉石塘东侧北部（图4-1）。根据钻探结果，该区文化层比较丰富，包含大量的红烧土颗粒，且破坏较小，受发掘区域和总面积限制，布5米×10米探方2个，为TW20N2西半部、TW21N2东半部，由于发现壕沟遗迹，为揭露壕沟的完整形态，TW20N2向北扩6米。该区总发掘面积为120平方米。

一　地层堆积

该区地层堆积简单，分为4层。现以TW20N2东壁为例进行说明。

TW20N2东壁

第①层：灰黑色砂土，厚0.20～0.50米。颗粒较粗，孔隙较大，土质十分疏松。包含较多的淤泥和红烧土颗粒，包含较多陶片等。本层布满全方，堆积呈波浪状。该层是开挖西边的玉石塘时翻上来的堆积土（图4-7；彩版二七六，1）。

第②层：灰黄色，砂土，厚0.15～0.40、深0.15～0.40米。土质疏松。包含有较多的植物根茎，少量现代塑料、玻璃等垃圾。本层布满全方，堆积呈水平状。该层的形成与现代农耕有关。

第③层：黄褐色，细砂土，厚0.10～0.35、深0.35～0.60米。较疏松。包含有近现代的陶瓷

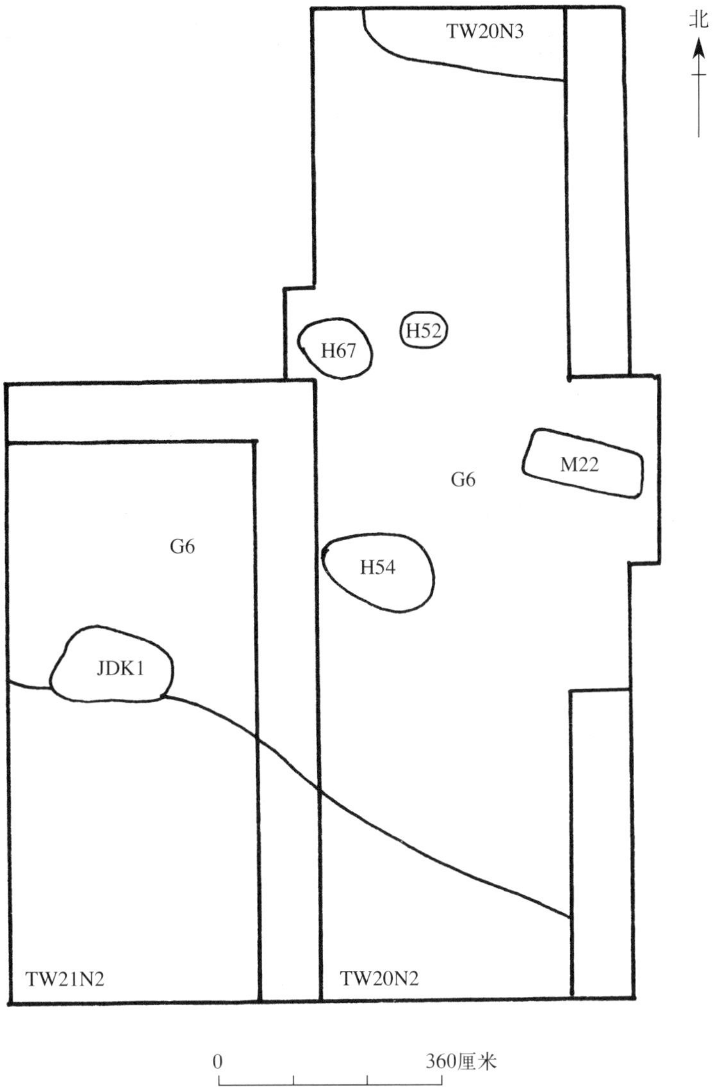

图4-1　西一区遗迹平面图

片、石块等，以及少量的近现代的垃圾。本层分布在整个探方，堆积呈水平状。该层的形成与近现代农业活动有关。

第④层：厚0.10～0.25、深0.55～0.90米。包含少量陶片、石块，堆积呈水平状。该层为汉代文化层。G6开口于本层下。

第④层下为黄褐色生土层。

二　墓葬

M22

位于TW20N2中东部，东端一小部分延伸到探方外。开口于G6③层下。

墓葬形制为土坑竖穴，方向为112°（图4-2；彩版二七六，2、3）。墓室平面呈圆角长方形。

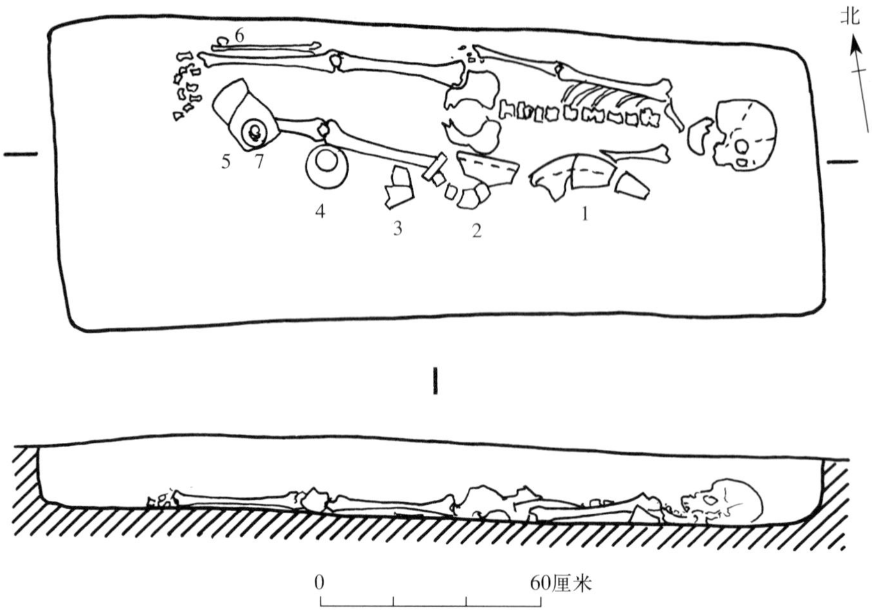

图4-2　M22平、剖面图

1、2. 陶盆　3. 小陶罐　4. 陶壶　5. 陶器盖　6. 陶纺轮　7. 残骨器

直壁，浅穴，平底。墓口长 2.10、头端宽 0.74、脚端宽 0.84 米。墓口距地表深 1.45 米，墓口到墓底深 0.20 米。无葬具。墓内填土为红烧土块，土质坚硬，包含少量陶片、碎骨和炭屑。人骨保存较好，只有左侧趾骨腐朽不见。仰身直肢，面向南。性别为女性，年龄无法判断。

随葬品 7 件，其中陶器 6 件，骨器 1 件。

M22：1，陶盆。火候不高，略变形。泥质黑衣褐陶。敞口，大斜折沿，斜折腹，小平底。口径 23.4、底径 6.6、高 5.3～6.2 厘米（图 4-3，1；彩版二七七，1）。

M22：2，陶盆。泥质黑衣褐陶。敞口，大斜折沿，斜折腹，小平底。口径 24.3、底径 6.8、高 6.9～7.2 厘米（图 4-3，2；彩版二七七，2）。

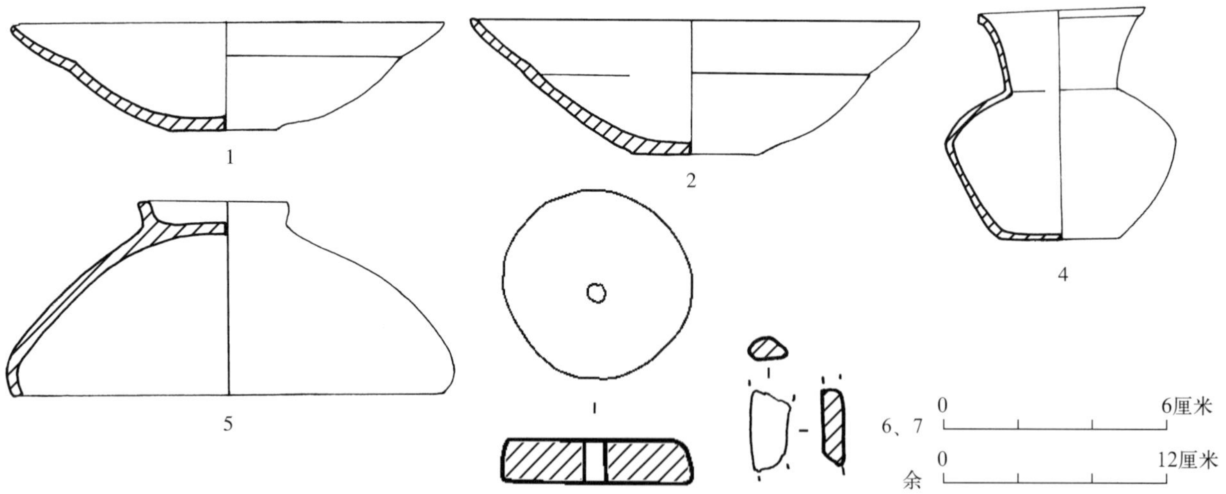

图4-3　M22出土遗物

1、2. 陶盆　4. 陶壶　5. 陶器盖　6. 陶纺轮　7. 残骨器

M22：3，小陶罐。泥质黑衣红褐陶。出土时即为碎片。

M22：4，陶壶。泥质黑衣褐陶。侈口，圆唇，直颈斜收，斜肩，圆腹，平底。口径 9、底径 6.2、最大腹径 12.5、高 12～12.5 厘米（图 4-3，4；彩版二七七，3）。

M22：5，陶器盖。夹砂褐陶。覆碗形，短捉手，弧壁，直口微敛。捉手径 8.2、口径 23.6、高 10.2～10.4 厘米（图 4-3，5；彩版二七七，4）。

M22：6，陶纺轮。泥质黑衣红陶。平面为圆饼形，剖面略梯形，两面平直，两端斜直。直径 5.4～5.65、孔径 0.6、厚 1.3 厘米（图 4-3，6；彩版二七七，5）。

M22：7，残骨器。平面呈长方形微弧，剖面呈梯形。残长 2.2、残宽 1.1 厘米（图 4-3，7；彩版二七七，6）。

三　灰坑

1. H52

位于 TW20N3 西南角。圆形，直壁，平底，内有 1 件大型泥质红陶罐，汉代（彩版二七七，7）。

2. H54

位于 TW20N2 西北部。开口于 G6④层下。

平面呈椭圆形（图 4-4；彩版二七八，1、2）。口部长径 1.82、短径 1.32、底部长径 1.82、短径 1.32 米，深 0.28 米。直壁，平底，坑内填土为浅灰黄色土，南半部有较多的炭屑，土质疏松，包含少量红烧土颗粒和较多陶片。陶片可辨器形有鼎、罐、杯、壶、盆、鬶、大口尊等。

H54：1，陶壶。泥质灰陶。残存壶底，平底。底径 14.7、残高 4.5 厘米（图 4-5，1）。

H54：2，陶鼎足。夹植物红陶。正装扁铲形，折腹，足根与器腹交接处饰一周索状附加堆纹，足面上有三道竖向刻

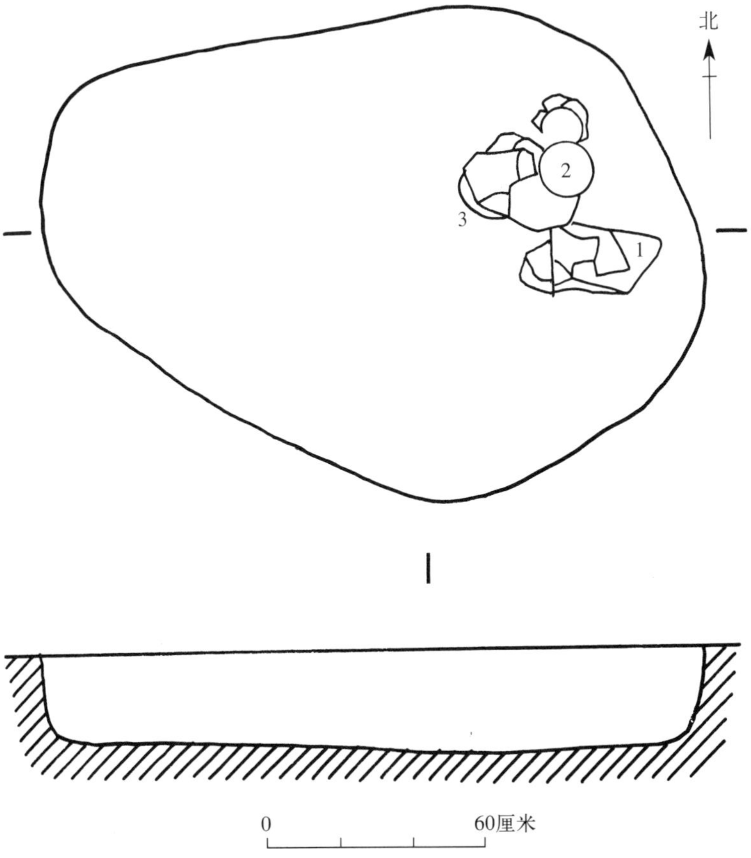

图4-4　H54平、剖面图
1、3. 陶壶　2. 陶鼎足

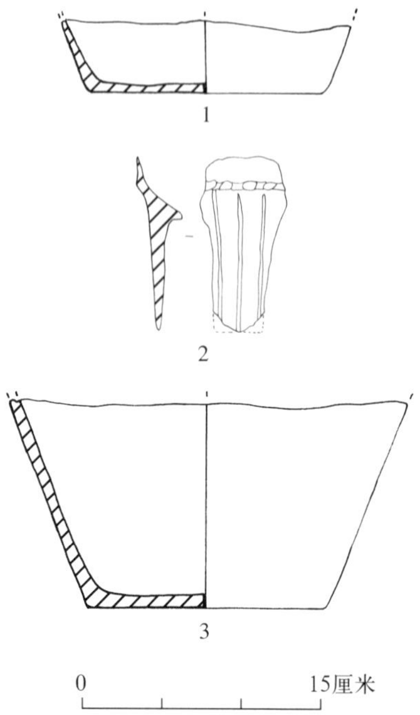

图4-5　H54出土遗物
1、3. 陶壶　2. 陶鼎足

槽，足尖残。残高 10.8、宽 5、厚 1 厘米（图 4-5，2；彩版二七八，3）。

H54：3，陶壶。泥质灰陶。残存底部。斜直腹，平底。底径 14.9、残高 12.5 厘米（图 4-5，3）。

3. H67

位于 TW20N3 西南角，开口于 G6⑤层下。

平面呈椭圆形（图 4-6，1；彩版二七八，4），直壁，平底。坑口距地表深 1.6 米，长 1.2、宽 1.08、深 0.4 米。坑内堆积为一次性堆积，未见分层，坑内土色为灰黄色土，较疏松，包含大量的红烧土块和少量陶片。

H67：1，陶豆。泥质黑衣褐陶，残存筒形圈足。

H67：2，陶筒形罐。泥质灰陶。长筒形，直口，圆唇，上腹较直，下腹微内收，平底，素面。口沿内壁有手抹痕。口径 17.8、底径 9.8、高 24.9 厘米（图 4-6，2；彩版二七八，5）。

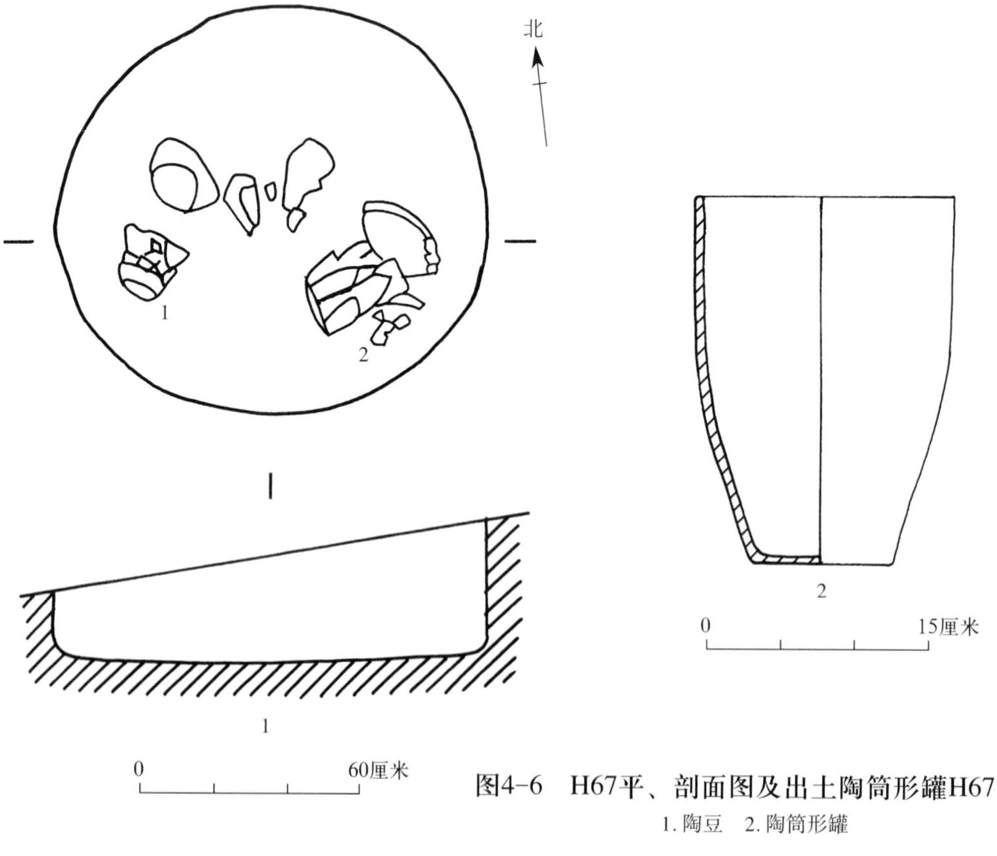

图4-6　H67平、剖面图及出土陶筒形罐H67：2
1. 陶豆　2. 陶筒形罐

四　灰沟

G6

G6跨TW20N2、TW20N3、TW21N2三个探方，南界位于TW20N2、TW21N2中南部，北界位于TW20N3中部。开口于④层下，打破生土和基岩。平面为长条形，南口斜直，较规整，北口稍弯曲。沟壁斜内收，沟底坑洼不平，沟口距地表0.65～0.95米。沟口宽11.1～12.1米，沟底宽5～5.4米，沟底距沟口深1.13～2.16米（彩版二七九，1～3）。沟内堆积分层明显，按土质土色以及包含物的不同，可以分为7层，现以TW20N2东壁（图4-7）为例进行说明。

第①层：分布于沟北部，红褐色粉砂土，厚0.1～0.32米。夹杂较多的红烧土颗粒，较疏松，包含大量陶片，少量兽骨和炭屑。陶片以素面夹砂黄褐陶为主，可辨别的器形有壶、罐、盆、钵、鼎、豆、杯、鬶等。

第②层：分布于沟南部，坑状堆积，灰黄色黏土，厚0.2～0.5米。夹杂较多的粗红烧土颗粒，较疏松，包含大量陶片和炭屑，少量的兽骨和石块。陶片以素面泥质灰陶为主，可辨器形有盆、钵、鼎、鬶、罐、壶、豆、器盖、大口尊等。

第③层：遍布全沟，坑状堆积，黄色细砂土，厚0.3～0.6米。较疏松，夹杂少量红烧土颗粒，包含大量陶片和少量的兽骨、石块以及木炭屑。陶片以素面泥质灰陶为主，可辨器形有罐、鼎、豆、壶、筒形器、盆、鬶、大口尊、器盖、钵等。本层下开口遗迹有M22。

第④层：分布于沟南部，坑状堆积，灰黑色黏土，厚0.2～0.55米。夹杂较多的粗红烧土颗粒，较疏松，包含较多的陶片和兽骨，少量石块和木炭。陶片以素面泥质灰陶为主，可辨器形有罐、壶、鼎、豆、盆、鬶、大口尊、器盖、钵、筒形器、高柄杯、甑、碗等。本层下开口遗迹有H54。

第⑤层：分布于沟的中部和西北部，坡状堆积，基本为红烧土块堆积，厚0.2～0.55米。较坚硬，包含大量的陶片和炭屑，少量的兽骨和石块。出土陶片以素面夹砂红陶为主，可辨器形有筒形器、器盖、罐、豆、壶、盆，鼎、大口尊等。本层下开口遗迹有H67。

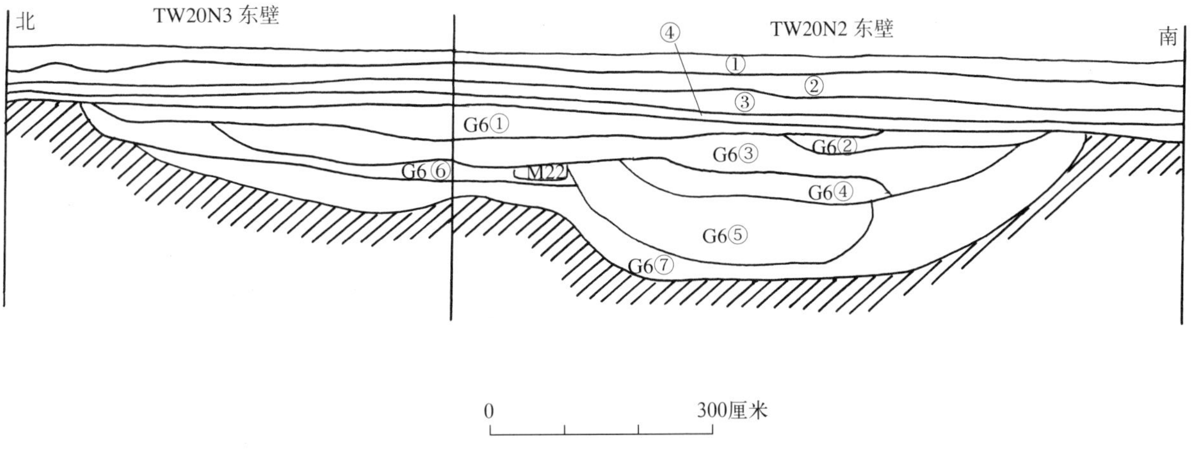

图4-7　TW20N2东壁剖面图

第⑥层：分布于沟南部，坡状堆积，灰黄色黏土，厚0.15～0.8米。土质致密，夹杂较多的红烧土小颗粒，包含大量的陶片和炭屑，以及少量的石块和兽骨。陶片以素面泥质黑陶为主，可辨器形有罐、壶、器盖、钵、罐、盆、豆、碗、鼎、大口尊、筒形器等。

第⑦层：遍布全沟，波状堆积，浅黄色黏土，厚0.1～1.05米。夹杂大量黑色烧焦石块，致密坚硬，包含大量的陶片，少量的石块和兽骨，还包含大量炭化的植物根茎。陶片以泥质红陶为主，可辨器形有鼎、筒形器、壶、盆、大口尊、鼎、罐、钵、器盖、豆等。

第⑦层以下为灰白色基岩。

G6宽度较宽，且深度大于2米，平面形状规整，推测为人工有意开挖的沟。G6内出土大量陶片、兽骨以及砾石、木炭等，而且G6每一层堆积都有红烧土颗粒或者红烧土块，特别是第⑤～⑦层，有成片的红烧土块堆积，推测G6废弃后成为人们堆放生活废弃物的垃圾沟。此外，沟内每一层都呈圜底坑状堆积，推测倒垃圾时应该是从沟的两边倾倒。

此外，G6第④层和第⑤层下有灰坑H54、H67。第③层下有墓葬M22。由此可以推测沟的使用时间较长，每一层的堆积时间间隔较长。

G6包含大量遗物，以陶器为主，少量石器、骨器。陶器以夹砂红褐陶、夹砂黑衣褐陶、泥质灰陶、泥质红褐陶为主，少量泥质黑陶、泥质白陶。

G6①：1，残石器。红色，不规则形。长5.5、宽4.3、最厚处1.9厘米（图4-8，1；彩版二八〇，1）。

G6②：2，陶罐。泥质红陶。肩部残存少量红衣。口颈残，圆肩，斜深腹内收，平底。颈肩交接处内壁可见拼接痕。颈径8、肩径18、残高19.2厘米（图4-8，2；彩版二八〇，2）。

G6②：3，陶盆。泥质灰陶。口沿残片，圆唇，宽折沿，沿面有凹槽（彩版二八〇，3）。

G6②：4，陶豆。泥质黑衣灰陶。侈口，圆唇，短弧沿，斜腹内收。口径28、残高5.2厘米（图4-8，4；彩版二八〇，4）。

G6②：5，陶壶。泥质黑衣灰陶。口沿残片，直口，圆唇，卷沿，直颈，广肩。口径16、残高7.8厘米（图4-8，5；彩版二八〇，5）。

G6②：6，陶杯。泥质红胎黑陶。口残，弧腹，平底微内凹，圈足残，圈足上有圆形镂孔。残高7.2厘米（图4-8，6；彩版二八〇，6～8）。

G6②：7，陶大口尊。夹砂灰陶。口沿残片，侈口，尖圆唇，窄斜沿。口径38、残高6.6厘米（图4-8，7；彩版二八一，1）。

G6②：8，陶大口尊。夹砂红褐陶。口沿残片，敞口，尖圆唇，宽斜内勾沿，斜腹，上腹内收。口沿下至腹部满布交错细篮纹。口径53.6、残高8厘米（图4-8，8；彩版二八一，2）。

G6②：9，陶大口尊。夹砂黑衣褐陶灰胎。口沿残片，侈口，斜方唇，短斜平沿，束颈，直腹，下腹残。腹部饰右斜向粗篮纹。颈腹交接处可见拼接加厚痕迹。口径37.4、残高11.3厘米（图4-8，9；彩版二八一，3）。

G6②：10，陶大口尊。夹砂灰衣褐陶。侈口，方唇，宽斜平沿，束颈，直腹，下腹残。腹部满饰右斜向粗篮纹。口径40、残高16.5厘米（图4-8，10；彩版二八一，4）。

G6②：11，陶鬶把。夹细砂红褐陶。绞丝形。残高8、直径1.8厘米（图4-8，11）。

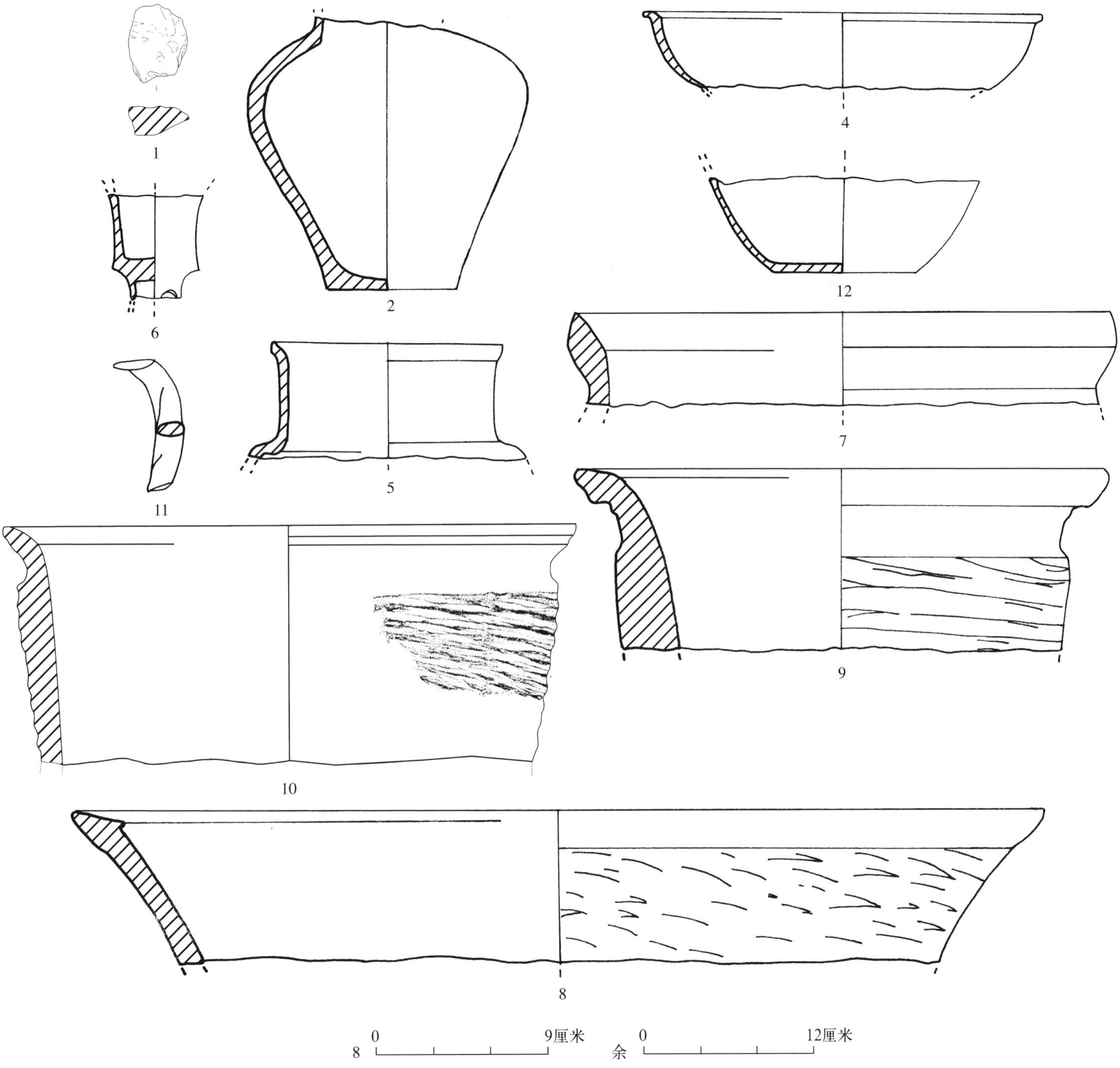

图4-8　G6①层、②层出土遗物

1. 残石器　2、12. 陶罐　4. 陶豆　5. 陶壶　6. 陶杯　7～10. 陶大口尊　11. 陶鬶把

G6②：12，陶罐。泥质黑衣灰陶。罐底残片，平底。底径 10、残高 6.6 厘米（图 4-8，12；彩版二八一，5）。

G6②：13，陶圈足。泥质黑衣黄褐陶。直筒形，上有成列圆形镂孔。残高 5.4 厘米（图 4-9，13；彩版二八一，6、7）。

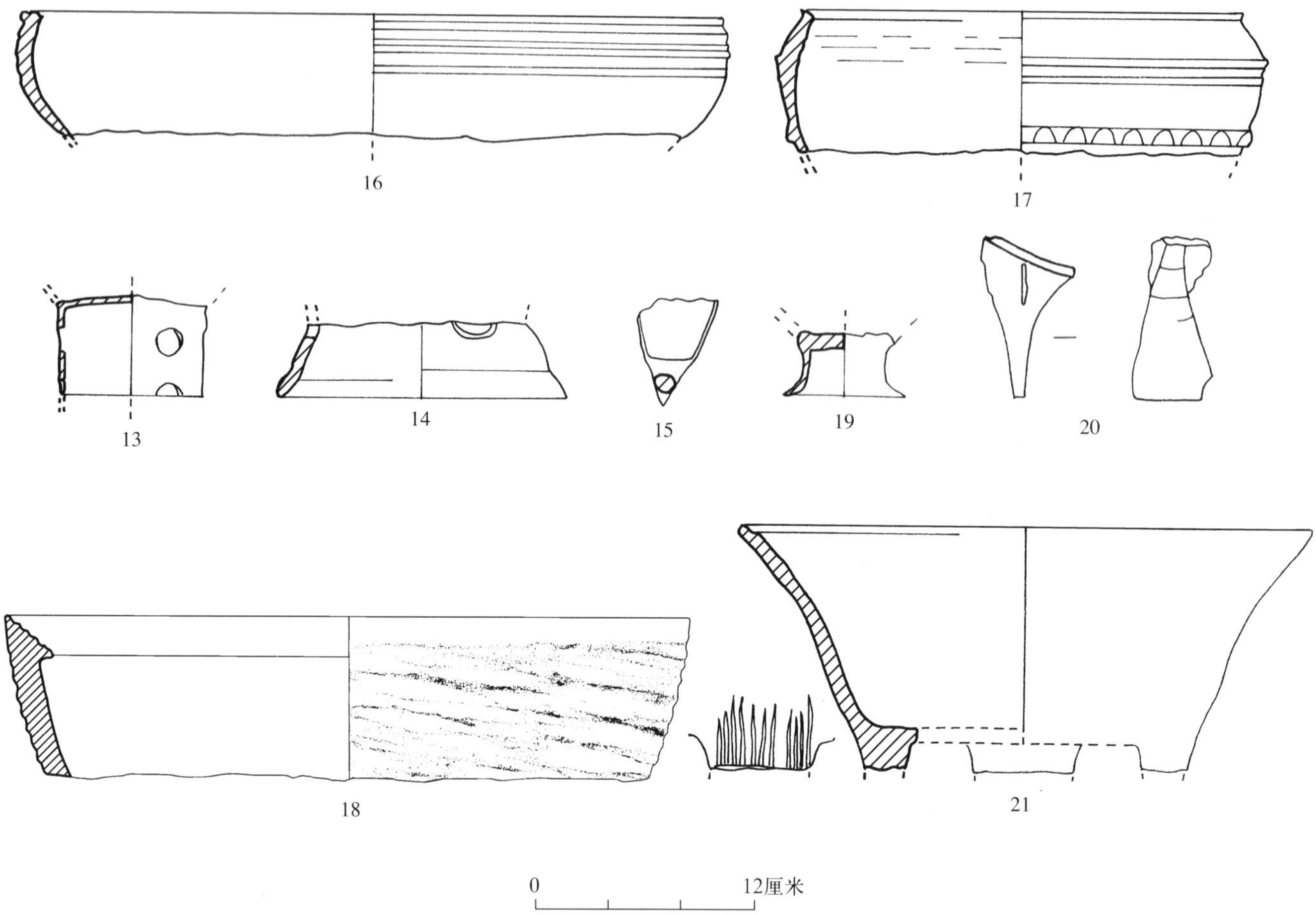

图4-9　G6②层出土遗物

13. 陶圈足　14. 陶豆圈足　15. 陶鬶足　16. 陶盆　17、21. 陶鼎　18. 陶大口尊　19. 陶杯圈足　20. 陶鼎足

G6②：14，陶豆圈足。泥质黑衣褐陶。喇叭形圈足，上有圆形镂孔。圈足底径16、残高4厘米（图4-9，14；彩版二八一，8）。

G6②：15，陶鬶足。泥质红陶。袋形，矮圆锥形足。残高5.8厘米（图4-9，15；彩版二八二，1）。

G6②：16，陶盆。泥质黑衣红陶。口沿残片，敛口，尖唇，短折沿，沿面有2道凹槽，鼓腹，腹部有数周凹弦纹。口径38.5、最大腹径38.9、残高6.5厘米（图4-9，16；彩版二八二，2、3）。

G6②：17，陶鼎。夹细砂灰褐胎黑陶。口沿残片，侈口，尖唇，短折沿，鼓肩。肩部有一周凸棱，上腹部饰竖向中绳纹和索状附加堆纹，上腹内部有三周弦纹。口径24、最大腹径26.8、残高7.6厘米（图4-9，17；彩版二八二，4）。

G6②：18，陶大口尊。夹石英粗砂红褐陶。灰胎。口沿残片，侈口，宽斜内勾沿，沿面有4周凹槽，斜腹，口沿下至腹部满布右向斜篮纹。口径38、残高8.9厘米（图4-9，18；彩版二八二，5）。

G6②：19，陶杯圈足。泥质灰陶。喇叭形，圈足底径 6.3、残高 3.4 厘米（图 4-9，19；彩版二八二，6）。

G6②：20，陶鼎足。夹砂红褐陶。侧装鸭嘴形，足根有 2 个按窝，足侧一侧有一道刻槽，一侧有 2 道刻槽。高 8 厘米（图 4-9，20；彩版二八二，7）。

G6②：21，陶鼎。夹石英褐陶。敞口，圆唇，短沿，斜腹内收，平底，底残，正装扁铲形足，足尖残，足面有竖向刻划纹。口径 31、残高 13.2 厘米（图 4-9，21；彩版二八二，8）。

G6③：22，小陶杯。泥质红陶。口残，弧腹，圜底。残口径 3.1、腹径 4.8、残高 4.5～4.7 厘米（图 4-10，22；彩版二八三，1）。

G6③：23，陶管形器。泥质黑衣褐陶，颜色斑驳。长管形，一端残，器身有 7 个圆形小镂孔，圜底。外径 5、残高 19.5、孔径 0.5 厘米（图 4-10，23；彩版二八三，2、3）。

G6③：24，砺石。褐色，不规则形，单面磨平略下凹。残长 8、残宽 9、最厚处 3 厘米（图 4-10，24；彩版二八三，4～6）。

G6③：25，砺石。褐色，不规则形，单面磨平。残长 11.1、残宽 9.5、最厚处 2 厘米（图 4-10，25；彩版二八三，7、8）。

G6③：26，陶鼎。夹植物灰胎红陶，内壁及口沿外壁为黑色。口沿残片，敞口，圆唇，折沿，上腹部有篮纹、一周齿状附加堆纹。口径 36、残高 9.8 厘米（图 4-10，26；彩版二八四，1、2）。

G6③：27，陶器盖。夹石英红陶。覆碗形。圆形捉手，捉手上有一周刻槽。盖面略平直，口残。捉手径 10、残高 4 厘米（图 4-10，27；彩版二八四，3）。

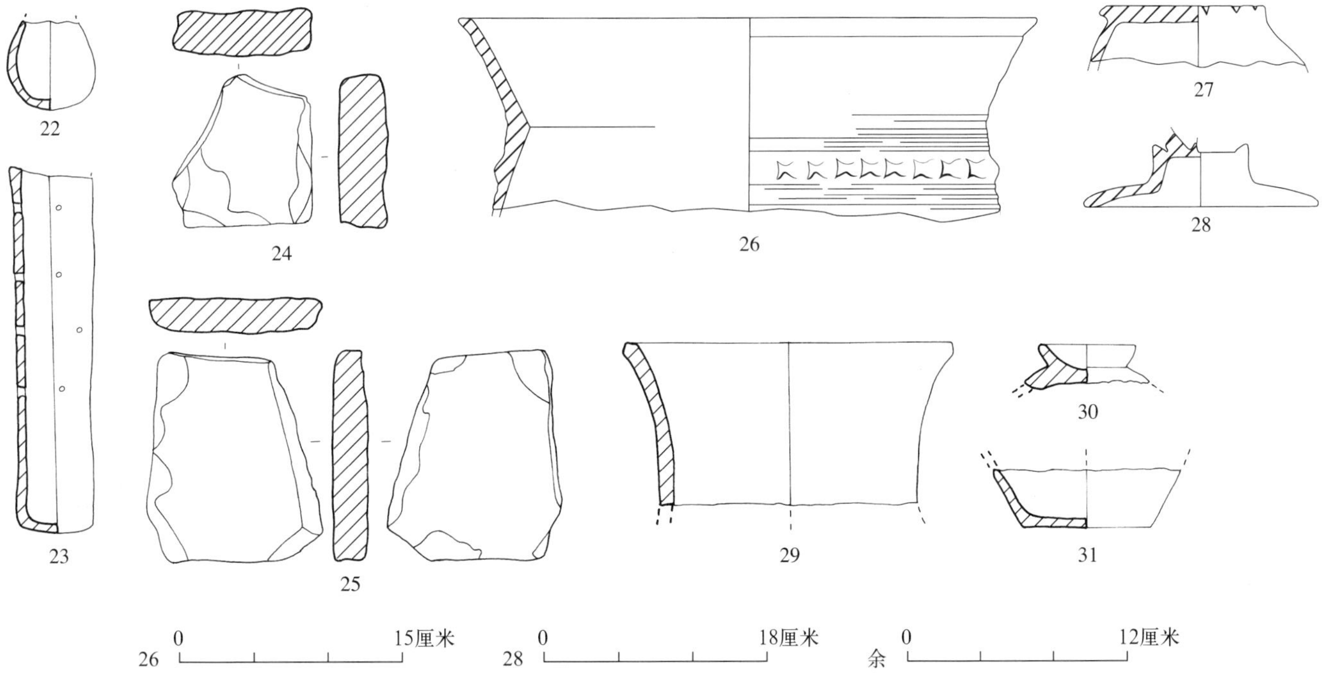

图4-10　G6③层出土遗物

22. 小陶杯　23. 陶管形器　24、25. 砺石　26. 陶鼎　27、28、30. 陶器盖　29. 陶壶　31. 陶罐

G6③：28，陶器盖。泥质黑衣褐陶。覆盆形，环形捉手，捉手残，折肩，圆唇。盖口径 20、残高 4.6 厘米（图 4-10，28；彩版二八四，4、5）。

G6③：29，陶壶。泥质褐陶。口沿残片，侈口，圆唇，直颈。口径 18、残高 8.6 厘米（图 4-10，29；彩版二八四，6）。

G6③：30，陶器盖。泥质灰胎黑陶。残存矮喇叭形捉手。捉手径5.2、残高2.3厘米（图4-10，30；彩版二八四，7）。

G6③：31，陶罐。泥质红褐陶。罐底残片，平底。底径 7、残高 3 厘米（图 4-10，31；彩版二八四，8）。

G6④：32，陶杯。泥质灰陶。口残，直颈，鼓腹，底残。最大腹径 5.5 厘米（图 4-11，32；彩版二八五，1）。

G6④：33，石镞。青绿色，柳叶形，剖面为菱形，有铤，铤微残。长 5.6、宽 2、厚 1.9 厘米（图 4-11，33；彩版二八五，2）。

G6④：34，陶壶。泥质黑衣灰褐陶，颜色斑驳。侈口，尖圆唇，沿面有一周浅凹槽。长直颈，圆肩，斜直深腹，底残。口径 14、最大腹径 19.2、残高 28.7 厘米（图 4-11，34；彩版二八五，3）。

G6④：35，陶纺轮。泥质灰陶。圆台形，剖面为梯形，两面平直。直径 5.2、孔径 0.6、最厚处 0.8 厘米（图 4-11，35；彩版二八五，4）。

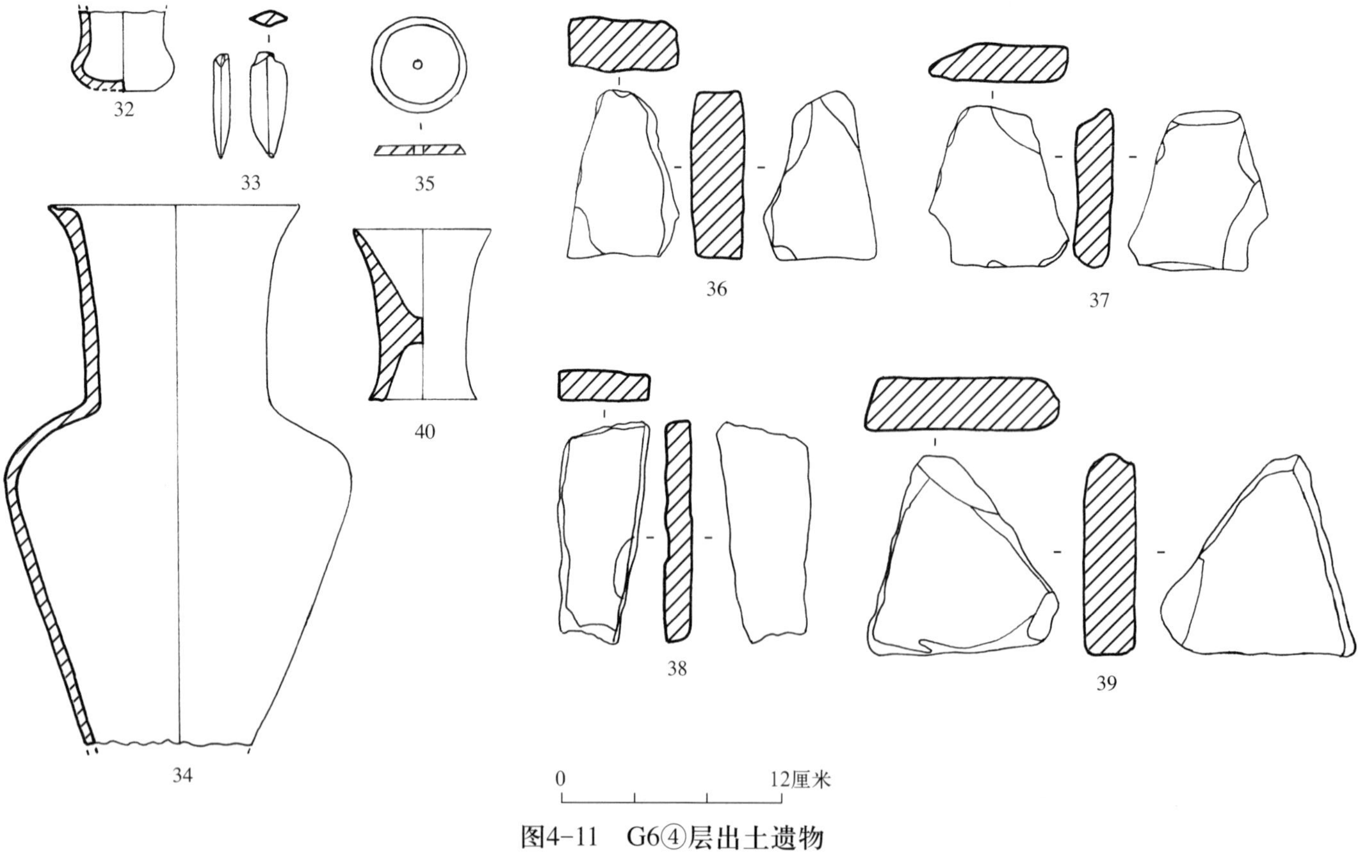

图4-11　G6④层出土遗物

32、40. 陶杯　33. 石镞　34. 陶壶　35. 陶纺轮　36～39. 砺石

G6④：36，砺石。褐色，不规则形，正面磨平略下凹。残长9、残宽6.2、最厚处2.9厘米（图4-11，36；彩版二八五，5）。

G6④：37，砺石。褐色，不规则形，表面磨平。残长8.6、残宽7.6、最厚处2厘米（图4-11，37；彩版二八五，6、7）。

G6④：38，砺石。灰色，长条形，一面磨平。残长11.9、宽5.1、最厚处1.6厘米（图4-11，38；彩版二八六，1、2）。

G6④：39，砺石。褐色，三角形，两面磨平。残长10.7、残宽10.7、厚2.9厘米（图4-11，39；彩版二八六，3、4）。

G6④：40，陶杯。泥质灰陶。敞口，尖唇，斜弧腹，假圈足。下腹部有两周细弦纹。口径7.9、底径5.9、高9.2厘米（图4-11，40；彩版二八六，5）。

G6④：41，陶器盖。泥质灰陶。覆碗形，圆形捉手，捉手上有花边刻齿，盖面斜弧，圆唇。捉手径8.2、盖口径21.2、高8.7、厚0.3～0.6厘米（图4-12，41；彩版二八六，6）。

G6④：42，陶豆。泥质灰褐陶。口沿残片，直口微敛，圆唇，弧腹，浅盘。口径24、残高4厘米（图4-12，42；彩版二八六，7）。

G6④：43，陶豆。泥质灰褐陶。口沿残片，敛口，圆唇，浅盘。口径26、残高3厘米（图4-12，43；彩版二八六，8）。

G6④：44，陶罐。泥质红陶。罐底残片，平底微内凹。底径15、残高3.8厘米（图4-12，44；彩版二八七，1）。

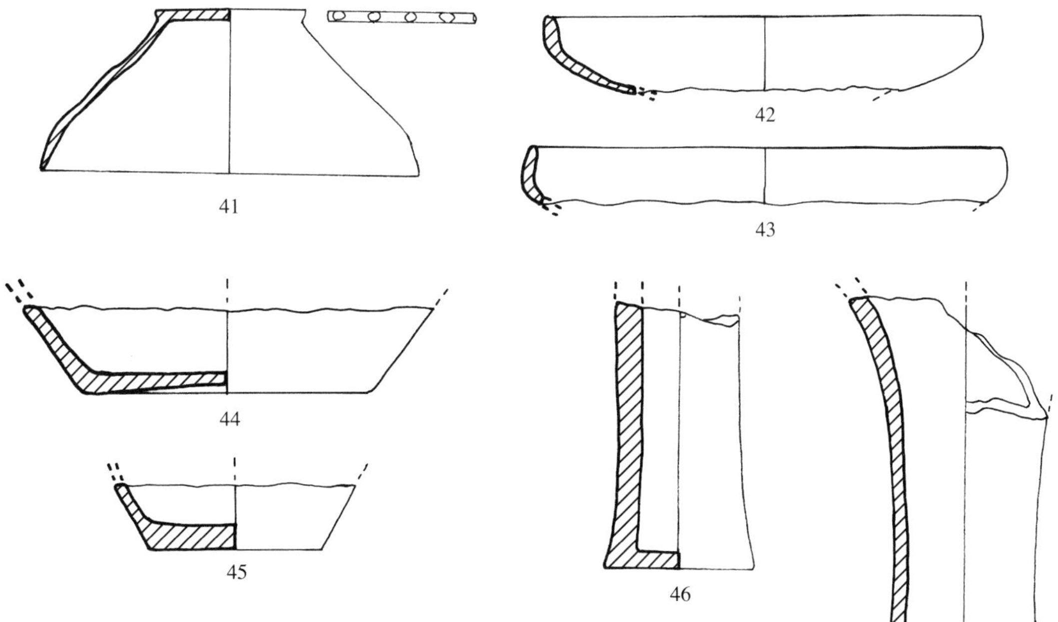

图4-12　G6④层出土遗物

41. 陶器盖　42、43. 陶豆　44、45. 陶罐　46、47. 陶筒形器

G6④：45，陶罐。泥质灰陶。罐底残片，平底。底径 9.6、残高 3.4 厘米（图 4-12，45；彩版二八七，2）。

G6④：46，陶筒形器。夹砂灰陶。直筒形，口及上腹部残，直腹，平底。内壁可见泥条盘筑痕。底径 8.4、残高 14.2 厘米（图 4-12，46；彩版二八七，3、4）。

G6④：47，陶筒形器。夹砂黑衣红褐陶，器表颜色斑驳。直筒形，喇叭形口，口沿残，直腹微斜，平底。底径 9、残高 22.4 厘米（图 4-12，47；彩版二八七，5）。

G6④：48，陶鼎足。泥质褐陶。侧装凿形，足根有 2 个按窝。高 7.8 厘米（图 4-13，48）。

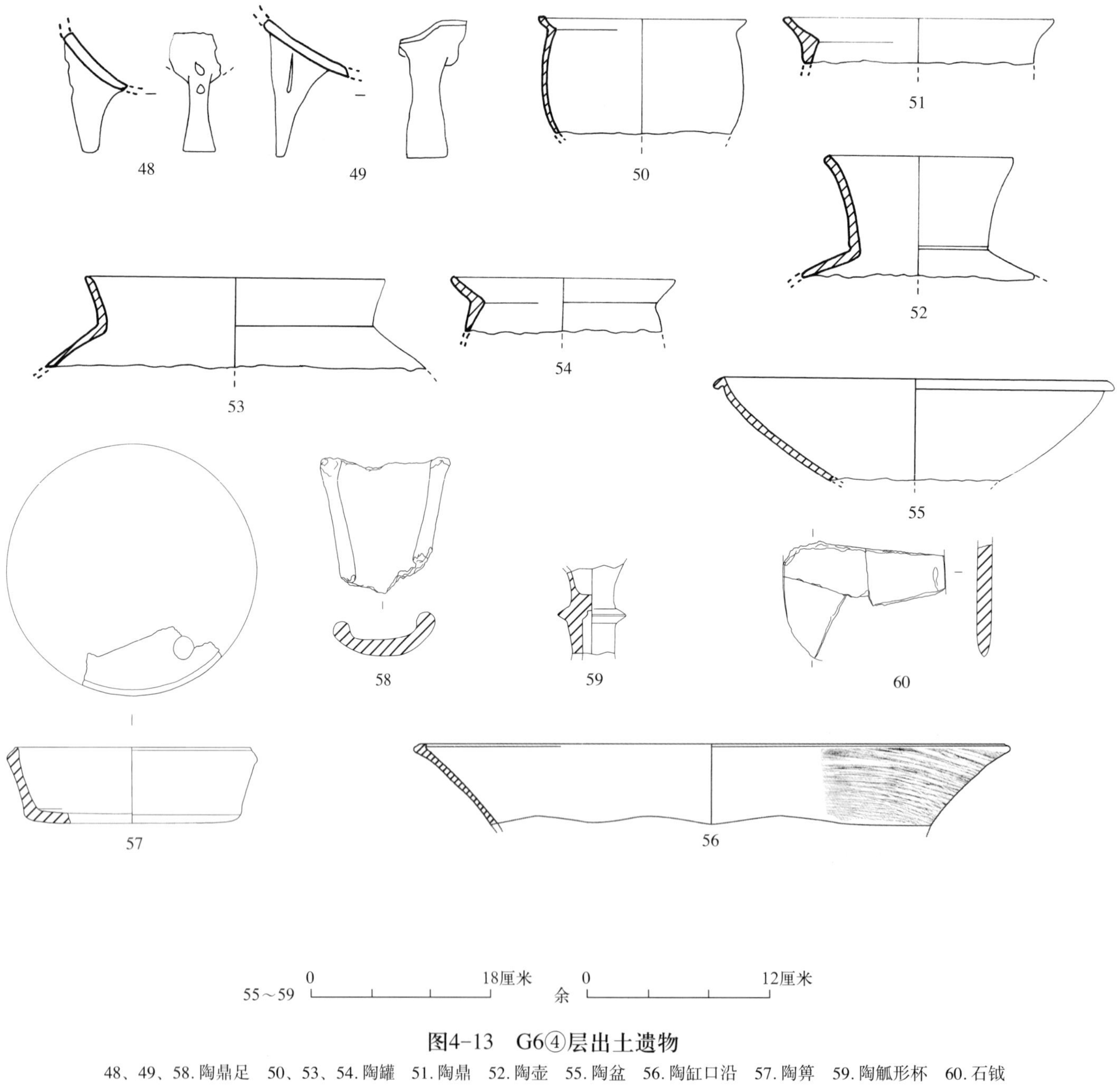

图4-13　G6④层出土遗物

48、49、58. 陶鼎足　50、53、54. 陶罐　51. 陶鼎　52. 陶壶　55. 陶盆　56. 陶缸口沿　57. 陶箅　59. 陶觚形杯　60. 石钺

G6④：49，陶鼎足。夹砂红褐陶。侧装鸭嘴形，两侧面各有1道刻槽。高9厘米（图4-13，49；彩版二八七，6～8）。

G6④：50，陶罐。泥质黄褐陶。口沿残片，侈口，圆唇，折沿，弧腹内收。口径14、残高7.6厘米（图4-13，50）。

G6④：51，陶鼎。泥质褐陶，内壁为黑色。口沿残片，侈口，圆唇，折沿。口径18、残高3厘米（图4-13，51）。

G6④：52，陶壶。泥质红褐陶。口沿残片，侈口，圆唇，短颈，广肩，肩部有网格状黑彩。口径12.6、残高8厘米（图4-13，52；彩版二八八，1）。

G6④：53，陶罐。泥质褐陶。口沿残片，侈口，尖圆唇，折沿，溜肩。口径20、残高6厘米（图4-13，53；彩版二八八，2）。

G6④：54，陶罐。夹石英褐陶。口沿残片，侈口，圆唇，折沿。口径15、残高3.6厘米（图4-13，54；彩版二八八，3）。

G6④：55，陶盆。泥质黑陶。口沿残片，敞口，圆唇，卷沿，弧腹内收。口径39、残高9.6厘米（图4-13，55）。

G6④：56，陶缸口沿。夹石英黑衣褐陶。敞口，圆唇，宽折沿，沿面有凹槽，斜直腹，器表有篮纹，腹残。口径60、残高11.8厘米（图4-13，56；彩版二八八，4）。

G6④：57，陶箅。泥质灰胎红褐陶。残片，侈口，圆唇，亚腰形腹，平底。底部有漏孔。口径22、高4.6厘米（图4-13，57；彩版二八八，5）。

G6④：58，陶鼎足。夹植物黑陶。卷边瓦形，下部残。残高9.6厘米（图4-13，58；彩版二八八，7）。

G6④：59，陶觚形杯。泥质灰胎黑陶。残存下半部，筒形柄，腹部突出一周尖棱，喇叭形圈足。残高6厘米（图4-13，59；彩版二八八，6）。

G6④：60，石钺。黑色花斑，残存中部，通体磨光，器表光滑透亮，双面刃。宽10.8、厚1.0厘米（图4-13，60；彩版二八八，8）。

G6⑤：61，陶纺轮。泥质红陶。圆饼状。直径4.4、孔径0.6、最厚处1厘米（图4-14，61；彩版二八九，1）。

G6⑤：62，陶纺轮。泥质灰陶。圆饼状。直径4.1、孔径0.5、厚0.7厘米（图4-14，62；彩版二八九，2）。

G6⑤：63，石刀。黑褐色，残片，半圆状。长7、最厚1厘米（图4-14，63；彩版二八九，3）。

G6⑤：64，砺石。不规则形，正面磨平略下凹。残长21.7、残宽13.8、厚0.5～2.5厘米（图4-14，64；彩版二八九，4）。

G6⑤：65，陶缸。夹粗砂黄褐陶。口沿残片，侈口，圆唇，宽折沿，沿面内凹，斜腹内收。口径40、残高4.2厘米（图4-14，65；彩版二八九，5）。

G6⑤：66，陶罐。泥质灰褐陶。口沿残片，敛口，圆唇。口沿下有一个鸟喙形突纽。宽8.5、残高4.6厘米（图4-14，66；彩版二八九，6）。

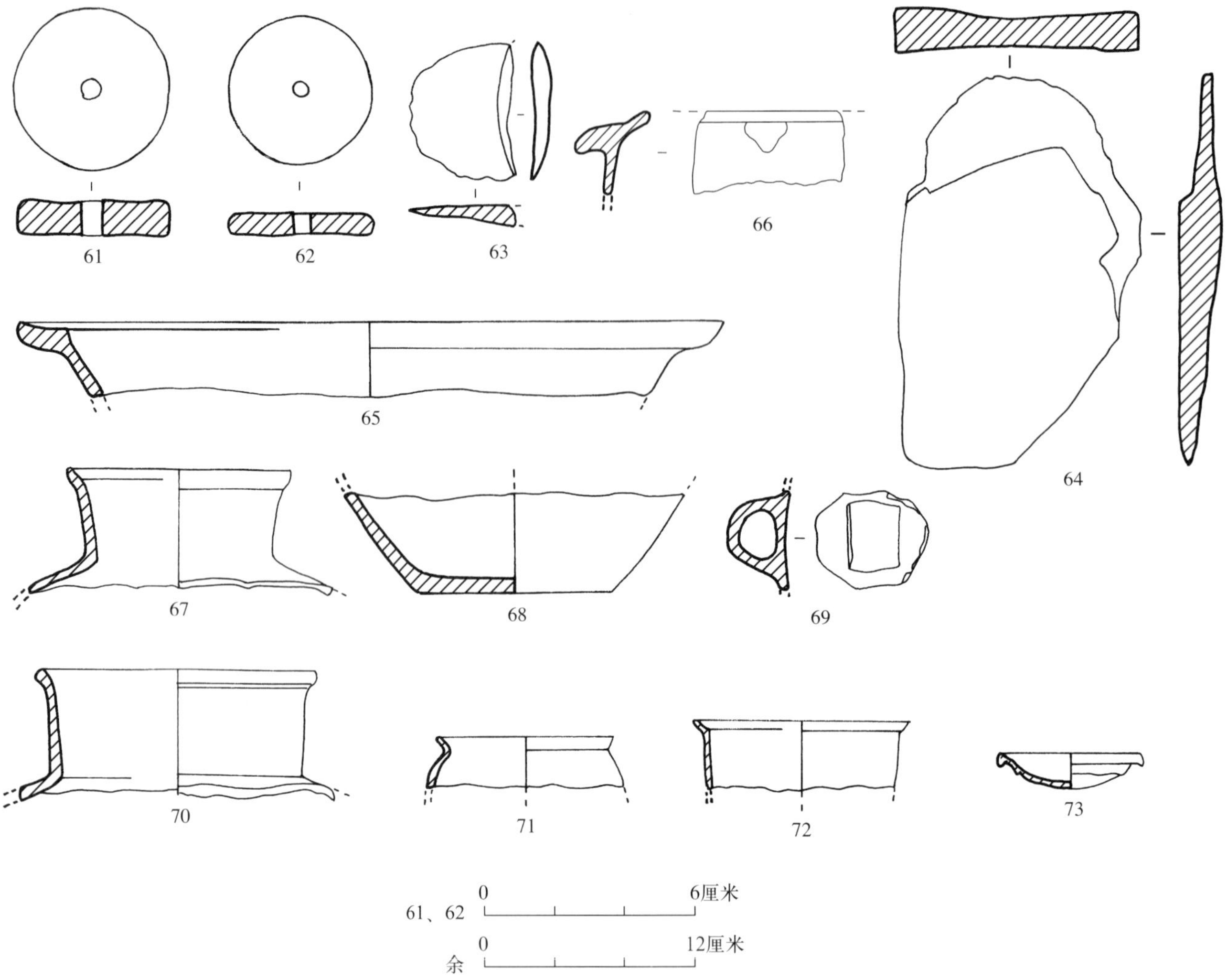

图4-14　G6⑤层出土遗物

61、62.陶纺轮　63.石刀　64.砺石　65.陶缸　66、68.陶罐　67、70.陶壶　69.陶器耳　71、72.陶杯　73.陶豆

G6⑤：67，陶壶。泥质灰褐陶，残存黑衣。口沿残片，侈口，圆唇，短折沿，矮颈，广肩。口径12.8、残高7.1厘米（图4-14，67；彩版二八九，7）。

G6⑤：68，陶罐。泥质灰胎黑陶。罐底残片，平底。底径11、残高5.5厘米（图4-14，68）。

G6⑤：69，陶器耳。泥质灰胎褐陶。桥形耳。宽6.4、高5.5厘米（图4-14，69；彩版二八九，8）。

G6⑤：70，陶壶。泥质灰胎褐陶，残存黑衣。口沿残片，侈口，圆唇，矮直颈。口径16、残高7.4厘米（图4-14，70；彩版二九○，1）。

G6⑤：71，陶杯。应为圈足杯口沿。细泥白陶。口沿残片，尖圆唇，折沿，圆肩，腹残。口径10、残高2.8厘米（图4-14，71；彩版二九○，2）。

G6⑤：72，陶杯。应为圈足杯口沿。细泥白陶。侈口，尖唇，折沿，沿面内凹，直腹，腹残。口径12、残高3.8厘米（图4-14，72；彩版二九○，3）。

G6⑤：73，陶豆。泥质灰陶。残存豆盘，器形较小。侈口，圆唇，斜折沿，浅盘，圜底。口沿下残存一泥突，圈足残。口径 8.2、残高 1.9 厘米（图 4-14，73；彩版二九〇，4）。

G6⑤：74，陶鼎足。夹砂红陶。侧装凿形，足根有 3 个按窝，足尖残。残高 7.8 厘米（图 4-15，74；彩版二九〇，5、6）。

G6⑤：75，陶盆。泥质红衣灰陶。口沿残片，侈口，圆唇，折沿，弧腹，被烧变形。口径 28、残高 7.2 厘米（图 4-15，75；彩版二九〇，7）。

G6⑤：76，销号。

G6⑤：77，陶罐。夹石英灰陶。口沿残片，侈口，圆唇，折沿，溜肩。口径 16、残高 5 厘米（图 4-15，77；彩版二九〇，8）。

G6⑤：78，陶豆。泥质灰胎黑陶。圈足残片。圈足底径 14、残高 3 厘米（图 4-15，78）。

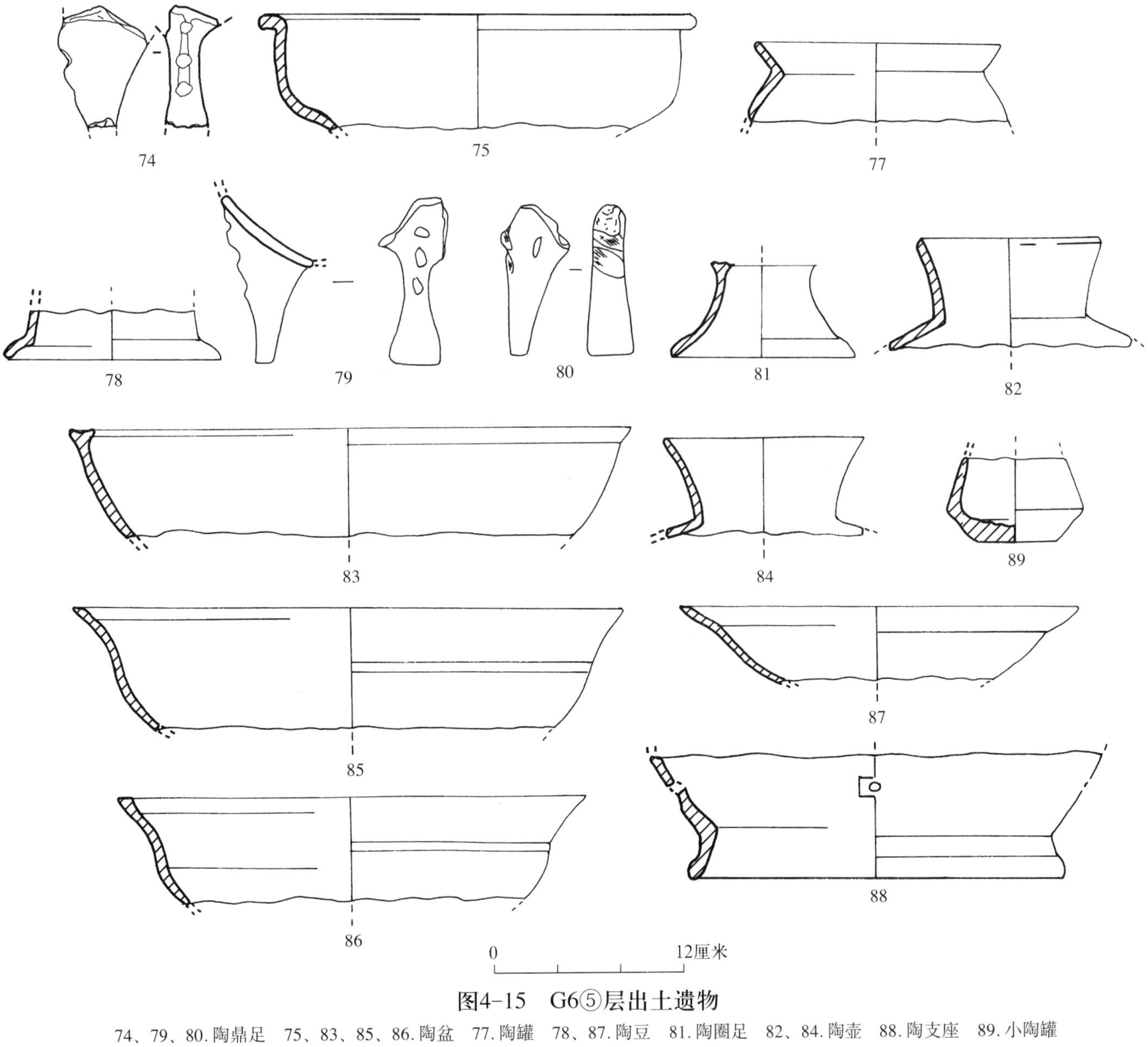

图4-15　G6⑤层出土遗物

74、79、80. 陶鼎足　75、83、85、86. 陶盆　77. 陶罐　78、87. 陶豆　81. 陶圈足　82、84. 陶壶　88. 陶支座　89. 小陶罐

G6⑤：79，陶鼎足。夹砂褐陶。侧装凿形，足根有3个按窝，足尖宽扁。高10.5厘米（图4-15，79；彩版二九一，1）。

G6⑤：80，陶鼎足。夹石英红陶。侧装凿形，足根有2个按窝，足两侧各有1道刻槽。高9.5厘米（图4-15，80；彩版二九一，2）。

G6⑤：81，陶圈足。泥质灰胎黑陶。矮喇叭形。圈足底径12、残高5.8厘米（图4-15，81；彩版二九一，3）。

G6⑤：82，陶壶。泥质黑衣褐陶。口沿残片，侈口，圆唇，短颈，溜肩。口径11.8、残高6.8厘米（图4-15，82；彩版二九一，4）。

G6⑤：83，陶盆。夹砂褐陶。口沿残片，敞口，尖唇，宽折沿，沿面内凹，弧腹内收。口径36、残高6.6厘米（图4-15，83；彩版二九一，5）。

G6⑤：84，陶壶。泥质灰陶。口沿残片，侈口，尖圆唇，短颈。口径13、残高6.1厘米（图4-15，84；彩版二九一，6）。

G6⑤：85，陶盆。泥质黑衣褐陶。口沿残片，敞口，尖唇，宽折沿，弧腹，腹部有一周凹弦纹。口径34.8、残高7.6厘米（图4-15，85；彩版二九一，7）。

G6⑤：86，陶盆。泥质灰褐陶。敞口，尖唇，宽折沿，弧腹，腹部有一周凹弦纹。口径30、残高6.4厘米（图4-15，86；彩版二九一，8）。

G6⑤：87，陶豆。泥质灰胎黑陶。豆盘口沿残片，敞口，圆唇，大斜折沿，弧腹内收，深盘。口径25.2、残高4.7厘米（图4-15，87）。

G6⑤：88，陶支座。泥质灰陶，器表及底座口沿内壁饰黑衣。残存下部，弧腹，矮圈足，支座上有圆形镂孔。底径24、残高7.6厘米（图4-15，88；彩版二九二，1）。

G6⑤：89，小陶罐。泥质灰褐陶。口残，敛口，斜直腹，下腹内收，平底微内凹。最大腹径8.8、底径4.4、残高5.3厘米（图4-15，89；彩版二九二，2）。

G6⑤：90，陶鼎足。夹细砂黑陶，灰胎。剖面为T字形，足面中间有5道竖向细刻槽，两侧各有斜向细刻槽。高11.5、足面宽6厘米（图4-16，90；彩版二九二，3～5）。

G6⑤：91，陶鼎足。夹石英褐陶。侧装凿形，足根部有3个按窝，足两侧各有一道细刻槽。高9.5厘米（图4-16，91；彩版二九二，6）。

G6⑤：92，陶鼎足。夹蚌末红褐陶。侧装凿形，足根部有1个按窝，足两侧各有1道刻槽。高8.5厘米（图4-16，92；彩版二九二，7）。

G6⑤：93，陶鼎足。夹石英灰陶。侧装凿形，足两侧各有1道刻槽。高9.6厘米（图4-16，93；彩版二九二，8）。

G6⑤：94，陶鼎足。泥质褐陶。侧装凿形。高7.6厘米（图4-16，94；彩版二九三，1、2）。

G6⑤：95，陶鼎足。夹植物褐陶。侧装扁三角形，足根有3个按窝，足两侧各有1道刻槽。残高10.4厘米（图4-16，95；彩版二九三，3）。

G6⑤：96，陶鼎足。夹植物褐陶。正装扁铲形，足面有2排竖向刻槽。残高8.8、宽6、厚3厘米（图4-16，96；彩版二九三，4）。

G6⑤：97，陶筒形器。夹植物灰陶。残存底部，直筒形，平底，近底部有刮削痕。底径14、

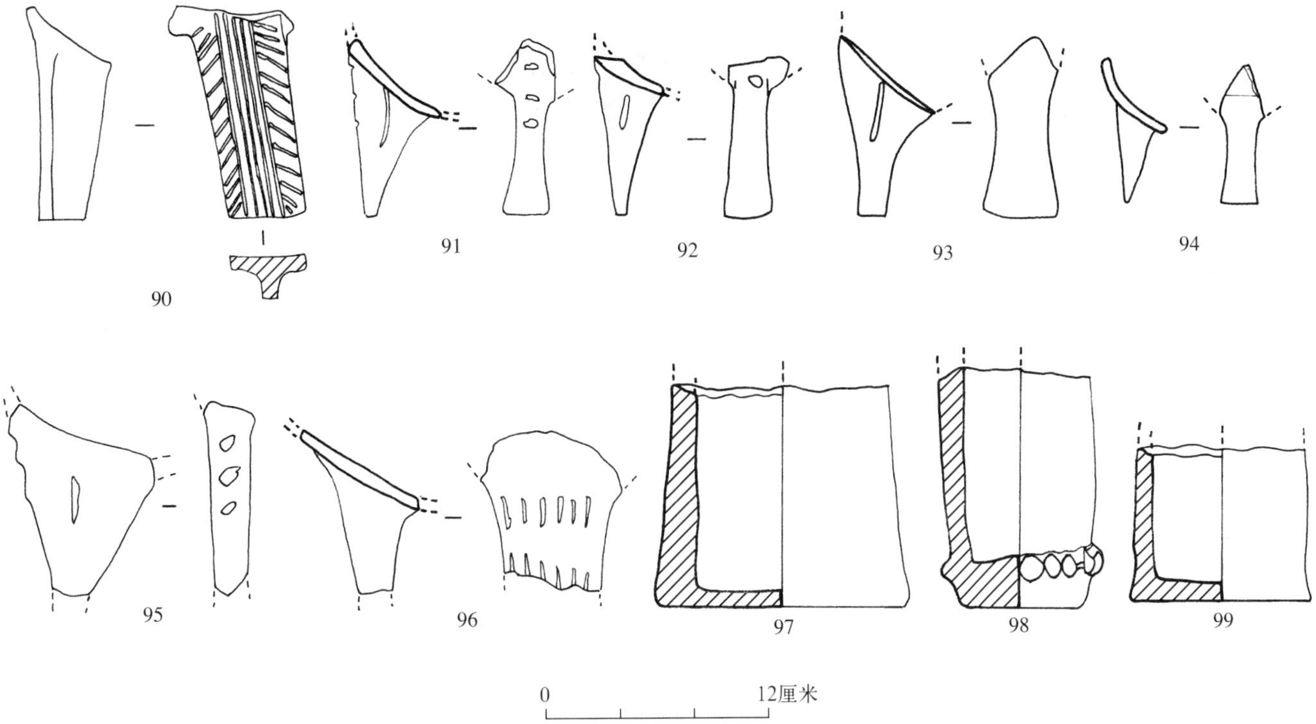

图4-16　G6⑤层出土遗物

90～96. 陶鼎足　97～99. 陶筒形器

残高 11.8 厘米（图 4-16，97；彩版二九三，5）。

G6⑤：98，陶筒形器。夹砂黑衣红陶，灰胎。残存下部。直筒形，平底，近底部有一周附加堆纹，上有索状按窝。底径 6.8、残高 12.8 厘米（图 4-16，98；彩版二九三，6～8）。

G6⑤：99，陶筒形器。夹砂褐陶。残存底部，直筒形，平底。底径 10、残高 8.1 厘米（图 4-16，99；彩版二九四，1）。

G6⑤：100，陶缸。泥质灰胎红陶。口沿残片，敛口，圆唇，深弧腹。口径 32、残高 8 厘米（图 4-17，100；彩版二九四，2）。

G6⑤：101，陶杯。泥质黑陶。残存底部，斜腹，平底。底径 5.8、残高 3.9 厘米（图 4-17，101；彩版二九四，3）。

G6⑤：102，陶罐。泥质灰胎红陶。口沿残片，侈口，圆唇，折沿。肩部有黑色彩绘，上部为两周条带纹，之下为斜向网格纹。口径 22、残高 5.6 厘米（图 4-17，102；彩版二九四，4、5）。

G6⑤：103，陶罐。泥质褐陶。口沿残片，直口微敛，尖唇，肩部残存 1 个鸟喙形突纽，残长 7.2 厘米（图 4-17，103；彩版二九四，6）。

G6⑤：104，陶盆。泥质黑陶。口沿残片，敞口，方圆唇，短平沿，弧腹内收。口径 30、残高 6 厘米（图 4-17，104；彩版二九四，7）。

G6⑤：105，陶盆。夹砂褐胎黑陶。口沿残片，微敛口，方圆唇，短平沿，沿面有凹槽，弧腹内收，腹部满布竖向绳纹。口径 40、残高 5.8 厘米（图 4-17，105；彩版二九四，8）。

G6⑥：106，陶杯。泥质红陶。直口微侈，尖唇，斜直腹，假圈足。口径 7.7、底径 5.8、高

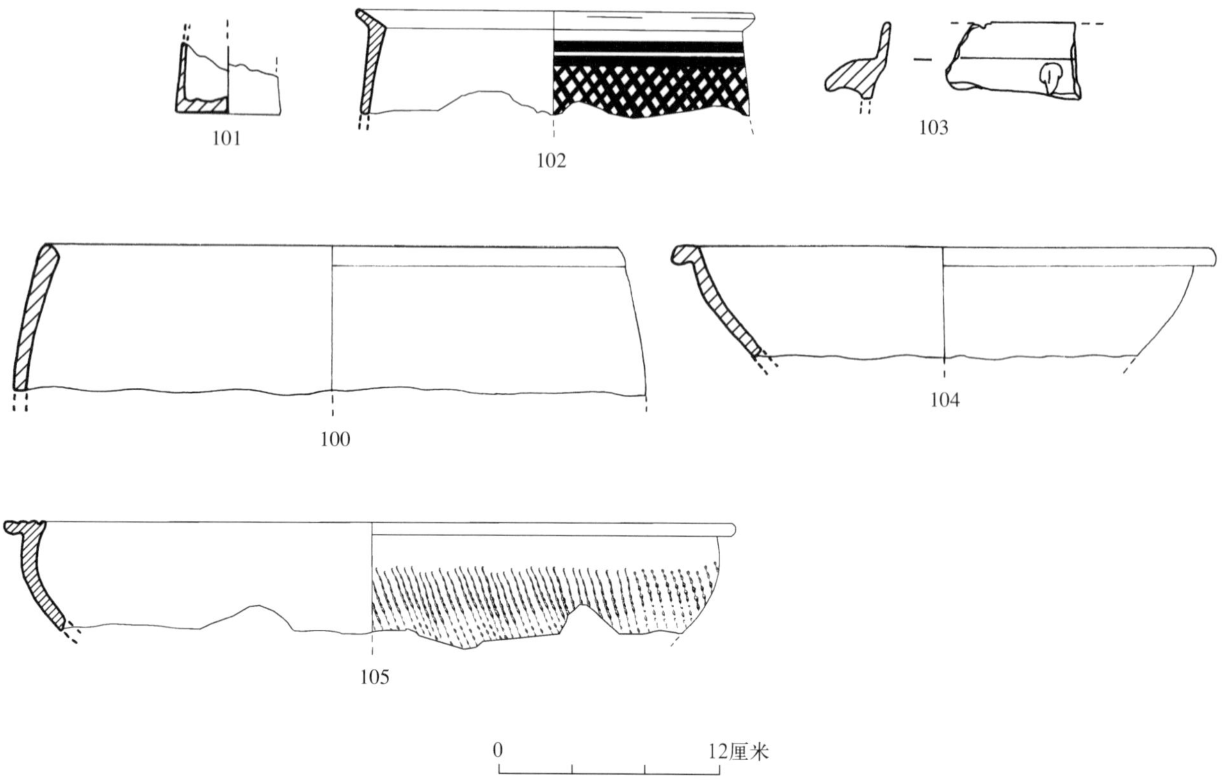

图4-17　G6⑤层出土遗物

100. 陶缸　101. 陶杯　102、103. 陶罐　104、105. 陶盆

9.9、厚 1～1.8 厘米（图 4-18，106；彩版二九五，1）。

G6⑥：107，陶盆。夹砂红褐陶。敞口，尖圆唇，斜弧腹，底残。口径 20.8、残高约 8.8 厘米（图 4-18，107；彩版二九五，2）。

G6⑥：108，陶纺轮。泥质灰陶。圆台形，剖面为梯形，两面平直。直径 3.9、孔径 0.6、厚 1.1 厘米（图 4-18，108；彩版二九五，3）。

G6⑥：109，陶筒形器。夹细砂灰陶。直筒形，口残，弧腹，平底，表面有条状细刮抹痕，内壁留有泥条盘筑痕迹。底径 9.8、高 27.6～27.8 厘米（图 4-18，109；彩版二九五，4、5）。

G6⑥：110，陶杯。泥质红褐陶。残存矮喇叭形圈足。圈足底径 7、残高 3.6 厘米（图 4-18，110；彩版二九五，6）。

G6⑥：111，陶壶。泥质灰陶。残存口沿。侈口，圆唇，短颈。口径 12、残高 5.4 厘米（图 4-18，111；彩版二九五，7）。

G6⑥：112，陶罐。夹植物黑陶。口沿残片，敛口，方圆唇，折沿，折肩，肩部有一周凸棱。口径 26、残高 5 厘米（图 4-18，112；彩版二九五，8）。

G6⑥：113，陶罐。夹砂灰陶。口沿残片，侈口，方唇，折沿，弧腹。口径 24、残高 6.4 厘米（图 4-18，113；彩版二九六，1）。

G6⑥：114，陶壶。泥质红陶。口沿残片，侈口，圆唇，短颈。口径 14、残高 6.4 厘米（图

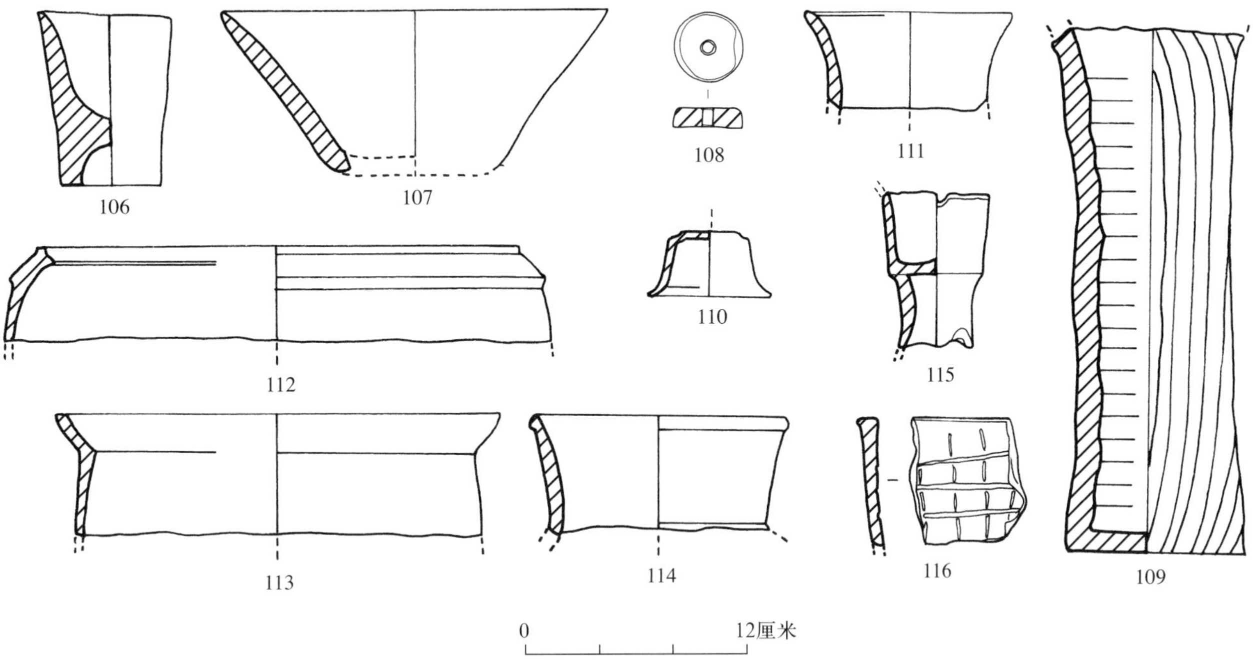

图4-18　G6⑥层出土遗物

106、110、115.陶杯　107.陶盆　108.陶纺轮　109.陶筒形器　111、114.陶壶　112、113.陶罐　116.陶刻槽盆

4-18，114；彩版二九六，2）。

G6⑥：115，陶杯。泥质红陶，灰黄色胎。口残，腹近直，下腹折内收，平底，圈足上部呈筒形，下部残。腹径5.7、残高8.4厘米（图4-18，115；彩版二九六，3、4）。

G6⑥：116，陶刻槽盆。泥质黑衣灰胎褐陶。口沿残片，敞口，尖圆唇，斜腹内收，内壁有格子形状刻槽，刻槽内残存白色物质。残长7.1、残宽6.9厘米（图4-18，116；彩版二九六，5）。

G6⑥：117，陶盆。泥质灰陶，残存少量黑衣。口沿残片，敞口，斜方唇，斜腹内收。口径36、残高6厘米（图4-19，117；彩版二九六，6）。

G6⑥：118，陶盆。泥质黑衣灰陶。口沿残片，侈口，方圆唇，短平沿。口径50、残高4.2厘米（图4-19，118；彩版二九六，7）。

G6⑥：119，陶盆。泥质黑皮红陶，灰胎。敞口，圆唇，短弧沿，折腹。口径24、残高6厘米（图4-20，119；彩版二九六，8）。

G6⑥：120，陶盆。夹细砂黑衣褐陶。口沿残片，微敛口，圆唇，宽平沿，沿面有3道凸棱呈台阶状，弧腹内收。口径44、残高8.6厘米（图4-19，120；彩版二九七，1、2）。

G6⑥：121，陶盆。夹砂红褐陶，残存少量黑衣。口沿残片，微敛口，圆唇，宽平沿，沿面有3道凸棱呈台阶状。口径40、残高6厘米（图4-19，121；彩版二九七，3）。

G6⑥：122，陶盆。夹石英红褐陶。侈口，方唇，宽平沿，沿面有一道凹槽，腹部近直。口径44、残高5.4厘米（图4-19，122；彩版二九七，4）。

G6⑥：123，陶大口尊。夹砂褐胎黑陶。口沿残片，敞口，圆唇，短平内勾沿，沿面有两周凹槽，斜腹内收。口沿下满布右向细斜篮纹。口径56、残高5.2厘米（图4-19，123；彩版

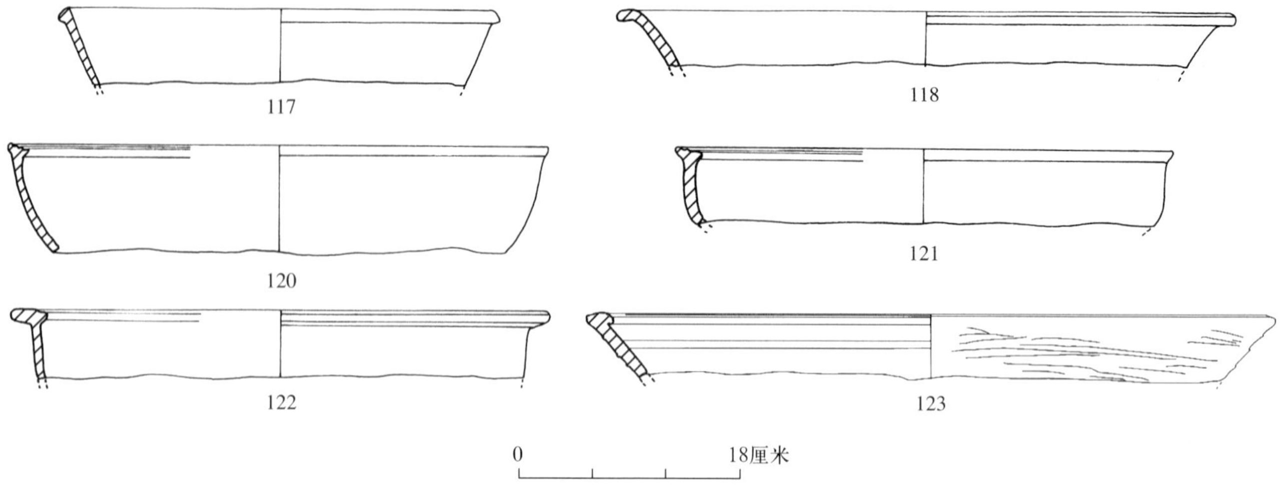

图4-19 G6⑥层出土遗物

117、118、120～122. 陶盆 123. 陶大口尊

二九七，5、6）。

G6⑥：124，陶杯。泥质灰陶。残存喇叭形圈足。底径 7、残高 4.4 厘米（图 4-20，124；彩版二九七，7）。

G6⑥：125，陶杯。泥质灰陶。残存矮喇叭形圈足。圈足底径 6、残高 3.2 厘米（图 4-20，125）。

G6⑥：126，陶鼎足。夹蚌末红陶。侧装凿形。高 10.3 厘米（图 4-20，126；彩版二九七，8）。

G6⑥：127，陶鼎足。夹蚌末红陶。侧装凿形。高 9.5 厘米（图 4-20，127；彩版二九八，1～3）。

G6⑥：128，陶鬶把手。夹蚌末红陶。绞丝状。长 8.1、宽 2.1 厘米（图 4-20，128；彩版二九八，4）。

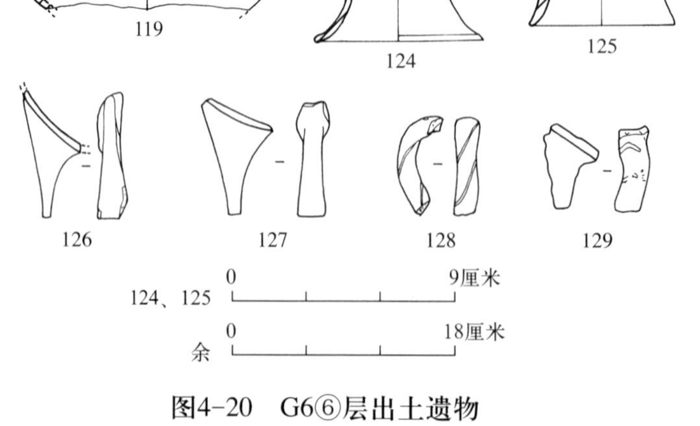

图4-20 G6⑥层出土遗物

119. 陶盆 124、125. 陶杯 126、127、129. 陶鼎足 128. 陶鬶把手

G6⑥：129，陶鼎足。泥质黑褐陶。侧装凿形，被高温烧致变形并有气孔。高 7 厘米（图 4-20，129；彩版二九八，5～8）。

G6⑦：130，陶杯。泥质红褐胎灰黑陶，厚胎。侈口，尖唇，斜弧腹，假圈足，杯体较浅。口径 6.8、底径 6、高 8.7、厚 1～2 厘米（图 4-21，130；彩版二九九，1）。

G6⑦：131，石斧。深绿色，残存中段，通体磨光。残长 5.5、宽 6.7、最厚处 4.7 厘米（图 4-21，131；彩版二九九，2、3）。

G6⑦：132，骨锥。乳白色，近圆锥形，平底，尖部残。残长 4.3、宽 0.7、厚 0.6 厘米（图 4-21，132；彩版二九九，4）。

G6⑦：133，石锥。黑青色，扁锥形。残长 4.3、宽 0.9、厚 0.7 厘米（图 4-21，133；彩版二九九，5）。

G6⑦：134，陶筒形器。夹砂灰黑陶，红褐胎。口残，斜腹内收，平底，表面满布刮抹痕。底径 9.6、残高 26.4～27 厘米（图 4-21，134；彩版二九九，6）。

G6⑦：135，陶筒形器。夹砂黑衣灰陶，红褐胎。口残，敞口，斜弧腹，平底，表面满布

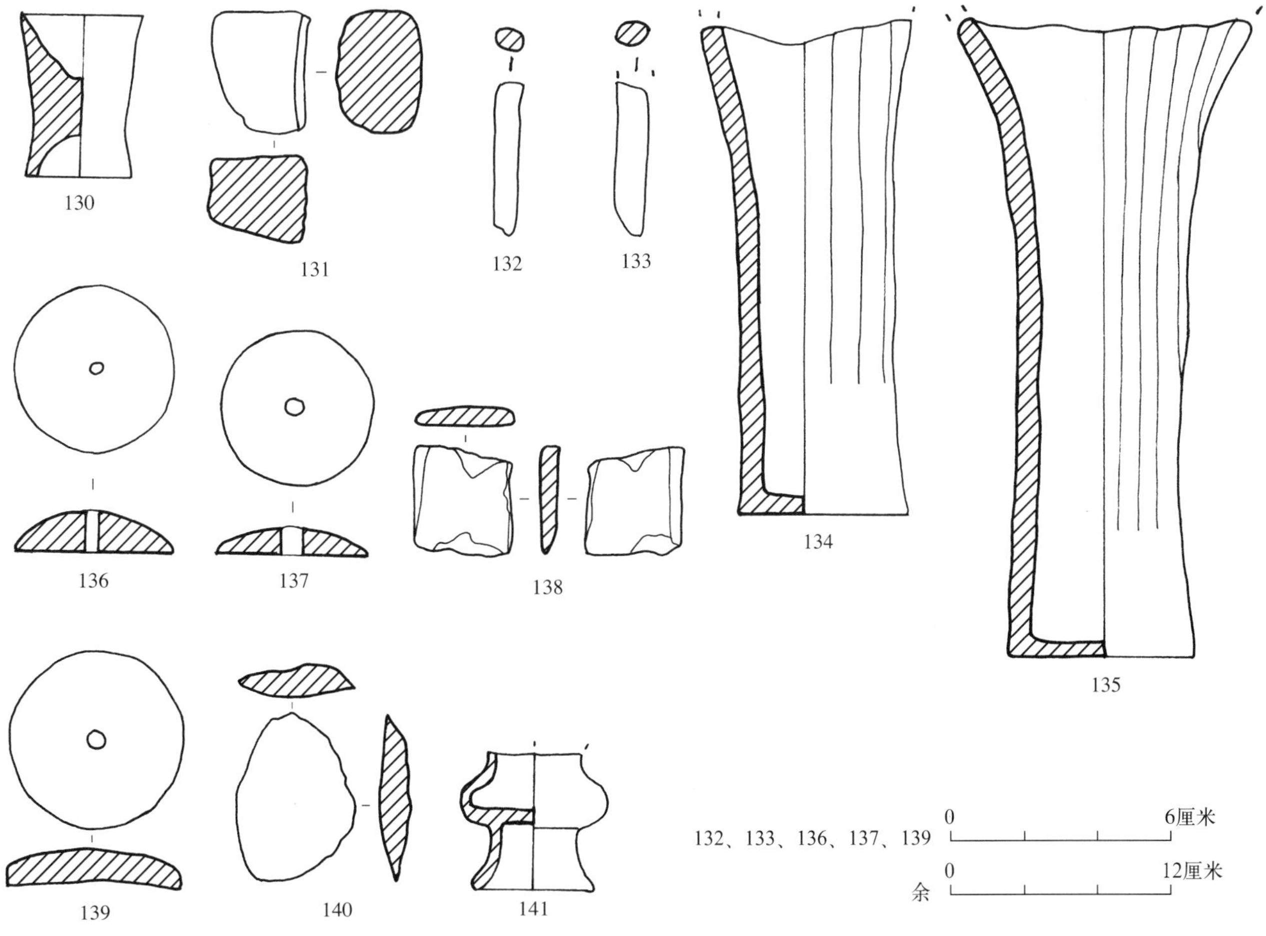

图4-21　G6⑦层出土遗物

130、141.陶杯　131.石斧　132.骨锥　133.石锥　134、135.陶筒形器　136、137、139.陶纺轮　138.砺石　140.石器残片

刮抹痕，内壁可见泥条盘筑痕。底径 10.2、残高 33.2～33.4 厘米（图 4-21，135；彩版二九九，7、8）。

G6⑦：136，陶纺轮。泥质红陶。圆饼状，一面弧起一面内凹。直径 4.5、孔径 0.55、最厚处 1 厘米（图 4-21，136；彩版二九九，9）。

G6⑦：137，陶纺轮。泥质灰陶。圆饼状，一面弧起一面平直。直径 4、孔径 0.55、最厚处 0.7 厘米（图 4-21，137；彩版三〇〇，1）。

G6⑦：138，砺石。褐色，长方形，正面磨平，一端边缘磨出刃部。残长 6、残宽 5.5、厚 1 厘米（图 4-21，138；彩版三〇〇，2）。

G6⑦：139，陶纺轮。泥质红陶。圆饼状，一面弧起一面平直。直径 4.5、孔径 0.4、最厚处 1.1 厘米（图 4-21，139；彩版三〇〇，3）。

G6⑦：140，石器残片。绿色，不规则形，表面磨光。残长 9.1、残宽 6.5、残厚 0.1～1.8 厘米（图 4-21，140；彩版三〇〇，4）。

G6⑦：141，陶杯。泥质灰陶。口残，短颈，扁鼓腹，喇叭形圈足。圈足底径 6.4、残高 7.1 厘米（图 4-21，141；彩版三〇〇，5）。

G6⑦：142，陶鬶。泥质红陶。残存一袋足，乳状袋足，高实足根，袋足侧面有 1 个环形扁带形把手。残高 14 厘米（图 4-22，142；彩版三〇〇，6）。

G6⑦：143，陶锥。泥质黑陶。近圆锥形，剖面近圆形，顶残。残长 4.2、宽 0.9、厚 0.8 厘米（图 4-22，143；彩版三〇〇，7）。

G6⑦：144，陶钵。夹细砂黑衣灰陶。残存下半部，平底微内凹。底径 4、残高 3.2 厘米（图 4-22，144；彩版三〇〇，8）。

G6⑦：145，陶罐。夹砂灰胎黑陶。残存罐底，平底微内凹。底径 12、残高 5 厘米（图 4-22，145）。

G6⑦：146，陶壶。泥质灰胎黄褐陶。口沿残片，侈口，圆唇，短颈。口径 13、残高 5.6 厘米（图 4-22，146；彩版三〇一，1）。

G6⑦：147，陶罐。泥质黑衣灰胎褐陶。罐底残片，平底微内凹。腹底与底交接处有泥条拼接痕。底径 12、残高 6.2 厘米（图 4-22，147；彩版三〇一，2、3）。

G6⑦：148，陶壶。泥质灰褐陶。口沿残片，侈口，圆唇，短颈，圆肩。口径 12、残高 8.2 厘米（图 4-22，148；彩版三〇一，4）。

G6⑦：149，陶罐。泥质灰陶。罐底残片，平底。底径 8.8、残高 5.7 厘米（图 4-22，149；彩版三〇一，5）。

G6⑦：150，陶罐。泥质灰陶。口沿残片，侈口，尖唇，折沿，弧腹内收。口径 16、残高 5.4 厘米（图 4-22，150；彩版三〇一，6）。

G6⑦：151，陶鼎足。夹石英红褐陶。侧装凿形，足根有 2 个按窝，足侧面各有 1 道刻槽。高 9.8 厘米（图 4-23，151；彩版三〇一，7）。

G6⑦：152，陶鼎足。夹植物红褐陶。侧装凿形，足根有 2 个按窝。高 11.4 厘米（图 4-23，152；彩版三〇一，8）。

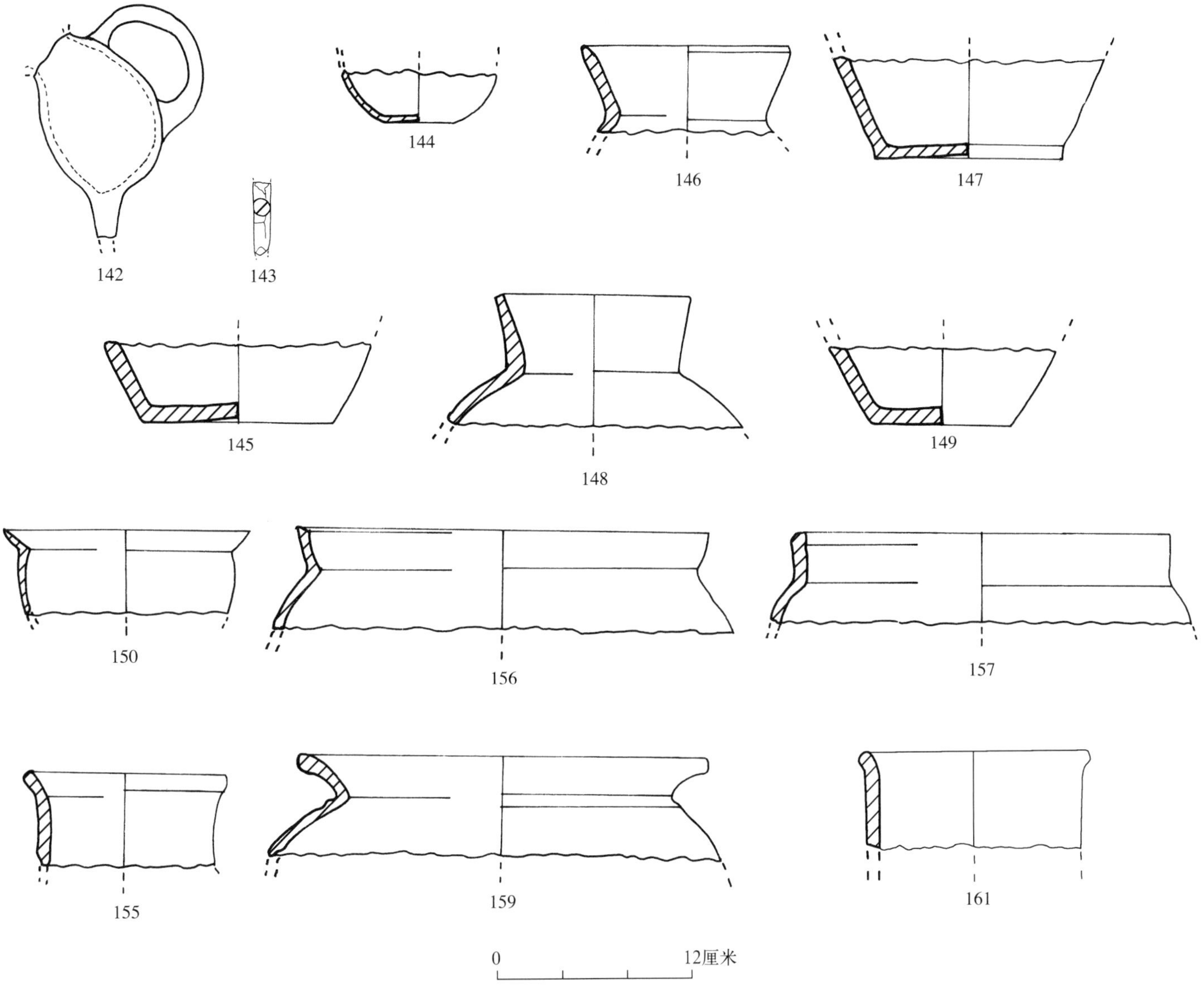

图4-22　G6⑦层出土遗物

142. 陶鬶　143. 陶锥　144. 陶钵　145、147、149、150、156、157、159. 陶罐　146、148、155、161. 陶壶

G6⑦：153，销号。

G6⑦：154，陶鼎足。泥质黑衣褐陶，灰胎。卷边瓦形，较瘦长。高 10.6、宽 4、厚 1 厘米（图 4-23，154；彩版三〇二，1）。

G6⑦：155，陶壶。泥质灰陶。口沿残片，侈口，圆唇，卷沿，矮颈。口径 13、残高 5.8 厘米（图 4-22，155；彩版三〇二，2）。

G6⑦：156，陶罐。夹石英灰陶。口沿残片，侈口，尖唇，折沿。口径 26、残高 6.2 厘米（图 4-22，156；彩版三〇二，3）。

G6⑦：157，陶罐。夹砂灰陶。口沿残片，敛口，圆唇，溜肩。口径 24、残高 5.8 厘米（图 4-22，157）。

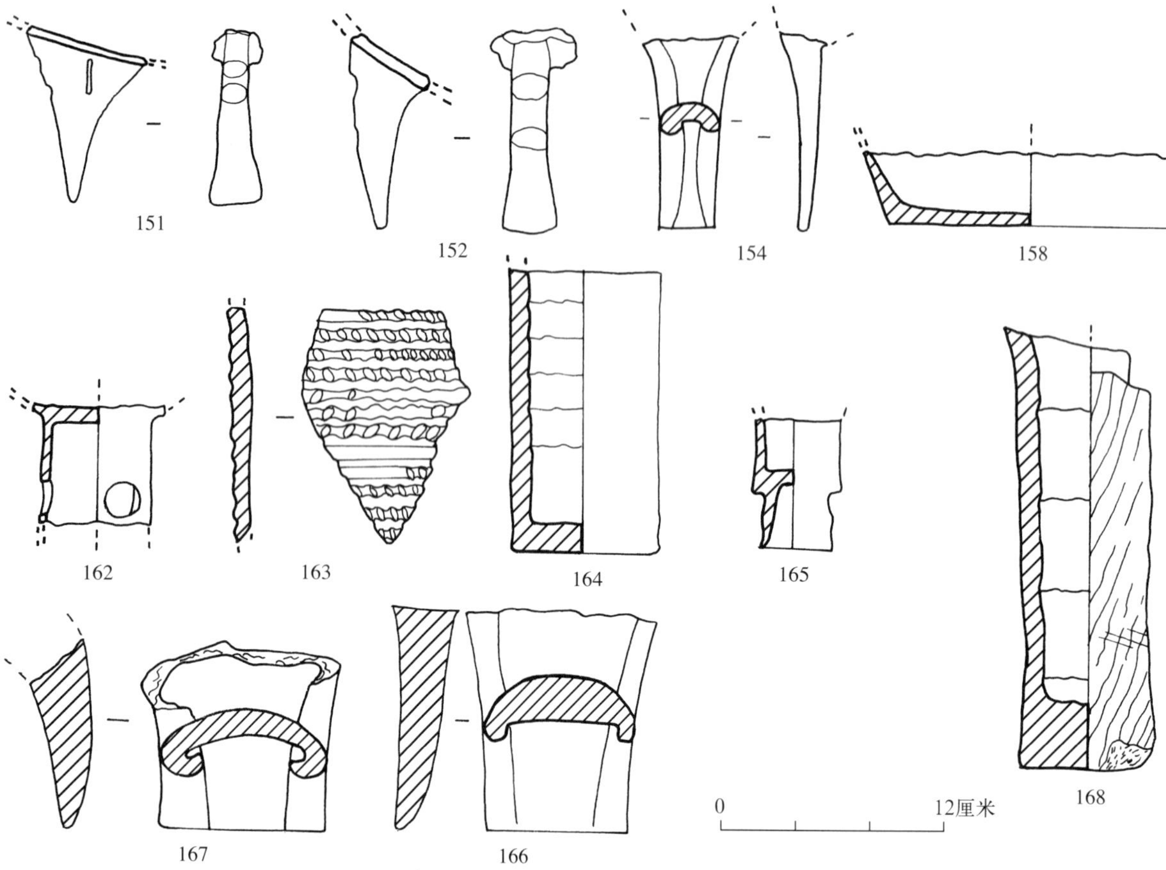

图4-23 G6⑦层出土遗物

151、152、154、166、167. 陶鼎足 158. 陶盆 162. 陶圈足 163、164、168. 陶筒形器 165. 陶杯

G6⑦：158，陶盆。泥质红陶。盆底残片，平底。底径 16、残高 4 厘米（图 4-23，158）。

G6⑦：159，陶罐。泥质灰胎黑陶。口沿残片，侈口，圆唇，肩部有一道凹槽。口径 26、残高 6.2 厘米（图 4-22，159；彩版三〇二，4）。

G6⑦：160，销号。

G6⑦：161，陶壶。泥质灰陶。口沿残片，侈口，圆唇，短颈。口径 14、残高 6 厘米（图 4-22，161；彩版三〇二，5）。

G6⑦：162，陶圈足。泥质黑衣灰陶。直筒形，圈足上有 3 个圆形镂孔。顶径 6、残高 6.3 厘米（图 4-23，162；彩版三〇二，6）。

G6⑦：163，陶筒形器。泥质红陶。腹部残片，外壁有附加堆纹，上有不规则形条状按窝。残高 12.4、残宽 9.5 厘米（图 4-23，163；彩版三〇三，1）。

G6⑦：164，陶筒形器。夹砂红褐陶，颜色斑驳。直筒形，残存下半部，直腹，平底，内壁可见泥条盘筑拼接痕。底径 8.8、残高 15.8 厘米（图 4-23，164；彩版三〇三，2）。

G6⑦：165，陶杯。泥质黄褐陶。口残，直腹，平底，圈足。底径 4.2、残高 7.2 厘米（图 4-23，165；彩版三〇三，3）。

G6⑦：166，陶鼎足。夹植物蚌末黄褐陶。卷边瓦形，较宽扁厚重。高 12、宽 9、厚 2.5 厘米（图 4-23，166；彩版三〇三，4、5）。

G6⑦：167，陶鼎足。夹植物红褐陶。卷边瓦形，残存下部，卷边较甚。残高 10.5、宽 9、厚 1.8 厘米（图 4-23，167；彩版三〇三，6、7）。

G6⑦：168，陶筒形器。夹砂红陶。长直筒形，口残，器表下部有斜向条状刮抹痕，器内壁可见泥条盘筑和手抹痕。残高 23.6、底径 7.2 厘米（图 4-23，168；彩版三〇三，8）。

第二节　西二区

西二区位于玉石塘东侧中部（彩版三〇四,3），布 2 个 5 米 ×5 米探方（编号 TW22S3 西南部、TW22S4 西北部）（图 4-24）、1 个 7 米 ×7 米探方（编号 TW23S6）（图 4-25；彩版三〇四，2）。在 TW22S3、TW22S4 内发现 2 座汉墓。

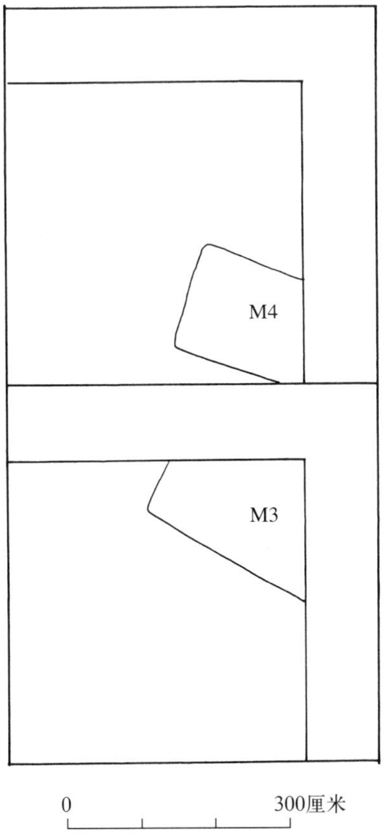

图4-24　TW22S3、TW22S4遗迹平面分布图

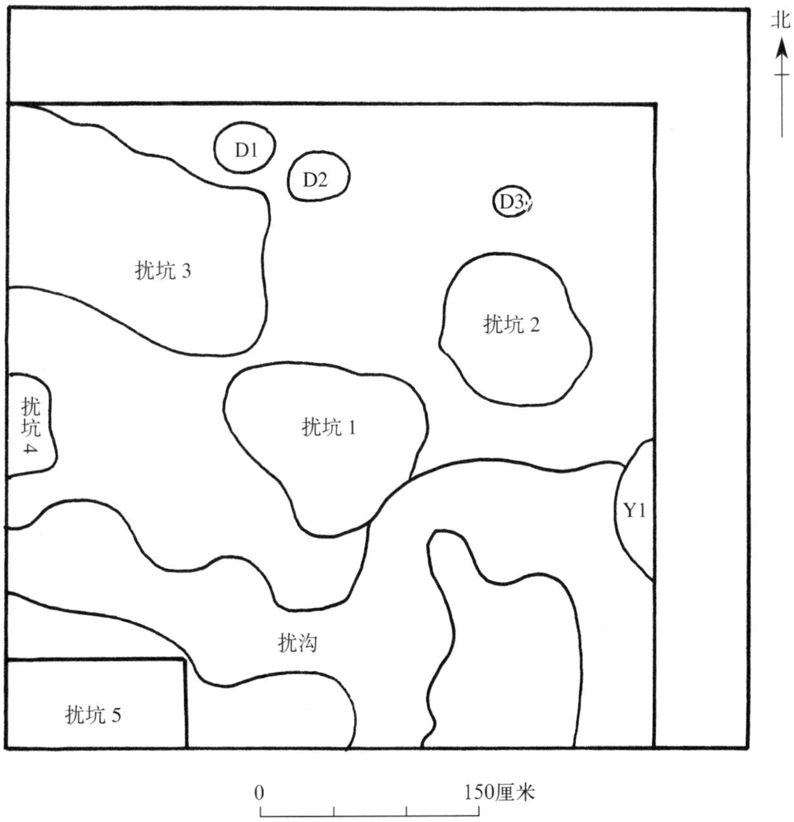

图4-25　TW23S6遗迹平面分布图

一　地层堆积

1. TW22S3

以 TW22S3 为例，该方地层堆积共分 5 层（彩版三〇四，1）。

第①层：深灰褐粉砂土，厚 0.10～0.67 米。较疏松，内含大量植物根茎，出土有零星泥质灰陶板瓦和筒瓦残片及青花瓷片，该层由东向西北两个不同方向斜坡堆积而成，分布全方。本层为 20 世纪 50 年代挖玉石塘时堆土形成。

第②层：浅灰褐黏土，深 0.65～1.30、厚 0.60～1.15 米。致密。出土有零星泥质灰陶板瓦和筒瓦石块残片，该层在方内东部堆积较厚，由南向北为斜坡堆积而成，分布全方。本层为 20 世纪 50 年代挖玉石塘时堆土形成。

第③层：黄褐色黏土，深 0.05～1.08、厚 0.05～0.35 米。致密略硬，局部夹有零星红烧土块及颗粒，无出土遗物。该层分布于方内东南部，由东向西斜坡堆积而成。本层为 20 世纪 50 年代挖玉石塘时堆土形成。

第④层：灰黄砂土，深 1.10～2.05、厚 0.20～1.00 米。较疏松，松软，出土有零星泥质灰陶板瓦残片和石块。该层在方内堆积较厚，南部和东部较厚于西部和北部，堆积较平坦，分布全方。本层下开口 M4。本层为原始表土层。

第⑤层：土色红褐色，深 1.45～2.40、厚 0.25～0.55 米。致密略硬，内夹有零星黑斑点，堆积较平坦，分布全方。

第⑤层下为红褐色生土。该方未见新石器时代遗存。

2. TW23S6

该方被严重盗扰，地层可分为 5 层。

第①层：土色红褐色，深 0.15～0.65、厚 0.10～1.05 米。略松，内含大量植物根茎，出土有零星泥质灰陶，器形有板瓦和筒瓦碎片，青花瓷片、罐口沿腹片等，纹饰有粗绳纹等，该层在方内堆积由西向东斜坡堆积而成，覆盖全方。该层下中部发现一近代扰坑 1，平面不规则形，直径 1.30～1.80 米，自深 0.83 米，开口距地表深 1.30 米，直壁，平底，填土黄褐色花土夹零星红烧土块。

第②层：黄褐色粉砂土，深 0.55～0.85、厚 0.05～0.65 米。略松。出土有零星泥质灰陶板瓦和筒瓦残片及青花瓷片、石块等，该层只分布于方内北部和西部。平面由西向东斜坡堆积。

第③层：黑褐色黏土，深 0.65～1.25、厚 0.05～1.00 米。致密，出土有零星泥质灰陶板瓦和筒瓦残片、小石块等。

第④层：灰褐色细砂土，深 1.80～1.45、厚 0.05～0.40 米。疏松，出土有零星泥质灰陶和黑釉瓷片，器形有罐腹片、盖口沿等，该层分布全方。该层下北部有柱洞 3 个，分别东、西向排列，编号由西向东 D1、D2、D3，扰坑 4 个、扰沟 1 条。

D1　直径 0.65 米，自深 0.30 米，直壁，平底，填土黄褐色夹零星红烧土块。

D2　位于 D1 东部偏南 0.20 米，直径 0.55～0.65 米，自深 0.30 米，直壁，平底，填土黄褐色。

D3　位于方内东北部，直径 0.35～0.35 米，自深 0.08 米，直壁，平底，填土黄褐色。

扰坑 2　位于方内东中部偏北，开口于④层下，开口距地表深 1.35 米，平面呈不规则椭圆形，长径 1.70、短径 1.60 米，自深 1.20 米，直壁，平底，填土为红褐色，无出土遗物。

扰坑 3　位于方内西北部，部分延伸于北壁西壁之中，现平面呈不规则形，东西长 2.75、南北宽 2 米，自深 0.90～1.00 米，壁面不规则有坍塌痕迹，底部凹凸不平，坑内填土红褐色含零星红烧土块。

扰坑 4　位于方内西中部偏南，开口距地表深 1.10 米，平面不规则、其大部分延伸于西壁之中，现南北长 1.10、宽 0.40～0.48 米，自深 0.45 米，直壁，平底，填土灰褐色，无遗物。

扰坑 5　位于方内西南角，开口距地表深 0.20 米，平面呈方形，东西 1.9、南北 1 米，自深 2.5 米，上部直壁，下部向北内挖坍塌不清，底不平，填土灰褐色，无出土遗物。

扰沟　位于方内南部，平面呈东西向，分布于整个探方，部分延伸于探方外，形状不规则，最宽处 1.20～1.35～1.50 米，窄处 0.55～0.65～0.70、深 0.40～0.50 米，弧壁底不平，填土为黄褐色，致密，内含有零星红烧土块及黑斑锈块，出土有零星泥质灰陶和红陶及黑衣陶残片，器形有盆口沿、罐口沿、鼎足等。

第⑤层：红褐色黏土，深 0.95～1.55、厚 0.05～0.15 米。致密，出土有零星泥质红陶残片，该层为水平状堆积，分布全方。该层年代为大汶口文化晚期。该层出土小件 2 件。

TW23S6⑤：1，砺石。红褐色，长条形，剖面近长方形，四面均有磨痕。长 6.1、宽 3.3、厚 1 厘米（图 4-26，1；彩版三〇四，4）。

TW23S6⑤：2，石环。灰色，残存一角，环形，剖面为长方形，表面经打磨，内壁未打磨。复原外径 7.5、内径 7、厚 0.5 厘米（图 4-26，2；彩版三〇四，5）。

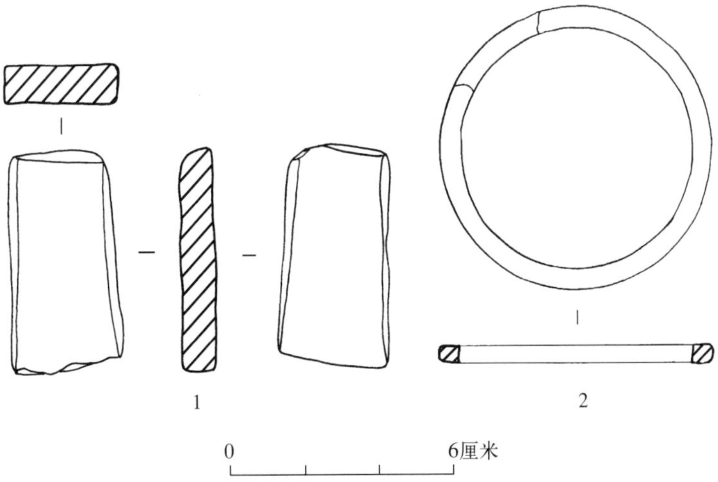

图4-26　TW23S6⑤层出土器物

1. 砺石　2. 石环

二　墓葬

1. M3

位于 TW22S4 东北部，部分延伸于东壁之中。开口于④层下，打破⑤层和生土。

长方形竖穴土坑墓，有二层台。墓口距地表深 1.90 米，墓坑深 1.15 米，方向为东偏南，127°（图 4-27；彩版三〇五，1、2）。墓口东西长 2.55、东端宽 1.10、西端宽 1.25 米。墓底东西长 2.35、东端宽 0.70、西端宽 0.74 米。二层台高于墓底 0.40 米。填土为红褐色花土，较疏松。棺椁人骨无存。

随葬 2 件陶器，位于墓室东南部（彩版三〇五，3）。

M3：1，陶罐。泥质红褐陶，残存少量黑衣。短平沿，束颈，下腹残。口径 18、残高 8 厘米（图 4-28，1）。

M3：2，陶豆。泥质灰陶。直口微敛，圆唇，浅盘，喇叭形圈足。口径 13.4、最大腹径 13.8、底径 7.6、高 11.4～12 厘米（图 4-28，2；彩版三〇五，4）。

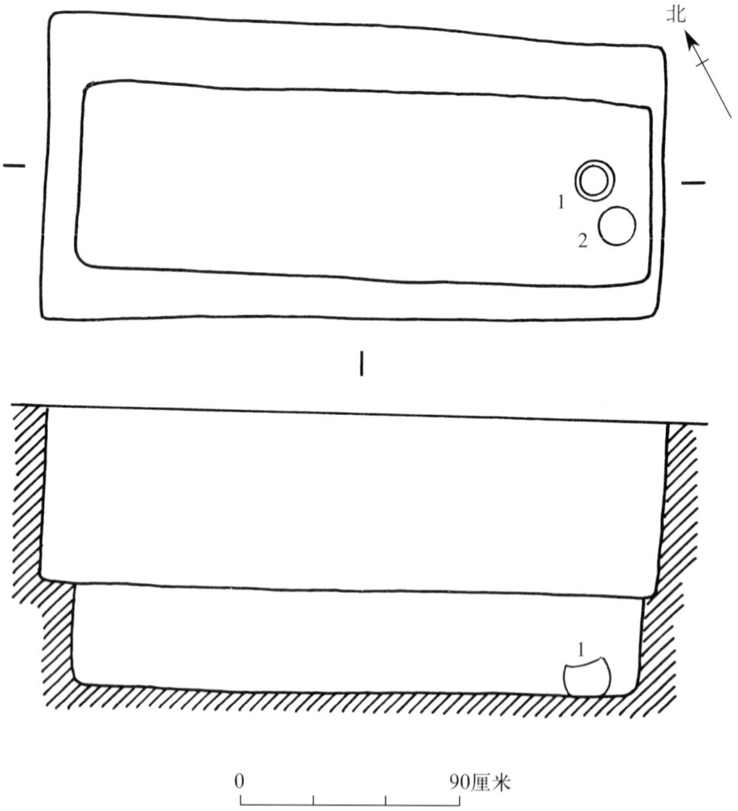

图4-27　M3平、剖面图

1. 陶罐　2. 陶豆

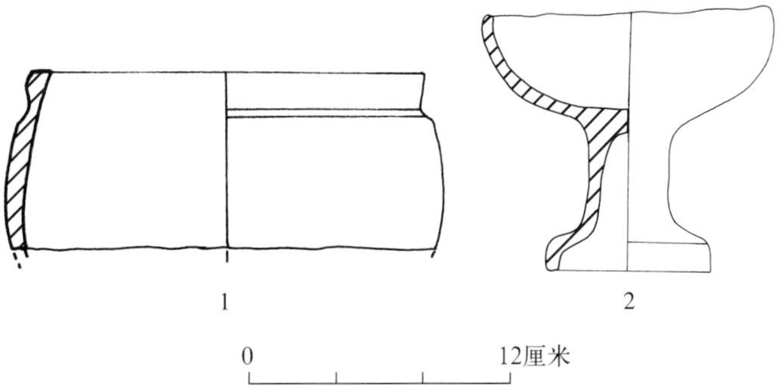

图4-28　M3出土遗物

1. 陶罐　2. 陶豆

2. M4

位于 TW22S3 东南部，部分延伸于北壁之中。开口于④层下，打破⑤层和生土。

长方形竖穴土坑墓。墓口距地表深 1.90 米，墓坑深 0.8 米，方向为东偏南，122°（图 4-29；彩版三〇六，1、2）。墓口东西长 2.55、东端宽 1.3、西端宽 1.48 米。直壁，平底。填土为红褐色花土，较疏松。棺椁人骨无存。随葬 2 件陶器，位于墓室东南部。

M4：1，陶罐。夹石英褐陶。短斜平沿，方唇，束颈，圆腹，圜底近平，下腹部有浅粗绳纹。口径 22、最大腹径 23.1、高 14.3～14.8 厘米（图 4-30，1；彩版三〇六，3）。

M4：2，陶罐。夹砂灰陶。侈口，圆唇，短颈，圆腹，平底，颈部有一对穿孔。口径 11.6、最大腹径 18.6、底径 7.6、高 17.5～18.4 厘米（图 4-30，2；彩版三〇六，4）。

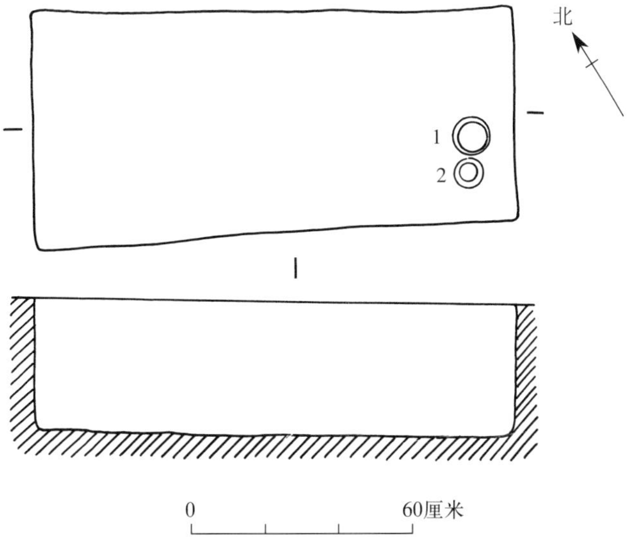

图4-29　M4平、剖面图

1、2. 陶罐

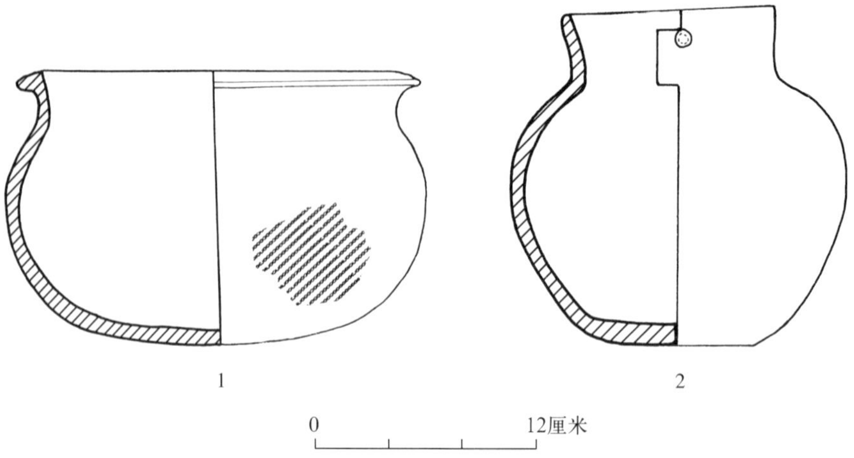

图4-30 M4出土遗物

1、2. 陶罐

第三节 西三区

位于玉石塘南侧，布10米×10米探方1个（编号TW29S11）（彩版三〇七，1），主要发现一个大型红烧土沟G8（图4-31；彩版三〇七，2）。

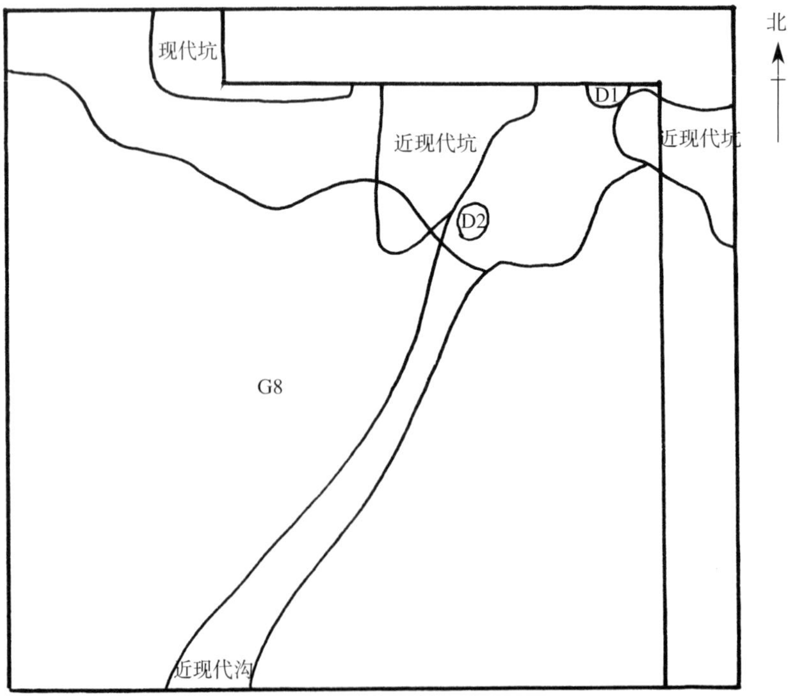

图4-31 TW29S11遗迹平面分布图

一　地层堆积

（一）地层介绍

TW29S11地层堆积

第①层：灰褐色土。厚0.15～0.60米。较疏松，内含大量植物根茎及零星红烧土块，并出土有较多的陶片。本层为开挖玉石塘时所堆土。本层下开口近现代扰坑3个。

第②层：黄褐色粉砂土，深0.35～1.10、厚0.10～0.60米。较疏松，出土有较多的陶片，近代堆积。本层下开口近代沟1条。

第③层：灰褐色黏土，深0.95～1.30、厚0.20～0.65米。较致密，出土有少量陶片。汉代堆积。

第④层：灰黄色粉砂土，深1.10～1.55、厚0.12～0.40米。较致密，出土有零星陶片。G8开口于本层下。

（二）地层出土遗物

TW29S11①：1，陶罐。泥质红陶。口沿残片，侈口，圆唇，圆肩。肩部残存少量白衣。口径12、残高3.6厘米（图4-32，1；彩版三〇八，1）。

TW29S11①：2，陶罐。夹细砂褐陶。口沿残片，侈口，圆唇，折沿，溜肩。口径18、残高3.4厘米（图4-32，2；彩版三〇八，2）。

TW29S11①：3，陶杯。泥质红陶。口沿残片，侈口，圆唇，折沿，圆肩，弧腹。口径12、残高5.8厘米（图4-32，3；彩版三〇八，3）。

TW29S11①：4，陶器盖。泥质红陶。残片，覆碟形，盖面略直，短沿，尖唇。口径19、残高3厘米（图4-32，4）。

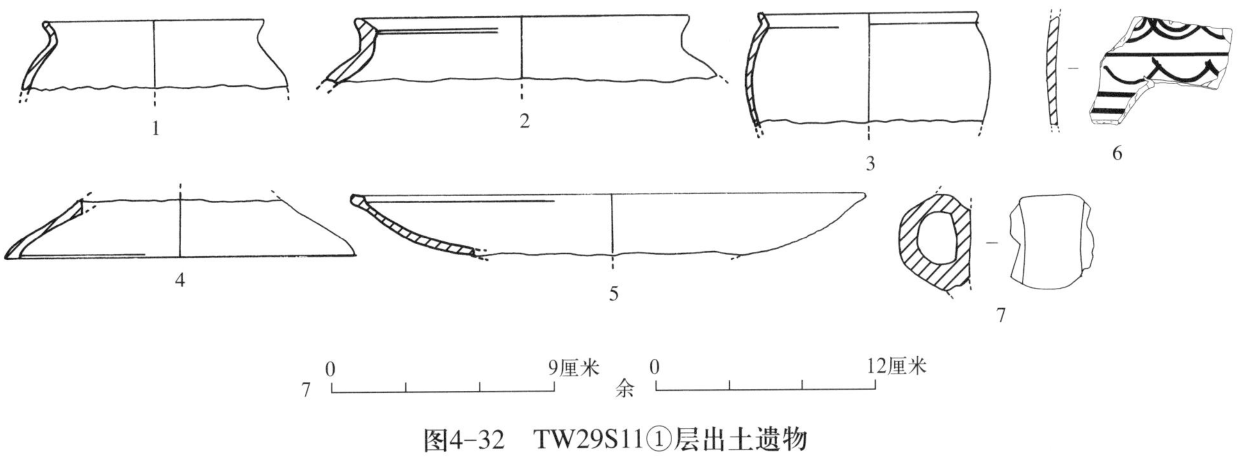

图4-32　TW29S11①层出土遗物

1、2. 陶罐　3. 陶杯　4. 陶器盖　5. 陶豆　6. 彩陶片　7. 陶器耳

TW29S11①：5，陶豆。泥质红陶。口沿残片，敞口，圆唇，短沿，浅盘。口径28、残高3.3厘米（图4-32，5；彩版三〇八，4）。

TW29S11①：6，彩陶片。泥质红陶，黑彩为主，残存少量白彩，弦纹之间为单线和双线连弧纹。残长7、残宽6、厚0.4～0.5厘米（图4-32，6；彩版三〇八，6）。

TW29S11①：7，陶器耳。泥质黑衣褐陶。半环形。长3.8、宽3.4厘米（图4-32，7；彩版三〇八，5）。

TW29S11②：1，小陶罐。泥质灰衣红陶。侈口，圆唇，折沿，圆鼓腹，腹部有1周凸棱，底残。口径8、残高4.1厘米（图4-33，1）。

TW29S11②：2，陶豆。泥质红陶。口沿残片，敞口，圆唇。口径25.2、残高3.2厘米（图4-33，2）。

TW29S11②：3，陶豆。泥质红陶。口沿残片，敞口，圆唇，浅盘。口径25.2、残高3.2厘米（图4-33，3）。

TW29S11②：4，陶豆。泥质红陶。口沿残片，敞口，圆唇，浅盘。口径25.2、残高2.5厘米（图4-33，4）。

TW29S11②：5，陶豆。泥质红陶。圈足残片。圈足底径15、残高7厘米（图4-33，5）。

TW29S11②：6，陶腹片。夹蚌末红陶。腹部有一周凸棱，凸棱上部有细绳纹。残长5、残宽4.6、厚0.6～0.7厘米（图4-33，6）。

TW29S11③：1，石器。不规则形状（彩版三〇八，7）。

TW29S11③：2，石斧残片。灰色，残存一角，不规则形，正面磨光。残长7、残宽4、最厚处1.3厘米（图4-34，2；彩版三〇八，8）。

TW29S11③：3，骨管。白色，残，呈圆柱形，中穿一孔。直径0.9、孔径0.4、高1.3厘米（图4-34，3；彩版三〇九，1）。

TW29S11③：4，陶器盖。泥质灰胎橘黄陶，器表满施黑彩。覆碗形，圆形捉手，盖面斜弧，中空。捉手径6、口径9.8、高2.2厘米（图4-34，4；彩版三〇九，2）。

TW29S11③：5，陶罐。泥质红陶。口沿残片，侈口，尖唇，折沿，斜腹。口径17、残高5.5厘米（图4-34，5）。

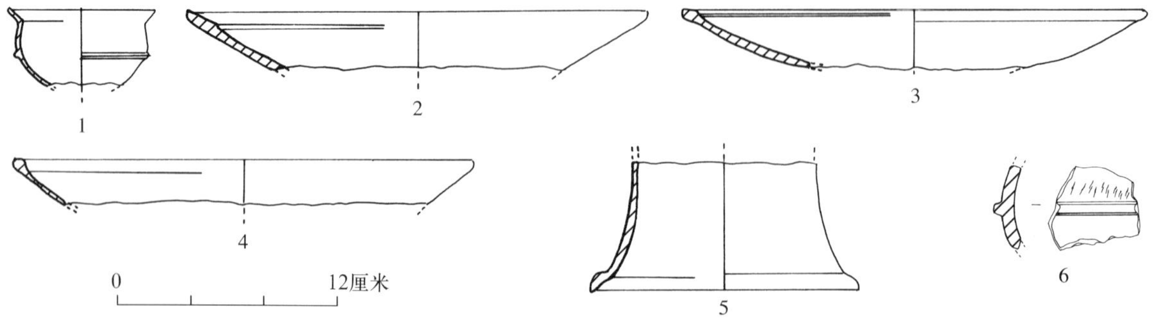

图4-33　TW29S11②层出土遗物

1. 小陶罐　2～5. 陶豆　6. 陶腹片

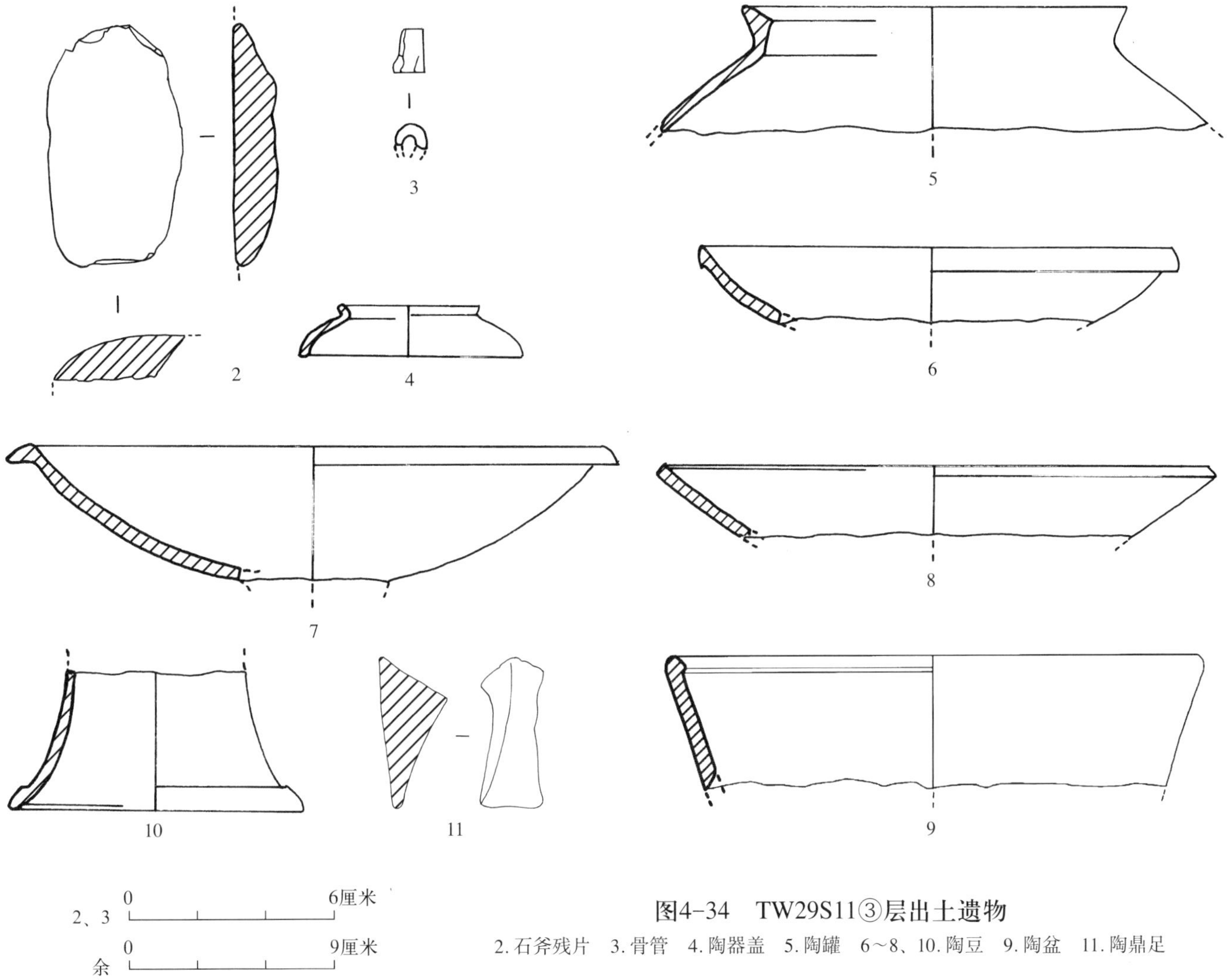

图4-34　TW29S11③层出土遗物

2. 石斧残片　3. 骨管　4. 陶器盖　5. 陶罐　6～8、10. 陶豆　9. 陶盆　11. 陶鼎足

TW29S11③：6，陶豆。泥质红陶。口沿残片，侈口，圆唇，卷沿，浅盘。口径 21、残高 3.3 厘米（图 4-34，6）。

TW29S11③：7，陶豆。泥质红陶。口沿残片，侈口，圆唇，卷沿，浅盘。口径 25、残高 5.8 厘米（图 4-34，7）。

TW29S11③：8，陶豆。泥质红陶。口沿残片，敞口，方唇，深盘。口径24、残高3厘米（图 4-34，8）。

TW29S11③：9，陶盆。泥质红陶。敛口，尖唇，短沿，斜腹，底残。口径 24、残高 5.8 厘米（图 4-34，9）。

TW29S11③：10，陶豆。泥质红陶。残存喇叭形圈足。圈足底径 13、残高 6 厘米（图 4-34，10）。

TW29S11③：11，陶鼎足。夹石英红陶。侧装凿形。高 6.6 厘米（图 4-34，11；彩版三〇九，3、4）。

TW29S11④：1，石斧。灰白色，长条形，顶略残，双面刃，表面打磨。长 10.5、宽 5.2、厚

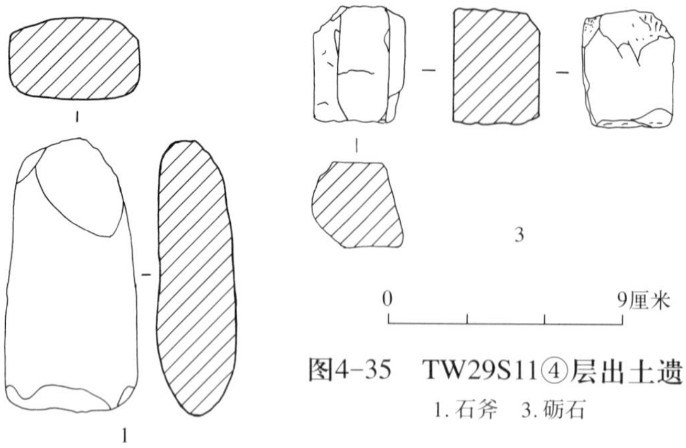

图4-35　TW29S11④层出土遗物
1. 石斧　3. 砺石

3.2 厘米（图 4-35，1；彩版三〇九，5、6）。

TW29S11④：2，骨锥。

TW29S11④：3，砺石。黄褐色，不规则形，两面磨平。长 4.5、宽 3.6、厚 3.3 厘米（图 4-35，3）。

TW29S11④：4，陶罐。泥质灰白陶。口沿残片，直口微侈，短沿，沿下残存 2 个泥突。口径 12、残高 4.6 厘米（图 4-36，4）。

TW29S11④：5，陶豆。泥质红陶。喇叭形圈足残片。圈足底径 16、残高 5 厘米（图 4-36，5）。

TW29S11④：6，陶杯。泥质黄陶。喇叭形圈足残片，圈足上有圆形和小三角形镂孔，圈足上有数周黑彩条带纹。圈足径 11、残高 5.3 厘米（图 4-36，6；彩版三〇九，7）。

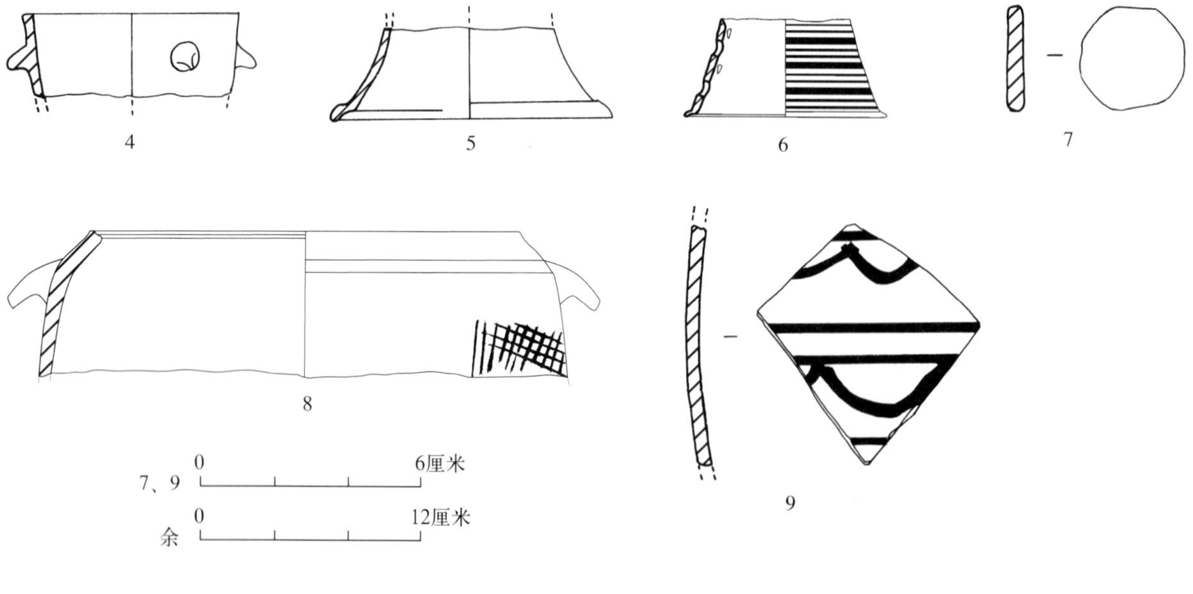

图4-36　TW29S11④层出土遗物
4. 陶罐　5. 陶豆　6. 陶杯　7. 圆陶片　8. 陶瓮　9. 彩陶片

TW29S11④：7，圆陶片。泥质红陶。圆饼状。直径 2.9、厚 0.45 厘米（图 4-36，7）。

TW29S11④：8，陶瓮。泥质黄褐陶。口沿残片，敛口，方圆唇，折肩，肩部残存 1 个鸟喙形突钮，肩部有网状黑彩。口径 24、残高 7.8 厘米（图 4-36，8）。

TW29S11④：9，彩陶片。泥质红陶，黑彩，弦纹间以连弧纹。残长 6.6、残宽 6.2、厚 0.35 厘米（图 4-36，9；彩版三〇九，8）。

二　灰沟

G8

G8 位于玉石塘南岸，占 TW29S11 中南部（图 4-37；彩版三一〇，1、2；彩版三一一，1～3），向南、东、西均延伸到探方外。开口于④层下，打破生土。

解剖发掘东半部分。平面为长条形，斜壁内收，沟口距地表 1.3～1.8 米。沟口在探方内宽 4.5～6.5 米，沟底距沟口深 3.1 米。沟内主体堆积为大量红烧土块，分层明显，重要分布在沟的中西大部，东部在红烧土堆积之上有稍纯净的灰褐土堆积。从土质土色以及包含物的不同，可以分为八层。

G8①层：灰褐色黏土，距地表深 1.35～1.60、厚 0.05～0.80 米。较致密，局部夹杂有零星黑斑块及红烧土块，出土有少量泥质红、灰和夹砂红、灰、黑陶片，器形有罐、盆、壶、豆等。该层主要分布于方内东部和南部。

G8②层：深灰褐黏土，距地表深 2.00～2.20、厚 0.05～0.95 米。较致密，局部夹有零星红烧土块、木炭颗粒及草木灰，出土有少量的泥质红、灰、黑和夹砂红、黑陶片，器形罐、壶、豆、鼎等。该层主要分布于方内南部，由北向南波状堆积。

G8③层：黄褐色黏土，深 1.80～3.10、厚 0.05～0.45 米。较致密，局部夹杂有零星红烧土块，无陶片出土。该层仅分布于方内东南部较小范围内。

G8④层：浅灰褐黏土，深 1.40～3.30、厚 0.05～1.20 米。较致密，局部夹有大量的红烧土块，出土有少量的陶片，器形有罐、盆、壶、钵、豆、鼎等。该层只分布于方内东南部，由北向南倾斜堆积而成。

G8⑤层：红烧土堆积第 1 层，灰褐色土，深 1.30～3.30、厚 0.05～0.90 米。包含大量红烧土块，较大块红烧土内部呈黑色，土质紧密。包含有少量陶片，以泥质红陶和夹砂红陶占绝对多数，器形有壶、罐、盆、豆、鼎等。该层由北向南为波状斜坡堆积而成。

G8⑥层：红烧土堆积第 2 层，全部为红烧土块，深 1.30～3.50、厚 0.50～1.75 米。红烧土块多较碎、较少大块者，出土少量红烧土墙体，墙体较平，有的有 4 层组成，每层厚 0.3 厘米，有的存有白灰面。出土有大量陶片，基本全为泥质红陶和夹砂红陶，在一些红陶罐的肩部有一些几何条带纹黑彩。器形有豆、盆、壶、鼎、缸、筒形器等，并有少量的动物骨骼。该层由北向南为斜坡式堆积而成。

G8⑦层：红烧土堆积第 3 层，为沟底堆积。深 1.30～3.90、厚 0.50～1.20 米，全部为红烧土块，较疏松，出土少量红烧土墙体。出土有大量陶片，以泥质红陶占绝对多数，少量泥质黑衣

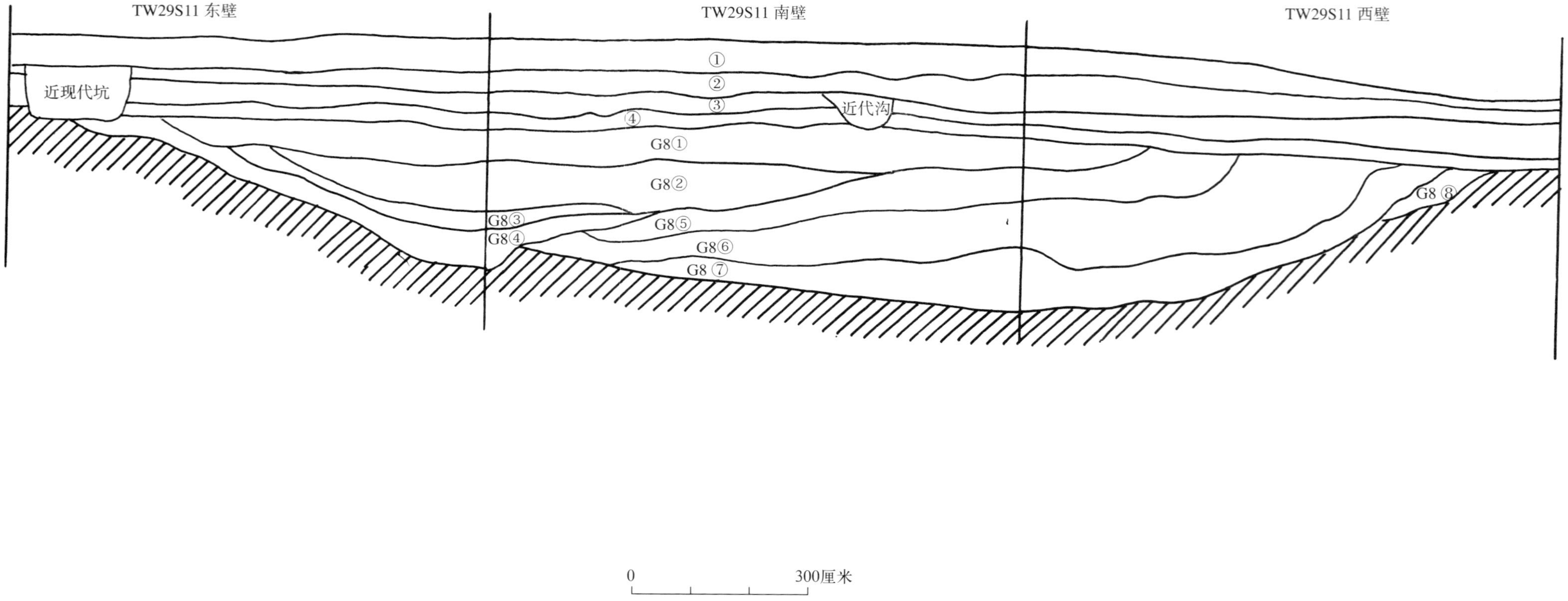
TW29S11 东壁
TW29S11 南壁
TW29S11 西壁
近现代坑
近代沟
①
②
③
④
G8①
G8②
G8③
G8④
G8⑤
G8⑥
G8⑦
G8⑧
0
300厘米

图4-37　G8剖面图

红褐陶、夹蚌红褐陶、泥质灰陶。在一些红陶罐的肩部有一些几何条带纹黑彩。器形有罐、豆、壶、盆、鼎、缸、筒形器等，并有少量的动物骨骼。该层由北向南为斜坡式堆积而成。

G8⑧层：深灰褐粉砂土，深 1.10～1.30、厚 0.05～0.15 米。局部夹有少量的红烧土颗粒，较致密，无陶片出土。分布于沟北坡上半部。

G8①：1，陶器盖。夹植物红褐陶。覆碗形，矮喇叭形捉手，盖面斜直，口残。捉手径 6.2、残高 3.2 厘米（图 4-38，1）。

G8①：2，小陶壶。泥质红陶，器表残存少量白衣。口沿残片，侈口，圆唇，圆肩。口径 5、残高 4.2 厘米（图 4-38，2）。

G8①：3，陶鼎。夹植物蚌末褐陶。口沿残片，侈口，圆唇，折沿，沿面内凹。口径 28、残高 6.2 厘米（图 4-38，3）。

G8①：4，陶豆。泥质灰胎黑陶。口沿残片，侈口，圆唇，卷沿，斜弧腹。口径 25、残高 5 厘米（图 4-38，4）。

G8①：5，陶豆。泥质红陶。口沿残片，侈口，尖圆唇，大斜折沿，折腹，深盘。口径 24、残高 6.1 厘米（图 4-38，5）。

G8①：6，陶盆。夹砂红陶。口沿残片，侈口，圆唇，短平沿，沿面有 3 道凸棱呈台阶状，直腹内收。口径 30、残高 5.6 厘米（图 4-38，6）。

G8①：7，陶豆。泥质红陶，残存少量白衣。残存高喇叭形圈足，圈足上有 2 周凹槽，下有 1 周圆形戳印纹。圈足顶径 4.8、残高 9.2 厘米（图 4-38，7）。

G8①：8，陶豆。泥质灰褐陶。圈足残片，圈足上有圆形镂孔。圈足底径 15、残高 5.2 厘米（图 4-38，8）。

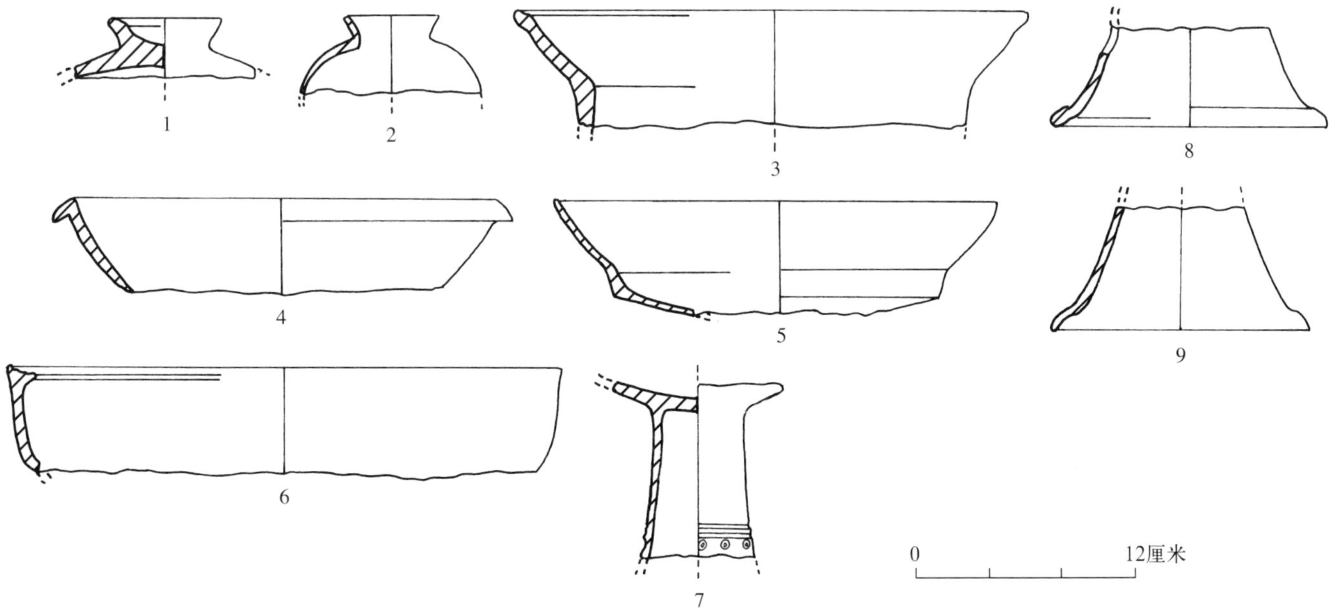

图4-38　G8①层出土遗物

1. 陶器盖　2. 小陶壶　3. 陶鼎　4、5、7～9. 陶豆　6. 陶盆

G8①：9，陶豆。泥质红陶。圈足残片。圈足底径 14、残高 6.6 厘米（图 4-38，9）。

G8②：1，陶罐。细泥灰陶。口沿残片，侈口，尖唇，折沿，圆肩。口径 10、残高 2 厘米（图 4-39，1；彩版三一二，1）。

G8②：2，陶罐。泥质灰陶。口沿残片，侈口，圆唇，折沿，圆肩。口径 18、残高 3.6 厘米（图 4-39，2；彩版三一二，2）。

G8②：3，陶器盖。泥质红褐陶。覆碗形，捉手残，盖面圆弧，短沿，方唇。口径 12、残高 3.3 厘米（图 4-39，3）。

G8②：4，陶罐。夹石英灰陶。口沿残片，直口微敛，圆唇，斜直腹。口径 22、残高 8.8 厘米（图 4-39，4；彩版三一二，3）。

G8②：5，陶豆。泥质红陶。口沿残片，敞口，尖圆唇，卷沿，斜弧腹。口径 26、残高 4.6 厘米（图 4-39，5）。

G8②：6，陶豆。泥质褐陶。口沿残片，敞口，尖圆唇，宽折沿，斜弧腹。口径 27、残高 4.6 厘米（图 4-39，6）。

G8②：7，陶豆。泥质红陶。口沿残片，敞口，圆唇，折沿，斜弧腹。口径 25、残高 6 厘米（图 4-39，7）。

G8②：8，陶盆。泥质灰胎黑陶。侈口，尖唇，折腹，底残。口径 24、残高 6.2 厘米（图 4-40，8；彩版三一二，4）。

G8②：9，陶圈足。泥质褐陶。喇叭形圈足残片。圈足径 13、残高 5.6 厘米（图 4-40，9）。

G8②：10，陶鼎足。夹植物褐陶。侧装凿形，足根有 2 个按窝。高 8.8 厘米（图 4-40，10；彩版三一二，5）。

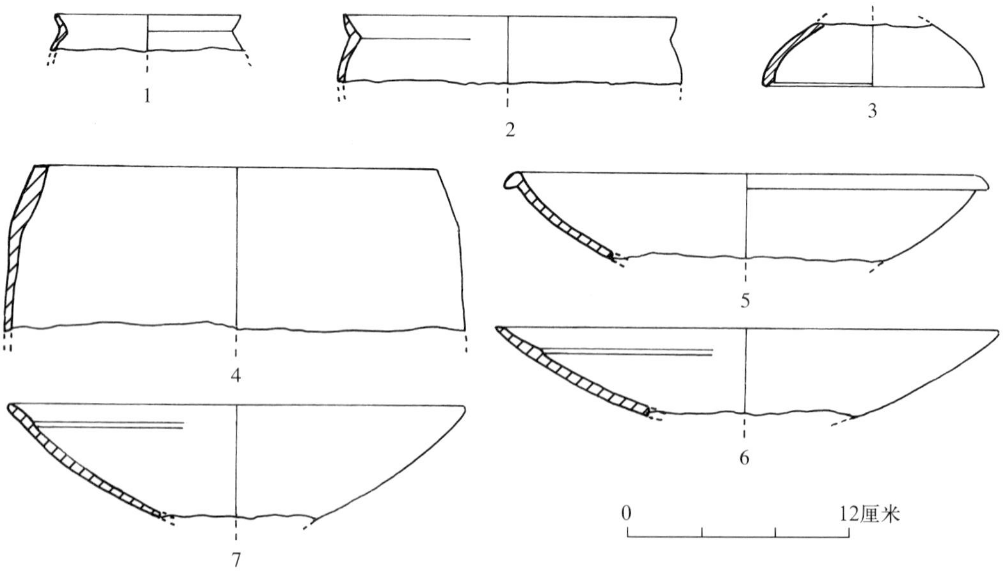

图4-39　G8②层出土遗物

1、2、4. 陶罐　3. 陶器盖　5～7. 陶豆

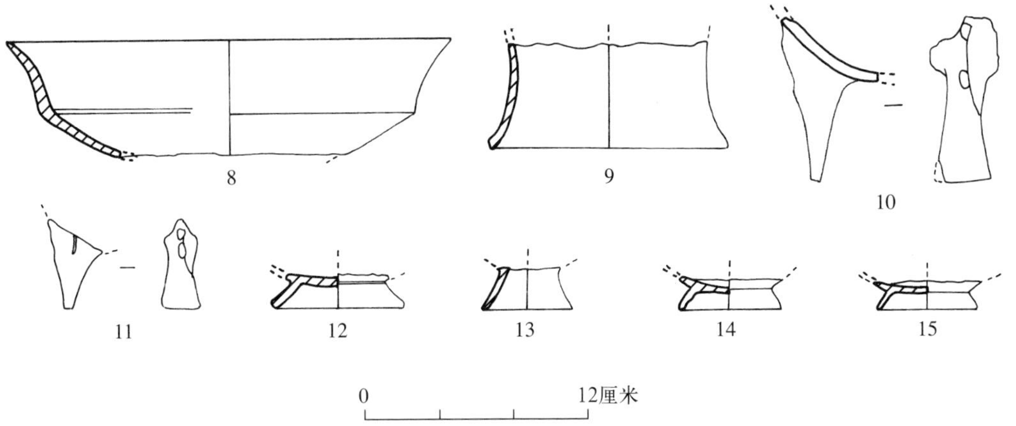

图4-40　G8②层出土遗物

8. 陶盆　9. 陶圈足　10、11. 陶鼎足　12～15. 陶杯

G8②：11，陶鼎足。泥质红褐陶。侧装凿形，足根有2个按窝，足两侧各有1道刻槽。高4.8厘米（图4-40，11；彩版三一二，6、7）。

G8②：12，陶杯。泥质灰陶。残存矮喇叭形圈足。圈足径7.2、残高1.8厘米（图4-40，12；彩版三一二，8）。

G8②：13，陶杯。泥质灰陶。残存喇叭形圈足。圈足径4.8、残高2.2厘米（图4-40，13；彩版三一三，1）。

G8②：14，陶杯。泥质褐陶，残存少量红衣。残存矮喇叭形圈足。圈足径5.6、残高1.6厘米（图4-40，14；彩版三一三，2）。

G8②：15，陶杯。泥质灰陶。残存矮喇叭形圈足。圈足径5.4、残高1.4厘米（图4-40，15；彩版三一三，3）。

G8④：1，陶罐。夹蚌末褐陶。口沿残片，侈口，圆唇，折沿，沿面内凹，弧腹。口径14、残高6厘米（图4-41，1；彩版三一三，4）。

G8④：2，陶豆。泥质灰胎黑陶。口沿残片，侈口，圆唇，卷沿，折腹内收。残长8.6、残宽4.8厘米（图4-41，2）。

G8④：3，陶杯。泥质灰陶。口沿残片，侈口，圆唇，折沿，弧腹内收。口径13.4、残高4.3厘米（图4-41，3）。

G8④：4，陶杯。泥质灰陶。口沿残片，侈口，圆唇，折沿，沿面内凹，直腹，以下残。口径12、残高3.3厘米（图4-41，4）。

G8④：5，销号。

G8④：6，陶鼎足。泥质灰陶。侧装凿形，足根有2个按窝，足两侧各有1道刻槽。高10厘米（图4-41，6；彩版三一三，5）。

G8④：7，陶鼎足。泥质褐胎黑陶。卷边瓦形，足面上有2排长条形刻槽，上排4个，下排3个。残高8厘米（图4-41，7；彩版三一三，6）。

G8④：8，陶圈足。泥质黄褐陶。喇叭形圈足残片。圈足径10.8、残高4.4厘米（图

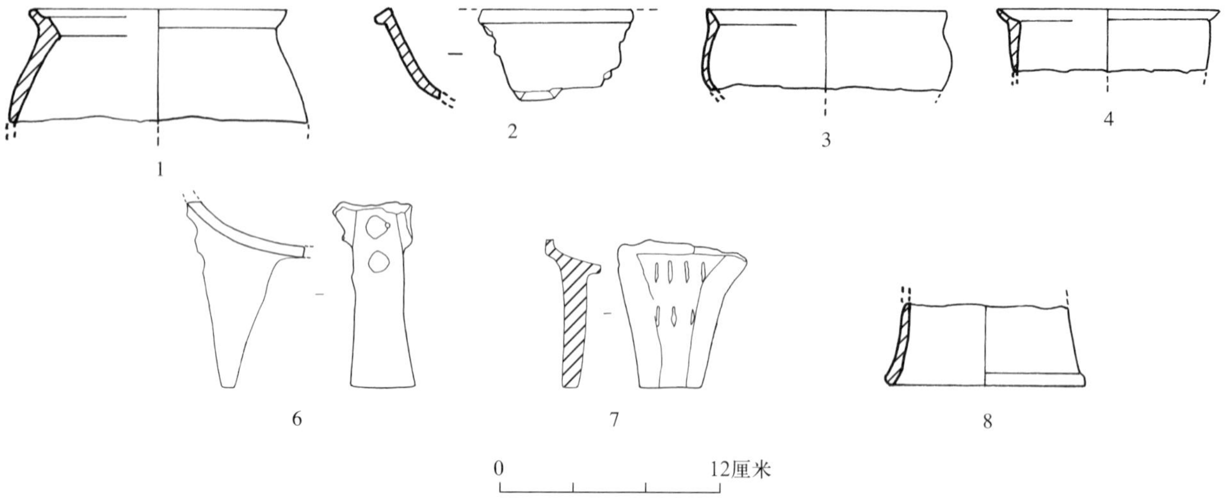

图4-41 G8④层出土遗物

1. 陶罐 2. 陶豆 3、4. 陶杯 6、7. 陶鼎足 8. 陶圈足

4-41，8）。

G8⑤：1，陶器盖。夹细砂红褐陶。覆碗形，矮圆形捉手，盖面略平直。捉手径 7.2、口径 11、高 3 厘米（图 4-42，1）。

G8⑤：2，陶罐。泥质红陶，器表残存少量白衣。口沿残片，侈口，圆唇，短颈，圆肩。口径 16、残高 6.2 厘米（图 4-42，2）。

G8⑤：3，陶罐。泥质红陶。口沿残片，侈口，方唇，折沿。口径 34、残高 6.9 厘米（图 4-42，3）。

G8⑤：4，陶罐。泥质红陶。口沿残片，侈口，圆唇，折沿。口径 36、残高 7.6 厘米（图 4-42，4）。

G8⑤：5，陶豆盘。泥质红陶。敞口，圆唇，大斜折沿，折腹。口径 22、残高 5.4 厘米（图 4-42，5）。

G8⑤：6，陶纺轮。泥质红褐陶。一面弧起、一面平直。直径 4.2、孔径 0.5、最厚 0.6 厘米（图 4-42，6；彩版三一三，7）。

G8⑤：7，陶豆盘。泥质红陶。口沿残片，敞口，圆唇，大斜折沿，弧腹。口径 25、残高 5.6 厘米（图 4-42，7）。

G8⑤：8，陶豆盘。泥质红陶。口沿残片，敞口，圆唇，卷沿，弧腹。口径 24、残高 4 厘米（图 4-42，8）。

G8⑤：9，陶盆。泥质红陶。口沿残片，敞口，圆唇，宽折沿，斜直腹，底残。口径 25、残高 6.7 厘米（图 4-42，9）。

G8⑤：10，小陶罐。泥质红陶。口沿残片，侈口，圆唇，圆肩。口径 5、腹径 9.8、残高 5 厘米（图 4-42，10；彩版三一三，8）。

G8⑤：11，小陶罐。泥质红褐陶，残存少量白衣。侈口，圆唇，长颈，鼓腹，底残。口径 4、腹径 6.6、残高 5.4 厘米（图 4-42，11）。

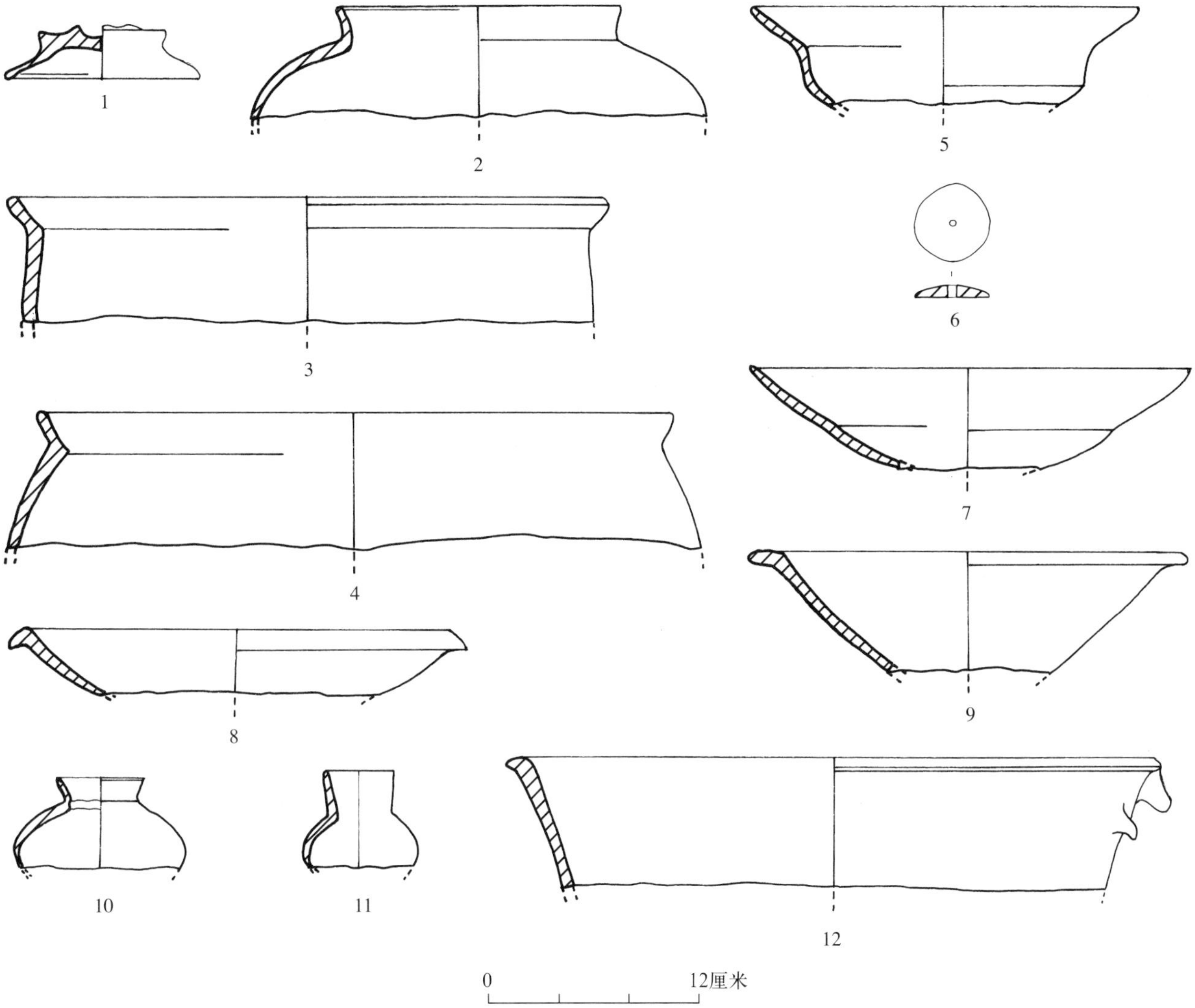

图4-42　G8⑤层出土遗物

1. 陶器盖　2～4. 陶罐　5. 陶豆盘　6. 陶纺轮　7、8. 陶豆盘　9. 陶盆　10、11. 小陶罐　12. 陶缸

G8⑤：12，陶缸。泥质红陶。口沿残片，侈口，尖圆唇，沿下残存3个突纽，斜直腹。口径38、残高6.7厘米（图4-42，12；彩版三一四，1）。

G8⑤：13，陶豆柄。泥质红陶。长筒形，喇叭形圈足，圈足上有两排圆形镂孔，每排三个。圈足顶径8.8、残高13.2厘米（图4-43，13；彩版三一四，2）。

G8⑤：14，陶豆柄。泥质红陶。喇叭形圈足，圈足上有两排圆形镂孔，底残。圈足顶径6、残高9厘米（图4-43，14）。

G8⑤：15，陶豆。夹细砂红陶。残存豆柄上部，圈足顶部有三组镂孔，每组为相对的三角形，中间有一个圆形镂孔，下部残。圈足顶径14、残高8厘米（图4-43，15；彩版三一四，3）。

G8⑤：16，陶圈足。泥质红陶。喇叭形圈足，圈足上有两周凹槽，有一个戳点纹。圈足径13、残高7.8厘米（图4-43，16）。

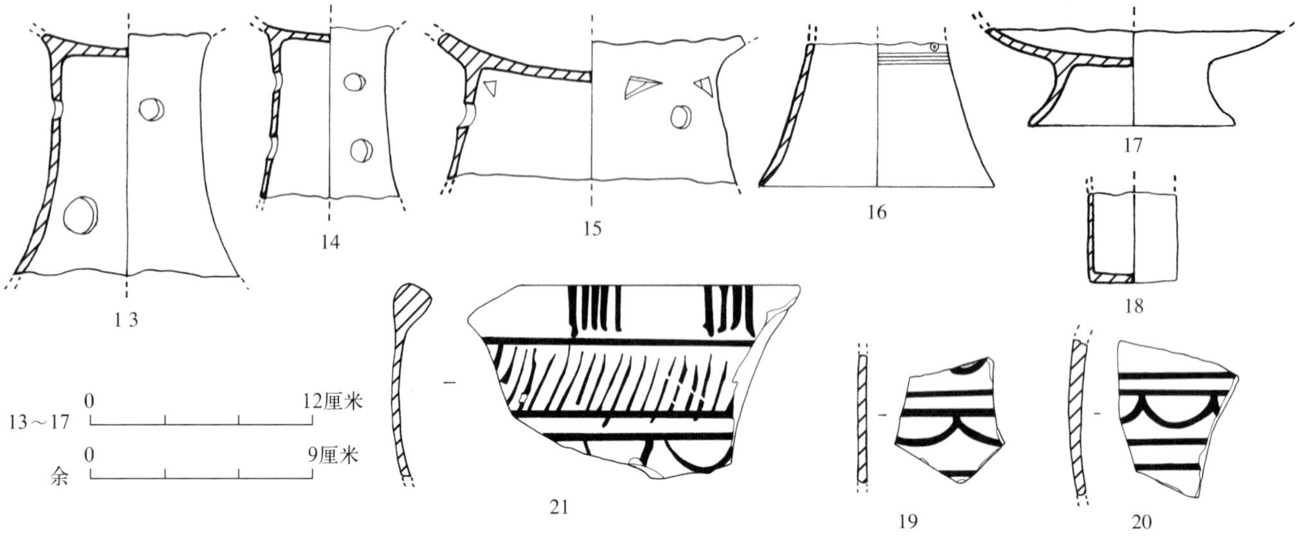

图4-43　G8⑤层出土遗物

13、14. 陶豆柄　15. 陶豆　16. 陶圈足　17. 陶杯圈足　18. 陶杯　19、20. 彩陶片　21. 彩陶盆口

G8⑤：17，陶杯圈足。泥质红陶。圜底，矮圈足。圈足底径 11.2、残高 4.2 厘米（图 4-43，17；彩版三一四，4）。

G8⑤：18，陶杯。泥质红褐陶，残存少量白衣。直筒形，口残，直腹，平底。底径 3.6、残高 3.8 厘米（图 4-43，18；彩版三一四，5）。

G8⑤：19，彩陶片。泥质红陶，黑彩，间以白彩，弦纹和连弧纹。长 5.1、宽 4.4、厚 0.35 厘米（图 4-43，19；彩版三一四，6）。

G8⑤：20，彩陶片。泥质红陶，黑彩，间以白彩，弦纹和连弧纹。长 6.3、宽 4.9、厚 0.4～0.6 厘米（图 4-43，20；彩版三一四，7）。

G8⑤：21，彩陶盆口。泥质红陶。敛口，圆唇，弧腹内收。黑彩，口沿上有两组短竖线纹，肩部有两周条带纹，中间为斜向条纹，下部为连弧纹。长 13.6、高 7.8 厘米（图 4-43，21；彩版三一四，8）。

G8⑥：1，陶器盖。泥质红陶。覆碗形，花边形捉手，盖面平直，下残。捉手径 12、残高 2.8 厘米（图 4-44，1；彩版三一五，1）。

G8⑥：2，陶盆。夹砂红陶。口沿残片，侈口，方唇，宽平沿，沿面有三周凹槽，弧腹内收，肩部有斜向浅篮纹。长 9.1、高 4.4 厘米（图 4-44，2；彩版三一五，2）。

G8⑥：3，陶盆。夹石英红陶。直口微敞，尖唇，短平沿，弧腹内收，口沿以下先施竖向绳纹，再施 5 周细凹弦纹。长 11.5、高 7.2 厘米（图 4-44，3）。

G8⑥：4，陶鼎足。夹细砂褐陶。侧装凿形，足根有三个按窝。高 12 厘米（图 4-44，4；彩版三一五，3）。

G8⑥：5，陶鼎足。夹植物红陶。侧装凿形，足面有一道细长刻槽。高 12 厘米（图 4-44，5；彩版三一五，4、5）。

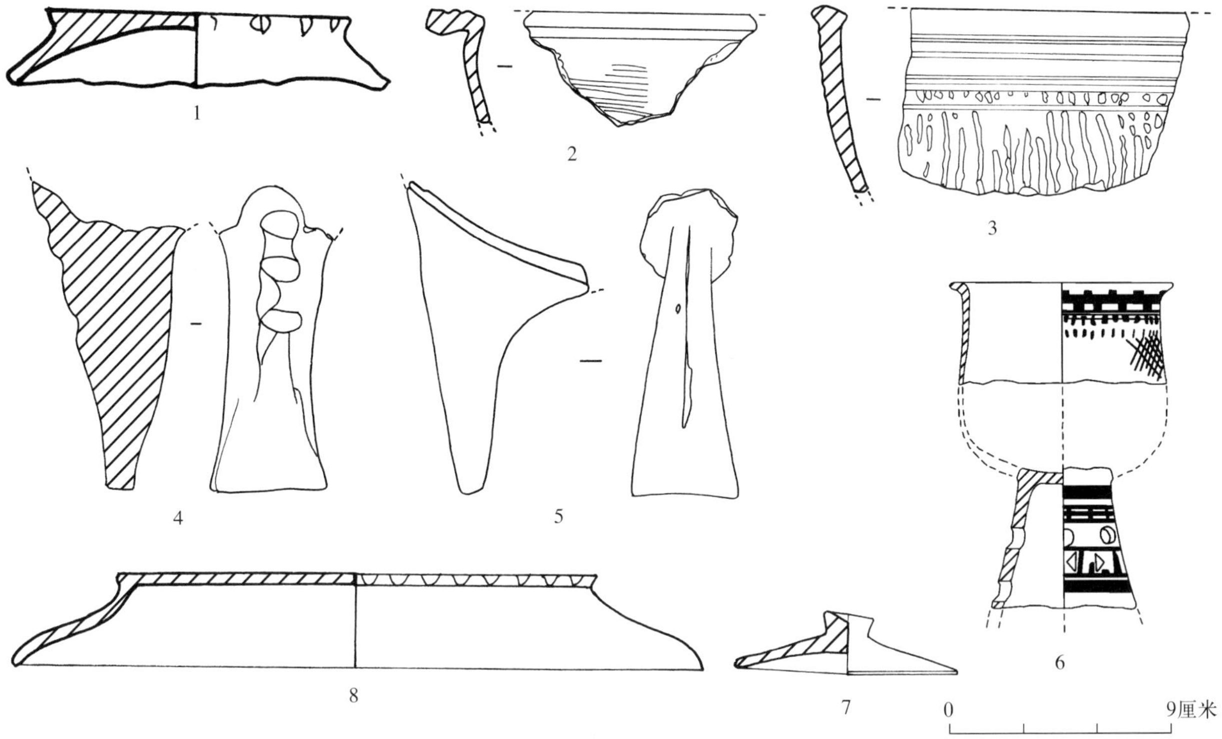

图4-44　G8⑥层出土遗物

1、7、8. 陶器盖　2、3. 陶盆　4、5. 陶鼎足　6. 彩陶杯

G8⑥：6，彩陶杯。细泥黄陶，黄色陶衣。残存小片口沿和部分圈足。侈口，短斜沿，圆唇，上腹较直，下腹残。黑色泛红彩。口沿下有两周细条纹，中间为点纹，腹部为交错网格纹。喇叭形圈足。圈足上有圆形和三角形镂孔。圈足上有数周条带纹，间以竖点纹。口径 9、圈足顶径 4、复原高 13 厘米（图 4-44，6；彩版三一五，7、8）。

G8⑥：7，陶器盖。细泥白陶，泛红黄色。覆碟形，短喇叭形捉手，盖面近平。器表残存少量红衣，边缘残存少量黑衣。盖面有弧形暗纹。捉手径 1.8、口径 9、高 2.3 厘米（图 4-44，7；彩版三一五，6）。

G8⑥：8，陶器盖。泥质红陶。覆盘形，花边形捉手，盖面微内曲，圆唇。捉手径 20、口径 28、高 5 厘米（图 4-44，8）。

G8⑦：1，陶纺轮。泥质红陶。一面弧起，一面平直。直径 4、孔径 0.3 厘米（图 4-45，1；彩版三一六，1）。

G8⑦：2，陶纺轮。泥质红褐陶。一面弧起，一面平直。直径 4、孔径 0.5 厘米（图 4-45，2；彩版三一六，2）。

G8⑦：3，骨锥。白色。圆锥形。长 2、直径 0.3～0.7 厘米（图 4-45，3；彩版三一六，3）。

G8⑦：4，骨锥。灰色。圆锥形。一端平直，一端尖锥形。锥体上刻有 7 道刻槽。长 4、直径 0.2～1 厘米（图 4-45，4；彩版三一六，4）。

G8⑦：5，陶筒形器。夹砂红陶。长直筒形，口残，直腹，平底。腹底交接处有拼接痕。底径 10.8、残高 23.7 厘米（图 4-45，5；彩版三一六，5、6）。

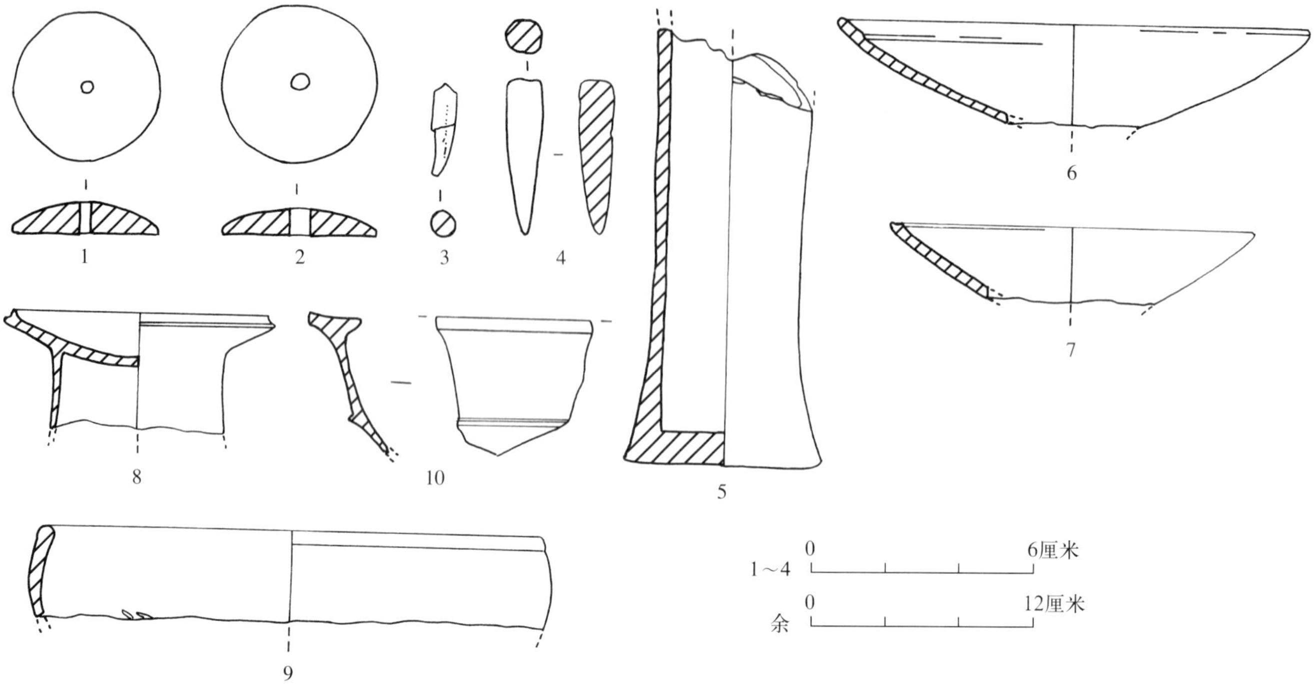

图4-45　G8⑦层出土遗物

1、2. 陶纺轮　3、4. 骨锥　5. 陶筒形器　6、7. 陶豆盘　8. 陶豆　9. 陶刻槽盆　10. 陶盆

G8⑦：6，陶豆盘。泥质红陶。豆盘残片，敞口，圆唇，浅盘。口径26、残高5.4厘米（图4-45，6）。

G8⑦：7，陶豆盘。泥质红陶。口沿残片，敞口，方唇，唇面有一凹槽。口径20、残高4厘米（图4-45，7）。

G8⑦：8，陶豆。泥质红陶。子口，圆唇，浅盘，粗筒形圈足，底部残。盘中心有三周凹弦纹。口径14.2、残高6.4厘米（图4-45，8；彩版三一六，7、8）。

G8⑦：9，陶刻槽盆。泥质黑衣褐陶。口沿残片，敛口，圆唇，弧腹，内壁残存少量刻槽。口径27.2、残高5厘米（图4-45，9；彩版三一七，1、2）。

G8⑦：10，陶盆。夹砂红陶。口沿残片，侈口，方唇，短平沿，折腹。宽8.8、高7.4厘米（图4-45，10）。

G8⑦：11，陶缸，夹砂红陶，含砂量较高，砂粒中细小，器表存黄褐色陶衣。敞口，方唇，浅盘形口，束颈，斜腹内收，下腹残。口沿下有三周浅凹弦纹，腹部饰右向粗篮纹。复原口径37、残高12、厚1.5厘米（图4-46，11；彩版三一七，3）。

G8⑦：12，陶底座，泥质黑衣褐陶，灰胎。残存下部。下腹弧内收，矮圈足，腹部有圆形镂孔。底径28、残高9、厚1厘米（图4-47，12；彩版三一七，4）。

G8⑦：13，陶豆圈足。泥质红陶。筒形。圈足顶径8.8、残高7厘米（图4-47，13；彩版三一七，5）。

G8⑦：14，陶豆圈足。泥质红陶。圈足上有三竖排圆形镂孔，每排两个。圈足顶径6.8、残

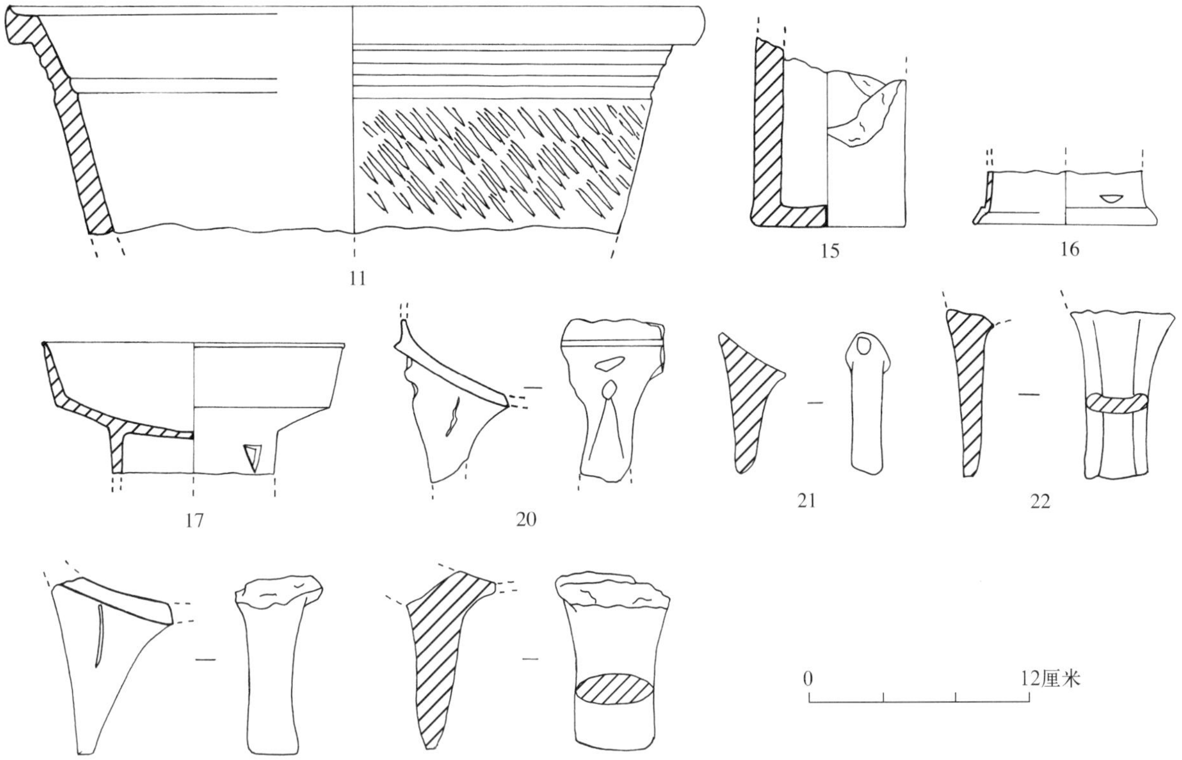

图4-46　G8⑦层出土遗物

11.陶缸　15.陶筒形器　16.陶圈足　17.陶豆　20～22、26、27.陶鼎足

高 6.8 厘米（图 4-47，14；彩版三一七，6）。

G8⑦：15，陶筒形器。夹石英红褐陶。残存下部，直腹，平底。底径 8.6、残高 10 厘米（图 4-46，15；彩版三一七，7）。

G8⑦：16，陶圈足。泥质白陶，泛红。圈足上有半圆形和三角形镂孔。圈足径 10、残高 2.8 厘米（图 4-46，16；彩版三一七，8）。

G8⑦：17，陶豆。泥质红陶。敞口，圆唇，折腹，深盘，圈足上有三角形镂孔。口径 16.4、残高 7 厘米（图 4-46，17；彩版三一八，1、2）。

G8⑦：18，陶器盖。泥质红褐陶。圆形捉手，盖面略弧。口径 10.4、高 3.2 厘米（图 4-47，18；彩版三一八，3）。

G8⑦：19，陶杯。泥质灰褐陶。残存下腹及圈足。弧腹，矮圈足。圈足径 6.8、残高 2.6 厘米（图 4-47，19；彩版三一八，4）。

G8⑦：20，陶鼎足。夹石英红褐陶。侧装凿形。与鼎身交接处有一周凸棱，鼎身饰红衣。足尖残，足根有 2 个按窝，足两侧面各有 1 道细刻槽。残高 8 厘米（图 4-46，20；彩版三一八，5）。

G8⑦：21，陶鼎足。泥质褐陶。长条形，截面呈椭圆形，足根有一个按窝。高 7.6 厘米（图 4-46，21；彩版三一八，6）。

G8⑦：22，陶鼎足。泥质红陶。卷边瓦形。体形瘦长，卷边与足面交界处各有 1 道细刻槽。高 9、宽 4、厚 1 厘米（图 4-46，22；彩版三一八，7）。

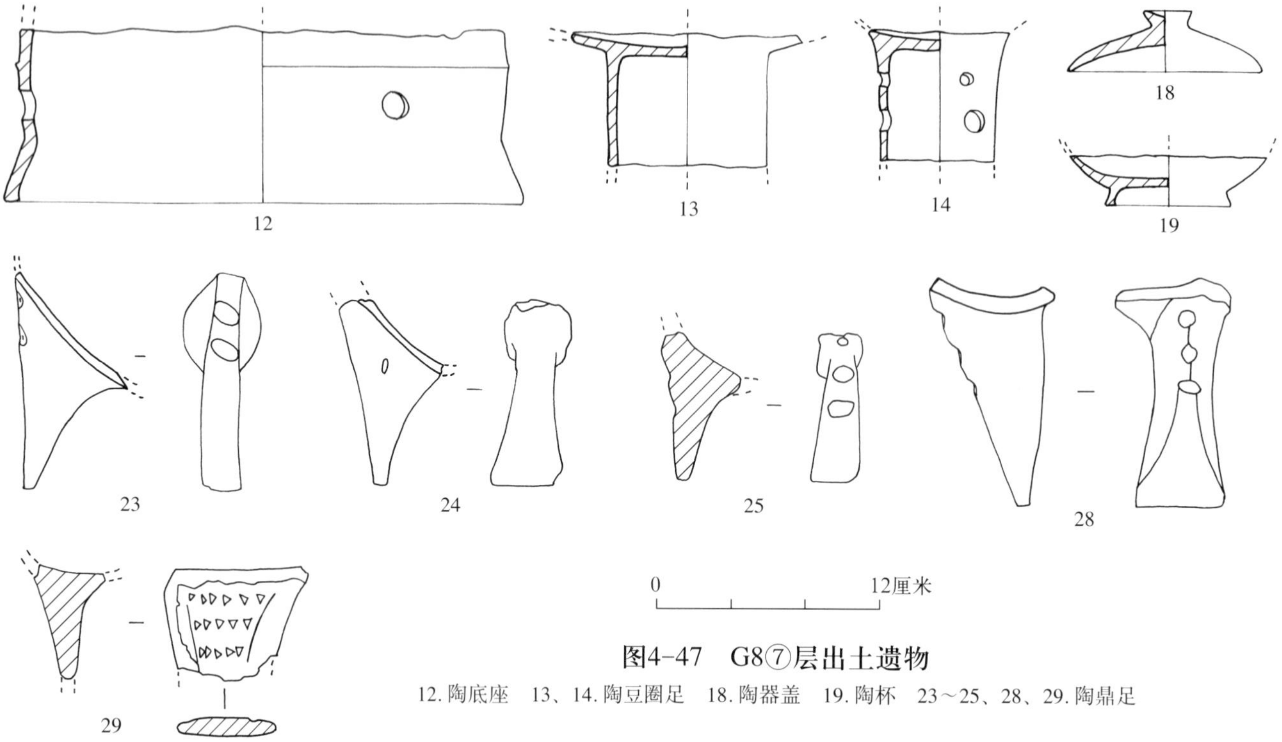

图4-47 G8⑦层出土遗物

12.陶底座 13、14.陶豆圈足 18.陶器盖 19.陶杯 23～25、28、29.陶鼎足

G8⑦：23，陶鼎足。夹植物褐陶。侧装凿形足，足根有两个按窝。高 11.4 厘米（图 4-47，23；彩版三一八，8）。

G8⑦：24，陶鼎足。侧装凿形。夹植物蚌末红褐陶。足尖宽扁，侧面有戳点。高10厘米（图 4-47，24；彩版三一九，1）。

G8⑦：25，陶鼎足。夹石英褐陶。侧装凿形，足根有三个按窝。高 7.8 厘米（图 4-47，25；彩版三一九，2）。

G8⑦：26，陶鼎足。夹砂黑衣褐陶。侧装凿形，足两面分别有一道刻槽。高 9.4 厘米（图 4-46，26；彩版三一九，3）。

G8⑦：27，陶鼎足。夹砂灰褐陶，灰胎。正装扁铲形，截面呈扁椭圆形，素面。高 9、宽 5、厚 2 厘米（图 4-46，27；彩版三一九，4）。

G8⑦：28，陶鼎足。夹砂红陶。侧装凿形。足尖宽扁，足背脊上半部有 3 个按窝。高 12 厘米（图 4-47，28；彩版三一九，5、6）。

G8⑦：29，陶鼎足。泥质红陶。正装扁铲形。截面呈扁形，足面略高于两侧，足面存 3 排三角形戳点纹，每排 5 个，下半部残。残高 6、宽 7.2、厚 1 厘米（图 4-47，29；彩版三一九，7）。

G8⑦：30，彩陶壶。细泥黄陶，黄色陶衣。直口，圆唇，直颈，扁鼓腹，喇叭形圈足。圈足上有圆形和三角形镂孔。黑色泛红彩。口颈部为网格纹，颈下部有一周条带纹，之下为斜向点纹。肩部为变形 S 纹，之下有两周条带纹。圈足上有 6 周条带纹，间以竖线纹。口径 7.2、底径 6.6、高 13.4 厘米（图 4-48，30；彩版三二一，1～3）。

G8⑦：31，彩陶盆。泥质红陶，黑彩。口沿残片，敛口，圆唇，卷沿，弧腹。口沿下有两周

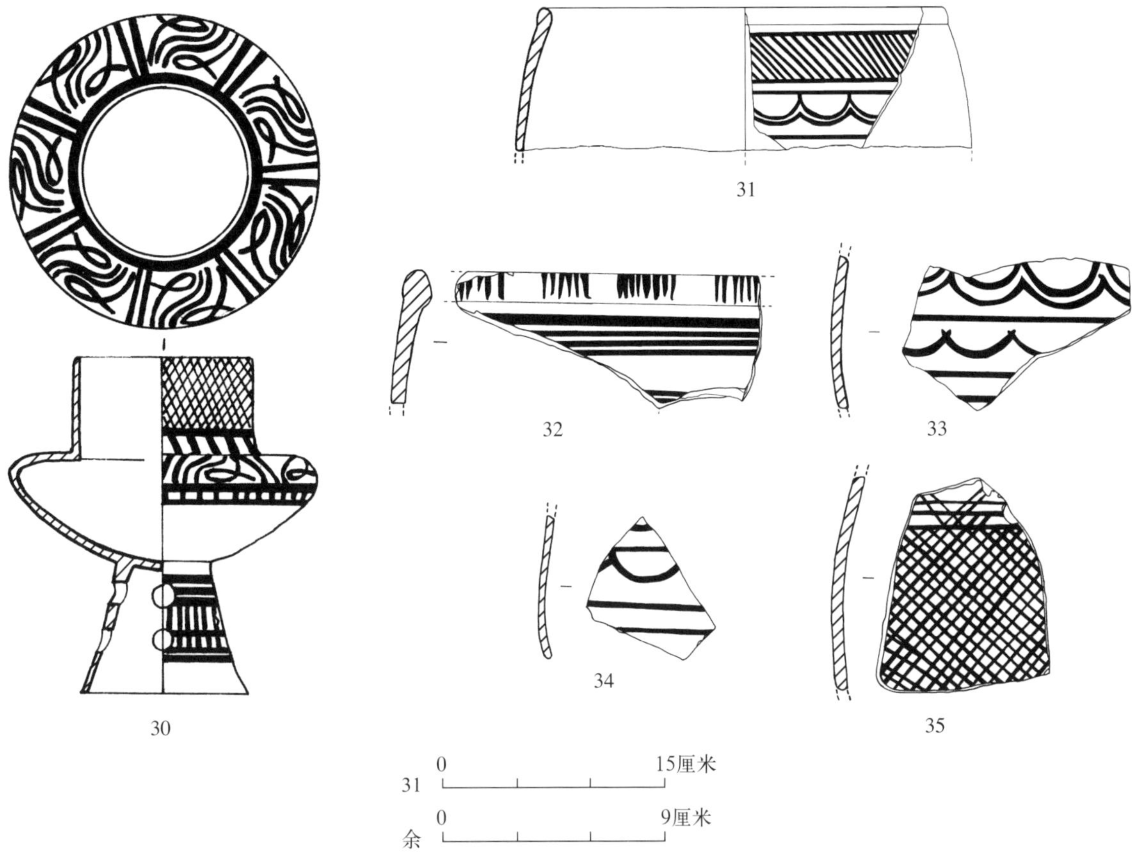

图4-48　G8⑦层出土遗物

30. 彩陶壶　31、32. 彩陶盆　33～35. 彩陶片

条带纹，间以斜向纹；之下两周条带纹，间以连弧纹。口径 28、残高 9.6 厘米（图 4-48，31；彩版三一九，8）。

G8⑦：32，彩陶盆。泥质红陶，黑彩。口沿残片，敛口，圆唇，卷沿，口沿外侧有竖条带纹，口沿下有四周条带纹。残长 12.4、残宽 5.3 厘米（图 4-48，32；彩版三二〇，1）。

G8⑦：33，彩陶片。泥质红陶，黑彩，间以白彩。条带纹间以连弧纹。长 9.2、宽 6.1、厚 0.4 厘米（图 4-48，33；彩版三二〇，2）。

G8⑦：34，彩陶片。泥质红陶，黑彩，间以白彩。条带纹间以连弧纹。残长 5.6、残宽 5.2、厚 0.3 厘米（图 4-48，34；彩版三二〇，3）。

G8⑦：35，彩陶片。泥质红陶，黑彩。上部有 3 条条带纹，下部为网格纹。残长 8.5、残宽 7.1、厚 0.5 厘米（图 4-48，35；彩版三二〇，4）。

第五章　分期、年代与聚落结构

第一节　分期

因墓葬区和生活区出土器物的特征、组合及年代均有一定的不同，因此，以下按东区墓地和西区北区生活区分别进行分期和年代分析。

一　东区墓葬区

墓葬区位于一处台地上，墓葬区地层堆积大致可分为5层：第①②层为近现代耕土层，第③层为汉代文化层，第④层为大汶口晚期文化层，第⑤层为大汶口中期文化层，第⑤层以下为生土层。绝大部分墓葬开口于第④层下。

发现的53座墓葬，共有11组叠压打破关系：M6→M31，M8→M30，M18→M30，M21→M70，M24→M87，M28→M26、M32、M33、M34，M29→M31，M54→M64，M61→M59，M65→M85，M82→M84。其中，M8→M30，M18→M30，M28→M26、M32、M33、M34，M61→M59几组具有叠压打破关系的墓葬出土器物器形特征较为明显。因此首先从这几组墓葬出土器物入手，分析早晚不同墓葬出土陶器的器物特征，进而对全部墓葬进行期别划分。

1. M8、M18→M30

3座墓葬均位于TE15S1，开口于第④层下（图5-1）。

M8所出鼎M8：10为侈口折沿罐形鼎，所出豆M8：1、M8：5为钵形豆，所出背壶M8：7为矮颈背壶。

M18所出鼎M18：7为瓦形足折腹盆形鼎，M18：10为侈口折沿罐形鼎，所出豆M18：1为直口折腹豆。

M30所出鼎M30：1为短平沿罐形鼎，M30：2为盂形鼎，所出豆M30：4为钵形豆。

2. M28→M26、M32、M33、M34

几座墓葬均位于TE15S2，M26、M28被开口于第③层下的H65打破，M32、M33、M34均开口于第④层下（图5-2）。

M28所出鼎M28：109、116为壶形鼎，M28：106为罐形鼎。所出豆M28：10为侈口圆唇弧腹豆。

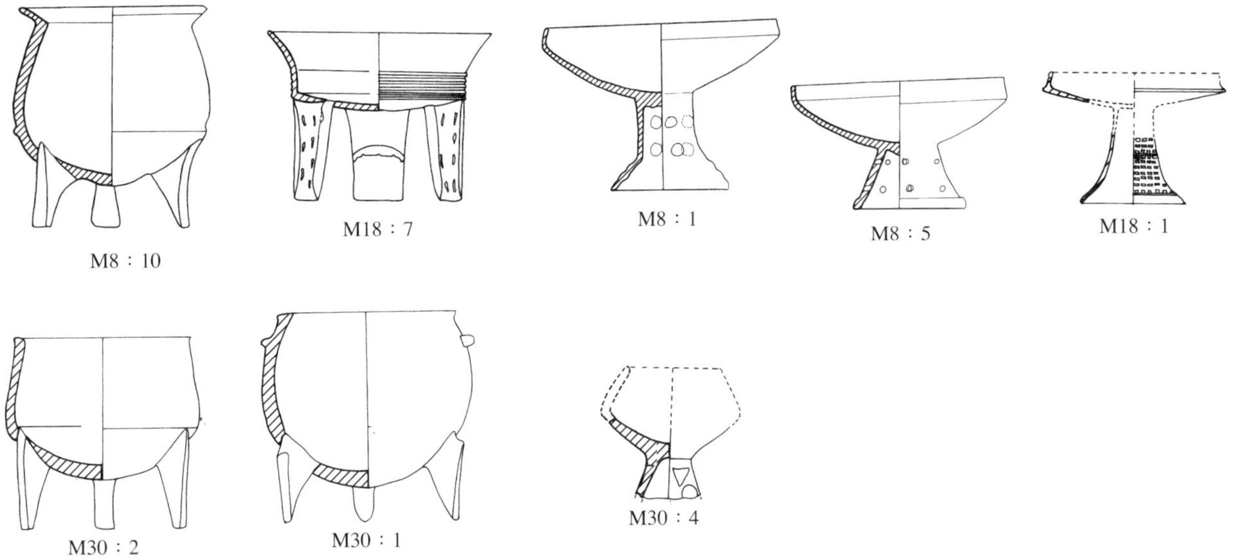

图5-1　M8、M18、M30出土陶器

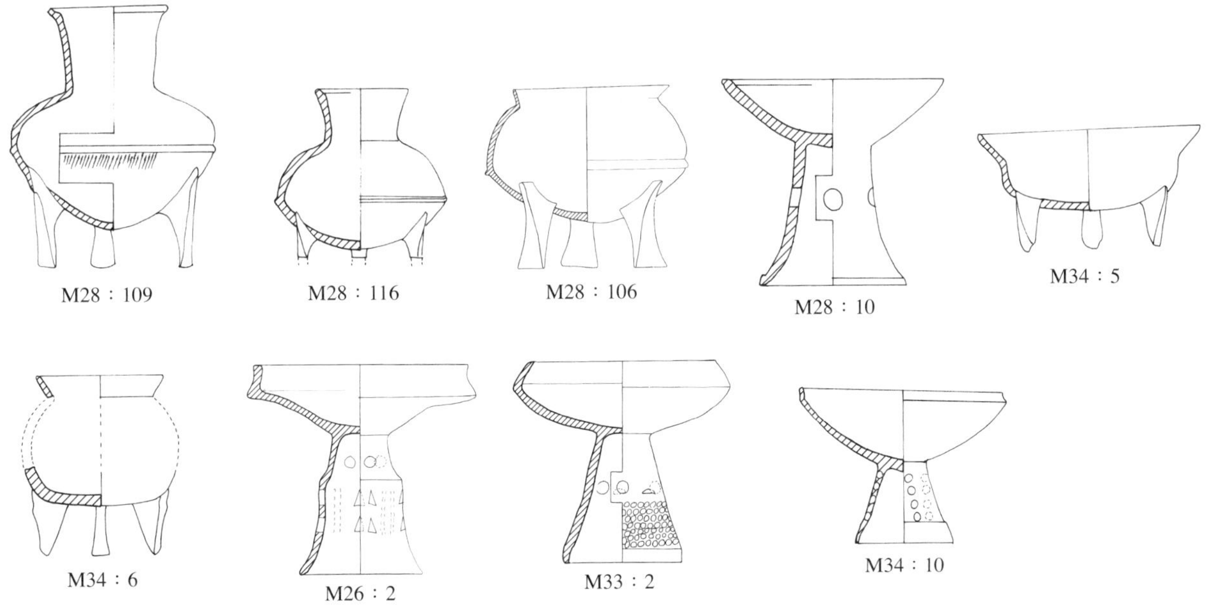

图5-2　M28与M26、M33、M34出土陶器

M26所出豆M26：2为直口折腹豆。

M33所出豆M33：2为敛口折腹豆。

M34所出鼎M34：5为凿形足盆形鼎，M34：6为侈口折沿罐形鼎。所出豆M34：10为直口折腹豆。

3. M61→M59

均开口于第④层下（图5-3）。

M61所出豆M61：2为宽折沿弧腹豆，另有实足鬶、各式圈足杯。

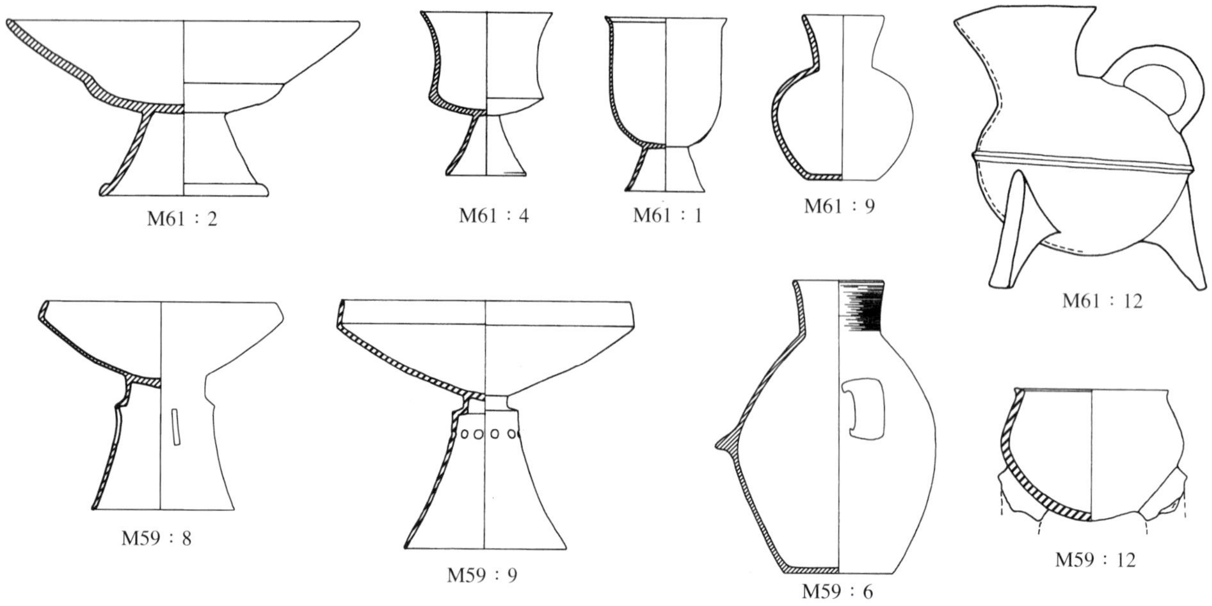

图5-3 M61、M59出土陶器

M59 所出豆 M59：8、9 为直口折腹豆，另有矮颈背壶、盂形鼎。

根据出土器物特征可将以上墓葬分为六组（图 5-4～10）。

第一组：以 M30 为代表，以盂形鼎、深腹钵、碗形豆为典型陶器群。盂形鼎器盖为带环形捉手。M69、M74、M75、M78、M80、M81 可划为第一组。

第二组：以 M53、M55、M57 为代表，以瓦形足盆形鼎、浅腹盂形鼎、镂孔钵形豆等为典型陶器群。盆形鼎、双鼻壶开始出现，盂形鼎仍有残留。M46、M48、M62、M64 也可归入该组。

第三组：以 M7、M8、M18、M27、M33、M34、M67、M86 等为代表，以罐形鼎、盆形鼎、细密编织纹的镂孔豆为典型陶器群。罐形鼎为主流，折腹盆形鼎仍有。M26、M31、M32、M47、M52、M54、M58、M59、M71、M73、M77、M79、M85 也可归为该组。

第四组：以 M82、M84 为代表，陶豆为折腹盘形、圈足中部起台，有三角形镂孔，另有鸭形实足鬶、圈足杯，鼎为罐形。M83 可归为该组。

第五组：以 M28、M29、M76、M87 为代表，以壶形鼎、圈足杯、盉、盂形杯、实足鬶为典型陶器群，豆以高柄卷沿盘形居多。M6 可归入该组。

第六组：以 M24、M60、M61、M66、M68 等为代表，豆为大斜折沿双腹，鸭形实足鬶、曲腹杯等也为代表器。M21、M63、M70、M72 可归入该组。

根据器物组合和特征，以上六组可分为三期，第一二组为第一期，第三组为第二期，第四～六组为第三期。

第一期：陶器以红陶居多，鼎以折腹盂形鼎为代表，配以椭圆形捉手器盖，豆以碗形豆为代表。有双人葬和三人葬。

第二期：陶器红陶、黑陶比例相当。鼎以折腹盆形鼎为代表，豆以直口盘形豆为代表，高圈足、圈足镂孔复杂，背壶颈较短。有双人葬和三人葬。

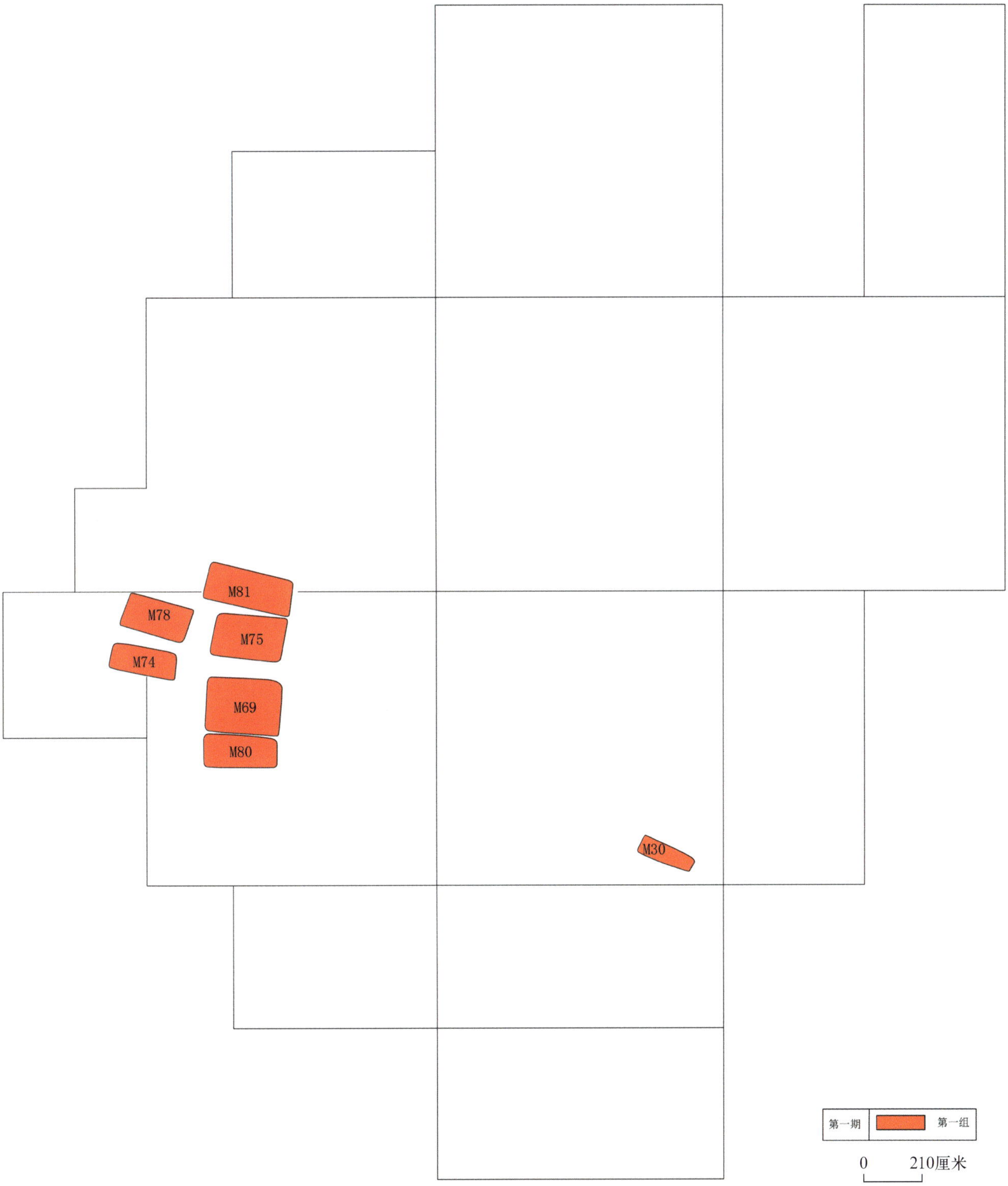

图5-4　一期一组墓葬位置平面图

图5-5　一期一二组墓葬位置平面图

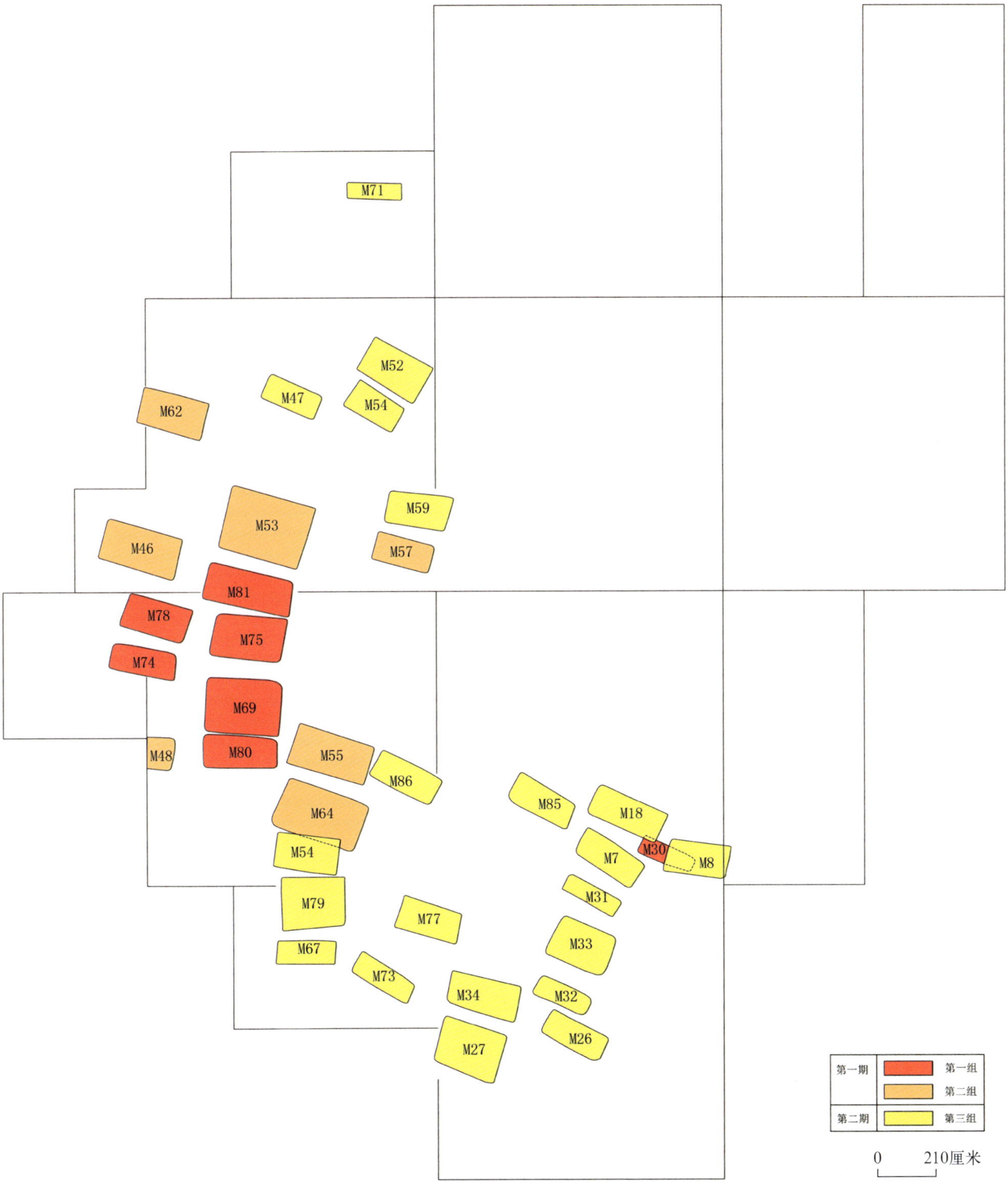

图5-6　一期二期墓葬位置平面图

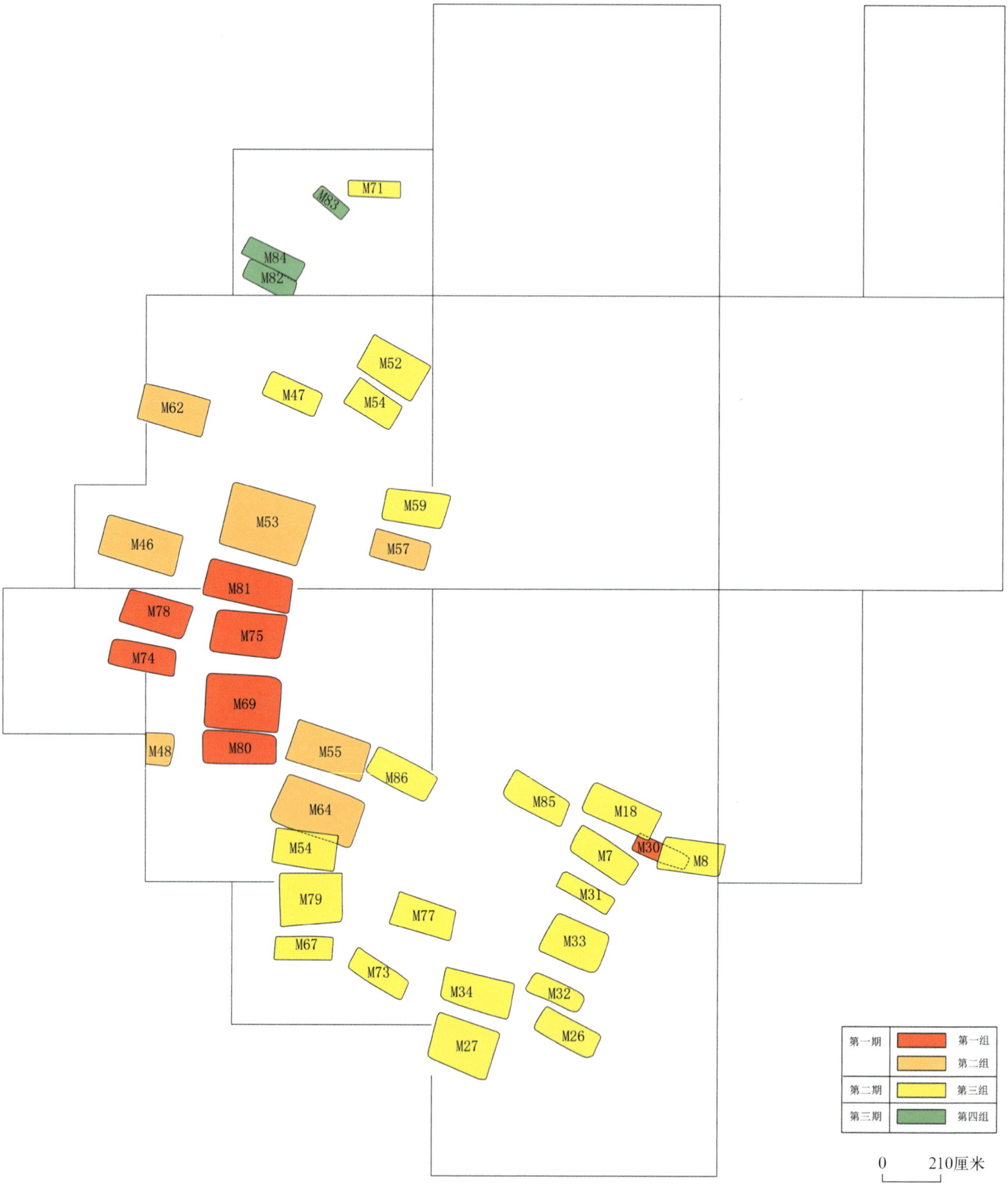

图5-7　第一至第四组墓葬位置平面图

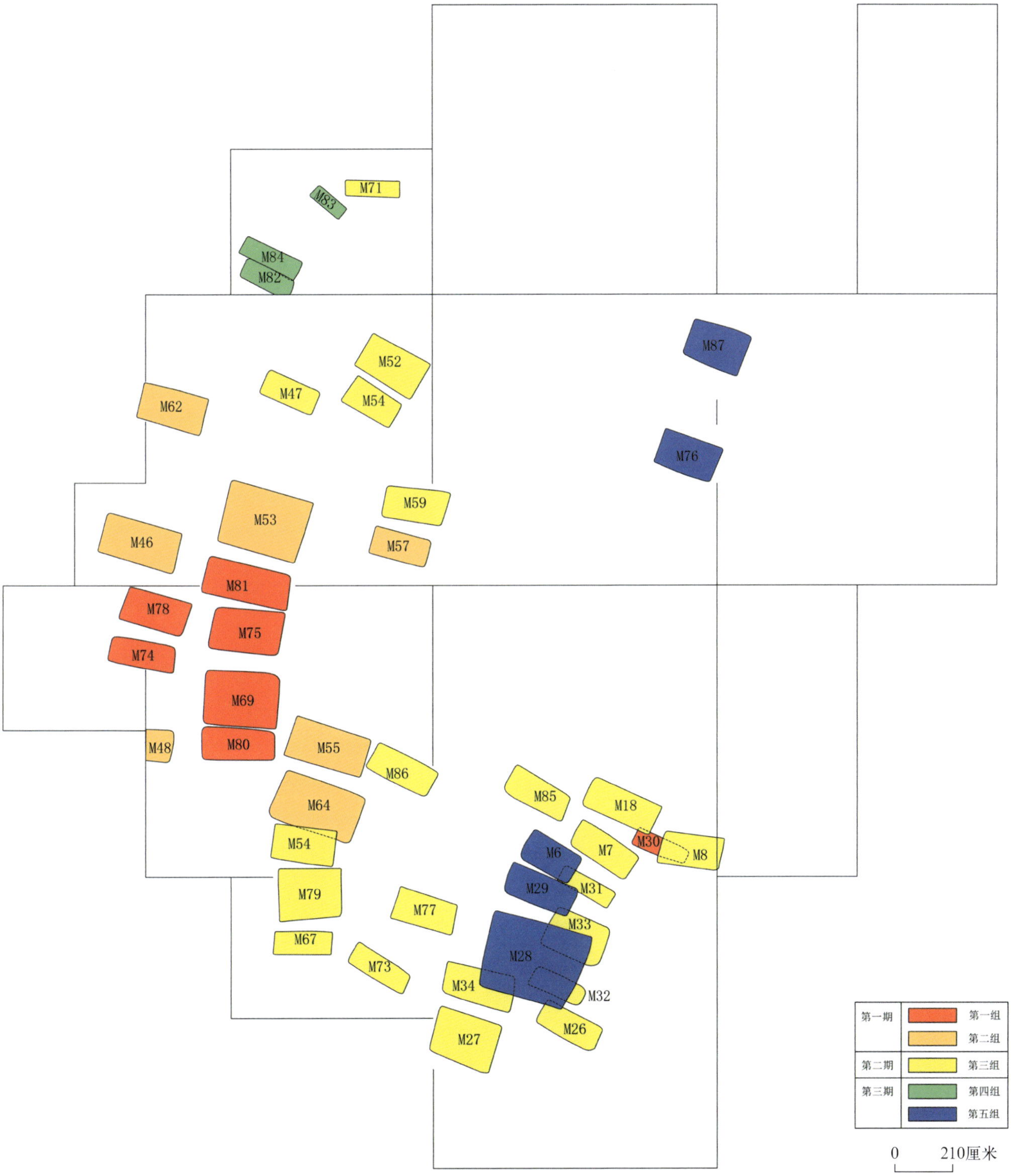

图5-8　第一至第五组墓葬位置平面图

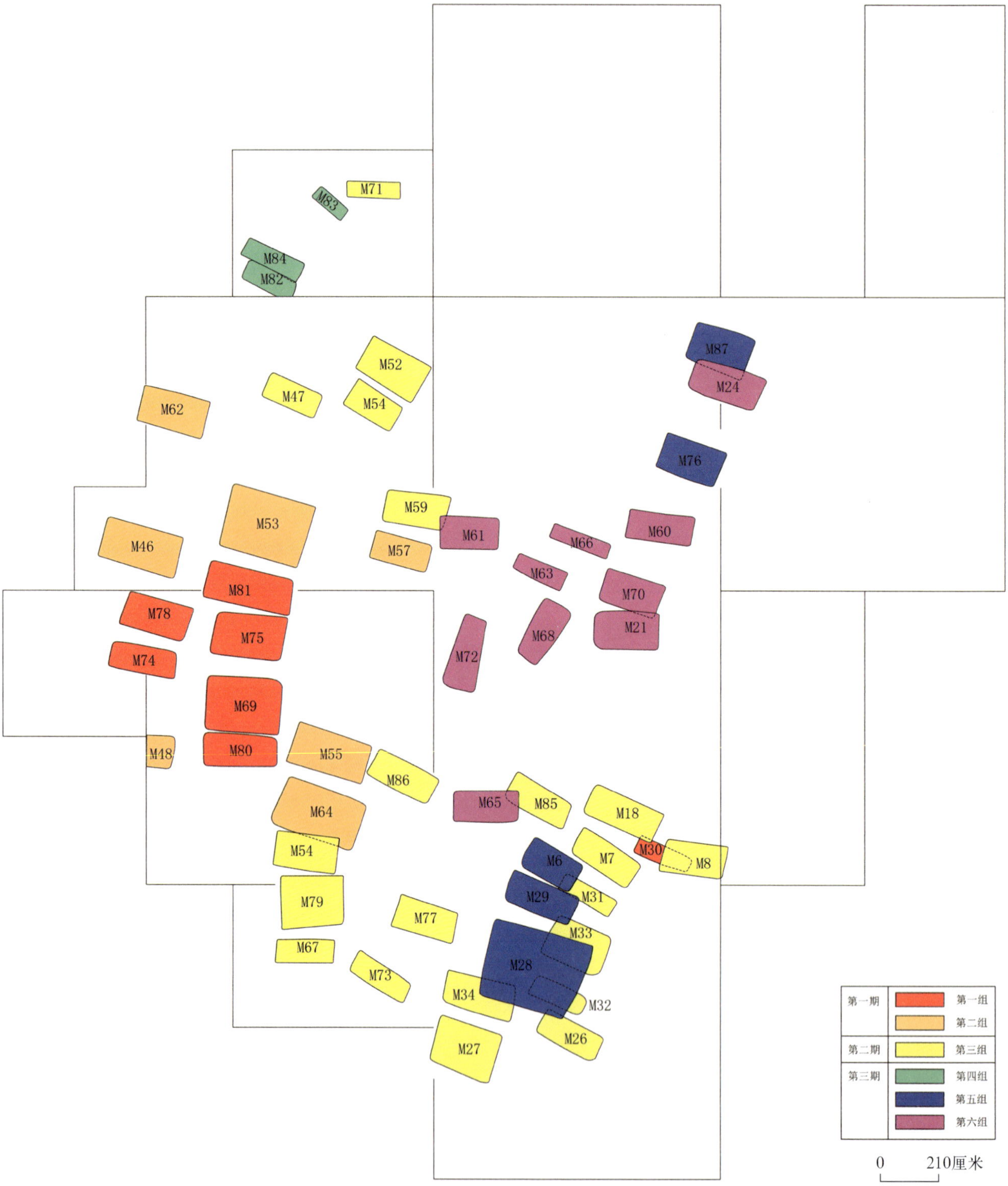

图5-9 第一至第六组墓葬位置平面图

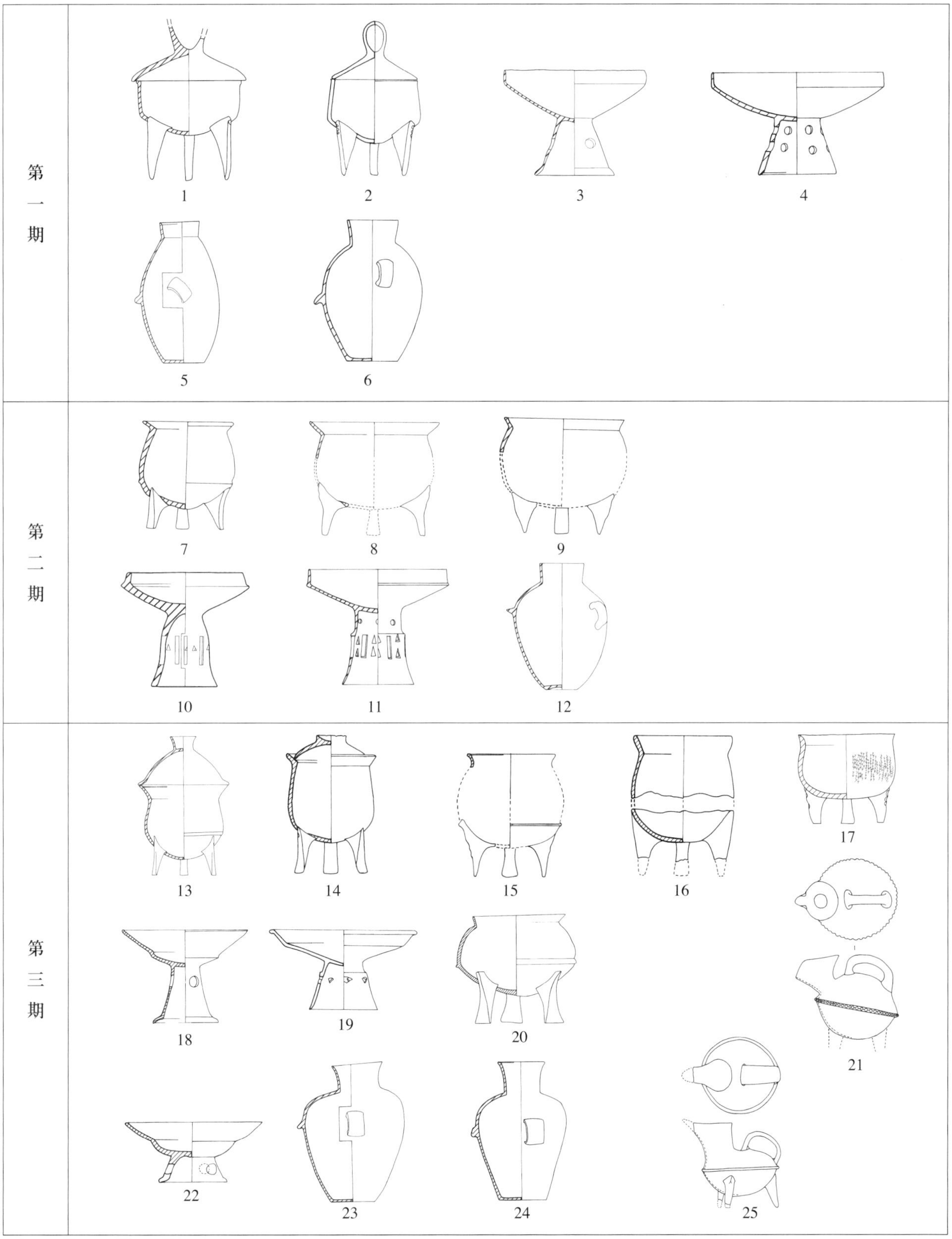

图5-10　金寨遗址墓葬出土典型陶器分期图

1.M69：33　2.M75：1　3.M69：24　4.M78：10　5.M69：20　6.M64：39　7.M8：10　8.M18：10　9.M33：12　10.M34：8　11.M67：12　12.M58：10　13.M84：11　14.M87：30　15.M28：18　16.M60：18　17.M29：27　18.M72：2　19.M84：3　20.M28：106　21.M76：10　22.M24：8　23.M76：14　24.M87：16　25.M24：21

第三期：陶器以灰黑陶居多，鼎以侈口折沿罐形鼎为代表，豆以大斜折沿双腹豆为代表，其他有实足鬶等。

如果从墓葬下葬顺序来分析，这53座墓葬还能再细分年代。

表5-1 金寨遗址墓葬期别表

第一期	第一组	M30、M69、M74、M75、M78、M80、M81
	第二组	M46、M48、M53、M55、M57、M62、M64
第二期	第三组	M7、M8、M18、M26、M27、M31、M32、M33、M34、M47、M52、M54、M58、M59、M67、M71、M73、M77、M79、M85、M86
第三期	第四组	M82、M83、M84
	第五组	M6、M28、M29、M76、M87
	第六组	M21、M24、M60、M61、M63、M65、M66、M68、M70、M72

二 生活区

1. 西区

从堆积单位的叠压打破关系和出土器物特征来分析，G6可以分为三段，第⑦层为第一段，第⑥～③层和M22、H54、H67为第二段，第②、①层为第三段。三段文化面貌变化不大，可归为一期。

第一段夹蚌陶和夹植物陶稍多于二三段，尤其是鼎足中夹蚌者。鼎足中体型宽厚的卷边瓦形足多见于第一段，正装带竖向刻槽鼎足较少，见于第三段。第一段出土侧装凿形足、鸭嘴形鼎足，均相当于栾丰实先生大汶口文化分期方案中的晚期阶段第五期第8段（共六期11段）。第二段所出陶鬶为典型的“地瓜鬶”，与新沂花厅遗址M26：12[1]、枣庄建新遗址M9：7陶鬶[2]近同，相当于栾丰实先生大汶口文化分期方案中的晚期阶段第五期第8段（共六期11段）。

G8可分为两段，⑧～③层为第一段，②～①层为第二段。虽然G8红烧土堆积厚达3米，但其中出土陶器特征差别不大，其堆积应在不长的时间内形成。同G6一样，第一段夹蚌陶较多，出土侧装鸭嘴形鼎足，相当于栾丰实先生大汶口文化分期方案中的晚期阶段第五期第8段（共六期11段）。出土大斜折沿双腹豆，与梁王城遗址Ab型Ⅰ式～Ⅲ式陶豆基本相同[3]，为鲁南苏北地区大汶口文化晚期的标型器。

如此，西区均为大汶口文化晚期偏早阶段堆积，未见大汶口文化中期堆积。

2. 北区

从堆积单位的叠压打破关系和出土器物特征来分析，北区新石器时代遗存大体可分为三期，

[1] 南京博物院：《花厅——新石器时代墓地发掘报告》，文物出版社，2003年。
[2] 山东省文物考古研究所、枣庄市文化局：《枣庄建新》，科学出版社，1996年。
[3] 南京博物院、徐州博物馆、邳州市博物馆：《梁王城遗址发掘报告·史前卷》，文物出版社，2013年。

第一期为遗址底部的部分房址和第⑦、⑧层，第二期为部分房址和第⑥A、⑥B、⑥C 层，第三期为第④、⑤层及相关遗迹（如 M37、M43、M51）。三期可合并为两大阶段，第一期可作为第一阶段，二三期为第二阶段。

第一期出土遗物较少，TE4N26、TE5N26 解剖沟第 7 层出土鼎足，足根有一个泥突、剖面呈椭圆形，鼎口沿呈短平沿、上腹近直，与邹城野店Ⅰ型 2 式盂形陶鼎（M22：34）相同[1]，该墓被归为大汶口文化中期（第三期第 6 段）[2]。这种鼎足在墓葬区第一期常见。

第二期出土侧装凿形足、鸭嘴形鼎足，均为大汶口文化晚期阶段第五期第 8 段。

第三期 M37、M43 出土陶豆均为大斜折沿双腹豆，与梁王城遗址 Ab 型Ⅰ式～Ⅲ式陶豆基本相同[3]，为鲁南苏北地区大汶口文化晚期的标型器。M37：2 陶鬶为典型的"地瓜鬶"，与大汶口遗址 M47：34[4]、花厅遗址 M26：12[5]、建新遗址 M9：7 陶鬶[6]近同，相当于栾丰实先生大汶口文化分期方案中的晚期阶段第五期第 8 段（共六期 11 段）。

如此，北区主体为大汶口文化晚期偏早阶段堆积，有少量大汶口文化中期堆积。

第二节　年代

（一）相对年代

东区墓地第一期第一组 M30：2 盂形陶鼎与大汶口遗址 M110：10 盂形鼎相近。相当于栾丰实先生大汶口文化分期方案中的中期阶段第三期第 5 段。年代为距今约 5200 年。第二组相当于大汶口文化中期第三期第 6 段。

第二期的细密编织纹镂孔豆、条形和三角形镂孔豆相当于栾丰实先生大汶口文化分期方案中的中期阶段第三期第 6 段。年代为距今约 5000 年。

第三期第六组双腹豆与梁王城遗址 Ab 型Ⅰ式～Ⅲ式陶豆近似。敞口圆唇盘形豆与梁王城 B 型Ⅰ式陶豆相似。背壶与梁王城Ⅰ式～Ⅱ式背壶相同。相当于栾丰实先生大汶口文化分期方案中的晚期阶段第五期第 8～9 段。年代为距今 4900～4700 年。

如此，金寨遗址东区墓葬的主体年代为大汶口文化中期至晚期偏早。年代距今 5200～4700 年。

（二）绝对年代

2017 年，我们挑选了东区一些灰坑和西区 G6 出土的炭化种子送至北京大学加速器质谱实验室进行碳 -14 测年，共 11 份。

JZCN1：出自 16XJTE16N1H15③层炭化粟，在 68.2% 置信度下为 3694 BC（17.6%）3678

[1] 山东省博物馆、山东省文物考古研究所：《邹县野店》，文物出版社，1985年，第54页。
[2] 栾丰实：《海岱地区考古研究》，山东大学出版社，1997年，第71页。
[3] 南京博物院、徐州博物馆、邳州市博物馆：《梁王城遗址发掘报告·史前卷》，文物出版社，2013年，第411页。
[4] 山东省文物管理处、济南市博物馆：《大汶口——新石器时代墓葬发掘报告》，文物出版社，1974年，第84页。
[5] 南京博物院：《花厅——新石器时代墓地发掘报告》，文物出版社，2003年，第110页。
[6] 山东省文物考古研究所、枣庄市文化局：《枣庄建新》，科学出版社，1996年，第96页。

BC、3670 BC（50.6%）3637 BC，95.4% 置信度下为 3710 BC（88.1%）3631 BC、3564 BC（7.0%）3536 BC。

JZCN2：出自 16XJTE16N1H15⑤层炭化粟，在 68.2% 置信度下为 3340 BC（9.8%）3320 BC、3236 BC（31.7%）3170 BC、3164 BC（9.8%）3114 BC，95.4% 置信度下为 3350 BC（31.7%）3262 BC、3245 BC（63.7%）3100 BC。

H15 位于 TE16N1 西北部，开口于④层下，与相关遗迹打破关系复杂，被 H6、H7、H8 打破，打破 H41、H43、H26。平面近半圆形。南北最长 2.9、东西最宽 1.7、深 0.8 米。坑内堆积分为 5 层，各层均出土少量陶片。从陶片分析，年代差别不大，鼎足为两侧有刻槽的凿形，为典型的大汶口文化中期偏晚至晚期偏早时期。我们的预估年代为距今 5000 年左右。测年结果③层大体在距今 5700～5500 年，⑤层大体距今 5300～5100 年，③层反而比⑤层早 400 年，原因不明。综合判断，我们推测 H15 年代距今 5100～4900 年。

JZCN3：出自 16XJTE16S1H42①层炭化粟，在 68.2% 置信度下为 3634 BC（8.5%）3622 BC、3606 BC（59.7%）3522 BC，95.4% 置信度下为 3640 BC（86.5%）3511 BC、3424 BC（8.9%）3382 BC。

JZCN4：出自 16XJTE16S1H42⑤层炭化黍，在 68.2% 置信度下为 3332 BC（30.2%）3264 BC、3245 BC（13.7%）3214 BC、3186 BC（13.0%）3156 BC、3128 BC（11.3%）3101 BC，95.4% 置信度下为 3348 BC（95.4%）3090 BC。

H42 位于 TE16S1 西部。开口于③层下，被 M2、H3、H10、H11、H21、H25、H49 打破。为较大型规整灰坑，平面呈椭圆形。长径 3.9、短径 3.6、深 0.8～1.1 米。直壁，平底，坑内堆积共分 8 层，各层均出土少量陶片。出土折腹盂形鼎，为典型的大汶口文化中期。测年结果①层大体在距今 5600～5400 年，⑤层大体距今 5300～5100 年，①层反而比⑤层早 300 年，原因不明。从样品污染的角度，我们认为⑤层测年结果更可取，即 H42 的年代推测为距今 5300～5100 年。

JZCN6：出自 16XJTE15S2H65②层炭化紫苏，在 68.2% 置信度下为 2567 BC（55.0%）2520 BC、2498 BC（13.2%）2486 BC，95.4% 置信度下为 2574 BC（95.4%）2472 BC。

JZCN7：出自 16XJTE15S2H65②层炭化黍，在 68.2% 置信度下为 2896 BC（47.7%）2869 BC、2802 BC（20.5%）2778 BC，95.4% 置信度下为 2902 BC（55.7%）2860 BC、2808 BC（35.3%）2756 BC、2720 BC（4.4%）2705 BC。

H65 位于 TE15S2 中部，开口于③层下，范围较大，与相关遗迹打破关系复杂，被 M23、H56、H60、H62、H64 打破，打破 H68、H69、H73、G7。坑口长 5.2、宽 3.8 米，坑底长 2.8、宽 1.8 米，深 0.65 米。坑内堆积分为 2 层，出土少量陶片。根据陶片判断为大汶口文化中期偏晚至晚期偏早。2 份测年结果相差 200 年，可能与浮选样品所取位置不同有关。推测年代为距今 5100～4900 年。

JZCN8：出自 16XJTE15S2H73 炭化粟，在 68.2% 置信度下为 2901 BC（66.2%）2872 BC、2798 BC（2.0%）2794 BC，95.4% 置信度下为 2906 BC（71.4%）2862 BC、2807 BC（22.6%）2758 BC、2718 BC（1.5%）2710 BC。

H73 位于 TE15S2 中部偏东北，开口于④层下，被 M28、M32、H64、H65 打破，打破 M33。

坑口平面呈圆角方形，斜壁，平底。坑口距地表深 0.6 米，长 1.4、深 0.3 米。坑内堆积为黑灰色土，出土少量陶片。有折腹盂形鼎，为典型的大汶口文化中期，推测年代为距今 5100 年左右。

JZCN9：出自 16XJTE15S1H9 炭化粟，在 68.2% 置信度下为 2564 BC（38.1%）2532 BC、2496 BC（30.1%）2471 BC，95.4% 置信度下为 2571 BC（56.4%）2512 BC、2504 BC（39.0%）24668 BC。

H9 位于 TE15S1 东北角，开口于③层下，口部长 1.6、宽 1.4、深 0.5 米。直壁，平底。坑内堆积为灰黑土，夹杂草木灰，包含少量陶片。根据陶片判断为大汶口文化晚期偏晚，测年结果或可从。

JZCN10：TW20N2G6③层炭化粟，在 68.2% 置信度下为 2900（68.2%）2881 BC，95.4% 置信度下为 2915 BC（92.2%）2871 BC、2801 BC（3.2%）2779 BC。

JZCN11：TW20N2G6④层炭化粟，在 68.2% 置信度下为 2900（68.2%）2877 BC，95.4% 置信度下为 2910 BC（84.1%）2866 BC、2805 BC（11.3%）2761 BC。

TW20N2G6③、④层出土较多陶片，鼎足为侧装凿形，年代为大汶口文化晚期偏早，测年结果可从。

2020 年，我们又挑选北区一些灰坑出土的炭化种子送至中国科学院广州地球化学研究所进行 AMS-14C 测年，共 9 份样品。

JZ-1：H81⑥层木炭，测年结果大体在距今 4900～4600 年。

JZ-2：H81③层木炭，测年结果大体在距今 4900～4600 年。

JZ-6：H81⑥层木炭，测年结果大体在距今 4900～4600 年。

JZ-7：H81③层木炭，测年结果大体在距今 4900～4650 年。

H81 位于北区 TE5N27 中部偏北，开口于④层下，被 H74 打破，打破 H97、H111、H112、H115、H120 和 F8。平面近圆形，斜壁，平底。坑口直径 2.1～2.7、底径 1.8～2、深 0.86 米。坑内堆积共分为 7 层，填土多呈灰黑色，出土较多陶片，根据陶片特征判断为大汶口文化晚期偏早。测年结果可从。

JZ-3：H74②层木炭，测年结果大体在距今 4900～4600 年。

JZ-8：H74②层木炭，测年结果大体在距今 4900～4600 年。

H74 位于北区 TE5N27 中西部，开口于③层下，被 H81 打破。坑口平面呈不规则椭圆形，斜弧壁，坑口长 6.8、宽 2.25～4.35、坑底长 5.5、宽 2～4、深 0.85～1 米。坑内堆积分为 3 层，填土多呈灰黑色，出土较多陶片，根据陶片特征判断为大汶口文化晚期偏早。测年结果可从。

JZ-4：H140②层木炭，测年结果大体在距今 4900～4680 年。

JZ-5：H140②层木炭，测年结果大体在距今 4900～4630 年。

JZ-9：H140②层木炭，测年结果大体在距今 4920～4890 年。

H140 位于东区 TE15N1，为圆形标准灰坑，根据陶片判断为大汶口文化晚期偏早，测年结果可从。

因此，综合相对年代分析和测年结果，可以推测金寨遗址相当于大汶口文化中晚期的存续年代距今 5200～4600 年，其中距今 5000～4800 年是其主体。

第三节 聚落结构及演变

从金寨遗址勘探和发掘结果来看，该遗址文化堆积从大汶口文化中期一直延续到龙山文化中期，之后有少量周代、汉代、宋代遗存。

大汶口文化中期时，遗址北区为居住区，东部为墓葬区，二者相距约150米。经过钻探，二者中间有一些低洼地，结合解剖发掘情况推测，居住区和墓葬区分别选址于两处稍高的自然台地之上，即5000年前金寨聚落的地貌环境并非现在的平地，而是略有高低起伏的平原微丘。居住区残存少量房址，呈排房结构。墓葬区排列整齐，显然是有着统一的规划。

第一期一段，共有M30、M69、M74、M75、M78、M80、M81这7座墓葬。其位置主要位于墓地的西部靠近边缘斜坡处。从西侧的生活区来到这处墓地，首先来到的就是这片区域，因此作为第一批先民的墓葬位置。而且规划有序，墓葬之间相距仅10厘米，尤其是M69与M80、M75与M81、M74与M78这三组，显系明显规划甚至是同时下葬。

第一期二段，共有M46、M48、M53、M55、M57、M62、M64这7座墓葬。位于第一段墓葬略偏北偏东。排列也不如一段时那么整齐有序。

第二期三段，墓葬主要向东南方向扩展，向北也有少量分布。这一方面主要还是顺着圆形高台地的地势，另一方面也可能是因为从生活区来的方向考虑，西南部这一时期也主要是生活区。这些墓葬虽不如一段那样有序，但总体没有打破关系，尤其是M26、M32、M33、M31、M7、M18这6座墓葬呈南北一列，每墓间隔20～50厘米，也应是有着统一规划。

到了大汶口文化晚期时，东区墓地墓葬位置主要向东北方向扩展，在东南部较平坦的位置也有分布，一个最主要的变化是墓葬排列不似中期那么有序，甚至到最晚期时还出现两座墓向不一致的墓葬，并且出现少数打破中期墓葬甚至是晚期之间互有打破的现象。这一般的解释可能是这与中期已经有了一定的时间间隔，下葬者不知此处有墓，或者说明当时人口规模的增加。但从出土器物中有较多典型屈家岭文化器物等因素来看，再结合M28这座7人葬的出现，暗示着这一时期金寨聚落应该发生了某种历史事件，或社会结构与大汶口中期时发生了明显的变化。

与此同时，金寨聚落的生活区规模进一步扩大，已发掘的东区、西区、北区均以这一时期遗存最为丰富，尤其是晚期前段时。生活区内有房址、壕沟、大型红烧土沟等主要遗迹。房址成排分布，以红烧土基槽为显著特征，长达30余米。房址周边也有少量墓葬分布。

到了龙山文化时期，整个聚落向东北部推进。即西区基本未见龙山文化时期遗存，东区有少量龙山文化早中期灰坑，经勘探调查在东区东北区域多见龙山文化早中期的陶片，因此，总的趋势是龙山文化时期聚落向东北方向推进。

周代遗存仅在北区发现一个灰坑，出土陶鬲、罐、钵各1件。但整个发掘区未见周代的地层和其他遗迹。

汉代遗存在东区、北西区有少量分布，有少量灰坑、墓葬。遗址上还分布少量宋代墓葬。

第六章　文化因素分析

金寨遗址文化因素复杂。由于墓葬区和居址区出土器物所反映的文化因素不尽相同，因此，下文将按墓葬区和居址区分别分析金寨遗址的文化因素。

第一节　墓葬区

墓葬区共发现新石器时代墓葬53座，这些墓葬随葬品多寡不一，以陶器为主，少量玉器、石器、骨器。下面将在分期的基础上，选择出土陶器和玉器随葬品较多的墓葬进行文化因素分析，在尽量定量分析的基础上再定性分析。

（一）第一期

第一期14座墓葬中，M53、M57、M64、M69、M75、M78、M80这7座墓葬随葬陶器较多，下面分别对这7座墓葬逐一进行分析。

M53共出土陶器34件、玉器5件，文化因素较为复杂。器物保存较好、可供分析的有16件，不能确指文化因素的有23件[1]。可明确辨别文化属性的16件器物，可分为四组。

甲1组　器类有盂形鼎、豆、背壶，共有11件。

盂形鼎　1件。标本M53：30（图6-1，1）。

豆　8件。主要特征为高喇叭形圈足上有成组圆形和三角形镂孔。标本M53：32（图6-1，2）。

背壶　2件。标本M53：38（图6-1，3）。

乙1组　器类为瓦形足盆形鼎，2件。标本M53：13（图6-1，4），标本M53：24（图6-1，5）。

丙1组　器类为玉耳珰，2件。标本M53：1（图6-1，6）。

丁1组　器类为瓦形足罐形鼎，1件。标本M53：37（图6-1，7）。

M57共出土陶器14件。其中具有典型特征、保存较好、可供分析的有8件，不能确指文化因素的有6件。8件用于分析的陶器可归为一组。

甲1组　有凿形足罐形鼎、豆、背壶。

凿形足罐形鼎　2件。标本M57：12（图6-2，1）。

豆　在圈足上饰有圆形或三角形镂孔，5件。标本M57：8（图6-2，2）、M57：10（图6-2，3）。

[1]　本文所选择的文物多为较能明确其文化属性的器物，对于不易区分属性的如普通的罐、壶、杯、器盖、石器类则一般归为不能确指文化属性类。因此，所选择文物只占出土文物的40%左右。

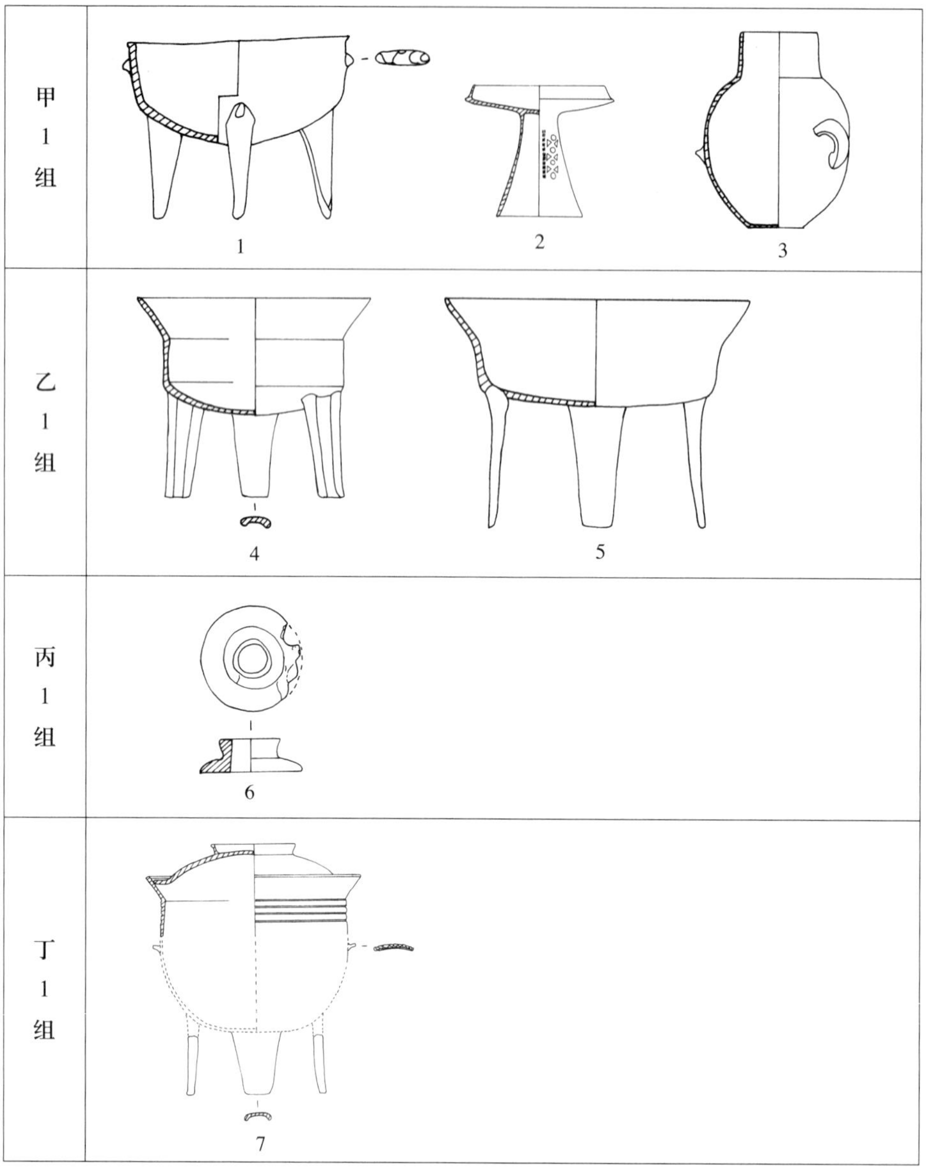

图6-1　M53器物分组图

1.M53：30　2.M53：32　3.M53：38　4.M53：13　5.M53：24　6.M53：1　7.M53：37

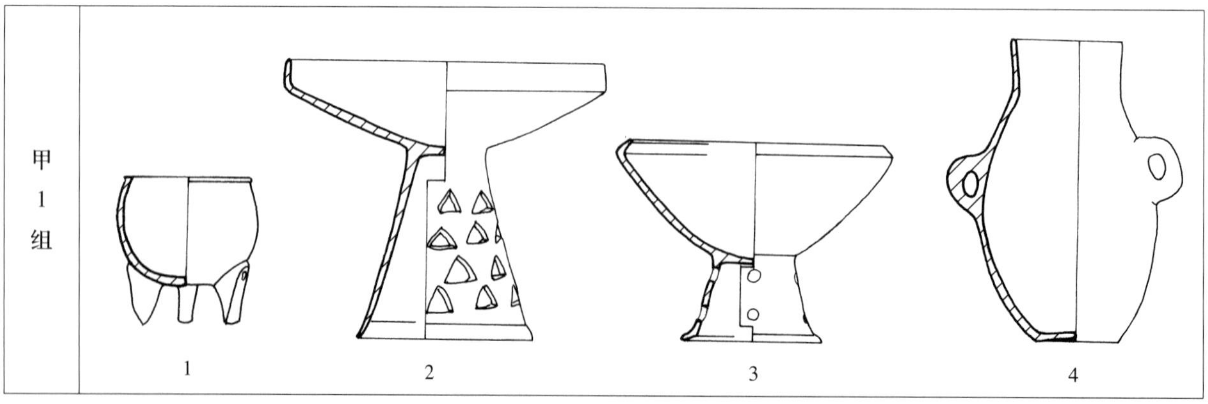

图6-2　M57器物分组图

1.M57：12　2.M57：8　3.M57：10　4.M57：13

背壶　1件。标本M57：13（图6-2，4）。

M64共出土陶器36件、玉器22件，具有典型特征、保存较好、可供分析的有17件，均为陶器，不能确指文化因素的有44件。用于分析的17件陶器，可分为五组。

甲1组　器类有豆和背壶，共出土6件。

豆　5件。在圈足上饰圆形或三角形镂孔。标本M64：13（图6-3，1）。

背壶　1件。标本M64：39（图6-3，2）。

乙1组　器类为卷边瓦形足盆形鼎，出土3件。标本M64：32（图6-3，3）。

丙1组　器类为双鼻壶，出土3件。标本M64：48（图6-3，4）。

丁1组　器类有平底盆、折腹盆，出土4件。

平底盆　标本M64：22（图6-3，5）。

折腹盆　标本M64：23（图6-3，6）。

戊1组　器类为壶形鼎，1件。标本M64：37（图6-3，7）。

M69，共出土陶器33件，其中具有典型特征、保存较好、可供分析的有16件，不能确指文化因素的有17件。可用于分析的16件陶器可划归为同一组。

甲1组　器类有盂形鼎、豆、背壶。

盂形鼎　6件。基本特征为短折沿，上腹壁较直，下腹折收成圜底或小平底，三凿形鼎足，多配有环形捉手器盖。M69：33（图6-4，1）。

豆　8件。标本M69：30（图6-4，2）、M69：24（图6-4，3）。

背壶　2件。标本M69：20（图6-4，4）。

M75共出土陶器12件，其中具有典型特征、器物保存较好、可供分析的有8件，不能确指文化因素的有4件。可用于分析的8件陶器可划分为一组。

甲1组　器类有盂形鼎、豆、圈足罐。

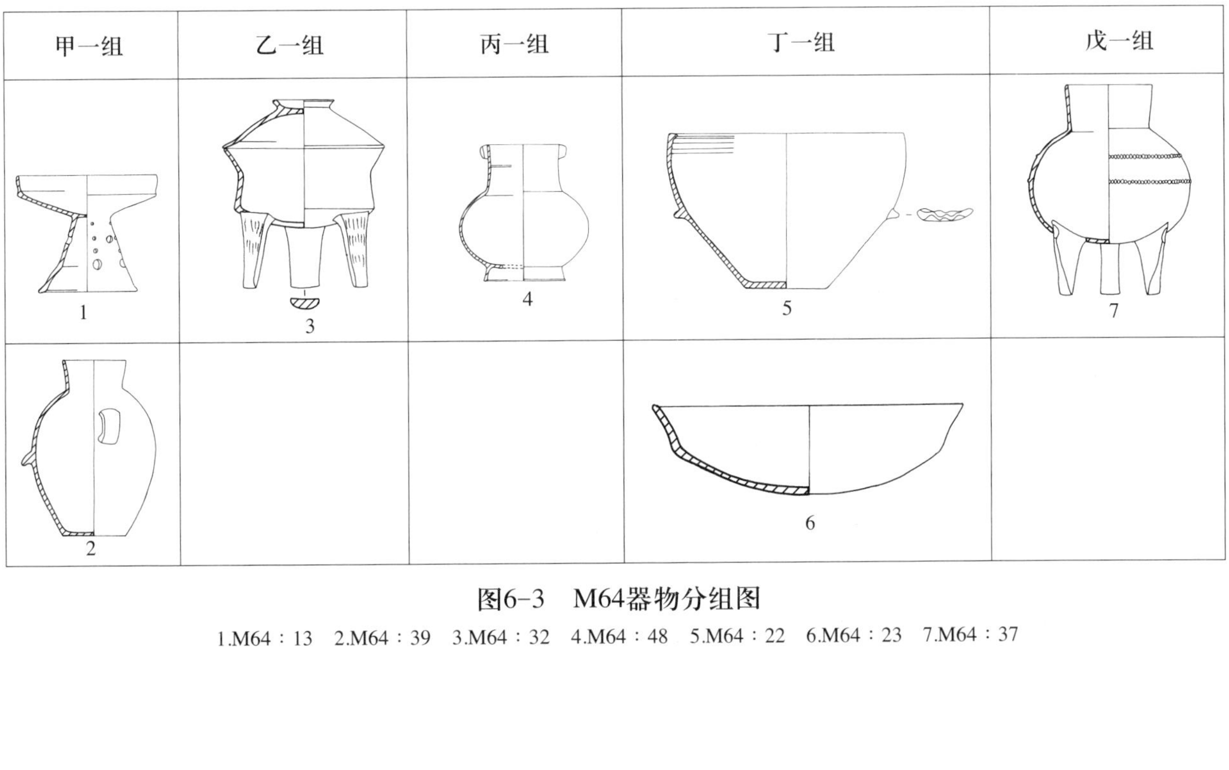

图6-3　M64器物分组图

1.M64：13　2.M64：39　3.M64：32　4.M64：48　5.M64：22　6.M64：23　7.M64：37

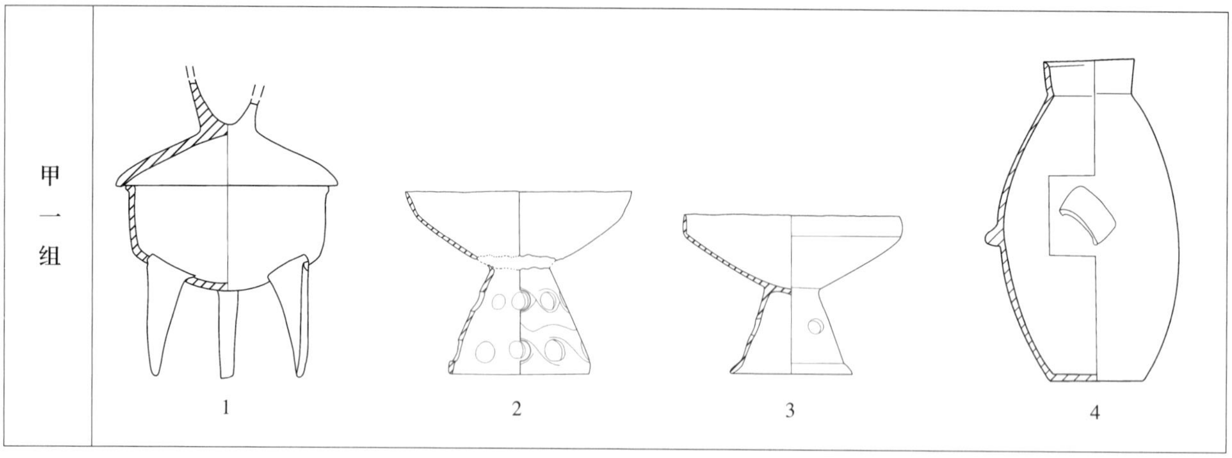

图6-4　M69器物分组图

1.M69：33　2.M69：30　3.M69：24　4.M69：20

盂形鼎　3件。短平沿，上腹直，下腹折收成圜底或小平底，凿形足，足根有按窝。标本M75：1（图6-5，1）。

豆　4件。标本M75：9（图6-5，2）。

圈足罐　1件。标本M75：5（图6-5，3）。

M78共出土陶器18件，其中具有典型特征、保存较好、可供分析的有3件，不能确指文化

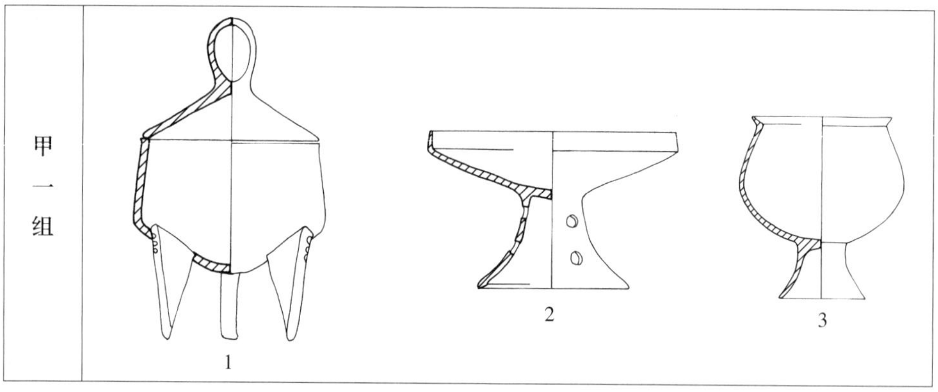

图6-5　M75器物分组图

1.M75：1　2.M75：9　3.M75：5

因素的有15件。可用于分析的3件陶器可划分为同一组。

甲1组　器类有盂形鼎、短折沿罐形鼎、豆。

盂形鼎　1件。标本M78：18（图6-6，1）。

短折沿罐形鼎　1件。标本M78：1（图6-6，2）。

豆　1件。标本M78：10（图6-6，3）。

M80共出土陶器12件，其中具有典型特征、保存较好、可供分析的有6件，不能确指文化因素的有6件。可用于分析的6件陶器可划分为一组。

甲1组　器类有盂形鼎、凿形足罐形鼎、豆。

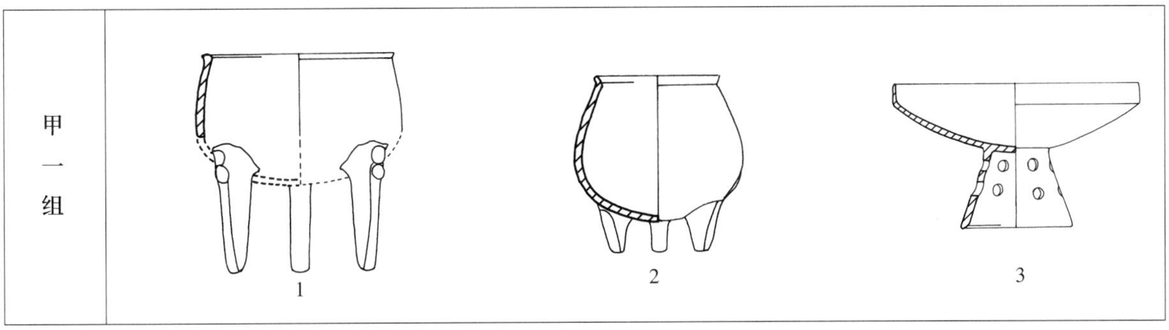

图6-6　M78器物分组图

1.M78：18　2.M78：1　3.M78：10

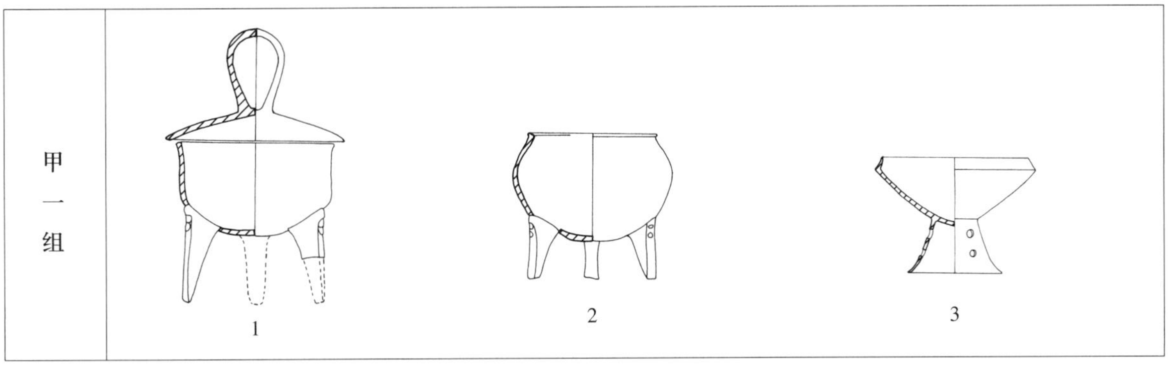

图6-7　M80器物分组图

1.M80：11　2.M80：9　3.M80：7

盂形鼎　1件。标本M80：11（图6-7，1）。

凿形足罐形鼎　1件。标本M80：9（图6-7，2）。

豆　4件。圈足上饰有镂孔，标本M80：7（图6-7，3）。

根据以上7座墓葬随葬品分组情况，第一期7座墓葬出土陶器和玉器包含五组不同的文化因素。

A1组　器类有盂形鼎、凿形足罐形鼎、豆、背壶、圈足罐，共有58件。

盂形鼎　短平沿，上腹壁直，下腹折收成圜底或小平底，凿形足足根有按窝，部分带有器盖。器形与邹县野店遗址、花厅遗址所出盂形鼎相似。

凿形足罐形鼎　短折沿，弧鼓腹，圜底或小平底，凿形足足根带有按窝。凿形足罐形鼎多见于鲁中南地区大汶口文化中晚期遗存中。

豆　多为钵形豆，喇叭形圈足上饰镂圆形或三角形镂孔豆，多见于大汶口文化遗存。

背壶　直口微侈，短直颈，溜肩，弧腹，腹部有一对半环耳，两耳间有一侧较平，另一侧有鸟喙状突纽。背壶为典型的大汶口文化中期器类。

圈足罐　短折沿，弧鼓腹，喇叭形圈足。圈足罐（杯形尊）常见于大汶口文化中晚期遗存。

B1组　器类为瓦形足盆形鼎，共出土5件。宽折沿，上腹直，下腹折内收，卷边瓦形足。本期所出的瓦形足盆形鼎与湖北麻城吊尖遗址屈家岭文化遗存所出的盆形鼎近同，相类器形还见于湖北麻城栗山岗遗址[1]、京山屈家岭遗址[2]、黄冈螺蛳山遗址[3]。此外，在亳州傅庄遗址、河南郑州大河村遗址[4]、罗山李上湾遗址[5]也发现有相类似的瓦形足盆形鼎。

C1组　器类有双鼻壶、玉耳珰，共出土3件。

双鼻壶　口沿外侧有一对耳，鼓腹，圈足。双鼻壶是良渚文化的代表性器形。

玉耳珰　腰鼓形，两端平直，中间圆孔，通体磨光，与浙江余杭反山M21∶8玉耳珰相近。

D1组　器类有平底盆、折腹盆，共出土4件。

平底盆　短平沿，敛口，口沿内勾，口沿下内壁有凹槽，器形较大，与郑州大河村第四期所出EⅣ式H73∶17陶盆相似。

折腹盆　侈口，圆唇，折腹，浅盘，圜底。类似的折腹盆也见于郑州大河村遗址。

E1组　器类有卷边瓦形足罐形鼎、壶形鼎。共出土2件。

卷边瓦形足罐形鼎　上部折沿弧腹罐形，腹部有一对鋬耳，鼎足为卷边瓦形足。相似器形少见于周边地区。

壶形鼎　短粗颈，圆鼓腹，器身有两周凸棱，凸棱上有按窝，三凿形足，足根有按窝。相似器形少见于周边地区。

综上，第一期墓葬随葬的陶器和玉器可分为五组文化特征不同的群组：A1组为大汶口文化因素，B1组为屈家岭文化因素，C1组为良渚文化因素，D1组为大河村文化因素，E1组为本地文化因素（图6-8、9）。

选取的7座墓葬共出土陶器、玉器186件，可用于分析的有74件，不能确指文化因素的有112件。在可用于分析的74件器物中，A1组器物58件，数量最多，占78.4%；B1组5件，占6.8%；C1组5件，占6.8%；D1组4件，占5.4%；E1组2件，占2.7%。从各文化因素占比来看，金寨墓地第一期主体文化为大汶口文化（表6-1）。

表6-1　金寨墓地第一期出土器物各文化因素构成

组别	A1	B1	C1	D1	E1	合计
数量	58	5	5	4	2	74
比重	78.4%	6.8%	6.8%	5.4%	2.7%	100%

（二）第二期

第二期墓葬较多，共22座，其中M8、M18、M27、M33、M34、M58、M59、M67、M73、M86等10座墓葬出土随葬品较多，下面分别对这些墓葬进行分析。

[1]　武汉大学历史系考古教研室、黄冈地区博物馆、麻城市革命博物馆：《湖北麻城栗山岗新石器时代遗址》，《考古学报》1990年第4期，第439～473页。

[2]　中国科学院考古研究所：《京山屈家岭》，科学出版社，1965年。

[3]　湖北省黄冈地区博物馆：《湖北黄冈螺蛳山遗址墓葬》，《考古学报》1987年第3期，第339～358、399～406页。

[4]　郑州市文物考古研究所：《郑州大河村》，科学出版社，2001年。

[5]　河南省文物考古研究所、信阳市文物管理委员会：《河南罗山县李上湾新石器时代遗址》，《华夏考古》2000年第3期，第3～16页。

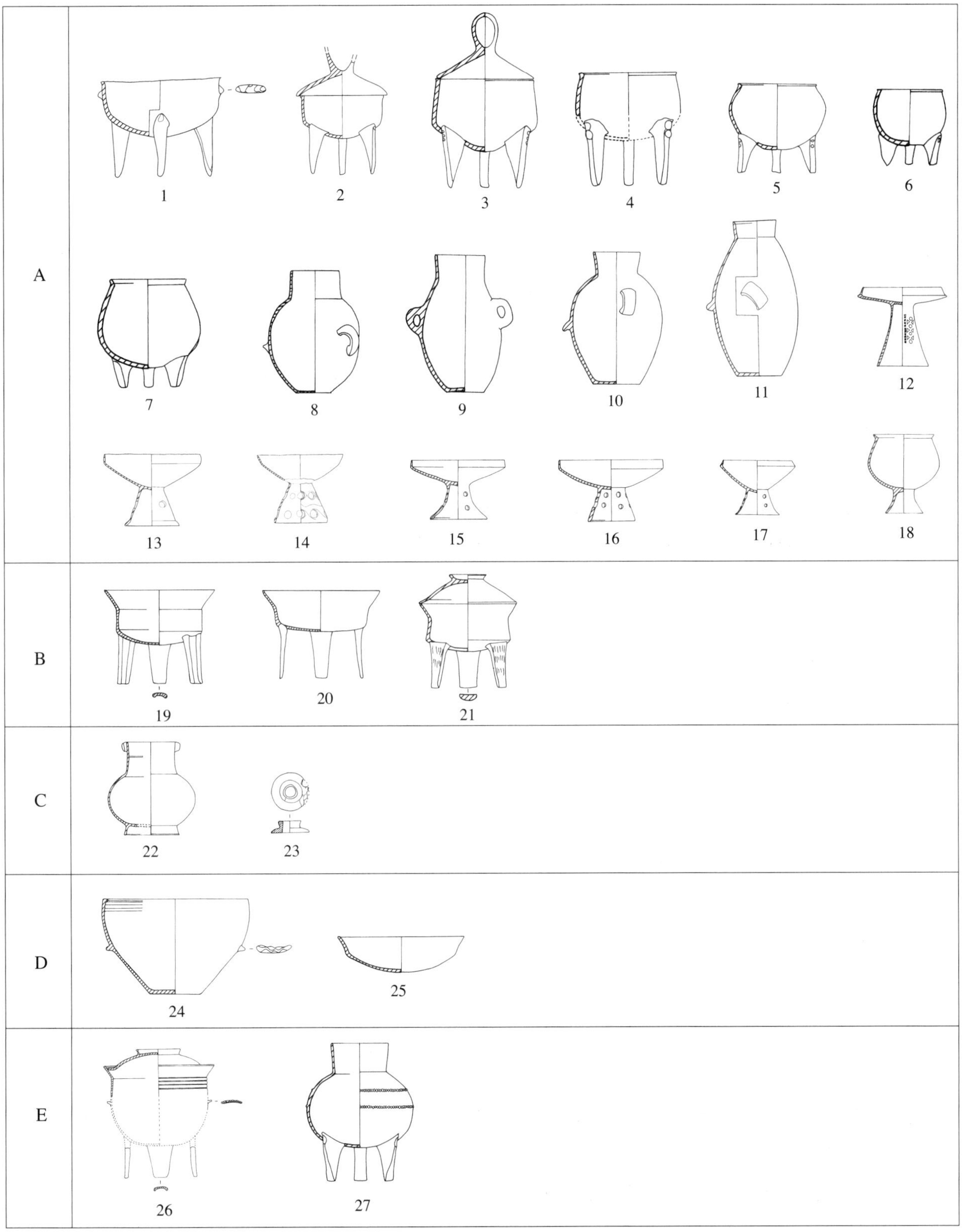

图6-8　金寨墓地第一期器物分组图

1.M53：30　2.M69：33　3.M75：1　4.M78：18　5.M80：9　6.M57：12　7.M78：1　8.M53：38　9.M57：13　10.M64：39　11.M69：20　12.M53：32　13.M69：24　14.M69：30　15.M75：9　16.M78：10　17.M80：7　18.M75：5　19.M53：13　20.M53：24　21.M64：32　22.M64：48　23.M53：1　24.M64：22　25.M64：23　26.M53：37　27.M64：37

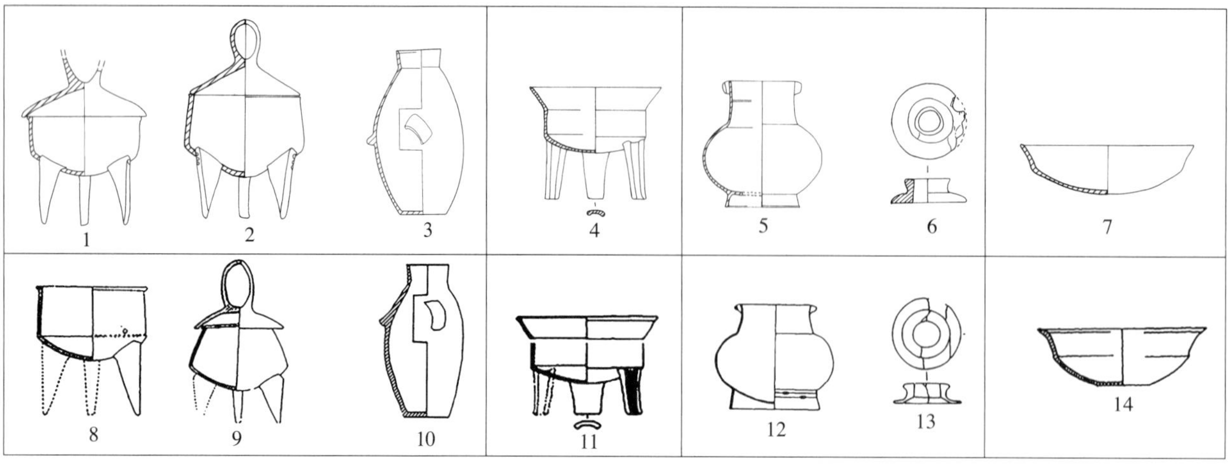

图6-9　金寨墓地第一期典型器物与周边相似器物图

1～7.金寨 M69：33、M75：1、M69：20、M53：13、M64：48、M53：1、M64：23　8、9.邹县野店 M22：35、M15：26　10.亳州傅庄 M6：42　11.麻城吊尖 M2：10　12.上海福泉山 M132：53　13.余杭反山 M21：8　14.郑州大河村 T60④：4

M8 共出土陶器 10 件。具有典型特征、保存较好、可供分析的有 4 件，另有 6 件不能确指文化因素。可用于分析的 4 件陶器可划分为一组。

甲 2 组　器类有凿形足罐形鼎、豆、背壶。共出土 4 件。

凿形足罐形鼎　1 件。标本 M8：10（图 6-10，1）。

背壶　1 件。标本 M8：7（图 6-10，2）。

豆　出土 2 件。直口折腹，均在圈足上装饰圆形镂孔。标本 M8：1（图 6-10，3）、M8：5（图 6-10，4）

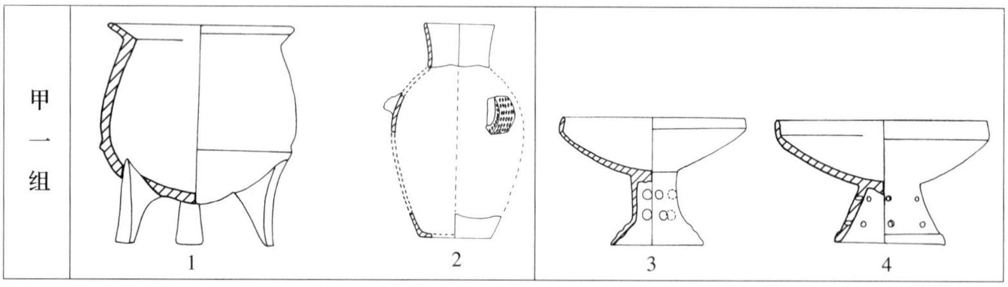

图6-10　M8典型器物图

1.M8：10　2.M8：7　3.M8：1　4.M8：5

M18 共出土陶器 11 件。具有典型特征、保存较好、可供分析的有 5 件，另有 6 件无法确指文化因素。可用于分析的 5 件器物，可分为三组。

甲 2 组　器类为凿形足罐形鼎和豆，出土 3 件。

凿形足罐形鼎　2 件。标本 M18：10（图 6-11，1）。

豆　1 件。标本 M18：1（图 6-11，2）。

乙 2 组　器类为卷边瓦形足盆形鼎，1 件。标本 M18：7（图 6-11，3）。

丙 2 组　盆，1 件。标本 M18：6（图 6-11，4）。

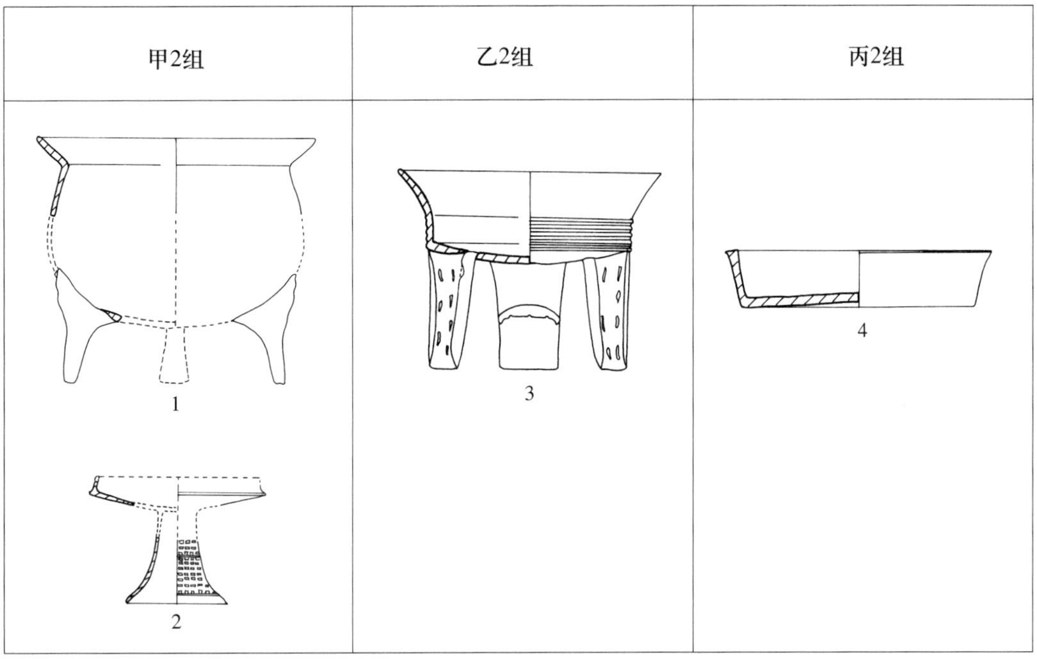

图6-11　M18器物分组图

1.M18：10　2.M18：1　3.M18：7　4.M18：6

M27 共出土陶器 17 件，具有典型特征、保存较好、可供分析的有 4 件，另有 13 件无法确指文化因素。可用于分析的 4 件陶器，可分为两组。

甲 2 组　器类为凿形足罐形鼎、豆，共出土 3 件。

凿形足罐形鼎　1 件。标本 M27：25（图 6-12，1）。

豆　2 件。标本 M27：14（图 6-12，2）。

乙 2 组　器类为卷边瓦形足盆形鼎，出土 1 件。标本 M27：8（图 6-12，3）。

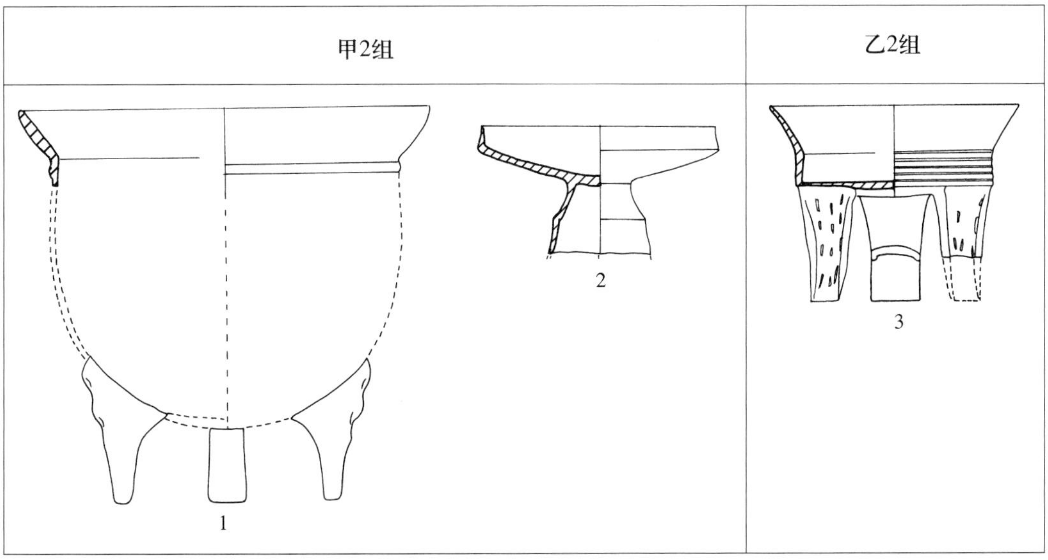

图6-12　M27器物分组图

1.M27：25　2.M27：14　3.M27：8

M33 共出土陶器 18 件。具有典型特征、保存较好、可供分析的有 6 件，另有 12 件无法确指文化因素。可用于分析的 6 件陶器，可分为两组。

甲 2 组　器类为凿形足罐形鼎、豆，共出土 4 件。

凿形足罐形鼎　1 件。标本 M33：12（图 6-13，1）。

豆　3 件。在圈足上饰条形和三角形镂孔。标本 M33：9（图 6-13，2）。

乙 2 组　器类为双鼻壶，2 件。标本 M33：3（图 6-13，3）、M33：15（图 6-13，4）。

M34 共出土陶器 8 件。具有典型特征、保存较好、可供分析的有 7 件，另有 1 件无法确指文化因素。可用于分析的 7 件陶器，可分为两组。

甲 2 组　器类有凿形足罐形鼎、豆、花边捉手器盖，共出土 6 件。

凿形足罐形鼎　1 件。标本 M34：6（图 6-14，1）。

豆　4 件。标本 M34：8（图 6-14，2）。

花边捉手器盖　1 件。标本 M34：3（图 6-14，3）。

乙 2 组　器类为凿形足盆形鼎，1 件。标本 M34：5（图 6-14，4）。

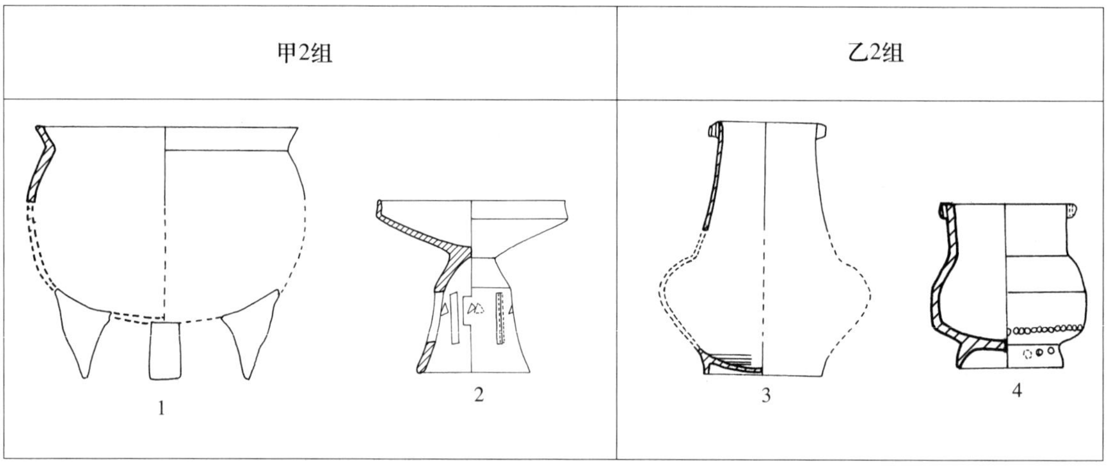

图6-13　M33器物分组图

1.M33：12　2.M33：9　3.M33：3　4.M33：15

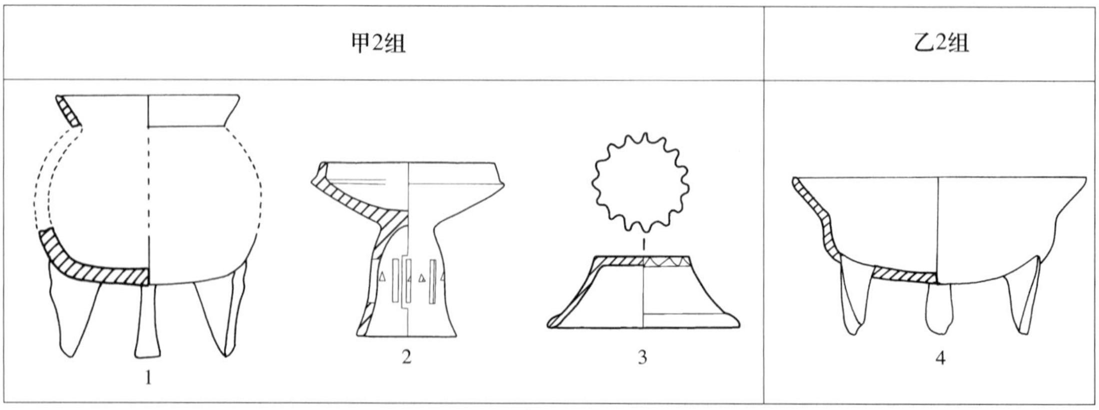

图6-14　M34器物分组图

1.M34：6　2.M34：8　3.M34：3　4.M34：5

M58共出土陶器20件、玉器2件。具有典型特征、保存较好、可供分析的有5件，均为陶器，另有17件无法确指文化因素。可用于分析的5件陶器，可分为两组。

甲2组　器类有凿形足罐形鼎、豆、背壶，共出土4件。

凿形足罐形鼎　1件。标本M58：22（图6–15，1）。

豆　2件。标本M58：13（图6–15，2）、M58：16（图6–15，3）。

背壶　1件。标本M58：10（图6–15，4）。

乙2组　器类为双鼻壶，1件。标本M58：17（图6–15，5）。

M59共出土陶器9件、玉器1件。具有典型特征、保存较好、可供分析的有5件，均为陶器，另有4件无法确指文化因素。可用于分析的5件陶器可归为一组。

甲2组　器类有凿形足罐形鼎、豆、背壶。共出土5件。

凿形足罐形鼎　1件。标本M59：12（图6–16，1）。

豆　出土3件。圈足上饰圆形或长方形镂孔。标本M59：9（图6–16，2）。

背壶　1件。标本M59：6（图6–16，3）。

M67共出土陶器14件、玉器5件，具有典型特征、保存较好、可供分析的有8件，均为陶器，另有11件无法确指文化因素。可用于分析的8件陶器可划分为一组。

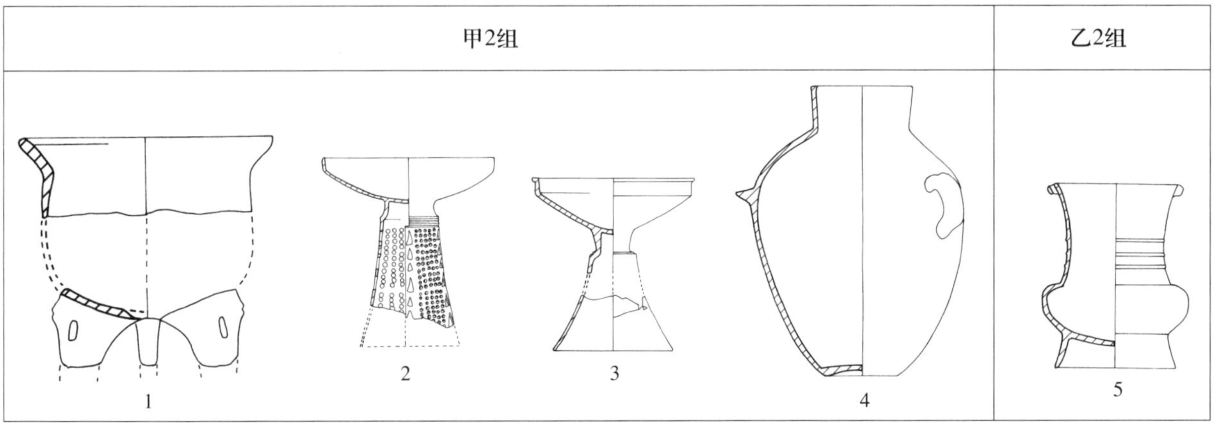

图6–15　M58器物分组图

1.M58：22　2.M58：13　3.M58：16　4.M58：10　5.M58：17

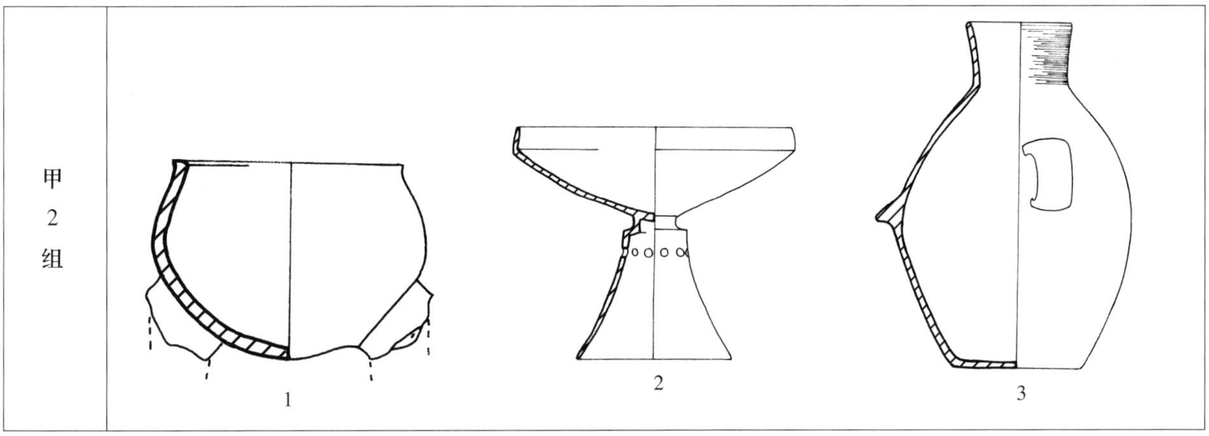

图6–16　M59器物分组图

1.M59：12　2.M59：9　3.M59：6

甲 2 组　器类有豆、背壶、花边捉手器盖。

豆　5 件。圈足上饰圆形、三角形或长方形镂孔。标本 M67：12（图 6-17，1）。

背壶　2 件。标本 M67：8（图 6-17，2）。

花边捉手器盖　1 件。标本 M67：15（图 6-17，3）。

M73 共出土陶器 27 件。具有典型特征、保存较好、可供分析的有 14 件，另有 13 件无法确指文化因素。用于分析的 14 件陶器可分为两组。

甲 2 组　器类有凿形足罐形鼎、豆、背壶、花边捉手器盖。共出土 13 件。

凿形足罐形鼎　2 件。标本 M73：5（图 6-18，1）、M73：6（图 6-18，2）。

豆　9 件。圈足上均饰有圆形镂孔，标本 M73：14（图 6-18，3）。

背壶　1 件。标本 M73：15（图 6-18，4）。

花边捉手器盖　1 件。标本 M73：25（图 6-18，5）。

乙 2 组　器类为绳纹罐，1 件。标本 M73：10（图 6-18，6）。

M86 共出土陶器 8 件。具有明显特征、保存较好、可供分析的有 5 件，另有 3 件无法确指文化因素。可用于分析的 5 件器物可分为两组。

甲 2 组　器类有凿形足罐形鼎、豆。共出土 4 件。

凿形足罐形鼎　2 件。标本 M86：4（图 6-19，1）。

豆　2 件。基本特征是在圈足上装饰镂孔，标本 M86：7（图 6-19，2）。

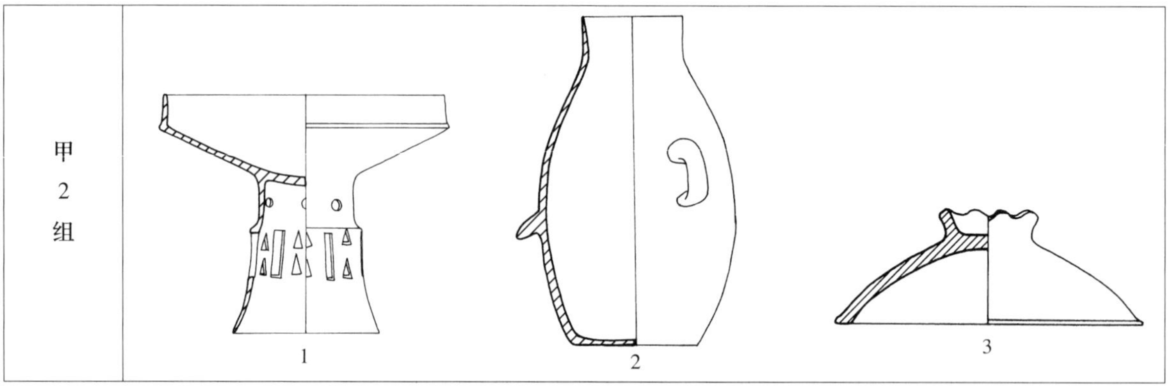

图6-17　M67器物分组图

1.M67：12　2.M67：8　3.M67：15

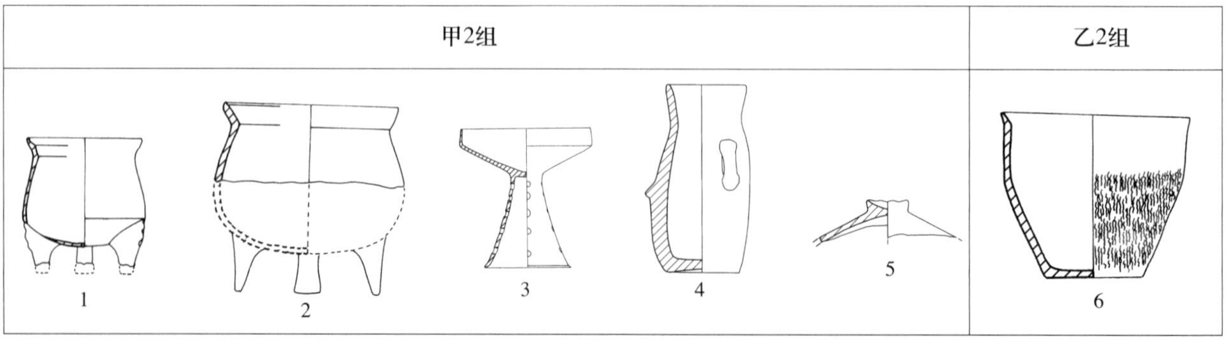

图6-18　M73器物分组图

1.M73：5　2.M73：6　3.M73：14　4.M73：15　5.M73：25　6.M73：10

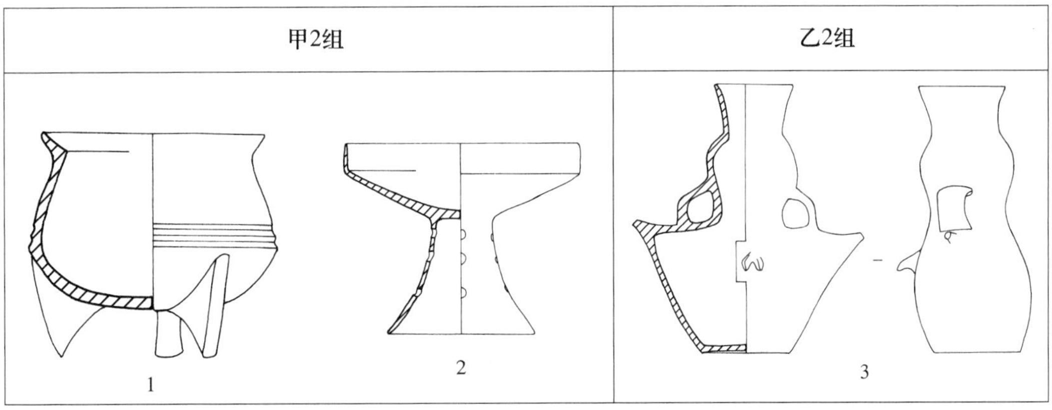

图6-19　M86器物分组图

1.M86：4　2.M86：7　3.M86：6

乙 2 组　器类为陶船形壶，1 件。标本 M86：6（图 6-19，3）。

根据以上 10 座墓葬随葬品分组情况，第二期 10 座墓葬出土陶器和玉器包含四组不同的文化因素。

A2 组　器类有凿形足罐形鼎、豆、背壶、花边捉手器盖。

凿形足罐形鼎　宽折沿，弧鼓腹，圜底，凿形足足根有按窝。在大汶口文化中晚期遗存中常见。

豆　本期所出陶豆多为直口，折腹，折腹处折痕明显，呈子母口，喇叭形圈足上装饰镂孔，部分圈足上下呈台阶。同类器形常见于大汶口文化遗存。

背壶　直口微侈，矮颈，肩部有一对半环耳，两耳间一侧较平，另一侧有一鸟喙状突钮，为典型的大汶口文化器类。

花边捉手器盖　矮喇叭形捉手，盖面斜弧。花边捉手器盖多见于大汶口文化晚期遗存中。

B2 组　器类有卷边瓦形足盆形鼎、凿形足盆形鼎。

卷边瓦形足盆形鼎　与前一期器形特征相近，宽折沿，折腹，卷瓦形足。

凿形足盆形鼎　宽折沿，折腹，相似器形可见于河南罗山李上湾遗址，此类器形多见于屈家岭文化遗存。

C2 组　器类为双鼻壶。

D2 组　器类有盆、绳纹罐、陶船形壶。

盆　短平沿，尖唇，斜直腹，浅盘，大平底微内凹。相似器类未见于周边地区。

绳纹罐　器表施竖向绳纹。相类似器形少见于周边地区。

陶船形壶　相似器形不见于周边地区。

综上，第二期墓葬随葬的陶器可分为四组：A2组为大汶口文化因素，B2组为屈家岭文化因素，C2 组为良渚文化因素，D2 组为本地文化因素（图 6-20、21、22）。

选取的 10 座墓葬共出土陶器、玉器 150 件，可用于分析的有 63 件。其中 A2 组器物 54 件，数量最多，占 85.7%；B2 组 3 件，占 4.8%；C2 组 3 件，占 4.8%；D2 组 3 件，占 4.8%。从各文化因素占比来看，金寨墓地第二期主体文化为大汶口文化（表 6-2）。

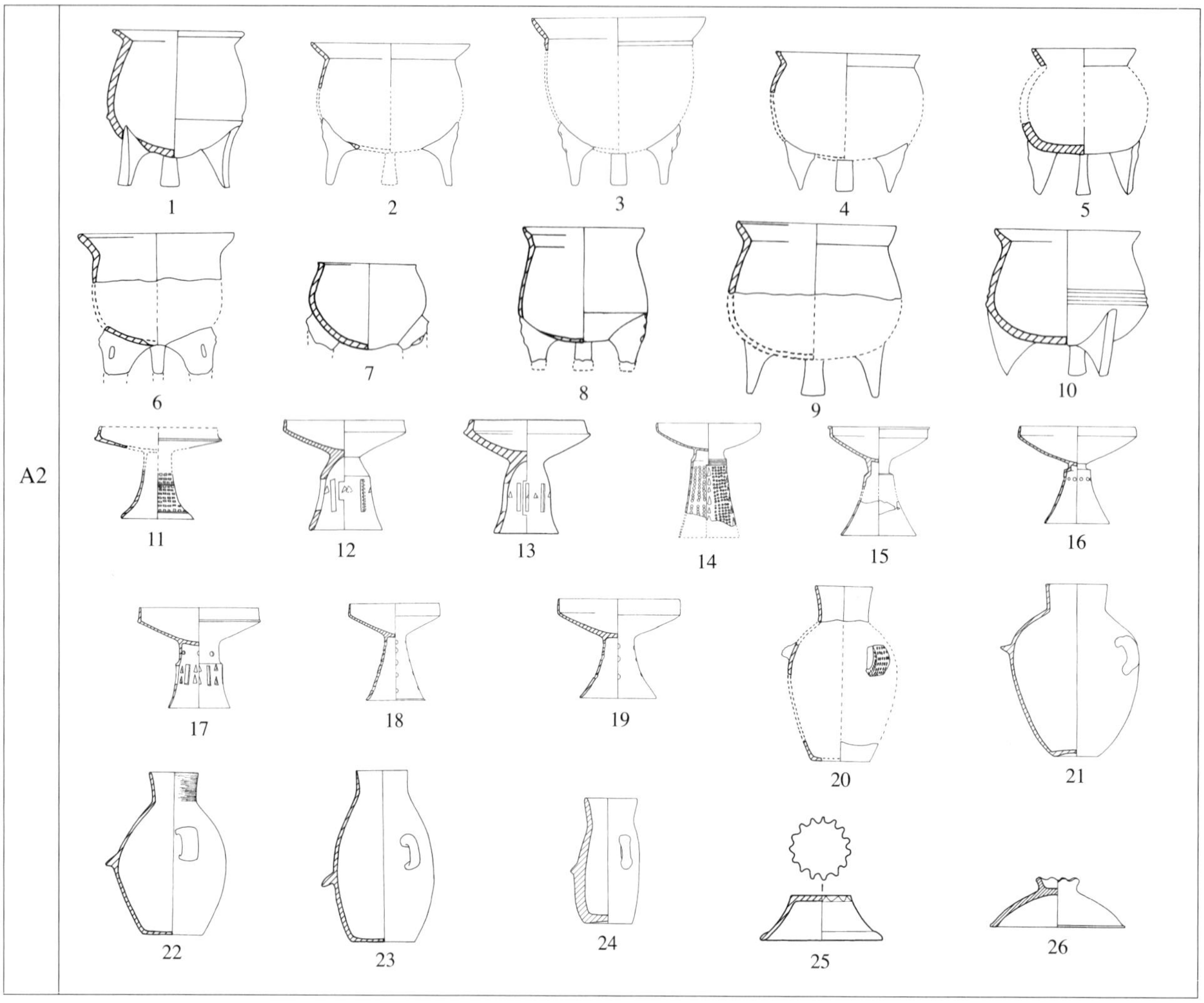

图6-20　金寨墓地第二期器物分组图

1.M8：10　2.M18：10　3.M27：25　4.M33：12　5.M34：6　6.M58：22　7.M59：12　8.M73：5　9.M73：6　10.M86：4　11.M18：1　12.M33：9　13.M34：8　14.M58：13　15.M58：16　16.M58：9　17.M67：12　18.M73：14　19.M86：7　20.M8：7　21.M58：10　22.M59：6　23.M67：8　24.M73：15　25.M34：3　26.M67：15

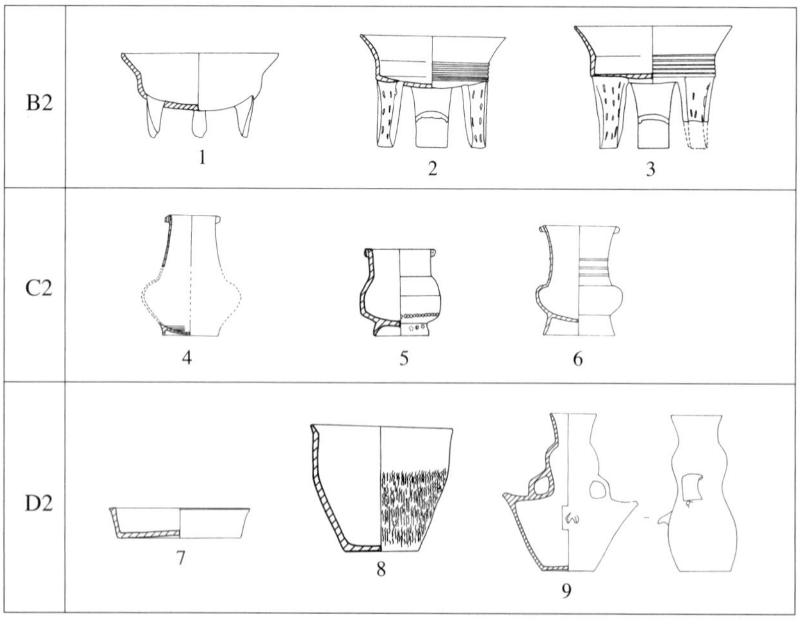

图6-21　金寨墓地第二期器物分组图

1.M34：5　2.M18：7　3.M27：8　4.M33：3　5.M33：15　6.M58：17　7.M18：6　8.M73：10　9.M86：6

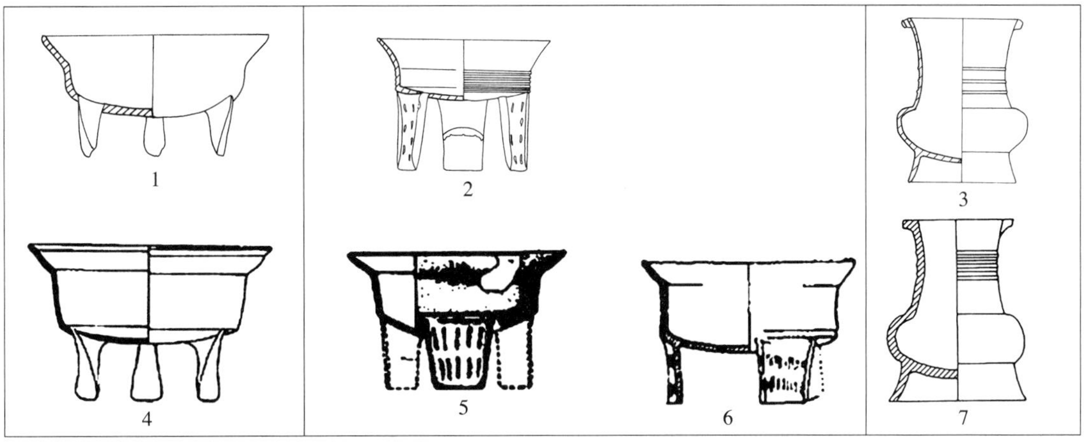

图6-22　金寨墓地第二期典型器物与周边相似器物图

1～3. 金寨 M34：5、M18：7、M58：17　4. 罗山李上湾 T2⑤：12　5. 麻城栗山岗 T5⑤B：96　6. 大河村 H65：4　7. 昆山绰墩 F11②：8

表6-2　金寨墓地第二期出土器物各文化因素构成

组别	A2	B2	C2	D2	合计
数量	54	3	3	3	63
比重	85.7%	4.8%	4.8%	4.8%	100%

（三）第三期

第三期墓葬 17 座，M24、M28、M29、M60、M70、M76、M84、M87 等 8 座墓葬随葬品较多，下面分别对这几座墓葬进行分析。

M24 共出土陶器 17 件。具有典型特征、保存较好、可供分析的有 5 件，另有 12 件无法确指文化因素。用于分析的 5 件陶器可分为两组。

甲 3 组　器类有凿形足罐形鼎、鬶，出土 2 件。

凿形足罐形鼎　1 件。标本 M24：15（图 6-23，1）。

鬶　实足鬶，1 件。标本 M24：21（图 6-23，2）。

乙 3 组　器类为双腹豆，3 件。宽折沿、下腹弧收成双腹形。标本 M24：8（图 6-23，3）。

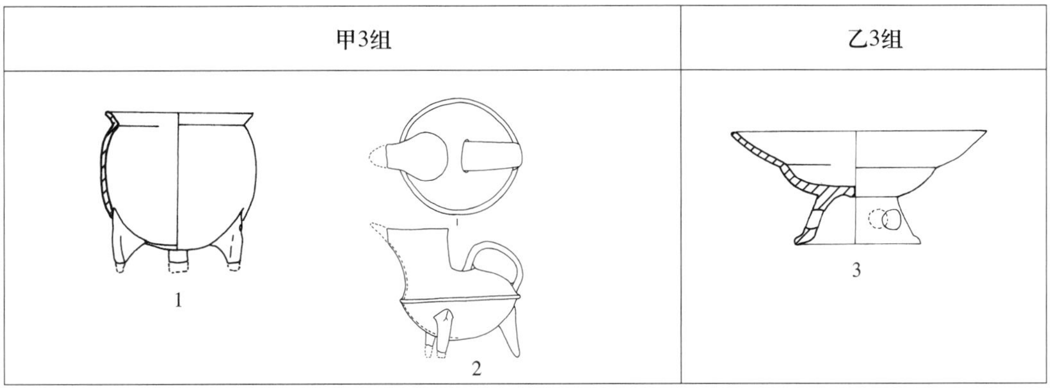

图6-23　M24器物分组图

1.M24：15　2.M24：21　3.M24：8

M28 共出土陶器 100 件、玉器 12 件。具有典型特征、保存较好、可供分析的有 34 件，另有 78 件无法确指文化因素。用于分析的 34 件器物可分为四组。

甲 3 组　器类有凿形足罐形鼎、豆、背壶、杯形尊、平底直流盉等，共出土 20 件。

凿形足罐形鼎　4 件。标本 M28：18（图 6-24，1）。

豆　侈口圆唇，喇叭形圈足，圈足上有镂孔，5 件。标本 M28：10（图 6-24，2）。

背壶　1 件。标本 M28：58（图 6-24，3）。

杯形尊　7 件。器形基本一致。标本 M28：14（图 6-24，4）。

平底直流盉　3 件。器形基本一致。标本 M28：114（图 6-24，5）。

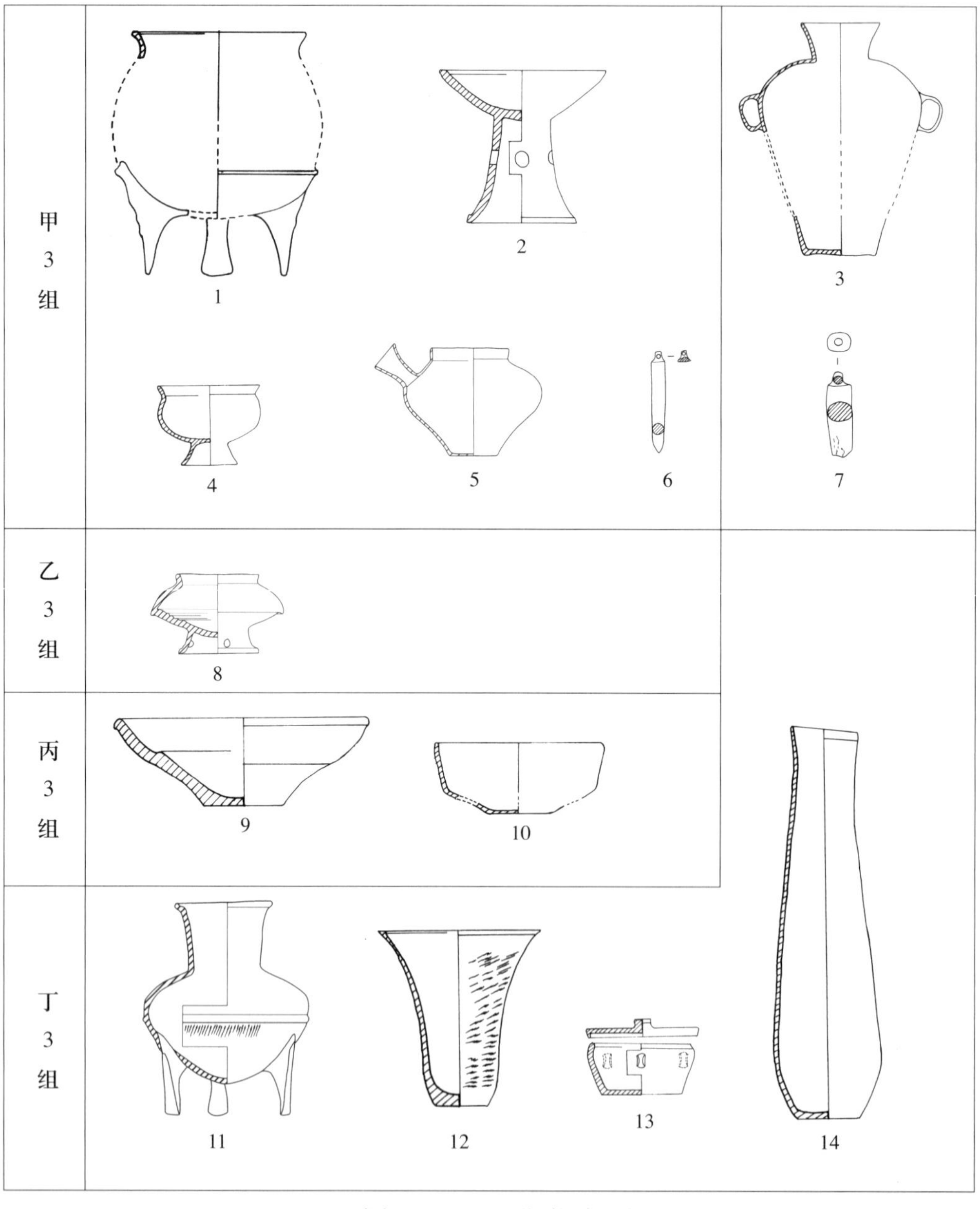

图6-24　M28器物分组图

1.M28：18　2.M28：10　3.M28：58　4.M28：14　5.M28：114　6.M28：12　7.M28：21　8.M28：62　9.M28：100　10.M28：112　11.M28：109　12.M28：42　13.M28：95　14.M28：19

乙 3 组　均为盂形杯，3 件。器形特征基本一致。标本 M28：62（图 6-24，8）。

丙 3 组　器类为折腹盆，2 件。标本 M28：100（图 6-24，9）、M28：112（图 6-24，10）。

丁 3 组　器类有壶形鼎、长筒形罐、喇叭形罐、平盖平底盆，出土 5 件。

壶形鼎　2 件。标本 M28：109（图 6-24，11）。

长筒形罐　1 件。标本 M28：19（图 6-24，14）。

喇叭形罐　1 件。标本 M28：42（图 6-24，12）。

平盖平底盆　1 件。标本 M28：95（图 6-24，13）。

M29 共出土陶器 26 件、玉器 1 件，具有典型特征、保存较好、可供分析的有 7 件，无法确指文化因素的有 20 件。可分为四组。

甲 3 组　器类有凿形足罐形鼎、豆、三联璧，出土 3 件。

凿形足罐形鼎　1 件。标本 M29：27（图 6-25，1）。

豆　宽折沿弧腹豆，1 件。标本 M29：17（图 6-25，2）。

三联璧　1 件。标本 M29：1（图 6-25，3）。

乙 3 组　为盂形杯，1 件。标本 M29：8（图 6-25，4）。

丙 3 组　器类为折腹盆，1 件。标本 M29：24（图 6-25，5）。

丁 3 组　器类有豆形壶、器盖，出土 2 件。

豆形壶　1 件。标本 M29：5（图 6-25，6）。

器盖　1 件。标本 M29：26（图 6-25，7）。

M60 共出土陶器 18 件。具有典型特征、保存较好、可供分析的有 11 件，另有 7 件无法确指文化因素。用于分析的 11 件陶器可分为三组。

甲 3 组　器类有凿形足罐形鼎、豆、杯形尊，出土 6 件。

凿形足罐形鼎　1 件。标本 M60：18（图 6-26，1）。

豆　侈口卷沿弧腹豆，1 件。标本 M60：6（图 6-26，2）。

杯形尊　出土 4 件。腹部略有差异，整体特征基本一致。标本 M60：8（图 6-26，3）。

乙 3 组　器类为双腹豆，出土 4 件。标本 M60：13（图 6-26，4）。

丙 3 组　器类为长颈壶，1 件。标本 M60：3（图 6-26，5）。

M70 共出土陶器 14 件、玉器 1 件。具有典型特征、保存较好、可供分析的有 6 件，均为陶器，另有 9 件无法确指文化因素。用于分析的 6 件陶器可分为两组。

甲 3 组　器类有豆、背壶、鬶，出土 3 件。

豆　侈口圆唇弧腹豆，1 件。标本 M70：2（图 6-27，1）。

背壶　1 件。标本 M70：5（图 6-27，2）。

鬶　1 件。标本 M70：11（图 6-27，3）。

乙 3 组　器类为双腹豆，出土 3 件。标本 M70：8（图 6-27，4）。

M76 共出土陶器 24 件。具有典型特征、保存较好、可供分析的有 12 件，另有 12 件无法确指文化因素。用于分析的 12 件陶器可分为三组。

图6-25　M29器物分组图

1.M29：27　2.M29：17　3.M29：1　4.M29：8　5.M29：24　6.M29：5　7.M29：26

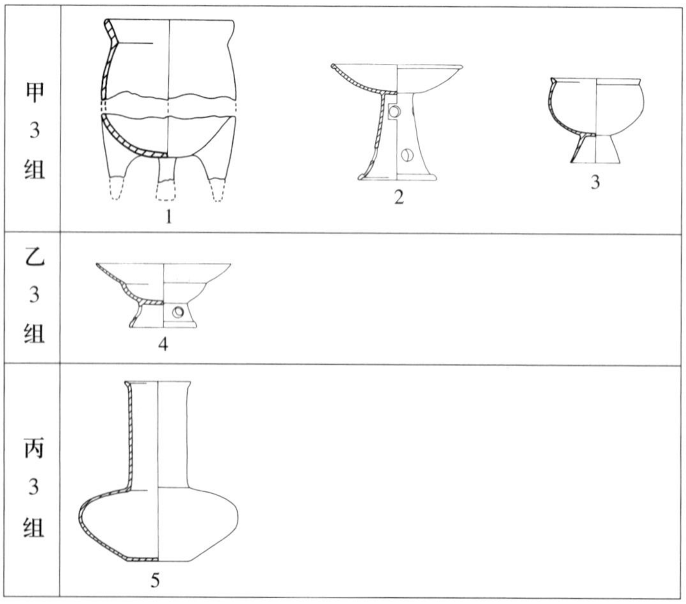

图6-26　M60器物分组图

1.M60：18　2.M60：6　3.M60：8
4.M60：13　5.M60：3

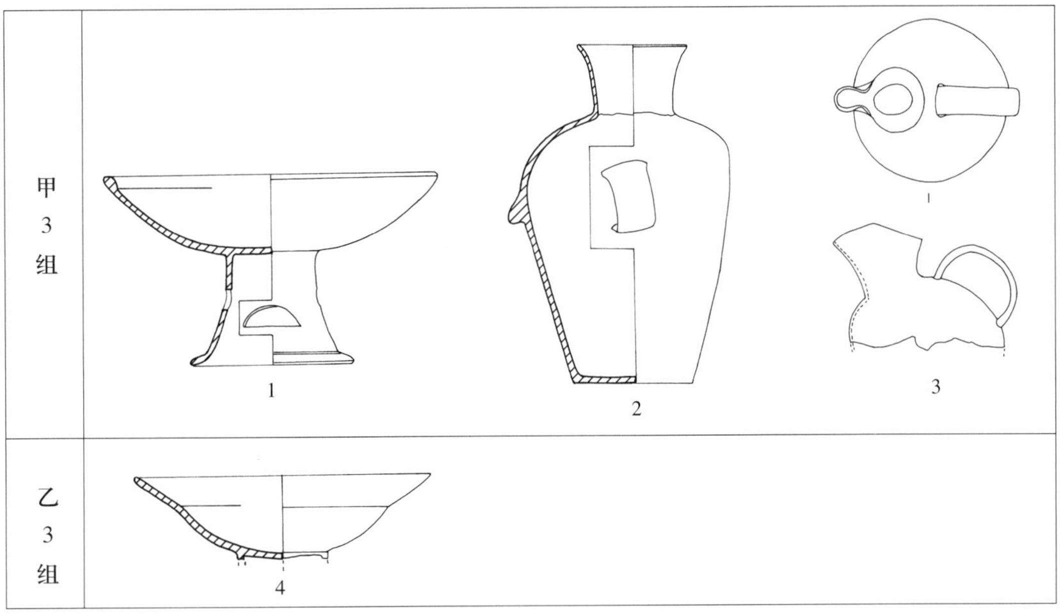

图6-27　M70器物分组图

1.M70：2　2.M70：5　3.M70：11　4.M70：8

甲 3 组　器类有凿形足罐形鼎、豆、鬶、背壶、杯形尊等，出土 10 件。

凿形足罐形鼎　3 件。标本 M76：15（图 6-28，1）。

豆　侈口卷沿弧腹豆，3 件。标本 M76：5（图 6-28，2）。

背壶　1 件。标本 M76：14（图 6-28，3）。

鬶　1 件。标本 M76：10（图 6-28，4）。

杯形尊　1 件。标本 M76：2（图 6-28，5）。

乙 3 组　器类为盆，1 件。标本 M76：20（图 6-28，6）。

丙 3 组　器类为壶形鼎，1 件。标本 M76：16（图 6-28，7）。

M84 共出土陶器 19 件。具有典型特征、保存较好、可供分析的有 7 件，另有 12 件无法确指文化因素。用于分析的 7 件陶器可分为两组。

甲 3 组　器类有凿形足罐形鼎、鬶，共出土 3 件。

凿形足罐形鼎，2 件。标本 M84：11（图 6-29，1）。

鬶　1 件。标本 M84：10（图 6-29，2）。

乙 3 组　器类为侈口卷沿折腹豆。出土 4 件。

侈口卷沿折腹豆　器形特征基本一致。标本 M84：3（图 6-29，3）。

M87 共出土陶器 53 件。具有典型特征、保存较好、可供分析的有 31 件，另有 22 件无法确指文化因素。用于分析的 31 件陶器可分为三组。

甲 3 组　器类有凿形足罐形鼎、豆、背壶、杯形尊，出土 14 件。

凿形足罐形鼎　2 件。标本 M87：30（图 6-30，1）。

豆　侈口卷沿弧腹豆，6 件。标本 M87：55（图 6-30，2）。

背壶　2 件。标本 M87：16（图 6-30，3）。

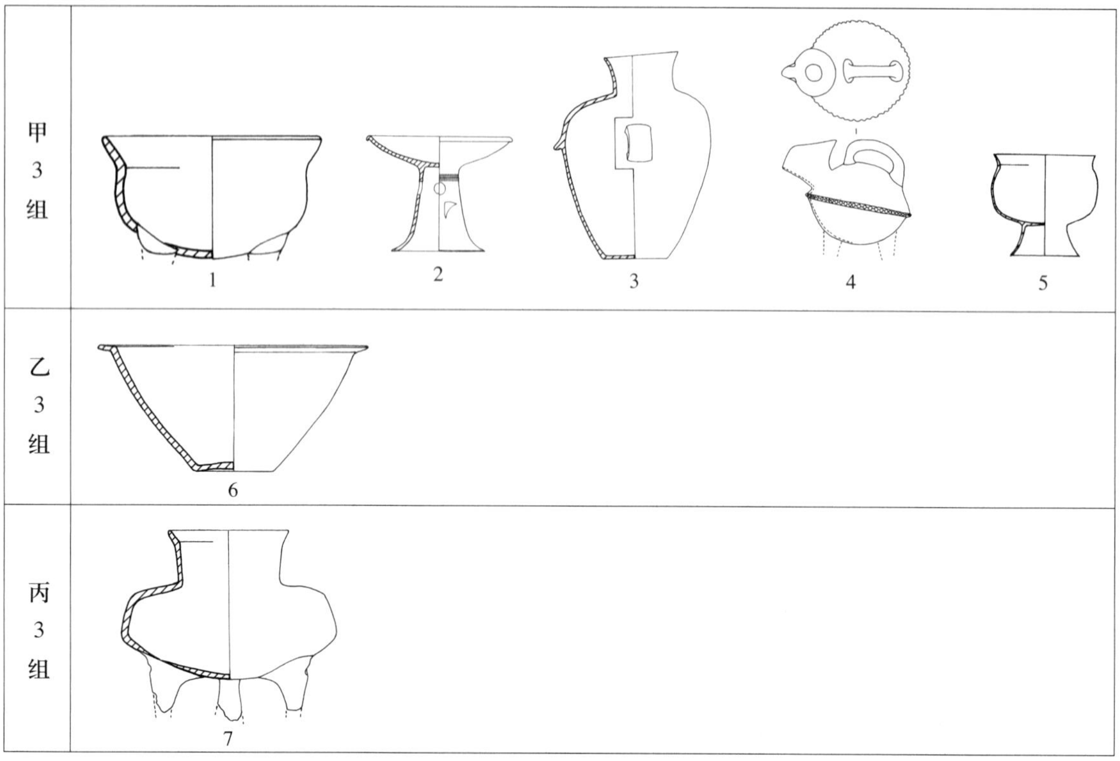

图6-28 M76器物分组图

1.M76∶15 2.M76∶5 3.M76∶14 4.M76∶10 5.M76∶2 6.M76∶20 7.M76∶16

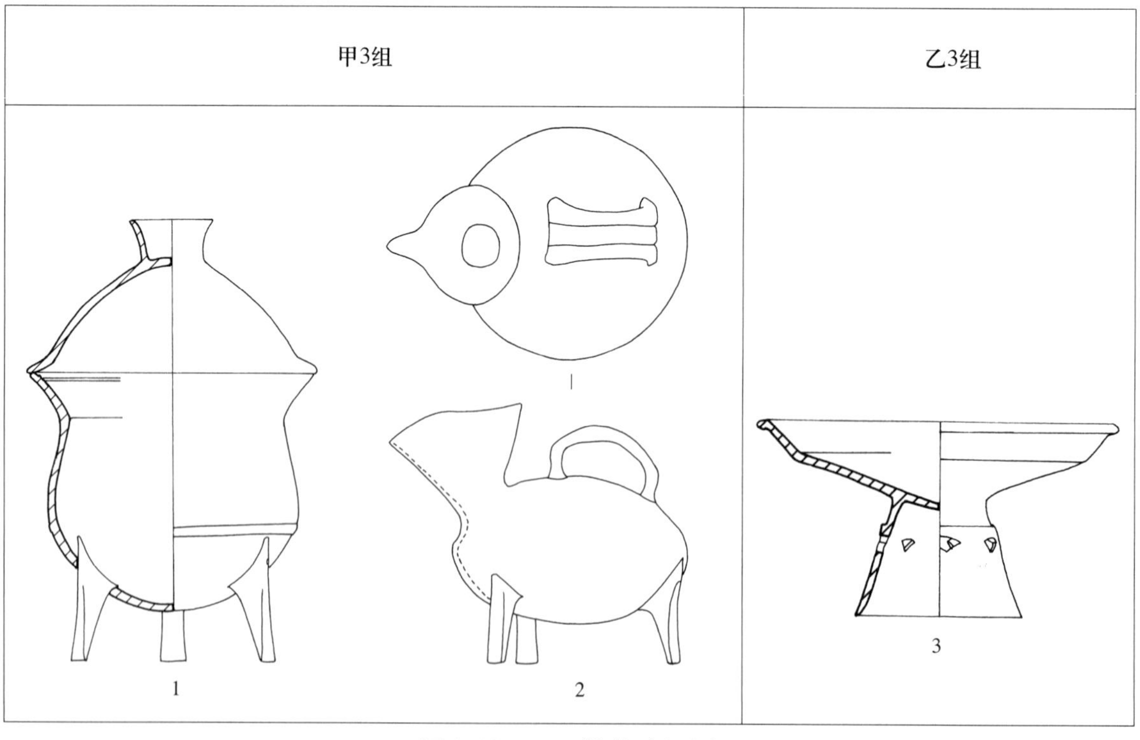

图6-29 M84器物分组图

1.M84∶11 2.M84∶10 3.M84∶3

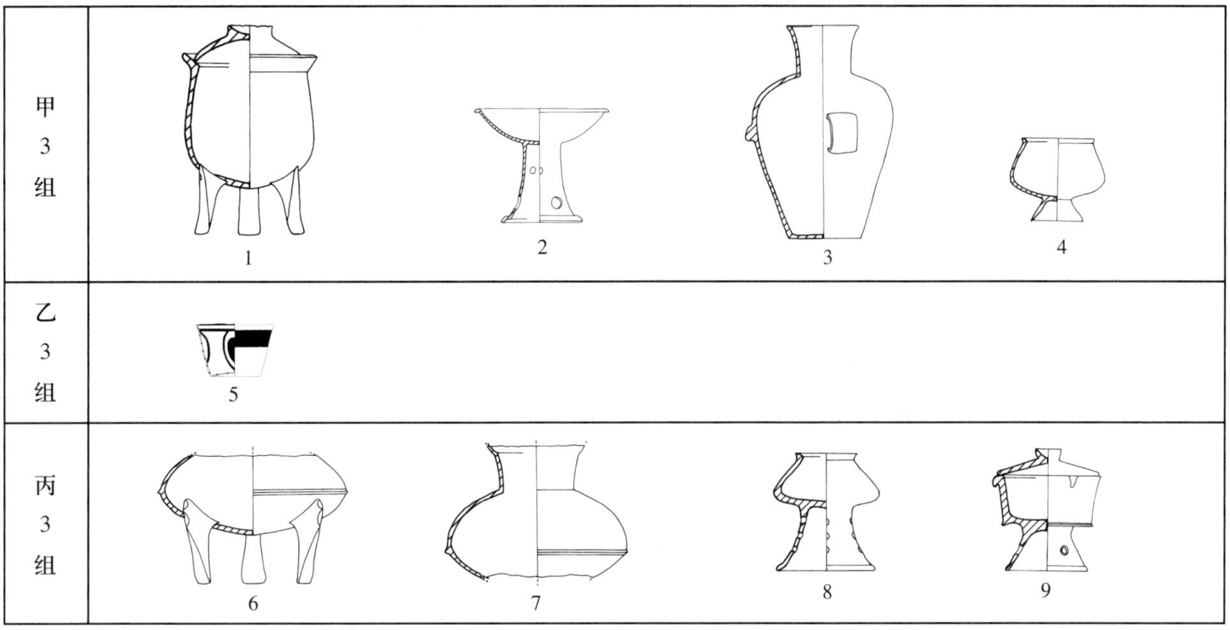

图6-30　M87器物分组图

1.M87：30　2.M87：55　3.M87：16　4.M87：34　5.M87：54　6.M87：11　7.M87：25　8.M87：4　9.M87：48

杯形尊　4件。器形基本一致。标本M87：34（图6-30，4）。

乙3组　器类为薄胎彩陶杯，1件。标本M87：54（图6-30，5）。

丙3组　器类有壶形鼎、杯，出土16件。

壶形鼎　2件。标本M87：11（图6-30，6）、M87：25（图6-30，7）。

杯　共出土14件。可分为两类，一类以M87：4（图6-30，8），侈口，短折沿，扁鼓腹，喇叭形圈足，圈足上饰有4组较对称的小圆形镂孔；另一类以M87：48（图6-30，9），直口，唇面有一周凹槽，唇部有3个鸟喙形突纽，折腹，喇叭形圈足，圈足上饰有圆形镂孔。

根据以上7座墓葬随葬品分组情况，第三期7座墓葬出土陶器和玉器包含五组不同的文化因素：

A3组　器类有凿形足罐形鼎、豆、背壶、鬶、杯形尊、平底直流盉、玉三联璧等。

凿形足罐形鼎　部分腹部有篮纹，腹部饰篮纹的凿形足罐形鼎常见于大汶口文化晚期遗存中。

豆　有侈口圆唇弧腹豆、侈口卷沿弧腹豆、宽折沿弧腹豆三类，均在喇叭形圈足上装饰镂孔。均可在大汶口文化遗存中找到相似器形，所出宽折沿弧腹豆可见于邳州梁王城遗址。

背壶　侈口，颈部较早期略长，两耳位于肩部，下腹斜腹收成平底，为大汶口文化典型器类。

陶鬶　为实足鬶，陶鬶是大汶口文化的典型器类，金寨遗址M76：10器形特征与梁王城遗址出土的A型实足鬶（M147：22）造型相似，器腹多素面，腹部饰有凸棱一道。M84：10与泰安大汶口遗址、梁王城遗址、滕州岗上遗址[1]、西公桥遗址[2]等大汶口文化遗存所出陶鬶相似。

[1]　山东省博物馆：《山东滕县岗上村新石器时代墓葬试掘报告》，《考古》1963年第7期，第351～361页。

[2]　山东省文物考古研究所：《滕州西公桥遗址考古发掘报告》，《海岱考古（第十三辑）》，科学出版社，2007年，第292、494～541页。

杯形尊 侈口，折沿，弧腹内收，喇叭形圈足，杯形尊在大汶口文化中常见，如滕州西公桥遗址、西康留遗址[1]、邳州梁王城遗址、茌平尚庄遗址[2]等大汶口文化遗存均可见。

平底直流盉 直口微侈，鼓腹，下腹内收成平底，肩上有一斜直向上的流，类似陶盉可见于泰安大汶口遗址、新沂花厅遗址、邳州梁王城遗址、邹县野店遗址等大汶口文化遗存中，是大汶口文化的常见器类。

玉三联璧 长方扁平形。这类玉器多见于大汶口文化遗存中，如泰安大汶口遗址出土的双连环和四连环。

B3 组 器类盂形杯、双腹豆、薄胎彩陶杯。

双腹豆 大斜折沿下腹弧收成双腹形，矮喇叭圈足上饰圆形镂孔，这类双腹豆常见于屈家岭文化。

盂形杯 侈口，圆唇，束颈，圆肩，下腹急内收近平，矮圈足，圈足上饰圆形镂孔。类似盂形杯在郧县青龙泉遗址[3]、京山屈家岭遗址、宜昌杨家湾遗址[4]等屈家岭文化中均有发现，是屈家岭文化的典型器物。

薄胎彩陶杯 器形特征与屈家岭文化斜腹杯基本一致，在斜腹杯上绘彩可见于湖北钟祥六合遗址[5]、湖南安乡县划城岗遗址[6]、湖南澧县城头山遗址[7]、湖北郧县青龙泉遗址、湖北巴东县李家湾遗址[8]等屈家岭文化遗存中，是屈家岭文化的指征性器物。

C3 组 器类为折腹盆。敞口，深弧腹略直，平底微内凹。这类器物多见于仰韶文化遗存。

D3 组 器类有壶形鼎、长筒形罐、喇叭形罐、平盖平底盆、长颈壶等。

壶形鼎 侈口，直颈，鼓腹，凿形足。这类壶形鼎在亳州傅庄、禹县谷水河等遗址可见相似器形。

长筒形罐 口微侈，圆唇，下腹微鼓，平底。相似器形不见于周边地区。

平盖平底盆 敛口，斜直腹，大平底，上腹部有 3 个环形耳。相似器形未见于周边地区。

长颈壶 侈口，长颈，扁鼓腹，平底。相似器形少见于周边地区。

综上，第三期的 8 座墓葬出土的随葬品包含四组不同的文化因素：A3 组为大汶口文化因素；B3 组为屈家岭文化因素；C3 组为仰韶文化因素；D3 组为本地文化因素（图 6-31、32、33）。

选取的 8 座墓葬共出土陶器、玉器 285 件，可用于分析的共有 113 件。其中 A3 组器物 65 件，数量最多，占 57.5%；B3 组 15 件，占 13.3%；C3 组 4 件，占 3.5%；D3 组 29 件，占 25.7%。从各文化因素占比来看，金寨墓地第三期主体文化为大汶口文化因素（表 6-3）。

---

[1] 山东省文物考古研究所鲁中南考古队、滕州市博物馆：《山东滕州市西康留遗址调查、发掘简报》，《考古》1995年第3期，第193～202、208、289～290页。

[2] 山东省文物考古研究所：《茌平尚庄新石器时代遗址》，《考古学报》1985年第4期，第465～505、547～554页。

[3] 中国社会科学院考古研究所编：《青龙泉与大寺》，科学出版社，1991年。

[4] 湖北省文物考古研究所编：《宜昌杨家湾》，科学出版社，2013年。

[5] 荆州地区博物馆、钟祥县博物馆：《钟祥六合遗址》，《江汉考古》1987年第2期，第31、101～102、106～107页。

[6] 湖南省文物考古研究所、常德市文物处、安乡县文物管理所：《湖南安乡划城岗遗址第二次发掘报告》，《考古学报》2005年第1期，第55～81、83～108、127～132页。

[7] 湖南省文物考古研究所编：《澧县城头山——新石器时代遗址发掘报告》，文物出版社，2007年。

[8] 国务院三峡工程建设委员会办公室、国家文物局：《巴东李家湾》，科学出版社，2009年。

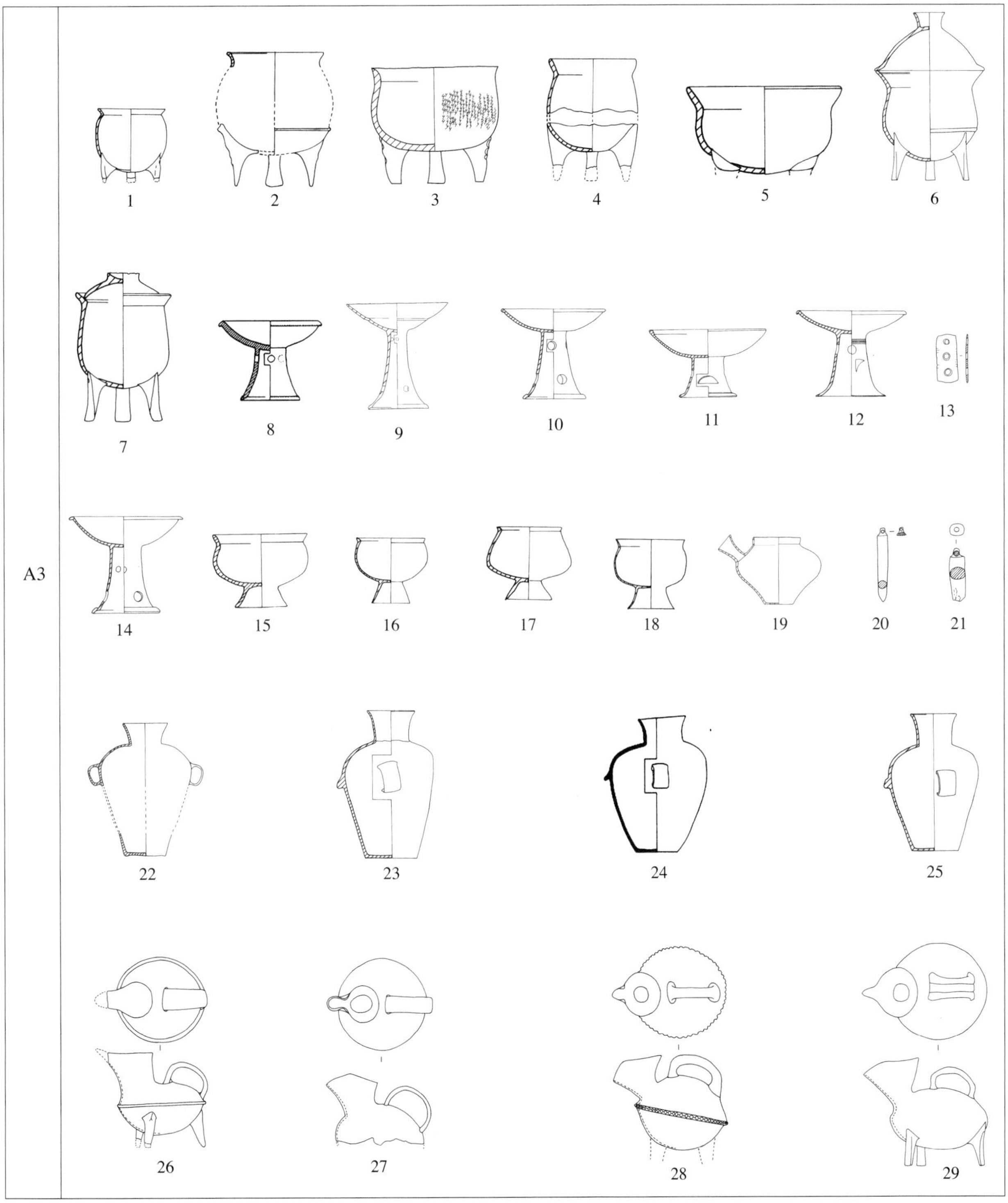

图6-31　金寨墓地第三期器物分组图

1.M24：15　2.M28：18　3.M29：27　4.M60：18　5.M76：15　6.M84：11　7.M87：30　8.M28：106　9.M29：17　10.M60：6　11.M70：2　12.M76：5　13.M29：1　14.M87：55　15.M28：14　16.M60：8　17.M87：34　18.M76：2　19.M28：114　20.M28：12　21.M28：21　22.M28：58　23.M70：5　24.M76：4　25.M87：16　26.M24：21　27.M70：11　28.M76：10　29.M84：10

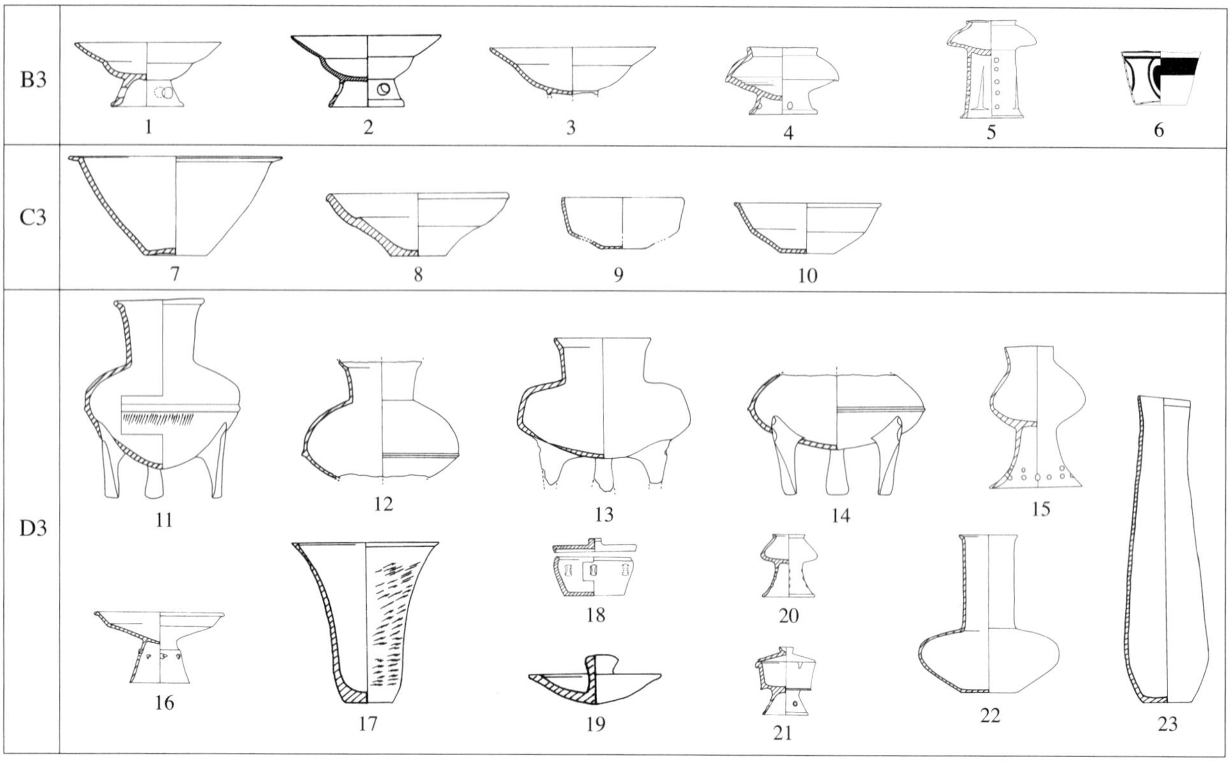

图6-32　金寨墓地第三期器物分组图

1.M24：8　2.M60：3　3.M70：8　4.M28：62　5.M29：8　6.M87：54　7.M76：20　8.M28：100　9.M28：112　10.M29：24　11.M28：109　12.M87：25　13.M76：16　14.M87：11　15.M29：5　16.M84：3　17.M28：42　18.M28：95　19.M29：26　20.M87：4　21.M87：48　22.M60：3　23.M28：19

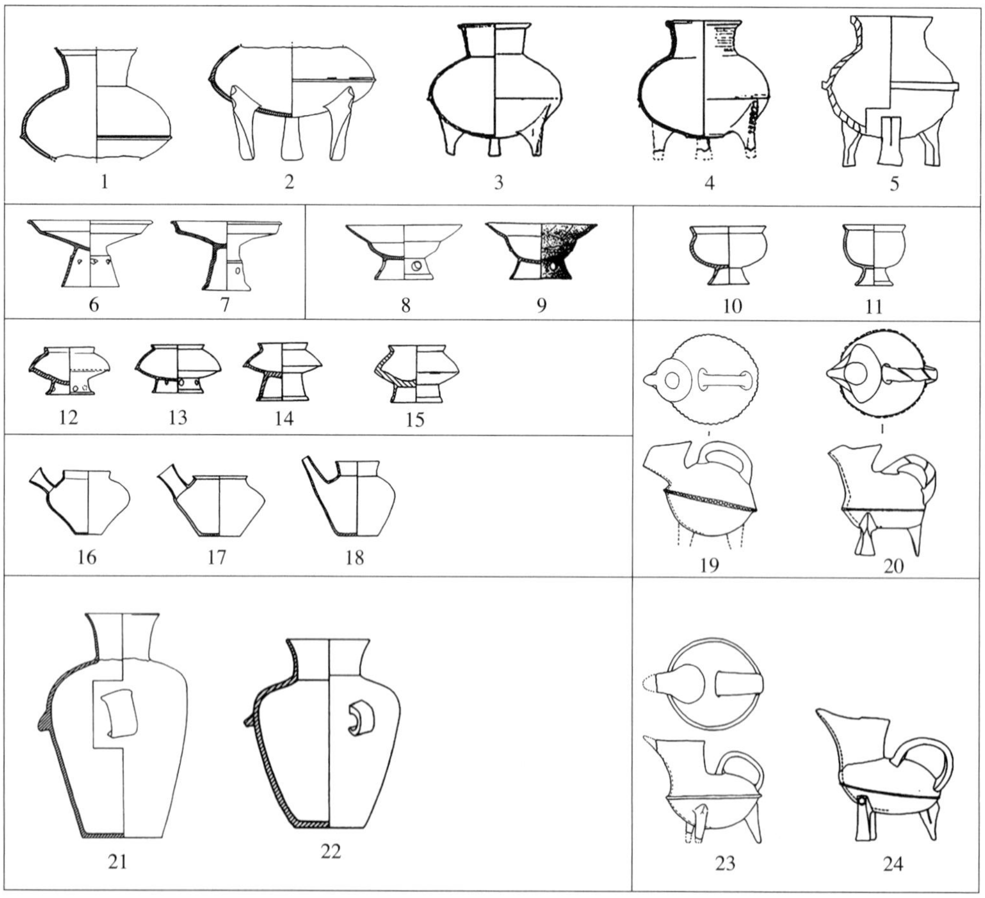

图6-33　金寨墓地第三期典型器物与周边相似器物图

1、2、6、8、10、12、16、19、21、23. 金寨M87：65、M87：11、M84：3、M60：13、M28：14、M28：62、M28：114、M76：10、M70：5、M70：8　3. 谷水河75采：15　4. 石固T42②：12　5、7. 傅庄M9Ⅲ：4、M6：4　9、15. 屈家岭T53⑥：14、T92③：19　11、17、20、22、24. 梁王城M147：3、M147：25、M147：22、M140：8、M12：17　13、14. 宜昌杨家湾M32：5、M11：1　18. 花厅M140：25

表6-3 金寨墓地第三期出土器物各文化因素构成

组别	A3	B3	C3	D3	合计
数量	65	15	4	29	113
比重	57.5%	13.3%	3.5%	25.7%	100%

从分析结果看，金寨墓地随葬的陶器和玉器包含了大汶口文化、屈家岭文化、良渚文化、仰韶文化和本地文化因素，不同文化因素所占比重在不同时期有所差异：大汶口文化因素第一期占比 78.4%，第二期占比 85.7%，第三期占比 57.5%；屈家岭文化因素第一期占比 6.8%，第二期占比 4.8%，第三期占比 13.3%；良渚文化因素第一期占比 6.8%，第二期占比 4.8%；仰韶文化因素第一期占比 5.4%，第三期占比 6.5%；本地文化因素第一期占比 2.7%，第二期占比 4.8%，第三期占比 25.7%（表 6-4）。

表6-4 金寨墓葬区不同文化因素各期占比情况

组别 / 期别	大汶口文化	屈家岭文化	良渚文化	仰韶文化	本地文化	合计
第一期	78.4%	6.8%	6.8%	5.4%	2.7%	100%
第二期	85.7%	4.8%	4.8%		4.8%	100%
第三期	57.5%	13.3%		3.5%	25.7%	100%

综上，在选取的出土随葬陶器数量较多的 25 座墓葬共出土陶器、玉器 621 件，其中具有明显文化特征、保存较好的有 250 件，占总数的 40%。包含五组不同的文化因素，具体情况如下（表 6-5）：

A 组（大汶口文化因素）=A1（58）+A2（54）+A3（65）=177 件，占比 70.8%。

B 组（屈家岭文化因素）=B1（5）+B2（3）+B3（15）=23 件，占比 9.2%。

C 组（良渚文化因素）=C1（5）+C2（3）=8 件，占比 3.2%。

D 组（仰韶文化因素）=D1（4）+C3（4）=8 件，占比 3.2%。

E 组（本地文化因素）=E1（2）+D2（3）+D3（29）=34 件，占比 13.6%。

表6-5 金寨墓地出土器物各文化因素构成

组别	A	B	C	D	E	合计
数量	177	23	8	8	34	250
比重	70.8%	9.2%	3.2%	3.2%	13.6%	100%

据此，可以认为墓葬区主体文化因素为大汶口文化因素，其次为本地文化因素，屈家岭文化因素次之，另有少量良渚文化和仰韶文化因素。

第二节　居址区

居址区出土完整器较少，可辨器形有鼎、豆、壶、罐、盆、背壶、杯、喇叭形罐、筒形器、陶鬶、大口尊、彩陶盆、彩陶杯以及彩陶壶。由于出土完整器较少，且有大量破碎陶片，采用典型器物进行定量分析可能存在较大误差，下面仅对居址区出土陶器所含的文化因素进行简要分析。

一　西区

西区标本274件，器形有鼎、豆、壶、罐、杯、盆、大口尊、陶鬶、喇叭形罐、筒形器、彩陶杯、彩陶壶等，但完整器不多。根据器物特征，可分为五组。

西A组　器类有凿形鼎足、豆、大口尊、鬶、器盖。

凿形鼎足　出土数量较多。主要出土于G6和G8，基本特征为凿形，足根有按窝或足侧面有刻槽。

豆　宽折沿弧腹豆，标本G8⑤：7（图6-34，1），敞口，大斜折沿，折腹，弧壁，下腹残。

大口尊　出土陶片数量较多，腹部饰篮纹。标本G6②：9（图6-34，4）与花厅ⅠA型陶缸（M50：56）近同。

鬶　数量不多，以G6⑦：142（图6-34，2），此类陶鬶为典型的“地瓜鬶”，与花厅（M26：12）所出同类陶鬶基本相同，为鲁中南、苏北地区大汶口文化的典型器物。

器盖　花边捉手器盖，标本G8⑥：8（图6-34，3）。这类器形常见于苏鲁豫皖交界处的晚期大汶口文化中。

西B组　器类有卷边瓦形鼎足、彩陶壶。

鼎足　卷边瓦形足，与墓葬区所出的卷边瓦形足一致，这类鼎足常见于屈家岭文化中。

彩陶壶　直口，直颈，扁鼓腹，喇叭形圈足，饰有网纹、变形S纹和条带纹。标本G8⑦：30（图6-34，5）。与屈家岭遗址出土的T197④：14彩陶壶相似。在颈部饰网纹的同类器物还见于天门谭家岭遗址[1]、肖家屋脊遗址[2]等屈家岭文化遗存中，是屈家岭文化的指征性器物。

西C组　器类为T字形鼎足。

标本G6⑤：90（图6-34，6），剖面为T字形，足面中间竖向刻槽，两侧各有数道斜向刻槽。T字形鼎足是良渚文化的典型器。但该件鼎足与典型的良渚文化T字形足并非完全相同，这类鼎足也见于皖北地区的大汶口文化晚期遗存中。

西D组　器类有鼎、盆、杯。

鼎　敛口罐形鼎。标本G6②：17（图6-34，7），短折沿，鼓肩。肩部有一周凸棱，上腹部

[1]　湖北省荆州博物馆、北京大学考古学系、湖北省文物考古研究所：《谭家岭》，文物出版社，2011年。

[2]　湖北省荆州博物馆、湖北省文物考古研究所、北京大学考古学石家河考古队：《天门石家河考古发掘报告之一——肖家屋脊》，文物出版社，1999年。

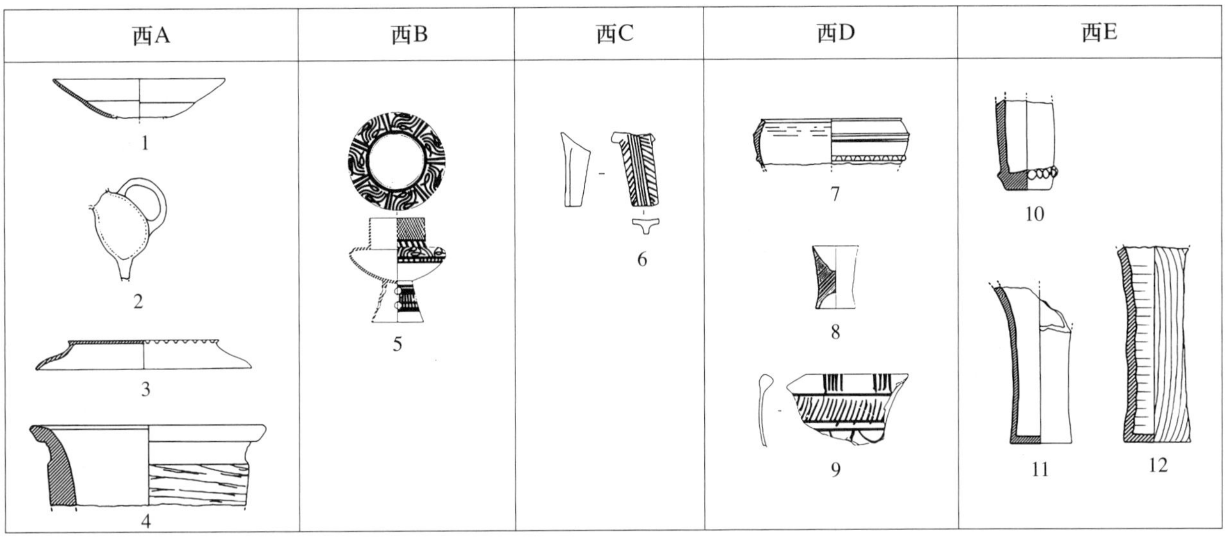

图6-34　西区出土器物分组图

1.G8⑤：7　2.G6⑦：142　3.G8⑥：8　4.G6②：9　5.G8⑦：30　6.G6⑤：90　7.G6②：17　8.G6⑦：130　9.G8⑥：21　10.G6⑤：98　11.G6④：47　12.G6⑥：109

饰竖向中绳纹和索状附加堆纹，上腹内部有三周弦纹。同类器形可见于大河村五期遗存中。

盆　彩陶盆。均为残片，标本 G8⑥：21（图 6-34，9），敛口，施黑彩，自口沿向下，口沿上饰有竖向条带纹，其下为两周细线条带纹，往下为一周斜向条带纹，斜向条带纹之下为两周条带纹和半圆形条带纹。器身绘制两组或更多组条带纹，其间填以竖向或斜向条带纹的彩陶图案常见于郑州大河村遗址所出的彩陶钵、盆、罐等，如大河村 T3012：20，也为两组平行条带纹间饰斜向条带纹。

杯　厚胎杯。出土厚胎杯器身与圈足连成一体。标本 G6⑦：130（图 6-34，8），直口微敞，斜直腹。与大河村仰韶文化厚胎杯 T27⑤：3 一致。

西 E 组　器类为筒形器。

这类陶器不见于周边其他地区，总体呈长筒状，喇叭形口多残，平底，以夹砂红陶为主，颜色斑驳。如标本 G6④：47（图 6-34，11）、G6⑤：98（图 6-34，10），近底部有一周附加堆纹，上有索状按窝。标本 G6⑥：109（图 6-34，12），表面有条状细刮抹痕，内壁留有泥条盘筑痕迹。

综上，西 A 组的凿形鼎足、宽折沿弧腹豆、陶鬶、篮纹大口尊、花边捉手器盖为大汶口文化的常见器类，为大汶口文化因素。西 B 组的卷边瓦形足、彩陶壶为屈家岭文化的常见器类，为屈家岭文化因素。西 C 组的 T 字形鼎足则是受良渚文化的影响。西 D 组的敛口罐形鼎、彩陶盆、厚胎杯在郑州大河村遗址中常见，为仰韶文化因素。西 E 组的长筒形器未见于周边其他地区，为本地文化因素（图 6-35）。

二　北区

北区出土陶器较少，可辨器形有鼎、豆、壶、罐、缸、盆、杯、鬶、背壶等，约 200 余件标本，同时北区发现新石器时代墓葬 9 座。

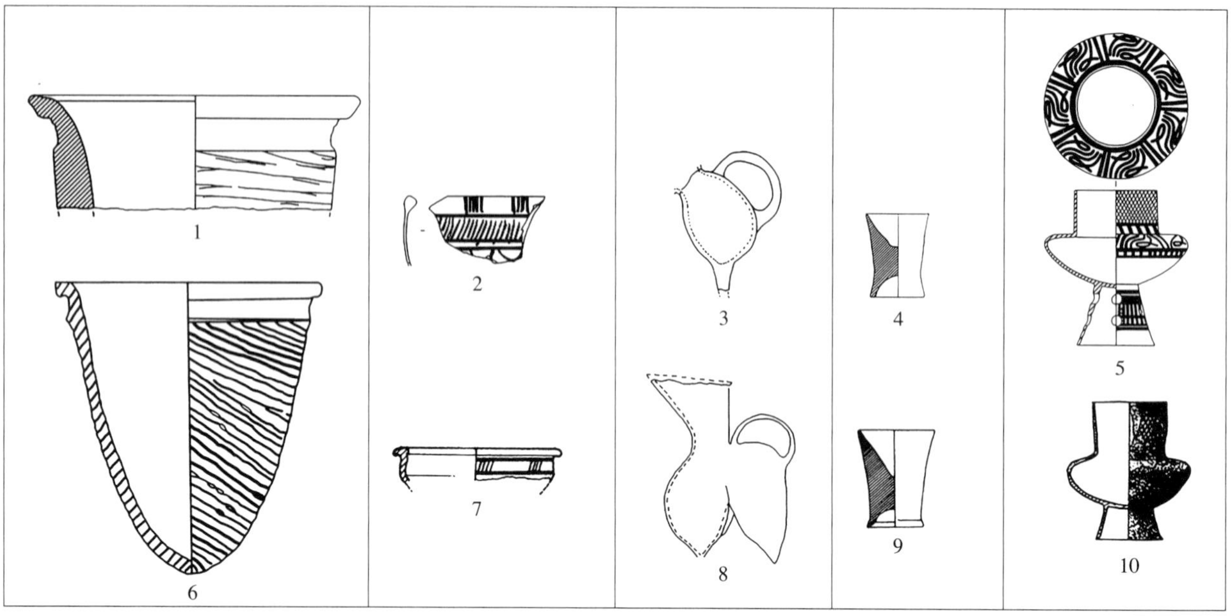

图6-35　西区典型器物与周边相似器物图

1～5. 金寨 G6②：9、G8⑥：21、G6⑦：142、G6⑦：130、G8⑦：30　6. 花厅 M50：56　7. 大河村 T30⑫：20　8. 花厅 M26：12　9. 大河村 T27：53　10. 屈家岭 T197④：14

（一）墓葬

发现的 9 座新石器时代墓葬共出土陶器 36 件。

M37 共出土陶器 10 件，具有明显文化特征、可用于分析的有 6 件，可划分为一组，器类有豆、背壶、陶鬶。

豆　宽折沿弧腹豆，3 件。标本 M37：3（图 6-36，2）。

背壶　2 件。标本 M37：8（图 6-36，6）。

陶鬶　1 件。标本 M37：2（图 6-36，4），为典型的“地瓜鬶”。

M43 共出土陶器 15 件，可用于分析的有 7 件，文化特征相同，可划分为同一组。器类有盂形鼎、豆、高柄杯。

盂形鼎　1 件。标本 M43：3（图 6-36，1）。

宽折沿弧腹豆　2 件。标本 M43：9（图 6-36，3）。

高柄杯　4 件。标本 M43 ：2（图 6-36，5）。

北区 M37、M43 这两座墓葬出土的陶器均为大汶口文化器类。

（二）地层和灰坑

地层和灰坑中共出土陶器标本 187 件，可用于分析的标本不多，根据器形特征，可将其分为三组具有不同文化因素的器类。

北 A 组　器类有鼎足、豆。

凿形鼎足（凿形足罐形鼎）　足根有按窝，足面或有刻槽。该类鼎足在地层和灰坑中出土

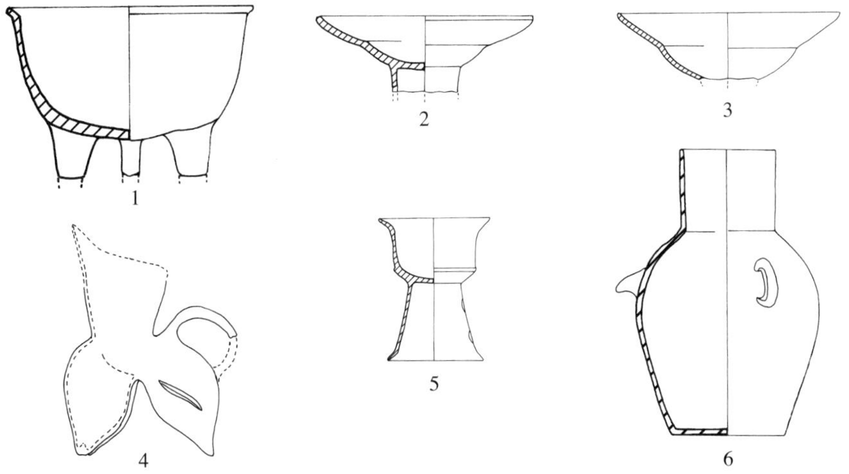

图6-36　北区M37、M43出土器物图

1.M43：3　2.M37：3　3.M43：9　4.M37：2　5.M43：2　6.M37：8

较多。

豆　宽折沿弧腹豆，腹较浅。形制特征与 M43 中所出一致。

北 B 组　卷边瓦形足。标本 H74③：13，足面内凹，两边微卷，足面有 5 道竖向细刻槽。该类鼎足在地层和灰坑中出土较少。

北 C 组　玉锥形器。标本 TE4N26⑤：1，圆锥形，剖面为圆形。与墓葬区 M28 所出玉锥形器一致。

A 组的凿形鼎足、宽折沿弧腹豆，为大汶口文化器类；B 组出土的卷边瓦形足为屈家岭文化器类；C 组所出的玉锥形器多见于良渚文化。

因此，从西区和北区综合分析可以看出，居址区主体文化因素也为大汶口文化因素。

综上，墓葬区和居址区的文化因素分析结果显示，金寨遗址以大汶口文化因素为主，同时还包含了屈家岭文化因素、仰韶文化因素、良渚文化因素以及不见于周边地区的本地文化因素（图6-37）。

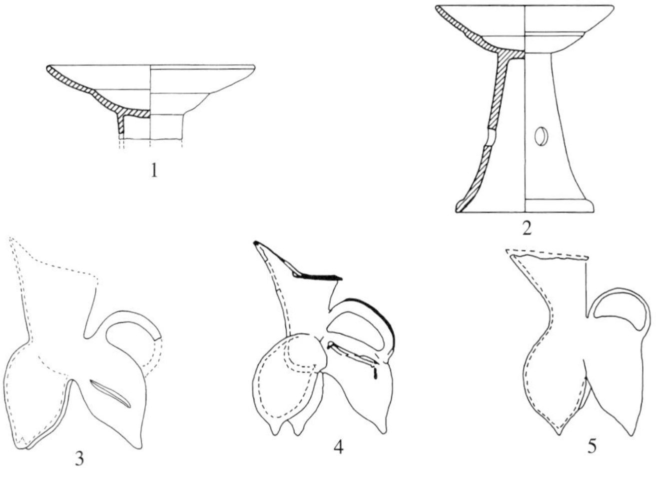

图6-37　北区典型器物与周边相似器物图

1、3. 金寨 M37：3、2　2. 梁王城 M140：110　4. 大汶口 M47：34　5. 花厅 M26：12

第七章　从金寨遗址看区域史前文化交流

第一节　金寨遗址所反映的史前区域文化交流情况

在距今5000年前后，受到环境因素、文化因素、社会因素这三个方面的影响，史前文化发生了一次大范围、持续时间长、涉及数量多的一次大迁徙。分布于长江流域、黄河流域的史前考古学文化几乎全都参加了这次文化大迁徙[1]。属于淮河流域的金寨遗址同时具有周边几个地区的考古学文化因素，显然是受到了文化大迁徙的影响而产生的，通过金寨遗址，也可以看到这个时间段史前文化交流的状况，尤其以大汶口文化的南下西进、屈家岭文化的北上东扩、良渚文化的北上最为突出。

一　大汶口文化的南下西进

金寨遗址出土盉形鼎、罐形鼎、镂孔豆、背壶、陶鬶、篮纹大口尊、平底直流盉等典型的大汶口文化因素器物，显示出大汶口文化对金寨遗址产生了深远的影响。从鲁中南、苏北地区大汶口文化核心聚落分布情况来看，大汶口文化的南下西进过程可以分两步。

第一步，在大汶口文化中期前段时，大汶口文化南下到金寨遗址。这一时期，分布在鲁中南地区的大汶口文化南下，在皖北苏北地区达到一个高峰。从金寨遗址出土典型器物来看，第一期墓葬中出土的盉形鼎在鲁中南地区的野店、苏北地区的花厅、大墩子均有发现；从整体文化面貌来看，金寨遗址与鲁中南苏北地区的大汶口文化更为相近，在大汶口文化中期时，可划入花厅类型。

第二步，大汶口文化在到达金寨遗址后，仍保持着向西、西南传播的趋势。在金寨遗址以西120千米的亳州傅庄遗址就发现有与金寨遗址近似的器物群，如傅庄遗址所出壶形鼎、双腹豆、直口折腹豆、深腹豆、背壶、平底直流盉、圈足杯、凿形足罐形鼎等，都与金寨遗址基本相同。2023年发掘的河南永城王庄遗址东距金寨遗址50千米，所出器物也与金寨遗址基本相同，恰好填补了金寨与傅庄之间的空白。

大汶口文化通过金寨遗址到达王庄、傅庄遗址后，继续向西扩张，颍河、伊河、洛河地区发现的大汶口文化遗存，与分布在山东汶、泗河流域的大汶口文化面貌十分相近[2]。

综上，在大汶口文化中期时，大汶口人群已经迁徙到了金寨遗址所处的徐州西南地区，金

[1]　许永杰：《距今五千年前后文化迁徙现象初探》，《考古学报》2010年第2期，第133～170页。
[2]　杜金鹏：《试论大汶口文化颍水类型》，《考古》1992年第2期，第157～169、181页。

寨遗址被纳入大汶口文化范围之内，更通过金寨遗址继续向西扩张，到达亳州傅庄、郑州大河村等地。

二　屈家岭文化北上

屈家岭文化是以江汉平原为核心分布区域的新石器时代晚期的一支强势考古学文化，屈家岭文化的北上要比大汶口文化南下晚一个阶段，大致在距今5000年左右[1]。屈家岭文化早期阶段最先到达豫西南，并将这一带划入了其控制范围之内，到了晚期阶段以豫西南为据点，越过伏牛山到达洛阳、郑州一线，并继续向北传播[2]。屈家岭文化的北上首先是从湖北到达河南地区，随后向皖北地区传播，并继续向东到达山东、江苏等地[3]。

目前在河南地区发现的屈家岭文化遗存数量较多，如罗山李上湾、驻马店党楼[4]、临汝北刘庄、汝州中山寨[5]、禹县谷水河、郑州大河村等。分布区域覆盖了南阳、信阳、驻马店、平顶山、许昌、郑州、洛阳等地区[6]。

金寨遗址出土的典型屈家岭文化器类，是屈家岭文化往东北方向影响最远最典型的遗址，突破了以往对屈家岭文化向东北方向影响的固有认识，使对屈家岭文化与大汶口文化之间的关系也有了重新讨论的必要。

金寨遗址出土屈家岭文化典型器类有卷边瓦形足盆形鼎、盂形器、彩陶壶、彩陶杯。金寨所出的卷边瓦形足盆形鼎在皖西北的亳州傅庄遗址，河南地区的郑州大河村遗址、罗山李上湾遗址，湖北的麻城吊尖遗址、栗山岗遗址、黄冈螺蛳山遗址、京山屈家岭遗址均有发现。根据这些遗址的分布情况，卷边瓦形足从屈家岭文化传到金寨遗址有两条路线：一是在屈家岭文化早期时就已到达淮河上游南岸，以罗山李上湾遗址为代表，随后沿着淮河向下游传播，到达皖北、苏北地区；二是屈家岭文化在到达南阳盆地后，越过伏牛山到达中原地区的禹州、郑州等地，随后向皖北地区传播。

屈家岭文化到达金寨遗址后，继续向东、向北传播，如新沂花厅、枣庄建新、滕州西公桥遗址中出土的盆形鼎均与屈家岭文化盆形鼎相似。有所不同的是新沂花厅出土的瓦形足盆形鼎鼎足较为规整，鼎足甚宽，卷面朝内；枣庄建新遗址出土的盆形鼎鼎足较高，扁状，横截面呈方形。金寨遗址以东的大汶口文化遗存中所出的这类盆形鼎，应是屈家岭文化对大汶口文化产生了影响，但这种影响明显弱于屈家岭文化对金寨遗址的影响。并且屈家岭文化到达金寨以东的大汶口文化区后，与当地文化融合，形成了既具有屈家岭文化陶器风格但又存在一定差异的新文化因素。

---

[1] 张小雷：《淮河流域新石器时代文化格局研究》，山东大学2018年博士学位论文。

[2] 孟原召：《屈家岭文化的北渐》，《华夏考古》2011年第3期，第51～63页。

[3] 单思伟：《屈家岭文化研究》，武汉大学2018年硕士学位论文。

[4] 北京大学考古系、驻马店市文物保护管理所：《河南驻马店市党楼遗址的发掘》，《考古》1996年第5期，第1～9页。

[5] 中国社会科学院考古所河南一队：《河南汝州中山寨遗址》，《考古学报》1991年第1期，第57～89、129～136页。

[6] 孙广清：《河南境内的大汶口文化和屈家岭文化》，《中原文物》2000年第2期，第22～28页。

三 良渚文化北上

分布在长江下游太湖地区的良渚文化自形成以来便积极的对外扩张，与海岱地区的大汶口文化产生了交流，良渚文化因素在苏北地区的大汶口文化遗存中多有发现，说明良渚文化曾向北扩张，进入了大汶口文化分布区。

良渚文化分布的北界在江苏阜宁陆庄遗址一带[1]。越过陆庄遗址后，良渚文化北上对大汶口文化的影响分为三个区域[2]。一是苏北地区，属于大汶口文化分布区域，在这一区域中出土有良渚文化因素的遗址有新沂花厅、沭阳万北[3]等，以花厅为代表，这一区域出土了大量的良渚文化器类；二是鲁南地区，鲁南地区大汶口文化遗存中出土良渚文化因素的遗址有枣庄建新、滕州岗上、邹县野店、曲阜西夏侯等，相较于苏北地区，这一区域受到良渚文化的影响减弱；三是鲁北地区，该区域出土良渚文化因素的遗址有诸城呈子[4]、栖霞杨家圈[5]、胶县三里河[6]等，良渚文化对这一区域的影响进一步减弱。

金寨遗址中出土双鼻壶、T字形鼎足，结合之前出土的玉璧、刻神徽玉锥形器，说明良渚文化的北上影响已经到了金寨遗址所在的区域。而且结合据传遗址曾出土大量良渚文化玉器，可以认为金寨遗址的性质与花厅遗址一样，对研究良渚文化与大汶口文化的关系再次提供一个鲜活的实例，因此，金寨遗址也被誉为“安徽的花厅”。

结合良渚文化北上路线以及金寨遗址与周边遗址地理位置关系来看，良渚文化因素传到金寨遗址的路线：从苏北地区传来，即良渚文化到达花厅遗址后，在向北传播的同时也在向西传播，到达金寨遗址。同时也有可能是通过江淮中部地区传来，这在江淮中部的定远山根许、肥东刘岗、怀远龙王庙均出土典型的良渚玉器可以得到明显的体现（图7-1）。

第二节 从金寨遗址看华夏、东夷、苗蛮三大集团之间的关系

中国远古时期的主要部族大体可划分为华夏、东夷、苗蛮三大集团。华夏集团以炎帝氏族和黄帝氏族为代表，主要分布于黄土高原及东侧区域。东夷集团有太皞、少皞、蚩尤氏族，分布区域包括山东南部，最盛时到达了山东北部，西至河南东部，西南至河南西南部，南至安徽的中部，东至东海。苗蛮集团生活在中国南方，分布区域以湖北、湖南、江西等为中心，北界可达河南境内的伏牛山一带[7]。

---

[1] 栾丰实：《论陆庄新石器时代遗存的文化性质和年代》，《考古》2000年第2期，第89～96页。

[2] 栾丰实：《良渚文化的北渐》，《中原文物》1996年第3期，第52～59、32页。

[3] 南京博物院：《江苏沭阳万北遗址新石器时代遗存发掘简报》，《东南文化》1992年第1期，第124～133、257～259页。

[4] 昌潍地区文物管理组、诸城县博物馆：《山东诸城呈子遗址发掘报告》，《考古学报》1980年第3期，第329～385、413～422页。

[5] 山东省文物考古研究所、北京大学考古实习队：《山东栖霞杨家圈遗址发掘简报》，《史前研究》1984年第3期，第91～94、99、118页。

[6] 中国社会科学院考古研究所：《胶县三里河》，文物出版社，1988年。

[7] 徐旭生：《中国古史的传说时代》，广西师范大学出版社，2003年。

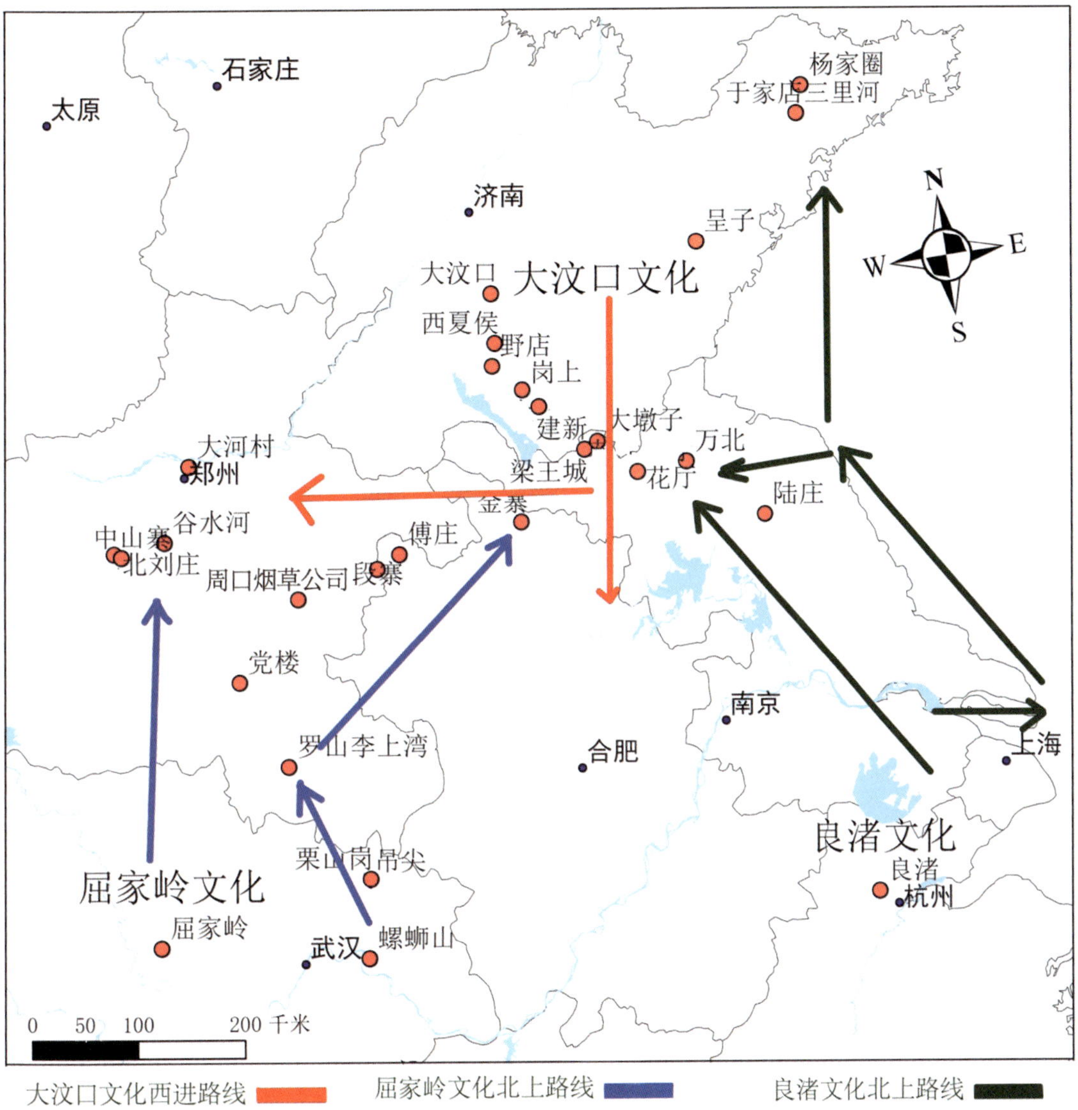

图7-1　文化交流路线示意图

太皞和少皞是东夷集团的两大部族，据研究，大汶口文化为太皞氏族和少皞氏族所创造的考古学文化，太皞、少皞氏族所处的年代大约在距今 5000 年，相当于大汶口文化中晚期[1]。以炎帝、黄帝为代表的华夏集团和以太皞、少皞、蚩尤为代表的东夷集团为同一时代。华夏集团和苗蛮集团之间开展斗争的起始时间大概在尧时[2]，但两者之间产生联系的年代应该可以往前推，尧之前有帝颛顼，为黄帝之孙，则也在距今 5000 年前后。概言之，华夏、东夷、苗蛮三大集团之间产生联系的时间在古史传说中时间在炎帝、黄帝、蚩尤、太皞、少皞、帝颛顼这一段时间内。结合考古学文化年代序列分析，与华夏集团相对应的是仰韶文化晚期至龙山文化早期，与东夷集团相对应的是大汶口文化中晚期，与苗蛮集团相对应的是屈家岭文化，三者之间产生联系的绝对年代在距今 5000 年左右。

---

[1] 栾丰实：《太皞和少皞传说的考古学研究》，《中国史研究》2002年第2期，第3～18页。
[2] 徐旭生：《中国古史的传说时代》，广西师范大学出版社，2003年。

关于三大集团之间的关系，研究较多的是华夏集团和东夷集团的关系、华夏集团和苗蛮集团的关系。关于华夏集团和东夷集团的关系，流传最为广泛的便是涿鹿之战，以炎帝氏族和黄帝氏族为代表的华夏集团与以蚩尤氏族为代表的东夷集团发生了一次大规模的战争，这次战争的结果是东夷集团战败。华夏集团和苗蛮集团关系要稍晚于华夏集团与东夷集团的斗争，两者之间的关系以一段长时间的斗争体现，时间上大约是从尧开始，为两者之间争斗的初期阶段，舜为两者之间争斗的中期阶段，禹征三苗为两者之间斗争的末期[1]。

关于东夷集团和苗蛮集团的关系的研究较少，或有几点原因：一是关于东夷集团和苗蛮集团之间产生联系的传说较少，导致后人就此认为这两个集团很少发生关系；二是华夏集团与东夷集团在经历过一段时间的争斗后两者相安相处，这两个集团之间相互融合的程度较高，故在传说中北方的华夏集团和东夷集团在与苗蛮集团产生联系的事件都被记载成了华夏集团与苗蛮集团的关系。

大汶口文化中晚期大规模地西进，首先将金寨遗址所在的皖北地区纳入了控制范围之内，并继续向西、向西南扩张，占据豫东地区后，与仰韶文化产生了紧密的联系。同时，金寨遗址中出土的厚胎杯、彩陶盆与大河村三四期相一致，说明在大汶口文化强势西进的同时，仰韶文化因素也在向东传播。屈家岭文化自形成以来也在向北不断扩张。金寨遗址中出土的卷边瓦形足盆形鼎、盂形杯、彩陶壶等典型的屈家岭文化器类，反映出大汶口文化与屈家岭文化之间同样存在紧密的联系。

结合前文对三大集团分布区域和时代的分析，关于史前华夏、东夷、苗蛮三大集团的关系问题，我们得出以下几点认识：

（1）在大汶口文化中晚期时，分布在东方的东夷集团开始了大规模的西迁。早在大汶口文化中期，东夷集团的活动区域已经在向西南迁徙到达皖北地区，到了大汶口文化晚期继续向西迁徙，并实际掌控了皖北及豫东的部分地区。在到达豫东后，与华夏集团产生了联系，一方面表现在对华夏集团的生活器具产生了影响；另一方面，东夷与华夏逐渐融合，催生了全新文化因素的形成。

（2）南方的苗蛮集团在距今5000年前后发展迅速，并迅速对外扩张，与华夏集团和东夷集团都产生了紧密的联系。古史传说中苗蛮集团在与华夏集团冲突后，逐渐被华夏集团所同化。从考古学文化发展历程来看，正是屈家岭文化北上抵达仰韶文化分布区域后，对仰韶文化形成了挤压，推动仰韶文化向龙山文化的转变，其实质即是文化融合的表现[2]。

（3）东夷集团与苗蛮集团在这一时期都属于发展强势期。两个集团在淮河上游区域相遇，在影响本地文化的同时，这两种文化也相融合。另外，两者还分别对彼此所控制的区域进行了渗透，对彼此的文化产生了深远的影响。

（4）在距今5000年前后，中原地区仰韶文化、海岱地区大汶口文化和长江中游屈家岭文化这三个文化之间的交流背后，是华夏、东夷、苗蛮三大集团的文化交流和人群迁徙，在彼此的交流融合下，推动着中国史前氏族集团的融合。

[1] 徐旭生：《中国古史的传说时代》，广西师范大学出版社，2003年。

[2] 单思伟：《屈家岭文化研究》，武汉大学2018年博士学位论文。

第八章　金寨遗址出土人骨遗存研究

赵永生　孙田璐 *

金寨遗址墓葬中出土了众多人骨材料，不过人骨材料保存情况很差。依据保存情况，作者对金寨遗址 54 座大汶口中晚期墓葬中出土的 74 例人骨进行了鉴定工作，并对部分保存较好的个体进行了人类骨骼考古方面的相关分析。

一　性别和死亡年龄的统计分析

古代人骨的保存为个体的性别、年龄鉴定提供了基础，性别和年龄的鉴定不仅能够了解古代居民的人口基本情况，而且是进行更深入研究的前提和基础。成年个体性别的鉴定以骨盆形态作为最重要的判断依据，其次为头骨形态，再次为其他骨骼，主要参照《STANDARDS》[1]的判断标准，未成年个体（15 岁以下）一般不进行性别判断。年龄的判断上强调综合多处部位的年龄信息，从而给予一个合理的年龄区间，成年个体年龄判断的主要依据耻骨联合面的年龄变化情况[2]和耳状关节面的年龄变化情况[3]，并需要结合牙齿磨耗的分级[4]；未成年个体的年龄判断主要依据牙齿萌出状况和骨骼的生长发育情况[5]。除以上的鉴定标准外，本文性别和年龄鉴定方法还参考了吴汝康先生等[6]和邵象清先生[7]在有关论著中提出的标准。依据以上鉴定标准对金寨遗址出土大汶口文化中晚期的 74 例人骨进行了鉴定，具体的性别和死亡年龄情况见表 8-1。

＊　赵永生，山东大学文化遗产研究院。孙田璐，山东大学文化遗产研究院硕士研究生。本章同时也是山东大学青年交叉科学群体（2020QNQT018），中华文明探源研究：中华文明起源进程中的古代人群与分子考古学研究（2020YFC1521607）基金项目成果。本章曾以《安徽萧县金寨遗址大汶口文化中晚期墓葬出土人骨的研究》为题发表于《文博》2023年第6期，本章略有改动。

[1]　Buikstra JE, Ubelaker DH. Standards: for data collection from human skeletal remains. Fayetteville: Arkansas Archaeological Survey, 1994: 15-38.

[2]　Brooks S, Suchey JM. Skeletal age determination based on the os publis: a comparison of the Acsádi-Nemeskéri and Suchey-Brooks methods. Human Evolution. 1990,(5): 227-238.

[3]　Lovejoy CO, Meindl RS, Pryzbeck TR, et al. Chronological metamorphosis of the auricular surface of the ilium: a new method for the determination of adult skeletal age at death[J]. Am J Phys Anthropol, 1985, 68(1): 15-28.

[4]　Lovejoy CO. Dental wear in the Libben population: its functional pattern and role in the determination of adult skeletal age at death[J]. Am J Phys Anthropol, 1985, 68(1): 47-56.

[5]　朱泓：《体质人类学》，高等教育出版社，2004年，第97、98、102、103页。

[6]　吴汝康、吴新智、张振标：《人体测量方法》，科学出版社，1984年，第11～25页。

[7]　邵象清：《人体测量手册》，上海辞书出版社，1985年，第34～56页。

表8-1　金寨遗址古代居民性别及死亡年龄分布统计

年龄阶段	男（%）	女（%）	性别不明（%）	合计（%）
未成年期（0～14）	0（0.00）	0（0.00）	0（0.00）	0（0.00）
青年期（15～23）	1（20.00）	2（25.00）	1（16.67）	4（21.05）
壮年期（24～35）	3（60.00）	6（75.00）	4（66.67）	13（68.42）
中年期（36～55）	1（20.00）	0（0.00）	1（16.67）	2（10.53）
老年期（56～X）	0（0.00）	0（0.00）	0（0.00）	0（0.00）
合计	5（100.00）	8（100.00）	6（100.00）	19（100.00）
成年（年龄不详）	1	1	33	35
无法判定	0	0	20	20
总计	6	9	59	74

（年龄分期标准参照《体质人类学》[1]，并将婴儿期、幼儿期、少年期合并为未成年期）

受制于保存情况，金寨遗址现保存74例人骨标本，其中性别明确者15例，性别不明者59例，鉴定率为20.27%；性别明确者中男性标本6例，女性标本为9例，男女性别比为0.67：1，女性明显多于男性。造成男女比例失衡的原因应该主要与骨骼的保存条件相关，金寨遗址出土人骨大多保存情况较差，难以鉴定性别的个体占比高达79.73%，性别明确者较少，无法准确反映整个墓地男女性别比例。

金寨遗址可供鉴定的74例人骨标本中，年龄阶段明确者19例（男性5例，女性8例，无法鉴定6例），成年个体（具体年龄不详）35例，无法鉴定20例，准确年龄鉴定率为25.68%。金寨遗址大汶口文化居民的平均死亡年龄为29.11岁，男性的平均死亡年龄为30.5岁，女性为26.94岁。女性的平均死亡年龄明显低于男性，8例女性个体都集中于青壮年期，这可能与较高的生育风险相关，《中国妇幼健康事业发展报告（2019）》提到，即使是中华人民共和国成立前，广大农村和边远地区由于医疗资源短缺，孕产妇死亡率高达1500/10万[2]。

为了更直观地展示死亡年龄的分布情况，依表一的具体数据绘制图（图8-1）。由图8-1可以看出，金寨遗址古代居民的死亡年龄段主要集中在壮年期，为68.42%（13/19），其次为青年期21.05%（4/19），再次为中年期10.53%（2/19），并未发现未成年期及老年期个体。金寨遗址不见55岁以上的个体，主要原因应该是受制于当时较低的整体医疗水平，且这种现象在古代遗址中较为普遍。闫雪对大汶口文化13处墓地人口状况进行了分析，大汶口文化早期阶段墓地老年人口死亡比例较低，到大汶口文化中期偏晚至晚期阶段更是多数墓地未发现老年个体[3]。从现在的统计数据来看，即使是中华人民共和国成立前，国人的平均预期寿命也仅是35岁，国内婴儿死亡率高达200‰左右[4]。不过金寨遗址未见未成年个体，明显不同于同时期其他大汶口文化墓

[1] 朱泓：《体质人类学》，高等教育出版社，2004年，第106页。
[2] 国家卫生健康委员会妇幼健康司：《中国妇幼健康事业发展报告（2019）》，2019年。
[3] 闫雪：《大汶口文化人口自然结构分析及初步研究》，西南民族大学2013年硕士学位论文。
[4] 国家卫生健康委员会编：《中国卫生健康统计年鉴（2019）》，中国协和医科大学出版社，2019年，第247页。

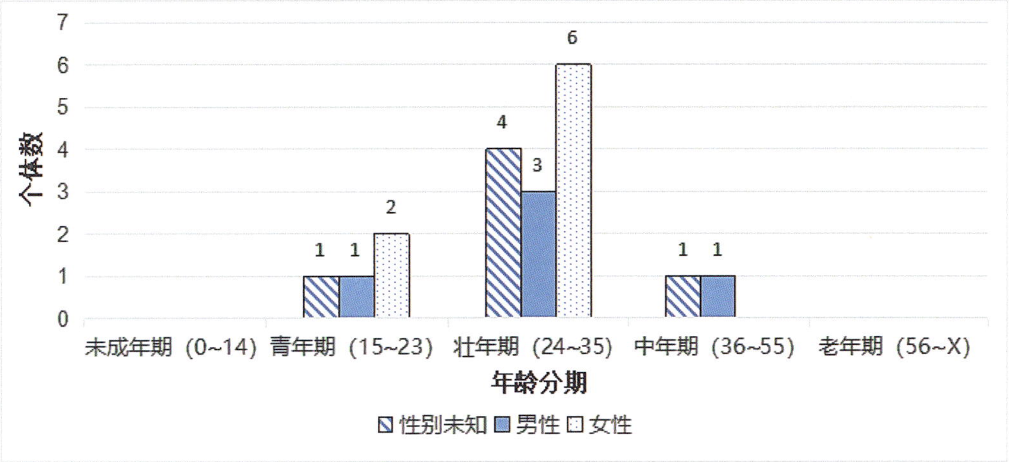

图8-1　金寨遗址大汶口文化居民死亡年龄分布图

地，例如：广饶付家大汶口中晚期墓葬的未成年个体出现率为15.6%，广饶五村大汶口文化晚期墓葬中未成年个体出现率为54.1%[1]。金寨遗址大汶口文化中晚期墓葬中仅有54座墓葬保存有可供进行鉴定的人骨材料，很多墓葬并无人骨保存，如瓮棺葬M42和M51几乎无人骨的保存，无法进行相关鉴定。在74例人骨标本中存在20例无法鉴定的标本，这些个体可能存在未成年个体，或者可能是金寨遗址中存在未被发掘或已被破坏的未成年个体独立埋葬区域。

金寨遗址中大汶口文化合葬墓16座，其中二人葬（10座）、三人葬（5座）、七人葬（1座）。16座合葬墓中11座保存有人骨，二三人合葬墓集中出现在大汶口文化中期，M27和M32人骨保存情况较好，M27为三人葬，M27-3号个体鉴定为男性，年龄20～25岁，其余两例性别无法鉴定，年龄皆为25～35岁；M31为二人葬，皆为女性，M31-1号个体年龄为18～23岁，2号个体年龄为20～30岁；其余4座二人葬和4座三人合葬墓中保存人骨皆无法鉴定准确的性别和年龄。大汶口文化晚期的M28为七人合葬墓，人骨各自区分明显，且保存规整，共有4例男性，2例女性，1例无法鉴定性别，其中6例个体皆为25～35岁，1例男性为40岁左右，死亡年龄分布比较集中。异性合葬墓在大汶口文化墓葬中并不是主流，王因墓地31座合葬墓仅有4座异性合葬，且在王因墓地的合葬墓中也多出现合葬墓中个体间死亡年龄相差不大的现象，31座中16座相差不大，大多不超过10岁[2]。受制于当时医疗条件以及人骨保存差等原因，金寨大汶口文化居民死亡年龄集中于壮年期（24～35岁），合葬墓中死亡年龄的分布也就相对集中。M28中7例人骨保存规整且区分明显，推测此种多人合葬墓为聚落中相近时间死亡个体的一次性埋入，不同个体间是否存在血缘纽带还需古DNA等研究手段的进一步确认。

二　龋齿

龋病是在以细菌为主的多种因素影响下，牙体硬组织发生慢性进行性破坏的一种疾病。致

[1]　韩康信、常兴照：《广饶古墓地出土人类学材料的观察与研究》，《海岱考古（第一辑）》，山东大学出版社，1989年，第390～391页。

[2]　韩康信：《山东兖州王因新石器时代人骨的鉴定报告》，《山东王因——新石器时代遗址发掘报告》，科学出版社，2000年，第396页。

龋的多种因素主要包括细菌和牙菌斑、食物以及牙齿所处的环境等，就病因学角度而言，龋病也可称为是牙体硬组织的细菌感染性疾病，患龋病时牙体硬组织的病理改变涉及釉质、齿质和牙骨质，基本变化是无机物脱矿和有机物分解[1]。金寨遗址共发现106颗保存较好的牙齿，分属于8例个体，仅在M22个体上发现3颗龋齿。M22，大汶口文化晚期壮年女性，骨骼保存较好，现存14颗牙齿，3颗龋齿的龋坏深度皆达到牙本质浅层，已经形成龋洞，龋病位置分别为左侧下颌第二前臼齿远中邻面、左侧下颌第一臼齿近中邻面和右侧下颌第二前臼齿远中邻面。

何嘉宁[2]通过对比国内古代居民的龋齿率统计数据分析指出，龋齿的发病率和经济文化类型存在密切的联系，相对较发达农业文化的人群，其龋齿率较高，其变化范围是4.3%～14.8%，平均值为9.2%；以游牧为主的人群龋齿率最低，为0.2%～0.9%；原始农业经济形态人群的龋齿率居中，范围为1.2%～8.3%，一般在5%左右；半农半牧的人群，龋齿率的变异范围很大，介于0.5%～10.7%，平均值约6%。从植物考古和动物考古的研究来看，金寨遗址大汶口文化居民以种植粟、黍和水稻等农作物和饲养家猪作为主要的生业经济方式，同时也会采集野生植物、狩猎野生动物来补充所需[3]。从现存情况来看，金寨遗址大汶口文化居民的龋病个体患病率为12.5%（1/8），牙齿患龋率为2.83%（3/106），基本符合原始农业经济形态人群的龋齿率。

三　人工拔牙与枕部变形

1. 人工拔牙

考古遗址出土人骨材料中所见非疾病性、规律性恒齿缺失且齿槽愈合的现象，一般称之为人工拔牙或凿齿。从考古遗址出土的人骨材料来看，国内迄今最早的人工拔牙证据见于北辛文化的山东汶上东贾柏遗址，17例成年个体中有10例被拔除两侧上颌侧门齿[4]。进入大汶口文化时期，拔牙习俗在海岱地区最盛，宁阳大汶口[5]、曲阜西夏侯[6]、邹县野店[7]、兖州王因遗址[8]、邳县大墩子[9]、即墨北阡[10]以及章丘焦家[11]等遗址出土的人骨材料皆存在较高的拔牙出现率。大汶口文化居民的拔牙形式比较单一，绝大多数拔除双侧上颌侧门齿，拔牙最早施术年龄在14岁左右的性成熟期，拔牙发源时期的意义推定与婚姻资格的成立有关，随着大汶口文化被龙山文化的取代而消逝，但在华南和西南地区拔牙风俗消退得更晚一些，到20世纪尚零星地保留在一些特定地

---

[1]　樊明文：《牙体牙髓病学》，人民卫生出版社，2006年，第3页。

[2]　何嘉宁：《中国北方古代人群龋病及与经济类型的关系》，《人类学学报》2004年第23卷增刊。

[3]　杨凡、张小雷、靳桂云：《安徽萧县金寨遗址（2016年）植物遗存分析》，《农业考古》2018年第4期。杨凡、段绮梦、张小雷等：《安徽萧县金寨遗址（2017）植物遗存分析》，《东南文化》2020年第3期。

[4]　中国社会科学院考古研究所山东工作队：《山东汶上县东贾柏村新石器时代遗址发掘简报》，《考古》1993年第6期。

[5]　颜誾：《大汶口新石器时代人骨的研究报告》，《考古学报》1972年第1期。

[6]　颜誾：《西夏侯新石器时代人骨的研究报告》，《考古学报》1973年第2期。

[7]　张振标：《山东野店新石器时代人骨的研究报告》，《邹县野店》，文物出版社，1985年，第180～183页。

[8]　韩康信：《山东兖州王因新石器时代人骨的鉴定报告》，《山东王因——新石器时代遗址发掘报告》，科学出版社，2000年，第399、400页。

[9]　韩康信、陆庆伍、张振标：《江苏邳县大墩子新石器时代人骨的研究》，《考古学报》1974年第2期。

[10]　〔日〕中桥孝博、〔日〕高椋浩史、栾丰实：《山东北阡遗址出土之大汶口时期人骨》，《东方考古（第10集）》，科学出版社，2013年，第43、44页。

[11]　张晓雯：《章丘焦家遗址大汶口文化居民生存状态研究》，山东大学2017年硕士学位论文。

区的少数民族之中[1]。

金寨遗址出土 74 例人骨中，仅 12 例个体可供观察是否存在拔除牙齿的情况，其中 2 例个体发现大汶口文化居民典型的拔除双侧上颌侧门齿现象；因左侧齿槽未保存，M28-2 号个体和 M32-2 号个体（图 8-2）仅观察到右侧前部牙齿缺失现象，具体情况见表 8-2。这 4 例个体中仅 M22 个体出现龋病（左侧下颌第二前臼齿、左侧下颌第一臼齿及右侧下颌第二前臼齿）和牙周病现象（右侧下颌第一臼齿），其余 3 例未见任何牙齿疾病，且都是大汶口文化居民典型的上颌侧门齿缺失，推测这 4 例个体的牙齿缺失应为人工拔牙所致。

M28-2 号个体不仅右侧侧门齿缺失，而且犬齿处齿槽也已闭合，见图 8-2。龋病是导致牙齿缺失的重要原因，古代居民中门齿和犬齿的患龋病偏低，明显低于前臼齿和臼齿[2]。正因为如此，犬齿处齿槽闭合一般会与人工拔牙相联系，犬齿的拔除在国内史前居民中较为罕见。湖北七里河遗址中 M19：2 不仅拔除上颌侧门齿，且犬齿也进行了拔除[3]，山东王因遗址发现 1 例拔除一对侧门齿和一侧犬齿[4]，江苏大墩子遗址也见 1 例拔除左侧犬齿的个体[5]。不过，这种古代居民中犬齿缺失的零星出现，闭合的齿槽形态无法完全排除暴力创伤、意外碰撞以及部分牙齿疾病的影响，因此，规律性上颌侧门齿缺失才是金寨遗址大汶口文化居民准确的典型信息。

表8-2　金寨遗址古代居民拔牙情况统计

个体编号	分期	性别	年龄（岁）	拔牙情况
M22	大汶口文化晚期	女性	30～40	双侧上颌侧门齿拔除
M28-2号个体	大汶口文化晚期	男性	25～35	右侧上颌侧门齿、犬齿拔除（左侧未保存）
M32-2号个体	大汶口文化中期前段	女性	20～30	右侧上颌侧门齿拔除（左侧未保存）
M71	大汶口文化中期	无法鉴定	成年	双侧上颌侧门齿拔除

2. 枕部变形

头骨枕部变形主要表现为头骨后部扁平化，自顶骨顶孔区开始向后下转折一直延续到枕外隆突处，两侧顶骨后部和枕骨上部形成一个平坦面，是人体自身重力或者人为压力与硬质枕具相互作用所造成的结果，成年阶段普遍还存在枕部变形的话，应为刻意保持仰睡在硬质枕具上所造成[6]。从考古遗址出土人骨材料来看，枕部变形多见于黄河中下游新石器时代遗址，且以大汶口文化遗址最为流行，如大汶口遗址的枕部变形出现率为 100%（34/34）[7]。

[1]　韩康信、潘其风：《我国拔牙习俗的源流及意义》，《考古》1981年第1期。
[2]　张馨月：《山东地区古代居民牙齿情况的初步分析》，山东大学2016年硕士学位论文。
[3]　湖北省文物考古研究所：《房县七里河》，文物出版社，2008年，第302～312页。
[4]　韩康信：《山东兖州王因新石器时代人骨的鉴定报告》，《山东王因——新石器时代遗址发掘报告》，科学出版社，2000年，第396页。
[5]　韩康信、陆庆伍、张振标：《江苏邳县大墩子新石器时代人骨的研究》，《考古学报》1974年第2期。
[6]　赵永生、曾雯、魏成敏等：《大汶口文化居民枕部变形研究》，《东南文化》2017年第3期。
[7]　颜訚：《大汶口新石器时代人骨的研究报告》，《考古学报》1972年第1期。

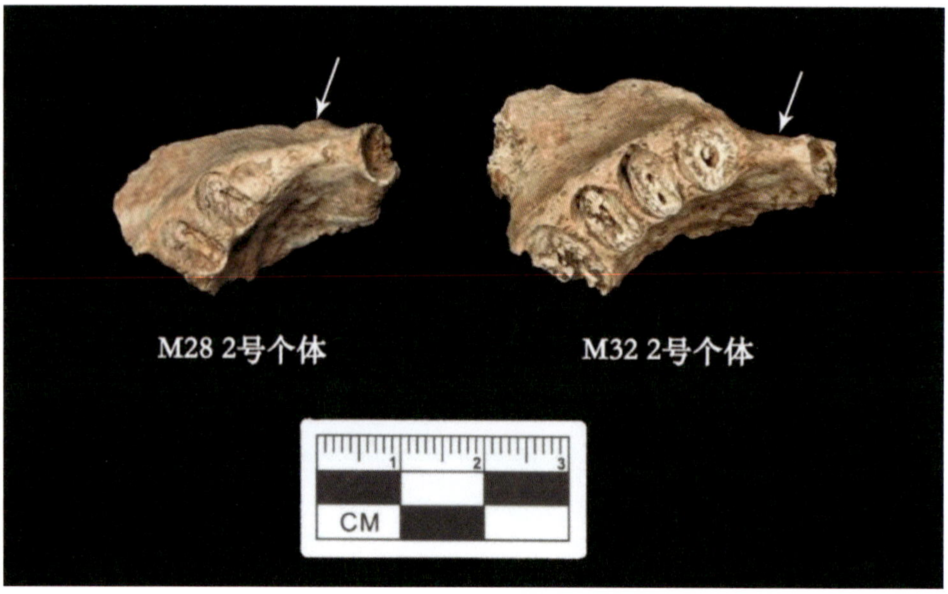

图8-2　金寨遗址M28-2号个体（右侧上颌骨）、M32-2号个体（右侧上颌骨）的人工拔牙现象

受制于较差的保存情况，金寨遗址共有 20 例头骨可供观察枕部变形情况，发现 5 例个体存在头骨变形，且皆为枕部变形，具体情况见表 8-3。5 例个体均属于大汶口文化中期，其中 M71 个体同时存在人工拔牙和枕部变形现象。

金寨遗址地处苏鲁豫皖交界处，其文化面貌与鲁南苏北地区的大汶口文化、龙山文化较为一致，首次将大汶口文化中期的范围向南推进到皖北地区。除文化面貌外，大汶口文化遗址出土的人骨材料亦表现出很多共性，既有本身自有的生物学特征，特殊的颅面部形态和较高的身高；又有后天形成的现象，如枕部变形、人工拔牙和口含石球，这些特征使大汶口文化居民有着自己的特点，与同时代其他文化居民区别明显[1]。金寨遗址出土的古代人骨材料保存较差，无法进行颅面部特征的观察与分析，不能从人种学上探究与其他大汶口文化居民的关系，不过大汶口文化居民常见的人工拔牙和枕部变形现象在金寨遗址中皆有发现，且大汶口文化中期的人骨材料就有发现，从人骨材料上可见此时大汶口文化向安徽北部地区扩张的证据。

表8-3　金寨遗址墓葬古代居民枕部变形情况统计

墓号	分期	性别	年龄
M62-1号个体	大汶口文化中期	无法鉴定	成年
M62-2号个体	大汶口文化中期	无法鉴定	成年
M64	大汶口文化中期	无法鉴定	无法鉴定
M67	大汶口文化中期	无法鉴定	成年
M71	大汶口文化中期	无法鉴定	成年

[1]　赵永生、肖雨妮、曾雯：《从人骨材料谈大汶口文化居民西迁》，《东南文化》2019年第5期。

四　小结

金寨遗址出土的大汶口文化中晚期人骨材料保存较差，现保存74例人骨标本，分属于54座墓葬，其中性别明确者15例，性别不明者59例，鉴定率为20.27%。性别明确者中男性标本6例，女性标本为9例，男女性别比为0.67∶1，女性明显多于男性，造成这种情况的原因应该主要与骨骼的保存条件差造成的低鉴定率有关。年龄阶段明确者19例（男性5例，女性8例，无法鉴定6例），成年个体（具体年龄不详）35例，无法鉴定20例，准确年龄鉴定率为25.68%。金寨遗址古代居民的平均死亡年龄为29.11岁，男性的平均死亡年龄为30.5岁，女性为26.94岁。女性的平均死亡年龄明显低于男性，8例女性个体都集中于青壮年期，这可能与育龄妇女面临较高的生育风险有关。与同时期大汶口文化遗址不同的是金寨遗址未见未成年个体，仅见两座瓮棺葬M42和M51，不过几乎无人骨的保存，无法进行相关鉴定。不见未成年个体的原因依然主要与骨骼保存差造成的低鉴定率有关，或者是金寨遗址未成年个体有独立的埋葬区域。

受制于较差的人骨保存情况，金寨遗址大汶口文化居民现存可供观察的牙齿共106颗，仅发现3颗龋齿，牙齿患龋率为2.83%（3/106），基本符合原始农业经济形态人群的龋齿率，对应了植物考古和动物考古的研究成果。

排除龋病、牙周病等口腔疾病情况的影响，金寨遗址12例可供观察拔牙情况的个体共发现4例个体出现上颌侧门齿的人工拔牙现象，出现率为33.33%，而且M28-2号个体出现右侧上颌犬齿处齿槽的闭合。金寨遗址共有20例头骨可供观察枕部变形情况，发现5例个体存在枕部变形。金寨遗址出土的大汶口文化中晚期人骨材料保存较差，无法进行颅面部特征的观察与分析，不能从人种学上探究与其他大汶口文化居民的关系，不过山东地区大汶口文化居民常见的人工拔牙和枕部变形现象在金寨遗址中皆有发现，从人骨材料上可见大汶口文化向安徽北部地区扩张的证据。

第九章　金寨遗址出土动物遗存研究

宋艳波　乙海琳 *

本次整理的动物遗存为金寨遗址 2016～2018 三个年度发掘所获，共 1579 件，总重 25080.6 克。这些动物遗存分别出自地层、灰坑、灰沟和墓葬中，时代为大汶口文化中期到晚期，以大汶口文化晚期为主。

种属鉴定工作主要参照山东大学动物考古实验室的现生动物标本和古代动物比较标本；同时也参照《哺乳动物骨骼和牙齿鉴定方法指南》[1] 和《动物骨骼图谱》[2] 等文献。相关数据测量则参照《考古遗址出土动物骨骼测量指南》[3] 一书中的标准。

属于大汶口文化中期到大汶口文化晚期的动物遗存有 9 件，出自东区的 H42。其中 6 件只能鉴定为哺乳动物纲，其余标本包括猪 *Sus* 的下颌门齿残块 1 件、小型鹿科 Cervidae 的末端趾骨和右侧距骨残块各 1 件。全部遗存至少代表 1 个成年猪的个体和 1 个成年小型鹿科个体。因本时期出土动物遗存数量较少，因此下文的分析中将不涉及这部分遗存。

一　遗址出土大汶口文化晚期动物遗存介绍

属于大汶口文化晚期的动物遗存有 1570 件，其中 1373 件出自居址区（西区和北区）各遗迹和地层内，197 件出自墓葬区（东区）各遗迹内。出土动物全部为哺乳动物 Mammalia，可鉴定属种包括猪 *Sus*、梅花鹿 *Cervus nippon*、牛 *Bos*、狗 *Canis familiaris* 和兔 *Lepus* 等。这些动物遗存是本章的重点研究对象。

下文将按照居址区和墓葬区分别介绍出土动物遗存情况。

（一）居址区出土动物遗存介绍

居址区共出土遗存 1373 件，可鉴定属种为猪、梅花鹿、狗和牛等。

其中 833 件遗存仅能鉴定为哺乳动物纲，可根据骨壁厚度等信息大略区分为大型、中型和小

---

* 宋艳波：山东大学考古学院。乙海琳：英国杜伦大学博士研究生。本研究同时得到国家重点研发计划：中华文明起源进程中的生业、资源与技术研究（课题编号2020YFC1521606）和山东大学齐鲁青年学者项目资助。本章曾以《安徽萧县金寨遗址（2016、2017）动物遗存分析》为名发表于《东南文化》2020年第3期。本章略有修改。

[1]　〔英〕西蒙·赫森（Simon Hilson）著，侯彦峰、马萧林译：《哺乳动物骨骼和牙齿鉴定方法指南》，科学出版社，2012年。

[2]　〔瑞士〕伊丽莎白·施密德著，李天元译：《动物骨骼图谱》，中国地质大学出版社，1992年。

[3]　〔德〕安格拉·冯登德里施著，马萧林、侯彦峰译：《考古遗址出土动物骨骼测量指南》，科学出版社，2007年。

型哺乳动物，数量分别为 2、713 和 1 件（不含 117 件残骨），明显以中型哺乳动物为主。

可鉴定到目的遗存共 540 件，其中偶蹄目 536 件、食肉目 4 件。

1. 偶蹄目Artiodactyla

鉴定为偶蹄目的 536 件遗存，可根据其形态特征进一步区分为猪科、牛科和鹿科。

（1）猪科 Suidae

数量为 509 件，全部可鉴定为猪属 *Sus*，包括枕骨残块 6 件、头骨残块 2 件、上下颌骨带牙齿残块 177 件（图 9-1，1、4 和 6）、游离牙齿及齿根残块 119 件（图 9-1，2）、寰椎残块 3 件（图

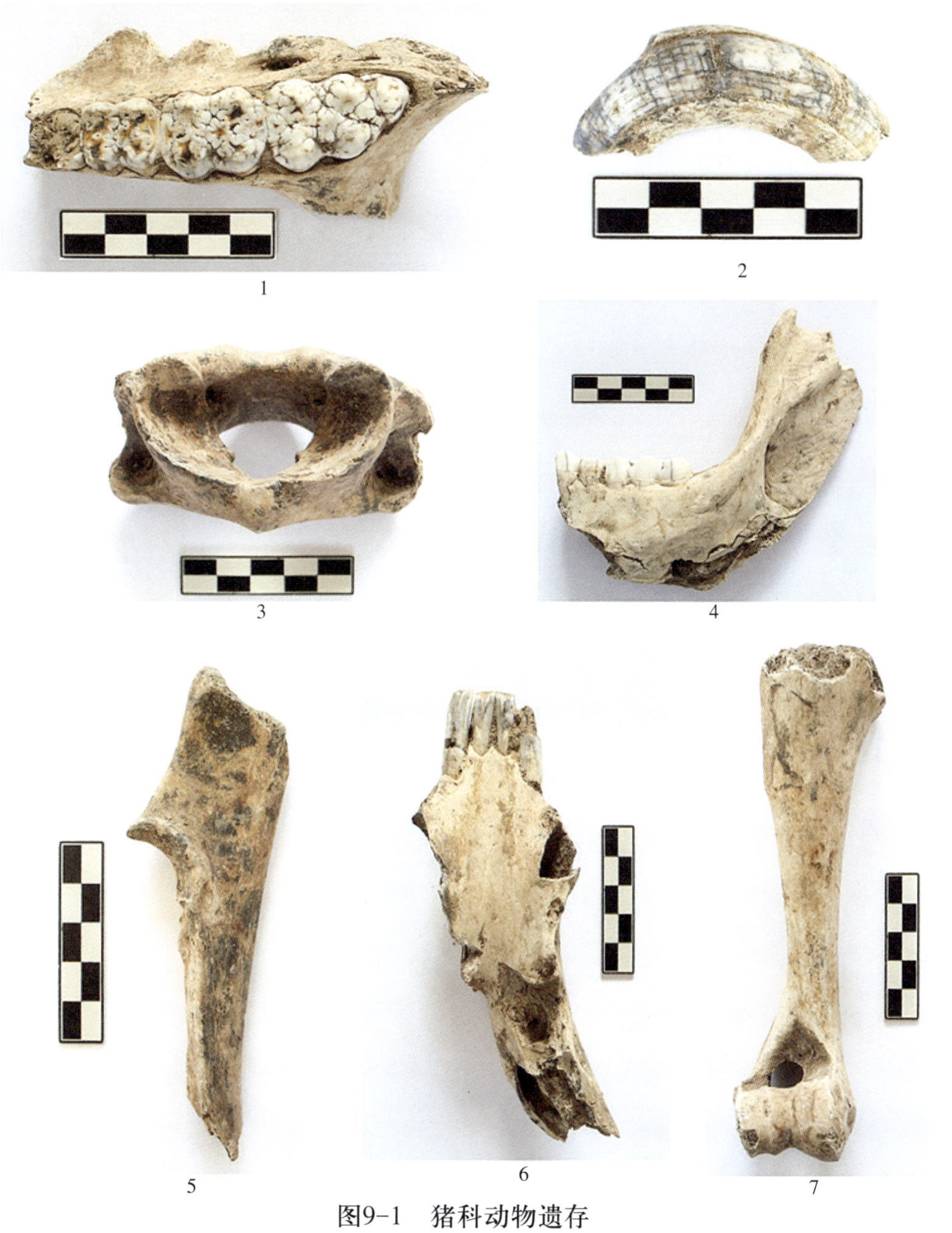

图9-1　猪科动物遗存

1. 猪 右侧上颌带 M^1-M^2　2. 猪 上颌犬齿　3. 猪 寰椎　4. 猪 右侧下颌带 M_2-M_3　5. 猪右侧尺骨　6. 猪 下颌联合带门齿　7. 猪 右侧肱骨

9-1，3）、枢椎残块1件、腰椎残块4件、胸椎残块2件、肩胛骨残块27件、尺骨残块10件（图9-1，5）、肱骨残块42件（图9-1，7；图9-2，2）、桡骨残块12件、髋骨残块14件（图9-2，1）、股骨残块19件（图9-2，3）、髌骨1件（图9-2，4）、胫骨残块25件（图9-2，5）、跟骨残块11件（图9-2，6）、距骨残块10件、掌跖骨残块7件、跗骨2件、趾骨4件、脊椎残块11件。

综合遗存保存状态及死亡年龄等信息，推断这些遗存至少代表不同年龄段的33个猪的个体。

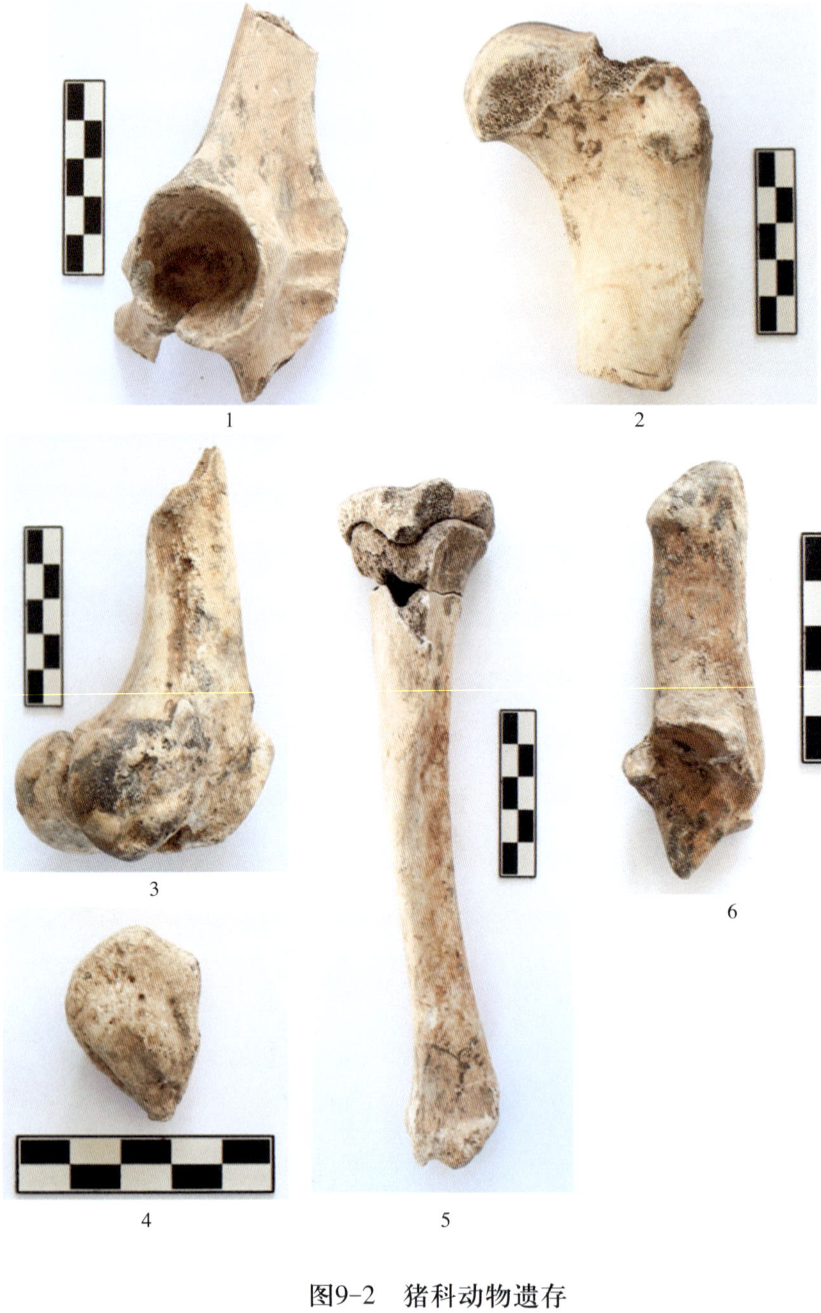

图9-2　猪科动物遗存

1. 猪 左侧髋骨　2. 猪 右侧肱骨近端　3. 猪 右侧股骨远端　4. 猪 右侧髌骨　5. 猪 左侧胫骨　6. 猪 右侧跟骨

（2）鹿科 Cervidae

数量为 21 件，其中 3 件为角，根据其特征可鉴定为梅花鹿 *Cervus nippon*（图 9-3，1、2）。其余 18 件标本只鉴定为鹿科，根据保存状态和测量尺寸等信息可将其区分为大型鹿科、中型鹿科和小型鹿科。

大型鹿科，仅 1 件，为近端趾骨（图 9-3，4），代表 1 个成年个体。

中型鹿科，共 6 件，包括右侧胫骨远端 2 件（图 9-3，5）、跟骨残块 1 件、掌跖骨远端残块 1 件、近端趾骨 2 件。这些遗存至少代表 2 个成年个体。

图9-3　鹿科动物遗存

1. 鹿角角环（自然脱落）　2. 梅花鹿 角　3. 小型鹿 右侧肩胛骨　4. 大型鹿 近端趾骨　5. 中型鹿 右侧胫骨远端　6. 小型鹿 右侧肱骨远端　7. 小型鹿 左侧胫骨远端

小型鹿科，共11件，包括右侧肩胛骨1件（图9-3，3）、肱骨远端残块3件（图9-3，6）、左侧股骨远端残块1件、胫骨远端残块2件（图9-3，7）、右侧距骨1件、右侧掌骨近端残块1件、游离臼齿残块1件、右侧下颌带M_1-M_2残块1件。这些遗存至少代表2个成年个体。

（3）牛科 Bovidae

数量为6件，全部可鉴定为黄牛属*Bos*，主要包括左侧髌骨1件、右侧桡骨远端脱落关节1件、左侧尺骨残块1件、左侧肩胛骨残块1件、右侧下颌带M_3残块1件、游离臼齿1件。这些遗存至少代表1个2.5～3.5岁的亚成年个体。

2. 食肉目Carnivora

4件遗存中，1件为大型食肉目动物右侧尺骨残块，因缺乏对比标本，未能进一步将其鉴定到科；其余3件均为犬科Canidae遗存，可鉴定为狗*Canis familiaris*，包括右侧肱骨远端残块1件和颈椎残块2件，至少代表1个成年狗的个体。

（二）墓葬区出土动物概况

墓葬区共出土遗存197件，可鉴定动物为中型鹿科、猪和兔等。

其中133件遗存仅能鉴定为哺乳动物，可根据骨壁厚度等信息大略区分为中型和小型哺乳动物，数量分别为102和3件（不含28件残骨），明显以中型哺乳动物为主。

可鉴定到目的遗存共64件，其中偶蹄目62件、食肉目1件、兔形目1件。

1. 偶蹄目Artiodactyla

鉴定为偶蹄目的62件遗存，可根据其形态特征进一步区分为猪科和鹿科。

（1）鹿科 Cervidae

数量共8件，因未发现鹿角和其他可以明确属种的标本，只能将其鉴定为鹿科，可根据测量尺寸等信息将其区分为中型鹿科和小型鹿科。

中型鹿科，共3件，包括右侧胫骨远端1件、中间趾骨近端残块1件、游离臼齿残块1件，分别出自M26、H78和H15。

小型鹿科，共5件，包括两侧距骨各1件、髋骨残块1件、中间趾骨残块2件，全部出自H15。

（2）猪科 Suidae

数量为54件，全部可鉴定为猪属*Sus*，包括髌骨1件、腕骨2件、尺骨残块1件、跗骨2件、腓骨1件、肱骨残块1件、股骨残块2件、胫骨残块1件、脊椎残块11件、掌跖骨残块3件、桡骨残块3件、上下颌骨带牙齿残块5件、游离牙齿残块11件、趾骨残块10件，分别出自H109、H15、H48、H77、H65、H79、M5、M7、M18和M24。

2. 食肉目Carnivora

仅1件中型食肉目掌跖骨远端，可能为狗的遗存，出自M26。

3. 兔形目Lagomorpha

仅 1 件第三跖骨残块，出自 M26。

二　数量统计结果

金寨遗址大汶口文化晚期的动物遗存，全部为哺乳动物，从不同发掘区的分布情况来看，以西区数量最多，北区次之，东区数量最少（图 9-4）。

西区和北区均属居址区，可见居址区出土动物遗存数量要远大于墓葬区。从居址区各遗迹单位出土情况来看，以 G6 这一大型壕沟出土遗存数量最多（图 9-5）。

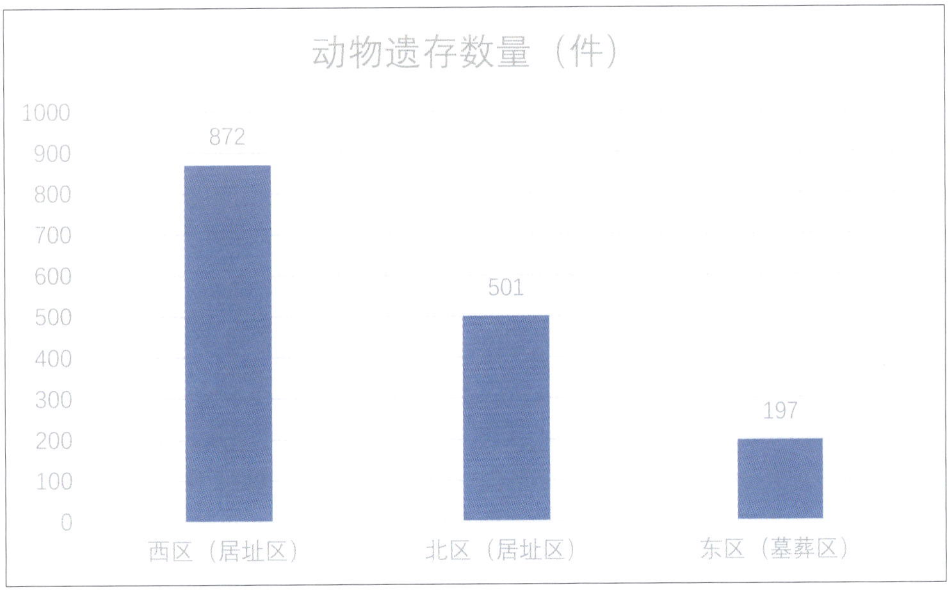

图9-4　金寨遗址不同发掘区出土动物遗存数量分布图

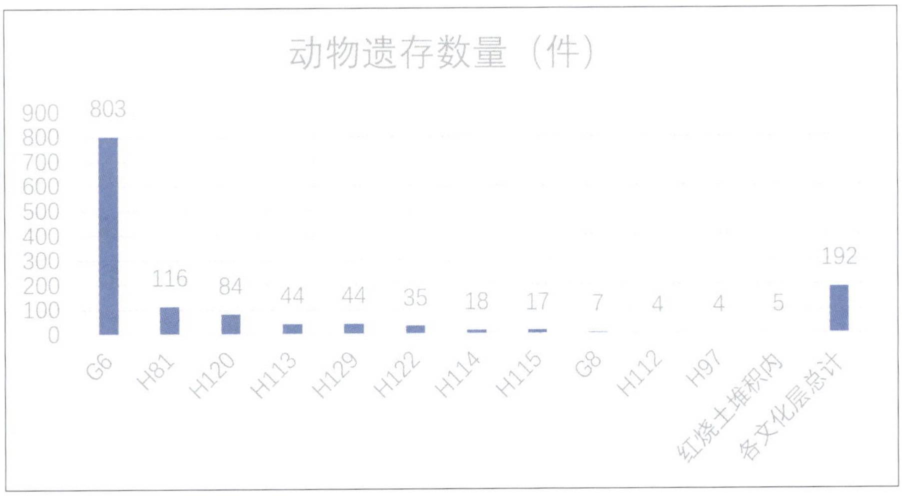

图9-5　金寨遗址居址区不同遗迹单位出土动物遗存数量分布图

居址区各科动物可鉴定标本数和最小个体数分布情况如图 9-6 和 9-7 所示，都是以猪科为主的，鹿科、牛科和犬科数量都比较少。

墓葬区各科动物可鉴定标本数分布情况如图 9-8 所示，也是以猪科为主的，鹿科次之，兔科

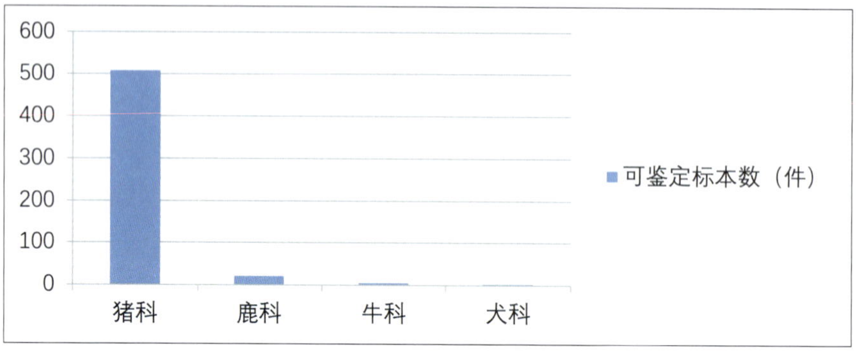

图9-6　金寨遗址居址区出土各科动物可鉴定标本数分布示意图

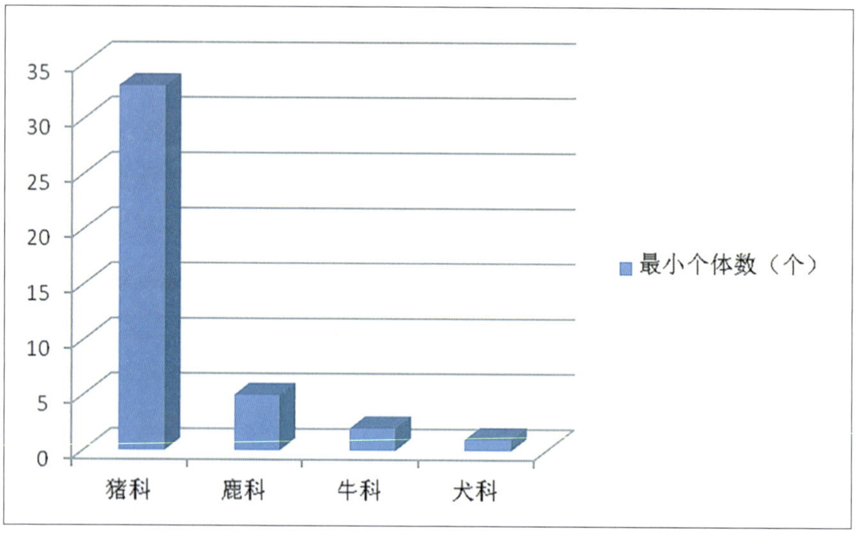

图9-7　金寨遗址居址区出土各科动物最小个体数分布示意图

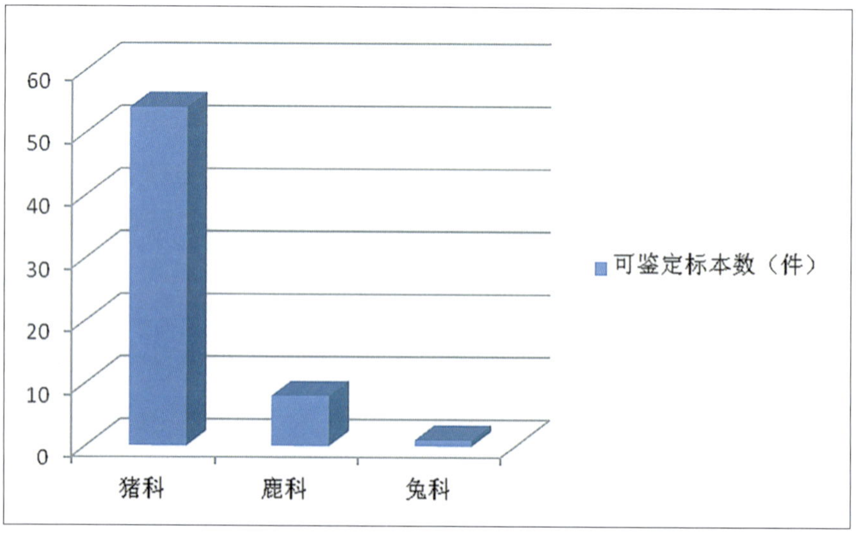

图9-8　金寨遗址墓葬区出土各科动物可鉴定标本数分布示意图

最少。

数量统计结果说明，金寨先民利用最多的动物为猪科，下文将会对其进行专题分析。

三　相关问题研究

学者们普遍认为，考古遗址中出土的动物遗存，多为遗址所属时期与先民生产和生活等行为有关的动物遗骸，能够在一定程度上反映当时先民的具体行为、经济活动和思想意识等；同时，这些动物的存在也能在一定程度上帮助重建遗址所属时期的古环境信息。下文将从家养动物分析、生态环境与生业经济、随葬与祭祀等方面展开讨论。

（一）家养动物分析

中国传统“六畜”[1]包括狗、猪、牛、羊、马和鸡，金寨遗址出有猪、狗和牛。其中狗和牛的数量都非常少，不足以支持其是否为家养动物以及被古人类采用何种方式饲养等问题的探讨。下面将主要讨论遗址中出土数量最多的猪的驯化和饲养问题。

综合前人研究，罗运兵将家猪的判断总结为以下七个标准：形态学观察；年龄结构分析；相对比例分析；文化现象观察；病理学观察；食性分析；古 DNA 分析[2]。各项标准在实际运用的过程中要相互结合，相互印证，使结果更具有可信性。从金寨遗址出土遗存的实际情况来看，缺乏可供观察的病理学信息，食性分析和古 DNA 分析也并未开展，因此本文将从形态学特征、死亡年龄结构、相对比例和特殊考古学文化现象这四个方面讨论该遗址猪的驯化和饲养问题。

1. 形态学特征

对遗址出土的 37 件猪下颌 M_3（包括居址区 35 件，墓葬区 2 件）进行长度和宽度的测量，其中长度数据 32 个，最大值 42.84 毫米，最小值 30.78 毫米，平均值为 36.63 毫米；宽度数据 36 个，最大值 18.17 毫米，最小值 14.73 毫米，平均值为 16.44 毫米（图 9-9）。

罗运兵综合多项数据，认为在 M3 长度平均值小于 39 毫米的猪群中已经出现了家猪[3]。金寨遗址猪的下颌 M_3 长度平均值要远小于 39 毫米，猪群中应以家猪为主，部分长度大于 40 毫米的个体可能为野猪或饲养时间较长的种猪。

与海岱地区其他属于大汶口文化晚期（包括中晚期）的遗址相比，金寨遗址猪的下颌 M_3 长度平均值是偏小的（表 9-1），或可视作该遗址猪群以家猪为主的证据。

[1]　杨伯峻编著：《春秋左传注》（修订本），中华书局，2012年，第381页。
[2]　罗运兵：《中国古代猪类驯化、饲养与仪式性使用》，科学出版社，2012年，第17页。
[3]　罗运兵：《中国古代猪类驯化、饲养与仪式性使用》，科学出版社，2012年，第28页。

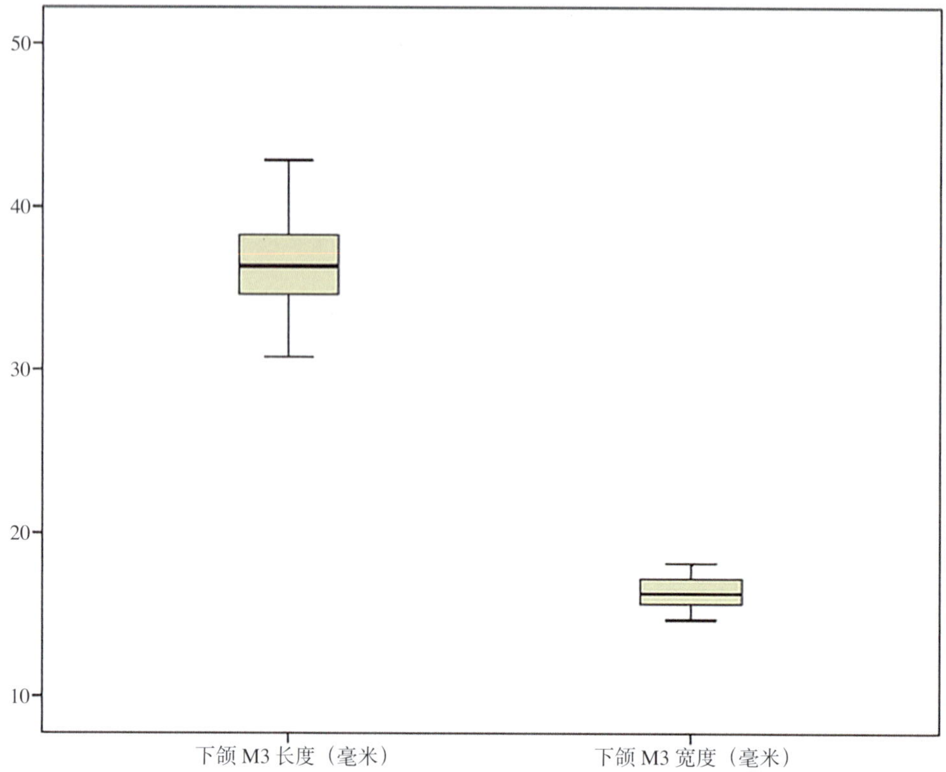

图9-9　金寨遗址猪下颌M_3长度和宽度测量数据分布示意图

表9-1　与金寨遗址同时期遗址出土猪的下颌M_3长度平均值统计表[1]

遗址名称	下颌M_3长度平均值（毫米）	所属时代
焦家遗址	38.08	大汶口文化中晚期
梁王城遗址	37.26	大汶口文化中晚期
建新遗址	36.4	大汶口文化中晚期
赵庄遗址	37.46	大汶口文化晚期
尉迟寺遗址	36.7	大汶口文化晚期
金寨遗址	36.63	大汶口文化晚期

2. 死亡年龄结构

对遗址居址区出土的 33 个猪的个体进行死亡年龄的统计，结果显示大于 2 岁的成年个体仅占 18%，小于 2 岁的未成年个体占 82%（图 9-10）。居址区猪的死亡年龄呈现出非常集中的现象，76% 的个体死亡年龄为 1.5～2 岁。

罗运兵根据国内已积累的相关数据，认为“在一个考古遗址猪群中，若未成年个体比例超过 55%，我们就基本可以肯定该遗址很有可能已出现了家猪”[2]。金寨遗址未成年个体比例高达 82%，远超 55%，可见其猪群中应以家猪为主。

居址区小于 2 岁的未成年个体占 82%，说明先民饲养家猪的主要目的是获取肉食。根据现代

[1]　数据来源于宋艳波：《海岱地区新石器时代动物考古研究》，上海古籍出版社，2022年。
[2]　罗运兵：《中国古代猪类驯化、饲养与仪式性使用》，科学出版社，2012年，第47页。

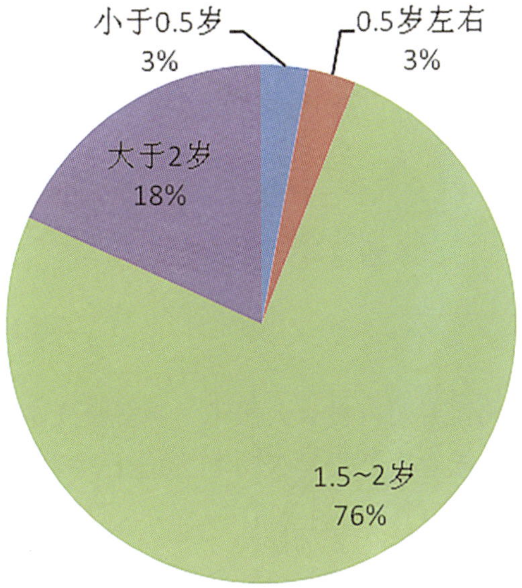

图9-10　金寨遗址居址区出土猪的死亡年龄结构分布示意图

社会报道，一般管理的情况下，哺乳仔猪死亡率在5%～25%，金寨遗址中小于0.5岁的仔猪个体比例只有3%，这一现象或可说明该遗址先民饲养猪的水平较高，可保证较低的幼猪死亡率。

在专业育种的情况下，家猪每年可以产仔两次；在正常情况下，家猪和野猪一年只产仔一次，自然产仔时间一般在三至五月[1]。假设金寨遗址的猪产仔时间为四月，那么该遗址居住区有76%（死亡年龄在1.5～2岁）的猪死于第二年冬季到第三年春季。对于金寨遗址所属的中国北方地区而言，冬春季节属于一年中食物资源相对匮乏的时间段，先民选择在这一时间段对猪进行集中屠宰，可以视作应对该时间段食物资源匮乏的一种举措。当然，猪的产仔会受到很多因素的影响，包括繁育品种、气候环境、经济需求和技术知识等，目前从死亡年龄统计结果显示的季节性信息可能并不准确，将来有机会可以尝试对猪的门齿进行氧同位素分析。

从墓葬区出土猪的情况来看，能够鉴定年龄的遗存均为大于2岁或2岁左右的个体；居址区有18%的个体是大于2岁的，说明先民有意识将这些猪饲养至年龄较大的阶段，这部分猪有可能是作为繁殖使用的母猪或种猪，也有可能是专门为墓葬埋葬准备的随葬或祭祀用猪。

3. 相对比例

从图9-6、9-7和9-8可明显看出，无论是居址区还是墓葬区，猪科的数量都是最多的。居址区的统计结果显示，猪科的可鉴定标本占总可鉴定标本数的94%，最小个体数也占总最小个体数的81%，远超其他动物。

根据罗运兵的观点，“一个考古遗址出土的主要哺乳动物群中，若猪所占的相对比例（NISP比例、MNI比例或者MW比例都可以）超过30%以上，我们就基本可以肯定该遗址猪群中很可

[1] LAUWERIER, R.-C.-G.-M. 1983. Pigs, piglets and determining the season of slaughtering，*Journal of Archaeological Science* 10：483-488．https://doi.org/10.1016/0305-4403(83)90063-8.）。

能已经出现了家猪。”[1] 金寨遗址的猪，无论是可鉴定标本数（NISP）还是最小个体数（MNI）的比例都远超此标准线，可见猪群中确实存在家猪，且应以家猪为主，猪在先民经济生活中占据了绝对重要的地位。

4. 特殊考古学文化现象

遗址居址区并未发现特殊动物埋藏现象，我们主要观察墓葬区存在的特殊考古学文化现象。

在 5 座墓葬中发现有动物遗存，其中 M26 出土动物种属稍微复杂，包括中型鹿科、兔和中型食肉动物等，未发现猪的遗存，结合 M26 之上叠压有 H65，在清理 H65 下部灰黑土时发现 M26，所以并不排除这些动物遗存出自 H65 的可能。综合以上证据，我们认为这些动物很大可能为墓葬填土所出，并非 M26 的随葬动物。

其余 4 座墓葬都只出土猪的遗存：M7 出土猪下颌骨 1 件，死亡年龄大于 2 岁；M8 出土猪上下颌骨各 1 件，可能同属 1 个雄性个体，死亡年龄为 2 岁左右；M24 出土猪下颌骨 1 件，死亡年龄大于 2 岁；M5 出土多件猪前后肢和脊椎等骨骼，可能同属 1 个个体。可见，猪是金寨先民有意选择的随葬动物，先民选择将其随葬墓中，显示出先民对其精神方面的特殊需求。

综上，从形态学特征、死亡年龄结构、相对比例和特殊考古学文化现象四个方面的分析结果可以判断金寨遗址猪群中存在家猪，而且猪群中是以家猪为主的；先民家猪饲养水平较高，幼猪死亡率较低；先民饲养家猪的主要目的是获取所需的肉食资源，同时也存在精神等方面的需求。

（二）生态环境与生业经济

金寨遗址出土动物群结构非常简单，猪和狗为明确的家养动物，牛暂时无法明确是否为家养动物，兔子和不同体型的鹿科动物则为典型的野生动物。可以根据家养动物与野生动物的构成情况，结合遗址出土植物遗存研究成果，尝试复原遗址生态环境和生业经济。

1. 生态环境复原

尽管遗址出土野生动物数量较少且种属构成较为简单，还是可以通过对这些动物生活习性的分析来尝试复原遗址周围的生态环境。

兔常栖息于平原丘陵的草地、灌丛、林缘和农田中，一般无固定洞穴，多在夜间和黄昏活动，以青草、树苗、嫩枝及农作物等为食[2]。梅花鹿主要栖息于混交林、山地草原和森林边缘附近，冬季多在山地南坡，春秋多在旷野，夏季常在较密的林子里，行动敏捷，以青草、树叶、嫩芽及苔藓等为食；麂子（小型鹿科）喜栖于气候温暖的低山丘陵多灌丛的地区；獐（小型鹿科）喜栖于沿江湖两岸的湿地、苔草地、芒丛、芦苇地以及邻近低山、丘陵的坡地[3]。

遗址中这些哺乳动物的发现，说明在大汶口文化晚期附近存在一定面积的林地和灌丛草地，有着比较丰富的野生动植物资源。

[1]　罗运兵：《中国古代家猪的驯化、饲养和礼仪性使用》，科学出版社，2012年，第58页。
[2]　夏武平等编：《中国动物图谱（兽类）》，科学出版社，1988年，第28页。
[3]　盛和林等著：《中国鹿类动物》，华东师范大学出版社，1992年，第98、129、176、205页。

2. 生业经济分析

从上文的分析可知，遗址先民利用最多的动物为饲养的家猪，且家猪饲养水平比较高，幼年个体成活率较高，先民饲养家猪的主要目的是获取所需的肉食资源。

我们对遗址出土猪骨进行了表面痕迹的观察。受保存状态影响，仅在3件猪骨（胫骨近端、髋臼和距骨）上观察到人工砍痕，这些砍痕应为先民屠宰肢解猪的时候留下的痕迹；在3件猪骨（胫骨远端、股骨远端和肱骨近端）上观察到人工切锯的痕迹，说明先民会进一步利用食剩的猪骨来获取制作骨器的原材料；在4件猪骨（股骨近端、肱骨远端、跟骨和肱骨近端）上观察到烧痕，这些烧痕程度并不深，可能与先民采用烧烤的方式加工猪骨（肉）的行为有关。

植物考古研究结果显示：该遗址2016年出土的大植物遗存中发现有6541粒粟，736粒黍，以及其他禾本科、葫芦科、唇形科、红豆杉科、藜科种子和果壳共计7329件样本；水稻植硅体发现于14个样品中，说明金寨遗址大汶口文化晚期农作物包括粟、黍和稻，为旱稻混作的农作物结构，且粟在旱地作物中的地位更为重要；先民在从事农业生产的同时，也会专门采集一些野生植物作为时令蔬菜、家畜饲料或油料来源[1]。

遗址中发现有水稻植硅体，说明遗址周边有适合水稻种植的地貌环境，而在出土动物中并未见到任何的水生动物，我们认为这应该与遗址动物遗存的保存状况有关。遗址出土的动物遗存，多数保存状况较差，破碎程度较高，居址区61%的动物遗存只能鉴定为哺乳动物，墓葬区也有近68%的动物遗存只能鉴定为哺乳动物；即使能够进一步鉴定到科、属和种的遗存，也多数比较破碎，如数量较多的动物游离牙齿残块。

以遗址出土数量最多的猪为例，居址区出土的509件猪的遗存，有119件为残破的难以拼对和鉴定具体部位的残碎牙齿及齿根残块，即使骨质相对坚硬，在别的遗址中保存状态都很好的前后肢长骨骨骼，总数也只有149件（图9-11）。

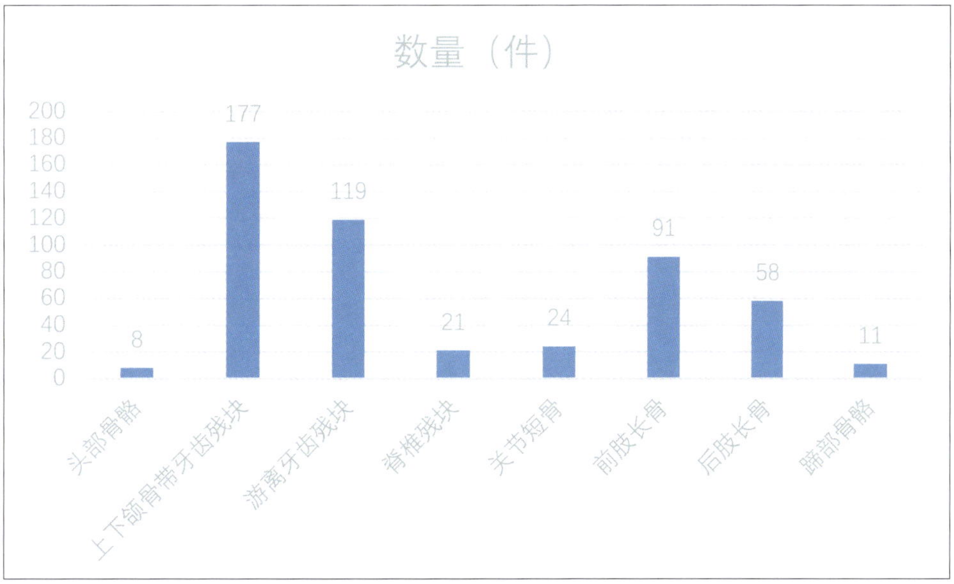

图9-11　金寨遗址居址区出土猪的骨骼部位数量统计图

[1]　杨凡、张小雷、靳桂云：《安徽萧县金寨遗址（2016年）植物遗存分析》，《农业考古》2018年第4期，第26～33页。

结合动植物考古研究成果，我们推断金寨遗址先民以种植粟、黍和稻等农作物和饲养家猪作为主要的生业经济方式，同时也会采集野生植物、狩猎野生动物来补充所需的各项资源；除满足生存所需之外，金寨遗址的先民也会进一步利用动物骨骼制作加工骨器。

（三）随葬与祭祀

在墓葬区发现197件动物遗存，其中大部分因保存状况较差而难以鉴定，只能将之记为哺乳动物，能够鉴定的动物包括猪、中型鹿科、小型鹿科和兔，这些动物中除兔外，在居址区都有发现。

1. 随葬动物分析

金寨遗址墓葬区共发现墓葬53座，成片有规律分布，均为竖穴土坑墓，墓向均为东稍偏南；人骨保存较差，多为单人葬，少数为多人合葬；葬具大多无存，随葬品多寡不一。时代从大汶口文化中期延续到大汶口文化晚期。

在上文的分析中，已经讨论了该遗址有4座墓葬随葬猪骨的现象，猪骨随葬在大汶口文化中晚期遗址中发现较多，如胶县三里河、诸城呈子、潍坊前埠下、广饶五村、莒县陵阳河、莒县杭头、莒县大朱家、邳县大墩子、泰安大汶口、邹县野店、曲阜西夏侯、邳县梁王城、新沂花厅、枣庄建新、滕县岗上、蒙城尉迟寺和章丘焦家遗址[1]等均发现有墓葬葬猪现象（表9-2）。

[1] 山东省博物馆：《山东滕县岗上村新石器时代墓葬发掘报告》，《考古》1963年第7期，第353页。南京博物院：《江苏邳县四户镇大墩子遗址发掘报告》，《考古学报》1964年第2期，第20～25、51页。中国科学院考古研究所山东队：《山东曲阜西夏侯遗址第一次发掘报告》，《考古学报》1964年第2期，第60～65、102～103页。山东省文物管理处、济南市博物馆：《大汶口——新石器时代墓葬发掘报告》，文物出版社，1974年，第8～33、134、136～155页。昌潍地区文物管理组、诸城县博物馆：《山东诸城呈子遗址发掘报告》，《考古学报》1980年第3期，第335～342、382页。南京博物院：《江苏邳县大墩子遗址第二次发掘》，《考古学集刊·1》，中国社会科学出版社，1981年，第33～36、50～70页。山东省博物馆、山东省文物考古研究所：《邹县野店》，文物出版社，1985年，第98～111、167～179页。中国社会科学院考古研究所山东队：《西夏侯遗址第二次发掘报告》，《考古学报》1986年第3期，第315～317、332、336～337页。山东省考古所、山东省博物馆、莒县文管所：《山东莒县陵阳河大汶口文化墓葬发掘简报》，《史前研究》1987年第3期，第64～77页。中国社科院考古所：《胶县三里河》，文物出版社，1988年，第33～37、119～132页。山东省文物考古研究所、莒县博物馆：《山东莒县杭头遗址》，《考古》1988年第12期，第1059～1060页。山东省文物考古研究所、广饶县博物馆：《广饶县五村遗址发掘报告》，《海岱考古（第一辑）》，山东大学出版社，1989年，第82页。苏兆庆、常兴照、张安礼：《山东莒县大朱村大汶口文化墓地清理简报》，《史前研究》1989年辑刊，第95页；山东省文物考古研究所、莒县博物馆：《莒县大朱家村大汶口文化墓葬》，《考古学报》1991年第2期，第169～177、203～205页。山东省文物考古研究所、枣庄市文化局：《枣庄建新——新石器时代遗址发掘报告》，科学出版社，1996年，第63、68～69页。山东省文物考古研究所编：《大汶口续集——大汶口遗址第二、三发掘报告》，科学出版社，1997年，第109～138、222～230页。山东省文物考古研究所、寒亭区文物管理所：《山东潍坊前埠下遗址发掘报告》，《山东省高速公路考古报告集1997》，科学出版社，2000年，第52～58、98～99页。中国社会科学院考古研究所：《蒙城尉迟寺——皖北新石器时代聚落遗存的发掘与研究》，科学出版社，2001年，第424～441页。南京博物院：《花厅——新石器时代墓地发掘报告》，文物出版社，2003年，第10～26、47～103、202～210、213页。中国社会科学院考古研究所、安徽省蒙城县文化局：《蒙城尉迟寺》（第二部），科学出版社，2007年，第306～328页。南京博物院、徐州博物馆、邳州博物馆编著：《梁王城遗址发掘报告·史前卷》，文物出版社，2013年，第547～559页。王杰：《章丘焦家遗址2017年出土动物遗存研究》，山东大学2019年硕士学位论文。

表9-2　大汶口文化中晚期鲁南苏北皖北诸遗址葬猪情况一览表

遗址名称	猪坑	墓葬随葬猪骨
建新遗址	有	猪头骨
梁王城遗址	无	猪头骨、下颌骨、牙齿和肢骨
西公桥遗址	无	无
六里井遗址	无	无
尉迟寺遗址	有	猪下颌骨和肢骨
金寨遗址	无	猪头骨、下颌骨和肢骨
赵庄遗址[1]	有	猪头骨、下颌骨
西康留遗址[2]	有	猪下颌骨
西夏侯遗址	有	猪头骨、下颌骨、牙齿和肢骨
野店遗址	有	猪下颌骨和肢骨
花厅遗址	有	猪头骨、牙齿和肢骨
三里河遗址	有	猪下颌骨和肢骨
岗上遗址	无	猪下颌骨和肢骨
杭头遗址	无	猪下颌骨
陵阳河遗址	无	猪下颌骨
大朱家遗址	无	猪头骨

从随葬猪的骨骼部位来看，M7和M24均为猪的下颌骨；M18为猪的上下颌骨，从死亡年龄判断应为同一头猪的上下颌骨，骨骼保存状况较差，推测当时下葬时可能为完整的猪头；M5为猪的前后肢骨骼和脊椎等躯干骨骼，保存状况也比较差，推测应为同一个体，这些猪骨在出土时就是分散出现的，可见当时并非以完整身体的形式下葬的。

从随葬猪的死亡年龄来看，M7和M24均为大于2岁的成年个体；M18为2岁左右的个体；M5为也应为2岁左右的个体。

此外，在M28的陶鼎中，也发现有哺乳动物骨骼，因保存状况实在太差，没有办法进一步鉴定。

由于特殊的埋藏原因，墓葬葬具基本没有发现，没有办法判断这些猪骨在墓葬中的确切位置。从M5骨骼分散分布的情况，结合M7、M24等有部分动物骨骼位于墓坑内较上部位的情况来看，其有可能放置于墓主人葬具之外。

墓葬中随葬的猪骨遗存，其部位并不固定，有头骨，有下颌骨，也有身体的其他部位；其死亡年龄也并不一致，有成年个体，也有未成年个体。这些现象说明墓葬随葬的这些动物遗存应为随葬给死者的肉食，或者是死者下葬时其他人们的献祭之物，如海南的黎族，在人死了以后，亲人便要带上猪、羊和酒前往吊祭，丧家当日即杀牲送鬼。入殓后，把已宰杀的猪、牛下颌骨连同其他随葬品放在木棺上，或用木棒把下颌骨挑立在坟冢上[3]，M28器物内发现的哺乳动物明显为献给死者的肉食。

[1]　乙海琳：《淮河流域大汶口文化晚期的动物资源利用》，山东大学2019年硕士学位论文。

[2]　山东省文物考古研究所、滕州市博物馆：《山东滕州市西康留遗址调查、钻探、试掘简报》，《海岱考古（第三辑）》，科学出版社，2010年，第138页。墓葬随葬动物信息来自于该遗址2019年发掘结果，资料尚未发表。

[3]　王仁湘：《新石器时代葬猪的宗教意义》，《文物》1981年第2期，第83页。

2. 特殊遗存分析

遗址居址区并未发现任何动物特殊埋藏现象，墓葬区则发现有部分特殊灰坑的存在。

在墓葬区的 8 个灰坑中发现有动物遗存，其中 H1 叠压在 M24、M87 之上，H65 叠压在 M26 上且打破 M28 东南部，H48 被 M13 打破，H48 远离墓葬集中分布区，H79 打破 M64 和 M54 的东半侧。这些灰坑要么早于周边墓葬，要么晚于周边墓葬（打破程度较高），这些灰坑应与周边墓葬关系不大，当为普通灰坑。

H77 和 H78 都位于 M55 和 M86 附近，H78 与两个墓葬不发生任何打破关系，H77 分别打破 M55 的东北角和 M86 的西北角，H77、H78 叠压于 M55 东北角晚于 M55。从空间分布来看（图 9–12），H78 可能与 M55 和 M86 发生关系，H77 则更可能与 M86 发生关系。从两个灰坑出土动物遗存来看，H78 仅出 1 件残破的牙齿，H77 出有 10 件遗存且都被火烧成灰白色，H77 更为特殊。

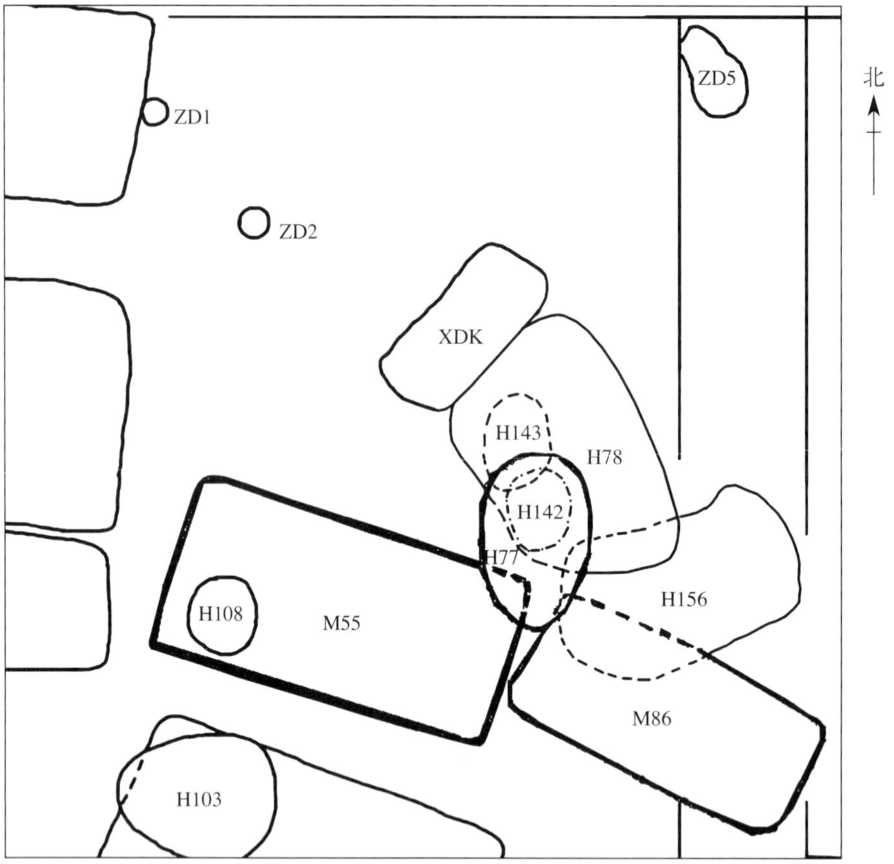

图9–12　金寨遗址H77与M86位置关系图

H109 位于 M62 和 M53 之间（图 9–13），可能与这两个墓葬有关。出土遗存 6 件，且除 1 件残破牙齿外其余均被火烧成灰白色，结合该灰坑堆积和出土的其他遗物，发掘者认为其应为祭祀坑。

H15 与 M87、M24 位置比较接近（图 9–14），可能与这两个墓葬有关。出土遗存 79 件，且除残破的牙齿外其余均被火烧成灰白色或黑色。

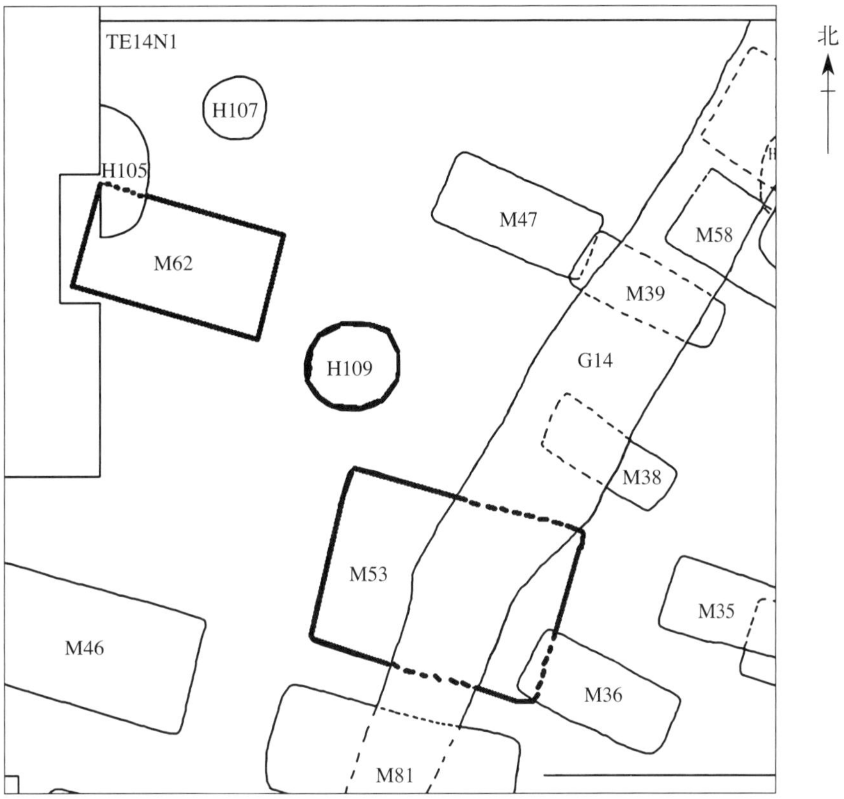

图9-13　金寨遗址H109与M53、M62位置关系图

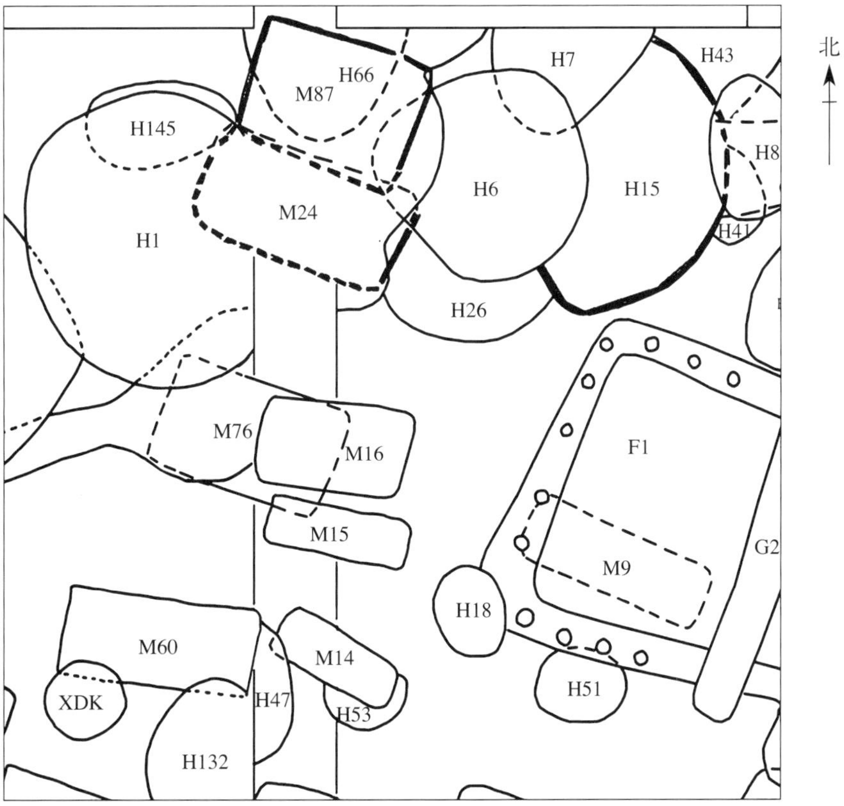

图9-14　金寨遗址H15与M24、M87位置关系图

可见，H77、H109 和 H15 这 3 个灰坑都发现在墓葬周围，且出土的绝大部分动物遗存都烧成灰白色或黑色，燃烧程度很高。从这三个灰坑出土的动物遗存鉴定结果来看，保存状况普遍较差，骨骼破碎程度都比较高，能够鉴定的骨骼遗存也多为猪骨（表 9-3），表现出比较强烈的一致性特征。我们认为这 3 个灰坑发现的动物遗存虽然并未显示出完整或局部完整的骨架状态，但仍应属于动物的特殊埋藏现象。先民可能会选择遗址（居址）中常见的动物（如猪和鹿），选取其四肢和躯干等部位，在这些灰坑中进行较长时间的焚烧，结果导致大多数骨骼焚烧殆尽，同时也残留有一定数量破碎程度较高、燃烧程度较高的骨骼。从目前已知的鉴定结果来看，H15 可能焚烧过一头 2～3.5 岁的猪，而 H109 则可能焚烧过一头小于 2 岁的猪，未来希望可以通过古 DNA 检测或蛋白质检测等科技手段获取这些灰坑出土动物更多的信息。

表9-3 金寨遗址H15、H77和H109出土动物骨骼部位一览表

灰坑号	猪的骨骼部位	中型鹿科的骨骼部位	小型鹿科的骨骼部位	未能进一步鉴定的骨骼部位
H15	腕骨、趾骨、桡骨、掌骨、游离残齿	趾骨	趾骨、髋骨、距骨	趾骨、脊椎、肋骨、游离残齿
H77	趾骨、跗骨	-	-	肢骨残片
H109	腕骨、掌/跖骨、游离残齿	-	-	肋骨

“-”表示未见到该类遗存

总体而言，上述三个灰坑应该具有动物特殊埋藏的性质，有可能为其周边相邻墓葬的祭祀坑，代表了墓葬埋葬之后，墓主人后代对祖先的祭祀行为。如果这一判断成立的话，那么金寨遗址的猪除了能为先民提供主要的肉食资源外，还可能具有其他特殊的意义。实际上，同属鲁南苏北皖北这一区域的大汶口文化晚期遗址中，如建新遗址、西夏侯遗址、野店遗址、花厅墓地、尉迟寺遗址等，都发现有猪骨的特殊埋藏现象——保存有完整骨架的猪坑（表 9-4），这些猪坑的存在同样显示出猪对于先民来说可能具有精神信仰等方面的特殊意义。

表9-4 鲁南苏北皖北大汶口文化晚期各遗址出土猪骨特殊埋藏现象一览表[1]

遗址名称	特殊的猪骨埋藏现象
西康留遗址	H26猪骨架
建新遗址	H265猪坑
西夏侯遗址	T9H15猪坑；T4H5之南有完整猪骨架2
野店遗址	K1、K2两个猪坑
花厅墓地	T2西北部猪坑
赵庄遗址	SK1、SK3、SK4、SK5、SK7，均为猪坑
尉迟寺遗址	S2、S3、S4、S5、S6、S7、SK8，均为猪坑

四 结语

金寨遗址 2016～2018 年度发掘出土的动物遗存均属哺乳动物，可进一步鉴定为狗、猪、小型鹿科、梅花鹿、大型鹿科、牛和兔等。哺乳动物的构成明显以中型哺乳动物（猪、狗、中小型

[1] 资料来源于宋艳波：《海岱地区新石器时代动物考古研究》，上海古籍出版社，2022年。

鹿科动物等）为主，大型哺乳动物（牛、大型鹿科等）和小型哺乳动物（兔等）数量都比较少；从能够鉴定到科的动物来看，无论是可鉴定标本数还是最小个体数，猪科的比例都是最高的。

根据文化面貌的异同程度和自然地理环境的特点，可以将大汶口文化时期的海岱文化区细分为八个小区[1]，其中鲁中南区、苏北区和鲁豫皖区在空间上比较接近，我们搜集了这几个区域已经发表的动物考古相关数据，考察其居址区哺乳动物可鉴定标本数和最小个体数构成情况，结果如图 9-15、9-16 所示：各遗址先民利用最多的都是以猪科和鹿科为代表的中型哺乳动物，牛科、犬科和其他科动物在先民生活中地位都比较低；在对猪科和鹿科动物的利用方面，这些遗址间又

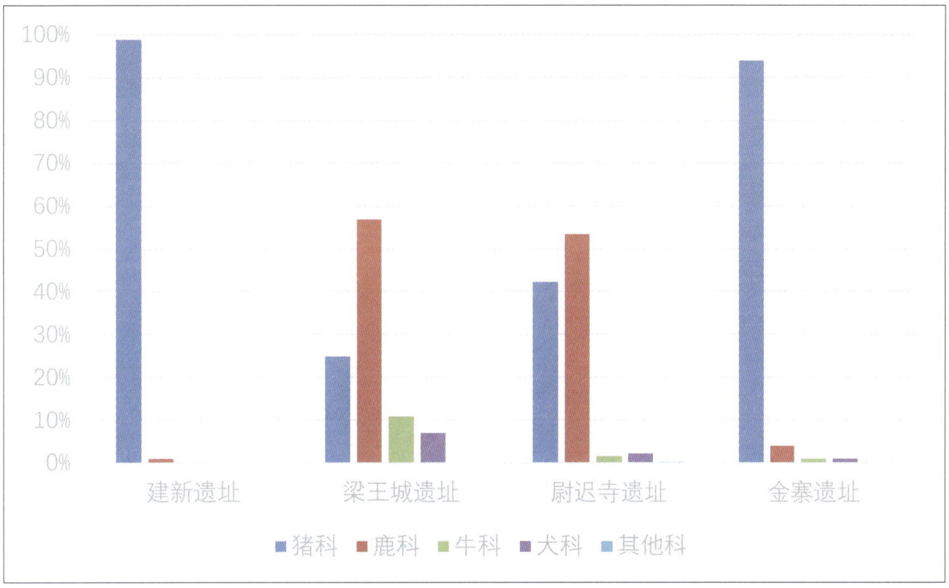

图9-15 鲁南皖北地区大汶口文化晚期诸遗址居址区哺乳动物可鉴定标本数构成示意图

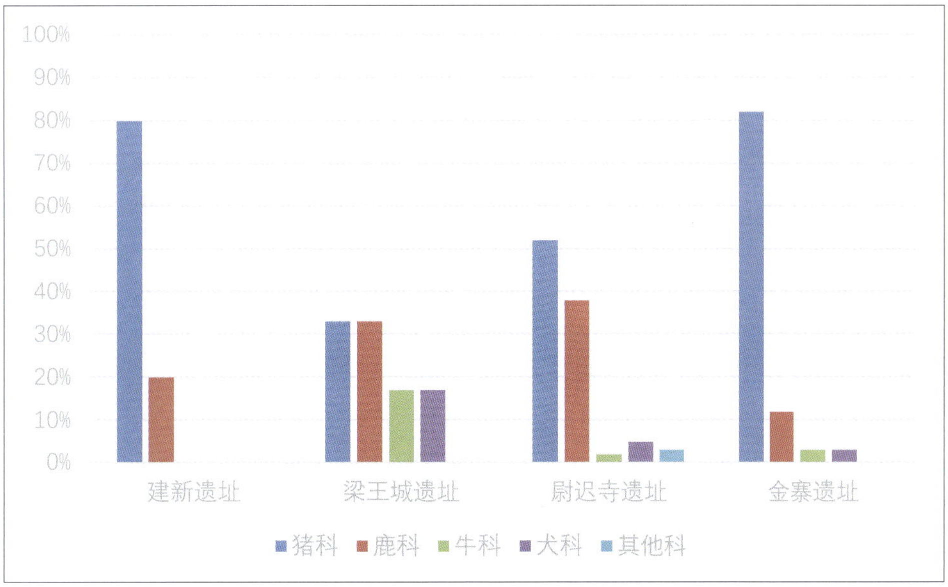

图9-16 鲁南皖北地区大汶口文化晚期诸遗址居址区哺乳动物最小个体数构成示意图

[1] 栾丰实：《大汶口文化的分期和类型》，《海岱地区考古研究》，山东大学出版社，1997年，第69～113页。

存在着明显的差异，可分为两组，其一以建新[1]和金寨遗址为代表，猪科（家猪）的地位非常突出；其二以梁王城和尉迟寺遗址为代表，猪科（家猪）和鹿科地位基本相当。我们认为这些遗址间哺乳动物构成的差异应与遗址先民对周围环境的开发和利用程度有关，与遗址先民生计策略的选择有关，这种差异直到龙山文化时期仍然存在[2]。

遗址中猪和狗是明确的家畜，牛因数量较少难以支撑是否驯养的讨论，鹿和兔是明确的野生动物。总体而言，遗址大汶口文化晚期先民以饲养家猪来获取主要的肉食资源，家猪饲养水平较高。

动植物考古研究表明，遗址先民以种植粟、黍和稻等农作物和饲养家猪作为主要的生业经济方式，同时也会采集野生植物、狩猎野生动物来补充所需的各项资源。

在遗址随葬动物选择方面，种属特征比较明显，基本固定为猪。随葬猪的死亡年龄和骨骼部位方面并没有任何规律性的特征，这与海岱地区大汶口文化晚期其他遗址墓葬葬猪的表现比较一致，显示出在该时期先民随葬猪的主要目的是将其作为肉食或肉食的象征。

墓葬区发现几个特殊灰坑，周边都有相邻的墓葬，且灰坑内出土大部分遗存均经过长时间焚烧，呈现通体黑色和灰白色特征，推断这可能与先民祭祀墓葬的行为有关；目前对于这些灰坑出土动物遗存鉴定结果是以猪为主的，我们推测猪是先民主要用以焚烧祭祀的动物。从这一角度来看，猪对于金寨遗址先民来说，不仅是主要肉食资源的提供者，更可能具有其他精神方面的特殊意义。

[1] 宋艳波、何德亮：《枣庄建新遗址2006年动物骨骼鉴定报告》，《海岱考古（第三辑）》，科学出版社，2010年，第224～226页。

[2] 宋艳波：《鲁南地区龙山文化时期的动物遗存分析》，《江汉考古》2014年第6期，第84～89页。

第一〇章　金寨遗址出土植物遗存分析

第一节　金寨遗址（2016年）植物遗存分析

杨　凡　张小雷　靳桂云*

一　引言

金寨遗址位于安徽省宿州市庄里乡勘沟行政村金寨自然村周边，向南延伸到宿州市埇桥区夹沟镇草厂村。遗址坐落于皖东北丘陵之中的山前平原，西、南、东三面环山，北、东南临小河，总面积约60万平方米。20世纪50年代和80年代，村民在农业生产中发现较多的新石器时代的玉器。1991年秋，安徽省文物考古研究所对该遗址进行了首次发掘。

2016年秋，安徽省文物考古研究所与萧县博物馆联合对该遗址再次进行了发掘，此次发掘共分东、西、南三区，发掘面积500平方米。清理新石器时代晚期房址5座、灰坑73个、灰沟6条、墓葬31座，出土了陶器、石器、玉器、骨器等遗物，另有大量的陶片及动物骨骼。东区集中墓地的发现和西区大型壕沟的发现，说明金寨遗址是一处延续时间较长、有着统一规划布局的大型中心聚落。生业经济研究是金寨遗址综合研究的重要内容，本文将报告植物考古研究结果。

二　材料与方法

（一）采样

为了了解该遗址先民的植物利用和生计方式，在发掘过程中我们采用针对性采样方法，以性质比较明确的遗迹为主要采样单位，原则上在发掘过程中每处遗迹收取一份浮选样品和一份植硅体样品，对于较大的遗迹单位，其堆积若能再细分层，则逐层或选择其中的重要部位分别取样[1]。

在发掘过程中，共采集大汶口文化晚期浮选土样130份，其中10份没有确定的遗迹单位信息，故在此不做讨论。相同遗迹单位进行整合后为64份，其中56份来自灰坑，2份来自房址，6份来自灰沟，共计1251升，平均每份约19.5升。

---

* 杨凡：国家文物局考古研究中心。张小雷：安徽省文物考古研究所。靳桂云：山东大学文化遗产研究院。研究工作得到山东大学社科重大项目“海岱地区龙山时代生业经济研究”（17RWZD07）、校青年团队项目“海岱地区先秦时期古代居民生业模式和生存状况分析”（IFYT1701）经费资助。本文原刊于《农业考古》2018年第4期。

[1]　赵志军：《植物考古学的田野工作方法——浮选法》，《考古》2004年第3期，第80～87页。

对东区的35个灰坑和西区的壕沟（G6）采集了植硅体土样，共采集灰坑样品48份，壕沟样品7份，为了探讨金寨遗址不同遗迹单位的植硅体组合状况，并在此基础上分析不同遗迹单位的堆积情况，我们对采集的土壤样品全部进行了分析。

（二）浮选和重液提取

浮选工作于发掘结束之后在发掘现场进行。浮选使用了小水桶浮选法[1]，轻浮和重浮分别使用80目和20目的分样筛进行收集。样品阴干之后，在山东大学植物考古实验室进行分类、鉴定和拍照。样品鉴定使用尼康（SMZ-645）体视显微镜，拍照使用尼康数字相机系统（DS-5M-L1），样品的鉴定参考了本实验室所收集的现代植物标本、炭化植物标本、发表的文献和相关植物图谱[2]。

植硅体处理采用重液提取法[3]，把土壤样品进行烘干后称取2克进行植硅体提取，提取方法为：

（1）将经过称量的样品放入试管中，加入双氧水（H_2O_2），使其反应约30分钟，去除有机质，待反应结束，加入浓度为10%的稀盐酸，放入水浴锅中加热30分钟，去除样品中的有机质和含钙、铁等矿物。

（2）待试管冷却后加入蒸馏水离心洗去盐酸，重复3～5次，将盐酸洗净。

（3）在洗净盐酸的样品中加入溴化锌重液，搅拌并离心，使植硅体浮于重液表层并收集。加蒸馏水洗去重液，烘干植硅体。

（4）将提取到的植硅体放在载玻片上，用中性树胶制片。

植硅体观察所用的显微镜为Nikon公司生产的型号为eclipse LV100P0L的显微镜（200×和400×），每一个样品均随机选择500粒左右的植硅体进行统计分析，并按照国际植硅体命名法规[4]和已经发表的植硅体文献[5]进行鉴定和统计。

三　分析结果

（一）炭化植物遗存

金寨遗址浮选出的炭化物遗存可分为炭屑，植物种子、果实两大类（表10-1）。

[1]　赵志军：《植物考古学的田野工作方法——浮选法》，《考古》2004年第3期，第80～87页。

[2]　郭琼霞：《杂草种子鉴定图鉴》，中国农业出版社，1998年。关广清、张玉茹、孙国友等：《杂草种子图鉴》，科学出版社，2000年。国家林业局国有林场和林木种苗工作总站主编：《中国木本植物种子》，中国农业出版社，2003年。刘长江、靳桂云、孔昭宸：《植物考古——种子和果实研究》，科学出版社，2008年。赵志军：《植物考古学：理论、方法和实践》，科学出版社，2010年。郭巧生等编著：《中国药用植物种子原色图鉴》，高等教育出版社，2011年。

[3]　王永吉、吕厚远：《植物硅酸体研究及应用》，海洋出版社，1993年。

[4]　李泉、吕厚远、王伟铭：《国际植硅体命名法规（International Code for Phytolith Nomenclature 1.0）的介绍与讨论》，《古生物学报》2009年第48卷第1期，第131～138页。

[5]　王永吉、吕厚远：《植物硅酸体研究及应用》，海洋出版社，1993年。吕厚远、吴乃琴、王永吉：《水稻扇型硅酸体的鉴定及在考古中的应用》，《考古》1996年第4期。王灿、吕厚远：《水稻扇形植硅体研究进展及相关问题》，《第四纪研究》2012年第32卷第2期。

1. 炭屑

金寨遗址中的炭屑以炭化木屑为主，总体较为破碎。我们用网孔径约 1 毫米的分样筛将样品中大于 1 毫米的炭屑筛分出来，并进行称重和记录。金寨遗址浮选出的大于 1 毫米的炭屑共计 12.21 克，最少的 0 克，最多的 6.06 克，平均每升土样约 0.01 克。和同时期的其他遗址[1]相比，该遗址的炭屑量严重偏低，且大多数样品没有炭屑，从统计结果看，有炭屑的样品中大多有炭化植物遗存，炭屑较多的样品中炭化植物遗存也相对较多。

表10-1　金寨遗址出土植物种子果类绝对数量统计表

科	炭化植物种子种类	种子数目
禾本科	粟（*Setaria italica*.）	6541
	黍（*Panicum miliaceum*）	736
	狗尾草属（*Setaria* Beauv.）	2
大戟科	泽漆（*Euphorbia helioscopia* L.）	1
	铁苋菜（*Acalypha australis* L.）	1
葫芦科	赤瓟（*Thladiantha dubia Bunge*）	3
唇形科	紫苏（*Perilla frutescens* (L.) *Britt*.）	11
藜科	藜属（*Chenopodium* L.）	4
红豆杉科	红豆杉属（*Taxus Linn*.）	4
蔷薇科	木瓜属（*Chaenomeles*）	2
果壳		18
碎种子		6
合计		7329

2. 炭化植物种子、果实

金寨遗址此次浮选发现的炭化植物种子、果类总计 7329 粒，平均密度为 0.584 粒 / 升。这些种子可分为农作物和非农作物两大类，农作物包括粟和黍两种，共计 7277 粒，占全部种子总数的 99.37%。非农作物有狗尾草属、红豆杉属、木瓜属、藜属、紫苏、赤瓟、铁苋菜、泽漆和果实，共计 46 粒，占全部种子总数的 0.63%。农作物的出土概率为 35.93%，非农作物的出土概率为 15.63%，此外还有 6 粒特征不明显或由于炭化严重而失去特征部位无法鉴定的炭化植物种子和 2 粒植物茎叶，在量化分析时，不纳入统计范围（图 10–1）。

（1）农作物

本次浮选出土粟、黍两种农作物，从绝对数量和出土概率来看，粟都是金寨遗址主要的农作物（图 10–2）。

---

[1]　杨堡遗址为0.115克/升，尉迟寺0.27克/升。

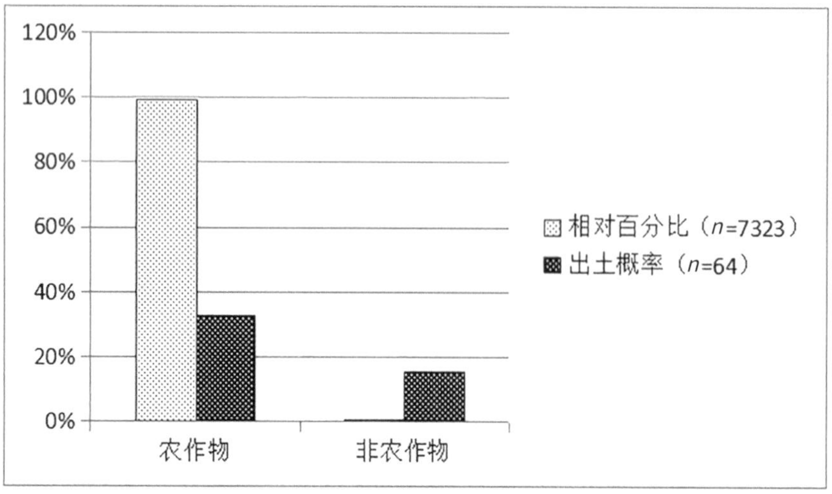

图10-1　金寨遗址农作物、非农作物百分比和出土概率

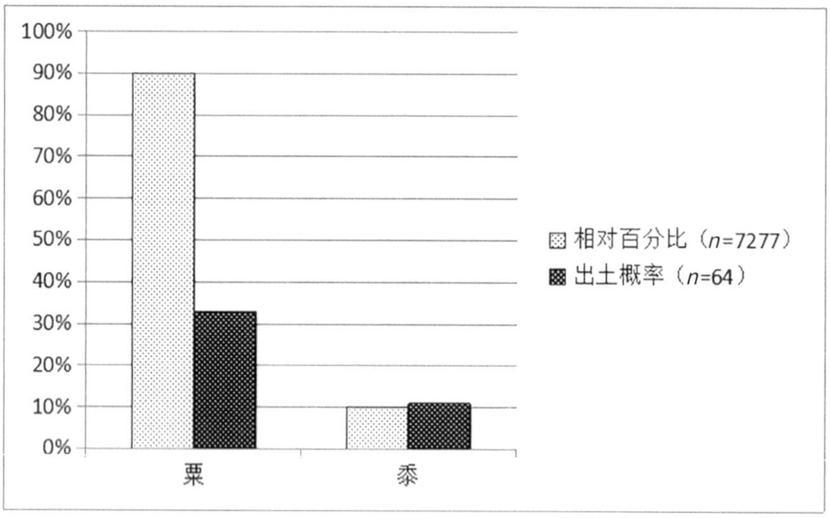

图10-2　金寨遗址粟、黍百分比和出土概率

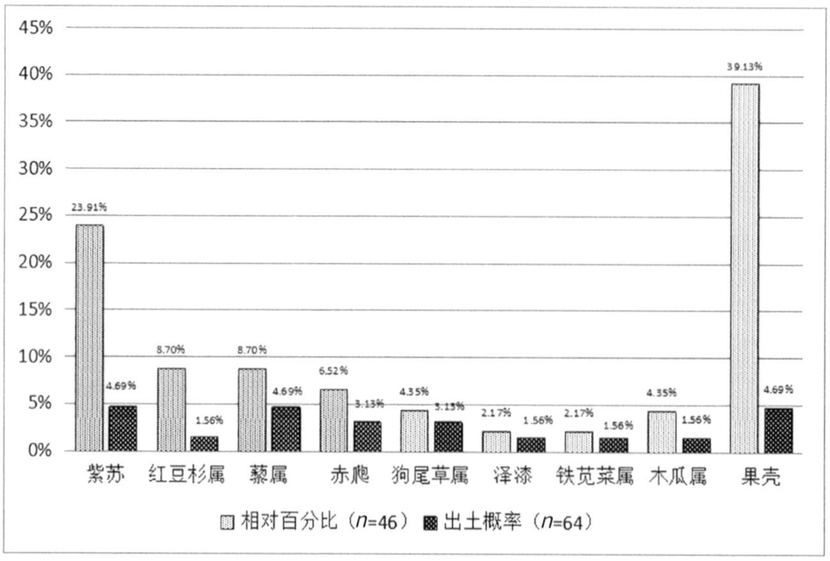

图10-3　金寨遗址非农作物百分比和出土概率

粟（*Setaria italica*）

6541粒，占农作物总数的89.893%，出土概率为32.81%，密度为5.23粒/升，是遗址主要的农作物类型之一。炭化粟主要出土于H65②，共6238粒，占全部粟遗存总数的95.37%。炭化粟粒大多保存较好，整体呈圆形或卵圆形，表面较为光滑，胚区较短，呈V形。经测量，粟粒平均长1.02、宽0.91毫米[1]（图10-4，2）。

黍（*Panicum miliaceum*）

736粒，占农作物总数的10.11%，出土概率为10.94%，密度为0.58粒/升，其中725粒出土于H65②，占全部黍遗存总数的98.51%。炭化黍粒保存较为完好，背部圆鼓，胚区较短，呈U形。经测量，黍粒平均长1.84、宽1.65毫米（图10-4，1）。

（2）非农作物

非农作物包括野生植物种子和果类遗存两类，共计46粒，野生植物种子属于6科7个种/属，其中唇形科最多，藜科和红豆杉科次之，葫芦科、大戟科、狗尾草属再次之。果实只有2粒木瓜属，保存完好，果壳18粒、大多破碎失去主要特征，无法鉴定种属（图10-3）。

唇形科（Labiatae）

金寨遗址出土的唇形科植物种子只有紫苏（*Perilla frutescens* (L.) Britt.）一种，共计11粒，占非农作物遗存的23.91%，出土概率为4.69%，密度为0.007粒/升。种子整体呈球形，表面较为光滑，有六边形的褶皱纹，仅两粒保存较好，长1.88～2.01、宽1.65～1.72毫米（图10-4，6）。

藜科（Chenopodiaceae）

遗址出土的藜科植物种子只有藜属（*Chenopodium* L.）一种，共计4粒，占非农作物总数的8.7%，出土概率为4.69%，密度为0.003粒/升。种子较大、呈圆形，表面较为光滑，两面呈凸镜形，胚区位于一端，直径为1毫米。

狗尾草属（*Setaria Beauv.*）

本次发现狗尾草属2粒，占非农作物总数的6.52%，出土概率为3.13%，密度为0.001粒/升。种子整体呈扁圆形，背部略鼓，腹部扁平，胚区较长，呈V形，保存完整的一粒长1.6毫米，短0.9毫米（图10-4，5）。

红豆杉属（*Taxus* L.）

本次发现红豆杉属（*Taxus Linn*）2粒，占非农作物的4.35%，出土概率为1.56%。一粒保存较好，一粒已残。种子呈倒卵圆形，上部较宽，种脐在顶端一侧，呈椭圆形，保存完整的一粒长3.34、宽2.73毫米（图10-4，3）。

葫芦科（Cuanrbitaceae）

本次发现的葫芦科种子只有赤爬（*Thladiantha dubia Bunge*），共3粒，占非农作物的6.52%，出土概率为3.13%。种子保存较差，倒卵形，表面有黑色颗粒，上端钝圆，下端渐窄，种脐在腹部三分之一处，呈椭圆形。

大戟科（Euphorbiaceae）

---

[1] 我们随机选取50粒粟粒和50粒黍粒进行测量，求取平均值。

大戟科共计 2 粒，包括 1 粒泽漆（*Euphorbia helioscopia* L.）和 1 粒铁苋菜（*Acalypha australis L.*），占非农作物的 4.35%，出土概率为 3.13%。泽漆种子呈卵形，表面有网状凹陷，长 1.82、宽 1.3 毫米（图 10-4，7）。铁苋菜保存较好，种子呈卵形，顶端拱圆，基部钝尖，种脐位于腹部三分之一处，一侧有脊线，长 1.88、宽 1.38 毫米（图 10-4，4）。

木瓜属（*Chaenomeles*）

木瓜属（*Chaenomeles*）仅发现 2 粒，占非农作物的 4.35%，出土概率为 1.56%。种子保存较好，整体形态较大，呈倒卵形，基部较圆，顶端有尖突出，表面凹凸不平，长 4.91、宽 2.12 毫米（图 10-4，8）。

果壳

果壳发现的数量是非农作物中最多的，共 18 粒，占非农作物的 39.13%，出土概率为 4.69%。密度为 0.012 粒 / 升。本次发现的果壳都较残，大多仅剩碎片，特征部位均不存，无法鉴定种属（图 10-4，9）。

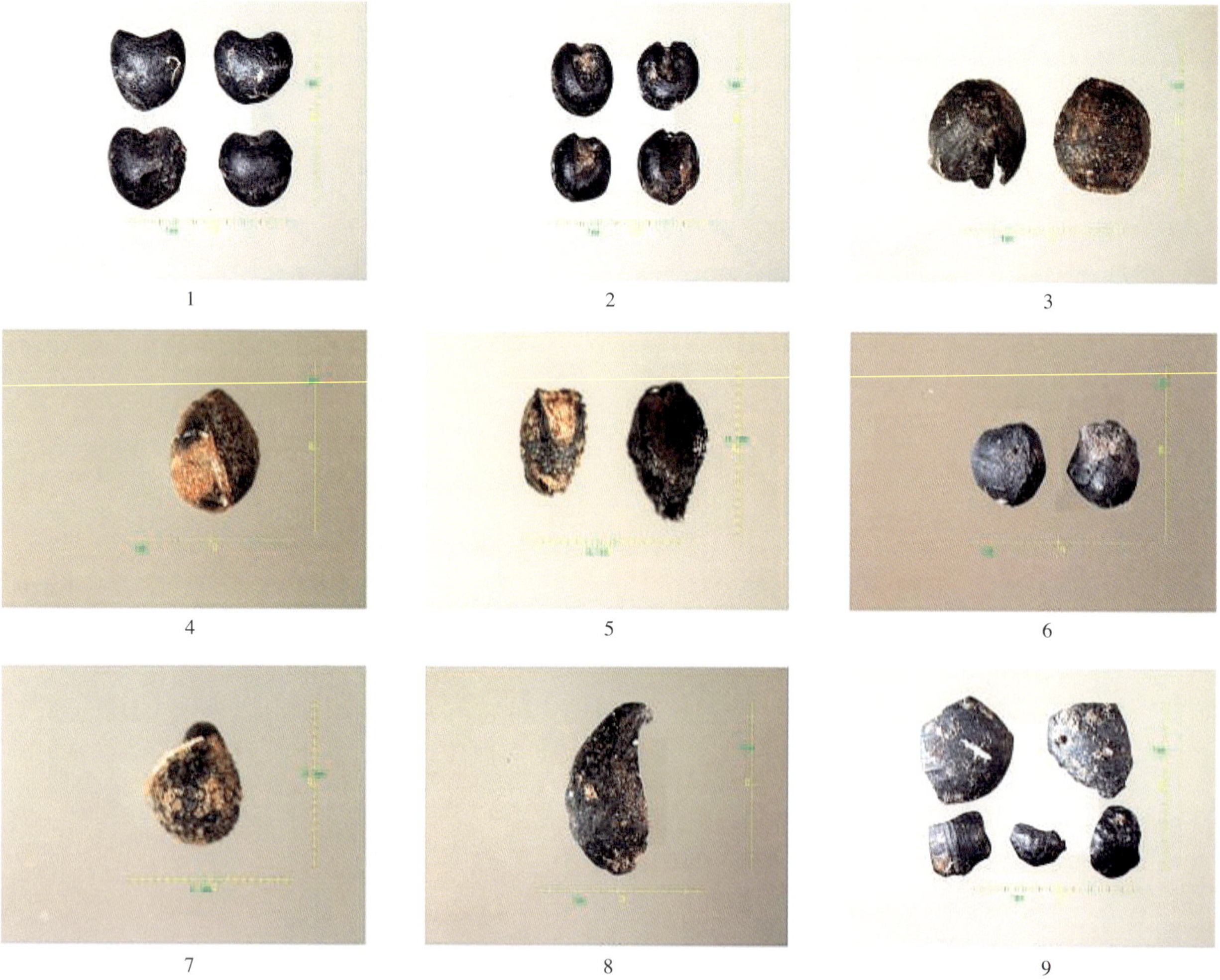

图10-4　金寨遗址出土炭化植物遗存

1. 黍　2. 粟　3. 豆杉属　4. 铁苋菜　5. 狗尾草属　6. 紫苏　7. 泽漆　8. 木瓜属　9. 果壳

（二）植硅体

通过对现代植物植硅体的研究，栽培作物如玉米、水稻、大麦、小麦、谷子和黍子等的植硅体类型已经确认。方型、长方型、尖型、棒型等由于形态简单、缺乏表面特征，不具备植物种属鉴别意义，部分扇型和哑铃型，由于目前的研究还不够细致，也无法鉴定种属[1]，但这些植硅体类型特别是其组合，对指示古环境具有重要意义[2]。

考古遗址中栽培稻植硅体的鉴定特征已经确定。在没有野生稻生长的地区，只要遗址中有稻亚科植物的扇形植硅体，就可以确认其为栽培稻[3]。稻属植物的哑铃型植硅体沿着与叶脉平行的方向成排排列，稻壳植硅体呈双峰型，都是稻亚科所特有的形态[4]。粟、黍两种旱地农作物植硅体也有了较为明确的鉴定标准，粟稃壳呈 Ω 型黍稃壳呈 η 型[5]。金寨遗址地处淮河中游，没有野生稻生长，所以遗址中发现的水稻植硅体都鉴定为栽培稻。遗址的灰坑和壕沟中可鉴定的植硅体类型主要有棒型、长方型、尖型、帽型、短鞍型、方型、扇型、哑铃型、多铃型、齿型等，此外还有海绵骨针和硅藻等生物化石。扇形有芦苇扇形和竹子扇形、棒型中多平滑棒型，刺棒型较少。尖型中短尖型数量大大超过长尖型。水稻、粟、黍等农作物植硅体发现较少，仅在 17 个样品中有发现，占所有样品数的 31.5%。其中水稻扇形和稻壳双峰型发现于 14 个样品中，百分比为 26.4%。芦苇扇形在 13 个样品中发现，百分比为 24.5%。

四　相关讨论

金寨遗址此次采集的植物分析样品有灰坑、房址、壕沟，浮选出的炭化植物遗存的数量和种类都相对较少，且不同遗迹中出土的炭化植物遗存数量相差较大。微体植物遗存分析可以弥补炭化植物遗存的不足，炭化植物遗存和植硅体分析的结合可以有效地讨论不同遗迹堆积的性质和农作物的加工方式。

1. 农作物结构和生计方式

从浮选结果看，金寨遗址浮选出的农作物有粟和黍两种。粟共发现 6541 粒，占农作物总数的 89.89%，出土概率为 32.81%，密度为 5.23 粒 / 升，黍共发现 736 粒，占农作物总数的 10.11%，出土概率为 10.94%，密度为 0.58 粒 / 升。粟的出土数量和出土概率都明显高于黍，和黍相比，粟在金寨遗址农业结构中的地位更为重要。植硅体分析结果显示，水稻植硅体发现于 14 个样品中，占样品量的 26.4%，虽然每个样品中水稻植硅体的数量都较少，但水稻壳（双峰型）和水稻叶

[1]　靳桂云、方燕明、王春燕：《河南登封王城岗遗址土壤样品的植硅体分析》，《中原文物》2007年第2期，第93～100页。

[2]　王永吉、吕厚远：《植物硅酸体研究及应用》，海洋出版社，1993年，第164～181页。

[3]　Fujiawara H.Research into the history of rice cultivativation using plant opal analysis[A].in: DM Pearsall, DR Piperno (eds). current research in phytolith Analysis: Applications in Archaeology and Paleoecology[M].Philadelphia: University of Pennsylvania Museum, MASCA,1993.pp.147-158.

[4]　王永吉、吕厚远：《植物硅酸体研究及应用》，海洋出版社，1993年，第70～77页。

[5]　Houyuan Lv: Phytoliths Analysis for the Discrimination of Foxtail Millet (Setariaitalica) and Common Millet (Panicummiliaceum), Plos One, 2009, (4) 2.

（扇形和哑铃型）出现在同一样品中，说明水稻也是金寨先民的农作物之一。粟黍植硅体的发现，说明金寨遗址的农作物有粟、黍、稻三种，为旱稻混作的农作物结构。淮河中游地区大汶口文化晚期开展过系统浮选的宿州杨堡[1]和蒙城尉迟寺遗址[2]，其农作物结构也表现为粟黍和稻的混作。

非农作物有狗尾草属、红豆杉属、木瓜属、藜属、紫苏、赤爮、铁苋菜、泽漆和果类，共计46粒，数量和种类都较少。紫苏是非农作物中数量最多的，占非农作物的23.91%，紫苏是一种香料，可去除腥味，紫苏的叶、梗和籽粒均能食用，茎叶及子实均可入药，种子可榨油供食用[3]。藜全草可入药，嫩叶可食用[4]。紫苏和藜在史前到商周时期的很多遗址中都有发现，我们推测是金寨先民有意采集用作时令蔬菜的结果。葫芦科发现铁苋菜和泽漆两种炭化种子，铁苋菜和泽漆全草能入药，幼苗可做动物饲料[5]。赤爮的果实和根都能入药[6]。虽然数量较少，但也不能排除其专门采集用于家畜饲料的可能性。红豆杉属是非常优质的木材[7]，也是非常珍贵的药用植物，其枝叶中含有紫杉黄酮类化合物，具有降血压、降血脂、抗炎和解热镇痛等功效[8]，其可能用于建筑、薪柴或者入药。

蔷薇科的木瓜属果实味涩，水煮或浸渍糖液中可供食用也可入药[9]，《诗经·国风·卫风·木瓜》中有“投我以木瓜，报之以琼琚”，金寨遗址发掘区的周围现在还生长着很多的野木瓜树，推测木瓜属是金寨先民一直采食的果类资源。果壳是非农作物中数量最多的，金寨先民可能存在广泛地采集果类资源的行为。

以上分析表明，金寨先民在种植农作物的同时，可能也专门采集一些野生植物作为时令蔬菜、家畜饲料或是油料来源，同时也有可能利用这些植物作为建筑材料或薪柴，甚至有可能利用其药用价值。野生植物茎叶和果类的采集是金寨先民食物资源的重要补充。

2. 农作物收割和加工方式

粟、黍类作物加工的基本要求类似于稻谷和其他带壳谷物的加工，农作物收割之后，都需要脱粒和扬场，以便将谷粒与其他茎秆和杂草之类的杂物区分开来，脱壳之后再扬场，将脱壳后的谷粒与谷壳等副产品分开[10]。53个植硅体样品中11个样品都发现水稻扇形植硅体，且都有芦苇扇形植硅体，水稻扇形主要发育于水稻茎叶机动细胞，说明水稻可能是连秆带叶一起收割的，芦苇和水稻的生长环境相似，可能生长在稻田边上，在收割水稻的同时带回了少量的芦苇。

[1] 程至杰、杨玉璋、袁增箭等：《安徽宿州杨堡遗址炭化植物遗存研究》，《江汉考古》2016年第1期，第95～103页。

[2] 赵志军：《安徽蒙城尉迟寺遗址浮选结果分析报告》，《植物考古学：理论、方法和实践》，科学出版社，2010年，第109～119页。

[3] 李扬汉主编：《中国杂草志》，中国农业出版社，1998年，第571页。

[4] 贺学礼主编：《植物学》，高等教育出版社，2004年，第337页。

[5] 李扬汉主编：《中国杂草志》，中国农业出版社，1998年，第496、499页。

[6] 李扬汉主编：《中国杂草志》，中国农业出版社，1998年，第476页。

[7] 中国科学院植物志编辑委员会主编：《中国植物志》，科学出版社，2004年。

[8] 王亚飞、王强、阮晓等：《红豆杉属植物资源的研究现状与开发利用对策》，《林业科学》2012年第48卷第5期，第116～125页。

[9] 中国科学院植物志编辑委员会主编：《中国植物志》，科学出版社，2004年。

[10] 宋吉香、赵志军、傅稻镰：《不成熟粟、黍的植物考古学意义——粟的作物加工实验》，《南方文物》2014年第3期，第60～71页。

H15的③④⑤层有炭化粟黍发现，植硅体有粟、黍稃壳和水稻茎叶，推测金寨先民对农作物有脱穗加工，粟黍稻同时进行脱穗扬场。H58、H61农作物植硅体只有水稻扇形和稻壳双峰型，H1、H51只发现了水稻扇形，不见粟黍等其他农作物，可见部分水稻是单独进行脱穗扬场的。H42下部的两层堆积发现了较多的粟黍稃壳和稻壳双峰植硅体，且不见水稻扇形和哑铃型植硅体，说明存在独立的脱壳行为。H65出土大量的炭化种子，推测为农作物窖藏坑，说明金寨先民有对农作物进行储藏的行为。金寨遗址现今水稻收割的时间为阳历十月，而粟黍的收割时间为十一月，可能由于收割的时间不同，粟黍和水稻存在一些分开脱穗扬场的行为，脱穗后的谷粒进行储藏，粟黍和稻在食用前同时脱壳，供人食用。

3. 不同遗迹的性质分析

金寨遗址出土植物遗存的对象包括房址、灰坑、壕沟，对不同遗迹中出土的植物遗存数量和种类的统计分析，可以指示遗迹的性质和功能。取自房址内部的样品中仅发现1粒粟，且没有发现炭屑，尉迟寺遗址大汶口文化晚期的绝大部分杂草种子都出于两个房址居住面上，说明食用前在居址内进行脱粒和去壳[1]，金寨遗址表现出完全相反的情况，推测脱粒和去壳不在房址内进行，或是此处为居住面，清扫频率较高，植物遗存不易聚集。

灰坑中出土植物遗存的数量差异较大。H65出土炭化种子6993粒，占全部种子总数的95%，粟和黍共6963粒，占农作物总数的96%，其他炭化植物遗存还包括藜2、紫苏6、红豆杉属4、果壳16、木瓜属2粒。该灰坑样品中绝大多数都是粟黍两种农作物，其次还有少量的果类和果壳，其他植物种类和数量都特别少，推测H65可能是一个储存粟黍类谷物的窖穴。

从植物遗存分析结果和壕沟的堆积情况看，壕沟内至少包含了两类堆积。壕沟（G6）内仅在②③④层发现几粒炭化种子，G6①、⑥层没有植硅体，其他各层植硅体含量都很少且较破碎、风化严重，且含有较多的炭屑，有吸附炭。推测这些堆积是燃烧的灰烬被倒入壕沟中，植硅体很少，说明燃料中很少有草本植物，可能是以燃烧木本植物为主。壕沟的每一层都包含红烧土颗粒或红烧土块，且包含较多的木炭块，推测壕沟中至少有部分堆积是木本植物燃烧后的灰烬垃圾，和植硅体分析结果一致。丹土壕沟土样植硅体分析结果也显示了人类将灰烬等垃圾倾倒在壕沟中的行为[2]。G6⑥层和其他层堆积明显不同，几乎全部是红烧土块堆积，且几乎没有植硅体，推测该层是房屋废弃后的建筑垃圾倒入壕沟中堆积而成。王城岗遗址壕沟中植硅体数量较少，推测壕沟内堆积是城墙倾倒所致[3]，两城镇、丹土遗址的壕沟中都有非常丰富的植硅体，且有农作物副产品堆积[4]，由于本次分析的样品数量有限，金寨遗址壕沟的堆积性质还需更多的材料进一步探讨。

---

[1] 赵志军：《安徽蒙城尉迟寺遗址浮选结果分析报告》，《植物考古学：理论、方法和实践》，科学出版社，2010年，第109～119页。

[2] 中美联合考古队主编：《两城镇——1998～2001年发掘报告》，植硅体分析与研究，文物出版社，2017年，第1124～1153页。

[3] 靳桂云、方燕明、王春燕：《河南登封王城岗遗址土壤样品的植硅体分析》，《中原文物》2007年第2期，第93～100页。

[4] 中美联合考古队主编：《两城镇——1998～2001年发掘报告》，植硅体分析与研究，文物出版社，2017年，第1124～1153页。

五　结语

（1）从浮选和植硅体分析结果看，金寨遗址的农作物结构为旱稻混作农业结构，在旱地作物中，粟比黍占有更重要的地位。浮选结果没有发现炭化水稻，农作物植硅体的数量较少，旱作和稻作的相对重要性还需要更多的材料加以讨论。

（2）水稻连叶带秆收割回遗址，粟、黍和稻收割的时间不同，可能存在部分分开脱穗和储存的行为，在食用前一起脱壳，供先民食用。

（3）房址内部几乎没有炭化种子，可能在房址内植物加工活动较少或者有加工活动，但清扫频率较高，植物遗存难以保存。灰坑有明确的窖藏坑和垃圾坑。H65发现的粟黍占农作物总数的96%，应该是一处粮食储藏窖穴。垃圾坑堆放的垃圾较杂乱，但仍可以确定出灰坑中堆放有农作物加工副产品，其周围可能存在农作物加工活动。壕沟废弃后用于堆放建筑垃圾和灰烬等生活垃圾。

金寨遗址本次浮选出的植物遗存数量和种类都较少，农作物和非农作物的出土概率都偏低，大多数样品不见任何植物遗存，推测和本年度的发掘区有关，发掘区东区的西南部为小型墓地，居住区面积较小。植硅体出现水稻但大遗存却不见任何炭化水稻，可能和水稻与粟黍的保存条件不同有关，除去H65发现的炭化种子，整个发掘区发现的炭化遗存仅338粒，水稻的颗粒较大，散落在遗址中的几率也较小，被我们此次浮选发现的几率也较小。

致谢：在遗址发掘和材料收集方面得到了安徽省考古研究所老师们的大力支持，在样品鉴定过程中得到了中国社会科学院考古研究所杨金刚老师的大力帮助，在此特致诚挚谢意。

第二节　金寨遗址（2017年）植物遗存分析

杨凡　段绮梦　张小雷　靳桂云*

淮河中游不仅是中国东部南北地理、气候过渡带，同时还是史前中国南北、东西文化交流、碰撞与融合的核心区域，中原、海岱、江汉、环太湖四大文化区之间的传播、扩散和交汇都是以淮河流域为中介而实现的[1]。淮河流域的新石器时代和青铜时代文化在中国古代文明的发展进程中独具特色，自成体系，“淮系文化”在某种意义上与黄河和长江流域文化并列，共同创造了中国古代文明[2]。

*　杨凡：国家文物局考古研究中心。段绮梦：美国圣路易斯华盛顿大学博士研究生。张小雷：安徽省文物考古研究所。靳桂云：山东大学文化遗产研究院。本文得到国家自然基金项目“基于环境与农业的鲁北地区龙山文化人地关系研究（417711230）”资助。本文原刊于《东南文化》2020年第3期。

[1]　栾丰实：《淮河中游地区文明探源的新进展——读〈蚌埠禹会村〉》，《考古》2014年第10期。

[2]　高广仁、邵望平：《析中国文明主源之一——淮系文化》，《东方考古（第1集）》，科学出版社，2004年，第36～64页。

"苏鲁豫皖文化区"可能存在一个或多个重要的原始文化[1]，而农业是文明发生与发展的主要动因之一[2]。淮河中游处于中国南方稻作农业区与北方旱作农业区的过渡地带。根据现有研究资料，淮河上游地区在裴李岗文化中期阶段就出现了稻旱混作的农业模式[3]；淮河中游在裴李岗时代晚期也出现了稻旱混作农业[4]，稻旱混作是该地区农业的主要特征，但不同遗址间稻作和旱作的比例差别较大，影响农作物选择的因素也需要进一步探讨。金寨遗址是淮河中游一处中心性的聚落遗址，其年代从大汶口文化中晚期延续到龙山文化中期，这个时期社会分层持续发展，社会基本结构从家族转变为个体家庭[5]。对该遗址的植物遗存进行分析为我们探讨淮河中游地区农作物结构的变迁以及农业和文化交流、社会分层等问题的互动关系等提供了科学依据。

一　遗址简介

金寨遗址位于安徽省宿州市萧县庄里乡贁沟行政村金寨自然村旁，现代村落位于遗址中间。向南延伸到宿州市埇桥区夹沟镇草厂村，西北距萧县 30 千米，东北距徐州 35 千米。遗址坐落于皖东北丘陵之中的山前平原，西、南、东三面环山，西、北、东南临小河；文化遗存的年代从大汶口文化中晚期到龙山文化中期，距今 5200～4300 年；总面积约 50 万平方米，是徐淮地区面积最大的新石器时代遗址。2016 和 2017 年，安徽省文物考古研究所对该遗址进行了两个年度的主动发掘。遗址东部主体为一公共墓地，也发现少量房址和灰坑；北部主体为一片排房基址，堆积丰富，从大汶口文化中期延续到晚期。大汶口文化中期时，遗址西部和北部为居住区，东部为墓葬区；大汶口晚期时，西部和北部主体是居住区，并有少量墓葬，东部有少量墓葬；到了龙山文化时期，整个聚落向东北方向延伸[6]。

二　材料与方法

本次分析的浮选土样和植硅体土样都是在 2017 年发掘过程中采用针对性采样法采集[7]，性质明确的遗迹作为主要采样单位，分层的单位则分层采集。浮选土样包括大汶口文化中期土样 1 份、大汶口文化晚期土样 31 份（30 份取自灰坑、1 份取自灰沟）、龙山文化时期土样 18 份（17 份取自灰坑、1 份取自地层），合计 50 份，土量 729 升，平均每份约 14.58 升。植硅体土样有大汶口文化晚期土样 20 份（都取自灰坑）和龙山文化时期土样 13 份（12 份取自灰坑、1 份取自地层）。

[1]　苏秉琦：《略谈我国东南沿海地区的新石器时代考古——在长江下游新石器时代文化考古学术讨论会上的一次发言提纲》，《文物》1978年第3期。

[2]　严文明：《农业发生与文明起源》，科学出版社，2000年，第338页。

[3]　Zhang J. P., Lu H. Y., Gu W. F., et al. Early mixed farming of millet and rice 7800 years ago in the middle Yellow River region, China. *PLoS One*, 2012（7）: 1-8.

[4]　Luo W. H., Gu C. G., Yang.Y.Z., et al. Phytoliths reveal the earliest interplay of rice and broomcorn millet at the site of Shuangdun（ca. 7.3-6.8 ka BP）in the middle Huai River valley, China. *Journal of Archaeological Science*. 2019（102）: 26-34.

[5]　孙波：《再论大汶口文化向龙山文化的过渡》，《古代文明（第6卷）》，文物出版社，2007年。

[6]　张小雷：《安徽萧县金寨遗址发现大汶口至龙山文化遗迹》，《中国文物报》2018年12月14日第8版。安徽省文物考古研究所、萧县博物馆：《安徽萧县金寨新石器时代遗址北区2017年发掘简报》，《东南文化》2020年第3期。

[7]　赵志军：《植物考古学的田野工作方法——浮选法》，《考古》2004年第3期。

浮选使用小水桶浮选法在发掘现场完成。轻浮和重浮分别使用 80 目和 20 目的分样筛进行收集。样品阴干之后，在山东大学植物考古实验室进行分类、鉴定和拍照。样品鉴定使用尼康（SMZ-645）体视显微镜，拍照使用尼康数字相机系统（DS-5M-L1），炭化植物遗存的鉴定参考了实验室所收集的现代植物标本、炭化植物标本、发表的文章中的种子照片和相关植物图谱[1]。鉴定过程中，对于破损严重、丢失了可鉴定部位或者已经成为碎块的植物遗存归入不可鉴定类，在分析讨论时不参与计数。

所有植硅体土样在山东大学植物考古实验室进行处理和分析。植硅体提取采用重液提取法[2]，把土壤样品进行烘干后称取 2 克进行植硅体提取，提取方法为：

（1）将土样放入试管中加入 30% 双氧水（H_2O_2），充分反应，去除有机质。

（2）加入浓度为 10% 的稀盐酸，用水浴锅加热 30 分钟，去除样品中的有机质和钙、铁等矿物质。

（3）用蒸馏水离心清洗盐酸 3～5 次，将盐酸清洗干净。

（4）加入碘化镉重液，使植硅体浮于重液表层并收集，加蒸馏水洗去重液并烘干。

（5）用中性树胶制成固定玻片。

植硅体鉴定和统计所用的显微镜为 Nikon 公司生产的型号为 eclipse LV100P0L 的显微镜（200× 和 400×），每一个样品均随机选择 400 粒左右的植硅体进行统计分析，不足 400 粒的样品全部统计，并用 NikonBF53 进行拍照。植硅体形态鉴定和分类按照国际植硅体命名法规[3]、现代植物植硅体分析结果和已经发表的文章中的植硅体照片进行鉴定和统计。水稻[4]、粟、黍[5]农作物的植硅体鉴定参考吕厚远等的鉴定标准。黍、粟稃壳植硅体单片内包含的特殊纹饰多于 2 个的植硅体个体计入统计数量。方型、长方型、尖型、棒型等由于形态简单、缺乏表面特征，不具备植物种鉴别意义，但这些植硅体类型特别是其组合，对指示古环境具有重要意义[6]，所以也进行统计。其中棒型、刺棒型植硅体单体长度大于 10μm 的个体计入统计。植硅体的统计是计算每个植硅体类型的百分含量（单个类型数与总统计数的比值乘以 100%），出土概率根据发现某种植物种类的样品数在样品总数中所占的比例计算。

---

[1]　郭琼霞：《杂草种子鉴定图鉴》，中国农业出版社，1998年。关广清等著：《杂草种子图鉴》，科学出版社，2000年。国家林业局国有林场和林木种苗工作总站主编：《中国木本植物种子》，中国林业出版社，2003年。刘长江、靳桂云、孔昭宸编著：《植物考古：种子、果实》，科学出版社，2008年。赵志军著：《植物考古学：理论、方法和实践》，科学出版社，2010年。郭巧生等编著：《中国药用植物种子原色图鉴》，高等教育出版社，2011年。

[2]　王永吉、吕厚远：《植物硅酸体研究及应用》，海洋出版社，1993年。

[3]　李泉、吕厚远、王伟铭：《国际植硅体命名法规（International Code for Phytolith Nomenclature 1.0）的介绍与讨论》，《古生物学报》2009年第1期。

[4]　a. Pearsall D. M., Piperno D. R., Dinan E. H., et al. Distinguishing rice （Oryza sativa Poaceae） from wild Oryza species through phytolith analysis: results of preliminary research. *Economic Botany*, 1995,49 （2）: 183-196. b. Fujiwara H. Research into the history of rice cultivation using plant opal analysis. In: Pearsall D. M. & Piperno D. R. （eds.）, *Current Research in Phytolith Analysis, Application in Arhcaeology and Paleoecology*. MASCA, University of Pennsylvania, Philadelphia （PA）1993: 147-158. c. Zhao Z. J., Pearsall D. M., Benfer R. A., et al. Distinguishing rice （Oryza sativa poaceae） from wild Oryza species throuth phytolith analysis, Ⅱ Finalized method. *Economic Botany*, 1998,52 （2）: 134-145. d. Gu Y.S., Zhao Z. J., Pearsall D. M. Phytolith morphology reearch on wild and domesticated rice species in East Asia. *Quaternary International*, 2013（287）: 141-148.

[5]　Lv H. Y., Zhang J. P., Wu N. Q., et al. Phytolith analysis for the discrimination of Foxtail millet （*Setaria italica*） and Common millet （*Panicum miliaceum*）. PLoS ONE, 2009（4）: e4448.

[6]　王永吉、吕厚远：《植物硅酸体研究及应用》，海洋出版社，1993年，第164～181页。

三　鉴定结果

（一）炭化植物遗存鉴定结果

此次浮选出的炭化植物遗存有炭屑和植物种子（或果类）两大类（表10-2）。

表10-2　金寨遗址2017年出土植物遗存绝对数量统计表

类别		植物学名		大汶口中期	大汶口晚期	龙山时期	合计
农作物	禾本科	粟（*Setaria italica*）		4	1907	12	1923
		黍（*Panicum miliaceum*）		5	9		14
		水稻（*Oryza sativa*）	整粒水稻	2	30		32
			残粒水稻	5	99	2	106
		小麦（*Triticum aestivum*）			2		2
非农作物	豆科	草木犀（*Melilotus officinalis*）			246		246
		胡枝子（*Lespedeza bicolor*）		3	2		5
	茜草科	拉拉藤属（*Galium sp.*）			42		42
	黍亚科	马唐（*Digitaria sanguinalis*）			5		5
		狗尾草（*Setaria viridis*）			1		1
		稗属（*Echinochloa sp.*）			1		1
	藜科	地肤（*Kochia scoparia*）		1	5		6
		藜（*Chenopodium album*）			1		1
	大戟科	泽漆（*Euphorbia helioscopia*）			6		6
	唇形科	紫苏（*Perilla frutescens*）			5		5
		香薷（*Elsholtzia ciliata*）			1		1
	葫芦科	赤瓟（*Thladiantha dubia*）		1	1		2
	蓼科	尼泊尔蓼（*Polygonum nepalense*）			1		1
		辣蓼（*Polygonum hydropiper*）		1			1
	菊科	苍耳（*Xanthium sibiricum*）		1			1
	红豆杉科	红豆杉属（*Taxus* sp.）			1		1
	壳斗科	栎果			1		1
	莎草科				1		1
果壳					3		3
碎种子				33	35		68
未知							1
合计				56	2406	14	2476
种子密度				2.667	4.915	0.064	3.396

1. 炭屑

此次浮选出的炭屑总体较为细碎。大于1毫米的炭屑共计56.746克，每个单位的炭屑重量在0～9.842克不等，平均为0.079g/L，与淮河中游同时期的安徽杨堡遗址（0.115g/L）[1]、尉迟寺遗址（0.27g/L）相比相对较少[2]，但与金寨遗址2016年的浮选结果（0.01g/L）[3]相比，炭屑的数量显著上升。这可能和2017年清理了北部生活区有关，生活区由于房屋倒塌和木材燃烧等原因，炭屑也会相应较多。

2. 植物种子/果实

此次浮选发现的炭化植物种子/果类总计2476粒，平均密度为3.44粒/升。除去68粒特征不明显或由于炭化严重而失去特征部位无法鉴定的炭化植物种子，以及1粒未能鉴定出种属的种子外，剩下的2407粒可分为农作物和非农作物两大类。农作物包括粟、黍、水稻、小麦四种，共计2077粒，占比为86.29%，出土概率为55.10%。非农作物有草木犀、胡枝子、拉拉藤属、马唐、稗属、狗尾草、地肤、藜、泽漆、紫苏、香薷、赤爮、尼泊尔蓼、辣蓼、苍耳、红豆杉属、栎果、莎草科和果壳，共计330粒，占比为13.71%，出土概率为36.73%（图10-5）。

（1）农作物

本次共浮选出粟、黍、水稻、小麦四种农作物，从绝对数量和出土概率两方面看，粟是金寨遗址最主要的农作物（图10-6）。

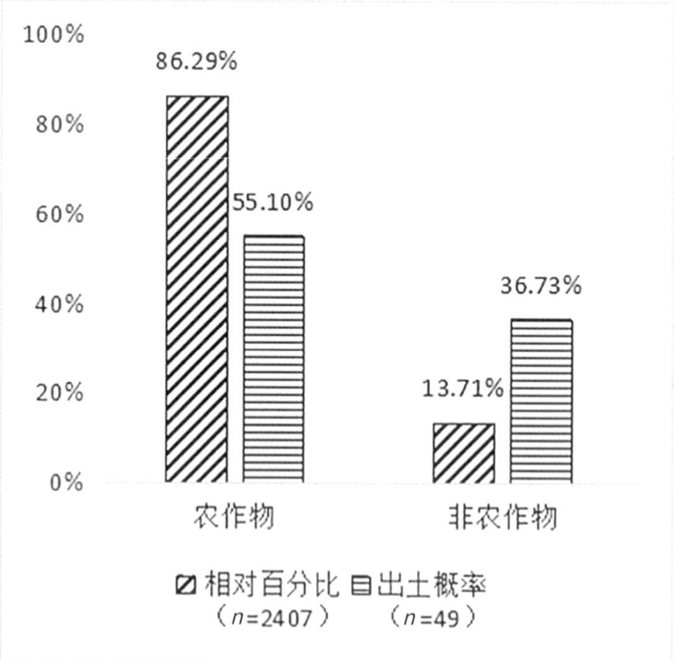

图10-5 金寨遗址农作物、非农作物百分比和出土概率

[1] 程至杰、杨玉璋、袁增箭等：《安徽宿州杨堡遗址炭化植物遗存研究》，《江汉考古》2016年第1期。

[2] 赵志军：《安徽蒙城尉迟寺遗址浮选结果分析报告》，《植物考古学：理论、方法和实践》，科学出版社，2010年，第109～119页。

[3] 杨凡、张小雷、靳桂云：《安徽萧县金寨遗址（2016年）植物遗存分析》，《农业考古》2018年第4期。

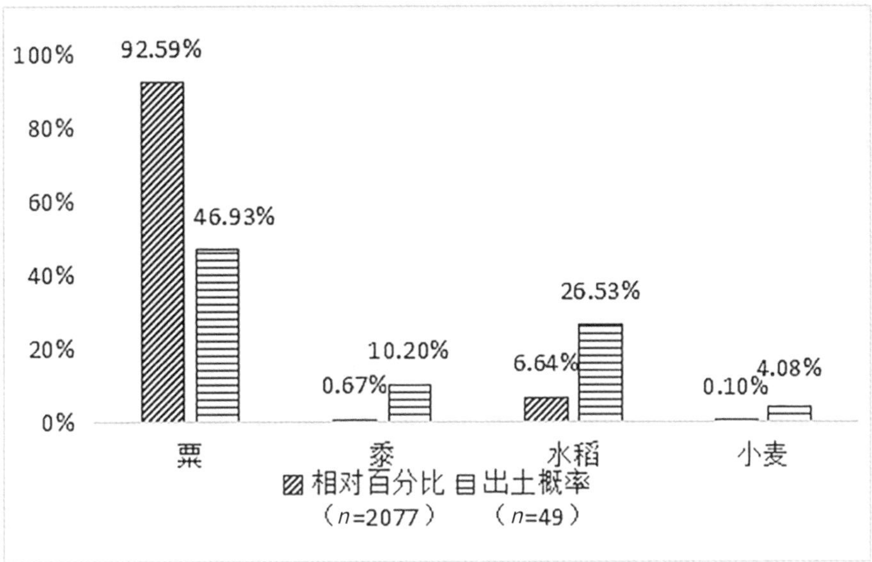

图10-6　金寨遗址农作物百分比及出土概率

粟

1923粒，其中粟1377粒，粟秕546粒。占农作物总数的92.59%，出土概率为46.93%，密度为2.67粒/升，是遗址主要的农作物类型之一。炭化粟粒大多数保存完整，近似圆形或椭圆形，表面光滑且有光泽，胚区较短，呈深V形。平均长约1.22、宽约1.17毫米（图10-7，1）。

黍

14粒，占农作物总数的0.67%，出土概率为10.20%，密度为0.02粒/升。炭化黍粒保存状况一般，部分残破，胚区呈短U形。平均长约1.74、宽约1.70毫米（图10-7，2）。

水稻

138粒，其中完整稻粒32粒，残块106粒。占农作物总数的6.64%，出土概率为26.53%，密度为19.17粒/升。炭化稻粒保存较差，大多残破，我们对完整的32粒进行测量，其平均长约4.44、宽约2.68毫米，长宽比约为1.657。按照目前主要的判别指标，一般长/宽＜2.3为粳型稻，长/宽2.31～2.5为籼粳中间型，长/宽2.51～3.5为籼型，其中3.0～3.5的部分可能含有不典型的野生稻型，长/宽＞3.51的为典型普通野生稻[1]，金寨遗址此次发现的水稻均属粳型稻（图10-7，3）。

小麦

2粒，占农作物总数的0.10%，出土概率为4.08%，密度为0.003粒/升。小麦一粒保存较差，另一粒较好，长3.91～4.50、宽2.80～3.01毫米，长宽比为1.40～1.50（图10-7，4）。

（2）非农作物

非农作物包括植物种子和果类遗存两类，共计330粒，属于12科18个种/属，其中以豆科的草木犀和胡枝子数量最多，茜草科次之，其余数量都较少。果壳3粒，因破碎失去主要特征而无法鉴定种属（图10-8）。

[1]　象坤、孙传清主编：《中国栽培稻起源与演化研究专集》，中国农业大学出版社，1996年。

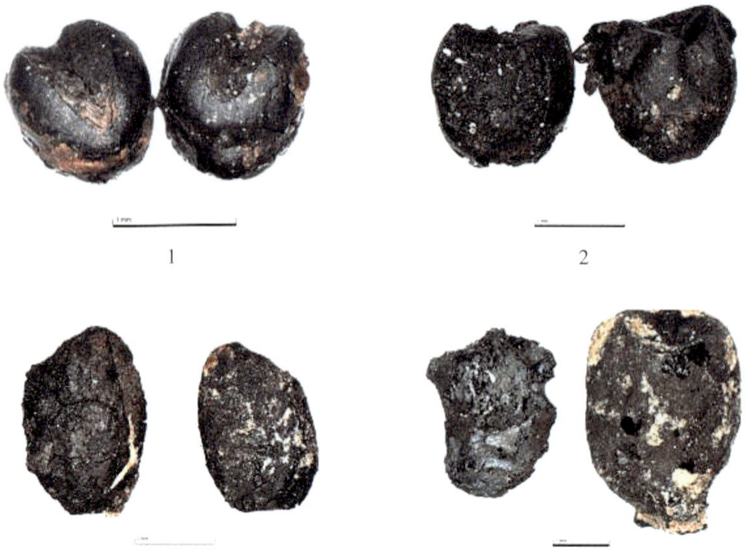

图10-7　金寨遗址出土的农作物种子

1. 粟　2. 黍　3. 水稻　4. 麦

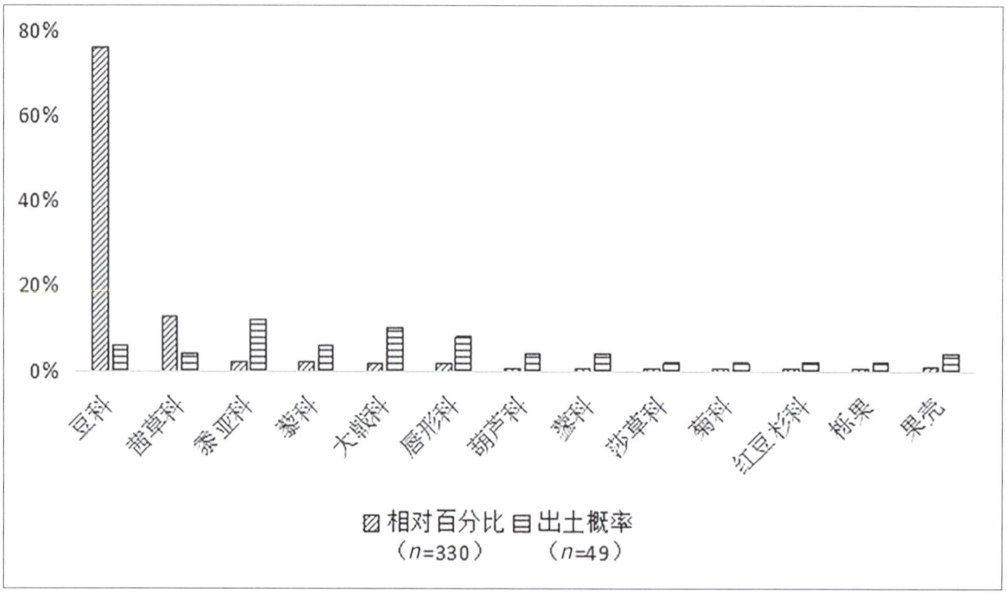

图10-8　金寨遗址非农作物百分比和出土概率

豆科

251粒，包括草木犀246粒、胡枝子5粒。占非农作物遗存的76.06%，出土概率为6.12%，密度为0.35粒/升。主要出土于H140②，共243粒，占豆科遗存总数的96.81%。草木犀保存较好，为椭圆肾形，表面光滑，平均长约1.28、宽约0.86毫米（图10-9，1）；胡枝子体积较小，斜结下有脐环，平均长约1.07、宽约0.84毫米。

茜草科

42粒，全部为拉拉藤属，占非农作物遗存的12.73%，出土概率为4.08%，密度为0.06粒/升。

41 粒出土于 H74①，拉拉藤属为椭圆形或近卵形，稍扁平，平均长约 1.11、宽约 1.00 毫米（图 10-9，2）。

黍亚科

7 粒，包括马唐 5 粒、稗属 1 粒、狗尾草 1 粒（图 10-9，4）。占非农作物遗存的 2.12%，出土概率为 12.24%，密度为 0.01 粒 / 升。马唐为近椭圆形，表面较为光滑，胚区位于一端，平均长约 2.11、宽约 0.73 毫米（图 10-9，3）。

藜科

7 粒，包括地肤 6 粒、藜 1 粒。占非农作物遗存的 2.12%，出土概率为 6.12%，密度为 0.01 粒 / 升。地肤保存较好，呈卵形，中部扁凹，平均长约 1.453、宽约 1.021 毫米（图 10-9，7）。

大戟科

6 粒，只有泽漆一种，占非农作物遗存的 1.82%，出土概率为 10.20%，密度为 0.01 粒 / 升。泽漆种子呈卵形，表面有网状凹陷，平均长约 2.03、宽约 1.49 毫米（图 10-9，8）。

唇形科

6粒，包括紫苏5粒，香薷1粒（图10-9，5）。占非农作物遗存的1.82%，出土概率为8.16%，密度为0.01粒/升。紫苏表面较为光滑，有六边形的褶皱凸起，平均长约1.68、宽约1.51毫米（图10-9，6）。

葫芦科

2 粒，只有赤爮一种，占非农作物遗存的 0.61%，出土概率为 4.08%，密度为 0.002 粒 / 升。种子呈倒卵形，表面有褶皱，平均长约 1.591、宽约 1.382 毫米。

蓼科

2 粒，包括尼泊尔蓼 1 粒、辣蓼 1 粒。占非农作物遗存的 0.61%，出土概率为 4.08%，密度为 0.002 粒 / 升。辣蓼保存完好，呈三棱状，表面较为光滑（图 10-9，9）。

图10-9　金寨遗址出土的非农作物种子

1. 草木犀　2. 拉拉藤属　3. 马唐　4. 狗尾草　5. 香薷　6. 紫苏　7. 地肤　8. 泽漆　9. 辣蓼　10. 红豆杉属

莎草科

1 粒，占非农作物遗存的 0.30%，出土概率为 2.04%，密度为 0.001 粒 / 升。

菊科

苍耳 1 粒，占非农作物遗存的 0.30%，出土概率为 2.04%，密度为 0.001 粒 / 升。

红豆杉科

红豆杉属 1 粒，占非农作物遗存的 0.30%，出土概率为 2.04%，密度为 0.001 粒 / 升（图 10-9，10）。

栎果

1 粒，占非农作物遗存的 0.30%，出土概率为 2.04%，密度为 0.001 粒 / 升。

果壳

3 粒，占非农作物遗存的 0.91%，出土概率为 4.08%，密度为 0.004 粒 / 升。

（二）植硅体鉴定结果

除了 H93，其余 32 个样品全部发现了植硅体。32 个样品中鉴定出 22 种植硅体类型，共统计 10816 粒个体。农作物植硅体发现的数量和出土概率都很少。大汶口文化晚期的样品里仅在 6 个样品中发现了来自水稻茎叶的扇型植硅体和来自水稻稃壳的双峰乳突型植硅体，1 个样品中发现了黍稃壳 η 型。龙山文化时期的 7 个样品中发现了水稻扇形型（出土概率 53.8%），不见其他农作物类型。其他可鉴定的植硅体类型主要有长方型、方型、平滑棒型、刺棒型、扇形、哑铃型、帽型、短鞍型、短尖型、中鞍型、齿型、导管型、芦苇扇型等，此外还有海绵骨针和硅藻等生物化石。

四　分析与讨论

（一）农作物结构和生计方式

此次所取土样的年代分别为大汶口文化中期、大汶口文化晚期和龙山文化时期，但大汶口文化中期只有一份来自探沟的样品，21L 土样中发现了粟 4 粒，黍 5 粒以及水稻 7 粒（2 粒完整，5 粒残块），由于样品较少暂不进行探讨。下面我们分别讨论大汶口文化晚期和龙山文化时期的农作物结构和生计方式。

1. 大汶口文化晚期

大汶口文化晚期发现的农作物有粟、黍、水稻和小麦，共计 2047 粒。粟共发现 1918 粒，占农作物总数的 93.70%，出土概率为 45.16%，说明粟是金寨聚落主要的农作物。水稻发现 138 粒，仅占农作物总数的 6.74%，出土概率为 35.48%，其地位仅次于粟。黍和小麦分别发现 14 粒和 2 粒，出土概率也很低（16.13% 和 6.45%），在金寨聚落农作物结构中所占比重很低。金寨遗址虽然没有发现水稻基盘，但发现了稻田常见杂草稗，来自稻茎叶的扇型和来自稻壳的双峰型植硅体也在多个遗迹中发现，说明金寨的水稻是本地种植的。水稻作为大粒作物，与粟黍小粒作物相比，相同数量的粟黍和水稻对先民的食物贡献率差异较大，经过千粒重[1]的换算过后，水稻的比例明显上升，虽然粟仍然是对金寨先民食物结构贡献最大的作物，但水稻应该也是金寨聚落中非常重要的农作物，金寨遗址的农业模式是一种旱稻混作的结构，稻作农业种植规模可能稍小于旱作农业。2016年的浮选样品中未发现炭化水稻，仅发现水稻的植硅体[2]，所以未能比较旱作农业和稻作农业在金寨遗址的重要性，2017年的浮选结果弥补了这一不足。

此外，金寨遗址也出土了较多的非农作物种子。藜全草可入药，嫩叶可食用[3]，它在美洲和中国台湾等地是一种有着较长栽培历史的栽培作物[4]，汉阳陵陪葬坑中藜属种子和粟黍小麦共出，可能是最早栽培藜属的证据[5]。紫苏是一种香料，可去除腥味，紫苏的叶、梗和籽粒均能食用，种子可榨油供食用[6]。紫苏和藜在史前到商周时期的遗址中普遍发现，我们推测可能是金寨先民有意采摘用作时令蔬菜的结果。遗址中还发现了栎果和破碎的果壳，金寨先民可能也采摘一些果类作为其食物资源的补充。动物骨骼鉴定结果显示，在金寨聚落出土的动物骨骼中猪骨占绝对主导地位，其次是少量的鹿[7]。我们推测金寨聚落的生业经济模式是粟黍、水稻种植和家猪饲养相结合，偶尔会采集一些野菜和果类以及部分野生肉食资源作为食物资源的补充。

此次浮选发现的2粒小麦分别出土于大汶口文化晚期（3000 BC～2600 BC）的H74②和H81④中，当前有明确测年数据的年代最早的小麦发现于龙山文化时期山东胶州赵家庄遗址，测年数据为2500 BC～2270 BC[8]，本次发现的两粒小麦年代较早，需要对样品进行测年再进一步讨论。

2. 龙山文化时期

龙山文化时期的炭化种子仅有14粒农作物，但出土概率达到了50%。粟发现12粒，水稻2粒，出土概率分别为44.44%和11.11%。虽然这一时期的种子数量很少，但仅从占比和出土概率来看，粟的地位仍然高于水稻，经过千粒重的换算后，水稻的地位超过了粟。从植硅体的数据来看，龙山文化时期仅发现了来自水稻茎叶的扇形植硅体，出土概率达到了53.8%，所以我们认为龙山文化时期水稻的比例上升，甚至可能超过了粟黍。淮河中游的芦城孜[9]和尉迟寺遗址[10]到龙山文化时期水稻也超过了粟黍，这可能是淮河流域稻作农业发展的结果。

---

[1] 粟千粒重的平均值为3.1克，水稻的平均值为26，数据来源于中华人民共和国国家标准粮食、油料检验千粒重测定法，网站：http://news.foodqs.cn。

[2] 杨凡、张小雷、靳桂云：《安徽萧县金寨遗址（2016年）植物遗存分析》，《农业考古》2018年第4期。

[3] 贺学礼主编：《植物学》，高等教育出版社，2004年，第337页。

[4] Smith B.D. Chenopodium as a prehistoric domesticate in Eastern North America: Evidence from Russel Cave, Alabama. *Science*, 1984,226: 165-167.

[5] 杨晓燕、刘长江、张健平：《汉阳陵外藏坑农作物遗存分析及西汉早期农业》，《科学通报》2009年第54卷第13期，第1917～1921页。

[6] 李扬汉主编：《中国杂草志》，中国农业出版社，1998年，第571页。

[7] 宋艳波、乙海琳、张小雷：《安徽萧县金寨遗址（2016、2017）动物遗存分析》，《东南文化》2020年第3期。

[8] 靳桂云、王海玉、燕生东等：《山东胶州赵家庄遗址龙山文化炭化植物遗存研究》，《科技考古（第三辑）》，科学出版社，2011年，第36～53页。

[9] 王育茜、陈松涛、贾庆元等：《安徽宿州芦城孜遗址2013年度浮选结果分析报告》，《海岱考古（第九辑）》，科学出版社，2016年，第365～380页。

[10] 赵志军：《安徽蒙城尉迟寺遗址浮选结果分析报告》，《植物考古学：理论、方法和实践》，科学出版社，2010年，第109～119页。

（二）植物遗存的空间分布反映的遗址功能分区

多元统计分析可以从不同角度整合数据，揭示变量之间是否存在联系或存在什么样的联系。笔者对六种出土数量较多的炭化植物遗存和出土位置进行对应分析（Correspondence Analysis）[1]，并以此讨论植物遗存的空间分布以及不同种类植物遗存之间的关系（图 10-10）。此外，根据每个遗迹单位所出农作物的密度（粒 /10L），我们将不同遗迹单位出土植物遗存的密度表示为深浅不一的红色生成了直观的密度气泡图，与对应分析生成的散点图结合起来讨论植物遗存的空间分布。为了更加全面的探讨遗址的功能分区等问题，我们把 2016 年的浮选数据也纳入统计。此外，植硅体可以区分来自作物的茎秆或者稃壳，这恰好是炭化植物遗存不易保存的部分，把植硅体数据和炭化植物遗存的空间分布相结合可以更准确地探讨植物在遗址中的分布模式以及它可能代表的人类活动。

为了探讨金寨遗址出土的植物种类之间是否具有相关性，我们首先对金寨遗址出土数量最多的六种炭化植物遗存进行主成分分析（图 10-10），分析结果显示粟黍与水稻的出土不具有相关性，水稻和粟黍可能由于不同的人类活动造成了分布的差异。马唐和草木犀都是常见的田间杂草，金寨遗址的马唐、草木犀和粟黍都具有较强的相关性。马唐是常见的旱地杂草，草木犀虽然可以作为牧草或者燃料使用，但在金寨遗址中并没有体现出较为特殊的利用方式，可能仅是一般的农田杂草，并和马唐一起伴随着粟黍收割被带入遗址。稗是常见的稻田杂草，但此次浮选仅发现了 1 粒，可能是和水稻一起被收割并带入遗址的。

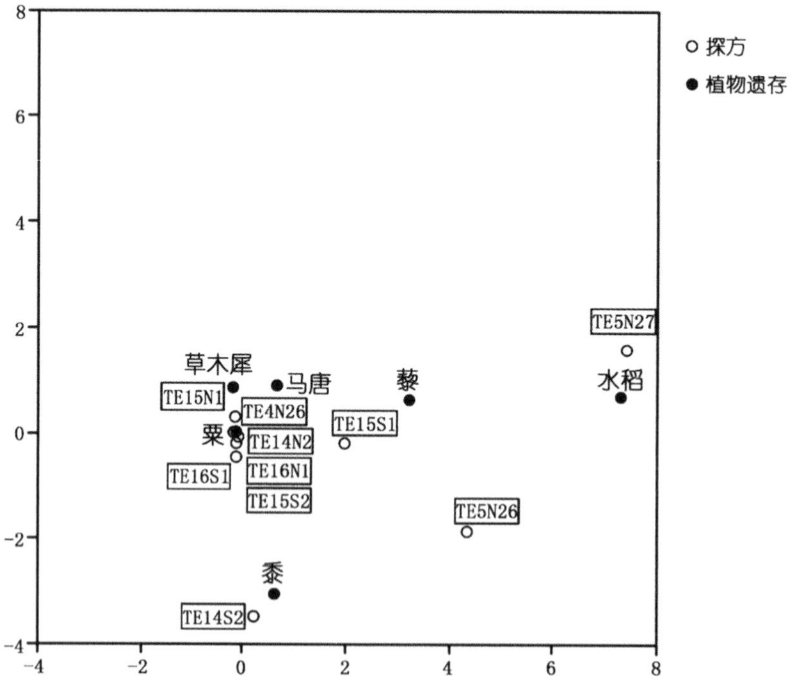

图10-10　金寨遗址主要植物遗存与探方的对应分析

（E4N26、E5N26 和 E5N27 位于北区，其余位于东区）

[1]　对应分析（Correspondence Analysis）也称关联分析，是一种视觉化的数据分析方法，它可以揭示同一变量各个类别之间的差异，也可以体现不同变量各个类别之间的对应关系，在样本量较多的情况下有显著的实用性和有效性。本文使用SPSS软件进行数据分析。

为了进一步探讨粟黍和水稻的分布规律以及它可能指示的人类活动，我们对植物遗存的空间分布进行了分析后可知，东区所出的农作物密度较北区更大。水稻和北区的探方关系更为密切，集中出土于北区的探方，只有 8 粒出自东区，粟黍集中出土于东区。从植硅体的数据看，东区的 5 个样品中发现了来自水稻茎叶的扇形植硅体，其中的两个样品还发现了水稻稃壳植硅体，而北区仅在一个样品中发现了 1 粒水稻扇形植硅体。2016 年的样品分析结果显示东区没有发现炭化水稻，但较为普遍地发现了来自水稻茎叶和稃壳的植硅体，这和 2017 年的分析结果一致。干净的稻谷粒在北区集中出土，而水稻茎叶和稃壳却集中出土在东区，我们推测东区是水稻的加工区域（脱粒和脱壳），而北区是水稻的消费区域。东区和北区都有粟黍出土，但东区出土粟黍的密度更大，因此东区应该消费了更多的粟黍。

水稻在东区进行脱粒脱壳却集中在北区进行消费，粟黍在东区脱壳且多在东区进行消费，少量在北区消费，造成这种差异的原因有两种可能，第一，东区居民和北区居民有不同的食物偏好。金寨遗址处于南北文化交流通道上，大汶口文化晚期墓葬中也出土了良渚文化典型器物双鼻壶，以及屈家岭文化典型器物瓦形足盆形鼎、盂形杯，因此我们推测北区居民对水稻的偏好可能受南方食稻人群的影响，这种影响是人口迁移还是文化因素扩散导致的，还需要碳氮和锶同位素的证据。第二，大汶口文化晚期出现了等级分化，此时已形成大中小三级聚落的分层结构，社会内部也随着贫富分化的加剧和分层的发展，出现了统治和被统治阶级[1]。北区的居民可能是金寨聚落的特权阶层，谷物在东区脱粒脱壳后供他们食用；水稻作为金寨聚落较为稀有的农作物，集中在北区出土，可能代表了不同等级居民之间的食物差异，水稻可能更多地供高等级人群食用，这也需要进一步整理发掘材料进行探讨。

（三）淮河中游地区龙山时代的农业

裴李岗时代（7000 BC～5000 BC）淮河中游的农业模式是单一的稻作农业[2]；到了龙山时代，金寨、尉迟寺[3]、杨堡[4]、芦城孜[5]、禹会村[6]和平粮台遗址[7]的农业模式均为旱稻混作模式，仰韶时代（5000 BC～3000 BC）应该是淮河中游地区农业模式转变的关键期。我们此次虽然仅有一份仰韶时代（大汶口中期）的样品，但在该样品中发现了 4 粒粟和 5 粒黍，大汶口文化中期粟黍出现在金寨遗址中，说明粟黍至少在仰韶时代晚期就出现在了淮河中游地区，为我们进一步探讨淮河中游地区稻作到旱稻混作农业模式的转变提供了新的证据。

从大汶口文化晚期到龙山文化时期，也就是龙山时代（3000BC～2000BC），金寨遗址的农业结构一直是旱稻混作，且以旱作农业为主。我们把淮河中游发表的同时期的植物遗存数据进行

[1] 栾丰实：《大汶口文化的社会发展进程研究》，《古代文明（第2卷）》，文物出版社，2003年。

[2] 杨玉璋、程至杰、李为亚等：《淮河上、中游地区史前稻——旱混作农业模式的形成、发展与区域差异》，《中国科学：地球科学》2016年第8期。

[3] 赵志军：《安徽蒙城尉迟寺遗址浮选结果分析报告》，《植物考古学：理论、方法和实践》，科学出版社，2010年，第109～119页。

[4] 杨凡、张小雷、靳桂云：《安徽萧县金寨遗址（2016年）植物遗存分析》，《农业考古》2018年第4期。

[5] 靳桂云、王海玉、燕生东等：《山东胶州赵家庄遗址龙山文化炭化植物遗存研究》，《科技考古（第三辑）》，科学出版社，2011年，第36～53页。

[6] 尹达：《禹会村遗址浮选结果分析报告》，《蚌埠禹会村》，科学出版社，2013年。

[7] 赵珍珍：《淮河中游龙山时代农业研究》，山东大学2018年硕士学位论文。

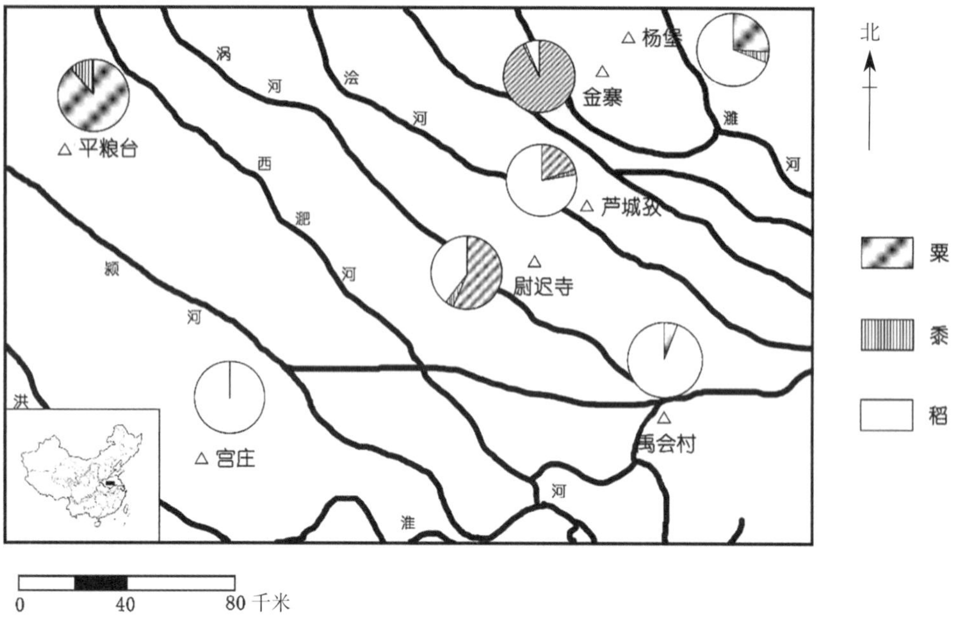

图10-11　淮河中游地区不同遗址农作物占比对比图

统计[1]，用饼图来对比各遗址粟、黍、稻三者的比例[2]。从图 10-11 可以看出，靠东、靠南的遗址（宫庄遗址、禹会村遗址、芦城孜遗址和杨堡遗址）稻作农业占比高，靠西、靠北的遗址（平粮台遗址、金寨遗址和尉迟寺遗址）旱作农业占比高。现代淮河流域水稻种植的主要限制因子是降水[3]，靠东、南的遗址降水较多，更加适合水稻的种植。但目前淮河流域尚缺乏高分辨率的古气候环境记录，所以不同区域农业结构的差异与气候环境的关系有待进一步研究[4]。另一方面应考虑到稻作农业由南向北扩散的历程与周期，稻作农业传入海岱地区有两条路线[5]，东线沿海，西线经由淮河中游向海岱地区中心区域传播，但都是自南向北传播过来的。由于西线是一条次要路线，所以稻作传播的速率没有东线那么快，因此西线北部的遗址对于稻作的接受度没有南部高。

五　结语

2017 年度的浮选结果显示，金寨聚落大汶口文化晚期的农业模式都是以种植粟为主水稻为辅的旱稻混作模式，龙山文化时期稻作的比例略有提升。旱稻混作是淮河流域在龙山时代最显著的特征，但偏南、偏东的遗址（杨堡、芦城孜、宫庄和禹会村遗址）比偏北、偏西的遗址（金寨和平粮台遗址）的稻作比例高，这可能是受气候或稻作农业传播速率的影响。

[1]　程至杰：《淮河上中游地区新石器时代植食性资源利用研究》，中国科学技术大学2016年博士学位论文。罗武宏、顾纯光、杨玉璋：《安徽临泉宫庄遗址大汶口文化早期与龙山文化时期稻作农业发展的植硅体证据》，《微体古生物学报》2018年第4期。程至杰、杨玉璋、张东：《安徽临泉宫庄遗址炭化植物遗存分析》，《农业考古》2019年第3期。

[2]　数据出处同上，因不清楚原文中所指的大汶口文化具体属于哪一期，芦城孜遗址只取龙山文化的数据；其余遗址有大汶口文化晚期的与龙山文化合并计算，没有的只单独取龙山文化数据。

[3]　俞芬、千怀遂、段海来：《淮河流域水稻的气候适宜度及其变化趋势分析》，《地理科学》2008年第4期。

[4]　栾丰实：《大汶口文化的社会发展进程研究》，《古代文明（第2卷）》，文物出版社，2003年。

[5]　栾丰实：《海岱地区史前时期稻作农业的产生、发展和扩散》，《文史哲》2005年第6期。

对应分析和主成分分析的结果显示，粟黍和水稻的加工可能都在东区，但水稻集中在北区消费，粟黍多在东区。这一现象说明金寨遗址东区与北区的居民可能有不同的食物偏好，北区居民可能受到更多南方食稻人群的影响；或者东区的居民有更高的社会地位，较为稀有的水稻脱粒脱壳后供他们食用。造成这种差异的原因还需要进一步整理发掘资料来进行探讨。

此次浮选出的龙山文化时期的种子较少，这可能与发掘区的位置有关——在龙山文化时期，整个聚落的范围向东北推移，而发掘区恰好位于这一时期聚落的边缘地带，人类活动较少，遗留的植物遗存自然也较少，所以也从植物考古的角度印证了龙山文化时期金寨先民活动范围的变化。

第一一章 金寨遗址出土陶器产地分析

陆青玉 王芬 张小雷 武昊 蒋成成 栾丰实 文德安*

一 前言

基于苏鲁豫皖交汇区的独特地理位置，金寨遗址的文化内涵极为丰富且呈现多元化，其中以鲁南苏北地区的大汶口—龙山文化遗存为主，兼容豫中地区大河村文化、江汉地区屈家岭和石家河文化、环太湖地区良渚文化因素[1]（图11-1），对于探讨距今5000年前后中国中东部地区史前文化的交流问题具有重要意义。

对于该遗址的多学科研究主要从生业经济角度展开。宋艳波、杨凡等从动物、植物类遗存入

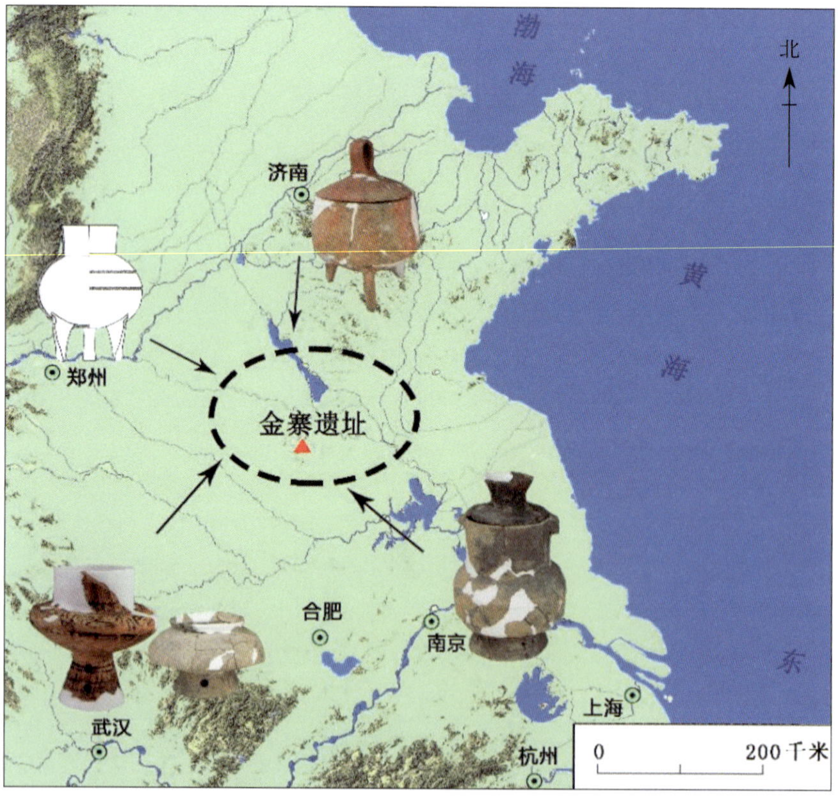

图11-1 金寨遗址位置及跨文化风格陶器来源示意图

* 陆青玉、王芬、武昊、栾丰实：山东大学考古学院。张小雷：安徽省文物考古研究所。蒋成成：复旦大学文物与博物馆学系博士研究生。文德安：美国耶鲁大学。 本文原刊于《考古》2024年第1期。本章略有修改。

[1] 张小雷：《安徽萧县金寨遗址发现大汶口至龙山文化遗迹》，《中国文物报》2018年12月14日。

手，对金寨遗址先民的生业经济状况进行了初步分析[1]。但对于金寨遗址出土量大、文化风格多样的陶制品，至今尚未展开系统的研究。

本文选取金寨遗址2016～2017年的发掘材料，采用综合性产地分析方法[2]，主要对该遗址典型陶器的工艺和产地问题展开探讨，以期从陶器的视角分析金寨遗址从大汶口文化到龙山文化时期陶器生产的技术流变，探讨该遗址中不同文化风格陶器的来源及其背后所反映的社会现实，从而为区域文化交流及文明化进程研究提供来自文化交汇地带的案例。

二　材料与方法

（一）材料

本研究选取金寨遗址居住区和墓葬出土的陶片标本58个（表11-1），器形上涵盖不同区域文化风格的典型器形，如本地化风格的筒形器，海岱文化风格的大口尊、鼎、豆、壶，良渚文化风格的双鼻壶，屈家岭文化风格的圈足杯和彩陶壶形豆等。考虑到大汶口中期遗存多为墓葬，陶器多为完整器且数量相对较少，可选标本数量有限，居住区与墓葬区同期陶器质地和风格较为一致，因此本次分析标本多数来自于居住区，年代上涉及大汶口文化中期、晚期和龙山文化三个阶段。

除了出土陶器标本，我们还在遗址周边不同区域的生土层选取8个自然黏土标本，且经过800摄氏度的烧制成陶土块，作为判定本地制陶原料的对比参考标本[3]，为分析陶器产地问题提供依据。

（二）分析方法

本研究遵循“综合性陶器产地分析[4]”的方法步骤。在类型学分析和前期试分析的基础上，确定采用波长色散型X射线荧光光谱（WD-XRF）、岩相学和X射线粉末衍射（XRD）三种技术手段来对标本进行检测和数据分析。

1. 化学成分分析

化学成分检测在山东理工大学分析测试中心进行。首先将样品清洗、烘干、研磨成粉并压片，使待测样品尽可能均质化。检测采用日本理学ZSX100e型波长色散型X射线荧光光谱仪。仪器采用4千瓦超薄端窗型（30微米）铑靶X射线管，初始电压50千伏，初始电流150毫安，视野光斑30毫米，测试时间120秒。本次采用国家土壤标准物资GSS-4作为标样，分析了Na、Mg、Al、Si、K、Ca、Ti、Fe、Mn等元素的氧化物质量百分比含量，剔除了P、S等受埋藏环境影响而易波动的元素，以及一些包含缺失值的元素，标本的检测结果见附表。

---

[1]　宋艳波、乙海琳、张小雷：《安徽萧县金寨遗址（2016-2017）动物遗存分析》，《东南文化》2020年第3期。杨凡、段琦梦、张小雷等：《安徽萧县金寨遗址（2016-2017）植物遗存分析》，《东南文化》2020年第3期。

[2]　陆青玉、王芬、栾丰实：《综合性陶器产地分析：方法和实践》，《东南文化》2019年第5期。

[3]　Isabelle Druc, Anne Underhill, Fen Wang, et al. A preliminary assessment of the organization of ceramic production at Liangchengzhen, Rizhao, Shandong: Perspectives from petrography. *Journal of Archaeological Science: Reports*, 2018(18):222-238.

[4]　陆青玉、王芬、栾丰实：《综合性陶器产地分析：方法和实践》，《东南文化》2019年第5期。

2. 物相分析

物相尤其是岩相分析能更直观地提供陶器原料类型、包含物特征及生产工艺等方面的信息。本次物相分析采用岩相和 X 射线粉末衍射相结合的技术。在对化学成分分析数据进行多元分析的基础上，从不同的元素组中挑选标本进行岩相分析。岩相分析在山东大学陶器考古实验室进行，采用尼康 50iPOL 型偏光显微镜进行半定量分析。对于岩相学鉴别较为困难的泥质陶，以及特征独特的陶器和颜料，在研磨成均质化的粉末后采用 X 射线衍射分析技术进行进一步检测和识别。X 射线衍射检测是在山东大学化学院分析测试中心进行，采用荷兰马尔文帕纳科（PANalytical）公司的 X'Pert3Powder 型粉末 X 射线衍射仪，仪器采用 Cu 靶陶瓷光管，最高电压 40 千伏，最大电流 40 毫安，扫描角度 5° ～50° 。

三　分析结果

（一）化学成分分析

通过对金寨遗址出土的泥质陶标本化学成分进行主成分分析，25 个泥质陶标本可以大致归为四组（图 11-2）。a 组以白陶圈足杯为主，成分中 Al_2O_3、TiO_2 占主导。b 组均为泥质彩陶壶形豆这种特殊器形，成分中 SiO_2 占主导。c 组的陶器类型较多，主要为双鼻壶、彩陶罐、豆等，成分特征以高 K_2O、Na_2O，低 Al_2O_3 为主。d 组的陶器类型也不单一，以灰陶圈足杯和高领壶为主，成分中 CaO、MnO 和 Fe_2O_3 占主导。

上述成分分布特征表明，金寨遗址大汶口文化时期泥质陶的原料具有多样性，但是白色系陶器的原料与器形有一定的对应关系，如特殊的白陶器（包括白陶圈足杯、彩陶壶形豆）各自独立成组（a、b 组），有与普通红色、黑色系陶器不同的原料类型。

普通黏土生产的泥质陶其原料与器形虽然有一定的对应关系，但并不十分严格，说明不同器形的陶器可能采用了相同的黏土原料。在 c、d 组中，彩陶罐、灰陶圈足杯和双鼻壶等具有大河村文化、屈家岭文化和良渚文化风格的陶器[1]，与具有本地风格的泥质陶标本共存，表明文化风格迥异的陶器类型采用了相同的制陶原料。

根据对金寨遗址大汶口文化的夹砂陶标本的化学成分进行主成分分析（图 11-3），除了部分以蚌壳为羼和料的鸭嘴形足鼎标本，其余类型均分散分布在散点图的有限区域内。这说明受人们生产、生活区域的限制，在大汶口文化中晚期，不同时期、不同器形的金寨遗址夹砂陶陶器可能延续着相对固定的多样化制陶原料生产传统。

在以上分析的基础上，加入龙山文化时期的夹砂陶及遗址周边采集的自然黏土标本的数据，同样对主次量元素进行主成分分析，结合标本的属性特征，从散点图（图 11-4）可获得如下几点认识。

首先，从金寨遗址不同时期标本的化学元素构成总体分布来看，不同阶段的制陶原料具有多元化特征。根据散点图并结合各元素的荷载图，这批标本可分为 A～E 组。其中 A 组皆为夹砂陶，且成分以 Ca 质元素占主导。B、C 组中除了夹砂陶标本 JZ-6 的成分归入泥质陶标本组，两类胎

[1] 安徽省文物考古研究所、萧县博物馆：《安徽萧县金寨新石器时代遗址西区2016年发掘简报》，《东南文化》2020年第3期。

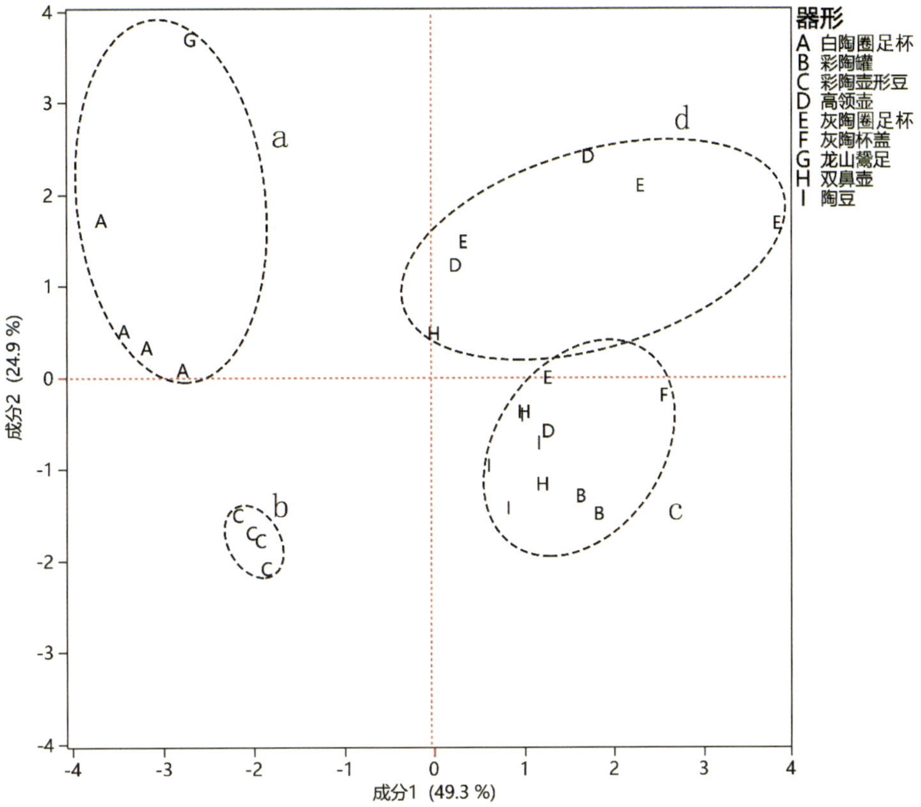

图11-2　金寨遗址泥质陶化学成分含量主成分分析散点图

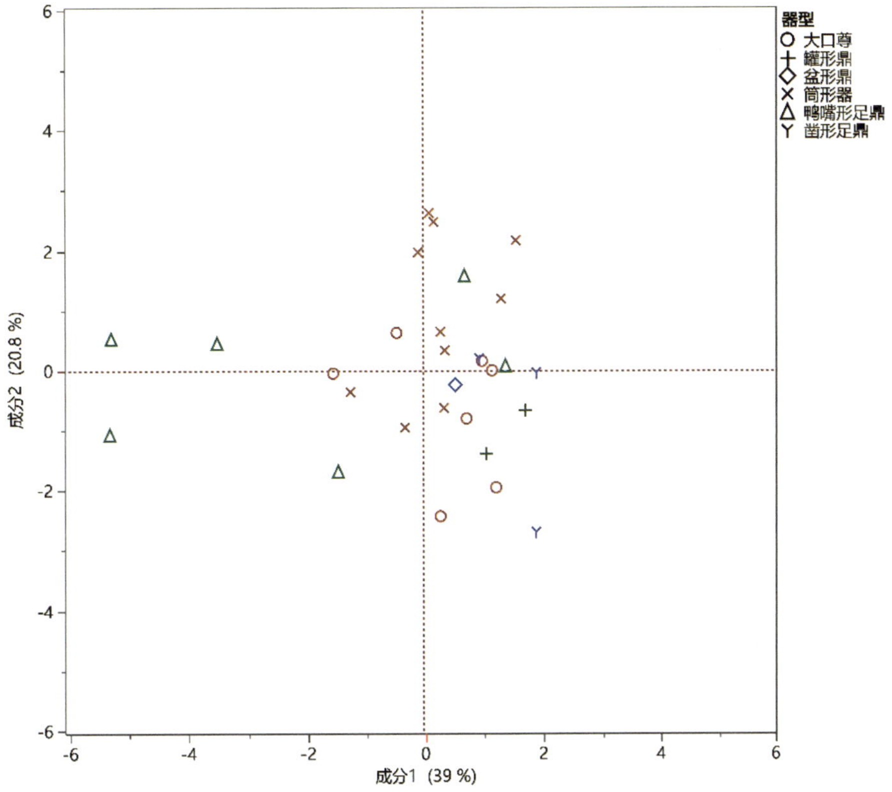

图11-3　金寨遗址夹砂陶化学成分含量主成分分析散点图

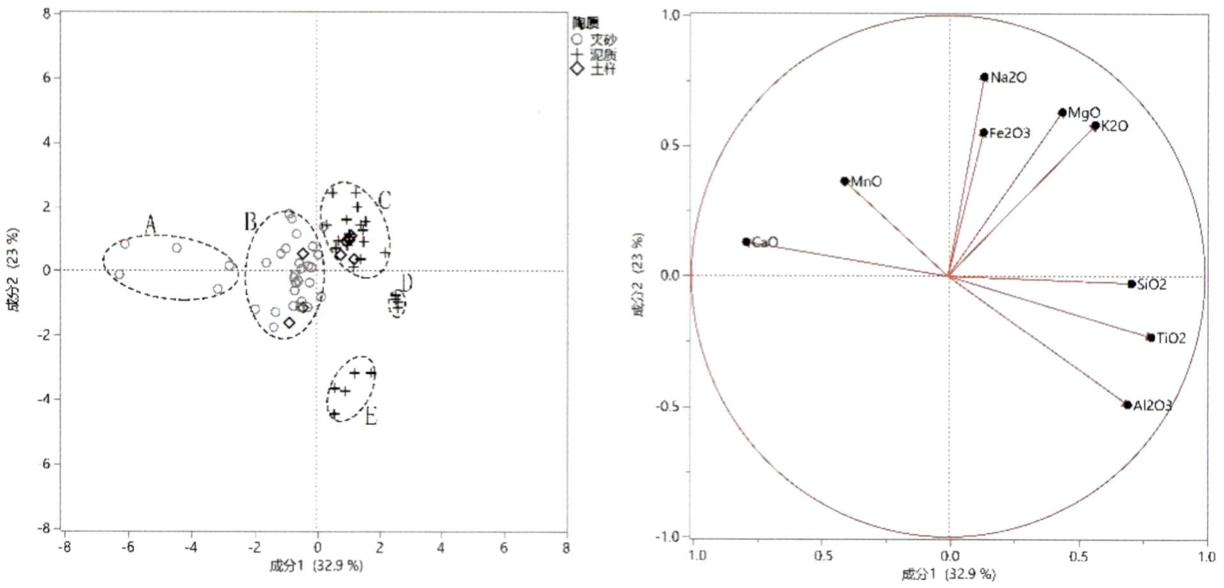

图11-4　金寨遗址不同时期陶器化学成分分析散点图

质陶器的分布呈现出明确的界线。其中泥质陶标本以高 Fe_2O_3、MgO 含量为主，夹砂陶标本则表现出高 MnO、CaO，低 SiO_2、TiO_2 的特征。D 组均为屈家岭文化风格的彩陶壶形豆，E 组为泥质白陶圈足杯，两组的总体元素特征均表现出高 Al_2O_3、低 CaO 的特征。总之，以上标本说明金寨遗址大汶口文化中、晚期到龙山文化中期陶器原料的多样性。

其次，从陶器成分的历时性变化来看，金寨遗址普通日用陶器的原料随器形的增加而呈现多元化特征。在大汶口文化中期，金寨遗址有限的夹砂陶和泥质陶标本均分布于以 B、C 组为代表的两类陶器中，说明原料类型相对集中。到了大汶口文化晚期，在继承大汶口文化中期 B、C 组原料类型的基础上，新出现了 A、D、E 组。这一时期新出现的陶器器形多具有外来考古学文化特征，而原料变化的原因是外来陶器输入，还是本地制陶技术变革，尚需岩相学分析。

从陶器产地方面来看，金寨遗址不同类型的陶器表现出至少两个来源地的特征。在图 11-5 中，8 个黏土标本的数据散布于 B、C 两组以普通黏土制成的夹砂陶和泥质陶标本群中，表明这些陶器应当是用遗址周边的黏土生产。具体来说，B、C 组涉及的大汶口文化中期、晚期的大口尊、筒形器、鼎及各类红色、灰色系泥质陶均为本地生产，且从 B 组部分龙山文化中期风格陶器的特征来看，对本地原料的使用自大汶口文化中期延续到龙山文化中期。而泥质陶中，具有外来文化风格的彩陶罐、双鼻壶，灰陶圈足杯与遗址当地自然黏土标本数据一致，则说明这些具有大河村文化、良渚文化和屈家岭文化风格的陶器是用金寨遗址当地原料仿制的。而屈家岭文化风格的 D 组彩陶壶形豆和 E 组白陶圈足杯、海岱龙山文化风格的白陶鬶，与遗址周边黏土及瓷土标本数据不同，当属外来产品。至于 A 组标本，下文的岩相分析可知其为单纯的夹蚌陶，结合遗址周边众多适宜贝类生存的水环境，推测此类陶器可能是本地生产。

（二）物相分析

1. 总体岩相分组

通过对全部夹砂陶标本的岩相学观察，可根据主要包含物的类型将金寨遗址大汶口—龙山文化时期的陶器标本分为 6 组（图 11-5）。

第 1 组陶器胎体以掺杂长英质矿物（石英、长石等各类酸性矿物）颗粒及砂岩岩屑为主（图 11-5，a～c），其中 JZ-7 以长英矿物构成的粗砂岩岩屑为主；JZ-15 中除了与 JZ-7 中相同的颗粒外，还可见零星的石英岩颗粒；JZ-25 中有少量石英及大量蚀变的长石颗粒。总之，本组陶器包含物的颗粒类型较为繁杂，粒度悬殊，分选状况较差，结合包含物棱角相对圆润的特征推测，本组陶器的包含物应当来自于河流沉积物。

第 2 组陶器胎体以掺杂较多的碎陶渣为主（图 11-5，4），粉砂质黏土颗粒中散布着直径 0.1～0.8 毫米的泥质陶陶渣颗粒，这些陶渣类型相对单一，颗粒棱角尖锐，分布均匀且密度较高，明显是人为添加的陶器羼和料。

第 3 组陶器胎体的包含物以单纯的蚌壳碎屑为主（图 11-5，5），陶器胎体中密集分布着直径在 1.2 毫米以下、粒度悬殊的条带状蚌壳碎屑，密度、棱角等特征表明该组陶器的包含物同样是人为添加的陶器羼和料。

第 4 组陶器数量有限，仅有 3 个海岱龙山文化风格的陶鼎。胎体中除了长英质矿物颗粒，还存在不少植物根茎炭化后留下的孔洞（图 11-5，6）。结合其密度及同时期其他遗址的出土情况，我们推测这些植物根茎同样是人们有意添加的陶器羼和料。

第 5 组陶器仅有 1 个标本，即海岱龙山文化风格的白陶鬶。胎体中除了不透明的金属氧化物结核，多数为完全蚀变泥化的长石以及零星的辉石颗粒（图 11-5，7）。

第 6 组陶器全是泥质陶标本，由于包含物粒度较小，岩相学分析无法识别颗粒类型，但根据粉砂质颗粒的含量，大致可以细分为粗泥质陶（图 11-5，8）和细泥质陶（图 11-5，9），代表着泥质陶原料选择和加工工艺的差别。

可见，金寨遗址大汶口文化中晚期到龙山文化时期各类陶器的包含物特征存在明显的类型差别，尤其是以陶渣、蚌壳和植物根茎为主要包含物的类型明显是当时陶工特意添加的结果。结合陶器器形和时代还可发现原料类型的历时性特征。

2. 陶器器形的岩相特征分布

结合陶器的主要器形和年代观察岩相特征发现，大汶口文化晚期的筒形器标本均属于第 1 岩相组，表明其原料来源相对稳定，也说明这类特殊器物的生产可能存在一定程度的专业化。大汶口文化晚期的大口尊标本胎体岩相特征同样以第 1 组为主，仅有 JZ-17 胎体掺杂蚌壳碎屑。大汶口文化中期和晚期的凿形足鼎均属于以陶渣为羼和料的第 2 组，大汶口文化中期和晚期的鸭嘴形足鼎均属于以蚌屑为羼和料的第 3 组，龙山文化时期的两类鼎则均属于添加植物根茎为羼和料的 4 组，唯一的海岱龙山文化风格白陶鬶标本自成第 5 组，大汶口文化时期各类陶杯、豆、罐等根据岩相学的胎体粒度和分布特征均归入第 6 组。这说明至少从夹砂陶来说，金寨遗址自大汶口文

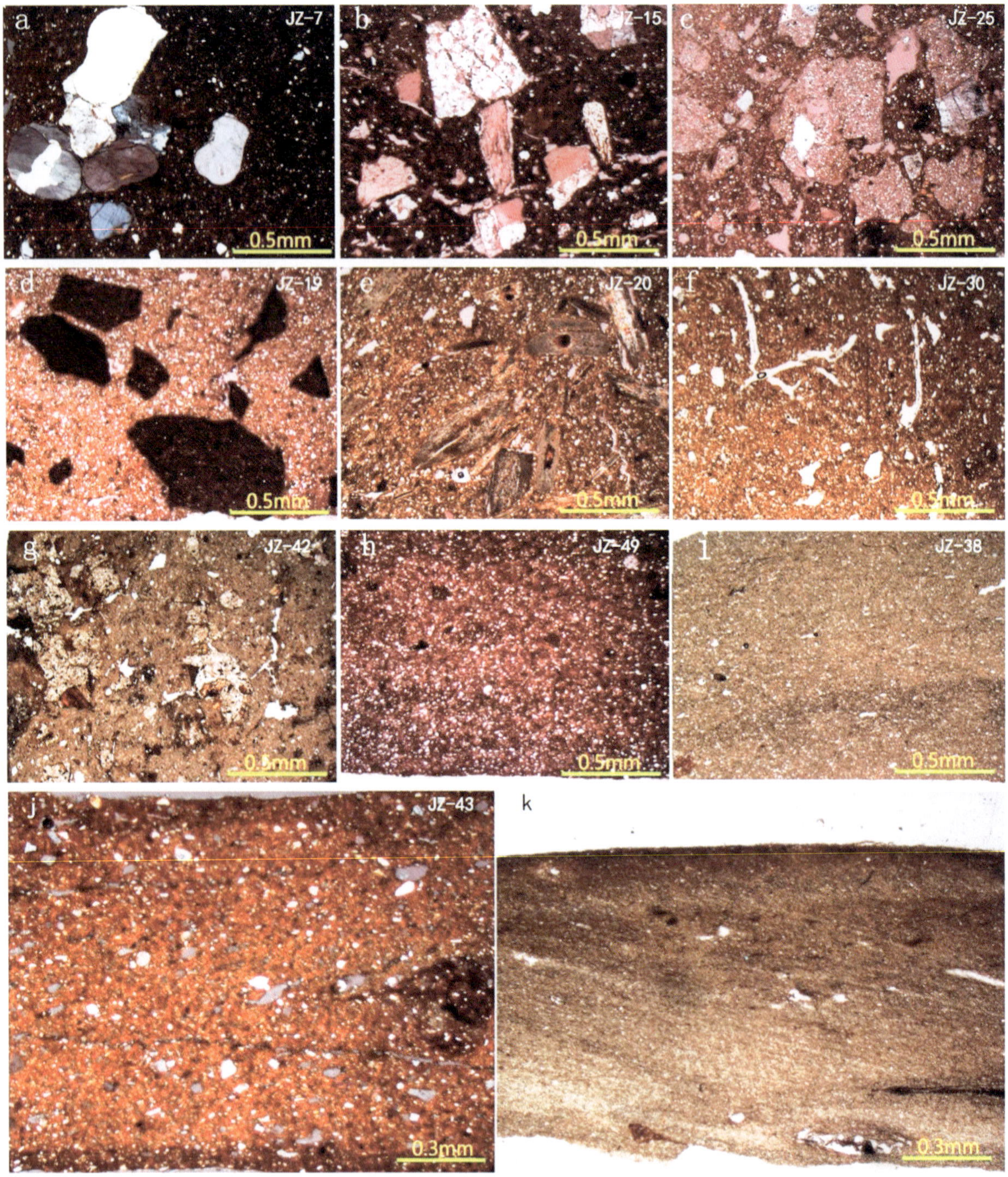

图11-5　金寨遗址典型陶器岩相照片

化中期到龙山文化时期，不同器形使用特定的原料制备技术，同时，这种原料传统在大汶口文化中期延续到了晚期。到了龙山文化时期，这种陶器胎体包含物的生产传统出现变化，但分析结果也可能受了标本数量的限制。

此外，良渚文化风格的双鼻壶虽然因岩相构成和化学成分分析结果被归为本地生产的陶器组，但标本间的具体岩相特征仍存在一定差别。如JZ-43、44的胎体包含物明显有粒度和密度的差别，这说明金寨遗址先民在仿制双鼻壶这类良渚文化风格的陶器时对原料特征的把握并不严

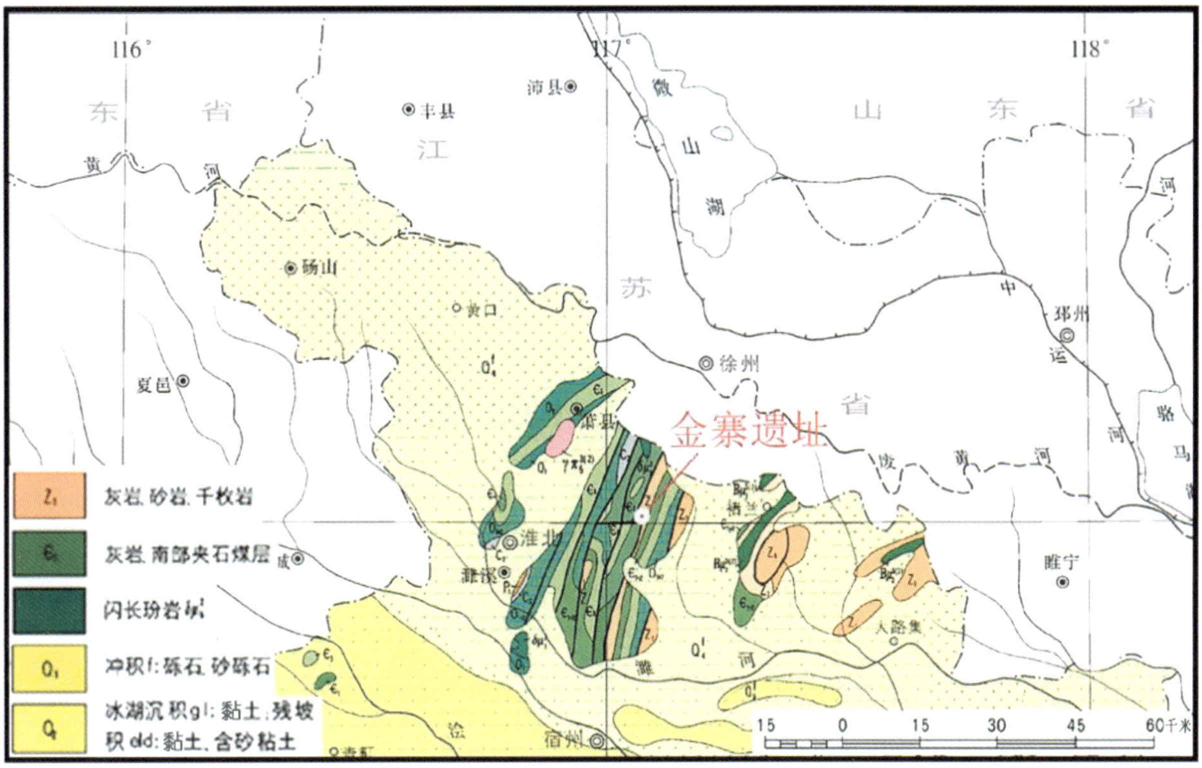

图11-6　金寨遗址周边地质环境分布示意图

格，因此这类仿制品的生产可能更多追求的是形似，而非原料和外形特征完全一致。

3. 岩相视角的陶器产地

上文显示，普通黏土制作的日用陶器与金寨遗址周边自然黏土标本化学成分分析结果较一致，说明成分构成及来源相似，岩相分组则识别出了不同陶器胎体的包含物属性。金寨遗址周边分布着丰富的砂岩、灰岩、闪长玢岩及各类型的第四纪堆积（图 11-6）。其中，砂岩及第四纪堆积可为生产第 1 组器物提供各类砂质羼和料。因此，遗址具备生产各类普通陶器所需的原料。

此外，遗址周边还分布着灰岩及煤矸石（煤炭中间的石质夹层），这类原料通常是高岭石的重要来源，因此单从地质环境来看，遗址周边有为白陶生产提供原料的条件。我们对遗址附近有数百年瓷器生产传统的白土镇瓷窑所用的瓷土进行 X 射线衍射分析（图 11-7，c），发现瓷土中明显有高岭土成分，而以 JZ-37 为代表的金寨遗址彩陶壶形豆，胎体则不见任何高岭土成分（图 11-7，a），因此结合上述其化学成分的特殊性，我们推测金寨遗址出土的这类白陶制品应是外来产品。

4. 彩绘工艺

金寨遗址出土的器物中，泥质红陶罐（盆）及彩陶壶形豆上发现黑彩。从两类器物的岩相切片（图 11-8）可见，只有彩陶壶形豆有器表施陶衣的工艺，可知同遗址同时期的彩陶也有工艺差异，这种工艺的差别也与上述化学成分分析中两类彩陶属于不同的成分组的现象对应。

通过 X 射线衍射分析（图 11-7，b）可知，彩陶壶形豆颜料的呈色矿物为赤铁矿，彩陶罐颜

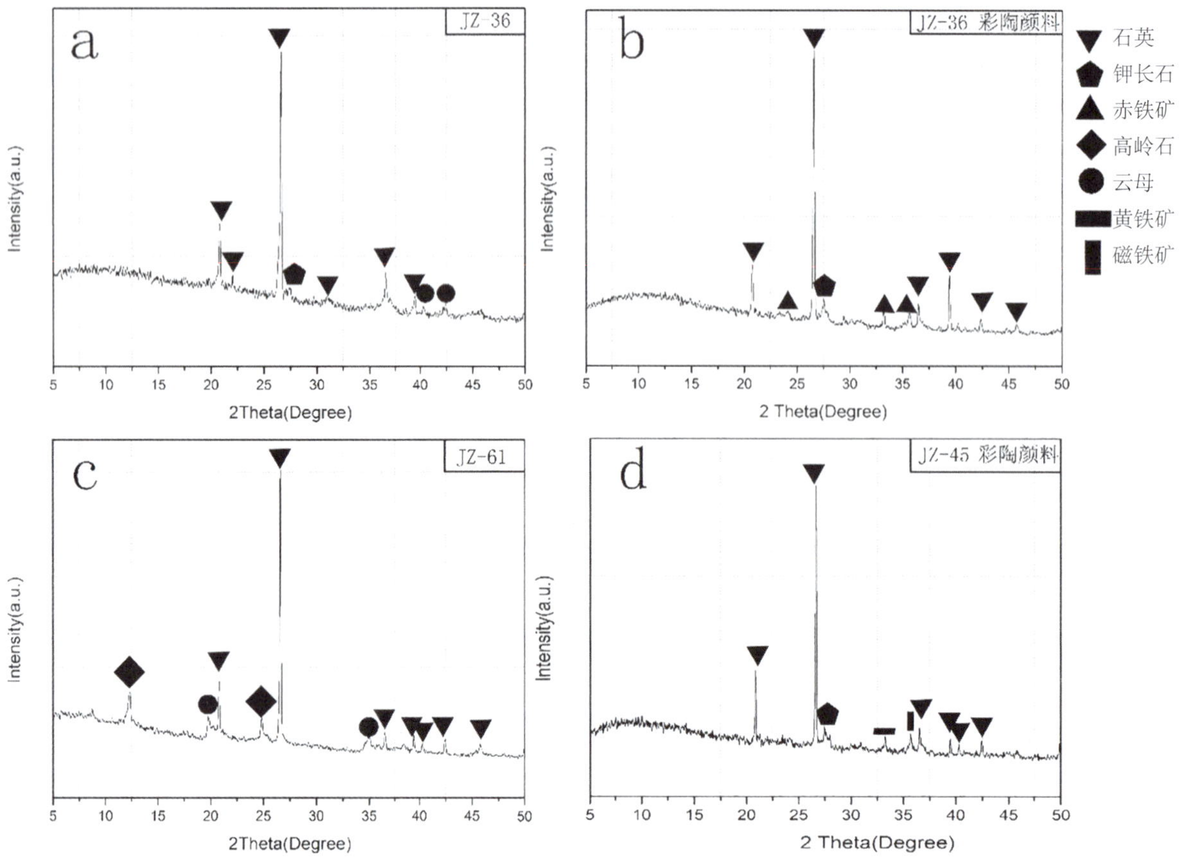

图11-7　金寨遗址典型陶器标本XRD图谱

图11-8　金寨遗址彩陶及其岩相照片

料的呈色矿物则为磁铁矿和黄铁矿（图 11-7，d），两类呈色矿物元素的差别同样与其不同的原料来源及工艺对应。

四　相关讨论

金寨遗址所在的皖北地区，地处苏、鲁、豫、皖四省的相邻区域，在大的地理环境上属于黄淮海平原的一部分，为南北两大自然区域的交界地带，自古就是黄河流域与长江流域、东部沿海与西部内陆地区文化交流和碰撞的核心地带[1]，尤其是皖北地区，自古就不是一直作为一个独立而稳定的文化而存在的[2]。金寨等邻近区域同时期诸遗址的发掘，则再一次证明了其所在的区域在文明演进关键时期所呈现出的多元文化汇聚的典型特征[3]。基于此，有学者综合采用多种分析技术，对该区域的陶器这种涵盖多元文化因素的手工业品的产地问题进行了探讨[4]。本研究则是首次对其从单个遗址历时性的视角展开的工艺和产地分析。

（一）金寨遗址的陶器生产

金寨遗址出土的具有海岱地区大汶口—龙山文化风格的陶器，如夹砂陶的大口尊、鸭嘴形足鼎、凿形足鼎，以及泥质陶的豆、壶等，在化学成分上均能与遗址周边的自然黏土成分对应，且两类陶器从大汶口文化中期到龙山文化中期在成分上均能汇聚一起。此外，结合遗址周边的地质环境，岩相学分析也为金寨遗址的夹砂陶找到了胎体中包含物的来源。两类分析共同验证了金寨遗址大汶口—龙山文化风格的陶器为本地生产的结论。

此外，金寨遗址大汶口文化—龙山文化风格的陶器生产，存在着一定程度的生产专业化迹象。从广义来讲，手工业生产专业化是一个发展过程，它存在于人类社会的始终，只是在不同社会发展阶段表现出的专业化程度有别。手工业生产专业化的程度和形式被认为是衡量社会复杂化程度的重要指标之一[5]。对此，不同学者也对专业化生产的程度和类型进行过多种划分[6]。在对考古学材料的具体分析中，人们通常根据生产系统的构成要素——生产者、原料、生产技术、生产组织、产品、分配关系和消费者等要素来进行考察[7]。对于金寨遗址不同时期的大汶口—龙山文化风格陶器，相同的黏土原料产地使其呈现出相对固定的化学元素构成模式，而在此基础上，岩

[1]　吴加安：《安徽北部的新石器文化遗存》，《考古》1996年第9期。

[2]　严文明：《安徽新石器文化发展谱系的初步观察》，《文物研究（第五辑）》，黄山书社，1989年。

[3]　安徽省文物考古研究所、萧县博物馆：《安徽萧县金寨新石器时代遗址北区2017年发掘简报》，《东南文化》2020年第3期。安徽省文物考古研究所、萧县博物馆：《安徽萧县金寨新石器时代遗址西区2016年发掘简报》，《东南文化》2020年第3期。

[4]　池锦祺、王昌燧、河西学等：《中国新沂县新石器时期古陶器的产地分析研究》，《中国科学技术大学学报》1995年第3期。徐安武、王昌燧、池锦祺等：《新沂县花厅遗址出土古陶器产地的INAA研究》，《核技术》1997年第12期。

[5]　李新伟：《手工业生产专业化的考古学研究》，《华夏考古》2011年第1期。

[6]　a. Cathy L.Cathy. Craft Specialization: Issues in Defining, Documenting, and Explaining the Organization of Production. In M. Schiffer (eds.), *Archaeological Method and Theory,* Volume 3. Tucson: University of Arizona Press, 1991, pp.1-56. b. Childe, V. Gordon. *The Urban Revolution*. *The Town Planning Review,*1950, 21(1):3-17. c. David P. S. Peacock. *Pottery in the Roman World: An Ethnoarchaeological Approach*. New York: Longman, 1982, pp.6-11. d.戴向明：《陶器生产、聚落形态和社会变迁——新石器至早期青铜时代的垣曲盆地》，文物出版社，2010年。

[7]　李新伟：《手工业生产专业化的考古学研究》，《华夏考古》2011年第1期。

相学分析为我们识别不同器形陶器的胎体内部特征提供了更为直观的认识。如大汶口中、晚期的鸭嘴形足鼎均为加蚌陶，大汶口晚期凿形足鼎均为加陶渣陶，大汶口晚期的筒形器均以沉积砂岩为主体包含物，龙山文化陶鼎则均以植物根茎为主要包含物。可见在整个大汶口中期到龙山文化中期阶段，金寨遗址各类陶器的生产在原料制备过程中均出现了相对较高的标准化，而原料的标准化通常是生产专业化的重要表现。此外，在生产类遗存方面，金寨遗址西区 2016 年的发掘中，还发现夹杂大量红烧土、草木灰和烧残的陶器等遗存，发掘者推测此处可能为遗址的陶窑所在地[1]。另外从制陶技术方面，通过对金寨遗址大汶口—龙山文化风格陶器的细部观察发现，陶器的成形和修整、装饰等环节几乎不存在时间上的早晚变化，其中夹砂陶均为泥条盘筑成形，泥质陶多为泥条盘筑加拉坯成形[2]。因此，综合金寨遗址陶器的原料、成形技术、生产类遗存等各方面因素分析，该遗址的大汶口—龙山文化风格陶器，至少已经存在了聚落层面上的专业化生产，至于其是否存在剩余产品的对外交换，则需要后续结合周边遗址的资料进行进一步的对比分析。

（二）陶器流通与区域文明化进程

上文提到金寨遗址大汶口—龙山文化风格的陶器是本地生产的，这不仅有来自成分、技术和生产类遗存的支持，同时还能从周边同时期或较早期遗存中找到各类包含物的使用传统。如侯家寨[3]、芦城孜[4]遗址发现大量的夹蚌陶，孙家城遗址有使用植物作为陶器羼和料的传统[5]等。这说明金寨遗址在大汶口文化时期对本地制陶传统的坚持，同时也反映了金寨遗址主体文化因素强大的生命力。但是到了大汶口文化晚期，在大汶口—龙山文化风格陶器之外，新出现来自大河村、屈家岭和良渚文化风格的陶器。其中上文的科技分析证明屈家岭文化风格陶器为外来产品，仰韶和良渚文化风格的陶器为本地生产的仿制品。可见在大汶口文化晚期，金寨遗址所在的皖北地区作为东西、南北交流的十字路口，出现了各方文化势力甚至是人群和物品的汇聚。而在良渚文化西进、屈家岭文化北上的过程中，大汶口文化已经发展到了野蛮时代的晚期，贫富悬殊，社会分层明显，部落之间优胜劣败[6]。在此背景下，土著大汶口人的社会上层，势必会在异域文化的冲击下，以接受强势的良渚、屈家岭和仰韶文化为荣，以拥有和使用强势文化风格的产品为荣，从而带来以金寨遗址为代表的文化交汇地带出现“文化两合现象”[7]。

此外，多元文化的汇聚，在一定程度上延续了大汶口文化晚期阶段的生命力，这也是造成文化交汇地带文化发展和演变步伐滞后的重要原因。以陶器为代表的多元文化汇聚现象，背后反映的应是包括政治、经济、文化和信仰等在内的全方位、多角度的异域强势文化的侵袭。结果是在削弱土著文化势力的同时，为土著文化的发展带来新的转机。土著大汶口人在吸收或接受来自良渚、屈家岭和大河村文化的生业经济、管理政策、宗教信仰等方面的有益成分后，势必会在各项

[1]　安徽省文物考古研究所、萧县博物馆：《安徽萧县金寨新石器时代遗址西区2016年发掘简报》，《东南文化》2020年第3期。

[2]　蒋成成：《金寨遗址大汶口文化中晚期制陶工艺与产地分析》，山东大学2021年硕士学位论文。

[3]　秦金娇：《淮河中下游地区距今7000～5000年出土陶器的科技研究》，安徽大学2018年硕士学位论文。

[4]　安徽省文物考古研究所、宿州市文物管理局、宿州市博物馆：《宿州芦城孜》，科学出版社，2016年。

[5]　吴卫红、邱振威：《安徽怀宁孙家城遗址夹植物陶器初步研究》，《江汉考古》2020年第4期。

[6]　高广仁：《花厅墓地“文化两合现象”的分析》，《东南文化》2000年第9期。

[7]　高广仁：《花厅墓地“文化两合现象”的分析》，《东南文化》2000年第9期。

改革中重新焕发大汶口文化的生命力，从而滞后了文化更替的步伐，导致在海岱文化的核心区早已进入龙山文化时期时，处于南部边缘的金寨遗址仍在散发着大汶口晚期的余辉。随后，随着良渚、屈家岭等外来文化的核心区被后来的钱山漾、石家河等文化所取代，其原始文化的传播因失去了持续更新的源头和强劲动力而出现停滞。随之，以金寨遗址为代表的文化交汇地带重新被海岱文化核心区扩散而来的龙山文化因素所取代。

另外，大汶口文化晚期多元文化汇聚区的过渡期遗存，往往是导致区域内龙山文化早期遗存缺失的主要原因。这种多元文化汇聚的区域，在地理空间上多处于主要文化区的交汇地带，在文化面貌上也多表现为大汶口—龙山文化过渡期遗存[1]较为丰富的区域，如海岱文化区与辽东文化区碰撞地带的莱州吕村遗址[2]，中原、江汉、长江下游和海岱文化区碰撞地带的金寨，尉迟寺[3]、傅庄[4]、花家寺[5]等遗址，海岱与环太湖文化区碰撞地带的新沂花厅[6]、日照杭头[7]，临沂大范庄[8]、邳县梁王城[9]等遗址。这些遗址的大汶口文化晚期遗存，具有与龙山文化遗存难以截然分开的特征，另外，与这些过渡期遗存相伴而存在的，往往包含一些具有异域文化风格的陶器、玉器、骨器等产品。

而据栾丰实先生考证，金寨遗址所在的皖北地区，大汶口文化晚期的年代下限，要比鲁东、鲁中南地区结束的更晚，当这两个地区已经进入龙山文化之后，皖北可能还包括豫东等地，仍处于大汶口晚期的最后阶段[10]，也就是所谓的大汶口—龙山文化的“过渡期”。也正是过渡期遗存的长期存在，延缓了龙山文化介入此区域的步伐，而当过渡期的文化势力衰退时，取而代之的已经是发展壮大的龙山文化中期遗存。这在文化面貌上也表现为该区域的龙山文化遗存多属于龙山文化中晚期阶段[11]。

总之，区域文化交流和互鉴是增强文化韧性，提高社会抗风险能力的重要途径，反过来也是造成边缘区文化发展和文明演变进程滞后，以及文明发展链条中缺环的重要原因。

五　结语

通过对金寨遗址史前陶器的系统性科技分析，发现该遗址中出土的大汶口—龙山文化风格陶器为本地生产，具有良渚文化、大河村文化和部分具有屈家岭文化风格的陶器是遗址本地生产的

[1]　栾丰实：《简论大汶口和龙山文化之间的过渡期遗存》，《江汉考古》2021年第6期。孙波：《再论大汶口文化向龙山文化的过渡》，《古代文明》第6卷，文物出版社，2007年。

[2]　陆青玉、孙慧男、郑倩男：《山东吕村遗址新发现大汶口晚期至龙山早期大型环壕聚落》，《中国文物报》2022年5月13日第6版。

[3]　中国社会科学院考古研究所、安徽省蒙城县文化局：《蒙城尉迟寺》（第二部），科学出版社，2007年。

[4]　张小雷：《淮河流域新石器时代文化格局研究》，山东大学博士学位论文，2018年。

[5]　安徽省博物馆：《安徽肖县花家寺新石器时代遗址》，《考古》1966年第2期。

[6]　南京博物院：《花厅——新石器时代墓地发掘报告》，文物出版社，2003年。

[7]　山东省文物考古研究所：《山东莒县杭头遗址》，《考古》1988年第12期。

[8]　临沂文物组：《山东临沂大范庄新石器时代墓葬的发掘》，《考古》1975年第1期。

[9]　南京博物院等：《梁王城遗址发掘报告（史前卷）》，文物出版社，2013年。

[10]　栾丰实：《简论大汶口和龙山文化之间的过渡期遗存》，《江汉考古》2021年第6期。

[11]　陈洪波：《鲁豫皖古文化区距离分布于环境变化》，《考古》2007年第2期。栾丰实：《试析海岱龙山文化东、西部遗址分布的区域差异》，《栾丰实考古文集》（一），文物出版社，2017年，第340～349页。

仿制品，而具有屈家岭文化风格的白色系陶器则为外来产品。金寨遗址的陶器长时间保持了相对稳定的生产传统，且表现出一定程度的生产专业化。处于文化交汇地带的金寨遗址，在大汶口文化晚期出现了多元文化汇聚的现象，而多元文化的交流与互鉴，在延缓了大汶口文化衰亡的步伐的同时，造成了该区域文化发展链条中的缺环。

表11-1 金寨遗址陶器分析标本清单

编号	岩相组	陶质	Na_2O	MgO	Al_2O_3	SiO_2	P_2O_5	K_2O	CaO	TiO_2	Fe_2O_3	MnO	Cr_2O_3	ZnO	SrO	ZrO_2
JZ-1	1	夹砂陶	0.38	1.15	17.41	58.19	2.96	2.83	1.67	0.80	6.01	0.11	0.05	0.01	0.02	0.04
JZ-2	1	夹砂陶	1.06	1.55	16.98	56.21	2.21	3.06	1.66	0.71	6.09	0.15	0.04	0.01	0.02	0.03
JZ-3	1	夹砂陶	0.22	1.12	17.91	60.92	2.11	2.29	1.67	0.79	6.16	0.09	0.04	0.01	0.01	0.03
JZ-4	1	夹砂陶	0.89	1.81	17.55	54.82	3.20	3.04	1.77	0.72	5.13	0.12	0.04	0.01	0.02	0.02
JZ-5	1	夹砂陶	0.28	1.17	17.82	57.49	2.81	1.74	1.12	0.72	5.90	0.09	0.05	0.01	0.01	0.03
JZ-6	1	夹砂陶	1.07	1.33	18.81	59.68	0.40	3.64	1.35	0.76	6.31	0.10	0.05	0.01	0.02	0.02
JZ-7	1	夹砂陶	0.49	1.26	17.81	60.97	0.91	2.53	1.33	0.79	6.08	0.14	0.05	0.01	0.01	0.03
JZ-8	1	夹砂陶	0.83	1.83	19.25	51.29	6.08	2.98	1.91	0.79	6.76	0.06	0.04	0.01	0.03	0.03
JZ-9	1	夹砂陶	0.20	0.81	16.77	55.31	0.38	2.16	1.16	0.63	5.14	0.12	0.04	0.01	0.01	0.03
JZ-10	1	夹砂陶	0.53	1.46	17.46	54.82	0.39	3.15	1.52	0.71	6.02	0.16	0.04	0.01	0.02	0.02
JZ-11	1	夹砂陶	1.19	0.52	19.01	53.23	3.05	2.51	1.70	0.63	4.70	0.13	0.04	0.01	0.03	0.01
JZ-12	1	夹砂陶	0.19	0.68	19.20	59.71	1.55	1.62	1.11	0.65	7.54	0.07	0.03	0.01	0.01	0.02
JZ-13	1	夹砂陶	0.96	0.53	20.42	51.98	2.47	1.93	1.50	1.04	6.12	0.09	0.04	0.01	0.03	0.02
JZ-14	1	夹砂陶	0.64	0.74	19.43	62.39	0.67	2.30	1.57	0.72	5.23	0.04	0.05	0.01	0.01	0.02
JZ-15	1	夹砂陶	0.74	1.13	19.93	53.89	0.27	2.65	1.48	0.82	7.50	0.13	0.05	0.02	0.03	0.02
JZ-16	1	夹砂陶	0.77	1.23	19.52	60.35	0.16	2.39	0.55	0.74	5.65	0.06	0.05	0.01	0.01	0.02
JZ-17	3	夹砂陶	0.65	1.30	16.37	46.52	0.53	2.14	9.44	0.70	6.12	0.09	0.05	0.01	0.03	0.03
JZ-18	2	夹砂陶	0.86	1.33	20.30	51.23	3.28	2.74	1.25	1.01	7.87	0.13	0.04	0.01	0.02	0.03
JZ-19	2	夹砂陶	0.65	0.74	21.35	50.42	1.81	1.90	1.08	1.05	8.10	0.08	0.05	0.01	0.01	0.03
JZ-20	3	夹砂陶	0.47	0.80	17.13	43.44	0.97	1.96	10.88	0.79	7.05	0.10	0.05	0.01	0.02	0.03
JZ-21	3	夹砂陶	0.49	1.25	11.98	34.31	0.60	1.87	19.40	0.57	5.59	0.18	0.20	0.01	0.04	0.01
JZ-22	3	夹砂陶	0.73	1.51	20.11	55.19	2.44	2.47	2.33	0.85	7.27	0.09	0.05	0.01	0.02	0.03
JZ-23	3	夹砂陶	0.52	0.94	11.94	33.56	0.79	1.50	22.11	0.61	4.97	0.09	0.04	0.01	0.04	0.02
JZ-24	3	夹砂陶	0.74	1.12	14.04	43.47	2.24	1.94	15.14	0.69	5.48	0.17	0.05	0.01	0.04	0.03
JZ-25	1	夹砂陶	1.72	1.09	19.17	48.71	4.65	2.94	1.90	0.64	5.90	0.07	0.05	0.01	0.06	0.02
JZ-26	3	夹砂陶	0.76	1.50	18.02	49.32	1.38	2.19	1.42	0.74	8.30	0.09	0.04	0.01	0.01	0.03
JZ-27	3	夹砂陶	0.87	1.20	19.62	50.21	7.14	2.67	1.71	0.89	7.53	0.04	0.04	0.01	0.02	0.03
JZ-28	1	夹砂陶	0.73	1.03	19.52	47.45	5.25	2.31	1.61	0.86	6.96	0.03	0.05	0.01	0.02	0.02
JZ-29	2	夹砂陶	0.72	1.23	19.32	54.09	3.92	2.62	1.52	0.86	6.63	0.11	0.05	0.01	0.02	0.02
JZ-30	4	夹砂陶	0.57	1.00	21.92	46.85	3.90	2.58	1.29	1.03	8.47	0.05	0.05	0.01	0.01	0.02
JZ-31	4	夹砂陶	0.77	1.22	19.26	52.80	3.00	2.19	1.18	0.80	6.73	0.08	0.04	0.01	0.02	0.02

续表

编号	岩相组	陶质	Na_2O	MgO	Al_2O_3	SiO_2	P_2O_5	K2O	CaO	TiO_2	Fe_2O_3	MnO	Cr_2O_3	ZnO	SrO	ZrO_2
JZ-32	4	夹砂陶	0.70	1.26	20.54	50.97	2.28	2.28	1.36	0.80	7.42	0.07	0.05	0.01	0.01	0.02
JZ-33	6	泥质陶	0.09	0.94	27.82	55.90	1.90	1.15	0.97	1.07	2.72	0.02	0.04	0.01	0.02	0.04
JZ-34	6	泥质陶	0.11	0.72	23.68	59.29	2.21	1.91	1.12	1.08	3.02	0.02	0.06	0.01	0.03	0.03
JZ-35	6	泥质陶	0.12	0.78	25.78	58.69	0.73	2.03	0.76	1.08	3.04	0.02	0.04	0.01	0.00	0.03
JZ-36	6	泥质陶	0.11	1.25	25.42	64.33	0.67	2.09	1.08	1.05	3.10	0.04	0.05	0.03	0.19	0.04
JZ-37	6	泥质陶	0.53	1.38	23.16	64.31	0.11	3.78	0.47	1.21	4.12	0.03	0.06	0.31	0.27	0.05
JZ-38	6	泥质陶	0.59	1.35	22.95	65.07	0.11	3.84	0.50	1.20	4.12	0.03	0.05	0.01	0.01	0.03
JZ-39	6	泥质陶	0.68	1.34	22.80	65.22	0.11	3.74	0.46	1.18	4.11	0.02	0.06	0.01	0.01	0.03
JZ-40	6	泥质陶	0.69	1.28	22.10	66.00	0.10	3.88	0.46	1.18	3.98	0.02	0.05	0.01	0.01	0.03
JZ-41	5	夹砂陶	0.61	1.59	33.46	48.89	5.84	1.26	1.59	1.26	4.86	0.05	0.05	0.01	0.03	0.04
JZ-42	6	泥质陶	0.87	1.51	20.11	59.50	2.81	2.72	1.66	0.93	9.25	0.08	0.04	0.01	0.03	0.04
JZ-43	6	泥质陶	0.64	1.69	23.19	54.87	2.23	3.77	1.63	1.25	9.83	0.07	0.07	0.02	0.02	0.03
JZ-44	6	泥质陶	0.93	1.88	19.18	63.54	1.68	2.90	1.64	0.87	6.70	0.09	0.04	0.01	0.02	0.04
JZ-45	6	泥质陶	1.09	2.14	19.03	64.55	0.12	2.84	1.28	0.90	7.72	0.10	0.05	0.01	0.02	0.04
JZ-46	6	泥质陶	1.08	2.11	19.15	63.06	0.13	3.64	1.76	0.89	7.84	0.08	0.05	0.01	0.02	0.04
JZ-47	6	泥质陶	0.77	1.77	24.47	53.22	5.23	2.60	1.28	1.08	9.08	0.09	0.05	0.02	0.02	0.04
JZ-48	6	泥质陶	0.73	3.82	23.74	50.55	5.43	2.17	2.10	1.06	9.95	0.08	0.05	0.02	0.03	0.03
JZ-49	6	泥质陶	0.84	2.06	19.98	60.82	1.49	3.06	1.83	0.92	8.55	0.07	0.05	0.02	0.02	0.04
JZ-50	6	泥质陶	1.05	2.83	20.94	54.34	2.78	3.00	4.93	0.93	8.78	0.14	0.05	0.02	0.02	0.02
JZ-51	6	泥质陶	0.67	1.89	22.81	47.10	9.66	3.27	2.40	1.00	10.55	0.18	0.05	0.02	0.04	0.02
JZ-52	6	泥质陶	0.61	2.53	23.97	51.55	6.07	2.53	1.40	1.03	9.87	0.04	0.05	0.02	0.02	0.03
JZ-53	6	泥质陶	0.84	1.95	20.44	55.74	3.95	3.53	2.05	1.05	9.93	0.07	0.05	0.02	0.02	0.02
JZ-54	6	泥质陶	0.92	2.55	20.13	59.08	0.81	3.54	1.95	0.95	9.59	0.14	0.05	0.02	0.02	0.02
JZ-55	6	泥质陶	0.90	1.97	19.99	61.03	1.80	3.08	1.90	0.92	7.96	0.07	0.05	0.02	0.02	0.04
JZ-56	6	泥质陶	0.81	1.82	20.46	59.57	2.53	3.08	1.95	0.94	8.33	0.07	0.05	0.01	0.02	0.04
JZ-57	6	泥质陶	0.99	2.26	20.56	63.30	0.23	2.73	1.18	0.98	7.53	0.05	0.05	0.01	0.02	0.03
JZ-58	6	泥质陶	1.03	2.01	19.92	64.07	0.14	3.09	0.76	0.98	7.70	0.08	0.05	0.01	0.02	0.03
JZ-59	自然黏土	土样标本	0.87	1.58	18.55	66.61	0.09	3.17	1.10	0.99	6.60	0.14	0.04	0.01	0.02	0.04
JZ-60	自然黏土	土样标本	0.60	1.62	20.03	64.66	0.10	3.25	1.19	1.03	7.10	0.11	0.05	0.01	0.02	0.04
JZ-61	自然黏土	土样标本	0.08	0.93	23.90	61.90	0.24	2.49	0.53	0.87	2.21	0.33	0.04	0.01	0.08	0.02
JZ-62	自然黏土	土样标本	0.87	1.31	15.96	64.74	0.52	2.50	1.33	0.84	5.42	0.13	0.03	0.01	0.02	0.05
JZ-63	自然黏土	土样标本	0.10	0.73	22.38	54.84	0.14	1.91	0.33	0.66	14.20	0.01	0.05	0.00	0.04	0.02
JZ-64	自然黏土	土样标本	0.77	1.94	19.75	63.78	0.16	3.46	1.54	0.89	7.33	0.09	0.05	0.01	0.02	0.03
JZ-65	自然黏土	土样标本	0.76	1.99	20.50	63.64	0.13	3.18	1.34	0.93	7.14	0.12	0.04	0.01	0.02	0.04
JZ-66	自然黏土	土样标本	0.74	1.74	18.46	66.62	0.15	3.07	2.02	0.91	5.86	0.09	0.05	0.01	0.02	0.05

第一二章　金寨遗址大汶口文化中晚期陶器化学成分分析

蒋成成　陆青玉　张小雷　王　芬*

一　前言

淮河流域地处南北过渡地带，西连中原，北倚海岱，南接江汉与环太湖，是黄河、长江两大流域文化交流的必经之地，是沟通中国南北、东西的“文化廊道”[1]。金寨遗址位于苏鲁豫皖交界地带，文化面貌多元复杂，以大汶口文化为主体，并存在大河村文化、良渚文化和屈家岭文化因素，不同风格器物混杂的状况表明金寨遗址与海岱地区、江汉地区和环太湖地区有着密切的文化交流。作为遗址中出土数量最多的文化遗物，陶器是探讨地域间文化动态和流布的重要证据。

长期以来，考古学界依靠类型学和文化因素分析法[2]探讨区域文化交流和互动。近些年来，随着科技方法及“操作链”[3]概念的引入，考古学家在研究陶器的生产、消费、流通与社会关系方面也取得了重要进展[4]。其中，化学成分分析和岩相学研究对探讨聚落内陶器的产地、制作工艺、区域互动和社会复杂化具有重要意义。陶器的化学成分和岩相学分析，可为陶器的类型学、文化因素分析法提供补充性材料，为探讨区域间的人群交流和互动提供线索，对复原聚落内古代先民社会生产、生活图景具有重要意义。

二　金寨遗址及陶器出土概况

金寨遗址位于安徽省萧县庄里乡金寨村，坐落于皖东北丘陵之中的山前平原，是徐淮地区新石器时代一处大型中心性聚落，总遗址面积约 50 万平方米（图 12-1）。2016、2017～2018 年经过两次发掘，发现有大汶口文化至龙山文化时期的壕沟、房址、公共墓地、大型红烧土坑、灰坑等遗迹，出土大量的陶器、玉器、石器等文化遗物[5]。遗址主体遗存为大汶口文化中晚期至龙山

* 蒋成成：复旦大学文物与博物馆学系博士研究生。陆青玉、王芬：山东大学考古学院。张小雷：安徽省文物考古研究所。

[1] 徐峰：《过渡带：两淮地区早期社会进程》，上海古籍出版社，2020年。

[2] 李伯谦：《论文化因素分析法》，《中国青铜文化结构体系研究》，科学出版社，1998年，第297～299页。

[3] 郭梦：《操作链理论与陶器制作技术研究》，《考古》2013年第4期，第96～104页。

[4] 陆青玉：《鲁北地区大汶口中晚期—龙山文化时期陶器的生产、流通和社会复杂化》，山东大学2019年博士学位论文。

[5] 安徽省文物考古研究所、萧县博物馆：《安徽萧县金寨新石器时代遗址西区2016年发掘简报》，《东南文化》2020年第3期，第57～70页。安徽省文物考古研究所、萧县博物馆：《安徽萧县金寨新石器时代遗址北区2017年发掘简报》，《东南文化》2020年第3期，第71～84页。

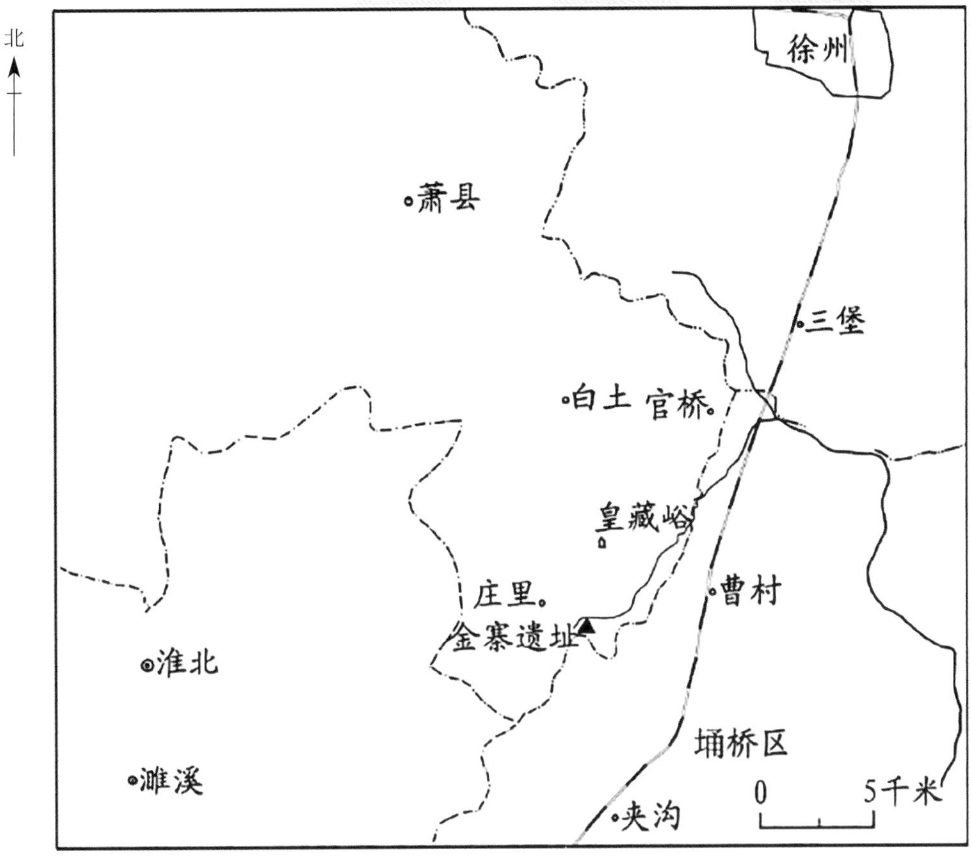

图12-1　金寨遗址位置示意图[1]

文化中期，另有少量周、汉代遗存。大汶口文化中期时，遗址西部为居住区，东部为墓葬区。大汶口文化晚期时，遗址西部主体是居住区，有少量墓葬，东部有少量墓葬。到了龙山文化时期，整个聚落向东北部推进。其中东区墓地包括M57～M87等三十座墓葬出土的440件完整器及碎片，发掘者根据地层关系、器物形制将墓葬分为三期六段，相当于大汶口文化中期晚段至晚期，年代为距今5300～4700年。居址区材料主要选自西区壕沟（G6）和红烧土沟（G8），共计陶片200余件，均为可辨器型的标本，年代属于大汶口文化晚期阶段，约为距今4900年。

地处淮北地区，金寨遗址文化面貌多元复杂。出土陶器以鼎、豆、杯、壶为典型的大汶口文化器物组合，少量器物如玉璜、双鼻壶、单把杯、盆形鼎属环太湖流域良渚文化，卷边瓦形足、带附加堆纹喇叭形罐、折腹豆、圈足杯等属于屈家岭文化，还有少量厚胎杯、彩陶盆、敛口罐形鼎等大河村文化因素（图12-2）。不同风格的器物表明金寨遗址与海岱地区、江汉地区和环太湖地区存在着激烈的文化碰撞。

由此引发的问题是：这些具有不同考古学文化风格的陶器究竟是本地生产，还是外来物品？若为本地生产，陶器的生产方式和生产组织是什么？不同社会单位如墓葬之间、墓葬区与居址区的陶器生产是否存在差别？若为外来产品，那么区域间的文化交流以何种形式进行？是以原料和

[1]　图引自安徽省文物考古研究所、萧县博物馆：《安徽萧县金寨新石器时代遗址西区2016年发掘简报》，《东南文化》2020年第3期，第56页。

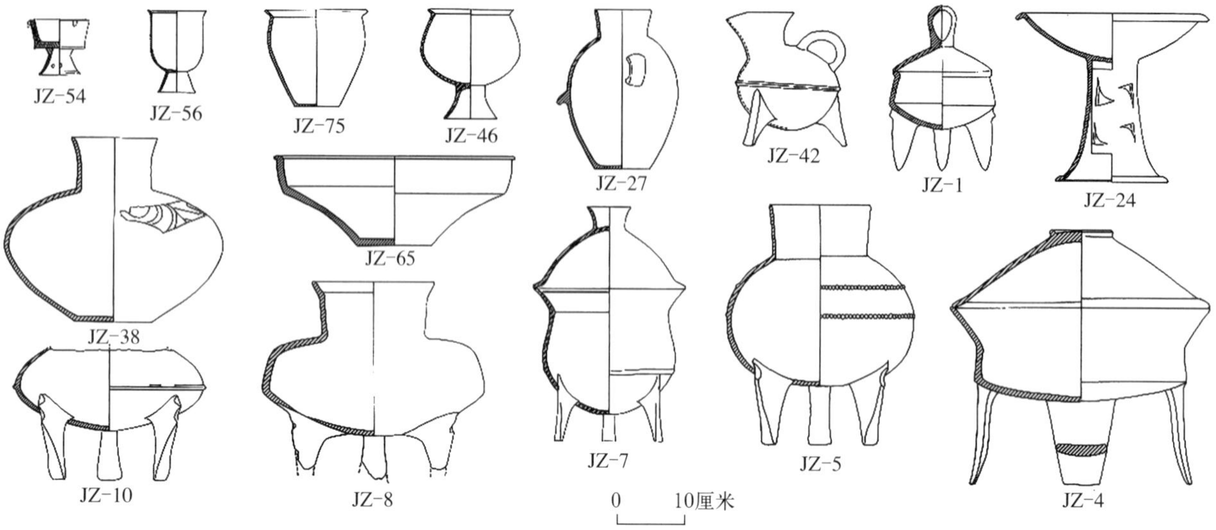

图12-2　金寨陶器具有外来器物风格图

盂形杯（JZ-54）　圈足杯（JZ-56）　罐（JZ-75）　圈足尊（JZ-46）　背壶（JZ-27）　陶鬶（JZ-42）　盂形鼎（JZ-1）　豆（JZ-24）　壶（JZ-38）　曲腹盆（JZ-65）　壶型鼎（JZ-10、JZ-8、JZ-5）　罐型鼎（JZ-7）　盆形鼎（JZ-4）

产品为主体的贸易交换？还是人群、技术和观念的传播？抑或是社会上层间的礼物往来？因此，为探讨金寨遗址与南北方文化势力交流互动过程，本文利用化学成分分析方法，考察金寨聚落内陶器的生产、消费与社会复杂化状况，希冀以此为基础，进一步探讨金寨与周边地区的器物流通、区域互动等关系问题。

三　样品与方法

（一）样品概况

本实验共选取墓葬区陶片标本79件（附表12-1），均取自金寨遗址东区墓地，年代为大汶口文化中期晚段至晚期阶段（距今5300～4700年）。此外，在金寨遗址周边及附近聚落选取5个现代土壤样品和1个居址区白陶样品进行化学分析，以期对墓葬区内陶器样品提供对比标本（图12-3）。

为顾及墓葬区内出土陶器的全面性和系统性，在样品选择时考虑到陶质陶色、器类和期别等方面内容。在陶质上，样品包括泥质陶和夹羼和料陶两大类，泥质陶占比82.3%，羼和料陶包括夹陶渣类、夹蚌类、夹植物类和夹砂类。在器类上，包括鼎、鬶等炊煮器，尊、杯、壶、背壶等酒水器，以及豆、钵、盆、罐等盛储器，不同器类在形制上也略有差异。在期别上，样品分属于金寨遗址东区墓地一至三期，其中一期28、二期13、三期陶片37个。

（二）样品处理

样品处理过程均在山东大学陶瓷实验室内完成。首先截取样品约1平方厘米左右样本，使用超纯水在超声波内清洗，去除表面污染层后，使用烘箱在110℃条件下烘干。之后使用研磨机将

图12-3 金寨遗址部分样品图

样品研成粉末，装入试剂瓶内，送往山东理工大学实验室内进行检测。

（三）实验方法

陶器成分检测主要采用能量色散 X 射线荧光光谱分析（EDXRF），样品测试均在山东理工大学分析测试中心完成，实验仪器为日本理学 Rigaku ZSX100e 型 XRF，仪器测试条件端窗铑靶 X 射线管（4kW），30μm 超薄铍窗，最大工作电压 60kV，最大工作电流 150mA，真空（13Pa）光路，视野光栏 30mm。

四 数据分析与讨论

XRF 检测结果包含各类主、次量和微量元素的含量，考虑到该方法对微量元素检测的局限性，本文主要就陶器中的主次量元素进行讨论，包括 Al_2O_3、SiO_2、P_2O_5、K_2O、CaO、TiO_2、MgO、Fe_2O_3、Na_2O 等 9 个元素。数据统计分析在 Excel、Origin2018 统计软件内进行，除基本的描述统计外，主要选用主成分分析，结合散点图来展示数据间的离散程度。

（一）化学元素的总体特征

首先对样品进行主成分分析，如图 12-4 所示，样品大致可分成两大类，第Ⅰ类分布集中，

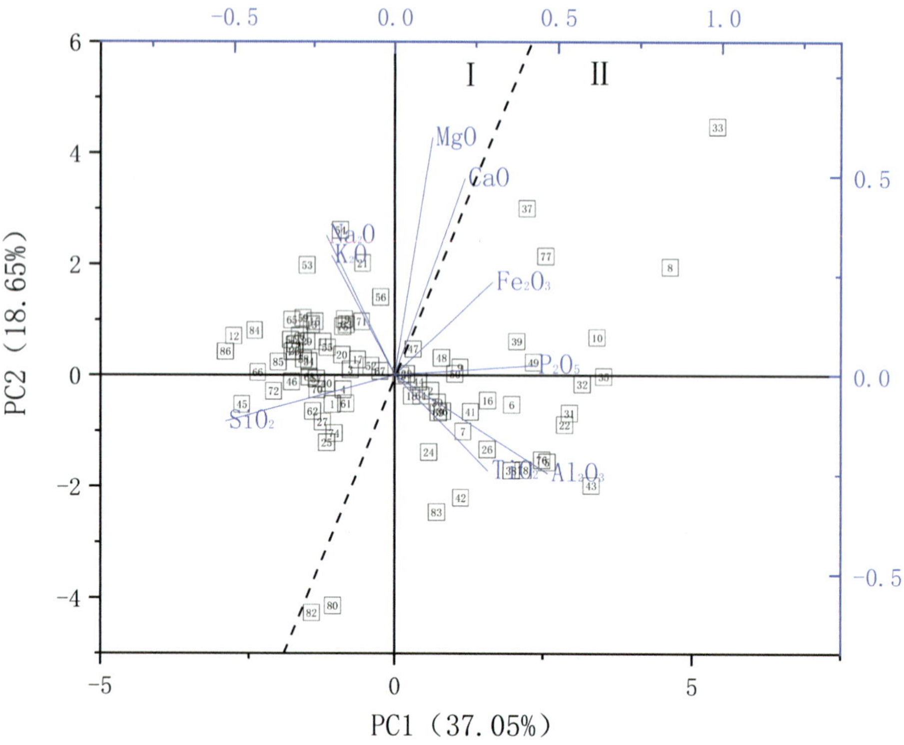

图12-4　金寨遗址陶器样品化学元素散点图（85个样品）

第Ⅱ类陶器则相对分散且多样。两类陶器化学成分组合模式差异显著，应至少存在两种截然不同的黏土原料。

不同的氧化物含量特征能更好地观察陶器的物理性质，但黏土原料中人为掺杂物会加大陶胎内化学元素的波动范围，为减少羼合物带来的成分差异，下文分析中初步剔除了陶胎内具有明显羼和料的样品，包括 2～8、10、11、18、41～44 号等 14 个样品。

从 SiO_2 和 Al_2O_3 的含量分布图来看（图 12-5），以 Al_2O_3 含量 21% 为界限，可以将两类陶

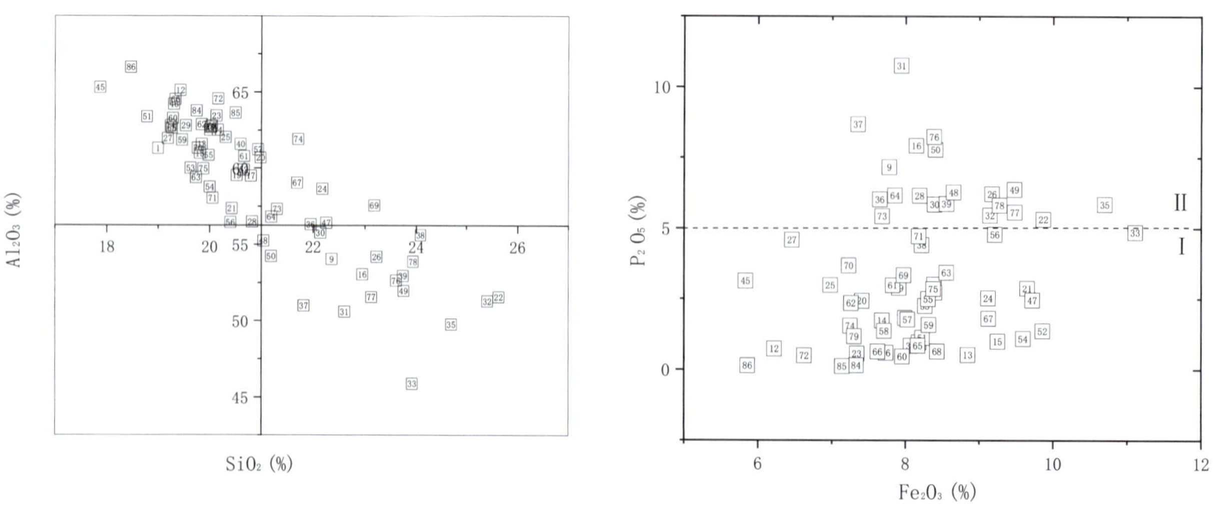

图12-5　泥质陶器样品SiO_2和Al_2O_3含量关系（65个样品）

器的原料划分为高铝质原料和低铝质原料两类。其中低铝质原料样品分布较为集中，Al_2O_3 含量集中于 18.7%～20.9% 之间，与第Ⅰ类相对应；高铝质样品原料 Al、Si 元素含量波动较大，分布较为分散，与第Ⅱ类相对应。

值得注意的是，主成分分析中原属于第Ⅰ类的 24、47、67 和 74 号样品分布在第Ⅱ类高铝质原料内，呈现出高 Al_2O_3 和较高 SiO_2 的特征。从出土背景看，后三个样品均属于 M64，而该墓中出土较多具有良渚文化特色陶器如贯耳壶、双鼻壶、单把杯等。这表明同一墓葬内出土陶器可能存在着相同的黏土来源和制陶工艺，我们尝试在下一步考古分析中进行探讨。

两类陶器的差别在次量元素的指征上同样清晰，主成分分析（图 12-4）显示第Ⅱ类陶器表现出较高的 P2O 和 TiO_2 含量，而 NaO2、K_2O 对第Ⅰ类贡献值较大，其他如 Fe_2O_3、MgO 含量在两类黏土中的差别较小。在绝对含量上，Fe_2O_3 和 P_2O_5 对第二主成分，特别是 P_2O_5 对第二三主成分均有贡献。从 P_2O_5 和 Fe_2O_3 的含量分布图来看（图 12-5），以 P_2O_5 含量 5% 为界，第Ⅱ类陶器样品均呈现出高 P_2O_5 的特征，而 Fe_2O_3 含量则较为分散，但均普遍高于 6%。在相对含量上，钾、磷分别代表了第Ⅰ、Ⅱ类陶器的元素特征，呈现出第Ⅰ类陶器 K_2O、SiO_2 含量较高、第Ⅱ类陶器 P_2O_5、Al_2O_3 含量较高的两极分化模式（图 12-6）。

通过上述统计分析方法和氧化物含量特征，本文初步将样品分成两类，第Ⅰ类和第Ⅱ类陶器元素含量存在明显差别，主要表现在两方面：

第一，从化学元素含量分布的离散程度看，第Ⅰ类陶器分布集中，或有着持续稳定的黏土来源和较为相似的制陶工艺；而第Ⅱ类样品的陶土来源则呈现出多样化和分散性的特点。

第二，从主次量元素来看，第Ⅰ类陶器呈现出低 Al_2O_3 和高 SiO_2 的特征，属于普通易熔性黏土；第Ⅱ类呈现出高 Al_2O_3、低 SiO_2 和高 P_2O_5 的特征，属于高铝质高磷黏土。

需指出的是个别样品在不同的分类方法下归属不一，如 28 号样品在氧化物含量分析中属于第Ⅰ类，在主成分分析中则属于第Ⅱ类。我们无意对陶器样品进行精确地归类和划分，而是希望借助统计分析方法从整体上观察黏土来源及特性，并从陶器制作工艺、器物功能和出土背景等角度考察差异性的原因，由此进一步探讨陶器的生产、消费和社会关系问题。

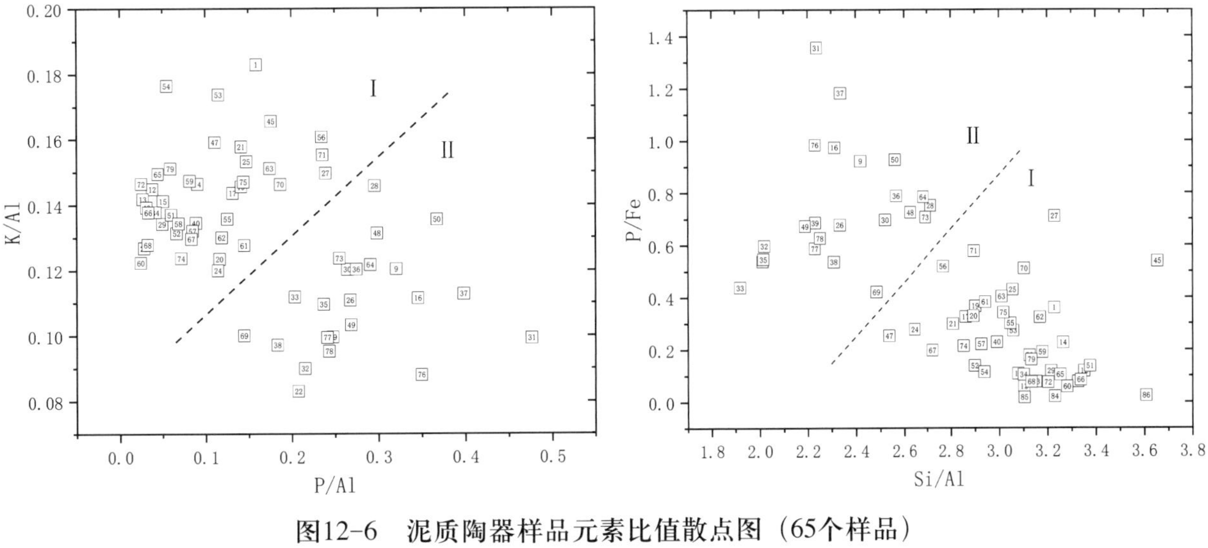

图12-6　泥质陶器样品元素比值散点图（65个样品）

（二）化学元素与生产工艺

1. 化学元素指示的羼和料种类

一般情况下，SiO 和 Al_2O_3 在陶器烧结后组成胎的骨架，是陶胎化学成分中的主量元素，决定着陶器的硬度。K_2O、Na_2O 等氧化物起到助熔剂的作用，降低胎和釉烧结和熔融的温度。因此，陶胎中的化学元素可以指示古代陶器生产中有关黏土来源和制陶工艺等相关信息。

对于金寨遗址第Ⅰ、Ⅱ类陶器在 Al_2O_3 含量上的差异，其应与黏土性质和来源密切相关。遗址周边三个现代黏土标本（表 12-1）的化学成分表明，其 Al_2O_3 值在 18.4%～20.4% 之间，属于普通易熔性黏土，主成分分析显示其与第Ⅰ类陶器样品距离较近（图 12-9），由此，我们可以判断金寨遗址东区墓葬中第Ⅰ类陶器原料属于本地取土，而第Ⅱ类陶器则有着更为复杂的来源。

一般而言，高铝质黏土又称"高岭土""白坩土"，表现出高铝低硅和较低的助熔剂含量，是北方地区制作白陶、硬陶和瓷器的主要黏土原料[1]。而金寨样品中第Ⅱ类黏土原料呈现出的高铝低硅和高助熔剂含量。为观察助熔剂对主量元素的影响，我们选取了贡献值最大的 P_2O_5、Fe_2O_3 含量进行相关性分析，散点图显示 P_2O_5 与 SiO_2 元素关系最为紧密，两者呈负相关，即 P_2O_5 越高，陶胎内 SiO_2 元素含量越低（图 12-7），这表明，在金寨遗址东区墓葬出土陶器的生产中，人为添加含磷量较高的羼合料，会相应减少陶胎中 SiO_2 的含量，从而产生元素的"稀释效应"[2]。结合相关研究成果，高含量的 P_2O_5 与制胎黏土中应与人为掺杂植物、草木灰以及墓葬的出土背景密切相关。

研究表明，人体和动物骨骼、植物等体内含有较高的 P_2O_5 值。因此，与动物骨骼、人骨共生的埋藏环境会对陶胎中的含磷量产生一定影响，这或许是金寨遗址墓葬区内样品 P_2O_5 含量普遍较高的原因之一。此外，以骨灰做羼合料会提高陶胎中的 P_2O_5、CaO 含量。郭演仪对古代青瓷陶釉的化学分析表明，传统的制釉方法除了使用草木灰外，还会掺入一定量的动物骨灰[3]。波兰北部卡伊杜斯遗址（TRB settlement in Kałdus）公元前 3500 年出土陶器中人为添加了动物碎片，化学分析呈现出高 P_2O_5 和 CaO 含量，研究者认为该样品具有仪式化象征[4]。这为解释样品 33 号中 P_2O_5、CaO 元素含量总值高达 11.3% 的现象提供了指向性意义。

而草木灰作为一种普通易得的原料，更是在古代制陶工艺的各个环节中普遍使用。云南傣族曼斗寨陶工在塑坯前会先在陶轮上抹少许草木灰，防止坯底与陶轮粘连[5]。在晾干和烧制阶段，加入草木灰、砂粒、贝壳等羼合料的陶器可以降低烧成温度、增加坯体的耐冷热急变性能，防止陶器干裂。陶器实验考古指出，磨制细腻的羼合料（finely-ground temper）和燃烧过的贝壳羼合料

[1] 陈铁梅：《科技考古学》，北京大学出版社，2008年，第155页。

[2] Mommsen H., Short Note: Provenancing of Pottery-The Need for an Integrated Approach? *Archaeometry,* 46(2):267-271, 2004.

[3] 郭演仪：《中国历代南北方青瓷的研究》，《中国古陶瓷论文集》，文物出版社，1982年，第10～22页。

[4] Lukasz Kowalski, Towards Ritualisation: Insights into bone-tempered pottery from the TRB settlement in Kałdus (Poland, 3500–3350 BC), *Ceramics International,* 46(3):3099-3112, 2020.

[5] 杨莉：《云南民间制陶技术的调查研究》，《中央民族大学学报（哲学社会科学版）》2002年第3期，第36页。

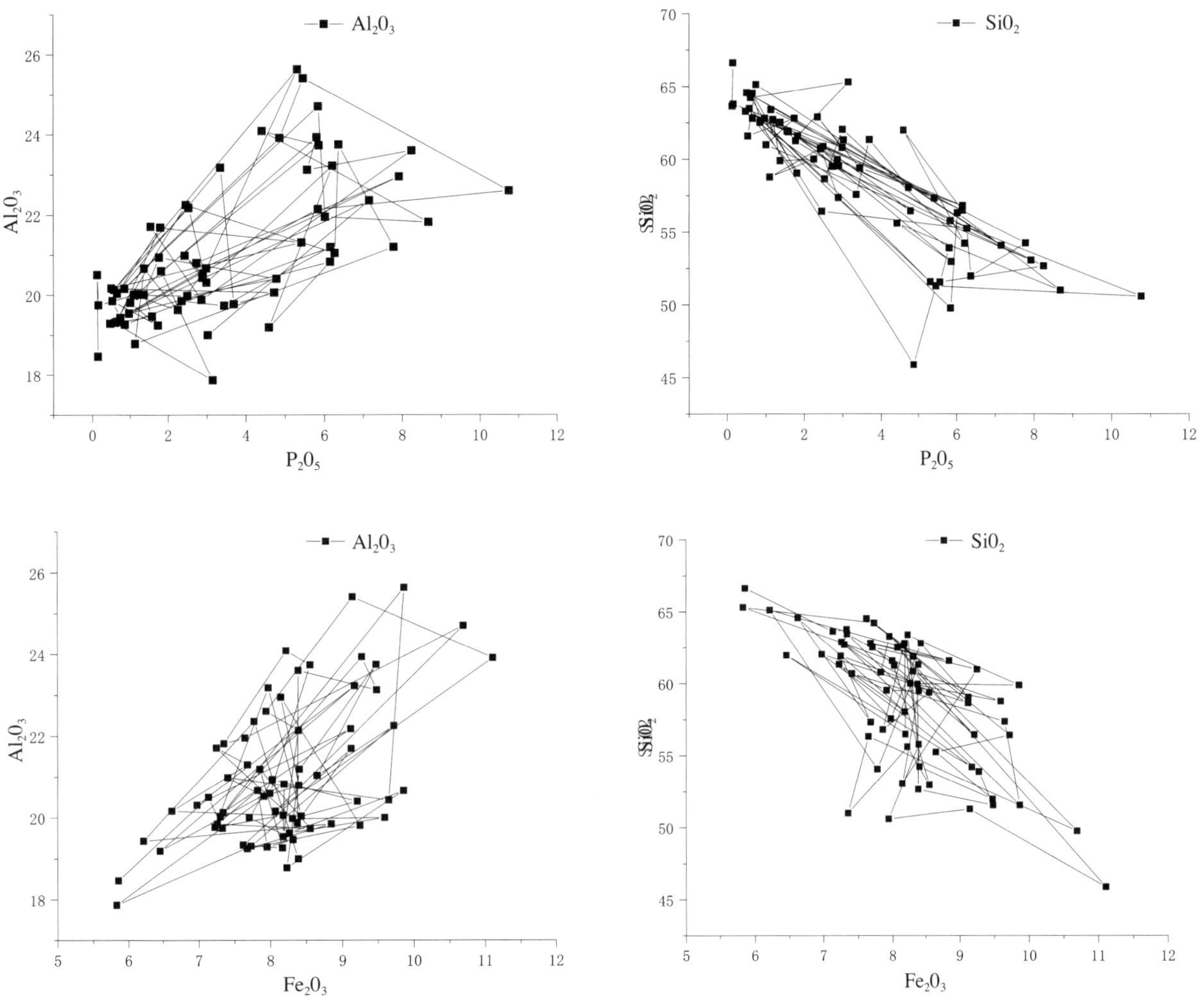

图12-7　P_2O_5、Fe_2O_3与Al_2O_3、SiO_2相关性分析散点线图（65个样品）

能生产出更加坚硬耐用的陶器[1]。中国史前遗址中，四川汉源狮子山遗址[2]、湖南杉龙岗遗址[3]、浙江良渚古城[4]、金山亭林[5]、湖北印信台、河南沟湾遗址[6]等遗址均发现有含磷量较高的陶器。其中良渚古城、杉龙岗陶器的科技分析发现黑皮陶胎体含磷量明显高于表面，研究者认为胎泥的草木灰在器表修整、打磨和烧制过程中被稀释，导致表皮含磷量明显偏低。

[1]　Gordon Bronits, R. Hamer, Experiments in ceramic technology: The effects of various tempering materials on impact and thermal shock resistance. *American Antiquity,* 51:89-101, 1986.

[2]　郭富、黄伟、金普军：《四川汉源县狮子山、麻家山遗址出土陶器成分分析与研究》，《四川文物》2015年第5期，第88～94页。

[3]　肖亚：《杉龙岗遗址出土陶片的分析研究》，《湖南考古辑刊》（第13辑），科学出版社，2018年，第281～302页。

[4]　鲁晓珂、李伟东、刘斌、李新伟：《良渚古城遗址陶器的分析研究》，《中国科学（技术科学）》2013年第4期，第460～466页。

[5]　李家治：《我国古代陶器和瓷器工艺发展过程的研究》，《考古》1978年第3期，第179～189页。

[6]　张贤蕊：《沟湾遗址出土史前陶器的制作工艺与产地研究》，郑州大学2018年硕士论文。

2. 化学元素与烧制技术

据此，笔者根据器表颜色将样品分成黑陶系、红陶系和灰陶系[1]三大类，以观察化学元素与烧制技术、草木灰等掺合料的关系问题。结果表明，三大陶系的 Al_2O_5、P_2O_5 平均值均呈现出逐渐递增的趋势，以 21%/4% 为界限，黑皮陶的 Al、P 含量最低，灰陶含量平均值最高，而红陶系

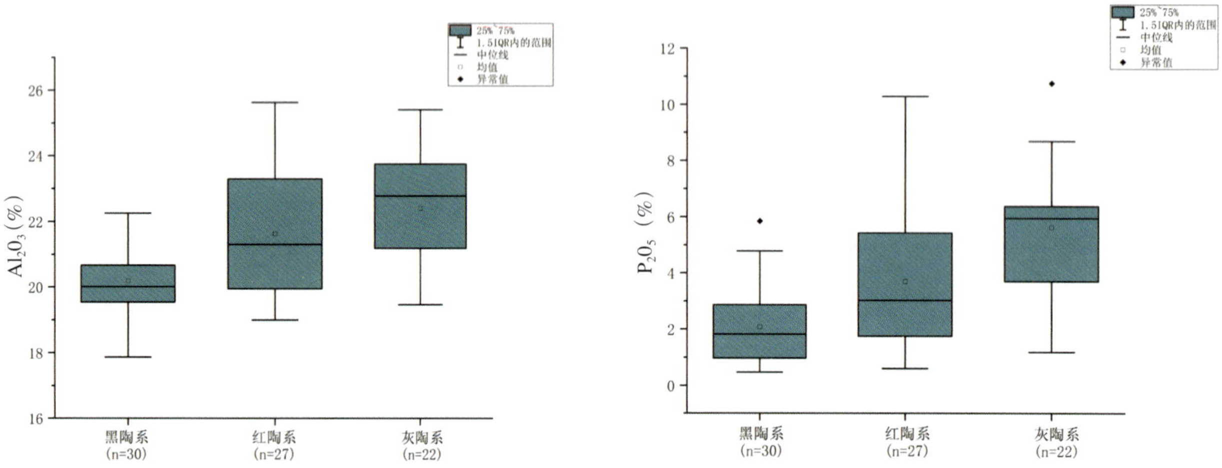

图12-8　三大陶系与 Al_2O_3、P_2O_5 含量分布箱式图

的波动范围较大（图 12-8）。这为进一步解读金寨遗址墓葬区内陶器黏土的分化提供信息。

首先，墓葬区内黑皮陶黏土原料多属于第Ⅰ类普通易熔性黏土范围，其烧成温度较低，胎体无须添加草木灰等羼和料，且已添加草木灰的胎泥经过黑皮陶的渗碳、打磨等制作工艺，其含磷量会相应降低。可以看出，黑皮陶的制作工艺在金寨先民本地陶器生产中较为流行。

其次，灰陶系 Al_2O_3、P_2O_5 含量普遍较高应与其黏土特性和掺杂草木灰有关。一般来说，坯体的 Al_2O_3 含量越高，所需的烧成温度也越高，胎体不易烧结。窑温不足时，坯体烧成后疏松，而掺入砂粒、贝壳和草木灰等助熔剂可大大降低陶胎烧成温度。基于此，我们可以推测，在第Ⅱ类陶器生产过程中，陶工或已熟知所用黏土原料的高铝质耐火特性，并通过控制陶坯中草木灰的含量以提高陶器的烧成率。

然而，上述结论仍处于推测阶段，对于陶器中高 P_2O_5 含量指向掺杂草木灰的结论还有待于进一步的考察论证，需结合岩相学、植硅体、红外光谱及实验考古等方法进行辅证。

3. 陶土来源分析

基于不同产地的陶器在原料配方、原料的来源和处理技术上存在着较大的差异，其最终的元素组成模式也存在相应的特点和差异，这是我们通过主次量元素判断金寨遗址陶器产地的主要证据。

上文已经指出，金寨遗址墓葬区内陶器原料大致可分为两类：第Ⅰ类为普通易熔性黏土，占

[1]　金寨遗址陶器器表和胎体颜色多样，三大陶系的划分主要依据器表颜色而定。其中红陶系包括橙红陶、红陶、红陶灰胎、红褐陶等；灰陶系则有灰陶、橙黄陶、灰陶红胎等。黑皮陶也包括黑皮红胎、黑皮灰胎等多种颜色。

标本总量的大多数；第Ⅱ类为高铝质黏土，数量少且较为分散。通过对金寨遗址周边环境的考察，选取了 4 个地点采集土样为陶器的化学成分做对比标本（表 12–1），包括东区墓葬附近自然沟底的黑色黏土、遗址正西部池塘附近黄黏土、遗址西北坡地广泛分布的红黏土以及距遗址西北约 10 千米的白土村矿坑内高岭土。从选取的土样来看，四个地点的土样均质地细腻，杂质少且黏性好，无须经过复杂的淘洗工作。尽管随着时间的变化，金寨遗址周边土壤沉积物的化学组成会发生斜向变化[1]，但因客观条件限制无法获取与遗址同阶段的陶土情况下，对遗址周边的环境调查和土壤取样仍可为陶器黏土来源问题提供一定的指示意义。

表12–1　金寨遗址附近取土点及地理坐标

编号	质地	取样点	经度	纬度
82	灰色高岭土	白土镇白土村矿坑内高岭土	117.01921	34.077932
83	紫色高岭土	白土镇白土村高岭土矿坑附近堆积	117.01868	34.076507
84	黑淤泥	金寨遗址东区墓葬自然沟底黑色淤泥	117.04154	33.940236
85	红黏土	金寨遗址西北坡地	117.036525	34.002073
86	池塘泥	金寨遗址正西部池塘泥	117.039659	33.989312

如主成分分析图所示（图 12–9），前三个地点土样均为普通易熔性黏土，化学元素含量相近，其中以遗址西北部红黏土与第Ⅰ类黏土最为接近，根据遗址居住区多压于金寨现代自然村下方特点，可以推测，金寨遗址第Ⅰ类陶器应大多取自聚落居址区及其附近区域广泛分布的红黏土，为本地生产。

此外，结合样品的出土背景和年代，可以发现第Ⅰ类样品仍可细分为两区，其中 A 区早晚样品均有且分布集中，表明该组陶器从早到晚相对稳定的陶土来源和生产技术。而 B 区陶器虽靠近现代黏土样品，但均属于一期同类墓葬，出土背景单一且固定，仍使用本地黏土制作，但应与 A 区陶器存在着不同的取土地点和原料配方。

而第Ⅱ类陶器以高铝质黏土制作，或以草木灰为羼和料，其制作技术和陶土原料与本地陶器差异明显，本文初步认为第Ⅱ类陶器为外来产品，其高铝质含量或与遗址北部白土寨内广泛分布的高岭土密切相关。

如图 12–9 所示，居址区 G8 内出土白陶罐（JZ–80）与白土寨高岭土化学成分较为接近。位于白土寨东北约 3 千米的花家寺遗址出土大量大汶口文化晚期至龙山文化时期的陶器，并出土有较多的白陶，发掘者判断其胎土与萧县白土寨白土窑下层石胎瓷器的胎质相同，为当地瓷土制作而成[2]。这表明这一阶段古代先民已经开始了对白土寨高岭土的认识、利用和开发，同时也反映金寨遗址与周边聚落存在着的密切交流。且该白陶样品质地细密，硬度大，烧制技术高超，不排除其

[1]　Attas, M., J. Fossey, and L. Yaffee 1982 Variations in Ceramic Composition with Time: A Test Case Using Lakonian Pottery. Archaeometry 24:181-190.

[2]　胡悦谦：《安徽肖县花家寺新石器时代遗址》，《考古》1966年第2期，第57页。

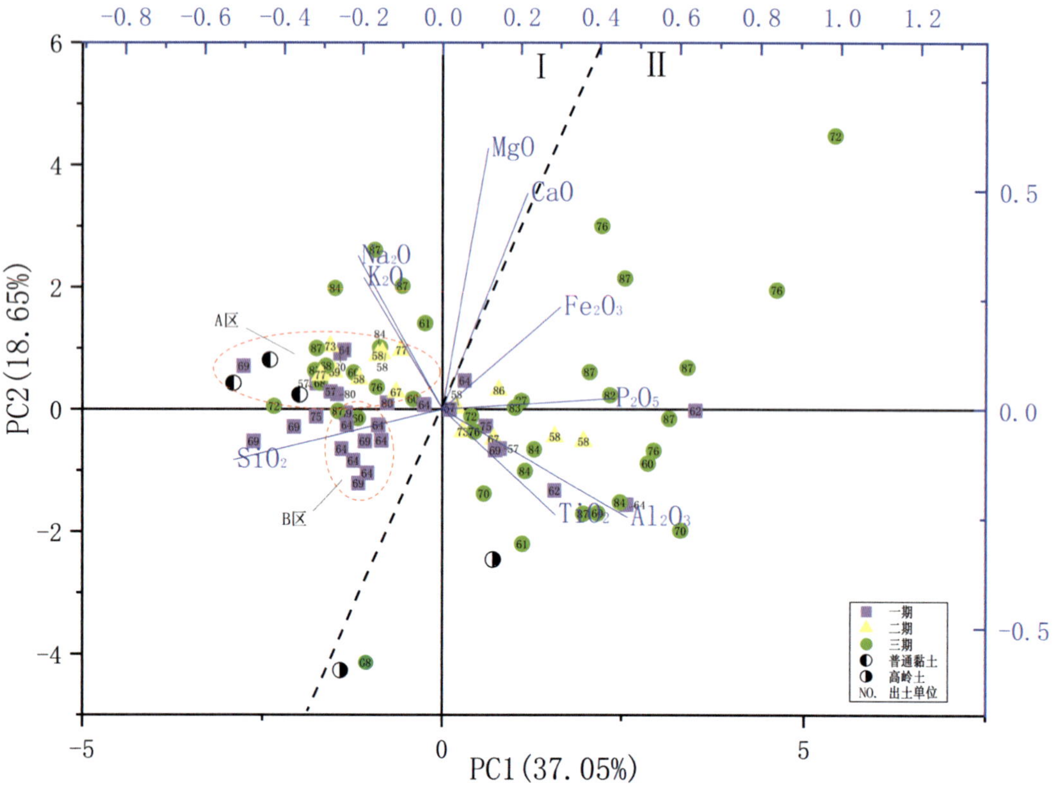

图12-9　金寨遗址东区墓葬陶器样品化学元素分析散点图（85个样品）

为外来物品的可能性，金寨遗址大汶口文化晚期阶段或与白土寨附近的花家寺遗址存在着以商品或白土（高岭土）为形式的产品交换。然而，单个样品不足以代表聚落的整体面貌，遗址周边也分布着小山口、古台寺[1]、芦城子[2]和桃山集等多个大汶口文化至龙山文化时期遗址，对于聚落内陶器的生产、消费和流通等问题的分析，需结合金寨与周边聚落关系的问题进行下一步考察。

总体来看，此次样品化学组成模式可以划分成两类，就陶土而言，至少存在着两个以上的原料取土地点。其中第Ⅱ类高铝质黏土的来源呈现出分散性且多元化的特点，反映出聚落内陶器选料传统和制作工艺的复杂性。为阐释这一现象，下文结合出土背景和相关器形进行分析。

（三）化学元素与出土单位

陶土和羼和料是影响陶器化学成分的主要因素，而原料的选取与自然环境、制陶者的技术认知、文化传统和消费需求等密切相关。而古代聚落研究中，探究陶器与人的社会关系问题离不开出土背景的考察。因此次样品多出自墓葬，下文重点观察陶器化学元素与墓葬等级、墓地空间分布、器形和期别的关系，以期为金寨陶器多元性特点做出合理的解释。

[1]　中国社会科学院考古研究所安徽队：《安徽宿县小山口和古台寺遗址试掘简报》，《考古》1993年第12期，第1062～1075页。

[2]　叶润清：《安徽省宿州市芦城子遗址发掘简报》，《文物研究（第九辑）》，黄山书社，1994年。安徽省文物考古研究所、宿州市文物管理局、宿州市博物馆：《宿州芦城孜》，科学出版社，2016年。

1. 陶器化学元素的阶段性特征

主成分分析图显示（图 12-9），金寨遗址东区墓葬不同期别出土的陶器制作原料差异较大，存在明显的阶段特征，其样品分布模式与出土背景也存在一定的相关性和规律性。

在早期阶段，墓葬区内陶器制作原料多集中在第Ⅰ类，由普通易熔性黏土制作而成，存在少量高铝质黏土原料。其中，第Ⅰ类样品集中分布在 B 区，反映出该组陶器相对稳定的陶土来源和生产技术，区别于 A 组陶器聚集于本地红黏土的特征，B 区陶器可能存在着不同的取土地点和原料配方。而其他零星分布的陶器样品则表明金寨遗址一期陶器至少存在三个或三个以上的原料取土地点，其陶器来源较为多元复杂。

中期阶段，墓葬区内陶器化学元素构成呈现出两极分化的发展趋势，由普通易熔性黏土和高铝质黏土制作的陶器数量大致相当，且两类陶器的分布相对集中。其中第Ⅰ类低铝质陶器均集中在 A 区，由遗址周围红黏土制作而成，具有明显本地生产的特征。这表明，二期陶器生产的原料取土点已经发生转移，部分居民沿用继承早期的制陶传统，发展出相对稳定且持续使用的取土地。同时，二期陶器原料低铝质和高铝质原料的二元分布格局，反映出这一阶段金寨遗址与周边聚落存在着持续稳定的文化互动。

晚期阶段，陶器随葬品的制作原料发生了明显的变化，主要表现在高铝质陶器数量的大幅度增加，远超由本地黏土生产的陶器。区别于早中期相对集中的分布模式，晚期阶段两类陶器的分布模式均呈现出较大的分散性特点，指示金寨遗址晚期阶段陶器生产原料或产品来源的多元化发展趋势。

由此可以看出，金寨遗址墓葬区内陶器的烧制从早到晚出现了由相对集中到分散的发展过程，其生产工艺和原料来源发生了巨大的变化。高铝质陶器数量的持续增加或反映出聚落内人群互动和文化交流的加剧，而具体到社会层面，这一变化发展趋势或有更深层次的含义。为此，我们结合器形及社会背景进行进一步观察。

2. 陶器成分与器物类别的关系

结合样品的器形分布模式看（图 12-10），器物类别与黏土原料的类别划分关系不明显，即器物的类别、形制与陶器的产地和矿料来源没有必然的联系，化学元素表现出高铝质黏土原料的陶器在器类构成上具有多样性，即包括具有屈家岭文化风格的彩绘陶壶、壶型鼎，也包括罐形鼎、背壶、鬶、豆等大汶口文化典型器物组合。

具体到随葬陶器的特殊器类，如具有良渚文化特色的盆形鼎（M64：53）、大河村文化风格的曲腹盆（M87：22），但化学元素显示其为本地黏土制作而成，表明该类器形对外来文化风格的仿制。再如墓葬中 3 件壶型鼎，其羼合料种类各不相同，但陶土原料均由高铝质黏土制作而成，具备外来产品的可能性，而 M64 中出土的 1 件壶型鼎（M64：37）胎体所掺杂的褐色陶渣却为金寨聚落早期流行的制作工艺，表现出羼合料的传统性和黏土原料的外来性，是聚落不同文化传统先民进行文化交流和融合的结果。另外，以 M87 为代表的墓葬中出土较多盂形杯、彩绘陶壶、壶型鼎等具有明显屈家岭文化风格的器物，其制作工艺、化学元素和岩相特征均指向其为外来产品的可能性。

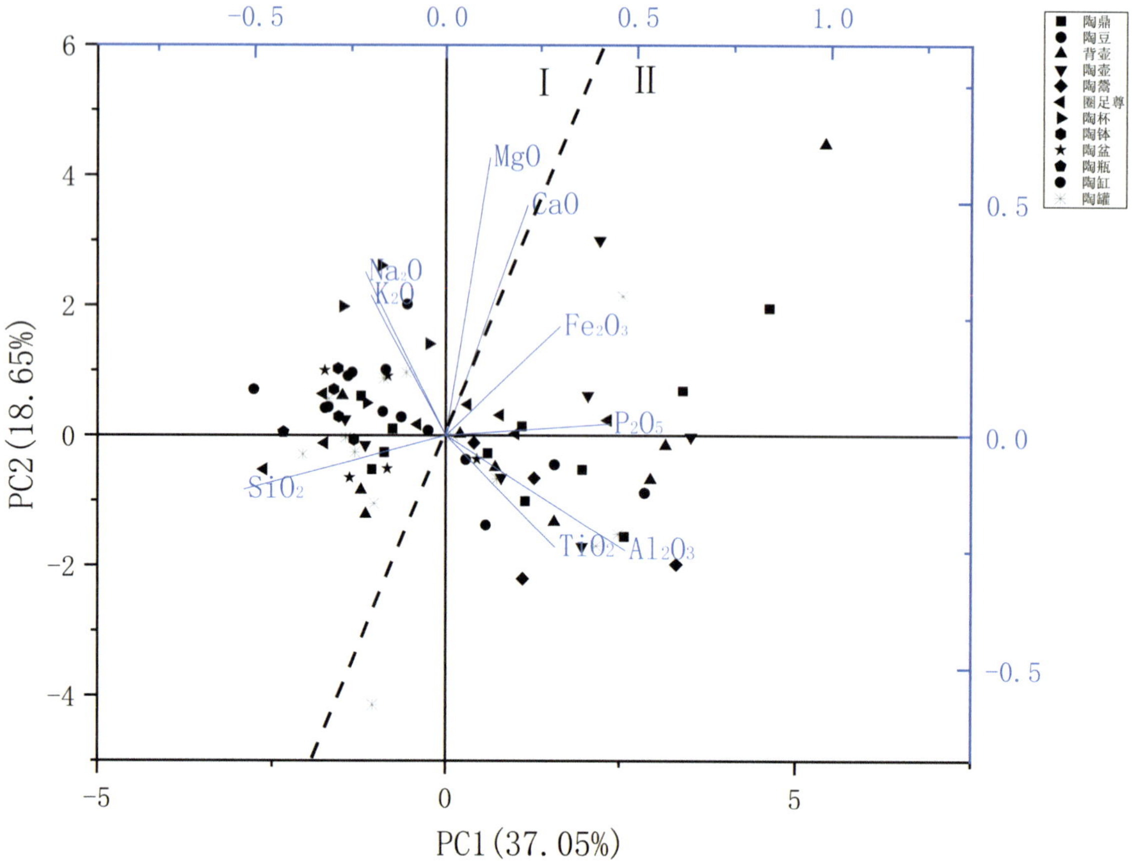

图12-10　不同器物类型的化学元素分布模式（85个样品）

据此，金寨墓葬随葬陶器大体包括以下三种情况：一、陶器原料和羼合料及器形均表现出本地生产的现象，以大汶口文化典型器物组合占大多数。二、器形具有外来文化风格的器物如良渚文化特色的盆形鼎、大河村文化风格的曲腹盆，黏土原料与本地相似，制陶工艺显示出本地传统，应为器形的仿制品，反映文化的交流与融合。三、制陶技术、器物风格和黏土原料均显示出明显的外来性，以屈家岭文化风格器物较多，应为人群交流的附带产品。

上述分析表明，不论是普通易熔性黏土还是高铝质黏土，其陶器的生产不存在专业化分工的现象，陶器原料以及同一类别不同器物风格的差异，应更多地受到陶器使用者和所有者的影响，与背后人群的技术传统和文化偏好密切相关。

3. 陶器原料与墓葬空间分布

一般情况下，墓葬在空间上体现出的稀疏密集和成群分组等现象在一定程度上反映了古代人群的亲缘关系，金寨遗址东区墓葬分组分群现象十分明显，打破关系较少，同期墓葬多陈列分布，排列规整，墓向一致，墓地经过事先规划。结合部分墓葬多人合葬的现象，可初步认为，金寨聚落至少存在着核心家庭和扩大式家庭两层社会组织单位，社会群体之间的维系多以血缘关系为纽带，个体之间表现出较强的凝聚力，而这一凝聚力在随葬陶器中也有所体现。

结合主成分分析（图 12-9）和墓葬空间分布情况来看，空间距离相近的墓葬中出土陶器在化学元素和制陶工艺上表现出一定的共通性。如 M57、M75、M80、M64、M69 等均属于前后相邻的两排，其随葬品大多数由第Ⅰ类普通易熔性黏土制作而成，表现出较为相似的陶器生产工艺和原料来源。其中，M69和M64两座墓葬内出土陶器原料多集中分布于第Ⅰ类B区，其墓主所属的社会单位或有着固定的制陶作坊和矿料来源，并在发展过程中继承延续了一定的陶器生产技术，存在家庭手工业作坊的可能性。

4. 陶器成分与墓葬等级

在中国古代墓葬研究中，墓葬规模、葬具、随葬品的数量和种类是划分墓葬等级的重要指标，是否存在合葬墓、合葬个体数量也需纳入墓主社会财富的考察范畴。金寨遗址墓葬均为土坑竖穴墓，考虑到部分墓葬中存在的3～7人合葬现象，发掘者将墓葬面积和随葬品以个体数量进行等分，以获取墓葬中个体的人均财富值，将金寨墓葬大体划分为大、中、小型墓葬（表12-2）。其中大型墓葬仅2座，早期以M64为代表，随葬品86件，占东区墓葬之首，包括20余件精美的玉器，且随葬陶器通体饰红彩，墓葬内出土玉、陶随葬品具有明显良渚文化风格；晚期以M87为代表，随葬59件陶器，其中不乏精美的彩绘陶、白陶和蛋壳陶，其彩绘陶器为典型屈家岭文化特色。在墓葬面积上，两座大墓表现出与陶器相当的规模，其中M64面积更是高达5.3平方米，表现出墓主较高的社会财富和地位，应是金寨早期聚落的权贵阶层。

表12-2　金寨遗址墓葬等级与陶土原料对应表

	墓葬数量	普通易熔性黏土（第Ⅰ类）		高铝质黏土（第Ⅱ类黏土）	
		数量	平均值	数量	平均值
小型墓葬	5	4	0.8	6	1.2
中型墓葬	15	29	1.9	19	1.3
大型墓葬	2	13	6.5	8	4

通过对墓葬等级与黏土原料进行对比，表12-2所示，聚落中大多数墓葬随葬陶器以第Ⅰ类普通易熔性黏土制作，少部分为高铝质黏土，且以大型墓葬出土的高铝质陶器数量最多。尽管选取样品时在一定程度上受到随葬品数量的影响，但该数据仍可反映一定的趋向，即大型墓葬的墓主所拥有的社会资源更多，其社会关系网络更发达，随葬品中拥有外来产品的可能性也越大。

古代墓葬研究者认为，墓主生前的社会地位及亲属集团在葬礼中扮演着重要的角色，丧葬活动中葬俗及随葬品的摆放形式可能反映了墓主生前亲缘关系的社会行为，且随葬品可能来自不同的个人或社会集团[1]。因此，上述两座大型墓葬中，在器物风格和黏土原料表现出多元性的陶器或为墓主生前社会关系中不同的个人或社会集团的祭品，具有仪式化和象征化意义，而对于墓葬中同时出土的大汶口文化风格器物，应是金寨聚落内不同人群的社会身份和文化认同的反映。

[1]　刘莉：《山东龙山文化墓葬形态研究——龙山时期社会分化、礼仪活动及交换关系的考古学分析》，《文物世界》1999年第2期，第33～34页。

新石器时代中晚期以后，随着陶器生产方式逐渐超越了自给自足的家庭生产，以交换为目的的规模化陶器生产日渐兴盛[1]。一般来说，陶器的交换存在着几种不同的模式：政治互惠、贸易与交换、战争、联姻及人群迁徙等可能性。从贸易角度来看，规模化的生产更容易催生大规模的贸易交换网络，一定规模的陶器生产作坊是远距离贸易和交换的基础。而金寨遗址具有外来特征的高铝质陶器在器形、制作工艺和化学元素上均未显示出一定的规模化和规律性，结合金寨遗址三面环山的地理环境，贸易不是导致金寨遗址陶器多元化的主要动力。

通过上文分析可知，墓葬区内两座大型墓葬（M64、M87）分别代表了金寨聚落早晚墓葬等级分布格局，其中M64出土有较多盆形鼎、双鼻壶及玉器等具有良渚文化风格器物，化学成分显示其为本地黏土制作，应为仿制品；而M87内高铝质黏土比重较高，随葬器物在组合、装饰风格和黏土原料上都具有明显的屈家岭文化风格，或为文化交流的附带产品。而从两座大型墓葬中同时出土的典型大汶口文化器物来看，金寨聚落与周边地区的文化交流，应以人群的移动为主要形式，或包括族群通婚、人群迁徙或定居等可能性。

五　结论

本文尝试通过陶器的原料配方和选料传统来探讨金寨遗址内的制作技术和陶器产源。金寨遗址随葬陶器的化学元素分析表明，样品的黏土原料大体可以划分为两大类，第Ⅰ类为普通易熔性黏土，使用本地黏土制作。第Ⅱ类陶器由高铝质耐火黏土制作而成，样品组合模式呈现出多元化、分散化特点，指向胎体中掺杂草木灰的制作工艺，具备外来产品的可能性。两类黏土具有明显的阶段性特征，早期多为本地制作，至晚期第Ⅱ类高铝质黏土逐渐增多，或表明金寨聚落晚期人群流动和文化交流的频繁性。在器类上，器物风格与黏土类别不存在明显的规律性和相关性，部分具有良渚文化特色的盆形鼎、双鼻壶及大河村特色曲腹盆的原料化学成分与本地黏土类似，为器形的仿制品。而晚期大量屈家岭文化特色陶器的出现，其制作工艺、陶器原料、羼合料和器物风格均指向明显的外来性，应与人群流动和迁徙和族群通婚等社会行为密切相关，为人群移动的附带品。在墓葬空间关系上，金寨墓葬分组、分群现象较为明显，结合部分2～7等多人合葬的葬制葬俗，金寨聚落至少存在着以血缘关系为纽带的核心家庭和扩大式家庭两层社会组织单位，而同一墓群内随葬陶器在制作工艺、器物形制和化学元素上的共通性表明墓主所在社会单位较强的凝聚力和团结力。在墓葬等级上，以大型墓葬随葬陶器的黏土原料、制作工艺和器物风格最具多元性和复杂性，应是墓主生前社会关系网络的表征，其随葬陶器或为墓主生前不同单位的亲属集团和个人提供的祭品，代表了墓主较高的社会地位和财富。在器物流通上，金寨遗址与周边地区存在以陶器或陶土为主的贸易交换的可能性较小，外来产品的出现可能只是人群移动的附带现象，或包括族群通婚、人群迁徙和定居等可能性。

可以看出，金寨遗址与周边地区的文化互动在陶器的化学成分和原料选择上表现得非常明显。陶器技术风格的异质性应该与不同考古学文化之间的人口扩张和资源竞争密切相关。在社会

[1]　文德安著，卢建英译：《工艺生产与中国古代社会的复杂化进程》，《南方文物》2007年第1期，第105～112页。

复杂化进程中，不同地区的考古学开展了以“中原为核心的”文化进程[1]，发源于黄河下游地区的大汶口文化南下、西迁，占据了淮河北部一带，随着环太湖地区的良渚文化北上与大汶口文化发生碰撞，淮北一带开始出现“文化两合”[2]现象，之后，长江中游的屈家岭文化北上进入中原地区，部分人群的东迁进入淮河流域。在上述文化的扩张中，金寨遗址成为中国南北文化交流的重要混合点或交汇点，形成了金寨遗址特殊的文化景观。受到周边大型文化的不断冲击，金寨遗址的文化体系呈现出极大的不稳定性和流动性。鼎、豆、鬶、壶等器物组合表明可能是在大汶口文化的南缘占领，随后良渚文化和屈家岭文化的元素涌入，并出现在高等级墓葬中，陶器可能成为不同人群展示自己社会身份和文化认同的象征性器物。然而，金寨聚落内不同文化的互动是基于资源和政治权力的竞争，还是通婚和贸易等和平共处，是今后需要从多元角度深入探讨的问题。至于金寨陶器组合化学成分中异质性陶器的产源，还需要进一步的区域调查和不同地区的样本比较。

附表12-1　金寨遗址墓葬区出土陶器样品陶胎的主、次量化学元素组成

编号	器型	出土单位	Al2O3	SiO2	P2O5	K2O	CaO	TiO2	MgO	Fe2O3	Na2O	Total	SiO2/Al2O3	RxOy/Al2O3
JZ-1	盂形鼎	M69：22	18.997	61.319	3.020	3.474	1.305	1.094	1.309	8.390	0.614	99.521	3.228	1.036
JZ-2	盂形鼎	M75：10	19.946	56.932	2.099	3.575	1.380	1.228	1.445	11.732	0.529	98.866	2.854	1.159
JZ-3	罐形鼎	M80：9	19.649	59.883	1.465	3.582	1.403	1.047	1.436	10.427	0.599	99.490	3.048	1.042
JZ-4	盆形鼎	M64：53	21.132	59.733	2.967	2.950	1.251	0.960	1.353	8.256	0.957	99.559	2.827	0.905
JZ-5	壶形鼎	M64：37	23.849	52.587	6.198	2.999	1.468	1.222	1.170	9.524	0.592	99.608	2.205	0.988
JZ-6	罐形鼎	M58：22	23.898	53.914	4.767	2.893	2.188	1.020	1.625	8.672	0.440	99.417	2.256	0.928
JZ-7	罐形鼎	M84：11	23.695	56.250	1.773	2.813	1.665	0.986	1.474	9.884	0.405	98.945	2.374	0.846
JZ-8	壶形鼎	M76：16	23.292	43.605	10.289	2.924	3.416	0.976	1.831	12.170	0.620	99.121	1.872	1.421
JZ-9	壶型鼎	M87：11	22.357	54.061	7.162	2.693	1.982	0.944	1.526	7.776	0.893	99.393	2.418	1.055
JZ-10	罐形鼎	M87：31	24.328	48.981	5.495	2.805	2.563	1.060	1.891	11.453	0.633	99.208	2.013	1.097
JZ-11	罐形鼎	M60：18	19.737	61.667	1.382	2.477	1.863	0.894	1.900	8.456	0.874	99.250	3.125	0.942
JZ-12	陶豆	M69：28	19.430	65.114	0.740	2.815	1.528	0.856	1.960	6.219	1.034	99.695	3.351	0.795
JZ-13	陶豆	M80：6	19.847	61.586	0.529	2.815	1.669	0.906	2.075	8.846	0.862	99.134	3.103	0.935
JZ-14	陶豆	M57：8	19.243	62.797	1.742	2.817	1.679	0.932	1.723	7.680	0.897	99.509	3.263	0.933
JZ-15	陶豆	M64：49	19.809	60.985	1.002	2.797	1.670	0.862	1.960	9.250	0.866	99.201	3.079	0.970
JZ-16	陶豆	M58：13	22.949	53.056	7.926	2.558	1.625	0.968	1.399	8.145	0.885	99.510	2.312	1.046
JZ-17	陶豆	M67：12	20.795	59.494	2.733	2.987	1.803	0.946	1.578	8.396	0.810	99.541	2.861	0.948
JZ-18	陶豆	M73：14	21.271	58.519	2.604	3.075	1.663	1.100	1.611	9.134	0.626	99.602	2.751	0.950
JZ-19	陶豆	M84：7	20.522	59.527	2.898	2.988	1.952	0.893	1.951	7.909	0.867	99.507	2.901	0.972
JZ-20	陶豆	M76：1	20.983	60.697	2.432	2.592	1.695	0.921	1.935	7.407	0.932	99.594	2.893	0.873
JZ-21	陶豆	M87：15	20.427	57.363	2.885	3.223	1.696	0.882	2.426	9.651	0.941	99.493	2.808	1.087
JZ-22	陶豆	M60：11	25.630	51.561	5.319	2.130	1.201	1.036	2.028	9.868	0.769	99.542	2.012	0.890
JZ-23	陶豆	M68：3	20.129	63.453	0.571	2.553	1.701	0.904	2.042	7.340	0.882	99.575	3.152	0.816
JZ-24	陶豆	M70：2	22.177	58.648	2.533	2.663	1.724	1.027	1.168	9.121	0.468	99.529	2.645	0.865

[1] 赵辉：《以中原为中心的历史趋势的形成》，《文物》2000年第1期，第41～47页。
[2] 高广仁：《花厅墓地“文化两合现象”的分析》，《东南文化》2000年第9期，第25～30页。

续表

编号	器型	出土单位	Al2O3	SiO2	P2O5	K2O	CaO	TiO2	MgO	Fe2O3	Na2O	Total	SiO2/Al2O3	RxOy/Al2O3
JZ-25	背壶	M69：17	20.310	62.039	2.995	3.112	1.210	1.103	1.067	6.976	0.822	99.633	3.055	0.869
JZ-26	背壶	M62：13	23.223	54.204	6.214	2.574	1.391	1.020	1.046	9.174	0.741	99.589	2.334	0.972
JZ-27	背壶	M64：39	19.189	61.969	4.589	2.872	1.456	1.081	1.105	6.457	0.930	99.649	3.229	0.982
JZ-28	背壶	M58：10	20.819	56.494	6.156	3.034	1.714	0.979	1.338	8.191	0.840	99.565	2.714	1.090
JZ-29	背壶	M59：6	19.539	62.803	0.970	2.623	1.876	0.903	1.939	8.180	0.817	99.649	3.214	0.904
JZ-30	背壶	M67：8	22.138	55.783	5.846	2.663	1.689	0.983	1.212	8.394	0.895	99.604	2.520	0.997
JZ-31	背壶	M76：14	22.603	50.591	10.759	2.243	2.173	1.069	1.344	7.942	0.789	99.512	2.238	1.186
JZ-32	背壶	M87：16	25.410	51.287	5.467	2.287	1.570	1.104	2.614	9.145	0.717	99.600	2.018	0.917
JZ-33	背壶	M72：9	23.913	45.885	4.866	2.674	6.572	1.030	3.163	11.109	0.259	99.470	1.919	1.263
JZ-34	双耳壶	M57：13	20.159	62.512	0.846	2.779	1.594	0.931	1.836	8.071	0.819	99.545	3.101	0.860
JZ-35	陶壶	M62：11	24.705	49.770	5.851	2.707	1.419	1.206	2.472	10.695	0.701	99.526	2.015	1.033
JZ-36	陶壶	M57：15	21.953	56.325	6.027	2.642	1.753	1.035	1.359	7.649	0.821	99.564	2.566	0.990
JZ-37	陶壶	M76：19	21.819	50.990	8.687	2.460	3.072	0.878	3.374	7.353	0.836	99.469	2.337	1.246
JZ-38	陶壶	M87：29	24.086	55.618	4.413	2.340	1.313	1.182	1.686	8.220	0.664	99.522	2.309	0.843
JZ-39	陶壶	M87：9	23.733	52.957	5.869	2.364	1.466	0.990	2.851	8.556	0.786	99.572	2.231	0.982
JZ-40	陶壶	M60：3	20.596	61.585	1.829	2.771	1.451	0.944	1.620	7.993	0.838	99.627	2.990	0.865
JZ-41	陶鬶	M84：10	21.955	55.334	4.980	3.052	1.753	1.102	1.348	9.340	0.586	99.450	2.520	1.034
JZ-42	陶鬶	M61：12	21.304	57.932	4.139	2.805	1.389	1.197	0.863	9.498	0.399	99.527	2.719	0.975
JZ-43	陶鬶	M70：11	25.296	52.555	6.003	1.741	1.357	1.155	1.728	9.121	0.668	99.622	2.078	0.876
JZ-44	陶鬶	M72：6	22.111	57.657	1.751	3.172	1.542	1.025	1.764	10.027	0.556	99.605	2.608	0.915
JZ-45	圈足尊	M69：38	17.869	65.300	3.144	2.959	1.293	0.996	1.240	5.831	0.930	99.564	3.654	0.942
JZ-46	圈足尊	M75：5	19.308	64.214	0.602	2.689	1.634	0.973	1.701	7.731	0.768	99.621	3.326	0.853
JZ-47	圈足尊	M64：18	22.252	56.425	2.461	3.542	1.496	1.053	1.825	9.722	0.756	99.530	2.536	0.958
JZ-48	圈足尊	M86：3	21.038	55.242	6.276	2.762	2.184	0.959	1.425	8.653	0.808	99.347	2.626	1.128
JZ-49	圈足尊	M82：2	23.746	51.963	6.375	2.453	1.359	0.988	2.493	9.478	0.711	99.566	2.188	1.023
JZ-50	圈足尊	M83：4	21.186	54.238	7.784	2.871	2.092	0.969	1.163	8.406	0.825	99.533	2.560	1.160
JZ-51	圈足尊	M87：2	18.780	63.384	1.131	2.574	1.855	0.911	1.837	8.229	0.887	99.587	3.375	0.950
JZ-52	圈足尊	M60：4	20.660	59.883	1.371	2.714	1.685	0.953	1.743	9.858	0.711	99.578	2.899	0.942
JZ-53	盂形杯	M84：17	19.627	60.005	2.255	3.410	1.820	0.897	2.286	8.266	0.985	99.552	3.057	1.038
JZ-54	盂形杯	M87：36	20.002	58.766	1.101	3.530	2.089	0.918	2.658	9.595	0.876	99.534	2.938	1.061
JZ-55	单耳杯	M58：8	19.978	60.856	2.501	2.712	1.582	0.898	1.827	8.308	0.890	99.553	3.046	0.959
JZ-56	圈足杯	M61：1	20.401	56.451	4.785	3.280	1.752	0.892	1.941	9.212	0.882	99.595	2.767	1.135
JZ-57	陶钵	M69：11	20.934	61.243	1.775	2.765	1.459	0.949	1.359	8.027	1.074	99.586	2.925	0.851
JZ-58	陶钵	M80：1	20.008	62.520	1.371	2.688	1.699	0.943	1.684	7.709	0.968	99.589	3.125	0.873
JZ-59	陶钵	M73：29	19.466	61.864	1.585	2.869	1.788	0.870	2.020	8.315	0.850	99.628	3.178	0.959
JZ-60	陶钵	M68：8	19.286	63.275	0.470	2.361	1.915	0.925	2.068	7.954	0.936	99.191	3.281	0.904
JZ-61	陶盆	M64：22	20.664	60.788	2.989	2.639	1.593	0.981	1.253	7.824	0.920	99.651	2.942	0.898
JZ-62	陶盆	M64：56	19.846	62.874	2.352	2.582	1.467	1.023	1.311	7.260	0.960	99.675	3.168	0.871
JZ-63	陶盆	M58：26	19.734	59.386	3.444	2.982	1.887	0.930	1.749	8.555	0.906	99.571	3.009	1.058
JZ-64	陶盆	M76：20	21.189	56.815	6.159	2.578	1.768	0.999	1.323	7.854	0.904	99.588	2.681	1.038
JZ-65	陶盆	M87：22	19.265	62.656	0.855	2.879	1.931	0.896	1.959	8.168	0.854	99.462	3.252	0.938
JZ-66	陶瓶	M72：8	19.335	64.516	0.646	2.664	1.563	0.896	1.416	7.621	0.991	99.648	3.337	0.835
JZ-67	陶缸	M64：20	21.691	59.041	1.809	2.812	1.674	0.914	1.749	9.127	0.681	99.496	2.722	0.888
JZ-68	敛口罐	M87：17	20.041	62.793	0.651	2.564	1.733	0.896	1.578	8.430	0.781	99.466	3.133	0.857

续表

编号	器型	出土单位	Al2O3	SiO2	P2O5	K2O	CaO	TiO2	MgO	Fe2O3	Na2O	Total	SiO2/Al2O3	RxOy/Al2O3
JZ-69	有领罐	M69：31	23.179	57.565	3.351	2.319	1.314	1.053	1.962	7.974	0.883	99.599	2.484	0.831
JZ-70	有领罐	M64：14	19.769	61.331	3.692	2.891	1.582	0.968	1.217	7.226	0.940	99.616	3.102	0.956
JZ-71	有领罐	M77：7	20.055	58.042	4.725	3.114	1.928	0.909	1.700	8.179	0.890	99.542	2.894	1.092
JZ-72	鼓腹罐	M69：16	20.162	64.564	0.501	2.953	1.337	0.981	1.733	6.625	0.828	99.684	3.202	0.758
JZ-73	鼓腹罐	M57：16	21.300	57.325	5.429	2.635	1.672	0.962	1.568	7.682	0.947	99.520	2.691	1.003
JZ-74	鼓腹罐	M64：55	21.710	61.922	1.553	2.687	1.556	0.980	1.117	7.247	0.847	99.617	2.852	0.754
JZ-75	鼓腹罐	M58：20	19.876	59.960	2.862	2.922	1.939	0.923	1.837	8.376	0.861	99.556	3.017	1.014
JZ-76	鼓腹罐	M84：12	23.600	52.658	8.248	2.077	1.709	1.013	1.196	8.388	0.682	99.570	2.231	1.006
JZ-77	鼓腹罐	M87：1	23.121	51.556	5.571	2.299	2.081	1.005	3.574	9.482	0.847	99.535	2.230	1.095
JZ-78	鼓腹罐	M60：15	23.933	53.887	5.816	2.280	1.421	1.095	1.163	9.276	0.729	99.600	2.252	0.927
JZ-79	圆腹罐	M77：8	20.019	62.709	1.183	3.025	1.686	0.912	1.969	7.301	0.784	99.588	3.132	0.863
JZ-80	白陶罐	G8⑦：17	23.349	67.633	0.484	1.938	1.819	0.977	0.803	2.647	0.100	99.751	2.897	0.386
JZ-81	红烧土	17XTE5 N27④-1	15.964	64.738	0.518	2.504	1.330	0.838	1.314	5.423	0.869	93.499	4.055	1.209
JZ-82	灰白高岭土	白土镇	23.900	61.900	0.244	2.490	0.526	0.866	0.927	2.210	0.081	93.144	2.590	0.597
JZ-83	紫色高岭土	白土镇	22.376	54.838	0.143	1.905	0.334	0.662	0.733	14.204	0.103	95.297	2.451	1.018
JZ-84	黑淤泥	墓葬区东部沟底	19.746	63.778	0.159	3.459	1.539	0.887	1.939	7.332	0.770	99.608	3.230	0.834
JZ-85	红黏土	遗址西北部坡地	20.499	63.635	0.129	3.179	1.345	0.932	1.988	7.137	0.759	99.603	3.104	0.774
JZ-86	池塘泥	遗址正西部池塘	18.464	66.624	0.146	3.075	2.021	0.906	1.740	5.858	0.739	99.574	3.608	0.808

附表12-2　墓葬区XRF标本制作信息表

编号	器型	取样部位	出土单位	陶色	陶质	制法	纹饰	期别
JZ-1	盂形鼎	口沿	M69：22	红陶灰胎	鼎身泥质，鼎足夹陶渣类	手制，泥条筑成	鼎足足面饰按窝	一期1段
JZ-2	盂形鼎	口沿	M75：10	红陶	夹陶渣类	手制	器表施一层红陶衣；上腹部两侧有　手；鼎足足面饰纵向排列按窝	一期1段
JZ-3	罐形鼎	口沿	M80：9	红陶	夹陶渣类	手制	器表施一层红陶衣；鼎足足面饰两个横向按窝	一期1段
JZ-4	盆形鼎	口沿	M64：53	黑皮灰胎	泥质	手制，泥条筑成	通体施红彩	一期2段
JZ-5	壶形鼎	腹部	M64：37	橙黄陶	夹陶渣类	手制	肩腹部有四道附加堆纹，堆纹上有戳印纹；鼎足足面有按窝	一期2段
JZ-6	罐形鼎	鼎足	M58：22	红褐陶	夹植物类	手制	鼎足两侧有纵向刻槽	二期3段
JZ-7	罐形鼎	腹部	M84：11	红褐陶	夹蚌壳类	手制	下腹部饰一周凸棱，足根有1个按窝	三期4段
JZ-8	壶形鼎	腹部	M76：16	红陶	夹蚌壳类	手制，泥条筑成	外底有刮削而成的篮纹，鼎足足面有斜向凹窝	三期5段
JZ-9	壶型鼎	上腹部	M87：11	红陶灰胎	上腹部泥质，下腹部夹细白色砂粒	手制	上腹外壁施一层深红色陶衣；鼎足足面有两个按窝	三期5段

续表

编号	器型	取样部位	出土单位	陶色	陶质	制法	纹饰	期别
JZ-10	罐形鼎	腹部	M87：31	红褐色	夹蚌壳	手制	下腹部外底有刮削的篮纹；鼎足足面有1个按窝	三期5段
JZ-11	罐形鼎	腹部	M60：18	红陶	夹蚌壳	手制	素面	三期6段
JZ-12	陶豆	豆盘	M69：28	黑皮褐陶	泥质	手制	圈足上有圆形镂孔和7周细凹弦纹	一期1段
JZ-13	陶豆	豆盘	M80：6	黑皮红褐胎	泥质	手制	柄部饰密集圆孔，上部一周4个大镂孔，下部两周小镂孔，镂孔下饰两周凹弦纹。	一期1段
JZ-14	陶豆	口沿	M57：8	黑皮红胎	泥质	手制	圈足饰大三角形镂孔	一期2段
JZ-15	陶豆	豆盘	M64：49	黑皮红胎	泥质	手制	柄部饰圆形镂孔	一期2段
JZ-16	陶豆	柄部	M58：13	橙黄陶灰胎	泥质	手制	柄部为凹弦纹、圆形和三角形镂孔间隔排列，分布密集	二期3段
JZ-17	陶豆	口沿	M67：12	黑陶	泥质	手制，柄部上下套接	柄部纹饰为圆形、长条形和三角形镂孔间隔分布	二期3段
JZ-18	陶豆	豆盘	M73：14	灰陶红胎	夹陶渣类	手制	柄部纵向分布圆形镂孔	二期3段
JZ-19	陶豆	柄部	M84：7	黑陶灰胎	泥质	手制	柄部饰一周倒三角形镂孔	三期4段
JZ-20	陶豆	豆盘	M76：1	黑皮灰胎	泥质	手制	柄部饰两周弧线三角镂孔	三期5段
JZ-21	陶豆	豆盘	M87：15	灰皮红胎	泥质	手制	素面	三期5段
JZ-22	陶豆	豆盘	M60：11	红陶灰胎	泥质	手制	柄部饰三个圆形大镂孔	三期6段
JZ-23	陶豆	口沿	M68：3	黑皮红胎	泥质	手制	双腹豆，矮圈足	三期6段
JZ-24	陶豆	口沿	M70：2	黑皮红胎	泥质	手制	柄部圆形小镂孔和大半圆形镂孔	三期6段
JZ-25	背壶	腹部	M69：17	红陶	泥质	手制	素面	一期1段
JZ-26	背壶	腹部	M62：13	黑皮红胎灰芯	泥质	手制	器表刻划网格纹	一期2段
JZ-27	背壶	腹部	M64：39	黑皮红胎灰芯	泥质	手制	器表有红彩，红彩脱落严重	一期2段
JZ-28	背壶	腹部	M58：10	灰陶橙黄胎	泥质	手制	素面	二期3段
JZ-29	背壶	腹部	M59：6	黑皮红胎	泥质	手制，慢轮修整	素面	二期3段
JZ-30	背壶	颈部	M67：8	黑皮红胎	泥质	手制	素面	二期3段
JZ-31	背壶	腹部	M76：14	灰陶	泥质	手制	素面	三期5段
JZ-32	背壶	腹部	M87：16	灰陶	泥质	手制	素面	三期5段
JZ-33	背壶	腹部	M72：9	灰陶	泥质	手制	素面	三期6段
JZ-34	双耳壶	颈部	M57：13	黑皮红褐陶	泥质	手制	素面	一期2段
JZ-35	陶壶	腹部	M62：11	橙黄陶灰胎	泥质	手制	下腹部饰一周凸棱	一期2段
JZ-36	陶壶	腹部	M57：15	橙黄陶灰胎	泥质	手制	鼓腹处饰三周凸棱	一期2段
JZ-37	陶壶	腹部	M76：19	灰陶	泥质	手制	素面	三期5段
JZ-38	陶壶	腹部	M87：29	红陶灰胎	泥质	手制	肩部残存少量黑色弧线彩绘	三期5段
JZ-39	陶壶	腹部	M87：9	灰陶	泥质	手制	素面	三期5段

续表

编号	器型	取样部位	出土单位	陶色	陶质	制法	纹饰	期别
JZ-40	长颈壶	颈部	M60：3	黑皮红胎	泥质	手制	素面	三期6段
JZ-41	陶鬶	腹部	M84：10	黑皮红胎	夹褐色陶渣	手制	素面	三期4段
JZ-42	陶鬶	腹部	M61：12	红褐陶	夹蚌壳/植物	手制	鼓腹处饰一周凸棱	三期6段
JZ-43	陶鬶	腹部	M70：11	红陶灰胎	腹部夹蚌壳，盲鼻夹少量褐色陶渣	手制，泥条筑成法	素面	三期6段
JZ-44	陶鬶	鬶足	M72：6	黑皮红胎	夹蚌壳	手制	腹部饰一周凸棱	三期6段
JZ-45	圈足尊	腹部	M69：38	黑衣灰褐陶	泥质	手制	素面	一期1段
JZ-46	圈足尊	腹部	M75：5	红褐陶	泥质	手制	器表施红彩	一期1段
JZ-47	圈足尊	腹部	M64：18	黑皮橙黄胎	泥质	手制	圈足饰圆形镂孔	一期2段
JZ-48	圈足尊	口沿	M86：3	红褐陶	泥质	手制	腹下饰一周凸棱，凸棱上小按窝	二期3段
JZ-49	圈足尊	腹部	M82：2	灰陶，薄胎	泥质	手制	素面	三期4段
JZ-50	圈足尊	腹部	M83：4	灰陶，厚胎	泥质	手制	素面	三期4段
JZ-51	圈足尊	腹部	M87：2	黑皮红褐胎	泥质	手制	腹部有数周凸弦纹，圈足施圆形镂孔	三期5段
JZ-52	圈足尊	腹部	M60：4	黑皮红陶	泥质	手制	素面	三期6段
JZ-53	盂形杯	腹部	M84：17	黑皮红褐胎	泥质	手制	折腹处饰一周凸棱	三期4段
JZ-54	盂形杯	腹部	M87：36	黑皮红褐胎	泥质	手制	圈足饰小镂孔	三期5段
JZ-55	单耳杯	腹部	M58：8	黑陶	泥质	手制	竖耳，耳面饰4道纵向刻槽	二期3段
JZ-56	圈足杯	腹部	M61：1	黑皮灰胎	泥质	手制	素面	三期6段
JZ-57	陶钵	腹部	M69：11	红陶	泥质	手制	素面	一期1段
JZ-58	陶钵	腹部	M80：1	黑皮灰胎	泥质	手制	素面	一期1段
JZ-59	陶钵	腹部	M73：29	灰皮红胎	泥质	手制	素面	二期3段
JZ-60	陶钵	腹部	M68：8	黑皮褐陶	泥质	手制	素面	三期6段
JZ-61	陶盆	腹部	M64：22	红陶，薄胎	泥质	手制	口内壁饰4周凸棱，腹部饰一对鸡冠耳	一期2段
JZ-62	陶盆	腹部	M64：56	红陶	泥质	手制	素面	一期2段
JZ-63	陶盆	腹部	M58：26	黑皮红褐胎	泥质	手制	腹部饰一对鸡冠耳	二期3段
JZ-64	陶盆	腹部	M76：20	灰陶	泥质	手制	素面	三期5段
JZ-65	陶盆	口沿	M87：22	黑皮红褐胎	泥质	手制	素面，曲腹盆	三期5段
JZ-66	陶瓶	颈部	M72：8	褐陶	泥质	手制，口沿为泥条圈筑	颈部饰5周凹弦纹	三期6段
JZ-67	陶缸	腹部	M64：20	黑皮红胎	泥质	手制	沿面饰3周凹槽，腹部饰2周凸棱	一期2段
JZ-68	敛口罐	腹部	M87：17	红陶	泥质	手制	素面	三期5段
JZ-69	有领罐	腹部	M69：31	橙黄陶灰胎	泥质	手制	肩部饰一周凸棱	一期1段
JZ-70	有领罐	腹部	M64：14	灰皮橙黄胎	泥质	手制	肩部与腹部分饰几周凸棱，凸棱上分段施压按窝	一期2段
JZ-71	有领罐	腹部	M77：7	橙红陶灰胎	泥质	手制	沿内饰三周凹弦纹，腹部饰一对鋬手	二期3段
JZ-72	鼓腹罐	腹部	M69：16	黑陶红胎	泥质	手制	素面	一期1段

续表

编号	器型	取样部位	出土单位	陶色	陶质	制法	纹饰	期别
JZ-73	鼓腹罐	腹部	M57：16	红陶，薄胎	泥质	手制	素面	一期2段
JZ-74	鼓腹罐	腹部	M64：55	红陶	泥质	手制	素面	一期2段
JZ-75	鼓腹罐	腹部	M58：20	黑皮红褐胎	泥质	手制	素面	二期3段
JZ-76	鼓腹罐	腹部	M84：12	黑皮红褐胎	泥质	手制	素面	三期4段
JZ-77	鼓腹罐	腹部	M87：1	红陶	泥质	手制	素面	三期5段
JZ-78	鼓腹罐	腹部	M60：15	黑皮红胎	泥质	手制	素面	三期6段
JZ-79	圆腹罐	底部	M77：8	灰陶红胎	泥质	手制	素面	二期3段
JZ-80	白陶罐	口沿	G8⑦：17	白皮灰胎	泥质	轮制	素面	大汶口文化晚期

第一三章　金寨遗址出土玉器材质及工艺研究

王荣　尚思捷　徐逸文*

第一节　金寨遗址出土玉器的材质分析

一　研究方法

玉器材质主要通过物相和成分分析方法进行判断。物相分析主要是了解文物的组成元素以何种结构方式存在，即元素的空间构成。成分分析主要是获得文物的元素组成（定性）及含量（定量）。两类方法的分析结果互为验证，以保证结果的准确性。

物相分析主要是拉曼光谱和红外光谱。拉曼光谱分析采用美国必达泰克公司（BWTEK）生产的I-Raman，激光波长为785nm，分辨率为4cm^{-1}，光谱范围为65～3200cm^{-1}，测试的物镜倍数为20×，积分时间设置为10s。红外光谱分析采用德国布鲁克公司（Bruker）生产的Alpha II型FT-IR仪器，可采用透射和反射（漫反射、外反射以及ATR全反射等）进行测试，本次研究采用漫反射式，对羟基峰位不敏感。

成分分析主要使用能量色散X射线荧光光谱法，采用德国布鲁克公司（Bruker）生产的Tracer Ⅲ-SD型X射线荧光光谱仪，主量元素测试电压为15kV、电流为42μA，微量元素测试电压为40kV、电流为30μA。

二　材质检测结果

经物相和成分分析结果，经检测的113件/套样本（如附表13-1所示，其中5套为合体玉璜，共由11件璜组件组成）由13种材质组成，其中2件锥形器为骨质，6件耳珰为黑陶材质，检测结果分述如下：

1. 透闪石$Ca_2Mg_5(Si_4O_{11})_2(OH)_2$

11件玉器为透闪石材质。如图13-1a所示，拉曼图谱中121、159、178、223、371和394cm^{-1}处峰位归属于晶格振动，675cm^{-1}处峰位归属于Si-O-Si伸缩振动，931cm^{-1}和1059cm^{-1}处峰位归属于闪石类矿物的Si-O伸缩振动。如图13-1b所示，样本红外光谱谱峰主要集中于

* 王荣、尚思捷、徐逸文：复旦大学文物与博物馆学系。

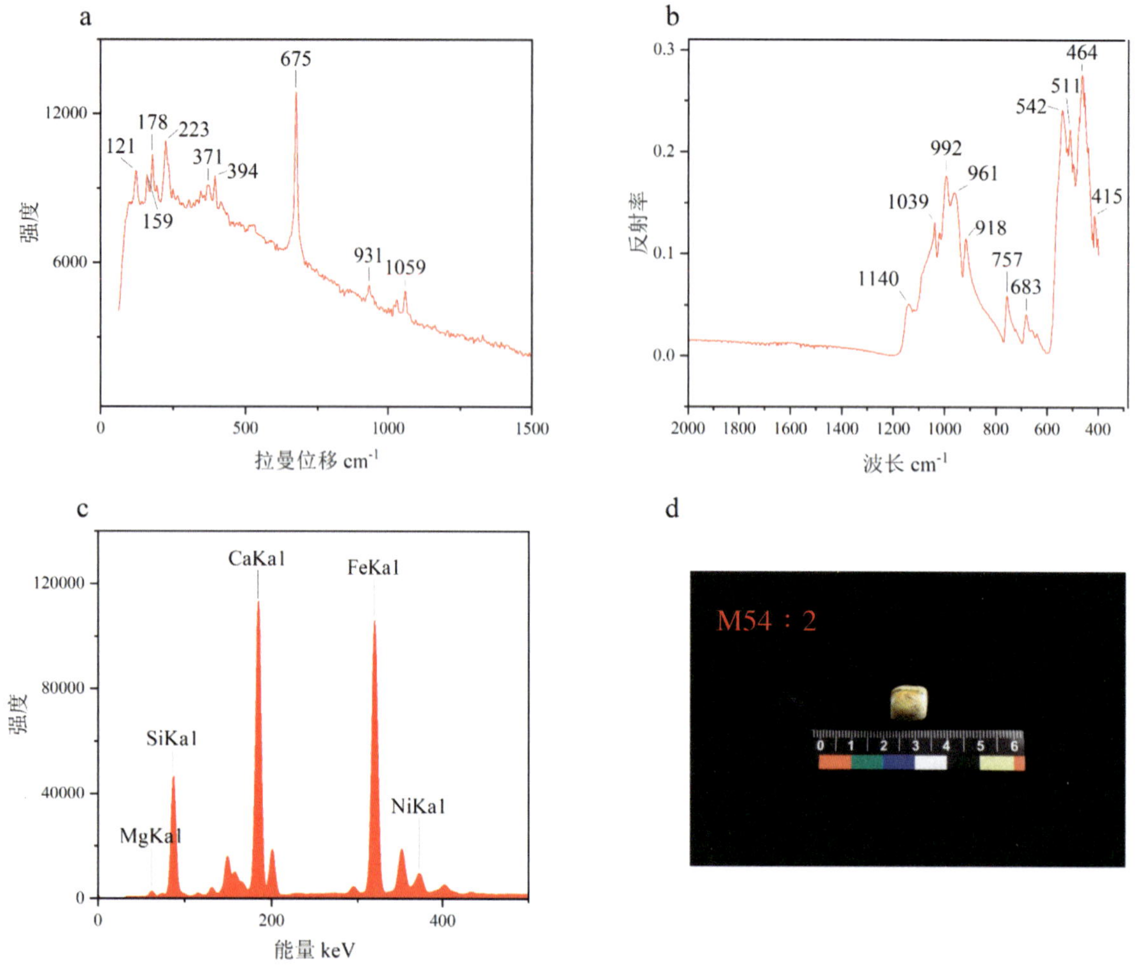

图13-1　透闪石玉器M54：2材质分析结果

a：拉曼光谱谱图　b：红外漫反射光谱谱图　c：X 射线荧光光谱谱图　d：玉珠 M54：2

1200～800cm^{-1}、800～600cm^{-1} 和 600～400cm^{-1} 三个区间内。其中，1140cm^{-1} 为 Si-O 的反对称伸缩振动特征峰，992cm^{-1} 为 Si-O-Si 的反对称伸缩振动特征峰，918cm^{-1} 为 Si-O-Si 的对称伸缩振动特征峰；757cm^{-1} 和 683cm^{-1} 为分别归属于 Si-O 的反对称伸缩振动特征峰和 O-Si-O 对称伸缩振动特征峰；542 和 511cm^{-1} 为 Si-O 的弯曲振动峰[1]。如图 13-1c 所示，玉器样本的主要元素组成为 Mg、Si、Ca、Fe 等，与透闪石矿物元素组成一致，其氧化铁含量为 2.66%，而其余 10 件透闪石玉器的氧化铁含量位于 0.47%～1.90% 范围内。

2. 蛇纹石$Mg_6Si_4O_{10}(OH)_8$

36 件玉器为蛇纹石材质，其中 1 件为蛇纹石 - 滑石管珠。如图 13-2a 所示，拉曼图谱中 135、230、378cm^{-1} 处峰位归属于与 Mg^{2+} 参与、和骨架有关的振动；683cm^{-1} 处峰位归属于 Si-O-Si 弯曲振动；1046cm^{-1} 归属于 Si-O 伸缩振动[2]。如图 13-2b 所示，红外谱图中 476cm^{-1} 处峰位为 Si-O

[1]　李坤、申晓萍：《红外光谱-拉曼光谱无损检测技术对透闪石和阳起石鉴定特征的研究》，《矿物岩石地球化学通报》2019年第2期。

[2]　郑金宇、刘云贵、陈涛、陈倩、李梦阳、徐行：《蓝色蛇纹石玉的谱学特征》，《光谱学与光谱分析》2021年第2期。

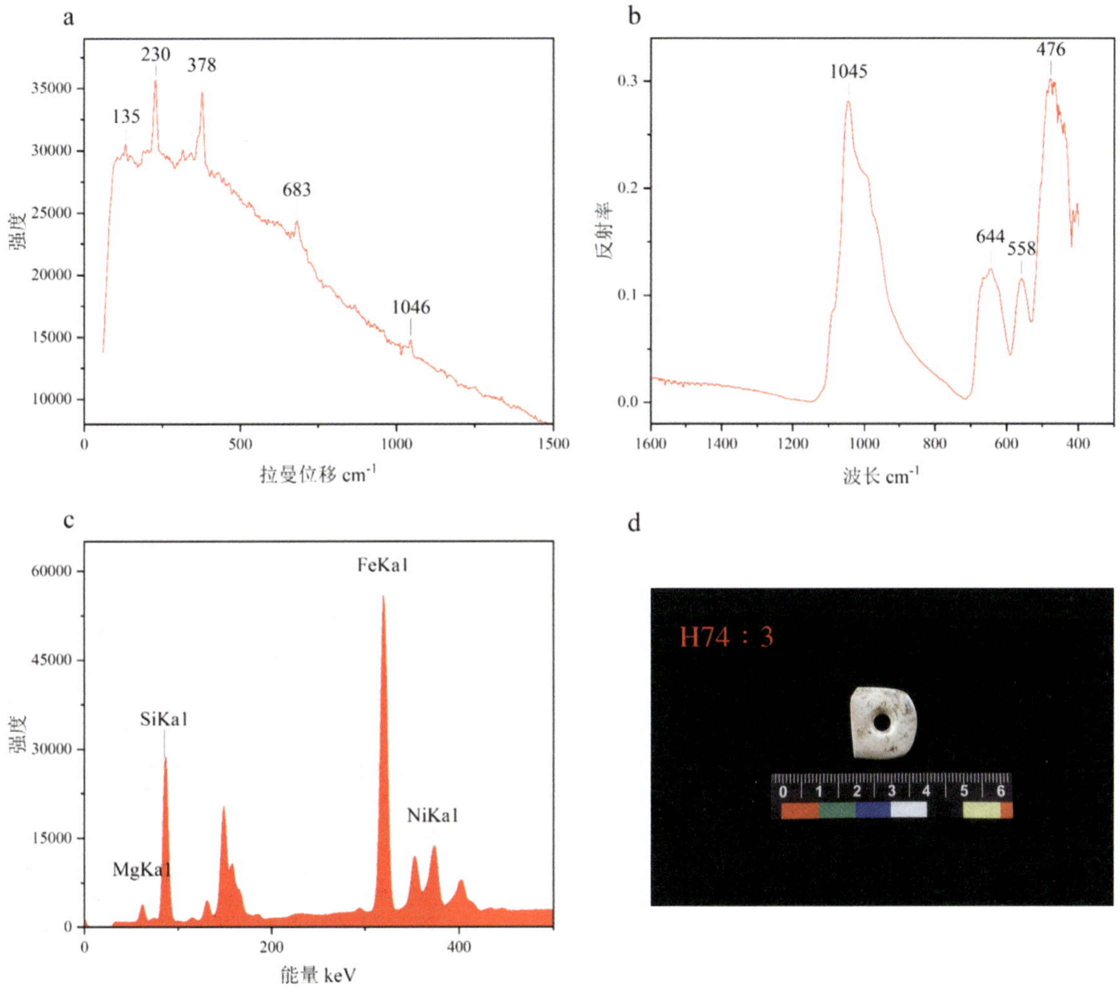

图13-2　蛇纹石玉器H74：3材质分析结果

a：拉曼光谱谱图　b：红外漫反射光谱谱图　c：X 射线荧光光谱谱图　d：璧形饰 H74：3

弯曲振动、Si-O-Mg、Mg-O 振动及 OH 平动耦合产生；558cm^{-1} 处峰位归属为 Mg-O 面外弯曲振动模式；644cm^{-1} 处峰位归属于 OH 转动模式；1045cm^{-1} 处峰位归属于 Si-O 反对称伸缩振动 [1]。如图 13-2c 所示，玉器样本的主要元素组成为 Mg、Si、Fe 等，与蛇纹石矿物元素组成一致。

3. 绿松石$CuAl_6(PO_4)_4(OH)_8·5H_2O$

22 件玉器为绿松石材质。如图 13-3a 所示，拉曼图谱中 100~400cm^{-1} 峰位归属于晶格振动、Cu-O 振动或 Al-O 振动；423cm^{-1} 处峰位归属于 PO_4^{3-} 基团对称弯曲振动；1042cm^{-1} 处峰位归属于 PO_4^{3-} 基团非对称弯曲振动。如图 13-3b 所示，红外谱图中 1008、1045 和 1120cm^{-1} 处峰位归属于 PO_4^{3-} 基团对称伸缩振动；782、832cm^{-1} 处峰位归属于 OH 弯曲振动，481、537、571 和 649cm^{-1}

[1]　杨炯、丘志力、孙波、谷娴子、张跃峰、高明奎、白洞洲、陈铭家：《基于p-FTIR和p-XRF测试组合的大汶口文化蛇纹石质玉器无损检测及产地溯源分析》，《光谱学与光谱分析》2022年第2期。

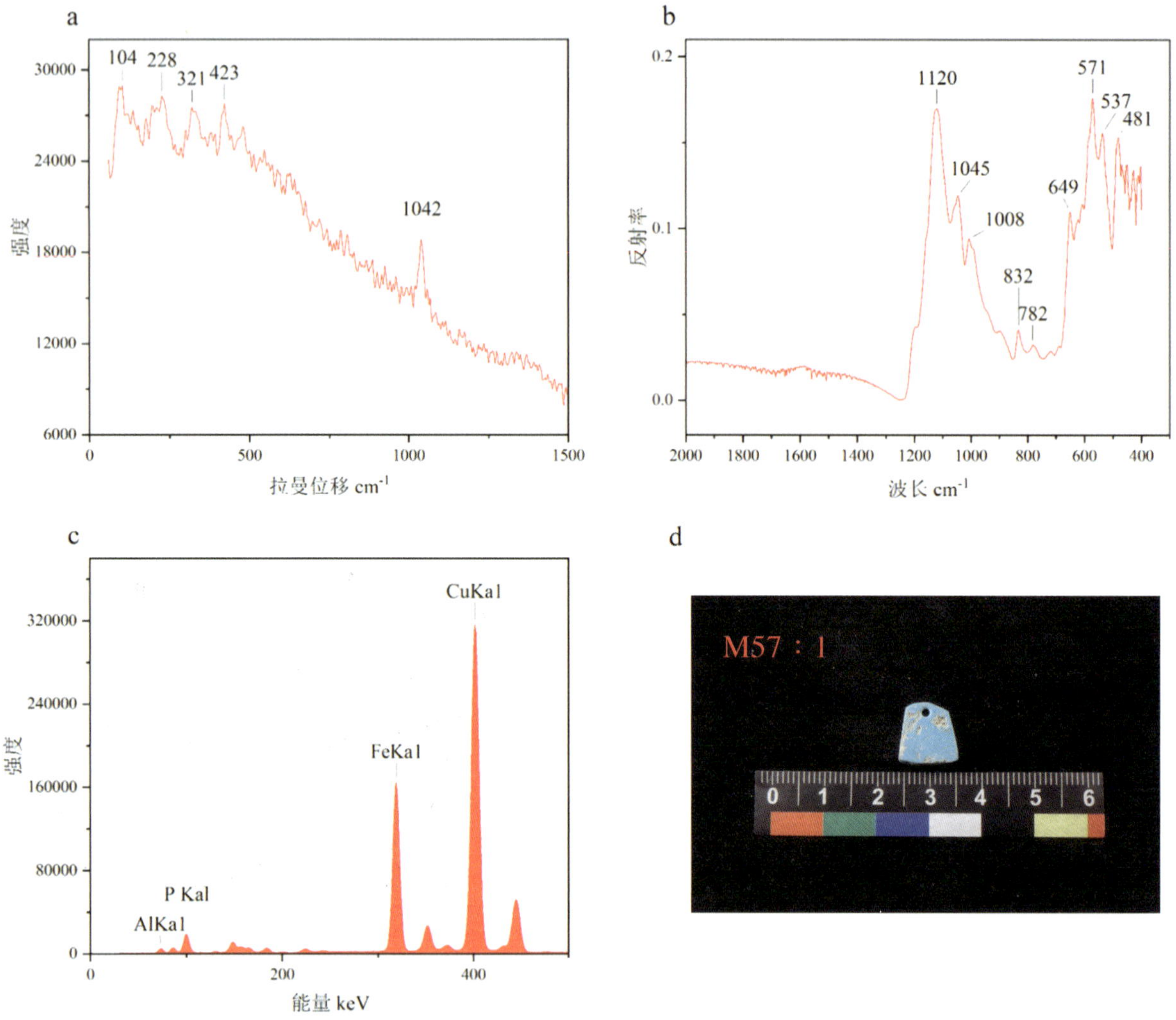

图13-3　绿松石玉器M57：1材质分析结果

a：拉曼光谱谱图　b：红外漫反射光谱谱图　c：X 射线荧光光谱谱图　d：玉坠 M57：1

处峰位归属于 PO_4^{3-} 基团非对称弯曲振动[1]。如图 13-3c 所示，玉器样本的主要元素组成为 Al、P、Fe、Cu 等，与绿松石矿物元素组成一致。

4. 绢云母$KAl_2(AlSi_3O_{10})(OH)_2$

17 件玉器为绢云母材质。如图 13-4a 所示，拉曼图谱中 99、199、267、405cm^{-1} 处峰位归属于晶格振动与阳离子交换；703cm^{-1} 峰位归属于 O-Si-O 键弯曲振动。如图 13-4b 所示，红外谱图中 488cm^{-1} 处峰位归属于 Si-O 弯曲振动，549cm^{-1} 处峰位归属于 Si-O-Al 伸缩振动，1040cm^{-1} 处峰位归属于 Si-O 伸缩振动[2]。如图 13-4c 所示，玉器样本的主要元素组成为 Al、Si、K、Fe 等，

[1]　陈文君、施光海、王妍、任佳、袁野：《湖北与安徽产高品质绿松石的红外与拉曼光谱特征及意义》，《光谱学与光谱分析》2018年第4期。

[2]　Ye, Y., Li, L., Smyth, J.R. et al. High-temperature X-ray diffraction, Raman and IR spectroscopy on serandite. Phys Chem Minerals, Vol. 46 (2019), pp. 705–715.

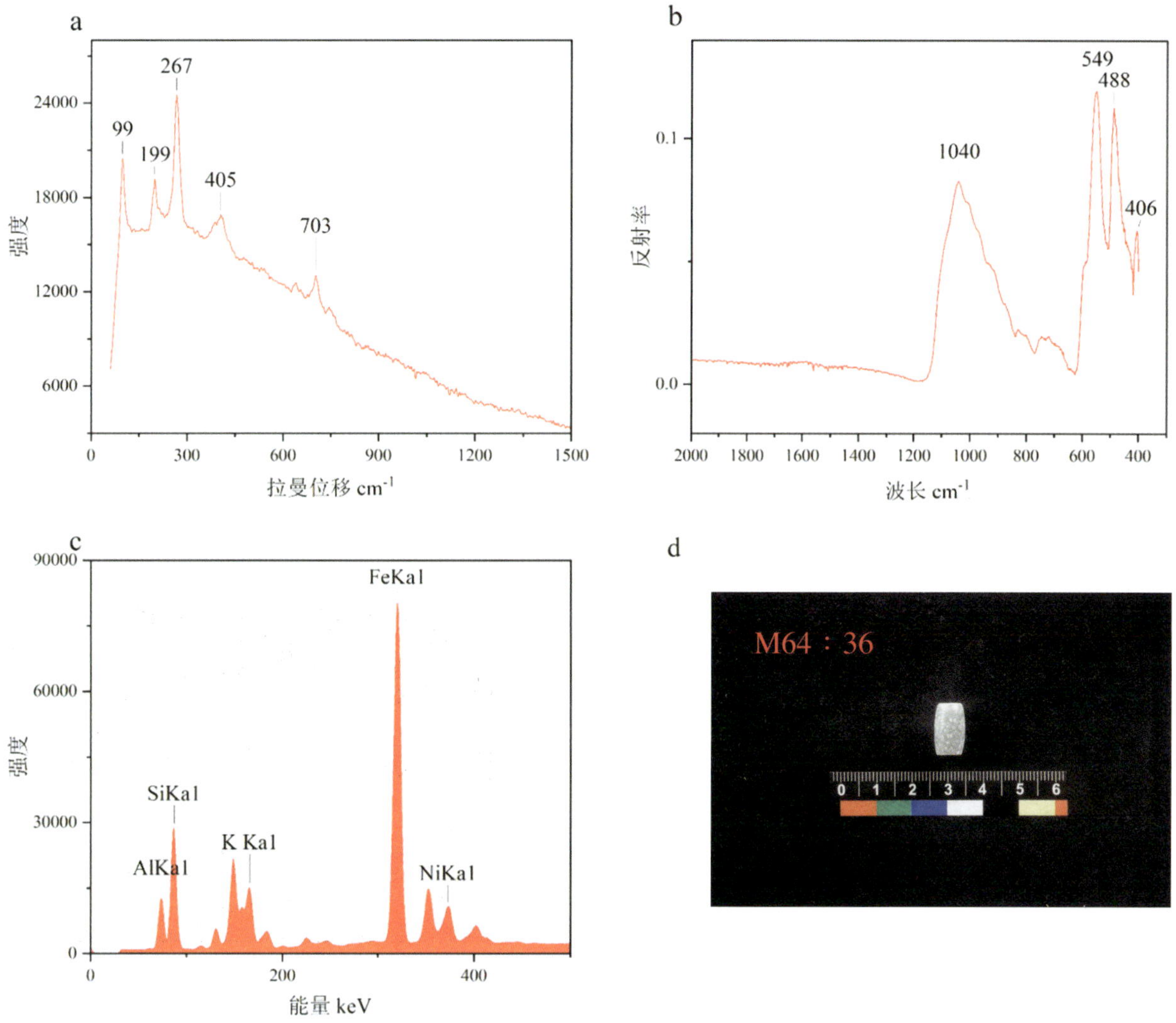

图13-4　绢云母玉器M64：36材质分析结果

a：拉曼光谱谱图　b：红外漫反射光谱谱图　c：X 射线荧光光谱谱图　d：玉管 M64：36

与绢云母矿物元素组成一致。

5. 滑石$Mg_3(Si_4O_{10})(OH)_2$

8 件玉器为滑石材质。如图 13-5a 所示，拉曼图谱中其中 192cm^{-1} 处峰位归属于 M-O 振动峰；675cm^{-1} 处峰位归属于 Si-O-Si 对称伸缩振动；如图 13-5b 所示，红外谱图中 479cm^{-1} 处峰位归属为 OH 平移振动，514cm^{-1} 处峰位归属为 Si-O 弯曲振动，673cm^{-1} 处峰位归属于 OH 摆动，1029cm^{-1}、1084cm^{-1} 位置的峰位可归属为 Si-O 伸缩振动。如图 13-5c 所示，玉器样本的主要元素组成为 Mg、Si、Fe 等，与滑石矿物元素组成一致。

6. 玉髓SiO_2

2 件玉器为玉髓材质。如图 13-6a 所示，拉曼谱图中 128cm^{-1} 和 207cm^{-1} 处峰位归属于 $[MO_6]$

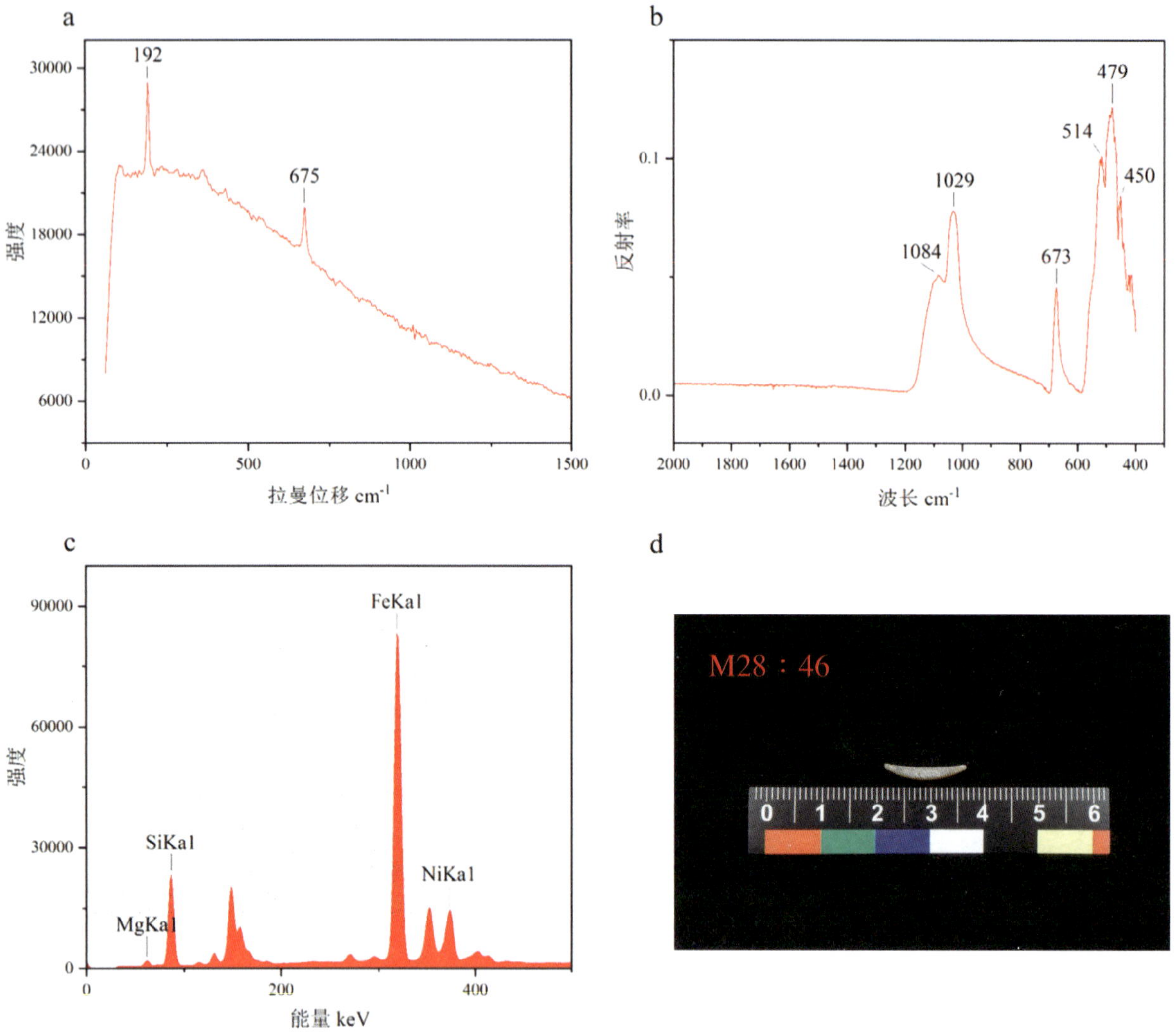

图13-5　滑石玉器M28：46材质分析结果

a：拉曼光谱谱图　b：红外漫反射光谱谱图　c：X 射线荧光光谱谱图　d：玉月牙形饰 M28：46

八面体内部振动（M 为层间金属阳离子），464cm^{-1} 处峰位归属于 [SiO_4] 四面体振动峰位。如图 13-6b 所示，红外谱图中 1210cm^{-1} 和 1078cm^{-1} 处峰位归属于 Si-O-Si 非对称伸缩振动；801cm^{-1} 和 782cm^{-1} 处归属于 Si-O-Si 对称伸缩振动；543cm^{-1} 和 476cm^{-1} 处峰位归属于 Si-O-Si 弯曲振动 [1]。如图 13-6c 所示，玉器样本的主要元素组成为 Si，与玉髓元素组成一致。

7. 岩石类

除以上常见单矿物玉器材质之外，本文所检测金寨遗址出土玉器中，还含有几类岩石质玉器共 9 件，综合化学成分分析结果（见图 13-7），并经地质学专业人士肉眼鉴定，此类玉器的材质有花岗岩（*n*=3）、绿片岩（*n*=2）、（钾）长石岩（*n*=2）、粉砂岩（*n*=1，砺石）和云母石英岩（*n*=1）。

[1]　苟智楠：《河北省宣化“战国红”玛瑙致色机理研究》，中国地质大学2021年硕士论文。

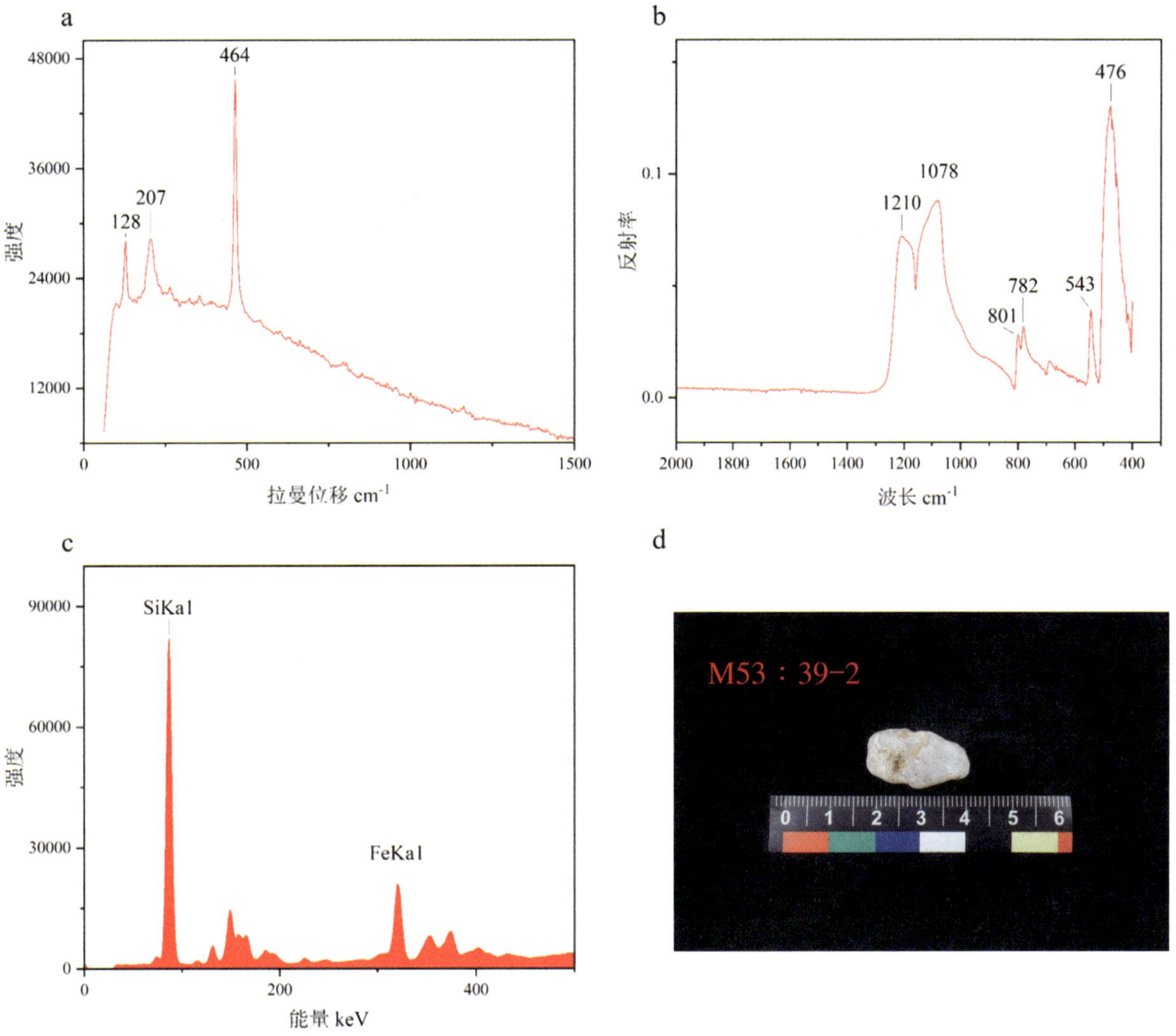

图13-6　玉髓玉器M53：39-2材质分析结果

a：拉曼光谱谱图　b：红外漫反射光谱谱图　c：X 射线荧光光谱谱图　d：玉粒 M53：39-2

8. 陶

陶器共 6 件，均为陶耳珰。如图 13-8a 所示，其红外光谱与陶器红外谱图基本一致[1]；如图 13-8b 所示，样本元素组成以 Al、Si、Ca、Ti、Fe、Ni 等，与黏土矿物元素组成基本一致。

9. 骨$Ca_5(PO_4)_3(OH)$

骨器 2 件，为锥形器。如图 13-9a 所示，拉曼谱图中 $430cm^{-1}$ 处峰位归属于 PO_4^{3-} 基团对称变角振动；$965cm^{-1}$ 处峰位归属于 PO_4^{3-} 基团对称伸缩振动。如图 13-9b 所示，红外谱图中 $1043cm^{-1}$ 处峰位归属于 PO_4^{3-} 基团对称伸缩振动；573、$602cm^{-1}$ 处峰位归属于 PO_4^{3-} 基团对称变角振动[2]。如图 13-9c 所示，玉器样本的主要元素组成为 Ca 和 P，与骨（羟基磷酸钙）元素组成一致。

[1]　刘思然、宫鑫、严弼宸：《古代陶器烧制温度的红外光谱分析研究》，《光谱学与光谱分析》2023年第5期。

[2]　席时权、兰淑琴、曾广赋、洪广言、李来明：《稀土五磷酸盐的红外光谱和拉曼光谱》，《光谱学与光谱分析》1984年第1期。

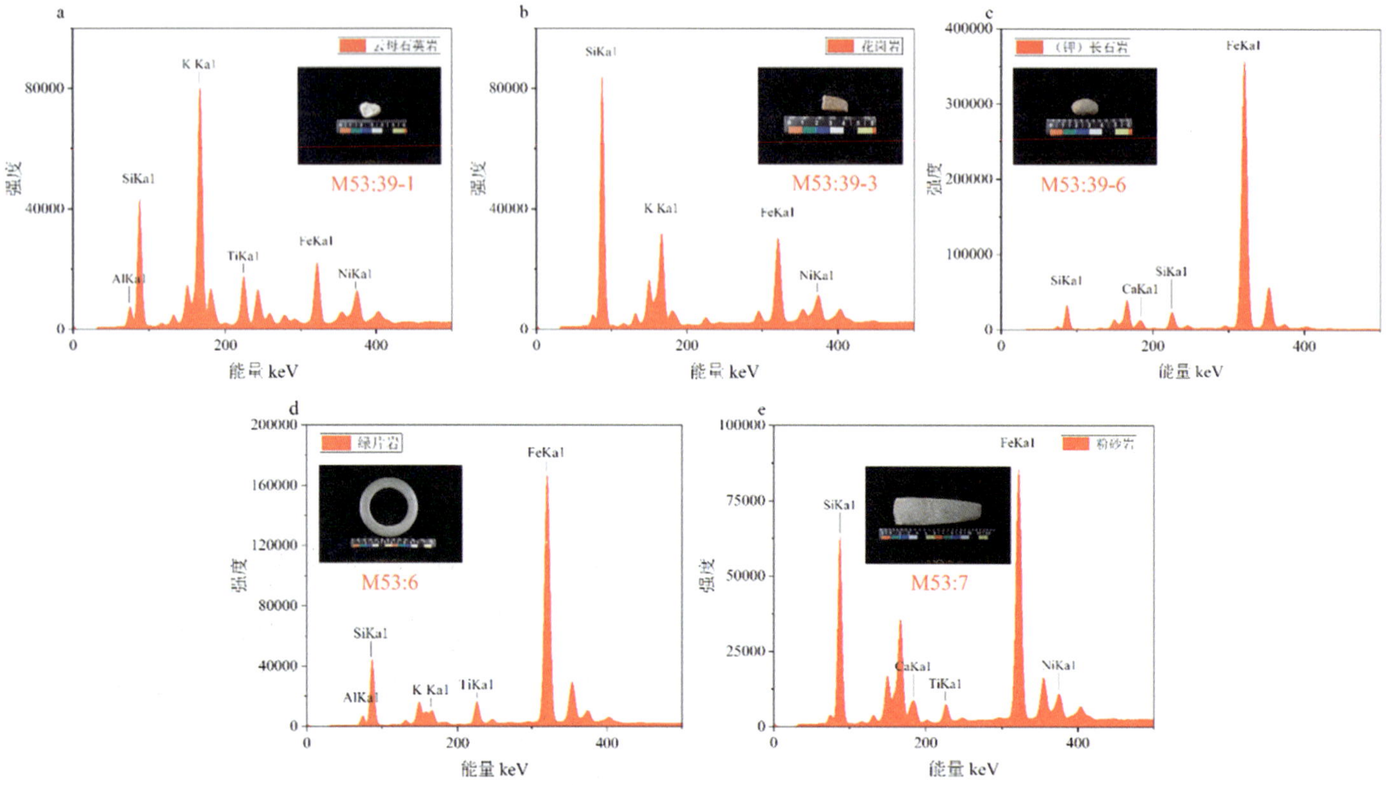

图13-7　岩石材质玉器X射线荧光光谱图

a：云母石英岩　b：花岗岩　c：（钾）长石岩　d：绿片岩　e：粉砂岩

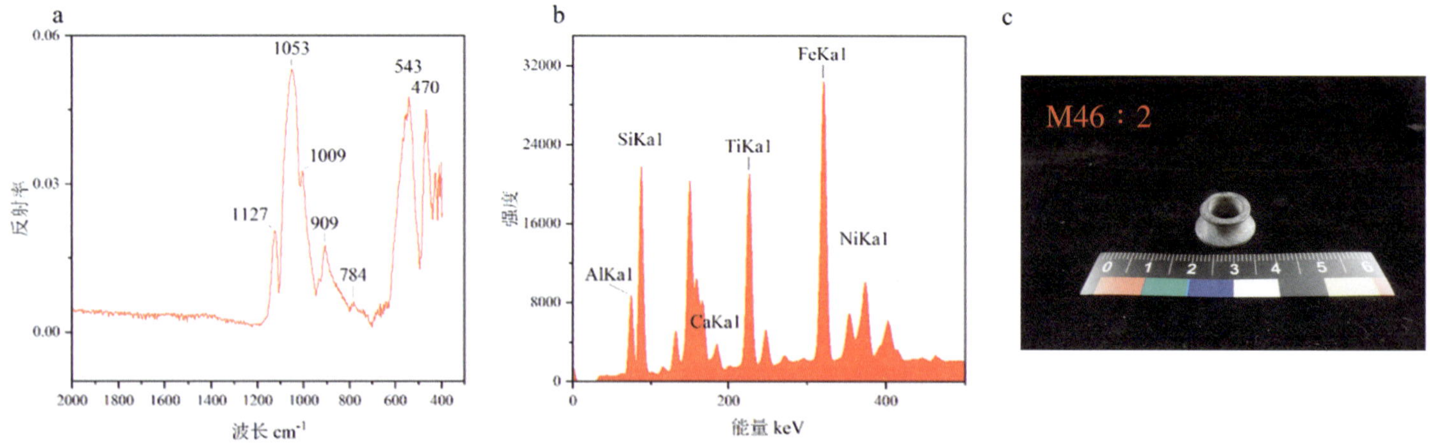

图13-8　陶器M46：2材质分析结果

a：红外漫反射光谱谱图　b：X 射线荧光光谱谱图　c：陶耳珰 M46：2

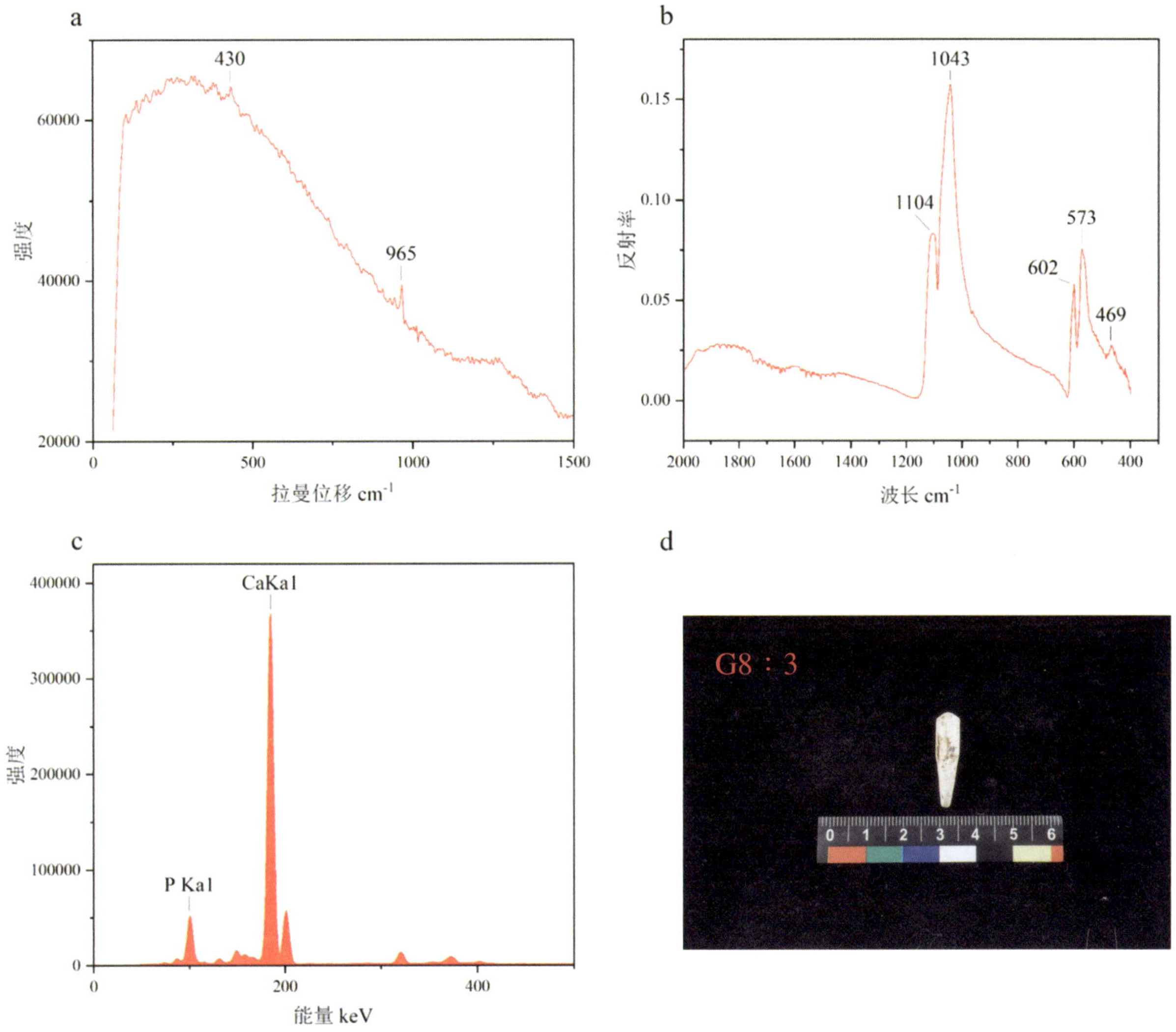

图13-9 骨器G8：3材质分析结果

a：拉曼光谱谱图 b：红外漫反射光谱谱图 c：X 射线荧光光谱谱图 d：骨锥 G8：3

三 器型与材质的对应关系

除去 1 件粉砂岩质砺石工具外，可以对玉石（陶、骨）器材质（n=112）与器型的对应关系进行探讨，结果如表 13-1 所示。从材质的利用来看，玉石（陶、骨）器中，蛇纹石质玉器数量最多（n=36）、应用范围最广，包括各式璧环、耳珰、珠管、锥形器和坠饰等。其次是绿松石（n=22）、绢云母（n=17）和透闪石（n=11），尽管绿松石器数量较多，但均为尺寸极小的玉粒和带有穿孔的小玉片；绢云母主要应用于璜、珠管和坠饰，其中经检测的 7 件玉璜中，6 件为绢云母材质；尽管透闪石材质玉器数量远不及蛇纹石，但应用范围与其类似，包括璧环、珠管、锥形器和坠饰等，其中玉石质锥形器共 7 件，3 件为蛇纹石，4 件为透闪石。滑石材质被用于制作尺寸较小的圆形玉饰（玉粒）和月牙形饰。除此之外，花岗岩、绿片岩、云母石英岩和长石岩材质也被用于制作玉粒。

表13-1 金寨遗址检测样本主要材质与器型对应关系

	璧环	锥形器	璜	耳珰	珠管	粒	月牙形饰	坠饰	总计
蛇纹石	13	3		2	17			1	36
绿松石					1（片珠）	3		18	22
绢云母	1		6		8			2	17
透闪石	2	4			4			1	11
滑石						3	5		8
花岗岩						3			3
玉髓			1			1			2
长石岩	1					1			2
绿片岩	1					1			2
云母石英岩						1			1
陶				6					6
骨		2							2
总计	18	9	7	8	30	13	5	22	112

从玉石（陶、骨）器器型的材质选择来看，玉粒的材质选择多而杂，不见较为珍贵的透闪石和蛇纹石材质；相比之下，璧环、锥形器的材质选择均以蛇纹石和透闪石为主，9件锥形器中，除2件骨锥外，其余7件均为蛇纹石和透闪石材质，透闪石材质数量甚至超过蛇纹石。玉璜以绢云母材质为主；坠饰以绿松石材质为主；珠管则以蛇纹石、绢云母和透闪石材质为多；5件月牙形饰均为滑石材质；8件耳珰中，6件为陶质，2件为蛇纹石材质。

将金寨遗址墓葬出土玉器的材质、器型和分期进行汇总，共105件，包括玉器98件、陶耳珰6件、粉砂岩砺石1件，如表13-2所示，金寨遗址在大汶口文化中期晚段用玉极少，如一期一组仅有2件绿松石坠饰，但至一期二组时，出土玉器数量急剧增加，达到61件，器型种类丰富，包括珠管、璜、璧环、坠饰、锥形器、耳珰、镶嵌器等。至大汶口文化晚期早段，玉器数量又急剧减少，如二期三组和三期五组的出土玉器数量分别为18件和17件，三期五组已不见璜、珠管、绿松石坠饰。此后，玉器数量和种类进一步减少，如三期六组仅有1件蛇纹石璧环。

表13-2还显示，绿松石的使用最早，但主要集中于一期和二期，即大汶口文化中期晚段；一些材料也应用于这一时期，如绢云母和玉髓，而云母石英岩、长石岩、绿片岩、花岗岩则主要应用于一期。蛇纹石和透闪石的使用贯穿一期、二期和三期，即大汶口文化中期晚段至晚期早段，不同之处在于蛇纹石的使用更长，一直延续至三期六组；陶耳珰的使用也贯穿一期、二期、三期，即大汶口文化中期晚段至晚期早段，而蛇纹石耳珰仅使用于一期二组，即大汶口文化中期晚段，应为对陶耳珰的模仿。滑石的使用主要集中于三期，即大汶口文化晚期早段。

表13-2　金寨遗址墓葬检测样本主要材质、器型与分期汇总表

	分期	珠管	璜	璧环	坠饰	锥形器	耳珰	粒	月牙形饰	砺石	合计	分期合计
M69	一期一组				2（绿）						2	2
M46	一期二组		2（绢）	1（透）	1（绿）		2（陶）				6（2陶）	66（5陶）
M48		1（蛇）			2（绿）						3	
M53		3（1蛇-滑+2蛇）		2（1长石岩+1绿片岩）			3（2蛇+1陶）	6（1云母石英岩+3花岗岩+1长石岩+1玉髓）		1（粉砂岩）	15（1陶）	
M55					3（绿）		1（陶）				4（1陶）	
M57					2（绿）						2	
M62			1（绢）	5（4蛇+1透）	4（绿）						10	
M64		16（9蛇+6绢+1透）	1（绢）	4（蛇）	3（绿）	1（蛇）	1（陶）				26（1陶）	
M33	二期三组				1（绿）						1	18
M52			1（绢）	1（蛇，有角璧）							2	
M54		4（3透+1蛇）			1（绿）						5	
M58			1（玉髓）	1（蛇，指环）							2	
M59			1（绢）								1	
M67		2（蛇）			3（1绿+1蛇+1透）						5	
M86		2（绢）									2	
M28	三期五组					4（2透+2蛇）	1（陶）	7（3滑+3绿+1绿片岩）	5（滑）		17（1陶）	18（1陶）
M29				1（蛇，三联璧）							1	
M70	三期六组			1（蛇）							1	1
合计		28	7	16	22	5	8（6陶）	13	5	1	105（6陶）	

注：部分材质采用了缩写，如：透=透闪石，蛇=蛇纹石，绢=绢云母，滑=滑石，绿=绿松石，陶=陶质。

附表13-1　材质检测样本与结果

序号	编号	名称	材质	分期
1	G8：3	锥形器（残）	骨	三期
2	H101：1	锥形器（残）	透闪石	三期
3	H42⑤：3	锥形器（残）	骨	一期
4	H74：3	璧形饰	蛇纹石	三期
5	M28：12	锥形器	透闪石	三期五组
6	M28：13	锥形器	透闪石	三期五组
7	M28：20	锥形器	蛇纹石	三期五组

续表

序号	编号	名称	材质	分期
8	M28：21	锥形器	蛇纹石	三期五组
9	M28：22	粒	绿片岩	三期五组
10	M28：33	耳珰	陶	三期五组
11	M28：34	粒	绿松石	三期五组
12	M28：35	粒	绿松石	三期五组
13	M28：36	粒	绿松石	三期五组
14	M28：43	月牙形饰	滑石	三期五组
15	M28：44	月牙形饰	滑石	三期五组
16	M28：45	月牙形饰	滑石	三期五组
17	M28：46	月牙形饰	滑石	三期五组
18	M28：47	月牙形饰	滑石	三期五组
19	M28：48	圆形粒（饰）	滑石	三期五组
20	M28：49	圆形粒（饰）	滑石	三期五组
21	M28：50	圆形粒（饰）	滑石	三期五组
22	M29：1	三联璧	蛇纹石	三期五组
23	M33：1	坠	绿松石	二期三组
24	M46：1	坠	绿松石	一期二组
25	M46：2	耳珰	陶	一期二组
26	M46：3	璜	绢云母	一期二组
27	M46：4	璧	透闪石	一期二组
28	M46：5-1 M46：5-2	璜	绢云母	一期二组
29	M46：6	耳珰	陶	一期二组
30	M48：1	坠	绢云母	一期二组
31	M48：2	坠	绢云母	一期二组
32	M48：3	珠	蛇纹石	一期二组
33	M52：14	有角璧（牙璧）	蛇纹石	二期三组
34	M52：17-2	（半）璜	绢云母	二期三组
35	M53：1	耳珰	蛇纹石	一期二组
36	M53：2	管珠	蛇纹石-滑石	一期二组
37	M53：3	珠	蛇纹石	一期二组
38	M53：4	耳珰	陶	一期二组
39	M53：5	环	长石岩（钾长石）	一期二组
40	M53：6	环	绿片岩	一期二组
41	M53：7	砺石	粉砂岩	一期二组
42	M53：39-1	粒	云母石英岩	一期二组
43	M53：39-2	粒	玉髓	一期二组
44	M53：39-3	粒	花岗岩	一期二组
45	M53：39-4	粒	花岗岩	一期二组
46	M53：39-5	粒	花岗岩	一期二组
47	M53：39-6	粒	长石岩	一期二组
48	M53：40	耳珰	蛇纹石	一期二组
49	M53：41	珠	蛇纹石	一期二组
50	M54：2	管珠	透闪石	二期三组
51	M54：18	坠	绿松石	二期三组

续表

序号	编号	名称	材质	分期
52	M54：20	珠	蛇纹石	二期三组
53	M54：22	珠	透闪石	二期三组
54	M54：23	珠	透闪石	二期三组
55	M55：1	坠	绿松石	一期二组
56	M55：2	坠	绿松石	一期二组
57	M55：3	坠	绿松石	一期二组
58	M55：14	耳珰	陶	一期二组
59	M57：1	坠	绿松石	一期二组
60	M57：2	坠	绿松石	一期二组
61	M58：1-1 M58：1-2 M52：17-1	璜	玉髓	二期三组
62	M58：2	指环	蛇纹石	二期三组
63	M59：1 M59：2	璜	绢云母	二期三组
64	M62：1	坠	绿松石	一期二组
65	M62：2	坠	绿松石	一期二组
66	M62：3	坠	绿松石	一期二组
67	M62：4	小环璧	蛇纹石	一期二组
68	M62：5	小环璧	蛇纹石	一期二组
69	M62：6	小璧	蛇纹石	一期二组
70	M62：7	小璧	蛇纹石	一期二组
71	M62：8 M62：9	璜	绢云母	一期二组
72	M62：19	小璧	透闪石	一期二组
73	M62：20	坠	绿松石	一期二组
74	M64：1	环璧形器	蛇纹石	一期二组
75	M64：2	坠	绿松石	一期二组
76	M64：3	坠	绿松石	一期二组
77	M64：4	环璧形器	蛇纹石	一期二组
78	M64：5-1	珠	蛇纹石	一期二组
79	M64：5-2	珠	蛇纹石	一期二组
80	M64：5-3	珠	蛇纹石	一期二组
81	M64：5-4	珠	蛇纹石	一期二组
82	M64：5-5	珠	蛇纹石	一期二组
83	M64：5-6	珠	蛇纹石	一期二组
84	M64：6	耳珰	陶	一期二组
85	M64：7-1	管珠	蛇纹石	一期二组
86	M64：7-2	管珠	蛇纹石	一期二组
87	M64：8-1	管珠	透闪石	一期二组
88	M64：8-2	管珠	绢云母	一期二组
89	M64：8-3	管珠	绢云母	一期二组
90	M64：8-4	管珠	绢云母	一期二组
91	M64：9	珠	蛇纹石	一期二组
92	M64：10	环璧形器	蛇纹石	一期二组

续表

序号	编号	名称	材质	分期
93	M64：27	管珠	绢云母	一期二组
94	M64：28	锥形器（残）	蛇纹石	一期二组
95	M64：36	管	绢云母	一期二组
96	M64：41	坠	绿松石	一期二组
97	M64：46	环璧形器	蛇纹石	一期二组
98	M64：47-1 M64：47-2	璜	绢云母	一期二组
99	M64：52	管珠	绢云母	一期二组
100	M67：1	坠	绿松石	二期三组
101	M67：2	坠	蛇纹石	二期三组
102	M67：3	坠	透闪石	二期三组
103	M67：4	珠	蛇纹石	二期三组
104	M67：5	珠	蛇纹石	二期三组
105	M69：1	坠	绿松石	一期一组
106	M69：3	坠	绿松石	一期一组
107	M70：1	环璧形器	蛇纹石	三期六组
108	M86：1-1	管珠	绢云母	二期三组
109	M86：1-2	管珠	绢云母	二期三组
110	TE15N2④：4	扣（片珠）	绿松石	
111	TE16N1③：1	环（残）	绢云母	
112	TE4N26⑤：1	锥形器（残）	透闪石	
113	TE5N26⑤：1	管珠	蛇纹石	

注：共113件，包括玉器104件、陶耳珰6件、骨锥形器2件、粉砂岩砺石1件。

第二节　金寨遗址出土玉器的工艺分析

一　研究方法

对金寨遗址出土玉器的工艺微痕分析主要结合玉器局部的宏观照片和细节部分的显微图像。光学显微观察主要使用 Dino-lite 数码显微镜，分辨率为 5MP，放大倍数为 10×～220×，配备有 LED 灯源。此外，通过玉器表面光泽度判断玉器抛光程度，采用美国柯尼卡美能达公司生产的 CM-2300d 型便携式积分球形分光测色仪，测试玉器的相对光泽度值 G，单位 Gs。由于玉器受到不同程度的风化影响，对玉器样本的多处区域进行光泽度测试，取其中最高值作为玉器未风化前表面光泽度的代表。

二　工艺分述

1. 成型工艺

金寨遗址出土玉器的成型主要通过片切割技术和打磨减地技术相结合的方式实现，线切割遗

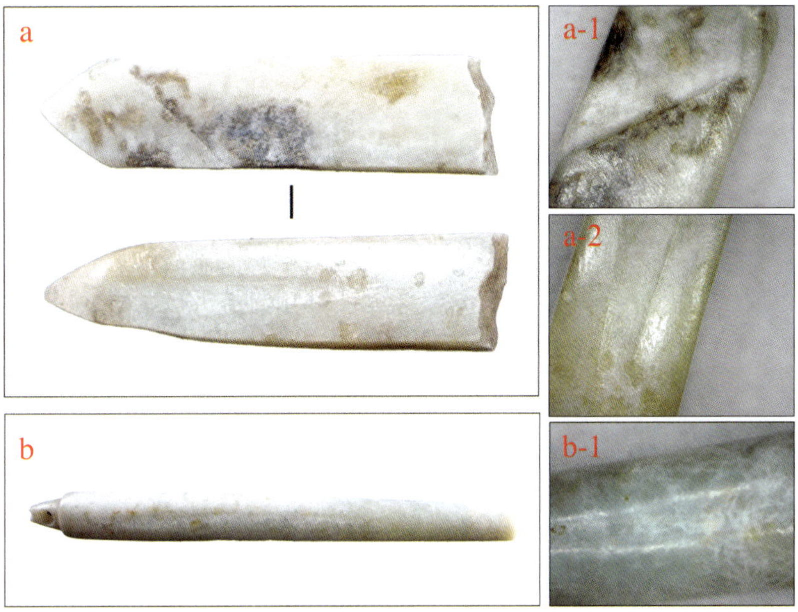

图13-10　锥形器柱状成型工艺微痕

a：H101：1　b：M28：13

留痕迹虽极少，但亦有应用，如 M64：46 蛇纹石环璧。现以锥形器、耳珰、环璧和珠管为例，分别对柱状玉器、环状玉器和球状玉器的成型过程进行具体说明。

（1）锥形器

如图 13-10 所示，方柱状锥形器 H101：1 表面可见片切割台面（图 13-10a-1、2），应为对向片切割玉料时，切割面未对齐造成的。相较于方柱状锥形器，圆柱状锥形器应为片切割成方柱状玉料后，将其棱角打磨至圆角而成，圆柱形锥形器 M28：13 仍见片切割痕迹（图 13-10b-1）。

（2）耳珰与环璧

如图 13-11a 所示，耳珰 M53：1 环状凹陷下方可见相互垂直、长度一致的四组斜向片切割痕迹，表明耳珰较小一端的成型应包括两个步骤：首先对柱形玉料一端进行四次片切割，形成规整的四棱台；再通过对边棱的打磨形成圆台状。环璧玉器外缘的成型应同样经历了截方、磨圆的过程，如图 13-11b-d 所示，环璧外缘并不规整，且可见未被磨圆的直边。

（3）珠管与圆形玉粒

如图 13-12a-c 所示，金寨遗址出土珠管、圆形玉粒形状并不规整，可能首先通过片切割形成方块状玉料，再通过打磨减地形成球面。如图 13-12c-1 所示，圆形玉粒球面清晰可见多组不同方向的打磨痕迹，边缘打磨痕迹多于中央，应为对边缘区域进行打磨减地留下的痕迹。此外，对于管型珠或鼓腰形珠管，可能采取进一步片切割的方式，辅助成型弧面，减少打磨所需时间，如图 13-12d 所示，珠管 M64：7-2 穿孔一端可见规整六边形边棱，表明工匠首先分别将玉料两端片切割形成六棱台状，再进行打磨减地形成球面。

2. 钻孔工艺

金寨遗址出土玉器钻孔技术多样、运用方式多样。钻孔技术包括桯钻（实心钻）、管钻以

图13-11　耳珰、环璧环状成型工艺微痕

a：M53：1　b：M64：4　c：M62：19　d：M52：14

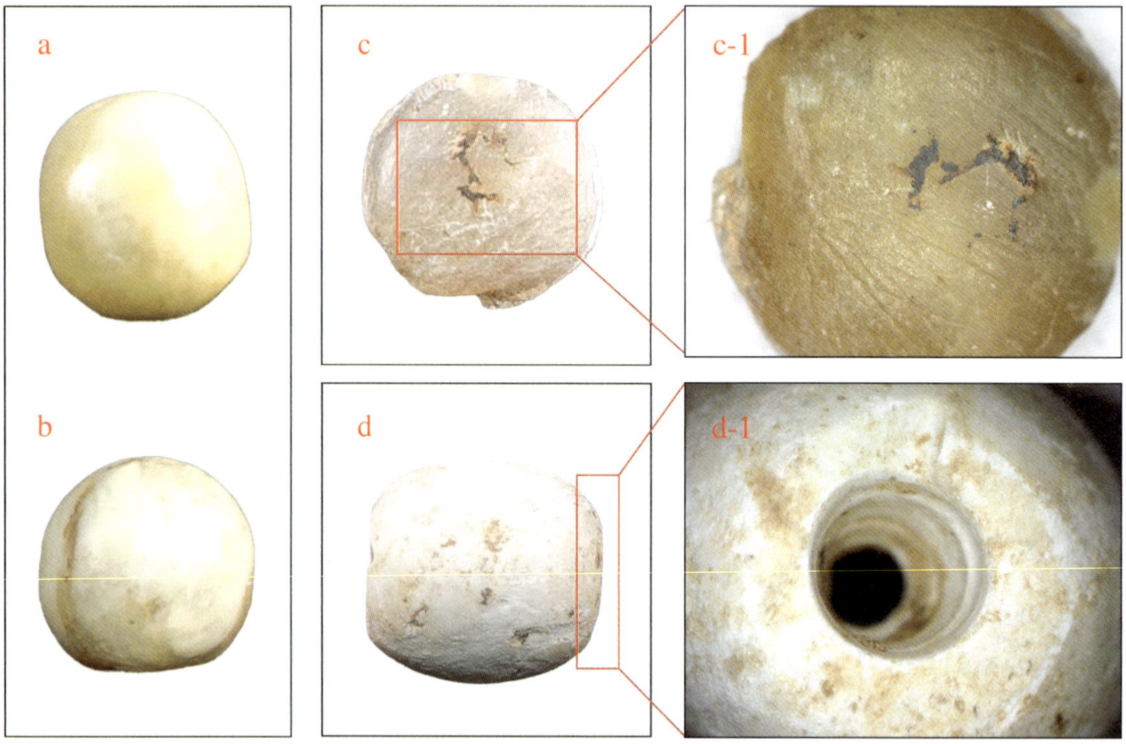

图13-12　珠管、圆形玉粒球状成型工艺微痕

a：M54：23　b：M54：22　c：M28：48　d：M64：7-2

及轴心旋截钻孔；钻孔方式则涵盖单面钻、双面钻、“牛鼻孔”钻等。桯钻孔道往往呈现喇叭状，单面桯钻所形成的孔道往往一端大一端小，而双面桯钻的孔道则两端大，中间交汇处直径较小。管钻所形成的孔道往往平直且带有解玉砂转动造成的螺旋状痕迹，双面管钻往往因为两端钻孔错位而在交汇处留下台面。所谓轴心旋截钻孔（图 13-14b），即先将类似圆规状的钻孔工具中轴固定于拟钻孔位置中心，再采用桯钻以中轴为圆心逐渐旋转研磨，最终将玉芯圆周磨通形成圆孔[1]。由于桯钻划动过程中不同位置受力不均或划动轨迹发生偏移，产生的孔道内缘往往不如直接桯钻和管钻规整。钻孔技术和方式主要根据玉料的厚薄、玉器的功能、美观的需求等运用灵

[1]　王强、邓聪、栾丰实：《海岱地区与东北亚史前玉器文化交流——以野店遗址所出璧环类玉器为例》，《考古》2018年第7期。

活，以下对金寨遗址出土不同玉器的钻孔工艺进行分述。

（1）坠饰与锥形器

金寨遗址出土玉坠和锥形器主要采用双面桯钻工艺，少量采用单面桯钻工艺。如图 13-13a 所示，绿松石坠饰 M64：2 钻孔孔道两端大中间小，应为双面桯钻而成；其中一侧孔道并不规整，应为调整钻孔位置所致（图 13-13a-1）；另一件绿松石坠饰 M62：1 钻孔孔道一端大一端小，应为单面桯钻而成（图 13-13b）。如图 13-13c 和图 13-13d 所示，两件锥形器钻孔位于榫部，孔道

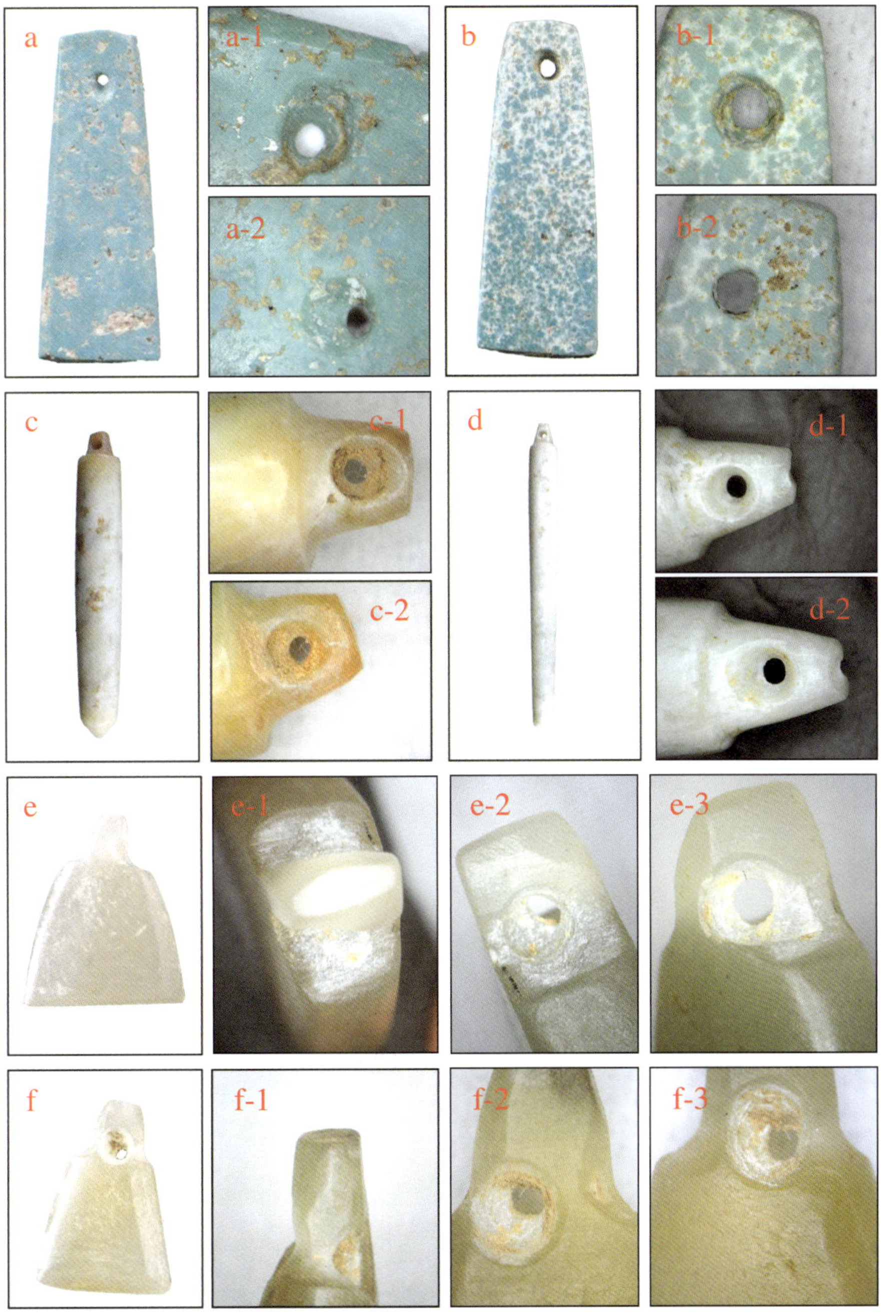

图13-13　金寨遗址出土玉坠和玉锥形器钻孔形态

a：M64：2　b：M62：1　c：M28：12　d：M28：13　e：M48：1　f：M48：2

均为两端大中间小，应为双面桯钻所致。如图 13-13e 和图 13-13f 所示，两件玉坠为双面桯钻，但钻孔位置均不位于榫部中央，M48：1 钻孔位于榫部邻近边棱的位置，M48：2 钻孔位于榫部和器体的交界处附近，两件玉坠形制、材质一致，但钻孔平面截然相反。

相对于双面桯钻而言，在孔道深度相当的情况下，单面桯钻在施钻平面形成的钻孔直径更大，例如两件采用不同桯钻工艺的绿松石坠饰（图 13-13a、b）；对尺寸极小的施钻部位，如锥形器和玉坠的榫部，双面钻孔能够避免孔道直径过大造成玉器器体断裂，尽管如此，玉坠 M48：1 和 M48：2 的钻孔仍通过调整钻孔角度和位置的方式防止施钻部位断裂，一定程度上反映了治玉工匠所使用的桯钻工具尺寸的下限。

（2）环璧

金寨遗址出土玉环璧孔道打磨抛光程度相对较高，留存微痕相对较少，但仍能根据钻孔形态对钻孔方式进行推测。环璧钻孔方式包括轴心旋截钻孔、桯钻和管钻。如图 13-14a 所示，环璧 M46：4 孔壁较直，外孔有一定弧度，打磨光滑，但钻孔形态并不规整，孔内有一节凸起（图

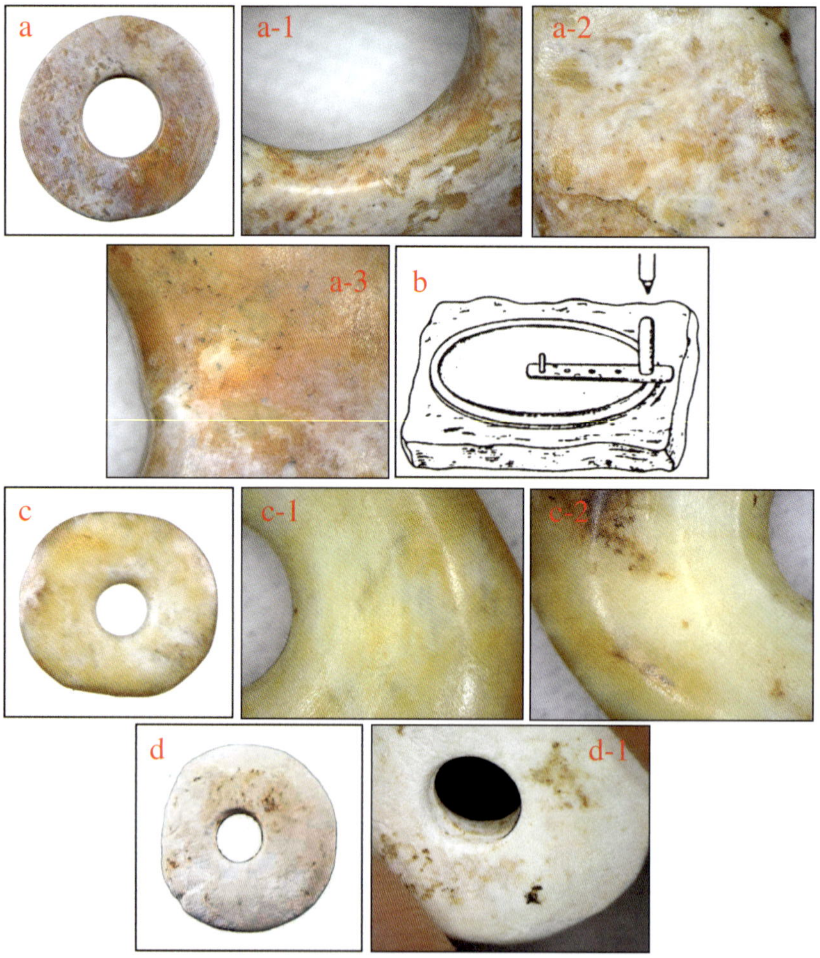

图13-14　金寨遗址出土玉环璧钻孔形态

a：M46：4　b：轴心旋截钻孔示意图[1]　c：M62：19　d：M62：6

[1]　图片采自王强、邓聪、栾丰实：《海岱地区与东北亚史前玉器文化交流——以野店遗址所出璧环类玉器为例》，《考古》2018年第7期。

13-14a-3），可能是由于采用了轴心旋截钻孔技术（见图 13-14b），分段往复刻划轨迹时留下的残余玉料[1]。如图 13-14c 所示，环璧 M62：19 剖面呈柳叶形，内缘规整，可能先采用双面桯钻，之后再打磨而成，孔道两端可以各分两段，外侧钻孔坡度较小，内侧孔道坡度较大，应当是双面钻孔过程中首先采用钻身较粗的桯钻进行双面钻孔，之后进行二次扩孔，采用钻身较细的桯钻再次双面钻孔的结果。如图 13-14d 所示，环璧 M62：6 孔道形态明显不同于以上两件环璧，孔缘规整，孔道笔直，尽管玉质经历一定程度的风化，孔道仍可见螺旋纹，表明使用了管钻技术。由此可见，环璧玉器的钻孔方式灵活多样，并未形成定制。

（3）耳珰

金寨遗址出土耳珰主要有两种材质，分别是蛇纹石和陶质，形态相似，孔道直径较大，约 2cm 左右。由图 13-15a 所示，蛇纹石耳珰孔道笔直，可见细密平行螺旋痕，应采用了单面管钻。如图 13-15b 所示，陶耳珰 M64：6 孔道同样可见细密螺旋痕，孔道中部存在明显台面，将孔道分为两段，可能采用了双面钻孔技术；孔道与外部质地相近，均具黑色陶衣，表明钻孔可能在烧制之前就已经完成。

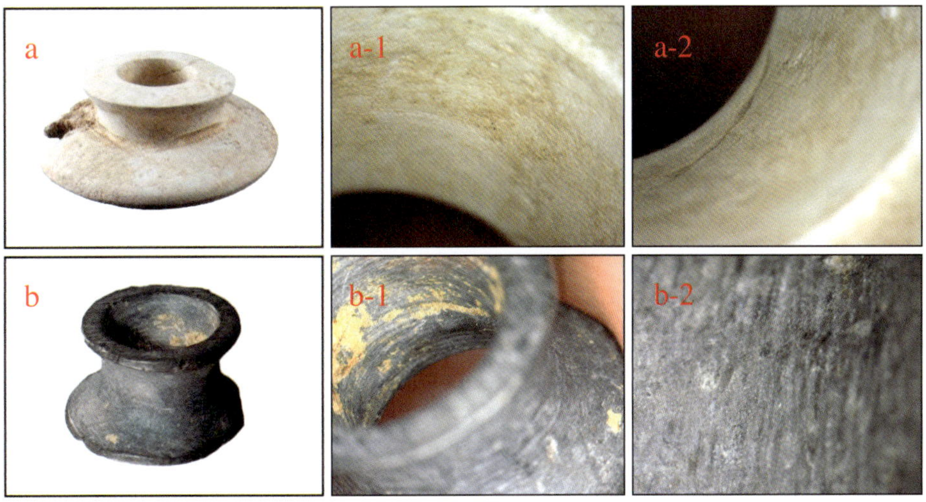

图13-15　金寨遗址出土部分耳珰钻孔形态

a：M53：1　b：M64：6

（4）珠管

金寨遗址出土玉珠管主要有片珠、隧孔珠和管型珠（鼓腰形珠），如图 13-16a 所示，片珠采用双面桯钻，孔道两端大，中间小。隧孔珠两次施钻平面相互垂直，即所谓“牛鼻孔钻”，如图 13-16b 所示，隧孔珠 M54：20 孔道前段笔直且可见螺旋纹，后段孔道则几乎呈锥形，可能采用了管钻和桯钻相结合的方式，首先使用钻身较宽的管钻垂直 90° 两面钻孔，至一定深度时，使用钻身较细的桯钻继续钻通，使得两条孔道相汇。如图 13-16c 所示，管型珠 M64：7-2 孔道可见双面钻孔留下的台痕，孔壁可见螺旋纹，应采用了双面管钻技术。

---

[1] 王强、邓聪、栾丰实：《海岱地区与东北亚史前玉器文化交流——以野店遗址所出璧环类玉器为例》，《考古》2018年第7期。

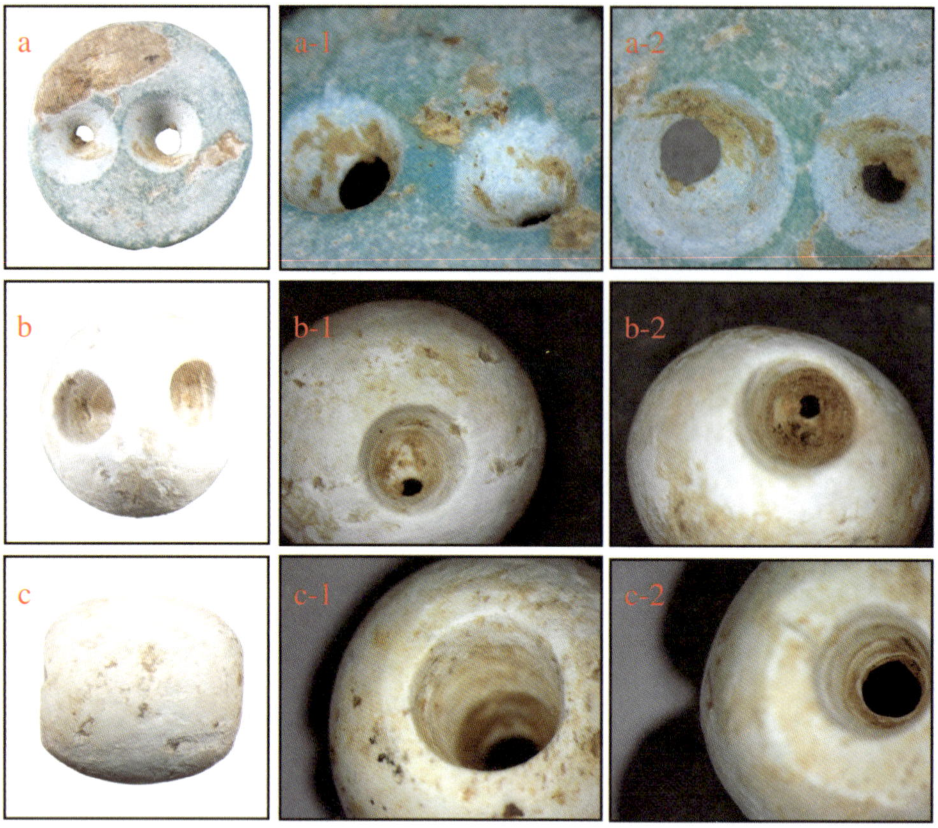

图13-16　金寨遗址出土部分珠管钻孔形态

a：TE15N2④：4　b：M54：20　c：M64：7-2

（5）玉璜

金寨遗址出土玉璜可以分为单体式玉璜和分体式玉璜两类，钻孔不仅起到系带的作用，还发挥着绑缚、连接分体式玉璜各部位的功能。如图 13-17a 所示，M46：5 孔道两端大小一致，孔道内有螺旋纹和两道台痕，可将孔道分为三段。表明钻孔过程中最先使用管钻进行双面钻孔，最后更换钻头，将孔道钻穿；一端孔道旁可见圆形凹坑，应为施钻位置变动留下的痕迹。如图 13-17b 所示，分体式玉璜 M62：8、9 两部分玉璜连接处钻孔平面截然相反，孔道向外侧扩张，应为绢云母材质硬度较低、绑缚磨损严重所致。如图 13-17c 所示，单体式玉璜 M46：3 采用双面桯钻工艺，孔道两端较大，中间较小。

3. 镶嵌工艺

金寨遗址 M28 中出土了多组圆形饰、月牙形饰和玉粒。如图 13-18a 所示，玉圆形饰球面光滑，可见打磨痕迹，背部平面极为粗糙，可见多条凹槽；同样，如图 13-18b 所示，月牙形饰弧面光滑，磨抛程度较高，而较平一侧可见粗糙切割痕，因此可以推测这些小型未钻孔的装饰玉器应作为镶嵌器使用，未经磨抛较为粗糙的一面可以增加粘合剂与装饰对象之间的接触面积。同出的绿松石玉粒风化较为严重，各面磨抛程度无明显的差异，但多件绿松石玉粒各具一个较为平整的平面，应同样作为镶嵌器使用，如图 13-18c 所示。

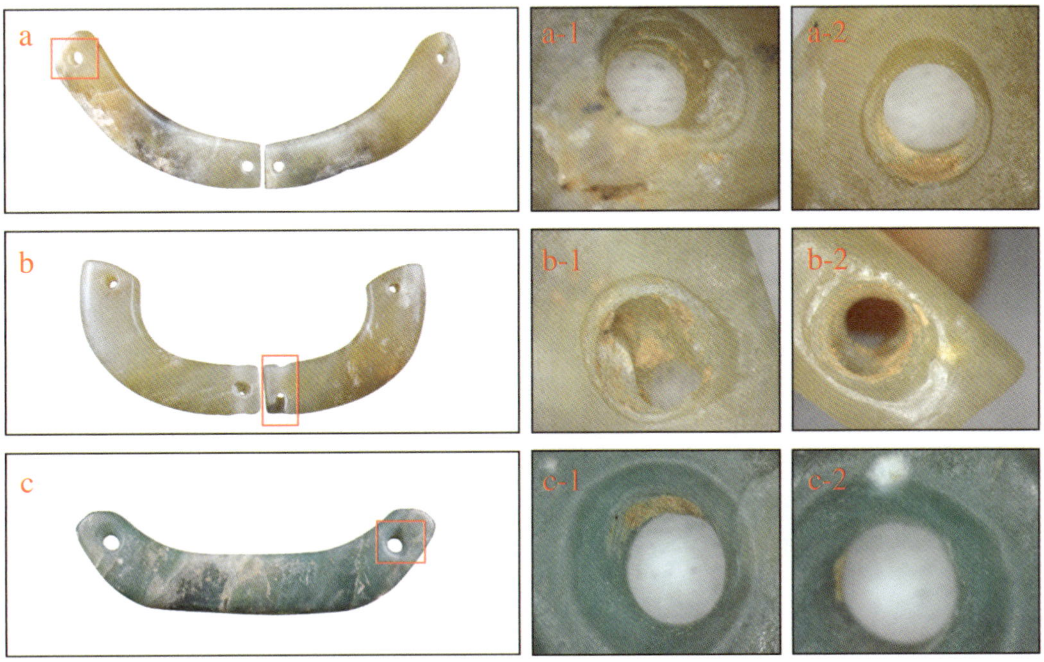

图13-17　金寨遗址出土部分玉璜钻孔形态

a：M46：5　b：M62：8、9　c：M46：3

图13-18　金寨遗址出土部分圆形饰、月牙形饰、绿松石玉粒微痕

a：M28：48　b：M28：47　c：M28：34-36

4. 磨抛工艺

金寨遗址出土玉器材质颇杂，风化程度不一，但仍能通过玉器表面光泽度窥见不同玉器的抛光程度。对金寨出土玉器表面光泽度进行统计，结果如图 13-19 所示，玉器表面磨抛程度不一，其中主体为岩石、滑石和绿松石质地的玉粒光泽度均在 10Gs 以下，抛光程度极低。珠管、坠饰、环璧光泽度均值在 20Gs 左右，少量玉器表面光泽度超过 30Gs，其中一件透闪石璧 M46：4 的表面光泽度为 35Gs，一件蛇纹石璧形饰 H74：3 表面光泽度高达 68Gs。从材质上看，蛇纹石、绿松石总体抛光程度较高，相同器型中绢云母材质玉器表面光泽度相对较低，可能与绢云母自带光泽、制作加工中未经精细抛光有关。

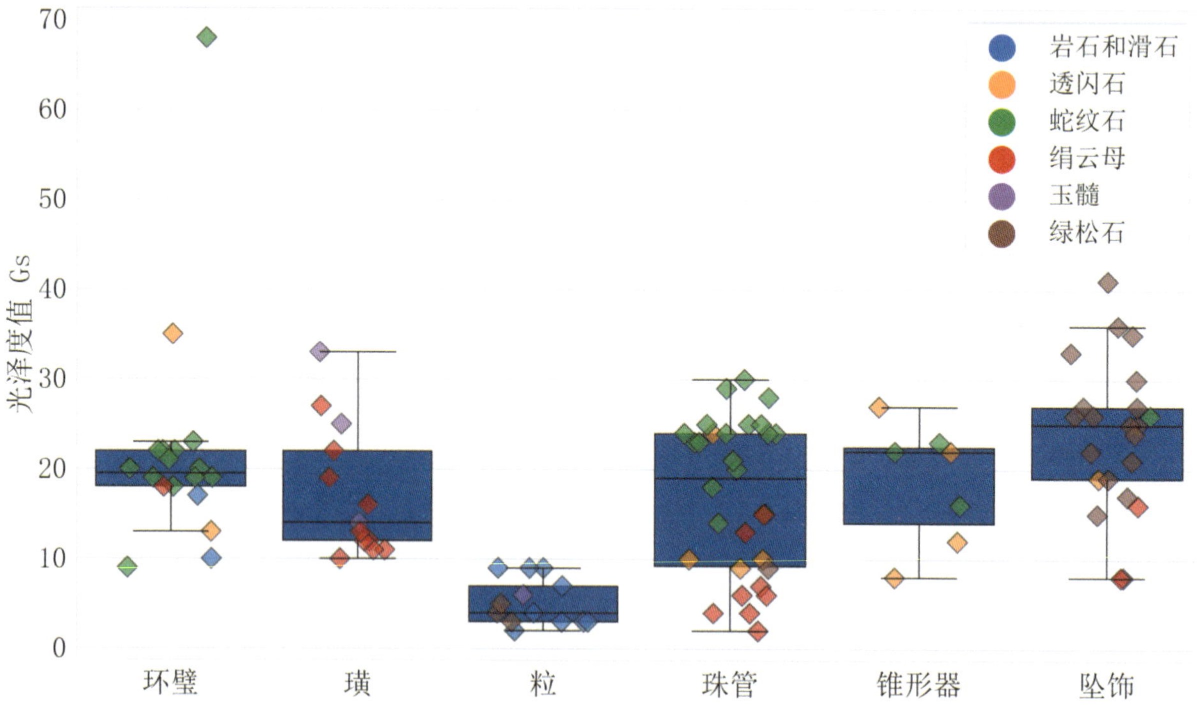

图13-19　金寨遗址出土部分玉器光泽度值统计

5. 修复工艺

（1）连缀修复

金寨遗址出土了 7 件玉璜，1 件属于单体玉璜（图 13-17c），5 件属于分体式玉璜（其中 2 件如图 13-17a-b 所示），1 件玉璜的连接位置不在璜体中部，可认为连接处的凹槽和钻孔属于玉璜断裂后的修复行为。如图 13-20 所示，该玉璜分为三段，出土于相邻的两座墓 M58 和 M52 中，从左至右依次为 M58：1-2、M52：17-1、M58：1-1，其中，左侧断口有明显的缺痕，断面处没有进行磨抛处理，应是入土埋藏之前断裂的；右侧断口的断裂面经过了打磨抛光，且在断面两侧用锯切方法切割出凹槽（图 13-20a、b），但仅在 M58：1-1 断裂处的正面有尚未完成的钻孔（图 4-20c），表明该件玉璜最初断裂为长短两部分，虽采取了再利用措施，但修复未完工，之后玉璜长段又断裂为两部分，未经过修复，最后玉髓璜断裂形成的三部分随葬在相邻两座墓葬中，显

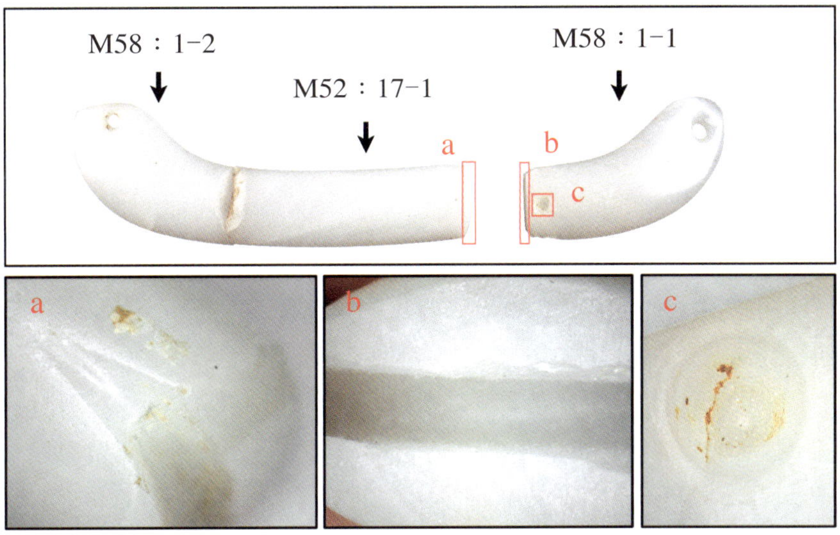

图13-20　玉髓璜的连缀修复

示两位墓主人的关系较为密切。

（2）改制修复

图 13-21a 显示的是 H74：3 璧形饰以及右侧长斜边的显微图片，H74：3 略呈方形，上、下及左边缘均打磨成刃，表面光滑，而右侧发生了断裂后的修复，显微图片可见斜向打磨痕迹，但并未进一步抛光；此外，右侧边中央位置存在两个相对的凹陷，可能是器物尚未断裂之前的钻孔痕迹。图 13-21b 的 M29：1 是一件三联璧，其边缘薄中间厚，中间有三个钻孔。H74：3 与 M29：1 上半部分非常相似，且两者时代相近，均属于大汶口文化晚期偏早，推测 H74：3 可能为联璧断裂后将断面磨平改制而成的。

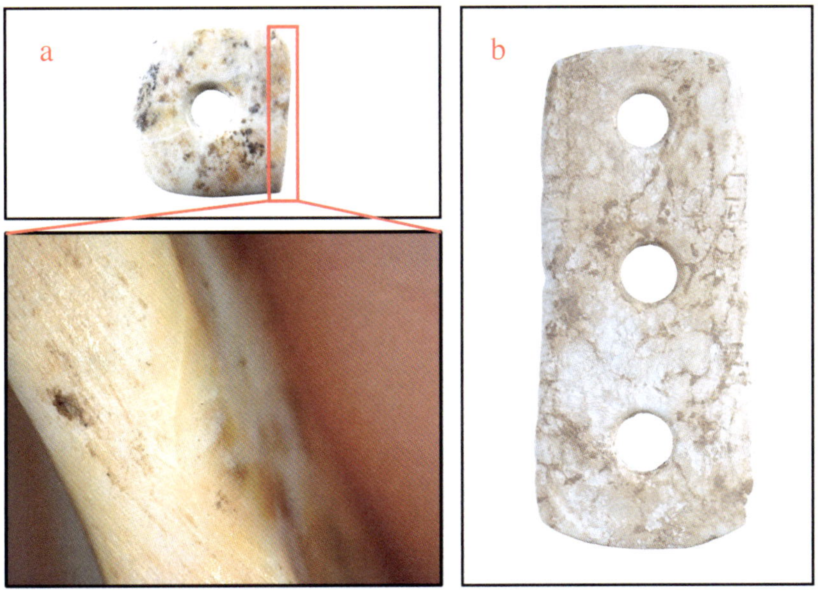

图13-21　璧形饰H74：3的改制修复

a：H74：3 璧形饰　b：M29：1 三联璧

6. 特殊工艺——分体式玉璜

金寨遗址出土的7件玉璜中，1件属于单体玉璜（图13-17c），1件属于修复玉璜（图13-20），另有5件玉璜的连接位置均位于璜体中部（其中2件如图13-17a-b所示），一般而言，这类玉璜的形成原因可能包括两种：一种是玉璜断裂后进行的修复工作，另一种则是玉工有意为之。考虑到5件玉璜的数量较多且呈现较强的一致性，不易均断裂在璜体的相近位置而后进行了连缀修复，因此，5件玉璜应均为玉工有意设计和制作的，可称为分体式玉璜。玉工先制作成半璜形，然后采用从中间对剖的对开成型方式形成多个半璜形，既提高了制作效率，也增加了成品的标准化，最后玉工在半璜形的两端钻孔，并采用绑缚的方式将两件半璜合为一件玉璜。综上可见，分体式玉璜的设计应来源于玉璜断裂后的连缀修复行为[1][2]，通过串联成形的方式，以小求大，不仅弥补了玉材少的不足，而且提高了加工效率以及产品的标准化，逐渐成为史前玉工进行玉器设计和制作时的一种技术选择。

7. 小结

金寨遗址出土玉器的成型方式包括片状成型、柱状成型、球状成型、环状成型等，主要是通过（片、线）锯切割和打磨减地工艺相结合的方式实现的。玉器的钻孔则根据玉料的厚薄宽窄和玉器功能灵活使用桯钻、管钻和轴心旋截钻孔技术以及单双面的钻孔方式，钻孔的功能除系挂玉器外，还有绑缚连缀形成分体式玉璜以及修复断裂玉璜的作用，此外，环璧的钻孔同时具有成形的作用。值得注意的是，切割和钻孔工艺的结合产生了分体式玉璜的特殊器型，不仅弥补了玉材少的不足，而且提高了加工效率以及产品的标准化，丰富了史前玉工在玉器设计和制作方面的技术选择。圆形玉饰、部分玉粒和月牙形饰往往一面粗糙、一面打磨光滑，应作为镶嵌器使用，达到美化装饰的作用。金寨玉器抛光程度不一，其中以岩石、滑石和绿松石材质为主的玉粒抛光程度极低，坠饰、珠管和环璧平均抛光程度较高。当玉器损坏后，存在修复以达到再利用的处理方式，包括连缀修复和改制修复两种形式。

---

[1] 王荣、吴在君：《中国玉器的古代修复工艺研究——以出土玉器为例》，《东南文化》2015年第3期。

[2] 王荣：《中国早期玉器科技考古与保护研究》，复旦大学出版社，2020年，第321～423页。

附表一　金寨遗址墓葬登记表

编号	所在探方	开口层位	人骨	与周围遗迹关系	尺寸	随葬品	时代
M1	东区，TE15S1东南部	③层下	无		长1.76、宽1.00米	共4件。鼎3件，壶1件	大汶口晚期
M2	东区，TE15S1东部偏中，向东延伸到TE16S1	③层下	无	被F2、Z1打破	长2.00、宽0.96～1.06、深0.16米	共4件。鼎2件，罐1件，红石块1件	大汶口晚期
M3	西二区，TW22S4东北部，部分延伸于东壁之中	④层下	无	打破⑤层和生土	长2.55、东端宽1.10、西端宽1.25、深1.15米	共2件。罐1件，豆1件	汉代
M4	西二区，TW22S3东南部，部分延伸于北壁之中	④层下	无	打破⑤层和生土	长2.55、东端宽1.3、西端宽1.48、墓坑深0.8米	共2件。罐2件	汉代
M5	东区，TE15S2北隔梁中部，向北延伸到TE15S1	②层下	无		长2.06、宽0.84～1.06、深0.26米	共1件。罐1件	大汶口晚期
M6	东区，TE15S1南部，向南延伸到TE15S2	③层（汉代层）下	单人，成年个体	其下东部叠压M31	长2.06、宽1.14、深0.20米	共20件。罐3件，壶2件，尊3件，杯1件，石锛5件，石凿3件，红石块2件，石锥1件	三期（五组）
M7	东区，TE15S1南部	④层下	单人，成年个体		长2.26、宽0.82～0.98、深0.60米	共11件。豆3件，罐2件，砺石1件，鼎3件，器盖2件	二期（三组）
M8	东区，TE15S1东南角	④层下	单人，青年个体	被H24打破，打破M30	长2.34、宽1.04～1.24、深0.60米	共10件。豆4件，罐2件，钵1件，鼎2件，壶1件	二期（三组）
M9	东区，TE16N1南部偏西	④层下	无		长2.35、宽0.65、深0.28米	共1件。鼎1件	
M10	东区，TE16N1东南部	④层下	无	被H39打破	长2.36、宽1.04、深0.18米	共1件。鼎1件	
M11	东区，TE16N1南部偏西，向南延伸至TE16S1北隔梁	③层下	无		长1.90、宽0.80～0.90、深0.30米	共2件。鼎1件，杯1件	
M12	东区，TE16N1东部偏中	④层下	无	被H34打破	长2.56、宽1.34、深0.18米	共2件。盖1件，鼎1件	
M13	东区，TE16N1东北部	④层下	无	被H29、H30打破	长2.36、宽1.12、深0.15米	共2件。鼎2件	
M14	东区，位于TE16N1西南部，向西延伸至TE15N1东隔梁	③层下	无	被H47打破	长1.50、宽0.50～0.60、深0.48米	无随葬品	
M15	东区，TE16N1西部偏中，向西延伸至TE15N1东隔梁	③层下	无		长1.65、宽0.55～0.65、深0.44米	无随葬品	
M16	东区，TE16N1西部偏中，向西延伸至TE15N1东隔梁	③层下	无		长1.84、宽1.02～1.08、深0.46米	无随葬品	

续表

编号	所在探方	开口层位	人骨	与周围遗迹关系	尺寸	随葬品	时代
M17	东区，TE16N1西南角，延伸至TE15N1东隔梁、TE15S1及TE16S1北隔梁	③层下	无	被H9打破	长1.75、宽0.55～0.65、深0.38米	共1件。鼎1件	
M18	东区，TE15S1东南部	④层下	单人，成人	打破M30西北角	长2.70、宽1.00～1.06、深0.54米	共11件。豆1件，罐3件，钵2件，鼎3件，器盖1件，盆1件	二期（三组）
M19	东区，TE16S1（西）北隔梁	③层下	无	被M11打破	长2.20、宽0.64～0.88、深0.30米	共1件。鼎1件	
M20	东区，TE16N1东北部	④层下	无	被H33打破	长1.95、宽0.65、深0.34米	共1件。钵1件	
M21	东区，TE15S1东北部	④层下	单人，残		长2.30、宽1.08～1.22、深0.42米	共12件。豆3件，罐2件，纺轮1件，鼎2件，杯1件，壶1件，红石块1件，陶缸腹片1件	三期（六组）
M22	西一区，TW20N2中东部，东端一小部分延伸到探方外	G6③层下	单人，女性		长2.10、头端宽0.74、脚端宽0.84、深0.20米	共7件。盆2件，罐1件，壶1件，器盖1件，纺轮1件，骨器1件	大汶口晚期
M23	东区，TE15S2北部	③层下	无	打破H65、H69	长2.30、宽1.13、深0.25米	共1件。鼎1件	
M24	东区，TE16N1西北角，挂西壁，向西延伸至TE15N1	④层下	单人，中年个体	被H1打破	长2.50、头端宽1.20、脚端宽1.00、深0.60米	共24件。豆4件，石块3件，腹片1件，罐3件，砺石2件，猪牙1件，盆1件，鬶1件，石钺1件，尊1件，壶3件，鼎1件，杯2件	三期（六组）
M25	西区				残。	无随葬品	汉代
M26	东区，TE15S2中部	H65之下	单人，25～30岁女性	被H69、M28打破	长2.26、宽0.92、深0.37米	共5件。豆2件，罐1件，纺轮2件	二期（三组）
M27	东区，TE15S2西部，向西延伸到TE14S2东隔梁	④层下	三人，壮年个体2、20～25岁男性1	被H61打破	长2.52、宽1.74、深0.56米	共27件，砺石7件，石锛2件，鼎3件，罐7件，壶3件，豆4件，猪牙1件	二期（三组）
M28	东区，TE15S2北部偏西	④层下	七人，壮年女性2、壮年个体1、壮年男性3、40岁左右男性1	被H65打破，打破H73、M26、M32、M33、M34	长3.45、宽2.62、深0.60～0.68米	共117件，器盖20件，豆7件，尊8件，杯18件，纺轮1件，罐20件，壶9件，鼎8件，陶环1件，盉3件，盆4件，钵1件，鬶1件，石粒4件，玉锥形器4件，玉月牙形饰5件，玉圆形饰3件	三期（五组）

续表

编号	所在探方	开口层位	人骨	与周围遗迹关系	尺寸	随葬品	时代
M29	东区，TE15S2北隔梁中部，向北延伸到TE15S1	④层下	单人，20～25岁女性	打破M31、M33	长2.45、宽1.16、深0.38米	共27件，豆3件，杯4件，壶4件，罐3件，器盖4件，尊2件，纺轮1件，鼎3件，鬶1件，盆1件，玉三联璧1件	三期（五组）
M30	东区，TE15S1东南部	④层下	单人，残	被M8、M18打破	长1.97、宽0.54～0.58、深0.64米	共5件。鼎2件，罐1件，豆1件，器盖1件	一期（一组）
M31	东区，TE15S2北隔梁中部，向北延伸到TE15S1	④层下	单人，残	被M29打破	长2.10、宽0.65、深0.28米	无随葬品	二期（三组）
M32	东区，TE15S2中部偏北	④层下	双人，残	被H65、M28打破，打破H73	长2.00、宽0.76、深0.10～0.15米	共3件。豆2件，骨器1件	二期（三组）
M33	东区，TE15S2北部	④层下	单人，残	被H73、M28、M29打破	长2.20、宽1.40、深0.88米	共19件。豆5件，壶3件，钵2件，杯1件，罐2件，鼎1件，纺轮2件，器盖2件，绿松石坠1件	二期（三组）
M34	东区，TE15S2西北部	④层下	单人，残	被H72、M28打破	长2.18、宽1.00、深0.58米	共10件。器盖1件，罐1件，鼎2件，豆4件，砺石2件	二期（三组）
M35	东区，TE14N1东南角	②层下	无		长2.28、宽0.88、深0.22米	共2件。罐1件，鼎1件	
M36	东区，TE14N1东南部	②层下	无		长1.88、宽0.86、深0.18米	共1件。罐1件	
M37	北区，TE4N26北部	③层下	单人，残	打破④、⑤层	长2.8、宽1.2～1.3、深0.6米	共10件。豆4件，杯2件，鬶1件，壶2件，罐1件	大汶口晚期
M38	东区，TE14N1中部	④层下	无		长1.78、宽0.74、深0.26米	共1件。鼎1件	
M39	东区，TE14N1中部偏东北	④层下	无		长2.10、宽0.72、深0.4米	共2件。鼎1件，盆1件	
M40	东区，TE15N2西南角，向西延伸到TE14N2东隔梁	③层下	无		长1.74、宽0.86、深0.24米	共1件。鼎1件	
M41	北区，TE5N26发掘部分东南部	④层下	无		长2.00、宽0.62～0.64、深0.26～0.30米	共2件。鼎1件，罐1件	
M42	北区，TE5N26发掘部分东南部	④层下	无		长2.00、宽0.75～0.80、深0.32米	共3件。杯1件，釜1件，钵1件	
M43	北区，TE5N27南部	④层下	单人，残	被H74打破	长2.00、宽0.75～0.85、深0.10～0.18米	共15件。鼎3件，罐4件，豆2件，杯4件，器盖2件	大汶口晚期

续表

编号	所在探方	开口层位	人骨	与周围遗迹关系	尺寸	随葬品	时代
M44	北区，TE4N26西南部	④层下	无		长1.00～1.25、宽0.68、深0.30米	共1件。鼎1件	
M45	北区，TE4N26西南角	④层下	无		长2.05、宽0.75～0.80、深0.20米	共1件。鼎1件	
M46	东区，TE14N1西南部，向西延伸到探方外	⑦层下	残		长2.74、宽1.52、深0.55米	共15件。壶2件，豆4件，罐2件，鼎1件，耳珰2件，玉璧1件，玉璜2件，绿松石坠1件	一期（二组）
M47	东区，TE14N1中北部	⑤层下	单人		长1.80、宽0.82、深0.20米	共11件。豆2件，器盖1件，罐2件，壶3件，钵1件，碟1件，杯1件	二期（三组）
M48	东区，TE14S1西部，向西延伸到探方外	⑥层下	双人，残		长0.90、宽1.12、深0.15米	共3件。玉坠2件，玉珠1件	一期（二组）
M49	北区，TE4N26偏西南部	④层下	无		长2.00、宽0.80～0.84、深0.30米	共2件。鼎2件	大汶口晚期
M50	北区，TE5N27北部，延伸至北隔梁下	④层下	单人，女性	打破H122	长2.10、宽0.76、深0.28米	无随葬品	
M51	北区，TE5N27东南部	④层下	无		长0.90、宽0.70、深0.18米	共2件。鼎2件	大汶口晚期
M52	东区，TE14N1东北部	⑧层下	单人，残		长2.32、宽1.40、深0.54米	共15件。豆3件，罐5件，尊1件，壶2件，盆1件，鼎1件，器盖1件，牙璧1件	二期（三组）
M53	东区，TE14N1南部	⑧层下	三人，成人1		长2.86、宽2.14、深0.58米	共43件，玉耳珰2件，玉管1件，玉珠2件，环3件，砺石1件，罐8件，豆11件，器盖4件，鼎5件，壶4件，盆1件，石粒1件	一期（二组）
M54	东区，TE14S1南部	⑨层下	单人，残	被H79、H101打破	长2.20、宽1.22、深0.34米	共23件。罐4件，豆8件，壶2件，石锛1件，砺石2件，石粒1件，玉管1件，玉珠3件，绿松石坠1件	二期（三组）
M55	东区，TE14S1中东部	⑩层下	三人，残		长2.82、宽1.40、深0.40米	共14件。豆4件，罐4件，鼎2件，耳珰1件，绿松石坠3件	一期（二组）
M56	东区，TE14N1东南隔梁处，向东延伸到TE15N1	⑧层下	无	打破M57	长1.40、宽0.53、深0.21米	共4件。鼎3件，罐1件	大汶口晚期

续表

编号	所在探方	开口层位	人骨	与周围遗迹关系	尺寸	随葬品	时代
M57	东区，TE14N1东南部	④层下	双人，成人2	被M56打破	长2.17、宽0.98、深0.29米	共16件。杯1件，豆6件，鼎2件，纺轮1件，罐2件，壶2件，绿松石片2件	一期（二组）
M58	东区，TE14N1东北部	④层下	单人，成人		长2.01、宽0.97、深0.31米	共27件，壶5件，罐6件，尊1件，杯1件，豆5件，鼎1件，盆1件，石凿1件，石锛2件，砺石2件，玉璜1件，玉指环1件	二期（三组）
M59	东区，TE14N1东南部，向东延伸到TE15N1	④层下	单人，成人	被M61打破	长2.23、宽1.22、深0.41米	共14件。钵1件，壶1件，豆4件，罐2件，鼎1件，玉璜1件，石锛3件，砺石1件	二期（三组）
M60	东区，TE15N1东南部	④层下	单人，残		长2.40、宽1.10、深0.32米	共19件。鬶1件，尊3件，壶2件，杯2件，罐3件，豆5件，鼎2件，砺石1件	三期（六组）
M61	东区，TE15N1西南部	④层下	单人，残	打破M59	长2.00、宽1.00、深0.31米	共15件。杯5件，豆3件，罐4件，壶1件，鬶1件，纺轮1件	三期（六组）
M62	东区，TE14N1西部，向西延伸到探方外	⑦层下	三人，残	被H105打破	长2.01、宽0.97、深0.38米	共19件。罐3件，壶4件，豆2件，绿松石坠4件，小玉片5件，玉璜（分体式）1件	一期（二组）
M63	东区，TE15N1南部	④层下	单人，残		长1.80、宽0.65、深0.23米	共5件。罐1件，豆2件，壶1件，鼎1件	三期（六组）
M64	东区，TE14S1南部	⑤层下	单人，残	被M54打破	长3.05、宽1.74、深0.46米	共57件。玉环4件，绿松石坠3件，玉珠7件，耳珰1件，玉管9件，玉璜1件，玉锥1件，纺轮3件，豆11件，罐11件，鼎6件，壶5件，器盖5件，缸1件，盆3件，盘1件	一期（二组）
M65	东区，TE15S1西南部	④层下	单人，残	打破M85	长2.20、宽1.10、深0.77米	无随葬品	三期（六组）
M66	东区，TE15N1南部	④层下	单人，残		长1.90、宽0.48、深0.24米	共8件。纺轮1件，豆3件，壶1件，鼎1件，罐1件，尊1件	三期（六组）
M67	东区，TE14S2北部	⑧层下	单人，成人		长2.00、宽0.80、深0.15米	共19件。绿松石坠1件，玉坠2件，玉珠2件，豆5件，壶3件，罐4件，鼎1件，器盖1件	二期（三组）

续表

编号	所在探方	开口层位	人骨	与周围遗迹关系	尺寸	随葬品	时代
M68	东区，TE15S1北部	④层下	单人，残		长2.10、宽1.16、深0.56米	共8件。纺轮2件，豆2件，鼎1件，壶1件，杯1件，钵1件	三期（六组）
M69	东区，TE14S1中部偏西	⑤层下	双人，成人2		长2.7、宽2.00、深0.62米	共38件，石钺1件，砺石1件，壶4件，罐7件，钵1件，碗1件，豆12件，鼎6件，杯2件，器盖1件，绿松石坠2件	一期（一组）
M70	东区，TE15S1东北部，向北延伸到TE15N1	④层下	单人，成人		长2.20、宽1.20、深0.45米	共16件。豆6件，壶2件，鼎3件，鬶1件，罐1件，杯1件，纺轮1件，玉环1件	三期（六组）
M71	东区，TE14N2东部	⑤层下	单人，成人	被H144打破	长2.00、宽0.80、深0.30米	共2件。纺轮1件，豆1件	二期（三组）
M72	东区，TE15S1西北部	④层下	单人，成人		长2.99、宽1.20、深0.40米	共12件。豆7件，鬶1件，罐1件，瓶1件，壶1件，杯1件	三期（六组）
M73	东区，TE14S2东北部	⑧层下	单人，成人		长2.25、宽1.04、深0.20米	共30件，豆12件，鼎3件，钵4件，罐4件，壶2件，器盖1件，杯1件，石锛1件，砺石1件，兽牙1件	二期（三组）
M74	东区，TE14S1西北部，向西延伸到TE13S1	⑥层下	单人，成人		长2.20、宽0.92、深0.16米	共8件。鼎3件，豆1件，罐2件，器盖1件，砺石1件	一期（一组）
M75	东区，TE14S1北部	⑤层下	单人，成人		长2.45、宽1.50、深0.40米	共15件。鼎3件，豆5件，罐3件，豆柄1件，器盖2件，砺石1件	一期（一组）
M76	东区，TE15N1东北部，向东延伸到TE16N1	④层下	单人，残		长2.20、宽1.20、深0.30米	共24件。豆5件，尊2件，杯4件，鼎4件，壶3件，罐2件，鬶1件，器盖2件，盆1件	三期（五组）
M77	东区，TE14S2东北部，向东延伸到TE15S2	⑧层下	双人，成人2		长2.15、宽1.05、深0.10米	共9件。豆4件，罐3件，杯1件，壶1件	二期（三组）
M78	东区，TE14S1西北部，向西延伸到TE13S1	⑥层下	单人，成人		长2.40、宽1.10、深0.35米	共17件。鼎4件，罐4件，杯1件，钵1件，壶1件，器盖3件，豆2件，陶器1件	一期（一组）
M79	东区，TE14S2北部，向北延伸到TE14S1	⑧层下	成人	被H79、H101打破	长2.16、宽1.76、深0.10米	共4件。豆1件，罐1件，石锛1件，砺石1件	二期（三组）

续表

编号	所在探方	开口层位	人骨	与周围遗迹关系	尺寸	随葬品	时代
M80	东区，TE14S1中部	⑤层下	单人，残		长2.50、宽1.10、深0.32米	共12件。钵2件，罐1件，豆4件，器盖3件，鼎2件	一期（一组）
M81	东区，TE14S1北部，向北延伸到TE14N1	④层下	单人，残		长2.90、宽1.30、深0.36米	共16件。盘1件，罐5件，器盖1件，豆4件，钵2件，壶2件，盆1件	一期（一组）
M82	东区，TE14N2南部	⑧层下	单人，成人	打破M84	长1.90、宽0.80、深0.12米	共6件。杯2件，豆3件，鼎1件	三期（四组）
M83	东区，TE14N2中部	⑥层下	单人，残		长1.60、宽0.60、深0.15米	共7件。罐1件，豆2件，杯3件，纺轮1件	三期（四组）
M84	东区，TE14N2南部	⑦层下	单人，残	被M82打破	长2.20、宽0.64、深0.29米	共19件。壶3件，豆8件，器盖1件，鬶1件，鼎2件，罐3件，杯1件	三期（四组）
M85	东区，TE15S1南部	⑤层下	双人，残	被M65打破	长2.32、宽1.12、深0.26米	共5件。壶1件，豆2件，罐1件，鼎1件	二期（三组）
M86	东区，TE14S1东部	⑤层下	单人，残		长2.30、宽1.00、深0.22米	共10件。鼎2件，罐2件，壶1件，豆3件，玉管2件	二期（三组）
M87	东区，TE15N1东北角，向东延伸到TE16N1	④层下	单人，残	被H1、M24打破	长2.10、宽1.37、深0.32米	共56件，罐5件，盆2件，杯24件，壶10件，豆7件，鼎3件，尊3件，纺轮1件，兽骨1件	三期（五组）

附表二　金寨遗址灰坑登记表

编号	所在探方	开口层位	与周围遗迹关系	尺寸	包含物	时代
H1	东区，TE16N1西北角和TE15N1东北角	③层下	打破H6、H26、H66、H135、H145、M24、M76、M87	南北最长5.6、东西最宽3.1、深0.1～0.6米	较多陶片、红烧土块	第①层龙山早期；第②～④层大汶口晚期
H2	东区，TE16N1东南部，向东延伸到探方外	③层下		长径1.9、短径1.1、深0.15米	大量红烧土颗粒及少量陶片	大汶口晚期
H3	东区，TE16S1（西半部）西部	③层下		长径1.7、短径0.8～1.1、深0.12米	少量的红烧土颗粒	汉代
H4	东区，TE16N1中部偏北	③层下	被G2打破	长径1.6、短径0.9、深0.12米	极少量陶片和红烧土颗粒	大汶口晚期
H5	东区，TE16N1东北部	③层下	被G2打破	长径2、短径1.9、深0.16米	大量陶片、少量炭屑及红烧土颗粒	大汶口晚期
H6	东区，TE16N1西北角	③层下	被H1打破，打破H7、H15、H26	口部长径2.6、短径2.4米，底部长径1.9、短径1.6、深0.76米	较多陶片、石块、烧土块等	第①层龙山早期；第②、③层大汶口晚期
H7	东区，TE16N1西北角，向北延伸到探方外	③层下	被H6打破，打破H15	口部东西最长1.9、南北最宽1.1米，底部东西最长0.7、南北最宽0.65、深1.1米	陶片、石块、烧土块、炭粒	第①层龙山早期；第②～④层大汶口晚期
H8	东区，TE16N1北部	③层下		口部长1.6、宽1.3米，底部长1.6、宽1.2、深0.5米	较多陶片和少量红烧土块及木炭、石块	大汶口晚期
H9	东区，TE15S1东北角	③层下	被ZD2打破	口部长1.6、宽1.4、深0.5米	少量陶片和石块	龙山早期
H10	东区，TE16S1（西半部）中部偏西北	③层下		长径2、短径1.5、深0.18米	少量的红烧土块、石块、陶片	大汶口晚期
H11	东区，TE16S1（西半部）东部，向东延伸到探方外	③层下	打破H42、H50	长径1.5、短径1.4、深0.2米	少量的红烧土块、石块、陶片	大汶口晚期
H12	东区，TE16S1（西半部）南部	③层下		长径1.0、短径0.8、深0.3米	较多的红烧土粒、零星陶片等	大汶口晚期
H13	东区，TE15S1南部	③层下		东西最长0.85、南北最宽0.9、深0.26米	极少量的陶片、红烧土颗粒	大汶口晚期
H14	销号					
H15	东区，TE16N1西北部	④层下	被H6、H7、H8打破，打破H26、H41、H43	南北最长2.9、东西最宽1.7、深0.8米	较多陶片、石块、烧土块等	大汶口晚期

续表

编号	所在探方	开口层位	与周围遗迹关系	尺寸	包含物	时代
H16	东区，TE16N2（东）中部	③层下		坑口长径1.7、短径1.6米，坑底长1.2、宽0.8、深0.4米	极少量陶片	大汶口晚期
H17	东区，TE16N2（东）西部，挂西壁	③层下		坑口长径1.6、短径1.3米，坑底长1.1、宽0.9、深0.5米	极少量陶片	大汶口晚期
H18	东区，TE16N1西南部	③层下	打破F1	长径1.1、短径0.85、深0.16米	极少量陶片	大汶口晚期
H19	东区，TE16N2（东）东北部，挂东壁	③层下	打破H35	坑口长径1.2、短径0.76、深0.4米	极少量陶片	大汶口晚期
H20	东区，TE16N2（东）北部，挂北壁和东壁	③层下		坑口长径3.3、短径1.5米，坑底长1.5、宽0.7、深0.8米	陶片和少量石块、红烧土块	大汶口晚期
H21	东区，TE16S1（西半部）西南部	③层下	打破H42	长径1.1、短径0.7、深0.3米	少量的红烧土块、陶片等	大汶口晚期
H22	东区，TE16S1（西半部）西南角、TE15S1东隔梁	③层下		长径1、短径0.9、深0.12米		大汶口晚期
H23	东区，TE16S1（西半部）西南部，挂南壁	③层下	打破H45	长径1.4、短径0.4、深0.4米	少量的红烧土粒，夹杂少量的陶片、石块等	大汶口晚期
H24	东区，TE15S1东南角，向南至TE15S2东北隔梁	③层下	打破M8，被H22打破	东西最长2.6、南北最宽3.2、深0.3米	极少量陶片	大汶口晚期
H25	东区，TE16S1（西半部）中部偏西南	③层下	打破H42	直径1.4、深0.18米	少量的红烧土粒，夹杂少量的陶片、石块等	大汶口晚期
H26	东区，TE16N1西北部	④层下	被H1、H6、H15打破	东西最长2.35、南北最宽1.2、深0.27米	少量陶片、石块	大汶口晚期
H27	东区，TE15S1东北部隔梁	③层下	打破H28	东西最长1.6、南北最宽1.45、深0.2米	少量陶片、石块	大汶口晚期
H28	东区，TE15S1东北部隔梁	③层下	被H27打破	东西最长1.5、南北最宽0.75、深0.8米	少量陶片和石块	大汶口晚期
H29	东区，TE16N1东北部	③层下	被H5、H8打破，打破M13	长2.01、宽0.56、深0.24米	少量陶片及红烧土粒	大汶口晚期
H30	东区，TE16N1东北部	③层下	打破M13	长径1.6、短径0.9、深0.2米	极少量陶片	大汶口晚期
H31	东区，TE16N1东北部，挂东壁	④层下		长径0.9、短径0.4、深0.3米	极少量陶片	大汶口晚期
H32	东区，TE16N1东北部，挂东壁	④层下		长0.6、宽0.4、深0.3米	极少量陶片	大汶口晚期

续表

编号	所在探方	开口层位	与周围遗迹关系	尺寸	包含物	时代
H33	东区，TE16N1东北部	④层下	打破M20	长径0.9、短径0.7、深0.25米	极少量陶片	大汶口晚期
H34	东区，TE16N1东部	④层下	打破M12	长径1.2、短径0.9、深0.3米	极少量陶片	大汶口晚期
H35	东区，TE16N2（东）东北部	④层下	被H19打破	坑口长径1.1、短径0.9、深0.3米	少量陶片	大汶口晚期
H36	东区，TE16N2（东）西北部，挂西壁	④层下	打破H40	坑口长径1.9、短径1.5、深0.6米	少量陶片	大汶口晚期
H37	东区，TE15S1西南部	③层下		东西最长1.2、南北最宽0.8、深0.3米	少量陶片、石块	大汶口晚期
H38	东区，TE16N1东南角，向南延伸到探方外	④层下		长径1.8、短径0.8、深0.4米	少量红烧土颗粒、炭屑及较多陶片	大汶口晚期
H39	东区，TE16N1东南角	④层下	打破M10	长径1.4、短径1.2、深0.16米	极少量陶片	大汶口晚期
H40	东区，TE16N2（东）北部	④层下	被H36打破	坑口长径1.4、短径0.6、深0.6米	少量陶片	大汶口晚期
H41	东区，TE16N1北部	④层下	被H8、H15打破	南北最长1.14、东西最宽0.5、深0.4米	少量陶片	大汶口晚期
H42	东区，TE16S1（西半部）西部，向西至TE15S1东隔梁	③层下	被M2、H3、H10、H11、H21、H25、H49打破	长径3.9、短径3.6、深0.8～1.1米	陶片、石块、红烧土块，草木灰	第①～④层大汶口晚期，第⑤～⑧层大汶口中期
H43	东区，TE16N1北部，向北延伸到探方外	④层下	被H8、H15打破	东西最长1.5、南北最宽1.2、深0.5米	少量陶片、石块、烧土块	大汶口晚期
H44	东区，TE16N1东南部，向南延伸到探方外	④层下	被H38打破	长径2.9、短径0.7、深0.4米	极少量陶片和炭屑	大汶口晚期
H45	东区，TE16S1（西半部）西南部，挂南壁	③层下	被H23打破	长径1.8、短径0.8、深0.35米	红烧土粒，夹杂少许陶片、石块等	大汶口晚期
H46	东区，TE16N1东南部，挂南壁	④层下	被H38、H44打破	长径2.7、短径0.3、深0.8米	极少量陶片和炭屑	大汶口晚期
H47	东区，TE15N1东隔梁南部	③层下	打破M14	南北最长1.6、东西最宽1、深0.3～0.5米	较多陶片	大汶口晚期
H48	东区，TE16N1东北角	④层下		直径1.5、深0.4米	大量陶片、红烧土块、石块及少量兽牙	大汶口晚期
H49	东区，TE16S1（西半部）西南部	③层下	被H42打破	长径1.1、短径0.3、深0.3米		大汶口晚期

续表

编号	所在探方	开口层位	与周围遗迹关系	尺寸	包含物	时代
H50	东区，TE16S1（西半部）中部	⑤层下	被H42打破	长径2.0、短径0.8、深0.25～0.4米	极少量陶片、砺石	大汶口晚期
H51	东区，TE16N1西南部	④层下		长径1.1、短径0.8、深0.4～0.7米	极少量陶片、砺石	大汶口晚期
H52	西一区，TW20N3西南角				陶罐1件	汉代
H53	东区，TE16N1西南部	④层下	被M14打破	口部长径1、短径0.8米，底部长径0.6、短径0.5、深1米	少量陶片	大汶口晚期
H54	西一区，TW20N2西北部	G6④层下		口部长径1.82、短径1.32米，底部长径1.82、短径1.32、深0.28米	少量红烧土颗粒和较多陶片	大汶口晚期
H55	东区，TE15S2西南部	③层下	打破H58、H61	坑口长1.4～1.6、深0.15米	少量陶片	大汶口晚期
H56	东区，TE15S2东北部	③层下	打破H64、H65	坑口长2.3、宽0.95米，坑底长1.6、宽0.8、深0.2米	大量陶片	龙山早中期
H57	东区，TE15S2中部	③层下	打破H65、H69	坑口长0.9～1米，坑底长0.85～0.95、深0.2米	少量陶片	大汶口晚期
H58	东区，TE15S2西南角	③层下	被H55打破	坑口长1.5、宽1.2、深0.2米	较多的红烧土颗粒、砺石和碎石块、少量陶片	大汶口晚期
H59	东区，TE15S2南部	③层下		坑口距地表深0.4米，长0.85、深0.14米	较多的红烧土颗粒、极少量陶片	大汶口晚期
H60	东区，TE15S2南部	③层下		坑口距地表深0.4米，长0.8～0.9、深0.2米	陶片20片	大汶口末龙山初
H61	东区，TE15S2西南部，延伸到探方外			坑口距地表深0.4米，长3.8、宽1.2～1.5米，坑底长2、宽0.6～0.8、深0.7～1.3米	大量的灰烬，红烧土粒（块）、陶片、少量的石块等	大汶口晚期
H62	东区，TE15S2南部	③层下	打破H65，被③层下ZD7打破	坑口距地表深0.35米，长1.25～1.3、深0.3米	极少量陶片	大汶口晚期
H63	东区，TE15S2南部，向南延伸到探方外	③层下	打破G7	坑口距地表深0.35米，长2.4米，坑底长1.4、深0.5米	少量红烧土颗粒、少量陶片	大汶口晚期
H64	东区，TE15S2东北部	③层下	被H56打破，打破H65、H68、H73、G7	坑口距地表深0.35米，长3.1、宽1.2、深0.3米	少量灰烬、砺石和碎石块、大量陶片	龙山早期
H65	东区，TE15S2中部	③层下	被M23、H56、H60、H62、H64打破，打破H68、H69、H73、G7	坑口距地表深0.45米，长5.2、宽3.8米，坑底长2.8、宽1.8、深0.65米	大量的灰烬、少量红烧土粒（块）、大量陶片	大汶口晚期

续表

编号	所在探方	开口层位	与周围遗迹关系	尺寸	包含物	时代
H66	东区，TE16N1西北角，向西延伸至TE15N1	H1下		南北最长1.1、东西最长1.3、深0.3米	少量陶片	大汶口晚期
H67	西一区，TW20N3西南角	G6⑤层下		坑口距地表深1.6米，长1.2、宽1.08、深0.4米	大量的红烧土块、少量陶片及陶器2件	大汶口晚期
H68	东区，TE15S2东部	④层下	被H64、H65打破	坑口距地表深0.7米，长1.8、宽1.3、深0.2米	大量灰烬、少量碎石块、少量陶片	大汶口晚期
H69	东区，TE15S2中偏北部	③层下	被H65①打破，打破M26、M28	坑口距地表深0.7米，长2.05、宽1.85米，坑底长1.9、宽1.7、深0.3米	少量的陶片、红烧土颗粒等	大汶口晚期
H70	东区，TE15S2西北角延伸到北隔梁	③层下	打破④层	坑口距地表深0.3米，长0.9、宽0.45米，坑底长0.65、宽0.3、深0.45米	大量的灰烬、少量的红烧土粒、少量的陶片	大汶口晚期
H71	东区，TE15S2东北角延伸到关键柱	③层下	打破G7	坑口距地表深0.25～0.3米，长0.4、宽0.45、深0.4米	少量的红烧土粒、少许陶片	大汶口晚期
H72	东区，TE15S2西部	④层下	打破M34	坑口距地表深0.5米，直径长0.7、深0.3米	陶片5片	大汶口晚期偏早、中期偏晚期
H73	东区，TE15S2中部偏东北	④层下	被M28、M32、H64、H65打破，打破M33	坑口距地表深0.6米，长1.4、深0.3米	陶片50余片	大汶口晚期偏早
H74	北区，TE5N27中西部	③层下	打破H81、F8	坑口距地表深0.35～0.4米，长6.8、宽2.25～4.35米，坑底长5.5、宽2～4、深0.85～1米	大量红烧土块、零星草木灰、大量的陶片、少量动物骨骼	大汶口晚期
H75	北区，TE4N27东部	③层下		坑口距地表深0.45米，长2.7、宽2.4米，坑底长2.5、宽2.35、深0.66米	大量红烧土块、少量陶片	大汶口晚期
H76	北区，TE5N28西南部	④层下		坑口距地表深0.42米，长1.8、宽1.1米，坑底长1、宽0.6、深0.9米	少量红烧土块、少量陶片	大汶口晚期
H77	东区，TE14S1东部	④层下	打破H78、M55	坑口距地表深0.3米，长1.4、宽0.8、深0.4米	少量的红烧土粒、石块、陶片	大汶口晚期
H78	东区，TE14S1东部	④层下	被XDK、H77打破	坑口距地表深0.3米，长1.9、宽1.2、深0.5米	少量的红烧土粒、石块、陶片	大汶口晚期

续表

编号	所在探方	开口层位	与周围遗迹关系	尺寸	包含物	时代
H79	东区，TE14S1东南角、TE15S1西南角	③层下	被H133打破，打破M54、M64、M65	长5.1、宽2.5、深0.4米	较多的陶片和砺石、石块	龙山早中期
H80	北区，TE4N27西部	③层下		坑口距地表深0.35米，长2.8、宽1.9米，坑底长2.1、宽1.8、深0.6米	少量红烧土块、少量陶片	大汶口晚期
H81	北区，TE5N27中部偏北	④层下	被H74打破，打破H97、H111、H112、H115、H120和F8	坑口直径长2.1～2.7米，底径长1.8～2、深0.86米	大量陶片	大汶口晚期
H82	东区，TE15N2南部，挂南壁	④层下		长0.5、深0.5米	少量陶片	大汶口晚期
H83	东区，TE14N1东北角	④层下	被现代坑打破，打破M52	长1.9、宽0.9、深0.4米	少量陶片	大汶口晚期
H84	东区，TE15N2南部	④层下		长1.0、宽0.8、深0.4米	较多的红烧土颗粒、少量陶片	大汶口晚期
H85	销号					
H86	北区，TE5N27东中部	④层下		坑口距地表深0.4米，长0.74、宽0.7、深0.38米	零星红烧土颗粒和草木灰、少许陶片	大汶口晚期
H87	北区，TE4N27中部	⑤层下		坑口距地表深0.7米，长1.6、宽1.1米，坑底长0.6、宽0.6、深0.62米	少量陶片	大汶口晚期
H88	北区，TE4N26南部，向南延伸到探方外	④层下		坑口距地表深0.45米，长2.48、宽0.9～1.38米，坑底长2.3、宽0.8～1.28、深0.2～3.6米	少量陶片和石块	大汶口晚期
H89	北区，TE4N27中部	⑤层下		坑口距地表深0.75米，长2.2、宽1.4米，坑底长2.2、宽1.3、深0.26米	少量红烧土颗粒、陶片	大汶口晚期
H90	北区，TE4N26中部偏东南	④层下	打破⑤层	坑口直径长1.1～1.6米，坑底直径长0.9～1.4、深0.4～0.6米	少量陶片	大汶口晚期
H91	北区，TE4N26东南角	④层下		坑口距地表深0.4～0.45米，长1.08、宽0.98米，坑底长1、宽0.9、深0.2～0.26米	少量陶片	大汶口晚期

续表

编号	所在探方	开口层位	与周围遗迹关系	尺寸	包含物	时代
H92	北区，TE5N27东北部	④层下	被G9打破	坑口距地表深0.64米，长0.92米，坑底径长0.7、深0.3米	少量陶片、石块	大汶口晚期
H93	北区，TE5N27西部偏南	④层下	打破H95	坑口距地表深0.72米，径长0.68～0.7米，坑底径长0.58～0.6、深0.42米	少量陶片	大汶口晚期
H94	北区，TE5N27西壁南端，延伸至TE4N27东隔梁下	③层下	被近代G10打破	坑口距地表深0.4米，径长0.6米，坑底径长0.4、深0.4米	少量的碎陶片	大汶口晚期
H95	北区，TE5N27西壁中偏南部，延伸至TE4N27东隔梁下	④层下	被H93打破	坑口距地表深0.88米，长1.38、宽1.12米，坑底长1.28、宽1.02、深0.4米	少量的草木灰烬，少许红烧土粒，少量的陶片	大汶口晚期
H96	北区，TE4N27东部	⑤层下		坑口距地表深0.55米，长2.1、宽1.9米，坑底长2.1、宽2、深0.26米	较多的红烧土颗粒和陶片	大汶口晚期
H97	北区，TE5N27中部	④层下	被H74、H81打破，打破H112	坑口距地表深0.7米，径长1.08米，坑底径长1.06、深0.2～0.3米	大量的草木灰、少量红烧土粒、少量陶片	大汶口晚期
H98	东区，TE15N2东北部，向东延伸到探方外	⑤层下	打破H99	坑口距地表深0.5米，长1.9、宽0.9、深0.15米	较多的红烧土颗粒、大量陶片	大汶口晚期
H99	东区，TE15N2东北部	⑤层下	打破H123，被H98打破	坑口距地表深0.6米，长2.6、宽1.5、深0.25米	大量陶片和少量石块	大汶口晚期
H100	东区，TE15N2东北部	⑥层下		坑口距地表深1.0米，长1.5、宽0.7、深0.2米	少量陶片和石块	大汶口晚期
H101	东区，TE14S1南部，挂南壁	④层下	被H79打破，打破M54	长2.2、宽1.2、深0.4米	较多的陶片和少量石块，红烧土颗粒	大汶口晚期
H102	东区，TE15N2东北角，向东、北延伸到探方外	⑥层下	打破H104	坑口距地表深1.0米，长3.3、宽1.2、深0.5米	较多炭屑、动物牙齿、大量陶片、石块	大汶口末龙山早期
H103	东区，TE14S1南部	④层下	打破M64	长1.2、宽1.0、深0.2米	少量陶片	大汶口晚期
H104	东区，TE15N2北部	H102下		坑口距地表深1.3米，直径0.88、深0.4米	较多陶片	大汶口末龙山早期
H105	东区，TE14N1西北部，挂西壁	⑦层下	打破M62	长1.6、宽0.6、深0.4米	少量陶片	大汶口晚期

续表

编号	所在探方	开口层位	与周围遗迹关系	尺寸	包含物	时代
H106	东区，TE14S1西南部	⑦层下		坑口距地表深1.3米，长0.7、宽0.6、深0.4米	较多陶片	龙山早期
H107	东区，TE14N1西北部	⑦层下		长0.8、宽0.7、深0.3米	较多陶片和少量石块	大汶口晚期
H108	东区，TE14S1中部	④层下	打破M55	坑口距地表深0.6米，直径0.6、深0.4米	零星陶片	大汶口晚期
H109	东区，TE14N1中部偏西	⑤层下		坑口直径1.1、坑底直径1.4、深0.6米	大量的红烧土块、烧骨、陶片	大汶口晚期
H110	东区，TE15N2东南部	⑧层下		坑口距地表深0.6米，直径1.1、深0.8米	较多陶片	大汶口晚期
H111	北区，TE5N27中偏北部	④层下	被H74、H81打破	坑口距地表深0.6米，径长1.25米，坑底径长1.2、深0.3～0.38米	少量草木灰、大量红烧土粒、少量陶片	大汶口晚期
H112	北区，TE5N27东部	④层下	被H81、H97打破	坑口距地表深0.65米，长1.4、宽0.72米，坑底长1.35、宽0.35、深0.3米	少量红烧土粒、草木灰、陶片	大汶口晚期
H113	北区，TE5N27中偏南部	⑤层下		坑口距地表深0.45米，长1.5、宽0.8米，坑底长1.2、宽0.7、深0.2米	少量红烧土粒、灰烬、3个大石块、少量陶片	大汶口晚期
H114	北区，TE5N28东北部	④层下		坑口距地表深0.67米，长3.4、宽2.2米，坑底长1.4、宽0.78、深0.2米	少量陶片	大汶口晚期
H115	北区，TE5N27西北部	④层下	被H74、H81、H111打破，打破H122	坑口距地表深0.68～0.72米，长5.2、宽0.78米，坑底长5.1、宽0.75、深0.52米	大量红烧土粒、灰烬、少量的动物骨骼、陶片等	大汶口晚期
H116	北区，TE4N26中部	⑤层下		坑口距地表深0.65米，长4.45、宽1～2.35米，坑底长4.35、宽0.9～2.2、深0.3～0.36米	夹零星红烧土块及木炭屑、少量陶片	大汶口晚期
H117	北区，TE4N26中南部	⑤层下		坑口距地表深0.65米，长1.44、宽0.6～1.6米，坑底长1.4、宽1.5、深0.3～0.32米	少量红烧土块及木炭屑、陶片和石块	大汶口晚期

续表

编号	所在探方	开口层位	与周围遗迹关系	尺寸	包含物	时代
H118	北区，TE4N27西北部	⑤层下		坑口距地表深0.8米，长1.9、宽1.1米，坑底长1.8、宽0.9、深0.3米	少量红烧土颗粒、少量陶片	大汶口晚期
H119	北区，TE4N27北部	⑤层下		坑口距地表深0.82米，长1.6、宽1.4、深0.15米	少量红烧土颗粒、少量陶片	大汶口晚期
H120	北区，TE5N27中偏东部	④层下	被H81、H92、H112打破	坑口距地表深0.7米，长2.7、宽1.66米，坑底长1.9、宽1.56、深0.3米	大量的草木灰烬和红烧土粒、少量动物骨骼和较多的陶片	大汶口晚期
H121	东区，TE14S1东南角，向东、南延伸到探方外	H79下		坑口距地表深0.7米，直径2.1、深0.6米	较多陶片	大汶口晚期
H122	北区，TE5N27北部，延伸至北隔梁下	⑤层下	打破⑥A层	坑口直径长1.6米，坑底直径长0.5、深0.4米	大量的灰烬、少量的红烧土粒、少量的陶片和动物骨骼	大汶口晚期
H123	东区，TE15N2东部	⑥层下	被H99打破	坑口距地表深0.6米，长径1.2、短径0.84、深0.4米	少量陶片	大汶口晚期
H124	销号					
H125	东区，TE15N2西南部	⑨层下		坑口距地表深1.3米，直径1.2、深0.4米	少量陶片	大汶口晚期
H126	销号					
H127	销号					
H128	销号					
H129	北区，TE4N26中南部，向南延伸到探方外	⑤层下		坑口距地表深0.98米，长6.25、宽0～2.4米，坑底长5.8、深0～1.1米	夹零星红烧土块及木炭屑、较多的陶片	大汶口晚期
H130	北区，TE4N27东部	⑤层下		坑口距地表深0.55米，长2.1、宽1.2米，坑底长2.1、宽1.04、深0.6米	少量红烧土颗粒和少量陶片	大汶口晚期
H131	北区，TE5N28东南部	④层下		坑口距地表深0.5米，长2、宽1米，坑底长2、宽0.95、深0.32米	少量红烧土土块、少量陶片	大汶口晚期
H132	东区，TE15N1东南角	③层下		长1.8、宽1.3、深0.3米	少量陶片	大汶口晚期

续表

编号	所在探方	开口层位	与周围遗迹关系	尺寸	包含物	时代
H133	东区，TE15S1西南角	③层下	打破H79	长1.5、宽0.5、深0.2米	较多陶片	大汶口晚期
H134	东区，TE15S1西南部	③层下	被H37打破	长1.1、宽0.8、深0.1米	少量陶片	大汶口晚期
H135	东区，TE15N1西北部	③层下	被H1打破	长6.8、宽4.6、深0.1米	少量红烧土颗粒、较多的陶片	龙山早期
H136	东区，TE14S2东北部，挂北壁	④层下	打破M73、M77	长2.1、宽1.7、深0.7米	大量草木灰、炭屑、较多的陶片	龙山早中期
H137	东区，TE15N1中部	③层下	叠压于H135之下	长2.1、宽1.7、深0.6米	少量红烧土颗粒、较多的陶片	龙山早期
H138	东区，位于TE15N1西北部	③层下	被H135叠压，被H141打破	长1.5、宽1.1、深0.1米	少量陶片	大汶口晚期
H139	东区，TE14S2东南部，向南延伸到探方外	⑦层下	被现代坑打破	长1.8、宽0.6、深0.7米	较多陶片	龙山早中期
H140	东区，TE15N1西北部	③层下	被H135叠压，被H141打破	长2.5、宽1.6、深0.2米	砺石2件，少量陶片	大汶口晚期
H141	东区，TE15N1西北部	③层下	被H135叠压，打破H138、H140	长2.1、宽1.3、深0.3米	少量陶片	大汶口晚期
H142	东区，TE14S1东北部	④层下		坑口距地表深0.5米，直径0.8、深0.25米	夹零星红烧土块颗粒、细碎木炭块与碎陶片	大汶口晚期
H143	东区，TE14S1东北部	④层下		坑口距地表深0.9米，直径0.6、深0.14米	夹零星红烧土块、陶片	大汶口晚期
H144	东区，TE14N2东半部，向东、北延伸到探方外	⑤层下	打破M71	坑口长4、宽3.1、深0.6米	较多的陶片和少量石块	龙山早期
H145	东区，TE15N1东北部	③层下	被H1打破	长1.7、宽0.7、深0.5米	少量陶片、石块	大汶口晚期
H146	东区，TE14N2（东南）西部	⑥层下	打破H150	坑口长2.1、宽0.9、深0.3米	少量炭屑和红烧土颗粒、少量陶片	大汶口晚期
H147	东区，TE15N2南部	⑧层下		坑口距地表深0.8米，坑口长0.71、宽0.68、深0.22米	红烧土颗粒	大汶口晚期
H148	东区，TE15S1中部	④层下		直径0.8、深0.25米	较多的草木灰	大汶口晚期
H149	东区，TE15S1北部	④层下	被M68、ZD1打破	直径0.8、深0.3米	少量木炭、砺石、陶片等	大汶口晚期
H150	东区，TE14N2（东南）中部	⑥层下		坑口距地表深1.3米，长0.8、深0.2米	少量炭屑和红烧土颗粒、少量陶片	大汶口晚期

续表

编号	所在探方	开口层位	与周围遗迹关系	尺寸	包含物	时代
H151	东区，TE15S1西南角，挂南壁	④层下		长0.6、深0.4米	红烧土、陶片	大汶口晚期
H152	东区，TE15S1西南角，挂南壁	④层下	被H79打破	长0.9、宽0.3、深0.3米	红烧土颗粒、陶片	大汶口晚期
H153	东区，TE15N2西南部	⑤层下		坑口距地表深1米，口部直径1.2、底部直径0.9、深0.5米	零星陶片	大汶口晚期
H154	东区，TE15N2西北部	⑥层下		坑口距地表深1.6米，直径2.9、深0.5米	较多陶片、石块	大汶口晚期
H155	东区，TE15N2北部	⑥层下		坑口距地表深1.6米，口部直径1.28、底部直径0.87、深0.28米	较多陶片	大汶口末龙山早期
H156	东区，TE14S1（东）东壁下	⑤层下		坑口距地表深0.77米，直径2.04、深0.38米	有零星红烧土颗粒	大汶口末龙山早期

附表三　金寨遗址灰沟登记表

遗迹编号	所在探方层位和具体位置	形状结构	尺寸	包含物	时代
G1	东区，开口于③层下，TE16S1（西）中部，西南—东北	长条形，壁内斜，平底	坑口距地表深0.3～0.32米，长8.5、宽0.3～0.4米，坑底长8.45、宽0.25～0.3、深0.12米	少量的板瓦陶片、红烧土粒	汉代
G2	东区，开口于③层下，TE16N1中部	长条形，直壁，平底	坑口距地表深0.4米，长8.4、宽0.5～0.62、深0.1米	少量陶片，残石器1件、砺石1件	大汶口晚期
G3	东区，开口于③层下，TE16N1中部偏东	长条形，直壁，平底	坑口距地表深0.39米，长5.16、宽0.5、深0.12米	少量陶片	大汶口晚期
G4	东区，开口于③层下，TE16S1（西）南部	长条形，直壁，平底	坑口距地表深0.4米，长1.6、宽0.16～0.2、深0.05～0.12米	少许陶片、红烧土颗粒	大汶口晚期
G5	东区，开口④层下，TE16N1北部偏中	长条形，直壁，平底	坑口距地表深0.4米，长2.22、宽0.4～1.05、深0.18米	少量陶片	大汶口晚期
G6	西一区，开口于④层下，G6跨TW20N2、TW20N3、TW21N2三个探方，南界位于TW20N2、TW21N2中南部，北界位于TW20N3中部	长条形，南口斜直，较规整，北口稍弯曲。沟壁斜内收，沟底坑洼不平	沟口距地表0.65～0.95米。沟口宽11.1～12.1米，沟底宽5～5.4米，沟底距沟口深1.13～2.16米	以陶器为主，少量石器、骨器	大汶口晚期
G7	东区，开口于③层下，TE15S2中东部，西南—东北向	长条形，壁内斜，弧底	坑口距地表深0.45～0.5米，长9.5、宽0.75～1米，沟底长9.5、宽0.5～0.7、深0.25～0.4米	少量的红烧土粒，少量陶片及陶器2件	大汶口晚期
G8	西三区，开口于④层下，占TW29S11中南部，向南、东、西均延伸到探方外，打破生土	长条形，斜壁内收	沟口距地表1.3～1.8米。沟口在探方内宽4.5～6.5米，沟底距沟口深3.1米	大量陶片、少量动物骨骼和骨器	大汶口晚期
G9	北区，开口于③层下，TE5N26中部、TE5N27中东部，向南、北均延伸到探方外	长条形，弧壁，底略平	沟口距地表深0.4米，长5、宽0.5～0.6米，坑底长5、宽0.36、深0.5米	无包含物	近代
G10	北区，开口于③层下，TE4N26东北部、TE5N27西北部、TE5N28中东部	长条形，口大底小，弧壁，沟底略平	沟口距地表深0.35～0.4米，长9.1、宽0.1～0.6米，沟底长9.1、宽0.06～0.2、深0.3米	无包含物	近代
G11	北区，开口于③层下，TE5N27西北部	长条形，口大底小，斜壁、平底	沟口距地表深0.34米，长9、宽0.45～0.72米，沟底长9、宽0.2～0.72、深0.36米	无包含物	近代

续表

遗迹编号	所在探方层位和具体位置	形状结构	尺寸	包含物	时代
G12	北区，开口于③层下，TE4N27东南部、TE5N27东北角、TE5N28中西部	长条形，口大底小，斜壁，底不平	沟口距地表深0.33～0.4米，长15.5、宽0.08～0.4米，沟底长15.5、宽0.05～0.35、深0.32～0.36米	无包含物	近代
G13	北区，开口于③层下，TE4N26西北部、TE4N27中部、TE5N28西北部	长条形，口大底小，斜壁，底不平	沟口距地表深0.3～0.35米，长18、宽0.1～0.65米，沟底长18、宽0.06～0.6、深0.32～0.34米	无包含物	近代
G14	东区，开口于②层下，TE14S1、TE15N2西部，TE14N1中部	长条形，直壁，平底	坑口距地表深0.4米，长25.2、宽0.45～1.75、深0.26米	少量陶片	汉代
G15	北区，开口于④层下，TE5N28中部	长条形，口大底小，斜壁，底不平	沟口距地表深0.5米，长7.5、宽0.08～0.1米，沟底长6.5、宽0.06～0.15、深0.2米	无包含物	汉代
G16	东区，开口于②层下，TE15N1中部	长方形，斜直壁，平底	坑口距地表深0.5米，长9、宽0.55米，坑底长8.8、宽0.5、深0.2米	少量陶片	大汶口晚期
G17	东区，开口于⑧层下，TE13S1，向南延伸至TE13S2	长方形，直壁，平底	坑口距地表深1.15米，长3.25、宽1、深1.3米	少量陶片	大汶口晚期

附录一　金寨遗址年代分析测试报告

分析实验室：同位素地球化学国家重点实验室 AMS-1AMS-^{14}C 前处理制样实验室
分析项目：金寨遗址 AMS-^{14}C 测年
送样单位：山东大学
送样人：杨凡
分析人：丁平

中国科学院广州地球化学研究所
公共技术服务中心
2020 年 9 月 1 日

^{14}C 数据报告解读须知

（1）本实验室提供的 ^{14}C 数据，仅针对所测试样品中的碳的形成年代，并不能完全等同于样品的形成年代。

（2）基于第一点，^{14}C 测试结果仅作为测试物品年代参考，不具有法律意义上的物品年代鉴定效力，不能将实验室提供的数据作为法律依据。

（3）因外界因素干扰，如，送样品之前，样品已经被破坏，被放射性碳污染，或者因所取样品含碳量不足等因素导致分析不能完成或实验数据与真值差异巨大，实验室将与送样单为协商解决。但如果因样品放射性污染导致实验室被放射性污染，实验室将追究送样单位责任。

（4）对测试结果不理解或者有疑问的，请与我们联系，我们将尽可能给大家提供解答。

样品 ^{14}C 数据由中国科学院广州地球化学研究所同位素国家重点实验室 AMS-^{14}C 前处理制样实验室与北京大学核物理与核技术国家重点实验室加速器质谱中心联合完成。

中国科学院广州地球化学研究所 ^{14}C 年龄测试报告单

送样单位：山东大学
送样人：杨凡
样品性质：炭屑、炭化水稻、粟

测试结果（9）：

<table>
<tr><th>送样
编号</th><th>实验室
编号</th><th>样品
性质</th><th>¹⁴C年代
（a BP，±1σ）</th><th>¹⁴C校正年代
（CalBP，±1σ）</th></tr>
<tr><td>JZ-1
H81⑥</td><td>GZ9216</td><td>木炭</td><td>4160 ± 20</td><td>OneSigmaRanges:[start:end]relativearea
[calBC2871:calBC2847]0.209971
[calBC2811:calBC2799]0.103095
[calBC2780:calBC2744]0.323155
[calBC2729:calBC2695]0.300838
[calBC2686:calBC2676]0.062941
TwoSigmaRanges:[start:end]relativearea
[calBC2877:calBC2834]0.203154
[calBC2819:calBC2665]0.76496
[calBC2649:calBC2634]0.031886</td></tr>
<tr><td>JZ-2
H81③</td><td>GZ9217</td><td>木炭</td><td>4155 ± 20</td><td>OneSigmaRanges:[start:end]relativearea
[calBC2868:calBC2845]0.201086
[calBC2812:calBC2801]0.091801
[calBC2776:calBC2742]0.270479
[calBC2732:calBC2674]0.436635
TwoSigmaRanges:[start:end]relativearea
[calBC2875:calBC2832]0.201936
[calBC2821:calBC2663]0.752505
[calBC2651:calBC2632]0.045559</td></tr>
<tr><td>JZ-3
H74②</td><td>GZ9218</td><td>木炭</td><td>4155 ± 20</td><td>OneSigmaRanges: [start:end]relativearea
[calBC2868:calBC2845]0.201086
[calBC2812:calBC2801]0.091801
[calBC2776:calBC2742]0.270479
[calBC2732:calBC2674]0.436635
TwoSigmaRanges: [start:end]relativearea
[calBC2875:calBC2832]0.201936
[calBC2821:calBC2663]0.752505
[calBC2651:calBC2632]0.045559</td></tr>
<tr><td>JZ-4
H140②</td><td>GZ9219</td><td>木炭</td><td>4205 ± 25</td><td>OneSigmaRanges: [start:end]relativearea
[calBC2886:calBC2865]0.321578
[calBC2803:calBC2764]0.559761
[calBC2717:calBC2706]0.118661
TwoSigmaRanges: [start:end]relativearea
[calBC2895:calBC2848]0.317532
[calBC2811:calBC2744]0.509146
[calBC2729:calBC2694]0.163157
[calBC2685:calBC2677]0.010165</td></tr>
</table>

续表

送样编号	实验室编号	样品性质	^{14}C年代 （a BP，±1σ）	^{14}C校正年代 （CalBP，±1σ）
JZ-5 H140②	GZ9220	木炭	4150 ± 25	OneSigmaRanges: [start:end]relativearea [calBC2868:calBC2840]0.202175 [calBC2815:calBC2802]0.094016 [calBC2775:calBC2713]0.425087 [calBC2709:calBC2670]0.278721 TwoSigmaRanges: [start:end]relativearea [calBC2874:calBC2794]0.325434 [calBC2787:calBC2629]0.674566
JZ-6 H81⑥	GZ9221	木炭	4150 ± 25	OneSigmaRanges: [start:end]relativearea [calBC2868:calBC2840]0.202175 [calBC2815:calBC2802]0.094016 [calBC2775:calBC2713]0.425087 [calBC2709:calBC2670]0.278721 TwoSigmaRanges: [start:end]relativearea [calBC2874:calBC2794]0.325434 [calBC2787:calBC2629]0.674566
JZ-7 H81③	GZ9222	木炭	4160 ± 25	OneSigmaRanges: [start:end]relativearea [calBC2872:calBC2846]0.205402 [calBC2812:calBC2799]0.102017 [calBC2782:calBC2742]0.309506 [calBC2731:calBC2693]0.290068 [calBC2690:calBC2675]0.093007 TwoSigmaRanges: [start:end]relativearea [calBC2878:calBC2830]0.206025 [calBC2822:calBC2663]0.748209 [calBC2652:calBC2632]0.045765
JZ-8 H74②	GZ9223	木炭	4150 ± 25	OneSigmaRanges: [start:end]relativearea [calBC2868:calBC2840]0.202175 [calBC2815:calBC2802]0.094016 [calBC2775:calBC2713]0.425087 [calBC2709:calBC2670]0.278721 TwoSigmaRanges: [start:end]relativearea [calBC2874:calBC2794]0.325434 [calBC2787:calBC2629]0.674566
JZ-9 H140②	GZ9224	木炭	4285 ± 20	OneSigmaRanges: [start:end]relativearea [calBC2907:calBC2892]1. TwoSigmaRanges: [start:end]relativearea [calBC2915:calBC2884]1.

注：a BP 表示距公元1950年的年代。^{14}C数据已经过δ ^{13}C同位素分馏校正和Calib Rev 8.1.0 IntCal20 树轮曲线校正。

报告人：丁平

测试日期：2020 年 9 月 1 日

北京大学
Peking University

NO.2017121

加速器质谱（AMS）碳—14 测试报告

送样单位 安徽省文物考古研究所

送样人 张小雷

测定日期 2017-12

Lab 编号	样品	样品原编号	出土地点	碳十四年代（BP）	树轮校正后年代	
					1σ (68.2%)	2σ (95.4%)
BA171603	炭化粟（3 粒）	JZCN1	安徽省萧县庄里乡金寨遗址 16XJTE16N1H15③	4865±35	3694BC (17.6%) 3678BC 3670BC (50.6%) 3637BC	3710BC (88.1%) 3631BC 3578BC (0.4%) 3574BC 3564BC (7.0%) 3536BC
BA171604	炭化粟（3 粒）	JZCN2	安徽省萧县庄里乡金寨遗址 16XJTE16N1H15⑤	4510±25	3340BC (9.8%) 3320BC 3272BC (2.5%) 3266BC 3236BC (31.7%) 3170BC 3164BC (24.2%) 3114BC	3350BC (31.7%) 3262BC 3245BC (63.7%) 3100BC
BA171605	炭化粟（2 粒）	JZCN3	安徽省萧县庄里乡金寨遗址 16XJTE16S1H42①	4765±35	3634BC (8.5%) 3622BC 3606BC (59.7%) 3522BC	3640BC (86.5%) 3511BC 3424BC (8.9%) 3382BC
BA171606	炭化粟（3 粒）	JZCN4	安徽省萧县庄里乡金寨遗址 16XJTE16S1H42⑤	4490±30	3332BC (30.2%) 3264BC 3245BC (13.7%) 3214BC 3186BC (13.0%) 3156BC 3128BC (11.3%) 3101BC	3348BC (95.4%) 3090BC
BA171607	炭化黍（2 粒）	JZCN5	安徽省萧县庄里乡金寨遗址 16XJTE16S1H42⑦	样品无法满足实验需要		
BA171608	碳化紫苏（2 粒）	JZCN6	安徽省萧县庄里乡金寨遗址 16XJTE15S2H65②	4005±25	2567BC (55.0%) 2520BC 2498BC (13.2%) 2486BC	2574BC (95.4%) 2472BC

北京大学
Peking University

NO.2017121

BA171609	炭化黍（3粒）	JZCN7	安徽省萧县庄里乡金寨遗址 16XJTE15S2H65②	4225±25	2896BC (47.7%) 2869BC 2802BC (20.5%) 2778BC	2902BC (55.7%) 2860BC 2808BC (35.3%) 2756BC 2720BC (4.4%) 2705BC
BA171610	炭化粟（3粒）	JZCN8	安徽省萧县庄里乡金寨遗址 16XJTE15S2H73	4235±25	2901BC (66.2%) 2872BC 2798BC (2.0%) 2794BC	2906BC (71.4%) 2862BC 2807BC (22.6%) 2758BC 2718BC (1.5%) 2710BC
BA171611	炭化粟（3粒）	JZCN9	安徽省萧县庄里乡金寨遗址 16XJTE15S1H9	3985±25	2564BC (38.1%) 2532BC 2496BC (30.1%) 2471BC	2571BC (56.4%) 2512BC 2504BC (39.0%) 2466BC
BA171612	炭化粟（3粒）	JZCN10	安徽省萧县庄里乡金寨遗址 16XJTW20N2G6③	4255±25	2900BC (68.2%) 2881BC	2915BC (92.2%) 2871BC 2801BC (3.2%) 2779BC
BA171613	炭化粟（3粒）	JZCN11	安徽省萧县庄里乡金寨遗址 16XJTW20N2G6④	4245±25	2900BC (68.2%) 2877BC	2910BC (84.1%) 2866BC 2805BC (11.3%) 2761BC

注：所用碳十四半衰期为 5568 年，BP 为距 1950 年的年代。
样品无法满足实验需要，即有如下原因：送测样品无测量物质；样品成份无法满足制样需要；样品中碳含量不能满足测量需要。
树轮校正所用曲线为 IntCal13 atmospheric curve (Reimer et al 2013)，所用程序为 OxCal v4.2.4 Bronk Ramsey (2013); r:5

1. Reimer, P.J., Bard, E., Bayliss, A., Beck, J.W., 2013. IntCal13 and Marine13 radiocarbon age calibration curves 0–50,000 years cal BP, Radiocarbon 55,1869-1887.
2. Christopher Bronk Ramsey 2015，https://c14.arch.ox.ac.uk/oxcal/OxCal.html

北京大学 加速器质谱实验室
第四纪年代测定实验室
2017 年 12 月 08 日

附录二　萧县金寨遗址考古发掘与保护专家论证会纪要

时间：2018 年 1 月 4 日上午

地点：萧县九龙国际大酒店

专家：栾丰实（山东大学历史文化学院教授）、周润垦（南京博物院江苏省考古研究所副所长、研究员）、甘恢元（南京博物院江苏省考古研究所副研究员）、宫希成（安徽省文物考古研究所副所长、研究员）、余杰（武汉大学博士研究生）、张小雷、任一龙

领导：李芳茹（县委常委、常务副县长）、肖民（县委常委）、丁勤华（县委常委、宣传部部长）、单光荣（金寨文化研究会）、朱雪峰（县文化局长）

宫希成：首先感谢萧县县委县政府对金寨考古工作的支持。金寨遗址的发掘工作 1991 年后暂停了一段时间，但是所里一直很关注，2012、2013 年的时候开始筹划金寨遗址的继续发掘问题，没想到县里主动支持发掘工作，2015 年开始勘探，单位工作任务特别重，希望能够在县委带动下，把这项工作顺利开展下去。

（专家座谈：宫希成副所长主持）

1. 周润垦

（1）考古工作思路清晰，工作开展扎实有效。2016、2017 年工作范围确定，60 万遗址规模很大，是大型中心聚落，遗址功能区基本确定，东区墓葬，西区环壕、房子。墓葬区、居住区大致摸清，工作很有效，为下一步扩大成果打下坚实的基础。

（2）考古成果多，遗址学术价值重要性已经显现。遗址面积大，是大型中心聚落，花厅遗址才 30 多万平方米，而且花厅遗址有山地，有沟。60 万平方米说明金寨遗址很重要。焦家遗址 100 多万平方米，是大汶口遗址发现以来最重要的文化遗存。

墓葬区方面，多人合葬盛行，如三人、四人合葬。这与周边的梁王城有区别，梁王城没有合葬。

玉器方面：工地出土玉器小。戴在手臂上的石环在意义方面可能接近玉了，很重要，东山村崧泽大墓也没有手臂上套 2 个石环的现象。县博物馆收藏的带神徽图案的玉锥形器与花厅一模一样，相信有类似花厅遗址的高等级墓葬。金寨多人合葬有没有可能类似花厅人殉、陪葬的现象？

良渚遗址的锥形器一般都出现在大型墓葬中。

陶器方面：既与大汶口文化相似，也有土著特色，如M28的长筒形器、G6喇叭形平底器很少见，质地比较厚，这是否与建筑有关？还有如M28平底罐等等。值得好好做下去，建博物馆。

（3）下一步工作建议

金寨遗址才发掘1200平方米，还有很多工作要做，60万平方米遗址的重要性需要有更多的考古发掘来显示。要以大遗址考古工作要求为指导，做好长期的考古计划。要开展区域调查，了解周边卫星遗址，以大带小。做好考古测绘、地理信息系统，航拍、数字化都要做。通过航拍识别，将壕沟完整地圈起来，壕沟很重要。焦家有环壕、城。这么大面积的遗址、又有高等级玉器，一定存在防御设施，包括墓地。墓葬集中在土台上，边缘是斜坡，专门做土台（如崧泽土台）、祭祀坑。要把墓地整个揭露，做个全景，把土台揭露出来。

遗址现场墓葬清理得比较干净了，是否可以把人骨留下，最好现场鉴定。人骨保存不好，现场鉴定后放那，建博物馆。这么做就有得有失（有的玉器埋在下面）。东山村人骨有轮廓就放那，棚子很快盖的，十年了仍放那，地下水，发霉，建议回填。

2. 甘恢元

这次是来学习的。

（1）金寨遗址属古濉河水系，未受到黄泛的影响。这一片区域不光有金寨，还有小山口等，这一地区一直是宜居之处。

（2）遗址总面积60万平方米，有墓地，出土玉石器，是区域性的中心聚落。虽然有两次发掘，但只发掘1200平方米，只是冰山一角，需要做的工作还有很多。西区的红烧土、基槽布局还不明确。大汶口晚期的赵庄遗址30万平方米，有红烧土堆积，周边无房址，应与窑相关。窑是封闭的，将窑壁碎块打碎扔到垃圾坑，也不排除与房子有关。

（3）墓地方面：金寨遗址应有多处墓地，如玉石塘区域。

东区墓地原本应为台地，与赵庄遗址相似。大汶口文化较高等级墓葬普遍有葬具，金寨也应有葬具。墓葬开口于纯净土层之上，土色太难辨认，需花费更多精力来确认。

（4）保护

金寨遗址保存较为完整，局部压于村庄之下。要保护好本体，再开发利用。建议现场原址保护，建大棚。局部套取，揭取地层以备展示。采用三维扫描、三维打印，以影像方式进行展示。要制订好长期保护规划，这不是三五年就能弄清楚的。

3. 余杰

（1）遗址价值方面：五年来武大在皖北地区做了调查和发掘，但没找到与金寨同时期的遗址。遗址年代与梁王城第一期接近，与花厅基本同时。用玉方面，金寨遗址对应苏北花厅，但墓葬没有花厅醒目。但博物馆玉锥形器与之匹配的应是大墓，只是因早年破坏，现在没找到这种大墓。金寨遗址等级不会差，是中心聚落没有问题

（2）遗址有自己特色：陶器方面与傅庄接近。葬俗方面，多人合葬在东部其他地方没有了，

是否是殉人还不好说。人骨可以保留。墓地在台子上可能普遍，但这是第一次在张小雷队长率领下提示出来。多多思考，多多探究。有无更大更高的台子？应该还会有。

遗址周边环境非常好，要复原遗址当时的环境；未来建棚子、博物馆。遗址靠近皇藏峪，经过打造，会是新的旅游目的地。

4. 栾丰实

在玉器征集收藏、遗址保护利用方面，这十几年民间组织做了大量相关工作。石峁玉器展览馆里 99% 展品是来自个人，总的原则是尽量不要把假的拿来，近年做得特别多，确实有时真假难辨。从专业角度出发，应该不排斥，大家一起保护才能保护住。

（1）金寨遗址很早就知道，大家都觉得不一般，很重要。苏北皖北一线，一个花厅一个金寨。花厅经过长年发掘，是北方出土玉器最多的一个点。金寨遗址 1991 年据说出土了大量玉器，老百姓的说法可能夸张。这些对认识金寨遗址是个基础。

（2）基本认识

遗址时代：主体为大汶口文化中晚期至龙山文化时期，距今 5000 年前到 4000 年前后。面积方面：60 万平方米，这是什么概念呢？现在来看大汶口文化上百万平方米的遗址也有，但要看具体情况，若都能涵盖大汶口文化时期，则是大汶口文化阶段最大的遗址（之一）。大汶口遗址原来说是 80 多万平方米，现在说是 60 多万平方米，但汶河北部是大汶口早期，30 万平方米，汶河南部是中晚期，30 多万平方米。所以金寨遗址属大遗址，是区域中心聚落。玉器方面：抛开传说，从征集的器物种类、数量、质地来看，该聚落应当不是普通聚落，也不是一般聚落，等级比较高。

（3）环境

从地理区位、自然环境来看：在小的地理范围上，此处位于盆地区域，只有东北角有个口，选这个地方不是随便挑的，这是一种自然防御景观，总体上景观很好。在大的地理环境上：该区属泰沂山脉向平原地段过度的残丘区域，是大汶口文化向西南发展的中介地带，是黄淮下游向上游过渡的区位。

人文地理方面：当时大的人文环境是大汶口文化中晚期到龙山文化时期。大汶口文化中期是什么概念？ 1. 海岱地区是一个独立的文化体系，大汶口中期是原始社会向国家迈进的关键阶段，再往前，也不会有这么多的玉器出土。2. 经过北辛文化的内部整合，大汶口文化面貌统一性越来越大。大汶口西进中原，路线就是淮河以北。皖北地区在早期的石山孜、双墩一直是当地文化，一直到大汶口文化早期，开始受到海岱文化区的影响。到大汶口中期时，傅庄过去被认为是大汶口中期的一个小点。从这方面也就看出金寨早期遗存的重要性。金寨遗址属东方文化圈的偏西南处，是东方人向西发展的前哨。

大汶口、野店、岗上、花厅、焦家遗址面积都很大，都出土玉器，都有贫富分化的大中小型墓葬。大汶口文化有若干个政治实体，金寨遗址是当时皖北片区的中心聚落。这也显示出当时社会已有分化，当时有可能已经进入早期国家阶段。良渚当时在中国不是一个，金寨虽没良渚那么显赫，但意义是一样的。也是了解中华文明五千年的一个新证据。也是安徽之后的亮点。

（4）对以后工作的建议

这两年的发掘只是一个开始，良渚遗址 30 多年考古没有停，有庞大的队伍，有各方面科技力量的参与。金寨遗址这两年的工作是试探性的，一些情况清楚了，如墓地、聚落、年代等，但更多情况不清楚，更多信息等待着继续发掘、认识与研究。

接下来的工作主要是两大方面，一是小的区域方面，二是遗址内部。小的区域方面，主动性的区域调查一定要做。小盆地旁边的山上应该调查，看看有没有防御设施。良渚水坝其实早就知道，但不敢想是良渚时期的；石峁遗址也早就知道，但认为是明代或汉代的。这就是说认识不到，永远就挖不到。要看看金寨遗址东北出口有没有沟或墙等设施。这在发掘间隙就考虑做。考古讲究望气和第一感觉。遗址周边区域也要进行调查，按照都邑聚的理念指导调查工作。

第二个在遗址内部方面，还不能说布局清楚了。现在的认识是墓地可能在东、聚落可能在西。焦家遗址一会儿是聚落，一会儿是墓地，是相互交替的。金寨东区在龙山文化时期是房子，在大汶口时期是墓葬。此外，有些大的方面，有或没有都要有证据。有没有环壕、城墙？要采取钻探、打探沟的方式。有没有大墓？大汶口文化的大墓多是 3 米 ×2 米，有棺有椁，应该有大墓。有无大型建筑基址、手工业作坊？也应该在规划之内，找迹象，找到线索，针对性工作，制订考古工作计划，需要多大投入，争取在相对短的时间内出结果。

（5）建议加大工作力度投入，地方投入资金，所里投入人力，踏踏实实做 3～5 年，把心思放在上面，不要再兼顾那么多基建项目，要组织一个队伍，给考古队一定的自主权。

东区墓地整个都发掘。土台要设计专门解剖沟，半米宽，了解什么时候建造的，是不是人工建造的？要把建造过程、结构弄清楚。弄清楚后，不一定再全部揭出。外围都下去了？为什么下去了？是当时就是高地？还是挖的周边的土堆积而成？

（6）保护、利用与展示

金寨遗址肯定有展示价值，这是毫无疑问的。近十几年来国家倡导保护规划，都要有展示利用。不太主张村庄全部搬迁，要做减法，翻盖房子要到遗址外，保证遗址不被破坏。发掘中也要有保护展示理念。不主张马上建大棚，最好的保护就是回填。若以后发现更大的更有可观赏性的遗迹，再考虑展示问题。目前资料整理要同步进行，先发简报，这也是宣传。

5. 宫希成

（1）考古方面

金寨遗址这两年的考古成果不错，一定程度上超出了当时设定的目标。但虽然有些清楚了，更多的是不清楚，雾还没有完全打开。2018 年上半年做完后，要做个工作计划，重新理思路，问题还不少。当初选东边也不确定，在土台上是意外收获。

问题：1. 多学科研究要加强，与动物考古、植物考古、人骨研究要加强协调。2. 新的科技手段运用少了，要加强。3. 考古工作计划既要立足金寨，但不能光盯着金寨，周边区域几十几百平方千米都要在考虑范围。未来不一定每年都要挖，周边小遗址可小范围发掘，对认识金寨遗址的地位有作用。4. 墓地个人倾向于是人堆的，有壕沟与外界隔断。台子不光是埋葬，是不是祭台？有没有其他迹象？墓地等级还不够，应该还有大墓，找大墓。

（2）保护利用

1. 县政府从长远考虑，保护、利用与旅游结合。未来县政府到底要把金寨弄成什么样有没有想法。周边窑址、皇藏峪建议通盘考虑，对未来总体旅游发展利用，带动经济发展。2. 建立长效保护管理体制，保证遗址安全。3. 控制建设活动，保证不再受新的损坏，拆不拆房子以后根据规划来，不能再有新的占压。4. 开展适当的宣传工作。5. 现场保护展示，有价值，难度不大，房址区域暂时不考虑盖大棚，以后考虑盖露天的，以后展示时，陶器修复好了放进去。

附录三　金寨遗址1991年度发掘概况

1991 年 9～10 月，安徽省文物考古研究所对金寨遗址进行首次发掘。参加发掘的人员有张敬国（领队）、贾庆元、叶润清、刘锋、邓坚，安徽大学历史系文博专业 1988 级 20 名学生在周崇云老师的带领下参加了实习。发掘地点共分西、东、东北三区，以东区为重点（图一）。

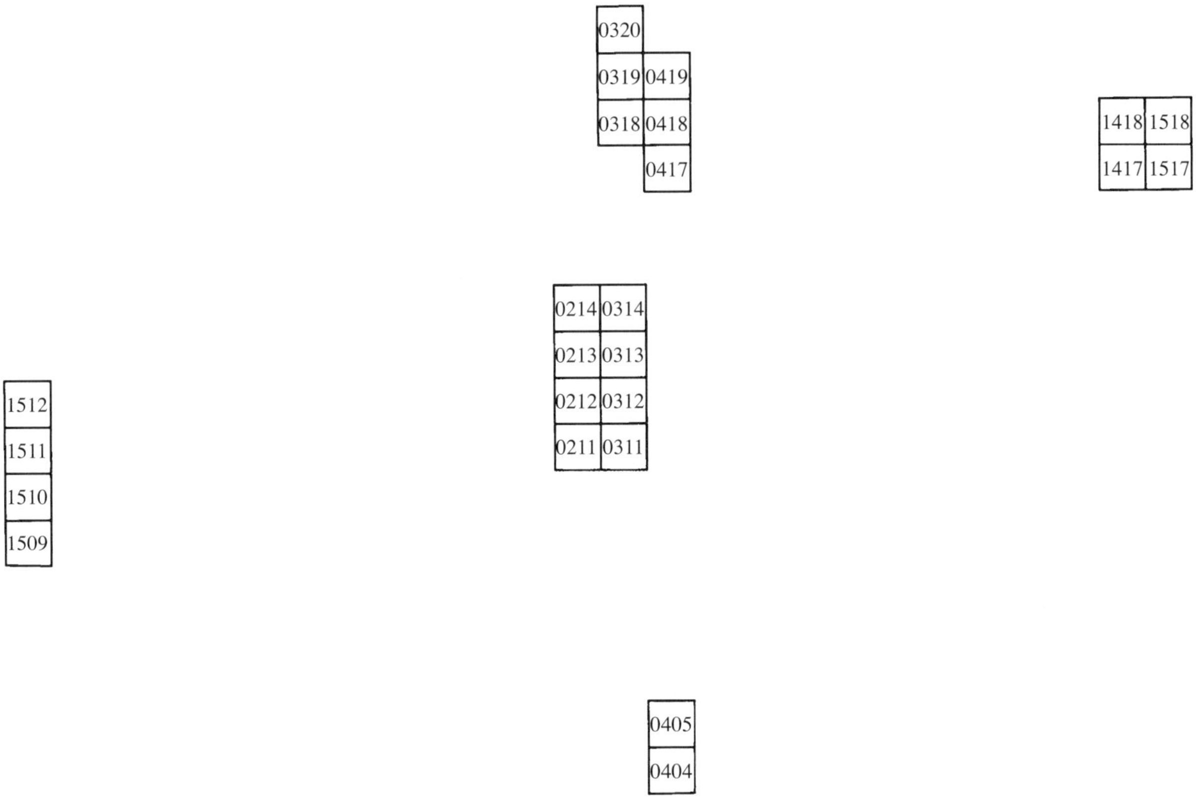

图一　金寨遗址1991年发掘区探方位置平面图

一　西区

西区位于金寨小学北侧，共布 5 米 ×5 米探方 4 个，发现灰坑 2 个，出土少量遗物，年代为大汶口文化晚期；另发现晚期墓葬 1 座（图二）。

（一）地层堆积

以 T1512 西壁为例，共 4 层（图三）。

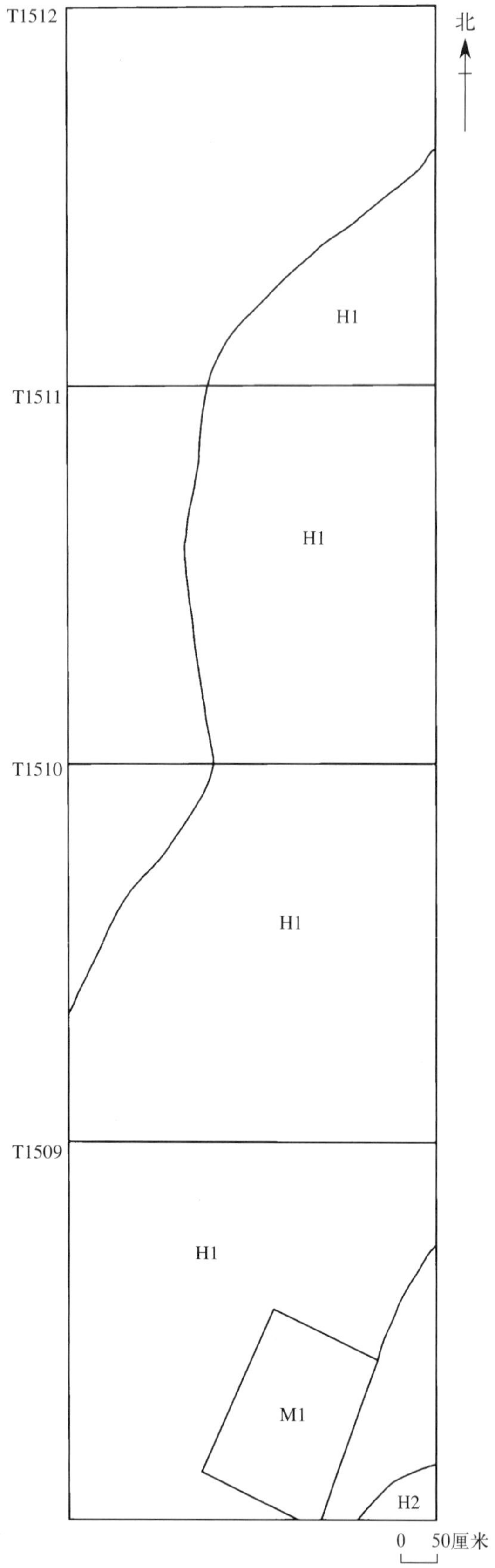

图二　金寨遗址1991年西区遗迹分布平面图

第①层：耕土层，灰黄色土，质地松软，含大量瓷片及玻璃片，厚0.2～0.3米。

第②层：淡黄色土，土质松软，十分纯净，未见包含物。厚0.04～0.09米。

第③层：黑褐色土，土质松软，黏性大，纯净，未出包含物，厚0.5～0.6米。

第④层：淡黄色，土质松软，夹炭粒，黏性大，无包含物，厚0.55～0.7米。

（二）遗迹

共发现灰坑2个，编号H1、H2。以H1为例介绍如下。

H1

跨四个探方，分别是T1509西部、T1510东部、T1511东部、T1512东南角。开口于①层下，被M1打破，坑内填土分为4层。①层为黄灰色土，土质较硬，结构紧密，含少量红烧土颗粒，厚约0.4米，距地表0.5～0.6米。出土遗物较少，仅有一红陶残片。②层为黄红色土，土质较硬，结构紧密，含较多红烧土颗粒和炭屑，厚0.25米，距地表深0.2～1.2米。本层出土陶片多为泥质红陶，次为泥质灰陶，夹砂褐陶也占一定比例，仍然是素面居多，少量弦纹、绳纹和堆纹。器形有腹片、罐口沿、罐底、少量的碗底和鼎足。③层为黑色黏性土，厚0～0.5米，又分为二小层：③A、③B层。③A层土色灰黑，土质松软，结构紧密，呈块状，含有大块红烧土和木炭颗粒。出土陶片较多，以泥质红陶为大宗，泥质灰陶次之，泥质红陶有鼎足、豆口沿、豆把及罐底等。其纹饰绝大部分为素面，泥质灰陶有豆口沿、杯底等，其纹饰绝大部分为素面。另有砺石2件、鼎（残）2件、陶罐1件。③B层很薄，只在T1509西南角现出薄薄一层，厚0～0.15米，灰黑色又有点发黄，异于③A的灰黑色又带有大量黑炭粒的土层。出土陶片较多，泥质红、灰陶为主，次为夹砂褐、红陶，

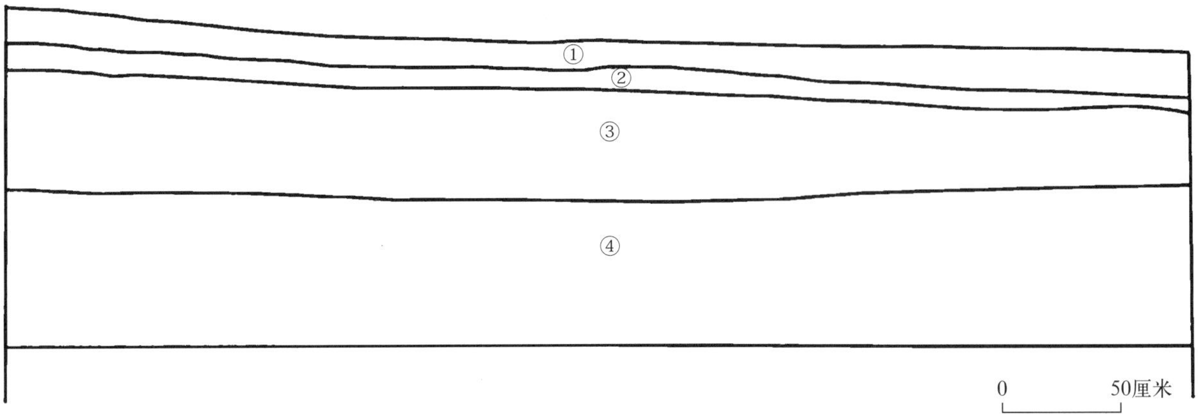

图三　金寨遗址1991年西区T1512西壁剖面图

纹饰多素面，少量绳纹、弦纹、堆纹，出现镂孔、划纹和方格纹，但量很少，器形有鼎足、罐口沿。另出土器物9件，器形有石镞、陶罐、石杵、陶纺轮、石锛、陶网坠、陶针、陶杯。④层又分二层，④A④B层，④A层土色较纯，为棕黄色，结构紧密，呈块状，有黏性。出土遗物较少，仅有陶片3片，为泥质灰陶，皆素面。④B层土色黄灰，土质松软，仅有陶片62块，有泥质灰陶、夹砂红陶，器形有罐口沿、腹片，纹饰有附加堆纹、弦纹。

（三）遗物

出土遗物包括陶器、石器等，均出土于H1（图四、五）。

H1③：01，陶壶。侈口、鼓腹，平底。被烧严重变形。高10.4厘米（图四，1；彩版三二二，1）。

H1③：02，砺石。浅黄色，整体较宽扁，正面略弧凹，截面近似三角形，上厚下薄，背面较平直，刃部断裂。残长10.8、宽7.2、最厚2.2厘米（图六，5；彩版三二二，2）。

H1③：03-1，石镞。镞身细长，中背起棱，两侧刃部锋利，横截面呈菱形。残长8.5、宽1、厚1.1厘米（图六，2；彩版三二二，3）。

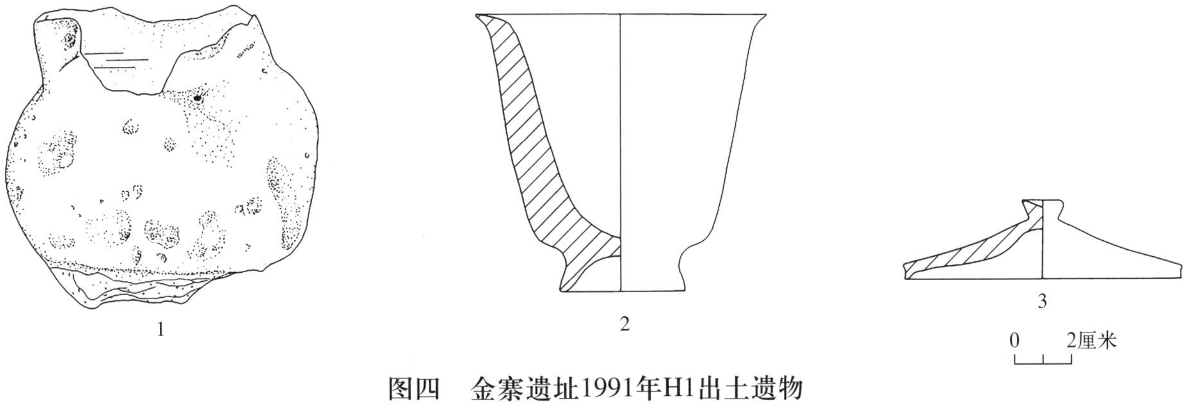

图四　金寨遗址1991年H1出土遗物

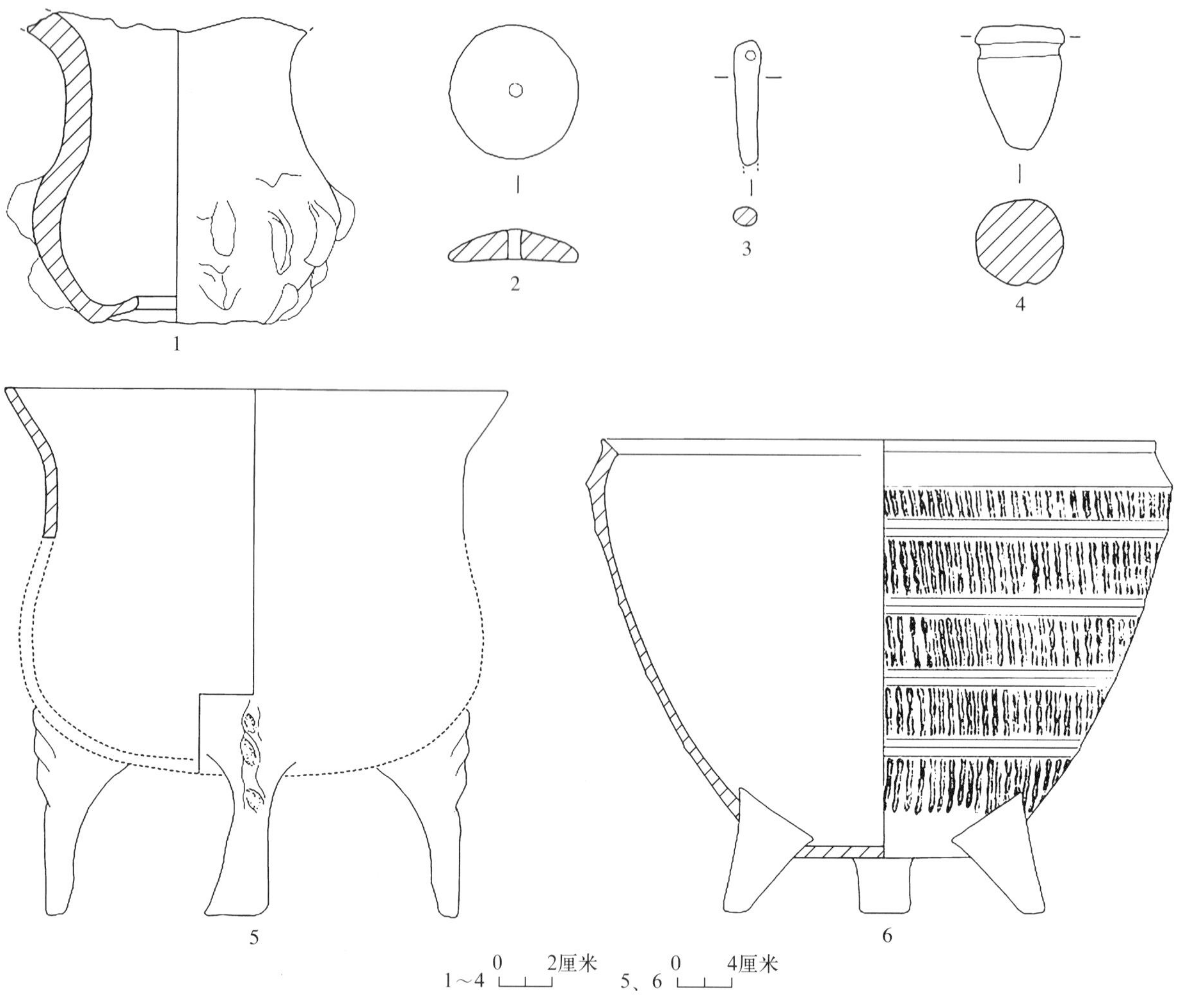

图五　金寨遗址1991年H1出土遗物

H1③：03-2，圆陶片。平面近圆形，饼状，正面弧凸，背面弧凹。直径4.05、厚0.5厘米（图六，4；彩版三二二，4）。

H1③：04，陶器盖。细泥灰陶，覆碟形，矮捉手。口径9.8、高2.7厘米（图四，3；彩版三二二，5）。

H1③：05，陶罐。夹砂灰胎黄褐陶，口残，束颈，溜肩，鼓腹，底部残缺，腹部饰数个扁状泥突。形制不明。底径6.5、残高11.2厘米（图五，1；彩版三二二，6）。

H1③：06，砺石。长方形，灰色，两面较平整，正面磨制平滑，局部有疤痕。长11.4、宽5.1、厚1.7厘米（图六，7；彩版三二二，7）。

H1：07，石杵。灰色，长条形，中上部有一周宽浅琢制凹痕，舌形刃，刃部磨制光滑，局部有疤痕。长18、宽9.2、厚6.2厘米（图六，1；彩版三二二，8）。

H1③A：08，砺石。灰色，平面近长方形，两面较平直，厚薄均匀，两面磨平。长12、宽6、厚2.6厘米（图六，3；彩版三二三，1）。

H1③：09，陶纺轮。残半。泥质红陶，平面近圆形，正面弧凸，背面弧凹。直径4.8、孔径

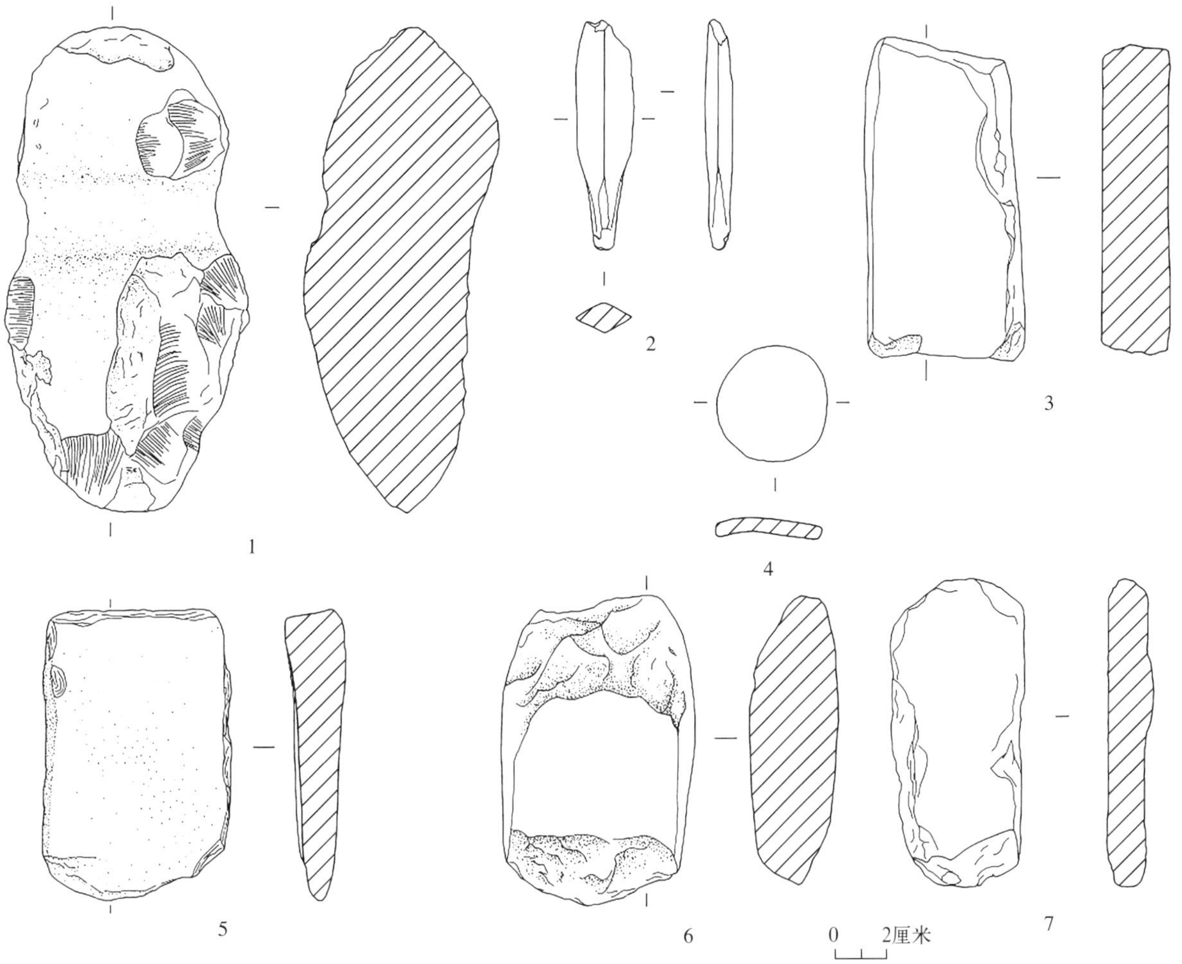

图六 金寨遗址1991年H1出土遗物

最厚 1.1 厘米（图五，2；彩版三二三，2）。

H1③：10，石斧。灰绿色，磨制光滑，双面弧凸，上下两端残缺。残长 11.6、宽 7.3、厚 3.4 厘米（图六，6；彩版三二三，3）。

H1③：11，陶陀螺形器。泥质黄陶，整体呈锥形，顶部有一周凹槽。长 4.5、最宽 3.25、厚 3.2 厘米（图五，4；彩版三二三，4）。

H1③：12，陶针。整体呈条状，尖端残缺，针尾微扁平，中有一孔。残长 4.5、宽 0.85 厘米（图五，3；彩版三二三，5）。

H1③A：13，陶杯。夹砂红胎黑陶。侈口，尖圆唇，仰折沿，斜直腹，矮圈足，底内凹。口径 10.1、底径 4.3、高 9.5 厘米（图四，2；彩版三二三，6）。

H1③：15，陶鼎。夹植物灰陶。残，侈口，方唇，大斜折沿，垂鼓腹，圜底，侧装凿形足。足根外侧饰三个按窝。口径 37.2、复原高 38.2 厘米（图五，5）。

H1③：16，陶鼎。夹砂灰黄陶。敛口，尖唇，折肩，斜弧腹，平底，侧装凿形足。通体饰绳纹，器身饰四周凸弦纹。口径 40.8、底径 16.4、通高 34.3 厘米（图五，6；彩版三二三，7）。

二 东北区

东北区位于村东冲沟东侧路北，共布5米×5米探方4个，文化层深1.5～2.5米，发现灰坑22个，出土少量陶石器，年代为大汶口文化晚期（图七）。

（一）地层堆积

以T1418西壁为例，共8层（图八）。

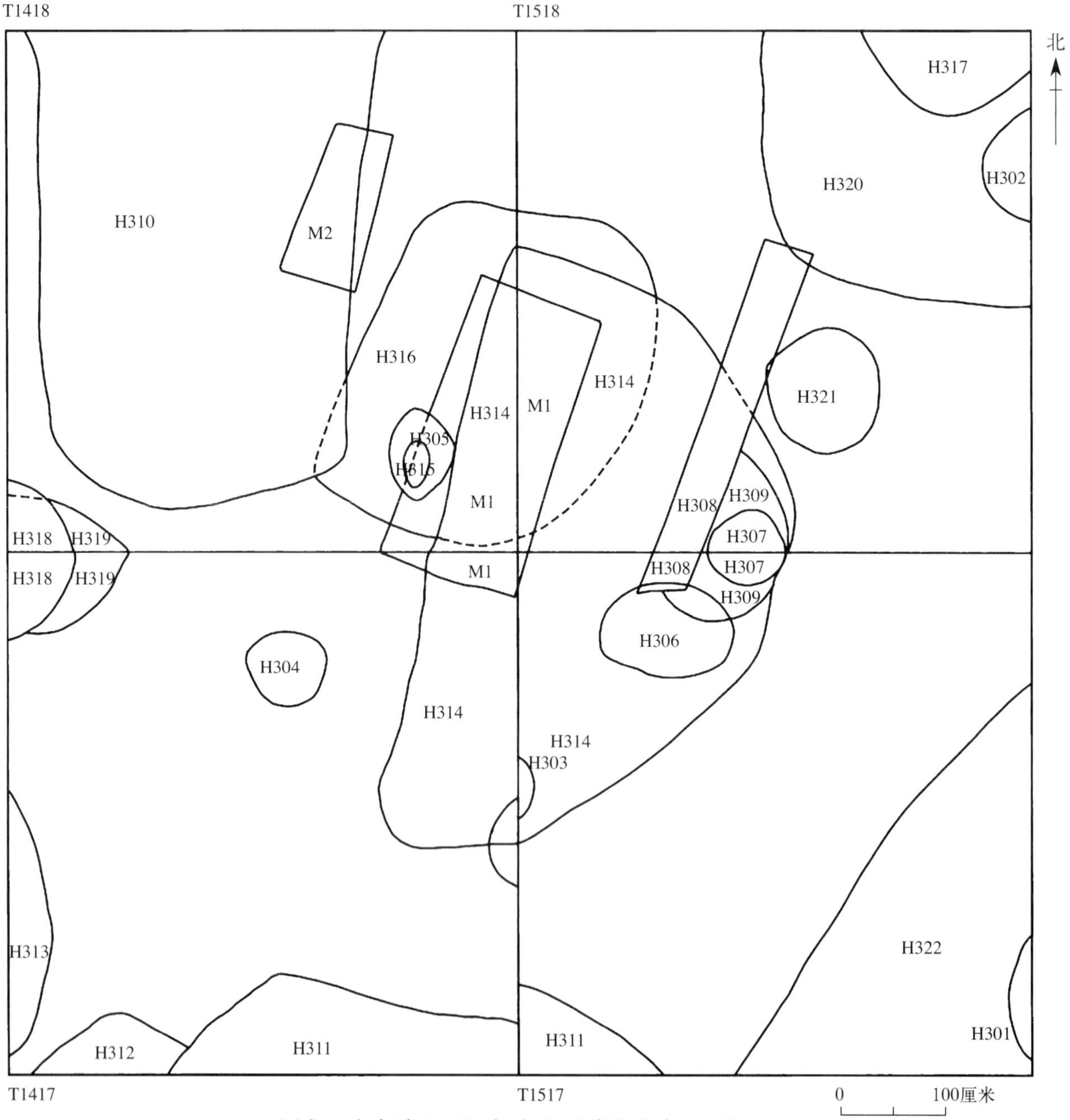

图七　金寨遗址1991年东北区遗迹分布平面图

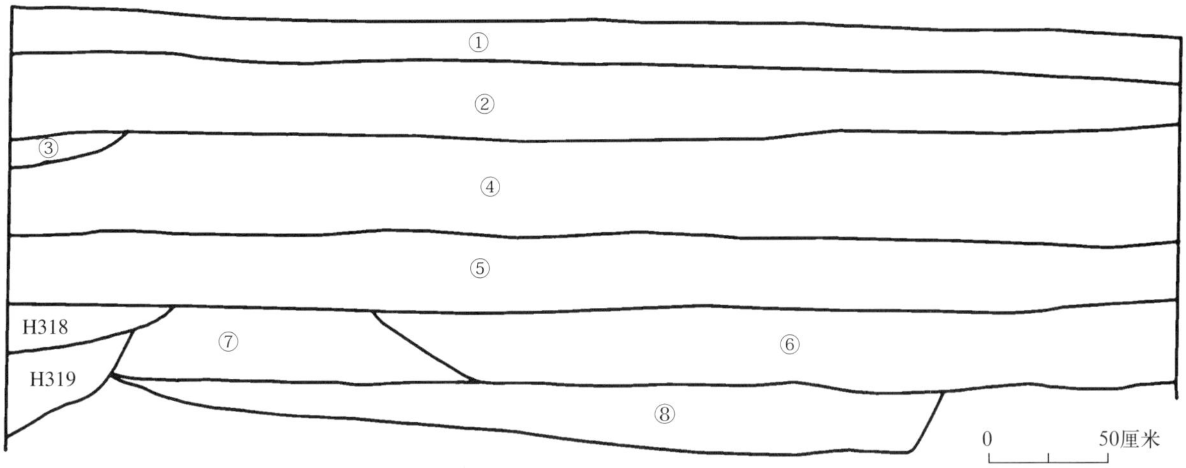

图八　金寨遗址1991年东北区T1418西壁剖面图

第①层：现代耕土层，黄褐色土，夹少量炭粒，极松软，无黏性，粉状，含有汉代陶片及现代瓷片，厚约0.3米。

第②层：黄色泛灰土，夹炭粒，稍有黏性，并夹少量红斑，其中出土了汉代砖瓦块，有板瓦、筒瓦两种，呈青灰色，极厚重，以泥质为主，另出土有陶罐两件，厚0.15～0.25米。

第③层：黄红色土，夹黑色砂粒，土质坚硬，无包含物，厚0.15～0.2米。

第④层：淡黄色土，夹炭粒，较松软，出土一些陶片，主要有汉代瓦片、泥质灰陶片和红陶片，纹饰几乎全素面，另见少量绳纹，厚0.4～0.55米。

第⑤层：黑褐色土，夹炭点及小块红烧土，有黏性，较潮湿，软硬适中，出土一些陶片，有泥质、夹砂两种，泥质陶占比较大，陶色有红、灰、黑、褐，极少量白陶，纹饰多素面，兼有少量附加堆纹、弦纹、绳纹，器形有鼎、豆等，同时还出土了一些砺石，时代相当于大汶口文化晚期，厚0.2～0.35米。

第⑥层：黄褐色土，土质较硬，黏性不大，未出土任何包含物，厚0.25～0.35米。

第⑦层：黄色土，夹少量炭粒及小块红烧土，土质松软，黏性大，出土大量陶片，黑陶占较大比例，黑陶中以夹砂陶居多，泥质陶次之，其中相当一部分为磨光黑陶，另外灰、红、褐色陶也有一定比例，纹饰多素面，并见少量绳纹、弦纹、压印纹，器形有鼎、罐、盆等，另出土石器1件。

第⑧层：灰褐色土，夹少量炭粒，土质细密坚硬，湿性大，出土一些陶片，泥质陶比例大，以黑陶为主，灰、红陶次之，少量褐陶，纹饰多素面，其中也有弦纹，器形有鼎、罐、平底器等，另外也出土一些石器和陶器。

（二）遗迹

灰坑 22 个、墓葬 2 座。

灰坑共 22 个，大多数灰坑包含物很少，灰坑平面形状多呈不规则形。现以 H310、H321、H322 说明如下。

1. H310

从 T1418 北壁向南延伸，占据 T1418 绝大部分面积（图九）。开口于⑤层下，坑口呈长条状。长 4.6、宽 3.5、深 0.42 米。据土质土色变化，可分为 2 层。①层黑色泛灰，②层黑色夹炭粒及红烧土，土质较硬。H310 出土器物 3 件，有石器及纺轮，另有大量陶片，有泥质、夹砂两种，泥质陶占较大比例，陶色红、灰、黑为主，另外褐陶也占据一定比例，还有少量白陶。纹饰多素面，兼有绳纹、弦纹、附加堆纹、镂孔等。器形有鼎、罐、盆、豆、缸等。

H310：01，陶纺轮。泥质红褐陶。圆饼形，两侧平直。直径 4.7、孔径 0.45、最厚 0.9 厘米（图一〇，1；彩版三二四，1）。

H310：02，石刀。灰褐色，长方形，两端残。器身扁薄，刀背较平，刃缘锐薄，有磨损和疤痕。残长 9.5、宽 8.7、最厚 0.8 厘米（图一〇，2；彩版三二四，2）。

H310：03，砺石条。紫褐色，整体呈长条形，截面近似长方形，无磨痕。长 12.5、宽 1.7、厚 1.4 厘米（图一〇，3；彩版三二四，3）。

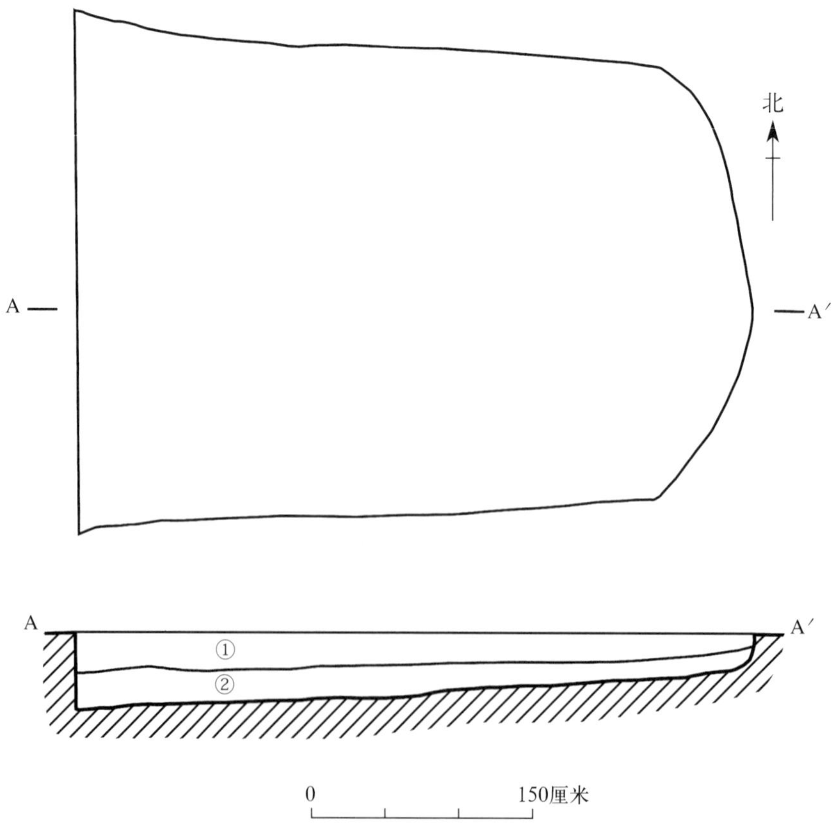

图九　金寨遗址1991年H310平、剖面图

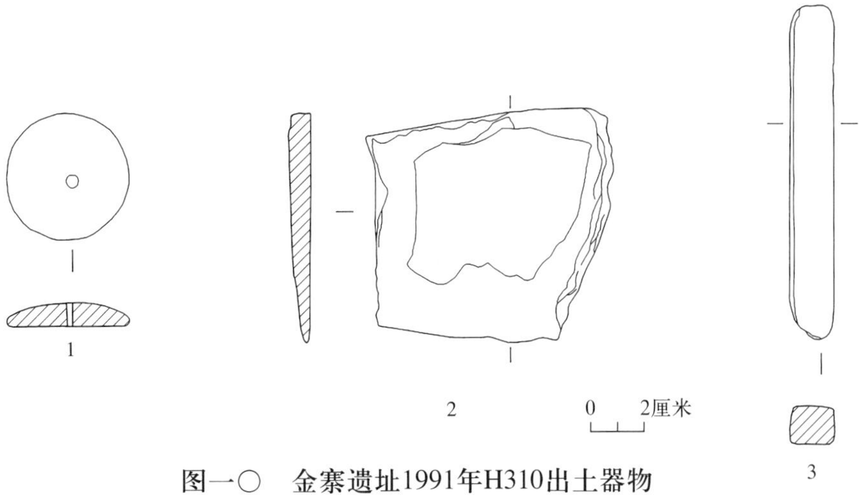

图一〇　金寨遗址1991年H310出土器物

2. H321

位于T1518南部（图一一）。开口于⑥层下，打破⑦层，坑口呈圆形，直径为1.1、坑深0.16米。坑壁呈斜坡状，平底，坑内未见明显的人为加工痕迹。坑内堆积土为黑色，并夹有黑色炭粒，土质结构疏松，有黏性，出土的陶片以夹砂和泥质灰陶为主，其次是夹砂红陶、黑陶，再次是泥质红陶、黑陶，纹饰多素面，亦有绳纹、弦纹。陶片中有口沿和器底，可辨器形有盆、罐，此外还出土石器2件。年代为大汶口文化晚期。

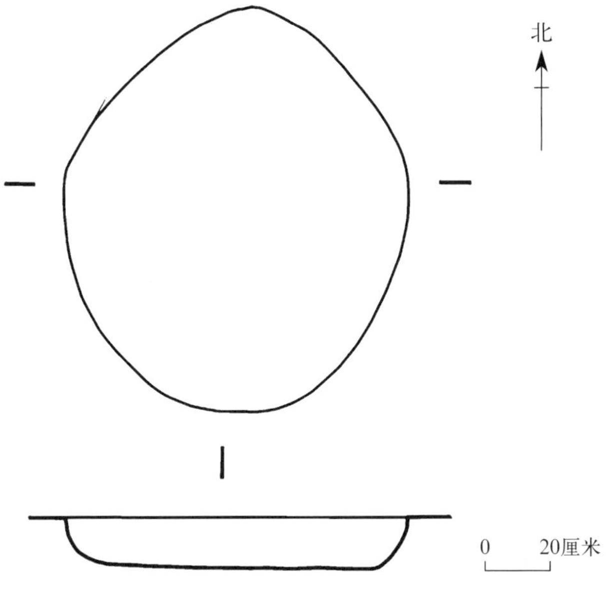

图一一　金寨遗址1991年H321平、剖面图

H321∶1，石钻。青黄色，扁圆锥形，头部磨平，钻头与器身交接处有一周凹槽磨痕，器身正反面磨制平滑，侧面圆弧。长4.3、最宽2.25、厚1.5厘米（图一二，2；彩版三二四，4）。

H321∶2，石钻。青黄色，整体近圆柱形，钻头圆弧，上有细密磨痕，钻身渐粗。残长4.8、最宽1.9、最厚1.65厘米（图一二，1；彩版三二四，5）。

3.H322

位于T1517东南部（图一三）。开口于⑥层下，打破⑧层，呈倒放的梯形，深0.44米，东壁较直，壁与底部均有加工痕迹。土色共分四层，依次为黄、灰、黄、灰褐，夹有红烧土和炭粒，土质疏松，有黏性，出土陶片较多，有红陶、灰陶、黑陶。出土遗物有石器、陶器等。由于坑较深，包含物丰富，含有烧土及木炭颗粒，推断为垃圾坑。

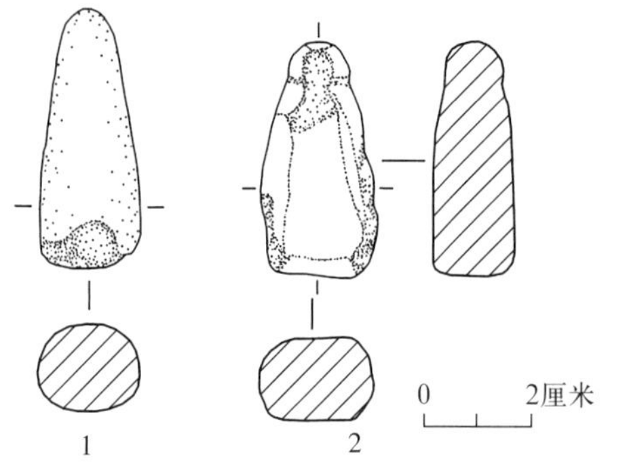

图一二　金寨遗址1991年H321出土器物

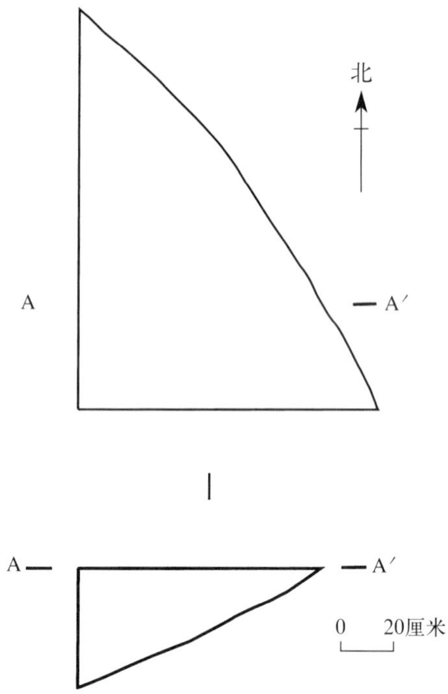

图一三　金寨遗址1991年H322平、剖面图

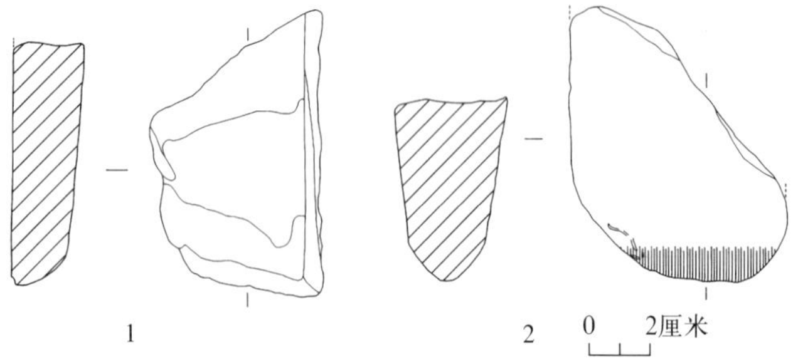

图一四　金寨遗址1991年H322出土器物

T1517探方地层和灰坑出土小件统一编号，01号为⑥层出土，02、03号为H322出土。

H322：02，石斧。青灰色，长条形，残存下半部，侧面较厚，背部稍鼓，通体磨光，直刃，刃部光滑。残长9.1、残宽7.4、最厚3.8厘米（图一四，2；彩版三二四，6）。

H322：03，砺石。浅黄色，近梯形，表面未打磨，在一端有一条形凹槽。残长9.5、残宽5.9、厚2.4厘米（图一四，1；彩版三二四，7）。

（三）地层出土遗物

出土遗物包括石器、陶器等。

T1417⑥：01，豆把。泥质黑陶。喇叭形圈足。底径16.2、残高12.9厘米（图一五，4；彩版三二四，8）。

T1417⑥：02-1，陶纺轮。泥质黄陶。圆饼形，正、背面均弧凸。直径3.5、孔径0.35、最厚0.9厘米（图一五，3；彩版三二四，9）。

T1417⑥：02-2，陶纺轮。泥质灰陶。器形扁薄，正面弧凸，背面弧凹。直径4.3、孔径0.4、最厚0.7厘米（图一五，2；彩版三二四，10）。

T1417⑥：03，器盖。夹砂红陶。覆钵形，侈口，圆唇，盖纽内凹。口径16.2、顶径4.7、高7.8厘米（图一五，1；彩版三二五，1）。

T1418②：01-1，陶韩瓶。子母口，短束颈，溜肩，直腹，下腹斜收，小平底，器身有凸弦纹数周。口径4.3、底径4.6、高18.2厘米（图一六，1；彩版三二五，2）。

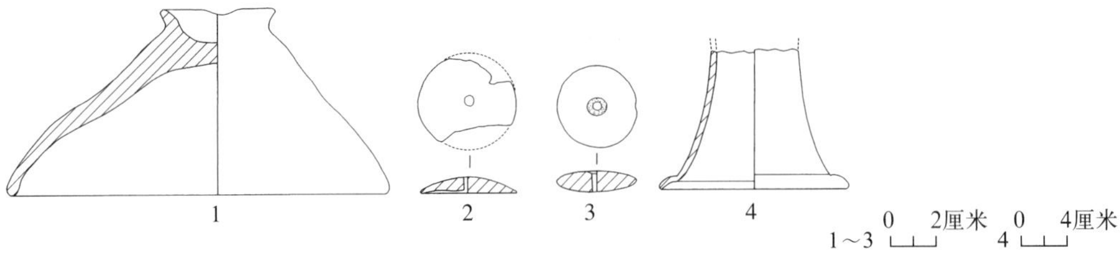

图一五 金寨遗址1991年T1417出土器物

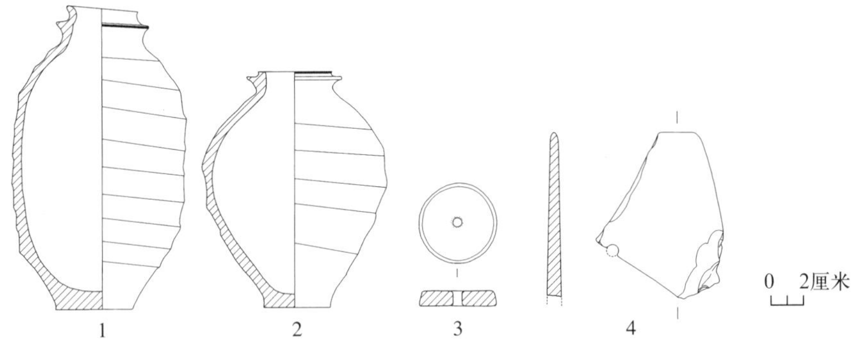

图一六 金寨遗址1991年T1418出土器物

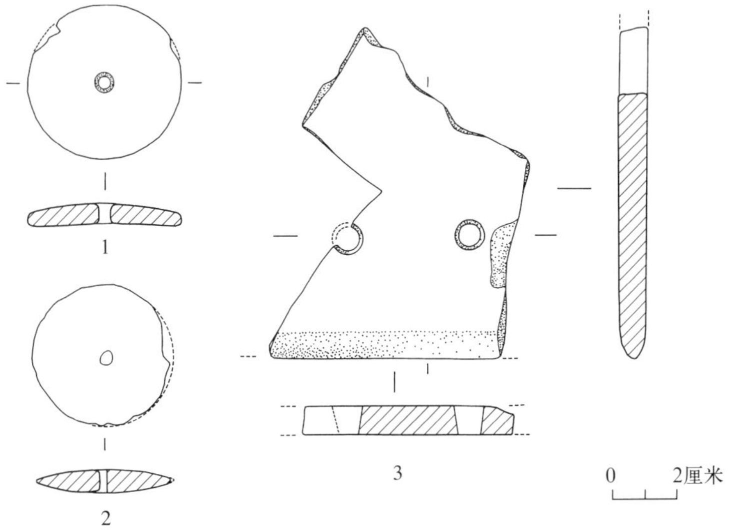

图一七 金寨遗址1991年T1517、T1518出土器物

T1418②：01-2，陶韩瓶。字母口，短束颈，溜肩，鼓腹，下腹弧收，小平底，器身有凸弦纹数周。口径4.5、底径4、高14.1厘米（图一六，2；彩版三二五，3）。

T1418⑦：03，石刀。青灰色，器身扁薄，通体磨光，侧缘磨圆，正面单面钻孔，残损严重，刃部缺失。残长9.8、残宽7.8、最厚0.9厘米（图一六，4；彩版三二五，4）。

T1418⑧：02，陶纺轮。泥质黄灰陶，一半呈灰色，一半呈黄色，圆台形。中孔周边刻有指甲纹。直径4.7、孔径0.55、最厚0.9厘米（图一六，3；彩版三二五，5）。

T1517⑥：01，陶纺轮。泥质灰陶。圆饼形，正背面均弧凸。直径4.3、孔径0.35、最厚0.7

厘米（图一七，1；彩版三二五，6）。

T1518④：01，陶纺轮。泥质黄褐陶。平面近圆形，两侧略弧，正面弧凸，背面弧凹。直径4.7、孔径3.5、最厚0.6厘米（图一七，2；彩版三二五，7）。

T1518⑦：04，石刀。青灰色，器身扁薄，通体磨光，一端较平似刃部，正面残存2个钻孔，刃残。残长9.9、残宽7、厚0.9厘米（图一七，3；彩版三二五，8）。

三　东区

东区位于玉石塘南部东侧，即1986年出土玉器附近，东区又分南北中三小区，南区布2个5米×5米探方：T0404、T0405，由卫明、程芸芸负责。南区发掘遗迹有灰坑1个，命名为H115，开口于②A层下，打破②B、③层。呈长条形，长4.3、宽0.84、深0.48米。土色呈黑褐色，土质较硬，大颗粒状，包含一些陶片和红烧土块。T0405地层中出土陶罐1件。编号为T0405②B：1。

T0405②B：1，泥质灰胎红陶，口沿残缺，束颈，折肩，斜直腹，平底，底径9.7、残高11.5厘米（图一八）。

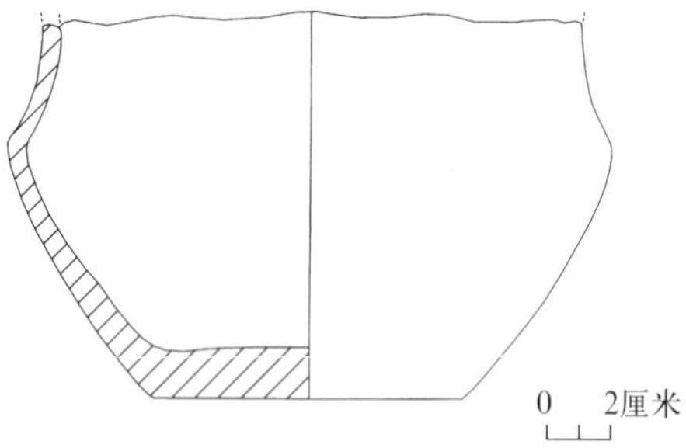

图一八　金寨遗址1991年东区出土陶罐T0405②B：1

中区布9个5米×5米探方：T0111（刘锋）、T0211（卫明、程芸芸）、T0311（王国强、吕予惠）、T0212（曹敬之）、T0312（汪向东）、T0213（张义明、尹钏）、T0313（周荣、汪茂东）、T0214（刘为民）、T0314（雍玲玲、栗中兵）。该区探方多次被盗掘，地层关系紊乱。发掘遗迹有灰坑1个、墓葬1座。墓葬为土坑墓，上口略宽于底口，基本呈“U”字形。墓口长1.9、宽0.85、深0.7米，无随葬品。

北区布5个5米×5米探方：T0318（刘为民、曹敬之）、T0319（雍玲玲）、T0320（王国强、吕予惠）、T0418（周荣、汪向东）、T0419（张义明、尹钏）。发掘遗迹有灰坑15个、墓葬1座，出土遗物极少。灰坑平面多呈圆形，现以H101为例说明，开口于①层下，打破③层。平面呈圆形，直径0.72、深0.4米。坑壁不太规整，坑底略呈锅底状。坑内土色呈黄色，较疏松，无任何出土遗物。

附录四　金寨遗址周边先秦遗址概况

金寨遗址周边属丘陵平原地区，自然环境优越，适宜人类生存。金寨遗址周边 15 千米范围内目前已知有新石器、商周遗址共 13 处（未经严格的区域系统调查，真正数量应不止于此），是皖北地区先秦遗址分布比较密集的地区之一。其中，东北方向东倒流河流域有前白庄、小山口、杨堡、桃山遗址，正东 7 千米有古台寺遗址，西北倒流河流域有大蔡庄、刘堌、花家寺、西岗子遗址，西南 14 千米有化家湖遗址，南 8 千米有五柳遗址，南 14 千米有离山铺遗址。

1. 前白庄遗址

位于萧县官桥镇前白庄村东 100 米，东临东倒流河。西南距金寨遗址 3 千米。2017 年因符离大道工程建设，安徽省文物考古研究所调查发现，并进行发掘，发掘结果显示，遗址为单纯的岳石文化时期遗址。

2. 小山口遗址

位于埇桥区曹村镇小山口村东北 1 千米，西临东倒流河。西南距金寨遗址 12 千米。1991 年中国社会科学院考古研究所试掘，有新石器时代中期、龙山文化遗存 [1]。2021 年安徽省文物考古研究所进行勘探，文化层普遍厚 1.5～2.5 米，面积约 3 万平方米。

3. 杨堡遗址

位于埇桥区曹村镇杨堡村北侧，西南距金寨遗址 12 千米，东距小山口遗址 1 千米。2013 年安徽省文物考古研究所联合武汉大学考古系试掘，有大汶口文化末期、龙山文化、岳石文化遗存。采集陶片有刻槽鼎足。

SY：1，陶鼎足。夹砂灰胎红陶。正装长条铲形足，足根与器腹交接处有 2 道细刻槽。高 11.4 厘米（图一，1；彩版三二六，1）。

SY：2，陶鼎足。夹砂红褐陶。正装铲形足，足根与器腹交接处有 2 道细刻槽，下端残。残高 5.4 厘米（图一，2；彩版三二六，2）。

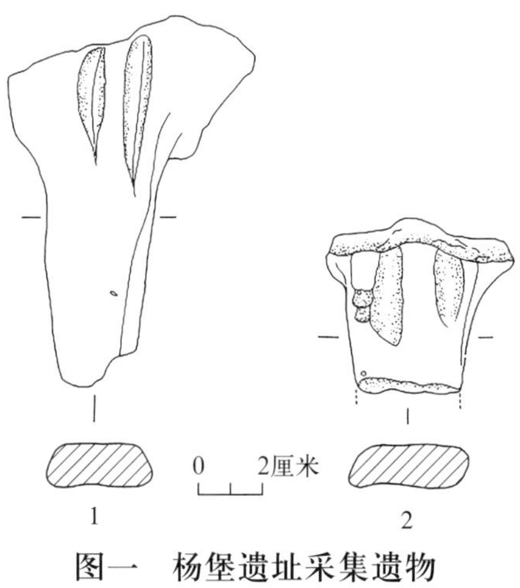

图一　杨堡遗址采集遗物

[1]　中国社会科学院考古研究所安徽队：《安徽宿县小山口和古台寺遗址试掘简报》，《考古》1993年第12期。

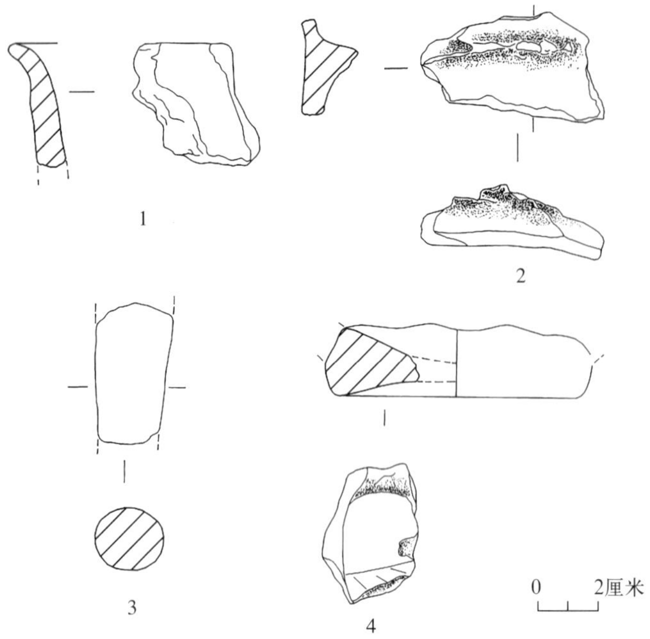

图二 古台寺遗址采集遗物

4. 古台寺遗址

位于埇桥区曹村镇闵祠村腰庄南200米，西距金寨遗址7千米。1991年中国社会科学院考古研究所试掘，有新石器时代中期、大汶口文化中晚期遗存[1]。2021年安徽省文物考古研究所进行勘探，对腰庄以南10万平方米区域进行勘探，腰庄以南至高台堌堆之间区域文化层普遍厚1～1.5米，以汉代和新石器时代为主，高台堌堆文化层较厚，上部为晚期寺庙遗址，下部有商周、龙山、大汶口、双墩文化时期遗存。采集陶片有圆柱形鼎足、带刻划符号的碗底。

SG：1，陶鼎口沿。夹蚌末灰胎红陶。侈口，圆唇。残长4、残宽4.1、厚1厘米（图二，1；彩版三二六，3）。

SG：2，陶器鋬。夹蚌末灰陶。鸡冠形鋬。残长6、宽3.5厘米（图二，2；彩版三二六，4）。

SG：3，陶鼎足。夹植物红陶。圆形柱状足。残高4.6厘米（图二，3；彩版三二六，5）。

SG：4，陶碗底。夹植物黑胎红陶。平底略内凹，底外壁饰刻划符号，残存3道斜刻线。复原底径8、残高2.2厘米（图二，4；彩版三二六，6）。

5. 桃山遗址

位于埇桥区曹村镇桃山敬老院内，西南距金寨遗址13千米，西距小山口遗址2千米。因遗址上全是现代建筑，遗址范围不易确定。采集陶片较少，以大汶口晚期遗存为主，鼎足为带凹槽的正装扁铲形。另有少量汉代遗存。

6. 城阳遗址

位于萧县庄里乡城阳村东500米，东南距金寨遗址4千米。以周代遗存为主。

7. 大蔡庄遗址

位于萧县庄里乡高庄村大蔡庄小学西南200米，西临倒流河。东南距金寨遗址7千米。以商周时期遗存为主。

8. 刘堌（高庄孜）遗址

位于庄里乡西黄庄行政村高庄孜村西北500米，西临倒流河，南临一小河，略高于周边1米，

[1] 中国社会科学院考古研究所安徽队：《安徽宿县小山口和古台寺遗址试掘简报》，《考古》1993年第12期。

总面积约 4 万平方米。南距大蔡庄 3 千米，东南距金寨遗址 10 千米。有大汶口文化晚期、龙山文化、商周遗存。

9. 花家寺遗址

位于白土镇孤山村花家寺村东 100 米，西临倒流河，东临皇藏大道。南距刘堌（高庄孜）6 千米，东南距金寨遗址 16 千米。遗址为漫坡形，高于周边约 1 米，总面积有大汶口晚期、龙山、周代遗存。采集标本有鬶把手、鼎足、鬶足等。1981 年被列为省级文物保护单位。

XH：1，陶鼎口沿。夹蚌末灰胎红陶。侈口，唇部残缺，仰折沿，腹部饰细密绳纹。残长 6.5、残宽 6.4、厚 1 厘米（图三，1；彩版三二六，7）。

图三　花家寺遗址采集遗物

XH：2，陶鼎足。夹蚌末红褐陶。侧装鸭嘴形鼎足，外侧靠近足根处有两道按窝，足尖残。残高 6.4 厘米（图三，2；彩版三二六，8）。

XH：3，陶鼎足。夹砂黑灰陶。侧装凿形足，足根有 1 个按窝，下端残。残高 7.6 厘米（图三，3）。

XH：4，陶鼎足。夹砂灰褐衣红陶。侧装凿形足，足面有 2 个按窝，下端残。残高 5 厘米（图三，4）。

XH：5，陶鼎足。夹砂红褐陶。正装扁铲形，残存中部，正面饰两道刻槽。残高 3.7 厘米（图三，5）。

XH：6，陶鬶把手。泥质灰胎红陶。残存中部小段，表面饰斜绞丝纹。残长 5.3、宽 2.5、厚 1 厘米（图三，6；彩版三二六，9）。

XH：7，陶鬶把手。泥质灰胎红陶，残存粉白色陶衣。残存中部小段，宽扁形，表面饰三组凹弦纹。残高 4.6、宽 3.7、厚 1 厘米（图三，7）。

XH：8，陶杯把手。泥质灰陶。宽柄，下端断裂，质地坚硬，器表光滑，表面饰五组凹弦纹。残高 4.8、宽约 4.9、厚 0.8 厘米（图三，8；彩版三二六，10）。

XH：9，陶鼎足。泥质灰胎红褐陶。侧扁三角形足，质地坚硬。残高 6.9 厘米（图三，9；彩版三二六，11）。

XH：10，陶鬶足。夹砂红陶。锥形实足尖。残高 3.95 厘米（图三，10；彩版三二六，12）。

XH：11，陶甗足。夹砂黑胎红陶。锥形实足尖，表面饰细密绳纹。残高 6 厘米（图三，11）。

10. 北泉遗址

位于萧县永堌镇胜利行政村北泉组西 50 米，东距大蔡庄遗址 6 千米，东南距金寨遗址 13 千米。

11. 化家湖遗址

位于淮北市烈山区蔡里乡晋庄村北化家湖中，东北距金寨遗址 16 千米。以大汶口晚期遗存为主。2004 年被列为省级文物保护单位。2023 年因化家湖水库工程建设，在遗址东南 400 米水库内坡处发现有新石器时代文化遗存分布，为大汶口文化晚期遗存。

12. 五柳遗址

位于埇桥区夹沟镇五柳村西南侧，东北距金寨遗址 8 千米。以西周时期遗存为主。

13. 离山铺遗址

位于埇桥区夹沟镇离山铺村东北 200 米，北距金寨遗址 16 千米。以西周时期遗存为主。

附录五　萧县金寨村发现一批新石器时代玉器

安徽省萧县博物馆

1986年安徽省萧县金寨村农民芦正芳、芦正华在翻土时发现一批玉石器。我馆与区乡同志对所出167件出土文物作了妥善处理，并对出土地点作了勘查。

金寨村位于萧县城东南40千米的皇藏区倒流河流域，四面环山。玉器出土于金寨村东南100米处的小盆地中。此地早有“玉石塘”之称，每逢暴雨，即有玉管冲刷出来，当地群众称为“玉石滚”。1958年挖水塘时，曾经在此地挖出大批玉环、玉瑗、玉管、玉球。这次勘查中，我们在玉石塘周围约36000平方米范围内，拣到不少砺石、白陶片、灰陶片、粗细夹砂黑陶片。这些陶片多为轮制，饰绳纹、弦纹、指甲纹等。在1958年挖的水塘壁上，可见3米厚的文化层，内含红烧土层、夹砂陶片和兽骨、蚌壳等，应为古代居住区遗迹。在出土玉石器的土坑内1.7米深处，有8～10厘米厚的黑色糊状黏泥层，推测应是墓底。结合出土的有段石锛、有孔石斧、白陶水盂的器形分析，玉石塘应为一处新石器晚期遗址，遗址的北端（水塘周围）似为居住区，南端（玉器出土处）是墓葬区。

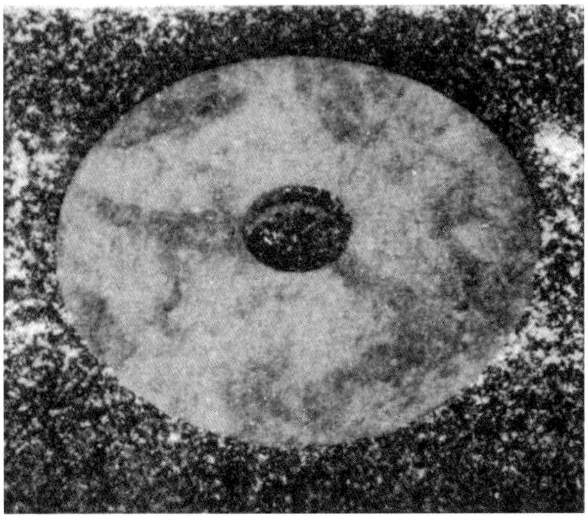

图一　玉璧

图二　刀形玉器

这批发现的167件遗物中，有玉器134件，绿松石片27件，石器4件，陶器2件。叙述如下。

玉璧　1件。素面，表面光滑，质地坚硬，有蓝、黄、绿、白彩纹相间、好为两面对钻而成，由于对位不准，有明显偏心径台。肉径19、好径4.2、厚1.55厘米（图一）。

刀形玉器　1件。玉色青白，表面光洁，质地坚硬。弧形刃，刃口锋利，直背，器中有一长条形握孔，尾背侧有一直径为0.9厘米的系孔，首尾各有三道波浪纹饰。长11.3、首宽6.2、尾宽3.2、背厚0.8厘米（图二、三）。

锥形玉饰　4件。质地坚硬，上有黄、蓝、赭、绿色条纹。器身呈方柱形，上端有圆柱形

图三　刀形玉器

图四　锥形玉饰

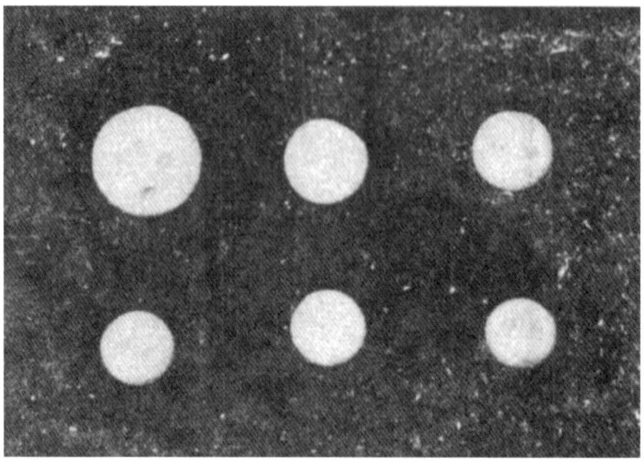

图五　玉珠

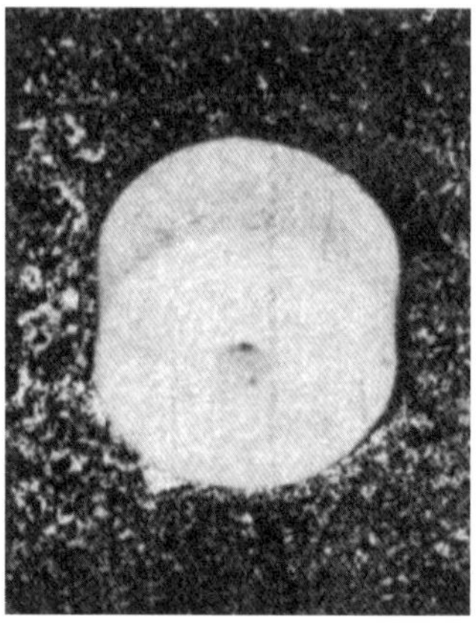

图六　纺轮状玉饰

图七　玉璜

短柄，柱上有对钻小孔。其中 2 件下端方钝。横截面上端为 0.7 厘米 ×0.7 厘米，长 25 厘米。另外 2 件下端有圆钝尖，器身有八组浮雕纹饰。长 25、23.5 厘米（图四）。

纺轮状玉饰　1 件。玉色青白，质地坚硬，体厚，素面。中间有直径 0.6 厘米的对钻透孔。两端直径 4.4、4.2 厘米，高 2.5 厘米（图六）。

玉璜　5 件。2 件完整，其余 3 件残断。玉色青白间黄赭，质地坚硬。两端各有直径 0.24 厘米的对钻圆孔。长 4.8 厘米（图七，左 2～4，右 1、2）。

璜形玉佩　2 件。一件玉色青白，一件呈油脂色，质地坚硬。两端有径 0.4 厘米的对钻小孔。一件长 12.5 厘米，一件长 12.8 厘米（图七，左 1、右 3）。

玉球　6 件。玉色青白，质地坚硬，外圈规整光洁。其中 4 件偏心对钻直径 0.18 厘米的透孔，2 件斜对钻直径 0.3 厘米和 0.2 厘米的透孔。直径 1～1.8 厘米（图五）。

玉管　56 件。玉色青白、黄褐，质地坚硬，矮圆柱形，中间有直径 0.25～0.4 厘米的对钻穿

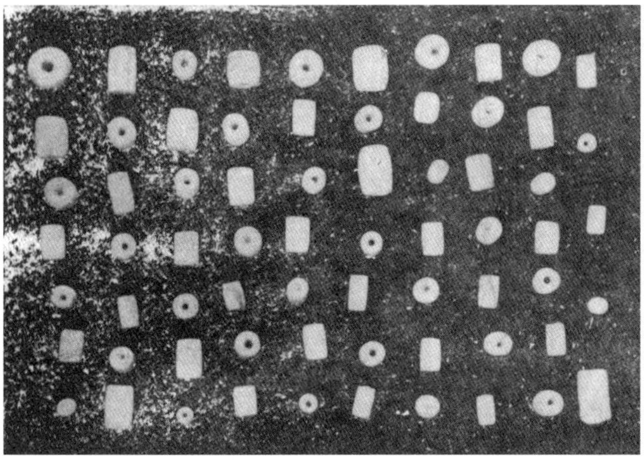

图八　玉管

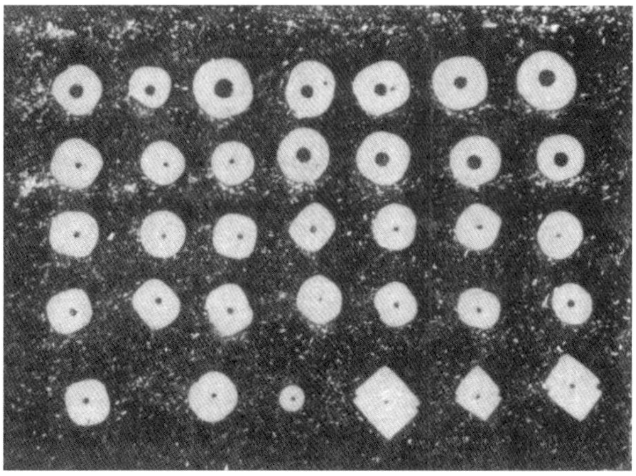

图九　穿孔玉片

孔。管长 1～1.5 厘米（图八）。

玉珠　12 件。玉色青白、黄褐，质地坚硬。中间有直径 0.2、0.18 厘米的穿孔。直径 0.8～1.2 厘米。

穿孔玉片　35 件。玉色青白、黄褐。分圆形和菱形两种。圆形的 32 件。穿孔直径 0.2～0.5 厘米，圆片直径 1.2～1.8 厘米。菱形的 3 件，孔径 0.18～0.2 厘米，玉片边长 1～1.5 厘米（图九）。

玉坠　13 件。其中 4 件完整。玉色青白、白褐，质坚。形状与柄形饰相似，上端有短柄，有的柄上对钻一孔。下端有的有尖，有的圆钝，断面呈圆形或椭圆形，直径 0.5～1、长 8～8.5 厘米（图一〇）。

绿松石片　27 件。2 件为正方形，中间穿孔。其他为长方形，一端穿孔。孔径 0.15～0.18、长 1～4.6、宽 0.8～1.9 厘米。

有段石锛　1 件。石质细腻，色青灰。单面刃。段长 4.8、刃宽 8.6、长 12.2 厘米（图一一，1）。

石斧　3 件。石质细腻，石色青白、灰蓝。平面为长梯形，中间有直径 1～1.2 厘米的穿孔，弧形刃。长 11.2、12.6、13.5 厘米（图一一，2～4）。

图一　玉坠

图一一　有段石锛、石斧

图一二　白陶盂

白陶盂　1件。盖作圜底钵形，破一小孔。盂侈口，鼓腹，圜底，圈足。白瓷土胎。口径5.7、高4.7厘米（图一二）。

金寨遗址出土的这批玉石器，形制与上海福泉山、江苏昆山绰墩遗址良渚文化的同类器相似。但玉器中没有琮，所出的刀形玉器又为良渚文化所未见。采集的陶片中有马家浜文化的典型器红陶腰沿釜和夹细砂红陶盆形鼎、灰陶豆的残片。我们认为金寨所出的玉器为马家浜文化向良渚文化过渡期的遗物。

（执笔：宋彦昭）

（原载《文物》1989年第5期）

附录六　金寨史前遗址小议

吴汝祚

安徽北部萧县金寨史前时期的遗址，曾有大量的玉器出土，其数量之多是同时期其他遗址中所未见。玉器在中国古代人民的思想意识上占有重要的地位，使我对金寨遗址引起兴趣而重视。

金寨遗址位于倒流河东岸，四面环山，玉器的出土地点在村东南约100米的小盆地中，此地早有“玉石塘”之称，每逢暴雨，即有玉管冲刷出来，当地群众称为“玉石滚”。1958年挖水塘时曾经在此地挖出大批玉环、玉瑗、玉管、玉球等。1986年金寨村农民芦正芳、芦正华翻地时发现玉器134件，绿松石片27件，石器4件，陶器2件[1]。这134件玉器的器类有璧、刀形器、锥形器、纺轮形器、璜、球、管、珠、坠和玉片等。刀形器的器形较特殊，为直背、弧刃，刃口较锋利，器身有一长条形握孔，首尾各有3条波浪形纹。锥形器的器身呈方柱形，上端有圆柱形短柄，下端有的呈方钝，有的呈圆钝尖，其中两件的器身上有浮雕纹饰。石器有钺和有段石锛等。

一

这批玉器的年代，据《简报》认为多数玉石器的形制与良渚文化的同类器相似。在“采集的陶片中有马家浜文化的典型红陶腰沿釜和夹细砂红陶盆形鼎及陶豆的残片，我们认为金寨所出的玉器为马家浜文化向良渚文化过渡期的遗物”。以此我们可以说是处在崧泽文化时期，其绝对年代大约从距今6000年上下至距今5300年左右。这个时期，在这个地区内分布着大汶口文化的遗址。在以往的考古调查中，曾发现有大汶口文化的陶鼎等遗物。在这里我们不打算讨论这个遗址的文化属性问题，而是讨论这批玉器在距今五六千年间在考古学上的意义问题。

距金寨遗址北约10千米的花甲寺遗址有大量大汶口文化的遗物，为考古工作者所注目。但迄今还未见有大量玉器出土，其他遗址也是这种情况。这种现象，我们就得要问为什么金寨遗址有大量玉器出土，其他遗址为什么没有这种现象呢？要回答这个问题，就会联想到经学者分析研究较多的良渚文化玉器为例来说，良渚文化的大墓中，多有大量的成组的玉礼器随葬，在这些玉器中，以琮、钺、璧最为醒目，引人注意。一般认为琮是巫师行使贯通天地时的法器。在法器上都有神面形纹，有的还有神像形纹。这种神形纹，是巫师作法时必须要借助的神力。在良渚文化中现已发现的琮，都用软玉制成，为什么不用石材制成呢？这可能是玉的美性是石所不及的，正是古人认为玉美石也。玉和石同是岩石，却具有两种不同的性能。玉的这种性能在科学还不发达

[1]　安徽省萧县博物馆：《萧县金寨村发现一批新石器时代玉器》，《文物》1989年第4期。以下引文称为《简报》。

的史前时期，无法解释这种现象，就会产生与神有关的联想。玉既是与神有关，那就会作为灵物来看待。当时的礼器，用玉来制作，也就是很自然的了。

在当时的社会条件下，玉的特殊功能，在人们的思想意识上占有重要的地位，玉逐渐成为少数人占有。金寨遗址大量出土玉器，而邻近的其他遗址都未见，可能就是这个缘故。所以，金寨遗址在这一地区的史前文化中，应占有重要的位置。

良渚文化的年代比金寨遗址稍晚。而良渚文化的大墓中大量出土玉礼器，是以玉器为主进行随葬，比其早的崧泽文化中还未见到这种社会现象的端倪。由崧泽文化发展到良渚文化，这种大转变是怎样转过来的呢？目前的考古资料难以做出合理的解释。金寨遗址出土的大量玉器，给了我们一个启示，要解决良渚文化大量采用玉礼器的渊源，还得到崧泽文化中去探索；另一方面，也要注意到受其他史前文化影响的可能性，两者不可偏废。

同样的，含山凌家滩遗址的大墓中，也发现随葬器物以玉器为主。这些玉器的器形有菌形饰、扣形饰、琢纹饰、锥形饰、长方形玉片、龟、钺、璧、镯、璜、勺等，在上层墓中还有玉人（神）等[1]。它与良渚文化以琮、钺、璧、冠状饰等礼器为主体的玉器，有明显的不同，两者不可能是同源，各有所本。那么，凌家滩玉器的根在哪里呢？在金寨遗址的启示下，我们需要选择比其早的重要遗址，进行发掘，来探讨这个问题。

所以，金寨遗址现在所揭露出来的大量玉器的现象，并不是孤立的，在中国史前时期的社会发展过程中，是较为普遍的现象，如在其东的新沂花厅遗址，1989 年的发掘，发现大汶口文化墓葬40座，其中有大墓6座，发现了玉器378件，器形有琮、钺、冠饰、璜、琮形管、锥形饰、璜、环、佩、珠、管等[2]。在辽西地区的红山文化大墓中，也是以玉器为主进行随葬，器形有玉龙、勾云形玉佩、两联或三联的璧形饰、龟、鸟、鸮、环等。这些玉器与长江中下游和黄河下游地区的玉器不相同，是中国玉器的又一个源头。

二

金寨遗址有大量玉器出土，这些玉器又是被当时社会上有特殊地位和权力的少数人所占有，在邻近的其他史前文化遗址中未见，这些都说明了在距今五六千年间，该遗址在这个地区内是一个具有中心意义的遗址。

萧县东邻江苏淮北地区的徐州，两地隔废黄河相望。现在是分属两个行政省区，这是人为区分开来的。在史前时期，是不可能有这种区分的。

1965年发掘徐州地区的铜山丘湾商代以人祭的社祀遗址[3]。这座社祀遗址所揭露的迹象表明，在这里举行的社祀“至少曾进行过两次，很可能有多次，所以这不是偶尔实行的临时活动，而是一种固定的习俗”[4]。无疑，铜山丘湾的社祀遗址，是商代奴隶主的一个祭祀场所，这就说明了

[1] 安徽省文物考古研究所：《安徽含山凌家滩新石器时代墓地发掘简报》，《文物》1989年第4期。

[2] 南京博物院花厅考古队：《江苏新沂花厅遗址1989年发掘纪要》，《东南文化》1990年第1、2期合刊。

[3] 南京博物院：《江苏铜山丘湾古遗址的发掘》，《考古》1973年第2期。俞伟超：《铜山丘湾商代社祀遗迹的推定》，《考古》1973年第5期。

[4] 俞伟超：《铜山丘湾商代社祀遗迹的推定》，《考古》1973年第5期。

在商代时，此处是这个地区内的中心地点。丘湾与金寨南北相距50多千米，在时间上两者相间约2000年。在这2000年间，目前还不能确知这地区内的中心地点是如何演变的，但是，从现有的资料分析，商代的丘湾社祀遗址的出现，绝不是偶然的，应与五六千年间的以金寨为中心的遗址，有一定的联系，也就是说，前者是在后者的基础上发展起来的。

三

萧县的地理位置，东与江苏的徐州相接，西与河南的商丘地区毗邻，北傍山东的微山湖地区，它是处在苏、鲁、豫、皖四省相连接的地域内。这地区正是中国古代徐夷、淮夷的聚居地，在考古学上具有重要的地位。早在1977年，苏秉琦先生在南京召开的“长江下游新石器时代文化学术讨论会”上的发言中曾指出：“在微山湖—洪泽湖以西的苏、鲁、豫、皖四省邻境地区与古代历史上的所谓‘徐夷’‘淮夷’有关的古代文化问题。徐夷、淮夷在我国古代历史上起过重要作用。如果把山东的西南一角、河南的东北一块、安徽的淮北一块与江苏的北部连在一起，这个地区出土的新石器时代遗存确有特色，这可能与徐夷、淮夷有关”[1]。是考古学上的一个重要课题。

金寨遗址在萧县东南约40千米，它在地理环境上为依山傍水，土地肥沃，又是处在苏、鲁、豫、皖四省交界处的中心地位，成为这个地区史前时期的一个中心地点，是完全可能的，从出土的大量玉器也证实了这一点。所以，金寨遗址虽已遭受部分破坏，我们认为仍不失为这个地区内的重要遗址之一。

（原载《文物研究（第八辑）》，黄山书社，1993年）

[1] 苏秉琦：《略谈我国东南沿海地区的新石器时代考古——在长江下游新石器时代文化学术讨论会上的一次发言提纲》，《苏秉琦考古学论述选集》，文物出版社，1984年。

附录七　苏鲁豫皖考古座谈会纪要

本刊编辑部

苏鲁豫皖地区古文化研究，是国家文物局根据著名考古学家苏秉琦先生的建议而设立的重点研究课题。自1987年开题以来，参加该课题的中国社会科学院考古研究所及苏鲁豫皖四省文物考古单位做了大量的工作，取得了可喜的成果。为加强相互了解，交流经验，深入探讨，协调工作，国家文物局于1991年5月28日至6月2日，在安徽省合肥召开了苏鲁豫皖考古座谈会。国家文物局副局长张柏以及来自北京、江苏、山东、河南、安徽的专家、学者20多人出席了会议。与会代表首先到蚌埠、灵璧、蒙城考察了安徽省文物考古研究所和中国社科院考古研究所安徽考古队的发掘现场，参观了安徽省考古研究所标本陈列，然后进行座谈讨论。

会议期间，安徽省副省长杜宜瑾看望了与会代表。省人大教科文卫委员会副主任张晓兰、省文化厅厅长蓝天、副厅长刘景龙、省政府三办主任张武扬、省文物局局长朱世力等出席了会议。张晓兰副主任、刘景龙副厅长、省文物局李广宁副局长、省文物考古研究所邓朝源副所长在会上致辞，对来自首都和苏鲁豫三省的文物界领导和专家学者表示热烈的欢迎。

座谈会上，社科院考古所和苏鲁豫皖四省的代表分别汇报了几年来课题工作进展情况，黄景略、张忠培、高广仁、郑笑梅等有关专家作了中心发言。国家文物局副局长张柏在座谈会开始和结束时讲了话。现根据记录将会议发言摘要整理如下：

张柏（国家文物局副局长）：

苏鲁豫皖地区考古座谈会，在四省和社科院考古所同志们四年多的辛勤工作的基础上，今天在这里召开了。这个会议的召开，说明这个地区的工作有了一定的进展，是我们考古界的一件喜事。

这次会议在安徽召开，安徽省政府、省人大、省委宣传部、省政府办公厅、文化厅、文物局对这次会议非常关心，非常支持，省文化厅、文物局为这次会议的召开做了大量的准备工作，创造了非常好的条件。我们前三天看了几个工地，工地的工作做得很好，准备得很充分，看起来很方便。为此，我代表国家文物局、代表与会的代表，对安徽省对我们的支持和帮助表示衷心的感谢！

目前我们国家文物事业确实有了很大发展，我们国家的博物馆工作、考古工作和考古科研工作确实有了很大的进步．这主要是党中央和国务院对我们文物工作关心、支持的结果。前一段李瑞环同志听取了国家文物局的汇报，并且作了非常重要的指示，指出我们当前文物工作的重点，就是要保护好文物。要保护好文物，科研工作是非常重要的，因为搞好考古科研工作，搞好博物馆的科研工作，就能够更好地认识如何保护、保护的目的、保护的意义、保护的方法、保护的重点。大家都知道，目前考古科研工作在全国一些地区有不少的突破，苏鲁豫皖这个地区，在整个考古工作当中是一个非常重要的地区，所以在四年前，国家文物局部署在这个地区进行考古课题的研究。这个任务落在苏鲁豫皖四省和社科院考古所的身上。四年多来，各省和社科院考古所做了大量的、很有成效的工作。在工作过程中，大家产生了一些认识。到了现在这个阶段，根据各省的意见，需要召开这么一次会，把大家这几年工作情况和在工作中产生的一些认识，在这次会议上交流一下。通过交流，大家互相取长补短，使自己的认识更加丰富。也就是说，从这个地区科研工作的整体来考虑，大家会产生一些新的认识，通过这些认识的交流，就会使我们对这个地区古代文化整体的认识，更加深入，这无疑是对这一地区考古科研工作的一个推动。另外，通过这样的交流、座谈，对下一步如何工作也会产生一些想法，有利于我们下一步对这项科研工作的开展。所以这次座谈会是很有意义的，不仅对我们整个考古科研工作是很有意义的，对做好文物保护工作也是很有意义的。所以我说这不仅仅是这一地区的工作，对全国的考古科研工作和文物保护工作都会产生很大影响。那么，如何开好这个会？总的想法是看、议相结合，通过看来讨论，在讨论当中大家尽可能畅所欲言，在座的都是考古界的同行，这么多年都在一起工作，大家都很熟悉，自己在这几年工作当中有一些什么认识，尽可能地谈，因为只有充分的议论，才能把一些问题摆出来，认识才能交叉，才能对下一步工作有更清楚的认识，对这一地区的工作会有好处，总的就是这样一个想法，先看然后充分地议论。还希望大家对下一步的工作提一些意见、建议和希望。

这次到安徽来，我前几天在皖南地区看了几个文物点，看了民居，看了几个博物馆，还看了几个文物保护单位，皖南地区文物工作给我的印象不错。比如西递那个民居，去了以后，看到他们那里的工作确实有成绩。一是他们管理得好；二是宣传搞得好，到了这个村就感觉到保护文物的气氛很浓；三是他们制度建设好，整个村有一个制度，另外和每家都有一个像合同一样的制度；四是工作认真负责，文保所同志基本上在那里盯着。因此，这几年保护工作越来越好。旅游局组织一些游客去参观，通过一些制度把一些关系固定下来，所以游客在那里参观也没有什么影响，民居的保护还是很好的。宣州地区的宣城博物馆，他们那里资金不足，各方面条件都有困难，但是这几年通过他们的努力，建起了一个相当不错的博物馆，文物保护也做得很好。展览还是可以的，在这样一个地区，有这样一个博物馆，我听他们的馆长和局长讲，受到了广大群众的欢迎。所以，皖南地区的文物工作做得还是不错的，给我很多启发。按照瑞环同志的要求，我们当前文物工作的中心就是把文物保护好，在这个前提下来发挥文物的作用，为精神文明建设服务，为社会主义服务。我觉得这个地区的文物工作体现了这样的精神，这是一点。再一点我们与会的代表参观了安徽的这几个工地，有两个是安徽省考古所做的，有一个是社科院考古所做的。给我的印象，这几个工地的工作做得比较好，比较细，层位分得清楚，标本也很规整，符合国家规定的考古操作规程。几位同志向到会的专家、代表汇报了工作情况，汇报得很清楚。总之安徽省考古发掘、考古研究、文物保护和宣传工作确实是给我留下了一个很好的印象。刘厅长、李局长对我说，他们这些工作取得的成绩主要是由于省政府重视，安徽省文物工作者积极的努力、辛辛苦苦工作的结果。我这次到宣城见到了葛局长，他对文物工作非常热心，他说这一辈子我就交给文物工作了，听了很受感动。我一路上遇到了很多老同志，我对这些老同志说，我这次来确实是一次学习，老同志的这种工作精神对我来说，教育很大。我还碰到一位人大常委会的副主任，原来在文化局当副局长，姓熊，这位老同志已50多岁了。他谈他如何抓文物工作的，我也很受教育。他去搞一些调查，自己花钱，他给我一本书，就是通过前几年工作，自己搞出来的，这本书对文物保护工作发挥了很大作用。所以我这次来到安徽很受鼓舞，也很受教育。在这样一个地方，我们开这样一个座谈会，我想各位代表和我的心情差不多。我们不仅可以在一个很好的条件下坐下来，在看了安徽这几个工地之后，结合我们本省的情况把这个地区的文物科研工作好好地座谈一下，讨论一下，而且我们来到这里，我相信大家都会在安徽学到其他的一些东西，包括文物工作的经验，包括这样的一些精神和思想。所以，我们这个座谈会的收获应该是综合性的。最后，对于安徽省的各个方面对我们会议的支持和帮助，再一次表示衷心感谢！预祝座谈会圆满成功！

张敬国（安徽省文物考古研究所助理研究员）：

这几年在国家文物局的领导和支持下，我们从1987年开始成立了淮北课题组，做了一些工作。现把我们这几年的工作向各位先生、各位领导和同行们作一个简单的汇报。

从1987年以来，我们在淮北地区做了一些调查和发掘工作。在这之前，由于各种原因，我们在淮北地区做的工作很少。以前只做过一些零星调查，1982年我所在亳州市发掘了富庄遗址。总的来说，那时候我们对淮北地区的古代文化面貌还是知之甚少。通过1986年苏鲁豫皖工作会议之后，我们在淮北地区进行了大规模的考古调查，发现104处遗址。这些遗址大多分布在河流的两岸，遗址一般为台地，高出周围农田1～5米，这些台地面积一般较小，大部分为几千平方米，少数有几万平方米。没有被河水淹没的地方遗址都是平地，与周围农田高度相等，面积较大，文化堆积较为单一，基本是一个时代或两个时代。台地遗址一般跨越几个时代，下层一般是大汶口或龙山，上边是商周地层堆积，较为丰富，这样的遗址一般厚3～5米。

在淮北地区新石器时代较早阶段文化遗存有5处，如濉溪县的石山子，怀远县的双墹堆，淮南市的小孙岗，蚌埠市双墩，凤台县峡山口。它们的主要特征表现为：陶器以夹粗砂或蚌末片的红褐陶为主，均手制，胎较厚，火候低，吸水性强。陶器纹饰以素面为主，只有少量的刻划纹、乳丁纹、附加堆纹和一些刻划符号。器形主要有鼎、釜、罐、钵、支架等，其中以釜、鼎为大宗。

其次发现的是相当于大汶口文化阶段的遗存，现社科院考古所做的尉迟寺遗址和我们发掘的灵璧玉石山遗址，另外还有宿县的芦城子下层，是我们去年做的工作，发掘了100平方米，出土的遗物很有特色。104处遗址相当于大汶口阶段的文化一共发现33处。这个时期的文化特点主要表现为陶器以夹砂红陶、褐陶为主，其次为泥质灰陶，胎质较硬，火候较高。陶器绝大多数为素面，纹饰主要有弦纹和少量的镂孔装饰，还有少量的附加堆纹。器形主要有鼎、鬶、豆、罐、杯、壶等，鼎足式样较多，有鸭嘴形，宽扁长方形、铲形，带竖凹槽扁形等。豆有钵形豆，盆形豆，盘形豆，豆座有镂孔装饰。杯有高柄实足杯，矮圈足杯等。在淮北地区当时受到山东大汶口文化强烈影响，在地域上都属东夷系统，地理位置的不同，在文化遗物上表现出了不同的差异。

因此，有些遗址的文化性质可以归属大汶口文化系统，有的是以当地文化因素为主的新的地方类型。

龙山阶段的文化在淮河以北地区，文化遗存发现得比较多，目前调查发现有 67 处。这一时期文化遗物特征，主要是以夹砂灰陶为主，泥质灰陶，夹砂红陶次之，还有少量的磨光黑陶。陶器以素面为主，纹饰主要是篮纹、绳纹、方格纹和少量的附加堆纹、弦纹、刻划纹等。器形主要有鼎、深腹罐、豆、钵、小平底碗。器形种类增多，鼎足以侧三角形和扁圆形为主。扁圆足根部多饰有一个或几个按窝。从调查的情况看，安徽淮北西北部受河南龙山文化造律台类型文化影响较大，可能属于造律台类型。东北部和中部受山东龙山文化影响，有些器形十分相似，但地方因素也表现得较为突出。目前发掘的材料还不多，从整体文化因素分析，还应属于当地的土著文化，为东夷系统的一个新的类型。

我们很想多做一点商周时期的遗址，但目前我们发现商代遗址比较少，只有 8 处。从采集的标本看，河南和我们这里的区别还是很大的，典型的商文化和我们这里的商代文化有些差异，目前不好进行横地比较。今后我们准备发掘一二处商代遗址，弄清商文化面貌内涵。到西周时期，我们淮北地区文化遗存普遍增多，这个时期可能是一个繁荣的时期，发现西周的文化遗存共有 71 处，这个时期的文化堆积也比较丰富，比较厚，有的遗址达 4～5 米厚。早期陶器以夹砂灰陶和泥质灰陶为主，夹砂红陶次之，还有少量的黑陶和印纹硬陶。中期与早期大致相同，红陶略有增加。到晚期，陶器以红陶为主，灰陶次之，印纹硬陶大量出现。纹饰主要是绳纹，还有附加堆纹、弦纹等。西周时期的器形主要有鬲、盆、豆、罐、甗、杯等。从早到晚可看出一些器物的演变规律，如鬲的形体由长到扁矮，由绳纹到素面。鬲足由尖锥状到平根，实足根由矮到高，晚期还出现了刮削绳纹鬲足、两层包制的红褐陶鬲足。西周时期本地区文化面貌与中原周文化有很密切的关系，但反映了很强的地方特点。古代文献记载，这个时期在淮北活动的人类主要是淮夷族。从古代铜器铭文上看，淮夷主要在苏鲁豫皖交界的地区和江淮之间活动。我们很想把淮夷和徐夷的问题弄清楚，因为在时空上讲，他们是在这一带活动。在这个地区调查发掘的一些西周时期的遗物，我们认为它可能就是淮夷的文化遗物，今后这是我们主攻的目标，因为淮夷在中国历史上曾起过重大作用。

前几年我们重点解决淮北地区早一点的文化面貌和年代序列问题。经过几年的调查和发掘，文化面貌和年代序列基本上有一个比较清楚的框架。

在淮北地区目前发现比较早的文化遗存有濉溪县的石山子，发掘 100 平方米。地层堆积自上而下共分七层，分为两期。一期文化陶器以夹砂红褐陶为主，泥质陶占比例少，夹砂陶多拌有蚌片碎末，质地较软。纹饰除素面外，以附加堆纹为主，划纹次之。陶器均为手制，釜、盆、鼎盛行宽沿，鼎多折腹，罐多尖唇，碗、钵多为深腹。其中宽卷沿、芒口和敞口圆唇釜、折腹釜形鼎、长圆锥状鼎足、尖唇宽肩和溜肩罐、宽沿盆、深腹碗、弧长方形器耳、鹿角靴形器为本期代表性器物。

二期文化仍以夹砂红褐陶为主，泥质陶比一期明显增多，并出土一定数量的红衣陶和彩陶片。纹饰除素面外，以堆纹为主，出现凹弦纹、戳印纹、镂孔等，制法以手制为主。釜、盆流行堆纹，半环形和鸡冠形鋬手，鼎一般附有对称的扁纽，圆锥状鼎足根部外侧多附有一横向堆纹或突泥。碗、钵多为浅腹。罐形鼎、短锥状鼎足、窄沿盆等，代表了本期文化主要特征。

怀远双堌堆遗址我们发掘375平方米，分为三期，第一期年代约相当北辛阶段，第二期相当于“大汶口”文化中期，第三期相当周代。第一期出土遗物以陶器、骨器为主，石器较少，陶器以夹砂红褐陶为主，泥质陶较少，不见红衣和彩陶。纹饰素面为主，少量的附加堆纹，凸棱和刻划纹。主要代表器有釜、鼎、罐、盆、钵等，鼎足都是长圆锥形，支座有圆形、方形两种。流行平底器，骨角器以鹿角靴形器为最多。

第二期陶器仍以夹砂红褐陶为主，其比例明显下降，泥质红、黑、灰陶明显增多，出现红衣和彩陶。纹饰除素面外，有堆纹、凸棱刻划、弦纹等，出现以各种线条和圆点组成的复合纹饰。器形有鼎、盆、罐、钵、豆等，釜不见。鼎足为扁形或侧三角形。平底器较少，盛行三足器，豆圈足出现大镂孔喇叭形。

第三期以夹砂灰陶为主，纹饰多为绳纹，器形有鬲、瓮、罐、盆、豆等。

相当这个时期的文化还有蚌埠双墩，大家都看过了。淮北地区早期文化面貌，暴露了一点苗头，从整体看还不够，因为器物太少，发掘面积也小，整体文化面貌还没有出来，只露出一点线索，这条线索相当北辛或裴李岗中晚期阶段。再早一点是什么呢？我们相信它还有，今后还有待于我们调查和发掘。

尉迟寺遗址，是中国社科院考古所做的，他们工作做得比较好，出土的遗物比较丰富，大家都看了。这个遗存相当于大汶口中期阶段，比较典型，但和山东大汶口文化又不是一回事情。

经过几年来的工作，我们淮北地区的古文化线索基本上摸清楚了。第一是早期的石山子，第二是相当大汶口的尉迟寺，第三是龙山文化时期的，第四是商代的，相当二里岗时期，其后是西周时期。西周时期的文化面貌基本上是清楚的，它跟中原周文化有所区别，与豫东有些相似，跟山东又不一样，我们认为淮北地区西周文化的内涵，就是淮夷文化的较典型的类型。从整个淮北地区来看，我们认为淮北地区考古学文化，有自己的特点，不能单纯地把黄河流域和长江流域的文化套到淮河流域来。淮河流域考古学文化有自己的源和流，有自己的古代文明和发展规律。因为淮河是我国气候的分界线，也是稻作农业和旱作农业的分界线。在地理环境上，它是连接中原腹地和东南沿海的通道，是南北东西文化交流的枢纽，这个地区是中国考古学谱系框架上的重要一环，在中华民族文化形成过程中起着重要的作用，它是中国东部与西部和中原交流的最前沿，是两大文化系统碰撞的地带，因而形成了这个地区文化的复杂性，但主流还是本地土著文化发展的序列。我们想先把淮河流域的文化序列建立起来，然后再与其他文化进行比较。现在我们初步建立了一个大致的框架。跟江苏、山东、河南的东西比较，有它自己的特点，也有文化交流的因素，我们认为文化交流因素这一部分是第二位的，淮河流域自身特点是主要的，是第一位的。

我们与社科院考古所安徽队配合比较好，我们互相协助，互相交流和支持，在一些问题上进行了讨论。今后我们设想解决三个问题：第一找出年代较早的文化遗存，解决早期淮河流域文化面貌问题；第二个是要找遗址堆积比较丰富、跨越年代比较长的遗址，树立淮北地区年代标尺；第三个问题我们想解决淮夷问题，淮夷和徐夷在古代历史上有很发达的文化，有很强的经济和军事实力，在中国古代文明形成过程中起过非常大的作用。苏秉琦先生十分关注对淮夷和徐夷文化的考古研究。苏鲁豫皖先秦考古课题中包含了徐夷和淮夷的问题，因此，我们安徽更有责任解决淮夷和徐夷的问题，安徽在古代就是徐、淮夷的故乡，徐、淮夷的课题已列入我所十年规划和“八五”计划，这个课题的解决，对中国考古学文化谱系来说，也是一个环节的贡献。

阚绪杭（安徽省文物考古研究所助理研究员）：

定远县侯家寨新石器时代遗址，是1977年春我在那里搞党的基本路线教育时发现的。当时采集了一些夹砂粗红褐色陶片，有鼎足、钵口、器底等，觉得这些标本比较少见。1985年5月我试掘了一条3米 ×10米的探沟。从出土遗物看出这个遗址的时代比较早，出土的陶器大都是些新的东西，在别的遗址上没见过。比如一种外面是红色、里面是黑色的陶钵，这种东西很像马家浜的。还有一些东西怪得很，如大量出小盂形器，形似男性生殖器的陶支架，还有鹿角勾形器等。1986年秋对侯家寨遗址正式发掘，两次共发掘375平方米。地层堆积分三个自然文化层，还有一些打破文化层的灰坑、房基等。在简报中我把它分了两大期，即一期文化和二期文化（《文物研究（第五辑）》，黄山书社，1989年）。一期文化包括③、④两个地层，二期文化包括②层及①层下遗迹。从两期文化来看，一期文化的陶器器壁厚重粗糙，均夹砂夹蚌末及少量夹植物叶茎。陶色主要是红褐色，还有一些外红内黑色的。制法均为手制，以素面为主，少量饰堆纹、指切纹，乳丁纹等。流行平底器、矮圈足及鋬手、流、鸟首形器耳等。器形有釜、支架、钵、豆、勺、盂形器、罐、盖等。值得重视的是出土大量的刻划符号。这些符号绝大多数刻在圈足底部。二期文化的陶器仍以夹砂陶为主，但出现一些纯泥质陶，陶色多为红褐色，同时有不少红、灰、黑等色，多为手制，有慢轮修整。陶器多素面，少量弦纹、指切纹、划纹、堆纹、镂孔等。器形有鼎、甑、钵、豆、壶、罐、盂、勺、纺轮等。流行鋬手、平底、器耳、三足器等。二期文化大量出现彩陶，为红色彩带组成几何形图案，极个别黑彩。从两期文化陶器来看，一期文化陶支架较多，几乎不见三足器，而二期文化三足器大量出现，鼎足的形式也有很多变化，有圆柱状、扁状等。这说明二期文化的鼎替代了一期文化的陶支架，这是一个较大的变化。另外还有一期文化中出现较多的鹿角勾形器，刻划符号到了二期文化几乎不见了。另一方面到了二期出现大量的彩陶器等。这说明一二期文化之间有较大的缺环。

侯家寨遗址的发掘给我们提供了一批新的考古材料。我们对比一下周围地区的有关遗址，如河姆渡、罗家角、北辛、裴李岗、磁山等遗址，出土器物跟侯家寨完全不同。因此，侯家寨遗址的发掘证明，在淮河流域这个广大地区存在着一种比较早的新石器时代文化。

蚌埠市北郊双墩遗址是1985年文物普查时发现，1986年蚌埠博物馆进行了一次发掘，面积约75平方米。现在我们正在进行发掘，揭露面积100平方米。从出土的器物看，与侯家寨有一定的区别。如炊器中侯家寨下层以鋬手深腹罐形釜为主，而双墩则以折沿鋬手钵为主，这种平底钵实际上就是釜，当炊器用的，不是当盛器用的。双墩遗址出土陶器多夹蚌末，器壁厚重粗糙，红褐陶占绝大多数，均手制。器形有钵形釜、罐形釜、罐、鼎、钵、碗、支架等。还有骨角器及少量石器。陶器流行平底、鋬手、矮圈足、牛鼻耳等。刻划符号也有较多的发现。1986年蚌博发掘时发现大量刻划符号，徐大立有专文介绍，发表在《文物研究（第五辑）》（黄山书社，1989年）。陶器纹饰比较简单，主要是戳刺纹和指切纹等。红色彩陶在双墩遗址中普遍使用，主要是用在一种碗形钵上，一般都是在外面满施红彩，也有内外均满施的，也有内满施外不施彩的，也有在罐口、钵口部施彩的，几乎没有图案，而侯家寨遗址中彩陶除了满施外，有很多用红色条带组成的几何形图案。另一方面在侯家寨常见的鸟首形器耳，而双墩遗址却极少见，常见的则是牛鼻形器耳。总的来看双墩遗址可以分期，其上层出有圆锥状鼎足等一些器形，相当于侯家寨遗址下层陶器，双墩下层应早于侯家寨下层。由此，我们认为双墩遗址的文化面貌与侯家寨遗址的文化面貌是一致的。从年代上讲，侯家寨下层测定年代是距今 6990 ± 130 年。那么双墩遗址下层的年代应早于 7000 年了。

在我省淮河两岸目前已发现有十多处这种类型的新石器时代遗址，已知的遗址有淮南小孙岗、怀远双堌堆、蚌埠双墩、濉溪石山子、霍邱红城寺（原文，编者按：应为红墩寺）下层、寿县扁担岗、肥西古埂下层、定远侯家寨、青山、含山大城墩下层等，河南鹿邑武庄遗址也属于这种类型。这类遗存是淮河流域一种区别于周围诸文化的一种新的文化类型。它的分布特征是以淮河这条水系来分布的，淮河不是这一文化的分界线。

近几年来我们陆续做了一些遗址的发掘工作，各遗址内涵都有一定的差异。虽然在陶色、陶质和一些陶器、骨、石器上有共同的地方，但在一些器类上、纹饰上有不同之处。像石山子的尖底器和双堌堆的印纹，这在侯家寨、双墩遗址上都没有见到。在肥西古埂下层出土陶器与侯家寨上层出土陶器有相同特征，如罐、鸟首形耳系等。但它的上层与薛家岗文化是什么关系，有同志说可以联系起来，这个联系很重要。在含山大城墩下层出一件高领釜形鼎与侯家寨上层同类器有共同特征。我认为它们之间的差异应是一种文化在它自身发展过程中的时间上的区别，即年代上的差别，而不是文化面貌上的不同。

在我们发现、发掘的诸多遗址中，定远县侯家寨遗址的内涵较为丰富，并可分为若干期段，而它又是这一文化发现、发掘时间最早的一处遗址，它可以称得上是淮河流域这一文化的有代表性的遗址。因此，我们将这类文化遗存称为侯家寨文化。侯家寨文化的分布范围，在我们安徽境内主要分布在淮河水系以内。它包括淮河以北广大地区及淮河以南大别山脉以北属淮河水系的一些地区。向西进入河南境内，向东进入江苏境内。淮河和省界不是阻隔这一文化的分界线，大山则是阻隔文化分布和交流的唯一天然屏障。因此，侯家寨文化的分布范围是以淮河这条水系为生存条件的，是淮河的水哺育了这一文化。可以这么说：黄河哺育了仰韶文化，淮河则哺育了侯家寨文化，这两种古老文化与其他史前文化，同是中华文明的源。

吴加安（中国社会科学院考古研究所副研究员，安徽工作队队长）：

黄淮地区是中国考古学研究重要区域之一，苏秉琦先生曾多次指出这一地区的重要性，并提出在该区域开展深入的考古学研究的课题。国家文物局主持协调的苏、鲁、豫、皖四省相邻地区考古学文化的课题研究，抓住了重点，开拓了新的研究领域。

社科院考古研究所安徽队 1989 年开始进入皖北地区，工作的重点与课题同省考古所淮北组是一致的，都是黄淮地区考古研究大课题的组成部分。皖北地区考古学文化比较复杂。首先要解决皖北地区是否存在具有本地区特色的考古学文化及其发展序列，在弄清这一问题的基础上，进而分析和研究与相邻省区考古学文化的关系。三年中我队在皖北地区主要做了两大项工作。

（1）调查工作

我队在皖北地区进行了阶段性的重点调查。三年来集中调查了皖北西部的阜阳地区各县和东部宿州地区的部分县的近百余处遗址，其中史前时期遗址 64 处，除张敬国同志汇报中提到的外，我队还新发现四处遗址。这些史前遗址从时间顺序上讲，大体分为三个阶段。早期阶段遗存，目前多见于皖北东部地区，西部地区发现不多。代表遗址除濉溪石山子、定远侯家寨、蚌埠双墩外，我们在宿县古台寺遗址也发现有类似的遗存。河南省张文军先生介绍河南武庄遗址也发现了这类遗存。可见这类遗存在豫、皖交界地区有一定的分布。这类遗存文化面貌上有自身的特点，时间上相当于山东北辛文化阶段，代表了皖北地区史前考古学文化的早期阶段。中期阶段遗存，其文化面貌更接近大汶口文化，在皖北地区分布比较普遍，时间上大体相当于大汶口文化中、晚期，尤以晚期更为普遍，相当大汶口文化早期的遗存罕见。晚期阶段遗存，相当于龙山文化阶段，在皖北地区分布也很普遍，文化面貌比较复杂，皖北地区东西两片是否有区别？可作为一个问题提出来，待田野考古发掘中去解决。

（2）尉迟寺遗址发掘

遗址位于蒙城县城北 22 千米的毕集村东，南距北淝河 2 千米。遗址原系一大堆，由于人为取土，四周形成断崖，现高出地面 2～3 米。面积大约 10 万平方米，文化堆积最厚可达 5 米。我队对该遗址先后做过 3 次发掘，揭露面积近 700 平方米。地层以相当于大汶口文化和龙山文化两种堆积，偶见汉代墓葬。龙山文化时期的文化堆积较薄，在遗址中分布不均匀，大汶口文化时期堆积较厚，初步可分早晚两期。我们将该遗址分为三期，一二期文化相当于大汶口文化，三期文化相当于龙山文化时期文化。

三次发掘出大汶口文化和龙山文化时期墓葬 70 余座，其中包括瓮棺葬；灰坑数十个；另外还有少量的房子和窑，出土了一批完整的陶器、骨器、蚌器、石器等工具，对了解尉迟寺遗址的文化面貌、性质及其年代提供了有益的实物资料。

尉迟寺遗址一二三期文化的墓葬多见于遗址西北部，儿童土坑葬与成人葬同一墓地，西北部应为墓葬区。这里的墓向以 135° 为主向。龙山墓随葬品不多见，相当大汶口时期的墓葬，随葬品多寡不一，大多数墓无随葬品，个别有二层台的墓随葬品较多. 多者达 18 件。墓葬中人骨架尚待测量、观察和鉴定，经初步观察，未见有拔牙，人工头骨变形现象。其中有 2 座大汶口文化时期墓葬的人骨架上有朱砂。瓮棺葬在遗址中分布不甚集中，大多属于大汶口时期。葬具一般是日常生活用品，流行将陶器打碎铺垫坑底，上置骨架，然后再盖以陶片的葬法，也有用完整大口直壁缸做葬具的。

房屋建筑遗迹 2 处，F2 较为完整。该房子面积不大，平面呈方形，门朝西北，四周挖坑埋立柱。这类房子结构简单，不在遗址中心部位，不代表遗址的主要建筑形式。

尉迟寺遗址的第三期文化，相当于龙山文化时期，其文化面貌比较复杂。其中有河南龙山文化的因素，例如大量具有典型河南龙山文化特点的方格纹罐；有些器物又显出山东龙山文化的风格，例如磨光黑陶双耳壶。二期和一期文化相当于大汶口文化晚期和中期偏晚阶段。从文化传统上，我认为仍为大汶口文化传统，不过在总体特征上有许多不同于大汶口文化的因素，或者说有其自身特点，例如篮纹在一二期文化中均很普遍，绳纹占一定比例，篮纹圜底罐形鼎是富有代表性器物，甗也是这个遗址中有代表性器物之一。大汶口文化中典型器物背水壶、觚形杯在该遗址中极少见。尽管对尉迟寺遗址的发掘资料尚未进行系统的分类、整理和研究，对它的认识还有待深入，但该遗址一二期文化与大汶口文化间的关系及其区别还是比较明确的。因此尉迟寺遗址的发掘有助于对皖北地区新石器文化的了解和认识。

几年来，我们对皖北地区史前考古学文化大的阶段有了初步了解。石山子遗址为代表的一类遗存是该地区早期文化的代表，也是该地区具有独特文化面貌的新石器文化；尉迟寺遗址一二期文化，是该地区中期阶段的代表遗存，它更多地表现了大汶口文化的传统，相当于大汶口文化中期偏晚和晚期；尉迟寺遗址三期文化和宿县芦城子遗址，属于龙山文化时期的遗存，代表了该地区史前考古学文化的晚期阶段。目前从文化发展大的阶段时间顺序上线索清楚。但文化序列仍存在相当大的缺环。例如，相当于大汶口文化早期阶段的文化遗存尚未发现。

我们认为这一地区的文化发展，就像一组不间断的链条，我们虽然不可能依次认识每一段的面貌，但必须突破其中一环或几个环节，从文化面貌、文化性质上弄清楚，逐步把链条中的每一个环节衔接起来。在立足认识本地区考古学文化的基础上，放眼于相邻省区的文化比较，从大的文化传统上寻求皖北地区古代文化应有的位置。因此选择一批重点遗址做深入细致的、规模较大的发掘工作是必要的。

皖北地区史前考古学文化早期阶段的石山子一类遗存，其文化面貌很有地方特色，中期阶段的尉迟寺遗址一二期遗存，也表现出了浓厚的地方特色，晚期阶段的尉迟寺遗址三期遗存特点也很明显。再晚一些相当于岳石文化阶段的遗存，在皖北地区也有发现，其面貌尚不清楚。我认为，该地区各个阶段的代表遗存都表现了较为强烈的地方特色。它们之间有无相互发展关系？这种关系是怎样一种情况？如果说中期阶段的遗存是大汶口文化系统，那么它与早期阶段的石山子一类遗存是什么关系？大汶口文化来源是否仅仅是北辛文化？这些都有待于进一步做工作和深入地研究探讨。

张文军（河南省文物局副局长）：

河南豫东一带1987年以前做过一些工作，社科院考古所在王油坊和诸城的西门寺（应为柘城心闷寺）做过一些发掘，1977、1978年社科院考古所在商丘地区和周口地区，进行了两次比较大的发掘，我们河南文物研究所在淮阳平粮台和郸城都搞过一些发掘，当时整个科研的情况对这个地区的认识，停留在仰韶、龙山、二里头、商这个认识上。苏鲁豫皖考古工作开始以后，我们从1987年元月起，在沿着与安徽交界的7个县市进行了专题调查。从周口开始，淮阳、郸城、鹿邑，诸城（原文为诸城，本次收录时更改，应为柘城）、夏邑、永城，这些县市都属淮河流域。在淮阳看了42处遗址的材料。周口3处，郸城4处，鹿邑7处，诸城（原文为诸城，本次收录时更改，应为柘城）82处，夏邑8处，永城74处。在这些材料中，我们经过筛选，最后在鹿邑的栾台做了发掘。当时想，在这个地区过去也做过工作，但在区域编年上还不是很清楚的，我们从考古学文化的编年入手，选择栾台这一遗址。

栾台遗址在1987年8月份进行了发掘，到1989年年底一共发掘面积425平方米。这个遗址的堆积相当厚，最深的地方8米多，一般的地方都有7.4米。这个遗址年代跨度比较长，从相当于大汶口西夏侯上层的年代开始一直到战国，中间基本不断线。这个遗址的堆积有相当于大汶口西夏侯阶段的东西，然后是龙山和王油坊的东西一样，往后是岳石，再往后是二里岗的下层。按照邹衡先生的《夏商周论文集》的分期，认为是进入了先商期这个阶段，商文化一直延续到殷墟四期，以后是西周和春秋、战国的东西。我们在发掘过程中，又在周围进行了一些调查，在距栾台遗址五里远的地方发现了武庄遗址。1990 年上半年进行了发掘，挖了 625 平方米。遗址中最早的东西与安徽蚌埠双墩的面貌一样，接下来的东西与定远侯家寨的东西比较接近，年代的上限可到双墩，下限相当于郑州大河村的三期和四期，中间基本不断线。在夏邑发掘了三星孤堆，这个地点发掘了 150 平方米，堆积情况与栾台遗址基本相似，包含的遗物和年代跨度基本上是一致的。这样我们基本上把与安徽交界的区域考古学文化的编年序列基本建立起来了。这个地区第一期的东西相当于双墩，我们叫武庄一期文化。炊器是鼎，水器是小口双耳壶，有假圈足的钵，出支座与鹿角靴形器这类器物。这个时期，在我们那里不见夹砂陶，粗陶用于炊器，都夹蚌或草。泥质陶是红陶，有细泥的红陶，这是武庄一期文化的东西，武庄一期文化从我们这里看，与长葛和始固第五期的文化面貌有所区别，年代相当。这套东西叠压在裴李岗遗存上。武庄一期的下限，与长葛，始固的第五期在年代上差不多，上限要略早于五期的东西。武庄二期文化，炊器以釜形鼎为主，也有罐形鼎，流行红彩，早期的有内彩（彩陶）。一期不见庙底沟的弧线三角纹，二期发现了弧线三角纹。釜形鼎足的变化有锥状的，与一期的圆锥状有所不同。彩陶早期有网状的，晚期出现田字形和棱形的网纹。三期的东西以灰陶为主，篮纹出现，从文化面貌看，庙底沟文化对它有影响。主体的东西还是自身的东西，定远侯家寨的器物和武庄的面貌比较相似。我们觉得这套东西是具有淮河流域特点的东西。看到这些东西，我们对郑州大河村文化的认识也比较清楚了。郑州大河村那一套釜形鼎过去认为是大河村自身的东西，现在看来受到淮河流域的影响还是比较深的。今年四月份，我们对信阳地区八个县进行了调查，在八个县中都能看到这类东西。准备在今年搞一些发掘。武庄二期文化就是栾台的一期文化，在《华夏考古》上发过一个简报。栾台一期的东西与安徽尉迟寺的一期年代是相同的，文化面貌也比较一致。我在简报上认为它的文化性质属于大汶口，年代与西夏侯的上层相近。栾台一期有它的地方性，主要表现在篮纹比较发达。西夏侯的鼎一般都是平底的，这里的鼎一般都是圜底的，不见平底的。陶质以红陶为主。这个时期有红烧土房子。栾台一期在年代上要晚于武庄二期文化，但在文化谱系上两者不是一个谱系。栾台二期相当于王油坊或造律台类型，我们在简报里也是这么认识的，认为这套东西是传承了当地大汶口文化发展起来的一种龙山文化，是继承栾台一期文化发展起来的。尉迟寺不见栾台一期绳纹，第二期出现绳纹，在器物演变上发展成了王油坊的东西。王油坊这套东西在我们的简报中粗略的分了一下，分了二期，在以后的报告中还准备进一步的细分，把编年推出来。早期的东西与山东的相似性要比与河南郑州一期的文化面貌的相似性要大，晚期受西边的影响比较大。根据这套东西，前一阶段我们在山东考古领队培训班做的工作，看到晚期的东西对东部的影响比较大，我们是这么认识的。王油坊时期的居住区，都是连间的排房，有的是五间，有的是六间，建筑的形制有一种是抹白灰面，都是长方形的地面建筑。还有一种与大河村的一样。墙体经火烧，中间有一灶台，比较像岳石文化的房子。栾台三期是岳石文化，这套东西在栾台遗址上堆积比较薄，年代跨度比较短。在这里除了能看到与岳石文化相同的因素外，还有一些与二里头文化相近的东西。附加堆纹的罐，在二里头较常见，在这里的岳石文化里也可以看到，出的主要是夹砂红陶的甗、罐、盆、浅盘豆、碗和瓮等。这套东西直接叠压在王油坊最晚的地层上。商文化的东西，过去在东部只看到二里岗上层 H9 的年代。这套东西，主要有细绳纹的卷沿鬲和浅盘平底盆（简报 H57），商文化在这里几乎是一脉相承，器物演变的形式和器物组合都是一致的。与我们在夏邑挖的三星孤堆有些区别。三星孤堆也是岳石文化之上是商文化，红褐陶的比例明显见多，陶胎也比较厚。两者之间有不同的地方，在栾台四期（商文化）。目前我们基本上把栾台遗址分为五期，栾台五期的东西有灰坑也有墓葬，简报里发了一座墓，这套东西应该是周文化的东西。从整个发掘情况来看，比从前的认识有所不同的是这个地区的二里头文化没有过太康。北京大学在夏邑挖了一个清凉寺，材料跟栾台的材料基本上相同。郑州大学在开封杞县做的鹿台岗遗址的发掘和段岗遗址的发掘，段岗与鹿台岗的龙山属于两套东西。段岗的鼎比较多，鹿台岗的龙山遗物与王油坊的器物比较一致，这样王油坊类型向西的界线可能就在杞县这一带。鹿台岗有先商的东西，卷沿鬲与深腹罐共存，这套东西与河北的面貌比较相近，比栾台 H57 的年代要略早，在鹿台岗的这套东西上面。这些都是 1987 年以后做的工作，现在的认识没有在一起讨论过，是个人的一些认识。岳石文化的分布，西界基本上在杞县这一带，在淮阳看到的是二里头。龙山的分布，在苏、鲁、豫、皖看到的龙山，它的分布向西也是杞县一带。向南目前没有很好做工作。1987 年我们所在沈丘炉匠台（应为乳香台）做过一些工作，与安徽的界首相邻，主要是龙山遗物，与平粮台的相一致。我们下一步的工作打算是，进一步搞清楚各时期考古学文化在河南境内的分布范围。今年有两个专题调查，一个是摸清范围，一个是为下一步工作做一些准备。即周口地区九县一市专题调查，信阳淮河流域的调查，在调查的基础上搞一些发掘。

杨肇清（河南省文物研究所书记、副研究员）：

河南与安徽紧密相连，从考古文化上来看，淮北地区和豫东地区是比较一致的。从昨天介绍的资料和前几天看的实物，得知蚌埠双墩、濉溪石山子等遗物是这一地区目前发现的最早的新石器时代的文化遗存，稍后就是大汶口文化中、晚期和河南龙山文化，再后就是商、西周时期的文化。其古文化发展序列是比较清楚的，当中也有某些缺环，需要今后进一步做工作。这一点和豫东地区基本相似。双墩出的那套器物在我们河南鹿邑武庄也有发现，武庄一期所出的器物与双墩出的器物相似，但比双墩更进步些，如陶器火候比双墩的高。两者的关系很密切。陶质均以夹砂粗陶为主，并都夹有蚌粒，陶胎较厚；其色灰褐，素面多。器形都有侈沿深腹罐、圆锥形足的罐形鼎，大口鼓腹圜底钵、支架等。我认为武庄一期比双墩稍晚。武庄二期出的器物就和郑州大河村最下层的基本相同。如侈沿深腹平底罐，上腹饰数道弦纹，折沿鼓腹圆锥足的罐形鼎，大口鼓腹小平底钵，底上有糠点纹，周边划一道圆圈。这是豫中地区仰韶文化较早的器物。武庄三期相当于大河村二三期，武庄的一二期之间还有缺环，武庄二期和郑州大河村最下层虽然基本相同，当中也有一些差异，看来还有一定的缺环。今后，我们将努力工作，争取早日解决这些缺环。像双墩出的较早的器物，在豫东地区除武庄外，其他地方目前尚未发现。武庄和安徽紧密相连，相距不过 10 千米。看来淮河以北的苏鲁豫皖相连的广大地区在新石器时代是一个文化区。双墩出的这组器物和裴李岗文化迥然不同，但从陶器的质、色、火候，制法等方面看是相同的，在年代上很可能与裴李岗文化晚期大致相同。从裴李岗文化晚期所测的十余个碳十四数据中，除误差大的数据外，一般为距今7010～6855年（未经树轮校正）。故双墩遗址的年代与它大致相同。像双墩这样的文化遗存，我估计淮北地区可能还有，望通过继续深入调查，多发现这类遗址。双墩遗址遗物丰富，目前发掘的面积不大，发现的遗迹太少，还可以继续做工作，将会有新的发现。我们河南准备在商丘、周口地区继续深入调查，也许还能发现类似双墩的文化遗存。

大汶口的文化遗存在河南也发现较多。整个豫东地区都有大汶口中、晚期的文化遗存。远在郑州、禹县、孟津、平顶山等地也发现有大汶口文化遗物。如郑州大河村三四期、禹县谷水河第二期的仰韶晚期遗址中出大汶口文化的陶器，器形有背壶、敛口尊、敛口盉、高领罐、敛口罐、深腹罐、浅盘豆等。其时代相当于大汶口文化中期；禹县谷水河三期（具有仰韶至龙山的过渡特色）也出大汶口的陶器，器形有盆形和罐形豆、长颈壶、深腹罐、筒形杯、袋足鬶等。其时代相当于大汶口文化中晚期之间；偃师滑城、二里头，临汝大张、孟津寺等河南龙山文化早期遗址中也发现大汶口文化的陶器，如圆腹罐、高柄杯、罐形豆等，其时代相当于大汶口文化晚期。可见大汶口文化中晚期不仅在豫东地区普遍存在，并已影响到豫中地区，甚至西到洛阳、孟津一带。

经过这次来皖参观学习和实地考察，对我有很大启发。我们以前将平粮台一期归于大汶口文化晚期，将平粮台二期出有横篮纹的深腹罐、横篮纹的罐形鼎，归于河南龙山文化早期。现在看来，将平粮台二期归于大汶口文化晚期比归于河南龙山文化早期更合适些。以前张文军同志把它归到大汶口文化晚期是对的。关于造律台类型，从前河南有的同志称为河南龙山文化豫东类型，近来有的称为王油坊类型。均指龙山文化时期分布在豫东地区的文化共同体。它最早发现于永城造律台，以称为造律台类型为宜。它广泛分布于豫东的商丘、周口地区，山东菏泽地区也普遍存在，安徽淮北地区、江苏徐州地区也有。但仔细分析，这一广大地区龙山文化时期早期受山东龙山文化影响较大。如素面磨光陶较多，锛形足的折沿罐形鼎、浅盘镂孔豆、三足盘等。但中、晚期受河南龙山文化影响比较强，所出的折沿鼓腹罐、罐形鼎、浅盘豆、敞口盆、小口高领瓮、大口碗等都属河南龙山文化的典型器物。为此我认为这个地区龙山文化时期的人们在接收并融合了这两种文化，结合本地文化固有的特点，产生了一种新的文化类型。这就是造律台类型或王油坊类型。

邹厚本（南京博物院副研究员）：

江苏这几年的主要工作，在苏北搞了考古调查，发掘了沭阳万北遗址，灌云大伊山遗址，新沂花厅遗址和泗洪赵庄遗址。从我们的工作实际状况出发，首要任务是要解决好苏北徐淮区的考古学序列和编年问题，眉目已逐渐清晰。

我们的调查没有安徽和河南的同志做得那样面宽，主要是在一个比较小的区域范围内，作较细的调查。1987年在沭阳县境内沭河流域，采取分组分区普查的方法，发现20余处新石器时代和商周遗址，1989年淮阴的同志在宿迁县骆马湖周围做了一些调查，材料都已发表。

沭阳万北遗址，位于沭河以东，相距约2千米，略高于周围农田，海拔5.7米，经钻探，面积为10万平方米。1987～1988年两次发掘500平方米，文化层堆积厚度3～3.5米。按时代先后分为五期。一期仅见于遗址最下层，新石器时代，陶系以橘红色的泥质陶为主，夹砂褐陶次之，泥质陶多为陶钵，夹砂陶以堆贴窄条的罐为大宗，未发现三足鼎类器。陶器多手制，部分泥条盘筑，厚胎，形体小，不甚规整。生产工具中石器少见，而渔猎用的骨器十分发达。二期，包括叠压在一期之上的文化层、灰坑和墓葬。主要遗物有鼎、壶、钵、罐。内彩陶十分发达，主要是水波纹和网纹，以及八卦纹，红彩为主，也有褐彩，线条结构对称。儿童墓两座，随葬双耳小口罐和内彩钵各一件，钵底凿孔，盖在头部。内彩纹饰与淮安青莲岗遗址、邳县大墩子遗址下层的内彩完全一致。该期含有大量兽骨，动物种类有麋鹿、梅花鹿、猪、狗等，碳-14测定数据距今6580年及6330年。三期相当于大汶口文化花厅期，主要遗物有陶鼎、豆、罐、盆、壶、钵、鬶、盉等，石器有斧、铲、锛。发现墓葬一座。四期岳石文化，这个层位未覆盖遗址的全部，主要陶器有裆部附加堆纹的甗、带棱尊、浅盘豆、带流钵等。四期之上为商代墓葬，清理十二座，相当于殷墟三四期，东西向，浅穴竖坑，个别墓葬具腰坑，内殉狗，仰身直肢，随葬有鬲、甗、豆、罐和铜兵器，随葬器物特征大部分与中原商代墓出土器物一致，但素面鬲、甗、罐等表现较浓厚的地方特色。万北遗址的发现与发掘，对于淮河下游地区新石器时代文化的编年提供了重要的地层依据，当然中间尚缺龙山文化阶段。

灌云大伊山遗址，第一次发掘材料《东南文化》1988年第2期已发表。第二次发掘报告，不久即可发表。该遗址主要清理了一批石棺墓，时代相当于青莲岗文化时期，石棺墓62座，排列比较整齐，绝少出现叠压现象。随葬品较少，有的仅一件，最多不超过十件。主要器物有带腰檐的鼎、釜、豆，双耳小口罐、红陶钵、盆以及鱼尾形陶拍，陶钵底部凿孔，盖于头部。在迄今我国发现的石棺墓葬制中，大伊山石棺墓时代是最早的。

上述两处遗址位于南北流向的沂、沭河以东。

新沂花厅遗址，1987、1989年两次发掘，清理墓葬60座，时代相当于大汶口文化中晚期，引人注目的是这批墓葬内出土的玉器与南方良渚文化玉器，类别，形制、制作方法完全一致，尤其突出的是带特征性的神人兽面像，新沂花厅也有发现。同时墓葬内还出土了少量良渚式的陶器，所以它究竟与良渚文化是什么关系？是碰撞？是征服？还是其他？牵涉到考古学文化的理论问题和重要研究课题。目前看来，花厅墓地出土玉器确实与良渚文化玉器完全一致，但是陶器毕竟是少数，且陶色尚有差别，就拿出土神人兽面像玉琮的50号墓而言，陶器却是大汶口文化的特征，并非良渚文化式的，这是良渚人的墓葬？似乎不能这样说。

泗洪赵庄遗址，位于比较平坦的坡地上，面积10万平方米，20世纪80年代初发掘的。清理大汶口文化晚期墓葬11座。其中3座瓮棺葬，具体材料车广锦同志要作介绍。从这处遗址看到大汶口文化在沂沭河以西向南发展的线索，而在沂沭河以东向南范围至今尚未发现过大汶口文化遗存。

这几年在苏北徐淮区工作的同时，苏南也发掘了一些新石器时代遗址。这次看到安徽同志做的工作，给我们不少启发，有必要将南京附近做的两处遗址介绍一下，因为关系太密切了。

第一处句容丁沙地遗址，在南京龙潭镇附近的山间盆地上，距长江4千米。1989年配合工程做了几条探沟，并对遗址进行了全面钻探，发现34处红烧土堆积，有圆形、椭圆形、凸字形几种，估计是居住遗迹，探沟内出土的陶器，陶系以夹砂红褐陶为主，夹砂红陶次之，并夹少量蚌末。主要器形为釜，沿下带箍和鸡冠耳，鸡冠耳罐，钵、盆、碗等，其中钵、盆、碗的陶质、陶色、形制以及支座，带孔甑箅、陶拍都与双墩的同类器十分相近，唯丁沙地多釜，双墩似未见到。

第二处高淳朝墩头遗址，面积1万多平方米。遗址第三层出土的陶器与河南龙山文化王油坊类型遗存比较接近，主要有绳纹扁足罐形鼎，高柄黑陶豆，束腰肥袋足甗、盆、罐等，纹饰绳纹、篮纹、方格纹比例较高。同样情况，南京附近点将台遗址、太岗寺遗址等也有发现，说明这是在南京周围有一定覆盖面的一种文化遗存。

通过江苏近年来的工作，我们感到这个地区确实处于南北文化的交汇地带。南面太湖流域是一个大文化区，北面早先有青莲岗文化，后有大汶口文化。要解决本地区的问题，绝非一个省的工作能解决好的，要把眼光放宽点，北看山东，西看豫、皖。这次会很及时，对我们今后的工作有很大的启发和帮助。

简单补充两点：

第一点，会上谈到青莲岗文化的遗存，在这里看到怀远双堌堆的标本，陶钵的形制和带扁把的特征，都跟江苏万北遗址二期同类器一致，还有那件模印的厚胎陶器，万北遗址也发现过。这个遗址不见腰檐釜和豆形器。是否今后再做些工作，与东面联系起来看一看，因为它比较突出，与蚌埠双墩不一样，他们之间是平行关系？还是早晚关系？

第二点，看了侯家寨下层和双墩的材料，比较一下前面介绍过的江苏句容丁沙地资料，两者有一定的联系。陶质比例，碗、盆、钵都十分接近，还有鸡冠耳，应该这是代表这些遗址文化特征的遗存。但是这里却不见箍形的器物，釜形器亦似不见，这两者是否存在早晚关系？句容丁沙地釜形器比重增加，是否可以解释为由于地缘上接近马家浜文化圈，接受来自东南方较强烈的影响的结果。

车广锦（南京博物院助理研究员）：

我介绍一下江苏泗洪县赵庄遗址的情况。赵庄遗址位于洪泽湖以西30、淮河以北40千米处，紧靠安徽的泗县。面积约10万平方米。南部面积较大，为平地，经试掘，地层堆积2.7米，分6层，第②层为商代文化层，第③、④、⑤、⑥层属大汶口文化层。遗址的北部呈台形，高出地面3米以上，高出的部分为商周文化遗存，下面为大汶口文化遗存，共分8层，第①、②层为西周文化层，第③、④层为商代文化层，第⑤、⑥、⑦、⑧层属大汶口文化堆积。

清理大汶口文化墓葬10座，其中1座合葬墓，9座单人葬。头向东南，多无墓坑，有3座儿童墓，葬具是将完整的陶器打成碎片，或上盖下垫，或仅上盖。陶系以夹砂红褐陶为主，纹饰多为篮纹。主要器形有鼎、鬶、盆、罐、杯、豆、壶。鬶、盆、罐、杯、豆等器物的造型，与山东境内的大汶口文化晚期的同类器物基本一致。而陶鼎这一器物比较特殊，数量较多，绝大多数饰有篮纹，鼎腹有的较深，有的呈球形，鼎足多呈鸭嘴形，也有少量刻有竖槽的凿形足，有的深腹鼎内有一周供放置甑箅用的突棱。这种陶鼎在山东滕县岗上村、西康留、孟家庄和河南淮阳平粮台等遗址都有发现，而在安徽境内出土这种陶鼎的遗址发现最多，这种陶鼎可能代表着苏、鲁、豫、皖交界地带的文化特色。

赵庄遗址出土的商代遗物不多，主要是鼎和鬲，西周的遗存中有房基，器物有鬲、罐、簋，相当于西周早期。

关于青莲岗文化，我有几点想法。

首先谈江苏灌云县大伊山遗址，在这里先后清理出60多座石棺墓，属于青莲岗文化。这样，石棺墓的出现在时代上就显得很早。但是，我们在考虑苏北地区总体文化的时候，不应将石棺的因素考虑进去。因为墓地在大伊山脚下，现在在大伊山开采的石料均为板岩，与石棺的石料一致，就是说当地的先民易于就地取材，因而才建石棺墓。如果不是这有利条件，是不会出现石棺葬的。在具体研究大伊山遗存时，可以将石棺作为重要的文化现象来对待，而在研究总体文化时，应将石棺这一因素排除开。可惜的是这一遗址破坏殆尽，使我们不能知道这一遗存的全貌了。

关于青莲岗文化的概念问题，我曾配合纪仲庆先生写过《苏北淮海地区新石器时代诸文化的再认识》一文，在这篇文章中将青莲岗文化分为两个类型，即大伊山类型和北辛类型。我们在文中提出大伊山类型可能是属于淮夷先民的文化，北辛类型可能是徐夷先民的文化。这样一方面肯定了大伊山类型和北辛类型具有明显区别，同时也说明这两个类型分别是两个不同的人们共同体所创造的文化，实际暗示了是两个不同的文化。现在看来还是将这两个类型直接区分为两个不同的文化为宜。这样，以青莲岗遗存和大伊山遗存为代表的青莲岗文化，即为淮河流域原始先民所创造的文化。

关于连云港市二涧村遗存的归属问题，我们根据器物上的附加堆饰与北辛类型在风格上较为相似这一点，在文中将其归入北辛类型（北辛文化）。但是，二涧村多数器物制作精细，不同于北辛，墓葬的头向和头盖红陶钵等葬俗，和大伊山、万北等地相似。因此，可以考虑将二涧村遗存归入淮河流域的青莲岗文化。

这次会议期间我们所看到的怀远双堌堆遗存，应跟青莲岗遗存有一定关系，说明淮河流域中上游和下游的原始文化可能比较接近。就整个淮河流域而言，南面有长江流域的强大的文化，北面有黄河流域的强大的文化，受南北两方面文化的影响较大，其中可能这一段受南方的影响大一点，可能那一段受北方的影响大一点，如连云港市二涧村遗存就受了北辛文化的影响，而大伊山和青莲岗两地带腰檐的器物较多，则是受了南面马家浜文化的影响（青莲岗文化较北辛文化应稍晚）。所以，淮河流域的原始文化其因素是很复杂的。

谷建祥（南京博物院助理研究员）：

江苏这几年的考古工作，重点放在和山东关系比较密切的地区，所选的课题实际上就是和江苏以往提出的青莲岗文化有关的问题。苏北地区，以往北辛文化和青莲岗文化的关系，有人认为是分开的，有人认为是一致的，有人认为是互相交叉的关系，现在我们初步认为：江苏北部和山东交界的地区，从文化面貌上讲，在距今七千年上下的时期，同时并存着青莲岗文化和北辛文化。

青莲岗文化时间跨度不长，应和北辛文化相当。从以往“大青莲岗”的认识上退一步，从现有材料的实际出发，还是能够确定青莲岗文化的。那么，从区域上怎么分呢？我们认为，沂沭河是一个界线，苏北地区不能把它东西不分，若是仍像以往那样，仅仅通过南北文化比较是永远比不清的。现在我们比了一下，以沂沭河为界，东西是两个文化区。在沂、沭河东部地区即江苏的沿海地区，相当于北辛文化和青莲岗文化时期的遗址，我们近几年发掘了灌云大伊山、沭阳万北等，以往的有连云港二涧村水库、大村等遗址。这些遗址的文化面貌反映出沂、沭河以东地区实际上是青莲岗文化和山东的北辛文化之间的一个走廊地区。通过这几个遗址，尤其是沭阳万北遗址和大伊山遗址的发掘，我们认为相当于青莲岗文化时期，山东汶泗流域是北辛文化，江苏江淮之间则是青莲岗文化，连接这两个文化的一个走廊就是江苏沂沭河以东地区，相当于这一时期各文化圈的范围相对来说还是比较小的。到了大汶口文化时期，沂沭河东部和西部就可以合并到大汶口文化的体系之中。

在大汶口文化之前，沂沭河以东是一个地区，沂沭河以西是一个地区，现在看来，沂沭河以西地区基本属北辛文化，其典型遗存就是邳县大墩子遗址最下层。沂沭河以东地区基本上还是和我们讲的青莲岗文化的总体面貌一致的。青莲岗文化的二大主要特征，一个是带腰檐器比较发达，一个是内彩陶十分丰富。沿着以往的二涧水库，到灌云大伊山，再到沭阳万北这样走下来，各遗址都具备上述两大特征。现在叫一个新的类型好还是叫其他好，还有待考虑。虽然在江淮之间江苏工作还是做得比较少，但是，通过沂沭河地区一些遗址做下来以后，可以反过来证明以往相当于北辛时期江苏的江淮之间青莲岗文化确实是存在的，而且沂沭河以东地区各个遗址基本上都有一点北辛的东西，但主体还是青莲岗那套东西，当然，它在各个遗址中间的表现是有所侧重的。比如：大伊山遗址主要表现在腰檐器很发达，基本上每一件器物都带腰檐，包括那些豆都带腰檐；而万北遗址，它吸收了江淮之间青莲岗文化的主要因素是内彩陶非常丰富，彩陶纹饰也和以往青莲岗文化的水波纹、鱼网纹，及所谓的“八卦纹”是一致的。

上面讲的是有关沂沭河以东地区的相当于青莲岗时期的文化，目前暂叫万北二期文化。因为万北还有一个一期文化，它直接压在二期文化下面，属遗址的最下层，其文化内涵：陶器基本上是手制，骨器相当发达，不见石器。骨器的种类非常丰富，如：骨锥、骨针、骨铲。另外，这时期渔猎、采集经济非常发达，出土的鹿角比陶片还要多，整个地层基本上就是由鹿的骨头所组成。主要陶系是泥制的红陶——橘黄色的，器形主要是罐，钵是主要的食具，炊具是罐。另外，用得比较多的是盉，基本上为一件器物就是一个造型，有的像蚕茧一样，上面带二个直流，其中有一件和定远侯家寨的一件直流盉，如出一辙，包括肩部那种像小鸡冠贴塑都是一样的。一期这批东西从地层关系上讲它是下层的，而且压在青莲岗这个时期的下面，从文化面貌上讲，它的来龙去脉还不十分清楚。很明显，二期文化不是承接一期文化而来。

总之，有关沂沭河东部地区通过这几年的工作，我们认为和山东地区还是能够分开的，目前看来，北辛文化是不能把二涧水库、大伊山、万北遗址包括进去的，安徽淮北沿海的这些遗址，除了我们上面讲到的器物特征外，另外在葬俗上有着许多共同性，尤其是用红陶钵覆盖死者面部的习俗表现得非常普遍和突出，这也是有别于北辛文化的一个重要特征。

张敏（南京博物院助理研究员）：

我讲一下关于点将台的问题，近几年，我们在宁镇地区做了一点工作，发现了以点将台遗址夏文化层为代表的文化遗存。点将台在南京江宁县，这种文化遗存在20世纪50年代就被发现了，但当时没有被认识，70年代做了点将台遗址后，才把它分出来。最近几年做的有句容城头山遗址，丹徒团山遗址，高淳朝墩头遗址。城头山遗址相当于这个阶段的遗存，在湖熟文化的下面，是第六层，第五层相当于湖熟文化的早期，第七层相当于崧泽文化的中晚期。在团山遗址，这个地层在早期湖熟文化地层下面，它是第十一层，第十层是早期湖熟文化。在朝墩头遗址发现这个地层属第三层，第四层相当于崧泽晚期到良渚早期，上面是西周的。通过这几个遗址排下来，相当于点将台夏文化层的文化遗存，基本上上下限都可以卡住了，大致相当于龙山晚期到二里头阶段，比二里岗下层还要早一些。

在这个地区我们发现相当于点将台下层的文化遗存里面，有相当大的比例是河南王油坊类型的东西。比较典型的像绳纹罐形鼎，大袋足甗，浅盘的高柄豆，带宽把的杯和一些篮纹的罐，纹饰主要是篮纹、绳纹、方格纹。宁镇地区，北阴阳营文化和湖熟文化总的面貌是红陶的比例相当大，而到了这个阶段虽然红陶的比例也还有，但黑陶和灰陶的比例明显增多。这一段时期比较特殊，我排了一下，大致可分为三组器物，一组继承了宁镇地区新石器文化传统，是最主要的，第二组就是王油坊的这类东西，比例相当大，第三组是很典型的岳石的东西就是带突棱的典型器，但从比例上来看本地的这套东西为主，而王油坊的比例占的比例是第二位的，岳石是第三位的。这个阶段有三种东西组成了这么一个共同体。后来我曾经提出，是不是可以叫“点将台文化”，因为它毕竟还是一种地方性的文化。商丘地区是王油坊的分布范围，这是很清楚的。而宁镇地区在安徽的东南角，斜跨安徽省，王油坊的东西是怎么样到宁镇地区来的？安徽有没有这样的线索？据李伯谦先生介绍，王油坊之后在商丘地区基本上是岳石的文化圈。那么王油坊类型的东西到哪去了，是融合在岳石文化或二里头文化里面，还是跑掉了，文化迁徙了？我们考虑可能同文化迁徙有关，它在商丘地区消失以后可能到了宁镇地区。因为我们从器形排队来看感觉到宁镇地区这批东西，从时代和发展序列来讲可能和王油坊最晚的东西衔接起来。所以我把这个问题提出来，主要是想通过交流提出线索，就是说宁镇地区和河南地区还是有点关系，现在还理不清，通过今后的工作，我们将会对这种关系有进一步的认识。

郑笑梅（山东省文物考古研究所研究员）：

苏鲁豫皖考古协作区工作已开展了几年，其他三省都做了大量工作。我们这几年工作的重点在鲁北，因有大量的建设任务（济青高速公路、乙烯工程等），全所力量都投入到那里去了。虽然领了苏鲁豫皖这个课题的任务，我们并没有开展多少工作，仅做了文物普查工作。对菏泽地区进行了详细的普查，共发现将近50处遗址，大部分是堌堆遗址，文化堆积与内涵比较丰富。有些遗址叠压着几个时代的东西，年代跨度较长。如成武县就发现了12处遗址，并且比较集中，我们称它为遗址群。这些遗址的内涵，基本上与山东其他地区的文化序列一致。大部分遗址有龙山文化遗存和岳石文化、商、周等。在菏泽安邱堌堆，经过发掘证实了龙山文化之上有岳石文化层，岳石之上为晚商文化。又如定陶的官堌堆，残存约500平方米，高出地面约8米。经调查，暴露在地面上最早的是龙山文化，其次分别为岳石、商、西周、春秋等各个时代的文化遗存，在现地表之下还有大汶口文化晚期阶段的遗存。安邱堌堆的发掘，因出水也没有做下去，只做到龙山文化层，据钻探底下还有1.5米深的文化层。在整理普查材料时，发现曹县的莘冢集遗址中，有少量具有代表性的大汶口文化早期偏晚的钵形鼎的鸭嘴形鼎足。大汶口文化早中期是否已分布到这里，仅此一例，现在很难讲。但大汶口文化晚期这一区域比较发达。关于大汶口文化，过去发表的资料基本上是墓葬方面的材料，给人留下了深刻的印象，因而在引用或对比材料时，多以随葬陶器来比较，很少与地层或遗迹单位出土器物相比较。例如在大汶口文化晚期阶段的邹县野店、曲阜南兴埠、西夏侯以及莒县凌阳河等遗址材料中，篮纹不乏出土，却未引人注目。这一地区龙山文化的东西，我都把它划入王油坊类型（亦称造律台类型）。这个地区的岳石文化特征性的东西都已见到，至于属哪个阶段，因没有做细致发掘、研究工作，还不太清楚。在岳石文化层上面有商代的遗存。关于菏泽地区商代遗存情况，在调查中没有见到二里岗下层的，连二里岗上层的也少见，多数年代大致在殷墟的三四期。也未见到具有地方特点的素面陶鬲等遗物，也许与仅属调查采集有关。商以后有西周的东西，多数属西周中、晚期。其中有很多东西属西边的那一套东西，本地的特点不明显。最晚堆积有春秋和战国时期的东西，有些遗址的文化堆积可延续到汉代。以上因工作做的少，没有什么可讲的，仅把我个人的看法说明一下而已。

王迅（北京大学考古系讲师）：

这次座谈会期间，通过参观遗址，接触了不少新的考古材料，在同与会代表交流座谈中，又了解到一些江苏、河南、山东的考古发掘和研究成果，收获是多方面的。现在我根据这些新材料和新成果，结合我们过去在苏鲁豫皖地区所做的工作，就这个地区先秦时期的考古学文化谈几点认识。

先谈谈江苏的情况。我以前曾在苏北地区看到一些发掘材料和调查材料，其中有一件高领撇足铜鬲，是徐州师院历史系的阎孝慈先生采集的。我当时觉得这件铜器很重要，因为在商代，很多边境地区的青铜礼器都和中原地区商文化的同类器物相差无几，铜器的地方特色远不及陶器显著。但这件铜鬲却与中原地区商文化的铜鬲形态大异。在其他地区也没有发现过。它的主要特点是：领特别高，分裆，空足下端外撇。我推测当地可能有一种与之相仿的陶鬲，因为铜器和陶器常常互相仿造。这样，我就把高领撇足鬲作为徐州地区商代文化（丘湾类型）的一个重要特点。但当时还没有发现这样的陶鬲，所以我的这篇文章发表后，总担心判断有误。现在，南京博物院的同志们在苏北地区的万北遗址发掘了一批商代墓葬，出土了不少陶鬲，具有高领、撇足的特点，是东方地区传统陶器素面鬲的又一种形式，这种素面鬲的渊源，可能还是在山东地区，大约在晚商和西周早期传入苏北地区。

对于揭示苏北地区商代的文化面貌，万北遗址的发掘是一个很好的开端，预计今后工作做得多了，总会发现更多的有独特风格的文化遗存，包括有自己特色的青铜器群。

鲁西南地区的情况，我们了解得稍多一些。北大考古系曾在菏泽地区做过工作，并在其邻近地区进行过调查。从菏泽安邱堌堆遗址的材料来看，这里发现的最早的遗存属于大汶口文化，之后是内涵丰富的龙山文化遗存，从文化特征来看，属造律台类型或王油坊类型。龙山文化时期的房子发现较多，有圆形的和圆角方形的。龙山文化堆积之上有岳石文化堆积，也发现了房基，这个遗址岳石遗存的一个显著特点是典型岳石文化遗存与一定数量的先商文化陶片共存。从时间上划分，这些岳石文化遗存可以分为三期，每一期都有卷沿鬲或鼓腹盆、平口瓮等先商文化陶器存在。特别有意思的是有些器物本身就具备了岳石文化和先商文化两方面的特征。比如，有的鬲分裆，锥形足，绳纹直到足根，这是先商文化鬲的特点，但表面的附加堆纹上又有斜十字切压纹，这又是岳石文化陶器常用的纹饰。岳石文化层上面是早商文化层，年代相当于二里岗上层。看来这里岳石文化的下限可能相当于二里岗下层期。再晚的，是晚商遗存，其中尚未发现素面鬲、素面甗等夷人系统的陶器，而大量的宽边鬲、甗，很有特色，比例比河南的大。总之这一地区的文化长期与河南境内的文化有着密切的关系。

在豫东地区，北大考古系也做过一些工作，发现了一些岳石文化遗存。其特征与鲁西南地区的情况大体一致，也不是很纯粹的岳石文化遗存，而含有一些先商文化因素。其年代下限也和鲁西南岳石文化的年代下限大致相同。

安徽淮北地区的文化序列，最早的是以双墩遗址为代表的遗存，然后就是分布较为普遍的相当于大汶口阶段的文化遗存，它的某些特点，如缺乏觚形杯，多数遗址没有背水壶等，我认为只是大汶口文化中的一种文化类型的特点，再晚些的是造律台类型的龙山文化，再晚的情况就比较复杂。总的趋势是：这个地区越往西，二里头文化的因素越多，而岳石文化因素较少。岳石文化因素在这个地区的东北部较多，越往西越少。当然，二里头文化因素在东部的宿县地区也有发现，甚至在苏北地区也还存在。而岳石文化因素在西部的阜阳地区也能见到。这个地区还没有发掘过二里头—岳石这一时期的遗址，因而缺乏定量分析的基础，将来经过发掘，就有条件研究这一时期的文化除了二里头、岳石的文化因素外，还有没有自己的地方特征。

苏鲁豫皖地区在先秦时期，曾有夷人文化分布，这个地区的考古学文化中，应该包括东夷文化和淮夷文化。这两支文化对于考古学研究和历史学研究都是很重要的。夏、商、周三代的初期，都发生过一次大的危机：夏代早期“后羿代夏”，商代早期伊尹放太甲，后羿和伊尹都是东夷人。西周早期又发生过淮夷的“叛乱”。可见东夷与淮夷力量之强和对中央王朝影响之大。以往的工作，对于揭示夷人文化的面貌、发展情况，与中原地区的文化关系和夷人内部诸文化关系等方面，已经提出很多线索。目前安徽、江苏考古界的学者们对淮夷文化尤为关注，有的同志提出了在苏鲁豫皖这个大的课题组下成立淮夷研究课题组的设想。在新形势下，苏鲁豫皖地区的考古工作一定会取得重要的突破。

栾丰实（山东大学历史系考古教研室副主任，讲师）：

这次到安徽来，看到许多遗址调查、发掘的实物资料，尤其是会议安排的三天皖北地区野外考察，使自己学到不少新的知识，感到收获很大。

按我的理解，苏鲁豫皖地区主要包括江苏省的淮北地区、山东省的泰沂山系以南地区、河南省的东部（包括商丘，以及周口和开封各一部分）和安徽省的淮北地区。从古代文化的文化面貌、特征，以及小自然地理环境方面考虑，又可再细分为四区，即鲁东南区、鲁中南区、鲁西南豫东皖西北区（以下简称鲁豫皖区）和苏北区。下面着重谈谈我对后两区几个问题的看法。因为有些想法过去就有，也有一些是这次看了材料之后的认识，可能很不成熟。

（1）关于鲁豫皖区古文化的序列与年代

这一地区新石器时代较早时期的遗址，经过发掘的主要有蚌埠双墩、濉溪石山子和鹿邑武庄三处，双墩遗址的材料比较丰富，其自身特色十分明显，年代也有一定跨度。石山子的材料较少，与双墩有一定联系。武庄未见到实物，主要有了河南所带来的部分单位的材料。就主体部分而言，双墩遗址较早，石山子似略晚，或与双墩遗址偏晚时期相当。武庄可分为若干期，其早期应与双墩略有交错。

年代在武庄之后和龙山之前的遗址，均可归到大汶口文化之内。主要有亳县富庄、萧县花甲寺、蒙城尉迟寺、鹿邑栾台等。从器物形态学方面分析，富庄下层墓葬较早，其他三处遗址则要晚一些。

龙山文化时期的遗址较多，发表的材料也比较丰富，富庄上层、尉迟寺上层和芦城孜是安徽境内比较重要的几处，一般被称为王油坊类型（或称造律台类型，青堌堆类型）。

这一区域龙山文化之后是岳石文化，架子上摆了31处遗址的调查标本，据我看有5处遗址存在岳石文化遗物，即花甲寺、永固、灰角寺，芮集堌堆和台子山。豫东和鲁西南发现的岳石文化遗址更多。经过发掘的有鹿邑栾台、夏邑清凉山、杞县鹿台岗和菏泽安邱堌堆。

岳石文化之后是二里岗期商文化，然后是殷墟期商文化。

鲁豫皖区自新石器时代较早时期至商代的序列大致如上所述。对于其绝对年代，我们可以采取横向比较的方法加以推定，即与年代序列清楚的鲁中南区比较。

鲁中南区考古工作开展较多，分期与年代学研究比较细致。其文化序列依次为北辛文化（年代距今7300～6300年，分三期），大汶口文化（年代距今6300～4600年，分十一段、六期和三个发展阶段）、龙山文化（年代距今4600～4000年，分九段、六期和两个发展阶段）、岳石文化（年代距今4000～3500年，分三期）和商代文化。以此为标尺来分析鲁豫皖区新石器时代遗存，可得出以下结果。

双墩遗址大致与北辛文化中晚期相当，年代距今7000～6300年。武庄与北辛文化晚期和大汶口文化一～三期接近，年代距今6500～5300年。富庄下层墓葬约当大汶口文化四期，年代为距今5300～5000年。尉迟寺、花甲寺、栾台为大汶口文化五六期（主要属六期），年代距今5000～4600年。王油坊约当龙山文化四～六期，栾台二期文化早段部分遗存的年代还早一些，年代距今4400～4000年。

（2）关于鲁豫皖区古文化的文化性质

黄河、长江两河流域的新石器时代，主要存在着四个大的区系，亦可称为四大文化区，即以黄河中游为主的中原文化区、黄淮下游的海岱文化区、长江中游的江汉文化区和长江下游的太湖文化区。这四个大区系形成于裴李岗时代，成熟于仰韶时代，龙山时代和夏代是其繁荣发达时期，自商代开始逐渐走向统一，而统一的完全形成要到秦汉时期。

鲁豫皖区在上述格局中，处在东西交界地带，西南和东南又与长江流域的两大文化区相距不远。这种地理位置的特点，反映在考古学文化的文化面貌上，则呈现比较复杂的状态。对这一地区考古学文化的文化性质，历来存在着不同的看法。

我认为，鲁豫皖区在大的区系上属于海岱文化区系统。具体分析起来，各个时期又有所区别。

双墩到武庄时期，虽然文化内涵中包含有一些其他文化的成分，但主体因素是以自身特征为主。这一阶段可看作是与北辛文化、大汶口文化并列的考古学文化时期。

富庄下层到栾台一期阶段，大汶口文化涌入并占领鲁豫皖区，在主体文化内涵上取代了当地的土著文化。同时，还存在一些不同于鲁中南和其他小区的文化因素。例如，红褐陶的比例较高，折腹鼎、细长颈袋足鬶、圈足罐的存在，以及拔除下侧门齿的习俗等。基于此，可作为大汶口文化的一个地方类型。

王油坊类型的文化性质异议最多，多数人认为应归属中原文化系统，或者单独成为一区。我认为，王油坊类型主要是继承了当地的大汶口文化并加以发展形成的，最终过渡为岳石文化。尽管在其发展过程中受到来自中原地区的影响，而且这种影响一度有增大的趋势，但就文化要素的主体而言，文化性质并没有发生质的变化，仍可以归属到海岱龙山文化。

岳石文化时期的鲁豫皖区，在文化面貌上有一定自身特色，如绳纹鬲、箍状堆纹瓮的存在，或是受到西部的影响，或是继承王油坊类型而来，但其主要方面与鲁中南乃至胶东半岛都是一致的，而与二里头文化迥异。岳石文化的影响，向南越过淮河，部分地区甚至渡过长江，向西则到达豫西一带。

到了商代，鲁豫皖区虽然有许多与中原地区不尽相同之处，但其性质已属商文化系统，或许商文化就是从这一地区产生出来的。

由上述鲁豫皖区古代文化性质的变迁，我们可以看到一条中国古代文化从分散到统一的变化运动轨迹，这一运动过程又是分阶段实现的。

总之，海岱文化区发端于北辛文化时期，最初限于泰沂山西侧，其范围随着时间的推移而逐渐扩大。到大汶口文化中晚期，势力迅速膨胀，扩展方向以向西和向东北为主，至晚到大汶口文化五六期，分布范围已达到豫东的杞县、太康和淮阳一线，并一直维持到岳石文化时期，而没有发生大的进退。

（3）关于苏北区的两个问题

苏北区的新石器时代文化，在大的区系上属于海岱文化区，但从早到晚不断受到来自南方的强烈影响，这或许是对此区考古学文化认识上意见分歧的原因之一。我这里主要谈两点看法。

第一，1987年以来，南京博物院连续发掘新沂花厅遗址，发现一批大汶口文化墓葬。这批墓葬以其具有浓厚的良渚文化因素而格外引人注目。通过分析这批墓葬，我觉得有两个问题需要引起重视，一是正当大汶口文化四～六期大汶口人向西挺进的时候，其东部却受到来自南方的强烈影响，这意味着什么？二是良渚文化的年代比目前估计的要早。如果把良渚文化划分为五期，其第三期与大汶口文化四期（中期阶段偏晚）相当，第四五期则大致与大汶口文化五六期同时。这样对应起来，目前所发现的良渚文化大体与大汶口文化中、晚期阶段相当，最迟也只能到龙山较早时期。如是良渚文化与马桥文化之间应有文化的缺环，这种现象与北方的辽西地区十分相似。以往大家都认为良渚文化的上限较早，下限与龙山文化同时。现在看来，这一问题需要重新考虑。在海岱地区，从泰沂山两侧一直到胶东半岛，大汶口文化遗存中都发现有良渚文化的因素，而龙山文化中则全然不见，或是一个佐证。

第二，20世纪80年代南京博物院在沭阳万北遗址发现了一批商代墓葬。据发掘者介绍，这批墓葬可分为两类：一类随葬绳纹陶器，器形与商文化有别；一类随葬素面褐陶器或半月形石刀。

后一类墓葬的陶器特征与岳石文化十分近似（如陶甗等），半月形双孔石刀也是岳石文化最典型的生产工具。因此，这一类以出素面红褐陶为主的墓葬在时代上应略早于出绳纹陶器的墓葬，并且是探索岳石文化在东部沿海地区去向的重要线索。

张文军（河南省文物局副局长）：

从调查材料、发掘材料看，淮北这个区域各阶段的东西都有了。对蚌埠双墩遗址，我谈谈自己的看法。我们挖的武庄一期跟双墩晚期的东西是比较相近的。对年代和文化性质的判定，我是这么考虑的：第一我觉得这套东西不同于裴李岗，在文化面貌上有比较大的区别。关于它的年代，从武庄一期的情况看，这个时期基本上没出现彩陶，有红衣器物，鼎足上见有附加堆纹，制法一般都是贴接的。拿这个东西跟河南西部已经做过的工作来比，跟始固（应为石固。下文始固均应为石固）四五期的东西相近。始固确定的年代是6800年，侯家寨测定年代是6900年，再拿这个东西来看郑州大河村的年代，郑州大河村已发表的材料最早的到半坡的晚期，1984～1986年做了2个方，这两个方做到底了，原来没有做到底，挖了14米才挖到底，出的东西要比始固五期的东西略晚，最下层的东西和始固的东西相同。从这个年代上看和地层上来看，它应该相当于半坡这个阶段。这样我们把武庄一期跟蚌埠双墩的东西放到这个年代里看，它们的年代相当于裴李岗的晚期到半坡早期，双墩早期的东西比这个年代要早一段，能够到裴李岗的三期。这套器物的文化面貌跟裴李岗和北辛是完全不一样的，它应该属于单独的一个文化。

濉溪的石山子和怀远的双古堆这批材料，在文化面貌上跟武庄一期文化有所区别。一个是它的羊角把的器物比较多见，再一个是带附加堆纹的盆形鼎比较发达，我们那里主要是罐形鼎，跟这套东西有所区别。这套东西与青莲岗的面貌比较相近，这里有个问题，就是说这套东西后来发展的方向是什么。在淮北这个地区比它再晚一段的东西，现在没有发掘的资料，所以说它的流是什么情况，现在不清楚。

从淮河以南定远侯家寨出的东西来看，和武庄二期面貌比较相近。因此在这个区域中，刚好是一个跨档，在淮河北岸，定远侯家寨的这套东西，也就是武庄的这套东西，还是另外还有一套东西，现在从调查的零散材料来看，不好做出判断，根据这套东西不好说它就发展到武庄二期的那套东西。这是我看这套材料时的一个想法。从调查的情况看，这套东西与我们在信阳调查的材料比就比较一致，比较相近。因此，有很多地方存在着疑问，需要靠以后的工作来解决。

淮北的东西，现在缺这么一段材料，就是相当于大河村二～四期，这个阶段的材料不是很清楚。比较清楚的是亳县富庄和尉迟寺的材料。在文化性质方面，虽然有一些与大汶口差距比较大的东西，但从总的成分来看，定性为大汶口文化这一点是没有问题的。富庄M9看到的折腹盆形鼎，从武庄发掘来看，它在淮河流域的源是比较清楚的。武庄从最早开始就出现了有这种折腹的釜形盆一直到折腹豆这些东西。它是不是这一地区所特有的在这个地区发展的一种文化，也就是说大汶口文化到了这里，跟它又如何融合。反映了大汶口文化在这个时期开始向西进，再晚的一段时期，大汶口文化在这里站稳了脚。这个现象还可以看得出来。

再晚的是宿县的芦城子遗址，对芦城子这套东西的认识，说它是河南龙山，和后冈二期比，不像，后冈二期的折腹盆和比较高的鼎，在这个地区不见，跟王湾的东西也不一样，所以说与河南北部和西部的东西都有区别。跟山东的东西也有区别，绳纹和方格纹发达，甗是山东成长起来的，但在它的形态上和外部装饰上也发生了一些变化，鬶在这个地方也都变了。也就是说他不像他妈也不像他爸，他就是他。他就是这个地区的特点，我是这么认为的，叫他造律台类型也好，王油坊类型也好，他是这一地区特有的东西。

再往下就是相当于夏这个时期的也就是东边的岳石，西边的二里头，北边的先商，在这个地区是个什么面貌，从材料看，有一些岳石文化的因素，但还可以看到北边先商的东西，刚才王迅讲的还可看到二里头的一些因素，但这个地区是一个什么样的文化面貌，这一段材料还比较少一些。

再后面是商的东西，从资料看，最早的东西相当二里岗上层偏晚或殷墟一期的面貌。再往南看，含山大城墩的东西跨度比较大，它从相当于殷墟一期起一直到西周，整个面貌发生了很大的变化。这个东西应该怎么分析？西周的东西与我们河南的东西不一样，从整个器物看有相同的地方，但区别是比较大的。

高广仁（中国社会科学院考古研究所副所长、副研究员）：

1989年年初，中国社科院考古所成立了一个安徽队，得到了安徽省文化厅、省文物局、省考古所和有关兄弟单位的大力支持，工作进行得很顺利。借此机会，表达谢意。1988年到合肥参加省考古所成立三十周年纪念会，第一次有机会到安徽看到了一些实物资料，作了一个简短的发言。主要是对淮北地区的富庄遗址的材料进行了一些分析。那时看到的材料不多，石山子遗址的材料也不太多。时隔两年半后，又到了合肥，前几天到遗址现场观察，又看了标本，我觉得比1988年看的材料丰富多了，可比的东西也多了。淮北课题组在这几年做了大量的工作，调查的遗址就发现了100多处，重点发掘了几个遗址，发掘的收获是很大的，对淮北地区的文化面貌，有了一个清楚的认识。这次会议选择在合肥召开，是很合适的。苏秉琦先生提出这个课题后，由于四省不同程度地做了工作，对这个课题的深入开展，起到了促进作用。河南从中华人民共和国成立初期开始做了大量的工作，山东也做了不少工作，江苏也是如此。相对说安徽的工作起步是迟了些，很多工作是在十一届三中全会以后开展的，如和县猿人、薛家岗文化等都是在这十多年做的。就是这几年，有了一个突飞猛进的发展。对淮北地区文化面貌的认识，材料比以前丰富多了，认识也清楚多了，这一点是和同志们的努力工作分不开的。

整个淮北地区的文化面貌，目前看来，蚌埠的双墩在淮北来讲是比较早的遗存，有些同志作了一些比较。我觉得和其他省的遗址作比较这是一个方面，更主要的是建立起淮北地区自己的文化序列。山东序列比较清楚，这是多年来工作的结果，河南也有一个比较清楚的序列。特别是听了河南的介绍，和安徽搭界的六个县、市，文化编年也清楚了，工作是很出色的。淮北目前最早的应是双墩遗址；富庄也是一个很重要的遗址，相对年代比双墩要晚，面貌是很清楚的；尉迟寺经过发掘证明也是一个很能说明问题的重要遗址；玉石山下层有大汶口文化时期的遗存，上面是龙山文化，还有西周的，看来还比较丰富。我想就这三个遗址，再说一点看法。上午我将双墩遗址和北辛、大汶口早期做了一些比较，如果说要归类的话，我觉得放在大汶口早期、北辛晚期是比较合适的。理由是，有些器物和北辛文化比较，还不如北辛文化原始（双墩采集了碳-14标本，年代还没有测出来），如果归大类，应相当于北辛晚期这个阶段。北辛阶段与河南裴李岗的年代是大体相近的，双墩遗址的炊具是用支座架起来的，从陶片来看应有釜形器，复原器还没见到，用支座架起来作炊具，配套的应有釜形器，这些东西和北辛文化是比较相同的。鹿角器的使用，在双墩很多，如用鹿角做的靴形器，这实际上是一种工具，这种器形在大汶口早期有少量发现，这种工具是早期文化面貌的一个重要方面。在淮北地区大汶口文化早期因素的东西还不多见，大汶口中期的因素就大大增加了。有的同志把这个地区划入大汶口文化范围之内，这也有一定的道理。就目前发掘的遗址来看，大汶口文化中晚期的居多，表现比较突出的特点是中期因素的东西特别多。富庄遗址出土的器物，多数是大汶口文化中期的东西，这中间也有一些不是大汶口文化因素的东西，像扁足鼎，在山东大汶口文化中是少见的。这种鼎表现出南方的因素多一些，如屈家岭。不是大汶口的东西出现在这里，是不是我们这个地方的一个特色呢？到了大汶口中期，淮北地区大汶口文化的因素是相当浓厚的，从尉迟寺墓葬出土的材料和遗址出土的器物看，也是如此，大汶口中期的因素很多。有的同志说，是不是大汶口文化的一个类型，这也是一个见解。反映在淮北地区这种遗址的数量还是比较多的。大汶口早期的东西还没见，到了中期突然多起来了，说明当时大汶口中期阶段在这个地区有了明显的反映。晚期的东西，在淮北也是如此，玉石山的 T2608③层的材料，就是大汶口晚期的东西。这里有山东常见的篮纹夹砂红陶鼎和扁凿形的鼎足，还有白陶鬶、青灰陶杯、黑陶杯、黑陶豆等，所以说大汶口中、晚期因素的东西，在淮北地区的反映是很多的。是不是一个地方的类型，还是淮北自己的文化面貌，这个要靠更多的材料和同志们的进一步研究。普遍的在大汶口文化层上有一个龙山文化层，这个龙山文化层所反映的面貌，富庄有几件器物，其他的地点也有很多，龙山文化在淮北遗址调查中，发现有 67 处。这比大汶口中、晚期的材料更丰富。这个地区的龙山，有它自己的特点。咱们现在发掘的龙山文化面貌和相邻地区中华人民共和国成立前发掘的黑堌堆、造律台，中华人民共和国成立后发掘的王油坊（都在河南省境内）这几处很接近。玉石山 T0509③层和 T0608⑧层都出现过这些现象，从陶片中能够看出器形的东西有瓮、鼎、盆、罐、鬶、豆、高柄杯。纹饰有篮纹、方格纹、素面、黑皮陶。富庄还有完整的甗。淮北发现的材料和王油坊、造律台的文化面貌是基本上一致的。这是不是淮北地区自己特有的东西呢？这也是可以考虑和研究的。另外在山东、河南也发现了属于岳石文化的东西和二里岗上层的东西，还有周的东西。淮北的面貌基本上清楚了，中间似乎还有缺环。特别是像比蚌埠双墩遗址再早一些的遗存还没有发现。相当于大汶口早期阶段的东西，这里见的还不多。建立起淮北地区的文化序列，中间还有缺环，还要今后做更多的工作。

关于今后的设想，张敬国同志提出了三条，我觉得很适合。（1）搞清早期的文化面貌；（2）找地层比较厚的遗存做一些工作；（3）和历史上的淮夷、徐夷结合起来研究。苏、鲁、豫、皖课题由苏秉琦先生提出来，我想和中国文明起源的研究是有关系的，苏秉琦先生也提到这个问题。目前文明起源问题，已是一个很热烈的课题了。在苏鲁豫皖这一带，从我们的考古发掘和研究中间，为解决我们中国文明起源的问题，是能够做出自己的贡献的。从目前发掘的四个省区的材料来看，江苏，山东、河南、安徽的长江流域，长江和淮河之间，这一带地区，也是我们研究文明起源问题的一个很重要的方面。苏鲁豫皖四省交界地区是一个很重要的地区，在研究中国文明起源方面，应当说是有特殊作用的。文明的产生和标志，说法很多，比如说城市、文字、阶级、国明起家等要素都具备了才能进入文明时代。从历史时期来讲，应当说是从夏朝开始，商进入文明时代是没有问题的。在这之前的夏时期是一个关键的时期，夏的都城、夏的中心区我们都在找。促成夏商周这种文明的高度发达的社会之前，它是由各个地区，可以说在960万平方千米的土地上，促成中华文明都是起过积极的进步的作用的。我想在开展苏、鲁、豫、皖课题考古工作的时候，应当有这样一个想法，就是要为研究中国文明的起源，做出我们的应有的贡献。我们应该有这样一个学术思想，带着这样的一个问题，有这个想法的时候，对于我们的工作才会有更大的意义。

郑笑梅（山东省文物考古研究所研究员）：

这两天看了安徽同志的工作成果以及听了其他代表的发言，给了我很大的启发，在此谈点有关的看法。

关于山东与苏北的古代文化关系。曾记得在1979年应邀参加江苏省的一次考古学会时，我已阐明了一些看法，如有关灌云县大伊山石棺葬遗存的归属，我认为它不属于泰沂文化系统，甚至连云港二涧水库的七座墓等遗存也不应属于山东系统等。这主要从这些材料的葬俗和陶器群的主要特点来考虑的。就葬俗来说，在山东数以千计的墓葬材料中，未曾见到一例用陶钵扣在死者头部的习俗，而这一葬俗已在江苏的草鞋山等江淮一带的原始文化墓葬中见到。从陶器而言，大伊山等墓地出土那些具有长江下游一带原始文化陶器飞檐的特点，在泰沂文化系统中未曾见过。然而，这两种文化分布邻近，有些器物比较近似，说明两者有过文化交往关系。也有的如钵类器的相同，这或属时代的共性等等。我认为苏北地区地处南北文化通道，古代文化分布犬牙交错，反映了不同时期文化的消长。所以，既有北部泰沂文化系统的文化遗址的分布，亦有南部原始文化的足迹，而不是划一单纯的。如邳县的刘林、大墩子以及新沂花厅等著名遗址还是应当归入泰沂文化区的，这已被学术界所共识。而大伊山，二涧水库等遗存，应以传统的文化因素划入南部文化圈内更为妥当。江苏同志这几年在沭阳万北遗址做了大量工作。我看过那批实物资料，确实很有特点。他们认为其中第二期陶器的鼎、壶、罐、碗等器类，彩陶以红彩多见而以内彩为主纹样又似八卦状，与青莲岗遗址比较接近。我以为与泰沂文化系统的差别较大，可能它另有源流。近些年来，与苏北接壤的鲁东南临沂地区，发现有旧石器晚期及细石器地点和遗址。至今未发现新石器时代偏早遗存。经文物普查发现属于大汶口文化早期遗址的也不多。过去采集到相当北辛文化的无足大型石磨盘等遗存的地点，也已被平整，破坏殆尽，未找到与北辛文化有关的踪迹。总之早期情况不清楚或未被认识，这里较多的是大汶口文化中期至晚期的遗存。龙山文化和岳石文化遗址普遍发现，并有其特色，看来，以蒙山或沂、沭河河谷为界，以东的鲁东南与以西的鲁中南地区之间，在文化上可能存在地域类型的不同。从苏北而言，新沂花厅村的随葬器物与鲁中南的邹县野店第四期墓葬遗物基本相同，而以东的鲁东南的诸城呈子一期随葬品中的陶鬶等器的型式与临沂市附近普查中同类器的型式相近，而与苏北花厅、鲁中南的野店、大汶口等同期随葬器物的同类型式存在较大的差异。这是否可推断，至少在大汶口文化中期阶段之后，两地存在着地域类型。在山东的考古工作中，鲁中南做的工作比较多，已经建立起从北辛文化—大汶口文化—龙山文化—岳石文化的体系。目前在这里也发现几个细石器地点。至于在细石器遗存和北辛文化之间相距四五千年的时间，今后如何工作才能缩短两者年代距离，建立起完整体系关系，是一项相当艰巨和长期的任务。

关于与江苏南部系统的文化关系。目前，在山东，只有鲁中南的可谈一点，而鲁东南工作做得少，不好多谈。过去，我们对大汶口文化强盛时期对周围地区的影响谈得多一些，其实文化交往总是相互的，既搞清本系统的特征，又了解对方的特点，从这一观点出发，就不难发现来自南部文化系统对山东的影响和交往。在邹县野店 M31 中的 4 件泥质黑皮陶贯耳壶，可以断定是良渚文化的遗物，在大汶口文化早期的第二段遗存中，那种泥质黑皮陶高柄豆，在盘底下有一圈窄堆纹装饰，无论如何与崧泽等文化难以区别。而这豆或壶只在大汶口文化特定时期突然出现，又很快消失或融化，无有本身的演化轨迹。它们不应是泰沂文化系统原有的器类，而是从南方文化系统交流而至。总之，在文化交流中对具体遗存要作定量分析，以此来判断它的性质。

关于与安徽的文化关系。我们看到亳县富庄、蒙城尉迟寺及濉溪石山子、蚌埠双墩等遗存。其中，亳州和蒙城两处遗存，从见到的墓葬和地层材料来看，它们基本上属于泰沂文化系统，具体说是大汶口文化晚期的遗存，特别在尉迟寺遗址中的篮纹陶片，墓葬的随葬器物组合与鲁中南一带无二，看到尉迟寺陶缸上的涂朱“图画”文字与莒县凌阳河等完全一致。篮纹这类拍印纹，在大汶口文化早期阶段的陶缸上已经出现，不过那时的粗犷，一般多横道或斜道，至大汶口文化晚期时在鼎、罐、盆、缸等器上均较普遍。因以往发表的墓葬随葬器物而遗迹单位及地层中出土的器物未引起注意，所以人们对大汶口文化陶器多是随葬器物的印象，在引用和对比材料时亦以此为据，而忽视了生活中的日用器。近年来在鲁中南各遗址，如邹县野店、曲阜西夏侯、南兴埠，及莒县凌阳河等大汶口文化晚期中都存在可观的篮纹装饰陶器。由此，可知蒙城尉迟寺遗址基本归属泰沂文化大汶口文化晚期阶段的遗存，至于是否还有一些地方特点，整理中可用定量分析来确定。亳县富庄 M9 和 M13 的随葬陶器，主体属大汶口文化。其中，盘形扁足鼎和高颈罐形、凿形足的鼎，似乎有些特点与河南鹿邑一带的鼎近似，带有南方文化系统的痕迹。可以肯定，在皖北一带存在着大汶口文化晚期或中期偏晚阶段的遗存。石山子遗址中的龙山文化属造律台类型这一范畴，与鲁西南、豫东一带基本相同。

关于双墩、侯家寨等遗址，我觉得很有自己的特点，与泰沂文化系统不同谱系，至于与河南鹿邑武庄等遗址中二期文化有什么样的关系，还需进一步了解探讨。

在蚌埠博物馆看了双墩遗址的试掘和采集资料，对这批资料有点看法。这里多盆、碗、豆、壶等外红陶器，而在口内又多为黑色。有不少鹿角“靴形器”，便联想到南方系统中的马家浜文化的特点。来到发掘工地看到的一批粗陶夹蚌陶为主的遗存。我想双墩遗址应包括不同时期的遗存，可以分期。看来双墩有自己的特点，与泰沂文化系统区别较大，不属同一文化谱系。

大家谈到双墩遗址的年代，我不妨与北辛文化作些比较。北辛文化偏早（而不是最早）的数据为距今 7300 年左右，在大汶口遗址的北辛中—晚期为距今 6600～6200 年。在大汶口遗址的北辛文化也有一些夹蚌陶，按地层统计，越早越少，越晚越增多，在⑥⑦层为 4%～5%，在⑤层为 14%～15.5%。北辛文化器类除有泰沂文化系统特色的大宗鼎类器外，仅有钵、壶、支座、三足碗、盆等几类。没有双墩那些繁杂的器形。这里器底绝大多数为圜底，包括鼎类器身部分，在晚期方见少量似平不平的平底钵。鼎类足部一般直立，至晚期始见弯曲形的鼎足。器体绝少有把，在大汶口遗址北辛文化中未曾见到带把器。北辛文化早期粗陶器表常饰图案繁复的锥刺纹、窄行条堆纹，至中晚期图案简化，锥刺纹等渐少，代之以划纹和压划纹组成的图案。泥质陶多素面，钵类有“红顶”式，至晚期始见红色或熟褐色单彩绘在钵类器口，个别的可见到红彩竖道平行线，组成数组，分列钵口外上腹部。以上情况与所见的双墩遗存，虽属不同谱系，但从时代特点上有共同之处。由此，推测双墩早期年代约相当于北辛文化中、晚期，也就是说在距今6600年之后。这样的估算是有很大缺陷的，据说侯家寨已有两个数据，在我的印象中，侯家寨遗存可能与双墩晚段相当，目前还不清楚两者的关系，需要进一步研究。

在我们中国的两大河流，长江流域和黄河流域，经历了几十年、几代人的努力，在考古工作方面取得了可喜的成果，在古文化研究上也都有了一些眉目。特别在中华人民共和国成立之后，考古学得到了快速地发展，在长江中、下游和黄河中、下游地区相继发现了一些新的考古学文化，填补了这些区域古代文化中的缺环，建立起各自的文化发展序列，为研究中国文明起源等提供了重要线索。从这一点而论，两条河流都在促进其间的淮河流域来做出自己的答案。苏鲁豫皖考古课题的研究工作，正是在共同解决这方面的问题。说实在的，山东考古课题中的一些问题都涉及淮河以北地区的关系，多年来苦于缺乏资料，有些问题只是设想，却无科学的论据。这次是我第一次来安徽，感到幸运，特别是看到这许多地点的实物资料，有淮北的发掘材料，也有淮南一带的考古清理，都是围绕着淮河做的大量工作。我感受到了安徽同志们的努力，才有今天所见的丰富成果。安徽省的考古工作起步较其他省稍晚一步，但是，已经看到了端倪。虽然，目前还只有一些零碎的点，我想不久将会形成一个面，积累起一批批科学资料，通过一次次的考古实践，将会在淮河流域的土地上建立起地区的文化发展序列。从目前资料，已经了解到在淮河流域存在几种新的考古学文化。还需要认真地剖析出它的特征，区别出本地的特点和外来因素，达到进一步了解苏鲁豫皖这一区域的历史状况及其为中华文明所做的贡献。我已对照了山东与皖北的一些资料，初步了解到在亳县、蒙城一带大汶口文化晚期遗存。如预料那样，在大汶口文化晚期向外扩展途径，通过皖北向豫东一带挺进，甚至伸向中原地区。也看到濉溪石山子等遗址的龙山文化与鲁西南、豫东一带同属造律台龙山文化（王油坊）等类型。尽管学界对造律台类型有不同看法。我认为造律台龙山文化类型应系大汶口文化晚期遗存的发展，它属于泰沂文化系统。总之，两者的陶器类型关系密切。要解决两者的关系，皖北是一重要区域，是锁链中的关键所在。在安徽资料中，也不乏岳石文化材料。目前，在鲁苏豫等省，岳石文化与龙山文化关系也已逐渐被认识，也是有着传承沿袭关系。具体到造律台类型如何向苏鲁豫皖这一区域的岳石文化地方类型演化，以及岳石文化最后如何同当地文化融合而消亡等等，都是值得思考的问题。据在山东东部及中南部岳石文化碳-14测定年代的结果为距今3900～3600年，这正在中原的夏代纪年之内。分布在东方的岳石文化已经有了青铜工具等的制造能力，又有城址等出现，那么它对中华文明曾作过什么贡献等等。上午南京博物院张敏同志提出，各地岳石文化如何与当地土著文化融合及其与西方来的文化融合过程等等，都值得我们注目。

在安徽已经发现本地区较早的双墩、侯家寨之类的文化遗存，希望找到几处堆积厚、面积大的遗址，发掘面积扩大一些。揭露面积大，可能解决更多的疑题，也建议国家文物局多支持一些。

张忠培（故宫博物院研究员）：

1988 年，我来合肥的时候，有感于要把中国考古学推向前进，需要有一个正确的出发点，故作了《关于考古学研究的几个问题》的发言（见《文物研究（第五辑）》）。现在看来，这一问题还需在同仁中得到更广泛的理解。那次发言提到的“新考古学派”，现在的势头，已较当年大大地减弱了。不少朋友认为依靠考古学自身的手段，是难以透过“物”见到“人”的。见人的愿望是好的，解决这一问题的唯一办法，是加强考古学基本理论与实践的修养，而不能为考古学请一个“上帝”来。这次会议名为《苏鲁豫皖考古座谈会》，会议形式不是单纯的“座谈”，而是先看工地和材料，边走边谈，然后坐而论道，开会的方式很好。四省的同志都发了言，论了道，谈得比较细致入理。看来，这一课题正在深入之中。听了很受启发。为了交流，下面谈几点认识。

（一）

四省交界地区的各自考古学文化的序列，既相同，又有区别。

豫东地区已能拿出基本上没有缺环的、较为完整的考古学文化序列。

武庄一期，是这里目前见到的最早的新石器时代文化遗存，据张文军讲，它的文化面貌不同于北辛一类遗存，也区别于裴李岗为代表的那类遗存，可归入青莲岗遗存那类系统。（张文军：没有这么明确说过。）我们就先不这样明确肯定。从它的基本文化面貌来看，它同于青莲岗的地方，是相当多的。

继武庄一期之后，是武庄二期。文军认为后者是紧接着前者发展来的。武庄二期跨的年代较长，起始于约当后冈一期文化或半坡文化和庙底沟文化交接前后，直到大河村三期或四期。

接着，是栾台一期和栾台二期。前者的文化面貌，约同于大汶口文化中、晚期；后者分为两段，早段基本特点和龙山文化一致，晚段就是王油坊那套东西，或叫“造律台类型”。

在栾台二期之后，先后为岳石文化、二里岗下层、二里岗上层、殷墟和西周。

皖北地区，张敬国同志说，应把淮河南岸归入淮河流域来考虑。这是值得研究颇有意思的见解。但这几次看的材料是淮河北部的，我还是只讲淮河北部。

这里在双墩遗址见到的遗存，与武庄一期雷同。

双墩遗址之后，是尉迟寺遗址中见到的四个阶段的遗存。前三个阶段属大汶口文化，相当这个文化的中期偏晚到晚期。第四段的文化性质，同于“造律台类型”。对后冈遗址 1979 年发掘材料（《1979 年安阳后冈遗址发掘报告》，《考古学报》1985 年第 1 期）所进行的分析，可以认为它的斝式甗当早于同地出土的鬲式甗。依此，尉迟寺遗址出土的那件斝式甗的年代当早于鬲式甗。宿县芦城孜遗址出土的鬲式甗，与另一件出自亳县富庄遗址的鬲式甗，两者形态上有些区别。

灵璧玉石山遗址见到的遗存，形态上区别于双墩遗址第四段，基本上和龙山文化一致。

因此，在皖北同时存在着“造律台类型”早晚两段和龙山文化遗存。前面谈的豫东的系列，似乎只肯定以鬲式甗为代表的“造律台类型”的晚期遗存，晚于龙山文化。这样，皖北见到的以斝式甗为代表的“造律台类型”早期，和同地龙山文化的年代关系，还需今后研究。同时，在出土鬲式甗的芦城孜遗址中，也包含不少龙山文化因素，其中就有鬼脸式的鼎足。可见，龙山文化的年代，也可延到“造律台类型”晚期。那么，分布于淮河流域的龙山文化遗存，尤其是其中早于“造律台类型”晚期的那部分，在龙山文化整体分期中的位置问题，也有待于今后研究。只有这样，才可能从整体解决两者的关系。至于它们的文化关系，就只有依据两者的文化成分的谱系定性后，才可能作较符合实际的分析。

在“造律台类型”之后，目前揭示出来的是一些较为零散的岳石文化材料。它之后，是二里岗上层和殷墟。再后，就是西周。

可见，皖北的考古学文化序列，还不够完整。

苏北以往做了不少工作，也发表了不少材料，这次座谈会上又听了邹厚本等几位同志的发言。据此可知，苏北考古学文化的序列大致如下：

沭阳县万北一期，年代最早。从文化面貌来看，它可能是青莲岗文化的渊源。

万北一期之后，是青莲岗文化。江苏有的同志将这个文化分为两个类型，即大伊山类型和北辛类型。说前者“以灌云县大伊山、淮安县青莲岗为代表；北辛类型以连云港市二涧村、大村及邳县大墩子下层”为代表（《近十年来江苏考古的新成果》，《文物考古工作十年》（1979～1989），文物出版社，1990年）。看来，大伊山类型分布地区在北辛类型分布区的南面。从现在已见的情况来看，以北辛遗址为代表的遗存，和青莲岗遗址为代表的遗存，虽有些相似之处，同时也存在相当重要的区别，两者很可能属于不同性质的考古学文化。如果在青莲岗文化中区别出一个名为“北辛”的类型，不仅混淆了两个文化的区别，而且，实际上是否定北辛文化的存在，并认为淮河流域是大汶口文化的策源地。我个人暂不敢苟同，认为需提出来讨论。但是，需要说明的是，他们将已见到的青莲岗文化的地域区别的认识，提出来进行讨论，有益于推动对青莲岗文化的深入研究。

继青莲岗文化之后，便是以刘林、花厅、大墩子及赵庄等遗址为代表的大汶口文化。和豫东对比，这里缺乏武庄二期那类遗存存在的空间，即较早地出现了大汶口文化。

接着，是在连云港市二涧村遗址见到的龙山时代的材料，发表得不多，整体面貌不十分清楚，很可能属于龙山文化。此后，便是岳石文化。它的遗存已见于徐州高皇庙、铜山县丘湾、赣榆县下庙墩、灌云县大伊山、盱眙县六郎墩及沭阳县的万北遗址。显然，岳石文化的分布范围，已深入淮河南岸。

在岳石文化之后，目前只见晚商及西周时期的遗存。这里的晚商遗存，有自身特点，存在着较多的素面鬲。可能反映它和其南部的遗存存在着文化联系。

从苏鲁豫皖这一课题来看，山东近年来没有做什么工作。而且，郑笑梅同志已作了发言，不必我再讲了。

据以上讲的考古学文化的序列来看，目前讨论的这个地区存在一定的区别：

其一，在苏北缺乏“造律台类型”。

其二，武庄二期是否也存在于皖北？现在还不清楚，但它未能分布苏北，则似乎是可以肯定的。

同时，据文军讲，位于淮河上游地区的考古学文化的序列，基本上同于豫东地区。

可见，淮河流域的中上游和下游是存在区别的。山东的菏泽地区和枣庄及临沂也可能存在不同之处，而和淮河流域相对应。菏泽的某些地区或其一定时期的遗存很可能同于或相似于豫东地区。

（二）

从目前认识到的文化谱系来看，苏鲁豫皖地区诸考古学文化，分别归属于如下几个谱系：

1. 武庄一期至武庄二期。前者，如上所述，属青莲岗文化，将它们暂称为青莲岗文化谱系。

2. 北辛文化、后岗一期文化、大汶口文化和龙山文化及岳石文化，是同一谱系的诸阶段的遗存。

3. “造律台类型”，它的来龙去脉尚不清楚。

4. 商文化。

5. 周文化。

可见，苏鲁豫皖地区，是不同谱系的诸文化先后占据，在一定的时候，它又是不同谱系的考古学文化的分割地带。

青莲岗文化，或武庄一二期在这地区的存在，表明苏鲁豫皖地区曾发育出自己的新石器时代的文化。这个文化的前身，依江苏同志的意见，还可以向前追溯，即到万北一期。这说明淮河流域的新石器时代，很可能是独立起源的。

半坡文化，或者说是它的晚期阶段，和其后继者庙底沟文化，也对苏鲁豫皖的发展起过积极的影响。例如，它对武庄一期，尤其是武庄二期和大汶口文化的刘林期，是存在着明显的影响的。这种影响，正如我在以前讲的那样，是和半坡—庙底沟文化居民向东推进密切相关。有的同志认为，大汶口文化的彩陶，有着自身特点，因而，是从自身古老因素中发育出来的。这意见有它合理之处，即大汶口文化的彩陶确有区别于庙底沟文化之处。但是，如下两个情况是值得注意的：一是彩绘着黑色，最早起源于半坡文化；二是由圆点、曲线条带、月牙形及曲线三角形组成的彩绘图案，只在北方中国的西部，即半坡—庙底沟文化中，才能清楚地看出这种图案的起源与流变。而这类图案，或它的变体，在大汶口文化彩陶中构成了基本因素。可见，大汶口文化的彩陶是接受庙底沟文化深入影响的结果。

但是，大汶口文化没有因接受庙底沟文化影响，而消失自身特点，反之，它利用这种影响壮大起来。

在大汶口文化出现空三足鬶的时候，甚至比这还早点时期，已经强大起来，成了庙底沟文化后裔的劲敌。

1. 在它占据苏北，随着占据了深受庙底沟文化影响的武庄二期分布的豫东地区之后，据至今在伊洛地区见到的大汶口文化墓葬来看，它的居民可能还零散、插花地进入到了庙底沟文化后裔的分布地带。

2. 在中国北方，大汶口文化对其分布范围以外即原先庙底沟文化分布的地区，均存在广泛的影响。只需举两个例子，就足能说明这一问题。

其一，黄河流域中上游，在仰韶时代结束后，普遍出现了高领平底陶壶。大汶口文化，是这种壶的原生地，并存在形制变化的完整序列。黄河流域中上游先后出现这类陶壶，是受大汶口文化直接、间接影响的结果；

其二，空三足器最先产生于大汶口文化。它是由鼎式鬶演变成斝式鬶，再发展为龙山文化的鬲式鬶，形制变化序列完整，一环接一环，形态演变不存在跳跃式的间隙。在釜式斝的影响下，先是伊洛地区的釜式鼎，过渡到了釜式斝，在釜式斝的影响下，渭河流域和汾河流域改造固有的炊器，分别出现了单把罐式斝和鋬手罐式斝。前者分布范围西到甘肃，后者还广泛见于内蒙古及河北等地。这种文化影响，波浪式地扩展到整个中国北方。

同时，位于大汶口文化分布区以南的长江流域，尤其是下游和东北的辽西地区，也是大汶口文化影响的方向。例如，良渚文化的陶鬶，和赤峰大南沟墓地出土的壶、豆，便是大汶口文化影响的产物。

当然，文化影响是双向的，但不是平等的，相互之间的影响作用，存在着强弱之分。在我们讨论的这个时期，大汶口文化对其周邻文化的影响，却起着主导作用。

在文化关系中，大汶口文化还起着传媒作用，例如，陶寺出土的玉琮，显然是大汶口文化将良渚文化的发明，传输给陶寺居民的。

我想，最后还谈谈“造律台类型”问题。

“造律台类型”的年代，上承大汶口文化。文军说它是从大汶口文化发展来的。这个认识很可能是对的，除了他在《河南鹿邑栾台遗址发掘简报》（刊《华夏考古》1989年第1期）讲的“这个阶段的袋足鬶、侈口圜底鼎、夹砂红褐陶深腹罐、豆、高柄杯等主要器类与第一期的递嬗发展关系十分清楚，可以说基本上继承了第一期文化的主要因素（文中说的第一期，即指大汶口文化晚期）外，当时的人文地理似乎也只能使我们这样考虑。

问题是大汶口文化在其他地区发展成龙山文化，而豫东地区却演变成“造律台类型”？

前面曾指出当大汶口文化在其南面，例如江苏，取代青莲岗文化而扩大自已的地盘的时候，豫东地区，很可能如文军所说，还包括信阳地区，这两地的青莲岗文化居民却站稳了脚跟，并过渡到武庄二期。这种情况，应和当时的人文地理格局，主要是同庙底沟文化向东扩展所形成的人文地理情况有关。

类似的历史现象，往往在不同时期重演。当豫东地区的大汶口文化向下一阶段转化的时候，受到西方的，例如至少是居住在伊洛地区的居民的干扰和影响，使得它难以如其他地区那样，转变为龙山文化，而只能过渡到“造律台类型”。

因此，在分析“造律台类型”文化结构的时候，不仅应看到它和大汶口文化的关系或龙山文化的成分，也要看到它包含来自西方的因素。

在龙山时代，中国北方基本上也是一分为二的。其一，是使用鬶、鼎、甗及高柄杯的龙山文化的居民；其二，占据着广大地区，分别使用釜形斝、鋬手鬲、单把鬲和高领双耳罐的诸考古学文化，它们都是从庙底沟文化经过若干阶段发展而来的。这东西两个地域相互制约、抗衡及竞争的局面，直到二里岗上层时代，尤其是西周，才基本上将中国北方，即黄河中下游及其以北的大部分长城地带统一起来，才告结束。

无疑，“造律台类型”，就其渊源及其主要成分来看，在一分为二的中国北方，当归入东方系统。它的年代下限，可能进入夏纪年。需今后进一步研究的是，它同岳石文化的关系，至少应考虑豫东过渡到岳石文化时，它起了什么作用？从郑州南关外先商文化遗存中存在着类似“造律台类型”的陶甗来看，它的部分因素，可能为先商文化所吸收。

（三）

“苏鲁豫皖考古”这一课题提出后，使我们自觉地重视起淮河流域的历史研究，这是很有战略意义的。20世纪30年代，曾比较自觉地在这里搞考古。所谓自觉，是说有个明确的课题。那时是探索殷墟文化的起源。中华人民共和国成立后，注重黄河与长江，对淮河流域不够重视。这当然不是没在这里做工作。工作也不少做，然而是断断续续的，没有搞出个考古学文化序列，甚至不是把它视为黄河的延伸，就是看成长江的一部分。这一课题黄景略同志提出并进行了组织工作后，大家围绕它做了不少工作，取得不小的成绩。现在我们坐在这里，就这个课题进行专门座谈，自然是这一工作取得成绩的结果。

以往的几年，各省的同志都为了搞清本地的文化序列而辛勤地工作，这是必要的。搞文化序列，也有一个方法或途径问题。例如，河南的同志，花的时间不多，工作规模也不算大，就基本上搞清楚了那个地区的文化序列。搞文化序列，应在广泛调查的基础上，选择露出苗头的地方，利用剖面，清理暴露出来的灰层，灰坑或墓葬这类遗存，或者沿着断崖开探沟，在不必实行布方的大规模发掘的条件下，即可达到目的。在目前已有成绩基础上，今后如何开展工作？就这个问题，提出个人的一点想法，供参考。

其一，应把苏鲁豫皖考古作为一个存在着有机联系的总题目来考虑，并在注意到其邻近地区已取得的认识的基础上，分题探索，以把这地区本身存在的文化序列及其谱系关系，完整地搞清楚。例如，作为一有机联系的总题目来考虑，河南今后搞清楚信阳地区的序列，和安徽填补武庄一期与大汶口文化之间的缺环，以及江苏在深入研究万北一期的基础上，继续向前求索，就显得十分必要。又如，在注意到邻近地区已取得认识的基础上，就不必探索大汶口文化如何转化为龙山文化，而应注重研究“造律台类型”的文化结构及它的源流。再如，在探讨不是本地形成和发展起来的考古学文化时，则需注重在本地形成和发展起来的那些特点的分析与其源流的探讨。

其二，刚才，高广仁同志讲了要注意这个地区的文明起源问题。1985年，苏秉琦先生提出探讨中国文明的起源与形成的课题，已引起考古学界的广泛注意。近年来，在苏鲁豫皖考古领域内，除花厅的发现引起点浪花而对这一问题进行讨论外，基本精力用于文化序列与谱系的研究，未能涉及文明的起源与形成这类问题。这反映了我们工作所处的阶段。我想，就其有关的问题，谈点认识。

1. 文明起源和形成，是指两个时代，概念含义不同。起源所探讨的是史前社会中文明因素的兴起与发展。中国文明起源和形成是多中心的。在秦汉帝国之前，有的地区是独立进入文明社会，有的是在外来影响下才步入文明时代。

2. 文明发展过程中，下列现象值得注意：

a. 领袖职务传承方面，尧舜禹实行禅让，自夏启以后为家族继承，除传子外，也存在兄终弟及。“唐虞禅，夏后殷周继，其义一也”。

b. 领袖称号，尧舜禹为后，三代称王，自秦以后曰帝。

c. 国家政治组织形式上有如下区别：唐虞及夏王朝时代为邑落诸侯盟主制，商周是宗法封建殖民制，秦汉实行郡县行政机制上的中央集权制。日知先生将古代城邦制分为如下四个阶段，即：传贤时代为原始民主制城邦；西周是原始君主制城邦；春秋是公卿执政制城邦；战国时期，向帝国时代过渡，古代城邦制走向解体。

d. 我在《中国父系氏族制发展阶段的考古学考察》一文中，已指出龙山时代已进入父权制。西周宗法制，仍是父权制的政治表现形式。李悝说农夫五口之家，耕田百亩的情况，是井田制破坏后出现的情形。战国的改革，促进了父权制的衰落，动摇了宗法封建制的根基，为建立在郡县行政机制上的中央集权制创造了条件。

总之，是从城邦至帝国。这里讲的是王朝为主线的走向帝国过程中的一些阶段性变化。中国是否存在其他的模式，不同地区怎样纳入这一过程？则待进行具体研究。

3. 文明的起源、形成和文明时代的发展阶段，归根结底，是由生产力发展水平所制约的社会关系和社会组织的变化。社会的本质是人，或者说人是社会的本体。所以，最终还是人的变化。考古学是研究“物”的，是透过“物”去看人的。“物”是人的活动遗存。因之，透过这类活动遗存，是可以见到人的。事实上，在这方面，考古学已做出了不少成绩。如何见物见人，是个很大的方法论题目，既需要我们总结以往经验，又需开拓，不是几句话能说清楚的。可以肯定的是，依靠考古学自身方法，完全可以研究这些问题。同时，历史是一庞大体系，人的活动遗存，只是人遗留下来的一部分活动，且其有些活动还不能由物体现出来，因此，不能靠物研究人的全部历史。如以此非难考古学，是没有道理的。

4. 文明问题，应提到苏鲁豫皖考古日程上来了。在探讨这一问题时，应根据本地区固有历史特点，寻找具有代表性而又保存较好的墓地、遗址，进行全面揭露，用多种学科手段搜集信息，坚持考古学基本理论、方法、是可以达到预期效果的。

总之，在以往工作基础上，现在应在方法上有所转变，视线要换换角度。

黄景略（国家文物局专家组组长、研究员）：

这次苏鲁豫皖考古座谈会．我们看了三天，讨论了两天，五天时间，大家看了很多，意见发表也很充分。这几天来，我感觉有一个问题，座谈中涉及的都不多，可能是我们准备得也不很充分。苏鲁豫皖这个地方，中华人民共和国成立以来，包括中华人民共和国成立前，我们做的工作不是很少，过去有一些发现，但对这个地方的历史了解得并不是很清楚。淮夷徐夷在这一带那么强大，苏秉琦先生讲，殷纣王虽然抓了一些人回来，可回到家里自己也完蛋了。商代晚期，商征淮夷，打了好几回，老打老不服气，说明这个地方还是有一定的历史、一定的文化，这个问题希望以后能注意一下。第三期领队培训班在鲁西南济宁发掘，我告诉苏先生我们在济宁发掘了一个商代遗址，他说这个地方你们要注意一下。苏鲁豫皖考古课题就是这样在苏先生的关注下提出来的。我们的想法，希望能够对这个地方一些文化的发展，了解得更清楚一些，包括对夏商周时期的一些情况都能有一些了解。因为从历史上来说，夏商周时期，这个地方包括淮河以南、淮河以北、鲁西南，这一地带有很多方国，西周八百诸侯，这里恐怕要占了一大部分。我们想，在这个地方开展一些工作，能够对这一地区的史前文化和夏商周时期文化诸问题的认识，得到一定的收获。这个苏鲁豫皖一带地区，是否包括淮河以南或以北，我认为这个应该考虑，将来包括淮河以南，不应该仅仅限制在淮河以北。现在先在淮河以北做些工作，工作总得有个步骤。将来整个问题的考虑，应该包括淮河以南的江淮之间，江淮之间这个地方有很多工作要做。

总的看起来，这个地区在文化上有它自己的一些特点，当然和周围的文化还是有些关系的，将来这个问题怎么个摆法，我想还是要进一步深入地研究。淮河中下游地区，是不是一个文化区，这一点值得进一步探讨。

经过这几年的工作后，对这一地区的原始文化有了一定的认识。大体上说，早一点的阶段相当于北辛晚期、大汶口早期，还有相当大汶口、龙山文化时期的材料，往后，岳石的也有，商周的也有一点。总之，文化的大阶段应该说是建立起来了。当然每一个阶段如何来划分，恐怕还有待再做一些工作。这些大阶段如何来定性，现在大家看法可能不一定完全一样，我认为这是很自然的。将来这里能不能算大汶口，包括到太康和杞县这一带全属于大汶口，那么这一圈，我看把淮北都圈进去了。从地理条件来看，这一圈应该是，那么，这大汶口也太大了，还包括鲁东和胶东半岛，这些是不是都是一个文化呢？还是一个文化的几个类型呢？将来可以进一步探讨，包括龙山阶段是不是一回事。如果是，所谓造律台或王油坊这种龙山，既不同于山东的、也不同于河南的。永城和亳州是交错的，和苏北也相连接，这个地方如果能成为一种独立的文化体系，那么它要有一定的范围才行。这些问题将来如何来划定，我想有一些工作还需进一步做。不管怎么说，在原始文化问题上，大家经过讨论，都比较明确有这么几个大的阶段。涉及得少一些的是夏商周这一段，看的东西比较少，我们仅仅看了安徽的。从介绍看，也少一点。相当于夏的阶段在我们这个地方堆积，相对来说也比较薄，夏商周阶段的材料相对来说比较少一些。我有一个想法，夏商阶段，甚至到了西周这个时候，这个地方的文化应该还是比较丰富的。根据文献记载，淮夷最强大的阶段就是在这个时期。为什么商朝老来打淮夷，淮夷也主动打商朝。西周初年对东夷用兵，陕西扶风周原出了一个史墙盘也提到成王时期来打这个地方。在这个历史阶段，我认为这个地方应该有比较高的文化。西周分封后，这一带有很多小国家，包括淮河以南、长江以北的这些地方。山东沿着鲁南、鲁西南包括豫东、苏北、淮南、淮北，我数了一下将近有 20 个国家。这个地区过去发现的铜器，虽然属周文化的范畴，但每个国家出土的铜器，多少有一些自己的特点。安徽淮南、皖西这一带，曾出过春秋时期的比较大的墓葬，舒城九里墩出土的有铭文的鼓座，有人说是群舒的铜器，有的说是蔡国的铜器，这可以进一步研究。说明这些地方有很多国家，文化也比较高。豫东一带的国家，更直接受到周王朝的影响，联系也比较多，几个大的国家，包括宋、蔡。苏鲁豫皖这个地方，史书上称东夷，这个地区文化水平应该是比较高的。现在从我们调查的东西来看，发现的东西不多。我对这一段感到有些遗憾。现在我们注意史前的比较多，社科院考古所的同志列了一张表，史前的有 60 处。我想这个地方整个工作的开展恐怕不仅仅是原始文化这么个阶段，还得把夏商周这一部分包括进去，淮夷、徐夷包括进去，应该包括夏商周这么个时期，甚至包括春秋的一部分。这个地方，当年有那么强大的力量，能形成这么一个势力，除了原始文化应该有独特的方面，在夏商周这个历史阶段，也应该有它一定的地位。所以这方面的工作不能忽视了，要给予充分的考虑才行。

这个地区今后怎么做工作，我想讲几点意见，不一定对。我想社科院考古所的目标是在找早商的，不是在找原始文化，为什么？因为商汤都亳是在亳州、还是在偃师，还有争论。按书上记载，几次迁都，咱们这儿占三次，所以工作看起来很有搞头。怎么来做好呢？我的想法，有一个基础工作需要再做一下。安徽调查淮北 20 个县市共发现 104 处，我感觉少了。苏北不知调查了多少地点，豫东也没有一个具体的数字。总的看，我们的基础工作做得还不够，从现在来看，这项工作还要做。这些调查不是泛泛的普查，应该是有重点有目标的来做一点专题性的调查。我认为考古调查有点和地质调查一样，要不断地反复地来进行。因为我们今天不能发现，可能明天就能发现，有的今天发现了，也可能不认识，通过几年的工作以后可能就认识了。所以调查还需要继续做。

第二点，在这个地方，将来抓哪方面的重点课题，我想得不太准，刚才老张（张忠培）说了，这个地方不仅仅是建立一种序列的问题，希望大家能做大面积的发掘，来解决一个什么方面的问题，作为重点，我希望在龙山到商代这个阶段多花一点力量，来做一点工作。我说这是重点、不是说前面的不要，后面的也不要。而是在龙山到商代之间这么一个阶段中，多开展一点相对来说比较大规模的发掘工作，能够解决这一阶段的文化面貌问题。从大家的发言中，我感觉到这个阶段是叫王油坊类型好，还是其他什么类型好？这个阶段的文化分布，有些地方，比如淮河南岸，可能与它不一样，再往东去，可能与西面的也不太一样。因为那个类型不能包括这么一个整个的地区，文化面貌的差别可能就要大一点。所以，我想，如果有条件，能在这方面多做一些工作，作为我们将来的工作重点。西周时期这个地方小国林立，我认为这个时期还不应该是我们工作的重点，第一个重点我认为是龙山到商代之间，第二个重点，就是大汶口阶段以前这么一个时期。我们重点抓这些方面是否可以，作为大家参考。

第三点，我们这个地区的文化面貌关系比较密切，不是安徽做、江苏做所能解决的，有互相联系。社科院考古所在安徽建立一个工作队，我看对工作是大有促进的，这些事情需要大家协作。今后，我们在这方面的工作如何开展，互相之间的学习，是大有好处的，不一定是坐在一起开会，这个会也不可能年年开，到有一定成果，我们再来座谈，可能会更好一些。但平常互相间的来往应该更密切一些，互相通气，特别是对某些学术问题上的探讨，有助于工作的开展。这个问题更重要。我们不是对各省的情况都很清楚，豫东这地方的年代序列建立得比较全一些，但他那个序列能不能代表淮北、代表苏北，淮南的距离更远一点。因为有些地方，你可能挖到一个好的遗址，可能会碰到好的地层关系，有的就不一定能碰到，地方的差别特点也就会不完全一样。因此有必要开展互相间的讨论，包括互相参观等。我们这个地区通过以后几年的工作，是能够有一些更好的收获的。

张柏（国家文物局副局长）：

我们这次会议讨论得很充分，特别是几位专家谈了非常好的意见。我把大家的意见归纳一下，说三个方面的情况：一是关于这次会议，二是关于四年来苏鲁豫皖四省考古科研的工作，三是研究下一步的工作。

第一，会议开了五天，前三天参观了工地，看标本，然后进行讨论，大家充分交流了情况，各省把自己这几年的工作都比较全面地在会上进行了交流，也谈了自己的认识。这些认识谈得都比较深入，有些认识有一些交叉，在一些具体问题上有一些不同的看法，这是很自然的。这样才能促使课题的研究向深入发展。这次会议收获是很大的，大家都说会议的形式比较好，也开得及时。这次会议使这四省相互了解了情况，对全局有了一定认识，交换了对一些问题的看法。这次会议是一次互相学习、互相促进、共同提高的交流会。会上大家也提出了一些问题，提出了下一步工作的意见，这本身就是对课题研究工作的进一步推动。以后还应组织这样的会议。

第二个问题，是说说四年来的工作情况。1987年国家文物局根据一些老专家的设想，对课题研究作了布置。各省对这个课题研究很重视，包括大学和社会科学院考古所都很重视，成立了课题组。有的省根据自己的设想制订了自己课题组的工作计划，进行了扎扎实实的工作。四年来确实有不少收获。一是进行了大面积的调查，新发现了一些点和一些遗址，仅安徽就新发现104处。通过调查，我们对这个地区有一个总的概括的了解，为下步工作打下了基础。第二是对一些重点的点，进行了发掘。安徽的几个发掘点，包括社科院考古所做的，我们看了。河南也汇报了他们做的点，一个是挖了400多平方米，一个是挖了600多平方米。从这些点所做的工作看，选点还是比较合适的，也收到了很多成果，工作质量也很高。第三是根据调查和发掘，各省对这一段的工作进行了认真的研究和分析，对一些文化的时代序列、文化面貌、性质、分布范围都进行了分析和研究。河南做了分析，搞出了一个序列，安徽也有自己的认识。这些分析和研究，为下一步工作打下了基础。但是就这么大的研究课题来讲，我们的工作确实才刚刚起步。我们主要还是做了一些“点”的工作，至于有的同志讲，“线”怎么联起来，“面”怎么看，“流”怎么找，“源”怎么看，这些问题，我们现在还不能拿出一个很明确的意见。还要做许多工作。我同意这样的一个基本的估计，下一步的工作量还相当大，不会三五年就把整个问题解决，可能要更多的时间，任重而道远。各课题组的同志。都有了这种思想准备。总的来说，这段工作，大家都认真地对待了，工作做得好，有收获，有成绩，但工作还刚刚开始。

最后说一说下一步的工作。

第一是这个课题要继续搞下去，认真地、扎实地搞下去。因为这个课题意义重大，不仅对这个地区的文物考古研究工作有着很重要的意义，对全国的研究工作也有着重要的意义。长江流域有些文化的源的问题，很可能就在这里解决。我来之前，苏秉琦先生跟我讲，这个课题搞下去意义很大。比如说，楚国那么强大，她是怎么来的。安徽有个淮河，这个淮河就能简单地一分为二，给长江一半，给黄河一半！这些年我们考古学研究发展很快，发展到现在这一段，也该我们来搞了。李瑞环同志前几天讲：“我们是历史的人，要干历史的事。”所谓历史的人干历史的事，就是我们不干超越历史的事，但历史赋予我们这个时代应该干的，我们不要推给子孙后代去干。看来考古学的研究工作已发展到这一步了，需要我们这一代人把苏鲁豫皖的问题解决掉。这个课题确实是带有方向性的课题，非搞下去不可。从文博工作的整体来看，也需要这样做。目前从文博工作的整体来看，最重要的还是保护，在保护的前提下搞好宣传，发挥它的作用，这些工作都需要科研，科研搞好了，方向才能对头，重点才能找出来。所以研究工作是个基础，这也是符合我们当前文物工作的重点的。全国需要研究的课题很多，我们组织这样的一个课题攻关，这也可以说是一个探索。组织几个省在一起这么搞，也是一种合作的新形式。原来在我们的脑子里好像一提合作，就是把一些人调在一起，然后搞联合发掘。实际上我们在自己的省里做工作，按照总的部署、总的思路做，然后合起来研究，这也是一种合作方式。我们全国需要研究、攻关的问题不少，这里先搞十分有利。从这个角度讲，我们进行的课题研究意义是非常大的，我们必须走下去。

第二，关于下一步工作的形式，还是按以前的办法办，就是统一规划，分头工作，加强协调和交流。国家文物局提出这一课题，各省还要有自己的计划和规划，成立课题组。希望几个省要落实，落实后再报国家文物局。各省究竟想重点搞什么，根据会议讨论的情况，大家回去要研究一下。各课题组要好好把我们前一段工作分析一下，根据专家们谈的意见，制订规划。我们欢迎社科院考古所参加，欢迎有关大学参加，大学的科研力量雄厚，考虑的思路更全面些。

第三，是关于业务工作，我想谈几点：一是我们要围绕课题，明确学术思想、指导思想。二是课题研究的深度，要给自己立一个标准。三是基础工作要抓好。主要是调查问题和重视资料工作。每个课题组一定要把这个基础工作做好。资料包括：录像、绘图、照相、研究等等，要使其成为一个系统。另外要通过调查抓住重点，搞一些大面积的揭露，或者搞一些探沟。抓住重点把问题搞透。我们下一步的整个计划就是抓好基础，抓好重点，加强交流。

四是关于前一段的成果，要及时反映，积累下来的资料应及时发表，比如搞报告、简报、论文等。可以在咱们的《文物》月刊上发，或委托出专集、出书。总之成果不要拖。这些要由国家文物局文物处来协调。

五是希望参加会议的同志，回去能向省厅或文物局汇报一下。加强领导和支持，要保证一定的人力、财力和时间。没成立课题组的要尽快成立。

总之，这项工作只要有领导的支持，四省同志共同合作，我们有信心把这个课题搞到底！

（原载《文物研究（第七辑）》，黄山书社，1991 年）

附录八　近年来安徽淮北地区新石器时代考古的主要收获

张敬国

安徽淮北地区的新石器时代考古学研究，主要是在 1987 年国家文物局确立苏鲁豫皖四省边界地区先秦考古学文化研究这一重大考古学课题之后才全面展开的。经过几年来的田野调查和发掘工作，我们发现了许多新的考古学资料。本文依据这些材料，着重对安徽淮北地区新石器时代遗址的分布特点，文化类型，与邻近地区新石器时代考古学文化的关系及相关问题进行初步论述，以求教于学者专家。

一

安徽淮北（简称皖北）地区南起淮河，北与江苏徐州及山东南部为界，东与江苏睢宁、泗洪，西与河南永城、鹿邑为邻，属黄淮海大平原南部，只有东北小部分为山地。这一地区河流纵横，大多发源于河南省东部，颍河、谷河、泉河、涡河、浍河、沱河、濉河等主要河流自西北向东南流经皖北注入淮河。正因为有了这样水系发达、平原开阔、水陆交通便利的地理环境，从远古时代起，皖北地区就是我国东南沿海与中原文化联系的重要交通枢纽，也是东南文化与中原文化碰撞最为剧烈的地带。

皖北地区先秦古文化遗存，我们在文革前就已做过一些调查和试掘工作。1987 年我们会同各市县博物馆、文管所同志进行全面文物普查，先后发现先秦古文化遗存 130 多处，它们大多分布在河流两岸的台地上，有些河段遗址分布较为密集，往往四五千米范围内集中分布着七八处遗址，从而形成聚落群体。

我们所调查的遗址地貌分为两种类型。一种类型是黄河泛滥区，一种是淮河泛滥区。以安徽泗县、灵璧县、宿州市、涡阳县到河南郸城一线为界，以北为黄泛区，以南为淮泛区。黄泛区遗址都在地表下 1～7 米，上面覆盖着黄河泛滥时形成的淤积土。淮泛区的遗址大都暴露在地表，文化堆积厚度为 1～3 米，呈堌堆状。这些堌堆状遗址的功能，主要是防水、防潮。在有些堌堆状遗址上已发现早期城市的雏形。

在近十年的时间里，我们已先后对萧县花家寺遗址[1]，濉溪县石山子遗址[2]，蚌埠怀远双堌堆

[1]　安徽省博物馆：《安徽新石器遗址调查》，《考古学报》1957年第1期。《安徽花家寺新石器时代遗址》，《考古》1966年第2期。

[2]　安徽省文物考古研究所：《安徽省濉溪县石山子新石器时代遗址》，《考古》1992年第3期。

遗址[1]，临泉陈家遗址[2]，灵璧玉石山遗址[3]，宿州市芦城子遗址[4]，凤台峡山口遗址[5]，亳州富庄遗址[6]，后铁营遗址[7]，固镇苇塘遗址[8]，蚌埠双墩遗址[9]，萧县金寨遗址[10]进行了发掘。中国社科院考古所也对蒙城县尉迟寺[11]，宿州市小山口遗址[12]等进行了重点发掘获得了一批重要资料，丰富了我们对淮北地区先秦考古学文化的认识，为皖北地区先秦考古学年代框架的建立和文化分期研究奠定了基础。

二

目前皖北地区发现有早期新石器时代文化遗存的遗址有濉溪县石山子，怀远双堌堆、蚌埠双墩，宿州市小山口、凤台县峡山口等（本文所说的早期新石器时代文化，是目前在皖北发现最早的遗存，其年代相当于裴李岗时期，按现中国考古学年代最新分期即相当于新石器时代中期）。这些文化遗存，在年代上大致处于相同的阶段，文化内涵也基本相同。濉溪县石山子遗址是发掘最早，出土遗物最丰富，保存最完整的一处文化遗存，文化内涵代表了皖北地区新石器时代早期文化基本特征，因此我们暂命名为石山子文化。

石山子遗址位于安徽省濉溪县平山乡赵楼行政村石山子自然村北的平地上，西北距县城约8千米，新濉河流经遗址的北侧。据最新钻探资料，遗址面积约10万平方米。从1988年秋至1993年共发掘四次，发掘面积800平方米。出土遗物有陶器、石器、蚌器、骨器及大量的动物骨骼。遗迹有灰坑、房屋建筑等。1988年秋季的发掘材料已经整理发表，其余发掘材料正在整理中[13]。

石山子遗址的文化堆积可以分为新石器时代早期地层中期地层（相当于大汶口时期）晚期地层（相当于龙山文化时期）和汉代地层。

石山子文化特点：

陶器以夹砂红褐陶为主，有少量的泥质陶。夹砂陶中大多拌有蚌壳碎片，陶质较松，胎较厚。陶器一般为手工制作，加工较粗糙。可能因为技术原因烧成温度普遍不高，致使陶器的陶色不纯，器内壁多为黑色，器表以红褐色或褐色为主。陶器表面局部有剥落现象。

素面陶器占多数，常见纹饰有指窝纹、指甲纹、划纹、弦纹、堆纹、戳印纹等，多见于釜、盆口沿下和器腹的上部。有些堆纹饰在器物口沿外或腹上部，形成一周突棱。还有的堆纹呈条

[1] 安徽省文物考古研究所淮北队发掘材料，待刊。
[2] 安徽省文物考古研究所淮北队发掘材料，待刊。
[3] 安徽省文物考古研究所淮北队发掘材料，待刊。
[4] 安徽省文物考古研究所淮北队发掘材料，待刊。
[5] 安徽省文物考古研究所淮北队发掘材料，待刊。
[6] 安徽省文物考古研究所淮北队发掘材料，待刊。
[7] 安徽省文物考古研究所淮北队发掘材料，待刊。
[8] 安徽省文物考古研究所淮北队发掘材料，待刊。
[9] 安徽省文物考古研究所淮北队发掘材料，待刊。
[10] 安徽省文物考古研究所淮北队发掘材料，待刊。
[11] 中国社会科学院考古研究所安徽队：《安徽蒙城尉迟寺遗址发掘简报》，《考古》1994年第1期。
[12] 中国社会科学院考古研究所安徽队发掘材料，待刊。
[13] 安徽省文物考古研究所淮北石山子发掘材料，待刊。

形、鸡冠耳形，既美化了器物又可作为器物的把手。耳一般多附于陶罐上，有横耳和竖耳两种。横耳有半月形和长条弧形，上面往往有两个穿孔。竖耳为鸟首形或方形、半环形，上面有一个穿孔，常见的鸟首形器耳，造型逼真。钵和盆的口沿外侧通常饰一周红色陶衣，并用红彩简单画出带状图案。彩陶极为少见。

出土的代表性器物有釜、鼎、罐、钵、盆、支座和器盖等，陶器种类较少，完整器也不多，基本的器物组合是鼎、釜、罐、盆、钵。

鼎分为罐形、钵形和釜形。罐形鼎，侈口，圆腹圜底，腹上部有的饰对称的两个鋬手，长圆锥状足，足根外侧饰泥条形堆纹。釜形鼎，敛口，宽斜折沿、折腹、圜底，腹上部饰竖划纹，有的口沿外饰一周红色陶衣，折腹处饰一周附加堆纹，矮足，扁圆略外撇。罐以夹砂陶为主，深圆腹，腹上部两侧饰有对称的鸟首形耳，少量为方形和半环形。盆以泥质红陶为主，大口、宽折沿，沿面斜平，沿下多饰有一周三角形堆纹，深斜腹。钵有两种，一种带把，一种无把敛口，尖圆唇，折腹，有的在腹上部及唇面饰红色陶衣。带把钵是在腹外侧附一宽扁柄，这种器形较为少见。支座均为夹砂陶，呈圆柱状，有的根部突出呈厚圆饼状，底面平，有的向外突出似喇叭状，可能主要用作圜底器的支架。

石山子文化遗存及类似遗存中，除出土生活用具外，还伴随出土了一批生产工具，主要有石斧、石铲、石凿、石杵、石臼、蚌铲、蚌镰、陶拍等。石质生产工具加工较为粗糙，斧、铲类工具基本是利用打击下来的石片及残石器加工而成。石杵、石臼加工磨制较为规整。石磨盘和石磨棒是采用琢磨方法加工而成。蚌铲、蚌镰加工精致、刃部锋利。石山子文化遗存中都出土了一种用鹿角加工的靴形器，大小不等，磨制较精细，弯角表面光滑，根据其形状和特征推测可能是打磨陶器口沿的用具。

石山子文化遗迹以灰坑为主，有圆形和不规则形两种，大多是直壁平底，根据坑内堆积判断大多作为垃圾坑使用。

房屋遗迹发现不多，下面以15号房基为例略作说明。F15大部分压在探方外，所暴露的部分墙基每隔一段挖一个或二个柱洞，依其长度可能为长方形间隔建筑。其建筑方式是先挖地基，在地基里埋竹杆或棍棒，然后用藤条或绳索与柱子编在一起，再抹上泥，形成典型的“木骨泥墙”。

据上所述，皖北地区早期新石器文化主要特征为以夹砂红褐陶为主，器形以釜、长圆锥足鼎、钵较为发达，流行支座、器耳和鋬手，以鸟首状器耳为突出代表。鹿角靴形器为其他文化遗存所不见。遗址中出土的石铲、蚌铲等工具，有些同志认为应当是可以安上木柄使用的耒耜[1]，耒耜是手推足踩的直插式翻土工具。适合在肥沃疏松的黄土地区和河流两岸的冲积平原上使用，是中国原始农业中最有特色的代表性农具。这说明七千年前的皖北先民已经掌握了耒耜技术，开始了初具规模的农业生产。石山子遗址发现了地面建筑遗迹，这是与其他文化建筑技术和方法最显著的区别。在七千年前，北方建筑主要是半地穴式建筑，南方大多是栏杆式建筑，而皖北先民则在地面上挖基砌墙，以红烧土铺垫室内地面。这种房屋建造技术是相当先进的，表明皖北地区

[1]　《从骨耜看耜耕农业》，《中国文物报》1994年5月1日。

已有了相当发达的以农业生产为主的生活方式。

皖北早期新石器时代文化中心在安徽凤台、蚌埠至宿州、淮北一线，向北可达河南商丘和山东枣庄，向东可达江苏清江市和沭阳，西到河南信阳地区，南到安徽淮河南岸和霍邱、定远一带。其年代距今 8000～7000 年。在这一区域文化范围内，它们之间存在着基本相同或相似的文化因素，同时与安徽定远侯家寨遗址[1]，河南鹿邑武庄遗址[2]都存在某些相同和相近的文化因素。这些相同和相近的文化遗存形成一个独立的文化系统，即以石山子文化为代表的皖北早期新石器时代文化。

目前还有几处遗址材料正在整理中，因此我们对石山子文化内涵的认识还不够，还有许多问题需要解决，相信随着田野考古工作的不断深入，我们将逐步深入，完整地认识石山子文化的内涵，为皖北地区早期新石器文化研究奠定基础。

三

皖北地区在跨入新石器时代中期的时候进入了其文化繁荣阶段。遗址数量普遍增多，由河流两岸的台地向离河流较远的平原地区发展。遗址堆积也更为丰富，在新石器时代中期文化层上面往往叠压着龙山或商周时期地层，大多数遗址上面压着汉代文化层。

1993 年秋，我们发掘了亳州城父乡后铁营遗址。该遗址因遭村民挖土烧砖破坏而被发现，是一处新石器时代的墓地。这次发掘共清理墓葬 30 座，均为长方形竖穴土坑墓，骨架基本腐朽，多属二次葬。随葬的器物较为丰富，有石器、陶器和极少的玉器（该材料待整理）。

随葬的陶器以泥质黄褐陶为主，少数为泥质黑陶。陶器有直筒杯、觚形杯、鼓腹杯，罐形鼎、钵形鼎、釜形鼎、卷沿盆、平底碗、圈足碗、扁圆壶、豆、器盖等。

直筒杯，直口，圆唇，深圆筒状，圜底，矮喇叭形圈足，圈足顶部饰一周凸棱，腹部饰数周凸弦纹，圈足中部饰二周圆圈纹。觚形杯，喇叭口，尖唇，深腹束腰，平底，大喇叭形圈足，腹部饰数周凹凸弦纹，圈足饰五周弦纹，弦纹之间饰戳印纹。鼓腹杯，喇叭口，圆唇，束颈，鼓腹，平底，素面。卷沿盆，大口，卷沿，口微敛，圜腹，平底，素面。平底碗，尖唇，圜腹，小平底，口部饰一周红色陶衣。圈足碗，圆唇，圜腹，矮圈足，素面。器盖，伞状，盖纽较高，素面。扁圆壶，直口，圆唇，矮颈，扁圆腹，平底素面。豆器形较小，浅盘，大喇叭形圈足，大部分素面，少量圈足上饰盲孔。

生产工具主要有扁圆形石斧和陶纺轮。

皖北地区经过发掘与后铁营遗址相类似的有萧县金寨，石山子遗址中层和凤台峡山口遗址中层。这些遗址出土的陶器不论陶质、陶色，还是器形都基本相似，应属同一文化类型。石山子遗址还在 10 多平方米范围内发现 20 个烧过的红烧土圆柱，直径一般 20～50 厘米，其用途不明，这些材料有待进一步发掘和整理，以解开这些谜。

---

[1] 阚绪杭：《定远县侯家寨新石器遗址发掘简报》，《文物研究（第五辑）》，黄山书社，1989年。

[2] 河南省文物研究所：《河南鹿邑栾台遗址发掘简报》，《华夏考古》1989年第1期。

四

皖北地区新石器时代晚期这个阶段经过发掘的遗址有萧县花家寺，亳州富庄、宿州芦城子、宿州古台寺、灵璧玉石山、蒙城尉迟寺遗址（由中国社会科学院考古所安徽队主持发掘）等。

20世纪60年代初，安徽省博物馆对花家寺遗址进行了试掘，出土了具有与大汶口文化相类似因素的陶器，从此揭开了安徽淮北地区新石器时代考古学文化研究的序幕。

富庄遗址位于亳州城西郊约3千米处的涡河南岸台地上，面积约1500平方米，最高处已被河水冲刷为陡壁，呈三面缓坡。1958年涡河筑堤建水库时遗址的800平方米被筑在堤内。

1982年7月，富庄遗址因涡河冲刷，墓葬暴露，出土了一些陶器和石器。安徽省文物考古研究所立即对该遗址进行了抢救性发掘，发掘面积100平方米，清理墓葬12座。

富庄遗址文化堆积可以分上中下三层，上层为商周文化层，中层为龙山文化层，下层为大汶口文化层。这次发掘没有发现商周地层。

遗址下层主要是墓葬，均为长方形土坑墓，人骨架保存完好，葬式为仰身直肢葬。按埋葬人数分单人葬、双人葬、3人葬和5人葬。随葬品极为丰富，有陶器、石器、骨器、玉器等。

陶器以泥质灰陶为主，其次为少量的黑陶和红陶，以素面陶为主，纹饰有圆形镂孔和弦纹。

典型器物有背水壶、高圈足镂孔豆、罐形鼎、大口深腹罐、折腹盆形鼎、折腹式浅盘镂孔豆，矮圈足深腹罐等。其中镂孔豆、背水壶、罐形鼎与山东大汶口文化同类陶器十分相似，是山东邹县野店[1]等遗址常见的器物，但富庄主要的文化因素与山东大汶口文化区别较大，地方特征较为明显，因而我们不能把富庄遗址简单地划归大汶口文化，目前这批材料正在整理中，不能深入地进行分析比较，可以说富庄遗址是大汶口文化最南端边缘地区一种新的文化类型。富庄遗址的发现对研究大汶口文化的分布范围及其与江淮之间同一时期新石器时代文化的交流有着重要的意义。

尉迟寺遗址位于蒙城县赵集乡毕集村东约150米，南距北淝河4千米，宿（州市）蒙（城）公路从遗址西侧穿过。遗址现高2～3米，东西长约350、南北宽约250米，总面积约80000平方米。

尉迟寺遗址1989年秋由中国社会科学院考古研究所安徽队主持发掘。经过几年来多次发掘，出土了一批陶器、石器和骨器，发现了灰坑，墓葬、房屋建筑等遗迹[2]，尉迟寺遗址的发掘，为建立皖北地区新石器时代年代序列和文化框架，研究其与周邻文化的关系提供了重要的实物资料。

尉迟寺遗址大体可以分两期，一期文化相当于大汶口文化晚期，二期文化相当于龙山文化时期。

尉迟寺一期遗迹有灰坑、墓葬、房屋建筑等。灰坑的形状主要有圆形和椭圆形两种，一般为大口小平底筒状或大口圜底状。坑内堆积松软，拌有大量蚌壳片和炭粒，出土遗物以陶器为主，部分可以复原，根据形状、结构、坑内堆积和包含物推测，灰坑大多为垃圾坑。

墓葬有两种形式，一是土坑墓，二是瓮棺葬。土坑墓一般为仰身直肢一次葬，少数有二层台，台上放置随葬陶器。儿童均为瓮棺葬，瓮棺以大型陶器为葬具，婴儿直接放进完整的陶器

[1] 山东省博物馆：《邹县野店》，文物出版社，1985年。
[2] 中国社会科学院安徽队：《尉迟寺遗址再获重要发现》，《中国文物报》1993年第23期。

内，大一点的儿童用几件陶器套接组成棺具，较大的儿童放在打碎的大型陶器上，身体上再盖陶片，碎陶片基本能复原成完整的陶器。墓葬分布在遗址的北部，头向基本为东南方向。

尉迟寺房屋建筑为浅穴式营造方式，据报道[1]，目前共发现3组16间房屋，这三组房屋相对独立而又成一体，在时间上是一次完成的建筑群体。其中两组房屋呈东南——西北向，门朝南，总长度40多米，另一组东北—西南向，门朝东，与另外两组呈直角布局。建筑方法是先挖穴，穴壁外立柱起墙，中间用木骨泥墙分隔成大小间，房屋之间有门相通，一般每间有两门，室内有柱础和灶。在个别的房间隔墙上发现壁龛，室内有支撑房顶的木柱。门槛用木板条固撑，门两侧有立柱支撑。大间在11～16平方米，小间在5～7平方米，各房间都有日用陶器出土，有些房间发现石铲、石斧、石镰、陶拍等生产工具。墙体及居住面都经过烧烤，尉迟寺的房屋建筑技术已达到了相当高的水平，我们认为这是继承石山子早期文化建筑方式发展而来的，这为我们研究皖北地区新石器时代房屋建筑提供了重要的实物资料。

尉迟寺一期文化遗物较为丰富，有日用陶器和生产工具。生产工具有石器、骨器、蚌器和陶器等。石器出土的不多，但加工精细，有斧、锛、凿和刀，蚌器有刀和镞，刀为长条形，分直刃、弧刃和齿刃三种。陶纺轮数量较多。

陶器以夹砂红褐陶为主，其次为泥质灰陶和黑陶，有少量的红陶和白陶，黑陶多为磨光陶。

纹饰以篮纹为主，有横篮纹和斜篮纹，其次有弦纹、刻划纹，附加堆纹、镂孔和按窝，有一定数量的素面陶。

典型器物有罐形鼎、深腹罐、长颈壶、直筒杯、鬶、高柄杯、豆和器盖等。

罐形鼎多为夹砂红褐陶，大口，鼓腹圜底，腹部饰横篮纹，鼎足有扁形和凿形两种，扁形足面上饰有竖凹槽，凿形足根上部饰有按窝。深腹罐亦为夹砂红褐陶，大口、深腹、平底。通体饰斜篮纹，最大腹径在上部，腹中部有鸡冠状器耳，直壁缸，夹粗砂红褐陶，大口、直腹、尖圜底。器壁较厚，直腹呈筒状，外表饰旋转状篮纹，是瓮棺葬常用的葬具之一。长颈壶，泥质灰陶，长颈呈筒状，折腹，腹下部内收小平底。直腹杯，泥质素面灰陶，敞口，直腹呈筒状，腹中部稍内收，小平底。鬶，夹细砂红褐陶，长流，细长颈内束，腹较瘦，袋状足，实足根，条形把手。腹中部饰一周附加堆纹。圈足豆，泥质灰陶，豆盘较浅，大镂孔圈足，呈喇叭状。有柄杯，泥质灰陶，敞口，直腹平底，细矮柄，喇叭形圈足。器盖数量较多，以泥质灰陶为主，其次为夹细砂红褐陶。一种为圜口，弧壁圜底，矮扁圆纽，一为圆口，斜腹平底，盖顶四周围为锯齿形状。

与尉迟寺遗址下层相类似的有宿州市芦城子遗址中层，灵璧玉石山遗址下层和石山子遗址的同期遗存。这些遗址的器物种类和器形特点基本相似，我们初步认为它们属于同一类型的文化。

五

石山子文化早期代表即石山子遗址下层堆积，它是皖北地区目前发现最早的新石器时代文

[1] 中国社会科学院安徽队：《尉迟寺遗址再获重要发现》，《中国文物报》1993年第23期。

化，同一时期文化遗存还有宿州市小山口，怀远双堌堆，蚌埠双墩和凤台县峡山口下层。其年代相当于裴李岗文化阶段，距今约 7000 年。

石山子文化中期即石山子遗址中层堆积，代表性遗存还有亳州后铁营，萧县金寨和凤台县峡山口中层。其年代相当于大汶口文化中期，距今约 6000 年。

石山子文化晚期包括石山子遗址上层、蒙城尉迟寺一期、灵璧玉石山下层和宿州芦城子中层等。其年代相当于大汶口文化晚期到龙山文化时期，年代距今 6500～5500 年。

“石山子文化”命名的提出，且不论是否妥当，我们认为应该提出来，以达到对皖北考古学文化的共识。石山子文化与周邻文化都有较大的区别和不同，这无论从陶器、墓葬和房屋建筑都表现得十分清楚，反映了皖北地区新石器时代不同阶段相对独立的特点，同时表现了处在东西南北相碰撞位置上考古学文化的复杂性。尤其是房屋建筑技术上的进步与完善，突出表现了石山子文化的高度发达和文明程度。

（原载《文物研究（第九辑）》，黄山书社，1994 年）

后 记

与大多数学人出版自己的第一部著作时的心态基本一样，当得知金寨报告终于可以出版时、金寨报告即将出版时，我的心情是既激动又忐忑的。激动的是从 2015 年调查到 2016～2018 年发掘，到 2019～2024 年断续编写、校改报告，这倾注了我大量心血的近 10 年的时间，终于结果；忐忑的是这是我主持的第一部大型报告，本想写出一部鸿篇巨制，但经过几年的消磨，又因能力有限，报告肯定会存在这样那样的错谬，恐让学界贻笑大方。

如在第一章金寨遗址发掘缘起所述，金寨遗址是个老遗址，之前被盗掘出土过较多玉器，2014 年，萧县地方政府想进一步挖掘金寨遗址的价值，希望能对金寨遗址开展正式发掘工作。我在时任业务副所长宫希成研究员的安排下承担了金寨遗址的发掘工作，首先要感谢宫所长。我是 2010 年从山东大学师从栾丰实老师硕士毕业到安徽省文物考古研究所工作，在吴卫红老师和叶润清老师的带领下，参加了凌家滩遗址的调查发掘、安庆圣埠墓群发掘、芜湖计村大城子遗址等发掘工作，2011～2012 年就被委派现场负责了明光坝陈宋代遗址、泗县刘圩汴河遗址的发掘工作，深感学术基础仍较薄弱，遂于 2013 年考入山东大学继续跟随栾老师攻读博士学位，但同时仍继续承担单位的基建考古任务，2015 年承担了皖赣铁路扩能改造工程几处小型工地的发掘，以及宣城港口湾水库灌区调查工作，一个人在相对封闭的环境中自我摸索。自博士论文选题关于淮河流域新石器考古确定之后，在宫所长的慨允下，便对皖北地区新石器遗址进行了专题调研，2016 年春利用商合杭高铁工程之机，在完成沿线几处小型晚期遗址发掘任务之后，选择了阜南高庄古城新石器时代遗址进行了试掘，以了解淮河上中游之交地区大汶口文化与屈家岭石家河文化之间的关系，算是自己独立主持的新石器时代遗址发掘工作。在完成基础整理工作之后，2016 年 8 月 15 日，带领学徒技工前往金寨村，开始筹备金寨遗址发掘工作。2016 年秋冬的发掘还是很顺利的，结果还是挺出乎意料的，虽然没在玉石塘区域发现玉器，但在东区发现了一片集中埋葬的墓地。国家文物局也同意了 2017 年的发掘申请，2017 年上半年在完成郑阜高铁和潜山下浒山水库基建考古任务之后，继续在金寨遗址发掘，主要是了解生活区的情况。2018 年继续完成了墓葬区的发掘工作。因此，发掘工作算是比较圆满完成，当然，离全面认识遗址聚落布局和变迁还是有很多工作需要进行。

可以说，发掘的这三年是我锻炼田野技术的三年，有收获也有很多失误教训。因是第一次主持这种较大型的正式主动性发掘，自己田野水平有限，发掘队员多是实习技工，好在有山东技师陈孔利和山东大学的研究生杨凡、张强、王清刚、袁波文、贺亚炳等，发掘工作还算是比较规范认真的。栾丰实老师、靳桂云老师、宋艳波老师等也都到工地给予指导。安徽省文物局何长风局长也到工地给予具体指导。安徽省文物考古研究所宫希成副所长在每次发掘开始前夕都到萧县与相关领导对接，保障发掘工作顺利进行；老家是金寨村的本所任一龙更是在许多具体协调事宜上出力多多，为发掘的顺利进行可以说是功不可没，他是1991年张敬国教授主持金寨遗址第一次发掘之时相中的，后便跟随张教授走上考古之路。同时，萧县县委县政府、庄里乡、尠沟村、金寨村更是对金寨遗址的发掘提供了许多实际的帮助。萧县博物馆馆长也为发掘的筹备和顺利进行颇费周折。因此，金寨遗址的发掘工作是在各方众多人士的共同努力下顺利实施的。

发掘工作是顺利艰辛又热闹的，报告的整理编写出版工作是烦琐枯燥又漫长的。之前读书时经常埋怨有些考古报告在发掘之后几十年都还没有出版，觉得领队不负责任之类的，经历了这一场之后终有切身体会，主客观原因都有，客观原因如整理场地有限、出版经费问题等，主观原因如修复绘图人员欠缺、报告编写人学识有限，对一些问题还没有研究好（有些是发掘期间就没有定论，如地层遗迹的划分；遗迹的年代定性等），怕出版出来会引起学界的嘲讽。金寨整理出版也有这两方面的原因。因修复绘图人员多是学徒，许多器物修复得不好，器物绘图也粗浅，以致《考古》杂志提出很多尖锐的问题。报告的基础资料整理在2020年就已完成，我也就提交了出版申请，之后便是漫长的等待经费时间，由于不熟悉业务程序，出版经费在2024年3月才到账，也只是到这时候，我才真正开始再次认真校稿。由于整理校稿时间较长，参与人员较多且多为学徒，因此报告肯定在诸多方面有许多错谬之处。主观方面，确实是因为学识有限，许多问题讨论得都很肤浅，只是把材料发表出来，器物分析甚至都没有采用类型学的方法，这或许被认为是不合格的。这也让我再次感觉学问如同大海，而自己只是那海边的一朵小小的浪花。这么说也可以被认为是在推卸责任，建议阅读此报告者不必拘泥纠结于一些错谬之处。

这是安徽新石器时代考古第10本报告，之前分别是蒙城尉迟寺、潜山薛家岗、凌家滩、蒙城尉迟寺（二）、蚌埠双墩、蚌埠禹会村、宿州芦城孜、淮北石山孜、定远侯家寨。之所以取名《萧县金寨——皖北新石器时代遗址发掘报告》，突出皖北二字，一是效仿蒙城尉迟寺报告之名，二是想进一步彰显皖北特点安徽特点。虽然几十年来皖北一直在大汶口文化和海岱地区的学术话语体系之内。我们也已习惯并默认这一学术话语体系。我自读研之时，就一直犹豫不定到底该如何看待淮河流域和海岱地区之间的关系，也即所谓的淮系文化问题，但后来也不为学界所论。但不管怎样，有时看似定论的问题也还有讨论的必要，甚至是真相反而在相反的一面。

本项目的发掘、整理和编写工作具体分工如下：

项目统筹：宫希成。项目负责人：叶润清、张小雷。顾问：栾丰实。

发掘人员：张小雷、任一龙、陈孔利、杨凡、张强、史少锋、任鹏、杜康、张铭峻、黄琦琦、王清刚、贺亚炳、韩启明、袁波文、张亚波、赵波、杨国帅、王浩桢、戴乐。

遗物修复：陈孔利、赵波、张亚波、王浩桢、石兰馨、郭芙荣、梁乐乐、智建荣、程鸿达。

绘图：孙芸芸、杨国帅、张丽娟、秦宁宁、张小雷。线图清绘：闫明（山东省文物考古研究院）、朱华（山东博物馆）。

摄影：张小雷、韩启明。

资料整理：龙莎莎、韦娟娟、黄帆、刘嘉兰、张黛、田佳艳、冯慧、方家领。

校稿：秦宁宁、阴红瑶、张亚波、郭惠梅。

人骨鉴定：赵永生、牛月明、孙田璐。

植物考古：杨凡、段绮梦、靳桂云。

动物考古：宋艳波、乙海琳。

玉器研究：王荣、尚思捷、徐逸文。

英文提要：黄义军。

执笔：第一至五章：张小雷；第六章、第七章：张小雷、方家领；第八章：赵永生、孙田璐；第九章：宋艳波、乙海琳；第一〇章：杨凡、段绮梦、靳桂云；第一一章：陆青玉、王芬、张小雷、武昊、蒋成成、栾丰实、文德安；第一二章：蒋成成、陆青玉、张小雷、王芬；第一三章：王荣、尚思捷、徐逸文。

希望通过金寨发掘和本报告的出版，能再次掀起苏鲁豫皖乃至中国中东部地区先秦考古研究的新高潮。我们已欣喜地看到，紧随金寨遗址发掘之后，2018～2023年山东省文物考古研究院勘探发掘了滕州岗上遗址，2023年河南永城王庄遗址也发现一批大型史前墓葬，均取得重要收获，而且都获得了年度十大考古新发现。如此看来，金寨遗址发掘结束得稍显草率，工作还是不够系统全面，宣传工作做得更是不到位，这也留下了稍许的时代遗憾。但我们还是稳扎稳打得在不太长的时间内把发掘简报发表、多学科合作文章发表、发掘资料整理完毕、发掘报告出版，也算是圆满完成了这一学术工作，也为学界留下了可资参考研读的资料。同时，金寨遗址也从发掘之时的市保，到后来的省保、国保，遗址得到了较好的保护，则是我们最欣慰的。虽然没有搞得轰轰烈烈建设遗址公园。如今，金寨小村庄已是美丽乡村，周边遗址所在区仍是农田，再远处的镇疃村已是远近闻名的乡村旅游地，金寨，这个美丽的小山村，继续延续着五千年前和美富足的社会风气。

张小雷

2024年4月4日星期四